Außenpolitischer Bericht

1991

Bericht des Bundesministers für auswärtige Angelegenheiten

Medieninhaber und Herausgeber:
Bundesministerium für auswärtige Angelegenheiten.
1014 Wien, Ballhausplatz 2.

Redaktion: Ges. Dr. Thomas Nowotny

Kommissionsverlag: MANZsche Verlags- und
Universitätsbuchhandlung
1014 Wien

Gesamtherstellung: MANZ, 1050 Wien

ISBN 3214082701

INHALTSVERZEICHNIS

Vorwort des Bundesministers für auswärtige Angelegenheiten IX

Europa

Die neue politische Architektur Europas 1

Die Europäische Gemeinschaft 1991 8

Politische Union – Wirtschafts- und Währungsunion – Neuordnung der Organe – Effizienz der Union – Die Gemeinsame Außen- und Sicherheitspolitik – Die wirtschaftliche und soziale Kohäsion – Die Europaverträge mit den zentral- und osteuropäischen Staaten – Die Stellungnahme der EG-Kommission zum österreichischen Beitrittsantrag („Avis") – Österreichische Gesprächs- und Besuchsdiplomatie in Bezug auf EG und EG-Beitritt – Die Europäische Politische Zusammenarbeit 1991 (EPZ) – EG-Binnenmarkt – Schengener Abkommen – Landwirtschaft – Sozialpolitik – Verbraucherschutz – EG-Forschungs- und Entwicklungsprogramme – EG-Bildungsprogramme – Die EWR-Verhandlungen und die Teilnahme an Forschungs-, Entwicklungs- und Bildungsprogrammen – Arbeitsgruppen für Fragen der Europäischen Integration – Österreichs offentliche Meinung und EG-Mitgliedschaft – Integrationsbezogene Informationsarbeit – Österreich: die Europäische Freihandelsassoziation (EFTA) und die EWR-Verhandlungen – EFTA-Drittstaaten

Der Europarat 57

Die Wirtschaftskommission der Vereinten Nationen für Europa (ECE) 60

Die Konferenz für Sicherheit und Zusammenarbeit in Europa (KSZE) 62

Kooperation Österreichs mit anderen Teilnehmerstaaten im Rahmen der KSZE – Neue Teilnehmerstaaten – Die Institutionen der KSZE – Verhandlungen über Vertrauens- und Sicherheitsbildende Maßnahmen (VVSBM) – Konsultationen über ein Mandat für neue KSZE-Verhandlungen über militärische Sicherheit

Die Veränderungen in Zentral- und Osteuropa 79

Die politische und wirtschaftliche Lage in den einzelnen Staaten – Hilfe – warum? – Die Hilfe der Industriestaaten (G 24)

Die Jugoslawienkrise: Das Versagen des politischen und wirtschaftlichen Systems in den 80er Jahren 116

Das Wiederaufleben der Nationalismen – Die österreichische Haltung in der Jugoslawienkrise – Reaktionen Österreichs in der Slowenienkrise – Humanitäre und wirtschaftliche Hilfe – Die Internationalisierung – EPZ

Das Ende der Sowjetunion 140
Die Entwicklung bis zum August 1991 – Der Umsturzversuch – Das sowjetische Staatsgefüge im Wandel – Auf dem Weg zu einer neuen Gemeinschaft unabhängiger Staaten (GUS); Herausforderungen und Probleme – Beginn der Eigenstaatlichkeit der Nachfolgerepubliken und deren internationale Stellung – Wertung und Ausblick

Nachbarschaftspolitik 163
Südtirol 163
Die Hexagonale – „Mitteleuropäische Initiative" 165
Internationale Zusammenarbeit auf Länder- und Gemeindeebene 172
Die Weltausstellung Wien – Budapest: Zurückziehung der österreichischen Bewerbung 192
Donaukommission 193
Schwerlasttransitverkehr 194
Umweltschutz in den nachbarschaftlichen Beziehungen 198

Österreich und der außereuropäische Raum 207
Der Nahe Osten und Nordafrika 207
Die Irak-Kuwait-Krise
Afrika südlich der Sahara 216
Der Asiatisch-pazifische Raum 224
Nordamerika 237
Lateinamerika und die Karibik 239
Universelle Zusammenarbeit – Vereinte Nationen 249
Die Blockfreien 252

Wien als Sitz Internationaler Organisationen 255

Österreich und die Weltwirtschaft 261
Weltwirtschaft und Welthandel 261
Die österreichische Außenwirtschaft in Graphik und Zahlen 267
Der Weltwirtschaftsgipfel 271
Die Organisation für wirtschaftliche Zusammenarbeit und Entwicklung (OECD) 275
Jahresprüfung 1990/91 der wirtschaftlichen Entwicklung Österreichs
Das Allgemeine Handels- und Zollabkommen – GATT 279

Weltwirtschaft und Nord-Süd-Problematik 287
Die Nord-Süd-Beziehungen – das Problem der materiellen Ungleichheit in einem neuen Bezugsrahmen 287
Die UNCTAD 297
Schuldenprobleme der Entwicklungsländer 1991 302
Der Internationale Währungsfonds (IWF) und die Weltbankgruppe 308
Regionale Entwicklungsbanken 313

Organisationen zur wirtschaftlichen Förderung der Entwicklungsländer 315
Außenpolitik und die österreichische Entwicklungshilfe 322

Internationale Abrüstung und Rüstungskontrolle 328

Ökologie und Energie 344
Globaler Umweltschutz 344
Klimaschutz – Ausarbeitung einer globalen Klimakonvention – Ausarbeitung einer Rahmenkonvention zur Erhaltung der Artenvielfalt – OECD Umweltkomitee – Konferenz der VN für Umwelt und Entwicklung (UNCED) in Rio de Janeiro, 1. – 15. 6. 1992 – Umweltprogramm der VN (UNEP) – Antarktisvertrag – ECE Umweltschutz
Die Weltenergieversorgung 360

Kultur und Wissenschaft 368

Die menschliche Dimension in den internationalen Beziehungen 442
Ein- und Auswanderungsprobleme in Europa 442
Internationale humanitäre Institutionen 449
Der Schutz von Minderheiten und nationalen Gruppen 452
Der internationale Schutz der Menschenrechte 453
Internationale Bemühungen um die Gleichstellung von Frauen und Männern in der Gesellschaft 457
Weltweite Sozialpolitik 460
Internationale Bemühungen zur Kontrolle von Suchtgiften und psychotropen Substanzen 465
Der weltweite Kampf gegen den Terrorismus 470

Die rechtliche Dimension der österreichischen Außenpolitik 473
Konsularfragen 473
Sichtvermerksangelegenheiten 475
Die Auslandsösterreicher – das zehnte Bundesland 477
Auslandsösterreicherwahlrecht

Medien und Information 481
Österreich im Spiegel der Auslandspresse – Informationen über Österreich im Ausland – Internationale Medienpolitik

Das österreichische Parlament in den internationalen Beziehungen 489

Rat für auswärtige Angelegenheiten 494

Der Österreichische Auswärtige Dienst 496
Budget – Modernisierung im Bereich der EDV und Telekommunikation – Personalvertretung im BMfaA – Club der Angehörigen der Bediensteten des BMaA (CDA) – Diplomatische Akademie

Tätigkeitsberichte 514
Tätigkeitsbericht Vereinte Nationen 514
Tätigkeitsbericht Europarat 546

ANHANG 565
Länderinformationen 565
Diplomatisches und konsularisches Korps in Österreich 712
I. Ausländische Missionen in Österreich
II. Internationale Organisationen in Österreich
Österreich in Internationalen Organisationen 715
Tabelle der einzelnen Organisationen
Österreichs Beteiligung an friedenserhaltenden Operationen der Vereinten Nationen
Beteiligung an internationalen Finanzinstitutionen
Vertragsübersicht 722
Besuchsübersicht 734
Österreich und die Staatenwelt 763
Chronik der in Wien akkreditierten ausländischen Botschafter 768
Österreich in Zahlen und im internationalen Vergleich 771
Österreich in Zahlen 1950 bis 1991
Wirtschafts- und Sozialstatistik – internationaler Vergleich
Sachindex 777

Vorwort

Seit einigen Jahren dreht sich das Rad der Geschichte immer schneller. Was früher ausgereicht hätte, um das Leben ganzer Generationen zu füllen, ereignet sich jetzt innerhalb weniger Monate.

Für 1991 gilt dies in ganz besonderem Maße. Im Verlaufe dieses einen Jahres hat sich die internationale Staatenwelt mit dem schweren Konflikt am Golf auseinandersetzen müssen, hat die Europäische Gemeinschaft den Weg zur Politischen, Wirtschafts- und Währungsunion angetreten, haben die Staaten Westeuropas über die Schaffung des größten Wirtschaftsraumes der Erde, des EWR, verhandelt, ist der Sowjetkommunismus untergegangen, sind die UdSSR und Jugoslawien zerfallen.

All diese schicksalsschweren Entwicklungen haben auch Österreich und dessen Außenpolitik mit vielfältigen und höchst direkten Herausforderungen konfrontiert.

Als Nachbar hat Österreich erleben müssen, wie der tragische Konflikt im ehemaligen Jugoslawien den bewaffneten Kampf, zum ersten Mal seit 1956, bis an seine Landesgrenzen getragen hat.

Als Nachbar war Österreich 1991 aber auch aufgerufen, seinen Beitrag zur Überwindung des katastrophalen Erbes des Kommunismus in den neuen Demokratien zu leisten: in seinen bilateralen Beziehungen zu den Staaten Zentral- und Osteuropas; und durch seine Mitwirkung an den westlichen Hilfsprogrammen.

Als EFTA-Mitglied hat Österreich 1991 an den Verhandlungen über den Europäischen Wirtschaftsraum teilgenommen, wobei ihm in der ersten Jahreshälfte als EFTA-Vorsitzland überdies die schwierige Aufgabe zugefallen ist, diese wohl komplexesten Verhandlungen in der Geschichte des europäischen Integrationsprozesses namens aller EFTA-Länder zu führen.

Als EG-Beitrittskandidat stand Österreich 1991 vor der Aufgabe, das prioritäre Anliegen seiner EG-Mitgliedschaft energisch voranzutreiben. Als künftiges EG-Land war Österreich 1991 außerdem aufgerufen, zu den entscheidenden Weichenstellungen im europäischen Integrationsprozeß klar und unmißverständlich Stellung zu beziehen.

Auch als Mitglied der Vereinten Nationen war Österreich mit außergewöhnlichen Anforderungen konfrontiert: Durch seine Zugehörigkeit zum Sicherheitsrat hat es 1991 eine qualifizierte Mitverantwortung für die Erhaltung des Weltfriedens zu tragen gehabt. Im Golfkonflikt sah sich unser Land überdies vor die konkrete Aufgabe gestellt, die – von der Weltorganisation sanktionierten – Maßnahmen kollektiver Sicherheit gegen den irakischen Aggressor konkret zu unterstützen.

Neben diesen – gewissermaßen spezifischen – Herausforderungen des Jahres 1991 hat Österreichs Außenpolitik im Vorjahr natürlich auch all jene Anliegen verfolgen müssen, die schon bisher ein zentraler Bestandteil unserer Außenpolitik gewesen sind.

Beispielhaft seien hier genannt: das Eintreten für Südtirol, wo es 1991 um die Lösung der letzten offenen Fragen aus dem Südtirol-Paket von 1969 ging; das Bemühen um die Auslandsösterreicher; die Auslandskulturpolitik, die 1991 vor allem auch in Zentral- und Osteuropa neue Schwerpunkte zu setzen hatte; das Engagement Österreichs im internationalen Umweltschutz – und „last" aber alles andere als „least": die umfangreiche konsularische Arbeit und hier insbesondere der Einsatz für alle Österreicher, die im Ausland in Not geraten.

Es war also ein sehr beachtlicher Aufgabenkatalog, den Österreichs Außenpolitik 1991 zu behandeln hatte. Der vorliegende „Außenpolitische Bericht 1991" will aufzeigen, wie unser Land auf die verschiedenen wichtigen internationalen Herausforderungen des Vorjahres geantwortet hat. Zugleich macht er deutlich, wie stark die Arbeitsbelastung des Österreichischen Auswärtigen Dienstes 1991 angewachsen ist.

Allen, die geholfen haben, diesen Bericht zu erstellen, möchte ich danken: allen voran dem Leiter der Abteilung für Grundsatzfragen im Bundesministerium für auswärtige Angelegenheiten, Gesandten Thomas Nowotny; desgleichen ungezählten anderen Mitarbeitern meines Ressorts. Mein Dank gilt auch anderen Ministerien, der Parlamentsdirektion, der Österreichischen Nationalbank, dem Statistischen Zentralamt, dem Österreichischen Institut für Wirtschaftsforschung, dem Wiener Institut für Internationale Wirtschaftsvergleiche und der Energieverwertungsagentur, die alle wertvolle Beiträge geleistet haben.

Ich hoffe, daß dieses umfassende Jahrbuch – mittlerweile schon das zwölfte seiner Art – zur bestmöglichen Information des Österreichischen Parlaments und der interessierten Öffentlichkeit beitragen kann.

Es würde mich allerdings freuen, wenn dieser Bericht dem Leser – über die reine Sachinformation hinaus – auch einen Eindruck von jenen Grundsätzen vermittelt, die Österreichs internationales Handeln 1991 charakterisiert haben. Denn gerade im Grundsätzlichen ist unsere Außenpolitik 1991 wahrscheinlich so stark wie schon lange nicht gefordert worden.

Die dramatischen Entwicklungen des Jahres 1991 haben uns nämlich vor allem eines abverlangt: die Bereitschaft zu internationaler Solidarität – und Österreich hat sich nachhaltig bemüht, dieser Verpflichtung gerecht zu werden.

Von europäischer Solidarität getragen war unsere Position in den EWR-Verhandlungen. Österreich hat diese während seines EFTA-Vorsitzes unter der Führung Bundesminister Dr. Schüssels entscheidend vorangetrieben – und zwar ungeachtet des Umstandes, daß dieses Vorhaben aus der Sicht unseres Landes nur als Übergangslösung angesehen werden kann.

Das Streben um Solidarität war aber insbesondere auch Leitmotiv unserer Haltung

- *im Golfkonflikt, in dessen Verlauf Österreich den Alliierten als einziges neutrales Land Durchfahrts- und Überflugsrechte gewährt hat,*
- *und im tragischen Konflikt zwischen den Völkern des ehemaligen Jugoslawien, in dessen Angesicht Österreich seine klare Bereitschaft gezeigt hat, für die oftmals beschworenen Grundwerte der Freiheit, Demokratie und Selbstbestimmung gerade auch dann aktiv einzustehen, wenn sie in seiner unmittelbaren Nachbarschaft bedroht sind.*

Sicherlich war Österreichs Verhalten während dieser beiden großen Auseinandersetzungen von grundlegenden politisch-moralischen Erwägungen geprägt – desgleichen aber von der einfachen Erkenntnis, daß es in Zeiten einer ständigen wachsenden internationalen Verflechtung kein besseres Mittel gibt, den eigenen Interessen und der eigenen Sicherheit zu dienen, als den Weg entschlossener internationaler Zusammenarbeit und eines klaren internationalen Engagements zu gehen.

Oder umgekehrt gesagt: Wer andere im Stich läßt, läuft Gefahr, einmal auch selbst im Stich gelassen zu werden.

Wie eng in unserer interdependenten Welt eigene und fremde Interessen aneinanderliegen können, hat sich für uns gerade in der Frage des zerfallenden Jugoslawien gezeigt:

Für Österreich war die Anerkennung Kroatiens und Sloweniens auch ein Gebot der eigenen Sicherheitspolitik. Es konnte und kann uns nämlich nicht gleichgültig sein, ob in unserer südöstlichen Nachbarschaft – wirtschaftlich und sozial stabile – parlamentarische Demokratien entstehen, oder ob das Geschehen von militärischen Verbänden bestimmt wird, die sich schon lange jeder politischen Kontrolle entzogen haben.

Für Österreich war der Waffenlärm im ehemaligen Jugoslawien aber auch ein weiteres deutliches Signal, daß unser Land in Sicherheitsfragen kein Inseldasein führen kann; in dieser Einsicht liegt einer der Gründe, warum Österreich die – von den EG-Staaten 1991 erzielte – Übereinkunft zur Schaffung der Europäischen Union uneingeschränkt begrüßt hat.

Für Österreich ist Solidarität eben nicht bloß ein modernes internationales Schlagwort. Wir sehen in diesem Prinzip ein konstitutives Element unserer Außenpolitik und den – wahrscheinlich zentralen – Grundpfeiler im Gebäude des neuen Europa. Darum ist Österreich auch bereit, am Aufbau und an der

Fortentwicklung des künftigen europäischen Sicherheitssystems – in der Europäischen Gemeinschaft und über diese hinaus – solidarisch mitzuwirken.

Insgesamt meine ich jedenfalls, daß dieser „Außenpolitische Bericht 1991" den Nachweis liefern kann, daß Österreichs Außenpolitik im Vorjahr um Kontinuität bemüht war, zugleich aber auch bestrebt war, den Herausforderungen eines radikal veränderten Umfelds selbstbewußt und schöpferisch Rechnung zu tragen – im Interesse unseres Landes und seiner Menschen.

(Dr. Alois Mock)

Europa

Die neue politische Architektur Europas

Der Zusammenbruch der kommunistischen Systeme in Zentral- und Osteuropa hatte weitreichende Folgen, nicht nur für die unmittelbar betroffenen Staaten, sondern darüber hinaus für die gesamte politische Ordnung Europas. Durch die Revolutionen vom Herbst 1989 verschwand die Ost-West-Teilung Europas, die während mehr als vierzig Jahren die europäische Politik, ihre Strukturen und Institutionen geprägt hatte.

Die beiden Militärbündnisse, NATO und Warschauer Pakt, waren nur die sichtbarste Manifestation der Ost-West-Konfrontation. Auch die nichtmilitärischen Strukturen waren sehr weitgehend von diesem Konflikt geformt. Dies ist offenkundig im Falle der KSZE, die seit 1972 ein Instrumentarium für eine (beschränkte) Zusammenarbeit zwischen Ost und West, aber gleichzeitig auch ein Forum für die politische und ideologische Auseinandersetzung bot. Auch der Europarat als Vereinigung der pluralistischen Demokratien des Kontinents hatte eine klare politische Mission im Kalten Krieg. Daß der Rat für Gegenseitige Wirtschaftshilfe (RGW) ein Mittel zur Zementierung der sowjetischen Vorherrschaft und zur Sicherung ihres einseitigen wirtschaftlichen Vorteils darstellte, liegt auf der Hand. Die Europäische Gemeinschaft ihrerseits war zwar als solche kein Produkt des Ost-West-Konflikts. Aber die gemeinsame Sorge angesichts der sowjetischen Bedrohung trug zur Überwindung des deutsch-französischen Gegensatzes bei, stärkte die Kohärenz der EG-Staaten und machte die USA zum Förderer des Integrationsprozesses. Der Eiserne Vorhang und die Macht des Sowjetimperiums zwangen gleichzeitig die Staaten Zentral- und Osteuropas in die Isolation, sodaß der Begriff Europa in den 70er und 80er Jahren immer wieder mit der Europäischen Gemeinschaft gleichgesetzt und vermengt wurde.

Die tiefgreifende Umgestaltung der politischen Landschaft Europas – auf die Revolutionen von 1989 folgten 1990 die deutsche Einheit und 1991 der Zerfall der Sowjetunion und Jugoslawiens – erschütterte auch die institutionelle Architektur des Kontinents. Das Schwinden der traditionellen Gegensätze und die radikale Veränderung der Probleme und Aufgabenstellungen verlangten nach einer weitgehenden Anpassung des institutionellen Rahmens der europäischen Politik.

In der Tat, die Veränderungen gingen so weit, daß manche eine grundlegende Erneuerung der politischen Strukturen erwarteten. So ist es allerdings nicht gekommen.

Woran liegt es, daß Europa zu Beginn der 90er Jahre keine ähnliche Phase des Institutionenbaus durchmachte wie das Nachkriegs-Europa nach

1945? Wohl in erster Linie daran, daß der Zusammenbruch der alten Ordnung so einseitig erfolgte. Die auf Fremdherrschaft und kommunistischer Unterdrückung beruhenden Institutionen des Ostens waren nach den Ereignissen des Jahres 1989 natürlich zum Untergang verurteilt. De facto wurde ihnen bereits durch die Wiedererlangung der Souveränität durch die zentral- und osteuropäischen Staaten die Existenzgrundlage entzogen. 1991 folgte auch die formelle Beseitigung der alten Strukturen. Der RGW wurde am 24. Juni aufgelöst, die Warschauer Vertragsorganisation (WVO) am 1. Juli. Die militärischen Strukturen der WVO sind bereits am 1. April beseitigt worden.

Die Situation der westeuropäischen Institutionen war dagegen völlig anders. Für sie stellten die Veränderungen in Europa zunächst einen Erfolg und eine Bestätigung dar. Jene Werte, auf die sie sich gründen, pluralistische Demokratie, Marktwirtschaft und Integration, hatten sich als das überlegene Konzept erwiesen. Es gab keinen Grund, die Existenz dieser Institutionen in Frage zu stellen. „Business as usual" kam jedoch ebenso wenig in Frage. Die westeuropäischen Institutionen mußten sich vielmehr den neuen Herausforderungen stellen und ihre inhaltliche Politik, ihre Mechanismen und Methoden diesen Aufgaben entsprechend weiterentwikkeln. Ursprünglich konzipiert, um den sowjetischen Einfluß auf Westeuropa abzuwehren, mußten sie nun zum Instrument einer möglichst raschen Beseitigung der verbleibenden wirtschaftlichen und politischen Barrieren zwischen Ost und West werden.

Die Dimensionen dieser wahrhaft historischen Herausforderung traten erst im Laufe der Entwicklung voll zu Tage. Die wirtschaftliche und technologische Rückständigkeit des Ostens erweist sich immer mehr als das Schlüsselproblem. Entgegen seinen Ansprüchen, eine rasche und gründliche Modernisierung der Wirtschaft zu bewirken, hat der Kommunismus auf diesem Gebiet völlig versagt. Obwohl bei der Industrialisierungspolitik schwerste Schäden der Umwelt in Kauf genommen wurden, hat sich der wirtschaftlich-technologische Abstand zu den westlichen Industriestaaten nicht verringert, sondern vergrößert. Nicht minder schwer wiegen die verheerenden gesellschaftlichen Auswirkungen von vier Jahrzehnten totalitärer Herrschaft. Das Aufleben ausgeprägt nationaler Tendenzen in manchen zentral- und osteuropäischen Staaten mag zunächst eine naheliegende Reaktion auf lange Jahre der Fremdherrschaft sein. Aber durch die Vielfältigkeit der ethnischen Siedlungsstrukturen und die von Gewalt und Mißtrauen überschattete Geschichte erhält der neue Nationalismus großes zerstörerisches Potential.

Der Aufbau dauerhafter demokratischer Institutionen und moderner marktwirtschaftlicher Strukturen ist unter diesen Bedingungen ein langer und schwieriger Prozeß. Mit Unterbrechungen und Rückschlägen muß gerechnet werden. Da die Ausgangslage in den einzelnen zentral- und osteuropäischen Länder ebenso unterschiedlich ist wie die gewählten Methoden, wird auch der Fortschritt der Reformen ungleichmäßig sein. Fest steht, daß dieser Prozeß nur mit massiver Unterstützung seitens der westlichen Industriestaaten gelingen kann. Deren Hilfe an die Reformstaaten ist aber auch eine Investition in die eigene Zukunft. Denn das Entstehen eines „Gegeneuropas“ im Osten, einer Zone der wirtschaftlichen Not und politischen Instabilität hätte auch schwerwiegende negative Konsequenzen für die westeuropäischen Staaten.

Der Abbau der noch bestehenden „Wohlstandsmauer“ zwischen West und Ost und die Entwicklung wirksamer Mechanismen zur Entschärfung des beträchtlichen Konfliktpotentials und zur Stärkung der Stabilität – dies sind die zentralen Herausforderungen der europäischen Politik in den 90er Jahren. Abgesehen von der KSZE und der ECE, die von Anfang an gesamteuropäischen Charakter hatten, sind vor allem die bisher westlichen Organisationen durch diese Aufgaben gefordert. Die stetig voranschreitende Annäherung der Reformstaaten an diese Institutionen stellt dabei die wirksamste Methode zur Verklammerung der beiden Hälften Europas dar. Das gemeinsame Bekenntnis zu den Werten, die diesen Institutionen zugrunde liegen, motiviert die Reformbemühungen im Osten und die Hilfsbereitschaft im Westen. Die tägliche Zusammenarbeit in europäischen Foren stellt für beide Seiten einen wichtigen Lernprozeß dar. Die Reformstaaten können sich den Mechanismen und Prozeduren, die sich in den vergangenen Jahrzehnten im Westen herausgebildet haben, anpassen. Die westlichen Staaten werden für die Bedürfnisse der neuen Mitglieder sensibilisiert. Über die Jahre werden die Spuren der vierzigjährigen Trennung schwinden und eine echte Gemeinschaft entstehen.

Die Ostöffnung westlicher Institutionen hat bereits große Fortschritte gemacht. Ungarn, Polen und die Tschechoslowakei sind Mitglieder des Europarats, andere Staaten nehmen an seiner Tätigkeit in vielfältigen Formen teil. Fast alle Reformstaaten sind den westlichen Finanzinstitutionen, Weltbank und Währungsfonds, beigetreten. Der Nordatlantische Kooperationsrat, die EG-Europa-Abkommen sowie Sonderprogramme der OECD stellen neue Strukturen dar, um zentral- und osteuropäische Staaten in die Zusammenarbeit dieser Organisationen einzubeziehen. Der Prozeß ist aber noch lange nicht abgeschlossen. Je kohärenter und integrierter eine Institution ist, umso höhere Anforderungen stellen sich den Beitrittskandidaten, umso längere Übergangszeiten sind erforderlich. Vermutlich werden auch in Zukunft die Mitgliedschaften der verschiedenen Institutionen differieren und die zentral- und osteuropäischen Länder in unterschiedlichem Ausmaß teilnehmen. Die sukzessive Einbeziehung der Reformstaaten in die institutionelle Kooperation und Integration Westeuropas bleibt jedoch das erfolgversprechendste Mittel, diesen Ländern die „Rückkehr nach Europa“ zu erleichtern.

Die so entstehende neue politische Architektur Europas wird nicht aus einem Gebäude bestehen, sondern aus verschiedenen Strukturen mit unterschiedlichen Formen und Stilen. Diese komplexe Konfiguration von Institutionen ist notwendig, um der breiten Vielfalt von Problemen und Herausforderungen gerecht zu werden. Es bleibt zu hoffen, daß sich rasch eine pragmatische Arbeitsteilung herausbilden wird. Grundsätzlich ist das Vorhandensein einer Mehrzahl von Instrumenten nützlich, um auf eine komplexe, sich rasch wandelnde politische und wirtschaftliche Entwicklung einwirken zu können.

So bedeutend die verschiedenen Elemente der institutionellen Architektur Europas sind, das Herzstück, das zentrale Element ist heute ohne Zweifel die Europäische Gemeinschaft. Gestützt auf ihre supranationalen Strukturen und ihr bewährtes Konzept der Integration und orientiert auf das Ziel der europäischen Einigung stellt die Gemeinschaft heute das Gravitationszentrum der europäischen Strukturen dar. Nichts unterstreicht diese besondere Stellung der Gemeinschaft deutlicher als der Wunsch nahezu aller europäischer Staaten, ihr zum ehestmöglichen Zeitpunkt beizutreten.

Für die Reformstaaten Zentral- und Osteuropas ist die Gemeinschaft nicht nur der mit Abstand bedeutendste wirtschaftliche Partner. Sie bietet auch – politisch, gesellschaftlich und wirtschaftlich – das Modell, an dem sich die Reformbemühungen orientieren. Der Wunsch nach Annäherung an die EG ist ein bestimmender Faktor für die Dynamik der Reformen. Die Gemeinschaft hat sich dieser Herausforderung gestellt. Sie koordiniert die Wirtschaftshilfe des Westens und leistet selbst den größten Anteil dazu. Sie hat mit den meisten Ländern der Region Kooperationsabkommen abgeschlossen und mit Ungarn, Polen und der Tschechoslowakei eine neue Form von Assoziierungsabkommen. Und sie akzeptiert das Ziel der schrittweisen Heranführung und Einbeziehung dieser Länder in den Integrationsprozeß.

Integrationspolitik ist – und war seit jeher – in allererster Linie Friedenspolitik. Wirtschaftliche Interdependenz stellte für die Gründer der Europäischen Gemeinschaft keinen Selbstzweck dar. Vielmehr sollte durch den Zusammenschluß von Staaten in einem System wechselseitiger Abhängigkeiten der Ausbruch eines Krieges undenkbar und schließlich auch faktisch unmöglich werden. Für den westeuropäischen Bereich war dieses Konzept erfolgreich. Integration hat hier das schwere Erbe von Jahrhunderten voll Krieg und Konflikt überwunden.

Heute hat die Gemeinschaft die einzigartige Chance, diese friedenstiftende Rolle der Integration auf den gesamten europäischen Kontinent auszudehnen. Es ist evident, daß sie dieser Aufgabe nur gerecht werden kann, wenn sie ihre eigene innere Kohärenz stärkt und ihre Strukturen weiterentwikkelt. Mit der Einigung über den Vertrag über die Europäische Union beim

EG-Gipfel in Maastricht am 10. Dezember 1991 ist die Gemeinschaft einen wesentlichen Schritt in diese Richtung weitergekommen. Durch den Vertrag werden die Zuständigkeiten der Gemeinschaft den gewachsenen Herausforderungen angepaßt. Während neue Bereiche in die Integration einbezogen werden, werden gleichzeitig das Subsidiaritätsprinzip als tragender Grundsatz verankert und die regionale Dimension der Integration gestärkt. Die Effektivität der Gemeinschaftsinstitutionen wird durch strukturelle Reformen erhöht; ihre demokratische Legitimität durch den Ausbau der Rechte des Europäischen Parlaments gefestigt. Die klare Perspektive der Einführung einer gemeinsamen europäischen Währung noch in diesem Jahrzehnt wird der wirtschaftlichen Integration starke Impulse geben und damit zu größerem Wohlstand für alle Europäer beitragen.

Die systematische Zusammenarbeit der Mitgliedstaaten und die Durchführung gemeinsamer Aktionen im Rahmen der Gemeinsamen Außen- und Sicherheitspolitik werden es der Gemeinschaft erleichtern, ihre Rolle als Stabilitätsanker für alle europäischen Staaten wirkungsvoll wahrzunehmen. Die Gemeinschaft hat in Maastricht die Entwicklung einer gemeinsamen Verteidigungspolitik als ein längerfristiges Ziel festgelegt. In Maastricht wurde beschlossen, die Westeuropäische Union (WEU) stufenweise zur „Verteidigungskomponente" der Europäischen Union (EU) auszubauen.

Die WEU ist ein eigenständiges Bündnis, dem gegenwärtig neun der zwölf EG-Staaten angehören. Sie bleibt auch nach Maastricht eine selbständige Organisation, wenn auch dem künftigen Nahverhältnis zur EG durch die Verlegung des WEU-Sekretariates nach Brüssel Rechnung getragen wurde. Die WEU definiert sich als „integraler Teil des Entwicklungsprozesses der EU" und erklärt sich bereit, Beschlüsse und Aktionen, die verteidigungsrelevante Auswirkungen haben, für die EU zu erarbeiten und durchzuführen. Die ihr noch nicht angehörenden Staaten der EG werden eingeladen, ihr beizutreten oder einen Beobachterstatus anzunehmen. Dies betrifft Dänemark, Griechenland und Irland. Jene europäischen NATO-Staaten, die (noch) nicht Mitglied der EG sind, sollen sich der WEU assoziieren können: Diese Möglichkeit steht damit Norwegen, Island und der Türkei offen.

Im Hinblick auf das Auslaufen des WEU-Vertrages im Jahre 1998 ist für 1996 sowohl im Rahmen der EU als auch der WEU eine Überprüfung der Maastrichter Vereinbarungen vorgesehen.

Die Beschlüsse von Maastricht über Sicherheits- und Verteidigungspolitik sind Ausdruck des Wunsches, neue tragfähige Strukturen zur Gewährleistung der Sicherheit Europas zu schaffen. Mit dem Ende der Ost-West-Konfrontation ist zwar die Gefahr eines großen Krieges in Europa geschwunden, das Risiko begrenzter militärischer Konflikte dürfte dagegen eher gestiegen sein. Daß Europa derzeit noch nicht über entsprechende Mittel verfügt, um diesen neuen Bedrohungen effektiv zu begegnen, wurde in den Ereignissen des Jahres 1991 im früheren Jugoslawien erschreckend deutlich. Der Aufbau eines stabilen, gesamteuropäischen Sicherheitssystems ist ein langfristiger Prozeß. Die Diskussion über die dazu erforderlichen Mechanismen und Strukturen und über die Aufgabenverteilung unter den verschiedenen Institutionen, vor allem der EG/WEU, der NATO und der KSZE, ist noch lange nicht abgeschlossen.

Die NATO bleibt weiterhin eine unverzichtbare Säule der militärischen Sicherheitspolitik und ein wesentliches Instrument der transatlantischen Beziehungen. Das – im November 1991 beim NATO-Gipfeltreffen in Rom verabschiedete – „Neue Strategische Konzept der Allianz" erweitert die seit 1967 gültige und in ihrer Flexibilität bewährte Harmel-Philosophie „Verteidigung und Dialog" um das Element der „Zusammenarbeit" mit den zentral- und osteuropäischen Staaten. Die Abrüstungsvereinbarungen im Bereich der konventionellen Waffen werden duch eine Reduktion des Streitkräfteumfanges und der Einsatzbereitschaft sowie durch die von den USA und der Sowjetunion einseitig beschlossene Beseitigung eines Großteils der taktischen Atomwaffen ergänzt. Die neuen Streitkräftestrukturen der NATO sollen künftighin durch erhöhte Flexibilität und Mobilität der verbleibenden Truppen sowie durch die Schaffung von multinationalen Eingreifverbänden bestimmt sein. Der mit der Umstrukturierung verbundene Abbau der militärischen Präsenz der USA bedeutet gleichzeitig eine relative Zunahme der Eigenverantwortung der westeuropäischen Staaten für ihre Sicherheit. Die Beibehaltung einer Mindestmasse von konventionellen US-Streitkräften auf dem Kontinent wird aber trotzdem weiterhin als vital für die europäische Sicherheit angesehen. Das gilt in den Augen vieler NATO-Mitglieder auch für die Nuklearwaffen der USA.

Ähnlich weitreichend waren die Beschlüsse zur Neugestaltung des Verhältnisses zu den ehemaligen Warschauer Pakt-Staaten. Gemäß der „Römer Erklärung über Frieden und Zusammenarbeit" sollen die seit dem Londoner Gipfeltreffen hergestellten offiziellen Kontakte zu den ost- und mitteleuropäischen Staaten weiter ausgebaut und durch regelmäßige Treffen auf politischer Ebene institutionalisiert werden. Die NATO sieht sich zwar aus politischen Gründen nicht in der Lage, die zentral- und osteuropäischen Staaten als Mitglieder aufzunehmen bzw. ihnen eine Sicherheitsgarantie zu geben. Sie ist jedoch um verstärkte Zusammenarbeit bemüht; dadurch sollen bei den früheren Gegnern der NATO Isolierungsängste abgebaut und Zeichen für den Übergang zur kooperativen Sicherheit in Europa gesetzt werden.

Der auf Grund dieser NATO-Vorschläge ins Leben gerufene „Nordatlantische Kooperationsrat" trat am 20. 12. 1991 zu seiner ersten Tagung zusammen. Vereinbarungsgemäß haben an dieser nicht nur die Außenminister der NATO-Staaten, sondern auch die Außenminister aus sechs zentral- und osteuropäischen Ländern teilgenommen.

Auch der KSZE könnte eine wichtige Funktion in einem europäischen Sicherheitssystem zukommen. Als umfassendstes Forum bringt die KSZE sämtliche europäische Staaten, die USA, Kanada und nun auch die nichteuropäischen Nachfolgestaaten der Sowjetunion in einem institutionellen Rahmen des Dialogs und der Kooperation zusammen. Sie wird damit zu einem wesentlichen Stabilitätsfaktor, auch wenn die große Zahl und Heterogenität der Teilnehmer sowie das Konsensprinzip eine operationelle Rolle dieses Forums erschweren.

Fest steht, daß ein neues europäisches Sicherheitssystem auf völlig anderen Konzepten und Denkmustern beruhen wird als auf jenen, welche die europäische Sicherheitspolitik in den vergangenen vier Jahrzehnten geprägt haben. An die Stelle der wechselseitigen Drohung mit nuklearer Vernichtung wird enge sicherheitspolitische Zusammenarbeit zwischen allen europäischen Staaten treten. Statt der Abschreckung im bipolaren System wird es um die solidarische Abwehr von Bedrohungen Europas von innen und außen gehen. Wirksame Vorkehrungen für die Abwehr von Aggressionen und Rechtsbrüchen werden auch in Zukunft gebraucht werden. Ebenso klar ist, daß alle europäischen Staaten gefordert sind, am Aufbau und am Funktionieren eines derartigen Sicherheitssystems mitzuarbeiten. Denn Sicherheit kann in einem Europa ohne Blöcke, in einer Zeit zunehmender wechselseitiger Abhängigkeiten nicht mehr durch Abseitsstehen, sondern nur durch solidarisches Handeln gewährleistet werden.

Die Standfestigkeit der neuen europäischen Architektur wird ganz wesentlich davon abhängen, wie sehr sich die pluralistische Demokratie, die Rechtsstaatlichkeit und die Achtung der Menschenrechte in allen Teilen Europas durchsetzen. Das in der Pariser KSZE-Charta zum Ausdruck gebrachte Bekenntnis zu diesen Grundwerten ist gewissermaßen der geistige und weltanschauliche Zement, der die Strukturen des neuen Europas zusammenhält. Ohne dieses Bindemittel wird Europa in seine Bestandteile zerfallen, werden die Beziehungen zwischen den europäischen Staaten bald wieder von Mißtrauen und Spannungen überschattet sein. Dies unterstreicht die Bedeutung der menschlichen Dimension der KSZE und des Europarates. Auch die KSZE muß für eine kontinuierliche Überwachung der menschenrechtlichen Situation in allen ihren Teilnehmerstaaten sorgen. Das Moskauer Menschenrechtstreffen im Oktober 1991 hat hiefür wirksame neue Mechanismen geschaffen. Der Europarat, der bei seinen Mitgliedstaaten ein hohes Maß an demokratischer und menschenrechtlicher Qualität voraussetzt und über ein wesentlich höher entwickeltes Menschenrechtsschutzinstrumentarium verfügt, öffnet sich den zentral- und osteuropäischen Staaten schrittweise – je nach der Entwicklung der innerstaatlichen Reformen. (Bisher sind Ungarn, die Tschechoslowakei und Polen als Mitglieder aufgenommen worden.) Aber auch jenen Staaten, die noch nicht beitreten können, erleichtert er die gesellschaftliche, politische und rechtliche Erneuerung durch die Zurverfügungstellung von Expertise und die Einbeziehung dieser Länder in seine Arbeit.

Insgesamt zeichnet sich die politische Architektur des neuen Europas heute also durch Pluralität, ein Nebeneinander verschiedener Institutionen und „variable Geometrie“ aus. Diese komplexe Konfiguration reflektiert die Unterschiedlichkeit der Aufgaben und Probleme, sie ermöglicht eine auf besondere nationale und regionale Erfordernisse abgestimmte Vorgangsweise. Für eine erfolgreiche Gestaltung des neuen Europas wird allerdings wesentlich bleiben, daß alle Strukturelemente der europäischen Architektur von denselben fundamentalen Werten getragen sind und daß sie alle dem Ziel einer gesamteuropäischen Solidarität dienen.

Die Europäische Gemeinschaft 1991

1991 war ein Jahr tiefgreifender Umwälzungen in Europa, die die EG immer stärker als Bezugspunkt und Hoffnungsträger mit ständig wachsender kontinentaler Verantwortung in den Mittelpunkt rückten. Es war für die Gemeinschaft ein Jahr großer politischer Herausforderungen – Jugoslawien, Sowjetunion, zentral- und osteuropäische Staaten – die mit wechselndem Erfolg und Durchschlagskraft bewältigt wurden. Diese Herausforderungen haben sich letztlich befruchtend auf die Stärkung der eigenen Integration ausgewirkt. Die Gemeinschaft konnte die geplanten Fortschritte bei der Verwirklichung des Binnenmarktes erzielen. Es gelang ihr, die beiden Regierungskonferenzen über die Wirtschafts- und Währungsunion sowie die Politische Union in Maastricht im Dezember 1991 erfolgreich abzuschließen.

Mit dem Vertrag über die **Europäische Union** hat die EG einen Qualitätssprung vollzogen: Die Entwicklung zur **Wirtschafts- und Währungsunion** wurde festgeschrieben; die Union wird spätestens 1999 über eine einheitliche Währung verfügen; die **Politische Union** ist durch die vertragliche Verankerung einer gemeinsamen Außen- und Sicherheitspolitik einen wichtigen Schritt vorangekommen.

Die Anziehungskraft der Gemeinschaft wurde durch den **Beitrittsantrag Schwedens** am 1. Juli 1991 unterstrichen. Weitere EFTA-Staaten könnten 1992 dem Beispiel Österreichs und Schwedens folgen. Auch Ungarn, Polen und die CSFR, mit welchen 1991 die Verhandlungen über maßgeschneiderte Assoziierungsabkommen erfolgreich abgeschlossen wurden, haben ihre Beitrittswünsche eindeutig artikuliert.

Die Beziehungen zu den EFTA-Staaten sollen mit dem Vertrag über den Europäischen Wirtschaftsraum, der 1991 bis auf eine institutionelle Frage (Gerichtsorgan) ausverhandelt wurde, auf eine neue Ebene gehoben werden, wodurch mit 1. Jänner 1993 ein großer Binnenmarkt für 380 Mio Europäer entstehen soll.

Politische Union – Wirtschafts- und Währungsunion

Die Fortschritte, die die Europäische Gemeinschaft im Jahr 1991 in der Fortführung der Integration erzielen konnte, haben ihre Wurzeln einerseits in der seit Mitte der 80er Jahre erneuerten Dynamik des Integrationsprozesses, andererseits aber auch in den fundamentalen Veränderungen der gesamteuropäischen Situation, die die Gemeinschaft vor neue Herausforderungen stellten und die Entwicklung wirksamer Instrumente zur Bewältigung dieser Probleme erforderlich machten.

Die **Einheitliche Europäische Akte** des Jahres 1986 und noch mehr der Beschluß, den **Binnenmarkt** bis zum 1. Jänner 1993 fertigzustellen, hatten dem lange Jahre stagnierenden Integrationsprozeß wesentliche neue Impulse verliehen.

Das in der Vergangenheit mehrfach erfolglos diskutierte Projekt einer Wirtschafts- und Währungsunion schien nun eine logische Ergänzung des Binnenmarkts und wurde zu einem realistischen Ziel. Unter Vorsitz des Präsidenten der EG-Kommission, Jacques Delors, wurde im Jahr 1988 ein dreistufiges Konzept zur Verwirklichung der Wirtschafts- und Währungsunion ausgearbeitet. Die erste Vorbereitungsphase, die im wesentlichen eine verstärkte Koordinierung zwischen den Mitgliedstaaten bringen soll, wurde am 1. Juli 1990 eingeleitet. Bei den Verhandlungen im Jahr 1991 ging es um die Modalitäten der zweiten Stufe sowie um den Übergang zur und die konkrete institutionelle Ausgestaltung der Endstufe, die die Einführung einer gemeinsamen EG-Währung bringen soll.

Das Projekt der Wirtschafts- und Währungsunion entsprach also dem traditionellen Konzept der Europäischen Integration. Ihm zufolge soll die Vernetzung und Verschmelzung der nationalen Wirtschaften zu einem immer engeren Zusammenschluß der europäischen Völker führen. Tatsächlich hat sich die Europäische Gemeinschaft im Vergleich zu anderen Versuchen einer überregionalen wirtschaftlichen Integration als überaus erfolgreich erwiesen.

Auch das Konzept der Politischen Union, das auf direktem Weg – also durch politische Mechanismen und Vereinbarungen – eine größere politische Kohärenz der EG-Staaten herbeiführen will, war bereits in der Vergangenheit verschiedentlich vorgebracht worden. Durch die Veränderungen des politischen Umfelds in Europa erhielt es nun eine neue Dringlichkeit und Relevanz. Mit der Beendigung des Kalten Krieges und

Interhandel in verschiedenen Wirtschaftsregionen in Prozent der Gesamtexporte 1960 – 1987

Wirtschaftliche Region	1960	1970	1976	1980	1983	1987
Europäische Gemeinschaft[1])	*34,6*	*48,9*	.	*52,8*	*52,4*	*58,8*
Vereinigung der Süd-Ost-Pazifischen Staaten	*21,7*	*14,7*	*13,9*	*17,8*	*23,1*	*17,7*
Zentralafrikanische Zoll- und Wirtschaftsunion	*1,6*	*3,4*	*3,9*	*4,1*	*2,0*	*0,9*
Zentralamerikanischer Markt	*7,5*	*26,8*	*21,6*	*22,0*	*21,8*	*11,9*
Karibische Gemeinschaft	*4,5*	*7,3*	*6,7*	*6,4*	*9,3*	*6,3*
LAIA – Lateinamerikanische Freihandelszone	*7,7*	*10,2*	*12,8*	*13,5*	*10,2*	*11,3*
Anden-Gruppe	*0,7*	*2,3*	*4,2*	*3,5*	*4,3*	*3,2*
Westafrikanische Wirtschaftsgemeinschaft	*2,0*	*9,1*	*6,7*	*6,9*	*11,6*	*7,7*

Quelle: Lächler 1989.

[1]) Betrifft die ursprünglich 6 Mitglieder bis 1970 und 9 nach 1980.

der Beseitigung der bipolaren Struktur Europas wurde die Gemeinschaft zum zentralen Ordnungsfaktor, zum Gravitationszentrum der europäischen Politik. In der Sicherung der Stabilität im andauernden europäischen Umgestaltungsprozeß, im Management von wirtschaftlichen und politischen Krisen kommt ihr heute eine Schlüsselfunktion zu. Dieser neuen Verantwortung kann die Gemeinschaft nur gerecht werden, wenn sie zu größerer innerer Solidarität findet und über ein effektiveres Entscheidungs- und Durchführungsinstrumentarium verfügt.

Ein weiterer wichtiger Impuls für die politische Union ergab sich aus der Verwirklichung der **deutschen Einheit** im Herbst 1990. Viele europäische Regierungen vertraten die Auffassung, daß dem sich aus der Zunahme des politischen und wirtschaftlichen Gewichts Deutschlands potentiell ergebenden Risiko für das europäische Gleichgewicht durch eine maximale Einbindung Deutschlands in die Strukturen der Gemeinschaft am effektivsten begegnet werden könne. Die deutsche Regierung teilte diese Auffassung und trug sehr wesentlich zum Zustandekommen der Politischen Union teil.

Die Verhandlungen über die Politische Union und die Wirtschafts- und Währungsunion fanden in zwei parallel arbeitenden Regierungskonferenzen statt, die am 15. Dezember 1990 in Rom eröffnet wurden. Beide, in ihren Verlauf eng miteinander verkoppelten Konferenzen gestalteten sich schwierig.

Im Bereich der Wirtschafts- und Währungsunion standen die Verhandlungen im Zeichen der vor allem von Deutschland mit der Unterstützung anderer Staaten vertretene Forderung nach einer maximalen Absicherung einer stabilitätspolitisch orientierten Währungspolitik. Zu diesem Zweck sollte die Einleitung der dritten Stufe von der Erfüllung strenger Kriterien bezüglich Inflation, Budgetdefizite und Staatsschulden abhängig gemacht werden. Die ärmeren EG-Staaten wollten dagegen verhindern, daß es im Währungsbereich zu einem Europa der „zwei Geschwindigkeiten" kommt, in dem sie für absehbare Zeit von der Teilnahme an der gemeinsamen Währung ausgeschlossen wären. Ein schwer zu lösendes Sonderproblem bildete ferner die Haltung Großbritanniens, das sich weigerte, irgendeine Verpflichtung zur Beteiligung an der dritten Stufe der Währungsunion einzugehen.

Wohl noch komplexer waren Verhandlungen über die Politische Union. Sie waren vom Gegensatz zwischen den Befürwortern eines europäischen Bundesstaates und den Verteidigern eines möglichst hohen Grades nationaler Souveränität geprägt. Dieser Gegensatz bestimmte die Verhandlungen in sämtlichen Bereichen – von dem Projekt einer Gemeinsamen Außen- und Sicherheitspolitik, über die Stärkung des europäischen Parlaments, über die Erweiterung und den Ausbau der Gemeinschaftskompetenzen, über die Straffung des internen Entscheidungsprozesses bis zur Zusammenarbeit im Bereich der Innen- und Justizpolitik. Manche Staaten befanden sich jedoch in verschiedenen Bereichen auf unterschiedlichen Seiten der Frontstellung. So zählte z. B. Frankreich zu den engagiertesten Befürwortern einer gemeinsamen Sicherheitspolitik, zeigte jedoch Zurückhaltung, wenn es um die Stärkung der Rolle des Europäischen Parlaments ging. Umgekehrt vertraten die Niederlande in den meisten Fragen eine „föderalistische" Position, nahmen jedoch im Sicherheitsbereich eine vorsichtige Haltung ein, da sie besonderen Wert darauf legten, die „atlantische" Bindung zur USA nicht zu gefährden. Aus dieser differenzierten Interessenskonstellation und der Vielfalt der behandelten Fragen resultierte einer der komplexesten Verhandlungsprozesse in der Geschichte der Gemeinschaft.

Die Arbeiten vollzogen sich vor dem Hintergrund der dramatischen Entwicklungen des Jahres 1991; des **Golfkonflikts**, in dem der Mangel einer einheitlichen EG-Politik generell als Zeichen der Schwäche der Gemeinschaft gewertet wurde; der **Jugoslawien-Krise**, in der die neue gesamteuropäische Verantwortung der EG sichtbar wurde, die jedoch letztlich auch die Schwächen der vorhandenen Mechanismen aufzeigte; und schließlich des **Zerfalls der Sowjetunion**, der neue Stabilitätsbedrohungen mit sich brachte, jedoch andererseits die Rolle der Gemeinschaft als Zentrum der europäischen Politik noch unterstrich. Auch die immer deutlicher hervortretende und schließlich von allen EG-Staaten akzeptierte Perspektive der Erweiterung der Gemeinschaft, zunächst um Österreich und Schweden (sowie allenfalls noch um einzelne andere EFTA-Staaten) und in einer zweiten Stufe auch um neue Demokratien Zentral- und Osteuropas, beeinflußte die Arbeit der Regierungskonferenzen.

Eine wichtige Etappe bildete die Vorlage des Entwurfs eines Vertrages über die Politische Union durch die luxemburgische EG-Präsidentschaft im April 1991. Luxemburg steuerte darin einen geschickten Mittelweg zwischen maximalistischen und minimalistischen Positionen und zeichnete in vielen Bereichen die Verhandlungsergebnisse vor. Auf dem Gebiet der Wirtschafts- und Währungsunion erfüllte ein von den Niederlanden im September 1991 präsentierter Text einen ähnlichen Zweck.

Trotz einer Serie vorbereitender Tagungen auf Ministerebene konnten eine Reihe von Schlüsselfragen erst von den Staats- und Regierungschefs während ihres Gipfeltreffens in Maastricht am 9.–10. Dezember 1991 gelöst werden. Die beiden nach schwierigen Verhandlungen vom Gipfel angenommenen Vertragstexte über die Politische und die Wirtschafts- und Währungsunion wurden in der Folge zu einem einheitlichen Vertrag über die Europäische Union vereinigt, der im ersten Jahresdrittel 1992 unterzeichnet werden soll. Zieldatum für sein Inkrafttreten ist der 1. Jänner 1993.

Die wichtigsten Ergebnisse von Maastricht lassen sich wie folgt zusammenfassen:

Die Wirtschafts- und Währungsunion

Das zentrale Element der diesbezüglichen Beschlüsse von Maastricht ist die unwiderrufliche Festlegung der Einführung einer gemeinsamen Währung und zwar frühestens 1997, spätestens aber 1999. Dieses Ziel soll in drei Stufen verwirklicht werden.

Bei der ersten, bereits 1990 eingeleiteten Stufe geht es im wesentlichen um die Eliminierung der noch verbleibenden Beschränkungen des Kapitalverkehrs sowie um eine stärkere Ausrichtung der Wirtschafts- und Währungspolitik der Mitgliedstaaten auf die Erfordernisse der Geldwertstabilität und der Haushaltsdisziplin. Die Geldpolitik soll zwar enger koordiniert werden, die wirtschafts-, währungs- und geldpolitischen Zuständigkeiten verbleiben jedoch in der ausschließlichen Verantwortung der Mitgliedstaaten.

Mit Beginn der zweiten Stufe am 1. Jänner 1994 wird der derzeitige Gouverneursrat durch ein „Europäisches Währungsinstitut" abgelöst. Abgesehen von Koordinierungsfunktionen hat das Institut primär die Aufgabe, die Voraussetzungen dafür zu schaffen, daß die zukünftige Europäische Zentralbank ihre Funktionen sofort bei Beginn der Endstufe aufnehmen kann. Es wird daher insbesondere die Instrumente für die Durchführung einer einheitlichen Wechselkurspolitik und für die Ausgabe der gemeinsamen Währung ausarbeiten. Zu Beginn der zweiten Stufe wird ferner die Zusammensetzung des ECU-Währungskorbes eingefroren. Der essentielle wirtschaftliche Inhalt der zweiten Stufe ist die Herstellung der für die volle Wirtschafts- und Währungsunion erforderlichen Konvergenz der wirtschaftlichen Grunddaten der Mitgliedstaaten.

Die Teilnahme an der dritten Stufe ist von der Erreichung strenger Kriterien bezüglich Preis-, und Währungsstabilität, Budgetdefizit und Staatsverschuldung abhängig. Sofern mehr als die Hälfte der EG-Mitgliedstaaten das erforderliche Maß an wirtschaftlicher Konvergenz erreicht haben (derzeit gilt dies nur für Frankreich, Dänemark und Luxemburg), kann die dritte Stufe bereits 1997 beginnen.

Erfüllung der Konvergenzkriterien für die Währungsunion
(Konvergenzindikatoren)

	Inflations-Rate	Übermäß. Haushalts-defizit	[1])	Zins-satz	Gesamt-resultat 1991
Belgien	3,3	Ja	Ja	9,4	Nein
Dänemark	2,7	Nein	Ja	10,1	Ja
Deutschland	3,4	Ja	Ja	8,5	Nein
Frankreich	3,0	Nein	Ja	9,5	Ja
Griechenland	18,3	Ja	Nein[2])	27,5	Nein
Großbritannien	6,2	Nein	Nein	10,1	Nein
Irland	3,0	Ja	Ja	9,2	Nein
Italien	6,4	Ja	Ja	11,4	Nein
Luxemburg	3,2	Nein	Ja	8,1	Ja
Niederlande	3,3	Ja	Ja	8,7	Nein
Portugal	11,4	Ja	Nein[2])	22,2	Nein
Spanien	5,9	Ja	Nein	12,8	Nein
Österreich	**3,2**	**Nein**	**Ja**	**8,5**	**Ja**
Finnland	4,3	Ja	(Ja)[3])	12,5	Nein
Island	6,8	Nein	Nein	17,2	Nein
Norwegen	3,4	Nein	Ja	10,0	Ja
Schweden	10,0	Nein	Ja	10,7	Nein
Schweiz	5,2	(Nein)	Nein	6,0	Nein
Kriterien	4,1	Nein	Ja	11,6	Ja

Quelle: EG, OECD.

[1]) Teilnahme im schmalen Band am EWS-Wechselkursmechanismus.

[2]) Nimmt nicht am EWS-Wechselkursmechanismus teil.

[3]) Art 109 F § 3 Abs 3 besagt: „. . . die Beibehaltung (. . .) über mindestens zwei Jahre ohne Abwertung gegenüber der Währung eines anderen Mitgliedstaates.“ Finnland hätte demnach die Konvergenzkriterien verletzt, wenn die Bewertung 1991 stattgefunden hätte.

Spätestens beginnt sie am 1. Jänner 1999 unter den wirtschaftlich dafür reifen Mitgliedstaaten (keine Mindestzahl). Generell ist die Teilnahme an der dritten Stufe verpflichtend. Nur Großbritannien und Dänemark wurde eine „opting out"-Möglichkeit zugestanden.

Zu Beginn der Endstufe werden die Wechselkurse zwischen den Währungen der beteiligten Länder unwiderruflich festgeschrieben. Die Währungs- und Geldpolitik wird einem Europäischen System der Zentralbanken übertragen, das aus einer Europäischen Zentralbank und den Zentralbanken der Mitgliedstaaten bestehen wird. Prioritäres Ziel der Geldpolitik ist die Gewährleistung der Preisstabilität. Zur Absicherung des Primats des Stabilitätsauftrags ist ein Höchstmaß an Unabhängigkeit der Organe der Zentralbank aber auch der nationalen Zentralbanken vorgesehen.

Die Verantwortung für die Wirtschaftspolitik bleibt demgegenüber auch in der dritten Stufe bei den Mitgliedstaaten. Sie müssen ihre Politik aber in Hinblick auf die Ziele der Union koordinieren und so ausrichten, daß sie zum guten Funktionieren der Währungsunion beitragen. Ein solides Haushaltsgebaren der Mitgliedstaaten wird dabei eine wesentliche Grundvoraussetzung für den Erfolg der Währungsunion darstellen. Um dieses abzusichern, ist im Vertrag ein Überwachungsmechanismus vorgesehen, der auch die Möglichkeit von Sanktionen einschließt.

Politische Union

Mit dem neugeschaffenen Status der **Europabürgerschaft** soll das Aufenthaltsrecht auf dem gesamten EG-Territorium sowie das Wahlrecht in den Gemeinderatswahlen im jeweiligen Aufenthaltsland und in den Wahlen zum Europaparlament verbunden sein. Die Modalitäten und Grenzen dieser Rechte sollen bis 1994 im ersten Fall bzw. bis 1993 im zweiten festgelegt werden. Ferner ist vorgesehen, daß jeder EG-Bürger den diplomatischen und konsularischen Schutz der Botschaften jedes Mitgliedstaates genießen soll.

Ein wichtiges Korrelat zu der im Vertrag vorgesehenen Ausweitung der Kompetenzen der Gemeinschaft ist die **Festschreibung des Subsidiaritätsprinzips** als allgemeine Regel des Gemeinschaftsrechts. Demnach darf die Gemeinschaft nur innerhalb der Grenzen der ihr im Vertrag übertragenen Befugnisse und gesteckten Ziele tätig werden. Außerhalb ihrer ausschließlichen Zuständigkeit (z. B. Zollunion, gemeinsame Agrarmarktordnung) darf die Gemeinschaft nur Maßnahmen treffen, wenn das Ziel der Maßnahme sich von den Mitgliedstaaten nicht ausreichend erreichen läßt und wegen des Umfangs und der Auswirkungen der Maßnahme besser auf Ebene der Gemeinschaft verwirklicht wird.

Ein wesentliches Element der Maastrichter Beschlüsse sind **neue Gemeinschaftskompetenzen** in den Bereichen Bildung und Jugend, Kultur, Transeuropäische Netze, Industrie, Verbraucherschutz, Gesundheitswesen und Visapolitik. Zu einem beträchtlichen Teil werden dadurch allerdings lediglich bereits bestehende Aktivitäten der Gemeinschaft auf eine neue rechtliche Basis gestellt.

In der **Umweltpolitik** soll es verstärkt zu Mehrheitsentscheidungen kommen. In Zukunft wird in diesem Bereich nur mehr bei Steuervorschriften, Raumordnungsfragen und bei Maßnahmen, die die Wahl eines Mitgliedstaates zwischen Energieträgern und die Struktur der Energieversorgung beeinflussen, Einstimmigkeit gefordert sein. Aus österreichischer Perspektive besonders wesentlich ist weiters, daß gemeinschaftliche Schutzmaßnahmen einzelne Mitgliedstaaten nicht daran hindern, wirksamere (nationale) Schutzmaßnahmen beizubehalten oder zu ergreifen. Solche Maßnahmen müssen mit dem Vertrag vereinbar sein und der Kommission bekanntgegeben werden.

Im Bereich der **Sozialpolitik** führte die Weigerung Großbritanniens, Mehrheitsabstimmungen zu akzeptieren, schließlich zu dem Beschluß der elf übrigen Staaten, in Zukunft ohne Großbritannien und formell außerhalb der Union zusammenzuarbeiten. Großbritannien bleibt allerdings durch seine Bindung an den bisherigen „Acquis" in den Sozialbereich eingebunden. Der in den Anhang zum Vertrag aufgenommenen Protokollerklärung der elf Mitgliedstaaten zufolge soll künftig in einer Reihe von Fragen (u.a. Gesundheitsschutz und Arbeitsbedingungen, Gleichstellung von Mann und Frau) EG-Regelungen im Wege von Mehrheitsentscheidungen angenommen werden. Andere Aspekte wie z.B. soziale Sicherheit, Schutz der Arbeitnehmer bei Kündigungen und Arbeitnehmervertretungen bleiben einstimmigen Entscheidungen vorbehalten. Aufgrund der stärkeren Durchsetzung des Mehrheitsprinzips und ohne Großbritannien, das in diesem Bereich traditionell eine überaus restruktive Haltung eingenommen hat, sollten nunmehr raschere Fortschritte bei der Umsetzung der im Jahre 1989 verabschiedeten Sozialcharta möglich sein. Eine bedeutende Neuerung ist ferner die institutionelle Einbindung der Sozialpartner in die Konsultationen der EG und ihre Teilnahme an der Umsetzung von Sozialvorschriften dar. Auch die Möglichkeit von Sozialpartnerabkommen auf Gemeinschaftsebene ist vorgesehen.

Neuordnung der Organe – Effizienz der Union

Dem verschiedentlich erhobenen Vorwurf der mangelnden demokratischen Legitimität der Gemeinschaft wird durch die **Aufwertung des Europäischen Parlaments** begegnet. Wichtigster Punkt ist dabei das **Mitbestimmungsverfahren**, welches für den Fall, daß der Rat einen Abänderungsvorschlags des Europäischen Parlaments zu Gesetzesentwürfen nicht annimmt, die Einsetzung eines paritätisch besetzten Vermittlungsauschusses vorsieht. Das Parlament kann somit in bestimmten, tatsächlich allerdings recht eingeschränkten Bereichen (Binnenmarkt, Konsumentenschutz, Niederlassungsfreiheit sowie bestimmte Aspekte der Umweltpolitik, Kultur, Forschung und Technologie) in direkten Verhandlungen mit dem Rat neue Beschlüsse mitgestalten. Bedeutsam ist auch das Recht des Parlaments, die Kommission zur Vorlage von Vorschlägen für Rechtsnormen aufzufordern (indirektes Initiativrecht). Im übrigen ist die Möglichkeit von Untersuchungsausschüssen, die Einsetzung einer Art Ombudsman und ein Vertrauensvotum für die neuernannte Kommission vorgesehen.

Mit der Einrichtung des **Ausschusses der Regionen** wird ansatzweise eine „dritte institutionelle Ebene" (Union – Mitgliedsstaat – Region) geschaffen. Der Ausschuß wird sich aus 189 Vertretern regionaler und lokaler Gebietskörperschaften zusammensetzen. Er hat in bestimmten Bereichen einen Anspruch auf Konsultation und kann darüber hinaus aus eigener Initiative Stellung nehmen. Durch die neue Institution soll spezifisch regionalen Anliegen im Prozeß der europäischen Integration stärkeres Gewicht verschafft werden.

Nicht unerheblich ist schließlich auch die Bestimmung, wonach der **Europäische Gerichtshof** in Zukunft im Falle der Nichterfüllung seiner Urteile finanzielle Sanktionen verhängen kann.

Die Gemeinsame Außen- und Sicherheitspolitik

Eine organisierte aussenpolitische Zusammenarbeit, die sogenannte „Europäische Politische Zusammenarbeit" (EPZ) existiert in der Gemeinschaft seit dem Beginn der Siebzigerjahre. Seither hat sie sich schrittweise verfestigt. Insbesondere erhielt sie 1986 mit der Einheitlichen Europäischen Akte eine rechtliche und institutionelle Basis. Bei allen Bemühungen der EG-Mitgliedstaaten um eine stärkere Koordinierung ihrer Außenpolitik entsprach die EPZ dennoch dem klassischen intergouvernmentalen Muster. Dies kam vor allem in der einstimmigen Entscheidungsfindung zum Ausdruck.

Während die im Rahmen der EPZ festgelegten gemeinsamen Standpunkte lediglich wichtige Bezugspunkte für die Politiken der Mitgliedstaaten bildeten, sieht der Unionsvertrag die „systematische Zusammenarbeit der Mitgliedstaaten bei der Verfolgung ihrer Politik" vor. Entgegen mancher im Verlauf der Regierungskonferenz vorgelegter Vorschläge werden allerdings auch in dieser neuen Phase der außenpolitischen Zusammenarbeit alle wichtigen Entscheidungen einstimmig erfolgen.

Als wichtigste Neuerung auf dem Gebiet der Außenpolitik sieht der Unionsvertrag die Durchführung sogenannter „Gemeinsamer Aktionen" in Bereichen vor, in denen gemeinsame wichtige Interessen der Mitgliedsstaaten bestehen.

Das Verfahren bei der Annahme gemeinsamer Aktionen stellt sich wie folgt dar:

Der Europäische Rat der Staats- und Regierungschefs legt mit Einstimmigkeit allgemeine Leitlinien fest. Auf Grundlage dieser Leitlinien beschließt der Rat mit Einstimmigkeit, dass eine Frage Gegenstand einer gemeinsamen Aktion wird. Bei der Annahme einer gemeinsamen Aktion (und in jedem späteren Stadium) kann der Rat einstimmig beschließen, welche Entscheidungen mit qualifizierter Mehrheit getroffen werden können.

Die Mitgliedsstaaten sind bei ihren Stellungnahmen und in ihrem Vorgehen an die gemeinsamen Aktionen gebunden. Nur bei unabweisbarer Notwendigkeit und in Ermanglung einer Entscheidung des Rates können Mitgliedsstaaten „erforderliche Maßnahmen unter Beachtung der Ziele einer gemeinsamen Aktion" ergreifen. Auch kann ein Mitgliedsstaat, der bei der Durchführung einer gemeinsamen Aktion in Schwierigkeiten gerät, den Rat befassen, „der darüber berät und entsprechende Lösungen sucht".

Der Unionsvertrag bringt darüber hinaus auch eine Weiterentwicklung der sicherheitspolitischen Dimension der Gemeinschaft. Das Projekt, längerfristig eine gemeinsame Verteidigungspolitik zu entwickeln, die „zu gegebener Zeit zu einer gemeinsamen Verteidigung führen könnte" ist im Vertrag festgehalten. Inzwischen wird die **Westeuropäische Union (WEU)** ersucht, verteidigungsrelevante Entscheidungen auszuarbeiten und durchzuführen. EG-Mitgliedstaaten, die der WEU nicht angehören, wird angeboten, ihr beizutreten oder Beobachter zu werden. Eine Verpflichtung dazu besteht nicht. Bei einer neuerlichen 1996 einzuberufenden Regierungskonferenz sollen diese sicherheitspolitischen Vertragsbestimmungen überprüft werden.

(Über die konkrete Tätigkeit der Gemeinschaft auf außenpolitischem Bereich siehe weiter unten unter „Die Europäische Politische Zusammenarbeit im Jahre 1991").

Die Zusammenarbeit im Polizeiwesen und in Fragen der inneren Sicherheit

In diesem Bereich wurde zunächst nur die Frage, gegenüber welchen Drittstaaten Visaverpflichtungen gelten sollten, in die eigentliche Gemeinschaftspolitik einbezogen (Initiativrecht der Kommission, Einstimmigkeit – ab 1996 Mehrstimmigkeit – im Rat, Konsultation des Parlaments; bei einer Notlage, die zu einem plötzlichen Zustrom von Einwanderern führt, kann der Rat schon vor 1996 mit qualifizierter Mehrheit Visumzwang einführen). Die übrigen im Vertrag behandelten Aspekte (Asyl- und Einwanderungspolitik, Bekämpfung der Drogenabhängigkeit, Bekämpfung des internationalen Betrügerwesens, Zusammenarbeit der Justiz- und

Polizeibehörden) bleiben einer intergouvernmentalen Zusammenarbeit vorbehalten (Einstimmigkeit, geringere Beteiligung von Kommission und Parlament). Zur Unterstützung des Rats bei der Behandlung dieser Fragen wird ein hochrangiger Koordinationsausschuß eingesetzt. Ferner ist auch die Schaffung einer europäischen Polizeistelle (Europol) beabsichtigt, deren anfängliche Funktion in der Unterstützung des Informationsaustausches liegen wird. Bei der Zusammenarbeit im Polizeiwesen und bei Fragen der inneren Sicherheit ist eine neuerliche Überprüfung der Entwicklungsmöglichkeiten im Jahr 1994 vorgesehen.

Die wirtschaftliche und soziale Kohäsion

Zur Stärkung der wirtschaftlichen und sozialen Kohäsion der EG-Staaten wurde beschlossen, einen „Kohäsionsfonds" zu schaffen, dessen Mittel für Infrastruktur- und Umweltschutzprojekte in Ländern mit weniger als 90% des pro Kopf Einkommens der Gemeinschaft genutzt werden sollen. Darüber hinaus wurden auch angekündigt, daß die für die ärmeren Staaten im Rahmen der bereits existierenden Strukturfonds zur Verfügung stehenden Mittel ausgeweitet werden sollen. Auch die für das Jahr 1992 geplante Reform der EG-Finanzen soll für diese Ländern günstigere Regelung umfassen.

Österreich hat den Erfolg des Maastrichter Gipfels begrüßt. Zum einen stellte der Abschluß der Regierungskonferenzen eine von der Gemeinschaft aufgestellte Vorbedingung für die Aufnahme von Beitrittsverhandlungen dar. Durch die Einigung in Maastricht ist Österreich seiner Aufnahme in die Gemeinschaft einen Schritt näher gerückt. Zum anderen ist Österreich daran interessiert, einer dynamischen und zukunftsorientierten Gemeinschaft beizutreten. Der Maastrichter Gipfel ist zweifellos einer der wichtigsten Meilensteine in der Geschichte der Europäischen Integration. Er wird zu einer wesentlichen Stärkung der Gemeinschaft führen, die auch im österreichischen Interesse liegt.

Österreich identifiziert sich mit dem Ziel einer Wirtschafts- und Währungsunion und ist befriedigt, daß die künftige gemeinsame Währungspolitik der Gemeinschaft – wie schon bisher die österreichische – von stabilitätspolitischen Grundsätzen geprägt sein wird. Da Österreich schon heute die wirtschaftlichen Kriterien für die Teilnahme an der Währungsunion erfüllt (innerhalb der EG trifft dies nur für Frankreich, Luxemburg und Dänemark zu), wird sein Beitritt der EG helfen, dieses Ziel plangemäß zu erreichen.

Zahlreiche Elemente der Vereinbarungen über die Politische Union decken sich mit österreichischen Anliegen. Die neuen bzw. erweiterten Aufgaben der Gemeinschaft in den Bereichen innere Sicherheit und Justiz, Gesundheit, Konsumentenschutz, Infrastrukturen, Sozialpolitik sollten auch aus österreichischer Sicht Gegenstand einer vertieften Zusammenarbeit auf europäischer Ebene werden. Die Verankerung des Subsidiaritätsprinzips und die Einrichtung eines Komitees der Regionen sind ein wichtiges Gegengewicht zu dieser Stärkung der Gemeinschaftskompetenzen und werden ebenso wie die Verbesserung der Stellung des Europäischen Parlaments von Österreich aus demokratiepolitischen Erwägungen begrüßt.

Den Interessen des Beitrittskandidaten Österreich entsprechen auch die Beschlüsse über die Gemeinsame Außen- und Sicherheitspolitik. Die darin vorgesehene stärkere Koordinierung zwischen den EG-Staaten, und die Durchführung sogenannter „Gemeinsamer Aktionen" in verschiedenen Bereichen, werden es der Gemeinschaft erleichtern, jene neuen gesamteuropäischen Aufgaben zu erfüllen, die ihr aus den Veränderungen der letzten Jahre erwachsen sind. Daß die Gemeinschaft ihrer Funktion als Ordnungsfaktor und Stabilitätsanker Europas gerecht werden kann, daran hat auch Österreich ein vitales sicherheitspolitisches Interesse.

Nach seinem Beitritt zur Gemeinschaft wird Österreich in seinem eigenen Interesse an der Gemeinsamen Außen- und Sicherheitspolitik aktiv teilnehmen. Die Beschlüsse von Maastricht sind mit dem Status Österreichs als neutraler Staat vereinbar. Von Interesse ist in diesem Zusammenhang auch die im Vertrag enthaltene Bestimmung, wonach die Gemeinsame Politik mit dem spezifischen Charakter der Sicherheits- und Verteidigungspolitik bestimmter Mitgliedstaaten kompatibel sein muß.

Österreich sieht die im Vertrag vorgesehene gemeinsame Sicherheitspolitik, einschließlich ihrer Entwicklungsperspektiven, als ein wichtiges Element der Bemühungen um die Schaffung eines dauerhaften und stabilen europäischen Sicherheitssystems. Österreich ist bereit, am Aufbau und am Funktionieren eines derartigen europäischen Sicherheitssystems im Rahmen der Gemeinschaft und über diese hinaus solidarisch mitzuwirken.

Die Europaverträge mit den zentral- und osteuropäischen Staaten

Zwischen den Europäischen Gemeinschaften und den Staaten des ehemaligen RGW bestanden seit Unterzeichnung einer „Gemeinsamen Erklärung" im Juni 1988 offizielle Beziehungen. In der Folge hat sich die EG sehr eingehend mit der Frage der Weiterentwicklung ihres Verhältnisses zu den Staaten Zentral- und Osteuropas befaßt. Die Gemeinschaft ging davon aus, daß ihr bei der Überwindung der Teilung Europas eine zentrale Rolle zukommt. Vor dem Hintergrund der Umwälzungen der Jahre 1988 und 1989 kam es zunächst mit Ungarn, in der Folge auch mit allen übrigen zentral- und osteuropäischen Staaten zum Abschluß von **Handels- und Kooperationsabkommen der sogenannten ersten Generation**.

Diese enthalten neben Bestimmungen über die Liberalisierung des Marktzutritts für Warenexporte aus Zentral- und Osteuropa auch Regelungen zur Verbesserung des Investitionsklimas (z. B. Eigentumsschutz, Transfer von Gewinnen, Verhinderung von Doppelbesteuerung, Schiedsgerichtsbarkeit) und damit zur Erleichterung der Geschäftstätigkeit von Gemeinschaftsunternehmen.

Über die Handels- und Kooperationsabkommen hinausgehend hat die Gemeinschaft durch autonome Verordnungen den Abbau zahlreicher mengenmäßiger Beschränkungen zeitlich vorgezogen und das **allgemeine Präferenzsystem (Generalized System of Preferences, GSP)** auf alle zentral- und osteuropäischen Staaten ausgedehnt. Den handelspolitischen Liberalisierungsmaßnahmen stehen jedoch strenge Schutzklauseln bei einigen für die Reformstaaten wichtigen Exportprodukten gegenüber.

Am 28. 4. 1990 hatte der Europäische Rat von Dublin beschlossen, über diese Abkommen hinauszugehen und den Abschluß von **Assozierungsverträgen der sogenannten zweiten Generation (auch „Europaabkommen")** mit Polen, Ungarn und der CSFR in Aussicht zu nehmen. Die diesbezüglichen Verhandlungen wurden Ende 1990 aufgenommen. Trotz erheblicher Widerstände mancher Mitgliedstaaten gegen Handelskonzessionen vor allem im Agrar-, Textil- und Stahlbereich konnten diese Verhandlungen binnen einem Jahr beendet werden. Die Verträge wurden am 16. 12. 1991 unterzeichnet.

Die Abkommen sind in ihrer Struktur ident, gehen in den einzelnen Bestimmungen jedoch auf die unterschiedlichen Gegebenheiten in den drei betroffenen Staaten ein. Sie sind ihrer Rechtsnatur nach gemischte Abkommen, da sie teilweise den Zuständigkeitsbereich der Europäischen Gemeinschaften, teilweise aber auch die Zuständigkeitsbereiche von deren Mitgliedstaaten betreffen.

Grundbedingung für den Abschluß der Verträge war gemäß dem Mandat des EG-Rates die Fortführung des Demokratisierungsprozesses und der Übergang zur Marktwirtschaft.

Inhaltlich umfassen die Abkommen:

- die stufenweise Entwicklung zu einer Freihandelszone;
- die Rechtsgrundlage für die finanzielle und technische Hilfe der Gemeinschaft;
- den Rahmen für einen politischen Dialog;
- die Zusammenarbeit im Kulturbereich.

Für die Liberalisierung des Warenverkehrs ist eine zehnjährige, in zwei Etappen geteilte Übergangszeit vorgesehen, wobei der Abbau der Handelsbeschränkungen zugunsten der Reformstaaten **asymmetrisch** erfolgen soll. Für bestimmte sensible Produkte, wie Stahl, Textilien und landwirtschaftliche Verarbeitungsprodukte werden Sonderregelungen geschaffen. Mit der Liberalisierung des Warenverkehrs soll auch der Zahlungsverkehr in dem Maße liberalisiert werden, in dem er auf dem liberalisierten Warenverkehr beruht oder mit Direktinvestitionen verbunden ist.

Im Bereich der Freizügigkeit der Arbeitnehmer werden Erleichterungen für diejenigen geschaffen, die sich bereits legal in der Gemeinschaft aufhalten. Hingegen ist eine Liberalisierung im Dienstleistungsbereich angesichts einer Reihe von Schutzklauseln kaum absehbar. Vorgesehen ist auch eine – von zahlreichen Ausnahmen durchsetzte – Niederlassungsfreiheit für Unternehmen.

Mit der Schaffung eines **institutionalisierten politischen Dialogs** und der ebenfalls vorgesehenen Zusammenarbeit im Kulturbereich gehen die Assoziierungsabkommen mit Ungarn, Polen und der CSFR sogar über das EWR-Abkommen hinaus, das als Ausdruck des kleinsten gemeinsamen Nenners der EFTA-Staaten lediglich eine Deklaration über den politischen Dialog enthält.

Breiten Raum nimmt in den Abkommen mit Polen, Ungarn und der CSFR der wirtschaftliche Kooperationsteil ein, der verschiedene Bereiche der Zusammenarbeit umfaßt: Investitionsschutz, Wissenschaft und Forschung einschließlich der Möglichkeit, unter noch festzusetzenden Bedingungen mit dem Forschungs- und Entwicklungsrahmenprogramm der EG zusammenzuarbeiten, Erziehung und Ausbildung, Landwirtschaft und Agrarindustrie, Energie, Umwelt und Transport, Sozialpolitik, Tourismus, kleine und mittlere Unternehmen, Zollwesen, Statistik etc. Im Bereich der Geldpolitik verpflichtet sich die Gemeinschaft zur technischen Hilfe im Hinblick auf die Herstellung der vollen Konvertibilität.

Eine der Zielsetzungen der wirtschaftlichen Zusammenarbeit besteht darin, den drei neu assozierten Staaten die notwendige interne Umstrukturierung zu erleichtern. Dazu dient unter anderem auch die finanzielle Zusammenarbeit. Die Assoziierungsabkommen enthalten diesbezüglich die Zusage, daß das PHARE-Programm (Osthilfeprogramm der EG) künftighin ein Mehrjahresprogramm werden soll. Sie treffen auch Aussagen über die Instrumente zur Abwicklung der Zusammenarbeit, d. h. das PHARE-Programm, bestimmte Kredite der Europäischen Investitionsbank und die makro-ökonomische Hilfe im Rahmen der Gruppe der 24 etc.

Im institutionellen Bereich wird die Schaffung eines Assozierungsrates, eines Assozierungsausschusses sowie einer parlamentarischen Ausschusses vorgesehen.

Da die Abkommen noch der Zustimmung des Europäischen Parlaments bedürfen und von den Parlamenten der drei neu assozierten Staaten sowie der EG-Mitgliedstaaten ratifiziert werden müssen, wurden gleichzeitig mit deren Unterzeichnung auch Interimsverträge abgeschlossen, durch die der – in die Gemeinschaftskompetenz fallende, nicht ratifikationsbedürftige – Handelsteil schon am 1. März 1992 in Kraft gesetzt wird.

Mit Bulgarien und Rumänien wurden Ende 1991 exploratorische Gespräche über Assoziierungsabkommen aufgenommen.

Mit den baltischen Republiken wird, da deren Volkswirtschaften noch weitgehend Staatshandelscharakter haben, über Handels- und Kooperationsabkommen verhandelt.

Die Stellungnahme der EG-Kommission zum österreichischen Beitrittsantrag („Avis“)

Die Ende Juli 1991 veröffentlichte Stellungnahme der EG-Kommission ist in ihrer Gesamtheit, d.h. in politischer und wirtschaftlicher Hinsicht als positiv zu werten. Die EG-Kommission empfiehlt darin die Aufnahme von Beitrittsverhandlungen ohne Vorbedingungen.

Die in der Stellungnahme der EG-Kommission enthaltenen Analysen und Schlußfolgerungen bescheinigen Österreich insgesamt „Europareife“. Der „Avis“ bestätigt somit die Zuversicht der Bundesregierung, daß Österreich den Herausforderungen der europäischen Integration gewachsen ist. In der Tat ist Österreich ein in der europäischen Wirtschaft schon weitgehend integriertes Land. Der Anteil des Außenhandels am Inlandsprodukt beträgt mehr als 40%. Der bei weitem größte Teil des Handels wird mit anderen europäischen Staaten abgewickelt.

Internationalisierung der österreichischen Wirtschaft 1955 - 1990

Exporte und Importe[1]) im Verhältnis zum BIP

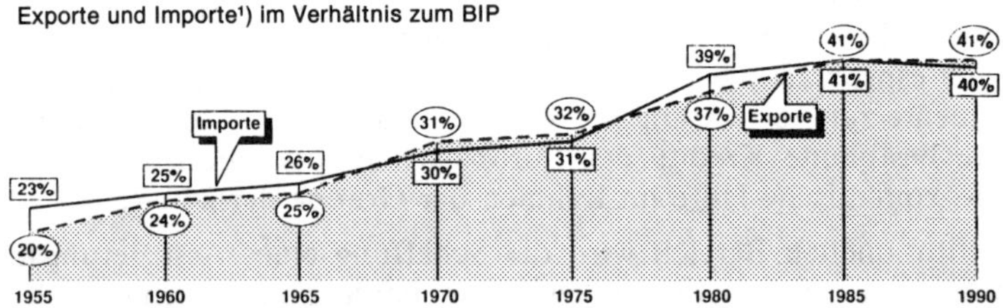

1) Exporte und Importe im weiteren Sinn.

Quelle: Österreichisches Statistisches Zentralamt, Österreichisches Institut für Wirtschaftsforschung, ÖGWM.
Grafik: Österreichisches Gesellschafts- und Wirtschaftsmuseum, adaptiert vom Österreichischen Statistischen Zentralamt.

Ähnliches gilt für die direkten Auslandsinvestitionen, auch diese haben stark zugenommen; auch die Auslands-Direktinvestitionen gehen hauptsächlich in den europäischen Raum.

Auslands-Direktinvestitionen 1980 - 1990 in Mrd S

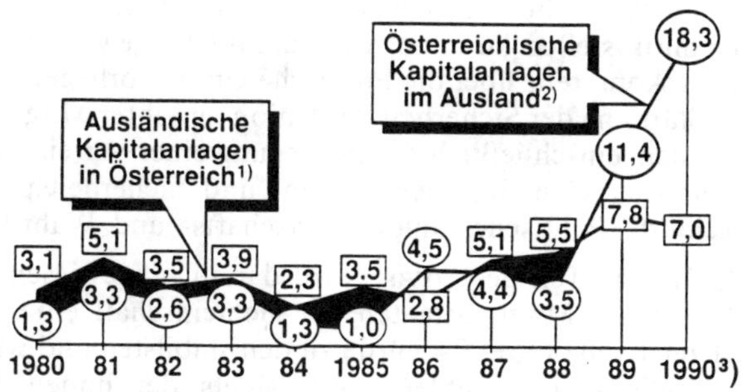

1) IDI = Inward direct investments. — 2) ODI = Outward direct investments. — 3) Vorläufige Daten.

Quelle: Oesterreichische Nationalbank.
Grafik: Österreichisches Gesellschafts- u. Wirtschaftsmuseum, adaptiert vom Österreichischen Statistischen Zentralamt.

In der Stellungnahme wird allerdings auch auf die drei Problembereiche, nämlich Neutralität, Transit und Landwirtschaft verwiesen, welche im Zusammenhang mit einem EG-Beitritt besonderer Aufmerksamkeit bedürften.

In den „politischen" Ausführungen des „Avis" hebt die EG-Kommission die österreichische Integrationsbereitschaft hervor. Österreich habe als einziger EFTA-Staat immer Integrationskurs gehalten. Die Geschichte der Beziehungen zwischen Österreich und der Gemeinschaft in den letzten 30 Jahren zeige, daß die österreichische Regierung immer wieder Integrationsinitiativen ergriffen hat. Die 1989 mit der Überreichung der Beitrittsanträge getroffene Entscheidung, sich endgültig der europäischen Integration zuzuwenden, das Schicksal Österreichs mit jenem der Gemeinschaft zu verbinden, erfolgte zu einem Zeitpunkt, zu dem der völlige Zusammenbruch der Systeme in Mittel- und Osteuropa noch nicht vorherzusehen war.

„Der Beitritt Österreichs wäre für die Gemeinschaft global **ein Gewinn**, denn damit würde sich der Kreis jener Länder erweitern, die über genügende Leistungskraft in den Bereichen Wirtschaft, Währung und Haushalt verfügen, um die Wirtschaftsund Währungsunion rasch voranzubringen. Der Gemeinschaft werden ferner die Erfahrungen eines Landes zum Vorteil gereichen, das wie Österreich aufgrund seiner geographischen Lage, seiner Vergangenheit und der ererbten und neu hinzugewonnenen Verbindungen genau im Mittelpunkt des Geschehens liegt, aus dem das neue Europa entsteht."

Zu den Problemen, die sich im Rahmen der künftigen Außen- und Sicherheitspolitik stellen könnten, wird darauf hingewiesen, daß in dem der Regierungskonferenz über die Politische Union vorliegenden Vertragsentwurf die Stärkung der Sicherheit der Union und ihrer Mitgliedstaaten in all ihren Formen, einschließlich der Festlegung einer Verteidigungspolitik, zu den Zielen der Gemeinsamen Außen- und Sicherheitspolitik gehört (siehe Abschnitt „Politische Union/Wirtschafts- und Währungsunion").

Im wirtschaftlichen Teil des „Avis" wird darauf hingewiesen, daß Österreich im Kreise der Mitgliedstaaten der Gemeinschaft eine **Wirtschaftsmacht mittlerer Größe** wäre. Es würde zu den stabilsten und wirtschaftlich stärksten Mitgliedstaaten zählen. „Angesichts der hohen Konvergenz zwischen der österreichischen Wirtschaft und der Wirtschaft der Gemeinschaft wird dieses Land in jeder Hinsicht an den großen Gemeinschaftsprojekten teilnehmen können, an der Verwirklichung des Binnenmarktes und der Wirtschafts- und Währungsunion ebenso wie an der Stärkung des wirtschaftlichen und sozialen Zusammenhalts. Dafür müßten nicht einmal die bisherigen Wirtschaftspolitiken grundlegend geändert werden".

Die Ausführungen zur **„Strukturpolitik"** bzw. „Eingriffe der öffentlichen Hand" enhalten Hinweise darauf, daß zur Zeit eine merkliche Tendenzwende in Richtung Verringerung der staatlichen Beihilfen, Privatisierungsmaßnahmen, Maßnahmen zur Verbesserung der Wettbewerbsfähigkeit und zur Deregulierung erfolgt. Es werden aber auch mehrmals kritische Anmerkungen angebracht. So wird darauf hingewiesen, daß die österreichische Volkswirtschaft nach wie vor eine der „am stärksten" (im OECD Länderbericht über Österreich 1989/90: „eine der stärker") regulierten in der OECD ist, „wobei institutionelle Faktoren (insbesondere die Gewerbeordnung und das Kammersystem) ebenso eine Rolle spielen, wie das Verhalten der Marktteilnehmer, das in einzelnen Sektoren Marktzugang und Tätigkeiten erschwert."

Die geschützten Sektoren (vor allem Verkehrs- und Telekommunikationswesen, Banken und Versicherungen) arbeiten nicht sehr produktiv. Mangelnde Flexibilität lasse sich im übrigen auch im Bereich des Handels feststellen. Sie wirke sich besonders auf die Preise für Konsum- und Investitionsgüter aus, die höher sind als in vergleichbaren Nachbarländern.

In dem der **Neutralität** gewidmeten Teil bezieht die EG-Kommission hinsichtlich der EG-Kompatibilität keine kategorischen Positionen. Die Kommission nimmt keine dogmatische Haltung ein und verweist auf das die raschen politischen Veränderungen innerhalb und außerhalb der Gemeinschaft (die beiden Regierungskonferenzen sowie das außenpolitische Umfeld generell). Die sich ergebenden **Probleme** sind auch ihrer Meinung nach – vorbehaltlich der späteren Ergebnisse der Verhandlungen über die Gemeinsame Außen- und Sicherheitspolitik im Rahmen der Regierungskonferenz über die Politische Union – in rechtlicher Hinsicht **nicht unüberwindlich**.

Aus dem Umstand, daß die Kommission selbst im „Avis" mögliche Lösungen für die aus der Neutralität Österreichs resultierenden Probleme sieht, die im Laufe der Verhandlungen gefunden werden müßten, kann der Schluß gezogen werden, daß aus der Sicht der EG-Kommission ein neutraler Staat auch in einer vertieften Gemeinschaft seinen Platz haben kann.

Die Kommission meint jedoch, daß die Gemeinschaft von österreichischer Seite „die **klare Zusicherung** erhalten müßte, daß die österreichische Regierung rechtlich in der Lage ist, die mit der künftigen Gemeinsamen Außen- und Sicherheitspolitik einhergehenden **Verpflichtungen zu übernehmen**".

Im Verkehrsteil des „Avis" wird darauf hingewiesen, daß die österreichischen Regierungsstellen sich grundsätzlich stets bemüht hätten, die Rolle zu spielen, die Österreich als Transitland im Herzen Europas zukommt. Dies werde belegt durch den Bau der ersten alpenquerenden Autobahn (die 1972 fertiggestellte Inntal-Brenner-Autobahn), den Ausbau der Eisenbahninfrastruktur und die Subventionierung der Eisenbahntarife im Rahmen des kombinierten Verkehrs Schiene-Straße. Angesichts der sehr starken Zunahme des **Straßentransitverkehrs**, der sich in 15 Jahren vervierfacht hat, und eines wachsenden Widerstandes der Bevölkerung, die im Einzugsgebiet der Transitautobahnen und insbesondere der Brenner-Autobahn lebt, sei die österreichische Regierung dann zu einer restriktiven Politik im Straßentransitverkehr übergegangen. „Es ist zu erwarten, daß es in den Beitrittsverhandlungen in der Frage des Transitverkehrs zwischen Mitgliedstaaten durch Österreich harte Auseinandersetzungen geben wird."

Inzwischen hat Österreich mit der EG ein Transitabkommen geschlossen, das eine Kontigentierung des alpenquerenden Güterverkehrs und eine drastische Verringerung der Umweltbelastung bringt. Die österreichische Bundesregierung geht davon aus, daß dieses Abkommen auch nach einem EG-Beitritt gültig ist, und daß dieses Abkommen im übrigen eine Änderung der bisherigen Verkehrspolitik der EG signalisiert.

Die **Landwirtschaft** bereitet nach Ansicht der EG-Kommission im Beitrittsfalle keine unlösbaren Probleme. Nach Ansicht der EG-Kommission könnte für bestimmte Bereiche eine Übergangszeit vorgesehen werden, um Österreich Zeit zu geben, sich an die gemeinschaftlichen Regeln anzupassen. Der österreichische Anpassungsbedarf sei hoch. Andererseits würden die Maßnahmen der österreichischen Strukturpolitik weitgehend auch von der Europäischen Gemeinschaft praktiziert.

Zum gegenwärtigen Zeitpunkt wird jeder Versuch einer detaillierten Erfassung des Anpassungsbedarfs und der möglichen Auswirkungen des Beitritts auf die Landwirtschaft dadurch erheblich erschwert, daß die EG selbst einen agrarpolitischen Kurswandel überlegt. Er würde nicht nur die wichtigen Bereiche, sondern auch einzelne Instrumente der Struktur-, Umwelt- und Forstpolitik berühren. Diese Bemerkung ist auch vor dem Hintergrund der laufenden GATT-Verhandlungen im Rahmen der „Uruguay-Runde" zu sehen, deren zu erwartenden Ergebnisse auch für die Gemeinschaft und Österreich weichenstellenden Charakter haben werden.

Laut revidierten Berechnungen der EG-Kommission vom 1. Oktober 1991 wird Österreich mit ca. S 9,4 Milliarden **Nettozahler** sein, d.h. an den EG-Haushalt um ca. S 9,4 Mrd. mehr bezahlen, als es daraus bekommt (Tabellen 1 und 2).

Im Hinblick auf die Verhandlungen über den Europäischen Wirtschaftsraum wird ausgeführt, daß Österreich mit dem EWR-Vertrag bereits einen Großteil des gemeinschaftlichen Besitzstandes zu übernehmen haben werde; es handelt sich hiebei um EG-Recht, das Österreich im Zuge des EG-Beitritts zur Gänze zu übernehmen hat. Dies gelte insbesondere für die Vorschriften über den freien Waren-, Personen-, Dienstleistungs- und Kapitalverkehr sowie die Vorschriften im Bereich der Sozialpolitik, des Umweltschutzes, des Gesellschaftsrechts, des Verbraucherschutzes und der Wettbewerbsregeln.

Initiative auf Beschleunigung der EG-Beitrittsverhandlungen

Unter Berufung auf die positiven Aussagen des „AVIS" richtete Österreich Ende November 1991, das heißt zu einem Zeitpunkt, da die EG-Regierungskonferenzen über die Schaffung der Politischen Union und der Wirtschafts- und Währungsunion in ihre entscheidende Phase getreten waren, ein Aide-Mémoire an die Regierungen aller EG-Mitgliedstaaten, in dem einige Überlegungen zu aktuellen Fragen der Integrationspolitik dargelegt wurden.

Darin wurde betont, daß die tiefgreifenden Veränderungen der politischen Landschaft in Europa zwar zum Wegfall früherer Bedrohungen geführt haben, gleichzeitig jedoch neue Risiken entstanden sind. Durch diese Entwicklungen sind die Europäischen Gemeinschaften zum Bezugspunkt

Tabelle 1: Auswirkungen eines österreichischen EG-Beitritts auf den Haushalt: Einnahmen (in Millionen ECU; Schätzwerte)

Agrarabschöpfungen und Zuckerabgaben	48
Zölle	402
Mehrwertsteuersätze (Einheitssatz 1,2509)	977
BSP (Abrufsatz =,2509)	353
Einnahmenverluste	-92
Rückzahlung von 10% der Eigenmittel	-45
Insgesamt	**1643**

Tabelle 2: Auswirkungen auf den Haushalt: Ausgaben in Millionen ECU (Schätzwerte)

Agrarpolitik	–
EAGFL-Garantie	660
EAGFL-Ausrichtung	60
Sozialpolitik	82
Regionalpolitik	76
Industriepolitik	30
Forschung und Entwicklung	56
Verwaltungs- und Personalaufgaben	21
Insgesamt	**985**

Stand: 1. Oktober 1991
Quelle: EG-Kommission

aller europäischen Staaten geworden. Zwischen deren Interesse an der Weiterentwicklung der europäischen Einigung und dem österreichischen Streben nach Stabilität und Sicherheit besteht Übereinstimmung. Österreich ist sich bewußt, daß die Sicherheit Europas auch die seine ist und daß Sicherheit unter den neuen Gegebenheiten nur durch Solidarität und gemeinsame Anstrengungen gewährleistet werden kann.

Österreich betonte in diesem Zusammenhang erneut sein Interesse an der frühestmöglichen Verwirklichung seiner EG-Mitgliedschaft.

Die anläßlich der Überreichung dieses Aide-Mémoire ausgesprochenen Reaktionen waren positiv. Gemeinsam waren den seitens aller EG-Mitgliedstaaten gemachten Äußerungen, daß Österreichs Antrag auf Beitritt zu den Europäischen Gemeinschaften zusammen mit jenem Schwedens klar als vorrangig betrachtet wird. In diesem Zusammenhang zogen einige Mitgliedstaaten auch die Aufnahme formeller Verhandlungen im Jahr 1992 in Betracht. Insgesamt bekräftigten die Reaktionen die von der EG-Kommission im „avis" geäußerte Überzeugung, daß die Fragen, die sich im Zusammenhang mit einer österreichischen EG-Mitgliedschaft stellen, im Zuge der Verhandlungen lösbar sein werden.

Weiteres Beitrittsverfahren

Die Kommission hat ihre Stellungnahme dem Ministerrat Anfang August 1991 zugeleitet. Entsprechend ihrer Empfehlung sollten zunächst die Ergebnisse der Regierungskonferenz über die Politische Union abgewartet und Beitrittsverhandlungen nicht vor 1. 1. 1993 (Vollendung des Binnenmarktes) aufgenommen werden. Die niederländische EG-Präsidentschaft hat daher den „Avis" im 2. Halbjahr 1991 nicht auf die Tagesordnung des Rates gesetzt.

In Maastricht haben sich die Staats-/und Regierungschefs der EG-Mitgliedstaaten mit der Erweiterungsthematik befaßt und erstmals formell die Erweiterungsbereitschaft bestätigt. Die EG-Kommission wurde mit der Erstellung eines Gutachtens bis zum nächsten Europäischen Rat in Lissabon über die generelle Problematik der Erweiterung beauftragt. Weiters wurde in Maastricht beschlossen, daß formelle Beitrittsverhandlungen 1992, sobald EG-intern über die Neuordnung der Gemeinschaftsfinanzen („Delors II-Paket") Einigkeit besteht, aufgenommen werden.

Bis zur Aufnahme der formellen Verhandlungen könnte die Zeit für informelle Gespräche genützt werden.

Da durch den EWR und den Transitvertrag die Verhandlungsmasse wesentlich reduziert wurde, sollte es möglich sein, die Verhandlungen in kurzer Zeit abzuschliessen. In weiterer Folge ist die Befassung des Europäischen Parlaments sowie die Ratifizierungsverfahren in den EG-Mitgliedstaaten und in Österreich vorgesehen. Gegenwärtig erscheint der 1. Jänner 1995 als realistischer Beitrittstermin.

Österreichische Gesprächs- und Besuchsdiplomatie in Bezug auf EG und EG-Beitritt

Die österreichische Integrationspolitik hat sich 1991 einerseits durch die Fortsetzung der Beitrittsbemühungen, andererseits durch die Endphase der EWR-Verhandlungen intensiviert. Das kam auch in einer Verdichtung des Besuchaustausches zwischen Österreich und den Europäischen Gemeinschaften sowie deren Mitgliedstaaten zum Ausdruck.

Unter den Besuchen österreichischer Regierungsmitglieder bei der EG-Kommission in Brüssel sind insbesondere folgende hervorzuheben:

Bundeskanzler Vranitzky führte am 18. 2. Gespräche mit EG-Kommissionspräsident Delors, den für auswärtige Beziehungen bzw. Wirtschaft und Finanzen zuständigen Vizepräsidenten Andriessen und Christophersen sowie dem für die Verkehrspolitik zuständigen Kommissionsmitglied Van Miert.

Bundesminister Mock traf am 18./19. 4. am Rande eines offiziellen Besuches im Königreich Belgien mit Vizepräsident Andriessen zusammen. Diese Gespräche wurden am 5. 11. im Rahmen der alljährlich stattfindenden High Level Talks fortgesetzt.

Die Bundesminister Mock und Schüssel sowie Staatssekretär Jankowitsch nahmen am 12. 5 an der EG-EFTA Ministerkonferenz teil. Vizekanzler Busek traf anläßlich der Unterzeichnung des Abkommens zwischen Österreich und der EWG über die Zusammenarbeit im Bereich der allgemeinen und beruflichen Bildung im Rahmen des ERASMUS-Programms am 9. 10. mit Mitgliedern der Kommission der Europäischen Gemeinschaften sowie Abgeordneten des Europäischen Parlaments zusammen.

Bundesminister Schüssel stattete vom 31. 1. bis zum 1. 2. Vizepräsident Andriessen und den Kommissionsmitgliedern Cardoso e Cunha (Zuständigkeitsbereich: Personal, Verwaltung), Van Miert und Schmidhuber (Zuständigkeitsbereich: Haushalt) einen Besuch ab. Bundesminister Streicher unterhielt im Rahmen der Schlußphase der Transitverhandlungen zahlreiche Kontakte mit Kommissionsmitglied Van Miert.

Weitere Fachgespräche fanden unter anderem zwischen Bundesminister Busek und dem für Wissenschaft und Forschung zuständigen Kommissionsmitglied Pandolfi am 11. 3. statt, zwischen Bundesminister Fischler und dem für die Landwirtschaft zuständigen Kommissionsmitglied Mac Sharry am 12. 9., zwischen Bundesminister Scholten und dem für kulturelle Angelegenheiten zuständigen Kommissionsmitglied Dondelinger am 15. 11. Staatssekretär Jankowitsch führte am 7./8. 2 Gespräche mit den Vizepräsidenten Pandolfi und Christophersen sowie den Kommissionsmitgliedern Scrivener (Zuständigkeitsbereich: Steuern und Zollunion), Millan (Zuständigkeitsbereich: Regionalpolitik), Papandreou (Zuständigkeitsbereich: soziale Angelegenheiten) und Dondelinger. Er traf ferner am 14. 11. mit Vizepräsident Andriessen und Kommissionsmitglied Van Miert zusammen.

Kontakte mit der EG-Kommission gab es auch auf Ebene der Bundesländer, der Gemeinden, der österreichischen Nationalbank (Gespräche von Präsidentin Schaumayr mit den Kommissionsmitgliedern Scrivener und Brittan am 16. 9.), der Bundeskammer der gewerblichen Wirtschaft (Präsident Maderthaner, 30. 6.–2. 7.) sowie des österreichischen Arbeiterkammertages (Präsident Vogler, 8./9. 10.).

Zu erwähnen sind ferner auch die Besuche einer Reihe von Mitgliedern der EG-Kommission in Österreich:

Vizepräsident Martin Bangemann (Zuständigkeitsbereich: Binnenmarkt) führte am 7. 3. Gespräche in Österreich, Vizepräsident Christophersen am 24. 5., Kommissionsmitglied Bruce Millan am 6./7. 6.

Eine Vortragsreise von Kommissionspräsident Jacques Delors zum Europäischen Forum Alpbach (27./28. 8.) bot Gelegenheit zu einem Gedankenaustausch mit Bundeskanzler Vranitzky, Vizekanzler Busek, Bundesminister Mock und weiteren Regierungsmitgliedern. Kommissionsmitglied Scrivener hielt sich am 26./27. 9. in Wien auf, Kommissionsmitglied Papandreou am 17./18. 10.

Ferner gab es während des ersten Halbjahres zahlreiche Kontakte auf Regierungsebene mit der amtierenden Luxemburger Ratspräsidentschaft, im zweiten Halbjahr mit dem niederländischen Vorsitz. (Bezüglich des Besuchsaustausches mit den einzelnen EG-Staaten wird auf die jeweiligen Länderinformationen im Anhang verwiesen).

Parlamentarische Dimension

Intensiviert wurden im Jahr 1991 auch die parlamentarischen Besuchskontakte. Der Präsident des Europäischen Parlaments, Enriquo Baron Crespo, stattete am 23. 4. einen Besuch in Wien ab. Neben zahlreichen weiteren Kontakten, unter denen insbesondere der Informationsbesuch des Vizepräsidenten des Bundesrates Schambeck in Brüssel am 17. 10. sowie Gespräche auf Ebene der Parlamentsklubs (u.a. Klubobmann Fuhrmann am 11. 4., Klubobmann Neisser am 22. 7.) zu erwähnen sind, fand von 21.–24. 5. der Besuch der für Österreich zuständigen Kontaktgruppe des Europäischen Parlaments beim österreichischen Nationalrat statt.

Die beiden österreichischen Regierungsparteien intensivierten die Kontakte zu ihren jeweiligen Fraktionskollegen im Europäischen Parlament. Die SPÖ ist Mitglied des Bundes der Sozialdemokratischen Parteien der Europäischen Gemeinschaften und unterhält als solches gute Beziehungen zur Sozialistischen Fraktion im Europäischen Parlament. Die ÖVP ist assoziiertes Mitglied der Europäischen Volkspartei und entsendet auch ihrerseits laufend Vertreter zu den Tagungen der EVP-Fraktion.

Auch die österreichische Mission in Brüssel bemühte sich um eine Verstärkung der Kontakte zum Europäischen Parlament und nahm dessen Plenartagungen in Straßburg beobachtend wahr. Daraus ergab sich wiederholt Gelegenheit zu Kontakten und Gesprächen mit Abgeordneten des Europäischen Parlamentes und dessen wichtigsten Ausschüssen.

Von Bedeutung ist in diesem Zusammenhang eine vom Europäischen Parlament schon am **15. 5. verabschiedete Entschließung**, die für die

unverzügliche Aufnahme von Verhandlungen mit jenen beitrittswilligen europäischen Staaten eintrat, die die erforderlichen wirtschaftlichen und politischen Voraussetzungen erfüllen und bereit sind, aktiv zur Verwirklichung der Ziele der Politischen Union beizutragen. Bei der dazu gehaltenen Parlamentsdebatte wurde deutlich, daß unter den für einen Beitritt in Frage kommenden Staaten nach Ansicht der Abgeordneten Österreich an erster Stelle steht. Diese Haltung war schon bei einer im Frühjahr 1991 unter den Abgeordneten des Europäischen Parlaments durchgeführten Meinungsumfrage über eine Erweiterung der EG zum Ausdruck gekommen.

Das Recht dieser Institution, mit der Mehrheit seiner Mitglieder (260 von 518) über Beitrittsverträge abzustimmen – gleiches gilt für Assoziierungsabkommen, wie u. a. den EWR-Vertrag – läßt der parlamentarischen Dimension der österreichischen Integrationspolitik besondere Bedeutung zukommen.

Die Europäische Politische Zusammenarbeit (EPZ) im Jahre 1991

Die Europäische Politische Zusammenarbeit hatte sich schon in den letzten Jahren merklich intensiviert. Auch war diese Zusammenarbeit laufend operationeller geworden. Neben die Erklärungen traten zunehmend Operationen zur aktiven Gestaltung der EG-Aussenbeziehungen (wie z.B. gemeinsame Demarchen, Troika-Missionen, etc.). Im ereignisreichen Jahr 1991 haben sich diese Tendenzen fortgesetzt und akzentuiert.

Besonders gefordert war die Gemeinschaft durch die Ereignisse in Jugoslawien. Ihr konkreter Beitrag zur Lösung der Krise wird im entsprechenden Abschnitt „Jugoslawien" ausführlich dargestellt. Gerade in dieser Krise war schnelles und einheitliches Handeln erforderlich. Gerade in dieser Krise mußte diese Einheitlichkeit und Effizienz aber auf der Basis von weit unterschiedlichen außenpolitischen Traditionen, divergierenden nationalen Interessen, historischen Belastungen und nicht zuletzt auch einer in den einzelnen Mitgliedschaften der Gemeinschaft weit divergierenden öffentlichen Meinung aufgebaut werden.

So betrachtet ist der Erfolg der EG bzw. der EPZ durchaus achtbar; in der gemeinsamen Anerkennung Sloweniens und Kroatiens durch alle EG-Mitgliedsstaaten hat sich letztlich der Wille der Gemeinschaft dokumentiert, dem – von den Völkern Sloweniens und Kroatiens demokratisch in Anspruch genommenen – Recht auf Selbstbestimmung durch ein gemeinsames europäisches Vorgehen zum Durchbruch zu verhelfen.

Im Bemühen um die Beilegung der Jugoslawien-Krise und der Beendigung des Bürgerkrieges hat die Europäische Gemeinschaft sicher eine führende Rolle gespielt. Im Kampf um die Befreiung Kuwaits lag die Führungsrolle allerdings eindeutig bei den Vereinigten Staaten – nicht zuletzt deshalb, weil sich diese ja auch am weitaus stärksten militärisch engagiert hatten. Relativ anhaltend waren die Bemühungen, dem Ausbruch der Kampfhandlungen durch Vermittlungsversuche zuvorzukommen. Zu diesem Zweck forderten die EG-Staaten zunächst die bedingungslose Erfüllung der Resolutionen der Vereinten Nationen, also den Abzug der irakischen Truppen aus Kuwait. Eine Einladung zu einem Vermittlungsgespräch mit der EG-Troika wurde vom irakischen Außenminister jedoch abgelehnt. Die EG-Staaten bedauerten den Ausbruch der Kampfhandlungen, haben sich jedoch mit der US-Haltung und dem Beschluß zu militärischen Aktionen voll solidarisiert. Klar verurteilt wurden die irakischen Raketenangriffe auf Israel und die Mißhandlung von Kriegsgefangenen durch den Irak. Mehrmals kritisiert wurde in der Folge auch die brutale Unterdrükkung der shiitischen kurdischen Bevölkerung im Irak.

Die Schritte zur Beseitigung der Apartheid in Südafrika wurden begrüßt und mit einer Aufhebung der gegen Südafrika verhängten Wirtschaftssanktionen honoriert.

Die 137 Beschlüsse, die die EPZ im Jahre 1991 verabschiedet hat, befassen sich darüberhinaus bemerkenswert oft mit der inneren Lage (Stand der Demokratie, Menschenrechte) in Staaten der Dritten Welt. Besonders eingehend hat man sich überdies mit den Entwicklungen im Baltikum und in der früheren Sowjetunion beschäftigt; insbesondere mit dem gescheiterten Putschversuch und mit der Anerkennung der Nachfolgestaaten der UdSSR.

Österreich und die EPZ

Österreich steht mit der EPZ seit 1988 in einem regelmäßigen Meinungsaustausch. Neben den Begegnungen mit den Präsidialstaaten Luxemburg und Niederlande auf der Ebene der Außenminister und politischen Direktoren wurden 1991 auch die Kontakte mit dem EPZ-Sekretariat in Brüssel intensiviert. Als EG-Beitrittskandidat ist Österreich daran interessiert, den politischen Dialog mit der Gemeinschaft weiter zu vertiefen. Die laufende Analyse der EPZ-Aktivitäten sowie des Stimmverhaltens bei den Vereinten Nationen hat die schon seit Jahren festgestellte weitgehende Übereinstimmung zwischen der außenpolitischen Haltung der Gemeinschaft und Österreichs erneut bestätigt. In der Jugoslawien-Krise hat Österreich die Entsendung und Versorgung der EG-Waffenstillstandsbeobachter durch logistische Hilfe mitunterstützt.

Sowohl auf Ebene der Außenminister als auch der leitenden Beamten findet ein laufender Meinungsaustausch mit den **EPZ-Mitgliedsstaaten** statt. Diese Kontakte wurden im Laufe des Jahres 91 weiter vertieft.

EG-Binnenmarkt

Im Binnenmarkt der EG soll entsprechend dem dazu 1985 veröffentlichten Weißbuch der Grundsatz des freien Verkehrs von Personen, Waren, Dienstleistungen und Kapital verwirklicht werden. Bis jetzt hat der EG-Ministerrat 80% der im Weißbuch der Kommission enthaltenen Vorschläge zur Verwirklichung des Binnenmarktprogrammes als Rechtsakte verabschiedet.

Im Hinblick auf die politischen Beschlüsse des Europäischen Rates von Maastricht hält die Kommission den politischen Druck im EG-Ministerrat und in den Mitgliedstaaten, mit welchen sich die Staats- und Regierungschefs verpflichtet haben, alle Maßnahmen zu treffen, um die Verwirklichung des Binnenmarktzieles bis zum 1. 1. 1993 zu gewährleisten, aufrecht, um die Durchführung des Weißbuchprogrammes zur Vollendung des Binnenmarktes sicherzustellen. Die Durchführung soll auch dadurch beschleunigt werden, daß dem Binnenmarkt-Rat nun das Recht eingeräumt wurde, sich auch mit Vorschlägen aus anderen Ministerräten zu befassen.

Demokratiepolitisch ist interessant, daß doch 32 Prozent der Änderungsanträge, welche vom Europäischen Parlament in zweiter Lesung verabschiedet wurden, von EG-Kommission und EG-Ministerrat übernommen worden sind.

Bei der Umsetzung der Vorschläge des Weißbuchprogrammes ergibt sich folgendes Bild:

Unproblematisch sind jene Bereiche, in denen die binnenmarktrelevanten Regelungen durch EG-Verordnungen getroffen werden, die ja direkt anwendbar sind und nicht erst von den nationalen Parlamenten in andere Regelungen umgegossen werden müssen. Solche Verordnungen brachten die Beseitigung materieller Schranken – und hier vor allem bei Warenkontrollen – sowie den Abbau der technischen Schranken, vor allem im Transport-Bereich. Vorrangig bleibt die **Abschaffung aller Grenzkontrollen für Waren und Personen**. Noch offen sind imwesentlichen die Verabschiedung von Richtlinien in den Bereichen Lebensmittelrecht, Arzneimittel, die Gemeinschaftsmarke sowie die Europäische Aktiengesellschaft. Insgesamt sind bis 1. 1. 1993 noch 50 Vorschläge zu verabschieden, wovon 35 von der EG-Kommission als vorrangig eingestuft werden.

Zu den wichtigsten Entwicklungen in den einzelnen Bereichen:

1) Gewerblicher Güterkraftverkehr

Hier wurde eine grundlegende Maßnahme gesetzt: nach der Verabschiedung der Verordnung zur Aufhebung der Fahrzeugkontrollen an den Binnengrenzen und zur Liberalisierung des gewerblichen Güterverkehrs sind nur noch die allgemeinen Fahrzeugkontrollen anwendbar, die sich aus der Besteuerung von Dieselkraftstoff ergeben, und die eine Kontrolle der Kraftstoffbehälter von Lastkraftwagen sowie teilweise auch der Autobusse rechtfertigen.

2) Ausfuhrkontrollen an den Binnengrenzen

In diesem Bereich geht es vor allem um den Schutz für sensible Güter und Technologien (d.h. solche, die sowohl zivil als auch militärisch genutzt werden können) sowie um den Schutz nationaler Kulturgüter durch nationale Exportkontrollen. Einzelne Mitgliedstaaten sind besonders stark am Schutz ihrer Kulturgüter interessiert. Derzeit werden insbesondere die Schwerpunkte der Harmonisierung der Exportkontrollen bei Lieferungen der eingangs erwähnten Erzeugnisse in dritte Länder sowie die Rückgabe widerrechtlich in ein anderes Land verbrachter Kulturgüter diskutiert.

3) Abschaffung der Personenkontrollen

Das Dubliner Übereinkommen über die Verfahren zur Prüfung der **Asylanträge** ist nun auch von Dänemark am 13. Juni 1991 unterzeichnet worden ist. Somit konnte der gemeinschaftsweite Ratifizierungsprozeß anlaufen.

Der Europäische Rat hat darauf aufmerksam gemacht, daß es im Sinne einer gemeinsamen Einwanderungspolitik notwendig wäre, rasch Einvernehmen über die Durchführung des „Übereinkommens zwischen den Mitgliedstaaten über das Überschreiten der Außengrenzen" zu erreichen. Die Ad-hoc-Gruppe „Einwanderung" wurde vom Europäischen Rat aufgefordert, unverzüglich mit der Ausarbeitung der Maßnahmen zu beginnen, die zur tatsächlichen Anwendung dieses Übereinkommens erforderlich sind.

Bei Personenkontrollen stellt sich auch das Problem der Kontrollen von Gegenständen und Gepäckstücken von Reisenden. So wird ab 1. 1. 1993 auch die Beförderung von **Waffen** innerhalb der Gemeinschaft geregelt, und Kontrollen beim Übergang von einem Mitgliedstaat in den anderen abgeschafft werden. Den EG-Mitgliedern steht es weiterhin frei, in ihrem Staat strengere Rechtsvorschriften zu erlassen. Im Juni 1991 wurde die Richtlinie über die Kontrolle des Erwerbs und des Führens von Waffen angenommen.

4) Kraftfahrzeuge

Die Einführung einer umfassenden EG-Betriebserlaubnis für PKWs ist fast abgeschlossen; zu den drei letzten Vorschlägen zur Einführung einer gemeinschaftlichen Bauartzulassung wurde im Dezember 1991 ein „gemeinsamer Standpunkt" abgegeben. Somit soll ab 1. 1. 1993 die einmalige technische **Kontrolle** in einem EG-Mitgliedstaat **für den gesamten EG-Raum Gültigkeit** erlangen. Die bisher erforderlichen zusätzlichen einzelstaatlichen Verfahren fallen damit weg.

5) Arzneimittel

Die diesbezüglichen Arbeiten sind sehr gut vorangeschritten. Die Kommission konnte über das Weißbuchprogramm hinausgehen und EG-Ministerrat und Parlament bereits Vorschläge über die zukünftige **Arzneimittelzulassung durch eine europäische Behörde** machen, deren Sitz noch Gegenstand von Beratungen ist.

6) Liberalisierung des Vergabewesens

Ein wichtiger Erfolg ist hier die Annahme eines „Gemeinsamen Standpunktes" zum Richtlinienvorschlag über die Koordinierung der Verfahren zur Vergabe **öffentlicher Dienstleistungsaufträge** im Dezember 1991. Bei Überschreiten des Schwellenwertes von 200.000 ECU (ca. 2,8 Mio S), müssen öffentliche Dienstleistungsaufträge im Amtsblatt der EG ausgeschrieben werden. Betroffen davon sind Dienstleistungen wie zum Beispiel Instandhaltung und Reparatur, Fernmeldewesen, Versicherungsleistungen, Unternehmensberatung, Werbung und Abfallbeseitigung.

7) Bankenwesen und Versicherungen

Auf diesem Gebiet des Bankenwesens liegt dem Rat ein Vorschlag der Kommission für eine Richtlinie über die Überwachung und **Kontrolle der Großkredite** von Kreditinstituten vor. Danach würde die Definitionsschwelle für Großkredite bei 10% der Eigenmittel liegen.

Mit der politischen Einigung über die dritte Richtlinie zur Koordinierung der Rechts- und Verwaltungsvorschriften für die **Direktversicherung** im Dezember 1991 wurde die Liberalisierung des Versicherungsmarktes im Bereich der Schadensversicherung vervollständigt. Die erste Schadens-Richtlinie von 1973 brachte die Niederlassungsfreiheit, die zweite Richtlinie aus dem Jahr 1988 führte die Unterscheidung zwischen Groß- und Massenrisiken ein sowie das Prinzip der Sitzlandkontrolle bei Großrisiken. Die dritte Richtlinie bringt nun die gegenseitige Anerkennung der Zulassungen von Versicherungsunternehmen. Damit erhält jeder EG-Bürger ab 1. 1. 1994 die Möglichkeit, **Versicherungen** bei **in- und ausländischen Versicherungen seiner Wahl** abzuschließen. Für einen EG-weiten Versicherungsmarkt fehlt nunmehr nur die Neuregelung für die Lebensversicherung.

9) Wertpapier-Bereich

Im Juni 1991 wurde die Richtlinie zur „Verhinderung der Nutzung des Finanzsystems zum Zwecke der **Geldwäsche**" genehmigt. Sie soll in den EG-Mitgliedstaaten am 1. 1. 1993 in Kraft treten.

Wesentlicher Inhalt dieser Richtlinie ist, daß die Kredit- und Finanzinstitute der EG-Mitgliedstaaten dafür zu sorgen haben, daß die Bankkunden zum Zeitpunkt der Anknüpfung der Geschäftsbeziehungen ihre Identität bekanntgeben, insbesondere dann, wenn sie ein Sparkonto oder ein anderes Konto eröffnen oder Vermögensverwahrungsleistungen anbieten. Bei allen anderen Transaktionen ist die Identität zu hinterfragen, wenn sich der Betrag auf 15.000 ECU oder mehr beläuft, und zwar unabhängig davon, ob die Transaktion in einem einzigen Vorgang oder in meherern Vorgängen, zwischen denen eine Verbindung zu bestehen scheint, getätigt wird. Bei Verdacht auf Geldwäsche sind die Kredit- und Finanzinstitute gehalten, die Identität selbst dann zu erfragen, wenn der Betrag der Transaktion unter der genannten Grenze liegt.

10) Gegenseitige Anerkennung im Ausbildungsbereich

Über den „Vorschlag für eine Richtlinie des Rates über eine zweite allgemeine Regelung zur Anerkennung **beruflicher Befähigungsnachweise** in Ergänzung der Richtlinie 89/48/EWG" wurde mit qualifizierter Mehrheit politische Einigung erzielt. In Ergänzung der „1. Hochschuldiplomrichtlinie" sieht diese Richtlinie nun die Anerkennung beruflicher Befähigungsnachweise vor, denen eine weniger als drei Jahre umfassende Berufsausbildung zugrunde liegt, und die bisher vom EG-Recht nicht erfaßt waren.

Es werden hier zwei unterschiedliche Ausbildungsniveaus erfaßt:

- ein Niveau, das einer kurzen Postsekundarschulausbildung entspricht:
- ein Niveau, das der Sekundarschulausbildung entspricht.

In Anhängen werden die in den verschiedenen Mitgliedstaaten nicht zuordenbaren Berufe aufgelistet. Somit wird die gegenseitige Anerkennung von Diplomen nicht nur in Mitgliedstaaten mit gleichem, sondern auch in Mitgliedstaaten mit unterschiedlichem Ausbildungsniveau ermöglicht.

11) Geistiges Eigentum

Im Mai 1991 wurde die Richtlinie über den Rechtsschutz von **Computerprogrammen** angenommen. Ziel dieser Richtlinie ist die Harmonisierung der einzelstaatlichen Rechtsvorschriften in Bezug auf Computerprogramme zur Schaffung eines Rechtssystems, welches diesen Programmen ein bestimmtes Maß an Schutz gegenüber ungerechtfertigter Vervielfältigung gewährt. Die von Mitgliedstaaten zu schützenden urheberrechtlichen

Computerprogramme werden als Werke der Literatur im Sinne der Berner Übereinkunft zum Schutz von Werken der Literatur und Kunst zu schützen sein.

Wenig Fortschritte wurden bei den Vorschlägen über eine **Gemeinschaftsmarke** erzielt, da man sich nicht über die Frage des Sitzes und die Verfahrenssprache des künftigen Markenamtes der Gemeinschaft einigen konnte.

12) Unternehmensbesteuerung

Diesbezüglich legte die Kommission dem EG-Ministerrat im April 1991 zwei Vorschläge vor:

- eine Regelung über die Abschaffung des **Quellensteuerabzuges** bei Zinsen und Lizenzgebühren. Diese ist vergleichbar mit der in der Richtlinie über Mutter- und Tochtergesellschaften vom Juli 1990 vorgesehenen Abschaffung des Quellensteuerabzuges für Gewinne, die von der Tochtergesellschaft an ihre Muttergesellschaft ausgeschüttet werden.
- Vorschlag für eine Richtlinie über eine Regelung für Unternehmen zur Berücksichtigung der Verluste ihrer in anderen Mitgliedstaaten gelegenen Betriebsstätten und Tochtergesellschaften.

Beide Vorschläge sind noch Gegenstand von Beratungen im Rat.

13) Mehrwertsteuer

Im Bereich der Angleichung der **Mehrwertsteuersätze** konnten nach dem informellen Treffen der Wirtschafts- und Finanzminister im Juni 1991 sehr wesentliche Fortschritte verzeichnet werden. Der normale Mehrwertsteuersatz soll mindestens 15 Prozent betragen. Es wird mehrere ermäßigte Sätze geben: mindestens 5 Prozent für in einer speziellen Liste genannten Güter und Dienstleistungen (u.a. Grundnahrungsmittel, pharmazeutische Produkte, Mieten); ein Mitgliedstaat kann in der Übergangszeit darunterliegende Sätze (einschließlich Nullsatz) auf die in der Liste stehenden Güter und Dienstleistungen wählen, wenn diese stark reduzierten Sätze schon ab 1. 1. 1991 in Kraft waren. Jenes Land, das einen ermäßigten Satz für listenfremde Güter und Dienstleistungen angewendet hat, kann diese in der Übergangszeit mit einem um 3 Prozent unter dem Normalsatz liegenden Referenzwert besteuern.

Auf dem Gebiet der **Sonderverbrauchssteuern**, wo lange Zeit nur wenig Einigung erzielt wurde, konnten ebenfalls Fortschritte erzielt werden: im April 1991 wurde eine gemeinsame Position zum Richtlinienvorschlag der Kommission zur Regelung des Verkehrs verbrauchssteuerpflichtiger Waren erarbeitet. Für verbrauchssteuerpflichtige Waren wie Benzin, Tabakwaren und alkoholische Getränke werden einerseits Mindestsätze festgelegt, die von den Mitgliedstaaten bereits ab 1. 1. 1993 eingehalten werden sollen; andererseits werden feste Richtsätze als längerfristiges Ziel vorgeschlagen. Für Dieselkraftstoff und Heizöle sieht die Kommission jeweils Bandbreiten vor. Auffallend an den Vorschlägen zu den Verbrauchsteuern sind vor allem die relativ **hohen Mineralölsteuersätze**, durch deren Verwirklichung der Individualverkehr künftig stärker an den Kosten der Infrastruktur beteiligt und die Wettbewerbsfähigkeit öffentlicher Verkehrsmittel verbessert werden soll.

Transeuropäische Netze

Über das Weißbuchprogramm hinaus sieht die Gemeinschaft den Aufbau von europäischen **Infrastrukturnetzen** in den Bereichen **Verkehr, Energie, Telekommunikation und Ausbildung** vor. Diese Netzwerke sind als „flankierende Maßnahme“ zum Binnenmarktprogramm gedacht. Durch sie soll die Umsetzung der vier Freiheiten – auch in den Randgebieten der Gemeinschaft – voll zum Tragen kommen. Grundprinzipien sind der Verbund der Netze, ihre wechselseitige Nutzung und der **freie Netzzugang** in einem System offener und wettbewerbsorientierter Märkte. Auf Basis allgemeiner Leitlinien werden Aktionen durchgeführt, um die wechselseitige Nutzung zu gewährleisten. Für das Transitland Österreich ist besonders der Verkehrsbereich von Bedeutung, wo im Rahmen dieser Netze u.a. eine Entlastung des Brenner und eine Verlagerung des Güterverkehrs von der Straße auf die Schiene angestrebt wird.

Das Schengener Abkommen

Am 14. Juni 1985 schlossen im luxemburgischen Ort Schengen Belgien, die Bundesrepublik Deutschland, Frankreich, die Niederlande und Luxemburg ein Abkommen über den schrittweisen Abbau der Kontrollen an den gemeinsamen Grenzen. Die gleichen Staaten unterzeichneten am 19. Juni 1990 ein entsprechendes Durchführungsübereinkommen. Inzwischen sind auch Italien, Spanien und Portugal dem Schengener Abkommen und Durchführungsübereinkommen beigetreten.

Das Schengener Abkommen sieht den gänzlichen Verzicht auf Personenkontrollen an den Binnengrenzen der Schengener Staaten vor. Zum Ausgleich für das dadurch entstehende Sicherheitsdefizit sollen die Außengrenzen stärker bewacht und die Zusammenarbeit zwischen den Justiz- und Polizeibehörden der Mitgliedsstaaten verstärkt werden. Geregelt werden auch die Einreisevoraussetzungen für Angehörige von Nicht-EG-Staaten, die Grundsätze für eine einheitliche Sichtvermerkspolitik, die Zuständigkeit für die Behandlung von Asylbegehren, der Datenschutz sowie die Errichtung eines gemeinsamen Informationssystems.

Das Schengener Durchführungsübereinkommen vom 19. Juni 1990 soll voraussichtlich im Jänner 1993 in Kraft treten.

Seit 1988 finden zwischen Österreich und den Schengener Staaten regelmäßig Konsultationen statt. Auf Ersuchen Österreichs haben sich die Schengener Staaten im Herbst 1991 bereit erklärt, der Einrichtung von bilateralen Expertengruppen auf den Gebieten des Grenzübertrittes und des Schengener Informationssystems zuzustimmen. Diese beiden Expertengruppen werden im Jahre 1992 erstmals zusammentreten.

Landwirtschaft

Die Diskussion um eine Reform der **Gemeinsamen Agrarpolitik** (GAP) bestimmte 1991 das Geschehen. In ihrem Grundsatzdokument vom 1. Februar 1991 gelangte die EG-Kommission zu der Schlußfolgerung, daß die direkt an die Erzeugung geknüpften gemeinschaftlichen Preisgarantien eine Erhöhung der Produktionsmenge zur Folge haben, was den EG-Haushalt in ständig steigendem Ausmaß belastet. Die dadurch bedingte intensive Bewirtschaftung der Anbauflächen stelle ferner eine zunehmende Gefahr für die Umwelt dar. Trotz eines hohen EG-Agrar-Haushaltes könne die bisherige Regelung die Probleme der landwirtschaftlichen Einkommen jedoch nicht lösen.

Nach einer Grundsatzdebatte der EG-Agrarminister erhielt die EG-Kommission den Auftrag, Reformvorschläge zu erarbeiten, und legte am 9. Juli ein **Konzept über „die künftige Entwicklung der Gemeinsamen Agrarpolitik“** vor.

Der Reformplan hat das Ziel, die Landwirtschaft durch Preis- und Quotensenkungen wettbewerbsfähiger zu gestalten und gleichzeitig die Produktion zu senken. Ökologischen Anforderungen soll vermehrt Rechnung getragen werden. Die dadurch bedingten Einkommensverluste sollen bei Betrieben bis zu einer bestimmten Größe durch produktionsunabhängige Zahlungen ausgeglichen werden. In diesem Zusammenhang wird auch erstmals festgehalten, daß dem Landwirt neben der Nahrungsmittelerzeugung auch die Aufgabe der Landschaftspflege zukommt.

Neben der als Kernstück zu betrachtenden Preissenkung sind als flankierende Maßnahmen die Förderung umweltfreundlicher Bewirtschaftungsmethoden, die Aufforstung landwirtschaftlicher Anbauflächen sowie Strukturverbesserungen, u.a. im Rahmen einer Frühpensionsregelung vorgesehen.

Die Haushaltskosten für die Gemeinsame Agrarpolitik werden nach den Berechnungen der EG-Kommission bis 1997 ansteigen, sich danach jedoch rückläufig entwickeln. Hauptfaktor der reformbedingten Mehrkosten werden die vorgesehenen Ausgleichszahlungen sein.

Die Reformdiskussion wird mit dem Ziel einer möglichst baldigen Einigung fortgesetzt, was insbesondere im Rahmen der Uruguay-Runde von großer Bedeutung ist.

Sozialpolitik

Das Jahr 1991 stand im Zeichen der Umsetzung des Aktionsprogramms zur **Europäischen Sozialcharta**, welche von elf Staats- und Regierungschefs am 8. und 9. Dezember 1989 verabschiedet worden war.

In einem gegen Jahresende veröffentlichten Bericht über die Umsetzung der Europäischen Sozialcharta weist die Kommission darauf hin, daß sie ihrer Verpflichtung, entsprechende Vorschläge zu unterbreiten, fast vollständig nachgekommen sei. Dabei habe sie

- dem Grundsatz der Subsidiarität Rechnung getragen und sich auf jene Bereiche beschränkt, wo eine Gemeinschaftsmassnahme einen erhöhten sozialem Nutzen bringt;
- die unterschiedlichen Rechtssysteme, Kulturen und staatlichen Üsancen berücksichtigt
- die Wettbewerbsfähigkeit der Unternehmungen gewahrt und somit Wirtschaft und Soziales in Einklang gebracht.

Die wesentlichsten, von der Kommission im Berichtsjahr erarbeiteten Vorschläge betreffen

- die Richtlinie über die Arbeitsbedingungen im Rahmen der Erbringung von Dienstleistungen
- vier Richtlinien betreffend den Schutz von Gesundheit und Sicherheit,
- eine Richtlinie betreffend Beförderung behinderter Arbeitnehmer,
- ein drittes Aktionsprogramm zugunsten Behinderter,
- die Änderung der Verordnung über das datengestützte Arbeitsplatzvermittlungssystem SEDOC,
- eine Änderung der Verordnung betreffend die soziale Sicherheit der Wanderarbeitnehmer.

Der Ministerrat verabschiedete 1991 die Richtlinie zum Schutz der Arbeitnehmer gegen Gefährdung durch Asbest; weiters änderte er die Verordnung betreffend die soziale Sicherheit der Wanderarbeitnehmer und die volle Freizügigkeit der spanischen und portugiesischen Arbeitnehmer. Es kam ferner zu einer grundsätzlichen Einigung über den Schutz der Schwangeren und Wöchnerinnen.

Verbraucherschutz

Der Rat der für den Verbraucherschutz zuständigen Minister konnte auf seiner Tagung vom 15. Oktober 1991 eine grundsätzliche Einigung über die bedeutsame Richtlinie betreffend **Produktsicherheit** erzielen. Damit soll in der Gemeinschaft eine marktvorgelagerte Überwachung der Sicherheit der Erzeugnisse eingeführt werden. Diese Richtlinie stellt somit eine wichtige Ergänzung zur **Produkthaftungsrichtlinie** dar.

Eine weitere wichtige Richtlinie betreffend mißbräuchliche Vertragsklauseln in Verbraucherverträgen fand die Zustimmung des Europäischen Parlaments, das noch einzelne Verschärfungen durchgesetzt hatte.

Die Kommission unterbreitete eine Reihe von richtungsweisenden Vorschlägen wie insbesondere

- die ausdrückliche Zulassung der **vergleichenden Werbung** in der Richtlinie über irreführende Werbung;
- den umweltfreundlichen Landbau und die entsprechende Kennzeichnung dieser landwirtschaftlichen Erzeugnisse;
- eine Richtlinie betreffend Süßstoffe, die in Lebensmitteln verwendet werden können.

EG-Forschungs- und Entwicklungsprogramme

Die Forschungs- und Entwicklungspolitik der Europäischen Gemeinschaften wird über **mehrjährige Rahmenprogramme** für Forschung und technologische Entwicklung verwirklicht. Diese Rahmenprogramme werden zeitlich überschneidend durchgeführt, um eine ständige Anpassung an neue Entwicklungen sicherzustellen. Die Rahmenprogramme geben den Gesamtaufwand und die einzelnen Themenbereiche vor. Diese Themenbereiche werden wiederum durch gesondert zu beschließende spezifische Programme umgesetzt. Diese spezifischen Programme bilden dann die Grundlage für die Auswahl und Förderung von einzelnen Projekten, an denen sich Unternehmen und Forschungseinrichtungen aus den EG-Mitgliedstaaten und, wenn auch in eingeschränktem Ausmaß, aus Drittstaaten, darunter Österreich, beteiligen können. Es werden grundsätzlich nur solche Projektanträge berücksichtigt, die mehrere Partner aus verschiedenen Staaten zusammenbringen.

Das 2. Rahmenprogramm (1987 – 1991) mit seinen 32 spezifischen Programmen ist Ende 1991 ausgelaufen. Seine Fortschreibung durch das 3. Rahmenprogramm (1990–1994) wurde zwar bereits im Mai 1990 verabschiedet. Die vorgesehene Umsetzung durch insgesamt 15 spezifische Programme hat sich jedoch wegen grundsätzlicher Meinungsverschiedenheiten zwischen den mit dem Genehmigungsverfahren befaßten Einrichtungen: EG-Kommission, EG-Rat und Europäisches Parlament, beträchtlich verzögert. So wurden die ersten fünf spezifischen Programme dieses neuen Rahmenprogrammes erst Mitte 1991 endgültig verabschiedet. Ende 1991 waren erst elf der insgesamt 15 spezifischen Programme genehmigt. Die Verabschiedung der verbleibenden vier spezifischen Programme wird im Frühjahr 1992 erwartet. Diese Verzögerung hat bei den Interessenten sowohl in den EG-Mitgliedstaaten als auch in Drittstaaten große Verunsicherung hervorgerufen. Für die Durchführung des im 3. Rahmenprogramm (1990–1994) vorgesehenen Arbeitsplanes steht nun ein wesentlich kürzerer Zeitraum zur Verfügung. Eine allfällige Verlängerung wird nicht in Aussicht genommen.

Österreichische Teilnahme

Das **bilaterale Rahmenabkommen über wissenschaftliche und technische Zusammenarbeit** zwischen den Europäischen Gemeinschaften und Österreich sind Voraussetzung für die Teilnahme Österreichs an den EG-Forschungs- und Entwicklungsprogrammen. Die Teilnahmebedingungen werden jedoch für jedes einzelne spezifische Programm gesondert festgelegt.

So waren im Zweiten Rahmenprogramm (1987–1991) nicht alle 32 spezifischen Programme für die Teilnahme aus EFTA-Mitgliedstaaten geöffnet. Bei einigen Programmen war nur die Teilnahme an einzelnen Projekten, nicht jedoch am gesamten Programm möglich; bei anderen die Teilnahme am gesamten Programm. Letztere erfordert den Abschluß gesonderter **bilateraler Kooperationsabkommen**, die den langwierigen EG-internen Genehmigungsverfahren unterworfen sind.

Trotz der ungünstigen Voraussetzungen konnten österreichische Unternehmen und Forschungseinrichtungen die Gelegenheit, die die teilweise und eingeschränkte Öffnung der EG-Forschungs- und Entwicklungsprogramme bietet, nutzen. Es wurden Kooperationsabkommen für insgesamt vier spezifische Programme ausgehandelt: SCIENCE (Grundlagenforschung), Medizin und Gesundheitsforschung, SPES (Wirtschaftsforschung) und STEP (Umweltforschung). Weiters konnte eine projektweise Teilnahme an den wichtigsten Technologieprogrammen verwirklicht werden: ESPRIT (Informationstechnologie – 17 Projekte mit österreichischer Beteiligung), RACE (Kommunikationstechnologie – zwei Projekte mit österreichischer Beteiligung), BRITE/EURAM (Fertigungs- und Werkstofftechnologien – sechs Projekte mit österreichischer Beteiligung) und BRIDGE (Biotechnologie – drei Projekte mit österreichischer Beteiligung).

Im Dritten Rahmenprogramm wurden die bisher uneinheitlichen Teilnahmebedingungen für Drittstaaten vereinheitlicht. Alle 15 spezifischen Programme wurden nun für die projektweise Teilnahme geöffnet. Eine darüberhinausgehende programmweise Teilnahme ist grundsätzlich vorgesehen, erfordert aber weiterhin den Abschluß von gesonderten bilateralen Kooperationsabkommen. Diese weitergehende Öffnung entstand nicht zuletzt unter dem Eindruck der EWR-Verhandlungen.

Wegen der verspätet angelaufenen Projektausschreibungen für die spezifischen Programme liegen noch keine Ergebnisse für die österreichische Beteiligung am Dritten Rahmenprogramm vor. Es kann jedoch festgestellt werden, daß gegenüber dem Zweiten Rahmenprogramm die Anzahl der österreichischen Bewerbungen deutlich angestiegen ist.

Eureka

Die Europäische Forschungsinitiative EUREKA zielt auf die europaweite Zusammenarbeit auf dem Gebiet der Forschung und Entwicklung, um die Produktivität und Wettbewerbsfähigkeit der Industrien und Volkswirtschaften auf dem Weltmarkt zu stärken. Sie soll die Ressourcen von Firmen und Forschungseinrichtungen der EUREKA-Mitgliedstaaten, d.h. der EFTA-Staaten, der EG-Mitgliedstaaten und der EG-Kommission sowie der Türkei vereinen, um zukunftsträchtige Technologien zu entwickeln. Österreich ist Gründungsmitglied der EUREKA-Initiative von 1985.

EUREKA konnte mit Abschluß des turnusmäßigen niederländischen Vorsitzes (1990/91) eine äußerst positive Bilanz ziehen. In dieser Periode wurden 121 neue EUREKA-Projekte genehmigt, was mehr war als die ohnehin schon hohe Zahl der neuen Projekte im Vorjahr (italienischer Vorsitz). Die Zahl der Projekte mit österreichischer Beteiligung stieg von 57 auf 69, womit sich das Gesamtforschungsvolumen dieser Projekte auf 1,8 Milliarden Schilling erhöhte. Dieser Zuwachs kam vor allem den Bereichen Umwelt und Biomedizin zugute sowie in verstärktem Maße auch Klein- und Mittelbetrieben.

Unter dem niederländischen Vorsitz fand auch eine Überprüfung der ersten fünf Jahre der EUREKA-Initiative durch einen unabhängigen „Weisenrat“ statt. Dem Erfolg der EUREKA-Initative liegt nach Ansicht dieser unabhängigen Experten wesentlich der „bottom-up approach“ und die kleine und unbürokratische Verwaltung durch nationale Koordinationsbüros und das in Brüssel angesiedelte EUREKA-Sekretariat zugrunde. Im Rahmen der 9. Konferenz der EUREKA-Minister im Juni 1991 wurde das 5-jährige Bestehen der Forschungsinitiative entsprechend gewürdigt.

Die Fachministerkonferenz der EUREKA befaßte sich auch mit der konkreten Einbindung zentral- und osteuropäischer Staaten in die europäische Forschungsinitiative. So wurde die „Haager Erklärung“ verabschiedet, die den europäischen Nichtmitgliedländern die Teilnahme an einzelnen EUREKA-Projekten durch ein Aktionsprogramm wesentlich erleichtern soll. Die Minister beschlossen auch, sich anläßlich der 10. Ministerkonferenz im Mai 1992 mit der Frage der künftigen Mitgliedschaft zentral- und osteuropäischer Staaten bei EUREKA zu beschäftigen.

EG-Bildungsprogramme

Die in der EG-Regierungskonferenz beschlossene Schaffung einer Europäischen Union wird voraussichtlich einen entscheidenden Fortschritt für den Bereich der allgemeinen und beruflichen Aus- und Weiterbildung bringen. Es zeichnet sich die Anerkennung der Bildungspolitik als eigenständiger Fachbereichspolitik ab. Die bisher vorhandenen Bemühungen in Form von Einzelprogrammen und Maßnahmen dürften langfristig zu einem umfassenden mehrjährigen Bildungsprogramm zusammenwachsen. Die Teilnahme von Drittstaaten, darunter Österreich, an den einzelnen EG-Bildungsprogrammen wird derzeit noch für jedes einzelne Programm gesondert entschieden. Es besteht keine grundsätzliche Öffnung aller Programme gegenüber Drittstaaten.

Österreichische Teilnahme

Eine projektweise Teilnahme ist für EG-Bildungsprogramme nicht zielführend. Es ist daher der Abschluß von eigenen bilateralen Kooperationsabkommen erforderlich. Österreich hat, wie die anderen EFTA-Mitgliedstaaten, bisher zwei solche Kooperationsabkommen abgeschlossen. Das Abkommen über die Teilnahme am Programm für Aus- und Weiterbildung im Technologiebereich **COMETT** (1990–1994) ist im April 1990 in Kraft getreten; das Abkommen über die Teilnahme am Studentenaustauschprogramm **ERASMUS** II im November 1991.

Die bisherigen Ergebnisse der Teilnahmebemühungen österreichischer Universitäten und Unternehmen am COMETT-Programm sind vielversprechend. Von insgesamt 51 Projekt- bzw. Beteiligungsanträgen wurden 38 von der EG-Kommission für förderungswürdig befunden. Österreich liegt damit im Spitzenfeld unter den EFTA-Staaten.

Das Inkrafttreten des ERASMUS-Abkommens im November 1991 bedeutet, daß österreichische Studenten ab dem Studienjahr 1992/93 voll an diesem europaweiten Austauschprogramm teilnehmen werden. Das Interesse ist erfreulich hoch. Es liegen etwa 150 Anträge auf Austauschprogramme mit einem Gesamtvolumen von 800 Auslandsstipendien für Aufenthalte bis zu einem Jahr vor. Die Entscheidung über die Annahme wird voraussichtlich im März 1992 fallen.

Die EWR-Verhandlungen und die Teilnahme an den Forschungs-, Entwicklungs- und Bildungsprogrammen

Die Teilnahmebedingungen für Drittstaaten – auch für EFTA-Mitgliedstaaten – an den EG-Forschungs- und Entwicklungsprogrammen sowie an den EG-Bildungsprogrammen sind trotz der nicht zu leugnenden Fortschritte in den letzten Jahren nicht befriedigend. Projektteilnehmer aus

EFTA-Mitgliedstaaten bleiben weiterhin gegenüber ihren EG-Partnern benachteiligt. EFTA-Mitgliedstaaten haben, auch dort wo sie ihren vollen Anteil zum Programmhaushalt leisten (programmweise Teilnahme), kein ausreichendes Mitspracherecht bei der Programmgestaltung und -durchführung. Die dafür unverzichtbare Mitwirkung in den einschlägigen Ausschüssen wird den EFTA-Mitgliedstaaten verwehrt.

Im Rahmen der EWR-Verhandlungen wurden daher im Bereich der Begleitmaßnahmen (flanking policies) sowohl für Forschung und Entwicklung als auch für Aus- und Weiterbildung neue Lösungsansätze gesucht. Die EFTA-Mitgliedstaaten gingen dabei von der Forderung nach voller und gleichberechtigter Teilnahme an den einschlägigen Programmen aus.

„Volle Teilnahme“ bedeutet, daß die EFTA-Mitgliedstaaten sich verpflichten, für alle einschlägigen Programme der Europäischen Gemeinschaften den ihnen zukommenden Anteil zum Programmhaushalt zu leisten. Diese Bereitschaft, auch jene Programme mitzutragen, die nicht in ihrem unmittelbaren Interesse liegen, wäre von der Europäischen Wirtschaftsgemeinschaft durch die Gewährung der „gleichberechtigten Teilnahme“ anzuerkennen. Die Gleichberechtigung sollte dabei nicht nur auf der Projektebene, sondern auch auf der Programmebene verwirklicht werden.

Der vorliegende Entwurf des EWR-Abkommens berücksichtigt die EFTA-Anliegen für die Bereiche Forschung und Entwicklung sowie Bildung weitgehend. Teilnehmer aus EFTA-Mitgliedstaaten wären in Hinkunft ihren EG-Partnern gleichgestellt. Die Mitwirkung in den einschlägigen Ausschüssen wäre mit der Einschränkung, daß bei allfälligen Abstimmungen die Vertreter der EFTA-Mitgliedstaaten nicht mitstimmen, gesichert.

Mit dem Inkrafttreten des EWR-Abkommens wären damit für den Bereich **Forschung und Entwicklung** Voraussetzungen gegeben, die den Bedingungen im Beitrittsfall nahekommen: Österreich und die anderen EFTA-Mitgliedstaaten würden dann am Dritten Rahmenprogramm und seinen spezifischen Programmen teilnehmen und in den einschlägigen Ausschüssen (wenn auch ohne Stimmrecht) vertreten sein. Für den Bereich **Aus- und Weiterbildung** würden diese Voraussetzungen jedoch erst zwei Jahre nach dem Inkrafttreten des EWR-Abkommens gelten. Eine uneingeschränkte Öffnung aller EG-Bildungsprogramme ist erst ab diesem späteren Zeitpunkt vorgesehen.

Arbeitsgruppen für Fragen der Europäischen Integration

Der im Februar 1987 gegründeten **„Arbeitsgruppe für Europäische Integration“** gehören Vertreter aller Bundesministerien, der Interessenvertretungen, der österreichischen Nationalbank, der Verbindungsstelle der Bundesländer sowie des österreichischen Städte- und Gemeindebundes an. Diese

Arbeitsgruppe hat 50 Projektgruppen eingesetzt, in welchen mehr als 300 Experten in den jeweiligen Fachbereichen mitarbeiten.

Die Aufgabe der Arbeitsgruppe für Europäische Integration ist die Vorbereitung der inhaltlichen Verhandlungspositionen für die Verhandlungen mit der EG.

Der im November 1989 eingerichteten **Arbeitsgruppe für Integrationsfragen im Bundeskanzleramt**, obliegt die innerösterreichische Koordination in Angelegenheiten der europäischen Integration. Diese Arbeitsgruppe wurde 1989 eingerichtet; in ihr sind alle Bundesministerien, die Bundesländer, Städte und Gemeinden sowie Interessenvertretungen repräsentiert.

Der zur Beratung auf höchster politischer Ebene eingesetzte **Rat für Fragen der österreichischen Integrationspolitik** hat unter dem Vorsitz des Bundeskanzlers zwei Mal getagt.

Österreichische öffentliche Meinung und EG-Mitgliedschaft

Die 1991 noch weiter intensivierte österreichische Integrationspolitik war stets auch Gegenstand der öffentlichen politischen Debatte. In regelmäßigen Abständen durchgeführte Meinungsumfragen bestätigten das Interesse der Bevölkerung an der Thematik. Sie deuteten mitunter jedoch darauf hin, daß in der öffentlichen Meinung oft ein Zusammenhang mit anderen politischen Fragen selbst dort hergestellt wird, wo kein unmittelbarer sachlicher Konnex besteht. Teilweise lösten auch weltpolitische Ereignisse Meinungsschwankungen aus. Ferner wurde aus den Umfrageergebnissen deutlich, daß nicht immer eine klare Unterscheidung zwischen dem 1991 im Vordergrund der Debatte stehenden Europäischen Wirtschaftsraum und der längerfristigen Perspektive einer EG-Mitgliedschaft getroffen wurde.

Trotz der Widersprüche von Teilergebnissen läßt sich feststellen, daß die Zahl der Befürworter einer EG-Mitgliedschaft jene der Gegner übersteigt. Eine nähere Aufschlüsselung ergibt, daß sich erstere von einem Beitritt politische bzw. wirtschaftliche Vorteile allgemeiner Natur erwarten: wie Mitbestimmung im europäischen Rahmen, die Beschleunigung notwendiger struktureller Anpassungen, eine Verbesserung des Bildungssystems, zusätzliche Chancen für österreichische Unternehmen, einen Anstieg des Lohnniveaus, Preissenkungen und Reiseerleichterungen. Diese Meinung wird vor allem von politisch interessierten und informierten, insbesondere jüngeren und gut ausgebildeten Personen vertreten.

Dagegen befürchten die Gegner eines EG-Beitritts vorrangig gruppenbezogene Nachteile, etwa für die Landwirtschaft, den Arbeitsmarkt, aber auch die Umwelt- und Produktqualität sowie die Sozialpolitik. Erwähnung findet in diesem Zusammenhang auch die Zukunft der österreichischen Neutralität. Allerdings ist ein steigendes Verständnis der Bevölkerung dafür erkennbar, daß die österreichische Neutralitätspolitik im ausgehenden 20. Jahrhundert den neuen Gegebenheiten angepaßt werden muß.

Integrationsbezogene Informationsarbeit

Aufgrund der bemerkenswert hohen Zahl von Österreichern, die sich nach eigenen Aussagen über die Integrationspolitik nicht ausreichend informiert erachten, beschloß die Bundesregierung im Dezember, eine umfassende **Informationskampagne** zu starten. Dadurch soll die österreichische Bevölkerung in die Lage versetzt werden, „sich mit der österreichischen Integrationspolitik und ihren Auswirkungen auf Grundlage objektiver Tatsachen auseinandersetzen zu können". Dabei soll unter anderem jenen Bevölkerungsgruppen besser zugängliche Informationen geboten werden, die einem EG-Beitritt aus oft nicht klar artikulierten Ängsten skeptisch gegenüber stehen.

Unabhängig von dieser Informationskampagne hat das Bundesministerium für auswärtige Angelegenheiten seine integrationsbezogene Informationsarbeit im Laufe des Jahres 1991 weiter intensiviert. In noch höherem Maße als in der Vergangenheit nahmen leitende Beamte an innerösterreichischen Veranstaltungen zu EG-Fragen teil.

Das seit Mai 1989 eingerichtete **EG-Telephon** wurde von der interessierten Öffentlichkeit auch 1991 wieder für zahlreiche Anfragen in Anspruch genommen, wobei Anfragen aus allen Berufsgruppen, vor allem aber auch aus dem universitären und dem Schulbereich kamen.

Um auch den österreichischen Schulen integrationsrelevante Information zugänglich zu machen, wurde eine Zusammenarbeit mit dem Bundesministerium für Unterricht und Kunst bei der Erstellung von **Lernbehelfen** sowie eine entsprechende Schwerpunktbildung im Unterricht in Aussicht genommen. Die regelmäßige Zusammenarbeit des Bundesministeriums für auswärtige Angelegenheiten mit **ORF-Teletext** wurde fortgesetzt.

Unter Federführung des Bundeskanzleramtes wurde ferner die 1992 anlaufende Europa-Initiative der Bundesregierung vorbereitet, durch die die Österreicher über EWR und EG-Beitritt informiert werden sollen.

Im Rahmen der Öffentlichkeitsarbeit im Ausland fanden in Fortsetzung der bereits im Jahr 1990 gestarteten Initiative am 11. 4. in Den Haag, am 12. 4. in Kopenhagen, sowie am 9. 12. in Lissabon jeweils in Zusammenarbeit mit der Vereinigung Österreichischer Industrieller organisierte **EG-**

Symposien statt. Bei den Veranstaltungen in den Niederlanden und Portugal ging es unter anderem darum, den EG-Beitrittskandidaten Österreich bestimmten Gruppen von Meinungsbildern im zukünftigen EG-Vorsitzland näher zu bringen.

Österreich; die Europäische Freihandelsassoziation (EFTA) und die EWR-Verhandlungen

Das aktive Mitwirken der EFTA war auch 1991 ein wichtiges Element der österreichischen Integrationspolitik. Im Zentrum standen dabei die Verhandlungen über den **Europäischen Wirtschaftsraum (EWR)**, der durch die Liberalisierung von Personen-, Waren-, Dienstleistungs- und Kapitalverkehr sowie eine Reihe flankierender und horizontaler Politiken (z.B. Umwelt, Forschung und Bildung) einen Wirtschaftsraum aus 19 Staaten bzw. für 375 Millionen Einwohner schaffen soll.

Aus der Sicht Österreichs stehen seine EG-Beitrittsbestrebungen in keinem Widerspruch zu einer vollen und engagierten Mitarbeit in der EFTA. In ihrem Arbeitsübereinkommen vom 17. Dezember 1990 haben die beiden Regierungsparteien betont, daß Österreich seinen EFTA-Verpflichtungen bis zu seinem EG-Beitritt loyal nachkommen und seinen EFTA-Vorsitz im ersten Halbjahr 1991 initiativ und verantwortungsvoll wahrnehmen wird.

Der Begriff „Europäischer Wirtschaftsraum“ findet sich erstmals in der sogenannten „Luxemburger Erklärung“ der Minister der 17 EG- und EFTA-Staaten aus dem Jahre 1984. Sie zielte auf eine engere wirtschaftliche Kooperation zwischen EG und EFTA ab. Die Arbeiten im Rahmen dieses „Luxemburger follow-up“ gingen jedoch nur sehr schleppend voran vor allem im Vergleich zum EG-Binnenmarktprojekt.

Am 17. Jänner 1989 schlug der Präsident der EG-Kommission, Jacques Delors, in einer Rede vor dem Europäischen Parlament die Schaffung einer erweiterten, „strukturierteren“ Partnerschaft zwischen der EG und den EFTA-Staaten in Form eines umfassenden Europäischen Wirtschaftsraumes (EWR) vor. Die EFTA-Regierungschefs haben mit einer Erklärung am 15. März 1989 in Oslo positiv auf diese Initiative von Präsident Delors reagiert.

Im Verlauf des Jahres 1989 fanden „fact-finding“ und anschließend exploratorische Gespräche statt. Nach Verabschiedung eines Verhandlungsmandates durch den EG-Ministerrat am 18. Juni 1990 wurden sodann am 20. Juni die formellen Verhandlungen im Rahmen der sogenannten „High Level Negotiating Group“ zwischen den Vertretern der EFTA-Staaten auf der einen und der EG-Kommission auf der anderen Seite aufgenommen.

Die österreichische Verhandlungsposition wurde unter Mitwirkung der zuständigen Ressorts, der Bundesländer sowie der Sozialpartner und Interessensvertretungen erarbeitet.

Im Sinne der Erklärung der Minister beim gemeinsamen EG-EFTA Ministertreffen vom 19. Dezember 1990 wurde ein Abschluß der Verhandlungen der EFTA-Länder mit der Gemeinschaft vor dem Sommer 1991 mit dem Ziel angestrebt, daß der Europäische Wirtschaftsraum parallel mit dem Europäischen Binnenmarkt am 1. Jänner 1993 in Kraft treten solle.

Insgesamt fanden 1991 (nach EFTA-internen Verhandlungen) in den fünf „Negotiating Groups" (NGs) (für Warenverkehr, Kapitalund Dienstleistungsverkehr, Personenverkehr, flankierende und horizontale Politiken sowie rechtliche und institutionelle Fragen) acht formelle Tagungen der gemeinsamen EFTA-EG „High Level Negotiating Group" statt. Außerdem wurden – erstmals in der Geschichte der EFTA – insgesamt acht Tagungen auf Ministerebene (davon vier gemeinsam mit EG-Ministern) abgehalten.

Im ersten Halbjahr 1991 übernahm Österreich turnusmäßig den Vorsitz in der EFTA. Während dieser sechs Monate war Bundesminister Wolfgang Schüssel als Vorsitzender des EFTA-Rates und Bundesminister Alois Mock als Leiter der österreichischen Delegation für die Führung der EWR-Verhandlungen zuständig. Am 13. Mai 1991 gelang bei einer gemeinsamen EFTA/EG-Ministertagung in zähen Verhandlungen zwischen dem österreichischen EFTA-Vorsitz und der luxemburgischen EG-Präsidentschaft sowie Kommissionsvizepräsidenten Andriessen ein entscheidender Verhandlungsfortschritt, indem man sich auf die Einführung eines Informations- und Konsultationsmechanismus bei der Fortentwicklung des Gemeinschaftsrechtes einigte. Bei der EFTA-Ministertagung am 23. Mai 1991 in Wien sprach sich Österreich nachdrücklich für einen ehebaldigsten Abschluß der Verhandlungen aus. Der Versuch, am 18./19. Juni bei einer weiteren Ministertagung in Luxemburg die Verhandlungen abzuschließen, scheiterte letzlich vornehmlich an der Fischereifrage. Am 24./25. Juni 1991 fand in Salzburg ein weiteres EFTA-EG-Ministertreffen statt.

Unter finnischem Vorsitz wurde am 29./30. Juli ein zweiter Versuch unternommen, auf Ministerebene zur Lösung der verbleibenden Fragen zu gelangen. Auch diese Konferenz scheiterte jedoch an unüberbrückbaren Gegensätzen in der **Fischereifrage**.

Am 21./22. Oktober wurde schließlich in Luxemburg ein dritter Anlauf gemacht. Zunächst wurden vom EG-Verkehrsministerrat die bilateralen Transitverträge der Schweiz und Österreichs mit der Gemeinschaft genehmigt. Damit war für die Gemeinschaft eine der wesentlichen Voraussetzungen für einen EWR-Vertrag erfüllt. In 15stündigen Verhandlungen konnten dann auch Kompromißlösungen in der Fischfrage und beim EFTA-„Kohäsionsfonds“ gefunden werden, wodurch dann der erfolgreiche Abschluß der Verhandlungen möglich wurde.

Die Paraphierung des EWR-Vertrages war für den 18. November vorgesehen. Sie mußte jedoch in letzter Minute verschoben werden. Der Europäische Gerichtshof (EUGH) war nämlich bereits im August von der EG-Kommission um ein Gutachten darüber ersucht worden, ob die institutionellen Bestimmungen des EWR-Vertrages mit dem EWG-Vertrag vereinbar sind. Der EUGH stellte die Kommission und den EG-Mitgliedstaaten eine Reihe von Gegenfragen. Sie waren von dem Bestehen auf die Erhaltung der institutionellen Autonomie und der rechtlichen Homogenität der Gemeinschaft sowie des Rechtssprechungsprimats des Europäischen Gerichtshofes geprägt. Zur Behandlung dieser Fragen wurde am 26. November am Sitz des EuGH in Luxemburg eine Anhörung abgehalten, bei der die EG-Kommission und die EG-Mitgliedstaaten Stellung nehmen konnten.

Der EUGH hat sein Gutachten dann am 14. Dezember vorgelegt. In ihm wird vor allem als Kernfrage erörtert, ob das im EWR-Vertrag vorgesehene System der Gerichtsbarkeit die Autonomie der gemeinschaftlichen Rechtsordnung und ihre Funktion beeinträchtigen kann. Der EuGH kommt zu der Schlußfolgerung, daß das System der Gerichtsbarkeit, wie es im EWR-Abkommen vorgesehen ist, mit dem EWG-Vertrag unvereinbar ist.

Es wurde daher versucht, Regelungen zu finden, die den Einwänden des EuGH Rechnung tragen. Ziel war es, möglichst rasch die unbedingt erforderlichen Anpassungen vorzunehmen, damit der EWR-Vertrag sobald wie möglich paraphiert und unterzeichnet werden kann. (Die Verhandlungen wurden am 14. Februar 1992 in Brüssel abgeschlossen.) Von allen EG- und EFTA-Staaten wurde erneuert bekräftigt, daß er per 1. 1. 1993 in Kraft treten soll.

Dadurch soll per 1. Jänner 1993 der einheitliche Binnenmarkt der zwölf EG-Staaten um die sieben EFTA-Länder erweitert werden. Es entsteht so der größte, weltwirtschaftlich bedeutendste Zusammenschluß seiner Art. Das aggregierte Bruttoinlandsprodukt der 19 Staaten des großen europäischen Binnenmarktes würde 70.000 Milliarden Schilling betragen. Innerhalb des EWR würden künftig 46 Prozent des Welthandels abgewickelt werden.

Da die Zollunion und die gemeinsame Agrarpolitik der Gemeinschaft nicht Inhalt des EWR sind, wird im EWR auch der freie Warenverkehr nicht voll verwirklicht werden. Das bedeutet, daß im EWR weiterhin Ursprungsregeln nötig sind und das die Landwirtschaft (mit Ausnahme bilateraler

Agrarvereinbarungen sowie Verbesserungen für landwirtschaftliche Verarbeitungsprodukte) nicht vom EWR erfaßt ist. Dennoch bringt der EWR durch die weitestgehende Beseitigung nichttarifarischer Handelshemmnisse sowie die Vereinheitlichung technischer Normen und Standards wesentliche Vereinfachungen für den Handel zwischen EG- und EFTA-Staaten.

Auf dem Gebiet des Dienstleistungs- und Kapitalverkehrs soll hingegen der Binnenmarkt bereits voll verwirklicht werden. Die Dienstleistungsfreiheit wird es jedem im EWR-Gebiet ansässigen Anbieter erlauben, auf dem Gebiet eines anderen EWR-Staates gegen Bezahlung gewerbliche, kaufmännische, handwerkliche oder freiberufliche Tätigkeiten auszuüben. Die Liberalisierung umfaßt insbesondere den Banken- und Versicherungssektor sowie den Kapitalverkehr. Allerdings werden für den Grund- und Immobilienerwerb von Ausländern aus EWR-Staaten Übergangsfristen gewährt (für Österreich: 3 Jahre). Diese können zur Ausarbeitung innerstaatlicher Regelungen nicht diskriminierenden Charakters dienen, durch die der **Erwerb von Grund und Boden** durch Ausländer so geregelt werden kann, daß es zu keinem „Ausverkauf" kommt.

Mit dem EWR wird der freie Personenverkehr (Freizügigkeit der Arbeitnehmer und die Niederlassungsfreiheit der Selbständigen) voll verwirklicht. Arbeiter, Angestellte und Freiberufler können damit ohne Beschränkung innerhalb des gesamten EWR-Territoriums am Ort ihrer Wahl arbeiten. Ausnahmen hievon sind nur aus Gründen der öffentlichen Ordnung, Sicherheit oder Gesundheit möglich.

Im EWR sollen gleiche Wettbewerbsbedingungen wie in der Gemeinschaft herrschen. Dies bedeutet die Übernahme der EG-Wettbewerbsbestimmungen durch die EFTA-Länder sowie das **Verbot aller staatlichen Beihilfen**, die den Wettbewerb verzerren könnten. Erlaubt bleiben Subventionen sozialen Charakters, sowie solche, die wirtschaftliche Entwicklung rückständiger Regionen oder von Gebieten mit hoher Arbeitslosigkeit fördern oder sich auf Projekte von europäischem Interesse beziehen.

Der EWR wird auch einige der sogenannten „horizontalen Gemeinschaftspolitiken", auf die EFTA-Staaten ausdehnen, so insbesondere die Sozial- und Umweltpolitik. Besondere Aufmerksamkeit wird der Verbesserung der Arbeitsbedingungen, wie z. B. dem Schutz der Gesundheit und Sicherheit am Arbeitsplatz, und dem Lebensstandard der Arbeitnehmer gewidmet. Die **Gleichbehandlung von Mann und Frau** wird rechtlich verankert.

Auf dem Gebiet der **Umwelt** werden die Ziele der Erhaltung, des Schutzes und der Verbesserung der Umweltqualität sowie des Schutzes der menschlichen Gesundheit bekräftigt. Vorbeugende Aktionen werden in Aussicht genommen, um Umweltschäden am Ursprung zu verhindern und den

Verursacher haftbar zu machen. Die Möglichkeit voll an den Forschungs- und Technologieprogrammen sowie an den Forschungstätigkeiten der Gemeinschaft im Bereich des Umwelt- und Gesundheitsschutzes teilzunehmen wird es Österreich erlauben, gerade auf diesem wichtigen Gebiet seine beschränkten Forschungsmittel gezielt im europäischen Verbund einzusetzen und so in den Genuß der gemeinsam erzielten Resultate zu gelangen. Oft kann ja Umweltschutz nur europaweit wirksam gewährleistet werden.

Die EFTA-Länder erhalten weiters die Möglichkeit der Mitarbeit an den flankierenden, d.h. über den Binnenmarkt hinausgehenden Gemeinschaftsaktionen und -programmen in folgenden Bereichen: Forschung und technologische Entwicklung, Informationsdienstleistungen, Umwelt, Erziehung, Ausbildung und Jugend, Sozialpolitik, Konsumentenschutz, Klein- und Mittelbetriebe, Tourismus, Audiovisuelle Dienstleistungen und Zivilschutz. Diese Zusammenarbeit wird den EFTA-Länden insbesondere erlauben, am Rahmenprogramm der Gemeinschaft für Forschung und technologische Entwicklung sowie an all seinen Einzelprogrammen teilzunehmen.

Der EWR wird gemäß Art 238 EWG-Vertrag über Assoziierungsabkommen abgeschlossen. Er wird ein „gemischtes Abkommen" darstellen, d.h. daß neben den sieben EFTA-Ländern und der Gemeinschaft als solcher auch alle zwölf Mitgliedstaaten der EG Vertragsparteien sein werden. Überdies muß das Europäische Parlament dem Abkommen mit einfacher Mehrheit zustimmen.

Der EWR wird über folgende Organe verfügen:

- Den **EWR-Rat** als politischem Leitungsgremium, das dem EWR-Ausschuß generelle Richtlinien erteilt und eine Gesamtbewertung der Funktionsweise des EWR vornimmt. Er setzt sich aus Ministern der zwölf EG- und der sieben EFTA-Staaten sowie einem Mitglied der EG-Kommission zusammen und tagt mindestens zweimal jährlich;
- Den **Gemischten Ausschuß** als ständigem Lenkungs- und Entscheidungsgremium des EWR. In ihm sind alle sieben EFTA-Staaten (die jedoch mit einer Stimme sprechen) und die EG durch die Kommission vertreten. Er entscheidet in allen Fragen mit Konsens;

Zur Stärkung der parlamentarischen Zusammenarbeit sowie der Kooperation zwischen Wirtschafts- und Sozialpartnern werden ein **Gemeinsamer Parlamentarischer Ausschuß** und ein **EWR-Konsultativausschuß**, der von Vertretern des EG-Wirtschafts- und Sozialausschusses sowie des EFTA-Konsultativkomitees beschickt wird, errichtet.

Das Initiativmonopol der EG-Kommission für die Weiterentwicklung des Gemeinschaftsrechtes wird nicht angetastet. Die EFTA-Länder werden jedoch bei der Ausarbeitung von Vorschlägen für neue Rechtsakte der EG vom Anfang an mit einbezogen. Zu diesem Zweck wird die Kommission Experten der EFTA-Länder in der gleichen Weise heranziehen, wie sie Experten der Mitgliedstaaten befaßt.

Die EFTA-Staaten haben keine Möglichkeit Gemeinschaftsgesetzgebung abzuändern, können jedoch ihre Zustimmung verweigern. Gemäß dem Einstimmigkeitsprinzip innerhalb der EFTA bedeutet dies, daß jeder einzelne EFTA-Staat die Übernahme neuen EG-Rechts in den EWR verhindern kann.

Ein Verhandlungserfolg stellte für die EFTA-Länder die Verankerung einer **Schutzklausel im EWR-Vertrag** dar, die es den EFTA-Staaten erlaubt, bei ernsten wirtschaftlichen, gesellschaftlichen oder umweltbedingten Problemen nach eigenem Ermessen einseitige Maßnahmen zu ergreifen und auf diese Weise Teile des EWR-Abkommens außer Kraft zu setzen. Die Schutzmaßnahmen sollen allerdings zeitlich begrenzt und strikt auf die Abhilfe der besonderen Problemsituation abgestellt sein.

Unter dem Titel „Ausgleich der sozialen und wirtschaftlichen Unterschiede innerhalb der Regionen des EWR“ forderten Mitgliedstaaten der EG, welche in den Genuß von Beihilfen aus den EG-Strukturfonds kommen (Griechenland, Irland, Portugal, Spanien) eine finanzielle Leistung auch der hochentwickelten EFTA-Staaten zur Abgeltung der vergleichsweise größeren Vorteile, welche diese aus dem EWR-Vertrag ziehen. Der Vertrag sieht nun die Errichtung eines EFTA-Finanzmechanismus **(Kohäsionsfonds)** vor, der von den EFTA-Ländern anteilsmäßig, entsprechend ihrem Bruttoinlandsprodukt, gespeist wird. Aus dem Fonds werden innerhalb von fünf Jahren begünstigte Darlehen in der Höhe von rund 30 Milliarden Schilling zur Verfügung gestellt. Außerdem gewähren die EFTA-Länder, auf fünf Jahre verteilt, direkte finanzielle Zuschüsse in der Gesamthöhe von ca 7,5 Milliarden Schilling. Für Österreich bedeutet dies – über fünf Jahre – einen jährlicher Beitrag von 340 Millionen Schilling.

Die Bedeutung des EWR für Österreich liegt vor allem darin, daß damit ein großer Schritt in Richtung EG-Beitritt vollzogen wird. Durch die Übernahme von etwa zwei Dritteln des EG-Rechtsbesitzstandes („acquis communautaire“) wird auf zahlreichen Gebieten schon mit dem EWR eine beitrittskonforme Rechtslage geschaffen. Während der EWR-Verhandlungen wurden an die 1500 Rechtsakte (denen ungefähr 12.000 Seiten im EG-Amtsblatt entsprechen) als für den EWR relevanter EG-Rechtsbesitzstand identifiziert, was spätere Beitrittsverhandlungen Österreichs mit der EG vereinfacht. Die Umsetzung des EG-Rechtes in das österreichische Recht verlangt keine grundlegende Änderung der österreichischen Rechtsordnung, sondern die Anpassung bzw. **Neufassung von etwa 140 Bundes- und ca. 70 Landesgesetzen.**

Für Österreich war jedoch von Anfang an klar, daß der EWR-Vertrag einen EG-Beitritt nicht ersetzen kann. Dies insbesondere deshalb, weil institutionell keine gleichberechtige Teilnahme durch **Mitbestimmung** bei der Weiterentwicklung des EG-Binnenmarktes gegeben ist. Den EFTA-Ländern wurden ja – wie erwähnt – nur Informations- und Konsultationsrechte bei der Entscheidungsvorbereitung in der EG zugestanden. Von der EG getroffenen Entscheidungen werden dem aus Vertretern der EG- und EFTA-Staaten zusammengesetzten Gemischten Ausschuß des EWR zur Beschlußfassung vorgelegt, der nach dem Konsensprinzip vorgeht. Dabei wird von den EFTA-Ländern verlangt, daß sie „mit einer Stimme" sprechen.

Weiters schafft der EWR-Vertrag **keine Zollunion** zwischen EFTA-Ländern und der EG, wodurch erhebliche administrative Belastungen, insbesondere durch das umständliche System der Ursprungsregeln bestehen bleiben. Darüber hinaus umfaßt der EWR weder die Gemeinsame Agrarpolitik der EG, noch berücksichtigt er neue Entwicklungen in der EG wie die Wirtschafts- und Währungsunion oder die politische Union.

Dies bestätigt voll die Linie der österreichischen Regierung, verstärkt die ehestmögliche Mitgliedschaft in der Gemeinschaft anzustreben. Auch Schweden hat als weiteres EFTA-Land am 1. 7. 1991 einen Antrag auf EG-Mitgliedschaft gestellt.

Der EWR wird aber von Österreich als wichtige Zwischenstufe zu dem angestrebten Beitritt angesehen.

Im November 1991 fand ein von der Grünen Alternative initiiertes **Volksbegehren** über die Abhaltung einer Volksabstimmung zum geplanten EWR-Beitritt statt. Die Beteiligung lag bei 2,25 Prozent. Da 127.043 Unterschriften abgegeben wurden, wird das Volksbegehren vom Parlament behandelt werden.

Im Hintergrund der EWR-Verhandlungen wurde die seit April 1984 auf Grundlage der Ministererklärung in Luxemburg stattfindende Kooperation zwischen EG- und EFTA in einzelnen Bereichen 1991 fortgesetzt, wobei verschiedene Integrationsfortschritte erzielt werden konnten.

Österreich hat neben den anderen EFTA-Ländern (außer Island) mit der EG ein Abkommen zur Beteiligung am Plan der Stimulierung der Wirtschaftswissenschaften (SPES) abgeschlossen. Ferner konnte eine Beteiligung der EFTA-Staaten am Studentenaustauschprogramm ERASMUS erreicht werden (siehe Abschnitt: EG-Forschungs-Bildungsprogramme).

Die EFTA-Staaten arbeiten mit der Gemeinschaft auch in den Bereichen Statistik, Umweltpolitik, Energiebesteuerung, technische Handelshemmnisse zusammen.

Das „BC-Net“ (Business Cooperation Network), das von der EG zur Unterstützung von Klein- und Mittelbetrieben initiiert wurde, ist im März 1991 auf die EFTA-Länder ausgeweitert worden. Das wird nun auch Unternehmern aus EFTA-Ländern die Suche nach Geschäftspartnern für im Europäischen Wirtschaftsraum erleichtern.

Der für das ehemalige EFTA-Mitglied Portugal geschaffene **EFTA-Industrieentwicklungsfonds für Portugal** setzte seine Tätigkeit fort und hat während seiner mithin 14-jährigen Tätigkeit 768 Darlehen in einer Gesamthöhe von 54 Milliarden Escudos gewährt. Die vom Fonds mitfinanzierten Projekte haben zur Schaffung von 9.500 neuen Arbeitsplätzen und zur Erhaltung von fast 100.000 bestehenden geführt.

EFTA-Drittstaaten

Während des ersten Halbjahres 1991 hatte Österreich den **EFTA-Vorsitz** inne, gefolgt von Finnland, das in der zweiten Jahreshälfte den Vorsitz übernahm. Im Laufe dieser Periode wurden nicht nur im Zusammenhang mit dem EWR, sondern auch sonst wesentliche Impulse gesetzt.

Die zunehmenden Beziehungen der EFTA-Staaten zu Ländern Zentral- und Osteuropas haben sich zu einer „zweiten Säule“ der EFTA-Tätigkeit entwickelt. Das gilt insbesondere für die Beziehungen zu Polen, der Tschechoslowakei und Ungarn.

Als Grundlage dienen die im Juni 1990 unterzeichneten „Göteborg-Deklarationen“, die die Zusammenarbeit auf verschiedenen Gebieten (Handel; industrielle, technische und wissenschaftliche Zusammenarbeit; Umwelt; Tourismus; Verkehr) zum Gegenstand haben. Gemäß dieser Deklaration soll parallel zu den „Europa-Abkommen“ der EG ein Freihandelsraum geschaffen werden. Die Verhandlungen hierfür wurden Ende 1990 aufgenommen.

Ursprünglich war den Reformstaaten nur eine „Asymmetrie“ für den Zollbereich zugestanden worden. Diese wurde dann auch auf andere handelsrelelvante Bereiche wie öffentliches Beschaffungswesen, staatliche Beihilfen und Wetbewerbsregeln ausgedehnt.

Diese Freihandelsabkommen stehen unmittelbar vor dem Abschluß. Sie sollten am 1. Juli 1992 in Kraft treten.

Die Aktivitäten der EFTA gehen jedoch über Mittel- und Osteuropa hinaus. Mit der **Türkei** wurde am 10. Dezember 1991 ein Freihandelsabkommen unterzeichnet, das am 1. April 1992 in Kraft treten soll. Es umfaßt den Freihandel mit Industriegütern, einschließlich Fisch und verarbeitete Argrarprodukten. Es enthält eine Evolutionsklausel, welche die Weiterentwicklung der Beziehungen zwischen den beiden Seiten ermöglicht. Mit diesem Abkommen sollen den EFTA-Staaten in der Türkei gleiche Wettbewerbsbedingungen eingeräumt werden wie der EG.

Darüber hinaus haben die EFTA-Minister am 1. März 1991 beschlossen, ein Freihandelsabkommen mit **Israel** zu verhandeln. Die Verhandlungen sollen dadurch eine gleiche Wettbewerbsposition herstellen wie sie andere Handelspartner Israels genießen. Auch andere Mittelmeerstaaten haben Interesse an der Aufnahme von Beziehungen mit den EFTA-Staaten gezeigt.

Bulgarien und Rumänien sind an die EFTA-Staaten herangetreten und haben ihren Wunsch nach verstärkter wirtschaftlicher und technologischer Zusammenarbeit deponiert. Eine gemeinsame Erklärung, die die Grundlage für zukünftige Freihandelsverhandlungen darstellt, wurde anläßlich der EFTA-Ministerratstagung in Genf am 10. und 11. Dezember 1991 unterzeichnet.

Die EFTA hat auch Beziehungen zu den drei baltischen Republiken eingeleitet. Von 18.–22. November 1991 hat eine „EFTA fact finding mission" stattgefunden, um die Möglichkeiten für eine engere Zusammenarbeit der EFTA-Länder mit diesen Staaten zu sondieren. Anläßlich der EFTA-Ministerratstagung in Genf wurde eine politische Absichtserklärung unterzeichnet, auf deren Grundlage den baltischen Staaten beim Aufbau einer marktwirtschaftlichen Ordnung geholfen werden soll. Über mögliche weitere Kooperationsschritte soll im Laufe des nächsten Jahres verhandelt werden.

Angesichts des Bürgerkrieges beschlossen die EFTA-Staaten die Suspendierung jedweder Zusammenarbeit mit Jugoslawien. Die schon begonnenen Freihandelsverhandlungen mit Jugoslawien wurden unterbrochen. Der EFTA-Fonds für Jugoslawien, (der allerdings nie in Kraft getreten ist), wurde sistiert. Die EFTA-Staaten haben auf Vorschlag von Bundesminister Mock den EFTA-Rat beauftragt, konkrete Maßnahmen zu überprüfen und auszuarbeiten, um diejenigen Parteien zu unterstützen, die für eine friedliche und umfassende politische Lösung des Konfliktes eintreten.

Liechtenstein wurde mit seinem formellen Beitritt zur Assoziation am 1. September 1991 der siebente Mitgliedstaat der EFTA. Das Fürstentum hatte aufgrund seiner Zollunion mit der Schweiz bereits seit 1960 im Rahmen eines Protokolls zum Übereinkommen von Stockholm an der EFTA teilgenommen, aber am 1. März dieses Jahres um Vollmitgliedschaft angesucht.

Der Europarat

1991 wurden die CSFR und Polen als Mitglieder in den Europarat aufgenommen. Die Organisation hat hiemit 26 Mitgliedsstaaten, die rund 500 Millionen Bürger repräsentieren. Schon 1992 könnte die Organisation 30 Mitglieder umfassen, wenn, wie erwartet werden kann, Bulgarien und die baltischen Staaten beigetreten sein werden. Wie sich bereits aus den diesbezüglichen Interessensbekundungen ablesen läßt, wird der Europarat auch für die übrigen europäischen Staaten, die noch nicht Mitglieder sind – insbesondere auch für die Nachfolgestaaten Jugoslawiens und der Sowjetunion – eine attraktive Organisation bleiben, der anzugehören zu den außenpolitischen Prioritäten dieser Länder zählt.

Die Aufgaben- und damit verbunden auch Ausgabenausweitung, die bereits stattgefunden hat, wird sich daher fortsetzen müssen. Die Attraktivität des Europarats, vor allem für die neuen Demokratien, beruht in einem hohen Ausmaß darauf, daß er jenes Know-how zur Verfügung stellen kann, das bei der Einführung demokratischer und moderner politischer und administrativer Einrichtungen benötigt wird. Es liegt am Europarat, Antworten zu wichtigen Fragen im Zusammenhang mit der Ausarbeitung einer Verfassung und eines Rechtssystems als Grundlage eines funktionierenden demokratischen Rechtsstaates, in dem die Grund- und Freiheitsrechte der Bürger wirksam geschützt werden, zu finden und Hilfestellung bei der Einrichtung der hiefür benötigten Strukturen zu leisten. Es gibt fast keinen Bereich einer pluralistischen Demokratie westlichen Zuschnitts, der durch die Tätigkeit des Europarats nicht in der einen oder anderen Form berührt werden könnte.

Der Europarat – und vor allem die Parlamentarische Versammlung – kann sich dabei zugute halten, die Entwicklungen in Zentral- und Osteuropa rechtzeitig erkannt und sich darauf eingestellt zu haben. Seit drei Jahren haben die Mitgliedsländer dies auch budgetär honoriert. Vorher war der Europarat in einem faktischen Nullwachstum am budgetären Existenzminimum gehalten worden. Demgegenüber betragen die Bruttozuwächse des Budgets im Jahre 1990: 10 Prozent, im Jahre 1991: 18,6 Prozent und im Jahre 1992: 14,7 Prozent. Angesichts der Anforderungen, die an den Europarat sowohl hinsichtlich der Infrastruktur als auch hinsichtlich des Umfanges und der Qualität seiner Programme gestellt werden, sind aber auch diese Budgetsteigerungen als nicht aufgabenadäquat anzusehen.

Österreich hat daher auch in einem Kernbereich der Europaratstätigkeit, nämlich auf dem Gebiet der rechtlichen Kooperation, eine freiwillige Sonderzahlung von 5 Millionen Schilling für das sogenannte „Demosthenes-Programm" geleistet. Mit diesem Programm wird in den ehemals kommunistischen Staaten der Ausbau rechtsstaatlicher Einrichtungen unterstützt. Dabei wird zwischen Mitgliedern und (noch) Nichtmitgliedern des Europarats nicht unterschieden. Es sind natürlich gerade auch die europäischen Nichtmitgliedstaaten des Europarats, die den größten Bedarf an Schaffung und Ausbau der rechtlichen Infrastruktur haben.

Bei allen derzeit in Frage kommenden Staaten Zentral- und Osteuropas sind die ersten Schritte der Zusammenarbeit mit dem Europarat längst getan, und das Stadium rein technischer Kontakte hat einem breiten, zunehmend politischen Ausbau Platz gemacht. So haben nun alle Staaten – zuletzt Albanien – als **Sondergäste** Einlaß in die Parlamentarische Versammlung des Europarats gefunden. Sie können dieses Forum in Straßburg für die Artikulation ihrer Vorstellungen und den Dialog mit Vertretern anderer europäischer Demokratien nutzen und damit einen für sie wesentlichen Lernprozeß einleiten.

Einen Sonderfall stellte Jugoslawien dar. In Einhaltung seiner Spielregeln sah sich der Europarat veranlaßt, am 8. Oktober seine Beziehungen zu **Jugoslawien zu suspendieren**. Nicht nur Österreich vertritt in diesem Zusammenhang die Auffassung, daß aus diesem Schritt den jugoslawischen Republiken und ihren Bürgern keine Nachteile erwachsen sollen. Die Annäherung an den Europarat und an die Werte, die er vertritt, soll für jene jugoslawischen Republiken nicht behindert werden, die sich glaubhaft zu Demokratie und Menschenrechten bekennen.

In diesem weiten Bereich der „Ostöffnung" des Europarats war Österreich in den entscheidenden Jahren durch den Vorsitz in der Arbeitsgruppe „Ost" des Ministerkomitees (in der Person des österreichischen Vertreters beim Europarat) an maßgeblicher Stelle tätig.

Es entspricht durchaus den österreichischen Vorstellungen, daß die zentral- und osteuropäischen Nichtmitgliedsländer dort, wo sie es wünschen und wo dies sinnvoll erscheint, einzelnen Europaratskonventionen beitreten. Das gilt insbesonders für die **Kulturkonvention** des Europarats, der 1991 Bulgarien, die damalige Sowjetunion und – knapp vor Jahresende – Rumänien beigetreten sind. Gerade die Kulturkonvention des Europarats ermöglicht die Teilnahme an einer Vielzahl von Programmen auf so verschiedenen Gebieten wie Erziehung, Sport, Jugendarbeit und Denkmalschutz.

Mit der „Ostöffnung" des Europarats ist ein seit jeher von Österreich artikulierter Wunsch in Erfüllung gegangen. Denn schon bevor diesen Staaten durch ihr Demokratisierung eine Mitgliedschaft möglich war, hatten sich Österrreicher (wie z. B. der fühere Generalsekretär des Europarats Karasek) für eine zumindest begrenzte Zusammenarbeit über den damals noch bestehenden „Eisernen Vorhang" hinweg eingesetzt.

So wichtig diese zentral- und osteuropäische Dimension des Europarats für Österreich ist, so erschöpfen sich in ihr die österreichen Anliegen dennoch nicht.

- Im menschenrechtlichen Bereich sollen nach österreichischer Auffassung (und nicht nur nach dieser) die komplizierten und immer zeitaufwendigeren Verfahren vor der **Menschenrechtskommission** und dem Gerichtshof angesichts deren Überlastung reformiert und effizienter gemacht werden. Die derzeit überlange Verfahrensdauer ist dem Ruf des gesamten Menschenrechtsschutzsystems des Europarats abträglich.
- Österreich wird sich weiterhin für den rechtlichen **Minderheiten- und Volksgruppenschutz** einsetzen. Dieser hat nämlich nicht nur eine humanitäre und kulturelle, sondern auch eine sicherheitspolitsche Dimension. Die unbedrohte Existenz von Volksgruppen und Minderheiten ist ein notwendiger Bestandteil jeder europäischen Friedensordnung. Für eine **Charta zum Schutz der Minderheitensprachen** liegt bereits ein Entwurf vor. Die Arbeiten an einer Minderheitenschutzkonvention werden durch die noch bestehenden Widerstände in einigen ER-Mitgliedstaaten behindert.
- Über eine europaweite Initiative von Bundesminister Mock wurde im Jänner 1991 in Wien eine Europaratskonferenz zu den Problemen der **Ost-Westwanderungsbewegungen** abgehalten, die die vielfältigen Aspekte dieses Problems beriet und eine europaweite Harmonisierung der nationalen Asylpolitiken verbunden mit einer Reihe flankierender Maßnahmen empfahl. Die sogenannte „Wiener Gruppe", die bereits in der Folge im September in Wien zusammentrat, wird die ins Auge gefaßten Maßnahmen weiterführen und vertiefen.
- Ein österreichisches Anliegen, das allerdings bisher ohne Echo blieb, war das Projekt einer europaweiten **Umweltcharta**.

Österreich wiederum steht dem Vorhaben, die Statuten des Europarats angesichts der zahlreichen neuen Mitgliedern zu ändern, mit einer gewissen Skepsis gegenüber. Nach österreichischer Auffassung haben sich die Statuten in ihrer derzeitigen Form im großen und ganzen bewährt und sind geeignet, gerade den neuen Mitgliedern Sicherheit zu geben. Für den Fall, daß es dennoch zu tiefgreifenden Änderungen des Statuts des Europarats kommt, würde Österreich auf den Vorschlag des früheren Abgeordneten Steiner zurückkommen, den Auswahlmodus für Mitglieder nationaler Delegationen in der Parlamentarischen Versammlung in den Statuten selbst neu zu regeln. Es würde zweitens dafür eintreten, daß im Europarat – analog zur EG – die Fachminister als unmittelbar beschlußfähiges Ministerkomitee fungieren sollen.

Wenn auch der Europarat in Vermittlung seiner Werte und Regeln politsch gestaltend tätig ist, so war bei seinen Mitgliedern doch nur geringe Bereitschaft zu verzeichnen, ihn als zentrales Forum politischer Diskussion und Meinungsbildung zu nutzen. So etwa fand sich keine Mehrheit für den Vorschlag, zum Versuch eines Staatsstreichs in der Sowjetunion ein außerordentliches Ministerkomitee abzuhalten. Auch der italienische Vorschlag, im Europarat über eine Art Mittelmeer-KSZE zu diskutieren, blieb bisher ohne Follow-up. Leider erfolglos war auch der Vorschlag, die Infrastruktur des Europarats bzw. der Parlamentarischen Versammlung für die neu geschaffene Parlamentarische Versammlung der KSZE zu nutzen.

Es ist nicht zu erwarten, daß diese Zurückhaltung seitens der Mehrheit der ER-Mitglieder in Zukunft gebrochen und daß der Europarat von den Außenministern zum Forum einer echten politischen Meinungsbildung aufgewertet wird. Es ist deutlich geworden, daß dies eine Funktion ist, die sich die EG bzw. EPZ vorbehalten möchte.

Der Mangel einer entscheidenden Rolle des Europarats bei der außenpolitischen Meinungs- und Willensbildung ist vor allem deshalb bedauerlich, weil hier im gesamteuropäischen Kontext eine Lücke besteht. Das größere, demokratische Europa findet sich eben institutionell nur im Europarat zusammen.

Jedenfalls läßt sich daraus ableiten, daß der zukünftige Stellenwert des Europarats stark von den Beziehungen abhängen wird, die zur EG hergestellt werden können. In dieser Hinsicht hat das Jahr 1991 keine neuen Entwicklungen gebracht. Dennoch hat die Institution weiterhin die volle Unterstützung Österreichs – und zwar, obwohl Österreich mit gutem Recht damit rechnen kann, sehr bald EG-Mitglied zu sein. Diese Unterstützung ist auf die Wertschätzung für die demokratiepolitische und für die gesamteuropäische Funktion des Europarats gegründet. Sie fand ihren Ausdruck auch in dem offziellen Besuch, den Bundeskanzler Vranitzky im Jänner 1991 dem Europarat bzw. dessen Parlamentarischer Versammlung abgestattet hat.

Die Wirtschaftskommission der Vereinten Nationen für Europa (ECE)

Mit der Aufnahme Estlands, Israels, Lettlands, Liechtensteins und Litauens erweiterte sich der Mitgliederkreis der ECE 1991 auf 38 Staaten.

Die im April abgehaltene 46. Jahrestagung der ECE stand im Zeichen der Strukturreform, welche durch die Umwälzungen in Osteuropa ausgelöst wurde. Bisher war die Organisation als multilaterales Forum für Ost-West-Zusammenarbeit auf wirtschaftlich-technischem Gebiet stark vom Ost-West-Konflikt geprägt gewesen. Die ideologische Konfrontation hatte eine sachliche Tätigkeit in vielfältiger Hinsicht behindert. Dennoch konnte die ECE schon früher einige wichtige Erfolge verbuchen. Beispiele hiefür sind zahlreiche Abkommen über technische Zusammenarbeit, welche dazu beitrugen, die praktischen Auswirkungen des Ost-West-Gegensatzes zu mildern.

Die Reform der Organisation betraf in erster Linie die **Neufestlegung der Schwerpunkte** ihrer Tätigkeit, welche sich nunmehr auf folgende fünf Bereiche konzentriert: Umwelt, Verkehr, Statistik, Handelserleichterung und Wirtschaftsanalyse. In diesen wie in den übrigen Arbeitsgebieten soll die ECE den spezifischen Bedürfnissen beim Übergang zur Marktwirtschaft besondere Beachtung schenken.

Im Zuge der Strukturreform wurden die Zahl und die hierarchischen Ebenen der ECE-Arbeitsorgane gestrafft. Dauer und Häufigkeit zahlreicher Tagungen wurden gekürzt. Das Ost-West-Gruppen-System, das in der Vergangenheit den Meinungsbildungsprozeß in der ECE bipolar bestimmte, wurde abgeschafft und durch ein offenes Verfahren unter direkter Beteiligung aller Mitgliedsländer ersetzt. Diese Änderung, welche bei der 46. Jahrestagung erstmals wirksam wurde, erwies sich als praktikabel und zeitsparend.

Die Zusammenarbeit in den **Fachkomitees** der ECE ist praktisch und aufgabenorientiert. Sie beschäftigen sich beispielsweise mit der Erstellung langfristiger Wirtschaftsprognosen, behandeln Wachstums-, Energie- und Umweltprobleme, beraten Maßnahmen zur Förderung des Handels und der industriellen Zusammenarbeit und bemühen sich um eine Vereinheitlichung der Verkehrsregeln, von Normen für den Bau, für Bestandteile und für Sicherheitseinrichtungen von Kraftfahrzeugen und um rechtliche Vorschriften für die Beförderung gefährlicher Güter.

Der Umweltschutz steht an erster Stelle der ECE-Prioritäten. Die im Rahmen der ECE erarbeitete **„Europäische Konvention über weiträumige, grenzüberschreitende Luftverunreinigung“** ist das derzeit wichtigste Instrument der gesamteuropäischen Zusammenarbeit zur Bekämpfung der Luftverschmutzung. Im Rahmen dieser Konvention wurden vom „Executive Body“ mehrere Protokolle ausgearbeitet, von denen eines die Reduktion von Schwefelemissionen, ein anderes die Kontrolle von Stickstoffoxydemissionen regelt. Ein Protokoll über flüchtige organische Kohlenwasserstoffe (VOC) wurde 1991 fertiggestellt (siehe auch Abschnitt „Globale Umweltprobleme“).

Das von der ECE entwickelte **Handelserleichterungssystem EDIFACT** (Electronic Data Interchange for Administration, Commerce and Transport) wird eine wesentliche Erleichterung der Formalitäten im Handel und damit eine große Kosteneinsparung erlauben. Das System soll über Vermittlung der anderen regionalen Wirtschaftskommissionen der Vereinten Nationen sowie der UNCTAD weltweit Anwendung finden.

Das vom ECE-**Inlandtransportkomitee** ausgearbeitete Europäische Abkommen über wichtige internationale kombinierte Transportlinien wurde 1991 zur Unterzeichnung aufgelegt und von Österreich sowie vierzehn weiteren europäischen Ländern unterzeichnet.

Seit 1987 ist der Österreicher Gerald Hinteregger Exekutivsekretär der ECE.

Die Konferenz für Sicherheit und Zusammenarbeit in Europa (KSZE)

Nach der Überwindung der politisch-ideologischen und militärischen Spaltung Europas, zu der die KSZE maßgeblich beigetragen hat, besteht die derzeitige Aufgabe der KSZE in der Erhaltung und Festigung jener politischen Wertegemeinschaft, zu der man sich beim Pariser KSZE-Gipfeltreffen im November 1990 bekannt hatte. Die damals von den Staats- und Regierungschefs der KSZE-Staaten unterzeichnete „Charta von Paris für ein neues Europa" enthält ein gemeinsames Bekenntnis zu Demokratie, Rechtsstaatlichkeit, Menschenrechten und sozialer Marktwirtschaft. Diese Werte sind im Osten Europas noch gefährdet. Der Putschversuch in der Sowjetunion hat in dramatischer Weise gezeigt, daß in einigen KSZE-Staaten ein Rückfall in die Diktatur noch nicht ausgeschlossen ist.

Die anläßlich des Pariser Gipfeltreffens geschaffenen Strukturen und Institutionen der KSZE, die Europa in einer Zeit radikaler Veränderungen und der damit verbundenen neuen Gefahren und Risiken einen Stabilitätsrahmen bieten sollen, haben sich angesichts der Ereignisse in Jugoslawien als zu schwach erwiesen. Die KSZE war ebensowenig wie andere europäische Institutionen für diesen Konflikt gerüstet. Ihr fehlen wirksame und schnell einsetzbare Instrumente zur Konfliktverhütung und Krisenbewältigung. Außerdem schließt das Konsensprinzip, an dem die KSZE bisher bei ihren Beschlüssen festhält, die Verhängung von Sanktionen auch im Falle schwerwiegender Verstöße gegen die europäische Friedensordnung aus.

Anläßlich des nächsten KSZE-Folgetreffens, das von März bis Juli 1992 in Helsinki stattfinden wird, müssen die Strukturen und Institutionen der KSZE weiterentwickelt und gestärkt werden, damit der KSZE-Prozeß die in ihn gesetzten Erwartungen erfüllen kann. Die KSZE soll das Dach eines gesamteuropäischen Sicherheitssystems bilden, unter dem andere europäische und transatlantische Organisationen wichtige Stützpfeiler bilden.

Kooperation Österreichs mit anderen Teilnehmerstaaten im Rahmen der KSZE

Österreich ist bemüht, seine Positionen in KSZE-Fragen nach Möglichkeit mit der EG abzustimmen. Nach der Überwindung der europäischen Blöcke kommt der EG eine zentrale Rolle im KSZE-Prozeß zu. In Fragen der militärischen Sicherheit hält Österreich auch weiterhin Kontakt mit den anderen neutralen Staaten. Die Kooperation unter den N + N-Staaten hat sich durch die Auflösung der Blöcke überlebt. Die Zusammenarbeit der „Hexagonale“ in KSZE-Fragen wurde auf Grund der Ereignisse in Jugoslawien vorübergehend eingefroren.

Neue Teilnehmerstaaten der KSZE

Die Zahl der KSZE-Staaten hat sich per Ende 1991 auf 38 erhöht. Albanien wurde am 19. Juni, zu Beginn des Berliner Treffens des KSZE-Rates, als vollberechtigter Teilnehmer in die KSZE aufgenommen. Estland, Lettland und Litauen sind am 10. September (anläßlich eines zusätzlichen KSZE-Treffens auf Außenministerebene) der KSZE beigetreten.

Vor Aufnahme dieser Staaten in die KSZE haben sich ihre Außenminister in Schreiben an den Vorsitzenden des KSZE-Rates verpflichtet, sämtliche KSZE-Verpflichtungen zu übernehmen und danach zu handeln, sowie die Schlußakte von Helsinki und die Charta von Paris zu unterzeichnen. Albanien hat sich im Schreiben seines Außenministers überdies bereiterklärt, eine KSZE-Berichterstattergruppe einzuladen. Diese hatte zur Aufgabe, den in Albanien erreichten Fortschritt bei der Durchführung der KSZE-Verpflichtungen zu überprüfen und dieses Land bei der Verwirklichung dieses Zieles zu unterstützen. In den baltischen Staaten hat es eine solche Berichterstattermission nicht gegeben, da ihre Aufnahme in die KSZE von vielen Teilnehmerstaaten aus historischen Gründen als Sonderfall angesehen wurde. Die Annexion der baltischen Staaten durch die Sowjetunion im Jahre 1940 war nämlich von einigen westlichen Staaten nie anerkannt worden.

Die Institutionen der KSZE

Der **Rat der KSZE** besteht aus den Außenministern der Teilnehmerstaaten und bildet das zentrale Forum für politische Konsultationen der KSZE-Staaten. Er hat am 19. und 20. Juni in Berlin sein erstes Treffen abgehalten. Das Treffen diente einem Meinungsaustausch über die Rolle der KSZE in einer neuen europäischen Architektur, über die Weiterentwicklung gesamteuropäischer Sicherheitsstrukturen sowie über den wirtschaftlichen Übergang und den sozialen Wandel in Europa. Die Minister haben über den Status der baltischen Länder gesprochen und eine gemeinsame Erklärung zur Lage in Jugoslawien verabschiedet (siehe Abschnitt „Jugoslawien“).

Beim Berliner Ratstreffen wurden wichtige Beschlüsse zur Stärkung der KSZE und ihrer neuen Institutionen gefaßt:

- Vereinbarung eines **Mechanismus für Konsultationen und Zusammenarbeit in dringlichen Situationen**. Damit erhielt die KSZE neben dem Mechanismus zur Erörterung ungewöhnlicher militärischer Aktivitäten (Wiener VSBM-Dokument 1990) einen zweiten Krisenmechanismus.

- Das Konfliktverhütungszentrum (KVZ) in Wien wurde beauftragt, als jene Institution zu fungieren, die Experten für das im Februar 1991 in Valletta ausgearbeitete Verfahren zur friedlichen Beilegung von Streitfällen ernennt. Dieses Verfahren trat am 30. August in Kraft.
- Die Vertreter der Teilnehmerstaaten wurden beauftragt, im September 1991 in Wien informelle Konsultationen über neue, nach dem Helsinki-Folgetreffen im Herbst 1992 beginnende Verhandlungen über Abrüstung sowie Vertrauens- und Sicherheitsbildung aufzunehmen.
- Die Verbreitung von Massenvernichtungswaffen soll verhindert werden und bei Transfers konventioneller Waffen und Waffentechnologie, insbesondere in Spannungsbiete, Zurückhaltung geübt und größere Transparenz geschaffen werden.
- Der Ausschuß Hoher Beamter (AHB) wurde beauftragt, bis zum nächsten Treffen des Rates, das am 30. und 31. Jänner 1992 in Prag stattfinden soll, Empfehlungen über eine Weiterentwicklung der KSZE-Institutionen auszuarbeiten. Jener Teil der Empfehlungen, der die Stärkung des Konfliktverhütungszentrums betrifft, soll vom KVZ-Konsultativausschuß ausgearbeitet werden.

Der **Ausschuß Hoher Beamter (AHB)** der KSZE-Staaten hat die Treffen des Rates vorzubereiten und dessen Beschlüsse durchzuführen. Er kann im Bereich der KSZE aktuelle Fragen prüfen und entsprechende Beschlüsse fassen. Der Ausschuß ist das wichtigste Organ des KSZE-Krisenmanagements. Sein erstes Treffen hielt der AHB ausnahmsweise in Wien, alle weiteren in Prag ab (insgesamt vier ordentliche, ein Dringlichkeits- und vier zusätzliche Treffen).

Bei seinem ersten Treffen (28./29. Jänner) befasste sich der AHB mit dem gewaltsamen Vorgehen sowjetischer Militärs und Sicherheitskräfte in Litauen und Lettland. Der österreichische Delegationsleiter kritisierte dieses Vorgehen als einen Verstoß gegen KSZE-Verpflichtungen und als unvereinbar mit der beim Pariser Gipfeltreffen proklamierten Wertegemeinschaft. Zuvor hatte Österreich die Abhaltung eines KSZE-Dringlichkeitstreffens verlangt, welches jedoch von der UdSSR mit der Begründung abgelehnt worden war, daß dieses eine inakzeptable Einmischung in innersowjetische Angelegenheiten darstellen würde. (Der im Juni vom Rat beschlossene „Dringlichkeitsmechanismus" existierte damals noch nicht.)

Der AHB hat bei seinem ersten Treffen auch Verwaltungs-, Finanz- und Personalfragen im Zusammenhang mit den neuen KSZE-Institutionen geregelt.

Das zweite Treffen des AHB (Prag, 23./24. Mai) diente vor allem der Vorbereitung des ersten Ratstreffens. Unter österreichischer Koordination wurde ein Dringlichkeitsmechanismus erarbeitet, der schließlich nach weiteren Verhandlungen beim dritten AHB-Treffen (unmittelbar vor dem

Berliner Ratstreffen) für alle Teilnehmerstaaten akzeptabel war. Darüber hinaus bot es auch Gelegenheit zu einem politischen Meinungsaustausch über Jugoslawien und die baltischen Staaten.

Der **„Mechanismus für Konsultation und Zusammenarbeit in dringlichen Situationen“**, der im Juni vom KSZE-Rat beschlossen wurde, sieht zunächst ein bilaterales Ersuchen um Stellungnahme und als zweite Stufe die Einberufung eines Dringlichkeitstreffens des AHB vor. Die Krisenmanagementfunktion des AHB kann in Zukunft durch jederzeit verfügbare Instrumente, wie Berichterstatter- und Beobachtermissionen, gute Dienste, usw. verstärkt werden. Sollte eine „dringliche Situation“ 48 Stunden nach dem Ersuchen eines Teilnehmerstaates um Klarstellung weiterhin ungelöst bleiben, kann dieser mit der Unterstützung von mindestens 12 Teilnehmerstaaten die Einberufung eines AHB-Treffens verlangen. Durch das Abgehen vom Konsensprinzip bei der Einberufung solcher Dringlichkeitstreffen erhält der AHB die Möglichkeit, auf politische Krisenfälle prompt zu reagieren. Empfehlungen für eine Beilegung der Krise bedürfen aber weiterhin der Zustimmung aller Teilnehmerstaaten.

Dieser Mechanismus wurde erstmals Anfang Juli im Zusammenhang mit der Jugoslawien-Krise angewandt. Über Antrag der EG und zahlreicher weiterer Teilnehmerstaaten hat am 3. und 4. Juli ein Dringlichkeitstreffen stattgefunden, auf das vier zusätzliche Treffen des AHB zur Erörterung des Jugoslawienkonflikts folgten (ebenfalls Abschnitt „Jugoslawien“).

Anläßlich seines vierten regulären Treffens (22.– 24. Oktober) befaßte sich der AHB über Auftrag des KSZE-Rates mit der Ausarbeitung von Empfehlungen für eine Weiterentwicklung der KSZE-Institutionen. Diese Empfehlungen sollen, wie oben erwähnt, dem zweiten Ratstreffen Ende Jänner 1992 in Prag zur Beschlußfassung vorgelegt werden. Angestrebt wird eine Erweiterung der Kompetenzen aller drei KSZE-Institutionen sowie eine Stärkung der Konfliktverhütungs- und Krisenbewältigungsfähigkeit der KSZE. Für diese Aufgaben sollen jederzeit einsetzbare Instrumente geschaffen werden.

Die Treffen des Rates und des AHB werden von dem in Prag errichteten **KSZE-Sekretariat** administrativ unterstützt. Das Sekretariat wurde an das KSZE-Kommunikationsnetz (siehe weiter unten) angeschlossen.

Das im Februar in Wien errichtete **KSZE-Konfliktverhütungszentrum** hat derzeit vor allem eine unterstützende Funktion bei der Durchführung der vereinbarten vertrauens- und sicherheitsbildenden Maßnahmen. Der KVZ-Konsultativausschuß, in dem alle KSZE-Teilnehmerstaaten vertreten sind, hat im Jahr 1991 zwölf Treffen abgehalten.

Schwerpunktsmäßig beschäftigte sich der Konsultativausschuß mit der Überwachung der Einhaltung jener Verpflichtungen, die im Wiener VSBM-Dokument 1990 festgelegt wurden. Am 15. April haben die Teilnehmerstaaten erstmals Informationen über ihre Streitkräfte ausgetauscht. In der Folge wurde Kritik an den ungenügenden Informationen geübt, die von der Sowjetunion zur Verfügung gestellt worden waren. Vom 11. bis 13. November hat der Konsultativausschuß das erste „Jährliche Treffen zur Beurteilung der Durchführung der vereinbarten VSBM" abgehalten. Es wurde festgestellt, daß die Bestimmungen des Wiener VSBM-Dokuments 1990 in zufriedenstellender Weise erfüllt wurden.

Am 1. Juli hat über österreichisches Ersuchen ein Treffen des Konsultativausschusses gemäß Absatz 17 des Wiener VSBM-Dokuments 1990 stattgefunden, bei dem zahlreiche Teilnehmerstaaten ihre Besorgnis über das Vorgehen der jugoslawischen Armee gegen Slowenien zum Ausdruck gebracht und zu einem sofortigen Waffenstillstand aufgerufen haben.

Im Rahmen des KSZE-Konfliktverhütungszentrums fand vom 8.–18. Oktober 1991 ein zweites **Militärdoktrinenseminar** statt. Hochrangige Militärs stellten die Veränderungen der Militärdoktrinen dar, die sich in ihren Heimatstaaten in Folge der sich wandelnden sicherheitspolitischen Situation in Europa ergeben hatten. Nach dem Ende der Ost-West-Konfrontation wurde die Gefahr eines europaweiten militärischen Konfliktes von allen Teilnehmern als sehr gering eingeschätzt. Andere Unsicherheitsfaktoren, wie Nationalitätenkonflikte, schwer vorhersehbare Entwicklungen in der Sowjetunion und der unkontrollierte Besitz von Nuklearwaffen würden aber weiterhin nationale und kollektive Verteidigungsanstrengungen erfordern.

Um in Krisensituationen auch mit reduzierten Streitkräftepotentialen rasch und flexibel reagieren zu können, plant die NATO die Aufstellung hochmobiler und flexibler Einheiten. Die Rolle der NATO als Faktor der Stabilität in Europa wurde von den neuen Demokratien Osteuropas gewürdigt.

Die neuen Demokratien Osteuropas haben über Maßnahmen zur Restrukturierung ihrer Streitkräfte berichtet (Sie sollen nur noch Defensivaufgaben zu erfüllen haben).

Über die Auswirkungen der politischen Umwälzungen auf die österreichische Militärdoktrin referierte Generaltruppeninspektor General Karl Majcen. Die bisherige österreichische Strategie der Raumverteidigung, die durch eine Konfrontation zwischen Militärblöcken bestimmt war, wird den neuen Gegebenheiten angepaßt werden. Nunmehr kommt der Grenzsicherung vorrangige Bedeutung zu. Die Verfügbarkeit von quantitativ und qualitativ ausreichenden Kräften soll auch ohne Mobilmachung in einem größeren Umfang als bisher gegeben sein, damit im Bedarfsfall eine rasche und wirkungsvolle Reaktion gewährleistet werden kann. Der Generaltruppeninspektor betonte die Bereitschaft des österreichischen Bundesheeres, weiterhin Aufgaben im Bereich der internationalen Friedenssicherung und des Katastrophenschutzes wahrzunehmen und an einem künftigen gesamteuropäischen Sicherheitssystem mitzuwirken.

Der KVZ-Konsultativausschuß wurde vom KSZE-Rat beauftragt, dem nächsten Ratstreffen (Prag, 30./31. Jänner 1992) Empfehlungen für eine Stärkung des KVZ vorzulegen. Folgende zusätzliche Kompetenzen des KVZ werden erwogen:

Zum Zwecke der Konfliktverhütung sollen die Teilnehmerstaaten im Rahmen des KVZ einen ständigen Dialog über sicherheitspolitisch relevante Fragen führen. Unter bestimmten Voraussetzungen soll das KVZ in die Lage versetzt werden, durch die Entsendung von Berichterstattern und Beobachtern in Krisengebiete zur Konfliktprävention beizutragen. Zudem soll das KVZ die ihm von Ausschuß Hoher Beamter oder vom Rat übertragenen Aufgaben beim Krisenmanagement durchführen. Österreich tritt dafür ein, daß der KSZE die Möglichkeit eröffnet wird, friedenserhaltende Truppen zu entsenden.

Das in Warschau etablierte **KSZE-Büro für Freie Wahlen** soll im Zusammenhang mit Wahlen in den Teilnehmerstaaten Kontakte und den Informationsaustausch erleichtern. Zu diesem Zweck hat das Büro Seminare in neuen Demokratien veranstaltet und die Beobachtung von Wahlen in Bulgarien (Parlaments- und Lokalwahlen am 13. Oktober), Polen (Parlamentswahlen am 27. Oktober) und in der Ukraine (Volksabstimmung über die Unabhängigkeit am 1. Dezember) organisiert. Der KSZE-Rat beauftragte das Büro mit der administrativen Unterstützung von KSZE-Berichterstattermissionen in Albanien (September) und Jugoslawien (Dezember).

Aufgrund eines Vorschlags von US-Außenminister Baker soll diese KSZE-Institution eine generelle Zuständigkeit für Fragen der menschlichen Dimension der KSZE (Demokratie und Menschenrechte) erhalten und in **Büro für Demokratische Institutionen und Menschenrechte** umbenannt werden. Österreich begrüßt die Intentionen dieses Vorschlags, meint aber, daß bei dessen Durchführung dafür gesorgt werden müsse, funktionswidrige Konkurrenzierung der bestehenden Einrichtungen des Europarates zu vermeiden.

Über Empfehlung des Pariser KSZE-Gipfels wurde Anfang April bei einem Parlamentariertreffen in Madrid beschlossen, eine **Parlamentarische Versammlung der KSZE** zu schaffen. Ihre Gründungsversammlung soll im Juli 1992 in Budapest stattfinden. Österreich wird bei ihr mit sechs Abgeordneten vertreten sein.

Expertentreffen der KSZE

Vom 15. Jänner bis 8. Februar fand in La Valetta ein **KSZE-Expertenseminar über die friedliche Regelung von Streitfällen** statt. Im Wiener Schlußdokument 1989 hatten die Teilnehmerstaaten erklärt, sich weiterhin um die Ausarbeitung einer allgemein annehmbaren Methode zur friedlichen Regelung von Streitfällen bemühen zu wollen, durch die bestehende Instrumente der Streitbeilegung ergänzt werden sollen. In diesem Zusammenhang hatten sie grundsätzlich eine obligatorische Hinzuziehung einer Drittpartei akzeptiert, falls ein Streitfall durch andere friedliche Mittel nicht beigelegt werden kann. Aufbauend auf den Ergebnissen früherer KSZE-Expertentreffen über friedliche Streitbeilegung (Montreux 1978 und Athen 1984) wurde bei dem Expertenseminar in Valetta versucht, die für die Einbeziehung einer Drittpartei geeigneten Streitfälle zu definieren und die entsprechenden Verfahren und Mechanismen auszuarbeiten.

Der **Bericht** des La Valetta-Seminars enthält neben einer Bekräftigung der Prinzipien der friedlichen Streitbeilegung und des Gewaltverzichts ein **„KSZE-Verfahren zur friedlichen Beilegung von Streitigkeiten"**. Die Teilnehmerstaaten werden die Lösung jedes Streitfalls durch direkte Konsultationen und Verhandlungen anstreben. Sollten sich diese als nicht zielführend erweisen, kann bei Streitfällen, die nicht Gegenstand anderer Streitbeilegungsverfahren waren oder sind, jede Streitpartei die Einsetzung eines **„KSZE-Streitbeilegungsmechanismus"** verlangen. Nur bei Fragen, die die territoriale Integrität, die nationale Verteidigung oder Ansprüche betreffend Souveränität über Land bzw. Jurisdiktion über andere Gebiete betreffen, kann die Einsetzung des Mechanismus blockiert werden.

Maximal fünf Experten, die aus einer durch Nominierungen der Teilnehmerstaaten erstellten Liste ausgewählt werden, können in einer ersten Phase Verfahrensvorschläge für die Lösung des Streitfalls machen. Erst wenn diese Vorschläge nicht zu einer Beilegung führen, kann in einer zweiten Phase ein vertraulicher und unverbindlicher Substanzvorschlag zur Lösung des Streitfalls unterbreitet werden.

Das Verpflichtungselement des KSZE-Verfahrens für friedliche Streitbeilegung bezieht sich nur auf die Einlassung und nicht auf das Ergebnis des Verfahrens. Entscheidend ist jedoch, daß sich erstmals alle KSZE-Staaten einem verpflichtenden Verfahren unterwerfen.

Das **KSZE-Symposium über das kulturelle Erbe**, das vom 28. Mai bis 7. Juni in Krakau stattgefunden hat, ging auf eine österreichisch-polnische Initiative beim Wiener Folgetreffen zurück. Es diente der Erörterung gemeinsamer Merkmale des kulturellen Erbes der Völker der KSZE-Teilnehmerstaaten unter gebührender Berücksichtigung der Eigenart und Vielfalt ihrer jeweiligen Kulturen sowie der Prüfung

- von Möglichkeiten und erforderlichen Maßnahmen zur Stärkung des Bewußtseins um dieses Erbe und zur Erweiterung der gegenseitigen Kenntnis darüber;

- von Möglichkeiten zur Verbesserung des Schutzes und der Pflege dieses Erbes, einschließlich historischer, kultureller und religiöser Denkmäler und Objekte.

Am Krakauer Symposium über das kulturelle Erbe haben – so wie vorher schon beim Budapester Kulturforum (1985) – neben Diplomaten auch Kulturexperten teilgenommen. In Krakau wurde erstmals im Rahmen der KSZE ein ausschließlich kulturellen Fragen gewidmetes **Dokument** angenommen. Unter Hinweis darauf, daß die Achtung der Menschenrechte und Grundfreiheiten eine wesentliche Voraussetzung für die volle Entfaltung der kulturellen Kreativität darstellt, wurden im Krakauer Dokument kulturelle Freiheiten verankert, wie

- die Freiheit des künstlerischen Schaffens,
- die Freiheit der Veröffentlichung schriftlicher Werke, der Aufführung und Sendung von Musik, Bühnenstücken und audio-visuellen Werken, der Ausstellung von Bildern oder Skulpturen sowie
- die Freiheit des Zugangs zur Kultur.

Aus einem Vorschlag, den Österreich gemeinsam mit den übrigen Pentagonale-Staaten eingebracht hatte, fanden folgende Punkte Niederschlag im Krakauer Dokument:

- Unterstützung der „neuen Demokratien" bei der Erhaltung ihres kulturellen Erbes;
- Regionale Kulturen einschließlich jene von nationalen Minderheiten als Bereicherung des gemeinsamen kulturellen Erbes;
- Rolle der Massenmedien bei der Stärkung des öffentlichen Bewußtseins vom gemeinsamen kulturellen Erbe;
- Erhaltung religiöser Denkmäler.

Im Krakauer Dokument haben sich die Teilnehmerstaaten für eine Erhaltung von Baudenkmälern und Gedenkstätten ausgesprochen, die an tragische Ereignisse ihrer gemeinsamen Vergangenheit erinnern.

Anläßlich des Pariser KSZE-Gipfels war die Abhaltung eines **KSZE-Expertentreffens über nationale Minderheiten** beschlossen worden. Dieser Beschluß wurde mit der „dringenden Notwendigkeit" begründet, im Hinblick auf nationale Minderheiten „die Zusammenarbeit zu verstärken und deren Schutz zu verbessern". Das **KSZE-Expetertenseminar über nationale Minderheiten**, hat daraufhin vom 1. bis 19. Juli in Genf stattgefunden.

Die Diskussion über diese Fragen der Minderheiten und deren Schutz ist deshalb schwierig, weil sich hier zwei schwer vereinbare Philosophien gegenüberstehen. Während die einen (insbesondere Frankreich und die USA) in der uneingeschränkten Gewährung der Menschenrechte und Grundfreiheiten und in der vollen Gleichstellung von Angehörigen nationaler Minderheiten mit den Angehörigen des Mehrheitsvolkes den Ansatz für die Lösung von Minderheitenproblemen sehen, trat eine Gruppe vor allem zentraleuropäischer Staaten dafür ein, daß nationale Minderheiten als solche also als Kollektiv durch staatliche Maßnahmen geschützt und gefördert werden müßten.

Die US-Delegation stellte von Anfang an klar, daß sie keinerlei Verpflichtungen zu staatlichen Förderungsmaßnahmen für nationale Minderheiten (etwa Unterricht in der Sprache einer Minderheit) eingehen könne; dies wäre mit der amerikanischen Rechtsordnung unvereinbar.

Die Türkei trat, ebenso wie Polen und Jugoslawien, für eine Anwendung des KSZE-Minderheitenschutzes auf Wanderarbeiter (Gastarbeiter) ein; diese Forderung wird zumeist, und insbesondere von Deutschland, entschieden abgelehnt.

Die Haltung der USA, Frankreichs und anderer westlicher Länder bot Rumänien eine willkommene Gelegenheit, darauf hinzuweisen, daß die bestehenden KSZE-Bestimmungen zum Schutz von Angehörigen nationaler Minderheiten offenbar ausreichen und eine Verbesserung nicht erforderlich sei. Rumänien und Bulgarien sprachen lediglich von den Rechten der **Angehörigen** nationaler Minderheiten und nicht von (kollektiven) Rechten nationaler Minderheiten (obwohl der Schutz und die Förderung von deren Identität schon im Kopenhagener Dokument und in der Charta von Paris verankert worden sind).

Die Pentagonale-Staaten und Polen haben einen umfassenden Vorschlag eingebracht, in dem nicht nur Maßnahmen zur Herstellung der vollen Gleichberechtigung der nationalen Minderheiten und der übrigen Bevölkerung, sondern auch spezifische Maßnahmen zum Schutz und zur Förderung der Identität nationaler Minderheiten (Ausbildung in der Muttersprache, öffentlicher und privater Unterricht in Minderheitensprachen, Beseitigung von Hindernissen für den Empfang von gedruckten und audiovisuellen Informationen in Minderheitensprachen) sowie die Förderung der grenzüberschreitenden Zusammenarbeit als vertrauensbildende Maßnahme verlangt wurden.

Der schließlich angenommene „Bericht des KSZE-Expertentreffens über nationale Minderheiten" enthält einige zusätzliche Verpflichtungen der Teilnehmerstaaten zur Verwirklichung der Rechte von **Angehörigen** nationaler Minderheiten, jedoch kaum neue Maßnahmen zur Förderung der Identität nationaler Minderheiten.

Die im Genfer Bericht enthaltenen neuen Verpflichtungen gehen fast durchwegs auf den Pentagonale-Vorschlag zurück:

- die Rechte von Angehörigen nationaler Minderheiten sind ein legitimes internationales Anliegen und folglich nicht ausschließlich innere Angelegenheit des jeweiligen Staates;

- angemessene demokratische Mitwirkung von Angehörigen nationaler Minderheiten oder ihrer Vertreter in öffentlichen Angelegenheiten;
- Förderung unilateraler, bilateraler und multilateraler Bemühungen, um der Verwirklichung der KSZE-Verpflichtungen betreffend nationale Minderheiten größere Wirksamkeit zu verleihen;
- Prüfung der Zulassung von Beobachtern bei Wahlen in Gebieten, in denen nationale Minderheiten leben;
- Förderung der grenzüberschreitenden Zusammenarbeit.

Das Genfer Expertentreffen hat jedenfalls bei allen Teilnehmerstaaten das Bewußtsein um die Komplexität der Fragen im Zusammenhang mit dem Schutz und der Förderung nationaler Minderheiten gestärkt.

Das **dritte Treffen der Konferenz über die Menschliche Dimension der KSZE (KMD)** fand vom 10. September bis 4. Oktober in Moskau statt, drei Wochen nach dem gescheiterten Putschversuch in der Sowjetunion. Bis zum Sommer waren die meisten Teilnehmerstaaten noch überzeugt, daß sich das dritte Treffen der Konferenz über die Menschliche Dimension der KSZE vor allem mit der Frage der Durchführung bestehender Verpflichtungen befassen wird und kaum Aussicht auf neue Vereinbarungen besteht. Die demokratische Augustrevolution Rußlands hat dann jedoch ungeahnte Perspektiven für substantielle Fortschritte im Bereich der Menschlichen Dimension der KSZE eröffnet.

Der sowjetische Außenminister Pankin stellte gleich zu Beginn des Moskauer Treffens klar, daß für die UdSSR das Prinzip der Achtung der Menschenrechte und Grundfreiheiten ab sofort Vorrang vor dem Prinzip der Nichteinmischung in innere Angelegenheiten genießt.

Die ambitioniertesten Vorschläge sind von der UdSSR, den neuen Demokratien Zentral- und Osteuropas sowie von Deutschland und Österreich eingebracht worden. Der Westen, insbesondere Großbritannien, die USA und Frankreich waren dagegen bestrebt, die vorwärtsdrängenden neuen Demokratien zu bremsen. Diese drei westlichen Länder standen einer Einschränkung des Konsensprinzips, das sich heute bei der Regelung von Problemen in Europa als Hindernis erweist, besonders ablehnend gegenüber.

Als Vorstoß in Richtung einer qualitativ neuen KSZE, in der solidarischem Handeln der Teilnehmerstaaten bei der Verteidigung von Demokratie und Rechtsstaatlichkeit Vorrang vor dem Prinzip der Nichteinmischung in innere Angelegenheiten zukommt, war eine Initiative AM Genschers gedacht, die von der UdSSR, Österreich und den neuen Demokratien unterstützt wurde. Dieser Vorschlag zielt auf eine Ächtung von Putschisten und auf eine Solidarisierung mit legitimen Regierungen, die von Putschisten gestürzt wurden, ab. Er sieht überdies die Möglichkeit vor, im Falle schwerwiegender Verletzungen der KSZE-Schlußakte oder der Charta von

Paris durch einen Teilnehmerstaat gegen diesen – natürlich auch ohne dessen Zustimmung, die ja nicht zu erwarten wäre – „friedliche Maßnahmen“ zu ergreifen („Konsens minus eins“). Von diesem Vorschlag hat nur der erste Teil (Ächtung von Putschisten) Niederschlag im Moskauer Dokument gefunden.

Das zum Abschluß des Moskauer Treffens angenommene **Dokument** enthält in der Präambel die Feststellung, daß die Verpflichtungen der Menschlichen Dimension der KSZE ein unmittelbares und legitimes Anliegen aller Teilnehmerstaaten sind und nicht ausschließlich zu den inneren Angelegenheiten des betroffenen Staates gehören. Durch das Moskauer Dokument wurden zahlreiche neue Standards im Bereich der Menschlichen Dimension der KSZE geschaffen:

- Bestimmungen über die Unabhängigkeit der Justiz, durch welche der im Kopenhagener Dokument vom Juni 1990 verankerte Grundsatz präziser bestimmt wird
- Rechte inhaftierter Personen
- Festlegung von Kriterien für eine verfassungskonforme Verhängung des Ausnahmezustandes
- Beseitigung von Reise- und Aufenthaltsbeschränkungen **innerhalb** von Teilnehmerstaaten (diese Bestimmung geht auf einen österreichisch-sowjetischen (!) Vorschlag zurück)
- Frauenrechte
- Rechte von Behinderten
- Schutz für Journalisten bei gefährlichen Missionen insbesondere bei bewaffneten Konflikten (jugoslawische Erfahrungen)
- Menschenrechtserziehung.

Weiters wurde in Moskau der im Wiener Schlußdokument (1989) verankerte und beim Kopenhagener Treffen verbesserte Mechanismus der Menschlichen Dimension durch die Einführung von Experten- sowie Berichterstattermissionen verstärkt.

Neben der Einladung von **Expertenmissionen** auf das eigene Staatsgebiet ist im Moskauer Dokument auch die Entsendung von **Berichterstattermissionen** gegen den Willen des betroffenen Staates vorgesehen. Der Antrag eines Teilnehmerstaates auf Entsendung einer Berichterstattermission in Verbindung mit der Anwendung des Mechanismus der Menschlichen Dimension bedarf der Unterstützung durch sechs weitere Teilnehmerstaaten. Überdies kann ein Teilnehmerstaat im Falle einer besonders ernsten Gefährdung von Bestimmungen der Menschlichen Dimension der KSZE in einem anderen Teilnehmerstaat mit Unterstützung von mindestens neun KSZE-Staaten die Einsetzung einer Berichterstattermission durchsetzen, ohne zuvor vom Mechanismus der Menschlichen Dimension Gebrauch machen zu müssen.

Berichte von Experten- bzw. Berichterstattermissionen werden zusammen mit allfälligen Kommentaren anderer Teilnehmerstaaten allen Teilnehmerstaaten übermittelt; sie können vom Ausschuß Hoher Beamter erörtert werden.

Bei einem **KSZE-Expertenseminar über demokratische Institutionen** (Oslo, 4. bis 15. November) wurden Möglichkeiten zur Stärkung demokratischer Institutionen in den Teilnehmerstaaten erörtert. Die Festigung demokratischer Institutionen und rechtstaatlicher Ordnung in den jungen Demokratien Mittel- und Osteuropas stellt eine vordringliche Aufgabe dar, deren Bewältigung im Interesse der politischen Stabilität Europas gelegen ist.

Der Schwerpunkt des Oslo-Seminars lag auf Expertenbeiträgen zu den Themen Verfassungsreform, Rechtstaatlichkeit, Gewaltentrennung, Organisation von Wahlen, politische Parteien sowie die Rolle der Medien.

Übereinstimmend wurde festgestellt, daß die Funktionsfähigkeit demokratischer Institutionen in wesentlichem Maße von der Unterstützung durch eine informierte Öffentlichkeit und von einer entsprechenden „demokratischen Kultur" abhängt. „Demokratische Kultur", basierend auf gemeinsamen Werten und politischen Zielen, kann durch Staatsbürgerkunde-Unterricht in den Schulen, durch die Medien sowie durch die Tätigkeit nichtstaatlicher Organisationen und politischer Parteien gefördert werden.

Im Verlaufe der Diskussion über Verfassungsreformen wiesen die Experten darauf hin, daß es entsprechend den jeweiligen Traditionen eines Landes verschiedene Formen demokratischen Regierens geben kann. Die Frage, wie demokratische Institutionen gestaltet werden sollen, sei nicht generell beantwortbar; es gebe allerdings gewisse Wesensmerkmale demokratischen Regierens.

Die Trennung der politischen Gewalten könne auf verschiedene Weise geregelt werden. Unerläßlich sei jedoch eine klare Trennung der richterlichen und der staatsanwaltschaftlichen Funktion. Die Unabhängigkeit und Autorität der Rechtssprechung stelle eine wesentliche Voraussetzung für den Schutz des Rechtsstaates, die Achtung der Menschenrechte und Grundfreiheiten sowie für die Integrität demokratischer Institutionen dar.

Unabhängigen, die Meinungsvielfalt reflektierenden Medien komme eine wichtige Rolle in jeder Demokratie zu. Der Schutz der Freiheit der Medien wie auch der Bürger vor den Medien müsse gewährleistet werden. Staatliche Interventionen können sich als notwendig erweisen, um die Medienvielfalt zu erhalten. Die Print- und Funkmedien seien Teil der kulturellen Identität eines Landes.

Neben einer Erweiterung der Funktionen des Warschauer KSZE-Büros, das eine allgemeine Zuständigkeit für Fragen der Demokratie und Menschenrechte erhalten soll, trat Österreich beim Oslo-Seminar mit Nachdruck für eine intensivere Nutzung der Erfahrungen und Kooperationsangebote des Europarates und der „Kommission Demokratie durch Recht“ bei der Festigung von Demokratie und Rechtsstaatlichkeit in den osteuropäischen Staaten ein.

Der Bericht des KSZE-Expertenseminars über demokratische Institutionen, der keine neuen Verpflichtungen der Teilnehmerstaaten sondern bloß eine Zusammenfassung von Expertenmeinungen enthält, wird dem KSZE-Rat bei seinem Treffen Ende Jänner 1992 vorgelegt werden.

Verhandlungen über Vertrauens- und Sicherheitsbildende Maßnahmen (VVSBM)

Die Probleme mit dem KSE-Vertrag, die erst im Juni durch eine vertragsrelevante Erklärung der Sowjetunion überwunden wurden, haben auch den Verlauf der VSBM-Verhandlungen negativ beeinflußt. Bis zur Beilegung des Streits über die Interpretation des KSE-Vertrages weigerten sich die NATO-Staaten, bei den VSBM-Verhandlungen auf neue Substanz einzugehen. Die Arbeiten konzentrierten sich deshalb auf einige im Wiener VSBM-Dokument 1990 offengebliebene Fragen.

So wurden zunächst technische und organisatorische Fragen im Zusammenhang mit der Inbetriebnahme des **KSZE-Kommunikationsnetzes** geregelt. Das Kommunikationsnetz wird die bestehenden diplomatischen Wege der Nachrichtenübermittlung zwischen den Teilnehmerstaaten in VSBM und anderen KSZE-Fragen ergänzen. Mittels Datenfernübertragung (DFÜ) wird es jedem Teilnehmerstaat möglich sein, binnen Minuten Nachrichten an alle KSZE-Hauptstädte und an die KSZE-Institutionen in Wien, Prag und Warschau zu senden. Das Netz dient der Übermittlung von Daten und Mitteilungen auf Grund des KSE-Vertrages und des Wiener VSBM-Dokuments 1990; es soll aber auch im Rahmen der politischen Konsultationen der KSZE einen raschen Nachrichtenfluß sicherstellen. Zu übermittelnde Nachrichten werden von den nationalen Sendestationen an die zentrale Vermittlungsstelle des Netzes abgesandt, die sich im niederländischen Außenministerium befindet. Von dort werden sie – computerunterstützt – an den jeweiligen Adressatenkreis weitergeleitet. Österreich ist seit Mitte Dezember an das Netz angeschlossen. Der Vollbetrieb soll im Frühjahr 1992 aufgenommen werden.

Nachdem bei den VSBM-Verhandlungen Einigung über die Aufteilung der Kosten von Überprüfungsbesuchen erzielt wurde, haben in der zweiten Jahreshälfte zahlreiche Teilnehmerstaaten von dieser im Wiener VSBM-Dokument 1990 vorgesehenen Maßnahme Gebrauch gemacht. Dabei wird die Richtigkeit der Informationen überprüft, die die Teilnehmerstaaten über ihre Streitkräfte zur Verfügung gestellt haben. Am 12. Dezember hat ein niederländisches Überprüfungsteam die 9. Panzergrenadierbrigade in Götzendorf (NÖ) besucht.

Auch nach Beilegung der Differenzen über die Interpretation des KSE-Vertrages kamen die VSBM-Verhandlungen nur langsam in Gang. Die NATO-Staaten vertraten die Meinung, daß die korrekte Erfüllung der im VSBM-Dokument 1990 vereinbarten Maßnahmen Vorrang vor der Ausarbeitung neuer VSBM habe. Hinzu kommt eine gewisse Infragestellung der Bedeutung herkömmlicher, transparenzfördernder VSBM im neuen europäischen Sicherheitskontext, der durch den Abbau der Militärpotentiale und die verminderte Übungstätigkeit der Streitkräfte gekennzeichnet ist. Die Jugoslawien-Krise hat diese Zweifel bestätigt: Jugoslawien hat weder die umfangreichen Aktivitäten seiner Armee im Jahr 1991 angekündigt noch die am 15. Dezember fällig gewesenen Informationen über seine Streitkräfte übermittelt.

Die Arbeiten an einem Wiener VSBM-Dokument 1992, in das alle bestehenden VSBM-Vereinbarungen integriert werden sollen, konzentrierten sich Ende 1991 auf Vorschläge betreffend eine Informationspflicht bei der personellen Aufstockung („Aufwuchs") von Streitkräften einschließlich der Aktivierung nicht-aktiver Einheiten, eine Informationspflicht über technische Eigenschaften bestimmter Waffensysteme, die Verbesserung der Inspektionsbestimmungen sowie eine Beschränkung militärischer Aktivitäten hinsichtlich Umfang und Zahl. Die VSBM-Verhandlungen werden Ende Februar 1992, drei Wochen vor Beginn des KSZE-Folgetreffens in Helsinki zu Ende gehen.

Verhandlungen über konventionelle Streitkräfte in Europa:

Der KSE-Vertrag, der innerhalb des vom Atlantik bis zum Ural reichenden Anwendungsgebietes die fünf konventionellen Hauptwaffensysteme (Panzer, gepanzerte Kampffahrzeuge, Artillerie, Kampfflugzeuge, Angriffshubschrauber) der 16 NATO- und sechs ehemaligen Warschauer Pakt-Staaten begrenzt, wurde am 19. November 1990 in Paris unterzeichnet (vgl. Außenpolitischer Bericht 1990).

Die Einleitung der Ratifikationsverfahren in den Vertragsstaaten verzögerte sich, weil die Haltung der Sowjetunion in der Frage der Erfassung ihrer Küstenschutztruppen und landgestützten Marineeinheiten durch den KSE-Vertrag von den übrigen 21 Signatarstaaten als vertragswidrig angesehen wurde. Dieser Interpretationsstreit konnte erst im Juni im Zuge einer Revisionskonferenz, bei der die Sowjetunion eine vertragsrelevante Erklärung abgab, beigelegt werden. Die Unabhängigkeit der baltischen Staaten machte eine neuerliche Anpassung des Vertragswerkes erforderlich, um eine Erfassung der auf ihren Territorien befindlichen sowjetischen Waffensysteme sicherzustellen.

Als der Ratifikationsprozeß schließlich im Herbst 1991 einsetzte, wurde die Zukunft der Sowjetunion immer ungewisser. Trotz gewisser Widerstände nationaler Parlamente hat sich die Ansicht durchgesetzt, daß die innerstaatlichen Ratifikationsverfahren möglichst schnell, d.h. noch vor einer Auflösung der Sowjetunion, abgeschlossen werden sollten. Bis Dezember haben die meisten Signatarstaaten das Vertragswerk ratifiziert. Da jedoch die Sowjetunion vor ihrer staatsrechtlichen Auflösung den KSE-Vertrag nicht mehr ratifiziert hat, erscheint nun dessen Adaptierung im Rahmen einer Revisionskonferenz unvermeidlich. Die in der Anwendungszone des Vertrages liegenden Nachfolgestaaten der Sowjetunion, das sind Rußland, die Ukraine, Belarus, Moldawien, Kasachstan, Georgien, Armenien und Aserbaidschan müssen in den KSE-Vertrag einbezogen werden.

Unmittelbar nach dem Pariser KSZE-Gipfeltreffen im November 1990 wurden die KSE-Folgeverhandlungen (VKSE Ia) aufgenommen, welche die **Begrenzung der Mannschaftsstärken** der Streitkräfte der 16 NATO- und sechs ehemaligen Warschauer Pakt-Staaten sowie die Vereinbarung stabilisierender Maßnahmen zum Ziel haben. Wegen der einseitigen Interpretation des KSE-Vertrages durch die Sowjetunion haben die Verhandlungen aber erst im Herbst 1991 richtig begonnen. Die Auflösung der Sowjetunion und das Auftreten neuer Verhandlungsteilnehmer dürfte die KSE-Ia-Verhandlungen verzögern, so daß mit deren Abschluß vor Beginn des Helsinki-Folgetreffens im März 1992 nicht mehr zu rechnen ist. Es ist zu hoffen, daß das Ergebnis der KSE-Ia-Verhandlungen (angestrebt wird ein politisch verbindliches Dokument) den Staats- und Regierungschefs der KSZE-Staaten bei ihrem Gipfeltreffen Anfang Juli 1992 in Helsinki vorgelegt werden kann.

Die ursprünglich im Rahmen der KSE-Ia-Verhandlungen vorgesehene Ausarbeitung eines KSE-Luftinspektionsregimes wurde im Hinblick auf die Open Skies-Verhandlungen (siehe weiter unten) zurückgestellt. Es soll auf der Grundlage eines künftigen Open Skies-Regimes in Angriff genommen werden.

Konsultationen über ein Mandat für neue KSZE-Verhandlungen über militärische Sicherheit:

Gemäß Punkt 15 der Schlußfolgerungen des Berliner Treffens des KSZE-Rates finden in Wien seit September 1991 informelle Konsultationen über ein Mandat für künftige Verhandlungen über militärische Sicherheit in Europa statt. Die formellen Mandatsverhandlungen bleiben dem KSZE-Folgetreffen (Helsinki, März bis Juli 1992) vorbehalten; ihr Ergebnis soll Teil des Helsinki-Schlußdokumentes werden.

Bei diesen Konsultationen besteht grundsätzliches Einvernehmen über folgende Hauptbereiche der künftigen Bemühungen um militärische Sicherheit in Europa:

- Rüstungskontrolle
- sicherheitspolitischer Dialog mit dem Ziel der Förderung kooperativer Sicherheit
- Konfliktverhütung

Bis zur Verwirklichung der im KSE-Vertrag und in einer KSE-Ia-Vereinbarung vorgesehenden Reduktionen (etwa 1995) dürften bei den europäischen Rüstungskontrollverhandlungen folgende Ziele angestrebt werden:

- Klärung der Frage, welche Teile des KSE-Vertrages und einer KSE Ia-Vereinbarung von jenen KSZE-Staaten übernommen werden können, die an den KSE-Verhandlungen nicht teilgenommen haben;
- Offenlegung der Aufwuchsfähigkeit von Streitkräften;
- effektive Beschränkung der Offensivfähigkeit von Streitkräften durch Restrukturierung;

Europäische Rüstungskontrolle soll längerfristig zu einer weiteren Begrenzung und Reduktion von konventionellen Waffensystemen und Militärpersonal führen. Wünschenswert erscheinen auch regionale Vereinbarungen.

Die neuen Verhandlungen über militärische Sicherheit in Europa, an denen alle KSZE-Staaten teilnehmen werden, sollen nach Abschluß des Helsinki-Folgetreffens voraussichtlich im September 1992 aufgenommen werden.

Open Skies:

Ziel eines Open Skies-Vertrages ist es, allen Vertragsstaaten unbewaffnete Beobachtungsflüge über dem Territorium anderer Vertragsstaaten zu ermöglichen und damit zu militärischer Transparenz und Offenheit beizutragen. Die Idee geht auf einen im Jahr 1955 vom damaligen US-Präsidenten Eisenhower unterbreiteten Vorschlag zurück, der von Präsident Bush im Mai 1989 wieder aufgegriffen wurde. Nach anfänglichem Zögern hat die Sowjetunion im Herbst 1989 diesbezüglichen Verhandlungen zugestimmt.

Verhandlungen über einen Open Skies-Vertrag wurden Anfang 1990 in Ottawa aufgenommen und im Mai desselben Jahres in Budapest fortgesetzt. Teilnehmer waren die 16 NATO- und sechs Warschauer Pakt-Staaten. Den übrigen KSZE-Staaten, darunter Österreich, wurde lediglich ein Beobachterstatus zugestanden.

Im Verlauf der Budapester Verhandlungsrunde sind zwischen den NATO-Staaten und fünf WP-Staaten einerseits und der Sowjetunion andererseits tiefgreifende Auffassungsunterschiede über die Art der Sensoren, die Zahl der jährlichen Überflüge und den territorialen Anwendungsbereich eines Open Skies-Regimes zu Tage getreten, sodaß die Verhandlungen über ein Jahr lang unterbrochen waren.

Nachdem eine exploratorische Verhandlungsrunde im September 1991 erfolgversprechend verlaufen war, wurden die Verhandlungen zwischen den 16 NATO- und sechs ehemaligen WP-Staaten am 5. November in Wien formell wiederaufgenommen. Den übrigen KSZE-Staaten wurde ein aufgewerteter Beobachterstatus zugestanden. Den Anträgen einiger KSZE-Teilnehmerstaaten, darunter Österreich, auf vollberechtigte Verhandlungsteilnahme wurde nicht stattgegeben, weil Griechenland im Falle einer Erweiterung des Teilnehmerkreises auf einer Aufnahme Zyperns besteht, diese jedoch von der Türkei nicht akzeptiert wird.

Bei den Verhandlungen konnte bis Ende 1991 grundsätzliche Einigung über die wesentlichen Elemente eines Open Skies-Regimes erzielt werden:

Dem Regime soll das gesamte Territorium der Vertragsstaaten unterliegen, das heißt auch die „Sowjetunion" östlich des Urals, die USA und Kanada. Überflüge können lediglich aus Gründen der Flugsicherheit, gemäß den einschlägigen Regeln der Internationalen Zivilluftfahrtsbehörde beschränkt werden. Zur Datensammlung dürfen optische, elektro-optische und Radarsensoren (Synthetic Aperture Radar) eingesetzt werden, in einer zweiten Phase auch Infrarotsensoren. Die Zahl der jährlichen Überflüge soll sich nach der Größe und der militärischen Bedeutung der Vertragsstaaten richten. In der ersten Phase soll für die USA und die Sowjetunion eine Quote von 40, für mittlere Staaten von 20–25 und für kleinere Staaten von maximal zehn Überflügen jährlich gelten.

Die technischen Eigenschaften der zulässigen Sensoren und Flugzeuge sowie organisatorische Fragen der Beobachtungsflüge müssen noch vereinbart werden. Auch die Frage der Einbindung der Nachfolgestaaten der Sowjetunion in ein Open Skies-Regime ist zu klären.

Die Open Skies-Verhandlungen sollen bis März 1992 abgeschlossen werden. Der Vertrag dürfte auch Staaten, die an den Verhandlungen lediglich als Beobachter teilgenommen haben, zum Beitritt offenstehen. Österreich hat die technischen und organisatorischen Vorbereitungen für eine Teilnahme am Open Skies-Regime bereits eingeleitet.

Wenngleich ein Open Skies-Regime voraussichtlich nicht Teil der KSZE sein wird, so wird es jedenfalls zur Vertrauens- und Sicherheitsbildung in Europa maßgeblich beitragen und zu einem wichtigen Element kooperativer Sicherheit werden.

Die Veränderungen in Zentral- und Osteuropa

Überblick über die wirtschaftliche Lage zur Jahreswende 1991/92[1])

Die vergangenen drei Jahre haben den Zusammenbruch der Zentralverwaltungswirtschaft in Zentral- und Osteuropa, Jugoslawien und der Sowjetunion gebracht.

Die 45 Jahre andauernde kommunistische Herrschaft unterbrach jahrhundertelang gemeinsame Geschichtsverläufe West- und Zentral- und Osteuropas und ruinierte wirtschaftlich erfolgreiche Länder wie z.B. die Tschechoslowakei, die vor dem Zweiten Weltkrieg zu den wichtigsten Industrienationen zählte. Die 45jährige Trennung von der Weltwirtschaft bewirkt technologischen Rückstand und wettbewerbsschwache Strukturen und nunmehr stagnierende oder schrumpfende Produktion, Inflation, steigende Budgetdefizite und Auslandsverschuldung sowie sinkenden Lebensstandard.

Der Wunsch der zentral- und osteuropäischen Nationen ist es, so schnell wie möglich den Anschluß an die wirtschaftliche Entwicklung in Westeuropa zu gewinnen. Wie schwer das aber sein wird, zeigt bereits ein Vergleich der Bruttosozialprodukte pro Kopf der Bevölkerung: im Jahre 1990 entsprach es in der Tschechoslowakei nur 67 Prozent des österreichischen, die entsprechenden Zahlen für Ungarn sind 61 Prozent; und für Polen 45 Prozent.

Das BNP in Zentral und Osteuropäischen Staaten
(Österreich = 100, Zahlen aus 1990)

CSFR	67,2
ehemalige DDR	64,5
ehemalige UdSSR	61,1
Ungarn	60,7
Bulgarien	57,3
Polen	45,5
Jugoslawien	44,1
Rumänien	41,4

Quelle: WIIV; das BNP wurde von WIIV auf Grund von „physical indicators“ errechnet.

Während aber in Österreich und zunächst auch in Westeuropa die Wirtschaft weiter wächst, schrumpft sie in den ehemaligen RGW-Ländern

[1]) Diese Ausführungen beruhen weitgehend auf einem Beitrag des Wiener Instituts für Internationale Wirtschaftsvergleiche, WIIW.

als Folge des Übergangs zur Marktwirtschaft drastisch. In Polen ist das Bruttoinlandsprodukt (BIP) in den beiden vergangenen Jahren um ein Fünftel gesunken; in der Tschechoslowakei waren es 1991 mehr als 15 Prozent; in Ungarn betrug der Rückgang ca. 10 Prozent. Noch dramatischer ist die Lage in den ärmeren Ländern wie Bulgarien und Rumänien, wo allein dieses Jahr mit Rückgängen von 20 Prozent gerechnet werden muß. Damit hat die Depression in dieser Region ein seit der großen Krise 1929-33 unbekanntes Ausmaß erreicht. Sie ist viel stärker ausgefallen, als viele Experten, Regierungen und internationale Organisationen zu Beginn des Jahres noch erwartet hatten. Zwar erfassen die amtlichen Statistiken den expandierenden privaten Sektor nicht vollständig; doch ändert das am Gesamtbild wenig, da der private Sektor überall noch eine marginale Rolle spielt. Deshalb kann es nicht verwundern, wenn unter den Bevölkerungen dieser Länder die Enttäuschung wächst, vor allem dann, wenn ihnen von ihren, nun demokratisch gewählten Regierungen oder von ausländischen Beratern ein baldiges Wirtschaftswunder versprochen worden ist.

Reale Entwicklung der Bruttoinlandsprodukte 1990–1991 in Prozent gegenüber dem Vorjahr

	1990	1991
Tschechoslowakei	– 2,0	–16
Ungarn	– 4,3	– 7 bis – 9
Polen	–11,6	– 8 bis –10
Bulgarien	–11,8	–20 bis –25
Rumänien	– 7,3	–17
Jugoslawien	– 8,5	–25
ehem. Sowjetunion	– 2,0	–13
Gesamte Region	**– 3,8**	**–13 bis –14**

Quelle: Für 1990: Nationale Quellen, für 1991: WIIV

In allen Ländern (bis auf Polen) sind die **Reallöhne** in den ersten drei Quartalen 1991 zurückgegangen; am stärksten in Bulgarien (bis zu 50 Prozent), gefolgt von der Tschechoslowakei (um ca. 28 Prozent). Lediglich in Polen nahmen sie um ca. 8 Prozent zu, nachdem sie aber 1990 bereits um 28 Prozent gefallen waren. In den meisten Ländern setzte sich damit der 1990 erfolgte Rückgang der Reallöhne fort. Teilweise ist dieser Rückgang statistischer Art, so wie in früheren Jahren der Anstieg der Reallöhne bei fixierten Preisen ein eher statistisches Phänomen war. Aber zumindest in Polen, der Tschechoslowakei, Ungarn und auch Bulgarien hat die Freigabe der Preise bereits die Überschußnachfrage beseitigt, so daß die in allen Ländern ergriffenen Maßnahmen zur Beschränkung des Lohnwachstums nunmehr eine echte Senkung des privaten Konsums bewirken.

Mittlerweile ist die **Arbeitslosigkeit** in Ländern, die nur Vollbeschäftigung kannten, alltäglich geworden. In der gesamten Region (ohne Sowjetunion) betrug die Zahl der offiziell registrierten Arbeitslosen Ende September 1991 4,9 Millionen (verglichen mit 2,9 Millionen Ende 1990). Die Arbeitslosenquote ist mit ca. 10,4 (Ende September) in Polen die höchste; gefolgt von Bulgarien mit 8 Prozent; und Ungarn mit 6 Prozent. (Das ehemalige Jugoslawien – 20 Prozent Arbeitslosenquote – ist insofern ein Sonderfall, als diese Region traditionell unter einer hohen Arbeitslosigkeit litt.) Da der Abbau der Beschäftigung in den Reformländern bisher noch nicht so schnell wie der Rückgang der Produktion erfolgte, ist in den nächsten Jahren mit einem weiteren starken Anstieg der Arbeitslosigkeit zu rechnen; was – zusammen mit den sinkenden Reallöhnen – den **Emigrationsdruck** in der gesamten Region verstärken dürfte.

Herausforderungen an die Reformpolitik

Vor diesem Hintergrund sind die zentral- und osteuropäischen Länder auf ihrem Weg zurück nach Europa immer stärker der Herausforderung ausgesetzt, durch entsprechende Reformmaßnahmen ihre Wachstumsfähigkeit wieder herzustellen. Andernfalls würden sie zu Armenhäusern Europas werden.

Die Erfahrungen nicht nur in Osteuropa in den vergangenen zwei Jahren, sondern auch in Österreich nach dem II. Weltkrieg zeigen, daß zur Wiederherstellung der Wachstumsfähigkeit die Existenz einer **wettbewerbsfähigen Marktstruktur** entscheidend ist, die eine Vielzahl autonomer Unternehmen aller Größenordnungen, geleitet von kompetenten Eigentümern und Managern, ebenso voraussetzt wie Verantwortungsbewußtsein, Gewinnorientierung und Risikobereitschaft. Die Schaffung einer solchen Struktur ist die eigentliche Reformaufgabe, die keinen Aufschub duldet. Sie erfordert **über die Freigabe der Preise und eine restriktive Geld- und Fiskalpolitik hinaus** die Privatisierung der Staatsbetriebe, die Reform des Unternehmens-, Steuer-, Budget- und Verwaltungsrechts, eine Reform des Rechts-, Finanz- und Bankensystems und die Schaffung von funktionierenden Kapital- und Arbeitsmärkten. Je weniger entwickelt diese Marktstrukturen sind und je weniger sich das Verhalten der Manager am Markt orientiert, desto größer ist bei freien Preisen die Kombination inflationärer mit depressiven Impulsen.

In fast allen Ländern sind die Fortschritte bei dieser Strukturreform aber eher langsam. Der Weg, der zurückgelegt werden muß, ist weit. Der staatliche Sektor war bis zum Einsetzen der Reformen überall dominierend.

Der Anteil des staatlichen Sektors an der Wertschöpfung
(Mitte der 80er Jahre)

Tschechoslowakei	97
DDR	97
Sowjetunion	96
Jugoslawien	87
Ungarn	86
Polen	82
Frankreich	17
Italien	14
Deutschland	11
Großbritannien	11
Dänemark	6
USA	1

Quelle: Branco Milanovic, „Liberalisation and Entrepreneurship; Dynamics of Reforms in Socialism and Capitalism“, New York, 1989

In Polen (im Januar 1990), der Tschechoslowakei (im Januar 1991) und Bulgarien (im Februar 1991), anfänglich (Januar 1990) auch Jugoslawien waren und sind die **Liberalisierung der Preise** und Maßnahmen zur Stabilisierung des Preisniveaus die ersten Schritte einer neuen, reformorientierten Wirtschaftspolitik gewesen. Ihr Ziel ist die Beseitigung von Preisverzerrungen und die Verbesserung der Grundlagen für die nächste und viel schwierigere Phase der Transformation: die Veränderung der Institutionen und Strukturen. Zusätzlich wurde in diesen Ländern eine zwar noch begrenzte, aber durchaus wirksame **Konvertibilität der Währung** eingeführt, gemeinsam mit der **Liberalisierung des Außenhandels**. Der zuvor meist überbewertete Kurs der Währung wurde soweit abgewertet, daß sein Niveau unterhalb der realen Kaufkraft der Währung zu liegen kam. Preisstabilität sollte durch die Reduzierung der gesamtwirtschaftlichen Nachfrage erreicht werden: Dazu wurden die Zinssätze für Kredite des inländischen Bankensystems auf ein Niveau oberhalb der Inflationsrate gesetzt.

Lohnsteigerungen wurden mit einer Strafsteuer belastet und der Staatshaushalt sollte durch Ausgabenkürzungen und Steueranhebungen zumindest ausgeglichen werden, wenn nicht gar mit einem Überschuß abschließen.

Zweifelsohne konnten mit dieser Kombination von Preisfreigabe und makroökonomischer Nachfragekürzung – der sogegannten **Schocktherapie** – Erfolge erzielt werden. So verlieren zum Beispiel die Menschen nicht länger ihre Zeit mit der nervenaufreibenden Suche nach gefragten Waren: die Versorgung hat sich eindeutig verbessert. Hinzu kommt, daß sich die

Handelsbilanzen in konvertiblen Währungen verbesserten. Aber alle erwähnten Länder verzeichneten einen viel stärkeren Rückgang in der Leistungsfähigkeit als ursprünglich erwartet, ohne daß es einen entscheidenden Sieg über die Inflation gegeben hätte.

Unter den ehemaligen RGW-Ländern sind Ungarn und Ostdeutschland zwei vergleichweise erfolgreiche Beispiele der Systeminformation. Für beide wird mit, allerdings nur leicht, positiven Wachstumsraten 1993 (Ungarn) bzw. 1992 (Ostdeutschland) gerechnet. Beide Länder, in besonderem Maße aber die neuen Bundesländer im früheren Ostdeutschland, verzeichnen aber einen hohen Zufluß an privatem Investitionskapital.

Völlig zurückgeblieben ist der Übergang von der Kommando- zur Marktwirtschaft in Rumänien, der ehemaligen Sowjetunion und in vielen Teilen des ehemaligen Jugoslawien. Rumänien droht von Europa überhaupt wirtschaftlich abgekoppelt zu werden. Ein „Schockprogramm" wie etwa in Polen, der Tschechoslowakei oder Bulgarien erscheint dort politisch kaum realisierbar.

Außenwirtschaftliche Herausforderungen

Gleichzeitig mit dem Systemwandel brach auch das Geflecht der wirtschaftlichen Beziehungen der zentral- und osteuropäischen Länder untereinander und auch mit der Sowjetunion zusammen. Zwar hatte der **Rat für Gegenseitige Wirtschaftshilfe** (RGW) in den 70er Jahren den Anspruch erhoben, eine kommunistische Alternative zur Integration der EG zu sein. Tatsächlich aber erfolgte nur eine Abstimmung von Handelsströmen, während alle Länder mehr oder weniger autark ihre Industrien entwickelten. Direktinvestitionen, der wichtigste Faktor wirtschaftlicher Integration, fehlten fast vollständig.

Wie brüchig das RGW-Geflecht war, zeigt der Übergang zu Weltmarktpreisen und Hartwährungsrechnung im gegenseitigen Handel seit Anfang 1991: Die Handelsumsätze der ost- und mitteleuropäischen Länder mit der Sowjetunion sind in diesem Jahr um 60 bis 70 Prozent gesunken. Betroffen davon waren vor allem Länder wie etwa Bulgarien und Rumänien, die keine neuen Märkte im Westen fanden.

Lediglich Ungarn, Polen und die Tschechoslowakei vermochten in den beiden letzten Jahren ihre **Exporte in den Westen** erheblich zu steigern. Dadurch sind die hohen Anteile der Sowjetunion am Handel dieser Länder stark zurückgegangen. Generell zeichnet sich in allen drei Ländern eine Verbesserung ihrer Bilanzen im Westhandel ab, auch wenn Polens und Ungarns Importe schneller als die Exporte gestiegen sind (die Einfuhren der CSFR sind leicht gesunken).

Exporte in westliche Industrieländer (in Millionen US-Dollar)
(Veränderungen in Prozenten gegenüber der Vorjahresperiode)

	1989	1990	1991 (1. Halbjahr)
Polen	8,8	30,7	12,7
Tschechoslowakei	10,8	13,0	4,9
Ungarn	5,2	21,4	25,1
Bulgarien	17,9	-12,3	-49,7
Rumänien	-6,1	-30,2	-16,7
Jugoslawien	7,7	24,5	- 0,4

Quelle: Nationale Statistiken; WIIW-Schätzung

Alle anderen Länder haben erhebliche Einbußen bei ihren Westexporten hinnehmen müssen. Da aber die Importe ebenfalls stark geschrumpft sind, ergibt sich auch bei ihnen eine Verbesserung ihrer Handelsbilanzen.

Auch bei **westlichen Direktinvestitionen** hat eine dynamische Entwicklung eingesetzt, nachdem bis weit in die 80er Jahre Mittel- und Osteuropa in den entsprechenden internationalen Statistiken überhaupt nicht präsent war. Während Ende 1988 in Ungarn, Polen und der Tschechoslowakei insgesamt nur knapp übere 200 ausländische Beteiligungen (Joint Ventures) registriert worden waren, betrug diese Zahl Ende September 1991 bereits mehr als 19.000 und in allen Ländern zusammen über 28.000. Allerdings hat bisher nur ein Bruchteil der registrierten Unternehmen seine Geschäftstätigkeit aufgenommen, und die überwiegende Mehrzahl der Betriebe ist sehr klein. Während das bisher in Ungarn investierte Kapital auf mehr als 2 Milliarden US-Dollar zu schätzen ist und der jährliche Zustrom bereits den Zinsendienst für das Ausland übersteigt, dürfte es in der Tschechoslowakei und Polen nicht mehr als einige Hundert Millionen Dollar betragen. Die ehemalige Sowjetunion hatte 1991 für westliche Investoren deutlich an Attraktivität verloren. Dort ist die Registrierung von neuen Joint Ventures erheblich zurückgegangen.

All dies zeigt, daß der Ausbau der Wirtschaftsbeziehungen mit den westlichen Industrieländern, insbesondere aber mit Westeuropa, eine Frage des „to be or not to be" der Reformen in Mittel- und Osteuropa ist. Ohne intensivere Güter-, Dienstleistungs- und Kapitalströme werden die Länder den wirtschaftlichen Anschluß an Westeuropa kaum gewinnen.

Diese Transformation des Außenhandels geschieht am Vorabend der Fertigstellung des **Gemeinsamen Europäischen Binnenmarktes**. Daher wird der Wunsch Zentral- und Osteuropas nach einer **Annäherung an die EG** immer stärker. Der Wunsch nach einer **Mitgliedschaft** in der EG kam von

Registrierte Gesellschaften mit ausländischer Kapitalbeteiligung in Mittel- und Osteuropa und der Sowjetunion (Ende der Periode)

	1990	1991 (September)
Bulgarien	140	800
Polen	2799	5000
Rumänien	1501	4800
Tschechoslowakei	1600	4000
Ungarn	5693	10800
Sowjetunion	2905	3900
Total	**14638**	**29100**

Quelle: United Nations Economic Commission for Europa, East-West Joint Ventures News, versch. Ausgaben.

Polen, der Tschechoslowakei, Ungarn und Jugoslawien 1989; Bulgarien hat sich im Herbst 1991 angeschlossen. Die Idee einer Mitgliedschaft stieß zunächst auf eine überwiegend negative Reaktion der EG, weil dort bei einer Vergrößerung der EG weitere Komplikationen in den supranationalen Entscheidungsprozessen befürchtet wurden. 1990 war dann von der EG offiziell eine Assoziierung ehemaliger RGW-Länder vorgeschlagen worden, wobei allerdings betont wurde, daß die Realisierung der EG-Integrationspläne (Binnenmarkt, Währungsunion und politische Integration) absolute Priorität erhalten sollte.

Am 16. Dezember 1991 wurden dann nach langwierigen Verhandlungen Assoziierungsverträge der EG mit Polen, Ungarn und der Tschechoslowakei unterzeichnet. Sie enthalten für die – allerdings unbestimmte – Zukunft auch die Option einer Mitgliedschaft (siehe Abschnitt EG).

In den Verhandlungen erwiesen sich neben Erleichterungen bei Dienstleistungen und Transporten Handelserleichterungen der EG bei sensiblen Gütern, vor allem Textilien, Stahl und Agrarprodukten (bei letzteren ist besonders Polen ein potenter Exporteur), als Hauptprobleme. Der Widerstand der EG beruhte darauf, daß billige Textil- und Stahlimporte von einigen Mitgliedsländern als Bedrohung ihrer heimischen Industrien angesehen werden, vor allem, wenn die osteuropäischen Länder ihre Reorientierung auf den Westen über starke Abwertungen ihrer Währungen unterstützen wollen. Allerdings sind die Anteile der betreffenden Importe der EG aus Polen, Ungarn und der Tschechoslowakei an den Gesamtimporten der EG sehr gering (Textilien: 0,03 Prozent, Stahl: 0,04 Prozent, jeweils 1969). Aus osteuropäischer Sicht sind die Anteile der diesbezüglichen Exporte an den Gesamtexporten in die EG freilich bedeutend höher, im Falle Polens 15 Prozent bei Textilien und 4 Prozent bei Stahl (Ungarn: 3,4 Prozent bzw. 6,7 Prozent).

Die **Bruttoverschuldung** der gesamten Region belief sich Ende September 1991 auf ca. 171 Milliarden US-Dollar, wovon 41 Prozent (ca. 70 Milliarden US-Dollar) auf die Sowjetunion und 28 Prozent auf Polen entfielen. Lediglich Ungarns externe Position verbesserte sich, der Zustrom ausländischen Kapitals überstieg dort – wie erwähnt – die Zinsverpflichtungen. Polen, Bulgarien und die Sowjetunion konnten ihrem Schuldendienst nicht nachkommen. Kein Land verzeichnete 1991 beträchtliche ausländische Kredite (wohl aber Kreditzusagen). Eine leichte Reduzierung der Schulden Zentral- und Osteuropas und des ehemaligen Jugoslawien ergab sich vor allem aus der Abwertung des US-Dollars gegenüber anderen Währungen sowie durch den Abbau von Reserven.

Bruttoverschuldung in konvertiblen Währungen
(Milliarden US-Dollar)

	1990 Dezember	1991 September
Bulgarien	10,0	11,2[1])
Polen	48,5	44,3
Rumänien	1,0	1,5
Tschechoslowakei	8,1	8,3
Ungarn	21,3	20,4
Mittel- und Osteuropa	88,9	86,7
Jugoslawien	16,5	14,5[2])
Sowjetunion	ca. 56	ca. 70
Insgesamt	**ca. 161**	**ca. 171**

[1]) August. – [2]) Nur mittel- und langfristige Kredite.
Quelle: Nationale Statistiken; für die Sowjetunion Schätzung des WIIW

Schulden der Oststaaten in Österreich
(in Milliarden Schilling)

	Staatl. Garantien inkl. Umschuldungen*)	Banken	Insgesamt	Bisherige Umschuldungen
Bulgarien	3,4	12	15,4	
Jugoslawien	6,9	5	5,0	3,1
Polen	42,6	12	54,6	37,6
Rumänien	0,5	–	0,5	
CSFR	9,4	12	21,4	
UdSSR	36,7	40	76,7	
Ungarn	12,9	18	20,9	
Summe	**112,4**	**99**	**194,5**	**40,7**

*) Stand 31. 12. 1990; Quelle: Die Presse, 22. 3. 1991

Eine gesamteuropäische Aufgabe

1991 brachte für die Bevölkerung in Zentral- und Osteuropa vor allem wirtschaftliche Enttäuschungen, und hier können große Gefahren für die Schaffung einer demokratischen Ordnung und einer gesunden Wirtschaft, aber auch für die zukünftigen Integrationsprozesse in Europa entstehen. Auch 1992 wird es in Zentral- und Osteuropa noch zu keinem Wirtschaftsaufschwung kommen. Die anderslautenden Projektionen der Weltbank scheinen reichlich optimistisch.

BIP pro Kopf in Mittel- und Osteuropa 1989 - 2000

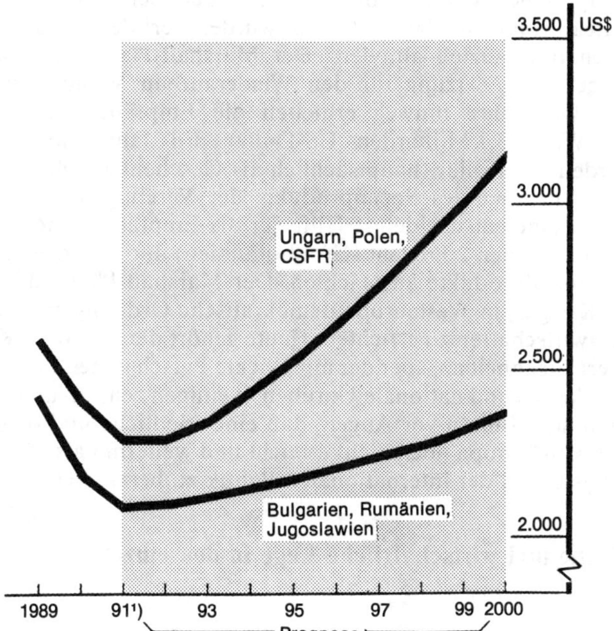

1) Schätzung.

Quelle: Weltbank.
Grafik: Adaptiert vom Österreichischen Statistischen Zentralamt.

In allen Ländern werden nach internationalen und nationalen Prognosen Sozialprodukt und Industrieproduktion weiter schrumpfen oder bestenfalls stagnieren (Ungarn). Zwar haben die mittel- und osteuropäischen Länder massive externe Schocks wie den Zusammenbruch des RGW-Handels bereits hinter sich, aber nationale und soziale Gegensätze in der zerfallenden Sowjetunion können drastische Versorgungsengpässe bei Rohöl und Erdgas verursachen und neue Belastungsproben darstellen.

Alle Beispiele einer erfolgreichen Transformation – die Rekonstruktion der Marktwirtschaft in Westdeutschland und Österreich nach dem Zweiten Weltkrieg oder die Industrialisierung in Südkorea und Taiwan in den 50er und 80er Jahren – erfolgten mit substantieller Kredithilfe (vor allem seitens der Vereinigten Staaten), die durch einen starken Zufluß privaten Kapitals aus dem Ausland begleitet wurde. Sehr früh wurde deshalb in den zentral- und osteuropäischen Ländern die Hoffnung geäußert, daß der Westen einen **zweiten Marshall-Plan** auflegen würde, der den Übergang zur Marktwirtschaft finanziell abfedert. Der Marshall-Plan war tatsächlich eine wichtige Voraussetzung für den Wiederaufbau Westeuropas nach 1945. Über vier Jahre hinweg erhielten die Empfängerstaaten (nach damaligem Wert) 3,1 Milliarden US-Dollar pro Jahr und insgesamt 12,4 Milliarden US-Dollar (hauptsächlich als Geschenke). Obwohl dieser Beitrag nur 1 Prozent des Sozialprodukts der Vereinigten Staaten entsprach, war er eine entscheidende Hilfe für die Empfängerländer, für die die Transfers zwischen 2 Prozent (Großbritannien) und 14 Prozent (Österreich) ihrer Sozialprodukte ausmachten. Der Marshall-Plan half zur Zeit des Kalten Krieges, in Westeuropa demokratische Ordnungen und florierende Marktwirtschaften zu errichten. Heute gehört der Ost-West-Konflikt zwar der Vergangenheit an, aber der mißglückte Putsch in der Sowjetunion, Grenzstreitigkeiten und nationale Unruhen in einigen zentral- und osteuropäischen Ländern führen vor Augen, daß eine friedliche und demokratische Ordnung in Europa noch nicht erreicht und weiterhin als das zur Zeit wohl wichtigste Ziel der internationalen Politik zu betrachten ist.

Die politische und wirtschaftliche Lage in den einzelnen Staaten

Albanien

1991 war für Albanien das Jahr der politischen „Wende“, aber auch das Jahr einer sich zunehmend verschärfenden Wirtschafts- und Versorgungskrise.

Nach der unter dem Druck der Straße und schweren Studentenunruhen erfolgten Verabschiedung des „Dekrets über die Gründung politischer Organisationen und Gesellschaften“ im Dezember 1990, mit dem erstmals seit dem 2. Weltkrieg politische Parteien und Pluralismus in Albanien zugelassen wurden, und der Zusage freier Wahlen im Frühjahr erfolgte zunächst die Bildung der Demokratischen Partei Albaniens (DPA), gefolgt von jener der Sozialdemokratischen Partei und der Republikanischen Partei sowie der Organisation der griechischen Minderheit Omonia und einer Reihe weiterer (kleinerer) Parteien. Ende 1991 gab es bereits 19 zugelassene politische Parteien.

Nach einem nicht immer fairen Wahlkampf (kurze Vorbereitungszeit, Beherrschung der Medien durch die kommunistische „Partei der Arbeit") fanden vom 31. März bis 14. April die ersten **freien Wahlen** statt, die nach Urteil zahlreicher ausländischer Beobachter insgesamt korrekt verliefen, jedoch wegen des einseitigen Mehrheitswahlrechtes einen dem Wählerwillen nicht entsprechenden krassen Unterschied zwischen Stadt und Land ergaben. Die Partei der Arbeit errang mit 56 Prozent der Stimmen 168 Parlamentssitze (somit mehr als ⅔ der insgesamt 250 Parlamentssitze), die DPA kam mit 39 Prozent der Stimmen auf 75 Sitze.

Das neue Parlament verabschiedete bereits am 29. April ein „Gesetz über die wichtigsten **Grundlagen der Verfassung**", das Rechtstaatlichkeit, Pluralismus und die Gewährung der Grund- und Freiheitsrechte enthielt und damit eine radikale Änderung der verfassungsrechtlichen Situation in Albanien mit sich brachte. Aber auch Wahlen und Bestellung einer dynamischeren Regierung brachten keine innenpolitische Ruhe. Ein von den im März 1991 gegründeten unabhängigen Gewerkschaften ausgerufener vierwöchiger Generalstreik führte Anfang Juni zum Rücktritt der kommunistischen Alleinregierung unter Fatos Nano und zur Bildung einer Koalitions-"Regierung der nationalen Stabilität" unter Ylli Bufi, der neben Vertretern der Partei der Arbeit auch solche der vier größten Oppositionsparteien angehörten. Zum Verhandlungspaket gehörten insbesondere ein Verzicht auf Streiks und die Durchführung von Neuwahlen im Mai/Juni 1992.

Anfang Juli führte die Partei der Arbeit einen Parteitag durch, bei dem sich die Reformer durchsetzten, was in einer Änderung des Namens auf „Sozialistische Partei" und einer Verurteilung der früheren Diktatur und außenpolitischen Isolierung Ausdruck fand. Der Erste Parteitag der Demokratischen Partei fand im September statt.

Trotz guter Zusammenarbeit innerhalb der Regierung kam es Ende November aufgrund der Forderung der Oppositionsparteien nach Vorverlegung der Wahlen und Vorwürfen an die Sozialistische Partei, die Reformen zu verzögern, zu einer neuerlichen schweren Regierungskrise, die Anfang Dezember zum Rücktritt der Regierung der nationalen Stabilität führte. Es wurde eine ausschließlich aus parteifreien Fachleuten bestehende Übergangsregierung (unter Vilson Ahmeti) gebildet, die am 18. Dezember die Amtsgeschäfte übernahm und bis zur Abhaltung der auf März 1992 vorverlegten Wahlen führen sollte.

Die Situation bezüglich der Wahrung der Menschenrechte verbesserte sich 1991 wesentlich. Religions-, Versammlungs-, Informations- und Redefreiheit wurden wiederhergestellt. Fälle politischer Verfolgung wurden nicht mehr bekannt. Große Probleme stellen jedoch das unterentwickelte Justizsystem und die Wiedereingliederung der zahlreichen politischen Gefangenen des früheren Regimes und ihrer Familien in die Gesellschaft dar (Mangel an Wohnungen und Arbeitsplätzen). Der gefürchtete staatliche Geheimdienst Sigurimi wurde aufgelöst, etwa ein Drittel seiner Mitarbeiter jedoch gemäß einer KSZE-Rapporteur-Mission vom September 1991 dem neugebildeten Nationalen Informationsdienst eingegliedert. Das bis dahin gleichgeschaltete und unter kommunistischer Führung stehende staatliche albanische Radio/TV wurde im Dezember nach schweren Protesten der demokratischen Parteien einem Mehrparteien-Parlamentskomitee unterstellt.

Die **Außenpolitik** Albaniens veränderte sich ebenso wie die Innenpolitik dramatisch. Sie ist spätestens seit Vereidigung der Regierung der nationalen Stabilität am 13. Juni 1991 frei von ideologischen Bindungen, offen nach allen Seiten und bestimmt vom vorrangigen Interesse an ausländischer Hilfe zur Überwindung der akuten Notlage und zur längerfristigen Stabilisierung der Wirtschaft. Priorität kommt daher den Beziehungen zu den westlichen Ländern und multilateralen Institutionen zu, von welchen diese Hilfe erwartet wird. Als Ergebnis der Öffnungspolitik erfolgte die (Wieder-)Aufnahme diplomatischer Beziehungen mit den USA, der Sowjetunion und den EG-Staaten, ebenso wie mit Israel, Südafrika, Saudiarabien, Südkorea und dem Vatikan.

Albanien wurde am 20. Juni in die KSZE aufgenommen und beteiligt sich seither an deren Arbeit in allen Gremien (Präsident Alia unterzeichnete im September die Schlußakte und anschließend die Charta von Paris). Albanien trat der Europäischen Entwicklungsbank bei und wurde im Oktober in den Internationalen Währungsfonds und die Weltbank aufgenommen. Auch mit dem Europarat wurden Kontakte geknüpft. Dieser entsandte mehrere Delegationen nach Albanien und gewährte ihm am 25. November den Sondergaststatus in der Parlamentarischen Versammlung.

Den Fortschritten im innenpolitischen und menschenrechtlichen Bereich sowie in der Außenpolitik steht eine katastrophale Wirtschaftsentwicklung gegenüber. Industrie- und Agrarproduktion ebenso wie Ausfuhren und Investitionen fielen um weit mehr als die Hälfte, während Budgetdefizit, Außenverschuldung und Arbeitslosigkeit dramatisch zunahmen. Dazu kam eine schwere Versorgungskrise, die sich in den letzten Wochen des Jahres noch verschärfte. Selbst die Versorgung mit Grundnahrungsmitteln war trotz ausländischer Nahrungsmittellieferungen völlig unzureichend. Als Folge der katastrophalen Wirtschaftslage verließen zehntausende

Albaner das Land (in erster Linie nach Italien und Griechenland). Großes internationales Aufsehen erweckte die gewaltsame Entführung eines Fährbootes durch mehr als 20.000 Flüchtlinge nach Bari und deren Rücksendung durch die italienischen Behörden im August. Auch in der Folge ereigneten sich verschiedentlich Massenfluchtversuche, die jedoch von den albanischen Sicherheitskräften verhindert wurden.

Die baltischen Staaten

Eine der unmittelbaren Folgen des Umsturzversuches in der Sowjetunion im August 1991 war die völkerrechtliche Anerkennung der Unabhängigkeit und Souveränität der drei baltischen Staaten **(Estland, Lettland, Litauen)** durch die internationale Gemeinschaft und insbesondere – am 6. 9. – durch den sowjetischen Staatsrat. (Näheres hiezu und zur Vorgeschichte – auch zur Erklärung der österreichischen Bundesregierung vom 14. 1. 1991 – findet sich im Kapitel „Das Ende der Sowjetunion".)

Bundesminister Alois Mock richtete am 28. 8. an die Außenminister der drei Republiken gleichlautende Schreiben, in denen die Anerkennung des jeweiligen Landes als unabhängiges und souveränes Mitglied der Staatengemeinschaft ausgesprochen und die Wiederaufnahme der diplomatischen Beziehungen mit Österreich vorgeschlagen wurde. Eine im Hinblick auf die demographische Situation in den drei Republiken – in denen der Anteil der jeweils namengebundenen Bevölkerung lediglich bei 52 (Lettland), bei 62 (Estland) und bei 80 Prozent (Litauen) liegt – wichtige Feststellung in den Anerkennungsbriefen lautet wie folgt:

„Österreich geht davon aus, daß dieses Staatswesen auf den auch in internationalen Vereinbarungen festgelegten Prinzipien der Demokratie, der Rechtsstaatlichkeit und der Achtung der Menschenrechte, einschließlich der Rechte aller Volksgruppen, beruht. Die volle Beachtung dieser Prinzipien, insbesondere die Sicherstellung der gleichberechtigten Mitwirkung aller Bevölkerungsgruppen an der politischen Willensbildung ist Voraussetzung für eine Aufnahme in den Kreis der demokratisch-pluralistischen Staaten Europas."

Die rasche Anerkennung der Eigenstaatlichkeit und die binnen weniger Wochen erfolgte Aufnahme in die KSZE und die VN kann freilich nicht den Umstand außer Acht lassen, daß die Souveränität de facto noch zum Teil starken Einschränkungen bzw. Behinderungen unterliegt. Nach rund fünfzigjähriger sowjetischer Okkupation müssen nahezu alle Bereiche der Verwaltung und des Wirtschaftslebens erst einem oft mühevollen „Entflechtungsprozeß" unterzogen werden. Die äußerst schlechten ökonomischen Rahmenbedingungen erschweren diese Übergangsperiode noch zusätzlich. Angesichts des Ausbleibens sowjetischer Lieferungen an Nahrungsmitteln und Energie wurde z. B. in Estland um die Jahreswende

1991/92 vorübergehend der wirtschaftliche Notstand ausgerufen; durch Ausgabe von Rationskupons sollte eine drohende Hungersnot verhindert werden.

Im Hinblick auf das starke Schrumpfen der **Wirtschaft** der drei Republiken kommt der Aufrechterhaltung der wichtigsten Handelsbeziehungen mit den Ländern der ehemaligen Sowjetunion durch Abschluß bilateraler Handelsverträge besondere Bedeutung zu. Auf Westmärkten sind baltische Produkte kaum konkurrenzfähig. Hier wird die Einräumung von Sonderbedingungen angestrebt. So hat z. B. Österreich die Meistbegünstigung und die fast uneingeschränkte GSP-Behandlung gewährt. EG und EFTA arbeiten an Plänen zur verstärkten Kooperation (siehe diesbezüglich auch im Anhang „Länderinformation").

Die Pläne zur Einführung eigener Währungen – vorläufig wurde der Rubel als Zahlungsmittel beibehalten – scheiterten zunächst an der Unmöglichkeit einer effektiven Kontrolle der Grenzen gegenüber Rußland und Weißrußland. Es wurde befürchtet, daß Spekulantentum aus diesem Raum die Führung einer unabhängigen (nationalen) Währungspolitik unmöglich machen könnte. Als Deckung einer eigenen Währung dachte man an die großteils im westlichen Ausland befindlichen Goldreserven aus den Jahren vor der sowjetischen Okkupation sowie an die Aufnahme von Hypotheken auf Land und Wald. Weiters hoffte man, daß auf Grund von Privatisierungen und Rückstellungs- und Entschädigungsgesetzen ehemalige Eigentümer und deren Erben, die sich im Ausland befinden, im Zuge der Sanierung ihrer Besitztümer Devisen ins Land bringen würden.

Eine weitere schwere Belastung der jungen Eigenstaatlichkeit ist das noch nicht absehbare Ende der **Stationierung** großer Verbände der ehemaligen **sowjetischen Streitkräfte**. Erst Anfang 1992 konnte zumindest der Beginn des Abzuges dieser Truppen mit den zuständigen GUS-Stellen vereinbart werden. Der Aufbau nationaler Verteidigungskräfte, die Schaffung einer umfassenden Behördenstruktur und die Ingangsetzung eines wirtschaftlichen Reformprogrammes stehen den drei Ländern noch bevor.

Bulgarien

Eine Koalitionsregierung zwischen der Bulgarischen Sozialistischen Parei (BSP; ehemalige Kommunistische Partei) und dem Mitte-Rechts-Parteienbündnis „Union der Demokratischen Kräfte" (UdK) unter Ministerpräsident Dimiter Popov trat am 20. 12. 1990 am Tiefpunkt einer Wirtschafts-, Versorgungs- und Energiekrise ihr Amt an. Sie beruhte auf einer Parteienvereinbarung zwischen diesen beiden großen politischen Gruppierungen und besaß ein in zeitlicher und inhaltlicher Hinsicht beschränktes Mandat. Sie sollte im wesentlichen die Grundlagen für Demokratisierung und Übergang zur Marktwirtschaft legen (Ausarbeitung einer Verfassung), die nächsten Wahlen vorbereiten und die Westorientierung Bulgariens einleiten.

Der Regierung gelangen wichtige Reformschritte auf wirtschaftlichem und politischem Gebiet: Währungsstabilisierung, Privatisierung auf dem Dienstleistungssektor, Kooperationsabkommen mit der EG, Entpolitisierungsvorschriften für Heer, Exekutive, Justiz und Auswärtigen Dienst, Parteien- und Wahlgesetz etc. Durch eine dreiseitige Absprache zwischen Regierung, Wirtschaft und Gewerkschaften wurden letztere in den Reformprozeß eingebunden und unterstützten diesen im wesentlichen. Die Regierung konnte ihr Mandat aber nicht zur Gänze erfüllen. Die Strukturreform der bulgarischen Wirtschaft konnte nicht in Angriff genommen werden. Ein Gesetz über Eigentum an Grund und Boden und ein solches über ausländische Investitionen blieben mangelhaft und erfüllten nicht den angestrebten Zweck. Um die Jahresmitte wurden der Reformelan schwächer und die Grenzen der Möglichkeiten der Übergangsregierung sichtbar. Die sinkende Tendenz in der Produktion und im Lebensstandard der Bevölkerung setzte sich fort und trug zur Verschlechterung des politischen Klimas bei.

In der Volksversammlung (Parlament) wurde die Auseinandersetzung um die Beendigung der Vormachtstellung der Sozialistischen Partei und einen endgültigen Systemwechsel daher immer heftiger. Bald herrschte das Gefühl vor, daß die parlamentarische Mehrheit der Sozialistischen Partei nicht mehr der politischen Realität im Land entsprach. Der Ruf nach vorgezogenen Wahlen wurde laut. Die Argumentation um die Frage, inwieweit die Fortsetzung einer gewissen Zusammenarbeit mit der BSP noch zweckmäßig ist, entzweite die verschiedenen Strömungen innerhalb der UdK. Die politische Landschaft zeigte eine große Zersplitterung in über 100 politische Parteien. Das Parlament war von der Auseinandersetzung um die unmittelbar zusammenhängenden Probleme der Ausarbeitung einer neuen Verfassung und der Abhaltung von Wahlen beherrscht. Die schließlich am 12. Juli mit der erforderlichen ⅔ Mehrheit verabschiedete **Verfassung** stieß auf heftigste Gegnerschaft der radikalen Reformer innerhalb der UdK, die sich schließlich in drei politische Gruppierungen aufspaltete: eine als UdK bezeichnete Zentrum-Rechts-Gruppierung, eine Gruppierung UdK-Liberale und ein im wesentlichen aus der Sozialdemokratischen Partei bestehendes UdK-Zentrum. Durch die Annahme der Verfassung wurde der Weg frei für die weitere politische Entwicklung.

Die **Parlaments- und Gemeindewahlen** fanden am 13. Oktober statt. Ihre Ergebnisse erbrachten nachhaltige politische Änderungen. Die Sozialistische Partei erhielt etwa ein Drittel der Stimmen und ging in die Opposition. Die Zentrum-Rechts-UdK errang eine, wenn auch knappe relative Mehrheit im Parlament. Sozialdemokraten, Liberale und Agrarier schieden aus dem Parlament aus. Die Organisation der Minderheit der Bulgaro-Türken, die Bewegung für Freiheit und Rechte (BFR), verblieb allein als dritte Kraft im Parlament und erlangte mit ihrem 7,5 Prozent-Stimmenanteil die Rolle des Züngleins an der Waage. Nach einem Jahr sehr widersprüchlicher Entwicklungen bei der Verwirklichung nicht nur ethnischer und kultureller Minderheitenrechte, sondern auch politischer Rechte (Frage der Teilnahme an der Wahl mit einer eigenen Partei) kommt der Bewegung für Freiheit und Rechte nunmehr eine sehr einflußreiche politische Stellung zu.

Das Ziel der UdK, die BSP aus der Macht zu verdrängen, wurde erreicht, die ehemaligen Kommunisten blieben aber dennoch stärker als erwartet. Die BFR, die von vielen politischen Kräften und einer Mehrheit in der Bevölkerung mit Mißtrauen betrachtet wird, wurde zu einem zentralen politischen Faktor. Ihre Führung erklärte zwar, die gewonnene Stellung nicht für eine sezessionistische Politik ausnützen zu wollen, ließ aber gleichzeitig keine Zweifel an ihren Zukunftsambitionen: Ministerposten, stellvertretender Ministerpräsident und auf längere Sicht auch stellvertretender Staatspräsident.

Die neue Regierung unter dem Rechtsanwalt und Vorsitzenden der UdK, Filip Dimitrov, trat ihr Amt am 8. 11. an. Ihr gehören Mitglieder der UdK (Zentrum-Rechts) und der Sozialdemokraten sowie Parteilose an. Ihr Weiterbestand hängt von der zugesagten parlamentarischen Unterstützung durch die BFR ab. Anliegen des Kabinetts ist es, in pragmatischer Weise die weitere Demokratisierung und den Übergang zur Marktwirtschaft zu beschleunigen. Im Vordergrund stehen eine umfangreiche Privatisierung, verstärkte Bedachtnahme auf Umweltschutzprobleme, eine Novellierung des Gesetzes über Eigentum an Grund und Boden sowie des Gesetzes über ausländische Investitionen, die bisher sehr gering gewesen sind.

Die gesamte **ökonomische Situation** verschlechterte sich dramatisch. Mit einem Rückgang der gesamtwirtschaftlichen Produktion um 8 Prozent und einer Jahresinflation von 70–85 Prozent wurde gerechnet. Nach drei Quartalen war 1991 die Industrieproduktion aber um 29 Prozent gefallen, während die Konsumgüterpreise im September um 400 Prozent über dem Niveau vom Dezember 1990 lagen. Die Bedienung der Auslandsschulden mußte eingestellt werden. Das Land suchte bei den westlichen Gläubigerbanken um Umschuldung an. Eine Einigung darüber wurde bei Redaktionsschluß für Mitte März 1992 erwartet.

Durch die 1991 eingetretenen grundlegenden politischen Veränderungen scheinen sich günstige Voraussetzungen für die bulgarischen Anliegen nach voller **Teilnahme an der europäischen Zusammenarbeit** und an europäischen Sicherheitsstrukturen zu ergeben: Ende 1991 beschloß die EG, unverzüglich Sondierungsgespräche über ein Assoziationsabkommen mit Bulgarien aufzunehmen. Die NATO nahm das Land in den Teilnehmerkreis des Nordatlantischen Kooperationsrates auf. Für die erste Jahreshälfte 1992 wird die Aufnahme in den Europarat erwartet.

Die von Bulgarien aktiv betriebene Nachbarschafts-(Balkan-)Politik war insbesondere durch eine weitere positive Entwicklung des Verhältnisses zur Türkei gekennzeichnet, was vor allem durch die verstärkte Berücksichtigung der Anliegen der türkisch-moslemischen Volksgruppe in Bulgarien erreicht wurde. Um die Jahreswende 1991/92 traten hingegen Differenzen mit Griechenland wegen der unterschiedlichen Auffassungsweise in der Mazedonien-Frage auf.

Polen

Im demokratischen Reformprozeß, der 1991 konsequent fortgeführt wurde, stellten die am 27. 10. stattgefundenen ersten völlig **freien Parlamentswahlen** nach dem Zweiten Weltkrieg den gewichtigsten Schritt dar. Mit ihnen gehört die 1989 von Solidarnosc am „Runden Tisch" erzielte Übergangsregelung endgültig der Vergangenheit an. Im Laufe des Wahlkampfes konnten sich von den 112 registrierten Parteien und einer größeren Zahl politischer Gruppierungen und Vereine etwa 20 stärker profilieren. Die politische Szene wurde damit etwas überschaubarer. Das Wahlergebnis (bei nur 43,2 Prozent Wahlbeteiligung) bestätigte allerdings die befürchtete starke Zersplitterung. Im Sejm (460 Sitze) sind nun insgesamt 29 Parteien vertreten, davon 11 nur mit je einem Abgeordneten; insgesamt gibt es 19 Fraktionen. Der zunächst mit der Regierungsbildung beauftragte Bronislaw Geremek von der stimmen- und mandatsstärksten Demokratischen Union des früheren Ministerpräsidenten Tadeusz Mazowiecki mußte seine Bemühungen aufgeben. Der ursprünglich von einer (Mitte-Rechts-) Koalition aus Zentrumsallianz, Christlich-Nationaler Union, Liberal-Demokratischem Kongreß, Bauernsolidarität und Konföderation für ein unabhängiges Polen vorgeschlagene und schließlich vom Staatspräsidenten mit der Regierungsbildung beauftragte Rechtsanwalt Jan Olszewski von der Zentrumsallianz stellte am 23. 12. dem Sejm die neue Regierung vor und erhielt die erforderliche Zustimmung (235 Pro-, 60 Gegenstimmen, 139 Enthaltungen), obwohl der Liberal-Demokratische Kongreß (des Olszewski-Vorgängers Bielecki) und die Konföderation für ein unabhängiges Polen inzwischen aus der Koalition ausgeschieden waren und die Zusammensetzung sowie das Programm der Regierung scharf kritisierten. Die Demokratische Union warnte davor, die Errungenschaften der Regierungen Mazowiecki und Bielecki aufs Spiel zu setzen. Leszek Balcerowicz gehört der Regierung Olszewski nicht mehr an; neuer Finanzminister wurde Karol Lutkowski. Außenminister blieb Krzysztof Skubiszewski.

Die Wahlen besiegelten die endgültige Auflösung von Solidarnosc. Zwar kandidierte die Gewerkschaftsbewegung bei den Wahlen als Partei, erhielt aber nur 27 Mandate (5,5 Prozent der Stimmen). Von den vier aus Solidarnosc hervorgegangenen Parteien steht die Demokratische Union mittlerweile in Opposition zur Zentrumsallianz. Der Liberal-Demokratische Kongreß dürfte nach der Aufkündigung der Koalition mit den Rechtsparteien gleichfalls, zumindest in der Wirtschaftspolitik, gegen die Regierung stimmen. Die von dem ebenfalls aus Solidarnosc kommenden Zbigniew Bujak gegründete Sozial-Demokratische Bewegung konnte bei den Wahlen nur ein Mandat erringen.

Die **Demokratisierung** und die **Wirtschaftsreform** wurden durch eine Reihe weiterer Gesetze vorangetrieben. Im Hinblick auf die Auseinandersetzung zwischen Staatspräsident Walesa und dem „alten" Sejm sowie auf den Vorwahl- und Wahlkampf konnten allerdings einige kontroversielle Vorhaben nicht realisiert werden, so die Ausarbeitung einer neuen Verfassung, ein neues Abtreibungsgesetz und eine gesetzmäßige Regelung des Verhältnisses Kirche-Staat. In der Diskussion um die neue Verfassung steht die Frage im Mittelpunkt, ob dem Staatspräsidenten, zulasten vor allem des Parlaments, aber auch der Regierung, mehr Vollmachten eingeräumt werden sollen. Diesbezügliche Interventionen Walesas sind bisher auf Widerstand im Parlament gestoßen. Verabschiedet wurde das für die Parlamentswahlen im Oktober erforderliche neue Wahlgesetz, das für den Sejm ein abgeschwächtes Verhältnis-, für den Senat ein Mehrheitswahlrecht vorsieht; es wird kritisiert, weil es kompliziert ist und politische Aufsplitterungen begünstigt.

Das Hauptaugenmerk der Regierung galt der Fortsetzung der von Finanzminister Leszek Balcerowicz in Angriff genommenen **Wirtschaftsreform**. Es gab hiebei Erfolge wie die Verbesserung der Versorgungslage, die innere Konvertibilität des Zloty, die Steigerung der Exporte in das westliche Europa, die Gründung der Börse und den 50-prozentigen Nachlaß der polnischen Auslandsschulden. Demgegenüber steht ein alarmierendes Absinken der industriellen Produktion. Das Bruttoinlandsprodukt 1990 sank um ca. 12 Prozent, während die Regierung nur einen Rückgang von 5 Prozent erwartet hatte. Für 1991 wurde mit einem 3–5 prozentigen Wachstum gerechnet, tatsächlich betrug der Rückgang zwischen 8 und 10 Prozent. Das monatliche Tempo der Preissteigerungen schwächte sich zwar nach dem Preisschock unmittelbar nach Freigabe der Preise im Januar 1990 ab, aber die ursprünglich angestrebte Inflationsrate wurde erheblich überschritten (Ende 1991 lag sie bei durchschnittlich ca. 5 Prozent pro Monat). Die Zahl der Arbeitslosen belief sich Ende November auf 2,1 Millionen. Das Budgetdefizit wächst. Die Privatisierung der Staatsbetriebe geht nur schleppend voran. Die Schwierigkeiten sind nicht zuletzt auf den Ausfall bisher wichtiger Absatzmärkte und die Umstellung der Bezahlung von Transfer-Rubel auf Devisen für Rohstoff- und Energiebezüge zurückzuführen.

Das Balcerowicz-Konzept stieß in der Bevölkerung, aber auch bei vielen Parteien auf immer stärkere Ablehnung. Soziale Unruhen und Streiks hielten nahezu das ganze Jahr an. Ministerpräsident Olszewski erklärte anläßlich der Zustimmung des Sejm zur neuen Regierung, daß er innerhalb von zwei Monaten ein Wirtschaftsprogramm präsentieren würde. Aufgrund der andauernden Rezession und des Wahlergebnisses könnte dieses eine Abschwächung des Balcerowicz-Kurses beinhalten.

Parallel zu den innerstaatlichen Reformen gestaltete Polen 1991 auch die **Außenpolitik** neu. Schwerpunkte waren die Beziehungen zu den unmittelbaren Nachbarn, im besonderen zu den neu entstandenen Staaten auf dem Gebiet der ehemaligen Sowjetunion, die Anbindung an das integrierte Europa und die regionale Zusammenarbeit.

Ein wichtiger Schritt bei der Normalisierung und Ausweitung der Beziehungen mit Deutschland war die Unterzeichnung des Vertrages über gute Nachbarschaft und freundschaftliche Zusammenarbeit im April. Der Freundschaftsvertrag ist für den Weg Polens in das integrierte Europa bedeutsam. Auch in dem im Oktober mit Italien unterzeichneten Vertrag über Freundschaft und Zusammenarbeit werden die Assoziierungsbestrebungen Polens unterstützt. Neben KSZE und NATO ist ein Netz von solchen Zusammenarbeitsverträgen für Polen ein Element der Sicherheitspolitik.

Das besondere Interesse der USA an den Beziehungen mit Polen wurde anläßlich des Besuches von Präsident Walesa in Washington im März deutlich. Im Hinblick auf die Vorreiterrolle der polnischen Bemühungen um den Reformprozeß in Osteuropa sagten die USA im Rahmen einer gemeinsamen Erklärung Polen weitreichende (vor allem wirtschaftliche) Unterstützung zu.

Der schon seit 1990 betriebene Ausbau der Beziehungen zu einzelnen Sowjetrepubliken (parallel mit jenen zur Zentralgewalt) wurde in der Folge des Putschversuchs im August und der Gründung der GUS bewußt fortgesetzt. Die Desintegration der Sowjetunion bestärkte Polen in dieser Politik und in seinen Bemühungen, die neuen Staaten an das Europa des demokratischen Pluralismus, der Marktwirtschaft und der Menschenrechte heranzuführen. Bei den direkten Kontakten mit den neuen Staaten sind für Polen insbesondere sicherheitspolitische, aber auch wirtschaftspolitische Überlegungen ausschlaggebend. Besonders deutlich wurde die Haltung Polens, als es als erster Staat die Unabhängigkeit der Ukraine völkerrechtlich anerkannte und mit ihr diplomatische Beziehungen aufnahm. Mit Rußland, der Ukraine und Weißrußland wurden inzwischen Handelsverträge abgeschlossen; mit der Ukraine darüberhinaus eine Konsularkonvention; mit Weißrußland eine Erklärung über gutnachbarliche Beziehungen.

Nach einjähriger Verhandlungsdauer wurden im Oktober sowie im Dezember der polnisch-sowjetische Vertrag über den Rückzug sowjetischer Truppen aus Polen bzw. der Vertrag über den Transit sowjetischer Truppen aus der früheren DDR paraphiert. Sie sehen den **Rückzug aller sowjetischen Kampftruppen** aus Polen bis 15. 11. 1992 sowie den Abzug sämtlicher für logistische Zwecke (im Zusammenhang mit dem Truppenrückzug aus der ehemaligen DDR) verbliebenen Truppen bis Ende 1993 vor.

Den baltischen Republiken war von polnischer Seite schon während ihrer Bemühungen um die Unabhängigkeit besonderes Augenmerk geschenkt worden. Mit der Anerkennung und Aufnahme diplomatischer Beziehungen mit den drei baltischen Staaten im August weiteten sich die Kontakte aus. Mit Lettland war bereits Mitte Juni eine Erklärung über Freundschaft und Zusammenarbeit unterzeichnet worden. Mit Litauen dauerten die Gespräche über eine solche Erklärung im Hinblick auf Auffassungsunterschiede über die Situation der dortigen polnischen Minderheit wesentlich länger. Die Erklärung kam erst im Jänner 1992 zustande.

Im Rahmen der **Kooperation der Ostsee-Anrainerstaaten** wurde im September in Danzig eine Konferenz von Ostsee-Städten abgehalten. Sie schuf mit einer gemeinsamen Erklärung die Rechtsgrundlage für eine Union dieser Städte. Das Sekretariat der Union befindet sich für zwei Jahre in Danzig. Als bedeutender Erfolg wurde polnischerseits die Aufnahme als Vollmitglied im Juli in die damals **Hexagonale** bezeichnete Mitteleuropäische Initiative gewertet. Polen sieht sich vor allem als Bindeglied zwischen dieser regionalen Zusammenarbeit und jener der Ostsee-Anrainerstaaten.

Stark forciert wurde polnischerseits auch die **trilaterale Kooperation mit der CSFR und Ungarn**. Die Gipfeltreffen vonVisegrad im Februar und im besonderen jenes von Krakau im Oktober waren hier richtungsweisend. Konsultationen wie im Fall des Putschversuchs in der Sowjetunion, aber auch im Zusammenhang mit den Assoziierungsverhandlungen mit Brüssel zeugen vom Funktionieren der Kooperation. In Krakau wurden Abkommen mit der CSFR und Ungarn über Freundschaft, Solidarität und gutnachbarliche Beziehungen paraphiert.

Den wiederholt im Rahmen dieser trilateralen Kooperation vorgebrachten Annäherungsbestrebungen an die NATO wurde von dieser anläßlich des NATO-Außenministertreffens in Rom im November durch den Beschluß zur Errichtung eines „Nordatlantischen Kooperationsrates" entsprochen (siehe Abschnitt NATO).

Der Weg Polens in das integrierte Europa ist vorrangig auf die EG ausgerichtet. Ein Assoziierungsabkommen wurde im Dezember unterzeichnet. Es wird am 1. März 1992 in Kraft treten. Die parallel geführten Verhandlungen über ein Freihandelsabkommen mit den EFTA-Staaten haben wohl im Industriebereich zu einer Einigung geführt (bei Redaktionsschluß dieses Berichtes jedoch noch nicht in jenem der Landwirtschaft). Nach Durchführung der ersten freien Parlamentswahlen wurde Polen, das bereits seit dem Vorjahr an den Arbeiten des Ministerkomitees und fallweise des Ministerdelegierten-Komitees teilgenommen hatte, am 26. November als 26. Mitglied in den Europarat aufgenommen. Polen hat anläßlich seiner Aufnahme die Europäische Konvention zum Schutz der Menschenrechte unterzeichnet.

Rumänien

Nach der durch die Bergleute-Unruhen im Juni 1990 verursachten Zäsur in den Beziehungen der demokratischen Staatengemeinschaft gegenüber Rumänien fanden diese in der ersten Hälfte 1991 nach und nach wieder in normale Bahnen zurück. Anfang 1991 wurde Rumänien der Sondergaststatus in der Parlamentarischen Versammlung des Europarates zuerkannt. Nahezu zeitgleich erfolgte die Aufnahme des Landes in das Phare-Programm der EG. Ende 1991 wurde in Bukarest zur Förderung des Studentenaustausches von der EG ein Büro von Tempus eröffnet. Seitens der EG wurden auch Sondierungsgespräche über ein Assoziierungsabkommen aufgenommen.

Während des Golfkonfliktes zeigte sich Rumänien nicht zuletzt als Vorsitzender des UN-Sicherheitsrates als überaus im Sinne der Allianz engagiert, dies auch angesichts der enormen finanziellen Einbußen, die das Land durch die Golfkrise hinzunehmen hatte.

Dieser Konsolidierung im **außenpolitischen** Bereich entsprachen in der Innenpolitik die Initiativen der Regierung auf dem **Wirtschaftssektor**: Ende Februar sprach sich Ministerpräsident Petre Roman für eine umfassende Wirtschaftsreform aus. Er kündigte die Freigabe der Preise für Lebensmittel an sowie die Möglichkeit für im Exil lebende enteignete Landbesitzer, noch im Verlauf des Jahres 1991 auf ihr Eigentum zurückzukehren. Ein etwa zur gleichen Zeit verabschiedetes Gesetz sieht die Teilprivatisierung der landwirtschaftlichen Produktionsgenossenschaften (nicht aber die der Staatsgüter) vor. Im Juli beschloß das Parlament ein Gesetz über die Privatisierung der Staatsbetriebe in Industrie, Handel und im Dienstleistungssektor. Es sieht im Kern die Schaffung eines Treuhandfonds vor, der 70 Prozent des Anlagekapitals der über 6.000 Staatsbetriebe in Privathand überführen soll.

Der Zusammenbruch des RGW und die völlige Auflösung der bisherigen Handels- und Wirtschaftsbeziehungen unter dessen ehemaligen Mitgliedsstaaten hatten für Rumänien besonders negative Auswirkungen, weil sich vor allem bei Energie- und Rohstofflieferungen die große Abhängigkeit von der Sowjetunion bemerkbar machte, deren Erdgas-, Erdöl-, Kohle- und Stromlieferungen auf ein Drittel des vorherigen Volumens sanken. Die wirtschaftliche Lage hat sich dramatisch verschlechtert. Das Nationalprodukt sank um 17 Prozent. Zur geplanten Freigabe der Preise ist es nicht gekommen.

Im Gefolge der Auflösung der militärischen Strukturen des Warschauer Paktes suchte Rumänien seine sicherheitspolitischen Beziehungen zur UdSSR auf eine neue Grundlage zu stellen: Ein diesbezüglicher Vertrag wurde am 5. April abgeschlossen. Das Zugeständnis von „negativen Sicherheitsgarantien" seitens Rumäniens an die UdSSR stieß jedoch in den übrigen ehemaligen UdSSR-Verbündeten, die ähnliche sicherheitspolitische Abkommen mit Moskau anstrebten, auf entschiedene Ablehnung. Bis zum Zeitpunkt der Auflösung der UdSSR hatte das rumänische Parlament den Vertrag noch nicht ratifiziert. Mit der Etablierung von neuen Staaten an Rumäniens nördlicher und östlicher Grenze (Ukraine, Moldova) haben sich die Voraussetzungen, die zum Abschluß dieses Vertrages geführt haben, freilich wesentlich geändert. Die Unabhängigkeitserklärung der Republik Moldova Ende August, die von Rumänien umgehend anerkannt wurde, stellte überhaupt für dieses ein außen- wie auch innenpolitisch überaus bedeutsames Ereignis dar. In weiten politischen Kreisen Rumäniens wurde in diesem Zusammenhang die Forderung nach endgültiger Beseitigung auch dieser „Folge" des Molotow-Ribbentrop-Paktes laut. (Der größte Teil Moldovas bildete bis 1940 das rumänische Bessarabien.) Auf einem „Nationalkonvent für die Wiedervereinigung Rumäniens haben sich führende Politiker für die Wiederherstellung Rumäniens in seinen Grenzen von Ende 1918 ausgesprochen.

Die sofortige und vehemente Verurteilung des Moskauer Umsturzversuches im August trug mit zur Verbesserung des Images Rumäniens im Ausland bei.

Die Ausschreitungen der rumänischen Bergarbeiter im September, die als Reaktion auf das mit sozialen Härten verbundene Wirtschaftsreformprogramm der Regierung dargestellt wurden, fielen in einen Zeitraum, als sich das Image der Regierung Roman stark zu verbessern begann und das internationale Vertrauen in deren demokratisch-pluralistische Absichten konsolidierte. Die durch die Unruhen und den erzwungenen Rücktritt des Ministerpräsidenten bewirkten Rückschläge bedurften neuerlicher Anstrengungen Rumäniens, um das Vertrauen der Geberländer in die kontinuierliche Entwicklung in Richtung einer demokratisch-pluralistischen Gesellschaft und einer unumkehrbaren Durchsetzung marktwirtschaftlicher Prinzipien wiederherzustellen. Die neue Regierung unter Teodor Stolojan bemüht sich in diesem Sinne. Innenpolitisch war es ein Erfolg für sie, daß der im November vom Parlament verabschiedete Entwurf einer **neuen Verfassung** in einer Volksabstimmung am 8. Dezember (bei einer Beteiligung von rund zwei Dritteln der Stimmberechtigten) von 76,5 Prozent gebilligt wurde.

Alle politischen Parteien begannen in der Folge, sich auf die für die erste Jahreshälfte 1992 geplanten Lokalwahlen vorzubereiten, denen allgemeine sowie Präsidentenwahlen folgen sollen. Das bisherige Parteienspektrum hat sich im Verlauf des Berichtsjahres geändert. So hat sich z. B. die Oppositionsbewegung „Bürgerbund“ im Juli als politische Partei konstituiert. Von der Fairness des Wahlkampfes und der Korrektheit der Wahlen wird die Beurteilung der demokratischen Reife aller beteiligten Parteien mit abhängen.

Tschechoslowakei
(Tschechische und Slowakische Föderative Republik; CSFR)

Das politische Leben der CSFR stand im Jahre 1991 im Zeichen der „Rückkehr nach Europa“, der Festigung der demokratischen Einrichtungen sowie der Umwandlung der Wirtschaft in ein marktwirtschaftliches System. Umfangreiche Gesetzeswerke leiteten die Privatisierung und die Beseitigung der totalitären Strukturen ein. Schwierig gestaltete sich die Debatte um den Erhalt der Föderation und die Schaffung einer neuen gemeinsamen Verfassung.

Die **Außenpolitik** zeichnete sich durch besondere Dynamik und Initiative aus. Nach dem **Abzug der sowjetischen Truppen** (abgeschlossen im Juni) und der Auflösung des Warschauer Paktes im Juli war das Hauptanliegen der Außenpolitik die **Westanbindung** des Landes und die Erarbeitung einer neuen sicherheitspolitischen Position. Die Sicherheitspolitik bestand in Bemühungen um die Institutionalisierung der KSZE, deren Sekretariat in Prag ansässig ist; im Abschluß eines Assoziierungsvertrages (inklusive politischem Dialog) mit der EG (unterzeichnet im Dezember); sowie im Streben nach engerer Zusammenarbeit mit der NATO. Eine weitere entscheidende Maßnahme zur Verbesserung der sicherheitspolitischen Situation war der Abschluß von bilateralen Verträgen über Freundschaft und Zusammenarbeit, die auch sicherheitspolitische Abschnitte enthalten. Solche Verträge wurden bisher mit Italien, Frankreich, Spanien, der Sowjetunion und Deutschland geschlossen. Mit den USA wurde anläßlich des Staatsbesuches von Präsident Havel im Oktober eine Erklärung über die bilateralen Beziehungen abgegeben, worin die engen und freundschaftlichen Beziehungen dokumentiert werden.

Seit der Etablierung von **Dreiergipfeltreffen** zwischen der **CSFR, Ungarn und Polen** (Visegrad 15. 2. 1991, Krakau 6. 10. 1991) unterhalten diese drei Staaten eine enge Kooperation in Fragen gemeinsamen Interesses. Die regionale Position der CSFR wurde auch durch aktive Mitarbeit in der **Mitteleuropäischen Initiative** (früher Pentagonale/Hexagonale) gefestigt.

Die CSFR verhandelte ein Freihandelsabkommen mit der EFTA, das bei Redaktionsschluß dieses Berichtes vor dem Abschluß stand. Am 21. Februar 1991 wurde die CSFR in den Europarat aufgenommen.

Im Jahre 1991 fand in der CSFR eine Vielzahl von internationalen Kongressen und Konferenzen statt, darunter Ende April die „Assises de

Prague" über die Zukunft der Sicherheit in Europa und Chancen für eine Europäische Konföderation (Einladung der Präsidenten Havel und Mitterrand). Bundeskanzler Franz Vranitzky hielt den Schlußvortrag in dieser Veranstaltung. Die Konferenzen waren ein weiterer Beitrag zur Festigung der internationalen Position der CSFR.

Das **innenpolitische** Klima des zu zwei Dritteln von Tschechen, zu einem Drittel von Slowaken, weiters Ungarn und anderen Volksgruppen bewohnten Staates war 1991 von einem langsamen und tiefen Strukturwandel der Gesellschaft nach vier Jahrzehnten Kommunismus geprägt.

Die **Einführung liberaler Markt- statt zentral gelenkter Planwirtschaft**, ermöglicht durch Gesetze zur Privatisierung (Veräußerung von öffentlichem Eigentum durch Versteigerung) und Restitution (Rückgabe von Eigentum an tschechoslowakische Staatsbürger, die nach dem 25. 2. 1948 enteignet wurden), fand ihren Rückhalt in einer monetaristischen Deflationspolitik, die sogar für Budgetüberschüsse sorgte. Die Regierung hatte mit einem 5–10prozentigen Rückgang des BIP gerechnet. Tatsächlich ist es um geschätzte 16 Prozent gesunken. Die Inflationsrate wurde mit ca. 30 Prozent veranschlagt, aber nach drei Quartalen waren es bereits 60 Prozent. Rationalisierungsmaßnahmen bei der einseitig aufgeblähten Schwerindustrie und der starke Rückgang der östlichen Absatzmärkte führten zu einer Arbeitslosigkeit, die Ende 1991 im tschechischen Landesteil knapp vier, im slowakischen aber fast zwölf Prozent betrug.

Reform von Verfassung und Verwaltung, Neugliederung der Parteienlandschaft, Krise des tschechisch-slowakischen Föderalismus, fortschreitende „Entbolschewisierung" des öffentlichen Lebens waren die Schwerpunkte der Arbeiten der drei Parlamente (Föderalversammlung, tschechischer und slowakischer Nationalrat), der gemeinsamen und der beiden Republiksregierungen sowie des stark in die Geschehnisse eingreifenden Präsidenten.

Von der **Slowakei** ging verstärkt der Ruf nach **„Selbstbestimmung"** und „Abwehr des Prager Zentralismus" aus. Die östliche Teilrepublik suchte nach Neudefinierung ihrer Identität. Nur eine Minderheit von Nationalisten forderte indes die völlige Abspaltung. Führende Politiker in Preßburg schlagen einen Grundvertrag vor, der vom souveränen Willen zweier gleichberechtigter Republiken getragen ist **(Konföderation)**. Demgegenüber schwebt den Tschechen zwar Gleichberechtigung vor, aber doch auch deren Verankerung in einer übergeordneten **Föderation**. Präsident Vaclav Havel richtete im November im Parlament einen dramatischen Appell an die Abgeordneten und an die Bürger zur Bewahrung des Vielvölkerstaates und ermunterte jene – ihrem Auftrag als Mandatare einer nur für zwei Jahre gewählten Konstituante gemäß –, eine neue Verfassung zu verabschieden. Zur Überwindung des Verfassungskonfliktes schlug er dabei die Verabschiedung von fünf Gesetzen vor. Im wesentlichen ging es dabei um eine Reform der Parlamentsstruktur und der Wahlordnung, die Ausschreibung eines Referendums zur Erhaltung der CSFR und Sondervollmachten für den Präsidenten bei Gefahr der Unregierbarkeit des Staates. Im Jänner 1992 verwarf das Parlament sämtliche Vorschläge des Präsidenten.

In Ermangelung einer Lösung dieses Konflikts gilt weiterhin das Kompetenzgesetz vom Dezember 1990, das die Zuständigkeiten der Teilrepubliken im Sinne eines hohen Maßes lokaler Selbstregierung festlegt. Mit der Verabschiedung einer neuen Verfassung wird erst für die Zeit nach den nächsten Parlamentswahlen (Juni 1992) gerechnet.

Die **Parteienlandschaft** unterlag laufenden Veränderungen. Ende 1991 war sie schon grundverschieden von der durch die Wahl vom Juni 1990 geschaffenen, was deshalb nicht verwundert, weil diese ja faktisch eine Volksabstimmung für demokratischen Pluralismus und gegen kommunistische Diktatur gewesen war. Das tschechische Bürgerforum, die regierende revolutionäre Bewegung vom November 1989, zerfiel ab Februar 1991 in mehrere Gruppen: die rechtsliberale Demokratische Bürgerpartei (ODS) unter Vizeministerpräsident und Finanzminister Vaclav Klaus, die linksliberale Bürgerbewegung (OH) von Außenminister Jiri Dienstbier und die konservative Demokratische Bürgerallianz (ODA) des Wirtschaftsministers Vladimir Dlouhy.

Zwar krisengeschüttelt, doch noch immer an guter Stelle behaupteten sich die Kommunisten. Insbesondere gegen sie richtete sich das im Herbst verabschiedete Lustrationsgesetz (Ausschluß höherer KP-Funktionäre und Sicherheitsorgane von Staatsposten). Die christlich-sozialen Parteien (wichtig in der Slowakei unter Ministerpräsident Jan Carnogursky) sind in den böhmischen Ländern gespalten. Die Sozialdemokraten gewinnen an Profil. Im Preßburger Nationalrat, in dem die seit April amtierende Regierungskoalition eine hauchdünne Mehrheit besitzt, verfügen die betont national-slowakischen sowie die linken und populistischen Fraktionen, allen voran die von „Öffentlichkeit gegen Gewalt" abgespaltene Gruppe um den ehemaligen Regierungschef Vladimir Meciar („Bewegung für eine demokratische Slowakei"), über eine starke Stellung.

Ungarn

Ungarns **Außenpolitik** wurde 1991 vor allem durch die sich rasch verändernden europäischen und regionalen Rahmenbedingungen und die fortgesetzte Suche nach Anschluß an den Westen und an westliche Standards bestimmt. Die Führung Ungarns versuchte darüberhinaus durch eine intensive Reisepolitik vor allem von Ministerpräsident Jozsef Antall, Außenminister Géza Jeszenszky und auch Staatspräsident Arpad Göncz eine erneuerte Kommunikationsbasis mit Ländern zu schaffen, denen gegenüber ein unmittelbarer Nachholbedarf besteht. Freundschaftsverträge wurden u.a. mit Italien und Deutschland abgeschlossen.

Folgende Schwerpunkte der ungarischen Außenpolitik waren im Jahre 1991 erkennbar:

- die Neuordnung des Verhältnisses zu Ungarns Nachbarn in der Region und zu den ehemaligen Warschauer Pakt-Staaten (in diesem Zusammenhang wird besonders auf die schon im Vorstehenden näher erläuterte „Dreier-Kooperation" mit der CSFR und Polen sowie die Teilnahme an der Pentagonale/Hexagonale/Mitteleuropäischen Initiative hingewiesen);
- die möglichst rasche Einbindung in die europäische Integration und in die westliche Sicherheitssphäre. Im Dezember hat die EG mit Ungarn (so wie auch mit Polen und der CSFR) ein Assoziierungsabkommen geschlossen, das auch einen politischen Dialog vorsieht. Auch in den Nordatlantischen Kooperationsrat wurde Ungarn aufgenommen;
- die Werbung um internationale Unterstützung für die ungarische Finanz-, Wirtschafts- und Investitionspolitik.

Ungarn wurde 1991 für die Jahre 1992/1993 zu einem nichtständigen Mitglied des Sicherheitsrates der VN gewählt.

Nach den politischen Veränderungen der Jahre 1989 und 1990 beschleunigte sich vor allem die **wirtschaftliche Umgestaltung** Ungarns in beeindruckender Weise. Die ungarische Regierung geht einen eher graduellen Weg der Systemtransformation, wobei sie zum Teil die langjährige Politik ihrer kommunistischen Vorgängerin fortsetzt. Anders als in Polen, der Tschechoslowakei und Bulgarien, strebt die ungarische Regierung nicht eine Stabilisierung der Wirtschaft an, bevor die meisten institutionellen Voraussetzungen für eine funktionierende Marktwirtschaft geschaffen worden sind, sondern versucht, im Rahmen eines Vierjahresprogrammes beide Ziele miteinander abzustimmen. Daher fiel der Rückgang von Produktion und Lebensstandard nicht so stark aus wie in den anderen Ländern. Die Inflation blieb im erwarteten Rahmen, und die Exporte in den Westen nahmen bemerkenswert rasch zu. Besonders signifikant ist jedoch der starke Zufluß westlichen Kapitals für Direktinvestitionen. Allein für 1991 wird mit 1,5 Milliarden US-Dollar an ausländischen Investitionen gerechnet, um ein Vielfaches mehr als etwa in Polen und der CSFR. Der Privatisierungsprozeß wurde voll in Gang gesetzt. Besonders der klein- und mittelbetriebliche Sektor begann stark zu wachsen. Dadurch entstand vor allem in Budapest und anderen großen Städten der Eindruck eines rasch wachsenden Wohlstands. Vorerst erreichte dieser Wohlstand aber nur einen relativ kleinen Bevölkerungsteil.

Parallel zum wirtschaftlichen findet ein gesellschaftlich-politischer Wandlungsprozeß statt. Dieser wird nach außen am deutlichsten in der

Weiterentwicklung der ungarischen **Parteienlandschaft** sichtbar. Weder die Regierungs- noch die Oppositionsparteien blieben davon verschont.

Die Regierung wurde im Jahre 1991 nach wie vor von einer Koalition gestellt, der außer dem Ungarischen Demokratischen Forum (MDF) des Premierministers Jozsef Antall noch die Unabhängige Partei der Kleinen Landwirte (FKgP) und die Christdemokratische Volkspartei (KDNP) angehören. Die übrigen im Parlament vertretenen Parteien befinden sich in Opposition. Es sind dies die Allianz der Freien Demokraten (SZDSZ), die Sozialistische Partei (MSZP) und die Allianz der Jungen Demokraten (FIDESZ).

Der parteipolitische Gärungsprozeß führte vor allem bei den Kleinen Landwirten und bei den Freien Demokraten zu ernsten Führungskrisen. Diese waren dem äußeren Anschein nach personalpolitisch orientiert. Dem Grunde nach handelt es sich dabei jedoch um Zeichen eines Selbstfindungsprozesses, der aufgrund der Raschheit der Systemveränderungen in den Jahren 1989 und 1990 erst verspätet einsetzte. Es geht vor allem darum, eine für Parteiführung, parlamentarische Vertreter und Parteibasis gemeinsam akzeptable ideologische Plattform zu finden.

Bei den Regierungsparteien äußerte sich innerparteiliche Unruhe wiederholt durch verstärkte Forderungen nach Säuberung einzelner Spitzenpositionen von Vertretern des ehemaligen kommunistischen Regimes. Am stabilsten verhielten sich die Sozialistische Partei unter dem ehemaligen Außenminister Gyula Horn sowie die eher pragmatisch orientierten Jungen Demokraten, die derzeit, gemäß Umfragen, bei der Bevölkerung die größte Unterstützung genießen. In einer Reihe von Fällen verließen Parlamentsabgeordnete ihre jeweilige Partei und gehören dem Parlament weiter als freie Abgeordnete an.

Während ein wachsender Teil der Bevölkerung von der raschen wirtschaftlichen Entwicklung profitiert, wird für die durchschnittlichen Lohnempfänger die sich weiter öffnende Schere zwischen Lohn- und Preisentwicklung immer spürbarer. Ein wachsender Teil der Bevölkerung fühlt sich daher durch die wichtigsten politischen Kräfte nicht mehr ausreichend vertreten. In dieser Phase machte es sich nachteilig bemerkbar, daß Interessensvertretungen außerhalb der Parteien – mit Ausnahme der parteipolitisch relativ abstinenten, aber mitgliederstarken Gewerkschaftsbünde – weiterhin noch relativ wenig politischen Einfluß haben. Insgesamt gesehen blieb das soziale Klima in Ungarn 1991 ruhig.

Hinsichtlich **Jugoslawiens** und der **Sowjetunion** wird auf die jeweiligen besonderen Kapitel verwiesen.

Hilfe – warum?

Den vielfältigen bilateralen und multilateralen Hilfsmaßnahmen für die zentral- und osteuropäischen Reformstaaten (ZOR) liegen unterschiedliche Motive zu Grunde. Unter ihnen dominieren zweifellos die politischen, deren Berechtigung in den vorstehenden Kapiteln ausführlich dargestellt wurde. Hilfe wird aber natürlich auch aus humanitären Gründen geleistet. Nicht zu vernachlässigen sind daneben auch die rein **wirtschaftlichen Motive**. Es ist davon auszugehen, daß diesen Staaten innerhalb der Weltwirtschaft ein bedeutendes, wenn auch nicht mit den OECD-Staaten zu vergleichendes, Gewicht zukommen kann.

Die ZOR bilden Märkte für die europäischen Industrienationen, die nach einer Periode der Umstrukturierung in erhöhtem Ausmaß aufnahmsfähig sein werden. Über die Dauer dieser Übergangsperiode, die nicht in allen Staaten gleich lang sein wird, gibt es unterschiedliche Vermutungen. Die ZOR verfügen jedoch zumeist über beachtliche natürliche Ressourcen und vor allem auch über „human capital" – also über im internationalen Vergleich recht gut ausgebildete Arbeitskräfte. Daher ist es – bei allen Risken, die im Einzelfall gegeben sein mögen – realistisch zu vermuten, daß sich diese Länder mittel- oder langfristig an der wirtschaftlichen Dynamik der westeuropäischen Staaten ankoppeln können. Das ist zu beachten, wenn man die Wirtschaftsbeziehungen zu ihnen vom Standpunkt der **Rentabilität** her analysiert.

Ein nicht zu unterschätzendes Motiv für die Hilfe an die ZOR sind Sorgen um den Schutz der **Umwelt**. Von den Umweltproblemen der ZOR sind die angrenzenden Staaten am nachhaltigsten betroffen. Im Zuge einer forcierten Industrialisierung betrieben die kommunistischen Regime einen ökologischen Raubbau, dessen beunruhigendes Ausmaß erst allmählich erkennbar wird und nach einer Gegensteuerung verlangt. Die besonders nach Tschernobyl gehegten Befürchtungen hinsichtlich der Nutzung der Kernenergie erhalten neue Nahrung, da in den ZOR die überwiegende Anzahl der Kernkraftwerke nach den für westeuropäische Sicherheitsstandards ungenügenden sowjetischen Systemen arbeiten. Hier sind koordinierte Maßnahmen dringend geboten, die von Frühwarnsystemen bis zur Stillegung von Reaktoren reichen. Die geforderte Abschaltung gefährlicher Reaktoren führt zu einem Bedarf an Ersatzenergie. Dieser Bedarf wird durch die Verringerung sowjetischer Energielieferungen weiter akzentuiert, sodaß in einigen osteuropäischen Staaten Energieengpässe entstanden. Die thermischen Kraftwerke (Braunkohlekraftwerke in Böhmen, Polen und der ehemaligen DDR) sind für eine Entlastung nicht geeignet. Sie sind nicht nur im Verhältnis zu anderen Stromerzeugern leistungsschwach; sie haben vor allem zu schweren Umweltbelastungen geführt und werden weitgehend für das Waldsterben in Mitteleuropa verantwortlich gemacht. Unzureichende Abwasserreinigungen führten zu Gewässerverschmutzungen großen Ausmaßes, von der beispielsweise weite Teile der Ostsee heimgesucht werden.

Ein weiteres wichtiges Motiv für Osthilfe ergibt sich aus der Sorge über massive und unkontrollierbare, Westeuropa überlaufende **Einwanderungsströme**. Die Reisefreiheit ist ein Rechtsgut, das Westeuropäer in der Vergangenheit, als diese Staaten noch kommunistisch beherrscht waren, immer mit Nachdruck für die Bürger Ost- und Zentraleuropas einforderten. Durch die Demokratisierung ist dieses Recht nun auch zugänglich geworden. Angesichts des großen Wohlstandsgefälles und der Unsicherheit über das Einsetzen des wirtschaftlichen Aufschwungs könnten aus den Reise- aber leicht Wanderungsströme werden. Westeuropa kann eine solche Einwanderung nur in beschränktem Ausmaß bewältigen. Wirtschaftshilfe muß also den Bürgern der ZOR auch Hoffnung darauf geben, daß sie nicht auswandern müssen, um eine Verbesserung ihrer Lebensumstände erwirken zu können.

Schließlich und nicht zuletzt hat die Hilfe an die ZOR auch einen **demokratiepolitisch – humanitären Aspekt**. Daß Menschen auf die Not und Zwangslage von Mitbürgern solidarisch und mit dem Willen zur Unterstützung reagieren, ist im gewissen Umfang natürlich. Eine solche Reaktion ist aber insbesondere dann angezeigt, wenn Hilfsgeber und Hilfsempfänger auf dem selben Kontinent zu einer Schicksalsgemeinschaft vereint sind. Europäer, die sich bei der Bewältigung einer schwierigen Lage von anderen, besser situierten Europäern in Stich gelassen fühlen, werden an den Bekenntnissen zu gemeinsamen Werten, zu Freiheit, Demokratie und sozialem Ausgleich, zu zweifeln beginnen. Durch ein nicht solidarisches Verhalten Westeuropas würde also die politische Basis für das Zusammenwachsen Gesamteuropas zerstört werden. Auch aus diesem Grund ist Hilfe wichtig.

Beitrag Österreichs zur koordinierten westlichen Wirtschaftshilfe

Das österreichische Hilfsangebot ist das Ergebnis vielfältiger Initiativen und Anstöße (was eine zentrale Koordinierung erschwert und die untenstehende Übersicht unvollständig macht). Das österreichische Hilfsangebot reflektiert das historisch und geografisch bedingte Naheverhältnis Österreichs zu den Staaten dieser Region. Es wird sowohl von staatlichen wie von nichtstaatlichen Institutionen getragen.

Die österreichischen Unterstützungsprogramme umfassen:

1) **Soforthilfen**, die primär humanitären Charakter haben und der raschen Überbrückung von Notstandssituationen dienen;
2) mittel- und längerfristige **Maßnahmen**, die der Restrukturierung dienen und sowohl im bilateralen, wie im multilateralen Bereich durchgeführt werden.

1) **Soforthilfe**

a) Rumänien (einschl. med. Hilfe) letzte Tranche von 1.5 Mio 1991 ausbezahlt	S 20	Mio.
b) Bulgarien		
CARE-Aktion	S 2	Mio.
Futtermittel	S 17,8	Mio.
Energielieferungen Winter 90/91 zur Beheizung von Spitälern	S 10	Mio.
Dialysefilter	S 1	Mio.
c) UdSSR		
Lebensmittelhilfe (zu Weltmarktpreisen)	S 100	Mio.
Spital in Leninakan	S 30	Mio.
Zusage der Bundesregierung für Kinderkrebsklinik in Minsk (längerfristiges Programm)	S 50	Mio.
d) Albanien		
Nahrungsmittel	S 15	Mio.
internationale Ausschreibung f. Trockenhefe	S 3	Mio.
Beitrag für Helsinkiföderation (für ehemalige politische Gefangene)	S 1	Mio.
Druckpapier für Schulbücher	S 1,5	Mio.
e) Jugoslawien		
Beiträge an caritative Organisationen zwecks Unterstützung ihrer laufenden Hilfsaktionen	S 25	Mio.
davon Beitrag an IKRK Genf	S 5	Mio.
Beitrag an UNHCR (Hilfe für kroatische Flüchtlinge in Ungarn)	S 1	Mio.

Soweit dies möglich war, wurde in den Vereinbarungen zwischen Österreich und den ZOR vorgesehen, daß Erlöse aus dem Verkauf der Hilfsgüter in **Gegenwertfonds** fließen, aus denen vor allem Investitionen im landwirtschaftlichen Bereich vorgenommen werden sollen.

2) **Mittel- und langfristige Maßnahmen** umfassen:

a) **Erleichterung des Marktzutrittes** durch

- Gewährung von „Allgemeinen Zollpräferenzen" (GSP) für Jugoslawien, Bulgarien und Rumänien (Anfang der 70er Jahre); für Ungarn (1988); für Polen (1990); für CSFR (Sommer 1991) und Albanien (ab 1.1.92)

- Einschränkung des **Vidierungsverfahrens**
  Mit dem Vidierungsverfahren sollen Einfuhren grundsätzlich nicht behindert werden. Das Verfahren soll lediglich die Möglichkeit schaffen, im Falle marktverzerrender Niedrigpreisimporte mengenmäßige Beschränkungen aufzuerlegen. Im Jahre 1991 wurde sowohl im industriell-gewerblichen wie auch im landwirtschaftlichen Bereich die Zahl der vom Vidierungsverfahren betroffenen Positonen verringert.

b) Finanzhilfen und Teilnahme an multilateralen Programmen in internationalen Organisationen:

Die österreichische Finanzhilfe orientiert sich grundsätzlich am Prinzip, dass **Zahlungsbilanzhilfen** zunächst in die Zuständigkeit der internationalen Finanzinstitutionen fallen. Es sollte somit den Reformstaaten primär der Zugang zu diesen Einrichtungen ermöglicht werden. Verbleiben nach Ausschöpfung dieser Möglichkeit Finanzierungslücken, die auch durch zumutbare Maßnahmen seitens des betreffenden Landes nicht zu schließen sind, so ist Österreich bereit, Beiträge zu leisten. Die Höhe solcher Beiträge orientiert sich nach dem Anteil, den es als Geberstaat am Kapital der Europäischen Bank für Wiederaufbau und Entwicklung (EBRD) hat.

Bisherige österreichische Leistungen:

Polnischer Stabilisierungsfonds (nicht rückzahlbare Hilfe)	US-$ 20 Mio.
Zahlungsbilanzhilfe für CSFR	S 500 Mio.
Zahlungsbilanzhilfe für Ungarn	S 210 Mio.
Zahlungsbilanzhilfe für Bulgarien	max. S 210 Mio.
Zahlungsbilanzhilfe für Rumänien	max. S 265 Mio.
Restrukturierungskredit UdSSR	S 4 Mrd.
Exportkredit UdSSR zum Ankauf von Konsumgütern	S 4 Mrd.
Beitrag zur EBRD (Anteil: 2,28%)	ECU 228 Mio.

c) Ausbildung:

Die Ausbildung insbesondere im Bereich Management und Berufsausbildung bildet einen Schwerpunkt in der Hilfe. Das Bundesministerium für wirtschaftliche Angelegenheiten (BMwA) und die Bundeskammer der gewerblichen Wirtschaft (BWK) finanzieren gemeinsam ein Ausbildungsprogramm. Für die Periode 1990–92 ist in diesem Programm die Veranstaltung von insgesamt 315 Seminaren mit rund 9000 Teilnehmern geplant.

Zu erwähnen sind auch die Ausbildungsangebote des Bundesministeriums für Land- und Fortswirtschaft (BMLuF). Die Österreichische Nationalbank (ÖNB) führte in den Wintersemestern 90/91 und 91/92 im Rahmen des „Austrian Bankers College" mehrwöchige intensive Kurse für Finanz- und Bankfachleute durch. An diesen Veranstaltungen haben bisher rund 800 Personen aus Bulgarien, CSFR, Jugoslawien, Polen, Rumänien, Ungarn und der SU teilgenommen. Diese Seminare fanden international große Beachtung. Die ÖNB veranstaltet des weiteren wissenschaftliche Konferenzen, unter anderem in Moskau, Sofia und Warschau. Sie sind vorwiegend dem Thema „Erfahrungen Österreichs beim Übergang administrativer Regulierung zur Marktwirtschaft" gewidmet. Darüberhinaus gewährt die ÖNB technische Hilfe auf Ansuchen zentral- und osteuropäischen Zentralbanken. Sie beteiligt sich ferner an der vom IWF koordinierten technischen Hilfe für die Zentralbanken in Zentral-und Osteuropa.

Weitere Initiativen auf dem Gebiet der Ausbildung betreffen die Unterstützung beim Aufbau von Arbeitsmarktverwaltungen in den Reformländern und Umschulungs-und berufsbildende Programme, die das Bundesministerium für Arbeit und Soziales durchführt. Trainings- und Weiterbildungskurse für Beamte und Experten der öffentlichen Verwaltung werden in spezifischen Bereichen (Zoll, Statistik, Patent-, Norm-, Rechtswesen), wie beispielsweise durch Mitwirkung an der Grundbuchmodernisierung in Ungarn, durchgeführt. An der Diplomatischen Akademie wurde das Trainingsprogramm für junge Diplomaten aus der CSFR, Polen, Ungarn, Rumänien, Bulgarien, Rußland, Mongolei, Albanien, Slowenien, Kroatien und Jugoslawien fortgesetzt. Der Kostenanteil dieses Projektes betrug im Jahr 1991 2,4 Millionen Schilling.

Im Bereich der Wissenschaft, Kunst und Kultur sind die Kooperationsprogramme der Universitäten, wissenschaftlicher Einrichtungen, studentischer Organisationen, der Kunsthochschulen, der Bibliotheken, Museen und des Denkmalschutzes hervorzuheben. Die wichtigsten österreichischen Universitäten haben spezielle Sommerkurse eingerichtet, in denen relevante Kenntnisse, vorwiegend auf wirtschaftlichem Gebiet vermittelt werden.

Sehr breit ist das Hilfsangebot auch im Schul- und Bildungsbereich. Es reicht von der Errichtung und Weiterführung zweisprachiger Schulen in Ungarn und der CSFR, über Lehrerfortbildungsseminare bis zur Bereitstellung von Schulmaterialien und einem verstärktem Schüleraustausch. Dabei findet das technische und kaufmännische Berufsschulwesen gebührende Berücksichtigung. Der 1990 gegründeten **Ostfonds für kulturelle Angelegenheiten** finanziert kulturelle Projekte mit dem Ziel einer Stützung des Umbildungs- und Demokratisierungsprozesses.

d) **Medien**

Im Rahmen der Hexagonale hat Österreich schon 1990 eine **Stipendienaktion** für junge Journalisten zunächst in Zusammenarbeit mit der APA gestartet. Dieses Ausbildungsprogramm wurde 1991 in einem größeren Umfang mit dem Kuratorium für Journalistenausbildung, dem ORF, der APA und den Printmedien weitergeführt.

Das Bundesministerium für auswärtige Angelegenheiten hat dem neuen **deutschsprachigen Wochenblatt** „Prager Zeitung" eine Starthilfe von öS 120.000,– gewährt. In Zusammenarbeit mit dem Verband österreichischer Zeitungsherausgeber und Zeitungsverleger und dem Bundespressedienst hat das Bundesministerium für auswärtige Angelegenheiten Ende 1991 Vertreter der „Balkanmedia", der ersten übernationalen, unabhängigen Organisation für Medien- und Kommunikationsfragen auf dem Balkan, zu Ausbildungs- und Informationsveranstaltungen nach Österreich eingeladen. Dieses Ausbildungsprogramm wird für „Balkanmedia" 1992 fortgesetzt.

e) Investitionsförderung:

Auf dem Gebiet der Förderung von Investitionen und Beteiligungen agieren:

- der Austrian Consultant Trust Fonds zur Finanzierung von Feasibility Studies der Weltbank und andere Finanzinstitute;
- der Ost-West-Fonds, der für Direktinvestitionen mittlerer und größerer Unternehmen mit einem Projektminimum von 10 Millionen geschaffen wurde.
- die BÜRGES Förderungsbank mit analogen Bürgschaften, jedoch für kleinere und mittlere Unternehmen (Projektmaximum: 10 Millionen Schilling).
- Das ERP Osteuropa Sonderprogramm verfügt über einen jährlichen Rahmen von 500 Millionen Schilling und gewährt österreichischen Firmen Kredite zu günstigen Konditionen für Direktinvstitionen in den ZOR.
- Das Ostgrenzsonderprogramm dient der grenzüberschreitenden Entwicklung der Regionen an der österreichisch-tschechoslowakischen und österreichisch-ungarischen Grenze. Es bestehen Überlegungen, das Programm auch auf die Gebiete an der slowenisch-österreichischen Grenze auszudehnen. Im Rahmen dieses Programmes wird zum Beispiel das Projekt „Grenzüberschreitender internationaler Wirtschaftspark Gmünd/Ceske Velenice" finanziert.

Mit Polen, Ungarn und der CSFR wurden Investitionsschutzabkommen abgeschlossen. Albanien wurde ein Entwurf überreicht. Die Frage der Weitergeltung der mit der Sowjetunion und Jugoslawien abgeschlossenen Investitions-Schutzabkommen wird geprüft, wobei Slowenien und Kroatien erklärt haben, die mit Jugoslawien abgeschlossenen Investitions-Schutzverträge in ihren Rechtsbereich übernehmen zu wollen.

f) Umwelt und Energie:

Aus dem Umwelt- und Wasserwirtschaftsfonds wurden 1991 Mittel zur Förderung von Umweltschutzmaßnahmen im benachbarten Ausland und in Polen zur Verfügung gestellt. Insgesamt 21 Projekte mit einem Gesamtvolumen von 360 Millionen Schilling wurden genehmigt. Über zwei Projekte (Rauchgasentschwefelung im Kraftwerk Novaki und Optimierungsmaßnahmen im Heizwerk Bratislava) wurden bereits Verträge abgeschlossen. Am regionalen Umweltzentrum Budapest beteiligt sich Österreich mit zehn Millionen Schilling.

g) Verbesserung der Verkehrsbedingungen

Zur Anbindung der nord- und osteuropäischen Nachbarstaaten an das westeuropäische Verkehrsnetz sind bis 1995 und Folgejahre für kurz- und mittelfristige Maßnahmen Ausgaben von 3,2 Milliarden Schilling vorgesehen. Hievon wurden 1991 185 Millionen ausgegeben.

Die Hilfe der Industriestaaten (G-24)

Die G-24 wurde 1989 über Initiative der sieben größten Industrienationen (G-7) gegründet. Sie ist das vorrangige Forum zur Koordination der Hilfe an die Reformstaaten Zentral- und Osteuropas (ZOR). Humanitäre Hilfe wird (bei Vorliegen entsprechender Notlagen) von den in der G-24 zusammengefaßten OECD-Staaten ohne Zusatzbedingungen gewährt. Strukturhilfe wird aber nur dann gegeben, wenn die potentiellen Empfangsstaaten der Hilfe die sogenannte **doppelte Konditionalität** erfüllen: Sie müssen ihre politischen Systeme in Richtung einer pluralistischen Demokratie westlichen Musters umwandeln (sog. politische Konditionalität); und sie müssen ihr Wirtschaftssystem nach marktwirtschaftlichen Kriterien reformieren (sog. wirtschaftliche Konditionalität). Das Vorliegen und die Einhaltung dieser Voraussetzungen wird von der G-24 im Sinne einer begleitenden Kontrolle laufend überwacht. Demgemäß waren zunächst nur Polen und Ungarn in die Strukturhilfe einbezogen. Diese Voraussetzung erfüllten in der Folge dann aber auch die CSFR, Bulgarien, Jugoslawien und – bis zu ihrem Aufgehen in der Bundesrepublik Deutschland – die DDR. Die Einbeziehung Rumäniens war beschlossen, aber als Folge der innenpolitischen Ereignisse in diesem Land im Sommer 1990 vorläufig aufgeschoben worden. 1991 erfolgte zu Jahresbeginn die Aufnahme Rumäniens und im Spätsommer diejenige Albaniens und kurz danach die der baltischen Staaten. Letztere – und auch das ist ein Beispiel der politischen Konditionalität – wurden von den G-24 darauf hingewiesen, daß von der G-24 auch die Einhaltung der **Minderheitenschutzrechte** als Voraussetzung für Strukturhilfe angesehen wird. Umgekehrt wurde im Spätherbst 1991 und auch als Folge der faktischen Unmöglichkeit der

Durchführung von Hilfsaktivitäten die Strukturhilfe an Jugoslawien suspendiert. Humanitäre Hilfe wird jedoch auch in Jugoslawien weiter durchgeführt. Überdies beschlossen die G-24, jene Streitparteien im Jugoslawienkonflikt, die mit den Friedensbemühungen kooperieren, über sogenannte positive Maßnahmen zu kompensieren. Damit wird per Ende 1991 an folgende Staaten Strukturhilfe gewährt: Ungarn, CSFR, Polen, Bulgarien, Rumänien, Albanien, Estland, Lettland, Litauen.

Die Hilfe der G-24 wird von der Kommission der Europäischen Gemeinschaften (EG-K) koordiniert, die somit eine Doppelfunktion hat. Für Staaten der G-24, die nicht der EG angehören, wie etwa Österreich, erfüllt die Koordinationseinheit der EG-K eine reine Sekretariatsfunktion. Sie dient als Drehscheibe für Informationsflüsse über geplante und durchgeführte Aktivitäten und hat neben der Funktion eines Informationsverteilers die Aufgabe, Koordinationssitzungen vorzubereiten sowie entsprechende Dokumentationen zusammenzustellen und weiterzuleiten. Für die EG-Mitgliedstaaten hat die EG-K darüberhinaus die Funktion, die EG-Hilfe an die Reformstaaten zu verwalten. Diese EG-Hilfe wird PHARE genannt. Diese Abkürzung steht für „Pologne, Hongrie Assistance à la Reconstruction Economique“. Die Bezeichung ist insoweit überholt, als Hilfe nunmehr ja an alle obenerwähnten Staaten gegeben wird. Die PHARE-Programme sind EG-interne Programme, die in der Regel nur Unternehmen und Instituten zur Beteiligung offen stehen, die entweder in einem EG-Land oder in einem Empfängerstaat der Strukturhilfe ihren Sitz haben.

In der Arbeit der G-24 standen ursprünglich Programme humanitärer Art im Vordergrund. Im Jahre 1991 gewannen demgegenüber mittel- und langfristige **Strukturhilfeprogramme** zunehmend an Bedeutung. In diesem Bereich ist es die Aufgabe der G-24, von unkoordinierten bilateralen Hilfsprogrammen der westlichen Industrienationen zu koordiniertem Nebeneinander und schließlich koordiniertem Miteinander zu führen. Diesbezüglich hat die EG-Kommission freilich die in sie gesetzten Erwartungen nicht ganz erfüllt. Wohl gibt es im Bereich der Zahlungsbilanzhilfe, des Ausbildungsprogramms TEMPUS (Trans European Mobility Programme for University Studies) und der EG-internen Programme eine umfassende Koordination, doch verläuft die Osthilfe der westlichen Industrienationen ansonsten **weitgehend noch bilateral**.

Der Gesamtumfang der den Reformstaaten Zentral- und Osteuropas bisher zur Verfügung gestellten oder zugesagten Hilfe der G-24 erreichte per 3. Quartal 1991 rund 35,8 Milliarden ECU. Laut jüngsten Informationen der EG-Kommission sind davon allerdings erst maximal 30 Prozent ausbezahlt. Von dieser Gesamtsumme sind rund 6,5 Milliarden ECU nicht rückzahlbare Zuschüsse, rund 9,2 Milliarden ECU Exportkredite und Investitionsgarantien. Kredite internationaler Finanzierungsinstitutionen wie des IWF, der Weltbank und der Europäischen Entwicklungsbank erreichten 10,24 Milliarden ECU. Der überwiegende Teil der Hilfe geht nach wie vor nach Polen und Ungarn. Österreich hat in der von der EG-K erstellten Statistik einen Anteil von 2,6 Prozent an der Gesamthilfe (während sein Anteil vom Gesamt-Nationalprodukt der OECD-Staaten nur 0,9 Prozent beträgt).

1991 war die Strukturhilfe der G-24 noch von drei weiteren Entwicklungen gekennzeichnet: Zum einen forderten die Staaten Zentral- und Osteuropas, die auf dem Reformpfad bereits weiter fortgeschritten sind – d. s. insbesondere Ungarn, CSFR und Polen –, die G-24 Länder etwas nachdrücklicher auf, ihre Märkte für jene Produkte der Oststaaten zu öffnen, die auf den Westmärkten konkurrenzfähig sind: d. h. vor allem für Stahl, Kohle, Textilien und landwirtschaftliche Produkte. Die Reformstaaten sehen in dieser Marktöffnung ein wesentlich effizienteres Mittel zur Strukturhilfe als in künftigen Geldflüssen. Die EG versuchte, diesen Bedürfnissen im Rahmen der per 16. Dezember 1991 unterzeichneten Assoziationsverträge mit Ungarn, CSFR und Polen Rechnung zu tragen. Parallel dazu verhandeln die EFTA-Staaten mit diesen Ländern über den Abschluß von Freihandelsabkommen (siehe Abschnitt „EG“ und „EFTA“).

Auf der anderen Seite wurde gerade 1991 deutlich, daß der Zusammenbruch der Sowjetunion und des Intra-COMECON-Handels ungleich breiter ist, als ursprünglich angenommen. Der – auch durch Umstellung der Intra-COMECON Handelsströme auf harte Devisen – verursachte Rückgang des Handels der Reformstaaten untereinander und mit der UdSSR führte zu zusätzlichen und nicht unbeträchtlichen Zahlungsbilanzproblemen.

Um dieses Problem zumindest teilweise auszugleichen, hat die Europäische Gemeinschaft beschlossen, einen Teil der Lebensmittelhilfen an die UdSSR nicht direkt zu liefern, sondern der UdSSR durch Übernahme von Kreditbürgschaften zu ermöglichen, diese in den Reformstaaten anzukaufen **(Dreiecksgeschäfte)**. Man hofft damit, den Reformstaaten die traditionellen Absatzmärkte ihrer landwirtschaftlichen Produkte in der UdSSR zumindest vorläufig zu erhalten. Es wird allerdings betont, daß derartige administrativ gelenkte Handelsflüsse nicht auf Dauer die freie Marktwirtschaft im landwirtschaftlichen Bereich ersetzen können.

Auf der Seite der Geberstaaten wurde 1991 in zunehmendem Maße die Frage der gerechten Lastenaufteilung für die G-24 Hilfe diskutiert. Vor allem die EG ist der Auffassung, daß die USA mehr als bisher zur G-24 Zahlungsbilanzhilfe beitragen sollten. Die USA auf der anderen Seite bestehen darauf, daß bei der Frage der Kostenteilung nicht einzelne Teilbereiche der G-24 Hilfe getrennt, sondern nur die Gesamthilfe bewertet werden könne. Geschähe dies, dann wäre erkennbar, daß die USA – vor allem durch ihre großzügige Haltung gegenüber Staaten Zentral- und Osteuropas beim Ankauf von Lebensmittel und insbesonders Getreide in den USA – sicherlich den ihrer Wirtschaftskraft entsprechenden Anteil an der G-24 Hilfe getragen hat.

Hilfe an Zentral- und Osteuropa durch die EG und Staaten der G-24
(in der Zeit von 1. 1.1990–30. 6. 1991)

Land	Insgesamt Mio. ECU	%	Darunter Zuschüsse in Mio. ECU	%
Belgien	147,51	0,6		
Dänemark	320,64	1,2	268,54	4,2
Deutschland	7.955,90	31,2	1.830,10	28,0
Frankreich	1.257,29	4,9	149,44	2,3
Griechenland	1,04		1,04	
Großbritannien	669,78	2,6	37,98	0,6
Irland	0,90		0,90	
Italien	954,00	3,7	241,70	3,7
Luxemburg	21,80	0,1	2,10	
Niederlande	132,64	0,5	42,30	0,7
Portugal	2,00			
Spanien	419,10	1,6	3,00	
Total EG-Mitglieder	**11.882,60**	**46,5[1])**	**2.577,10**	**40,0**
EG	3.633,90	14,2	1.454,60	22,0
EIB	2.980,00	11,7		
EGKS	200,00	0,8		
Gemeinschaften insgesamt	**18.696,50**	**73,2**	**4.031,70**	**62,0**
Österreich	665,90	2,6	466,50	7,2
Finnland	165,90	0,6	72,90	1,1
Island	3,30	0,1	3,10	
Norwegen	113,32	0,4	59,12	0,9
Schweden	751,30	2,9	134,50	2,1
Schweiz	289,59	1,1	46,19	0,7
EFTA insgesamt	**1.989,31**	**7,8**	**782,31**	**12,0**
Australien	174,53	0,7	7,33	0,1
Japan	2.202,91	8,6	522,87	8,1
Kanada	114,70	0,4	43,90	0,7
Neuseeland	50,51	0,2	0,40	
Türkei	319,90	1,2	4,00	0,1
USA	1.977,30	7,7	1.078,60	17,0
Gesamtsumme	**25.525,66**	**100**	**6.471,11**	**100**

Quelle: EG/G-24.

[1]) Bei diesen Prozentzahlen ist in Rechnung zu stellen, daß die EG-Staaten allerdings auch über die EG als solche weitere Beiträge zur Hilfe leisten. Der Anteil der EG als supranationale Institution an der Gesamthilfe beträgt etwa 26 Prozent.

Eine Gesamtschau per Ende 1991 und ein Ausblick auf 1992 zeigen folgendes Bild: Die Reformstaaten können bereits jetzt nach ihrem Entwicklungsstand in mehrere Gruppen eingeteilt werden:

Ungarn, CSFR und Polen sind wirtschaftlich am weitesten fortgeschritten. Im nächsten Jahr werden voraussichtlich sowohl die Freihandelsabkommen dieser Staaten mit den EFTA-Staaten – in Form von Interimsabkommen – als auch die Handelsteile der Assoziationsverträge dieser Staaten mit der EG in Kraft treten. Strukturhilfe wird sicherlich weiterhin notwendig sein; humanitäre Hilfe jedoch nicht länger. Es besteht die Hoffnung, daß diese Staaten 1992 keine weitere Zahlungsbilanzhilfe der G-24 benötigen.

Bulgarien und Rumänien sind in ihren Reformprozessen wesentlich weniger fortgeschritten. Es besteht die Gefahr, daß diese Staaten zum Opfer einer wachsenden Beitragsmüdigkeit der G-24 werden. Ende 1991 beschloß die EG die Aufnahme von Verhandlungen zum Abschluß von Assoziationsverträgen auch mit Bulgarien und Rumänien.

Albanien und die baltischen Staaten, als „Neulinge“ der G-24-Hilfe, stehen erst am Anfang ihres Reformprozesses. Alle vier Staaten haben Ende 1991 der G-24 umfangreiche Nothilfeersuchen vorgelegt. Im Falle der baltischen Staaten hat sich bereits Ende 1991 gezeigt, daß die nordischen Staaten in Hinkunft ihre Reformaktivitäten auf den Ostseebereich im allgemeinen und die baltischen Staaten im besonderen konzentrieren werden.

Die Art und der Umfang der Hilfe an **Jugoslawien** ist natürlich ungewiß. Viel hängt von der weiteren politischen Entwicklung in Jugoslawien bzw. in den Nachfolgerepubliken ab. Daß auch hier humanitäre Hilfe in größerem Ausmaß notwendig sein wird, steht außer Frage.

Die Hilfe an die Republiken der GUS oder an die Nachfolgerepubliken der UdSSR wird nicht im Rahmen der G-24, sondern im Rahmen der G-7 koordiniert. Die Koordinations- und Entscheidungsmechanismen dieser Hilfe sind allerdings erst in Ausarbeitung. Auch sie werden 1992 festgelegt werden müssen.

Die Jugoslawienkrise

Das Versagen des politischen und wirtschaftlichen Systems in den 80er Jahren

Das „Zweite“ (oder Tito-) Jugoslawien war formal-rechtlich ein Bundesstaat, in dem seit der Verfassung 1974 die wichtigsten Zuständigkeiten – außer in wesentlichen militärischen und außenwirtschaftlichen Bereichen – bei den Teilstaaten lagen. Die Ausübung der verbliebenen Bundesbefugnisse war weitgehend an die einstimmige Zustimmung der Gliedstaaten gebunden. Diese politische und wirtschaftliche Dezentralisierung hatte nicht zuletzt den Zweck, die Gefahr einer Hegemonisierung durch Serbien hintanzuhalten.

Das System funktionierte aber nur, solange das kommunistische Prinzip des **„demokratischen Zentralismus"** diesen weitgehenden Föderalismus kompensierte und de facto eine Ein-Parteien-Diktatur bestand.

Die seit Titos Tod in den Führungsgremien der Partei und des Staates zur Anwendung gekommenen Grundsätze der kollektiven Verantwortlichkeit und der Ämterrotation (als Ausdruck der Gleichberechtigung der Völker Jugoslawiens) wirkten dem Entstehen einer Vormachtstellung von Persönlichkeiten, Republiken bzw. Nationalitäten entgegen. Andererseits wurden aber die Entscheidungsträger dadurch einer individuellen politischen Verantwortung enthoben, was zur Schwächung der Zentralgewalt und zum Aufbrechen von Konflikten führte. Zusammen mit ideologischen Differenzen und materiellen Interessensgegensätzen beeinträchtigten vor allem die Nationalitätenkonflikte die Einheit, die Entscheidungs- bzw. Handlungsfähigkeit der kommunistischen Partei immer stärker.

Mit zunehmendem **Rückgang der Macht der kommunistischen Partei** und deren praktischer Selbstauflösung zu Jahresbeginn 1990 verschwand der bisherige eigentliche Machtträger der Zentralgewalt, die gesamtjugoslawischen Entscheidungsmechanismen waren weitgehend blockiert. Dies verhinderte wirksame Schritte zur Eindämmung der sich verschärfenden politischen, wirtschaftlichen und gesellschaftlichen Krise des Landes. Die jugoslawische Bundesregierung mußte sich darauf beschränken, den kleinsten gemeinsamen Nenner unter den divergierenden Wünschen der Republiken zu suchen. Nacheinander traten nach der Demokratisierung auf Republiksebene zunächst die Vertreter Sloweniens und Kroatiens, in der Folge Mazedoniens und teilweise Bosnien-Herzegowinas aus Bundesparlament und Staatspräsidium aus. Die **Bundesorgane wurden allmählich arbeitsunfähig** bzw. zu Vertretern allein des serbischen Lagers. Zur Abhaltung von landesweiten allgemeinen Wahlen zum bestehenden Bundesparlament kam es trotz verschiedener Versprechungen nicht. Slowenien und Kroatien strebten daher eine grundlegende Neuordnung der jugoslawischen Föderation und nicht deren bloß oberflächliche Veränderung an. Dem ideologischen Konflikt einer kommunistischen Ein-Parteien-Regierung auf Bundesebene gegenüber demokratischen Regierungen auf Republiksebene folgten die nationalen Gegensätze.

Das Wiederaufleben der Nationalismen

Mitte 1987 hatte **Slobodan Milosevic** die Führung der Serbischen Kommunistischen Partei übernommen. Kraft seiner Popularität bei den Serben konnte er den fortschreitenden Verfall der Entscheidungs- und Handlungsfähigkeit der Bundesorgane ausnutzen, um die durch die Titosche Verfassung von 1974 verlorenen **Kompetenzen** in den beiden autonomen Provinzen Kosovo und Vojvodina für Serbien **zurückzugewinnen**.

Ihm nicht genehme Parteifunktionäre wurden abgesetzt, unter den Albanern kam es zu Verhaftungen. Im Frühjahr 1989 wurden die serbische Republiks-Verfassung abgeändert und die „legitimen Rechte Serbiens" im **Kosovo** wieder hergestellt.

Die Oktroierung dieser Verfassungsnovelle 1989 und die dabei angewandten Methoden im Kosovo (willkürliche Verhaftungen, sonstige Einschüchterung der Bevölkerung und der Abgeordneten des Provinzparlamentes durch die vom Staatspräsidium Ende Februar 1989 erlassenen „Sondermaßnahmen") trugen zur weiteren Demütigung und Entfremdung der albanischen Bevölkerung bei. Der erste Schritt zur Arrondierung der serbischen Ansprüche wurde mit der **neuen Verfassung** Serbiens vom 28. September 1990 vollendet; der Kosovo und die Vojvodina wurden zu integralen Landesteilen Serbiens.

Milosevic war auch sonst bestrebt, den Serben jene führende Rolle zu geben, die ihnen nach ihrem Selbstverständnis in Jugoslawien zukam. Diese politischen Ambitionen waren ein offener Angriff auf die von Tito ererbte politische Struktur des Staates, die durch Schaffung von zwei autonomen Provinzen auf dem Territorium Serbiens ein Wiederaufleben des serbischen Hegemonismus verhindern sollte. Die von Milosevic angestrebten Veränderungen riefen in den anderen Republiken großes Mißtrauen hervor. Zur weiteren Festigung und Sicherung seiner Macht suchte der serbische Präsident Schulterschluß mit den religiös-national ausgerichteten Kreisen und vereinigte damit einen neuaufgelegten Nationalkommunismus mit der traditionellen bürgerlichen großserbischen Ideologie.

Seiner Forderung nach Stärkung der serbischen Republiks-Kompetenzen in den beiden Provinzen Kosovo und Vojvodina verlieh er bereits ab 1988 auch durch die **Mobilisierung der serbischen Elemente** in der Vojvodina, in Montenegro, in Mazedonien und Kroatien Nachdruck. Den Bemühungen der nichtserbischen Kräfte, dieser Herausforderung zu begegnen, waren Grenzen allein schon dadurch gesetzt, daß auf Bundesebene keine Sanktionen gegenüber einer Republiksparteiführung ergriffen werden konnten, die gegen die Regeln des Titoschen Systems verstießen.

Das serbische Beispiel trug wesentlich dazu bei, daß nationale Fragen nunmehr landesweit aktualisiert wurden, besonders unter Slowenen und Kroaten sowie in der albanischen Bevölkerung. Die Spannungen verstärkten sich.

Im Zuge einer Polarisierung zeichneten sich **zwei unvereinbare Konzepte** für die zukünftige Gestaltung des gesellschaftlichen und staatlichen Systems Jugoslawiens ab, die nicht nur personalisiert, sondern auch mit Nationalitäten identifiziert wurden: So stand Serbien unter Slobodan Milosevic für ein stärker zentralisiertes Jugoslawien. Slowenen und Kroaten waren dagegen Befürworter eines politischen, marktwirtschaftlich ausgerichteten Pluralismus und einer betont föderalistischen Struktur Jugoslawiens. Die

Jugoslawien · Zerfall des Vielvölkerstaates

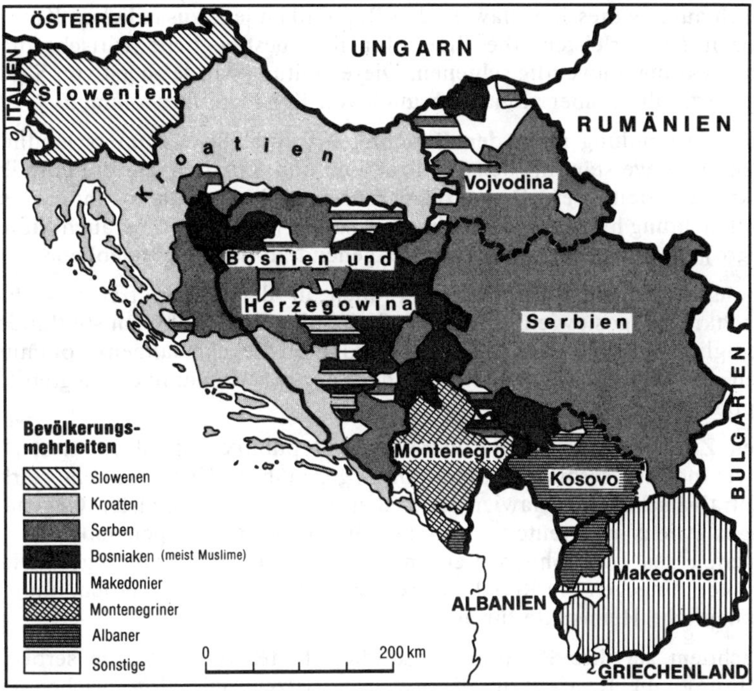

Quelle: Fischer Weltalmanach.
Grafik: Adaptiert vom Österreichischen Statistischen Zentralamt.

„Los von Belgrad"-Bewegung in den nordwestlichen Republiken hatte aber auch wirtschaftliche Motive: Die Bevölkerung der nordwestlichen Republiken war nicht länger bereit, ihre wirtschaftlichen Perspektiven durch eine auf die Konservierung der bisherigen staatlichen und wirtschaftlichen Strukturen ausgerichtete Politik Belgrads verstellt zu sehen: Beispielsweise wurden mehr als ⅔ des Bundesbudgets für die Jugoslawische Volksarmee aufgewendet, welche sich ihrerseits als die Hüterin des Kommunismus und des bisherigen Staatsaufbaues verstand. Hinzu kam die sinkende Bereitschaft der entwickelten Republiken, die Hauptlast der wirtschaftlichen Umverteilung zu tragen, die seit 1918 auf ihnen lag. So belief sich der slowenische Beitrag zum Bundesbudget in der Tito-Ära auf 20%, obwohl der Bevölkerungsanteil nur 8% ausmachte. Weiters hatte die von Verständnis gegenüber den Albanern im Kosovo geprägte Haltung Sloweniens 1989 offiziöse Boykottaufrufe Serbiens gegen slowenische Waren, Geschäfte und Banken ausgelöst.

Angesichts des großen wirtschaftlichen Ungleichgewichtes im Lande würde nach Ansicht der nordwestlichen Republiken nur ein stark föderalistisch aufgebautes Jugoslawien den Republiken jene zusätzlichen Kompetenzen gewährleisten, die ihnen für ihre bestmögliche wirtschaftliche Entwicklung notwendig schienen. Diese Haltung wurde zuerst von Slowenien artikuliert, aber allmählich auch von Kroatien übernommen.

Zur Entfremdung unter den Republiken trug auch das unterschiedliche Demokratieverständnis bei. In Slowenien und Kroatien war die Parteibürokratie bereit, den **Demokratisierungsprozeß** und damit ihre eigene Entmachtung hinzunehmen. Hingegen waren in Serbien (und auch Montenegro) die alten Führungskader weitgehend an der Macht geblieben.

Dieser Unterschied drückte sich auch in den ersten freien Wahlen Nachkriegsjugoslawiens aus, die 1990 in allen Teilrepubliken stattfanden. Lediglich in Serbien und Montenegro konnten die (ehemaligen) Kommunisten die Mehrheit behalten. In den übrigen Republiken siegten die Oppositionsparteien.

Den Zielsetzungen der nordwestlichen Republiken stand ein weiterhin unveränderter serbischer Standpunkt gegenüber: Nur in einem stärker zentralistischen Jugoslawien sei es den in den verschiedensten Gegenden Jugoslawiens verstreuten serbischen Bevölkerungsgruppen möglich, „in einem Haus“ zu wohnen. Bei einem weitgehenden Zerfall Jugoslawiens müßten hingegen die Republiksgrenzen in Frage gestellt werden, um eine einheitliche Heimstätte für alle Serben zu erhalten.

Nachdem sie ihre Position konsolidiert hatte, versuchte die serbische Führung, ihr Konzept in die Tat umzusetzen. Die slowenischen und kroatischen Vorschläge, an Stelle des alten Jugoslawiens eine neue jugoslawische „Konföderation“ zu schaffen, wurden zurückgewiesen.

Es folgte eine Kombination politischer Schritte und praktischer Maßnahmen (Volksabstimmung über die kulturelle Autonomie in Knin vom 19.–22. 8. 1990, Blockade der mittleren Adriaküste durch Sperre der Hauptverkehrsverbindungen ab Sommer/Herbst 1990), die im Laufe des Jahres 1990 in Slowenien und Kroatien die Bestrebungen zur gänzlichen Verselbständigung verstärkten. **Slowenien** sprach sich am 23. 12. 1990 in einer **Volksabstimmung** mit überwältigender Mehrheit dafür aus, „daß die Republik Slowenien ein selbständiger und unabhängiger Staat werden soll“. In **Kroatien** entschieden sich am 19. Mai 1991 mehr als 90 Prozent der Wähler in einem Referendum „für einen unabhängigen Staat Kroatien mit der Möglichkeit, mit anderen souveränen jugoslawischen Republiken eine Allianz einzugehen“.

Unterdessen waren alle innerjugoslawischen Bemühungen, einen minimalen Verfassungskonsens zu erreichen und die Eskalation der Spannungen zu verhindern, gescheitert. Der vom Staatspräsidium am 9. Jänner 1991 ultimativ vorgetragenen Forderung auf Entwaffnung aller illegalen militärischen Einheiten und Polizeikräfte wurde nicht entsprochen. Der Präsident des Staatspräsidiums, Borisav Jovic, erklärte, daß das „System als Ganzes seit langem nicht mehr funktioniere." Die Verhandlungen der sechs Republikspräsidenten brachten ebenfalls keinen Ausweg. Am 31. März begann im Nationalpark von Plitvice die Serie von Zusammenstößen zwischen Serben und kroatischer Polizei. Das serbische Lager verhinderte am 15. Mai (bis 1. Juli) die turnusmäßige Wahl des Kroaten Mesic zum Präsidenten des Staatspräsidiums.

Am 25. Juni erfolgte die Ausrufung der Unabhängigkeit in Slowenien und Kroatien. Trotz der militärischen Intervention durch die Jugoslawische Volksarmee erreichte **Slowenien** überraschend schnell sein Ziel; die Wirksamkeit der slowenischen territorialen Verteidigung, das relativ nicht so starke Interesse Serbiens an Slowenien (im Vergleich zu Kroatien) und eine erfolgreiche EG-Vermittlung spielten zusammen.

Hingegen entwickelte sich die Auseinandersetzung in **Kroatien** zum Bürgerkrieg zwischen Kroaten und Serben, wobei letztere immer offener von der Jugoslawischen Volksarmee unterstützt wurden. Waffenstillstandsvereinbarungen erwiesen sich als zumeist kurzlebig. In einer Reihe internationaler Erklärungen wurde festgestellt, daß die serbische Seite und die JVA die Hauptverantwortung für die Eskalation der Kämpfe trugen.

Allmählich vollzog sich auch in **Mazedonien** und in den nichtserbisch besiedelten Gebieten von **Bosnien-Herzegowina** ein politischer Absetzprozeß von Serbien und seinen Vorstellungen eines Rumpfjugoslawiens; auch diese Republiken erklärten ihre Souveränität und Unabhängigkeit.

Die Bundesinstitutionen verloren Repräsentativität und legale Autorität. Im kollektiven Staatspräsidium übernahm der serbische Block durch einen Staatsstreich auch formell am 3. Oktober die gesamte Macht und bildete ein Rumpfpräsidium. In der EG, welche diese Machtübernahme verurteilte, gewann die Option einer Anerkennung jener Republiken, die eine Unabhängigkeit anstreben, an Raum.

Die weitere Entwicklung in Jugoslawien brachte den Abzug des letzten Soldaten der Jugoslawischen Volksarmee aus Slowenien, eine Erhöhung der Spannungen in Bosnien-Herzegowina und die Brutalisierung des bewaffneten Konfliktes in Kroatien (Vukovar, Dubrovnik). Der Umfang der dadurch verursachten innerjugoslawischen Flüchtlingsbewegung stieg stark und per Jahresende 1991 auf ca. 600.000 Personen an.

Die **Wirtschaftsentwicklung** stand im Zeichen der politischen Krise. Jugoslawiens Regierung hatte noch Anfang 1990 eine ähnliche Stabilisierungspolitik wie Polen durchzuführen versucht. Die Auseinandersetzungen zwischen den Republiken und Nationen machten jedoch die anfänglichen Erfolge (die Inflationsrate ging bis Mitte 1990 zurück) völlig unwirksam.

Die Kriegsschäden in Slowenien, aber vor allem in Kroatien, führten zu erheblichen Verlusten am Volksvermögen und zu einem drastischen Rückgang des Sozialproduktes. Die Reformanstrengungen ließen überall – mit Ausnahme Sloweniens – nach.

Flüchtlinge innerhalb Jugoslawiens 1991 nach Teilrepubliken

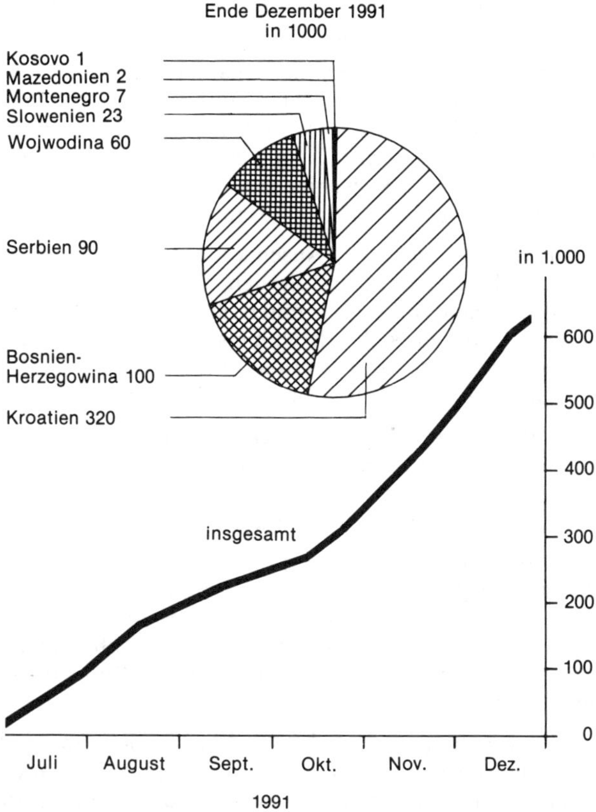

Quelle: Rotes Kreuz.
Grafik: Adaptiert vom Österreichischen Statistischen Zentralamt.

Die österreichische Haltung in der Jugoslawienkrise

Grundsätze

Österreich erkannte schon früh, daß die Entwicklungen in Jugoslawien in eine schwere und sich steigernde Krise führen, die vorhersehbare Eskalation in ihrer Folgewirkung über Jugoslawien hinausreichen und zu einer echten Gefahr für die Sicherheit auch im übrigen Europa werden könnten. Die Betroffenheit Österreichs als Nachbarstaat erklärt sein besonderes Interesse an den Ereignissen in Jugoslawien.

Zunächst war davon auszugehen, daß eine **Lösung** der Krise **durch Jugoslawien selbst** gefunden werden sollte. In zahlreichen Gesprächen und Appellen offizieller österreichischer Persönlichkeiten wurde daher dazu aufgerufen, jegliche Gewaltanwendung zu unterlassen und im Rahmen eines politischen Dialogs eine einvernehmliche Lösung herbeizuführen.

Als die Krise sich vertiefte, zog Österreich die Schlußfolgerung, daß Jugoslawien äußere Hilfe bei der Suche nach einer einvernehmlichen Lösung angeboten werden sollte. Darum trat Österreich schon frühzeitig für ein Tätigwerden der internationalen Gemeinschaft ein und machte in diesem Sinne eine Reihe von konkreten, operativen Vorschlägen, um zur Eingrenzung des Konflikts beizutragen.

Bundesminister Alois Mock hat die Grundsätze und Motive Österreichs in seiner Erklärung vor dem Nationalrat am 8. Juli 1991 aufgezählt:

1. *Die einzelnen Völker Jugoslawiens müssen die Möglichkeiten erhalten, ihre Zukunft nach den Grundsätzen des Selbstbestimmungsrechts, der Demokratie und der Menschenrechte zu gestalten – und zwar in Frieden.*
2. *Mit der Entscheidung für Unabhängigkeit und Eigenstaatlichkeit haben die Bürger Kroatiens und Sloweniens ihr Recht auf Selbstbestimmung demokratisch und eindeutig in Anspruch genommen.*
3. *Die Verwirklichung des Selbstbestimmungsrechts und die Neugestaltung des Verhältnisses zwischen den Völkern Jugoslawiens müssen im Wege des Dialoges und unter striktem Verzicht auf Gewalt durchgeführt werden.*
4. *Österreich lehnt alle Versuche ab, die Grenzen zwischen den Republiken Jugoslawiens mit Gewalt abzuändern.*
5. *Einen wesentlichen Bestandteil der künftigen Regelung müssen die verbindliche Garantie der Rechte aller Volksgruppen und deren gleichberechtigte Mitwirkung am politischen Entscheidungsprozeß bilden. Dies gilt natürlich auch für die Stellung der serbischen Volksgruppe in Kroatien.*
6. *Für das Leben aller Völker des heutigen Jugoslawien müssen die – in der Pariser KSZE-Charta festgelegten – Grundsätze der pluralistischen Demokratie, der Rechtsstaatlichkeit und der Einhaltung der Menschenrechte gelten.*
7. *Das Bemühen um eine wirkliche Stabilität bei unseren südöstlichen Nachbarn verlangt auch nach entschlossenen Maßnahmen zur Beendigung der Wirtschaftskrise und nach tiefgreifenden strukturellen Reformen in Richtung einer sozialen Marktwirtschaft.*

In den 80er Jahren hatte Österreich gehofft, daß sich das kommunistische Jugoslawien durch eine friedliche Umgestaltung in Richtung soziale Marktwirtschaft und Demokratie entwickeln würde und

„die laufenden politischen und wirtschaftlichen Reformen, insbesondere auch ein tiefgreifender Demokratisierungsprozeß, den Bestand Jugoslawiens innerhalb der bestehenden Grenzen weiterhin sicherstellen wird."

(Erklärung des Bundesministeriums für auswärtige Angelegenheiten betreffend Jugoslawien vom 2. Februar 1990)

Die **Reformbemühungen** wurden von Österreich auch **praktisch unterstützt**, z. B. durch Befürwortung der Einrichtung eines **EFTA-Fonds**, mit dem Strukturreformen in der Industrie finanziert werden sollten.

Die Hoffnungen auf eine friedliche Neuordnung Jugoslawiens erfüllten sich aber leider nicht. Zentrales und notwendiges Element von Reformen ist die Demokratisierung, die jedoch nicht bloß Teilbereiche, sondern das gesamte politische Leben erfassen muß. In Jugoslawien fand eine Demokratisierung aber nur auf der Ebene der Republiken, nicht auch auf Bundesebene statt, wodurch die Spannungen zwischen den alten, undemokratischen Bundesorganen und den demokratisch-legitimierten Einrichtungen der Republiken erhöht wurden. Der politische Wille zur Erhaltung des jugoslawischen Staates in seiner bisherigen Form verschwand. Nationale und nationalistische Strömungen wurden zunehmend politisch bestimmend. Angesichts dieser Entwicklung, welche schließlich in den bewaffneten Konflikt mündete, mußte auch Österreich zur Kenntnis nehmen, daß eine **verfassungsrechtliche Erneuerung Gesamt-Jugoslawiens nicht mehr möglich war** und einzelne Teilrepubliken, vor allem Slowenien und Kroatien, den Weg zur Eigenstaatlichkeit einschlugen.

Nach deren Unabhängigkeitserklärungen verlautbarte der Außenminister am 25. Juni 1991:

„Die von Slowenien und Kroatien getroffenen Entscheidungen entsprechen dem demokratisch zum Ausdruck gebrachten Willen der beiden Völker.

Demokratische Entscheidungen eines Volkes sind grundsätzlich zu respektieren. Die von Slowenien und Kroatien bekundete Absicht, die Gespräche über eine einvernehmliche Lösung mit den anderen Teilrepubliken und der Zentralregierung weiterzuführen, um ein möglichst hohes Maß an Gemeinsamkeit sicherzustellen, werden begrüßt.

Österreich wird aufgrund der freundschaftlichen Beziehungen zu Jugoslawien alles daran setzen, um eine Fortsetzung des bisherigen gutnachbarlichen Verhältnisses zu allen Teilrepubliken auch in der derzeit schwierigen Situation sicherzustellen."

Diese und alle vorangegangenen Erklärungen geben eine klare Antwort auf die manchmal vertretene Ansicht, Österreich hätte sich zu früh mit dem Zerfall des jugoslawischen Staates abgefunden oder gar zentrifugalen Tendenzen Vorschub geleistet.

Österreich hatte lediglich früher als andere die Unausweichlichkeit einer Entwicklung erkannt, derzufolge – nach einer Feststellung der von der EG-Friedenskonferenz über Jugoslawien eingesetzten Schiedskommission vom 7. 12. 1991 – die SFR Jugoslawien sich „im Prozeß der Auflösung“ befindet.

Österreich war stets bemüht, eine **Gesprächsbasis** mit **allen** jugoslawischen Teilrepubliken zu erhalten, insbesondere auch im Wege des Besuchsverkehrs, der allen jugoslawischen Teilrepubliken in gleicher Weise offenstand. So waren in den letzten Monaten des Jahres 1991 die Außenminister sämtlicher Teilrepubliken (einschließlich Serbiens) zu Gesprächen in Österreich. Eine Delegation österreichischer Parlamentarier besuchte im Juli/August 1991 in Belgrad nicht nur Vertreter der Zentralregierung, sondern auch der Republik Serbien und führte anschließend Gespräche in Laibach und Zagreb. Besonders ist zu erwähnen, daß die **Arbeitsgemeinschaft Donauländer** von Österreich auch deshalb geschätzt wird, weil hier ein weiteres Forum besteht, welches Serbien einschließt.

Die österreichische Gesetzgebung verbietet die Ein-, Aus- und Durchfuhr von **Kriegsmaterial** aus einem bzw. in ein Krisengebiet. Daher bewilligte Österreich seit Oktober 1989 weder Ausfuhren noch Durchfuhren von Kriegsmaterial nach Jugoslawien. Die Jugoslawien-Krise veranlaßte die Bundesregierung darüberhinaus im Juli 1991, Verordnungen gemäß dem Bundesgesetz über die Ein-, Aus- und Durchfuhr von Kriegsmaterial und gemäß dem Außenhandelsgesetz zu erlassen, um damit die Beschränkungen auch auf zivile Waffen und zivile Munition auszudehnen.

Die Reaktionen Österreichs in der Slowenienkrise

Die Slowenienkrise verdient ein eigenes Kapitel, denn die Militäraktion der Jugoslawischen Volksarmee wurde unmittelbar an der Grenze zu Österreich durchgeführt, was bei der österreichischen Bevölkerung verständlicherweise Unruhe auslöste. Die wichtigsten Ereignisse sind in der folgenden Chronologie festgehalten.

25. 6.: Unabhängigkeitserklärung Sloweniens

26. 6.: Vorladung des jugoslawischen Botschafters in das Außenministerium, wo ihm die österreichische Besorgnis über die sich anbahnende Militäraktion ausgedrückt und ein Appell an Jugoslawien gerichtet wird, Probleme durch politischen Dialog und ohne Gewaltanwendung zu lösen

27. 6.: Beginn der bewaffneten Auseinandersetzungen auf slowenischem Gebiet, wobei es unmittelbar an der österreichisch-jugoslawischen Grenze zu schweren Kampfhandlungen kommt, die auch österreichisches Gebiet durch Waffeneinwirkung in Mitleidenschaft ziehen

- Erhöhung der Bereitschaft des Bundesheeres, wobei Zurückhaltung demonstriert wird, um nicht falsche Signale an die Streitparteien in Jugoslawien auszusenden
- In einer gemeinsamen Erklärung von Außenminister Alois Mock und Innenminister Franz Löschnak werden die Anwendung militärischer Gewalt mit Bestürzung aufgenommen und der Appell für eine friedliche Krisenlösung wiederholt
- Österreich verlangt von Jugoslawien eine Erklärung über die ungewöhnlichen und unvorhergesehenen militärischen Aktivitäten entsprechend den KSZE-Vereinbarungen (Wiener Dokument 1990), was – wie später dargestellt – in der Folge auch den Anstoß zur Auslösung des politischen Krisenmechanismus der KSZE gibt

28. 6.: Durchführung österreichisch-italienisch-ungarischer Konsultationen

- Mehrfache Verletzungen des österreichischen Luftraumes durch die Luftwaffe der JVA; österreichischer Protest gegenüber Jugoslawien am 1. 7. 1991. Zum Schutz der eigenen Bevölkerung und zwecks Verhinderung eines Übertritts bewaffneter Gruppen nach Österreich wird ein Kontingent des Bundesheeres an die Grenze zu Jugoslawien verlegt

29. 6.: Die jugoslawische Antwortnote auf das österreichische Auskunftsersuchen vom 27. 6. wird überreicht, ist aber unbefriedigend und spricht von „ungerechtfertigten" österreichischen Truppenbewegungen, was Österreich zurückweist

1. 7.: Beobachtung der Grenzsicherungsmaßnahmen durch in Wien akkreditierte Militärattachés über österreichische Einladung

3. 7.: Verstärkung der österreichischen Verbände im Grenzraum. Höchststand am 3. 7. 1991: 6.500 Mann (zuzüglich Führungs-, Versorgungs-, Flieger- und Fliegerabwehrkräfte)

5. 7.: Beginn der Rückverlegung der österreichischen Verbände (abgeschlossen bis 10. 7.)

7. 7.: Abkommen von Brioni beendet die heiße Phase der Slowenienkrise

7. 7.: Jugoslawische Demarche wegen der österreichischen Haltung in der Slowenienkrise und der allgemeinen Jugoslawienpolitik (Vorwürfe: Einmischung, Unterstützung des Separatismus, Waffenlieferungen, Eintreten für ein Tätigwerden der Vereinten Nationen u. a.). Österreich weist diese Behauptungen am 16. 7. zurück.

Denkanstöße, Initiativen, Hilfsaktionen

Österreich war schon frühzeitig bestrebt, die internationale Aufmerksamkeit auf die krisenhafte Entwicklung in Jugoslawien zu lenken und Denkanstöße für einen Weg aus der Krise zu geben.

Die österreichischen Initiativen verfolgten das Ziel, die Menschenrechte zu sichern; bewaffnete Auseinandersetzungen zu verhindern bzw. nach ihrem Ausbruch zu beenden; Druck auf die verhandlungsunwilligen Konfliktparteien auszuüben; und – generell gesprochen – den politischen Dialog aufrechtzuerhalten.

Zu diesen Initiativen zählte der Einsatz für die albanische Volksgruppe im **Kosovo**, was später (Kapitel KSZE) behandelt wird.

Angesichts der Verschärfung der Auseinandersetzungen in **Kroatien** und nach den Vorfällen, die zu einem Massaker in Borovo Selo und zu Todesopfern in den Reihen der Jugoslawischen Volksarmee geführt hatten, machte Außenminister Alois Mock einen richtungsweisenden Vorschlag:

Eine Vermittlungsmission – **Weisen-Rat** genannt – sollte den Dialog zwischen den Streitparteien aufrechterhalten und neue Mechanismen entwickeln, um lokale und regionale Gewaltanwendung zu verhindern. Um das politische Gewicht der Europäischen Gemeinschaft zum Tragen zu bringen und jeden Verdacht einer Einmischung Österreichs auszuschließen, sollten die Persönlichkeiten für diese Mission (angesehene, aber nicht mehr aktive Staatsmänner) vornehmlich aus dem EG-Raum kommen oder von dort nominiert werden.

Weiters sollten europäische Rechtsexperten bei der Reform der jugoslawischen Verfassung behilflich sein. Außenminister Mock schlug dazu die Einschaltung der in Venedig unter den Auspizien des Europarates eingerichteten Kommission „Demokratie durch Recht“ vor.

Das Projekt des „Weisen-Rates“ stieß in Westeuropa vielfach auf positives Echo. Da keine Zustimmung der Belgrader Zentralbehörden zu erreichen war, konnte es aber nicht verwirklicht werden. Man hoffte damals in Belgrad noch, die Krise ohne Internationalisierung bewältigen zu können. Erst unter dem Eindruck der Ereignisse in Slowenien schlossen sich sowohl Belgrad als auch andere bis dahin noch zögernde Staaten der Erkenntnis an, daß der **innerjugoslawische Dialog** in eine Sackgasse geraten war und für seine **Fortführung internationale Hilfe** in Anspruch genommen werden mußte. Der Anstoß, den Österreich gegeben hatte, wurde und wird in verschiedenen europäischen Foren aufgenommen, insbesondere, und wie später dargestellt, von der KSZE und der EG.

Österreich begrüßte von Anfang an die Involvierung der **EG** und unterstützte den Vermittlungsprozeß einschließlich der Friedenskonferenz in Den Haag.

Als sich abzeichnete, daß diese Bemühungen im europäischen Rahmen zur Sicherung eines Waffenstillstandes nicht ausreichten, schlug Österreich auch eine Befassung des Sicherheitsrates der **Vereinten Nationen** und vor allem auch die Entsendung von Friedenstruppen vor.

Nach der Ablehnung des Lösungsvorschlages der EG-Friedenskonferenz unter Lord Carrington durch Serbien am 30. 10. 1991 und der Verurteilung der „unverhältnismäßigen und unterschiedslosen Gewaltanwendung der Jugoslawischen Volksarmee“ durch die EG-Außenminister am 5. 10. 1991 reagierte Österreich im Einklang mit der EG durch politische, wirtschaftliche und humanitäre Hilfestellung für Slowenien und Kroatien einerseits, durch **Sanktionen** gegen Serbien und Montenegro andererseits. Analog zur EG beschloß die Bundesregierung am 19. November 1991 u.a.:

- *Die sofortige* **Suspendierung** *und, unter Berücksichtigung der jeweiligen Kündigungsfristen,* **Kündigung der folgenden Abkommen***:*
  a) Abkommen über den Waren- und Zahlungsverkehr mit Jugoslawien vom 19. 9. 1967
  b) Abkommen über die wirtschaftliche, industrielle und technische Zusammenarbeit mit Jugoslawien vom 14. 4. 1972, BGBl. Nr. 78/1973,
  c) Abkommen über die Zusammenarbeit auf dem Gebiet des Fremdenverkehrs mit Jugoslawien vom 26. 7. 1973, BGBl. 138/1974.
- *Eintreten Österreichs für eine* **Aussetzung** *der Verhandlungen der EFTA-Staaten über den Abschluß eines* **Freihandelsabkommens** *mit Jugoslawien.*
- *Gleiche Vorgangsweise wie die EG hinsichtlich des PHARE-Programms, soweit Österreich involviert ist, und Eintreten für kompensatorische Maßnahmen zugunsten der kooperationswilligen Republiken.*
- *Nicht-Weiterverfolgung der Regierungsvorlage zur Schaffung eines EFTA-* **Fonds für Jugoslawien** *und Prüfung, im Rahmen der EFTA, seiner Umwandlung in ein Instrument zur wirtschaftlichen Förderung der kooperationswilligen Republiken.*
- *Eintreten Österreichs als Mitglied des Sicherheitsrates der VN für zusätzliche Maßnahmen zur Verstärkung der Effektivität des* **Waffenembargos** *gegen Jugoslawien.*

Bei der Anwendung dieser Sanktionen wird von österreichischer Seite Bedacht darauf genommen, daß die Auswirkungen nicht jene Republiken treffen, die bei der Suche nach einer Verhandlungslösung mit der EG kooperieren.

Österreich war eines der ersten Länder, die sich für die **Anerkennung** Sloweniens und Kroatiens sowie jener Republiken, die dies wünschten und die Voraussetzungen einer Anerkennung erfüllten, aussprachen. Österreich sah darin ein Mittel zur konstruktiven Beilegung der Jugoslawienkrise, weil eine Anerkennung den tatsächlich gegebenen Realitäten besser gerecht und eine günstigere Ausgangsbasis für die wirksame Einschaltung der internationalen Staatengemeinschaft bieten würde.

Alle maßgeblichen politischen Kräfte Österreichs sprachen sich für die Anerkennung aus. Meinungsverschiedenheiten gab es lediglich über den Zeitpunkt für diesen Schritt.

Außenminister Alois Mock begründete in einer Grundsatzerklärung vor dem Nationalrat am 8. Juli 1991 seine Position wie folgt:

„Zum einen entspräche eine Anerkennung dem demokratisch zum Ausdruck gebrachten Willen der Bevölkerung Kroatiens und Sloweniens.

Zum anderen trüge ein solcher Schritt der realen Situation Rechnung. Gerade durch das Blutvergießen der letzten Monate und die dadurch neu aufgerissenen Gräben zwischen den Völkern Jugoslawiens hat der Prozeß der Desintegration dieses Landes eine solche Dynamik erreicht, daß er nicht mehr aufgehalten werden kann. Niemand nimmt heute mehr an, daß Jugoslawien in seiner derzeitigen oder einer ähnlichen Form aufrechterhalten werden kann. Das künftige Verhältnis zwischen den Völkern Jugoslawiens muß auf der Verwirklichung ihres Selbstbestimmungsrechtes aufbauen. Je früher die internationale Gemeinschaft diesen Realitäten Rechnung trägt, desto eher kann dieser Prozeß beginnen.

Weiters stellt die Anerkennung einen Hebel zur stärkeren Internationalisierung der Krise dar. Der Konflikt zwischen den Völkern Jugoslawiens kann nicht mehr als innerstaatliche Angelegenheit qualifiziert werden.

Damit wären günstigere Voraussetzungen für die direkte Einschaltung weiterer internationaler Mechanismen des Krisenmanagements geschaffen. Dies gilt insbesondere auch für den Sicherheitsrat der Vereinten Nationen, der derzeit als einziges internationales Organ die rechtliche Befähigung besitzt, Zwangsmaßnahmen zur Wahrung der internationalen Sicherheit und des Friedens zu ergreifen.“

Bundeskanzler Franz Vranitzky führte in seiner Erklärung in derselben Nationalratssitzung am 8. Juli folgendes zur Anerkennung von Slowenien (die damals im Vordergrund stand) aus:

„Ich verkenne durchaus nicht die in erster Linie psychologische Wirkung, die eine solche Maßnahme für die Slowenen haben würde. Wir müssen uns aber auch darüber im klaren sein, daß wir es nach einem Anerkennungsschritt dann nicht mehr mit einer inneren Auseinandersetzung in Jugoslawien, sondern mit einem Konflikt zwischen zwei Staaten zu tun hätten, in dem Österreich als neutraler Staat zur striktesten Anwendung des Neutralitätsrechts und der Neutralitätspolitik verhalten wäre. Unser Handlungsspielraum wäre jedenfalls im Hinblick auf unsere Vermittlungsrolle ernsthaft zu bedenken, damit hier keine Unklarheiten oder Illusionen im Raum stehen bleiben.

Man muß sich auch darüber im klaren sein, daß mit der Anerkennung durch Österreich allein weder die inneren Probleme noch die internationalen Probleme gelöst wären. Ein Beispiel: die Westsahara ist bisher von an die 70 Staaten international als selbständiger Staat anerkannt worden. Weder an der politischen Problematik noch an der internationalen Situation der Westsahara hat sich damit etwas Wesentliches geändert. Wichtig ist es, eine politische Lösung zu finden, soweit als nur irgendwie möglich in einem europäischen Konsens zu agieren und damit die notwendigen Schritte zu erleichtern. Davon wird sich auch die österreichische Bundesregierung in allen weiteren Überlegungen in erster Linie leiten lassen.“

Der **Nationalrat** hat betreffend die völkerrechtliche Anerkennung von Kroatien und Slowenien drei Entschließungen gefaßt:

Am 8. Juli 1991 ersuchte er die Bundesregierung *„unter Berücksichtigung der internationalen Position Österreichs und bei Prüfung des Standpunktes der EG, Slowenien und Kroatien anzuerkennen, wenn die völkerrechtlichen Voraussetzungen hiefür vorliegen, und wenn dadurch nicht ein sich allenfalls konstruktiv entwickelnder Verhandlungsprozeß gestört wird.“*

Am 17. September 1991 ersuchte der Nationalrat die Bundesregierung in einer weiteren Entschließung, *„die Anerkennung Sloweniens und Kroatiens im Einklang mit anderen Staaten vorzunehmen.“*

Am 5. Dezember 1991 ersuchte der Nationalrat in einer einstimmig angenommenen Entschließung die Bundesregierung,

1. *die Anerkennung von Kroatien und Slowenien vorzunehmen und darüber im Lichte der Beschlüsse des UN-Sicherheitsrates und des diesbezüglichen Zeitplanes anderer europäischer Staaten in einer Sitzung des Ministerrates so schnell wie möglich zu entscheiden;*
2. *in jenem Schreiben, womit den beiden Republiken die Anerkennung ausgesprochen wird, folgendes zum Ausdruck zu bringen: „Österreich geht davon aus, daß dieses Staatswesen auf den auch in internationalen Vereinbarungen festgelegten Prinzipien der Demokratie, der Rechtsstaatlichkeit und der Achtung der Menschenrechte, einschließlich der Rechte aller Volksgruppen, beruht. Die volle Beachtung dieser Prinzipien, insbesondere die Sicherstellung der gleichberechtigten Mitwirkung aller Bevölkerungsgruppen an der politischen Willensbildung ist Voraussetzung für eine Aufnahme in den Kreis der demokratisch-pluralistischen Staaten Europas.*
3. *nach der Anerkennung darauf hinzuwirken, daß auch andere Staaten Kroatien und Slowenien anerkennen und insbesondere gemeinsam mit den Staaten der EG und der Gruppe der 24 Industrieländer ein großzügiges Wiederaufbauprogramm einzuleiten und daran tatkräftig mitzuwirken.“*

Ferner hatte auch die **Konferenz der österreichischen Landeshauptmänner** am 29. November 1991 in einer Entschließung die sofortige Anerkennung Sloweniens und Kroatiens gefordert.

Die Bundesregierung **beschloß** am 10. 12. 1991, daß „Österreich die Republiken Slowenien und Kroatien völkerrechtlich **anerkennen** wird, wenn dies im Einklang mit dem diesbezüglichen Zeitplan anderer europäischer Staaten steht“.

Am 16./17. 12. 1991 einigten „sich die EG und ihre Mitgliedstaaten, die Unabhängigkeit aller jugoslawischen Republiken, welche die untenstehenden Kriterien erfüllen, anzuerkennen. Die Umsetzung dieser Entscheidung wird am 15. Jänner 1992 erfolgen“. Zu den Kriterien zählten die Anerkennung der UN-Charta, der KSZE-Prinzipien einschließlich Menschenrechte, Minderheitenschutz, Unverletzlichkeit der Grenzen; Übernahme von Verpflichtungen im Zusammenhang mit Abrüstung und Nichtweiterverbreitung von Atomwaffen; Bereitschaft zur Regelung von Streitigkeiten im Schiedswege; Annahme des Haager Konventionsentwurfes, insbes. Kapitel 2 betr. Menschenrechte und nationale oder ethnische Gruppen; Unterstützung der Bemühungen von GS und SR der VN; Bereitschaft zur Fortsetzung der Haager Konferenz.

Für den Fall, daß die mit der Prüfung dieser Kriterien beauftragte Schiedskommission betreffend eine Republik eine negative Stellungnahme abgeben sollte, lag laut Presseerklärung des niederländischen Ratsvorsitzenden, Außenminister Hans van den Broeks, die politische Entscheidung über die Anerkennung bei den zwölf Mitgliedsstaaten.

Außenminister Mock berichtete am 17. Dezember dem Parlament über den Beschluß der Bundesregierung vom 10. 12. 1991 betreffend die völkerrechtliche Anerkennung von Slowenien und Kroatien und über den erwähnten EG-Beschluß.

Am 15. Jänner 1992 setzte Österreich die für eine Anerkennung innerstaatlich erforderlichen Schritte und übermittelte, wie eine Reihe anderer europäischer Staaten, noch am selben Tag die entsprechenden Anerkennungsschreiben an die Außenminister von Slowenien und Kroatien. Gleichzeitig wurden die Generalkonsulate in Agram und Laibach in Botschaften umgewandelt.

Humanitäre und wirtschaftliche Hilfe

Die **Österreichische Bundesregierung** stellte im Jahre 1991 25 Millionen Schilling an **humanitärer Hilfe in Jugoslawien** zur Verfügung, die über verschiedene Organisationen (ÖRK, Caritas, IKRK, Malteser Hospitaldienst, Österreichisches Hilfswerk usw.) verteilt wurden.

Auch die Bundesländer beteiligten sich an dieser Hilfe:

Steiermark[1])
Sachspenden im Wert von 200.000,– Schilling (Steiermärkische Krankenhaus Ges.m.b.H.)

---

[1]) Die Übersicht über die humanitäre Hilfe der Bundesländer und der karitativen Organisationen ist unvollständig, da die entsprechenden Informationen nicht zentral erfaßt werden.

Tirol
3 Millionen Schilling (Landesregierung) für Kroatien

Vorarlberg
800.000,– Schilling (Landesregierung) für Kroatien.

Unter Einsetzung der von der Österreichischen Bundesregierung bereitgestellten und der durch Spenden eingegangenen Mittel (zum Teil auch aus eigenen Katastrophenfonds) erbrachten die (wichtigsten) **österreichischen Trägerorganisationen** bis Jahresende folgende Hilfsbeträge für Sachspenden (Medikamente, medizinische Geräte, Lebensmittel, Textilien etc.):

ÖRK 10 Millionen
Caritas 12,7 Millionen
Österreichisches Hilfswerk 11 Millionen
Malteser Hospitaldienst – Betrag noch nicht bekannt
CARE 213.000,– (Sachspenden an die Polyklinik Zagreb).

Für die unten behandelte „Evakuierungsaktion" wird CARE-Österreich eine Summe von 1 Million Schilling (nach Maßgabe eingegangener Spenden) beitragen.

Die Bundesregierung bewilligte dem BMI zusätzlich insgesamt 25 Millionen Schilling für in Österreich befindliche **Flüchtlinge** (de facto-Flüchtlinge) aus Kroatien.

Ende 1991 befanden sich laut Auskunft der Ämter der Landesregierungen insgesamt ca. 11.345 **de-facto-Flüchtlinge** aus Jugoslawien in den österreichischen Bundesländern:

Wien	3.600
Niederösterreich	1.000
Burgenland	1.300
Oberösterreich	500
Steiermark	1.000
Kärnten	530
Salzburg	341
Tirol	574
Vorarlberg	2.500

Die Flüchtlinge sind zum überwiegenden Teil in Familien (auch bei Gastarbeiterfamilien) untergebracht; ansonsten in Beherbergungsbetrieben, Klöstern, Pfarren, karitativen Vereinen. Die Betreuung bzw. Finanzierung fußt auf einer konzertierten Aktion des BMI mit den jeweiligen Bundesländern auf der Basis von Förderungsverträgen (Kostenverteilungsschlüssel 1 : 1). Für Sozialversicherung kommen finanziell die Länder auf.

Die Bundesregierung beschloß am 12. 11. 1991 im Wege des UNHCR 1 Million Schilling für Kroatien-Flüchtlinge in Ungarn zur Verfügung zu stellen.

Das Land Steiermark übergab aus dem Landesbudget Sachspenden (Medikamente-Babynahrung) im Wert von 200.000 Schilling für Flüchtlinge aus den Konfliktgebieten in Ungarn an die Behörden in Pecs.

In der Nacht vom 5. auf 6. 12. traf ein **Evakuierungszug** mit **850 Kindern und Frauen** aus den Kampfgebieten Vukovar/Vinkovci in Österreich ein. 550 Personen wurden vom Österreichischen Hilfswerk, 200 vom Land Steiermark, 100 von der Stadt Graz direkt in die Betreuung übernommen.

Auf Ersuchen Sloweniens und Kroatiens übernahm es das Bundesministerium für auswärtige Angelegenheiten, entsprechend der österreichischen Tradition humanitärer Außenpolitik, Bürgern dieser beiden Republiken in dringenden humanitären Fällen durch die **österreichischen Berufsvertretungen im Ausland die erforderliche Hilfe zu leisten**, wenn sie diese nicht anders erhalten können und daher die österreichische Vertretungsbehörde darum ersuchen. Nach Besprechung der technischen Einzelheiten und Schaffung der nötigen Voraussetzungen trat diese Hilfeleistung, die grundsätzlich auch Angehörigen anderer Republiken des ehemaligen Jugoslawien offen steht, in Kraft.

Österreich ist bereit, bilateral und multilateral beim **Wiederaufbau** und der Entwicklung der Wirtschaft mitzuarbeiten; der obenerwähnte Sanktionenbeschluß der Bundesregierung ist dabei zu berücksichtigen. Hilfe auf wirtschaftlichem Gebiet war Gegenstand von Gesprächen, die eine **Fact-finding-Mission** unter Leitung des BMaA und Teilnahme von BKA, BMF sowie der BWK am 4./5. Dezember in Slowenien und Kroatien führte. Eine Reihe von konkreten Vorhaben, besonders auf dem Energie- und Verkehrssektor und im Außenhandel, sind in Beratung.

Die Internationalisierung

Die internationale Gemeinschaft beschäftigte sich erst seit der Slowenienkrise intensiver mit den Ereignissen in Jugoslawien, wobei folgende Bemühungen im Vordergrund standen:

Die Konferenz über Sicherheit und Zusammenarbeit in Europa (KSZE)

Bereits im August 1990 hatte Österreich (wie auch einige andere KSZE-Staaten) gemäß der ersten Stufe des **„KSZE-Mechanismus der Menschlichen Dimension“** eine Aufforderung an Jugoslawien gerichtet, zu den andauernden und schweren Menschenrechtsverletzungen im Kosovo Stellung zu nehmen. Die Antwort darauf war nach österreichischer Ansicht unbefriedigend. Als auch nach den in allen Teilrepubliken durchgeführten Wahlen keine Besserung eintrat, wurde daher am 28. März 1991 gemäß Stufe zwei dieses Mechanismus ein bilaterales Treffen zur Erörterung der Lage im Kosovo verlangt. Auch nach diesem ergebnislosen Treffen

(Belgrad, 8. und 9. Mai) mußte Österreich immer wieder auf die sich weiter verschlechternde Situation im Kosovo verweisen.

Der Österreichische Nationalrat verabschiedete am 17. April 1991 eine Entschließung, in der Maßnahmen zugunsten der albanischen Volksgruppe in Jugoslawien verlangt werden.

Die Menschenrechtssituation in allen Teilen Jugoslawiens war Gegenstand einer **KSZE-Berichterstattermission**, die vom Ausschuß Hoher Beamter am 22. Oktober 1991 beschlossen und im Dezember 1991/Jänner 1992 durchgeführt wurde. Der Besuch umfaßte auch den Kosovo.

Zur ersten ausführlicheren Diskussion der krisenhaften Entwicklung kam es anläßlich des zweiten Treffens des **Ausschusses Hoher Beamter** in Prag am 23. und 24. Mai. Zu diesem Zeitpunkt wurde von den meisten Delegationen aber noch eine innerjugoslawische Regelung des Problems angestrebt.

Der **Rat der KSZE-Außenminister**, der zum ersten Mal am 18./19. Juni in Berlin tagte, verabschiedete eine Erklärung zur Lage in Jugoslawien mit der Bereitschaft, alle Bemühungen um eine positive demokratische und wirtschaftliche Entwicklung Jugoslawiens nach Kräften zu unterstützen. Alle Konfliktparteien wurden aufgefordert, ihre Anstrengungen für eine friedliche Lösung der anstehenden Probleme zu verdoppeln. Erstmals wurden jene **Krisenmechanismen** der KSZE in Gang gesetzt, die zumindest die Einberufung von KSZE-Treffen nicht mehr an die Zustimmung aller KSZE-Staaten binden: **Österreich** und **Italien** übermittelten am 27. Juni gemäß den Bestimmungen des Wiener VSBM-Dokumentes 1990 (**Mechanismus in Bezug auf ungewöhnliche militärische Aktivitäten**) an Jugoslawien ein Ersuchen um Aufklärung hinsichtlich der Aktivitäten der Jugoslawischen Volksarmee (JVA) in Slowenien, bei denen es auch zu Verletzungen österreichischen Hoheitsgebiets gekommen war. In seiner Antwortnote begründete Jugoslawien das Eingreifen der JVA mit dem Beschluß der jugoslawischen Bundesorgane zur Wiederherstellung der staatlichen Integrität Jugoslawiens, die durch Slowenien in Frage gestellt worden sei. Gleichzeitig wurde Österreich aufgefordert, die militärischen Aktivitäten an der Grenze zu Slowenien (Sicherungseinsatz des Bundesheeres) zu beenden. Da diese Antwort nicht befriedigen konnte, ersuchte Österreich um ein Treffen aller KSZE-Teilnehmerstaaten. Dieses Treffen fand am 1. Juli im Konsultativausschuß des **Konfliktverhütungszentrums** (Wien) statt. Der Konsultativausschuß forderte in einer Erklärung eine sofortige Waffenruhe und die Rückkehr der Einheiten der jugoslawischen Volksarmee und der slowenischen Territorialverteidigung in ihre Unterkünfte. Damit waren aber die Möglichkeiten dieses Mechanismus erschöpft.

Auch **Ungarn** wandte (im August 1991) diesen Mechanismus bezüglich ungewöhnlicher militärischer Aktivitäten an; ein bilaterales Treffen mit Jugoslawien wurde – ebenfalls ohne befriedigendes Ergebnis – abgehalten.

Auf Ersuchen Luxemburgs (Vorsitz der EG) und mit Unterstützung 15 weiterer Staaten (darunter Österreich) fand sodann am 3. und 4. Juli in Prag ein Treffen des Ausschusses Hoher Beamter (AHB) gemäß den Bestimmungen des erst zwei Wochen zuvor bei der Ratstagung der KSZE-Außenminister in Berlin beschlossenen „**Mechanismus für Konsultationen und Zusammenarbeit in dringlichen Situationen**“ statt. Bei diesem und den folgenden Treffen des AHB wurden im wesentlichen die Beschlüsse der EG in Bezug auf Jugoslawien (Entsendung einer Beobachtermission, Vereinbarung von Brioni, Abhaltung einer Friedenskonferenz in Den Haag) unterstützt und in einen gesamteuropäischen Rahmen gestellt. An der Beobachtermission in Jugoslawien beteiligten sich neben den EG-Staaten auch Norwegen, Polen, die CSFR und Schweden.

Bei seinem Treffen am 29. November unterstützte der Ausschuß Hoher Beamter die UN-Sicherheitsratsresolution 721 mit dem Hinweis, daß die Stationierung von UN-Friedenstruppen keinesfalls eine gewaltsame Veränderung der innerjugoslawischen Republiksgrenzen legitimieren dürfe. Das Scheitern aller Waffenstillstandsvereinbarungen, die Kriegsführung der jeder politischen Kontrolle entzogenen JVA in Kroatien, die Übernahme der jugoslawischen Bundesorgane durch den serbischen Block und der weitgehend ergebnislose Verlauf der Haager Friedenskonferenz führten im Kreis der KSZE-Staaten Ende 1991 zu einer wachsenden Ernüchterung. Die Repräsentativität der jugoslawischen Delegation in den KSZE-Gremien wurde immer stärker in Frage gestellt.

Die Europäische Politische Zusammenarbeit (EPZ)

Wegen ihrer Dauer, Komplexität und vor allem auch wegen ihrer Auswirkungen auf ganz Europa beschäftigte die Jugoslawien-Krise im Jahr 1991 die EPZ mehr als irgend eine andere außenpolitische Frage. Mit ihren Bemühungen um konkretes Krisenmanagement in Europa betrat die EG außen- und **sicherheitspolitisches Neuland**, wobei die unterschiedlichen Positionen der einzelnen EG-Staaten auf einen Nenner gebracht werden mußten.

Unmittelbar nach dem Ausbruch offener Kampfhandlungen in Slowenien entschloß sich die EG zu einer **Vermittlungsaktion** der Außenminister-“Troika“ (Vorsitzland, vorherige und nächstfolgende Präsidentschaft) vor Ort. Ihr Erfolg war das **Abkommen von Brioni** (7. Juli), das die Kämpfe in Slowenien beendete, in der Folge zum Abzug der Jugoslawischen Volksarmee führte und den Weg für die Erlangung der Selbständigkeit Sloweniens frei machte. In Brioni einigte man sich auch auf die Entsendung internationaler **Beobachter** zur Überwachung des Waffenstillstandes nach Slowenien, die später auch auf Kroatien und Bosnien-Herzegowina ausgedehnt wurde.

Die noch andauernde Phase der EG-Vermittlungstätigkeit steht im Zeichen der sogenannten **„Konferenz über Jugoslawien"**, die erstmals am 7. September unter dem Vorsitz von Lord Carrington in Den Haag zusammentrat. Es kam zu Vorschlägen einer gesamthaften Lösung der Jugoslawien-Frage, jedoch zu keiner Einigung.

Die ständigen Verletzungen der Waffenstillstandsabkommen in Kroatien sowie die Zurückweisung der EG-Vermittlungsvorschläge veranlaßten am 8. 11. 1991 die EG, eine Reihe von Sanktionen gegen Jugoslawien zu verhängen, die am 2. 12. auf die nicht kooperationswilligen Teilrepubliken Serbien und Montenegro eingegrenzt wurden.

In den ersten Monaten der Krise orientierte sich die EG noch stark an der Vorstellung, die staatliche Einheit eines erneuerten Jugoslawien aufrechterhalten zu können. Das änderte sich mit der fortschreitenden Ausweitung und Brutalisierung des Konfliktes.In der EPZ drängte daher vor allem die Bundesrepublik Deutschland auf eine möglichst rasche **Anerkennung** von Slowenien und Kroatien. Am 16./17. 12. 1991 einigten sich die EG-Staaten, wie oben dargestellt, auf ein einheitliches Vorgehen. Als Vertreter eines von der Jugoslawien-Krise besonders stark berührten Landes hatte Bundesminister Alois Mock durch seine regelmäßigen Kontakte mit den Außenministern der wichtigsten EG-Staaten zu einer Sensibilisierung beigetragen und sich dabei auch immer wieder für die Anerkennung der veränderten Realitäten eingesetzt.

Vereinte Nationen

Als sich im August abzuzeichnen begann, daß die Bemühungen der EG den Frieden nicht herbeiführen konnten, verlangten Österreich und eine Reihe anderer Staaten eine Befassung des Sicherheitsrates der Vereinten Nationen mit der Jugoslawienkrise. Österreich wies den Sicherheitsrat am 7. August schriftlich auf die jüngsten Entwicklungen hin und beantragte als erstes Sicherheitsrat-Mitglied am 19. September eine dringende Erörterung der sich verschlechternden Situation in informellen Konsultationen der Sicherheitsratsmitglieder.

Nachdem sich zunächst eine Reihe von Mitgliedsstaaten gegen eine Behandlung im Sicherheitsrat ausgesprochen hatte, gelang es nach einer positiven Stellungnahme des jugoslawischen Außenministers Loncar, am 25. September einen einstimmigen Beschluß des Rates über die Resolution 713 zu erreichen.

In dieser Resolution wurde eine Bedrohung des Friedens festgestellt, womit eine Voraussetzung für Beschlüsse des Sicherheitsrats gemäß Kapitel VII der Satzung der Vereinten Nationen (Zwangsmaßnahmen) vorlag. Demgemäß beschloß der Sicherheitsrat ein für alle Staaten verpflichtendes und vollständiges **Waffenembargo** gegenüber Jugoslawien.

Weiters wurde erstmals das Kapitel VIII der Satzung der Vereinten Nationen zitiert, welches u. a. vorsieht, daß örtlich begrenzte Streitigkeiten durch „regionale Sicherheitsorganisationen" beigelegt werden können. Ausdrücklich unterstützt die **Resolution 713** die Friedensbemühungen der EG und die Entsendung von Beobachtern.

Der Sicherheitsrat beauftragte den **Generalsekretär** der Vereinten Nationen, seine Unterstützung bei der Friedenssuche anzubieten, und beschloß ferner, bis zur Herbeiführung einer friedlichen Lösung mit der Angelegenheit befaßt zu bleiben.

Generalsekretär Perez de Cuellar ernannte am 8. Oktober den früheren Außenminister der USA, Cyrus Vance, zu seinem **persönlichen Beauftragten** für die Jugoslawienkrise.

Am 14. Oktober nahm C. Vance an einer Sitzung der Haager Friedenskonferenz teil und führte in der Folge mit den Präsidenten der sechs jugoslawischen Republiken sowie mit anderen jugoslawischen Politikern Gespräche. Im Bericht des UN-Generalsekretärs vom 25. Oktober an den Sicherheitsrat über diese erste Vance-Mission wurde festgestellt, daß die Gefahr für den Frieden deutlich zugenommen habe, die Jugoslawische Volksarmee unter keiner politischen Führung durch eine allgemein anerkannte zivile Autorität stehe, daß Teile der Bevölkerung aus eroberten Gebieten vertrieben würden, ein klares Bedürfnis nach objektiver Information, neutraler Verifikation und Vermittlung von lokalen Waffenstillständen und anderen Vereinbarungen bestehe; und das vom Sicherheitsrat beschlossene Waffenembargo nicht eingehalten werde.

Die **Nachbarstaaten** wurden in dem Bericht aufgefordert, alle Handlungen zu unterlassen, welche zur Vergrößerung der Spannungen in Jugoslawien beitragen, und auf ihre besondere Verantwortung in diesem Zusammenhang aufmerksam gemacht.

Daher erklärte der österreichische Vertreter im Sicherheitsrat bei der Behandlung des Berichtes, daß sich Österreich als Nachbarstaat seiner besonderen Verantwortung für die Sicherheit der Region voll bewußt sei, gerade deshalb schon früh auf die gefährlichen Dimensionen des Konfliktes aufmerksam gemacht habe und für eine Ausweitung der Maßnahmen des Sicherheitsrates eintrete, um den Frieden wiederherzustellen.

In diesem Zusammenhang wurde Cyrus Vance zu einem Besuch nach Österreich eingeladen, der dann auch am 7. November stattfand.

In der Folge konzentrierte sich die Diskussion über ein weiteres Engagement der VN vor allem auf zwei Fragenkomplexe. Jene EG-Staaten, die Mitglieder des Sicherheitsrates sind, setzten sich für die Verhängung eines **Erdölembargos** ein, was aber auf den Widerstand Chinas und der meisten anderen nicht-paktgebundenen Mitglieder des Sicherheitsrats stieß. Österreich unterstützte diese EG-Initiative, war dabei aber besonders an der selektiven Anwendung einer solchen Maßnahme bzw. an Kompensationen für die kooperationswilligen Republiken interessiert.

Im Mittelpunkt des österreichischen Interesses stand jedoch von Anfang an die Entsendung **friedenserhaltender Einheiten** der Vereinten Nationen nach Jugoslawien. Am 15. November teilte Generalsekretär Perez de Cuellar dem Sicherheitsrat dazu mit, daß nunmehr alle Streitteile im Bürgerkrieg der Idee einer friedenserhaltenden Aktion der Vereinten Nationen positiv gegenüberstünden. Zur Realisierung dieser Aktion berief Cyrus Vance am 23. November ein Treffen der Präsidenten Serbiens und Kroatiens sowie des jugoslawischen Verteidigungsministers nach Genf. Die dort erzielte Einigung sah die Aufhebung der Blockade der Kasernen der Jugoslawischen Volksarmee und ihren Abzug aus Kroatien, die Einhaltung des vereinbarten Waffenstillstands und schließlich die Gewährung von humanitärer Hilfe vor.

Damit war am 27. November die Verabschiedung der **Resolution 721** mit einer Absichtserklärung des Sicherheitsrates möglich, nach Vorliegen der Empfehlungen des Generalsekretärs über die Entsendung von Friedenstruppen unverzüglich einen Beschluß zu fassen.

Die Belgrader Botschafter jener europäischen Staaten, die Sicherheitsrats-Mitglieder sind, somit auch der österreichische Botschafter, sowie der Vertreter der USA forderten die Einhaltung der Genfer Vereinbarung in einer Vorsprache beim jugoslawischen Verteidigungsminister; eine analoge Demarche fand in Agram statt.

Die Pläne von Cyrus Vance sehen vor, die **friedenserhaltenden Truppen der Vereinten Nationen** in den Gebieten Kroatiens mit serbischer Mehrheit oder signifikanter serbischer Minderheit zu stationieren. Diese Gebiete sollten **entmilitarisiert** werden, wobei die UN-Truppen die Entmilitarisierung kontrollieren würden. UN-Polizeieinheiten sollten die Amtsführung der lokalen Polizei überwachen, um sicherzustellen, daß es zu keiner ethnischen Diskriminierung kommt. Den Flüchtlingen sollte das Recht auf Rückkehr in ihre Heimat unter Aufsicht der Vereinten Nationen eingeräumt werden.

Die Fortsetzung und Steigerung der Kämpfe sowie die Ablehnung von Friedenstruppen durch lokale serbische Führer verhinderten aber zunächst die Durchführung dieses Plans .

Das vorläufig negative Ergebnis der Bemühungen von Cyrus Vance wurde vom Sicherheitsrat am 14. Dezember mit **Resolution 724** zur Kenntnis genommen. In derselben Resolution beschloß der Rat aber die Entsendung eines kleinen Teams, dem auch Soldaten angehören, nach Jugoslawien, um die mögliche friedenserhaltende Operation vorzubereiten. Zudem wurde ein Komitee des Sicherheitsrats zur Überwachung des mit Resolution 713 beschlossenen Waffenembargos eingesetzt.

Weiters wurden alle Staaten erneut aufgefordert, alles zu unterlassen, was zu einer Erhöhung der Spannungen beitragen könnte. In diesem Zusammenhang richtete Generalsekretär Perez de Cuellar am 10. Dezember einen Brief an die EG-Präsidentschaft, in welchem er insbesondere davor warnte, die Republiken Jugoslawiens anzuerkennen, weil dies negative Folgen für die Entwicklung in Jugoslawien und insbesondere für die bisher noch nicht vom Bürgerkrieg erfaßten Republiken hätte. Der österreichische Vertreter bei den Vereinten Nationen wies demgegenüber den Generalsekretär darauf hin, daß die Anerkennung der Republiken nach österreichischer Auffassung keine Schwächung, sondern eine Stärkung des Friedens in Jugoslawien bringen würde.

Mit der **Resolution 727** setzte der Sicherheitsrat am 8. Jänner 1992 einen weiteren Schritt zur Konkretisierung einer friedenserhaltenden Operation; er unterstützte darin die Absicht des Generalsekretärs, unverzüglich eine Gruppe von bis zu 50 **Verbindungsoffizieren** nach Jugoslawien zu senden, die zur Aufrechterhaltung der auch nach der 15. Vereinbarung (abgeschlossen am 2. Jänner in Sarajevo unter der Schirmherrschaft von C. Vance) weiterhin brüchigen Waffenruhe beitragen sollen.

UNESCO

Im Zusammenhang mit den Kampfhandlungen in Dubrovnik setzte Österreich auch mehrfach entsprechende Initiativen zum Schutz der Kulturgüter. Die 26. Generalkonferenz der UNESCO widmete über österreichischen Anstoß am 25. Oktober dieser Problematik eine Sondersitzung des Plenums und verabschiedete einen gemeinsamen Appell an die Konfliktparteien, die Bestimmungen der Haager Konferenz zum Schutz von Kulturgut in bewaffneten Konflikten einzuhalten und sich insbesondere aus Dubrovnik zurückzuziehen. Ein gleichartiger Appell wurde auch vom Generalsekretär der Vereinten Nationen und dem Generaldirektor der UNESCO an alle Beteiligten gerichtet. Die Entsendung eines persönlichen Vertreters des Generaldirektors der UNESCO in das Krisengebiet geht ebenfalls auf eine österreichische Anregung zurück.

Europarat

Um die Lösung der Jugoslawienkrise bemühten sich im Europarat vor allem auch die österreichischen Parlamentarier.

Abgeordneter Peter Schieder brachte als Berichterstatter zum Thema „Sicherheit und Zusammenarbeit in Europa“ sowie als Vorsitzender der Sozialistischen Gruppe im Europarat anläßlich der Sommersitzungen in Helsinki am 28. Juni 1991 aufgrund der militärischen Aktionen in Jugoslawien zwei Abänderungsanträge zu seinem Bericht ein, die von der Parlamentarischen Versammlung angenommen wurden und in denen die tragischen Ereignisse in Jugoslawien nach der Unabhängigkeitserklärung der Republiken Kroatien und Slowenien bedauert und die militärischen Aktionen verurteilt werden. Dem Ministerkomitee wird empfohlen, den neuen Krisenmechanismus der KSZE in Gang zu setzen (**Empfehlung 1158/1191**).

Abgeordneter Friedrich König brachte zum Bericht über die Krise in Jugoslawien im September 1991 einen Abänderungsantrag ein, der die Entschließung 969 dahingehend erweiterte, daß eine Anerkennung der Republiken, die ihre Unabhängigkeit proklamiert haben, ins Auge gefaßt wird (**Entschließung 969/1191**).

Nach dem Beschluß des Europarates am 8. Oktober zur Aussetzung der Zusammenarbeit mit Jugoslawien war es vor allem notwendig, im Hinblick auf die einzelnen Republiken eine differenzierte Vorgangsweise zu entwikkeln. Die von österreichischen Parlamentariern gesetzte Initiative, Slowenien einen Sondergaststatus beim Europarat zu verleihen, ging in diese Richtung.

Das Ende der Sowjetunion

In den letzten Tagen des Jahres 1991 hat eine der Jahrzehnte lang das internationale Geschehen mitbestimmenden Weltmächte zu existieren aufgehört. Der Zerfall der Sowjetunion in zwölf – unter Berücksichtigung der bereits früher selbständig gewordenen baltischen Staaten fünfzehn – Republiken bringt vorerst in vielen Bereichen noch gar nicht absehbare Auswirkungen auf die weltpolitische Machtstruktur. Infolge der geographischen Nähe, der vielfältigen Verbindungen und Kontakte in einer Vielzahl von Sachgebieten, des gesamteuropäischen Zusammenhangs und nicht zuletzt infolge starker historischer Bezüge hat diese Entwicklung auch große Bedeutung für Österreich.

Österreich hat – so wie die übrigen Mitglieder der Staatengemeinschaft – den Zerfall der Sowjetunion zur Kenntnis genommen, die neuen Republiken anerkannt und ihnen die Aufnahme diplomatischer Beziehung vorgeschlagen. Es sieht diese nunmehr geschaffenen Tatsachen als eine der vielen Phasen der Politik der Perestrojka und Glasnost, welche die letzten Jahre des Geschehens in der Sowjetunion prägten. Die internationale Gemeinschaft – und mit ihr Österreich – gehen davon aus, daß es auch im wohlverstandenen Interesse der neuen Republiken liegt, die Interessen der übrigen Staaten zu repektieren. Vorrangig unter diesen sind die Sorge um eine wirksame Kontrolle der strategischen und taktischen Nuklearwaffen sowie die Einhaltung der von der Sowjetunion eingegangenen Verpflichtungen zur konventionellen Abrüstung.

Österreich nahm 1991 wiederholt zu wichtigen Ereignissen in der UdSSR Stellung und bekundete seine große Anteilnahme an den dort stattfindenden Entwicklungen: Als Beispiele hiefür seien die tragischen Ereignisse in Litauen und Lettland im Jänner, der – kurz darauf – gescheiterte Umsturz vom 19. August und die Bildung der Gemeinschaft Unabhängiger Staaten im Dezember angeführt. Auf den Inhalt dieser österreichischen Reaktionen wird im folgenden noch näher eingegangen.

Im Ablauf des Geschehens des Jahres 1991 in der UdSSR sieht Österreich auch eine Ausübung des Selbstbestimmungsrechtes, also eine Folge von Demokratisierung und Pluralisierung. Das besonders starke Engagement Österreichs zum Schutz und zur Förderung der Menschen-, insbesondere der Minderheitenrechte muß gegenüber einer Staatengruppe, in der weit mehr als 100 Nationalitäten und Volksgruppen oft auf engstem Raum zusammenleben, besonders zum Ausdruck kommen. Die offiziellen Schreiben Österreichs zur Anerkennung der neuen Staaten enthalten daher auch sehr deutliche Aussagen zu diesem wichtigen österreichischen Anliegen.

Die Entwicklung bis zum August 1991

Die Umwälzungen und dramatischen Ereignisse, welche sich im Jahr 1991 – der Zeitraum fällt mit leichten Verschiebungen mit den symbolträchtigen Rücktritten von A. M. Schewardnadse (20. 12. 1990) und M. S. Gorbatschow (25. 12. 1991) zusammen – zugetragen haben, wirken wie ein Konzentrat dessen, was schon den Entwicklungen in den Jahren zuvor mehr oder weniger deutlich zugrunde gelegen hatte: Ein Ringen zwischen konservierenden und transformierenden Kräften im Sinne von systemerhaltenden und systemüberwindenden Reformkursen.

Seit dem Nichtzustandekommen eines von Michail Gorbatschow und Boris Jelzin gemeinsam getragenen Wirtschaftsreformprogrammes im Herbst 1990 wurde zunächst eine Antagonisierung zwischen diesen beiden widerstreitenden Kräften deutlich. Auf dem **4. Kongreß der Volksdeputierten der UdSSR** Ende Dezember 1990 war die von Präsident Gorbatschow angestrebte Verlagerung von der Partei- auf die Staatsebene in Richtung Schaffung eines ausgeprägten Präsidialsystems mit der Einführung des Amtes eines Vizepräsidenten und eines an die Stelle des Ministerrates tretenden, nun direkt dem Präsidenten unterstellten Ministerkabinetts formal fortgesetzt worden. Die im Zuge dieser neuerlichen Teilreform der obersten Staatsorgane getroffenen Personalentscheidungen waren aber von **Machterhaltungs- bzw. Restaurierungsbestrebungen** einer um ihre Vormachtstellung bangenden Kommunistischen Partei (mit)inspiriert: Gennadij Janajew wurde vom Kongreß – erst im zweiten Wahlgang und auf Insistenz Gorbatschows – zum Vizepräsidenten gewählt, Valentin Pawlow (zuvor Finanzminister) trat mit 14. 1. das Amt des Premierministers an (einer der Alternativkandidaten Gorbatschows für diesen Posten war damals Oleg Baklanow, welcher in der Folge stellvertretender Leiter des Verteidigungsrates wurde und beim August-Umsturzversuch eine prominente Rolle spielen sollte). Schon zuvor, im Spätherbst 1990, war Innenminister Wadim Bakatin vom konservativen Boris Pugo abgelöst worden.

Ein erster gewaltsamer Restaurationsversuch wurde im Jänner 1991 in den **baltischen Republiken** unternommen, als von Moskau aus gesteuerte bewaffnete Einheiten von Armee, KGB und Innenministerium in Vilnius und Riga den (demokratisch legitimierten) Republiksführungen und damit einem beharrlich gesteuerten Unabhängigkeitskurs ein Ende zu bereiten suchten. Innere und äußere Widerstände vereitelten den Versuch: Bei den am 9. 2. in Litauen bzw. am 3. 3. in Estland und Lettland durchgeführten Unabhängigkeitsabstimmungen (die bis dahin von den baltischen Führungen mit dem Argument verweigert worden waren, man habe de jure nie der Sowjetunion angehört, daher gebe es auch nichts abzustimmen) gab es überwältigende Mehrheiten für die Loslösung (Estland: 78%, Lettland: 73,1%, Litauen 90%; wiewohl absolut am niedrigsten, ist der Prozentsatz gerade in Lettland deshalb signifikant, weil der Anteil der autochthon-lettischen Bevölkerung an der Gesamtbevölkerung nur knapp über 50% ausmacht).

Während sich die Unionsspitze zu dem Geschehenen bedeckt-defensiv verhielt, bekundete **Boris Jelzin**, damals Vorsitzender des Obersten Sowjets der RSFSR, mit der Unterzeichnung einer gemeinsamen Erklärung mit Landsbergis (Litauen), Gorbunovs (Lettland) und Rüütel (Estland) sichtbare Solidarität mit den baltischen Republiken und empfahl sich damit als Anhänger ernstgemeinter Souveränitätsbestrebungen – nicht zuletzt was seine eigene Republik betraf.

Die österreichische Bundesregierung erklärte am 14. 1. 1991 zu den Vorgängen in den baltischen Republiken folgendes:

„Die jüngsten Ereignisse in den baltischen Republiken, insbesondere das militärische Vorgehen in Litauen und die dadurch verursachten Opfer an Menschenleben, geben zu größter Bestürzung Anlaß. Die Bundesregierung ist der Ansicht, daß Druck, Zwang und Gewalt sowie deren Androhung keine geeigneten Mittel sind, die schwierige Situation in den baltischen Republiken einer Lösung näherzubringen. Diese Vorgangsweise ist gerade in einer Zeit der Überwindung der totalitären Herrschaftsformen in Europa unverständlich und bedeutet einen Rückschritt in der demokratischen Entwicklung. Bestehende Gegensätze und unterschiedliche Auffassungen müssen auf dem Verhandlungsweg gelöst werden.

Die Bundesregierung erachtet die Ereignisse in Litauen als ernsten Verstoß gegen den Geist und die Prinzipien der KSZE-Schlußakte von Helsinki, insbesondere gegen jene Grundsätze der europäischen Sicherheit und Zusammenarbeit, die erst vor kurzem in der Charta von Paris von allen europäischen Nationen bekräftigt wurden".

Indessen versuchte Moskau, mit weiteren Disziplinierungsmaßnahmen der sich ankündigenden Desintegration des Staats- und Wirtschaftsverbandes Einhalt zu gebieten. Verteidigungsministerium und Innenministerium verfügten gemeinsame Patrouillen ihrer Einheiten in allen größeren Städten, und Präsident Gorbatschow räumte dem KGB im Kampf gegen „Wirtschaftssabotage" weitreichende Einsichts- und Eingriffsbefugnisse gegenüber Wirtschaftsbetrieben jedweder Form ein.

Wenn noch dazu gleichzeitig, Ende Jänner, das ZK-Sekretariat vor einem „tatsächlich antidemokratischen Umsturz" warnte (gemeint waren damit die neuen politischen Kräfte vor allem in Rußland) und Gorbatschow in einer Fernsehrede den Erhalt der Supermacht UdSSR, wohl in Form einer „erneuerten Föderation souveräner Republiken", beschwor, so war es nicht immer leicht, zwischen ehrlicher politischer Sorge und verzweifeltem Machtkalkül zu unterscheiden.

Eine in der Folge einsetzende, hart geführte Konfrontation zwischen der russischen und der sowjetischen Führung, auch mit persönlichen Schuldzuweisungen zwischen Gorbatschow und Jelzin, gipfelte Ende März in einem von militärischen Begleitmaßnahmen unterstützten Versuch, den Vorsitzenden des Obersten Sowjets der RSFSR, B. Jelzin, seines Postens zu entheben. Zu Beginn des auf Initiative von Jelzin-Opponenten im russischen Parlament einberufenen **Kongresses der Volksdeputierten der RSFSR** wurden von der sowjetischen Regierung ein generelles Kundgebungsverbot erlassen und umfangreiche Einheiten der Truppen des Innenministeriums in das Stadtzentrum von Moskau beordert. Die versuchte Machtdemonstration – von Bundesminister **Alois Mock als „Schlag gegen die Perestrojka-Politik"** bezeichnet – hatte allerdings nicht den gewünschten Effekt: Auf dem Kongreß, in dem sich Jelzin lediglich auf eine sehr labile Mehrheit stützen konnte, kam es entgegen der ursprünglichen Absicht vor allem der Vertreter der Kommunistischen Partei Rußlands zu keinerlei Personaldebatten, ja es wurden Jelzin zusätzliche Vollmachten eingeräumt und mit der Festlegung eines Termines für allgemeine Präsidentenwahlen eine der Formalvoraussetzungen dafür geschaffen, daß Jelzin in der Folge in das durch neue Legitimation gestärkte Amt des russischen Präsidenten rücken konnte. Schon zuvor allerdings, auf einer gleichzeitig mit dem Unionsreferendum abgehaltenen Volksabstimmung am 17. 3., hatte sich die Bevölkerung der RSFSR mehrheitlich für die Einführung eines in direkter Volkswahl zu bestimmenden Präsidenten ausgesprochen.

In diesem **Unionsreferendum** sprechen sich bei einer Wahlbeteiligung von 80 Prozent ca. ¾ der Stimmberechtigten für die „Bewahrung der Union der

Sozialistischen Sowjetrepubliken als eine erneuerte Föderation gleichberechtigter souveräner Republiken, in der die Rechte und Freiheiten der Menschen jeder Nationalität in vollem Maß garantiert werden" aus. Dieses Ergebnis – zum Teil wohl auch auf die suggestive Vermischung verschiedener Fragen zurückzuführen – wurde von der Unionsführung als nachhaltiger Volksauftrag zur Wahrung des sowjetischen Gesamtstaates ins Treffen geführt, wenngleich die baltischen Republiken, Georgien, Armenien und Moldawien die Beteiligung verweigert hatten.

Auf diese Phase einer konfrontationsgeladenen Pattstellung folgte eine verstärkte Kooperationsbereitschaft Gorbatschows mit den Republiken und eine Wiederannäherung an die russische Führung: Der im März neu aufgeflammte Bergarbeiterstreik, durch die von der Regierung Pawlow mit Anfang April verordneten Preiserhöhungen weiter angefacht, hatte mit der Forderung nach Rücktritt der gesamten Unionsführung eine deutliche politische Dimension. Gorbatschow kam überdies seitens des ZK-Establishments, welches sich einen „zuverlässigeren" Generalsekretär wünschte, unter Druck. Dies mag unter anderem zum Einlenken sowohl Gorbatschows als auch Jelzins – der an einer Veränderung an der KPdSU-Spitze kein Interesse haben konnte – beigetragen haben. Seinen äußeren Niederschlag fand die erstarkte Konzilianz in einer am 23. 4. verabschiedeten **gemeinsamen Erklärung von Präsident Gorbatschow und neun Republiksführern** (abwesend waren, wie schon im März, die Balten, Georgien, Moldawien und Armenien) sowie in einem von zehn Republiken (neun zuzüglich Armenien) getragenen Antikrisen-Programm. In der ersterwähnten „9 + 1"-Erklärung einigten sich die Unterzeichner auf eine ehebaldige Fertigstellung eines neuen Unionsvertrages und die Aufrechterhaltung des status quo bis zu diesem Zeitpunkt. Erstmals wurde darin auch von Gorbatschow, zumindest indirekt, das Selbstbestimmungsrecht der einzelnen Republiken, namentlich der baltischen, ohne weitere Auflagen anerkannt. Auch Boris Jelzin bekannte sich zu einer „erneuerten Föderation" und zu den verschiedenen Unionsvertragsentwürfen, die eigentlich in mehr oder weniger großem Maß von der Unionsführung determinierte Dezentralisierungsprojekte darstellten. Er festigte jedoch gleichzeitig seinen Alleinherrschaftsanspruch in der RSFSR. Für seinen im Sinne einer **„Renaissance Rußlands"** verstandenen Kurs erhielt er bei den **Präsidentenwahlen am 12. Juni** eine solide Wählerzustimmung und damit eine Legitimation, derer es dem Unions-Präsidenten ermangelte. Schon im ersten Durchgang der Wahlen wurden knapp 60 Prozent aller Stimmen für Jelzin abgegeben, der nächstplacierte Kandidat, der von orthodoxen KP-Kreisen unterstützte ehemalige Ministerpräsident Ryschkow, erhielt etwas über 15 Prozent.

Der Wahlsieg Jelzins, zu dem sich die Erfolge seiner Gesinnungsgenossen Popow und Sobotschak bei den Bürgermeisterwahlen in Moskau bzw.

Leningrad gesellten, machte den geschwächten Rückhalt des konservativen kommunistischen Lagers in der Bevölkerung augenfällig. In der KP selbst ging mit der Anfang Juli erfolgten Gründung einer **„Bewegung für demokratische Reformen“** mit prominenten Ex-KP-Mitgliedern, wie Schewardnadse und Gorbatschow nahestehenden Reformkommunisten (Alexander Jakowlew, Arkadij Wolskij), die Zersetzung weiter. Und dort, wo die KP noch über soliden Einfluß verfügte, nämlich in den großen Betrieben, namentlich der Rüstungsindustrie, vor allem aber in den Einheiten von Armee und Staatssicherheit, wurde ihr durch eine Verordnung Jelzins die organisatorische Basis entzogen. Diese Verordnung verbot jedwede Parteitätigkeit in Staatseinrichtungen. Hinzu kam die mit der Finalisierung des **Unionsvertrages – der am 20. 8. unterzeichnet werden sollte** – immer konkreter werdende Aussicht auf Entstehung eines neuen Staatsgefüges, in dem die Republiken aus der Bevormundung eines noch immer wesentlich von einer Partei dirigierten Zentrums entlassen würden. Die bevorstehende Unterzeichnung gab denn auch den unmittelbaren Anlaß für den Umsturzversuch.

Der Umsturzversuch

Am 18. August unterbreiteten Vizepräsident Janajew und Oleg Baklanow, ehemals für Rüstungsfragen zuständiger ZK-Sekretär und damals stv. Leiter des Verteidigungsrates, Gorbatschow, der sich in seinem Urlaubsort auf der Krim aufhielt, die Forderung, unverzüglich entweder selbst den Ausnahmezustand auszurufen oder ihn durch den Vizepräsidenten ausrufen zu lassen. Mangels entsprechender Reaktion des sowjetischen Präsidenten wurde tags darauf von Janajew, Baklanow und Premierminister Pawlow eine Erklärung verbreitet, wonach Präsident Gorbatschow aus Gesundheitsgründen sein Amt nicht mehr wahrnehmen könne und seine Funktion gemäß sowjetischer Verfassung auf den Vizepräsidenten überginge. Es wurde ein sechsmonatiger Ausnahmezustand erklärt „mit dem Ziel der Überwindung der tiefen und allumfassenden Krise, des politischen, ethnischen und gesellschaftlichen Kampfes sowie des Chaos und der Anarchie, welche das Leben und die Sicherheit der Sowjetbürger ebenso bedrohen wie die Souveränität, territoriale Integrität, Freiheit und Unabhängigkeit unseres Vaterlandes“. Das ins Leben gerufene **„Staatskomitee für den Ausnahmezustand“** umfaßte neben den drei eben erwähnten Personen den KGB-Vorsitzenden Wladimir Krjutschkow, Verteidigungsminister Dimitrij Jasow, Innenminister Boris Pugo sowie als Vertreter der staatlichen Industrie bzw. der staatlichen Landwirtschaft Alexander Tisjakow und Wassilij Starodubzew. Ein gleichzeitig erlassenes Parteien-, Streik- und Demonstrationsverbot sowie die ausdrücklich verordnete Kontrolle über die Massenmedien (mit nachfolgender Schließung von Zeitungen wie „Iswestija“ oder „Moscow News“), all dies begleitet von

Militäreinsatz, der sich in Moskau vor allem gegen den Parlamentssitz der RSFSR richtete, bezeugten, daß die neuen Machthaber eine Rückkehr zu überkommenen sowjetkommunistischen Formen anstrebten.

Die russische Führung mit Präsident Boris Jelzin, Ministerpräsident Iwan Silajew und dem amtsführenden Parlamentspräsidenten Ruslan Chasbulatow rief bereits am Morgen des 19. August zu Widerstand gegen den „reaktionären, verfassungswidrigen Umsturz" auf und äußerte dabei auch die Hoffnung, die Weltgemeinschaft werde den „zynischen Umsturzversuch" richtig bewerten.

Nachdem sich am 20. die **Kundgebungen** in Moskau und anderen Landesteilen verstärkt hatten, forderte der Panzereinsatz in Moskau in der Nacht auf den 21. drei Menschenleben. Schon zuvor waren in Riga bei Einsätzen der Sondereinheit des sowjetischen Innenministeriums zwei Personen getötet worden.

Die **österreichische Bundesregierung** befaßte sich in einer Sondersitzung am 20. 8. mit dem Staatsstreich in der UdSSR.

Sie brachte ihre Besorgnis über die Ereignisse zum Ausdruck und forderte eine Lösung der politischen und wirtschaftlichen Probleme des Landes ausschließlich auf demokratischem und gewaltlosem Weg sowie die volle Respektierung der in der KSZE-Schlußakte und in der Charta von Paris festgelegten Prinzipien und Bestimmungen.

Bundesminister **Alois Mock** verurteilte am 21. das gewaltsame Vorgehen vor dem russischen Parlamentsgebäude in Moskau sowie den militärischen Einsatz in den baltischen Republiken. Er unterstrich, daß der Versuch, Freiheit und Demokratie mit Gewaltmitteln zu unterdrücken, nicht akzeptiert werden könne und zum Scheitern verurteilt sei.

Am 21. August brach das Notstandskomitee, dessen Mitglieder, wie später auch Parlamentspräsident Lukjanow, verhaftet wurden (Innenminister Pugo kam der Verhaftung durch Selbstmord zuvor), zusammen; Gorbatschow kehrte in der Nacht zum 22. nach Moskau zurück und dankte in einer Fernsehrede all jenen, die im In- wie im Ausland zum Scheitern des Putschversuchs beigetragen hatten. Ausdrücklich hob er die „außerordentliche Rolle des russischen Präsidenten Boris Jelzin" hervor, um den sich der Widerstand gegen die Diktatur geschart habe. In einer Grußbotschaft an Präsident Gorbatschow hat **Bundespräsident Kurt Waldheim** von der „Freude und Erleichterung" gesprochen, mit der man in Österreich die Nachricht vom Scheitern des Umsturzversuches erhalten habe: „Das sowjetische Volk hat in den letzten Tagen und Stunden ein eindrucksvolles

Bekenntnis zu den Prinzipien der Demokratie, der Freiheit, der Menschenrechte und der Rechtsstaatlichkeit abgelegt. Unter großem persönlichen Risiko haben tausende Menschen, aber auch mutige und kluge politische Führungspersönlichkeiten der Welt gezeigt, daß der Prozeß der demokratischen Umgestaltung in der Sowjetunion unumkehrbar ist. Ihr persönliches unbeugsames Eintreten für diese Werte hat hiezu entscheidend beigetragen."

Das erfolglose Aufbäumen der alten Garde bedeutete auch das Ende für die durch Jahrzehnte herrschende, wenn auch zusehends in ihrer Autorität angeschlagene Kommunistische Partei und damit letztlich auch für die durch diese Partei zementierte Sowjetunion. Der sowjetische Präsident und die Union wurden von Jelzin zwar vorerst „gerettet", wie die nachfolgenden Ereignisse aber zeigen sollten, jedoch auch konsequent entmachtet und „entbehrlich" gemacht.

Die unmittelbaren Folgen

Das (Ver)Schwinden der alten sowjetischen Zentralgewalt begann mit augenfälligen Entscheidungen: Ab 20. 8. erkärten sich mit Ausnahme von Litauen, Georgien (beide hatten dies schon am 11. 3. 1990 bzw. am 9. 4. 1991 vorweggenommen) und Rußland alle Republiken für selbständig. Am 23. 8. suspendierte der russische Präsident jegliche Tätigkeit der KPdSU auf dem Territorium der RSFSR, nach zaghaften Protesten gegen diesen Schritt trat M. Gorbatschow schon am nächsten Tag als Generalsekretär der Partei zurück und untersagte selbst die parteipolitische Tätigkeit im sowjetischen Staatsapparat; kurz darauf wurde auch vom Obersten Sowjet der UdSSR ein unionsweites **Betätigungsverbot für die KPdSU** dekretiert. Am 25. 8. löste sich das Zentralkomitee der Partei auf. Binnen Tagen wurde die einst allmächtige Partei, die sich stets als „Geist, Ehre und Gewissen" des Volkes verstanden hatte, auf eine illegale Existenz reduziert.

Der sowjetische Präsident, dem die Sondervollmachten vom Parlament entzogen wurden, mußte den de facto-Übergang von wesentlichen Entscheidungsbefugnissen auf die russische Führung hinnehmen und von ihm neuernannte Minister und Funktionäre auf Verlangen Jelzins durch andere Personen ersetzen; der russische Ministerpräsident Silajew wurde nach Entlassung des alten Ministerkabinetts zum interimistischen Chef einer als „Komitee zur operativen Verwaltung der Volkswirtschaft" bezeichneten Übergangsregierung.

Ein Anfang September einberufener **Kongreß der Volksdeputierten der UdSSR** zog schließlich, wohl in Wahrung der verfassungsrechtlichen Kontinuität, den Schlußstrich unter den bis dahin existierenden zentralstaatlichen Aufbau mit Präsidialregime: In einem **Gesetz vom 5. September** wurde als oberstes Exekutivorgan ein **Staatsrat**, bestehend aus den höchsten Amtspersonen der Republiken und dem Präsidenten der UdSSR, eingesetzt, in dem letzterem die Rolle eines „primus inter pares" zugebilligt wurde. An Stelle einer Unionsregierung trat ein ebenfalls nach paritätischen Grundsätzen zu bildendes **„Interrepublikanisches Wirtschaftskomitee"**. Schließlich kam die Verlagerung der Entscheidungsbefugnisse vom Zentrum auf die Republiken auch in der Neuorganisierung des Legislativorgans zum Ausdruck. Die Institution des Kongresses der Volksdeputierten der UdSSR wurde faktisch beseitigt. Zum obersten Gesetzgeber wurde ein aus zwei Kammern, dem Rat der Republiken und dem Rat der Union, bestehender **Oberster Sowjet**, der neu zu beschicken war und in dem der Rat der Republiken die ausschlaggebende Position innehatte.

Diese als Übergangslösung – bis zur Annahme eines neuen Unionsvertrags und einer Sowjetverfassung – gedachte Regelung hatte gemäß einer Erklärung von zehn Republiksführern den Zweck, „den weiteren Zerfall der Machtstrukturen" hintanzuhalten. Sie sollte sich jedoch lediglich als eine der Stationen auf dem Weg zum völligen Verschwinden der alten Sowjetunion herausstellen. Am 6. September hat diese mit der **Anerkennung der Unabhängigkeit der drei baltischen Staaten** durch den neugebildeten Staatsrat in ihren bisherigen Grenzen zu bestehen aufgehört.

Das sowjetische Staatsgefüge im Wandel

An den nachfolgenden Versuchen, die Neuordnung des sowjetischen Staatsverbandes durch – wenn auch grundlegende – Reformierung der noch verbliebenen Zentralgewalt und nicht durch deren gänzliche Beseitigung zu bewerkstelligen, beteiligten sich von Anfang an uneingeschränkt nur sechs Republiken – RSFSR, Weißrußland (Belarus), Kasachstan, Kirgisien (Kyrgystan), Tadschikistan und Turkmenien (Turkmenistan). Diese Republiken hatten Vertreter im Unionsparlament, traten dem Wirtschaftsvertrag bei, akzeptierten grundsätzlich einen neuen Unionsvertrag und bekannten sich auch zur Solidarhaftung für die Auslandsschulden der Sowjetunion.

Die Vorbereitungen zu dem am 18. 10. von acht Republiken und Präsident Gorbatschow unterzeichneten **„Vertrag über eine Wirtschaftsgemeinschaft"** stellten sich im Lichte der später eingetretenen Entwicklungen als erste konkrete Bestrebung heraus, Formen der Integration unter gänzlicher Umgehung des Zentrums zu finden. Anfang Oktober hatten in Alma-Ata alle zwölf Republiken ohne formelle Beteiligung eines Unionsvertreters den unter Federführung von Grigorij Jawlinskij ausgearbeiteten Text paraphiert. Bei dem Vertragswerk, den die Republiken als „unabhängige Staaten" unterzeichneten, handelte es sich großteils um ein erst durch zahlreiche Zusatzvereinbarungen zu konkretisierendes **Rahmenabkommen**, welches die Erhaltung eines einheitlichen Wirtschaftsraumes auf marktwirtschaftlicher Grundlage garantieren sollte. Über die politischen Rahmenbedingungen eines solchen Wirtschaftsabkommens konnte oder wollte man sich nicht einigen: In der Letztfassung ist das Kapitel Gemeinschaftsinstitutionen wohl auch auf Drängen der russischen Führung – B. Jelzin hatte schon zuvor die Zerschlagung der alten Zentralstrukturen als eine vorrangige Aufgabe bezeichnet – auf ein Minimum reduziert worden.

Dieser auch in den übrigen Republiken immer deutlicher zum Vorschein gekommene Wunsch nach restloser Beseitigung des alten Sowjetzentrums brachte letzte Versuche einer Neuordnung des Staatsverbandes in Form einer sehr weit gehenden Dezentralisierung zum Scheitern. Im November wurde unter Beteiligung von acht Republiken – RSFSR, Weißrußland, Aserbaidschan und den fünf zentralasiatischen Republiken – und der Zentralgewalt, vor allem repräsentiert durch M. Gorbatschow, ein neuer Entwurf – der fünfte – eines Unionsvertrags weitgehend fertiggestellt. Zum ersten Mal wurde darin ausdrücklich das Konföderationsprinzip festgelegt; die schon zur Fiktion gewordene Vorstellung, man könne den Bundesstaat erhalten, mußte auch vom sowjetischen Präsidenten aufgegeben werden. Die **„Union souveräner Staaten"** sollte in den internationalen Beziehungen als Rechtsnachfolger der UdSSR auftreten, im übrigen aber keine eigenen Kompetenzen erhalten. Gemeinsame Tätigkeitsgebiete der ebenfalls souveränen Teilnehmerstaaten – u.a. die schon beschlossene Wirtschaftsunion, Verteidigung, Staatssicherheit (der KGB wurde am 22. 10. aufgelöst und durch drei neue Unionsbehörden ersetzt), Außenpolitik, Verkehr und Energie – wären erst durch eigene Zusatzabkommen zu regeln gewesen. Trotz dieses eher vagen Rahmenabkommens waren gleichzeitig eine Reihe vollwertiger Unionsbehörden und damit organisatorische Attribute eines „starken Zentrum" vorgesehen. Ein Grund mehr für die obgenannten unterzeichnungswilligen Republiken, die schon angesetzte Paraphierung im letzten Augenblick zu verschieben. Die frühere Macht des Zentrums war bereits derart erodiert, daß eine Union gegen den Willen oder die Absichten der Republiken nicht zustande kommen konnte. Das Unionszentrum hatte bereits sehr wesentliche Befugnisse an die Republiken verloren und kaum mehr Möglichkeiten, entscheidenden Einfluß auf deren autonome Handlungen auszuüben.

In diesem Ringen, wie weit der Auflösungsprozeß der Sowjetunion gehen bzw. unter welchen Gegebenheiten die Bildung eines neuen Staatsgefüges erfolgen sollte, kam zwei Republiken, nämlich Rußland als „Kernrepublik" und der Ukraine, eine ausschlaggebende Rolle zu. Präsident Jelzin, der nach den Ereignissen im August energisch die Zerschlagung der Kommunistischen Partei und das Zurückdrängen der Unionsstrukturen betrieben hatte, z.B. durch Einstellung der Finanzierung bzw. Übernahme von Unionseinrichtungen, fand sich dabei unter gewissem Einfluß zweier unterschiedlicher Strömungen. Die eine, als „isolationistisch" zu bezeichnende, sah die RSFSR als natürlichen Rechtsnachfolger der UdSSR und wollte die Anstrengungen zur Krisenbewältigung vorerst auf die RSFSR beschränkt wissen. Umgekehrt vertrat eine „integristische" Strömung die Ansicht, angesichts der engen volkswirtschaftlichen Verflechtungen sei die Gestaltung eines neuen einheitlichen Wirtschaftsraumes mit bestimmten zentralen Steuerungs- und Koordinierungselementen notwendig. Die vom 5. Kongreß der Volksdeputierten der RSFSR Anfang November getroffenen Entscheidungen sanktionierten vorert eine Kompromißhaltung des russischen Präsidenten: mit seinem Wirtschaftsprogramm dokumentierte er reformerische Entschlossenheit, ohne offen auf einen Alleingang der RSFSR zu setzen: Die Option einer formellen Rechtsnachfolge hielt er lediglich als ultima ratio für den Fall offen, daß andere Republiken, insbesondere die Ukraine, die Integrationsbemühungen desavouieren würden. Dieses Junktim zwischen russischer und ukrainischer Haltung war, neben den oben beschriebenen Umständen, mitentscheidend für das Schicksal des Unionsvertrages.

Die in der **Ukraine** besonders deutlich ausgeprägte Erscheinung der nationalen Neu- und Rückbesinnung intensivierte sich nach den Augusterеignissen weiter und drückte sich in einem weitgehenden Boykott der Integrierungsbemühungen aus. Diese von der ukrainischen Führung zum Teil geförderte, zum Teil mitgetragene Haltung wurde am 1. Dezember doppelt legitimiert: Mehr als 90 Prozent der Bevölkerung sprachen sich bei einem Referendum (Beteiligung über 84 Prozent) für die Unabhängigkeit aus – dabei jeweils mehr als 50 Prozent auch in den überwiegend von Russen besiedelten Gebieten. Der schon bis dahin als Republiksoberhaupt fungierende Parlamentsvorsitzende Leonid Krawtschuk wurde bereits im ersten Wahlgang zum Präsidenten gewählt. Die Einbindung der Ukraine in eine neue Sowjetunion war damit entfernter denn je. Das ukrainische Parlament erklärte am Tag der Angelobung Präsident Krawtschuks (5. 12.) einstimmig den Unionsvertrag des Jahres 1922, mit dem die UdSSR entstanden ist, als für die Ukraine fortan nicht mehr wirksam. Die Reaktionen waren entsprechend: Während Jelzin im Namen der russischen Führung gleich die Unabhängigkeit der Ukraine anerkannte, neue zwischenstaatliche Beziehungen zwischen Rußland und der Ukraine in Aussicht stellte und die so bevorstehende „Partnerschaft zwischen diesen beiden souveränen Staaten" als „gewichtigen Beitrag zu Sicherheit und Stabilität auf dem Kontinent" bezeichnete, beschwor Gorbatschow in einem offenen Appell an alle Republiksparlamentarier abermals die Notwendigkeit, die Union in Form eines konföderativen Staates zu erneuern, und warnte vor den katastrophalen, Chaos und Krieg nach sich ziehenden Folgen weiterer Desintegration. (Am 10. und 12. 12. kündigten auch Weißrußland und die RSFSR den Unionsvertrag aus 1922.)

Auf dem Weg zu einer neuen Gemeinschaft Unabhängiger Staaten (GUS); Herausforderungen und Probleme

Eine Woche nur nach Wahl und Abstimmung in der Ukraine trafen die Oberhäupter der RSFSR, Weißrußlands und der Ukraine, Boris Jelzin, Stanislaw Schuschkjewitsch und Leonid Krawtschuk, zu einem „slawischen Gipfel" in Minsk bzw. Brest zusammen und beschlossen am **8. 12.** die Gründung einer **„Gemeinschaft Unabhängiger Staaten" (GUS)**. Als Signatarstaaten des Vertrages von 1922 erklärten sie gleichzeitig, die UdSSR höre damit als Völkerrechtssubjekt und geopolitische Realität zu existieren auf. Die drei Staaten setzten die Wirkung sowjetischer Gesetze und die Tätigkeit sowjetischer Behörden auf ihren Territorien außer Kraft. Auf Betonung der jeweiligen Souveränität wie auf Wahrung der Kontinuität gleichermaßen bedacht, proklamierten die drei Staaten Prinzipien wie territoriale Integrität, Unverletzlichkeit der Grenzen und Nichteinmischung ebenso wie ein Bekenntnis zu UN- und KSZE-Prinzipien, zum Minderheitenschutz und zu den von der UdSSR eingegangenen internationalen Verpflichtungen, insbesondere auf dem Gebiet der Abrüstung. Ausdrücklich wurde schließlich das Recht der Unterzeichnerstaaten auf Erlangung der Neutralität, ein in der Ukraine immer wieder diskutierter Schritt, anerkannt.

Wie eine künftige Kooperation allerdings im einzelnen aussehen sollte, war in den in Brest bzw. Minsk verabschiedeten Dokumenten nur sehr kursorisch enthalten. Man einigte sich auf gemeinsame Tätigkeitsbereiche wie Außenpolitik, Wirtschaft, Verkehr und Umwelt, legte aber nur hinsichtlich der dringend gebotenen ökonomischen Kooperation einen detaillierteren Maßnahmenkatalog fest. Organisatorische Aspekte, etwa Umsetzungsmechanismen oder gar Gemeinschaftsorgane, wurden gänzlich ausgeklammert. Das gründliche Mißtrauen gegen „suprastaatliche Strukturen" mag dabei ebenso eine Rolle gespielt haben wie der offene Charakter der Vereinbarung: weitere beitrittswillige Republiken sollten nicht vor vollendete Tatsachen gestellt werden.

Beweggrund für die Einigung der drei Republiken war gemäß einer Zusatzerklärung unter anderem die Tatsache, daß die Vorbereitungen für den Unionsvertrag in eine Sackgasse geraten seien und die „kurzsichtige Politik des Zentrums" das Land in eine tiefe wirtschaftliche und politische Krise geführt habe. Damit wurde nur umschrieben, daß der Sowjetstaat nicht reformierbar sei. **Nach der Partei wurde** – in innerer Folgerichtigkeit – **auch der Staat aufgelöst.**

Präsident Gorbatschow erblickte in der Brester Einigung wohl positive Elemente, insbesondere die Beteiligung der Ukraine, sprach den drei Republiksoberhäuptern aber entschieden die Berechtigung ab, über die Weiterexistenz der Sowjetunion zu befinden. Dies sei ausschließliches

Recht des – eigentlich schon seit September stillgelegten – Kongresses der Volksdeputierten der UdSSR, wenn nicht überhaupt eine Prärogative der sowjetischen Bevölkerung. Während er schon zuvor für den Fall des Nichtzustandekommens eines Unionsvertrages seinen Rücktritt angekündigt hatte, modifizierte er seine Position nun dahingehend, daß er sein Amt dann für überflüssig erachte, wenn tatsächlich nur „amorphe“ Gemeinschaftsstrukturen übrigbleiben sollten.

Von seinem etwas unterschiedlichen Blickwinkel her fiel auch die erste Reaktion des **kasachischen** Präsidenten Nursultan Narsabajew, der gleichsam als Repräsentant der mittelasiatischen Republiken und auch als Vertreter der vierten „Nuklearrepublik“ auftrat, negativ aus. Er verurteilte in Anspielung auf die slawische Komponente des Dreibundes das „mittelalterliche“ Prinzip, staatliche Zusammenschlüsse nach ethnisch-nationalen Gesichtspunkten vornehmen zu wollen, und drückte seine Präferenz für einen klassischen Unionsvertrag aus. Auf einem Treffen in der turkmenischen Hauptstadt Aschchabad am **13. 12.** schlossen sich jedoch die **Präsidenten der fünf mittelasiatischen Republiken** Kasachstan, Kyrgystan, Tadschikistan, Turkmenistan, Usbekistan – und damit auch Nasarbajew – dem oben wiedergegebenen Urteil hinsichtlich der verfehlten Politik des Zentrums und der Unmöglichkeit einer von diesem mitdeterminierten Neuintegrierung an. Sie sprachen sich für eine Beteiligung an der „Gemeinschaft Unabhängiger Staaten“ aus, jedoch als originäre Mitbegründer; jeder Eindruck, sie könnten zu bloßen „Anhängseln“ der slawischen Staaten werden, sollte so vermieden werden. Dieser grundsätzlichen Akzeptanz der „Gemeinschaft Unabhängiger Staaten“ (GUS) durch die mittelasiatischen Republiken war am 10. bzw. 11. 12. die Ratifizierung des Brester Abkommens durch die Parlamente Rußlands, Weißrußlands und der Ukraine vorangegangen. Eine **neue „eurasische Gemeinschaft“**, wie sie Andrej Sacharow bereits vorgeschwebt war, war mit noch unklaren Konturen im Entstehen begriffen.

Wie in vielen anderen Staaten wurde die überraschend schnell zustande gekommene Einigung zunächst der drei slawischen Republiken, eine Neuintegration „von unten“ vorzunehmen, in Österreich mit vorsichtiger Zustimmung aufgenommen. Bundesminister **Alois Mock** meinte, wenn auch nicht alle Republiken an der neuen Gemeinschaft teilnehmen würden, so sei die Einigung doch ein „positiver Versuch“. Bundeskanzler **Franz Vranitzky** äußerte angesichts der sich täglich in diesem Zusammenhang neu ergebenden Aspekte die Hoffnung, daß es zu keinen „gröberen politischen Verwicklungen“ kommen möge.

Am **21. 12.** erfolgte in Alma-Ata die Erweiterung der GUS auf insgesamt **elf Unterzeichnerstaaten:** Armenien, Aserbaidschan, Kasachstan, Kyrgystan, Moldova (offizielle Bezeichnung der früheren Moldawischen SSR), Rußland, Tadschikistan, Turkmenistan, Ukraine, Usbekistan, Weißrußland;

nur **Georgien**, wo sich bereits eine bewaffnete Auseinandersetzung zwischen den Anhängern Präsident Gamsachurdias und der Opposition ankündigte, trat nicht bei. In einem Protokoll zu der Vereinbarung von Minsk (vom 8. 12.) heißt es, die elf Unterzeichnerstaaten bilden „auf gleicher Grundlage und als hohe vertragsschließende Parteien eine Gemeinschaft Unabhängiger Staaten". In einem weiteren Dokument wird ausdrücklich festgehalten, daß die Gemeinschaft weder ein Staat ist noch über suprastaatliche Strukturen verfügt (eine gemeinsame Staatsbürgerschaft ist ebenfalls nicht vorgesehen). Das Ende der UdSSR wird mit dem Zeitpunkt der „Bildung" der Gemeinschaft festgelegt. Als Gemeinschaftsinstitutionen werden unter anderem ein „**Rat der Staatsoberhäupter**" und ein „**Rat der Regierungschefs**" eingerichtet, die nicht näher bezeichnete Koordinierungsfunktionen wahrzunehmen haben. Die institutionelle Ausgestaltung künftiger Kooperation – erste Schritte dazu wurden am 30. 12. in Minsk erörtert – bleibt laut Protokoll weiteren Vereinbarungen vorbehalten, welche auf Basis des Minsker Abkommens sowie unter „Berücksichtigung der bei der Ratifizierung ausgesprochenen Vorbehalte" abgeschlossen werden sollen.

Das **Ende der UdSSR als Völkerrechtssubjekt** wurde, wie bereits erwähnt, sowohl im Abkommen von Minsk als auch in jenem von Alma-Ata proklamiert. Am 26. 12. stellte auch das Oberhaus des Obersten Sowjets der UdSSR, der Rat der Republiken, in einer Deklaration das Ende der Sowjetunion fest. Dies war in diesem Zusammenhang der einzige Akt, der annäherungsweise verfassungsmäßigen Charakter trug (allerdings zu einem Zeitpunkt, da das russische Parlament bereits die Übernahme sämtlicher Vermögenswerte des Unionsparlaments beschlossen hatte).

Das Ende der Unionsstrukturen hatte hingegen schon mit der früher erwähnten Liquidierung bzw. Übernahme von Unionsorganen durch die russische Republik eingesetzt. Mit der per Dekret des russischen Präsidenten vom 18. 12. erfolgten **Übernahme des Außenministeriums der UdSSR** (das während des letzten Monats seiner Existenz erneut von E. A. Schewardnadse geleitet worden war) verlor die Union de facto ihre außenpolitische Handlungsfähigkeit. Dazu kamen die **Auflösung des „Interrepublikanischen Wirtschaftskomitees"**, der provisorischen Regierung der UdSSR, und mit dem von Präsident **Gorbatschow** am **25. 12.** erklärten **Rücktritt** auch die Beseitigung des höchsten Staatsamtes. Von den Unionsstrukturen blieben vorläufig noch das Verteidigungsministerium und der Grenzschutz unverändert. Der letzte Verteidigungsminister der Sowjetunion, Marschall Schaposchnikow, wurde in Alma-Ata von den elf Staatsoberhäuptern bis zur Reform der militärischen Institutionen zum **Oberbefehlshaber aller Gemeinschaftsstreitkräfte** bestellt, die Kontinuität der militärischen Führung wurde vereinbart. An der Jahreswende 1991/1992 zeichnete sich jedoch bereits ab, daß einige Republiken (insbesondere die Ukraine) entschlossen waren, eigene – nationale – Streitkräfte aufzustellen.

Die Auflösung des Einheitsstaates, zur Realität geworden, verlangte eine radikale Abkehr von für fast unumstößlich gehaltenen politischen Schemata, wobei die damit verbundenen Chancen und Gefahren noch kaum in ihrem vollen Ausmaß wahrgenommen werden konnten.

Das Ende der Sowjetunion bedeutete zunächst den Zerfall einer atomaren, übergerüsteten Supermacht, in der die Frage nach der **Verfügungsgewalt über das Waffen-**, insbesondere das **Nuklearwaffenpotential** akut wurde. In vier Republiken, Rußland, Kasachstan, Weißrußland und Ukraine, waren Ende 1991 strategische Nuklearwaffen stationiert, über die nach Angaben des für diese Waffengattung zuständigen Armeegenerals Präsident Gorbatschow bis zuletzt die alleinige Verfügungsgewalt besaß. Dieser Umstand wurde in der Brester Vereinbarung mit dem Passus, die Unterzeichnerstaaten seien für die Erhaltung eines **einheitlichen Nuklearwaffenkommandos**, vorerst indirekt bekräftigt. Kasachstan, auch nach seinem Beitritt zur neuen Gemeinschaft, wurde aber von einem Teil der diesbezüglichen Vereinbarungen nicht erfaßt. Der schon früher vorgenommene Vorstoß Rußlands, alle strategischen Atomwaffen aus den übrigen drei Republiken auf sein eigenes Territorium zu verlegen, sollte der Aufsplitterung ein Ende bereiten. Als Frist für den Transfer der taktischen Nuklearwaffen in die „zentralen Stützpunkte" wurde der 1. 7. 1992 festgesetzt. Mit weiterer Abrüstung und dem Wunsch der Ukraine und Weißrußlands, atomwaffenfreien Status zu erlangen, bietet sich – zumindest im europäischen Teil der ehemaligen UdSSR – die Perspektive einer einigermaßen befriedigenden Lösung.

Bei den konventionellen Streitkräften erscheint eine Mehrteilung mit einer, wenn überhaupt, erst nachfolgenden gemeinsamen Verteidigungsstruktur unausweichlich: Das ukrainische Parlament hat bereits Ende 1991 die Schaffung eigener Streitkräfte (Land-, See- und Luftstreitkräfte) beschlossen; das Oberkommando über diese wurde vom ukrainischen Präsidenten übernommen.

Mit der Entstehung eigener Republiksarmeen würde sich in Zeiten verschärfter **Nationalitätenunruhen** ein potentielles Kriegsinstrumentarium vervielfachen, das – etwa im Falle des aserbaidschanisch-armenischen Konfliktes um **Berg-Karabach** – zur Führung zwischenstaatlicher Auseinandersetzungen eingesetzt werden könnte. Die von den Befürwortern eines relativ starken Zentrums immer wieder geäußerte Befürchtung, im Falle eines gänzlichen Auseinanderbrechens der Sowjetunion könnte es zu unabsehbaren ethnischen Konflikten und Flüchtlingsbewegungen kommen, hat durch das ausdrückliche Bekenntnis zum **Minderheitenschutz** in den Gründungsvereinbarungen der GUS vorläufig nur eine deklaratorische

Entgegnung erfahren. Ca. 75 Millionen Menschen, das heißt jeder vierte Bewohner der Sowjetunion, leben nicht in der Republik, der sie sich ethnisch zuzählen können, der Durchschnitt der jeweils nicht-autochthonen Bevölkerung in den zwölf Republiken beträgt über 30 Prozent. Die einzelnen Republiken selbst sind Vielvölkergebilde – eine Tatsache, die vor allem in Rußland durch Souveränitätsbestrebungen einiger Autonomer Republiken, Gebiete und Kreise, von denen es insgesamt 31 (mit unterschiedlichem Selbstverwaltungsstatus) gibt, unübersehbar geworden ist. Die **zentrifugalen Tendenzen** setzten sich innerhalb der Russischen Föderation (offizieller Staatsname seit 25. 12. 1991; die Bezeichnung „Rußland" kann aber ebenfalls amtlich verwendet werden), die Loslösungsbestrebungen der ehemaligen Sowjetrepubliken gleichsam perpetuierend, fort. Autonome Republiken wie Tatarstan oder Tschetscheno-Inguschetien verfügen bereits über eigene direkt gewählte Präsidenten. Wenn eine gänzliche Aufsplitterung in eine Vielzahl von Einzelstaaten schon mangels entsprechender Tradition an Eigenstaatlichkeit kaum zu erwarten ist, so besteht in der noch weitgehend ungelösten Frage des künftigen staatlichen Aufbaus Rußlands ein zusätzliches Konfliktpotential. Es dürfte meist regional isoliert bleiben, könnte im Kaukasus aber zu weiterreichenden Verwicklungen führen, wofür das in Georgien gelegene Gebiet der **Südosseten** ein Beispiel ist, welches nicht zuletzt wegen der nationalistischen Auswüchse in Georgien die Vereinigung mit dem der Russischen Föderation angehörenden Nordossetien wünscht.

Wie die empfindliche erste Reaktion des kasachischen Präsidenten auf die „slawische" Einigung zeigt, ist ein Konflikt zwischen slawischer und nichtslawischer Bevölkerung, die sich zum Großteil mit christlicher und muslimischer Religionszugehörigkeit deckt, zumindest latent. Der auch infolge der demographischen Dynamik sich verstärkende **islamische Faktor** in den zentralasiatischen Republiken und Aserbaidschan (derzeit insgesamt ca. 45 Millionen Moslems) läßt dabei offen, wie solide der noch gegebene Wunsch nach Zusammenhalt mit den slawischen Nachbarn ist.

Durch extreme Zentralisierung und Monopolisierung der sowjetischen Wirtschaft, einschließlich der Landwirtschaft, sind, bei insgesamt relativ niedrigem Produktionsstandard, gegenseitige Abhängigkeiten zwischen den einzelnen Regionen geschaffen worden, die nur schwer zu überwinden bzw. zu normalisieren sind. Reformbemühungen gestalten sich aus diesem Grund und wegen der unterschiedlichen wirtschaftlichen und sozialen Entwicklungen sehr kompliziert.

Die Außenhandelsabhängigkeit selbst der größeren neuen Republiken ist jedenfalls sehr groß, was einen Rückschritt zu wirtschaftlicher Autarkie schwer oder völlig unmöglich macht. Groß sind die Unterschiede im Entwicklungsgrad.

Die Sowjetunion und ihre Republiken
Stand: August 1991

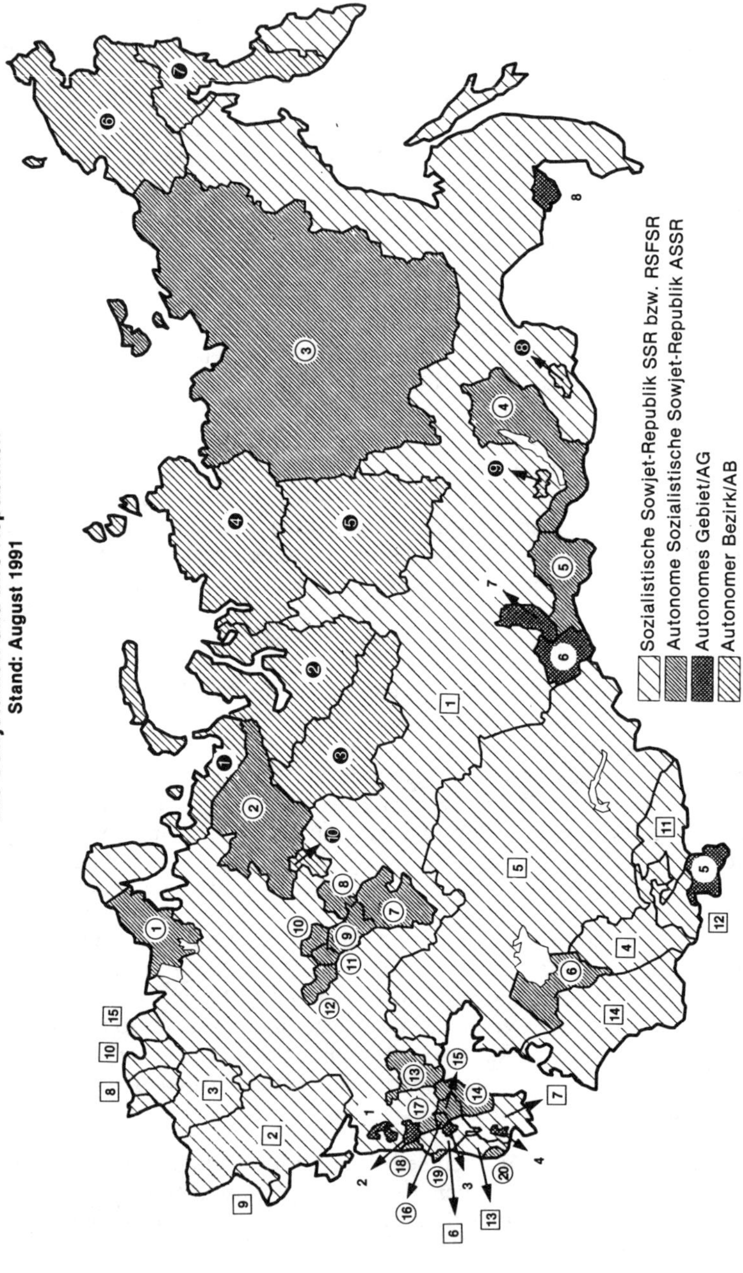

Sozialistische Sowjet-Republiken (SSR bzw. RSFSR)

1 Russische Sozialistische Föderative Sowjet-Republik/RSFSR
2 Ukrainische SSR
3 Belorussische (Weißrussische) SSR
4 Usbekische SSR
5 Kasachische SSR
6 Georgische SSR
7 Aserbaidschanische SSR
8 Litauische SSR
9 Moldauische SSR
10 Lettische SSR
11 Kirgisische SSR
12 Tadschikische SSR
13 Armenische SSR
14 Turkmenische SSR
15 Estnische SSR

Quelle: JRO Kartografische Verlagsges.m.b.H.
Grafik: Österreichisches Statistisches Zentralamt.

Autonome Sozialistische Sowjet-Republiken (ASSR)

(1) Karelische ASSR
(2) Komi ASSR
(3) Jakutische ASSR
(4) Burjatische ASSR
(5) Tuwinische ASSR
(6) Karakalpakische ASSR
(7) Baschkirische ASSR
(8) Udmurtische ASSR
(9) Tatarische ASSR
(10) Mari ASSR
(11) Tschuwaschische ASSR
(12) Mordwinische ASSR
(13) Kalmükische ASSR
(14) Dagestanische ASSR
(15) ASSR der Tschetschenen und Inguschen
(16) Nordossetische ASSR
(17) ASSR der Kabardiner und Balkaren
(18) Abchasische ASSR
(19) Adsharische ASSR
(20) ASSR Nachitschewan

Autonome Gebiete (AG)

1 Adygisches AG
2 AG der Karatschaier und Tscherkessen
3 Südossetisches AG
4 AG der Berg-Karabachen
5 AG von Gebirgs-Badachschan
6 Gebirgs-Altaiisches AG
7 Chakassisches AG
8 Jüdisches AG

Autonome Bezirke (AB)

❶ AB der Nenzen
❷ AB der Jamal-Nenzen
❸ AB der Chanten und Mansen
❹ AB der Dolganen und Nenzen
❺ AB der Ewenken
❻ AB der Tschuktschen
❼ AB der Korjaken
❽ AB der Ust-Ordynsker Burjaten
❾ AB der Aginsker Burjaten
❿ AB der Komi-Permjaken

Die Union und ihre Republiken

Exporte in Prozent der Nettowarenproduktion 1988

Weißrußland	102
Estland	133
Lettland	123
Armenien	86
Moldova	84
Litauen	114
Aserbaidschan	71
Georgien	108
Turkmenistan	71
Kyrgystan	72
Usbekistan	62
Taidschikistan	54
Ukraine	96
Kasachstan	93
Rußland	110

Quelle: Gemeinsamer Bericht IWF/Weltbank/OECD/EBRD; EG-Kommission.

Vor allem für wirtschaftlich relativ starke Republiken wie Rußland ergibt sich daraus die Schwierigkeit, einen mittleren Reformkurs zwischen den Extremen rigoroser Abschottung und beständiger, die Reformen beeinträchtigender Rücksichtnahme auf andere Republiken steuern zu müssen. Die russische Regierung – deren Vorsitz Jelzin im November selbst übernahm und in die er als Stellvertreter seinen engen Vertrauten Gennadij Burbulis bzw. die jungen Reformökonomen Jegor Gajdar und Alexander Schochin bestellte – sah sich z.B. unmittelbar nach der Brester Einigung veranlaßt, die schon angesetzte Preisliberalisierung auf Ersuchen der beiden übrigen Republiken auf 2. 1. 1992 zu verschieben. Die Verschiebung einer derart unpopulären Maßnahme vor dem Hintergrund einer rapiden Verschlechterung der Lebensumstände für einen beträchtlichen Teil der Bevölkerung mag nicht ganz unverständlich sein. 1991 gab es einen BIP-Rückgang von weit über 10% bei einer geschätzten dreistelligen Jahresinflationsrate.

Der darin zu Tage gekommene Mechanismus läßt die Aussichten auf zügige Reformumsetzung unklar erscheinen, sollte er zum wirtschaftlichen Prinzip der zumal um die asiatischen Republiken erweiterten neuen Gemeinschaft werden.

Es bleibt dabei zu hoffen, daß die wirtschaftlichen Zwänge bei dem einem Entkolonialisierungsprozeß nahekommenden Zerfall der Sowjetunion in mehrere Staaten auf nationale Überschwänge beruhigend wirken und nicht

Verbraucherpreise und Wirtschaftswachstum in der Sowjetunion 1985 - 1991
Veränderung zum Vorjahr

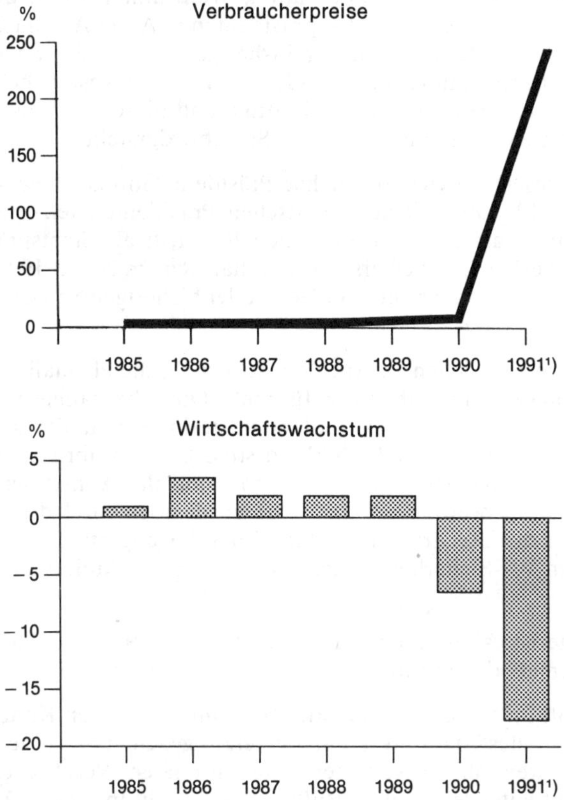

1) Schätzung.

Quelle: PlanEcon.
Grafik: The Economist, adaptiert vom Österreichischen Statistischen Zentralamt.

umgekehrt die wirtschaftlichen Schwierigkeiten zum Katalysator für nationalistische Auswüchse werden. Der Tatsache jedenfalls, daß ein Dutzend neuer Völkerrechtssubjekte am internationalen Geschehen teilnehmen wollen, sollte mit gebührender Achtung vor dem Selbstbestimmungsrecht Rechnung getragen werden, vor allem wenn man bedenkt, was durch den – nun schon historischen – Prozeß der Perestrojka an Negativem zum Verschwinden gebracht worden ist.

Beginn der Eigenstaatlichkeit der Nachfolgerepubliken und deren internationale Stellung

Nach der Gründung der GUS am 8. 12. 1991 in Minsk durch die Präsidenten der Russischen Föderation, Weißrußlands und der Ukraine haben beim Treffen der Republikspräsidenten in Alma-Ata am 21. 12. 1991 auch die anderen Republiken der bisherigen Union der Sozialistischen Sowjetrepubliken – mit Ausnahme Georgiens – ihre Absicht bekundet, der GUS beizutreten. Hiebei wurde bekräftigt, daß diese Gemeinschaft weder einen Staat noch eine supranationale Struktur darstellt.

Aufgrund dieser Entwicklungen hat Präsident Gorbatschow – im Sinne einer am 17. 12. 1991 mit dem russischen Präsidenten Jelzin getroffenen Vereinbarung – am 25. 12. 1991 seinen Rücktritt als Staatspräsident der Sowjetunion erklärt; der Oberste Sowjet hat sich am 26. 12. 1991 aufgelöst. Somit bestehen nunmehr auf dem Gebiet der bisherigen Sowjetunion zwölf unabhängige Staaten.

Die **Russische Föderation** vertritt den Anspruch, die ehemalige UdSSR in völkerrechtlicher Hinsicht „fortzuführen“. Die Übernahme von Unionsstrukturen, insbesondere des Außenministeriums und der sowjetischen Auslandsvertretungen, durch Rußland stieß bei den übrigen Republiken auf keinen unmittelbaren Einspruch, sodaß auf ihre konkludente Zustimmung geschlossen werden konnte. Diese wurde noch durch die Bereitschaft der Republiken unterstrichen, Rußland bei der angestrebten Übernahme des Sitzes im VN-Sicherheitsrat zu unterstützen (effektuiert am 24./25. 12. 1991).

In der Folge ist es allerdings zu Differenzen in der Frage der Verfügung über die Armee, der Schuldenübernahme, etc. gekommen.

Rußland hält im Widerspruch zu der von ihm vertretenen Konzeption des „Fortführerstaates“ daran fest, daß dessen ungeachtet die anderen ehemaligen Unionsrepubliken von den internationalen Verpflichtungen der UdSSR nicht entlastet werden. Rußland verspricht in diesem Zusammenhang die Förderung der Erfüllung dieser Verpflichtungen durch die übrigen Mitglieder der GUS mittels der im GUS-Rahmen abgeschlossenen Vereinbarungen und auch mittels seiner – Rußlands – bilateralen Beziehungen zu ihnen.

Die Staatengemeinschaft hat – ebenso wie Österreich – die Fortführung der Mitgliedschaft der UdSSR in internationalen Organisationen durch die Russische Föderation ohne Widerspruch zur Kenntnis genommen. Die bisher mit der UdSSR bestandenen diplomatischen Beziehungen werden nunmehr mit der Russischen Föderation fortgeführt. Die übrigen Republiken sind (mit Ausnahmen) um die Jahreswende 1991/92 entweder individuell oder „en bloc“ vom Großteil der internationalen Gemeinschaft anerkannt worden. Österreich hat diesen Schritt am 15. 1. 1992 gesetzt (ohne Georgien).

Wertung und Ausblick

Die GUS stellt jenes Minimum an Kohärenz dar, welches angesichts der Emanzipationsbestrebungen der ehemaligen Teilrepubliken der Sowjetunion noch aufrechterhalten werden konnte. Sie scheint eher eine Zweck- denn eine Wertegemeinschaft zu sein und deshalb auf schwachen, weil fast beliebig verschiebbaren Fundamenten zu stehen. Der noch gegebene Zusammenhalt folgt vor allem aus einer wirtschaftlichen Zwangslage: Durch extreme Zentralisierung und Monopolisierung der gesamten sowjetischen Wirtschaft sind gegenseitige Abhängigkeiten zwischen den einzelnen Regionen geschaffen worden, die nur schwer zu überwinden bzw. zu normalisieren sind. Reformbemühungen gestalten sich daher und auch wegen der unterschiedlichen wirtschaftlichen und sozialen Voraussetzungen sehr schwierig. Koordinierung ist dringend notwendig und zwischen den Vertragsstaaten der GUS auch vereinbart worden. Durch die Weigerung, vor allem der Ukraine, auch nur irgendwelche Entscheidungsbefugnisse an Zentralinstitutionen zu übertragen (Leonid Krawtschuk: „Die Ukraine wird nicht ein Prozent ihrer Vollmachten abtreten"), ergibt sich aber einen neue zwangsläufige Abhängigkeit von Rußland: Als Fortsetzerstaat hat es z.B. auch Institutionen wie die Notenbank übernommen, kontrolliert also die Geldemission für den „Rubelraum", d.h. noch für alle ehemaligen 15 Sowjetrepubliken! Als fast zwingende Reaktion darauf ist die **Einführung jeweils eigener Währungen**, d.h. weitere Desintegrierung, zu erwarten. Die Ukraine bereitet die Ausgabe eigenen Geldes bereits vor, vom ukrainischen Parlament wurde zudem auch die Schaffung eines eigenen Zollsystems gefordert. Bei der gegebenenen wirtschaftlichen Situation kann dies in weiterer Perspektive strikte Güterein- und -ausfuhrkonrolle zwischen den Republiken bedeuten. Damit entstünden ökonomische Grenzen, die leicht auch zu politischen Demarkationslinien werden könnten, was angesichts ungeregelter Probleme (wie z. B. der Staatsangehörigkeit) zu Verwicklungen größeren Ausmaßes führen könnte.

Neben dieser ökonomischen Problematik stellt sich als weiteres Hauptproblem das der **Zukunft der ehemaligen Sowjetarmee**. Grundsätzliches Einverständnis über die Schaffung „vereinigter Streitkräfte" (schon nicht mehr – wie bis zuletzt -"einheitlicher Streitkräfte") ist zwischen acht Republiken erzielt worden, die Ukraine, Moldova und Aserbaidschan haben ihre Ansprüche auf die Bildung eigener vollwertiger Streitkräfte durchgesetzt. Bis Ende Februar 1992 sollten die GUS-Teilnehmer zusammen mit dem Oberbefehlshaber der Streitkräfte, Marschall Schaposchnikow, die Frage über die Leitung der vereinigten Streitkräfte (unter Berücksichtigung der jeweiligen Republiksgesetze) sowie über „Zweckmäßigkeit der Verwirklichung des Rechts auf eigene Streitkräfte" entscheiden. Ebenfalls bis Ende Februar sollte mit dem Oberbefehlshaber der Grenztruppen ein Mechanismus für deren Tätigkeit ausgearbeitet werden. Die friedliche Koexistenz, auf die man sich in Alma-Ata geeinigt hat, könnte durch das Entstehen von jeweils eigenständigen Republiksarmeen (auch wenn diese noch unter einem „vereinigten" Oberkommando zusammengeschlossen sind) jedoch gefährdet werden, wo sie es, wie im Falle Armenien-Aserbaidschan, nicht schon ist. Sehr positiv ist dagegen die Einigung zu sehen, die strategischen Atomwaffen einem zentralen Kommando zu unterstellen und die von der UdSSR geschlossenen internationalen Abkommen auf dem Gebiet der Sicherheit, Abrüstung und Rüstungskontrolle einzuhalten.

Nachbarschaftspolitik

Südtirol

Der sogenannte Pariser Vertrag des Jahres 1946, der nach seinen Unterzeichnern auch „Gruber-de Gasperi-Abkommen" genannt wird und der zu einem integrierenden Bestandteil des italienischen Friedensvertrages gemacht wurde, ist die rechtliche Grundlage für die Schutzfunktion, die Österreich für die Südtiroler ausübt.

Nach schwierigen Auseinandersetzungen mit Italien über die Erfüllung der in diesem Abkommen vereinbarten Autonomiebestimmungen in den 60er Jahren kam es nach Befassung der Vereinten Nationen und anschließenden mehrjährigen Verhandlungen 1969 in Kopenhagen zu einer Einigung über eine erweiterte Autonomie und den für ihre Verwirklichung einzuschlagenden Weg (**Paket** und **Operationskalender**). Durch das **Autonomiestatut 1972** wurde mit Verfassungsgesetz die Grundlage für eine erweiterte Autonomie in Südtirol geschaffen, welche aber einer Vielzahl von Durchführungsbestimmungen bedurfte. Seither wurden in langwierigen Beratungen der paritätisch besetzten „Sechser-" und „Zwölfer-Kommission" Vorschläge für diese Durchführungsbestimmungen ausgearbeitet und letztlich auch beschlossen.

Nachdem sich zu Beginn des Jahres die Hoffnungen auf einen unmittelbar bevorstehenden Paketabschluß nicht erfüllt hatten, war die daran anschließende Phase bis zum Sommer von wenig Dynamik gekennzeichnet. Am 1. Februar 1991 sind die **Durchführungsbestimmungen über den Proporz bei den Eisenbahnen sowie den Lokalbahnen** durch Veröffentlichung im Staatsgesetzblatt in Kraft getreten. Am 1. August wurde die **Durchführungsbestimmung über die Sprachenzugehörigkeitserklärung** bei der Volkszählung im Staatsgesetzblatt veröffentlicht und damit in Kraft gesetzt.

Besondere Anstrengungen unternahm die italienische Regierung erst im Herbst 1991, um die Verabschiedung des **Gesetzes über die Errichtung einer autonomen Sektion Bozen des Oberlandes- und Jugendgerichtes Trient**, das vom Senat bereits genehmigt worden war, durch die Abgeordnetenkammer zu erreichen. Dies gelang am 10. Oktober nur durch Verbindung mit der Vertrauensfrage, ein Mittel, das die Regierung in Südtirolangelegenheiten bisher noch nie eingesetzt hatte. Dies ist umso bemerkenswerter, als es sich bei dem gegenständlichen Gesetz um keine Paketmaßnahme, sondern um eine politische Zusage der Regierung gegenüber der SVP aus dem Jahr 1988 handelt. Betreffend die Paketmaßnahme 111 (**Neueinteilung der Senatswahlkreise**), die mittels Gesetz zu erfüllen ist, approbierte die Abgeordnetenkammer am 20. November mit knapper Mehrheit (189 gegen 184 Stimmen) das entsprechende Gesetz, die Verabschiedung im Senat erfolgte am 18. Dezember.

Intensiver Verhandlungen in der Zwölfer-Kommission bedurfte die überaus schwierige und für die Südtiroler Autonomie so bedeutsame Materie der **Ausrichtungs- und Koordinierungsbefugnis** des Staates. Darunter ist eine Eingriffsmöglichkeit des italienischen Zentralstaates gesetzlicher oder verwaltungsmäßiger Art zu verstehen, die aus der italienischen Verfassung abgeleitet wird und die eine Einschränkung der Gesetzgebungsbefugnis der Regionen und Provinzen darstellt. Weiters wurden Lösungen für das Problem des **deutschsprachigen Unterrichtes am Musikkonservatorium Bozen** (Paketmaßnahme 102) sowie für die komplexe Materie der **Finanzregelung** gefunden (Anfang Dezember). Im wesentlichen waren somit zum Jahresende alle noch offenen Instrumente zur Verwirklichung des Pakets inhaltlich fixiert und bedurften nur mehr der – schließlich am 30. Jänner 1992 erfolgten – formellen Beschlußfassung.

Am 23. November hielt die Südtiroler Volkspartei (SVP) in Meran ihre Landesversammlung ab, in deren Verlauf eine Resolution beschlossen wurde, die neben der Anerkennung der erfüllten Paketpunkte und Regierungszusagen auch einige grundlegende neue Forderungen, etwa betreffend die Wiederherstellung der seit 1988 ausgehöhlten Autonomiebereiche, enthält. Insbesondere wurde dabei auch zur besseren Absicherung der Autonomie „die völkerrechtliche Verankerung und Klagbarkeit des Pakets“ verlangt und zu diesem Zweck die direkte Übergabe aller Durchführungsakte des Pakets durch Italien an Österreich gefordert.

Wie in den Vorjahren fanden auch 1991 wieder zwei **Südtirolbesprechungen** statt (6. März in Wien und 19. Oktober in Innsbruck), die der gegenseitigen Information über den Stand der Südtirolfrage und der Festlegung der weiteren Vorgangsweise diente. Darüber hinaus gab es eine Vielzahl von Kontakten und intensiven Gesprächen zwischen allen Seiten.

Der Operationskalender sieht vor, daß Österreich, nachdem Italien das Paket erfüllt hat, die Streitbeilegungserklärung abgeben wird. Dies ist ein souveräner Akt Österreichs, der jedoch, wie schon zuvor bei allen Phasen der Paketdurchführung, nicht ohne enge Fühlungnahme mit der politischen Führung der Südtiroler, der Südtiroler Volkspartei, erfolgen wird. Damit wird der Rechtsstreit mit Italien bezüglich der Auslegung des Pariser Vertrages vor den Vereinten Nationen beendet. Die **österreichische Schutzfunktion** für Südtirol sowie unsere Interessenahme für die deutschsprachige Bevölkerung Südtirols bleiben davon **unberührt**.

Mit dem Abschluß des Pakets wäre auch international demonstriert, daß die Überlebens- und Entwicklungsmöglichkeiten einer Minderheit in ethnischer und kultureller Hinsicht mit den Mitteln der Autonomie in Verbindung mit dem internationalen Element der Schutzfunktion durch einen anderen Staat gewahrt werden können. Darüber hinaus ist die angestrebte Südtirol-Lösung auch exemplarisch dafür, daß es selbst in dem emotional belasteten Umfeld von Minderheitenkonflikten möglich ist, die übrigen bilateralen Beziehungen zwischen den betroffenen Staaten zu pflegen und weiterzuentwickeln.

Die Hexagonale („Mitteleuropäische Initiative“)

Die nach dem Beitritt der CSFR und Polens „Hexagonale“ genannte regionalpolitische Zusammenarbeit in Zentraleuropa wurde November 1989, nahezu gleichzeitig mit dem Fall der Berliner Mauer, ins Leben gerufen. In der Anfangsphase beteiligten sich Österreich, Ungarn, Jugoslawien und Italien an dieser Initiative. Die Tschechoslowakei stieß im Mai 1990 dazu, Polen im Juni 1991, nachdem es seit dem Mai 1991 Beobachterstatus besaß. Das nach wie vor lebhafte Interesse von Nichtmitgliedstaaten, an dieser Initiative beteiligt zu werden, ist klarer Ausdruck für die Attraktivität und Nützlichkeit dieser Form der regionalen Kooperation.

Ihr grundlegendes Konzept ist in einer Erklärung der Außenminister im November 1989 festgehalten: Auf der Grundlage der bestehenden bilateralen Beziehungen sollen in koordinierter Weise konkrete Projekte dort vorangetrieben werden, wo durch regionale Abstimmung der Politik zusätzliche positive Resultate erzielt werden können.

Die Hexagonale steht also für den regionalen Ansatz zur internationalen Zusammenarbeit, der zweifellos zu einem wichtigen Bauprinzip der neuen europäischen Archtiektur werden wird. Die Hexagonale bietet ein Instrumentarium, um auf den verschiedensten Gebieten dem großen Regelungsbedarf zu entsprechen, der sich nicht zuletzt auch aus der Öffnung der Grenzen in Zentraleuropa ergibt.

Die Hexagonale ist also keine festgefügte Organisation, sondern ein **loser Zusammenschluß** interessierter Staaten. Unter keinen Umständen will sie eine Alternative zur europäischen Integration darstellen, an der sich Italien bereits voll beteiligt und an der sämtliche Hexagonale-Staaten in Zukunft teilnehmen wollen. Das österreichische Engagenment in dieser Initiative entspricht seinen eigenen Interessen, aber auch seiner Solidarität mit den neuen Demokratien Zentral- und Osteuropas.

Die Hexagonale arbeitet sehr pragmatisch. **Zwölf Arbeitsgruppen** und eine beträchtliche Anzahl von Untergruppen betreuen eine Reihe von gemeinsamen Projekten in folgenden Themenbereichen: Umweltfragen, Verkehr, Zusammenarbeit von Klein- und Mittelbetrieben, kulturelle und wissenschaftliche Kooperation, Information, Telekommunikation, Energie, Tourismus, Katastrophenschutz, Wanderungsbewegungen und Statistik. Statt einem zentralen Sekretariatsdienst sind die Aufgabenbereiche einem der teilnehmenden Länder zur koordinierenden Behandlung zugewiesen. Ad hoc einberufene Expertentagungen identifizieren die einzelnen Projekte und überwachen ihre Durchführung. Die Gesamtkoordination erfolgt durch etwa vierteljährlich einberufene **Treffen leitender Beamter** der Mitgliedstaaten. Die wichtigen Weichenstellungen für die Zusammenarbeit werden anläßlich der halbjährlichen **Außenminister-** und der jährlichen **Gipfeltreffen** getroffen. Der Vorsitz der Hexagonale wechselt im Jahresrhythmus unter den Mitgliedstaaten.

Eine zusätzliche Dimension besitzt die Initiative durch einen Beschluß beim Außenministertreffen in Rom am 30. November 1990, in Zukunft auch auf parlamentarischer Ebene zusammenzuarbeiten und die Gipfel- und Außenministertreffen zu Begegnungen zwischen Parlamentariern der Mitgliedstaaten zu nützen. Bedeutung erlangte diese **parlamentarische Dimension** erstmals bei der Außenministerkonferenz in Bologna am 18. Mai 1991, als die Parlamentarier ein Papier zur Frage der Menschenrechte und der Minderheiten in Jugoslawien unterzeichneten.

Dies geschah nicht zuletzt im Hinblick auf die prekäre Lage der albanischen Volksgruppe im Kosovo. Der italienische Staatspräsident Piccoli kündigte in seinem Schlußwort an, daß beim nächsten Parlamentarier-Treffen der Hexagonale ein Vertreter der autonomen Region Kosovo teilnehmen soll, der über die Menschenrechtssituation in seiner Region berichten würde. Seither fand nur mehr ein Treffen der Parlamentarier, gleichzeitig mit der Gipfelkonferenz, in Dubrovnik statt. Die österreichischen Vertreter haben bei dieser Gelegenheit die Realisierung der Ankündigung urgiert, nachdem, vorgeblich aufgrund eines Mißverständnisses, die Aufnahme eines Vertreters der autonomen Region Kosovo in die jugoslawische Parlamentarier-Delegation durch den jugoslawischen Vorsitz unterblieben war. Aufgrund der Krise in Jugoslawien haben bis Ende 1991 keine weiteren Parlamentarier-Tagungen der Hexagonale stattgefunden.

Italien hatte den Vorsitz vom Juli 1990 bis zum Juli 1991. Es hat diese Funktion in dynamischer Weise ausgeübt und damit wohl einen wichtigen Beitrag zur Konsolidierung und zum Entstehen der Organisations- und Arbeitsstruktur der Hexagonale geleistet, und damit auch zum Anlaufen der Aktivitäten in den einzelnen Arbeitsgruppen.

Beim Gipfel in Dubrovnik am 26./27. Juli 1991 wurde – wie schon erwähnt – Polen als sechstes Mitglied in die Pentagonale aufgenommen, die im Anschluß daran in Hexagonale umbenannt wurde. Nach der Aufnahme Polens, die besonders durch Österreich gefördert worden war, kamen die Regierungschefs überein, keine weitere geographische Erweiterung der Hexagonale vorzunehmen, um den zentraleuropäisch-regionalen Charakter dieser Initiative aufrechtzuerhalten. Weitere Staaten können jedoch zur Teilnahme an einzelnen Projekten sowie zur pragmatischen Mitarbeit in den Arbeitsgruppen eingeladen werden.

Gemäß der jährlichen Rotation der Präsidentschaft hatte mit 1. Juli 1991 Jugoslawien für ein Jahr den Vorsitz in der Hexagonale übernommen. Es war dementsprechend auch noch Gastgeber des zweiten Hexagonale-Gipfeltreffen, das, wie erwähnt, am 26. und 27. Juli 1991 in Dubrovnik stattfand. Wie vor ihnen die Außenminister bei ihrem Treffen in Bologna (17. und 18. Mai 1991), unterstützten auch die Regierungschefs in ihren Erklärungen die internationalen Bemühungen um eine Lösung der damals schon zum Bürgerkrieg eskalierenden Krise in Jugoslawien.

In den folgenden Monaten waren (mit Ausnahme der von Jugoslawien koordinierten Arbeitsgruppen für Telekommunikation und Tourismus) keine negativen Auswirkungen auf das Fortschreiten der Projektarbeit in der Hexagonale ersichtlich; wenngleich Jugoslawien aufgrund seiner inneren Lage natürlich nicht in der Lage war, die Dynamik des italienischen Vorsitzes fortzuführen. Es stellte sich demnach bald die Frage, wann, wo und vor allem ob ein Außenministertreffen noch im Jahre 1991 durchgeführt werden konnte.

Eine Außenministerkonferenz der fünf Hexagonale-Staaten ohne Jugoslawien in Venedig am 30. November 1991 erwies sich als guter Weg, um den Platz Jugoslawiens in der Initiative zu bestimmen und gleichzeitig die dringende Frage der Mitarbeit Sloweniens und Kroatiens zu klären, die um die Aufnahme in die Hexagonale ersucht hatten: Beide Länder werden ab Jahresbeginn 1992 an den Aktivitäten der Hexagonale teilnehmen. Man kam überein, daß die Anträge der anderen Republiken Jugoslawiens auf Mitarbeit in der Hexagonale gleich Slowenien und Kroatien behandelt würden, sobald sie gestellt wären. Weiters wurde vereinbart, daß der Vorsitz der Hexagonale im Gegensatz zur bisherigen Praxis in Zukunft nicht bei der Konferenz der Regierungschefs, sondern jeweils zu Beginn des Kalenderjahres übergeben wird. Dies bedeutete, daß der jugoslawische Vorsitz am 31. Dezember 1991 ausläuft und **Österreich** aufgrund des für die Reihenfolge ausschlaggebenden englischen Alphabets für die Zeit vom 1. Jänner bis zum 31. Dezember 1992 den **Vorsitz** wahrnehmen wird. Österreich wird neben dem Vorsitz provisorisch auch die Leitung der Arbeitsgruppen „Telekommunikation“ und „Fremdenverkehr“ von Jugoslawien übernehmen. Es wurde auch beschlossen, die Gruppierung hinfort als **Mitteleuropäische Initiative** zu bezeichnen.

Österreich beabsichtigt seinen Vorsitz so zu führen, daß das wirtschaftliche und politische Potential der Hexagonale ausgeschöpft wird. Es hofft damit einen Beitrag zur Intensivierung der Zusammenarbeit in Zentraleuropa zu leisten. Bei dem Koordinatorentreffen im November 1991 wurde beschlossen, bei der Europäischen Bank für Wiederaufbau und Entwicklung (EBRD) ein eigenes Sekretariat für Hexagonale-Projekte zu errichten. Von dieser Einrichtung werden sicher starke Impulse zur Durchführung der beschlossenen Infrastrukturprojekte ausgehen.

Aus den etwa 80 zu Jahresende 1991 laufenden, geplanten oder in Angriff genommenen Projekten der Hexagonale seien einige aufgezählt:

- Die Arbeitsgruppe **Transport** (Vorsitz: Italien) beschäftigt sich hauptsächlich mit der Verbesserung der verkehrsmäßigen Infrastruktur zwischen den Staaten der Hexagonale, unter besonderer Berücksichtigung des Umweltschutzes, wobei für Österreich die Förderung des kombinierten Verkehrs Priorität genießt. Die beiden deutschen Länder Bayern und Baden-Württemberg nehmen als Beobachter an den Treffen dieser Arbeitsgruppe teil.
- Die Arbeitsgruppe **Wanderungsbewegungen** (Vorsitz: Ungarn) hat im Hinblick auf den wachsenden Druck dieses Problems große Bedeutung. Konkret vereinbart wurden gegenseitige Konsultationen, die Harmonisierung der Visa- und Immigrationspolitik, Maßnahmen gegen illegale Beschäftigung und ein Datenaustausch über die gegenwärtigen Ost-West-Wanderungsbewegungen.
- Die Arbeitsgruppe **Klein- und Mittelbetriebe** (Vorsitz: Ungarn) prüft unter anderem die Einrichtung einer Datenbank mit für alle Staaten der Hexagonale zugänglichen Informationen über Klein- unde Mittelbetriebe (potentielle Partner, statistische Daten, Gesetzgebung). Vom 11. bis 14. November 1991 wurde in Budapest ein großangelegtes Joint-Venture-Symposium veranstaltet. Themen waren insbesondere die unternehmerischen Probleme in Osteuropa, die Errichtung von Joint Ventures und anderen Unternehmen, Forschung und Entwicklung sowie das Bank-, Kredit- und Versicherungswesen.
- Die Arbeitsgruppe **Telekommunikation** (Vorsitz: Jugoslawien) beschäftigt sich mit der Errichtung eines Glasfaserkabelnetzes (CEBIN) und – für die Mobil-Telefone – mit einer Abstimmung der entsprechenden Radio-Frequenz (900 MHz).
- Die Arbeitsgruppe **Kultur, Erziehung und Jugendaustausch** (Vorsitz: CSFR) strebt eine engere Zusammenarbeit bei der Organisation von Ausstellungen, Komponistentreffen, Jugendaustausch u. a. m. an. Für 1992/93 sollen u. a. im Projekt „Jahr des mitteleuropäischen Barocks“ in allen Hexagonale-Ländern aufeinander abgestimmte **Barockaustellungen** stattfinden, wobei die kulturelle Gemeinsamkeit durch die Herausgabe eines einzigen, umfassenden Austellungskatalogs betont werden soll.
- Die Arbeitsgruppe **Energieproduktion und -transport** (Vorsitz: CSFR) strebt die Koordination der Energieversorgung des mitteleuropäischen Raums an. Insbesondere soll die Anbindung der Tschechoslowakei und Ungarns an bestehende Erdöl-und Erdgaspipelines aus dem adriatischen Raum vorangetrieben werden.

- Im Rahmen der Arbeitsgruppe **Katastrophenhilfe** (Vorsitz: Italien) fanden die notwendigen Vorbereitungsverhandlungen für den Abschluß eines Rahmen-Abkommens über die Vorhersage, Verhütung und Milderung der Auswirkungen von natürlichen und technischen Katastrophen statt, das in Krisen-und Katastrophenfällen ein sofortiges, konzertiertes Vorgehen der Hexagonale-Staaten zur gegenseitigen Hilfeleistung ermöglichen wird.
- Die Arbeitsgruppe **Wissenschaft und Technologie** (Vorsitz: Italien) fördert die Intensivierung der wissenschaftlichen und technischen Zusammenarbeit innerhalb der Hexagonale-Staaten auf dem Gebiet der Forschung
- Beim Außenministertreffen am 17./18. Mai 1991 wurde die Ausgliederung des Bereiches „Fremdenverkehr“ aus der Arbeitsgruppe „Kultur, Erziehung, Jugendaustausch, Fremdenverkehr“ und die Einrichtung einer eigenen Arbeitsgruppe **Tourismus** unter jugoslawischen Vorsitz beschlossen, die die Förderung des Tourismus in den Hexagonale-Staaten, sowie eine gemeinschaftliche Repräsentierung der Region nach außen vorantreiben soll.
- Gleichfalls wurde bei diesem Außenministertreffen die Einrichtung einer Arbeitsgruppe **Statistik** (Vorsitz: Österreich) vereinbart, die eine Vereinheitlichung des statistischen Datenmaterials der Hexagonale-Länder, sowie die Förderung des gegenseitigen Datenaustausches – insbesondere auf dem Gebiet Volkszählung, Pendler- und Wanderungsstatistik, Umweltschutz, Energieverbund und Wirtschaftsdaten – zum Ziel hat.

Die Tätigkeit von zwei Arbeitsgruppen, in denen Österreich schon bisher den Vorsitz hatte, Umwelt und Information, soll etwas ausführlicher dargestellt werden:

Arbeitsgruppe Umwelt

In der Arbeitsgruppe für Umweltfragen wurden 1991 wurden in den sechs Untergruppen unter anderem folgende Themen bearbeitet:

1. Harmonisierung der Umweltdatenmessung und der Datensysteme:
   Zusammen mit dem IIASA (International Institute for Applied Systems Analysis) in Laxenburg wurden die Grundlagen für eine gemeinsame Inventurliste für Emissionen erarbeitet, sodaß diese Inventurliste wahrscheinlich Ende 1992 oder Anfang 1993 erstellt sein wird. Dabei wurde eine Methode verwendet, die mit dem CORINAIR Programm der EG kompatibel ist.
   In Zusammenarbeit mit dem REC (Regional Environment Centre for Central and Eastern Europe) in Budapest wurde in Wien eine **Agentur**

für Umweltdaten – CEDAR (Central European Data Request Facility) – gegründet.

Zu verschiedenen technischen Fragen wurden Fachtagungen abgehalten.

2. Abfallwirtschaft:

   Informationen über die Beseitigung gefährlicher Abfälle wurden ausgetauscht; für 1992 sind drei einschlägige Seminare geplant.

3. Nukleare Sicherheit:

   Der Aufbau eines gemeinsamen Strahlenfrühwarnsystems wurde vorbereitet. Sollten im Testbetrieb keine Probleme auftauchen, könnte der Strahlendatenaustausch im April 1992 aufgenommen werden.

4. Umwelt und Energie:

   Im Februar 1991 wurde ein Seminar über „Energie aus Biomasse", im Juni 1991 eines über „grenzüberschreitende Energiepartnerschaften" abgehalten.

5. Nationalparks:

   Der grenzüberschreitende Nationalpark Neusiedlersee ist kurz vor der Vollendung. Zwischen Österreich, der CSFR und Ungarn sind Expertengespräche über einen gemeinsamen Nationalpark im Gange. Die Schaffung eines Naturparks im Dreiländereck Kärnten – Slowenien – Friaul-Julisch Venetien wird 1992 geprüft werden.

6. Verhütung und Beilegung von Streitigkeiten in Umweltangelegenheiten:
   Diese Untergruppe hat zwei Resolutionsentwürfe für UNCED 92 (Konferenz der Vereinten Nationen über Umwelt und Entwicklung) ausgearbeitet.

Arbeitsgruppe Information

Die beim ersten Treffen der Arbeitsgruppe „Information" vereinbarten Arbeitsbereiche wurden im Jahr 1991 im wesentlichen beibehalten:

1. Veranstaltung von jährlichen **Round-Table-Gesprächen** über außenpolitische Themen und Presseseminaren, Meinungsaustausch mit anderen Organisationen und Institutionen,
2. Erleichterung der **Arbeitsbedingungen für Journalisten**,
3. **Ausbildung** von Journalisten und offiziellen Medienvertretern,
4. Zusammenarbeit der **Presseagenturen**,
5. Zusammenarbeit der **Rundfunkanstalten**.

Das jährliche Round-Table-Gespräch zum Thema „The CSCE Process after the Paris Summit – its Possibilities and Limits" wurde von Österreich in Wien am 27. und 28. Juni 1991 veranstaltet. An diesem Seminar haben namhafte Journalisten und Agenturkorrespondenten aus den Hexagonale-Staaten teilgenommen.

Im Mai 1991 fand in Makarska (Jugoslawien) ein Symposium für Reisejournalisten statt.

Das vierte Treffen der Arbeitsgruppe **Information** wurde von der ungarischen Delegation gleichzeitig als ein **erstes Treffen mit dem „Nordischen Rat"** organisiert. Zwischen den Hexagonale- Staaten und dem „Nordic Council" fand ein allgemeiner Meinungsaustausch auf dem Gebiet des Medienwesens und der Information statt. Außerdem wurde die staatliche Kooperation innerhalb dieser beiden Regionalgruppierungen sowie die Zusammenarbeit nicht-offizieller Institutionen besprochen. Da der „Nordische Rat" bereits auf eine jahrzehntelange Zusammenarbeit zurückblikken kann, waren die Informationen für die Hexagonale und ihre zukünftige Tätigkeit von großem Nutzen.

Zur Erleichterung der **Arbeitsbedingungen für Journalisten** wurde eine Ermäßigung für Bahnfahrkarten bis zu 30% innerhalb der Hexagonale-Staaten beschlossen.

Besondere Bedeutung haben die **Ausbildungsprogramme für junge Journalisten** und **offizielle Medienvertreter**. In Zusammenarbeit mit der APA, dem Kuratorium für Journalistenausbildung, dem ORF sowie den Printmedien wurden über 20 Journalisten zu einem Praktikum nach Österreich eingeladen. Diese Stipendienaktion wird 1992 fortgesetzt. Außerdem hat der Bundespressedienst für 1992 fünf Pressesprechern oder Mitarbeitern von offiziellen Pressestellen eines jeden Hexagonale-Landes einen Aufenthalt in Österreich angeboten, um die Öffentlichkeitsarbeit der österreichischen Ministerien kennenzulernen.

Das Bundesministerium für auswärtige Angelegenheiten hatte bereits im September 1991 zwei mit Presseagenden befaßte polnische Diplomaten zu einem vierwöchigen Ausbildungsaufenthalt nach Österreich eingeladen.

Von italienischer Seite werden 1992 fünf Stipendien für junge Journalisten oder Publizistikstudenten an der Universität in Urbino vergeben.

Als österreichisches wurde 1991 das Projekt „Editorial Board" vorgeschlagen und auch bereits durchgeführt. Es sieht eine Zusammenarbeit der sechs Presseagenturen in Form des Austausches von Informationen und Berichten über die Hexagonale vor.

Die Zusammenarbeit der **Rundfunkanstalten** der sechs Hexagonale-Länder geht nur sehr zögernd vor sich, weil die Durchführung der einzelnen Projekte hoher finanzieller Mittel bedarf. Einige kleine Projekte konnten trotzdem schon durchgeführt werden: Das „Alpen-Adria-Magazin" des ORF wurde auf die CSFR ausgedehnt und die RAI hat eine Gemeinschaftssendung der sechs Länder unter dem Titel „Die Weihnachtsflöte" produziert.

Internationale Zusammenarbeit auf Länder- und Gemeindeebene

Vor dem Hintergrund der Verdichtung der internationalen und vor allem der die Nachbargrenzen überschreitenden Kontakte sowie der Neuordnung der gesamteuropäischen Beziehungen brachte der EG-Ratsgipfel von Maastricht (8.–10. 12. 1991) eine weitere Dynamisierung der europäischen Integration. Gleichzeitig wuchs die Bedeutung der europäischen Länder und Regionen als natürliches Gegengewicht und Korrektiv zu den nationalstaatlichen und supranationalen Strukturen Europas. Damit war die Forderung nach einer Europäischen Union auf den Grundsätzen von Demokratie, Rechtsstaatlichkeit, Föderalismus, Regionalismus und Subsidiarität als zentrales Anliegen der Europapolitik der Länder und Regionen auch schon vorgegeben.

Bereits Ende 1990 war die **Versammlung der Regionen Europas** in einer Entschließung für eine verstärkte institutionalisierte Einbeziehung der Regionen in die Entscheidungsprozesse der EG eingetreten. Am 7. und 8. Mai richteten die anläßlich der IV. Konferenz „Europa der Regionen“ in Linz versammelten Regierungschefs, Präsidenten und Vertreter der Länder, Regionen und Autonomen Gemeinschaften eine gleichgerichtete Resolution an die EG. Sie forderten die Einrichtung eines beratenden Regionalorgans mit eigener Klagebefugnis der regionalen und lokalen Einheiten vor dem Europäischen Gerichtshof (als Ausfluß des föderalen Aufbaus einer künftigen Europäischen Union), die Schaffung von Mitwirkungsmöglichkeiten im Rahmen des EG-Ministerrates und – unter Zugrundelegung des Subsidiaritätsprinzips – eine klare Aufgabenabgrenzung von den supra- bis zu subnationalen Ebenen unter Vermeidung von General- und Evolutionsklauseln.

Den vorgebrachten Wünschen teilweise Rechnung tragend, ist im Schlußdokument von Maastricht die Errichtung eines **Ausschusses der Regionen** vorgesehen. Er soll sich aus Vertretern der regionalen und lokalen Gebietskörperschaften zusammensetzen. Die Mitglieder und ihre Stellvertreter werden auf Vorschlag der jeweiligen Mitgliedstaaten vom EG-Rat durch einstimmigen Beschluß auf vier Jahre ernannt und sind an keine Weisungen gebunden. Der Ausschuß der Regionen wird vom Rat oder von der Kommission in den im Maastrichter Schlußdokument vorgesehenen Fällen und in allen anderen Fällen, in denen eines dieser beiden Organe dies für zweckmäßig erachtet, gehört. Er kann über Ersuchen, aber auch von sich aus, eine Stellungnahme abgeben, wo spezifische regionale Interessen berührt werden.

Eine weitere Bestimmung der Maastrichter Verträge kommt ebenfalls den Wünschen und Interessen der österreichischen Bundesländer entgegen. Es wurde beschlossen, daß in Zukunft dann, wenn der EG-Rat (auf Ministerebene) Dinge berät, die nach innerstaatlichen (etwa österreichischem Recht) in die Kompetenz eines Bundeslandes fallen, der betreffende Mitgliedstaat statt eines Ministers ein Mitglied der Landesregierung in den Rat entsenden kann, das dann dort mit denselben Rechten wie das Mitglied einer Zentralregierung auftreten kann.

Im Hinblick auf den bevorstehenden Beitritt Österreichs zu den Europäischen Gemeinschaften gewinnt die Frage der Einbindung der Regionen in die supranationalen Entscheidungsprozesse gerade auch für die Bundesländer an Bedeutung. Diese setzen sich seit geraumer Zeit, nicht zuletzt im Zuge der Vertragsverhandlungen für einen Europäischen Wirtschaftsraum, für den Ausbau des Föderalismus in Österreich, aber auch auf europäischer Ebene ein. Zu den organisatorischen und institutionellen Vorkehrungen, die getroffen wurden, um dem erwachsenen Koordinationsbedarf Rechnung zu tragen, zählen u.a.: der von der Landeshauptmännerkonferenz eingerichtete Ständige Integrationsausschuß der Länder; die Arbeitsgruppe EG-Föderalismus unter dem Vorsitz des Bundesministers für Föderalismus und Verwaltungsreform; der Rat für Fragen der österreichischen Integrationspolitik (Vertretung der Länder durch die Landeshauptmänner von Wien und Vorarlberg); die Arbeitsgruppe für Integrationsfragen und jene für europäische Integration (in beiden nimmt die Verbindungsstelle der Bundesländer die Länderinteressen wahr); schließlich ein eigener Ländervertreter an der Österreichischen Mission in Brüssel. Darüberhinaus sind die einzelnen Länder in der Regel mit einem eigenen EG- bzw. Integrationsreferat beim jeweiligen Amt der Landesregierung und einem ebensolchen Ausschuß im Landtag ausgestattet – mitunter, wie im Falle Tirols etwa, noch mit einem Integrationsrat unter dem Vorsitz des Landeshauptmannes.

Die fortschreitende europäische Integration und die Ausstattung der österreichischen Bundesländer mit neuen Außenkompetenzen (nach Art. 16 des B-VG sind die Bundesländer seit 1. Jänner 1989 ermächtigt, im selbständigen Wirkungsbereich Staatsverträge mit an Österreich grenzenden Staaten oder deren Teilstaaten abzuschließen, BGBl 685/1988) haben der nachbarschafts- und europapolitischen, grenzüberschreitenden Zusammenarbeit der österreichischen Gebietskörperschaften eine neue Dynamik verliehen und die Relevanz dieser Kooperationsformen erhöht. Das jedenfalls ist auch die Bilanz eines Seminars über die grenzüberschreitende Zusammenarbeit der Bundesländer, zu dem Landeshauptmann Siegfried Ludwig und Bundesminister Alois Mock am 17. Oktober 1991 nach Baden bei Wien geladen hatten. Anhand der von den Ländervertretern skizzierten Aktivitäten und Erfahrungen konnten dabei auch die Möglichkeiten einer verstärkten Koordination und gegenseitigen Hilfe unter den einzelnen Bundesländern, aber auch zwischen Bundes- und Landesstellen aufgezeigt werden.

Die multilaterale, grenzüberschreitende Zusammenarbeit der österreichischen Bundesländer

a) ARGE ALP – Arbeitsgemeinschaft Alpenländer[1])

Als Gründungsmitglied der Versammlung der Regionen Europas ist die ARGE-ALP durch ihren jeweiligen Vorsitzenden in dieser Dachorganisation europäischer Regionen vertreten. Auch im Vorstand der Arbeitsgemeinschaft Europäischer Grenzregionen hat die ARGE einen Sitz.

Die Beziehungen zur 1978 gegründeten ARGE Alpen-Adria und zur 1982 gegründeten ARGE der Westalpen-COTRAO gestalten sich auf Grundlage der Gemeinsamen Erklärung über die Zusammenarbeit der **Arbeitsgemeinschaften im Alpenraum**. Im November 1991 unterzeichneten die Arbeitsgemeinschaften des Alpenraumes sowie andere europäische Regionalorganisationen auch ein Protokoll über die Zusammenarbeit. Es sieht die Förderung des Meinungsund Informationsaustausches, die Koordination der Aktivitäten und die verstärkte Befassung nationaler wie internationaler Institutionen mit gemeinsamen Anliegen vor. Mit Interesse verfolgt die ARGE ALP auch die regionalpolitische Zusammenarbeit im Rahmen der Hexagonale. Die ARGE ALP ist bereit, ihr Know-how in dieses Forum der regionalen Kooperation in Zentraleuropa einzubringen und in den Bereichen mitzuarbeiten, die sich für eine Kooperation zwischen den Staaten und den regionalen Organisationen anbieten; dies auch im Sinne der Erklärung der Gipfelkonferenz der Regierungschefs und Außenminister der Hexagonale vom Juli 1991.

Am 21. Juni 1991 fand unter Vorsitz des Südtiroler Landeshauptmannes Luis Durnwalder die 22. Konferenz der Regierungschefs der ARGE ALP statt, an der auch Vertreter der ARGE Alpen-Adria und der Arbeitsgemeinschaft der Westalpen-COTRAO teilnahmen. Einhellig forderten die Regierungschefs, daß die Grundsätze des Föderalismus und der Subsidiarität im Zuge der EG-Regierungskonferenz in der künftigen „Politischen Union" auch ausdrücklich berücksichtigt und erwähnt werden müßten. Erneut wurde für die Regionen die Schaffung eines eigenen Organs bei der EG sowie die Einräumung eines Klagerechts eingemahnt.

Die Schwerpunkte der technischen Kooperation liegen in den für die Alpenländer so sensiblen Bereichen Verkehr und Umwelt.

Unter den Initiativen am Verkehrssektor ist die zur Förderung eines umweltgerechten Brenner-Eisenbahnverkehrs gegründete **Aktionsgemeinschaft Brennerbahn** hervorzuheben. Diese Interessensgemeinschaft der an

---

[1]) Die Organisationsstruktur und Arbeitsweise dieser und der im weiteren behandelten Arbeitsgemeinschaften ist ausführlich im „Außenpolitischen Bericht 1990" dargestellt.

der Brennerachse liegenden Länder und Provinzen soll unter Beiziehung anderer gesellschaftlich und wirtschaftlich relevanter Körperschaften das Großprojekt einer neuen Eisenbahn zwischen München und Verona forcieren.

Im Umweltschutzbereich befaßte sich die Konferenz der Regierungschefs mit einer Reihe von Fragen wie: Abkommen zum Schutz der Alpen (**Alpenkonvention**); weiters wurde beschlossen, das im Jahre 1991 von den Mitgliedern der ARGE erarbeitete Arten- und Biotopschutzabkommen an die jeweiligen nationalen Regierungen zwecks völkerrechtlicher Verankerung heranzutragen. Weiters wurden im Rahmen von Symposien und Projekten u.a. Fragen der Abfallwirtschaft sowie der Schadstoffbelastung des Alpenraumes behandelt. Dazu zählte auch der zunehmende Einsatz von Beschneiungsanlagen – für den gemeinsame Beurteilungsmaßstäbe festgelegt wurden.

Auf dem Sektor Kultur und Wissenschaft gab es mehrere Expertentagungen sowie gemeinsame Veröffentlichungen. Auch fanden zahlreiche Sportveranstaltungen im Rahmen der ARGE-ALP statt.

Studienprojekte wurden im Bereich betrieblicher Forschung und Technologietransfer sowie zur Frage der Grenzgänger beschlossen.

Im Bereich Gesundheitswesen verabschiedete die Konferenz der Regierungschefs „Gesundheitspolitische Leitlinien der Mitgliedsländer für die Vorsorgemedizin“ sowie Ausbildungsmaßnahmen für die Alkohol- und Drogentherapie. Auch am Tourismussektor soll die Zusammenarbeit der ARGE ALP-Länder ausgeweitet werden.

b) ARGE Alpen-Adria:

Die Tätigkeit der Arbeitsgemeinschaft stand ab Mitte 1991 unter dem Eindruck der bewaffneten Auseinandersetzungen in **Slowenien und Kroatien**. Am 3. 7. 1991 wurde dazu in Klagenfurt eine außerordentliche Vollversammlung einberufen. Die dort angenommene Resolution forderte neben der sofortigen Einstellung der Kampfhandlungen auch die völkerrechtliche Anerkennung der Republiken Slowenien und Kroatien. Diese Forderung wurde anläßlich der ordentlichen Vollversammlung am 20. September 1991 in Linz bekräftigt und die Europäischen Gemeinschaften und der Sicherheitsrat der Vereinten Nationen zur Ergreifung wirksamer Maßnahmen aufgerufen. Weiters wurde aus dem gemeinsamen Budget eine Medikamentenhilfe für Slowenien und Kroatien im Ausmaß von ca. 2 Millionen Schilling beschlossen.

Die Vollversammlung verabschiedete auch eine Erklärung zu den Aufgaben in Europa. Sie ergänzt die ARGE-Gründungserklärung von Venedig und definiert die Aufgaben der Arbeitsgemeinschaft im Europa der 90er Jahre wie folgt: Stärkung des Selbstbestimmungsrechtes der Völker im

Ostalpenraum; Stärkung der Kompetenzen der Mitgliedstaaten gegenüber zentralen Institutionen; beharrliches Eintreten für das Subsidiaritätsprinzip in Europa; wirksame Unterstützung des Integrationsprozesses in Europa; weitere Vertiefung der bilateralen Kontakte zu den Mitgliedstaaten, aber auch Stärkung der Zusammenarbeit mit nicht in der Region angesiedelten Arbeitsgemeinschaften und mit sonstigen staatlichen, zwischenstaatlichen und supranationalen Organisationen.

Die Arbeit der ARGE Alpen-Adria umfaßte im Jahre 1991 folgende inhaltliche Schwerpunkte: Abfallvermeidung, (Erstellung einer Studie über „Haus- und Industrieabfälle"), Transitproblematik, Volkskultur in der regionalen Vielfalt, umweltgerechte Betriebsansiedlungen, Bodenschutz und überregionale Zusammenarbeit in Katastrophenfällen.

Auf dem Gebiet „Wissenschaft und Technologie" konnte die Arbeitsgemeinschaft vielfältige Initiativen setzen (z.B. ein Projekt zur Abhaltung von „Handwerkermessen"). Zur Behandlung sozialer Themen wurde eine neue Kommission eingerichtet.

c) ARGE Donauländer

Vom 15. bis 17. Mai 1991 wurde in Belgrad unter dem Vorsitz Serbiens die Zweite Konferenz der Regierungschefs abgehalten. Mit der Aufnahme der Tschechischen Republik, der Slowakischen Republik, der Republik Kroatien und des Bundes der Donaukreise aus Rumänien als neue Mitglieder wuchs deren Zahl auf 18. Das Treffen war ingesamt durch die angespannte **Situation in Jugoslawien** geprägt. Aus gegebenem Anlaß brachte LH Siegfried Ludwig einen einstimmig angenommenen Appell der Teilnehmer ein. In diesem wird darauf verwiesen, daß es gemäß Art 1 der Gründungs-Erklärung der Arbeitsgemeinschaft deren Ziel ist, die Zusammenarbeit der Mitglieder der Arbeitsgemeinschaft zwecks allseitiger Entwicklung des Donauraumes im Interesse ihrer Einwohner und einer friedlichen Zusammenarbeit in Europa zu fördern. Alle Beteiligten aus den Donauländern wurden dringend aufgerufen, sich zur Lösung der schwierigen Nationalitäten- und Minderheitenprobleme **ausschließlich friedlicher** und demokratischer Mittel zu bedienen, um auch für die Zukunft ein friedliches Zusammenleben aller Donauländer, Donauvölker und Minderheiten zu sichern und dadurch einen wertvollen Beitrag zum Aufbau eines neuen Europa zu leisten.

Bei der Novembersitzung des Arbeitskreises Kultur und Wissenschaft (dessen Vorsitz beim Land Niederösterreich liegt) wurde unter Bezugnahme auf diesen einstimmigen Appell der Regierungschefs ebenfalls eine Resolution angenommen. Demnach möge auch innerhalb der ARGE Donauländer weiter nichts unversucht bleiben, um die kriegerischen Auseinandersetzungen in Jugoslawien zu einem Ende zu bringen.

Konkrete Projekte wurden insbesondere im Arbeitskreis Kultur und Wissenschaft (Vorbereitung einer Karte der Donauländer) sowie im Arbeitskreis „Wirtschaft und Fremdenverkehr" (Radwege und Weitwanderwege entlang der Donau, gemeinsame Schiffahrtspläne usw.) durchgeführt.

d) Sonstige Foren und Initiativen grenzüberschreitender regionaler Zusammenarbeit

Die **Internationale Bodenseekonferenz** mit den Mitgliedern Vorarlberg, Baden-Württemberg, Bayern, St. Gallen, Thurgau und Schaffhausen, beschloß am 15. November 1991 in München eine Intensivierung der Zusammenarbeit in der Verkehrsplanung und im Bildungsbereich (z.B. Förderungsgaben an junge Kulturschaffende). Mit Unterstützung der Bodenseekonferenz, aber von dieser unabhängig, organisierten Vertreter von Wirtschaft, Wissenschaft und Kommunalpolitik im Bodenseeraum einen sogenannten „Bodenseerat". Dieser beabsichtigt, die verschiedenen regionalen und lokalen Interessen zusammenzuführen und für die Internationale Bodenseekonferenz, die auf der Ebene der Regierungschefs der Länder und Kantone tagt, als Gesprächspartner zu fungieren.

Die von der Internationalen Bodenseekonferenz entwickelten Abgasvorschriften für Schiffsmotoren sind nach Genehmigung durch die EG für den gesamten Bodensee in Kraft getreten. Interesse an dieser Regelung besteht auch in verschiedensten Staaten und in der Europäischen Gemeinschaft.

Versammlung der Regionen Europas – VRE: 1985 in Salzburg gegründet, bildet dieser Dachverband das Gesprächs- und Koordinationsforum der Regionen im Hinblick auf eine verstärkte Vertretung ihrer Interessen bei den europäischen Institutionen. Zu den über 170 Mitgliedern zählen mittlerweile alle österreichischen Bundesländer mit Ausnahme Wiens (das den Beitritt gegenwärtig prüft). Der VRE ist beim Europarat Beraterstatus eingeräumt. 1991 traten die VRE und die ihr als überregionale Organisation beigetretene **Konferenz „Europa der Regionen"** massiv für eine institutionelle Aufwertung des 1988 bei der EG-Kommission eingesetzten Beirates der regionalen und lokalen Gebietskörperschaften ein.

Arbeitsgemeinschaft Europäischer Grenzregionen (AGEG): 1971 gegründet mit dem Ziel des Erfahrungsaustausches unter den Grenzregionen, der Ausarbeitung von Lösungen für spezifische Probleme der Grenzregionen und deren Interessenswahrung gegenüber nationalen und internationalen Einrichtungen.

Die AGEG hat Beraterstatus beim Europarat. Von den Europäischen Gemeinschaften wurde sie mit der Durchführung eines vom Europäischen Fonds für regionale Entwicklung finanzierten Programmes zur Beratung und technischen Unterstützung der Grenzregionen (LACE) betraut.

Rat der Arbeitsgemeinschaften Mitteleuropas: Über Initiative des italienischen Verkehrsministers Carlo Bernini, der gleichzeitig Vorsitzender der Konferenz „Europa der Regionen" ist, fand am 28. August 1991 in Linz ein Treffen der Präsidenten der ARGE ALP (Südtiroler Landeshauptmann Durnwalder), der ARGE Alpen-Adria (Präsident OÖ Landeshauptmann Ratzenböck) und der ARGE Donauländer (Präsident NÖ Landeshauptmann Ludwig) statt, an dem auch Bundesminister Alois Mock teilnahm. Bei dieser Sitzung wurde die Gründung eines „Rates der Arbeitsgemeinschaften Mitteleuropas" beschlossen, dessen Aufgabe es sein wird, die Anliegen aller im Rat vertretenen Arbeitsgemeinschaften gegenüber internationalen Organisationen und Foren (v.a. EG, aber auch ER und Hexagonale) zu vertreten. Dem Rat werden die „Versammlung der Regionen Europas" und die Konferenz „Europa der Regionen" als Beobachter angehören.

Im Juni 1991 wurde in Wien das **Regionale Forum Österreich-Ungarn** gegründet. Diese lose Arbeitsgemeinschaft umfaßt die Komitate Vas, Zala und Györ-Moson-Sopron sowie die Länder Burgenland, Niederösterreich und Steiermark. Die Arbeitsgruppen „Fremdenverkehr" und „Wirtschaft" haben bereits ihre Tätigkeit aufgenommen.

Auf Einladung von LH Josef Ratzenböck fand am 7. und 8. Mai 1991 in Linz die IV. **Konferenz „Europa der Regionen"** statt, an der Vertreter von 45 Regionen aus zehn Staaten Europas sowie von Internationalen Organisationen und regionalen Arbeitsgemeinschaften teilnahmen. Im Mittelpunkt der Konferenz stand die Forderung nach Mitgestaltung der Länder und Regionen in der Europäischen Gemeinschaft. In den verabschiedeten Entschließungen werden verstärkte Mitsprache- und Vertretungsrechte gefordert, die im Falle der Mißachtung auch einklagbar sein sollen. Darüberhinaus sprachen sich die Teilnehmer für die Stärkung der interregionalen grenzüberschreitenden Zusammenarbeit zwischen West-, Mittel- und Osteuropa aus. In einer gemeinsamen Erklärung zur Lage in Jugoslawien wurde an alle Beteiligten appelliert, die Eigenständigkeit jugoslawischer Republiken nicht zu gefährden und alles zu unternehmen, um auch in Zukunft ein friedliches Zusammenleben der Republiken in Jugoslawien zu gewährleisten.

Bilaterale grenzüberschreitende Zusammenarbeit der Österreichischen Bundesländer

Burgenland

Burgenland ist Mitglied der ARGE Alpen-Adria, der ARGE Donauländer, der Versammlung der Regionen Europas, der Europäischen Konferenz der Weinbauregionen sowie Beobachter bei der Konferenz „Europa der Regionen".

Die Kontakte zu den benachbarten ungarischen Komitaten Györ-Moson-Sopron und Vas, dem westslowakischen Kreis und zu den Republiken Kroatien und Slowenien bildeten die Schwerpunkte in den bilateralen, grenzüberschreitenden Aktivitäten des Burgenlandes. Auch zur Republik Moldawien werden Beziehungen unterhalten.

Im Bereich des Forstwesens fanden Expertengespräche mit Fachleuten aus der CSFR und Ungarn zur Frage der Waldschäden statt.

Auf dem Gebiet des Katastrophenschutzes nahm das Burgenland im Rahmen der ARGE Alpen-Adria an einer vom 4.bis 6. Juni 1991 in Krain (Slowenien), abgehaltenen Tagung teil. Die Veranstaltung war der Organisation des Zivil- und Katastrophenschutzes in den Mitgliedsländern gewidmet.

Zur Frage der Seeschiffahrt am Neusiedlersee gab es weitere Kontakte mit regionalen und auch zentralen Verwaltungsbehörden der Republik Ungarn. Verhandlungen unter Beiziehung der burgenländischen Landesregierung ermöglichten die Aufnahme der grenzüberschreitenden Personenschiffahrt zwischen Österreich und Ungarn ab 1. Juli 1991.

Die Zusammenarbeit mit den benachbarten ungarischen Komitaten, insbesondere auf dem Straßenverkehrssektor, wurde intensiviert. Eine Delegation des Komitates Györ-Moson-Sopron besuchte dazu am 10. Dezember das Amt der Burgenländischen Landesregierung.

Fortgeführt wurden auch die Planungsarbeiten zur Errichtung des grenzüberschreitenden **Nationalparks Neusiedlersee**. Nachdem der ungarische Teil des zukünftigen gemeinsamen Nationalparks durch eine Regierungsverordnung mit 1. 1. 1991 zum Nationalpark erklärt worden war, nahm die ungarische Nationalparkdirektion ihre Arbeit am 1. 2. 1991 auf. Auf österreichischer Seite befindet sich ein eigenes, von der Burgenländischen Landesregierung ausgearbeitetes Nationalparkgesetz in Begutachtung. Eine Nationalparkgesellschaft soll mit dem Management des Nationalparks betraut werden. Von ungarischer Seite wurde auch der Wunsch nach Errichtung eines gemeinsamen Nationalparks Geschriebenstein/Irottkö vorgebracht. Eine erste Besprechung der gemeinsamen österreichisch-ungarischen Kommission mit den Bürgermeistern der betreffenden Gemeinden sowie mit den Vertretern der Eszterhazyschen Güterdirektion fand am 17. Mai 1991 statt. Dabei haben alle Beteiligten dem Projekt grundsätzlich zugestimmt.

Am 30. April 1991 wurden eine Reihe weiterer Grenzübergänge zu Ungarn eröffnet: Pamhagen-Fertöd (Personenverkehr), Mörbisch-Fertörakos (Fußgänger- und Radfahrverkehr), Andau-Moson-Zentianos (Fußgänger- und Radfahrverkehr), Rechnitz-Bozsok (bilateraler Personenreiseverkehr) und Eberau-Szenpeterfa (bilateraler Personen- und Reiseverkehr). Am Geschriebenstein wurde die Aussichtswarte ebenfalls von Frühjahr bis

Spätherbst für eine täglich begrenzte Zeit dem bilateralen Besuchsverkehr geöffnet.

Auf wirtschaftlichem Gebiet war man um eine Vertiefung der Beziehungen insbesondere im Bereich des Bankwesens, bemüht. So soll die Repräsentanz der Bank Burgenland-AG in Sopron einerseits österreichischen Unternehmungen den Zugang zum westungarischen Markt eröffnen, grenzüberschreitende Kooperationen und Handelsbeziehungen ermöglichen und joint venture-Gründungen unterstützen, sowie andererseits der westungarischen Wirtschaft moderne Finanzdienstleistungen anbieten. Im Hinblick auf die wirtschaftliche Öffnung der Grenze zu Ungarn beauftragten das Land Burgenland und der Bund eine private Gesellschaft mit der Erstellung einer Machbarkeitsstudie für **grenzüberschreitende Industrie- und Gewerbeparks**, die Anfang 1992 fertiggestellt sein soll.

Weiters ist die Schaffung von sogenannten „regionalen Parlamenten" mit den benachbarten ungarischen Komitaten geplant. Diese zukünftige regionale Zusammenarbeit auf exekutiver und legislativer Ebene soll sich auf Bereiche von besonderem gesamtregionalem Interesse, wie zum Beispiel Raumordnung und Umweltschutz, Verkehr, Wirtschaft und Fremdenverkehr beziehen.

Kärnten

In der ARGE Alpen-Adria führte Kärnten 1991 den Vorsitz in der Kommission für „Gesundheit und Hygiene", in der Projektgruppe „Archäologischer Atlas", sowie in den Arbeitsgruppen „Glossar", „Nationalpark" und „Energiesparen und erneuerbare Energien." Letztere stellte im Juni des Jahres mehrere gemeinsame Berichte vor, unter anderem zu den Themen „Sonnenenergienutzung" und „Biomasse".

Wie schon erwähnt, wurden am 21. Oktober 1991 in Klagenfurt dem Vertreter des Gesundheitsministeriums aus Agram im Auftrag der Arbeitsgemeinschaft Medikamente und medizinische Hilfsgüter im Werte von ca. 1,4 Millionen Schilling übergeben. Der Ankauf dieser Waren erfolgte mit den für diesen Zweck verdoppelten Mitgliedsbeiträgen der ARGE. Am 19. Dezember 1991 wurden dem Slowenischen Roten Kreuz in Laibach aus Alpen-Adria-Mitteln für kroatische Flüchtlinge Hilfsgüter um über 300.000,– Schilling zur Verfügung gestellt.

Die beim Amt der Kärntner Landesregierung eingerichtete Evidenzstelle der ARGE übernahm ab 1. Jänner 1991 auch die Führung des gemeinsamen Budgets der ARGE Alpen-Adria.

Kärnten war im Februar bzw. November der 3. Austragungsort der Alpen-Adria-Jugendwinterspiele und der 4. Alpen-Adria-Jugendschachspiele. GLeichfalls im November fand in Großkirchheim das zweite Nationalparksymposion der ARGE Alpen-Adria und der ARGE Alp statt.

Eine Delegation aus **Friaul-Julisch Venetien** unter der Leitung von Präsident Adriano Biasutti besuchte am 14. Mai 1991 Kärnten. Bei dieser Gelegenheit wurde eine Erklärung über grenzüberschreitende Zusammenarbeit verabschiedet. Diese Erklärung ist Vorläufer eines künftigen Übereinkommens, das auf Grundlage des „Rahmenübereinkommens über die grenzüberschreitende Zusammenarbeit" des Europarates abgeschlossen werden soll. Damit wurden die Kontakte zwischen den Vertretern der beiden Regionalregierungen institutionalisiert.

Bei einer Begegnung der beiden Vertretungen von Kärnten und Friaul-Julisch Venetien unter der Leitung von LH Zernatto und Präsident Adriano Biasutti im September wurden die schitechnische Erschließung der Karnischen Region auf italienischer Seite, die Verbesserung der Straßenverbindung im Plöckenbereich und die Einsetzung einer diesbezüglichen gemischten Arbeitsgruppe erörtert.

Eine Delegation des Parlamentes von Friaul-Julisch Venetien stattete am 29. Juli 1991 Klagenfurt einen offiziellen Besuch ab.

Kärntens Beziehungen zu **Slowenien** waren durch die Unabhängigkeitsbestrebungen Sloweniens und die bewaffneten Auseinandersetzungen im ehemaligen Jugoslawien geprägt.

Am 2. Juli 1991 forderte die Kärntner Landesregierung in einer Resolution die Bundesregierung und die internationale Völkergemeinschaft auf, alle zur Verfügung stehenden völkerrechtlichen Schritte zur Anerkennung der Unabhängigkeit Sloweniens und Kroatiens zu setzen. Am 29. August 1991 wurde vom Kärntner Landtag ein Beschluß betreffend die sofortige Anerkennung der Unabhängigkeit von Slowenien und Kroatien gefaßt, wobei die sicherheitspolitischen Überlegungen Österreichs und des Bundeslandes Kärnten ein integrierender Bestandteil eines solchen diplomatischen Schrittes zu sein hätten. Am 5. Dezember 1991 wurde die Landesregierung vom Kärntner Landtag aufgefordert, die Bundesregierung nochmals dringend zu ersuchen, Slowenien und Kroatien als unabhängige Staaten sofort anzuerkennen.

In Reaktion auf die Slowenienkrise setzte das Bundesland Kärnten auch humanitäre Hilfsaktionen an; Hilfe im größeren Maßstab (2,7 Millionen Schilling) wurde für Kroatien organisiert. Eine Kärntner Delegation unter der Leitung von LH Zernatto besuchte am 20. August 1991 Laibach. Neben den erwähnten Hilfsmaßnahmen stand das Thema Kernkraftwerk Krsko im Mittelpunkt der Gespräche. Hierzu wurden u.a. eine Punktation über offene oder ungeklärte Sicherheitsfragen übergeben und im November in Klagenfurt Verhandlungen aufgenommen. Deren Ziel ist ein „Abkommen über frühzeitige Benachrichtigung und wechselseitige Hilfestellung bei Elementarereignissen und Unglücksfällen außergewöhnlichen Umfanges". Die Verhandlungen sollen im Jahr 1992 abgeschlossen werden. Es handelt sich hierbei um die erstmalige Inanspruchnahme der den Ländern gemäß Art 16 B-VG eingeräumten Zuständigkeit zum Abschluß von Staatsverträgen.

Die Präsidentin des Kärntner Landtages, Susanne Kovani, weilte am 7. Jänner 1991 zu Besuch in Laibach. Am 19. März 1991 fand sich eine slowenische Parlamentsdelegation unter der Leitung von Präsident France Bucar zu Gesprächen mit dem Kärntner Landtag und der Kärntner Landesregierung in Klagenfurt ein.

Die Beziehungen zwischen Kärnten und Slowenien werden von einem Kontaktkomitee institutionell abgestützt. Zu den dort behandelten Themen zählen neben dem Kernkraftwerk Krsko das Kraftwerk Koralpe und und andere Umweltfragen, die auch in einer eigenen, bilateralen Arbeitsgruppe behandelt werden (wie die Frage der Trinkwasserreserven aus den Karawanken; der Luftqualität; des Zustandes der Wälder; des Mülls oder der Raumordnung im Grenzbereich).

Am 9. Dezember 1991 wurde eine gemeinsame Wirtschaftskonferenz Kärntens und Sloweniens abgehalten, an der die beiden Regierungschefs sowie Vertreter der Handelskammern teilnahmen. Dabei wurden auch slowenische Betriebe beraten und eine eigene „Betriebsbörse“ gegründet.

Im Juni abgehaltene Gespräche zwischen dem slowenischen Kulturminister Capuder und Landeshauptmann-Stellvertreter Ambrozy hatten die Belebung des bilateralen Kulturaustausches zum Ziel.

Am 10. Oktober 1991 richtete die Kärntner Landesregierung an Präsident Milan Kucan, Ministerpräsident Lojze Peterle sowie Bundesminister Alois Mock und das Bundeskanzleramt eine Resolution mit der Aufforderung, die sofortige Korrektur und Zurücknahme des provisorischen slowenischen Zahlungsmittels zu veranlassen. Dies wurde mit dem Hinweis begründet, daß auf den Banknoten Symbole (Fürstenstein) aus der Geschichte des Landes Kärnten verwendet werden und möglicherweise der Eindruck terriorialer Ansprüche gegenüber den Nachbarn erweckt werden könnte. Diese Frage beschäftigte auch den Kärntner Landtag; laut Landeshauptmann Christoph Zernatto sollte jedoch diese Frage die Zusammenarbeit zwischen Slowenien und Kärnten nicht stören.

Niederösterreich

Niederösterreich ist Gründungsmitglied der „Arbeitsgemeinschaft der Donauländer“. In der **Hexagonale** ist es durch Sachverständige an den Projekten zahlreicher Arbeitsgruppen beteiligt. Über die internationalen Gemeindeorganisationen bestehen Gemeinde- und Städtepartnerschaften. Das Land Niederösterreich wirkt in einer Vielzahl von internationalen Gremien wie der Versammlung der Regionen Europas und auch des Europarates mit.

Die intensivsten bilateralen Beziehungen unterhält Niederösterreich zu ungarischen Komitaten und zur Tschechischen und Slowakischen Föderativen Republik. So besuchte eine niederösterreichische Delegation unter der Leitung von Landeshauptmann Siegfried Ludwig vom 23. bis 25. September 1991 das ungarische Komitat Zala. Die Beziehungen Zala-Niederösterreich wurden 1991 auf wirtschaftlichem, schulischem und kulturellem Gebiet ausgebaut. Zwischen Firmen beider Regionen kam es bereits zur Gründung mehrerer joint ventures. Im Rahmen von Management-Sommerkursen an der Landesakademie in Krems wurde Teilnehmern aus Zala Grundwissen in den Bereichen Marktwirtschaft sowie Hochtechnologie vermittelt. Acht ungarische Führungskräfte aus dem Tourismusbereich erwarben einen Überblick über das moderne Managementwissen in Hotellerie und Tourismus. Das Bildungsangebot des Landes Niederösterreich an das ungarische Komitat umfaßt weiters Kurse für Deutschlehrer an den Pädagogischen Instituten in Hollabrunn und Baden sowie die Bereitstellung von Schulbüchern und anderen Lehrbehelfen.

Im Zusammenhang mit der Errichtung des Archäologieparks Carnuntum kam es zu einem Erfahrungsaustausch mit mehreren ungarischen Städten. LH Siegfried Ludwig und der Komitatspräsident Denes Palfi unterzeichneten eine Vereinbarung über die weitere Zusammenarbeit zwischen Niederösterreich und dem Komitat Zala. Auf dieser Grundlage wurde das Arbeitsprogramm für 1991/92 erstellt.

Der Intensivierung der wirtschaftlichen und kulturellen Zusammenarbeit zwischen Niederösterreich und der **Tschechischen Republik** diente ein Treffen zwischen den beiden Regierungschefs. Ein Memorandum sieht gemeinsame Projekte auf folgenden Gebieten vor: Wirtschaft (Entwicklung von joint ventures, Erweiterung und Verbesserung des grenzüberschreitenden Bahn- und Straßenverkehrs, Informationsaustausch über die Privatisierung in landwirtschaftlichen Grenzgebieten, Intensivierung des Fremdenverkehrs, Hilfestellung bei der Auswahl geeigneter Wirtschaftspartner), Umweltschutz, Wissenschaft, Bildung und Kultur, Jugendaustausch, Sport. Übereinstimmung bestand darüber, in die Zusammenarbeit auch die Städte und Gemeinden der Grenzregionen einzubinden.

Gute Kontakte gibt es zwischen niederösterreichischen Dienststellen und den Behörden der ehemaligen Partnerregion Südmähren (die Kreisverwaltungen der CSFR wurden per 1. 1. 1991 aufgelöst). Für den im **Thayatal** im Bereich von Hardegg geplanten **grenzüberschreitenden Nationalpark** werden derzeit die notwendigen Erhebungen auf niederösterreichischer Seite durchgeführt. Auf südmährischer Seite besteht der Nationalpark bereits. Neben einigen Verbesserungen an bestehenden Grenzübergängen konnte am 23. März 1991 ein neuer Grenzübergang zwischen Niederösterreich und Südböhmen (Fratres-Slawonice) eröffnet werden.

Für Abgeordnete des Tschechischen Nationalrates wurde am 13. November 1991 im NÖ Landhaus ein Seminar über Bundes- und Landesverfassung, Behördenorganisation sowie Gemeinde- und Finanzangelegenheiten abgehalten. Die Geschäftsstelle für Energiewirtschaft veranstaltete zwei Kurse für Energieberater der **Slowakischen Republik**. Niederösterreich präsentierte dabei kommunale Energiekonzepte, alternative Energieanlagen, Alternativen in der Landwirtschaft, Nutzungsmöglichkeit für Biomasse, Emissionsmessungen, Heizkostenverrechnung und die Förderung von Energiesparmaßnahmen im Rahmen der EG sowie der europäischen Energiecharta. Gemeinsam mit der Universität Bratislava veranstaltete die Wissenschaftliche Landesakademie zwei Workshops für Beamte des öffentlichen Dienstes und Angehörige des mittleren Managements von Betrieben der Slowakei.

Es bestehen bilaterale Beziehungen zur polnischen Wojwodschaft **Skierniewice**, die besonders an Kontakten in den Bereichen Landwirtschaft, Umweltschutz, Wasserbewirtschaftung und am ökonomischen Sektor interessiert ist. Im Sommer 1991 wurden 10 Lehrer und Lehrerinnen aus Skierniewice im landwirtschaftlichen Berufsschulwesen fortgebildet. 30 polnische Ferialpraktikanten wurden an landwirtschaftliche Betriebe in Niederösterreich vermittelt.

Bei einem Besuch in **Weißrußland** wurde der endgültige Text für eine gemeinsame Erklärung formuliert. Eine Kindererholungsaktion für Tschernobyl-geschädigte Kinder wurde organisiert. Es laufen Verhandlungen über die Aufnahme von ca. 10 Schülern an verschiedenen landwirtschaftlichen Fachschulen in Niederösterreich.

Ausdruck der seit langem bestehenden Beziehungen zu **Flandern** war die von beiden Regionen gemeinsam gestaltete Hauptausstellung im Schloß Schallaburg über „Stadtbilder in Flandern".

Oberösterreich

1991 trat Oberösterreich den Vorsitz in der ARGE Alpen-Adria an. Oberösterreich hatte sich hiefür drei vorrangige Ziele gesetzt: Neudefinition der Aufgaben der Arbeitsgemeinschaft; organisatorische Konsolidierung; Ausbau der Kontakte zu anderen regionalen Arbeitsgemeinschaften sowie zu anderen Institutionen (inbesondere zur Hexagonale und zur Europäischen Gemeinschaft).

Im Frühjahr 1991 wurden die Gespräche über eine Arbeitsabgrenzung wie über die gemeinsame Durchführung von Projekten mit der Hexagonale aufgenommen. Einige Arbeitsgruppen stehen auch bereits in unmittelbarem Kontakt mit der Europäischen Gemeinschaft.

Bei der zweiten Konferenz der Regierungschefs der ARGE Donauländer vom 15. bis 17. Mai 1991 in Belgrad war Oberösterreich durch LH Josef Ratzenböck vertreten. Gemeinsam mit Györ-Sopron führt Oberösterreich in dieser Arbeitsgemeinschaft den Vorsitz im Arbeitskreis „Wirtschaft und Fremdenverkehr". Eine seiner Aufgaben wird sein, die Folgen der Öffnung des Rhein-Main-Donau-Kanals auf den Binnenlandcharakter der Donauländer sowie die positiven Konsequenzen einer verstärkten Verlagerung des Güterverkehrs auf die Donau zu untersuchen. Oberösterreich hält weiters den Vorsitz in der Arbeitsgruppe „Energiefragen unter besonderer Berücksichtigung des sparsamen Energieverbrauches" im Rahmen des Arbeitskreises „Raumordnung und Umweltschutz"

Bei einer Begegnung von LH Josef Ratzenböck, dem bayerischen Ministerpräsidenten Max Streibl und dem Premierminister der Tschechischen Republik Petr Pithart sprachen sich die drei Regierungschefs für eine verstärkte Kooperation im zusammenwachsenden Europa aus.

Oberösterreich nahm im Juli 1991 an Gesprächen der **Arbeitsgemeinschaft Europäischer Grenzregionen** mit Vertretern der EG-Kommission, darunter dem EG-Kommissar für Regionalpolitik, Bruce Millan, teil. Gegenstand waren die neuesten Entwicklungen in der Europäischen Regionalpolitik.

Die traditionellen Beziehungen Oberösterreichs zum **Freistaat Bayern** fanden ihren Ausdruck in mehreren Begegnungen der Landeshauptleute, der Landesräte und Beamten.

Am 9. April 1991 trafen LH Josef Ratzenböck und der Premierminister der **Tschechischen Republik**, Petr Pithart, in Linz zusammen. Ein gemeinsames Memorandum sieht gegenseitige Hilfestellung, insbesondere im Bereich der wirtschaftlichen Zusammenarbeit, der Erweiterung und Verbesserung des grenzüberschreitenden Bahn- und Straßenverkehrs, der Intensivierung des Fremdenverkehrs und der Lösung gemeinsamer ökologischer Probleme, vor. Die Anliegen Oberösterreichs betreffend Kernkraftwerke in der CSFR kamen in Expertentreffen auf Grundlage des Abkommens zwischen der CSFR und der Republik Österreich über Kernanlagen, sowie in zahlreichen politischen Kontakten zur Sprache. Im Rahmen einer Ökopartnerschaft mit dem **Bezirk Prachatice**, die ein ökologisches Hilfs- und Beratungsprogramm vorsieht, wurde von Oberösterreich eine Luftmeßstation übergeben. Ferner finanzierte Oberösterreich die Ausbildung tschechischer Energieberater (im Rahmen seiner Energiepartnerschaft mit Südböhmen). In weiten Teilen des nördlichen Mühlviertels wurde die Abhaltung von Tschechisch-Kursen gefördert.

Die 1990 mit der **Ukraine** begründete Zusammenarbeit konzentrierte sich auf die Bereiche Wirtschaft und Jugendaustausch. Im Wege des Österreichischen Roten Kreuzes, Landesverband Oberösterreich, wurden der ukrainischen Partnerorganisation Medikamente für die Opfer der Reaktorkatastrophe in Tschernobyl zur Verfügung gestellt.

Auf dem Jugendsektor bestehen internationale Kontakte zu Ägypten, der Bundesrepublik Deutschland (Berlin), Frankreich (Departement Hautes Alpes), Israel (Tel Aviv), Italien (insbesondere Venetien), Polen (Stadt und Wojwodschaft Krakau), Portugal, der Ukraine (Kiew, Lemberg und Krim) und Ungarn (Komitat Heves) und insbesondere zum südböhmischen Raum (CSFR). Vorrangiges Ziel der Bemühungen des Landes ist es, Direktkontakte zwischen oberösterreichischen und ausländischen Trägern der Jugendarbeit zu ermöglichen.

Salzburg

Als Mitglied der ARGE ALP war Salzburg 1991 in die Tätigkeit aller fünf Kommissionen eingebunden und führte den Vorsitz in der Verkehrskommission. Vertreter des Landes Salzburg nahmen an den Sitzungen des Leitungsausschusses sowie an der Regierungschef-Konferenz der ARGE ALP am 20. und am 21. Juni 1991 (Meran) teil. In seiner Eigenschaft als „aktiver Beobachter" in der Arbeitsgemeinschaft Alpen-Adria beteiligte sich Salzburg ferner an deren Regierungschef-Konferenz am 19. und 20. September 1991 in Linz und an der Arbeitsgruppe für wissenschaftliche und technologische Zusammenarbeit. Darüberhinaus nahm Salzburg an der ARGE Alpen-Adria-Wanderausstellung teil. Weitere kulturelle Aktivitäten umfassen Künstleraustauschprojekte, die Vergabe von Stipendien, Auflage von Publikationen u. ä.. Salzburg war auch bei allen Arbeitstreffen der Satzungskommission der Versammlung der Regionen Europas vertreten.

Infolge der dramatischen Entwicklung in Jugoslawien und der radikalen Umorientierung in Osteuropa verstärkte sich die Zusammenarbeit Salzburgs mit den Republiken **Slowenien** und **Kroatien** sowie mit **Litauen**.

Die Partnerschaften mit der **autonomen Provinz Trient**, mit Litauen und **Friaul-Julisch Venetien** waren die Grundlage für Gemeinschaftsprojekte, wie etwa Ausstellungen. 1993 soll die Salzburger Landesausstellung 1991 „Mozart, Bilder und Klänge" in Rom und Mailand gezeigt werden. Über Vermittlung des Bundesministeriums für auswärtige Angelegenheiten war die Ausstellung „Aus Salzburg" 1991 in der CSFR, in Litauen, Polen und in Finnland zu sehen.

Zu kulturellen Veranstaltungen kam es auch auf Basis der Partnerschaftsvereinbarung mit der italienischen **Provinz Teramo** sowie im Rahmen des Salzburger Vereines **e.V. Bielefeld.**

Steiermark

1991 führte die Steiermark den Vorsitz der Arbeitsgruppen „Tourismus" und „Erneuerbare Energien und Energiesparen" der ARGE Alpen-Adria.

In der letztgenannten Arbeitsgruppe bemüht man sich um ein gemeinsames Energieleitbild für alle 18 Regionen der ARGE, wobei der Reduktion des Ausstoßes von Luftschadstoffen besondere Beachtung geschenkt wird. Ferner übernahm die Steiermark den Vorsitz in der Projektgruppe „Historische Zentren", wo das Hauptaugenmerk auf dem Erhalt und der Nutzung historischer Stadtstrukturen liegt. Auf Schloß Seggau fand die dritte Projektwoche für „interkulturelles Lernen" des Internationalen Alpen-Adria-College statt. Die slowenisch-österreichische Geschichte stand dabei im Mittelpunkt. Alpen-Adria-Stipendien ermöglichten einigen Studenten aus den östlichen Mitgliedsregionen das Studium an steirischen Universitäten. Auf Initiative der Steiermark tagte in Graz unter der Patronanz der Arbeitsgemeinschaft ein internationaler Kongreß zum Thema „Frauenarbeit".

Wie in anderen Bundesländern wurde auch beim Amt der Steiermärkischen Landesregierung ein eigenes Europareferat eingerichtet. Dieses ist primär mit Informations- und Ausbildungsarbeit befaßt. Im Juni des Jahres konnte das für Regionalbeziehungen zuständige Mitglied der EG-Kommission, Kommissar Bruce Millan, für einen Vortrag in Graz über „die Europäische Integration und die Zukunft der Regionen" gewonnen werden.

Die Steiermark war trotz der bewaffneten Auseinandersetzungen bemüht, ihre Beziehungen in der **Steirisch-Slowenischen Regionalkommission** und der 1990 begründeten Gemischten Regionalkommission weiterzupflegen. So wurden mit Hilfe der Präsidialabteilung der steirischen Kammer der Wirtschaftstreuhänder die Bemühungen Sloweniens um den Aufbau eines freien Berufsstandes der Wirtschaftsprüfer mit einem einwöchigen Ausbildungslehrgang für slowenische Rechnungsprüfer unterstützt. Auch wurde das Projekt eines grenzüberschreitenden gemeinsamen Weinbaugebietes in Angriff genommen.

Anläßlich einer Sondersitzung verabschiedete der Steiermärkische Landtag einstimmig eine Resolution, welche die völkerrechtliche Anerkennung **Sloweniens** und **Kroatiens** und wirksame internationale Hilfe forderte. Graz wurde auch zu einer logistischen Basis für verschiedene EG-Missionen. Rasche Hilfe leistete die Steiermark dem **südwestungarischen Komitat Baranya** bei der Betreuung von tausenden Flüchtlingen aus Kroatien. Auch auf Gemeindeebene wurden die intensiven Kontakte mit Baranya durch Partnerschaften ausgebaut.

Tirol

Auch 1991 beteiligte sich Tirol initiativ und aktiv an der Arbeit der ARGE-ALP. Im Leitungsausschuß der ARGE unterstrich Tirol stets die europapolitische Bedeutung einer solchen regionalen Zusammenarbeit.

Über die ARGE-ALP ist Tirol an den Arbeiten der ARGE europäischer Grenzregionen beteiligt (AGEG). Das von der AGEG organisierte Gespräch von Vertretern der Grenzregionen mit dem EG-Kommissar für Regionalpolitik sowie die Konferenz „Die Rolle der Grenzregionen im Europa 2000“ fanden in Tirol spezielles Interesse. Als ordentliches Mitglied der Versammlung der Regionen Europas beteiligte sich Tirol an deren Arbeitsgruppen „Grenzüberschreitende Zusammenarbeit“, „Ländlicher Raum und Berglandwirtschaft“, „Allgemeine Strategie der Regionalentwicklung“, „Arbeitsplatzbeschaffung für Jugendliche – Eurodyssee“ und „Solidarität der europäischen Regionen mit der Dritten Welt“.

Im Europarat beteiligt sich Tirol seit Jahren besonders intensiv an der „Ständigen Konferenz der Gemeinden und Regionen Europas“ und am Lenkungsausschuß für Gemeinde- und Regionalangelegenheiten sowie im Expertenkomitee für grenzüberschreitende Zusammenarbeit; auch an der vom Europarat organisierten Fünften Europäischen Konferenz der Grenzregionen nahm das Land teil.

Am 21. Mai 1991 fand in Meran die erste gemeinsame Sitzung der Landtage von Tirol, Vorarlberg, Südtirol und Trient statt, bei der Resolutionen über eine verstärkte grenzüberschreitende Zusammenarbeit sowie über die Dynamisierung und inhaltliche Ausweitung des **Accordino** verabschiedet wurden. In der Folge wurde am 11. November 1991 die erste Sitzung der interregionalen Landtagskommission von Tirol, Vorarlberg, Südtirol und Trient abgehalten. Um die Intensivierung der Zusammenarbeit im Rahmen einer „Ständigen Konferenz“ und neue Inhalte des Accordino ging es auch bei einem Treffen der Regierungschefs von Tirol, Südtirol und Trient am 19. November 1991 in Trient. Die Tagesordnung umfaßte weiters die Kooperation im Bereich des Banken- und des Kreditwesens, den Transitverkehr über den Brenner und die wissenschaftliche Zusammenarbeit im Bereich der Alpin-Ökologie.

Naturgegeben eng ist das Verhältnis zwischen dem Bundesland Tirol und der **Autonomen Provinz Bozen-Südtirol**. Dies belegen zahlreiche Gespräche auf Regierungsebene, darunter nicht zuletzt die unter dem Vorsitz von Bundesminister Alois Mock geführten Südtirolgespräche sowie auf administrativer Ebene die Fortführung der Fachtreffen in der Gesprächsgruppe der Verwaltungen des Bundeslandes Tirol und der Autonomen Provinz Bozen-Südtirol. Seit 1970 finden auch regelmäßige Tagungen der Interregionalen Landtagskommission und gemeinsame Sitzungen der Landtage von Tirol und Südtirol statt. Die Zusammenarbeit in den Bereichen Kultur und Jugend gestaltet sich besonders intensiv.

Der offizielle Besuch des Präsidenten der **Autonomen Provinz Trient** am 8. April 1991 in Innsbruck war den Themen Verkehr (Brenner), Wirtschaft (Zusammenarbeit im Bankenwesen), Wissenschaft (Comett II), Kultur und Ausbildung gewidmet.

Seit 1969 gibt es regelmäßige Tagungen der **bayerisch-tirolischen** Gesprächsgruppe.

Auch mit anderen, nichtangrenzenden Ländern und Regionen (z. B. Brabant, Verona, Georgien, Provence-Alp-Côte d'Azur und Rhone-Alp) pflegt Tirol bilaterale Kontakte.

So wie andere Bundesländer nimmt Tirol seine Interessen in Bereichen wahr, die grundsätzlich in den Zuständigkeitsbereich des Bundes fallen, in denen aber die Interessen des Landes in besonderer Weise angesprochen sind. Das geschieht durch die Entsendung von Vertretern der Landesregierung oder durch die Abgabe von Stellungnahmen. Maßgeblich war Tirol in die österreichisch-italienische Gemischte Kommission eingebunden, die u.a. mit einem „Mid-Term-Review" des Accordino befaßt war. Diese Kommission kam zu neuen Vereinbarungen über die Abwicklung des Warenverkehrs zwischen den beteiligten Regionen. Mit dem Wirksamwerden der Freizügigkeit von Arbeitnehmern im Accordino-Raum wurde einem dringenden Wunsch Tirols Rechnung getragen. Bei den anderen Anliegen (Ausstrahlung von italienischen Fernsehprogrammen nach Tirol und Vorarlberg, Durchführung von Montagearbeiten) kam es zur Einsetzung von Expertengruppen. Von politischer, wirtschaftlicher und wissenschaftlicher Seite wurden die Zukunftsperspektiven des Accordino und vor allem die Möglichkeiten diskutiert, dieses Vertragswerk nach einem EG-Beitritt Österreichs als Instrument europäischer Regionalpolitik weiter zu nutzen und auszugestalten. Tirol beteiligte sich auch an der Gemischten Kommission nach dem österreichisch-italienischen Kulturabkommen sowie an der österreichisch-italienischen Grenzkommission.

Tirol ist auch in der ständigen Gemischten Grenzkommission mit Deutschland, der Ständigen Gewässerkommission nach dem am 1. März 1991 in Kraft getretenen Vertrag über die wasserwirtschaftliche Zusammenarbeit im Einzugsgebiet der Donau und der österreichisch-schweizerischen Grenzkommission vertreten. Die Auswirkungen der Kraftwerksanlagen der Engadiner Kraftwerke-AG auf österreichisches Staatsgebiet waren Gegenstand eines Treffens der österreichisch-schweizerischen Inn-Kommission.

Von maßgeblicher Bedeutung war für Tirol 1991 die Einbeziehung in die Verhandlungen betreffend das Abkommen über den Güterverkehr im Transit auf der Schiene und der Straße (Transitabkommen). Das Land Tirol erwartet nunmehr, auch einen Vertreter in den nach diesem Abkommen eingerichteten Transitausschuß entsenden zu können. Weiters war Tirol an der Ausarbeitung des Übereinkommens zum Schutz der Alpen (Alpenkonvention) eingebunden und gab grundsätzliche Stellungnahmen zum Textvorschlag für ein österreich-italienisches Abkommen über die grenzüberschreitende Zusammenarbeit von Gebietskörperschaften sowie zu Entwürfen von Katastrophenhilfsabkommen mit Nachbarstaaten ab.

In seinen Beiträgen zur Entwickungshilfe konzentrierte sich Tirol auf Projekte in südamerikanischen Staaten und in Rumänien. Dabei übernahm Tirol die Finanzierung von infrastrukturellen Einrichtungen bei kulturellen Projekten. Weiters wurden Stipendiate in landwirtschaftliche Lehranstalten sowie Praktikanten in die angeschlossenen Lehrbetriebe aufgenommen und Zuschüsse an Entwicklungshilfeorganisationen geleistet.

Vorarlberg

Vorarlberg ist Mitglied der **Versammlung der Regionen Europas (VRE)**. Der Vorarlberger Landeshauptmann gehört dem Ausschuß und dem Vorstand dieser Organisation an. Im Hinblick auf den Europäischen Rat in Maastricht im Dezember 1991 setzte sich die VRE, wie schon beschrieben, nachdrücklich für die bessere Berücksichtigung der Regionen und Gliedstaaten durch die Europäische Gemeinschaft ein.

Vorarlberg ist Mitglied der ARGE ALP und der **Internationalen Bodenseekonferenz**.

Auch 1991 pflegte Vorarlberg seine Beziehungen zum **Fürstentum Liechtenstein**, zu den Kantonen **Graubünden** und **St. Gallen** sowie zum **Freistaat Bayern** und dem Bundesland **Baden-Württemberg**. Anläßlich eines offiziellen Besuches der Regierung des Fürstentums Liechtenstein bei der Vorarlberger Landesregierung bekannten sich beide Seiten zur weiteren Vertiefung der Kontakte. Übereinstimmend wurde festgestellt, daß die Bedeutung der regionalen Zusammenarbeit mit wachsender europäischer Integration zunimmt.

In einer Reihe von Sachfragen gab es direkte grenzüberschreitende Kontakte. So kamen mit der Regierung des Kantones St. Gallen verschiedene Umweltfragen zur Behandlung, etwa die einer Abfall-Recycling-Anlage.

Vorarlberg brachte im Jahr 1991 für Katastrophen-, Ost- und Entwicklungshilfe insgesamt 10.810.000,– Schilling auf. Für Projekte in **Rumänien** (Ankauf von Landmaschinen, Ausbildung von Krankenschwestern, Renovierung eines Waisenheimes, Einsatz von Vorarlberger Ärzten und Krankenschwestern in Alba Julia) und **Weißrußland** (Einrichtung eines Schlachtbetriebes in Gomel) stellte Vorarlberg ca. 2,5 Millionen Schilling zur Verfügung. Ferner wurde für die auf einem Vertrag Vorarlbergs mit der **Republik Armenien** basierende Ausbildung armenischer Ärzte am Landeskrankenhaus Feldkirch finanzielle Vorsorge getroffen.

Weitere 2,5 Millionen Schilling wurden für die Katastrophenhilfe für kurdische Flüchtlinge, Überschwemmungsopfer in **Bangladesh** und für Hilfsaktionen in **Kroatien** bereitgestellt. Im Rahmen der Entwicklungshilfe wurden in Afrika und Südamerika ca. 35 Projekte mit 5,5 Millionen Schilling unterstützt.

Wien

Wien beteiligt sich an der österreichisch-ungarischen Raumordnungskommission und an den Arbeitsgruppen der Hexagonale. Es ist Mitglied der ARGE Donauländer. Wien ist in allen fünf Arbeitskreisen dieser Arbeitsgemeinschaft vertreten und führt den Vorsitz im Arbeitskreis „Verkehr und Schiffahrt". Dieser soll vor allem Maßnahmen für eine größtmögliche Verlagerung des Transitverkehrs auf Schiene und Wasserstraße ausarbeiten.

In der Hexagonale gehört Wien den Arbeitskreisen „Klein- und Mittelbetriebe", „Wanderungsbewegungen" sowie „Transport" an (im letztgenannten Arbeitskreis vertritt Wien übrigens auch die ARGE Donauländer).

Aus der geographischen Lage Wiens resultiert ein besonderes Nahverhältnis zu den neu entstandenen Demokratien in Zentralund Osteuropa. So konnte Wien im Jahr 1991 die wirtschaftliche und kulturelle Zusammenarbeit insbesondere mit Moskau, St. Petersburg, Kiew, Warschau, Budapest, Prag, Bratislava, Zagreb, Laibach und Brünn ausbauen. Im Vordergrund dieser Zusammenarbeit stand vor allem die Hilfestellung beim Umbau der Kommunalverwaltungen auf demokratisch und marktwirtschaftlich orientierte Strukturen, etwa durch Informationsveranstaltungen und Funktionärsschulungen. Über das Hilfsprogramm „Wien hilft Moskau" wurden insgesamt 100.000 Lebensmittelpakete für ältere Menschen sowie Babynahrung und Medikamente für Spitäler nach **Moskau** gebracht und an Ort und Stelle mitverteilt. Bedürftigen bulgarischen Dialysepatienten wurden dringend benötigte Dialysefilter im Werte von 2,5 Millionen Schilling zur Verfügung gestellt.

Auch an der Organisation von Versorgungsflügen für kurdische Flüchtlinge im Iran war Wien beteiligt.

Zusammenarbeit auf Städte- und Gemeindeebene

International wird der Österreichische **Städtebund** hauptsächlich durch seine enge Zusammenarbeit mit den Städteund Gemeindeverbänden in den Nachbarländern aktiv.

1991 lag der Schwerpunkt bei der Kooperation mit den Städten und Gemeinden in den **nördlichen und östlichen Nachbarländern**, vornehmlich in Ungarn und in der CSFR.

Die in den beiden Nachbarländern neugewählten Kommunalfunktionäre bildeten auch die Zielgruppe eines 1991 vom Österreichischen Städtebund eingerichteten und finanzierten Schulungsprogrammes. Im Rahmen von mehrtägigen Aufenthalten konnten sich so bereits mehr als 500 Mandatare mit der Funktionsweise und den Aufgaben von modernen und demokratischen Kommunalverwaltungen vertraut machen. Im Herbst wurde das

Angebot um ein Spezialgrogramm für Spitzenbeamte ausgeweitet (Finanzverwaltung, Wirtschaftlichkeitsprüfungen, Fremdenverkehrsförderung etc.)

Der Österreichische Städtebund ist in die Tätigkeit der Ständigen Konferenz der Gemeinden und Regionen des Europarates eingebunden: Vertreter österreichischer Städte sind dabei in einer Reihe von Kommissionen tätig und wirken dort insbesondere auch an den Maßnahmen des Europarates mit, durch die den neuen Demokratien Hilfe bei der Ausarbeitung von Kommunalverfassungen und der Regelung der Gemeindefinanzen geleistet wird.

Rat der Gemeinden und Regionen Europas (RGRE) und International Union of Local Authorities (IULA) haben sich 1991 zu einem gemeinsamen Verband zusammengeschlossen. Der Vizepräsident des Österreichischen Städtebundes, Bürgermeister Alfred Stingl, wurde zum stellvertretenden Vorstand und in das neu eingerichtete Exkutivbüro gewählt.

Am IULA-Kongreß der internationalen Großveranstaltung der Stadtverwaltungen in Oslo im Juli 1991 nahm wieder eine Reihe österreichischer Kommunalfunktionäre teil.

Auch über den **Österreichischen Gemeindebund** werden Kontakte zu Gemeinden und Gemeindeverbänden aus anderen Staaten gepflegt. Nachdrücklich aktiviert wurden dabei vor allem die Kontakte zwischen den Landesverbänden des Österreichischen Gemeindebundes und den Gemeinden in den neuen Demokratien Zentral- und Osteuropas – so zum Beispiel des Steiermärkischen Gemeindebundes zu den Gemeinden des ungarischen Komitates Baranya; oder des **Niederösterreichischen Gemeindebundes** zu Kommunalpolitikern aus Polen.

Die Weltausstellung Wien – Budapest

Zurückziehung der österreichischen Bewerbung

Das Projekt einer gemeinsamen Weltausstellung 1995 Wien-Budapest war am 12. Dezember 1990 vom Büro für Internationale Ausstellungen (BIE) vorbehaltlich gewisser ungarischer Präzisierungen und einer endgültigen ungarischen Entscheidung bis Juni 1991 einstimmig registriert worden. In der Folge nahmen jedoch in beiden Städten die Besorgnisse der Bevölkerung vor den möglichen negativen Wirkungen eines derartigen Großereignisses zu. Die Budapester Stadtversammlung sprach sich am 9. Mai gegen die Abhaltung der Ausstellung aus. In Wien ergab eine Volksbefragung vom 14. bis 16. Mai ein eindeutig negatives Votum. Bei einer Beteiligung von 43,9 Prozent der Stimmberechtigten sprachen sich 35,15 Prozent für eine Abhaltung der Ausstellung aus, 64,85 Prozent dagegen.

Angesichts dieses Abstimmungsergebnisses ließ die Bundesregierung bei der 109. GV des BIE am 5. Juni 1991 mitteilen, daß sie das Projekt nicht weiter verfolgen werde und die Bewerbung bezüglich des Standortes Wien zurückziehe.

Nach dem Ausscheiden Wiens aus dem gemeinsamen Projekt einer **Weltausstellung**, wurde in Ungarn die Durchführung des Projekts im Jahre 1996 – anläßlich der 1100 Jahrfeier der ungarischen Landnahme – erwogen. Im Dezember 1991 beschloß das ungarische Parlament mit großer Mehrheit die Durchführung der EXPO 96. Die endgültige Entscheidung des Weltausstellungsbüros in Paris zugunsten einer Abhaltung in Budapest fiel im Februar 1992.

Donaukommission

Rechtliche Grundlage der Kommission ist die **Konvention von Belgrad** über die Regelung der Schiffahrt auf der Donau aus dem Jahr 1948. An den Arbeiten der Kommission haben sich bisher neben Österreich beteiligt: Bulgarien, Jugoslawien, Rumänien, die Sowjetunion, die Tschechoslowakei und Ungarn. Zu Beginn der 49. Plenartagung, die vom 16. bis 23. April 1991 am Sitz der Kommission in Budapest stattgefunden hat, überreichte ein Vertreter der Ukraine sein Beglaubigungsschreiben an den Präsidenten der Donaukommission und erklärte, daß die Ukraine – einer der Erstunterzeichner der Konvention und Gründungsmitglied der Kommission – ihre Mitgliederschaftsrechte, die bislang von der Sowjetunion wahrgenommen worden waren, reaktivieren wolle.

Der österreichische Beitrag zum Gesamtbudget der Organisation betrug 1991 1.079.000 Schilling. Die Kommission hat durch Wahl auch im Jahre 1991 den Vorsitz des Finanzausschusses an Österreich übertragen. Der Direktor des Sekretariates der Donaukommission ist der Österreicher Hellmuth Strasser.

In den Arbeiten der Kommission nahm die nunmehr für September 1992 geplante Eröffnung der Kanalverbindung zwischen Donau und Main **(Rhein-Main-Donau-Kanal)** breiten Raum ein. Durch diesen Kanal wird erstmals eine durchgehende Wasserstraßenverbindung zwischen dem Schwarzen Meer und der Nordsee hergestellt. Diese neue Verbindung zwischen zwei Meeren schafft neue Möglichkeiten, den Verkehr von der Straße wegzuverlagern. Mit der Verlagerung von Güterverkehr auf den Wasserweg wird nicht nur Forderungen des Umweltschutzes entsprochen; es lassen sich Kosteneinsparungen erzielen.

Der Donaukommission entstehen aus der Eröffnung des Kanals mannigfache Aufgaben, etwa bei der angestrebten Vereinheitlichung der Zulassungsbedingungen für Schiffe oder bei der Vereinheitlichung der Voraussetzungen für die Erteilung von Schiffsführerpatenten.

Gleichfalls in der Perspektive der baldigen Verbindung zwischen Donau und Rhein haben sich die Kontakte zwischen der Direktion des Sekretariats der Donaukommission und dem Generalsekretariat der Rheinzentralkommission intensiviert.

Am 20. und 21. November 1991 hielt die Donaukommission eine außerordentliche Tagung – die 3. seit ihrem Bestehen – ab. Sie beschäftigte sich dabei ausschließlich mit der **Behinderung der Schiffahrt auf dem jugoslawischen Streckenabschnitt** durch die Kampfhandlungen, in deren Folge es zur Beschießung von Schiffen und zu Personen- und Sachschäden gekommen war. Die von der Kommission beschlossenen Maßnahmen (Appell an Jugoslawien, Kontaktnahme des Präsidenten mit jugoslawischen Behörden, Auflistung der Schäden) wurden auch dem Präsidenten des Sicherheitsrates der Vereinten Nationen zur Kenntnis gebracht.

Schwerlasttransitverkehr

Die durch die geographischen Gegebenheiten bedingte Bündelung der europäischen Verkehrsströme im Alpenraum hatte im Laufe der letzten zwei Jahrzehnte zu großen Problemen geführt. Sie wurden bereits in früheren Außenpolitischen Berichten dargestellt. So hatte sich der Transit auf der Straße in den Jahren zwischen 1970 und 1987 von etwa 3 Millionen Tonnen pro Jahr auf 22 Millionen erhöht. Damit stieg der Anteil des Straßenverkehrs am gesamten Transitaufkommen von 30 Prozent auf 70 Prozent. Die dadurch bedingte Belastung ist der Bevölkerung in einer Zeit steigender Umweltsensibilität nicht länger zumutbar.

Die zur Lösung dieses Problems schon vor mehreren Jahren eingeleiteten Verhandlungen konnten im Jahr 1991 erfolgreich abgeschlossen werden. Die Vorgeschichte soll nachstehend noch einmal kurz zusammengefaßt werden:

Österreich hatte gegenüber den Europäischen Gemeinschaften schon Anfang der 80er Jahre betont, daß es eine dauerhafte Lösung dieser Frage anstrebt; nicht zuletzt deshalb, weil diese eine gesamteuropäische Dimension hatte. Österreich sei überzeugt, seine Funktion als Transitland bereits mehr als erfüllt zu haben. Es halte sich daher für berechtigt, Verhandlungen über langfristig tragbare Lösungen zu fordern. Die durch die Topographie vorgegebene spezifische Problematik mache auch die Berücksichtigung außerökonomischer Aspekte erforderlich. Das Problem sei daher unabhängig von den kurz- bzw. mittelfristigen Bestrebungen der österreichischen Integrationspolitik. Es sei als Problem sui generis zu betrachten und zu behandeln.

Die Europäische Gemeinschaft betonte demgegenüber zunächst das Prinzip der völligen Liberalisierung des Verkehrs, welches durch das Binnenmarktprojekt und die Philosophie einer freien Wahl des Verkehrsmittels vorgegeben war. Das Europäische Parlament hatte zuvor schon im November 1988 einen Appell an Kommission und Rat der Europäischen Gemeinschaft gerichtet, die Straße durch die Schiene zu entlasten sowie die Umleitung des Transitverkehrs auf einige Alpenländer rückgängig zu machen. Dieser Appell blieb aber zunächst noch unberücksichtigt.

Im Zuge darauf folgender exploratorischer Gespräche gelang es der österreichischen Verhandlungsdelegation jedoch, auf Gemeinschaftsseite ein Umdenken herbeizuführen. Die Verhandlungen wurden formell am 21. 4. 1989 aufgenommen.

Eine Annäherung der zunächst diametral entgegengesetzten Positionen zeichnete sich in den vom EG-Verkehrsministerrat im Dezember 1989 verabschiedeten Schlußfolgerungen ab. Die möglichst weitgehende Verlagerung des Transitverkehrs von der Straße auf die Schiene wurde erstmals, wenn auch als mittel- und langfristige Lösung, anerkannt und die Minderung der Belästigung für die Bevölkerung wurde als ein notwendiges Ziel bezeichnet.

Die Verhandlungen Österreichs mit den EG über die Transitverkehrsproblematik, die insgesamt mehr als 10 Jahre dauerten, wurden im Laufe des Jahres 1991 intensiviert und konnten schließlich am 3. 12. 1991 mit der Paraphierung des **„Abkommens zwischen der Republik Österreich und der Europäischen Wirtschaftsgemeinschaft über den Güterverkehr im Transit auf der Schiene und auf der Straße“** erfolgreich beendet werden.

Das Abkommen enthält vor allem einen Hinweis darauf, daß die Alpen der Entwicklung des Straßenverkehrs natürliche Grenzen setzen, die „bestimmte Unterschiede in der Straßenverkehrsgesetzgebung der Vertragspartner“ erforderlich machen. Diese Bestimmung entspricht der von Österreich von Anfang an geltend gemachten Auffassung.

Die vereinbarte Regelung steckt der zukünftigen Verkehrsentwicklung gewisse Rahmenbedingungen, beruht jedoch auf einem grundsätzlich marktwirtschaftlichen Ansatz.

Das Abkommen ist als dauerhafte Lösung konzipiert und soll eine möglichst rasche Senkung der verkehrsbedingten Umweltbelastungen bewirken. Es gilt – wie von österreichischer Seite stets gefordert – für das gesamte österreichische Hoheitsgebiet, d. h. für sämtliche Transitstrecken, und berücksichtigt die Erfordernisse des Umweltschutzes und des Schutzes der Gesundheit der Bevölkerung.

Im einzelnen sieht das Abkommen während einer Vertragsdauer von 12 Jahren eine Reduzierung der Schadstoffemissionen auf 40 Prozent der Ausgangswerte vor. Es geht von der Erwägung aus, daß „der kombinierte Verkehr unter Berücksichtigung der wirtschaftlichen, ökologischen, sozialen und sicherheitstechnischen Aspekte die beste Gewähr dafür bietet, daß das wachsende Ausmaß des alpenquerenden internationalen Verkehrs vor allem mittel- und langfristig bewältigt werden kann". Somit sieht es eine Schwerpunktverlagerung des Transitverkehrs von der Straße auf die Schiene vor, wobei der **Verkehrszuwachs zur Gänze auf die Schiene verlagert** werden soll.

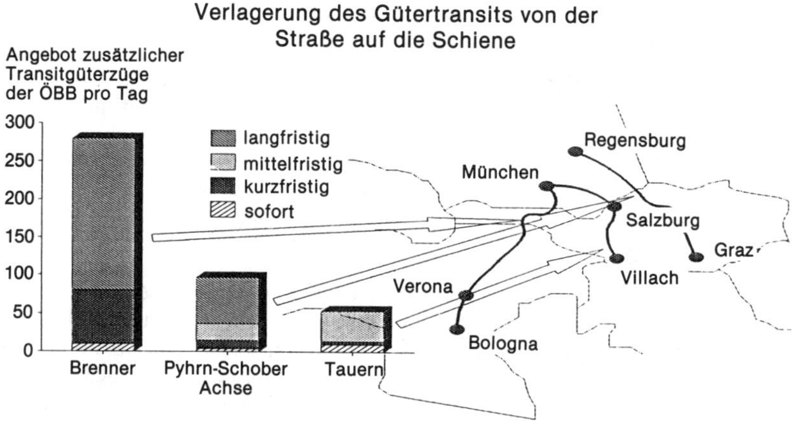

Quelle: Bundesministerium für öffentliche Wirtschaft und Verkehr.
Grafik: Adaptiert vom Österreichischen Statistischen Zentralamt.

Das Abkommen definiert die vier für den Transitverkehr relevanten Schienenverkehrsachsen und legt im Sinne der Modernisierung und Kapazitätsverbesserung im Eisenbahnbereich sowohl für Österreich als auch für die Gemeinschaft ein koordiniertes Eisenbahninfrastrukturprogramm fest. In der Vergangenheit vernachlässigte Infrastrukturinvestitionen sollen durch zwei aufeinander abgestimmte Maßnahmenpakete – eines für den Zuständigkeitsbereich der Staaten, das andere für den Zuständigkeitsbereich der Eisenbahnunternehmen – nachgeholt werden. Dadurch soll der Eisenbahnverkehr beschleunigt, den Benutzerbedürfnissen in zunehmendem Maße angepaßt und attraktiver gestaltet werden. In Ergänzung dazu nimmt das Abkommen in Aussicht, daß die aus dem Verkehr entstehenden volkswirtschaftlichen Kosten deren Verursachern anzulasten sind. Dies soll in einer ersten Phase die Wegekosten, in einer zweiten Phase auch die externen, insbesondere die im Umweltbereich entstehenden Kosten des Straßengüterverkehrs betreffen.

Man einigte sich grundsätzlich darauf, für den Bereich des Straßenverkehrs „Umweltnormen auf hohem Schutzniveau“ einzuführen und sich dabei auf die fortschrittlichste wirtschaftlich vertretbare Technologie zu stützen. Um den Anreiz zu einer ehestmöglichen Umstellung auf umweltfreundliche Fuhrparks zu erhöhen, sieht das Transitabkommen als verkehrs- und umweltpolitisches Novum das sogenannte **Ökopunktesystem** vor. Dieses kombiniert quantitative und qualitative Elemente und macht die Zahl der zulässigen LKW-Transitfahrten von den NOx-Emissionen der verwendeten Fahrzeuge abhängig.

Die auf der Grundlage des Jahres 1991 errechneten Ökopunkte sollen österreichischerseits der Kommission der Europäischen Gemeinschaften zur Verfügung gestellt und von dieser an die Mitgliedstaaten verteilt werden. Für den Fall, daß die für das Jahr 1991 kalkulierte Zahl der Transitfahrten in einem der Folgejahre um mehr als 8 Prozent überschritten wird, greift ein als zusätzliche Sicherung vereinbartes Plafonierungssystem Platz, das eine Reduzierung der für das kommende Jahr vorgesehenen Ökopunktezahl auf 104 Prozent der Fahrten des Jahres 1991 vorsieht.

Transitabkommen zwischen der EG und Österreich für die Dauer von 12 Jahren

Reduktion der NO_X-Emissionen von Transit-LKW durch Reduktion der Ökopunkte*) bis 2003

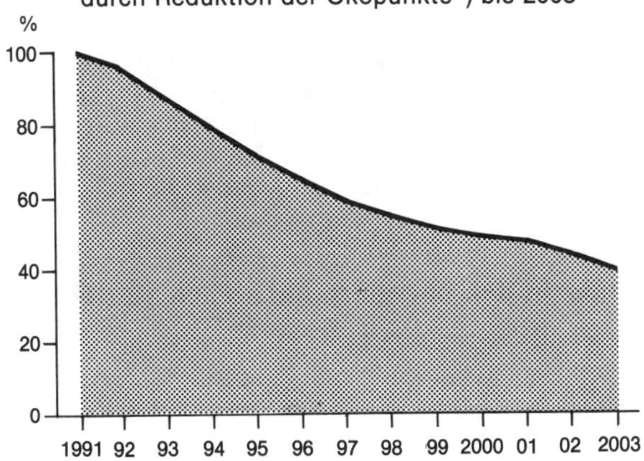

Der Ausgangswert für die Ökopunkte wird auf Basis des Jahres 1991 errechnet: Zahl der Transitfahrten 1991 x 15,8g NO_X/kWh (dem für 1991 bestimmten Wert des NO_X-Ausstoßes für durchfahrende LKW).

*) Ökopunktekarten ersetzen Durchfahrtsgenehmigungen für Transportunternehmen.

Quelle: Bundesministerium für öffentliche Wirtschaft und Verkehr.
Grafik: Adaptiert vom Österreichischen Statistischen Zentralamt.

Der durch das Abkommen eingesetzte Transitausschuß überwacht die Durchführung dieser Bestimmungen. Er berät ferner über allenfalls auftretende Probleme und hat die Aufgabe, Streitfälle gütlich zu regeln.

Neben diesen grundlegenden Bestimmungen wird noch eine Reihe weiterer Fragen geregelt, unter denen insbesondere die aus österreichischer Sicht wichtige **Beibehaltung des geltenden Gewichtslimits von 38 t zu erwähnen** ist sowie die Möglichkeit, erforderlichenfalls einseitige Maßnahmen treffen zu können, die zwar einer Konsultations-, nicht jedoch einer Zustimmungspflicht unterliegen.

Die Tatsache, daß die wesentlichen österreichischerseits formulierten Forderungen Berücksichtigung fanden, ist nicht zuletzt Ausdruck einer auf Gemeinschaftsseite feststellbaren umweltbewußteren Ausrichtung der Verkehrspolitik. Diese wird u.a. auch in dem anläßlich des Europäischen Rates von Maastricht (9./10. Dezember 1991) verabschiedeten Vertrag über die Europäische Union deutlich. Vor diesem Hintergrund erscheint der Transitvertrag als erster greifbarer Ausdruck einer neuen EG-Verkehrspolitik und erhält als solches europapolitische Bedeutung. Er setzt ein klar sichtbares Signal für zukunftsorientierte Verkehrskonzepte, die das Ziel eines langfristigen Schutzes von Gesundheit der Bevölkerung und Umwelt, wie es Vertragsziel des Transitabkommens ist, berücksichtigen.

Die österreichische Bundesregierung hat zum Transitvertrag am 12. November 1991 folgende Erklärung abgegeben: „Die Bundesregierung stellt fest, daß das Abkommen zwischen der Europäischen Wirtschaftsgemeinschaft und der Republik Österreich über den Güterverkehr im Transit auf der Schiene und der Straße gemäß Art. 22 dieses Vertrages für die Dauer von 12 Jahren abgeschlossen wurde. Die Bundesregierung erklärt, daß der gesamte Inhalt dieses Abkommens während der vollen Laufzeit auch für den Fall eines in diesem Zeitraum erfolgenden Beitritts zu den Europäischen Gemeinschaften gewahrt werden muß."

Umweltschutz in den nachbarschaftlichen Beziehungen

Kernenergie und Strahlenschutz

Österreich lehnt die **Energiegewinnung aus der Kernspaltung** wegen des damit verbundenen Gefahrenpotentials sowie einer Reihe nicht ausreichend gelöster Probleme wie Endlagerung oder Proliferation ab. Besorgt um die Sicherheit und Gesundheit der österreichischen Bevölkerung sowie im Streben nach größtmöglichem Schutz der Umwelt beschloß die Österreichische Bundesregierung, bei der Schaffung eines **AKW-freien Zentraleuropas** eine Schrittmacherfunktion einzunehmen. Um die Gefährdung, die von den bestehenden Anlagen ausgeht, zu verringern, bemüht sich Österreich, im Rahmen bilateraler Abmachungen entsprechende Informations- und Konsultationsmechanismen zu vereinbaren. Bei diesem

Bemühen stehen die Nachbarstaaten Österreichs im Vordergrund. Aufgrund der weit darüber hinausreichenden Dimension dieses Problems werden entsprechende Initiativen jedoch auch in den zuständigen internationalen Gremien gesetzt.

Bulgarien:

Bulgarien wurde die Aufnahme von Verhandlungen über den Abschluß eines Abkommens auf dem Gebiet der nuklearen Sicherheit und des Strahlenschutzes vorgeschlagen.

CSFR:

Die Beziehungen auf dem Gebiete der nuklearen Sicherheit werden durch das Abkommen zur Regelung von Fragen gemeinsamen Interesses im Zusammenhang mit der nuklearen Sicherheit und dem Strahlenschutz, BGBl. Nr. 565/90, geregelt. Es begründet eine weitgehende, gegenseitige Informations- und Konsultationspflicht. Die jüngste Expertentagung gemäß diesem Abkommen fand am 21./22. November statt.

Am 27. Mai 1991 wurde eine Durchführungsvereinbarung zu diesem Abkommen abgeschlossen, welche klarstellt, daß die Vertragsstaaten einander aus eigenem von bestimmten Ereignissen verständigen, die zwar keinen Störfall im Sinne des Abkommens darstellen, aber geeignet sind, bei der Bevölkerung eines Vertragsstaates Besorgnis zu erwecken.

Hinsichtlich der Kernkraftwerke in der CSFR bestehen aus österreichischer Sicht zwei vordringliche Probleme, nämlich der Bau des Kernkraftwerkes **Temelin** und die Sicherheit des Kernkraftwerkes Jaslovske **Bohunice**. Im März 1990 haben die zuständigen tschechoslowakischen Stellen Sicherheitsmängel an den Blöcken I und II des Kernkraftwerkes Jaslovske Bohunice festgestellt. Aufgrund der Beunruhigung, die das Bekanntwerden dieser Mängel in der österreichischen Bevölkerung auslöste, nahm die österreichische Bundesregierung die Einladung der CSFR an, das **KKW Bohunice V-1** einer Sicherheitsüberprüfung durch eine österreichische Expertengruppe zu unterziehen. Ähnliche Untersuchungen wurden von vier weiteren Expertengruppen vorgenommen. Die österreichische Expertenkommission hat ihren Bericht dem Bundeskanzler am 13. Dezember 1990 vorgelegt. Darin empfiehlt die Kommission aufgrund der festgestellten schweren Sicherheitsmängel, auf eine sofortige Außerbetriebnahme von Bohunice V-1 hinzuwirken. Weiters vertrat die Kommission die Ansicht, daß eventuell ins Auge gefaßte Rekonstruktionsmaßnahmen keine aufschiebende Wirkung für diese Außerbetriebnahme haben dürften. Diese weitreichende Empfehlung und die dadurch ausgelösten Diskussionen hatten natürlich Platz in und Einfluß auf die Beziehungen mit der CSFR. Um eine Schließung von Bohunice V-1 zu erleichtern, wurde der CSFR bei einem Treffen der Regierungschefs am 29. Jänner 1991 ein umfassendes energie-, finanz- und industriepolitisches Kooperationsangebot unterbreitet, welches unter anderem auch die Lieferung von Ersatzstrom für den Entfall der Leistung von Bohunice V-1 beinhaltet. Zur Klärung der Meinungsverschiedenheiten fand am 17. und 18. Juni 1991 in Pistian ein Treffen der österreichischen und tschechoslowakischen Kommission auf Expertenebene statt. Dabei stellte sich heraus, daß die beiden Kommissionen zwar die Beschaffenheit des Reaktors und seine Sicherheitsmängel weitestgehend gleich beurteilen, daß jedoch nach tschechoslowakischer Ansicht eine Rekonstruktion ohne sofortige Außerbetriebnahme möglich sei, während dies von der österreichischen Expertenkommission nach wie vor bezweifelt wird. Bereits zu Beginn des Jahres beschloß die tschechoslowakische Regierung, das KKW Bohunice V-1 bis maximal 1995 unter einem Sonderregime weiterzubetreiben. Das Sonderregime sieht einen strikten Zeitplan für umfangreiche Verbesserungsmaßnahmen vor. Nach dem Jahre 1995 soll ein Weiterbetrieb von Bohunice V-1 nur unter der Bedingung bewilligt werden, daß das Sicherheitsniveau auf europäischen Standard gebracht werden kann. Der Ministerpräsident der CSFR sicherte Österreich bei seinem Treffen mit dem Bundeskanzler am 27. Mai 1991 die Möglichkeit zur Stellungnahme und Begutachtung der Rekonstruktionsmaßnahmen sowie die laufende Information hierüber zu.

Das im Bau befindliche Kernkraftwerk **Temelin** wurde im Frühjahr 1990 von mehreren IAEO-Expertenkommissionen auf seine Sicherheit untersucht. Aufgrund der Ergebnisse dieser Untersuchung, die auch der österreichischen Bundesregierung zur Verfügung gestellt wurde, entschieden sich die tschechoslowakischen Behörden dafür, sowohl das Reaktorkontrollsystem wie auch andere Systeme der Anlage auf westliche Standards umzuändern. Die Inbetriebnahme zweier Reaktoren des Kernkraftwerkes ist für 1995/1996 geplant. Über den Bau zweier weiterer geplanter Reaktoren wurde bisher nicht entschieden.

Bundesrepublik Deutschland:

In der Bundesrepublik Deutschland bestehen 20 KKW mit 23 Reaktoren; ein weiteres ist in Bau. Österreich verhandelt seit mehreren Jahren über ein Abkommen über nukleare Sicherheit mit der Bundesrepublik Deutschland. Es besteht nunmehr die Absicht, eine Vereinbarung abzuschließen, welche den Geltungsbereich des seinerzeitigen, inzwischen aber außer Kraft getretenen Abkommens zwischen Österreich und der DDR (BGBl. Nr. 128/1989) auf das ganze deutsche Staatsgebiet ausdehnt. Über den Text dieser Vereinbarung wurde im September 1991 auf Beamtenebene Einvernehmen erzielt.

Jugoslawien:

In Slowenien ist ein Kernkraftwerk westlicher Bauart in **Krsko** in Betrieb. Es befindet sich zu je 50% im Besitz von Slowenien und Kroatien. Die slowenische Regierung hat wiederholt ihre Absicht durchblicken lassen, das AKW Krsko bis 1995 stillzulegen. Sie benötigt dazu jedoch aufgrund der Eigentumsverhältnisse die Zustimmung Kroatiens. Kroatien zeigt derzeit wegen seiner angespannten Energiesituation wenig Bereitschaft, einer Schließung zuzustimmen. Auf slowenischer Seite soll eine endgültige Entscheidung durch eine Volksabstimmung getroffen werden. Derzeit wird Österreich von den zuständigen Stellen freiwillig von allen Betriebsabschaltungen im KKW Krsko verständigt. Da auch bezüglich dieses KKW Berichte über erhebliche Sicherheitsmängel vorliegen, ersuchte der Bundeskanzler im Februar 1991 die Ministerpräsidenten Sloweniens und Kroatiens, die Möglichkeit einer Sicherheitsbewertung des KKW Krsko prüfen zu wollen, und sagte für diesen Fall zu, entsprechende Experten zur Verfügung zu stellen. Die Regierungen Sloweniens und Kroatiens bekundeten in ihren Antwortschreiben ihre grundsätzliche Bereitschaft, das KKW Krsko durch eine internationale Expertenkommission unter österreichischer Beteiligung prüfen zu lassen.

Die Kampfhandlungen in Slowenien im Juli 1991 erstreckten sich auch auf die Umgebung des KKW Krsko. Nicht zuletzt die dadurch entstandene akute Krisensituation führte dazu, daß sich zahlreiche österreichische Politiker (Bundeskanzler, Vizekanzler, Außenminister, Umweltministerin und die Landeshauptleute von Kärnten und der Steiermark) bei der jugoslawischen und der slowenischen Regierung für eine Abschaltung des KKW Krsko und umfassende Sicherheitsmaßnahmen einsetzten. Krsko wurde während des Höhepunktes der Krise vorübergehend abgeschaltet, ist jedoch seither wieder in Betrieb.

Die Bemühungen Österreichs zur Einsetzung einer internationalen Untersuchungskommission für das KKW Krsko wurden jedoch weitergeführt. Im Jänner 1992 erfolgte seitens der slowenischen Regierung eine Einladung an Österreich, Experten für eine internationale Untersuchungskommission namhaft zu machen.

Österreich strebte seit einigen Jahren ein Abkommen mit Jugoslawien über Umweltschutz und nukleare Sicherheit an. Durch den Zerfall des Staates ist dieser Plan hinfällig geworden.

Schweiz:

In der Schweiz sind vier Kernkraftwerke mit insgesamt fünf Blöcken in Betrieb. Bei den Vertragsverhandlungen mit der Schweiz über ein Abkommen betreffend Katastrophenhilfe, das auch Regelungen zum Thema der Kernanlagen enthalten sollte, konnte bisher keine Einigung hinsichtlich eines Informations- und Konsultationssystems in diesem Bereich erzielt werden. Derzeit läuft in der Schweiz ein Verwaltungsverfahren über einen Antrag auf Erteilung einer unbefristeten Betriebsbewilligung und einer

Leistungserhöhungsbewilligung für das Kernkraftwerk Mühleberg, gegen das 21.500 Österreicher Einspruch erhoben haben.

UdSSR/GUS:

Mit der vormaligen Sowjetunion bestand ein Abkommen über die frühzeitige Benachrichtigung bei einem nuklearen Unfall und den Informationsaustausch über Kernanlagen, das sich auf sowjetischer Seite auf einen 300 km breiten Gebietsstreifen erstreckte (BGBl. Nr. 130/90). Die Sowjetunion hat ein Verwaltungsübereinkommen über die Durchführung des Abkommens vorgeschlagen. Über den Text eines solchen Übereinkommens ist Anfang Oktober 1991 Übereinstimmung erzielt worden.

Der Eintritt der Nachfolgestaaten der Sowjetunion, die im Geltungsbereich des Abkommens liegen, in dieses Abkommen wird derzeit geprüft.

Bilaterale Beziehungen auf dem Gebiete des Umweltschutzes

Während die Kontakte mit den westlichen Nachbarstaaten vor allem im Rahmen der formlosen jährlichen Treffen der Umweltminister Österreichs, der BRD, Liechtensteins und der Schweiz gepflegt wurden und werden (das letzte Treffen fand in Dresden am 25. und 26. August 1991 statt), wurden mit den östlichen Nachbarstaaten bilaterale Umweltschutzabkommen abgeschlossen: so mit Ungarn (BGBl. Nr. 415/85), der CSSR (BGBl. Nr. 112/90) und Polen (BGBl. Nr. 39/90). Ein Abkommen mit der UdSSR wurde am 21. April 1991 unterzeichnet, aber bisher nicht ratifiziert. In Durchführung dieser Abkommen werden gemeinsame Arbeitspläne erstellt, die dann die Art und das Ausmaß der Zusammenarbeit konkret regeln. Vorwiegend ist der Austausch von Expertenmissionen und Informationen vorgesehen.

Durch die Demokratisierung der östlichen Nachbarstaaten, die Öffnung der Grenzen und die erhöhte Gesprächsbereitschaft der neuen demokratischen Regierungen haben die Kontakte zu diesen Staaten im Umweltschutz stark zugenommen und den durch die erwähnten Abkommen gezogenen Rahmen weit überschritten. Österreich ist an einer Mitwirkung bei der Lösung der Umweltprobleme in diesen Ländern interessiert, da ihre Luftverschmutzung – vor allem durch veraltete Braunkohlekraftwerke – auch Österreich schadet. Zugleich ist Österreich daran interessiert, daß die osteuropäischen Staaten von der Braunkohle nicht auf die Atomenergie ausweichen, deren Gefahren der österreichischen Öffentlichkeit ebenfalls untragbar erscheinen.

Wie das untenstehende Schaubild zeigt, kommt der Großteil des Schwefeldioxids, das auf österreichischem Gebiet deponiert wird, aus der CSFR und aus den Gebieten der ehemaligen DDR. Schwefeldioxid ist einer der Faktoren, die zum „Waldsterben" in Österreich beitragen.

Immissionen (Import und Export) von Gesamtschwefel 1988
Deposition in 1.000 t Schwefel

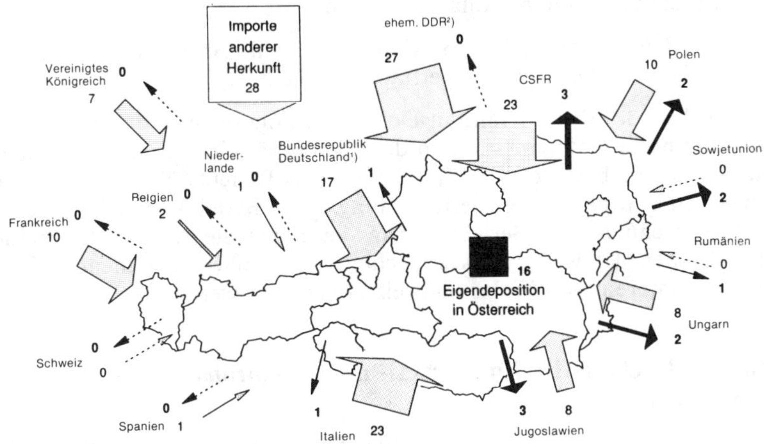

Immissionen (Import und Export) von Stickstoffverbindungen 1988
Deposition in 1.000 t Stickstoff

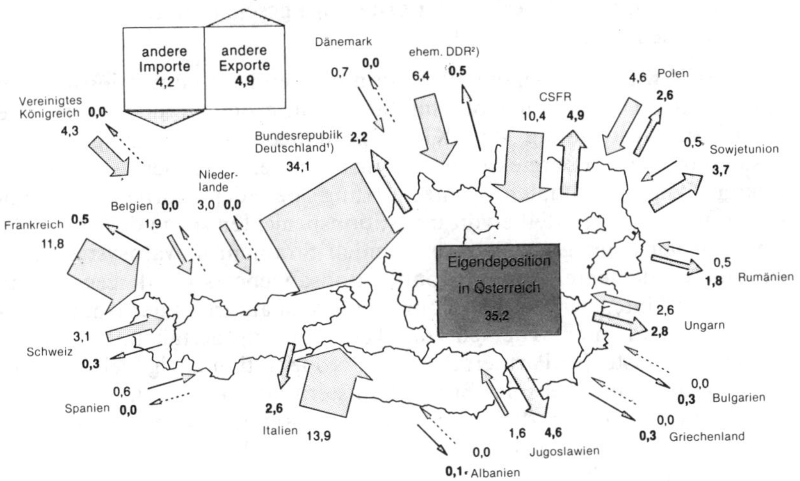

1) Angaben für das Gebiet der Bundesrepublik Deutschland vor dem 3.10.1990; sie schließen Berlin (West) ein.
2) Angaben für das Gebiet der ehemaligen DDR; sie schließen Berlin (Ost) ein.

Quelle: Umweltbundesamt.
Grafik: Österreichisches Statistisches Zentralamt.

Im Zuge seiner Bemühungen um die Luftreinhaltung in den Nachbarstaaten verhandelt Österreich über die Beteiligung an der Errichtung einer Sondermüll-Verbrennungsanlage in Polen.

Der CSFR hat Österreich 16,5 Millionen Schilling zur Anschaffung von Umweltdatenmeßgeräten zur Verfügung gestellt.

Von 21. bis 23. Juli 1991 fand in Dobris bei Prag die erste **paneuropäische Umweltministerkonferenz** statt, an der 30 europäische Länder teilnahmen. Die Konferenz beschloß die Erstellung eines Berichts über die Lage der Umwelt in Europa. Mit der Fertigstellung dieses Berichts ist nicht vor Ende 1993 zu rechnen. Der Bericht soll in der Folge die Ausarbeitung eines europäischen Umweltreports erleichtern. Die nächste paneuropäische Umweltkonferenz soll in der Schweiz abgehalten werden.

Österreichische Hilfe für Zentral- und Osteuropa auf dem Energiesektor

Investitionen zur Steigerung der Effizienz der Energiesysteme sowie zur Verringerung der durch sie verursachten Emissionen haben direkte positive Auswirkungen auch auf Österreich. Zudem erhöhen sich mit einer wachsenden Effizienz der Energiesysteme auch die Chancen, daß diese Staaten auf die Nutzung der Kernenergie verzichten. Diesen Überlegungen folgend, wurde u. a. der **Ökofonds für Osteuropa** geschaffen. Er ist derzeit mit 200 Millionen Schilling dotiert.

Der CSFR wurde zu Beginn 1991 ein umfassendes Kooperationsangebot unterbreitet. Dieses Angebot umfaßte Ersatzstromlieferungen bei einer sofortigen Abschaltung des KKW Bohunice, Unterstützung bei der Erstellung eines Energiekonzeptes, insbesondere bei der Analyse von Energieeinsparpotentialen, Unterstützung bei der Vorbereitung und Durchführung einer Reihe von Investitionsprojekten sowie den Vorschlag zum Aufbau eines grenzüberschreitenden Strahlenfrühwarnsystems. Die einzelnen Elemente dieses Kooperationsangebotes sind gegenwärtig Gegenstand intensiver Verhandlungen, die sich aufgrund der Komplexität der zu behandelnden Themen zum Teil schwierig gestalten. Sie werden jedoch im Geiste der Partnerschaft und Kooperation zügig weitergeführt. Insbesondere die seitens des Bundesministeriums für Umwelt, Jugend und Familie betreuten Vorarbeiten für eine umfassende Studie über Möglichkeiten zur Effizienzsteigerung der Energiewirtschaft in der CSFR sind bereits weit gediehen.

Schon im Oktober 1990 war zur Vertiefung der energie- und umweltpolitischen Zusammenarbeit zwischen Österreich und der CSFR eine **österreichisch-tschecho-slowakische Kommission für Energie und Umwelt** eingerichtet worden. Die Federführung wurde von beiden Seiten den jeweiligen

Wirtschaftsministerien (Energieressorts) übertragen. Im Rahmen dieser **Kommission** wurde eine Reihe themenbezogener Arbeitsgruppen eingerichtet. Inzwischen fand eine zweite Sitzung der **Kommission** am 24. Juli 1991 in Wien statt.

Ein wichtiger Erfolg der bisherigen Bemühungen ist die Gewährung einer finanziellen Unterstützung aus Mitteln des ÖKO-Fonds zur Sanierung des kalorischen Kraftwerkes **Novaky**. Diese werden zum Einbau einer Rauchgasreinigung verwendet.

Am 17. September 1991 haben Wirtschaftsminister Schüssel und der slowenische Energieminister Tomsic ein **Protokoll über die Intensivierung der Zusammenarbeit der beiden Länder auf den Gebieten der Energiewirtschaft und der Energiepolitik unterzeichnet**. Dazu sind künftig Gespräche auf der Ebene der für Energie zuständigen Minister sowie von Beamten und Experten zumindest einmal jährlich beabsichtigt.

Österreich soll bei der Umstrukturierung des slowenischen Energiesystems durch die Einbeziehung verschiedener Institutionen unterstützend mitwirken. Im besonderen wird die Wasserkraftnutzung entlang der Sava vorangetrieben werden.

Umweltzentrum Budapest

In Zusammenarbeit mit dem REC (Regional Environmental Centre for Central and Eastern Europe) in Budapest wurde in Wien eine Agentur für Umweltdaten – CEDAR (Central European Data Request Facility) – gegründet, die das Umweltzentrum Budapest mit den benötigten Umweltmeßdaten versorgen wird.

Alpenkonvention:

Am 7. November 1991 wurde in Salzburg von Österreich, der Bundesrepublik Deutschland, Liechtenstein, Frankreich, Italien und der Schweiz die Alpenkonvention unterzeichnet. Diese ist eine Rahmenkonvention über den umfassenden Umweltschutz im Alpenraum, die durch Protokolle für einzelne Sachgebiete (Fremdenverkehr, Raumplanung, Berglandwirtschaft, Verkehr, Natur- und Landschaftsschutz) durchzuführen sein wird.

Schweiz – Flughafen Altenrhein:

Die Außenminister Österreichs und der Schweiz, Alois Mock und René Felber, unterzeichneten in Anwesenheit des Vorarlberger Landeshauptmannes Martin Purtscher am 23. Juli 1991 im Landhaus Bregenz einen Staatsvertrag über den grenznahen Schweizer Flugplatz Altenrhein.

Mit dem Vertragswerk wird die Benützung des österreichischen Luftraumes für den Flugbetrieb in Altenrhein völkerrechtlich geregelt. Der Staatsvertrag und eine zwischen den Verkehrsministern Österreichs und der Schweiz abzuschließende Durchführungsvereinbarung sollen dem Umweltschutzbedürfnis der Bewohner der nahe der schweizerischen Grenze gelegenen Vorarlberger Gemeinden Rechnung tragen, indem eine Reihe von Beschränkungen für den Flugbetrieb vereinbart wurden.

Österreich und der außereuropäische Raum

Der Nahe Osten und Nordafrika

Das Jahr 1991 begann für den Nahen Osten mit dem Schlachtenlärm der „Operation Wüstensturm" und endete mit Verhandlungsgesprächen im State Department in Washington. Die vielfältigen Probleme der Region, die während der Kuwaitkrise schlaglichtartig erhellt und in ihrer potentiellen Explosivität erkannt wurden, harren zwar nach wie vor einer Lösung. Aber immerhin gaben die schwerwiegenden Folgen des irakischen Überfalls auf Kuwait den Anstoß zu einem Friedensprozeß, der nach allgemeiner Einschätzung freilich noch langwierig und mühsam wird.

Die arabische Welt befindet sich nicht erst seit dem August 1990 in einer tiefgreifenden strukturellen Krise. Selbst für die erdölexportierenden arabischen Staaten, die sich einem Käufermarkt mit Angebotsüberschüssen gegenübersahen, waren die 80er Jahre wirtschaftlich eine Periode der Stagnation und der Verlangsamung des infrastrukturellen Aufbaus. Problematischer verlief die Entwicklung in den rohstoffarmen und bevölkerungsreichen Ländern vor allem Nordafrikas, wo angesichts des Auseinanderklaffens von Wirtschafts- und Bevölkerungswachstum von einem langfristigen wirtschaftlichen Niedergang gesprochen werden muß. Insbesondere das explosionsartige Bevölkerungswachstum der Staaten am Südrand des Mittelmeeres, die bei anhaltender Tendenz ihre Einwohnerzahlen in 30 Jahren verdoppeln werden, stellt eine Herausforderung für die Region selbst und auch für das benachbarte Europa dar. Schon heute führen Arbeitslosenraten um die 30 Prozent zu Forderungen nach verstärkter wirtschaftlicher Hilfe und/oder Aufnahme von Immigranten.

Durch das Ende des Kalten Krieges haben die Staaten des Nahen Ostens viel von ihrer früheren Bedeutung im strategischen Kalkül der Supermächte verloren. Vor allem der Ausfall der Sowjetunion als weltpolitischer Akteur bewirkte bei deren früheren Verbündeten eine radikale Umorientierung, die im Fall des Irak zu einer Konfrontation mit den Vereinigten Staaten, im Falle Syriens zu einer realistischen Anpassung an die neuen Gegebenheiten führte. Für die USA ergab sich aus der Unterstützung seitens arabischer Staaten in der Golfkrise die Verpflichtung, deren Anliegen bei dem Versuch der Errichtung einer dauerhaften Friedensordnung im Nahen Osten stärker zu berücksichtigen.

All das hat aber nicht zu größerer Einheit unter den arabischen Staaten geführt. Diese immer wieder programmatisch verkündete arabische Einheit wurde vielmehr weiter geschwächt – wie sich auch aus der verminderten Bedeutung der **Arabischen Liga** erkennen läßt. Diese verlegte ihren Sitz von Tunis wieder nach Kairo und wählte den ehemaligen ägyptischen Außenminister Dr. Esmat Abdel Meguid zu ihrem neuen Generalsekretär, wodurch der im Golfkonflikt merklich erhöhte Stellenwert Ägyptens im Nahen Osten zum Ausdruck kam. Weiters wurde eine Reform der Charta der Liga erörtert, die an Stelle des bisherigen Einstimmigskeitsprinzips eine Entscheidung mit Stimmenmehrheit ermöglichen und damit die während der Golfkrise aufgetretenen Mängel der Organisation beseitigen soll.

Eines der Opfer des Golfkonfliktes war der Panarabismus. Innerhalb der arabischen Welt kommt es zu einer zunehmenden Regionalisierung. Besonders ausgeprägt zeigte sich diese Tendenz im Golf selbst und in den Maghreb-Staaten. Beide Regionen wandten sich verstärkt ihren internen Problemen, vor allem den akut gewordenen wirtschafts- und demokratiepolitischen Fragen, zu.

Die Staaten des **Golfkooperationsrates (GCC)** verabschiedeten Anfang März 1991 unter dem Eindruck des soeben zu Ende gegangenen Krieges gemeinsam mit Ägypten und Syrien (6+2) die „Damaskus-Deklaration", die neben einem wirtschaftlichen Ausgleich zwischen den Staaten der Region eine gemeinsame Sicherheitsstruktur am Golf vorsah. Dieser Sicherheitsaspekt wurde inzwischen dadurch ausgehöhlt, daß die Golfstaaten den Abschluß bilateraler Abkommen vor allem mit den USA der Stationierung von ägyptischen und syrischen Truppen auf ihrem Territorium vorzogen. Uneinigkeit innerhalb der 6+2 besteht weiterhin in der Frage des Ausmaßes einer Einbeziehung des Iran in einen gemeinsamen Rahmen für Sicherheit und Zusammenarbeit am Golf.

Innenpolitisch sehen sich die Regierungen der Golfstaaten nicht zuletzt im Gefolge der im Golfkonflikt durchgeschlagenen Informationsrevolution mit verstärkten Forderungen nach Demokratisierung konfrontiert, denen sie nur zögernd und mit unterschiedlichem Tempo, etwa durch Schaffung von Konsultativversammlungen, gerecht zu werden versuchen.

Daß eine Demokratisierung in vielen arabischen Staaten gegenwärtig zu einem Sieg oder zumindest zu starken Machtgewinnen islamischer Integristen führen würde, zeigte sich am Beispiel Algeriens, wo die „Islamische Heilsfront" (FIS) den ersten Durchgang der erstmals abgehaltenen freien Parlamentswahlen gewann. Diese Entwicklung wurde durch das Eingreifen der Armee vorerst unterbrochen. Doch erscheint es selbst im Falle einer künftigen Machtübernahme durch die Fundamentalisten zweifelhaft, ob diese – angesichts ihrer unklaren und unfunktionalen wirtschaftlichen Vorstellungen – die Ursachen der weitverbreiteten Unzufriedenheit beseitigen könnten.

Mit der Fragmentierung des Nahen Ostens einher ging eine Erweiterung der Region um die islamischen Republiken der ehemaligen Sowjetunion. Diese befinden sich noch im Stadium der Konstituierung als selbständige Einheiten und werden sich politisch und wirtschaftlich voraussichtlich an die angrenzenden Länder der Region, vor allem die Türkei, aber auch den

Iran und Pakistan, annähern. Als erste dieser Republiken wurde Aserbaidschan in die **Organisation der Islamischen Konferenz (OIC)** aufgenommen, die auf ihrem Gipfel in Dakar im Dezember 1991 im Zeichen einer wachsenden Rivalität zwischen Saudi-Arabien und dem Iran um Einfluß in der islamischen Welt stand.

Ein Sonderfall in der islamischen Welt ist der heutige **Iran** erstens deswegen, weil er der erste Staat ist, der aus einer islamischen Revolution hervorging; und zweitens, weil seine religiöse Grundlage die Shia – und nicht wie bei anderen islamischen Staaten der Sunnismus ist.

Der Iran hat 1991 eine pragmatische Außenpolitik geführt und versucht, durch eine sehr aktive Besuchsdiplomatie seine Beziehungen zu einer Reihe von Staaten zu normalisieren. Seinen Einfluß im Libanon hat der Iran zur Befreiung der Geiseln genützt und bietet auch in der Afghanistan-Frage vermittelnde Dienste an. Dieser pragmatischen Außenpolitik steht allerdings eine starke Aufrüstung gegenüber, die die anderen Staaten der Region beunruhigt. In den Beziehungen zu Österreich ist in Rechnung zu stellen, daß die Ermordung des kurdischen Politikers Ghassemlou (Wien, 13. Juli 1989) nach wie vor ungeklärt ist.

Im Bereich der Menschenrechte hat Österreich im Bestreben, den Iran zu einer kooperativen Haltung zu bewegen, eine Vermittlerrolle in der Menschenrechtskommission eingenommen.

Im Kernproblem des Nahen Ostens, **der Frage des Verhältnisses Israels zu den Palästinensern und seinen arabischen Nachbarstaaten**, gab der Golfkonflikt den Anstoß zum bisher umfassendsten Lösungsansatz. Die irakischen Versuche, ihren Einmarsch in Kuwait mit dem Palästina-Problem in Zusammenhang zu bringen, waren von alliierter Seite zwar zurückgewiesen worden, hatten aber angesichts der positiven Resonanz in weiten Kreisen der arabischen Bevölkerung und der irakischen Raketenangriffe auf Israel doch zu einem erhöhten Problembewußtsein geführt. Nach insgesamt acht Reisen in den Nahen Osten gelang es dem amerikanischen Außenminister James Baker, in zähen Verhandlungen die Konfliktparteien zum ersten Mal in 43 Jahren an einen Tisch zu bringen. Da Israel nach wie vor die Abhaltung einer **internationalen Konferenz** ebenso ablehnt wie Gespräche mit der PLO, wurde die Friedenskonferenz in eine Eröffnungssitzung und eine Abfolge bilateraler und multilateraler Gespräche aufgeteilt, an denen die Palästinenser in einer gemeinsamen Delegation mit Jordanien teilnahmen. Die Mitglieder der palästinensischen Delegation hatten entsprechend den israelischen Forderungen keinen formalen Bezug zur PLO-Zentrale in Tunis und entstammten den besetzten Gebieten mit Ausnahme Ost-Jerusalems. Die USA und die damalige Sowjetunion übernahmen gemeinsam die Schirmherrschaft über die Konferenz. Die Rolle der Vereinten Nationen und der Europäischen Gemeinschaft blieb auf die eines Beobachters beschränkt. Am 30. Oktober 1991 begann in Madrid die Eröffnungskonferenz, die ganz im Zeichen internationaler Publizität und demgemäß formulierten Maximalforderungen der Konfliktparteien stand. Immerhin aber wurde ein offener Bruch vermieden und einigten sich Israelis und Palästinenser auf Verhandlungen über eine Autonomieregelung ohne Präjudiz für einen endgültigen Status der besetzten Gebiete.

Im Zuge des eben erst in Gang gesetzten Friedensprozesses stellte sich immer mehr heraus, daß für eine Fortführung der Gespräche die Rolle der USA nicht, wie von diesen selbst definiert, auf die eines Katalysators beschränkt bleiben konnte. Vielmehr bedurfte und bedarf es einer kontinuierlichen Druckausübung aus Washington, um den Prozeß weiterhin in Gang zu halten. Dies stellte sich bereits im Anfangstadium heraus. So erwies sich die Vertagung einer Entscheidung des amerikanischen Präsidenten über eine Garantie für einen Kredit von 10 Milliarden Dollar, die zur Ansiedelung jüdischer Siedler verwendet werden sollte, offenbar als mitbestimmend für die israelische Teilnahme an der Friedenskonferenz. Weiterer Druck wird notwendig sein, um die im Dezember in Washington fortgeführten Gespräche über die Diskussion prozeduraler Fragen hinaus zu Fortschritten in inhaltlichen Bereichen zu führen. Nach wie vor hat sich Israel nicht zum zentralen Prinzip „Land für Frieden" bekannt und setzt ungeachtet der Gespräche seine **Siedlungstätigkeit** in den besetzten Gebieten fort, was von fast allen und auch von Österreich als Hindernis auf dem Weg zum Frieden empfunden wird.

Unmittelbar nach Ende der Kampfhandlungen am Golf wurden im **Bundesministerium für auswärtige Angelegenheiten grundsätzliche** und **längerfristige Überlegungen** darüber angestellt, auf welchen Elementen eine dauerhafte und umfassende Friedensordnung im Nahen Osten aufbauen sollte. Österreich hat schon immer die Auffassung vertreten, daß zur Errichtung einer solchen Friedensordnung eine Konferenz auf Grundlage der Sicherheitsratsresolutionen 242 und 338 der Vereinten Nationen, die den Grundsatz „Land für Frieden" bekräftigen, letztlich unerläßlich ist. Der in Madrid begonnene Prozeß ist aber nicht nur ein erster Schritt auf einem mühsamen und langen Weg hin zu einer solchen Gesamtlösung; er erscheint heute auch als die einzige Möglichkeit, die Rückkehr zu erneuter Gewalt und Zerstörung auszuschließen. Österreich begrüßt aus diesem Grund die anhaltenden Friedensbemühungen und appelliert an alle Parteien, mit einem Höchstmaß von Flexibilität und Verantwortungsbewußtsein zu deren Erfolg beizutragen. Das zentrale Thema einer solchen Regelung wäre die Verwirklichung der legitimen Rechte des palästinensischen Volkes, einschließlich des Rechtes auf Selbstbestimmung, sowie des Rechtes aller Staaten der Region auf sichere und anerkannte Grenzen.

Darüber hinaus müßte nach österreichischer Ansicht ein breit angelegter Dialog aller interessierten Staaten des Nahen und Mittleren Ostens stattfinden, der u. a. von der Respektierung folgender Grundsätze ausgehen sollte: die Enthaltung von der Androhung bzw. Anwendung von Gewalt, die Bereitschaft zur friedlichen Streitbeilegung, das Prinzip der Unverletzlichkeit von Grenzen, die jedoch durch friedliche Mittel und internationale Vereinbarungen verändert werden können, das Selbstbestimmungsrecht der Völker und die uneingeschränkte Achtung aller Menschenrechte und Grundfreiheiten, einschließlich der Rechte der Minderheiten, sowie die Bereitschaft zu gutnachbarlichen Beziehungen, zu Zusammenarbeit und Verständigung.

Wichtig erscheint in diesem Rahmen die Schaffung militärischer Stabilität und Sicherheit, die wohl nur das Ergebnis eines längerfristigen Prozesses sein kann, der eine Vielzahl einander ergänzender Maßnahmen umfaßt. Für echte Rüstungskontroll- und Abrüstungsschritte muß eine hinreichende gegenseitige Vertrauensgrundlage gewährleistet sein. Das Bemühen, trotz der gewaltsamen Auseinandersetzungen in der Region, im militärischen Bereich gegenseitig Vertrauen zwischen den Ländern aufzubauen, wäre daher von besonderer Bedeutung. Solche vertrauensbildende Maßnahmen würden gewiß noch keine echte Beseitigung der Bedrohung bewirken. Bemühungen um militärische Transparenz und Offenheit sowie die Ausarbeitung bindender Regeln für militärisches Verhalten könnten jedoch die Erzielung von Ergebnissen bei Rüstungskontroll- und Abrüstungsgesprächen fördern.

Die Erfahrungen des Golfkrieges haben gezeigt, daß einer Eindämmung des Exportes konventioneller Rüstungsgüter besondere Bedeutung zukommt. Es sollten aus dem Golfkonflikt Lehren gezogen und der Versuch unternommen werden, einheitliche Richtlinien für den Rüstungsexport zu vereinbaren und ihn dadurch nicht nur in kontrollierte Bahnen zu lenken, sondern ihn zu reduzieren.

Schließlich und nicht zuletzt hat die Suche nach Frieden und Stabilität im Nahen Osten auch eine geistig-kulturelle Komponente. Vordringlich ist daher die Wiederbelebung des Dialogs zwischen dem Islam und Christentum als religiöse, ethische und politische Wertegemeinschaften. Der Dialog sollte auf einer ständigen Basis, in verschiedenen Foren und unter Einbeziehung von Persönlichkeiten aus unterschiedlichen Bereichen geführt werden.

Die Irak – Kuwaitkrise

Seit dem 2. August 1990 hatte der Irak alle Appelle zum Rückzug seiner Truppen aus Kuwait ungehört verhallen lassen. Als am 29. November 1990 der UN-Sicherheitsrat unter Androhung militärischer Gewalt dem Irak eine Frist bis 15. Jänner 1991 setzte, traten die weltweiten Bemühungen um eine friedliche Beilegung der Krise in ihr letztes Stadium. Eine Woche vor

Ablauf der Frist ging ein Zusammentreffen zwischen US-Außenminister Baker und seinem irakischen Amtskollegen Tarek Aziz in Genf ergebnislos zu Ende, kurz danach scheiterte eine Friedensmission des Generalsekretärs der Vereinten Nationen ebenso wie andere letzte Bemühungen, unter denen vor allem der Appell zu erwähnen ist, den Bundespräsident Waldheim von Amman aus am Rande eines Staatsbesuches nach Muscat an den Irak richtete.

In der Nacht des 17. Jänner begannen die alliierten Streitkräfte von ihren Stützpunkten in Saudi-Arabien aus die „Operation Wüstensturm", in deren Verlauf fast 100.000 Einsätze auf militärische und strategische Ziele im Irak geflogen wurden. Irak versuchte, durch Angriffe mit Scud-Raketen auf Saudi-Arabien und Israel zurückzuschlagen und dadurch den Konflikt auszuweiten. Ende Jänner leiteten die irakischen Besatzungstruppen insgesamt 1,7 Millionen Tonnen Öl in das Meer vor Kuwait und setzten hunderte Ölquellen in Brand. (Der letzte dieser Brände konnte nach verheerenden Umweltschäden für Kuwait und die benachbarten Golfstaaten erst im November 1991 gelöscht werden).

Die am 24. Februar begonnene alliierte Bodenoffensive auf die nach sechswöchigen Luftangriffen zermürbten irakischen Truppen stieß auf wenig Widerstand und führte bald zur Befreiung Kuwaits. Nach nur 100 Stunden stellten die alliierten Streitkräfte die offensiven Kampfhandlungen ein. Am 3. April verabschiedete der UN-Sicherheitsrat die Waffenstillstandsresolution.

Im Zuge der „Operation Wüstensturm" sind zwischen 20.000 und 100.000 irakische Soldaten gefallen. Dazu kommen einige tausend irakische Zivilisten, die bei den allierten Bombenangriffen ums Leben gekommen sind. Demgegenüber waren die Verluste der Alliierten minimal – auf US-Seite etwa 146.

Die österreichische Bundesregierung hat zum Ausbruch der Kampfhandlungen am 17. Jänner 1991 festgehalten, „daß die Staatengemeinschaft im Rahmen der Vereinten Nationen alle Mittel ausgeschöpft hat, um der völkerrechtswidrigen Aggression gegenüber Kuwait auf friedliche Weise zu begegnen, und daß es sich nunmehr bei dieser Militäraktion nicht um einen Krieg im klassischen Sinn handelt, sondern um eine gemeinsame Aktion der Vereinten Nationen gemäß dem System kollektiver Sicherheit".

Die österreichische Neutralität stehe „nicht im Widerspruch zu dieser internationalen Solidarität und zu den Aufgaben, die Österreich als Mitglied der Staatengemeinschaft zu übernehmen hat". Gleichzeitig bedauerte die Bundesregierung, „daß auf dem Verhandlungsweg trotz der mehrmonatigen Bemühungen der Vereinten Nationen bislang keine Möglichkeiten gefunden wurden, diesen Konflikt im Rahmen der von der Staatengemeinschaft festgelegten Grundsätze zu lösen".

Die österreichische Präsidentschaft im Sicherheitsrat der Vereinten Nationen schloß im März unmittelbar an die Feuereinstellung im Golfkonflikt an, sodaß die Formulierung der Bedingungen für einen Waffenstillstand (Res. 687) und der Beginn ihrer Implementierung – darunter insbesonders die Ausarbeitung der Modalitäten für eine Rückgabe kuwaitischen Eigentums – vom österreichischen Vertreter maßgeblich mitverhandelt wurde.

Nach der Schaffung von UNIKOM (UN-Irak-Kuwait Observation Mission) im April wurde die Leitung dieser wichtigen Operation dem österreichischen Generalmajor G. Greindl übertragen. Darüberhinaus stellte Österreich für die 500 Mann umfassenden „UN-Guards" im Norden des Irak ein Kontingent von 20 Exekutivbeamten zur Verfügung.

Nach der militärischen Niederlage des Irak war es im Süden des Landes zu einem Aufstand der dortigen schiitischen Bevölkerung gegen die Regierung in Bagdad gekommen, der bald auf das ganze Land übergriff. Im Norden konnten kurdische Aufständische mehrere große Städte unter ihre Kontrolle bringen. Nach dreiwöchigen Kämpfen behielten die irakischen Regierungstruppen die Oberhand und gingen mit allen Mitteln gegen die Aufständischen vor, wobei es vor allem im Kurdengebiet zu Massakern kam. Dies löste eine Massenflucht von irakischen Kurden in den Iran und in die Türkei aus, zu deren Höhepunkt 1,3 Millionen Menschen auf der Flucht waren.

Die **Österreichische** Bundesregierung beschloß sofortige **Hilfsmaßnahmen**.

Ein Feldspital des Bundesheeres mit einer Kapazität von 300 Betten versorgte in Dokhana/Nasr im West-Iran vom 27. April bis 29. Juli 1991 kriegsverletzte und schwerstkranke Kurden. Diesem Feldlazarett war ein von der Caritas gemeinsam mit dem Bundesheer betreutes Flüchtlingslager für 15.000 Kurden angeschlossen. Das Österreichische Rote Kreuz war mit Hilfsaktionen in der Ost-Türkei und im West-Iran tätig. Darüberhinaus wurde über Initiative und durch eine Gruppe österreichischer Ärzte (Dr. Köstler) und des Österreichischen Roten Kreuzes in Ziveh (West-Iran) **Ambulanz-Einheiten** zur Versorgung eines Flüchtlingslagers mit vielen tausenden Kurden eingerichtet.

Zur Koordination der österreichischen Hilfsaktionen in Westaserbaidschan, Iran, wurde von der Stadt Wien in Orumiyeh für die Einsatzzeit ein Büro (Österreich-Haus) eingerichtet. Aus dem österreichischen Feldspital wurden mit einem humanitären Sonderflug der Bundesregierung schwerstkranke kurdische Flüchtlinge zur dringenden Behandlung in österreichische Spitäler gebracht und nach ihrer Genesung wieder zu ihren Familien zurückgeflogen.

Der Einsatz des Bundesheerspitals, in dem rund 300 Personen (Ärzte, medizinisches Hilfspersonal, Mannschaften) tätig waren, erforderte 156 Millionen Schilling; Hilfsgütertransporte mit Medikamenten, Nahrungsmitteln, Zelten, Decken und anderen Gerätschaften wurden von Bund (Beiträge zu Hilfsprogrammen österreichischer und internationaler humanitärer Organisationen: 42,4 Millionen Schilling) und Ländern (über 40 Millionen Schilling) sowie durch große Spendenaktionen (ORF: rund 70 Millionen Schilling) finanziert.

Insgesamt hat Österreich über 320 Millionen Schilling für kurdische Flüchtlinge aufgebracht.

Zum Jahresende konnte die Betreuung der kurdischen Krisenopfer durch österreichische Hilfsorganisationen auch auf den Norden des Irak ausgedehnt werden.

Über 200 kurdische Flüchtlinge wurden aus der Türkei als Asylwerber in Österreich aufgenommen; die zusätzliche Aufnahme von etwa 70 Flüchtlingen aus Kurdenlagern im Iran zwecks Familienzusammenführung wurde eingeleitet. Die Kosten für zusammen 270 Asylwerber (Einreise und 6 Monate Bundesbetreuung) betragen 8,8 Millionen Schilling.

Arabische Liga

Die Arabische Liga vereint 21 arabische Staaten (Ägypten, Algerien, Bahrain, Djibouti, Irak, Jordanien, Katar, Kuwait, Libanon, Libyen, Marokko, Mauretanien, Oman, Palästina, Saudi-Arabien, Somalia, Sudan, Syrien, Tunesien, Vereinigte Arabische Emirate, Yemen). Im Jahre 1991 wurde die im Vorjahr beschlossene Rückführung der Arabischen Liga von Tunis nach Kairo fortgesetzt und zu Ende geführt.

Der Rat der Arabischen Liga hielt 1991 im Frühjahr und Herbst jeweils seine reguläre halbjährliche Sitzung ab. An der Rats-Tagung am 30. März 1991, der ersten Tagung am Sitz der Organisation nach der Übersiedlung von Tunis nach Kairo, nahmen erstmals seit der Golfkrise wieder alle Mitgliedstaaten einschließlich des Irak durch ihre bei der Organisation akkreditierten Vertreter teil. Lediglich Ägypten war durch Außenminister Dr. Esmat Abdel Meguid vertreten. Auf der Tagesordnung standen u. a. die Palästinafrage, die Lage am Golf, die Bemühungen der USA um Aufhebung der „Anti-Zionismus-Resolution", angebliche israelische Aktivitäten im Südsudan und organisatorische Fragen.

Bei einer außerordentlichen Ratstagung wurde am 15. Mai 1991 der ägyptische Außenminister Dr. Esmat Abdel Meguid, der seit 17. Juli 1984 der ägyptischen Diplomatie vorstand, einstimmig zum bisher fünften Generalsekretär der Arabischen Liga gewählt, nachdem sein Amtsvorgänger Chadli Klibi (Tunesien) im September 1990 im Gefolge der Golfkrise seine Funktion niedergelegt hatte. Mit dieser Wahl wurde an die Tradition, daß Ägypten den Generalsekretär der Liga stellt, wiederangeknüpft. Meguid entfaltete eine rege Besuchstätigkeit in den Hauptstädten der

Mitgliedstaaten. Eine seiner ersten Aufgaben betraf die Sanierung der Finanzen der im Juli 1991 vor dem finanziellen Ruin stehenden Organisation, indem er Mitgliedstaaten zur Zahlung rückständiger Jahresbeiträge veranlassen konnte.

Vom 10. bis 13. September 1991 fand in Kairo die 96. Ordentliche Rats-Tagung statt, die erste der Ära Meguid. 16 Mitgliedstaaten waren durch Außenminister vertreten. Der Rat beschloß Meguid zu beauftragen, zwischen dem Irak und Kuwait eine Mission zur Freilassung der 2.365 kuwaitischen Kriegsgefangenen in die Wege zu leiten. Weiters erhielt er das Mandat, die Positionen der arabischen Staaten Ägypten, Jordanien, Syrien und Libanon sowie der Palästinenser gegenüber Israel zu harmonisieren. Bei der Tagung wurde die Reform der Charta der 1954 von 7 Staaten gegründeten Arabischen Liga erörtert, deren Mängel bei der Golfkrise manifest geworden waren. Ein Kernpunkt der Reform beträfe die Schaffung eines Arabischen Gerichtshofes und die Einführung der Entscheidung mit Stimmenmehheit.

Im November und Dezember 1991 beschloß der Rat zwei Resolutionen von politischer Bedeutung. In Res. 5092 werden die Bemühungen zur Abhaltung einer Internationalen Friedenskonferenz, die auf Basis der Sicherheitsrats-Resolutionen 242 und 338 zum Erreichen eines umfassenden und gerechten Friedens im arabisch-israelischen Konflikt und in der Palästinafrage führen sollen, auch mit der Stimme des Irak begrüßt. In der Auseinandersetzung zwischen den USA und Libyen um die Anklage zweier libyscher Staatsbürger, denen der Terroranschlag gegen das bei Lockerbie im Dezember 1988 abgestürzte Panam-Flugzeug vorgeworfen wird, beschloß der Rat in Unterstützung der libyschen Position die Schaffung einer Gemischten Kommission aus Vertretern der Liga und der Vereinten Nationen vorzuschlagen, um alle Dokumente über den Fall zu prüfen.

Außenminister Alois Mock traf am 23. September 1991 mit dem Generalsekretär der Arabischen Liga, Esmat Abdel Meguid, zu einem Meinungsaustausch über den Nahost-Friedensprozeß zusammen, bei welcher Gelegenheit auch eine Einladung an Meguid zu einem Besuch Österreichs ausgesprochen wurde.

Westsahara

Am 24. April 1991 nahm der Sicherheitsrat der Vereinten Nationen einstimmig Resolution 690 (1991) an, mit der der Bericht des Generalsekretärs über die Lage in der Westsahara indorsiert und die „UN-Mission für das Referendum in der Westsahara (MINURSO)“ eingerichtet wurde. Im Rahmen von MINURSO wird der mit 6. September 1991 in Kraft getretene Waffenstillstand von ungefähr 200 UN-Militärbeobachtern überwacht. In der Folge sollten unter militärischem und polizeilichem Schutz der

Vereinten Nationen die saharauischen Flüchtlinge rückgeführt und im Jänner 1992 ein von den Vereinten Nationen organisiertes Referendum über die Unabhängigkeit oder den Anschluß der Westsahara an Marokko abgehalten werden.

Der Zeitplan der Operation konnte jedoch vor allem wegen der ausstehenden Lösung der Frage der Wahlberechtigung für das Referendum nicht eingehalten werden. Überdies wird der marokkanischen Seite vorgeworfen, zahlreiche Waffenstillstandsverletzungen begangen zu haben, die im Gebiet der Westsahara stationierten MINURSO-Beamten an der vollen Ausübung ihrer Tätigkeit zu behindern und die Ansiedlung einer großen Anzahl von marokkanischen Staatsbürgern im Abstimmungsgebiet betrieben zu haben. Am 19. Dezember 1991 legte der Generalsekretär der Vereinten Nationen dem Sicherheitsrat einen Fortschrittsbericht über die Operation vor, der in seinem Anhang Kriterien für die Aufnahme in die Wählerliste enthält. Da diese Kriterien von einer Konfliktpartei abgelehnt wurden, wurde der Generalsekretär vom Sicherheitsrat in Resolution 725 (1991) vom 31. Dezember 1991 eingeladen, innerhalb von zwei Monaten einen weiteren Bericht vorzulegen.

Im Einklang mit dem einstimmig angenommenen Entschließungsantrag des Nationalrates vom 8. Juli 1991 unterstützt die österreichische Bundesregierung im Sinne ihres Eintretens für das Selbstbestimmungsrecht der Völker die Tätigkeit der Vereinten Nationen zur Abhaltung eines Referendums über die Zukunft der Westsahara. Österreich hat daher dem Ersuchen der Vereinten Nationen um Entsendung von 10 Polizisten und 15 Beobachtungsoffizieren entsprochen. Aufgrund der Verzögerungen wurde bisher allerdings erst ein Beobachtungsoffizier zu MINURSO entsandt. Darüberhinaus sollen zivile Experten an der Tätigkeit von MINURSO teilnehmen. Für die Repatriierung der Flüchtlinge sagte Österreich einen freiwilligen Beitrag von 1 Million Schilling zu.

Afrika südlich der Sahara

Der Ost-West-Konflikt hat in den vergangenen Jahrzehnten auch in Afrika tiefe Spuren hinterlassen.

Das Ende des Kommunismus hat es jetzt allerdings ermöglicht, eine Reihe blutiger afrikanischer Regionalkonflikte, so etwa in Namibia, Angola und Äthiopien, zu beenden. Auch hat der Weg Zentral- und Osteuropas zu Demokratie, Menschenrechten und Rechtsstaat die innere Politik in Schwarzafrika sicher mitbeeinflußt. Die Opposition tritt dort heute immer selbstbewußter auf. Immer stärker werden Forderungen nach Mehrparteiensystem, **Demokratie** und nach der Achtung von Menschenrechten. In zahlreichen afrikanischen Staaten kam es dadurch zu einer Verschiebung der politischen Machtverhältnisse. In breiten Bevölkerungsschichten wächst Widerstand gegen die bisher an der Macht befindlichen Einheitsparteien.

So haben sich innerhalb eines Jahres in rund einem Dutzend afrikanischer Länder – zumeist unter dem Druck oppostitioneller Bewegungen – Umwälzungen vollzogen, sei es, daß vom jahrzehntelang praktizierten Ein-Parteien-Staat abgegangen wurde oder daß nach Umstürzen neue Regierungen gebildet wurden.

Trotzdem bleibt die Lage Afrikas äußerst schwierig. Übermäßige Zentralisierung, aufgeblähte Bürokratien, Korruption und Ineffizienz, mangelnde Unabhängigkeit der Rechtssprechung, übermäßige Ausgaben für Rüstung und Sicherheitsapparate und die Ausschaltung weiter Bevölkerungskreise aus dem politischen Entscheidungsprozeß belasten die weitere Entwicklung dieses Kontinents ebenso wie die katastrophalen sozialen und wirtschaftlichen Rahmenbedingungen. Mehr als 30 Millionen Menschen sind vom Hunger bedroht, mehr als 150 Millionen leben in äußerster Armut, rund 250 Millionen sind Analphabeten. In den fünf Jahren von 1986 bis 1990 haben sich, wie Untersuchungen der VN zeigen, die **wirtschaftlichen und sozialen Bedingungen** in Afrika weiter und deutlich **verschlechtert**. Das BNP pro capita ist in den letzten Jahren – auch auf Grund des rasanten Bevölkerrungswachstums – um 0,7 Prozent gefallen. Litten 1985 ¼ der Kinder im Vorschulalter an akutem Proteinmangel, so stieg die Zahl in fünf Jahren auf ⅖. Die Zahl der Volkschulen, die in den 70er Jahren gestiegen war, ging wieder zurück.

Aber auch die **außenwirtschaftlichen Bedingungen** wurden ungünstiger. Der weltweite Verfall der Rohstoffpreise und des Dollarkurses, die Überschuldung, das hohe Zinsniveau, der Anstieg der Ölpreise haben die Außenhandelsbilanzen unter Druck gesetzt. Eine neuerliche Dürre wirkt in die selbe Richtung.

Allein für den Schuldendienst mußte Afrika 1990 rund 23 Milliarden Dollar aufwenden. Kein schwarzafrikanisches Land hat es trotz massiver Finanz- und technischer Hilfe geschafft seine Verschuldenssituation wieder zu normalisieren.

Der Nettozufluß von Finanzmitteln in die Dritte Welt insgesamt hat in den letzten Jahren wieder zugenommen. Der Finanzstrom nach Schwarzafrika hat sich aber nicht erhöht.

Was die – schon erwähnten – politischen Veränderungen in Schwarzafrika betrifft, haben hier insbesondere die westafrikanischen Staaten wie **Benin, Elfenbeinküste, Burkina Faso** und **Togo** eine Vorreiterrolle gespielt. Sieben Staatschefs wurden 1991 abgesetzt – vier auf demokratischem Wege **(Kap Verde, Sao Tome und Principe, Benin und Sambia)**, drei mit Waffengewalt **(Somalia, Äthiopien und Mali)**. Mehr als ein Dutzend Staaten stellte die Einführung eines pluralistischen Systems in Aussicht und ließ Oppositionsparteien zu. Der Weg der Demokratie wurde insbesondere über „Nationalkonferenzen“ beschritten – das sind Foren, in denen sämtliche politische Strömungen für den Übergang zu einem demokratischen Regierungssystem zusammenarbeiten.

Als eines der ersten frankophonen Länder Afrikas südlich der Sahara hielt die frühere Volksrepublik **Kongo** eine solche Nationalkonferenz ab. Die Macht des Präsidenten wurde stark beschnitten. Eine neue Verfassung wurde ausgearbeitet. Nach Abhaltung eines Referendums über diese Verfassung sollen Wahlen auf allen Ebenen (inkl. Präsidentenwahlen) stattfinden.

In **Mali** wurde der langjährige Herrscher Moussa Traore gestürzt. Bei einer Ende Juli abgehaltenen Nationalkonferenz wurden die Grundlagen einer demokratischen Verfassung erarbeitet. Diese soll einer Volksabstimmung unterzogen werden und bis März 1992 die Übernahme der Staatsgeschäfte durch demokratisch gewählte Organe ermöglichen. Belastet wird der Demokratisierungsprozeß allerdings durch die anhaltende Rebellion der Tuareg. Auch im benachbarten **Niger** soll über Beschluß einer Nationalkonferenz das politische System demokratisiert werden; Parlamentswahlen sollen bis spätestens 1993 abgehalten werden. Wahlen und eine nachfolgende Regierungsumbildung fanden in **Mauritius** statt. In **Madagaskar** beteiligte sich die Opposition nach lang anhaltenden Unruhen an der Regierung. Eine neue demokratische Verfassung soll erarbeitet werden. Für 1992 werden allgemeine und Präsidentenwahlen erwartet. In **Kap Verde**, einem Schwerpunktland österreichischer Entwicklungshilfe wurden die ersten demokratischen Wahlen seit der Unabhängigkeit (1975) abgehalten. Die neugegründete Bewegung für Demokratie (MpD) gewann die Parlamentswahlen mit beeindruckender Mehrheit. Der Kandidat der MpD wurde kurz danach mit 74 Prozent der Stimmen zum Präsidenten der Republik gewählt. In **Sao Tome** und **Principe** konnte durch freie und demokratische Wahlen ebenfalls ein friedlicher Machtwechsel herbeigeführt werden.

Im März 1991 wurde der seit 1972 amtierende Staatschef des **Benin** durch demokratische Präsidentenwahlen abgewählt und Parlamentswahlen abgehalten. In **Sambia** fanden im November d. J. die ersten freien Parlaments- und Präsidentenwahlen seit 1973 statt, durch die die langjährige Herrschaft Präsident Kaundas auf demokratische Weise beendet wurde.

Der Machtwechsel in Sambia hat die demokratischen Bewegungen in **Kenia** beflügelt. Im Zuge einer Verfassungsnovelle wurde dort im Dezember 1991 das bisher geltende Einparteiensystem abgeschafft. Freie und faire Wahlen wurden für 1992 in Aussicht gestellt. Der Druck auf die Opposition bleibt freilich aufrecht und stark.

Im Juni wurde in **Burkina Faso** eine neue demokratische Verfassung angenommen. Anfang 1992 sollen Parlamentswahlen stattfinden. Die im Dezember abgehaltenen Präsidentenwahlen wurden allerdings von der Opposition boykottiert.

In **Sierra Leone** wurde mit Volksabstimmung dem 13-jährigen Machtmonopol der Staatspartei „APC" ein Ende gesetzt. In allen Landesteilen sprach sich die Bevölkerung mit großer Mehrheit für die Wiedereinführung eines Mehrparteiensystems aus.

Wie in allen anderen frankophonen Ländern südlich der Sahara wurden auch in der **Zentralafrikanischen Republik** Maßnahmen zur Einführung des Mehrparteiensystems gesetzt. Dies erfolgte jedoch nur sehr zögernd. Der Präsident hat noch keine Nationalkonferenz einberufen. Dies führte wiederholt zu Demonstrationen.

In **Senegal** hat die Wiedereinführung der Funktion eines Premierministers und die Einbindung wichtiger Oppositionskräfte in die Regierung die Autorität von Staatspräsidenten Diouf gefestigt.

Der Bürgerkrieg in **Liberia**, der 1989 begann, konnte trotz intensiver diplomatischer Bemühungen und der Entsendung einer regionalen Streitmacht nach wie vor nicht beigelegt werden. Die nunmehr seit 18 Monaten im Land operierende, ca. 7000 Mann starke Streitmacht der Westafrikanischen Wirtschaftsgemeinschaft ECOWAS (ECOMOG) kontrolliert lediglich die Hauptstadt Monrovia und deren Umgebung und sichert damit den Bestand der von der ECOWAS eingesetzten Übergangsregierung unter Präsident Amos Sawyer. Der Großteil des Landes wird jedoch von Charles Taylor und seiner NPFL beherrscht, die Ende 1990 den Bürgerkrieg vom Zaun gebrochen hatten. Ein Drittel der Bevölkerung hat in den Nachbarstaaten vor dem mit größter Grausamkeit geführten Krieg Zuflucht gefunden.

Eine Lösung der Krise ist für die Stabilität des gesamten westafrikanischen Raumes von Bedeutung. Dies erklärt auch das erstmalige sicherheitspolitische Engagement der losen Wirtschaftsgemeinschaft ECOWAS. Es ist inzwischen gelungen, in das ursprünglich von englischsprachigen Ländern (v. a.Nigeria) dominierte ECOWAS-Engagement auch wichtige französischsprachige Länder wie Senegal und die Elfenbeinküste einzubinden. Die zu 70 Prozent aus nigerianischen Soldaten zusammengesetzte und unter nigerianischer Führung stehende ECOMOG soll nunmehr auch vor allem mit senegalesischen Einheiten verstärkt werden. Man hofft, daß die Friedenstruppe als unabhängige Ordnungsmacht im Lande auch von Taylors NPFL akzeptiert wird und sie sohin die ihr zugedachte Rolle beim Friedensprozeß spielen kann.

Das Engagement der ECOWAS in diesem regionalen Konflikt gilt als Testfall für die Konfliktlösungskapazität regionaler Organisationen in

Schwarzafrika und wird von den Vereinten Nationen und der OAU politisch unterstützt. Auch hier zeigt es sich, daß in Ermangelung eines kollektiven Sicherheitssystems das aktive Engagement größerer Länder bei der Entsendung von internationalen Friedenstruppen erforderlich ist. Die führende Rolle Nigeriens bei den ECOWAS/ECOMOG Bemühungen um eine Beilegung des Konfliktes wird dementsprechend anerkannt.

Österreich hat zur Unterstützung der vom Bürgerkrieg betroffenen Bevölkerung Liberias einen Betrag von einer halben Million Schilling für ein humanitäres Hilfsprogramm der Vereinten Nationen zur Verfügung gestellt.

In einer Reihe von Vermittlungstreffen auf höchster Ebene konnte zunächst ein Waffenstillstand vereinbart werden, der im wesentlichen eingehalten wird. Zuletzt wurde im Oktober in Yamoussoukro (Cote d'Ivoire) erstmals ein Zeitplan zur Entwaffnung der Rebelleneinheiten erstellt. Die Entwaffnung soll von ECOMOG beaufsichtigt werden. Einen Zeitplan gibt es auch für die Abhaltung von allgemeinen Wahlen.

Ende Mai 1991 brach nach 14jähriger Herrschaft das kommunistische Militärregime in **Äthiopien** zusammen. Der Diktator Mengistu Haile Mariam mußte nach Simbabwe flüchten. Bei der Zusammensetzung der ersten Regierung des Überganges wurde bei der Aufteilung der Ministerposten genau auf einen ethnischen und religiösen Proporz der Ministerposten geachtet. Die ersten allgemeinen und freien Wahlen sollen in zwei Jahren abgehalten werden. Die Übergangsregierung bemüht sich jedoch bereits seit ihrem Amtsantritt um die Demokratisierung und Achtung der Menschenrechte. Schwierigkeiten erwachsen jedoch durch ethnische und Stammeskonflikte, die unter dem früheren Regime mit Gewalt unterdrückt wurden jedoch Anfang September wieder aufflammten.

1993 soll eine Volksabstimmung unter internationaler Aufsicht über die Frage abgehalten werden, ob **Eritrea** in loser Form im äthiopischen Staatsverband bleiben oder einen unabhängigen Staat bilden wird.

Im Mai 1991 wurde in Lissabon eine Vereinbarung zwischen der MPLA-Regierung und dem Führer der UNITA-Rebellen Jonas Sabimbi über die Beendigung des 16-jährigen Bürgerkrieges in **Angola** unterzeichnet. Damit ging ein – über 16 Jahre geführter – Bürgerkrieg zu Ende, der zwischen 500.000 und einer Million Menschenleben gefordert hat. Die UNITA anerkennt nunmehr – bis zum Zeitpunkt allgemeiner und freier Wahlen im Jahre 1992 – die MPLA-Regierung. Die Regierung sagte ihrerseits zu, für die verfassungsmäßigen Änderungen und gesetzlichen Regelungen zur Einführung einer Mehr-Parteien-Demokratie und für die Vorbereitung allgemeiner und freier Wahlen zu sorgen. Bis Jahresende hielten beide Seiten die politischen und militärischen Vereinbarungen ein. Die Wahlen sollen laut einer Erklärung des Staatspräsidenten im September 1992 unter internationaler Aufsicht stattfinden. Entsprechende Gesetze (z. B. über die Registrierung und Tätigkeit politischer Parteien, über die Gewährleistung der Pressefreiheit etc.) wurden bereits erlassen.

In **Mozambik** kam es in den Auseinandersetzungen zwischen den Regierungstruppen und RENAMO zu keiner wesentlichen Einigung. Im November wurden zwar zwei Protokolle unterzeichnet, in denen die Grundsätze für einen künftigen Waffenstillstand und für eine Interimszeit bis zu freien Wahlen festgelegt wurden. Die RENAMO hat jedoch einige ihrer Zusagen zurückgenommen und hofft offenbar, ihren Einflußbereich in den ländlichen Gebieten zu erweitern, bevor der Waffenstillstand in Kraft tritt. Die Regierung ihrerseits setzte eine neue Verfassung in Kraft, die das Ein-Parteien-System abschafft, allen Staatsbürgern die Wahrung der Grundrechte, Meinungs- und Pressefreiheit sowie den politischen Pluralismus sichert. Allgemeine und freie Wahlen sind für 1992 vorgesehen. Das exakte Datum soll jedoch erst nach Inkrafttreten des Waffenstillstandes vereinbart werden.

In **Somalia** wurde Ende Jänner nach langen blutigen Auseinandersetzungen die über zwei Jahrzehnte währende Herrschaft Mohamed Siad Barres beendet. Der Bürgerkrieg ging dennoch weiter. Nach dem Sieg über den gemeinsamen Feind sind innerhalb der früheren Rebellenbewegungen bewaffnete Konflikte ausgebrochen. Sie haben gegen Ende des Jahres ein verheerendes Ausmaß angenommen.

In **Zaire** tobt ein Machtkampf zwischen Präsidenten und der bedeutendsten Oppositionsgruppen. Die einberufenen Nationalkonferenzen konnten ihre Tätigkeit nicht aufnehmen und der Präsident hat den von der Opposition vorgeschlagenen Kandidaten nicht als Ministerpräsident akzeptiert, sondern versucht, stattdessen eine Person seiner Wahl einzusetzen.

Die mehrmaligen Putschversuche in **Togo** sind insbesondere darauf zurückzuführen, daß Präsident Eyadema nur zögernd dem Wunsch nach Demokratisierung nachkommt und vor allem das unverhältnismäßig starke Militär nicht bereit zu sein scheint, seine bisher privilegierte Position aufzugeben.

Nachdem im Dezember 1990 die Bildung politischer Parteien in **Kamerun** erlaubt worden war, verlangten die bedeutendsten die Einberufung einer Nationalkonferenz. Diese Forderung wurde vom Präsidenten jedoch abgelehnt. Er stellte aber die Wiedereinführung des Amtes eines Premierministers und die Abhaltung vorgezogener Parlamentswahlen in Aussicht.

Auch der Weg **Nigerias** in die Demokratie ist steinig. In Nigeria hatte sich Präsident Babangida bereits 1985 zur Demokratisierung bekannt und die Übergabe der Regierungsgeschäfte an eine zivile Regierung in Aussicht gestellt. Nach einem genauen „Fahrplan“ wurden Wahlen auf allen Ebenen abgehalten und eine neue Verfassung verabschiedet. Das Programm des Überganges zur zivilen Regierung und zur Stabilisierung der Wirtschaft hat den Präsidenten politisch gestärkt.

Auch im **Tschad**, wo es wiederholt zu Unruhen und Kämpfen kam, wurden Schritte zur Einführung des Mehrparteiensystems, zur Demokratisierung und zur Verbesserung der Menschenrechtssituation unternommen. Zum Staatsstreichversuch des Innenministers im Oktober kamen noch Invasionsversuche von Anhängern des gestürzten Vorgängers.

All dies sind Beispiele für das Streben nach Demokratie in Afrika. Auf dem gesamten Kontinent wächst die Einsicht, daß der wirtschaftliche Aufschwung nur im Rahmen einer offenen, demokratischen Gesellschaft gesichert ist, ja daß wirtschaftlicher und politischer Fortschritt Hand in Hand gehen müssen.

Die derzeitige **Afrikapolitik Österreichs** ist von der Notwendigkeit gekennzeichnet, Prioritäten zu setzen. Aus diesem Grund wurde in der Entwicklungshilfe das System der Schwerpunktländer geschaffen, im Rahmen dessen elf afrikanischen Staaten finanzielle Unterstützung gewährt wird. Darüberhinaus wurde im Jahre 1990 der Botschaft Nairobi ein in Kampala residierender Attaché für Entwicklungszusammenarbeit zugeteilt und dadurch ein wichtiger Schritt zur Verstärkung der Programmierungskoordination vor Ort gemacht. Wie in der Entwicklungshilfe liegt auch der Schwerpunkt der österreichischen Nahrungsmittelhilfe in Afrika, wo insbesondere Mosambik, Kap Verde und Malawi bedacht wurden.

Für Österreich wird die künftige EG-Mitgliedschaft auch in Bezug auf Afrika und auf die Entwicklungshilfe völlig neue Perspektiven und Herausforderungen eröffnen. Zum Beispiel wird Österreich als Mitglied der EG in deren Beziehungen zu den AKP-Ländern eingebunden sein.

Der mit der Parlamentsrede Staatspräsident de Klerks am 2. 2. 1990 begonnene dynamische innenpolitische und außenpolitische Umwälzungsprozeß in **Südafrika** setzte sich auch 1991 fort. So wurden

- die zentralen Apartheidsgesetze, wie z. B. der „Group Areas Act", „Land Acts" und „Population Registration Act" im Juni d. J. abgeschafft und damit die statutarische Apartheid beendet. (Die mit der Verfassung verbundenen Apartheid-Strukturen wie Homelandsystem und Dreikammernparlament sind Gegenstand der begonnenen Verfassungsverhandlungen.)
- mit Hilfe von Amnestien und einer Vereinbarung mit UNHCR im August 1991 eine Lösung des Exilantenproblems gefunden
- alle politischen Gefangenen freigelassen, wenn auch noch über das Schicksal von ca. 200 umstrittenen Gefangenen sowie von politischen Gefangenen in den Homelands verhandelt wird
- den gewalttätigen Zusammenstößen in den Townships (allein 1991 über 1.800 Tote, seit Beginn der Unruhen mit September 1984 über

11.000 Tote) meist zwischen Anhängern von Inkatha und ANC durch den Abschluß eines nationalen Friedensabkommens am 14. 9. und die Errichtung entsprechender Überwachungs- und Konsultationsstrukturen weitgehend Einhalt geboten

- Verhandlungen über eine neue südafrikanische Verfassung durch Einberufung einer alle Parteien umfassenden „Convention for a democratic South Africa“ (CODESA, Versammlung für ein demokratisches Südafrika) am 20./21. 12. begonnen, denen sich bisher nur die links- und rechtsradikalen Gruppierungen verweigerten

Diese innenpolitische Entwicklung spiegelte sich in einer Intensivierung der südafrikanischen Außenbeziehungen in Form verstärkter Auslandsreisen sowohl der Regierung als auch der Opposition und reger Besuchstätigkeit in Südafrika wider. Es kam zur Wiederaufnahme bzw. Vertiefung der Beziehungen mit europäischen und insbesondere zentral- und osteuropäischen Staaten (u.a. Polen, CSFR, Ungarn, UdSSR) und vor allem der teilweisen bzw. gänzlichen **Aufhebung von Sanktionen** durch europäische – vor allem EG – Staaten (die EG beschloß im April die Aufhebung des Importverbotes von Krügerrand, Eisen und Stahl; nur Dänemark widersetzte sich diesem Beschluß), der USA (Aufhebung fast aller 1985 verhängter Wirtschaftssanktionen im Juli), Commonwealth Staaten (im Oktober Beschluß der sofortigen Wiederzulassung direkter – „person to person“ – Kontakte – vor allem Kultur und Sport – sowie der schrittweisen Aufhebung der wirtschaftlichen Sanktionen) und Japan (im Oktober Aufhebung fast aller Wirtschaftssanktionen).

Die Durchbrechung der außenpolitischen Isolierung wie auch die innenpolitische Reformpolitik Südafrikas können jedoch angesichts der hochgesteckten Erwartungen der schwarzen Bevölkerung, des niederen Wirtschaftswachstums von ca. 1,7 Prozent bei gleichzeitig starkem Bevölkerungswachstums von durchschnittlich 2,7 Prozent nur dann in ein „Neues Südafrika“ sowie eine Führungsrolle Südafrikas im südlichen Afrika münden, wenn es parallel zum politischen Prozeß zu einer Konsolidierung und Umstrukturierung der noch stark Rohstoff-orientierten Wirtschaft Südafrikas kommt.

Die österreichische Bundesregierung hatte in Entsprechung der Sicherheitsratsresolutionen 566/85 und 569/85 am 23. September 1985 und am 7. Oktober 1986 eine Reihe von Sanktionen zur Beschränkung der wirtschaftlichen und kulturellen Beziehungen mit Südafrika beschlossen. Dabei hatte sich Österreich von seinen Solidaritätspflichten im Rahmen der Vereinten Nationen leiten lassen, sich aber auch am Verhalten anderer vergleichbarer Staaten wie den Mitgliedstaaten der EG orientiert, die ebenfalls Maßnahmen gegenüber Südafrika ergriffen haben.

Damit sollte die südafrikanische Regierung beeinflußt werden, konkrete und rasche Schritte zur Abschaffung der Apartheid zu setzen und einen echten Dialog mit den Führern der schwarzen Bevölkerungsmehrheit auf der Basis der Gleichberechtigung zu beginnen; nicht aber sollte die Wirtschaft des Landes als Ganzes, welche die Existenzgrundlage auch der schwarzen Bevölkerung darstellt, funktionsunfähig gemacht werden.

Im Einklang mit der Reaktion der internationalen Staatengemeinschaft auf die Reformpolitik der südafrikanischen Regierung setzte die Bundesregierung am 24. September 1991 die 1985 und 1986 verhängten Sanktionen mit zwei Ausnahmen vorläufig für ein Jahr aus. Gemäß dem Text des entsprechenden Ministerratsvortrages sollte die Rücknahme der Sanktionen abgestuft erfolgen, „um einerseits die positiven Entwicklungen in Südafrika anzuerkennen, jedoch andererseits auch zu signalisieren, daß Österreich die baldige Überwindung noch bestehender Hindernisse für den Verhandlungsprozeß zwischen allen politischen Kräften, rasche Fortschritte in Richtung einer neuen demokratischen Verfassung sowie weitere Anstrengungen zur Beseitigung der Folgewirkungen des Apartheidsystems in Südafrika erwartet". Aufrecht blieben die Sanktionen im Nuklearbereich, für Computerausrüstung von Polizei und Armee sowie das Waffenembargo.

Der Asiatisch-pazifische Raum

1. Allgemeines

Der asiatisch-pazifische Raum erwies sich auch 1991 als die aufstrebendste und wirtschaftlich dynamischste Weltregion:

- Die Länder dieser Region weisen, von wenigen Ausnahmen abgesehen (wie z. B. Nordkorea, Indochina und die Philippinen) seit 3 Jahrzehnten ein überdurchschnittliches Wirtschaftswachstum auf: **Japan** erzielte im Jahre 1991 das höchste reale Wirtschaftswachstum mit 3,8 Prozent im ganzen OECD-Raum. Die **asiatischen NIEs** (Newly Industrializing Economies) verzeichneten 1991 ein durchschnittliches Wachstum von 7,4 Prozent und die **ASEAN-Länder** von 6,1 Prozent. Der Anteil des asiatisch-pazifischen Raumes an der Weltproduktion ist von 8 Prozent im Jahre 1960 auf 21 Prozent im Jahre 1991 gestiegen.
- **Japan** ist der treibende Motor dieser Entwicklung, die dazu führen wird, daß sich der asiatisch-pazifische Raum in etwa einem Jahrzehnt neben Europa und Nordamerika als der dritte vollentwickelte Raum mit einer unabhängigen Konjunkturentwicklung darstellen wird.
- Südostasien wird auch in den Jahren 1990 bis 2000 das größte Wachstum des pro-Kopf-Einkommens aufweisen.
- Infolge einer beachtlichen Hebung des Lebensstandards in den Schwellenländern (Süd-Korea, Taiwan, Hongkong und Singapur) aber auch in den aufstrebenden Entwicklungsländern Asiens ist eine wachsende **Inlandsnachfrage** zu verzeichnen, wozu noch kommt, daß dieser beginnende „Wohlstand" gleichmäßiger verteilt ist als anderswo. Generell

investieren diese Länder große Summen in die Erziehung der Jugend und Ausbildung von Fachkräften. Privateigentum, ein freier Markt und das Werte-System des Konfuzionismus (hohe Arbeitsdisziplin, Lerneifer, Sparethik etc.) haben eine ähnliche Dynamik im Wirtschaftsleben bewirkt, wie der von Max Weber 1904 beschriebene Kalvinismus bei der europäischen Industrialisierung.

- Aber nicht nur Japan, sondern auch die **neuen Industrieländer (NIE)** Taiwan, Süd-Korea und Hongkong ebenso wie die zunehmend marktwirtschaftlich orientierten Küstengebiete Süd-Chinas (mit zweistelligen Wachstumsraten) tragen zur Dynamik der Region bei. Das Pro-Kopf-Einkommen in der Republik Korea und in Taiwan liegt bereits bei 6.000 US-Dollar. Taiwan besitzt weltweit die zweithöchsten Fremdwährungsreserven nach den USA und konnte 1990 die Investitionsströme in das einstige Entwicklungsland umkehren. Der Erwerb eines 40prozentigen Aktienanteils am US-Flugzeug- und Rüstungshersteller McDonald-Douglas im Werte von ca. 20 Milliarden Schilling durch taiwanesische Investoren im November belegt die aktuelle Wirtschaftskraft der asiatischen NIEs.

  Aber auch die Gruppe der ASEAN-Staaten – der wirtschaftliche Mittelbau Südostasiens – erarbeitete 1990 bereits Exporte von 138 Milliarden US-Dollar. Die Hälfte davon waren verarbeitete Produkte. Die Volkswirtschaften Chinas und Indochinas werden allmählich an diese Dynamik angebunden. Japan hat im Frühjahr die Zuzählung eines vorübergehend eingefrorenen Kreditpaketes von 810 Milliarden Yen (ca. 75 Milliarden Schilling) an Peking wiederaufgenommen und – auch nach der Friedenseinigung in Kambodscha – der Wirtschaftshilfe an Vietnam den Weg geebnet.

  Die japanischen Investitionen in Asien, die bereits doppelt so hoch sind wie diejenigen in den USA, haben die wirtschaftliche Entwicklung in diesem Raum wesentlich gefördert. Im Jahre 1990 überholte der Handelsverkehr Japans mit Asien auch erstmals denjenigen mit den USA, die sich ihrerseits immer mehr in Asien engagieren. Die transpazifischen Handelsströme sind bereits höher als die transatlantischen.

  Nach dem Wegfall der Ost-West-Konfrontation konnten die ostasiatischen Staaten auch daran gehen, von Spannungen belastete regionale politische Beziehungen zu verbessern: so setzte China durch hochrangige Kontakte weitere Schritte zur Normalisierung seiner Beziehungen zur Sowjetunion und zu Indonesien. Es öffnete sich gegenüber Vietnam (Premierministertreffen in Peking vom November) und sogar gegenüber Südkorea (bilaterale Kontakte beim APEC-Ministertreffen); Moskau nahm diplomatische Beziehungen zu seinem bedeutenden Handelspartner Seoul auf und aktivierte beim Besuch Präsident Gorbatschows in Tokio im April den Dialog mit Japan. Die wirtschaftlichen Kontakte zwischen Taiwan und Festlandchina verdichteten sich, und seit Jänner fanden bereits fünf Runden der Normalisierungsverhandlungen zwischen Japan und Nordkorea statt. Durch das unter aktiver diplomatischer Teilnahme asiatischer Staaten, vornehmlich Indonesiens, Thailands und Japans, am 23. Oktober abgeschlossene Friedensabkommen von Paris konnten die Voraussetzungen für die Beendigung des Bürgerkriegs in Kambodscha geschaffen werden (siehe weiter unter „Kambodscha"). Die Kündigung des **Stützpunkte-Abkommens durch die Philippinen** erschwert die amerikanische Präsenz in der Region, ohne jedoch die strategische Lage entscheidend zu verändern, zumal sich Singapur und Brunei als teilweiser Ersatz für die Basen angeboten haben. Auch wenn die USA angekündigt haben, ihre militärische Präsenz im asiatisch-pazifischen Raum in den nächsten 2 Jahren um mindestens 15 Prozent zu reduzieren, beweisen die zum Abschluß des Jahres in Tokio gehaltenen Grundsatzreden der US-Regierungsmitglieder Baker und Cheney mit einem Bekenntnis zum fortgesetzten US-Engagement in der Region und zur Partnerschaft mit Asien, daß die ostasiatischen Staaten für die USA nicht nur ökonomisch, sondern auch politisch eine bedeutsame Funktion haben.

Trotz dieses dynamischen **Abbaus regionaler Spannungen** bleibt die sicherheitspolitische Situation im asiatisch-pazifischen Raum von der fortgesetzten nuklearen Aufrüstung des zunehmend isolierten Regimes in Nordkorea, der trotz Beitritt beider Staaten zur UN nicht entschärften Spannungen um das geteilte Korea und durch das nach wie vor offene Problem der tatsächlichen Beziehungen China-Taiwan überschattet. Auch ungelöste Besitzansprüche, wie jene Chinas, Vietnams, Indonesiens und Malaysias auf die an Öl- und Gasvorkommen reichen **Spratley-Inseln**, könnten zu neuen Konflikten führen. Für die Stabilität der Länder der Region stellen auch die ungelösten ethnischen Konflikte und separatistischen Tendenzen, insbesondere in Indien, Sri Lanka und Myanmar (Burma) Probleme dar. Die Einbeziehung des sibirischen Raumes als Wirtschaftspartner in die Region wird neben Fortschritten in der marktwirtschaftlichen Strukturreform letztlich von der Lösung des Territorialkonfliktes mit Japan abhängig sein.

Angesichts der wachsenden globalen Bedeutung, die dem asiatisch-pazifischen Raum zukommt und des noch nicht voll ausgeschöpften Potentials dieser Staaten als Wirtschaftspartner Österreichs, widmet die österreichische Außenpolitik dieser Region besonderes Augenmerk. In den asiatisch-pazifischen Raum gingen im Jahre 1991 ca. 7,3 Prozent der österreichischen Exporte (ca. 33 Milliarden Schilling) und von dort kamen ca. 10 Prozent der österreichischen Importe (ca. 58 Milliarden Schilling). Die Region ist damit nach Europa der zweitwichtigste Handelspartner für Österreich. Dazu kommt ein ständig steigender Tourismus aus diesen Ländern nach Österreich und in die umgekehrte Richtung.

Das BMfaA hat daher verschiedene Initiativen gestartet, um auf die dynamische Wirtschaftsregion Ost- und Südost-Asiens aufmerksam zu machen: Ein Studentenaustauschprogramm mit Japan, die Gründung eines „Komitees des 21. Jahrhunderts" für die Förderung der Beziehungen zu Japan sowie die für Februar 1992 geplante Einberufung einer **regionalen Botschafterkonferenz** (12 Missionschefs und 15 Handelsdelegierte arbeiten im asiatisch-pazifischen Raum) seien hier als Beispiele genannt. Parallel dazu wurden 1991 auch der Besuchsaustausch und die Entsendung von österreichischen Wirtschaftsmissionen in den asiatischen Raum intensiviert.

2. China, Japan, Korea

Im Bereich der Außenpolitik bemüht sich **China** um Anpassung an eine geänderte Weltlage, die durch den Zerfall der Sowjetunion entstanden ist.

China strebt daher nach Normalisierung seiner Beziehungen zum Westen und zu den USA. Gegenüber den westeuropäischen Staaten konnte diese Normalisierung auf Regierungsebene abgeschlossen werden. Die Haltung von Parlamentariern, Medien sowie die öffentliche Meinung in Westeuropa gegenüber China ist freilich noch sehr unterschiedlich und in weiten Kreisen sind die Vorfälle am Tienanmen-Platz im Juni 1989 noch keineswegs vergessen. Hauptproblem auf außenpolitischem Gebiet ist das Verhältnis Chinas zu den USA, das im Gefolge dieser Ereignisse gespannter war als je zuvor seit der Aufnahme der Beziehungen 1972. Zwar steht die US-Administration China grundsätzlich mit Verständnis und Sympathie gegenüber, doch nimmt der US-Kongreß hier eine zunehmend kritische Haltung ein, wozu er durch die Themen Menschenrechte, Tibet, chinesische Waffen- und Technologieexporte in die Dritte Welt und das inzwischen auf 10 Milliarden US-Dollar angewachsene amerikanische Handelsbilanzdefizit motiviert wird.

Im Bereich der Innenpolitik war das Jahr 1991 durch eine Pattsituation zwischen den „Reformern" (Technokraten in der Staats- und Parteiführung, die die Liberalisierung der Wirtschaft weiter vorantreiben wollen) und den orthodox-konservativen alten Parteiführern gekennzeichnet. Bemerkenswert ist, daß China seit der Privatisierung von Landwirtschaft, Kleinhandel und Kleingewerbe 1978 (Codewort: „Reform und Öffnung") die Lebensmittel- und Konsumgüterversorgung seiner Bevölkerung zufriedenstellend gelöst hat und sich vor allem der private Sektor der chinesischen Industrie sehr erfolgreich entwickelt. Er umfaßt zur Zeit etwa 10 Prozent der Betriebe. Dem steht ein stagnierender staatlicher Bereich gegenüber, wobei für das Defizit der Staatsbetriebe und die Preisstützung von Grundnahrungsmitteln etwa ein Drittel des Budgets aufgewendet werden muß. Liberalisierung und Privatisierung führen vor allem in den südlichen Küstenprovinzen zu einem stürmischen Wirtschaftswachstum (Provinz Guangdong 27 Prozent gegenüber einem landesweiten Durchschnitt von 6 Prozent), was durch einen hohen Grad von politischer und wirtschaftlicher Autonomnie dieser Küstenprovinzen gefördert wird. Durch diese Entwicklung und die dadurch ausgelöste beträchtliche Disparität der Einkommen im privaten und verstaatlichten Bereich bzw. in den südlichen Küstenprovinzen und im übrigen Land werden freilich zunehmend wirtschaftliche und soziale Spannungen erzeugt.

In der Golfkrise hat **Japan** den Koalitionskräften einen finanziellen Beitrag von insgesamt 13 Milliarden US-Dollar geleistet und eine Flottille von Minensuchbooten entsandt. Das hat Japan zusätzlich motiviert, die Rolle zu untersuchen, die ihm in der „neuen Weltordnung" nach dem Kalten Krieg zukommt. Die größte Gläubigernation der Welt, auf die bereits über 15 Prozent des Weltwirtschaftsproduktes entfällt, muß zwangsläufig auch an der Lösung politischer und sicherheitspolitischer Probleme mitwirken. Diese Frage nach einer angemessenen „globalen Rolle" stand das ganze Jahr über im Mittelpunkt der politischen Diskussion in Japan.

Wie die stürmische Debatte im japanischen Unterhaus über ein Gesetz zur Beteiligung an UN-friedenserhaltenden Operationen zum Jahresende bewies, muß dieser Prozeß aber erst zwei psychologische Hemmnisse überwinden. Einerseits ein tiefsitzendes, pazifisch motiviertes Bekenntnis zu weltpolitischer Abstinenz, das von der Rücksichtnahme auf die Furcht der asiatischen Nachbarstaaten vor einem wiedererstarkten Japan mitbestimmt wird; andererseits sieht sich Japan erstmals in seiner Geschichte, in der Perioden der Abschottung nach außen mit der raschen Assimilierung fremder Zivilisationseinflüsse abwechselten, mit der Aufgabe konfrontiert, einen eigenständigen Beitrag zur Lösung globaler Probleme einbringen zu müssen. Dies verlangt ein kollektives Umdenken, das nicht von einem auf den anderen Tag vor sich gehen kann.

Innenpolitisch konnte Premierminister Toshiki Kaifu seine Vorstellungen von einer grundlegenden Reform des politischen Lebens Japans (einschließlich Wahlrecht) nicht durchsetzen. An die Stelle Kaifus trat im Oktober Kiichi Miyaszawa als neuer Ministerpräsident.

Auf dem japanischen Banksektor lasten nun die Folgen von spekulativ ausgeweiteten und besicherten Darlehen. Es kam zur Verknappung der Kredite, was Folgen auch auf die reale Wirtschaft hat. Das Wachstum liegt zwar wie gewohnt weiterhin über dem OECD- Durchschnitt, hat sich aber im 3. und 4. Quartal merkbar abgeschwächt. Die außenwirtschaftliche Position scheint davon unberührt.

Motiviert nicht zuletzt durch die allgemeine Ost-West-Entspannung und den Druck Chinas auf Nordkorea hatte die Premierministerebene von **Nord- und Süd-Korea** im September 1990 Kontakt aufgenommen. Diese Kontakte haben sich 1991 fortgesetzt.

Beim vierten Treffen der Premierminister in Pyongyang (22.–24. Oktober) einigte man sich auf Form, Titel und Struktur eines Gesamtabkommens. Beim fünften Treffen am 12.–13. Dezember in Seoul konnte ein **„Agreement on Reconciliation, Nonaggression and Exchanges and Cooperation between the South and the North“** unterzeichnet werden. Das Abkommen sieht vor, daß das politische System der anderen Seite respektiert wird. Der Waffenstillstand soll in einen Frieden umgewandelt werden. Er soll durch Nichtangriffsvereinbarungen, durch vertrauensbildende Maßnahmen und durch den freien Austausch von Informationen und durch freie Kontakte zwischen Personen gefestigt werden. In Panmunjom soll ein Nord-Süd-Verbindungsbüro eingerichtet werden. Die bemerkenswerte Flexibilität der nordkoreanischen Haltung wird auf den Wunsch nach normalisierten Beziehungen zu verschiedenen westlichen Staaten und damit verbundenen Möglichkeiten einer Verbesserung der schwierigen Wirtschaftslage des Nordens zurückgeführt. Die von der DVR Korea geforderte Unterzeichnung einer Sicherheitskontrollvereinbarung mit der Internationalen Atombehörde IAEA erfolgte am 30. Jänner 1992. Nord-Korea läßt damit nunmehr auch Inspektionen seiner Atomanlagen durch die IAEA zu.

Eine große Zahl von Staaten, darunter insbesondere die USA und Japan, sind darüber beunruhigt, daß sich die DVR Korea in den Besitz von **Atomwaffen** setzen könnte. Im September wurden die Republik Korea und die DVR Korea gleichzeitig Vollmitglieder der Vereinten Nationen.

Ein Ende des Bürgerkrieges in **Afghanistan** zeichnet sich nicht ab. Der 5-Punkte-Friedensplan des Generalsekretärs der Vereinten Nationen vom 21. Mai 1991 fand international breite Zustimmung. Er wurde sowohl von der Regierung in Kabul wie auch von Pakistan akzeptiert. Die wichtigsten Akteure haben ihn aber nicht durch konkrete Maßnahmen unterstützt. Neue Hoffnung schuf dann im September die „Gemeinsame sowjetisch-amerikanische Erklärung über Afghanistan“, in der sich die Vereinigten Staaten und die Sowjetunion die **Einstellung aller Waffenlieferungen** an die afghanischen Konfliktparteien verpflichten. Die afghanischen Konfliktparteien verfügen aber über genügend Vorräte und Kriegsgerät, um ihre Auseinandersetzungen auch nach der Beendigung der amerikanischen bzw. sowjetischen Waffenlieferungen fortzuführen.

Im November kam es bei Verhandlungen zwischen einer Delegation gemäßigter afghanischer Widerstandsgruppen und der sowjetisch-russischen Seite zu einer Einigung, in der die Notwendigkeit einer Übergangsregierung anerkannt wurde. Sowohl Präsident Najibullah wie auch die radikalen Mudjaheddin-Fraktionen haben diesen Kompromiß jedoch abgelehnt.

Österreich ist stets für eine friedliche, politische Lösung des Konflikts eingetreten. Es unterstützt die Bemühungen der Vereinten Nationen und des persönlichen Repräsentanten des Generalsekretärs, eine Friedenslösung in Afghanistan durch Abhaltung freier, international überwachter Wahlen herbeizuführen. Zur Untermauerung seiner Bereitschaft, zu einer friedlichen Lösung des Konfliktes beizutragen, hat Österreich der **Beobachtermission der Vereinten Nationen (UNGOMAP)** anfangs fünf und von Mai 1989 an zwei Offiziere des Bundesheeres zur Verfügung gestellt. Nach Ablauf des Mandates der UNGOMAP (15. 3. 1990) wurde ein Bundesheeroffizier zu deren Nachfolgeorganisation OSGAP (Office of the Secretary General in Afghanistan and Pakistan) entsandt. Der Friedensplan des Generalsekretärs der Vereinten Nationen und die Bemühungen der USA und der Sowjetunion, einen Kompromiß herbeizuführen, wurden von Österreich begrüßt.

Zu den humanitären Hilfsmaßnahmen für Afghanistan und die fast vier Millionen afghanischen Flüchtlinge in Pakistan leistet Österreich namhafte Beiträge:

- Beitrag von 1500 Tonnen Weizen zur Nahrungsmittelhilfe im Weizenjahr 1987/88, seither je 3000 Tonnen Weizen pro Weizenjahr;
- Beitrag zum Programm des von nichtstaatlichen Organisationen getragenen **Austrian Relief Committee for Afghan Refugees** in Peshawar zur Finanzierung von Hilfsprogrammen für Flüchtlinge. Von 1989 bis 1991 wurden insgesamt 4,8 Millionen Schilling als Fortsetzung des Hilfsprogrammes ausbezahlt. Der Projektrahmen für 1990/1992 beträgt 27 Millionen Schilling, davon wurden bisher 10 Millionen Schilling ausbezahlt.
- Ausbildung von medizinischem und paramedizinischem Personal aus den Nordostprovinzen Afghanistans in Peshawar, österreichischer Beitrag bis 1990 2,3 Millionen Schilling).
- Zudem werden seit geraumer Zeit afghanische Kinder, die Opfer von Minen wurden, in österreichischen Spitälern gepflegt und rehabilitiert, bevor sie wieder in ihre Heimat zurückkehren.

Das Jahr war in **Südasien** durch eine Fortsetzung der Demokratieentwicklung gekennzeichnet. So kam es, nachdem Ende 1990 der autoritär regierende Präsident Ershad zum Rücktritt gezwungen war, im Februar zu freien Wahlen in **Bangladesch**, aus denen die Führerin der Bangladesh Nationalist Party (BNP), Begum Khalida Zia als Siegerin hervorging und zur neuen Ministerpräsidentin ernannt wurde.

In **Nepal** gab es im Mai ebenfalls Parlamentswahlen, die eine absolute Mehrheit für die Nepali Congress Party brachten; zweitstärkste Gruppe wurden die verbündeten marxistisch-leninistischen Parteien. Neuer Premierminister der Übergangsregierung wurde der Generalsekretär der Kongreßpartei, G. P. Koirala.

Mit Rajiv Gandhi, der im Wahlkampf am 17. Mai Opfer eines Attentates wurde, verlor in **Indien** die Kongreßpartei zwar eine international anerkannte und im Inland integrativ wirkende Führungspersönlichkeit. Aus den Wahlen konnte sie mit Gewinnen gegenüber 1989 dennoch als stärkste Partei hervorgehen. Wenngleich ihr die absolute Mehrheit versagt blieb, hat die Regierung N. S. Rao dennoch, dank des Umstands, daß keine Partei neuerliche Wahlen provozieren will, keineswegs eine schwache Ausgangsstellung. Gleichzeitig zeichnete sich aber eine Polarisierung durch die beträchtlichen Stimmengewinne der Hindu-fundamentalistischen BJP ab, die zur zweitstärksten Partei im Lande wurde und im bevölkerungsreichsten Teilstaat Uttar Pradesh sogar die absolute Mehrheit im Regionalparlament erzielte.

Die Situation in den Krisengebieten Indiens – Kaschmir, Punjab und seit Sommer 1990 auch Assam – hat sich gegenüber den Vorjahren nicht gebessert. Vor allem im Punjab und in den benachbarten Regionen ist es zu verstärkten terroristischen Tätigkeiten gekommen, die laufend zahlreiche Todesopfer fordern. Im übrigen Land ist eine gewisse Beruhigung eingetreten.

Wirtschaftlich war Indien in einer schwierigen Situation, vor allem was den Bestand an Devisenreserven betraf, sodaß bei den internationalen Finanzinstitutionen – Weltwährungsfonds und Weltbank – Darlehen beantragt werden mußten. Die Wirtschaft wurde gegenüber dem Ausland geöffnet und für ausländische Investoren attraktiver gemacht.

Außenpolitisch muß Indien neue Wege gehen, nachdem die Sowjetunion als Unterstützer des paktfreien Indiens weggefallen ist. Die geänderte weltpolitische Konstellation hat auch eine Verbesserung der Beziehungen zu China bewirkt, die im Besuch des chinesischen Premierministers Li Peng im Dezember (dem ersten Besuch eines chinesischen Premierministers seit 1960) sichtbaren Ausdruck fand.

Die traditionellen Probleme mit dem Nachbarn Pakistan, insbesondere wegen der **Kaschmirfrage**, dauern an. Zusammenstöße zwischen militanten separatistischen Gruppen und Einheiten der Armee und Polizei sind an der Tagesordnung. Vorwürfen an die indische Seite betreffend Übergriffe der Armee steht die indische Feststellung entgegen, daß Terroristen und militante Separatisten von Pakistan ausgebildet, mit Waffen versorgt und nach Indien eingeschleust werden. Im Verhältnis zwischen Pakistan und Indien hat das Kaschmir-Problem zwar nicht an Brisanz verloren, doch konnte die im Jahr 1990 entstandene, erhöhte Gefahr eines Waffenganges dank institutionalisierter Gesprächskontakte auf politischer und Beamtenebene, sowie durch regelmäßige Kontakte von Vertretern der beiden Streitkräfte abgewendet werden.

Die **Süd-asiatische Assoziation für regionale Zusammenarbeit (SAARC)** und die jährlich stattfindenden Gipfeltreffen der Mitgliedsstaaten (Pakistan, Indien, Nepal, Bhutan, Bangladesch, Sri Lanka und Malediven) stellen vor allem ein Forum dar, um in der Region bestehende Probleme in persönlichen Kontakten zu besprechen, obwohl bilaterale Fragen formell ausgeklammert sind. Die sonstigen Ergebnisse dieser Zusammenarbeit waren bisher eher bescheiden.

Der **Kambodschakonflikt** konnte 1991 grundsätzlich gelöst werden. Bis zu einer echten Befriedung und bis zur Durchführung der freien, von den Vereinten Nationen organisierten Wahlen im Mai 1993 bestehen aber zweifellos noch große Risiken, und es werden noch einige Schwierigkeiten zu überwinden sein.

Eine der Voraussetzungen für das Zustandekommen des Kambodscha-Friedensabkommens waren die global-strategischen Veränderungen; so etwa die Wiederannäherung zwischen China und Vietnam und das Ende des Sowjetkommunismus. Einen entscheidenden Beitrag zugunsten einer friedlichen Lösung haben auch die beiden Co-Vorsitzenden der internationalen Pariser Kambodscha-Konferenz, Frankreich und Indonesien, geleistet. So ist schließlich – trotz der starken Aversionen innerhalb der vier Khmer-Fraktionen – der Abschluß des Kambodscha-Friedensabkommens möglich geworden.

Gemeinsames Organ der vier Fraktionen ist der **Oberste Nationale Rat (Supreme National Council = SNC)**. Sein Vorsitzender ist Prinz Sihanouk. Er ist den kambodschanischen Fraktionen eine allgemein akzeptierte Integrationsfigur und hat durch seine damals überraschende Annäherung an die von Vietnam eingesetzte Regierung in Phnom Penh einen konstruktiven Druck für eine innerkambodschanische Einigung erzeugt.

Beim Treffen des SNC in Pattaya im August wurden erstmals nicht nur prozedurale, sondern Substanzfragen behandelt. Es konnte eine Kompromißlösung im Streit um die Erwähnung oder Nichterwähnung des Wortes Genozid erreicht werden. Man einigte sich darauf, die bewaffneten Einheiten um 70 Prozent zu verringern. Die restlichen 30 Prozent sollen in genau umgrenzte Gebiete verlagert werden. Zu einem bisher besonders strittigen Punkt – dem Wahlrecht – zeichnete sich eine Einigung auf ein Verhältniswahlrecht auf der Ebene der Wahlkreise ab.

Am 23. Oktober erfolgte in Paris die Unterzeichnung des Kambodscha-Friedensabkommens im Rahmen der zu diesem Zweck einberufenen **Internationalen Pariser Kambodscha-Konferenz (IPKK)**. Die Konferenzdokumente umfassen die Schlußakte, ein politisches Globalabkommen, ein Abkommen für ein souveränes und neutrales Kambodscha sowie eine Erklärung für den Wiederaufbau Kambodschas. Das politische Globalabkommen enthält Regelungen für die Übergangsperiode vom Inkrafttreten des Vertrages bis zur Schaffung eines demokratischen Kambodscha, wie z.B. Bestimmungen über den Abzug aller ausländischen Militärkräfte, Demobilisierung der kambodschanischen Armeen, den Waffenstillstand und die Einstellung fremder Militärhilfe.

Das Mandat der **United Nations Transitional Authority in Cambodia (UNTAC)**, das aus einer zivilen und einer militärischen Komponente besteht, wird in einem speziellen Annex dargelegt. Die Kosten für **UNTAC** werden auf rund eine Milliarde US-Dollar geschätzt. Etwa 10.000 Mann werden zum Einsatz kommen. Es handelt sich damit um die mit Abstand größte und kostspieligste Friedensoperation in der Geschichte der Vereinten Nationen. Der seit Mai im großen und ganzen anhaltende Waffenstillstand soll bis zur Errichtung der UNTAC mit Untersützung der VN aufrecht erhalten werden. Diese Aufgabe fällt der **UN-Advance Mission for Cambodia (UNAMIC)** zu, an der **Österreich mit zwei Offizieren** beteiligt ist.

Der Vorsitzende des SNC, Prinz Sihanouk, ist am 14. November nach Phnom Penh zurückgekehrt. In einem persönlichen Schreiben hat Bundesminister Alois Mock Prinz Sihanouk zur Übernahme der wichtigen Funktion des SNC-Vorsitzenden und zur Rückkehr nach Phnom Penh gratuliert. Dieses Schreiben und das Antwortschreiben von Prinz Sihanouk vom 7. Dezember können als offizielle Anerkennung des SNC und seines Vorsitzenden Prinz Sihanouk als temporäres Staatsoberhaupt Kambodschas durch Österreich angesehen werden.

Schon die **Internationale Kambodschakonferenz (IKK)** der Vereinten Nationen, die ab 1981 wiederholt unter österreichischem Vorsitz zusammengetreten war, hatte die wesentlichen Elemente für diese umfassende politische Regelung der Kambodscha Frage skizziert: „Die Lösung zielt auf eine qualifizierte äußere Stabilität (Blockfreiheit, Neutralität) und eine qualifizierte innere Stabilität (Berücksichtigung aller politischen Gruppen und Wahrung der Menschenrechte). Die Bemühungen der internationalen Gemeinschaft müssen darauf gerichtet sein, ein unabhängiges und von Einflüssen der Großmächte weitestmöglich freies Kambodscha wieder herzustellen, welches von jenen Kräften getragen ist, die die Bevölkerung des Landes in freien, international kontrollierten Wahlen beruft.“ Dieses Projekt soll nun umgesetzt werden.

Die **Ost-Timor-Frage** ist 1991 auf zwei verschiedenen Ebenen aktuell geworden: Bei den über Vermittlung des Generalsekretärs der Vereinten Nationen seit acht Jahren stattfindenden Konsultationen zwischen Vertretern Indonesiens und Portugals hatte man sich darauf geeinigt, daß im November 1991 Vertreter des portugiesischen Parlaments gemeinsam mit portugiesischen, internationalen und indonesischen Journalisten sowie Vertretern der indonesischen Behörden eine Informationsreise nach Ost-Timor durchführen. Zur Klärung technischer und logistischer Fragen hielt sich ab 30. November für einige Tage eine fünfköpfige Vorbereitungsdelegation der VN in Ost-Timor auf.

Am 26. Oktober haben jedoch der Parlamentspräsident und der Außenminister von Portugal auf einer Pressekonferenz die ab 4. November anberaumt gewesene, zweiwöchige Informationsreise nach Ost-Timor abgesagt. Begründet wurde die portugiesische Absage damit, daß Indonesien die Teilnahme einer von Portugal vorgeschlagenen internationalen Journalistin abgelehnt hat.

Kurz danach, am 12. November, kam es in Dili, der Prozinzhauptstadt von Ost-Timor, zu Übergriffen des indonesischen Militärs auf Demonstranten, wobei nach Darstellung des Militärs 19 Tote und 91 Verletzte, nach Angaben von Augenzeugen aber wesentlich mehr Opfer zu beklagen waren. Indonesien lehnte mit dem Argument, es handle sich um eine innere Angelegenheit, eine Untersuchung des Vorfalls durch eine internationale Kommission ab, setzte jedoch eine nationale Untersuchungskommission ein. Diese kam zum Ergebnis, daß die Opferbilanz wesentlich höher war, als ursprünglich von den Militärs angegeben und stellte fest, daß es auf seiten der Militärs zu schweren organisatorischen Mängeln und Grausamkeiten gekommen ist. Der Bericht verlangt die Bestrafung der Schuldigen. Dies liegt auch im Sinne der **österreichischen Erklärung** vom 20. November, in der die österreichische Besorgnis über den Vorfall zum Ausdruck gebracht und die Bestrafung der Verantwortlichen gefordert wurde.

In **Myanmar** war es schon 1988, nach zweieinhalb Jahrzehnten der Militärdiktatur zu schweren Studentenunruhen, Massendemonstrationen und Protesten gekommen. Tausende wurden getötet. Ursache ist in hohem Maß die durch eine verfehlte Wirtschaftspolitik und durch enorme Ausgaben für die Armee verursachte Pauperisierung des Landes.

Das Militär war schließlich gezwungen, am 27. Mai 1990 Parlamentswahlen abzuhalten. Die oppositionelle Nationale Liga für Demokratie (NLD) gewann über 80 Prozent der Mandate. Unter verschiedenen Vorwänden weigerte sich die militärische Führung aber, das Parlament einzuberufen. Weitere Massendemonstrationen wurden mit Gewalt unterdrückt und eine Welle von Verhaftungen der gewählten Funktionäre und Oppositioneller setzte ein. Die Generalsekretärin der NLD, die spätere **Nobelpreisträgerin Aung San Suu Kyi** war bereits vor den Wahlen unter Hausarrest gestellt worden. Seither hat sich die Repression (auch auch in Form von Folterungen) verstärkt. Wegen „illoyalem Verhaltens“ wurden innerhalb von drei Jahren über 10.000 Beamte entlassen. Anfang Dezember 1991 kam es neuerlich zu Studentendemonstrationen, worauf die Militärjunta die erst im Mai wiedereröffneten Universitäten neuerlich schließen ließ.

In öffentlichen Erklärungen in den Vereinten Nationen hat Österreich die Politik der burmesischen Militärjunta wiederholt verurteilt und sie aufgerufen, dem Wunsch der Bevölkerung nach Demokratie und Wahrung der Menschenrechte zu entsprechen.

Im Mai 1990 hatte der Bougainville-Archipel einseitig seine Unabhängigkeit von **Papua-Neuguinea** erklärt. Die Sicherheitskräfte der Zentralregierung zogen sich zurück, und in der Folge kam es zu einer totalen Blockade der Insel. Die „Honiara Declaration" vom Jänner 1991 führte – obwohl ihre zentralen Bestimmungen (Schaffung einer Interimsbehörde und Einsatz eines multinationalen Überwachsteams) nie verwirklicht wurden – zu einer schrittweisen Beruhigung der Lage, sodaß zu Jahresende die Zentralregierung auf der vorgelagerten Insel Buka sowie auf einigen Brückenköpfen im Nordteil der Insel wieder vertreten ist. Für 1992 wird mit einer weiteren Beruhigung der Situation gerechnet.

Noch vor 13 Jahren, nach dem Einmarsch Vietnams in Kambodscha, schien die Gefahr einer gewaltsamen kommunistischen Machtübernahme in **ASEAN-Staaten** sehr real. Auch in Südost-Asien ist nun die Zeit der Konfrontation zu Ende. Vietnam will das „Treaty on Amity and Cooperation in South-East Asia" (Bali 1976) unterzeichnen und später ASEAN-Mitglied werden. Das selbe dürfte auch für Laos und Kambodscha gelten. Die drei Staaten Indochinas beginnen ihre Wirtschaft allmählich marktwirtschaftlich zu organisieren.

Auch andere Staaten suchen die Annäherung an die ASEAN: Südkorea erhielt 1991 den Status als „voller Dialogpartner", und ist damit der EG, USA, Kanada, Japan, Australien und Neuseeland gleichgestellt. Dem Wunsch Chinas und Rußlands nach einem engeren Verhältnis zu ASEAN entsprechend, wurden diese beiden Staaten erstmals zur Eröffnung der ASEAN-Außenministerkonferenz im Juli eingeladen.

Seit Jahren bemühen sich die sechs ASEAN-Staaten um eine verstärkte wirtschaftliche Zusammenarbeit untereinander. Eine solche Zusammenarbeit existiert auch schon. 15.000 Produktpositionen wurden bisher in die Preferential Tariff Agreements (PTA) einbezogen. Die ASEAN-Wirtschaftsminister als Lenkungsgremium dieser Wirtschaftskooperation kamen im Oktober bereits zur 23. Tagung zusammen. Trotzdem ist der Anteil des intra-ASEAN-Handel am gesamten Außenhandel der ASEAN-Staaten im Jahre 1990 noch weniger als 10 Prozent (= 24 Milliarden US-Dollar).

Die Bildung von Handels- bzw. Witschaftsblöcken in Europa und Amerika hat dann die 23. ASEAN-Wirtschaftsminister-Konferenz veranlaßt über diese schon existierende Zusammenarbeit hinauszugehen. Es soll eine **ASEAN-Feihandelszone (AFTA)** geschaffen werden. Sie wird einen Markt von 350–400 Millionen Menschen mit einem Pro-Kopf-Einbkommen von 2.000,– bis 3.000,– US-Dollar bilden. Der Freihandel umfaßt allerdings nur Industriegüter, nicht aber landwirtschaftliche Produkte oder Dienstleistungen. Den Mitgliedern soll es ferner freistehen, bei der Liberalisierung gewisser Zollpositionen nicht mitzumachen. Über die Übergangszeiten war man sich zu Jahresende 1991 noch nicht einig, sondern unterbreitete diese Frage dem im Jänner 1992 stattfindenden 3. ASEAN-Gipfel in Singapur.

Singapurs **„Growth Triangle“** – das Konzept eines Wachstumsdreiecks – wurde von der ASEAN-Ministern unterstützt. Es soll als subregionale Vereinbarung die AFTA ergänzen. Hiebei handelt es sich um eine neue Form der grenzüberschreitenden regionalen Zusammenarbeit zwischen Johore (Malaysia), Batam (Indonesien) und Singapur. Die Gesamtheit dieser Landesteile bildet eine Art von Zollfreizone.

In Südostasien, Ostasien und im asiatisch-pazifischen Raum gibt es noch weitere Intitiativen (APEC, EAEC), mit denen man der wirtschaftlichen Integration Europas (Binnenmarkt) und Nordamerikas (North American Free Trade Area, NAFTA) zu begegnen versucht.

Der ursprüngliche australische Vorschlag einer **Asia Pacific Economic Cooperation (APEC)** vom Frühjahr 1989 sah die Teilnahme der sechs ASEAN-Staaten Japans, Südkoreas, Neuseelands und Australiens vor. Über deren sofortige Insistenz sind die USA und Kanada hinzugekommen und haben an der APEC-Gründungskonferenz in Canberra November teilgenommen, ebenso an der Folgekonferenz in Singapur im März 1990. Auf der Ministerkonferenz in Seoul im November 1991 wurden auch die „Drei China“ (China, Hongkong, und mit chinesischer Zustimmung(!) Taiwan) einbezogen, sodaß nun alle führenden wirtschaftlichen Kräfte Asiens in APEC vertreten sind. Die Staaten erzeugen gemeinsam mehr als die Hälfte des „Weltnationalproduktes“. Die APEC bildet ein regionales Konsultativ-Forum. Es soll ein offenes, multilaterales Handelssystem fördern und Hemmnisse des Austausches von Waren, Dienstleistungen und Investitionen zwischen den Teilnehmern vermindern.

Die Gruppierung ist – wie gesagt – sehr locker; so spricht man zum Beispiel von „participation“ und nicht von „membership“. Auf der Ministertagung in Seoul im November haben die APEC-Minister allerdings dennoch die Frage einer Institutionalisierung von APEC erörtert, ohne jedoch zu einer Einigung zu finden. Beim Treffen von Seoul wurden zahlreiche Bereiche für die künftige Zusammenarbeit festgelegt; und zwar: Entwicklung von Human-Kapital, Energie, Telekommunikation, Fischerei, Verkehr, Tourismus, u. a. Festgehalten wurde, daß die APEC weiteren Teilnehmern offen steht. Dabei wurde offensichtlich an die Länder Lateinamerika's – der Ostrand des pazifischen Beckens – gedacht.

Der malaysische Vorschlag vom Dezember 1990 einer stärker integrierten „East Asian Economic Group“ unter Führung Japans, gegen den insbesonders seitens der USA große Bedenken bestehen, wurde von der ASEAN-Wirtschaftsministerkonferenz mit Zurückhaltung aufgenommen und in **„East-Asian Economic Caucus (EAEC)** umbenannt, was eine gewisse

Verwässerung des ursprünglichen Vorschlags darstellt. Es wurde dabei auch festgelegt, daß es sich weder um ein institutionalisiertes Gebilde, noch um einen Handelsblock, sondern eine ad hoc-Interessensgemeinschaft handeln soll.

Das **Südpazifische Forum (SPF)** wurde 1971 gegründet. Ihm gehören 15 Staaten des Südpazifiks (Ausstralien, Neuseeland und südpazifische Inselstaaten) an. Frankreich, Großbritannien und die USA sind in dieser Organisation nicht vertreten, nehmen aber zusammen mit Japan, Kanada, China und der EG an den dem Dialogen teil, die den Treffen folgen. Abgesehen von konkreten Zusammenarbeitsprojekten – Pacific Forum Line, Forum Fisheries Agency, University of the South Pacific mit Universitäten in Fidschi, West Samoa und Vanuatu – befaßt sich das SPF vor allem mit regionalen politischen Themen, wobei die Frage der Dekolonisierung Neukaledoniens schon seit langem ein besonderes Anliegen ist.

Nordamerika

Die USA antworteten auf die Besetzung **Kuwaits** durch den Irak rasch und entschlossen. Bei Beginn der Kampfhandlungen im Jänner 1991 hatten die USA an die 530.000 Soldaten, 110 Kriegsschiffe, 4400 Panzer und 2500 Flugzeuge und Helikopter in der Region zusammengezogen. Dieser massive militärische Aufbau ging Hand in Hand mit der Bildung einer internationalen Allianz im Rahmen der Vereinten Nationen. Nach 1000 Stunden Luftkrieg und 100 Stunden Landkrieg war das Ziel der Befreiung Kuwaits erreicht. Die USA haben damit ihre politische sowie militärische Führungsrolle unter Beweis gestellt.

Deutschland, Japan, Saudi Arabien, Kuwait und andere Verbündete haben das US-Engagement durch Finanzbeiträge unterstützt. Die auf diese Weise aufgebrachten Finanzmittel beliefen sich auf ca. 50 Milliarden US-Dollar.

Die Entscheidung der **österr. Bundesregierung**, den Alliierten **Überflüge** zu gestatten und die Durchfuhr von Bergepanzern zu genehmigen, wurde von der US-Administration anerkannt und geschätzt.

Im Zusammenhang mit der Golfkrise steht auch das von der Bush-Administration proklamierte Konzept der **„Neuen Weltordnung“**. Diese „Neue Weltordnung“ soll für Frieden in der Zeit nach dem Kalten Krieg sorgen. Sie baut auf den Grundwerten Demokratie, Rechtsstaatlichkeit und Marktwirtschaft auf. Ihre institutionellen Stützen sind die Vereinten Nationen, die NATO, die EG sowie die KSZE. Durch Zusammenarbeit in den VN, Herrschaft des Völkerrechtes, friedliche Streitbeilegung und Rüstungskontrolle sollen der Weltfrieden gesichert und Regionalkonflikte schrittweise gelöst werden.

Die Beilegung des **Nahost-Konfliktes** ist für die Bush-Administration eine bedeutende Etappe zur Erreichung dieser „Neuen Weltordnung". Das durch den Golfkrieg aufgestoßene „Window of Opportunity" nutzend, ist es Außenminister Baker gelungen, eine regionale Nahost-Konferenz zustandezubringen und zum ersten Mal Israel, seine arabischen Nachbarstaaten und die Palästinenser an einen Verhandlungstisch zu bringen.

Die US-Administration sieht sich nun mit den Folgen des **Zerfalls der Sowjetunion** konfrontiert. Angesichts des Nuklearwaffenpotentials in diesem Raum hat man amerikanischerseits ein besonderes Interesse daran, daß die politische und möglichst zentrale Kontrolle über die Massenvernichtungswaffen gewahrt bleibt. Um die Gefahr der nuklearen Proliferation zu bannen, hat Präsident Bush Ende September d. J. eine einseitige **nukleare Abrüstungsinitiative** der USA angekündigt. Durch diesen Schritt sollte ein „Abrüstungswettlauf" ausgelöst und die besonders gefährlichen, weil beweglichen, taktischen Nuklearwaffen zerstört werden. Um den Republiken der bei der Beseitigung dieser Waffen zu helfen, wurden ihnen dafür von den USA 500 Millionen US-Dollar zur Verfügung gestellt. (siehe Abschnitt „Internationale Abrüstung")

Die Bush-Administration sieht die NATO als weiterhin unentbehrliche Klammer der transatlantischen Gemeinschaft. Eine eigene europäische Verteidigungsidentität sollte sich in diesem Sinne möglichst im Rahmen der NATO entwickeln und dieser einbzw. untergeordnet sein. Die NATO sollte bei der Neuordnung Gesamteuropas eine nicht nur militärische sondern auch politische Rolle spielen. Beim NATO-Gipfel in Rom ist diesen Vorstellungen durch die Schaffung eines „Kooperationsrates" in Zentral- und Osteuropa teilweise entsprochen worden.

Die Zahl der in Europa stationierten US-Soldaten wird jedenfalls von ca. 350.000 auf 100.000 verringert. Die USA und die europäischen Staaten sind sich allerdings darin einig, daß ein völliger Rückzug der USA aus Europa für beide Seiten schädlich wäre.

Der **pazifische Raum** ist für die USA von zunehmender Bedeutung. Der US-Handel mit dem pazifischen Raum betrug im Jahre 1990 an die 300 Milliarden US-Dollar und übertraf hiermit den Handel mit Europa um ca. 70 Milliarden US-Dollar.

Den wichtigsten Strang im Bündel der pazifischen Beziehungen bilden sicher die zu Japan. Diese Beziehungen wurden von der Bush-Administration unter das Motto „Global Partnership" gestellt. Japan wird gedrängt, **eine größere internationale Rolle** (z. B. GATT-Uruguay-Runde) zu übernehmen. Trotz beiderseitigen Bemühens steigen die sich im Bereich des Außenhandels ergebenden Spannungen.

Der VR China haben die USA 1991 Menschenrechtsverletzungen, die Weitergabe von Raketenwaffen bzw. -technologie, sowie unfaire Handelspraktiken vor. Andererseits hat die Bush-Administration die vom Kongreß angestrebte Aberkennung der Meistbegünstigungsklausel verhindert.

Das **US-Budgetdefizit** im Fiskaljahr 1991 betrug etwa 270 Milliarden US-Dollar und damit etwa fünf Prozent des BNP. Der Zinsendienst zur Abrechnung der **Staatsschulden** belief sich auf 220 Milliarden US-Dollar.

Starke Auswirkungen auf die Innenpolitik hat das **US-Handelsbilanzdefizit** mit **Japan**. Heute sehen viele Amerikaner Japan als die kommende Wirtschaftsmacht Nr. Eins und fragen sich, ob die US-Politik gegenüber Japan im nationalen Interesse gelegen ist. Solche Sorgen sind gegen den Hintergrund einer verstärkten internationalen Konkurrenzierung zu sehen.

Das Ergebnis ist eine Tendenz, die im Schlagwort „America first" und „America come home" ihren Ausdruck findet. Die Administration, der die wesentliche Bedeutung einer internationalen Verflechtung auf politischem und wirtschaftlichem Gebiet im Interesse der USA aber auch der mit ihr verbundenen Wertegemeinschaft bewußt ist, hat die Summe der Gegenstrategien gegen diese Tendenz zusammenfassend mit „international burden sharing" und „partners in leadership" umschrieben.

Einundzwanzig Jahre nach dem historischen Referendum des 20. Mai 1980, als 60% der Quebecer für einen Verbleib bei **Kanada** gestimmt hatten, stellt sich in Kanada erneut die Frage der Zukunft Quebecs. Ein weiteres Referendum über die Unabhängigkeit Quebecs ist für Oktober 1992 anberaumt.

Die Regierung Mulroney ist bemüht, durch eine Neuverteilung der Kompetenzen zwischen Bundesregierung und Provinzen eine Lösung der schwelenden Verfassungskrise zu finden und die Einheit des Landes aufrechtzuerhalten.

Dieser drohenden Fragmentierung auf nationaler Ebene steht auf wirtschaftlicher Ebene der Trend zu einer stärkeren Vernetzung mit der USA bzw. Mexiko gegenüber. Durch die Erweiterung des **US-kanadischen Freihandelsabkommens um Mexiko** soll eine nordamerikanische Freihandelszone geschaffen werden. Mit 360 Mio. Menschen und einer Gesamtproduktion von ca. 6000 Mrd. US $ wäre dies der größte Markt der Welt.

Lateinamerika und die Karibik

Zu Beginn des letzten Jahrzehntes des 20. Jahrhunderts hat sich im gesamten lateinamerikanischen Raum – von wenigen Ausnahmen abgesehen – ein bemerkenswerter und erfreulicher demokratie-politischer Wandel vollzogen: der in den 80er Jahren mit der Überwindung autoritärer Regime erfolgte Übergang zu **Demokratie** bzw. zu zivilen Regierungen hat in der Mehrzahl der Staaten des Halbkontinentes auch zu einer größeren politischen Stabilität geführt. Insgesamt ist eine Hinwendung zu pragmatischeren politischen Umgangsformen, zur wirtschaftlichen Öffnung und Liberalisierung sowie eine Abkehr von ideologisch motivierten Positionen feststellbar. In einigen Staaten sind neue, demokratischere Verfassungen entweder bereits in Kraft getreten (so in Kolumbien) oder in Vorbereitung (so z. B. in Paraguay und in Bolivien). Auch in Argentinien, Brasilien, Chile, Peru und Uruguay wird die Notwendigkeit zu Anpassungen der staatlichen Strukturen an neue Zielsetzungen durchaus erkannt, ohne daß es allerdings bisher möglich gewesen wäre, diesem Gedanken zum effektiven Durchbruch zu verhelfen.

Die in den meisten Staaten in Angriff genommenen strukturellen Anpassungen neoliberalen Zuschnitts haben bereits zu Teilerfolgen im makroökonomischen Bereich geführt, wobei allerdings dieser Strukturwandel mit vielfachen sozialen Härten verbunden ist. Zur allmählichen Überwindung der nach wie vor vorherrschenden gesellschaftlichen Disparitäten, die durch die wachsende Verarmung breiter Bevölkerungsschichten gekennzeichnet sind, wird sich daher eine deutlichere Berücksichtigung der sozialen Dimension bei der Implementierung marktwirtschaftlich ausgerichteter Regierungsprogramme als unabdingbar erweisen.

Als wesentlicher Faktor in der Demokratisierung und wirtschaftspolitischen Neuausrichtung des Subkontinentes hat sich die aus der Contadora-Initiative hervorgegangene, später auch als „Gruppe der Acht“ bezeichnete, mittlerweile auf dreizehn Mitglieder angewachsene **„Gruppe von Rio“** erwiesen. Sie umfaßt Argentinien, Bolivien, Brasilien, Chile, Ecuador, Kolumbien, Mexiko, Paraguay, Peru, Uruguay, Venezuela, ein von den zentralamerikanischen Staaten turnusmäßig designiertes Land sowie das Land, das in der Karibischen Gemeinschaft jeweils den Vorsitz führt. Die Arbeit der Rio-Gruppe wird von allen Mitgliedsstaaten positiv bewertet: als informeller Zusammenschluß dient sie dem Meinungsaustausch und führt Dialoge mit anderen regionalen Staatengruppen, so z. B. mit den EG, den nordischen Staaten, den Golf-Staaten und den Ländern des europäischen Ostens. Anläßlich ihrer letzten (fünften) Tagung in Cartagena (Kolumbien) im Dezember 1991 beschäftigte sich die Rio-Gruppe insbesondere auch mit der Frage, wie **Kuba und Haiti** in die Demokratie einbezogen bzw. zurückgeführt werden könnten. Hierbei wurde vor allem der Wunsch nach Reintegration Kubas in die lateinamerikanische Staatengemeinschaft grundsätzlich unterstrichen. Gleichzeitig wurde Kuba – in einer Balance aus harten Positionen (Argentinien) und konzilianteren Haltungen („Dreiergruppe“ Mexiko, Kolumbien und Venezuela) – deutlich aufgefordert, unverzüglich einen Prozeß der Demokratisierung einzuleiten. Es erscheint in diesem Zusammenhang bemerkenswert, daß man sich mit dieser Aufforderung stillschweigend vom traditionellen Prinzip der Nichteinmischung in innere Angelegenheiten abgewendet hat.

Wenngleich es sich in der Praxis bisher als unmöglich erwiesen hat, in allen Fragen zu einem klaren Konsens zu finden, kann doch andererseits kein Zweifel daran herrschen, daß die Rio-Gruppe ihre Bedeutung als grundsätzliche Instanz für politische Koordination in Lateinamerika und ihre Rolle als Gesprächspartner und Sprachrohr der Region untermauert hat.

In beinahe allen Staaten des Subkontinentes wurden die **wirtschaftlichen Sanierungsmaßnahmen** fortgegeführt. Sie dienen auch der Wiedereingliederung in die internationalen Finanzmärkte und demgemäß prominent in der Wirtschaftspolitik sind die Versuche zur Bereinigung der jeweiligen Schuldensituation und zur Inflationsbekämpfung. Der Erfolg ist freilich uneinheitlich. In **Chile** hatten bereits die Militärs der demokratischen Regierung strukturbereinigte wirtschaftliche Verhältnisse, nämlich freie Marktwirtschaft und positive makroökonomische Eckdaten, hinterlassen. Diese Wirtschaftspolitik hat sich unter der neuen demokratischen Ordnung mit der Zielsetzung stärkerer Einbeziehung sozialpolitischer Anliegen konsolidiert und das Vertrauen des Auslandes in die günstigen Entwicklungsperspektiven des Landes gestärkt. Das Beispiel Chile zeigt auch deutlich eine grundsätzliche Bereitschaft ausländischer Investoren zum erneuten wirtschaftlichen Engagement in Lateinamerika. Seit mehreren Jahren ist relativ viel Auslandskapital in Chile investiert worden. Auch die meisten anderen lateinamerikanischen Staaten verfolgen heute eine Politik der wirtschaftlichen Öffnung, verbunden mit einer liberalen Auslandsinvestitionsgesetzgebung und einer Liberalisierung des Devisenhandels. So hat **Peru** mit strikter Währungs- und Finanzdisziplin und weitgehenden Liberalisierungsmaßnahmen im Außen- und Binnenhandel die Hyperinflation beseitigt und damit neuerlich Zugang zu Auslandskrediten finden können. Eine besonders niedrige Steuereintreibungseffizienz hindert jedoch notwendige sozial- und bildungspolitische Vorhaben der Regierung. Auch konnte infolge der besonderen innenpolitischen Gegebenheiten das Vertrauen der heimischen Investoren noch nicht wiedergewonnen werden. **Bolivien**, das bereits seit längerer Zeit eine der niedrigsten Inflationsraten Lateinamerikas hat, konnte bedeutende ausländische Hilfe für ein Strukturanpassungsprogramm erlangen. Ein teilweiser US-Schuldenerlaß im Gegenzug zu ökologischen Maßnahmen erscheint von richtungsweisender Bedeutung. Auch **Kolumbien** hat die jahrelang betriebene protektionistische Politik mit allen ihren negativen Konsequenzen für Wirtschaft und Gesellschaft zugunsten eines Kurses der Öffnung und Integration aufgegeben, doch stellt – wie auch in anderen Ländern- die umfangreiche Staatsbürokratie einen gewichtigen Hemmschuh auf dem Wege der Liberalisierung dar. In **Mexiko** brachte die Reformpolitik von Präsident Salinas de Gortari weitere Fortschritte, vor allem im wirtschaftlichen Bereich. Als Erfolg kann die mexikanische Regierung überdies verbuchen, daß der Pakt der Sozialpolitik für wirtschaftliche Stabilität und Wachstum (eine Art mexikanisches Lohn-Preisabkommen) bis Ende 1993 verlängert wurde. Am weitesten ist man in **Argentinien** gegangen. Nachdem bereits im Jahr 1990 bedeutende Privatisierungsmaßnahmen vollzogen wurden – ein Programm, das im laufenden Jahr fortgesetzt und im Jahre 1992 abgeschlossen werden soll – gelang es zu Beginn des Jahres 1991 durch das Konvertibilitätsgesetz (Einführung einer gesetzlichen Kursrelation der Landeswährung zum US-Dollar), auch die bis dahin stark inflationäre Preisentwicklung in den Griff zu bekommen und die monatlichen Inflationswerte mittlerweile auf weniger als 1% zu senken. Argentinien war das erste Land Lateinamerikas, das mit einer langjährigen Tradition brach und Investitionsschutzabkommen sowohl mit den Vereinigten Staaten als auch mit den wichtigsten europäischen Industrieländern abschloß. Nach mehreren Jahren des Absinkens weist das Bruttoinlandsprodukt Argentiniens zum ersten Male wieder steigende Tendenz auf. Wesentlich anders ist die wirtschaftliche Entwicklung im größten und bevölkerungsreichsten Land Lateinamerikas, **Brasilien**, verlaufen. Das Land befindet sich derzeit in einer mit steigenden Inflationsraten und Arbeitslosigkeit verbundenen schweren Wirtschaftskrise, aus der vorläufig kein Ausweg sichtbar ist. Diese Krise ist unter anderem auch darauf zurückzuführen, daß die Regierungspartei für ihre Reformmaßnahmen kaum oder nur sehr schwer parlamentarische Unterstützung findet, ein Umstand, der auch in **Uruguay** einer raschen Strukturverbesserung hindernd im Wege steht. Die prekäre wirtschaftliche Lage Brasiliens wirft auch einen Schatten auf die regionalen Integrationsbemühungen.

Die Demokratisierung des öffentlichen Lebens, verbunden mit den Maßnahmen zur Reform der Wirtschaft, hat auch zu manchen **außenpolitischen** Kurswechseln geführt. **Argentinien**hat in der letzten Zeit Brasilien dessen traditionelle Rolle als erster Ansprechpartner der Vereinigten Staaten mit Erfolg streitig zu machen begonnen, indem es seine jahrzehntelange Politik der Äquidistanz zugunsten eines uneingeschränkt prowestlichen Kurses aufgab. Argentiniens Austritt aus der Blockfreienbewegung hat ein übriges getan, um Reibungsflächen mit den USA zu eliminieren. Demgegenüber weist das **brasilianische** Verhältnis zu den USA aus Gründen, die in der Vergangenheit liegen (z. B. Zusammenarbeit Brasiliens mit dem Irak), noch gewisse Friktionspunkte auf, wie überhaupt die brasilianische Außenpolitik von betonter Eigenständigkeit geprägt ist. Die außenpolitischen Verhaltensmuster der kleineren südamerikanischen Staaten sind weitgehend von Pragmatik und von den wirtschaftlichen Notwendigkeiten geprägt. Insbesonders **Chile** und **Paraguay** haben auf dem Gebiete der politisch-wirtschaftlichen Wiedereingliederung und der Imagebildung im Ausland in der letzten Zeit nicht unwesentliche Erfolge erzielen können.

Von wohl entscheidender Bedeutung ist, daß sich auch 1991 die Beziehungen der südamerikanischen Staaten untereinander weiter verbessert und ausgeweitet haben. Marksteine auf diesem Wege sind das argentinisch-brasilianische Atomabkommen, die Regelung der hundertjährigen Grenzkonflikte zwischen Argentinien und Chile sowie auch Anzeichen einer Beruhigung der zwischen Peru und Ecuador herrchenden Grenzstreitigkeiten. In all diesen Fällen ist eine Tendenz zur Mäßigung und der Wille zur Entspannung sichtbar geworden.

Das Zusammenrücken ehemals rivalisierender Partner und die Änderung traditioneller Feindbilder beeinflußt auch die in Lateinamerika stets relativ starke **Rolle des Militärs**. Dieses bewahrt zwar in den meisten Staaten eine besondere Stellung, hat sich aber im allgemeinen in die demokratischen Staatsstrukturen eingegliedert. Am auffälligsten ist dieser Wandel in **Argentinien** und **Paraguay**. In **Chile**wird eine Unterordnung des Heeres unter die demokratisch gewählte Zivilgewalt allerdings solange nicht voll zu verwirklichen sein, als es nicht gelingt, einen umfassenden Konsens zur Verfassungsreform zustandezubringen. Anlaß zu Sorge geben auch die durch den weitgehend erfolglosen Krieg gegen die Guerrilla-Bewegungen entstandene Demoralisierung des Militärs in **Peru** und die in letzter Zeit dort feststellbare Bildung von „Selbstverteidigungsgruppen“.

Wenngleich **Terrorismus, politische Gewalt und Korruption**aus dem lateinamerikanischen Alltag nicht verschwunden sind, gibt es doch auch Anzeichen eines allmählichen Gesinnungswandels: Er findet Ausdruck in der erfolgreichen Wiedereingliederung einiger kolumbianischer Guerrilla-Gruppen in das demokratische Leben und in den bereits erzielten Fortschritten bei den Friedensbemühungen in Zentralamerika. Rückläufig ist auch die Gewaltanwendung zur Beugung politischer und bürgerlicher Rechte; wenngleich subtilere Methoden der Rechtsbeugung und der Wählerbeeinflussung weiterhin praktiziert werden. Auch die in den meisten Staaten zunehmende Sensibilisierung der öffentlichen Meinung sowie der Medien gegenüber Unredlichkeiten in der Amtsführung von Politikern und öffentlichen Funktionären ist ein positives Zeichen. Demgegenüber konnte die bewaffnete Subversion als wesentlicher Destabilisierungsfaktor in **Peru**, wie auch die steigende Tendenz zu Selbstjustiz und Gewaltanwendung gegenüber minder priviligierten Bevölkerungsschichten in **Brasilien** – einschließlich der Morde an Kindern und Jugendlichen – noch nicht unter Kontrolle gebracht werden. Dem Kampf gegen Coca-Anbau und Drogenhandel sind entscheidende Erfolge bisher versagt geblieben. Beide haben sich im Gegenteil auf bisher weniger betroffene Staaten ausgeweitet.

Bei allen Bekenntnissen zu **Menschenrechten** erscheint deren praktische Gewährleistung nach wie vor sehr uneinheitlich und die Standards, wie sie international gefordert und angestrebt werden, sind in manchen Bereichen sicher noch nicht erreicht. Relativ sanktioniert bleibt oft die Anwendung öffentlicher Gewalt bei Mandatsüberschreitungen und Willkürhandlungen. Parallel zur Fortentwicklung des allgemeinen Demokratisierungsprozesses sind jedoch Fortschritte zu verzeichnen. Allerdings sind die praktisch in allen Staaten gegebenen sozialen Ungleichheiten teils noch immer sehr gravierender Natur. Ansätze zu einer wirksamen Beschäftigungs- und Bildungspolitik, die allein zu einem grundlegenden Wandel führen könnten, sind bisher nur in Einzelfällen erkennbar. Die Rolle und der Einfluß der katholischen Kirche ist uneinheitlich: traditionell-konservativen und romtreuen Landeskirchen stehen wesentlich liberalere, sozialkritische, auch befreiungstheologisch ausgerichtete Strömungen gegenüber. In vielen Ländern gewinnen Sekten aller Art an Boden.

Die Bestrebungen, auch in Lateinamerika **größere Wirtschaftsräume** zu bilden, sind im Jahre 1991 weiter vorangetrieben worden. Am 30. Oktober ist der Vertrag von Asunción betreffend die Bildung eines gemeinsamen Marktes zwischen Argentinien, Brasilien, Paraguay und Uruguay (**Mercosur**) in Kraft getreten. Seine Zielsetzungen sind ambitioniert, da bis Ende 1994 nicht nur die Abschaffung der Binnenzölle und die Schaffung eines gemeinsamen Außenzolles, sondern eine tiefgreifende makroökonomische Angleichung, nebst einer Harmonisierung der Rechtsordnungen erreicht werden soll. Obwohl die in den vier Mitgliedsstaaten sehr unterschiedlichen wirtschaftlichen Ausgangspositionen die Durchführung des Projekts erschweren, sind die vertraglich vorgesehenen stufenweisen Schritte bisher planmäßig vollzogen worden. Das größte Problem stellt derzeit Brasilien dar, das – wie erwähnt – eine ernste Wirtschaftskrise durchmacht, deren zeitgerechte Überwindung eine unabdingbare Voraussetzung für das Gelingen des Mercosur sein wird. Seitens der Mercosur-Staaten, besonders jedoch seitens Argentiniens, besteht Interesse an der Eingliederung **Chiles** in den gemeinsamen Markt, wodurch der Anschluß an den pazifischen Raum gefunden würde. Chile steht allerdings mit Rücksicht auf seine vorwiegend nach Übersee ausgerichteten Wirtschaftsbeziehungen und seine überdurchschnittlich gute Strukturlage den lateinamerikanischen Integrationsbestrebungen vorläufig noch eher zurückhaltend gegenüber. Andererseits wäre **Bolivien** an einem Beitritt zum Mercosur interessiert, wird daran jedoch wegen seiner Mitgliedschaft im Andenpakt vorerst gehindert.

Der von Bolivien, Ecuador, Kolumbien, Peru und Venezuela geschlossene **Andenpakt** hat die Schaffung einer Freihandelszone ab 1. 1. 92 beschlossen, die ebenfalls zu einer Eliminierung der Binnenzölle und einem gemeinsamen Außenzolltarif führen soll. Kolumbien und Venezuela sind ihrerseits an einer engeren Verknüpfung im Rahmen der mit Mexiko gebildeten **Gruppe der Drei** interessiert. Großes Interesse hat die von US-Präsident Bush ergriffene Initiative zur Schaffung einer in ihrer Endphase den gesamten **amerikanischen Kontinent umfassenden Freihandelszone** hervorgerufen, die die regionalen Integrationsbestrebungen ergänzen und gleichsam als Mantel umgeben würde.

Die Wichtigkeit regionaler, ja kontinentaler Integration wird also heute von praktisch allen Staaten Lateinamerikas erkannt. Der Verwirklichung dieses Zieles stehen also noch erhebliche Hemmnisse im Weg: sehr unterschiedliche volkswirtschaftliche Ausgangslagen, aber auch fortwirkende protektionistische Tendenzen in einigen Staaten müssen überkommen werden. Gleichwohl scheinen die Weichen gestellt zu sein: angesichts der gegebenen politischen Weltlage, der Herausforderung durch die weiter fortschreitende europäische Integration und die Dynamik des fernöstlichen Wirtschaftsraumes, vor allem jedoch aufgrund des derzeit unzweifelhaft gegebenen politischen Willens, ist eine Rückkehr zu partikularistischem Protektionismus, nationalem Chauvinismus und nachbarschaftlicher Rivalität, aber auch eine dauernde Abkehr von demokratischem Pluralismus und liberaler Wirtschaftsgesinnung heute in den wesentlichen Staaten Lateinamerikas nicht mehr wahrscheinlich.

Die sich in letzter Zeit konkret abzeichnende demokratiepolitische und ökonomische Neuausrichtung Lateinamerikas hat das Bundesministerium für auswärtige Angelegenheiten bewogen, im Rahmen einer vom 8. bis 10. Dezember 1991 in Brasilia unter dem Vorsitz des Generalsekretärs für auswärtige Angelegenheiten eine **Konferenz der in Lateinamerika akkreditierten österreichischen Botschafter** abzuhalten. An ihr haben auch die regional zuständigen Handelsdelegierten teilgenommen. Sie diente der Bestandsaufnahme der Entwicklungsperspektiven des Subkontinents und es sollte geprüft werden, wie Österreich am besten am sich abzeichnenden Aufschwung in Lateinamerika teilnehmen könnte. Bei der Prüfung der Voraussetzungen und Möglichkeiten des künftigen Ausbaus der Beziehungen Österreichs zu Lateinamerika wurde festgestellt, daß die neue Phase eines sozio-ökonomischen Aufschwunges in Lateinamerika vielfältige Möglichkeiten der internationalen Zusammenarbeit eröffnet, denen sich Österreich – bei aller Berücksichtigung sonstiger vor allem auf die europäischen Entwicklungen konzentrierten Prioritäten – durch rechtzeitige Intensivierung der Beziehungen zum Subkontinent keineswegs verschließen sollte. Die von der Konferenz in diesem Zusammenhang unterbreiteten Vorschläge beziehen sich u.a. auf den Abschluß von Investitions- und/oder Doppelbesteuerungsabkommen, die Erleichterung der österreichischen Exportfinanzierung zur Stärkung der Wettbewerbsposition Österreichs, die Sensibilisierung der österreichischen Wirtschaft für Hoffnungsmärkte in Lateinamerika und die finanzielle Unterstützung von Projekten im Rahmen der kulturellen Zusammenarbeit.

Hinsichtlich der **Entwicklungen in Zentralamerika** hat sich Österreich stets für die Zielsetzungen des von dem zentralamerikanischen Präsidenten im August 1987 unterzeichneten Übereinkommens von **Esquipula II** eingesetzt, die auf eine **Befriedung und Demokratisierung der Region abzielen**. Bereits im Laufe des Jahres 1990 war es nach der Abhaltung freier demokratischer Wahlen und der anschließenden Demobilisierung der Contras zur Beendigung des Bürgerkrieges in in **Nicaragua** gekommen. 1991 konnten weitere Fortschritte bei den Friedensbemühungen zur Beilegung der Konflikte in **Guatemala** und vor allem in **El Salvador** erzielt werden:

Im April 1991 kam es in Mexiko erstmals – seit dem Madrider Treffen vom Oktober 1987 – zu **Direktverhandlungen zwischen der guatemaltekischen Regierung und den Aufständischen** (URNG). Die Konfliktparteien einigten sich über eine umfassende Tagesordnung und die prozeduralen Modalitäten der künftigen Verhandlungen. Als Ergebnis erster substantieller Gesprächsrunden im Juni und Juli wurde in dem als „historisch" gewerteten „Abkommen von Querétaro" **Einigung über Grundsätze der Demokratisierung Guatemalas** (im Sinne der „Festigung einer funktionellen partizipativen Demokratie") erzielt. Zwei weitere Verhandlungsrunden im September und Oktober zum **Themenbereich der Menschenrechte sind allerdings ohne greifbare Ergebnisse** geblieben. Für die nächste Gesprächsrunde, die für die ersten Wochen des Jahres 1992 angekündigt wurde, sollen nunmehr vom Vorsitzenden der Nationalen Guatemaltekischen Versöhnungskommission, Bischof Quezado, sowie von UN-Beobachter Vendrell Kompromißvorschläge ausgearbeitet werden.

Im April 1990 hatte unter den Auspizien des Generalsekretärs der Vereinten Nationen der Verhandlungsprozeß betreffend den **Konflikt in El Salvador** begonnen. Er hat sich 1991 mit gutem Ergebnis fortgesetzt. Nach der in Mexiko im April 1991 erzielten Teileinigung in Verfassungsfragen (eindeutige Unterstellung des Militärs unter die Zivilgewalt des Staatspräsidenten, Einschränkung der Militärjustiz auf den strikt militärischen Bereich, Reform des Justizwesens, Bildung einer Zivilen Nationalen Polizei u.a.m.) wurde im Juli die UN-Beobachtermission (ONUSAL) zwecks Überwachung der bereits im Vorjahr erzielten Menschenrechtsvereinbarung offiziell etabliert. Im September wurde in New York unter persönlicher Vermittlung des Generalsekretärs der Vereinten Nationen im „Abkommen von New York" Einigung über die Errichtung einer „Nationalen Kommission für die Festigung des Friedens" (COPAZ) zur Überwachung der Einhaltung der getroffenen bzw. noch zu treffenden politischen Vereinbarungen erzielt. Bei dieser Gelegenheit konnte auch ein prinzipieller Konsens über die Integrierung von Angehörigen der Guerrilla-Bewegung FMLN in die zu bildende Zivile Polizei und über die Reduzierung und „Säuberung" der Streitkräfte sowie über die Behandlung einer Reihe strittiger Wirtschafts- und Sozialfragen erreicht werden. Schließlich wurde am 31. Dezember kurz vor Ablauf des Mandates von UN-Generalsekretär Perez de Cuellar das „Protokoll von New York" unterschrieben. In diesem wird festgehalten, daß ein Waffenstillstand ab **1. Februar 1992** wirksam werden soll. Am **16. Jänner 1992** soll ein umfassendes, endgültiges Friedensabkommen in Kraft treten. Es ruht auf einem – noch zu erzielenden – Einvernehmen über „offene technische Modalitäten". Falls sich aber die Konfliktparteien über diese Fragen nicht einigen, sollen nach dem „Protokoll von New York" die diesbezüglichen Vermittlungsvorschläge der Vereinten Nationen Grundlage des Friedens sein. Österreich hat im Sicherheitsrat der Vereinten Nationen das „Protokoll von New York" nachdrücklich begrüßt und Generalsekretär Perez de Cuellar sowie seinem persönlichen Vermittler, Alvaro de Soto, den Dank und die Anerkennung für deren unermüdliche Friedensbemühungen ausgesprochen.

Bei der in Washington angesiedelten **Organisation Amerikanischer Staaten** (OAS) hat Österreich seit 1978 den Status eines **Ständigen Beobachters**. Mit dem am 8. Jänner 1991 erfolgten Beitritt von Belize und Guyana zählt die Organisation **35 Mitgliedstaaten** wobei Kuba seine Mitgliedschaftsrechte seit 1962 (Ausschluß der Regierung Castro von der Mitarbeit in der Organisation) nicht ausüben kann.

Generalsekretär der Organisation ist seit 1984 der Brasilianer Joao Clemente Baena Soares. Er wurde 1989 für eine zweite Amtsperiode wiedergewählt.

Die alljährliche Generalversammlung fand diesmal in Santiago de Chile (3.–8. Juni 1991) statt. Dort verabschiedeten die Teilnehmerstaaten das **Bekenntnis von Santiago zu Demokratie und zur Erneuerung des „Inter-American System"**. Darin bekannte sich die Generalversammlung nachdrücklich zur Verteidigung und Förderung der Demokratie. Dieses Bekenntnis wurde allerdings durch den Verweis auf die Prinzipien der Selbstbestimmung und der Nicht-Intervention ergänzt. Im Fall eines Angriffs auf die demokratischen Strukturen eines Mitgliedsstaates kann über Initiative des Generalsekretärs durch den Ständigen Rat eine ad hoc-Außenministertagung oder eine Sondergeneralversammlung einberufen werden.

Der **Militärputsch in Haiti** vom 30. September 1991 stellte in der Folge die erste große Bewährungsprobe für die Effektivität der Beschlüsse von Santiago de Chile dar. Am 2. Oktober 1991 trat in Washington eine ad hoc-Außenministertagung zusammen. Trotz der kurzfristigen Einberufung waren die meisten Außenminister persönlich anwesend. Im Zuge dieser Außenministertagung wurden zwei Resolutionen verabschiedet, die **Vermittlungs- und Fact Finding-Missionen** sowie ein **Wirtschaftsembargo** vorsehen. Ziel der OAS ist die Rückkehr von Präsident Aristide und die Wiederherstellung der Demokratie in Haiti. Allerdings haben diese Resolutionen nur empfehlenden Charakter und sehen keinen Sanktions-Überwachungsmechanismus vor. Die Zweckmäßigkeit der gegen die Militärs gerichteten Sanktionen (vor allem Öllieferstopp und Einfrieren der Auslandsguthaben) ist in der OAS nicht unumstritten, zumal die Zivilbevölkerung von den Auswirkungen des Embargos schwer betroffen ist. **Militärische Zwangsmaßnahmen** wurden auf der Außenministertagung zwar erwogen, doch konnten sich die Mitglieder hiezu nicht durchringen.

Als erster Erfolg der OAS-Bemühungen kann die Tatsache gelten, daß es Ende November in Cartagena zu Direktverhandlungen einer haitianischen Parlamentarierdelegation mit dem vertriebenen Präsidenten Aristide gekommen ist. Diese Gespräche haben bis zum Jahresende mangels Einigung in der zentralen Frage der Rückkehr des Präsidenten keine greifbaren Ergebnisse gezeitigt.

Österreich hat in einer Erklärung den Militärputsch in Haiti umgehend schärfstens verurteilt. In der Erklärung wurde u.a. festgehalten, daß die Ereignisse in Haiti, welche den Sturz des ersten demokratischen, unter Wahlbeobachtung der Vereinten Nationen und der Organisation Amerikanischer Staaten gewählten Präsidenten der Inselrepublik bewirkt haben, in flagrantem Gegensatz zu den weltweiten Bestrebungen zur Stärkung der Demokratie stehen, die insbesondere in Lateinamerika und in der Karibik in den letzten Jahren bemerkenswerte Fortschritte zu verzeichnen hatten. An die faktischen Machthaber wurde österreichischerseits der Appell gerichtet, zum Weg der demokratischen Legalität unter strikter Einhaltung der Grund- und Freiheitsrechte zurückzukehren, damit Haiti den ihm zustehenden Platz als respektiertes Mitglied der internationalen Gemeinschaft wieder einnehmen könne. Der Ständige Vertreter Österreichs bei den Vereinten Nationen wurde angewiesen, im Sicherheitsrat für eine Wiederherstellung der legitimen demokratischen Regierung in Haiti einzutreten und Schritte in dieser Richtung zu unterstützen. Der Text der österreichischen Erklärung wurde dem OAS-Sekretariat offiziell notifiziert.

Zum **Arbeitsprogramm der OAS wäre festzuhalten, daß der Organisation nur relativ bescheidene Finanzmittel** in der Höhe von ca. 90 Millionen US-Dollar pro Jahr zur Verfügung stehen. Auch mit der Zahlungsmoral ist es nicht zum besten bestellt. Einzelne Mitglieder weisen Beitragsrückstände bis in die frühen 80er Jahre auf. Die USA sind mit einem Jahresbeitrag im Zahlungsrückstand. Für Maßnahmen zur Bekämpfung der drängenden sozio-ökonomischen Probleme in Lateinamerika und der Karibik stehen der OAS somit kaum Ressourcen zur Verfügung. Mangels wirksamer eigener Wirtschaftsprogramme ist die **OAS** auf **Konzepte der USA**, wie etwa die „**Enterprise for the Americas“-Initiative** von Präsident Bush, **angewiesen**. Diese Initiative stellt auf Marktwirtschaft, Liberalisierung des Handels sowie Investitionsförderung und Schuldenreduktion ab. Vision ist die **Schaffung einer Freihandelszone von Alaska bis Feuerland**. Konkrete Schritte in diese Richtung wurden u.a. im Frühjahr 1991 mit dem bereits erwähnten Vertrag von Asunción zur Errichtung eines gemeinsamen Marktes zwischen Argentinien, Brasilien, Paraguay und Uruguay bis Ende

1994 gesetzt. Amerikanischerseits besteht die Vorstellung, diesen südamerikanischen Wirtschaftsraum mit der im Entstehen begriffenen Freihandelszone USA-Kanada-Mexiko zu verbinden.

Universelle Zusammenarbeit – Vereinte Nationen

Die weltpolitischen Veränderungen der letzten zwei Jahre haben tiefgreifende Auswirkungen auch auf die Vereinten Nationen. Die **Renaissance** der Weltorganisation und ihre zunehmende Bedeutung in der internationalen Politik haben sich 1991 fortgesetzt. Die neue Partnerschaft der fünf ständigen Mitglieder des Sicherheitsrates in der Wahrnehmung einer gemeinsamen globalen Verantwortung festigte sich weiter. Das bestätigte sich bei der Behandlung brennender Regionalkonflikte, wie etwa in Jugoslawien; ebenso in der konsequenten Fortführung der bereits 1990 gegen den Irak begonnenen Sanktionenpolitik. Langdauernde Konflikte, wie jener in Kambodscha, konnten einer Lösung entscheidend näher gebracht werden. Das Projekt der Schaffung neuer globaler Sicherheitsstrukturen, in deren Zentrum die gestärkten Vereinten Nationen stehen sollen, hat damit neue Impulse erhalten.

Die am 1. Jänner 1991 begonnene **zweijährige österreichische Mitgliedschaft im Sicherheitsrat** fällt daher in eine bedeutende Periode. Österreich hat die Tätigkeit des Sicherheitsrates zur Erhaltung des internationalen Friedens und der Sicherheit nachhaltig unterstützt und sich um Dialogfähigkeit und Kompromisse in diesem Gremium bemüht (zur österreichischen Mitarbeit im Sicherheitsrat im einzelnen siehe Tätigkeitsbericht Vereinte Nationen).

Friedenserhaltende Operationen sind zu einem wesentlichen Element der Konfliktregelung durch die Vereinten Nationen geworden. Zu einer quantitativen Ausweitung dieser Operationen treten zunehmend neue Formen der Friedensstiftung: den Vereinten Nationen wird dabei immer öfter die Aufgabe übertragen, politische wie auch technische Hilfe bei der Durchführung von Wahlen und Volksabstimmungen (wie in Namibia, Nikaragua, Haiti, Westsahara, Angola, Kambodscha) sowie zur Sicherstellung der Menschenrechte (wie in El Salvador, Irak, Kambodscha) zu gewähren. An den friedenserhaltenden Operationen der Vereinten Nationen beteiligen sich derzeit rund 55 Staaten, also über ein Drittel aller UN-Mitglieder, mit über 11.000 Personen, die als Beobachter oder Truppen, Polizeikontingente oder Zivilpersonal tätig sind.

Seit 1960 hat Österreich mit über 31.000 Personen an insgesamt 15 friedenserhaltenden Operationen der Vereinten Nationen teilgenommen. 1991 waren insgesamt 1891 Österreicher und Österreicherinnen bei elf UN-Operationen im Einsatz. Acht dieser Operationen waren per 1. Jänner 1992 noch nicht abgeschlossen. (Einen Überblick über die österreichische Teilnahme enthält die Tabelle im Anhang). Unter den truppenstellenden

Staaten rangiert Österreich damit abwechselnd an zweiter bis vierter Stelle. Zwei Österreicher dienten 1991 als Truppenkommandanten: Generalmajor A. Radauer war bis September 1991 Kommandant von UNDOF (Golan); Generalmajor G. Greindl ist Kommandant der Beobachtermission an der irakisch-kuwaitischen Grenze (UNIKOM).

Das österreichische Engagement an friedenserhaltenden Operationen der Vereinten Nationen wird auch in Zukunft beibehalten und wenn möglich in Teilbereichen noch ausgebaut werden.

Die schon bei der vorjährigen Generalversammlung der Vereinten Nationen erkennbaren Trends haben sich bei der diesjährigen, **46. Generalversammlung** fortgesetzt. Eine steigende Zahl von Resolutionen wurde mit Konsens angenommen. Das Vordringen demokratischer Werte und westlicher Positionen fand auf sämtlichen Gebieten verstärkten Ausdruck. Dies gilt z. B. für die von Außenminister Mock in seiner Rede ausführlich begründete Maxime, daß das Souveränitätsprinzip nicht mehr benutzt oder vorgeschoben werden darf, um ein internationales Eingreifen zum Schutz der Menschenrechte zu verhindern. Die Idee der zunehmenden Internationalisierung von Bereichen, die traditionellerweise als interne erachtet wurden, hat auch in der Diskussion um eine stärkere Koordination der internationalen humanitären Notstandshilfe eine Rolle gespielt.

Eines der politisch wichtigsten Ergebnisse der 46. Generalversammlung war der – von einer großen Mehrheit getragene – Widerruf jener Resolution (3375 aus 1975), mit der Zionismus mit Rassismus gleichgestellt worden ist. (Zu Einzelheiten über die Arbeit der 46. Generalversammlung siehe den „Tätigkeitsbericht Vereinte Nationen" am Ende des Berichtes).

Ein besonderes Anliegen Österreichs bleibt die Stärkung der in **Wien angesiedelten UN-Einheiten**. Hier konnten Fortschritte erzielt werden. Die 46. Generalversammlung beschloß eine Aufwertung der Abteilung für Verbrechensverhütung und die Umwandlung des Expertenkomitees für Verbrechensverhütung in ein Unterorgan des ECOSOC. Nahezu abgeschlossen ist die schon früher beschlossene Umformung der Wiener Drogeneinheiten in ein UN-Drogenkontrollprogramm.

Um den vielfältigen Herausforderungen gerecht werden zu können, hat ein Prozeß der institutionellen Erneuerung in den Vereinten Nationen eingesetzt. **Boutros Boutros-Ghali**, der von den UN-Mitgliedstaaten für eine fünfjährige Amtszeit beginnend mit 1. Jänner 1992 zum Generalsekretär der Vereinten Nationen gewählt wurde, hat bereits in seiner ersten Erklärung auf die Bedeutung solcher Reformen hingewiesen. Als reformbedürftig werden u. a. folgende Bereiche genannt: die Struktur des Generalsekretariates selbst; die Arbeitsweise der Generalversammlung; der Wirtschafts- und Sozialrat der Vereinten Nationen (ECOSOC); die Rolle des Generalsekretärs und des Sicherheitsrates bei einer Präventivdiplomatie, die gestärkt werden muß; aber auch die Schaffung neuer Einrichtungen und Verfahren für internationale Katastrophenhilfe.

Trotz ihres politischen Aufschwungs durchlebten die Vereinten Nationen im Jahre 1991 eine ihrer schlimmsten **finanziellen Krisen**. Die Zahlungsrückstände zahlreicher UN-Mitgliedstaaten zum regulären Budget der Vereinten Nationen beliefen sich mit Jahresende auf über 522 Millionen US-Dollar (das gesamte Jahresbudget für 1991 betrug rd. 962,7 Millionen US-Dollar). Die Beitragsrückstände zu den aus Pflichtbeiträgen finanzierten friedenserhaltenden Operationen der Vereinten Nationen beliefen sich mit Jahresende auf etwa 460 Millionen US-Dollar.

In der unmittelbaren Nachkriegszeit und noch bevor es 1955 seine volle Souveränität zurückerlangt hat, war für Österreich die Mitgliedschaft in den Vereinten Nationen ein überaus wichtiges Ziel. Es hat sich dementsprechend von Anfang an – und gewiß mehr als viele vergleichbare europäische Staaten – in der Weltorganisation engagiert. Die Motive dafür sind einsichtig. Die Vereinten Nationen boten dem in vieler Hinsicht jungen Staat die Möglichkeit zur Selbstdarstellung und Präsenz. Sie boten aber auch und vor allem die Möglichkeit, in Verfolgung der Lehren, die sich aus der Geschichte aufdrängten, einen Beitrag dazu zu leisten, daß, wie es in der Satzung heißt, es „zukünftigen Generationen“ erspart bleibe, die „Geißel des Krieges“ spüren zu müssen. Zentrales Organ der Vereinten Nationen ist nun der Sicherheitsrat. Da dieser aber nur tätig werden konnte, wenn die in ihm vertretenen Großmächte einer Meinung sind, waren der Sicherheitsrat wie die Vereinten Nationen überhaupt in all den Jahren seit 1945 in ihrer Entfaltung gehemmt gewesen. Ost und West konnten sich in wesentlichen Fragen meist nicht auf ein einheitliches Vorgehen verständigen. Dieses Hemmnis ist nun weggefallen. Damit sind die Vereinten Nationen nun besser als vorher in der Lage, die ihnen übertragenen Aufgaben auch tatsächlich wahrzunehmen. Diese Aufgaben werden zahlreicher. Die Welt steht vor sehr umfassenden, sehr komplexen Problemen. Manche lassen sich dadurch lösen, daß Staaten regional zusammenarbeiten; viele aber nur in einer weltweiten Zusammenarbeit der Staaten. Das gilt auch und nicht zuletzt für das wohl folgenschwerste Problem des weltweiten Gegensatzes zwischen Reich und Arm – zwischen dem wohlhabenden Norden und dem armen Süden, sowie hinsichtlich der Bewältigung der Herausforderungen, wie sie sich im Kontext von „Umwelt und Entwicklung“ stellen.

Ein Versagen an dieser Aufgabe hätte schwerwiegende und nachhaltig negative Folgen. (Sie können – wie auf dem Gebiet der Umwelt – auch sehr unmittelbar sein.)

Die Erhaltung des Friedens und der Sicherheit im weitesten Sinne ist und bleibt Hauptaufgabe der Vereinten Nationen und steht daher im Zentrum aller Bemühungen um die Schaffung einer „neuen Weltordnung". Es ist gerade für einen kleineren Staat wie Österreich selbstverständlich, engagiert daran mitzuwirken, daß die Vereinten Nationen die ihnen nun erwachsenden historischen Chancen nützen und sich an diesen großen Aufgaben bewähren.

Sichtbarer Ausdruck des **österreichischen Engagements** in den Vereinten Nationen ist die Mitgliedschaft in zahlreichen ihrer Organe. Hiezu zählen vor allem die zweijährige Mitgliedschaft im Sicherheitsrat (1991/92), die Mitgliedschaft im ECOSOC (1991–1993) und in der UN-Menschenrechtskommission (1991–1993). Ferner wurde Österreich erneut zum Vorsitzenden der UN-Weltraumkommission gewählt (Einen vollständigen Überblick über die österreichische Mitgliedschaft in den Internationalen Organisationen bietet die Tabelle im Anhang). Von besonderer Bedeutung ist auch der österreichische Vorsitz in dem mit Sicherheitsratsresolution 661 (1990) eingerichteten **Sanktionenkomitee** des Sicherheitsrates. Dieses Komitee hat die Aufgabe, die Einhaltung der gegen den Irak verhängten Sanktionen zu überwachen bzw. Ausnahmegenehmigungen zu erteilen.

Im Rahmen des **„Junior Professional Officer (JPO)"-Programms** entsandte Österreich auch 1991 junge Akademiker zur vorübergehenden Dienstleistung in die Vereinten Nationen. Dieses Programm bietet Gelegenheit zur Sammlung praktischer Erfahrungen über die Arbeit von Internationalen Organisationen.

Die Blockfreien

Das **10. Außenministertreffen der Blockfreien** fand vom 6.–9. September in **Accra**, Ghana, statt. Auf ihm hat sich der 1989 in Belgrad beim 9. Gipfeltreffen begonnene Prozeß der Neubestimmung von Zielen, Strategien und Arbeitsmethoden fortgesetzt; wenngleich mit geringen Fortschritten. Im Mittelpunkt der Tagung stand die Frage nach der fortdauernden Gültigkeit des Konzepts der Blockfreiheit und der für die Bewegung besonders bedeutsamen Prinzipien der Souveränität und nationalen Unabhängigkeit im Lichte zunehmender Interdependenz sowie nach dem Erfordernis der internationalen Zusammenarbeit. Die Notwendigkeit einer engen Zusammenarbeit unter den Ländern der Dritten Welt wurde jedoch ausnahmslos bejaht.

Die von Argentinien, Venezuela, Ägypten und Indonesien angeführte Gruppe der „Fortschrittlichen" konnte sich bei der Formulierung des Berichts der Außenministerkonferenz und in der „Erklärung von Accra" stärker als früher in Belgrad durchsetzen. Die „neuen Prioritäten" in den internationalen Beziehungen, wie etwa Menschenrechte, politischer Pluralismus, Drogenhandel und Umweltfragen, wurden in den Debatten, wenn auch nicht im Bericht, ausführlicher behandelt als die klassischen Themen wie Dekolonisierung, Befreiungsbewegungen, Südafrika, Apartheid und Palästina. Diese Debatten und die mehr als 260 schriftlich eingereichten Vorschläge für das Schlußdokument haben außerdem gezeigt, daß interne politische und wirtschaftliche Krisen wie auch die weltpolitischen Veränderungen die traditionellen Führer der Bewegung zunehmend von der Spitze verdrängen.

Allerdings sind in Accra eine Reihe von Vorschlägen, die auf die Forderung von Demokratie und Menschenrechten gerichtet waren, unberücksichtigt geblieben. Argentinien, das sich in dieser Frage besonders engagiert hatte, ist deshalb kurz nach der Konferenz von Accra aus der Bewegung der Blockfreien ausgetreten.

Kontroversiell blieb auch das Projekt, die **Blockfreienbewegung**, die derzeit 102 Mitglieder zählt, zu institutionalisieren (etwa durch die Schaffung eines ständigen Sekretariats); ebenso wie die Projekte zur Gründung einer Bank für Entwicklung und Wiederaufbau der Blockfreienbewegung; zur Einrichtung einer Streitbeilegungsstelle; wie auch der Vorschlag, die Blockfreien mit der G-77 zu fusionieren. Diese Vorschläge sollen erst beim 10. Gipfeltreffen der Blockfreien in Jakarta auf der Grundlage eines Berichtes des in Nicosia eingesetzten Ministerkomitees behandelt werden. Eine wesentliche Entscheidung war die Wahl des nächsten Vorsitzenden der Bewegung, Indonesien. Nikaragua zog seine Kandidatur für den nächsten Gipfel zurück, erhielt aber von der lateinamerikanischen Gruppe die einhellige Unterstützung für seine Kandidatur für das darauffolgende Gipfeltreffen.

In den **Abschlußdokumenten** von Accra kommt, trotz zahlreicher ambivalenter Formulierungen, die Überzeugung zum Ausdruck, daß es bei der Bewältigung der anstehenden weltweiten Probleme für die Blockfreien keine Alternativen zu einer Partnerschaft mit den Industriestaaten gibt. Weltoffenheit, Integration in die Weltwirtschaft und Teilhabe am globalen politischen Konsens (Menschenrechte, Pluralismus, gemeinsame Rettung der globalen Umweltgüter) sollen die neue Politik bestimmen. Es wird an Indonesien liegen, die Bewegung anläßlich der Gipfelkonferenz in Jakarta und drei Monate nach der UN-Konferenz über Umwelt und Entwicklung in einen Dialog mit dem „Norden“ zu führen.

Die Haltung der Blockfreien im Sicherheitsrat bezüglich der angemessenen Reaktion der Vereinten Nationen auf den **irakischen Einmarsch in Kuwait** war gespalten. Als Vorsitzender der Blockfreienbewegung bemühte sich der jugoslawische Außenminister Loncar zusammen mit anderen Persönlichkeiten der Bewegung, in der Golfkrise seine Vermittlung anzubieten. Seine Vermittlungsbemühungen wurden von der irakischen Seite aber nicht geschätzt und haben dann im entscheidenden Augenblick durch die Entwicklungen an der Front zwischen den Koalitionsmächten und dem Irak ein jähes Ende gefunden.

Beim Treffen der Außenminister der Blockfreien am 4. Oktober 1990 in New York war der Irak in einer per acclamationem angenommenen Erklärung zum sofortigen und bedingungslosen Rückzug aus Kuwait und zur Wiederherstellung der Unabhängigkeit, territorialen Integrität und Souveränität sowie zur Wiedereinsetzung der legitimen Regierung Kuwaits aufgefordert worden. Die Teilnehmer des vom jugoslawischen Außenminister Loncar einberufenen Treffens am 12. Februar 1991 in Belgrad einigten sich auf die Entsendung von Missionen nach Bagdad sowie in der Folge nach Washington, zur kuwaitischen Exilregierung nach Riad und Taif und zur EG nach Brüssel. Die Außenminister Jugoslawiens, Kubas, des Iran und Indiens, die mit den Kontakten zu Bagdad beauftragt worden waren, trafen am 24. und 25. Februar 1991 in Teheran zu Konsultationen zusammen. Die geplante Weiterreise scheiterte jedoch an irakischem Widerstand.

Die Gruppe der 15, die sich als **„Summit Level Group for South-South Consultation and Cooperation“** um einen verstärkten Nord-Süd-Dialog sowie um die Erforschung des Potentials für die Süd-Süd-Zusammenarbeit bemüht, hielt vom 27. bis 29. November 1991 ein weiteres Gipfeltreffen in Caracas ab. Die „Deklaration von Caracas“ betont die Notwendigkeit eines Dialogs zur Schaffung einer neuen Ära der internationalen Zusammenarbeit unter Selbstverantwortung der Entwicklungsländer.

Österreich sieht in der Blockfreienbewegung weiterhin einen wichtigen Faktor in der internationalen Politik. Die meisten der internationalen Konfliktlinien, seien es wirtschaftliche, politische, ethnische oder religiöse, gehen mitten durch die Blockfreienbewegung selbst. Diese inhärente Vielfalt ist nun nicht ein Mangel der Bewegung und disqualifiziert diese nicht in internationalen Verhandlungen. Im Gegenteil. Aus österreichischer Sicht dürfte es im Gesamtinteresse der Industriestaaten liegen, für die zunehmend schwierigen globalen Probleme auf der Agenda der Staatengemeinschaft eine Bewegung zum Gesprächsspartner zu haben, die sich von sich aus bemüht, diese Vielfalt konstruktiv zu bewältigen. Österreich hofft daher, daß der in Belgrad initiierte Reorientierungsprozeß der Blockfreienbewegung erfolgreich fortgesetzt werden kann.

Wien als Sitz internationaler Organisationen

In Wien bestehen zur Zeit folgende VN-Einheiten[1])

Büro der Vereinten Nationen (UNOV)

- Zentrum für Soziale Entwicklung und Humanitäre Angelegenheiten (CSDHA)
  - Abteilung für Soziale Entwicklung
  - Abteilung für die Förderung der Frau
- Informationsdienst der Vereinten Nationen (UNIS)
- Postverwaltung der Vereinten Nationen (UNPA)
- Internationales Drogenkontrollprogramm der Vereinten Nationen (UNDCP)
  - Suchtgiftabteilung (DND)
  - Internationaler Suchtgiftkontrollrat (INCB)
  - VN-Fonds zur Bekämpfung des Drogenmißbrauches (UNFDAC)

Andere VN-Dienststellen

- Abteilung für Internationales Handelsrecht (UNCITRAL)
- Zweigbüro des UN-Hochkommissars für Flüchtlinge (UNHCR)
- Wissenschaftlicher Ausschuss der VN zur Untersuchung der Auswirkungen radioaktiver Strahlen (UNSCEAR)
- ILO-Projekt für Materialien und Techniken für die Ausbildung von Genossenschaftsleitern (MATCOM)

Organisation der Vereinten Nationen für industrielle Entwicklung (UNIDO)

Internationales Register audiovisueller Werke der Weltorganisation für geistiges Eigentum (WIPO)

Hilfswerk der Vereinten Nationen für Palästinaflüchtlinge (UNRWA)

Internationale Atomenergiebehörde (IAEA)

Internationales Institut für angewandte Systemanalyse (IIASA)

Das **Büro der Vereinten Nationen** in Wien (United Nations Office at Vienna, UNOV), wurde in der Absicht gegründet, ein Zentrum für alle Aktivitäten der Vereinten Nationen im Bereich der Sozialpolitik und der sozialen Entwicklung in einem multidisziplinären Sinn zu schaffen. Die ab Ende

[1]) Nachstehend werden die auf Grund der Rechtssprache in Österreich üblichen deutschen Bezeichnungen verwendet, während die Vereinten Nationen selbst häufig andere Bezeichnungen, also z. B. „Suchtstoffe" statt „Suchtgifte" etc verwenden.

1979 von New York und Genf nach Wien übersiedelten VN-Einheiten wurden 1982 im Büro der Vereinten Nationen in Wien zusammengefaßt. Sie unterstehen der Leitung eines Generaldirektors im Range eines VN-Untergeneralsekretärs (UN Under-Secretary-General), der gleichzeitig der persönliche Vertreter des Generalsekretärs Vereinten Nationen ist. Organisatorisch wurden die Aufgaben auf sozialem Gebiet dem **Zentrum für soziale Entwicklung und humanitäre Angelegenheiten** (Centre for Social Development and Humanitarian Affairs) und den mit Fragen der **Kontrolle des Mißbrauches von Suchtgiften und psychotropen Substanzen** befaßten Einheiten übertragen. Daneben wurden ein **Informationsdienst der Vereinten Nationen** als Pressestelle der Wiener VN-Behörden (United Nations Information Service, UNIS) und die **Postverwaltung der Vereinten Nationen** (United Nations Postal Administration, UNPA) eingerichtet.

Angesichts der großen Bedeutung, die allen Drogenangelegenheiten von den Mitgliedstaaten beigemessen wird, hat die 45. Generalversammlung der Vereinten Nationen mit Resolution 45/179 vom 21. Dezember 1990 eine Zusammenfassung der mit Drogenfragen befaßten VN-Einheiten zum **Internationalen Drogenkontrollprogramm der Vereinten Nationen** (UN International Drug Control Programme, UNDCP) unter der Leitung eines ebenfalls im Range eines VN-Untergeneralsekretärs stehenden Exekutivdirektors beschlossen.

Zentrum für Soziale Entwicklung und Humanitäre Angelegenheiten

Dieses Zentrum umfaßt die Abteilung für **Soziale Entwicklung** (Social Development Division) und die Abteilung für **Frauenförderung** (Division for the Advancement of Women) sowie mehrere Unterabteilungen (Branches und Units). Diese Unterabteilungen sind für Fragen der **Sozialpolitik** und der **Sozialen Wohlfahrt**, für Probleme der **Jugend**, der **älteren Menschen** und der **Behinderten**, der **Familie**, Fragen der **Verbrechensverhütung** und des **Strafrechtswesens** bzw. für Aspekte der **Förderung der Gleichstellung der Frau** zuständig.

Während auf Fragen der sozialen Entwicklung und auf die weltweiten Bemühungen um eine effektive Gleichstellung der Frau an anderen Stellen dieses Berichtes eingegangen wird, darf auf die Tätigkeit der Unterabteilung für **Verbrechensverhütung und Strafrechtswesen** besonders hingewiesen werden. Angeregt durch die ständig steigende Zahl von Verbrechen und immer neue und transnationale Formen des Verbrechens hat die Generalversammlung der Vereinten Nationen mit Resolution 45/108 vom 21. März 1991 eine Intergovernmental Working Group mit der Ausarbeitung von Vorschlägen für eine Reform dieser VN-Einheit beauftragt. Nach einer Tagung der Intergovernmental Working Group in Wien vom 5.–9. August 1991 hat eine Ministerkonferenz in Paris vom 21.–23. November 1991 auf der Basis dieser Vorschläge empfohlen, im Rahmen von UNOV ein **Programm der Vereinten Nationen für Verbrechensverhütung und Strafrechtswesen** (United Nations Crime Prevention and Criminal Justice Programme) zu schaffen. Die 46. Generalversammlung hat dem nunmehr zugestimmt und die Etablierung dieses neuen Programms beschlossen.

Österreich tritt grundsätzlich für die Erhaltung von UNOV in seinem bisherigen Umfang bzw. für eine Stärkung des Büros der Vereinten Nationen in Wien ein. Es anerkennt dabei aber auch den Umstand, daß mit der Schaffung eines eigenen VN-Drogenkontrollprogramms unter der Leitung eines Exekutivdirektors im Range eines VN-Untergeneralsekretärs nicht nur eine Stärkung der Aktivitäten der Vereinten Nationen auf dem Gebiete der Drogenkontrolle, sondern auch eine Aufwertung Wiens als Sitz Internationaler Organisationen verbunden ist (vgl. Kapitel Kontrolle von Suchtgiften und psychotropen Substanzen).

UN-Hilfswerk für Palästinaflüchtlinge (UNRWA)

Angesichts der Wirren des Krieges im Libanon hatte Österreich der Zentrale des **Hilfswerkes der Vereinten Nationen für Palästinaflüchtlinge** (United Nations Relief and Works Agency for Palestine Refugees in the Near East, UNRWA) bereits 1976 einen Aufenthalt in Wien angeboten. Etwa ein Drittel des UNWRA-Hauptquartiers übersiedelte damals nach Wien. Nach erneuten Problemen in der Region folgten dann im Jahre 1978 die weiteren Mitarbeiter von UNRWA dem Angebot Wiens. Der Aufenthalt von UNRWA in Wien war ursprünglich nur für einen vorübergehenden Zeitraum in Aussicht genommen. Die etwa 240 Mitarbeiter dieser Organisation stehen in Wien unter der Leitung eines Commissioner General im Range eines VN-Untergeneralsekretärs.

UNRWA betreut Unterricht, Gesundheits- und Sozialdienste für Palästinaflüchtlinge in Jordanien, Syrien, Libanon, im Westjordanland und im Gazastreifen. Österreich mißt den Aktivitäten von UNWRA grosse Bedeutung bei, was auch in den steigenden freiwilligen Beiträgen zu den Programmen von UNRWA einen Niederschlag findet. So hat Österreich im Jahr 1991 seinen bisherigen Beitrag zum regulären Budget dieser Organisation auf 5,25 Millionen Schilling fast verdreifacht und für verschiedene Maßnahmen auf sozialem Gebiet in diesem Jahr Sonderzahlungen in der Höhe mehrerer Millionen Schilling geleistet. Mit diesen Sonderzahlungen wurden das Schulprojekt von UNRWA in Jordanien, die Flüchtlingshilfe in den Golfländern, ein Warenhilfsprogramm und die Medikamentenversorgung in Jordanien, Entwicklungshilfemaßnahmen in der Golfregion sowie das Rote Kreuz-Sanitätskontingent in der Golfregion finanziell unterstützt. Daneben haben karitative Institutionen wie CARITAS, Volkshilfe und das Jugendrotkreuz mit ihren Spendenaktionen die Solidarität weiter Kreise, auch der österreichischen Bevölkerung, mit der schwierigen Lage vieler Palästinaflüchtlinge unter Beweis gestellt.

Budget und Ausgaben der Internationalen Organisationen 1990

Organisationen[1])	Budget (regulär)	Budget für Österreich insgesamt	Budget darunter Anteil der Löhne und Gehälter	Durchschnittlicher Anteil der in Österreich getätigten Ausgaben vom Gesamtbezug der Beschäftigten[2])		Ausgaben der Organisationen in Österreich (ohne Löhne und Gehälter)
	in 1.000 US-$[3])				in %	in 1.000 US-$[3])
IAEA	184.100	156.000	104.000	98.800	*95*	52.000
UNIDO	256.957	104.823	77.243	68.746	*89*	27.580
UN-OFFICE	46.090	43.897	33.373	22.694	*68*	10.524
OPEC	22.069	21.438	13.807	11.046	*80*	7.631
OPEC-FONDS	8.597	8.597	3.923	3.138	*80*	4.674
IOM	90.000	3.750	638	606	*95*	3.112
IIASA	12.569	10.734	7.982	7.184	*90*	2.752
UNRWA	247.210	23.866	16.900	13.520	*80*	6.966
FIR	292	268	180	180	*100*	88
VID	878	878	670	670	*100*	208
ICSW	–	–	–	–	–	–
IUFRO	205	205	85	85	*100*	120
INTOSAI	130	130	109	87	*80*	21
IASSW	366	366	229	206	*90*	137
IER	–	–	–	–	–	–
Zusammen in 1.000 US-$	**869.463**	**374.952**	**259.139**	**226.962**	.	**115.813**
Zusammen in 1.000 öS	**9,477.147**	**4,086.977**	**2,824.615**	**2,473.886**	.	**1,262.362**
Auf einen Beschäftigten[4]) entfallen in öS	.	.	.	*607.967*	.	*271.709*

Quelle: Bundesministerium für auswärtige Angelegenheiten.

[1]) Erklärung der Abkürzungen

IAEA:	International Atomic Energy Agency
UNIDO:	United Nations Industrial Development Organization
UN-OFFICES:	United Nations Scientific Commitee on Effects of Atomic Radiation – UNSCEAR
	Office of the UN-High Commissioner for Refugees – UNHCR
	Center for Social Development and Humanitarian Affairs – CSDHA
	International Trade Law – Branch (UNCITRAL-Sekretariat)
	Division of Narcotic Drugs
	International Narcotics Control Board – INCB
	UN Fund for Drogs Abuse Control – UNFFAC
	UN Postal Administration (UNPA Office in Vienna)
	UN Office in Vienna
OPEC:	Organization of the Petroleum Exporting Countries

OPEC-FONDS:	Opec Fonds für Internationale Entwicklung
IOM:	International Organisation for Migration
IIASA:	International Institute for Applied Systems Analysis
UNRWA:	United Nations Relief and Works Agency for Palestine Refugees in the Near East
FIR:	International Federation of Resistance Movements
VID:	Vienna Institute for Development
ICSW:	International Council on Social Welfare
IUFRO:	International Union of Forestry Research Organizations
INTOSAI:	International Organization of Supreme Audit Institutions
ITH:	International Conference of Historians of the Labour Movement
IASSW:	International Association of Schools and Social Work
IER:	Organisation for International Economic Relations

[2]) Von den Organisationen geschätzt.
[3]) 1 US-$ = 10,90 öS.
[4]) Beschäftigtenstand 1990: 4.646 Personen.

Anzahl der Beschäftigten am 31. 12. 1990

Organisationen	**Beschäftigte**			Gehobene Fachkräfte		Bürokräfte		Hilfskräfte	
	insgesamt	davon Ausländer	davon Österreicher	Ausländer	Österreicher	Ausländer	Österreicher	Ausländer	Österreicher
IAEA	**1.988**	1.345	643	769	27	525	525	51	91
UNIDO	**1.392**	950	442	442	16	471	351	37	75
UN-OFFICE	**475**	356	119	136	6	205	112	15	1
OPEC	**157**	91	66	36	–	55	66	–	–
OPEC-FONDS	**72**	44	28	29	–	13	27	2	1
IOM	**18**	6	12	2	–	3	12	1	–
IIASA	**203**	112	91	78	25	34	66	–	–
UNRWA	**288**	237	51	133	15	104	36	–	–
FIR	**2**	–	2	–	–	–	1	–	1
VID	**40**	1	39	1	37	–	2	–	–
ICSW	**4**	–	4	–	1	–	2	–	1
IUFRO	**4**	1	3	1	2	–	1	–	–
INTOSAI	**–**	–	–	–	–	–	–	–	–
IASSW	**3**	3	–	–	–	–	–	3	–
IER	**–**	–	–	–	–	–	–	–	–
Insgesamt	**4.646**	**3.146**	**1.500**	**1.627**	**129**	**1.410**	**1.201**	**109**	**170**

Quelle: Bundesministerium für auswärtige Angelegenheiten.

Personalstand der Internationalen Organisationen Dezember 1990 und 1991

Organisationen	Angestellte				Familienangehörige der ausländ. Bediensteten		Gesamtzahl der ausländ. Angestellten u. deren Familienangehörige	
	insgesamt		davon österr. Staatsbürger					
	1991	1990	1991	1990	1991	1990	1991	1990
IAEO	**2.221**	2.020	646	649	2.765	2.587	4.338	3.958
UNIDO	**1.376**	1.396	439	444	1.434	1.483	2.371	2.435
UNOV und Sekretariatseinheiten CSDHA UNCITRAL DND UNDCP UNSCEAR ILO/MATCOM	**482**	488	126	118	594	376	950	746
UNHCR	**9**	9	8	8	1	1	2	2
UNRWA	**262**	262	48	48	264	264	478	478
OPEC	**163**	161	66	66	179	177	276	272
OFID	**72**	71	26	26	95	93	141	138
IIASA	**211**	248	92	109	118	128	237	267
CPC	**7**	–	3	–	3	–	7	–

Quelle: Bundesministerium für auswärtige Angelegenheiten

Österreich und die Weltwirtschaft

Weltwirtschaft und Welthandel

Die **politischen** Rahmenbedingungen für die Weltwirtschaft haben sich im Jahr 1991 insgesamt günstig entwickelt: Zwei schwere Krisen – der Krieg in der Golfregion zu Jahresbeginn 1991 sowie der **Militärputsch** in der Sowjetunion im August – konnten überraschend schnell bewältigt werden. Ein anderer Ausgang hätte in der internationalen Wirtschaft tiefgreifende Schocks auslösen können, deren kumulative Folgen kaum zu überblicken sind. Positive Folgen hat auch das Vorschreiten der europäischen Einigung. Dieser Prozeß wird von der EG geprägt, deren Attraktivität für andere europäische Länder seit dem Ende des Ost-West-Gegensatzes stets weiter steigt. Die EG hat im Jahr 1991 bei ihrem Vorhaben, die wirtschaftliche Integration weiterzuführen sowie auf neue Dimensionen auszuweiten, wesentliche Erfolge erzielt. (s. Abschnitt EG).

Wichtige Impulse kann der europäische Integrationsprozeß auch durch den **Europäischen Wirtschaftsraum (EWR)** erhalten. Das EWR-Abkommen soll zu Jahresbeginn 1993 – zeitgleich mit dem EG-Binnenmarkt – in Kraft treten. Dieser Terminplan ist durch die ablehnende Stellungnahme des Europäischen Gerichtshofes zur EWR-Gerichtsinstanz allerdings in Frage gestellt worden (s. Abschnitt EWR).

Die fortschreitende Integration Europas hat erwartungsgemäß zu Reaktionen in anderen Teilen der Welt geführt: Die Integration Nordamerikas wurde weiter verstärkt; auch hat der Vorschlag des malaysischen Ministerpräsidenten Mahathir, eine Freihandelszone im Fernen Osten zu schaffen, nunmehr stärkere Unterstützung gefunden. So wird die Tendenz zu einer **wirtschaftlich tripolaren Welt** deutlicher. Damit sind allerdings gewisse Gefahren verbunden; insbesondere der Wiederbelebung des Protektionismus und eines Wiederaufflammens von Handelskriegen. Es ist daher bedeutsam, ob es gelingen wird, die nunmehrigen GATT-Verhandlungen (Uruguay-Runde) erfolgreich abzuschließen.

Aus Europa kommen gegenwärtig nicht nur die wichtigsten Impulse, sondern auch die größten **Risken** für die Weltwirtschaft. Dies gilt insbesondere im Hinblick auf die Entwicklung auf dem Gebiet der früheren UdSSR. Die verschiedenen Pläne zur Wirtschaftsreform wurden erst ansatzweise umgesetzt; der Prozeß des wirtschaftlichen Abstiegs setzt sich fort.

Das **Wachstum der Weltwirtschaft** schwächte sich seit 1988 (real +4 Prozent) kontinuierlich ab und hat 1991 (+1 Prozent) den niedrigsten Wert seit Beginn der 80er Jahre erreicht. Den stärksten Rückgang mußten die

Oststaaten (–12 Prozent) hinnehmen.[1]) Zum Teil war dieser Rückschlag eine unausweichliche Begleiterscheinung des Übergangs von der Plan- zur Marktwirtschaft sowie des Zusammenbruchs des früheren Intra-RGW-Handels, zum Teil (in der Sowjetunion und in Jugoslawien) eine Folge der staatlichen Desintegration.

Die **Entwicklungländer** mußten – zum ersten Mal seit langem – im Jahr 1991 einen Wachstumsrückgang (–0,4 Prozent) hinnehmen, wobei Öl-Exporteure und andere Entwicklungsländer etwa gleich betroffen gewesen sind. Hohe Wachstumsdynamik haben nur die Entwicklungländer in Asien erreicht.

In den **westlichen Industrieländern** hat sich der im Herbst 1990 begonnene Konjunkturabschwung im ganzen Jahr 1991 fortgesetzt.

Der für das 2. Halbjahr erwartete Aufschwung hat sich verzögert und wird nicht vor dem 1. Halbjahr 1992 einsetzen. Insgesamt wird für das Jahr 1991 in den OECD-Ländern ein reales Wirtschaftswachstum von 1,3 Prozent erwartet, nach 2,6 Prozent im Jahr 1990.

Kräftig gewachsen ist im Jahr 1991 die Wirtschaft in Japan (+4,5 Prozent) und in der Bundesrepublik Deutschland (+3,5 Prozent). In Deutschland stützt sich die Konjunktur großteils auf die Nachfrage aus den neuen Bundesländern, die durch massive Transfers finanziert wurde.[2]) Nach Berechnungen deutscher Forschungsinstitute geht etwa die Hälfte des Anstiegs des realen Brutto-Sozialprodukts in Deutschland im ersten Jahr nach dem Inkrafttreten der Währungsunion (2,3 Prozentpunkte) auf Nachfrageeffekte der Vereinigung zurück. Die Hochkonjunktur in Deutschland kam, ebenso wie schon 1990, in hohem Maße den Nachbarstaaten (Frankreich, Niederlande, Belgien, Österreich) zugute. Die USA, Großbritannien und Kanada, sowie die meisten skandinavischen Länder, befanden sich 1991 in einer Rezession mit negativen Wachstumsraten. Auch in Frankreich und Italien hat sich die Konjunktur spürbar abgeschwächt. Der **Konjunkturabschwung** war aber zum Teil geringer als erwartet, vor allem weil in den meisten Ländern die restriktive Politik gelockert wurde. Positiv hat sich das Ende des Golfkrieges durch die Erdölverbilligung und Verringerung der Unsicherheiten ausgewirkt.

Über die wirtschaftlichen Auswirkungen der Abrüstung als Folge der Ost-West-Entspannung gibt es unterschiedliche Auffassungen: IWF-Simu-

---

[1]) Der Anteil der Oststaaten am Brutto-Inlandsprodukt der Welt wurde im Jahr 1990 auf 15,1 Prozent geschätzt, doch scheinen neuere Daten darauf hinzuweisen, daß dieser Anteil etwas überhöht ist; der Anteil der OPEC beläuft sich auf 2,5 Prozent, der NOPEC auf 18 Prozent, jener der Industriestaaten auf 64,4 Prozent.

[2]) Seit der Schaffung der Wirtschaft-, Währungs- und Sozialunion Mitte 1990 sind ca. 130 Milliarden Deutsche Mark in die neuen Bundesländer geflossen.

lationen lassen vermuten, daß durch ein Einfrieren der Rüstungsausgaben kurzfristig keine, mittel- und langfristig eher negative Wachstumsimpulse zu erwarten sind.[3])

Der bis Jahresende 1991 nur mäßige Konjunkturaufschwung in den USA und die hohen Zinsen in der Bundesrepublik Deutschland haben in jüngster Zeit den Wert des US-Dollars deutlich gedrückt. Der hohe Kapitalbedarf für den Wiederaufbau der früheren DDR wird diese Situation verlängern. Mit Ausnahme Deutschlands sind die kurzfristigen Zinsen in den meisten OECD-Ländern jedoch gesunken.

Der Prozeß der Budgetkonsolidierung der 80er Jahre ist 1989 zum Stillstand gekommen. Seither ist im Durchschnitt der OECD-Staaten das Defizit der Staatshaushalte um 1 Prozentpunkt des Brutto-Nationalprodukts gestiegen. Abgesehen von der deutschen Sonderentwicklung (Defizit wegen der Vereinigung) war dafür die Wachstumsabschwächung in den meisten Ländern verantwortlich. Bei dem zu erwartenden Aufschwung dürften sich diese Defizite insgesamt wieder stabilisieren.

Die Lage auf dem **Arbeitsmarkt** hat sich durch die im Jahr 1990 einsetzende Wachstumsrezession verschlechtert. Zum ersten Mal seit 1982 kam es im Durchschnitt der OECD-Staaten im 1. Halbjahr 1991 zu einem Rückgang der Beschäftigten (–0,25 Prozent). Am stärksten betroffen waren Großbritannien, Kanada, Australien und die skandinavischen Länder.

In den Jahren 1992 (+2,5 Prozent) und 1993 (+3 Prozent) wird für die westlichen Industriestaaten eine allmähliche Erholung und Belebung des Wirtschaftswachstums erwartet. Der Aufwärtstrend könnte sich verstärken, wenn niedrige Zinsen Investitionen und Konsumausgaben stimulieren. In Deutschland ist eine Belebung erst im Jahr 1993 wahrscheinlich. Allgemein wird erwartet, daß der kommende Aufschwung wieder zu einer Konvergenz der Wachstumsraten in den Industrieländern führt, nachdem sie sich 1990 und 1991 sehr unterschiedlich entwickelt haben.

Die Abschwächung der Weltkonjunktur war von einer **Abschwächung** der **Welthandelsdynamik** begleitet. Seit dem Höhepunkt im Jahr 1988 (+9 Prozent) hat sich die Wachstumsrate auf 5,3 Prozent 1990 bzw. 3,3 Prozent im Jahr 1991 abgeschwächt.[4])

Außergewöhnlich stark ist 1991 der Warenaustausch der **Oststaaten** untereinander (der frühere Intra-RGW-Handel) **geschrumpft**. Nach unvollständigen, teilweise divergierenden Schätzungen belief sich der Rückgang

---

[3]) IWF, World Economic Outlook, May 1990, S. 34–36.

[4]) Der IW. weist in seinem jüngsten Bericht für den Welthandel im Jahr 1990 eine Wachstumsrate von 4,2 Prozent, für 1991 von 0,9 Prozent aus. In diesen Werten ist auch der Warenaustausch zwischen den Oststaaten enthalten.

auf über 50 Prozent.[5]) Besonders stark betroffen waren die (früher besonders wichtigen) bilateralen Beziehungen zwischen der Sojwetunion und den anderen Ländern Zentral- und Osteuropas. Um eine Zahlungsbilanzkrise zu vermeiden, hat die Sowjetunion ihre Bezüge aus diesen Staaten stark eingeschränkt. Ein wichtiger, aber keineswegs der einzige Grund für den Einbruch des Intra-Osthandels war der Übergang von der Clearing-Verrechnung zu Zahlungen in freier Währung zu Jahresbeginn 1991.

Alle Oststaaten versuchen, ihre Handelsbeziehungen mit dem Westen auszubauen. Dies ist bisher nur teilweise gelungen, da im Angebot dieser Länder international wettbewerbsfähige Waren unzureichend vertreten sind. Eine Ausweitung der Lieferungen in den Westen wird darüber hinaus durch Abschwächung der westlichen Konjunktur sowie durch die bisher nur geringe Bereitschaft des Westens behindert, seine Märkte gegenüber östlichen Produkten zu öffnen. Trotz dieser Hindernisse sind den Oststaaten nach den bisher verfügbaren Daten einige Exporterfolge, vor allem bei hochwertigen Produkten, gelungen.

Die **Exporte der Industriestaaten** schwächten sich von 5,0 Prozent 1990 auf 2,8 Prozent im Jahr 1991 ab, OECD-Importe nahmen 1991 um 3,2 Prozent zu.

Der Intra-OECD-Handel (+2,8 Prozent) hat sich dabei etwas schwächer als das Wachstum des Handels zwischen den Industriestaaten und anderen Regionen der Welt (OECD-Exporte in Nicht-OECD-Länder +4,3 Prozent, Importe +3,2 Prozent) entwickelt. Relativ kräftig (um 6 bis 7 Prozent) zugenommen hat der Außenhandel der **Entwicklungsländer** außerhalb der OPEC, insbesondere jener der sechs dynamischen Länder in Asien. Die Ausfuhren der OPEC schrumpften um fast 2 Prozent, wogegen die Importe um 5,5 Prozent zugenommen haben.

Die Importdynamik ist im Jahr 1991 in den USA und in fast allen Industrieländern als Folge des Konjunktureinbruches zurückgegangen, in einigen Staaten (Großbritannien, Schweden, Finnland) sind die Importe sogar geschrumpft. Lediglich Deutschland konnte einen kräftigen Importzuwachs verzeichnen.

Die **Preise** der international gehandelten Güter blieben 1991 – ebenso wie schon 1990 – stabil; teilweise (Energie, sonstige Rohstoffe) sind sie sogar zurückgegangen. Nach OECD-Berechnungen sind die Exportpreise der Industriestaaten (in nationalen Währungen) im Jahr 1991 um 0,7 Prozent gestiegen, die Importpreise gingen um 0,4 Prozent zurück (Energie –4,1 Prozent).[6])

---

[5]) Auf den Intra-RGW-Handel entfielen in der Vergangenheit etwa 5 Prozent des Welthandels.

[6]) Auf Dollarbasis sind die Außenhandelspreise der OECD um 2 Prozent bis 3 Prozent zurückgegangen.

Die gravierenden Ungleichgewichte der **Leistungsbilanzen** zwischen den großen Industrieländern haben sich im Jahr 1991 – allerdings nur vorübergehend – verringert.

In den USA ging das Defizit, vor allem als Folge der Transferzahlungen (Kosten des Golfkrieges), von 92 Milliarden Dollar 1990 auf nur 4 Milliarden Dollar zurück. In Deutschland ist der Überschuß des Jahres 1990 (47 Milliarden Dollar) zu einem Defizit (17 Milliarden Dollar) übergegangen. Der Exportüberschuß Japans hingegen hat sich von 36 Milliarden Dollar im Jahre 1990 auf rund 70 Milliarden Dollar verdoppelt.

Für die Jahre **1992 und 1993** erhofft sich die OECD eine spürbare Belebung des Welthandels mit Wachstumsraten von 6,5 Prozent bzw. 7 Prozent. Überdurchschnittlich sollten nach ihrer Meinung die Importe der OPEC, im Jahre 1993 auch jene der Oststaaten zunehmen. Die Leistungsbilanzungleichgewichte werden sich wieder verstärken, wobei vor allem der Überschuß Japans kräftig (bis 1993 auf 80 Milliarden Dollar) anwachsen wird.

Der internationale Handel wird immer stärker durch ausländische **Direktinvestitionen** ergänzt. Seit Mitte der 80er Jahre haben sich die ausländischen Direktinvestitionen in den großen Industrieländern belebt. In den Jahren 1985/90 nahmen sie um 34 Prozent jährlich zu, deutlich kräftiger als der Welthandel und das Brutto-Nationalprodukt. Dazu haben neue Technologien (insbesondere im Rahmen der EDV und der Kommunikation), die Liberalisierung des Kapitalverkehrs sowie die Vorbereitung auf den EG-Markt beigetragen.

Österreich

In Österreich ist im Jahr 1991 das **Wachstumstempo** – nach einer über drei Jahre anhaltenden Periode mit hoher Dynamik (1990 +4,6 Prozent) – auf 3 Prozent **zurückgegangen**. Für das Jahr 1992 wird ein weiterer leichter Rückgang (auf 2,5 Prozent) erwartet, für 1993 wieder ein Aufschwung (+3 Prozent).

Österreich hat sowohl 1990 als auch 1991 stark von der Hochkonjunktur in der Bundesrepublik Deutschland profitiert. Diese hat den österreichischen Export kräftig belebt. Infolge der Verringerung des deutschen Wirtschaftswachstums werden auch die Exportimpulse schwächer. Eine Rezession ist in Österreich aber schon deshalb nicht zu befürchten, weil die Inlandsnachfrage (insbesondere der private Konsum und die Bauinvestitionen) lebhaft bleibt. Der private Konsum wird allerdings im nächsten Jahr durch den geringeren Anstieg der Löhne sowie durch höhere Sozialversicherungsabgaben gedämpft.

Die Nachfrage nach neuen **Arbeitskräften** war im Jahr 1991 stark. Während die Industrie begonnen hat, mit der Verringerung der Produktion auch das Personal abzubauen, nimmt die Beschäftigung im Bereich der Bauwirtschaft und der Dienstleistungen weiterhin stark zu. Das Angebot billiger Arbeitskräfte gibt wenig Anreiz zu arbeitssparenden Investitionen. Das Produktivitätswachstum schwächt sich ab.

Die **Inflation** bleibt unter Kontrolle. Die Verbrauchspreise sind 1991 um 3,3 Prozent angestiegen. Der Anstieg von Löhnen und Gehältern wird sich 1992, als Folge des geringen Wachstums in der Industrie und verlangsamten Produktivität, abschwächen. Das Wachstum der Industrie-Investitionen hat sich, als Folge geringerer Exporte im Jahr 1991, abgeschwächt. In anderen Sektoren, die dem internationalen Wettbewerb weniger ausgesetzt sind, ist das Investitionsklima weiterhin günstig. Die Aussichten für den Europäischen Wirtschaftsraum könnten die Firmen veranlassen, die Strukturanpassung zu beschleunigen. Die Nachfrage nach Bauinvestitionen ist lebhafter als für Ausrüstungen.

Die **Exportdynamik** ist im Jahr 1991 geringer geworden. Während 1990 die Ausfuhren zu laufenden Preisen um fast 9 Prozent stiegen, hat die Zunahme die 3-Prozent-Marke 1991 nicht überschritten. Die **Importnachfrage** blieb 1991 (nominell +6,4 Prozent) lebhaft. Darin spiegelt sich die nach wie vor kräftige Inlandskonjunktur wider. Das Handelsbilanzdefizit ist infolge dieser Entwicklung kräftig, auf 112,9 Milliarden Schilling, gestiegen. Der Anstieg des Handeslbilanzdefizits ist für eine Situation, in der die Konjunktur im Inland kräftiger als im Ausland ist, nicht untypisch.

Im gesamtwirtschaftlichen Zusammenhang ist allerdings das Handelsbilanzpassivum noch keineswegs als bedenklich zu bezeichnen, da ihm hohe Überschüsse aus dem Reiseverkehr sowie aus sonstigen Positionen der Zahlungsbilanz gegenüberstehen. Die österreichische Leistungsbilanz, die Waren, Dienstleistungen und Transfers umfaßt, wird 1991 mit einem Defizit von etwa 1,665 Milliarden Schilling abschließen.

Die österreichische Außenwirtschaft in Graphik und Zahlen

Außenhandel 1970, 1980, 1990 und 1991 nach Warengruppen

Warengruppen	Einfuhr				Ausfuhr			
	1970	1980	1990	1991	1970	1980	1990	1991
Insgesamt in Mrd. S	**92**	**316**	**556**	**592**	**74**	**226**	**466**	**479**
	davon in %							
Fertigwaren	*53,9*	*56,3*	*70,1*	*71,9*	*60,1*	*62,9*	*73,1*	*75,3*
davon: Konsumgüter	*35,2*	*38,9*	*46,8*	*48,2*	*37,3*	*40,0*	*47,8*	*49,3*
darunter:								
PKW	*5,4*	*5,2*	*7,0*	*7,6*	*0,1*	*0,9*	*1,4*	*1,2*
Bekleidung	*2,1*	*3,9*	*4,7*	*4,8*	*3,3*	*3,3*	*2,8*	*2,9*
Investitionsgüter	*18,7*	*17,4*	*23,2*	*23,2*	*22,8*	*22,9*	*25,3*	*26,0*
darunter:								
Eisen und Stahl	*4,1*	*3,0*	*3,0*	*2,6*	*12,0*	*9,6*	*6,5*	*5,6*
Arbeitsmaschinen	*2,2*	*3,7*	*4,2*	*3,9*	*1,1*	*5,3*	*6,1*	*5,9*
Halbfertigwaren	*20,2*	*16,1*	*14,6*	*13,2*	*22,9*	*22,7*	*17,6*	*16,2*
Rohstoffe und Energie	*18,6*	*22,4*	*10,8*	*10,3*	*12,5*	*10,4*	*6,2*	*5,6*
Nahrungs- und Genußmittel	*7,3*	*5,2*	*4,6*	*4,6*	*4,5*	*4,0*	*3,2*	*3,1*

Quelle: Österreichisches Statistisches Zentralamt.

Außenhandel 1970, 1980, 1990 und 1991 nach Wirtschaftsräumen

Wirtschaftsräume	Einfuhr				Ausfuhr			
	1970	1980	1990	1991	1970	1980	1990	1991
Insgesamt in Mrd. S	**92**	**316**	**556**	**591**	**74**	**226**	**466**	**479**
	davon in %							
EG[1])	*65,6*	*63,1*	*68,3*	*67,8*	*50,5*	*56,2*	*64,5*	*65,8*
EFTA[1])	*10,4*	*7,6*	*7,1*	*6,9*	*16,1*	*12,1*	*10,2*	*9,2*
Osteuropa	*9,4*	*9,7*	*6,0*	*6,0*	*12,9*	*12,1*	*8,5*	*9,0*
OECD	*81,3*	*77,4*	*84,6*	*84,4*	*73,2*	*72,6*	*81,2*	*81,1*
Entwicklungsländer	*16,7*	*19,9*	*7,9*	*8,2*	*21,5*	*23,5*	*7,3*	*7,6*

Quelle: Österreichisches Statistisches Zentralamt.
[1]) Warenverkehr mit EG- bzw. EFTA-Staaten in deren Zusammensetzung 1991.

Außenwirtschaft 1976 - 1990

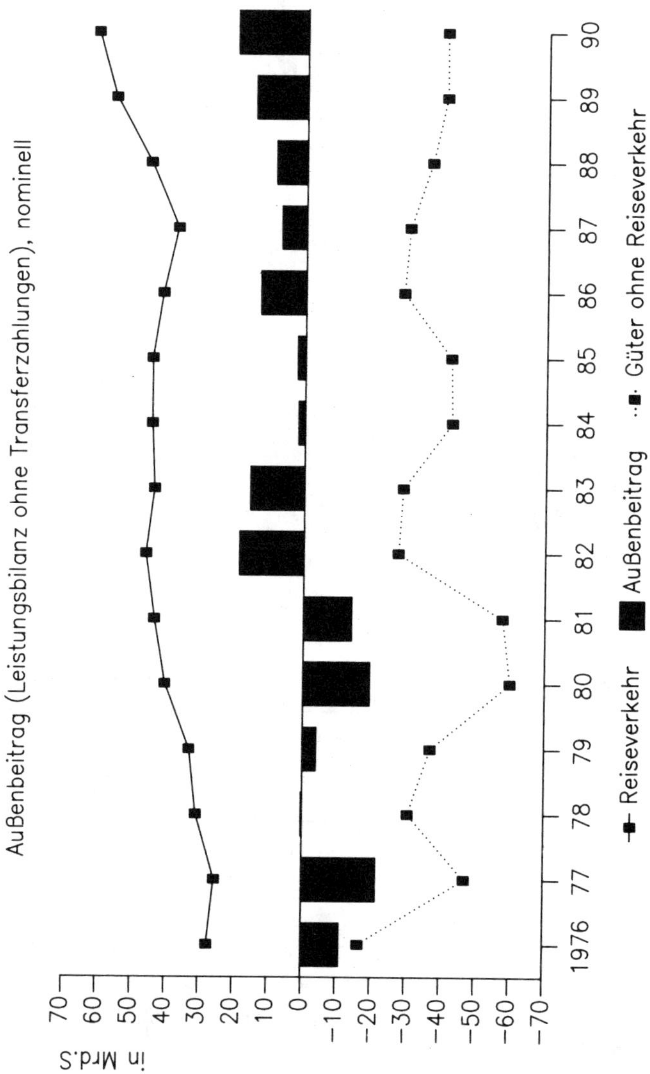

Quelle: Österreichisches Statistisches Zentralamt.
Grafik: Österreichisches Statistisches Zentralamt.

Wichtigste Außenhandelspartner Österreichs 1990 und 1991

Land	Einfuhr		Land	Ausfuhr	
	in Mio. S	in %		in Mio. S	in %
			1990		
Insgesamt	**556.234**	***100,0***		**466.068**	***100,0***
darunter:					
BRD	243.068	*43,7*	BRD	171.036	*36,7*
Italien	50.347	*9,1*	Italien	45.782	*9,8*
Japan	25.243	*4,5*	Schweiz	32.366	*6,9*
Schweiz	23.679	*4,3*	Frankreich	22.139	*4,8*
Frankreich	23.375	*4,2*	Großbritannien	18.061	*3,9*
USA	20.190	*3,6*	USA	14.913	*3,2*
Niederlande	15.733	*2,8*	Niederlande	13.508	*2,9*
Belgien	15.328	*2,8*	Ungarn	10.477	*2,3*
Großbritannien	14.278	*2,6*	UdSSR	10.076	*2,2*
UdSSR	10.242	*1,8*	Belgien	9.559	*2,1*
			1991		
Insgesamt	**591.898**	***100,0***		**479.029**	***100,0***
darunter:					
BRD	254.644	*43,0*	BRD	186.998	*39,0*
Italien	52.338	*8,8*	Italien	44.875	*9,4*
Japan	28.686	*4,8*	Schweiz	30.577	*6,4*
Frankreich	25.767	*4,4*	Frankreich	20.816	*4,4*
Schweiz	24.688	*4,2*	Großbritannien	17.329	*3,6*
USA	23.367	*4,0*	Ungarn	14.528	*3,0*
Belgien	16.689	*2,8*	Niederlande	14.386	*3,0*
Großbritannien	15.982	*2,7*	USA	13.518	*2,8*
Niederlande	15.877	*2,7*	Spanien	10.744	*2,2*
Ungarn	11.481	*1,9*	Jugoslawien	9.561	*2,0*

Quelle: Österreichisches Statistisches Zentralamt.

Internationaler Reiseverkehr
Eingänge und Ausgänge 1980, 1985 und 1990

Länder	1980			1985			1990		
	Eingänge	Ausgänge	netto	Eingänge	Ausgänge	netto	Eingänge	Ausgänge	netto
	in Mio. US-$								
Belgien[1])	1.810	3.269	- 1.459	1.661	2.048	- 387	3.699	5.445	- 1.746
BRD	4.916	17.319	-12.403	4.748	12.811	-8.063	10.683	29.836	-19.153
Dänemark	1.336	1.559	- 223	1.326	1.403	- 77	3.322	3.674	- 352
Frankreich	8.186	5.993	2.193	7.942	4.557	3.385	20.167	12.415	7.752
GBR	6.883	6.365	518	6.984	6.251	733	13.722	17.452	- 3.730
Italien	8.213	1.908	6.305	8.355	1.881	6.474	19.742	13.826	5.916
Niederlande	1.664	4.664	- 3.000	1.660	3.414	-1.754	3.612	7.331	- 3.719
Norwegen	753	1.314	- 561	756	1.724	- 968	1.517	3.414	- 1.897
Österreich	**6.442**	**3.124**	**3.318**	**5.085**	**2.723**	**2.362**	**11.754**	**6.212**	**5.542**
Schweden	960	2.210	- 1.250	1.184	1.955	- 771	2.896	6.067	- 3.171
Schweiz	3.156	2.363	793	3.164	2.413	751	6.858	6.008	850
Kanada	2.266	3.105	- 839	3.117	4.125	-1.008	5.260	8.434	- 3.174
USA	10.090	10.397	- 307	11.663	16.502	-4.839	39.253	38.376	877
Japan	640	4.583	- 3.943	1.131	4.771	-3.640	3.583	24.878	-21.295
OECD insgesamt	69.986	73.624	- 3.638	73.353	72.118	1.235	191.802	199.454	-17.652

Quelle: OECD.
[1]) Inklusive Luxemburg.

Der Weltwirtschaftsgipfel

Vom 15. bis 17. Juli fand in London das alljährliche Gipfeltreffen der Staats- und Regierungschefs der sieben größten westlichen Industrienationen (sog. G-7: Deutschland, Frankreich, Großbritannien, Italien, Japan, Kanada und USA) und des Präsidenten der EG-Kommission statt. Es war dies bereits die 17. Konferenz dieser Art.

Die Konferenz hat keine formale Entscheidungsbefugnis. Diese liegt – etwa in Wirtschaftsfragen – weiterhin bei den weltumspannenden Finanz- und Wirtschaftsorganisationen. Auch steht der Fülle der bei diesen Gipfelkonferenzen aufgeworfenen Fragen die Kürze der Zeit gegenüber, in der sie abgehandelt werden können. So liegt die eigentliche Bedeutung der „Weltwirtschaftsgipfel" zur Zeit hauptsächlich darin, daß sie den Grad der Übereinstimmung erkennen lassen, der in wichtigen wirtschaftlichen und politischen Fragen unter den Teilnehmern gegeben ist. Diese Übereinstimmung findet ihren Niederschlag in einer Reihe von Erklärungen, die schon aus diesem Grund von Interesse sind.

Ansatzweise geht die Gipfelkonferenz bzw. die dort vertretene Gruppe der sieben mächtigsten Industriestaaten bereits über eine solche bloße Bestandsaufnahme hinaus. Die Gruppierung wird nämlich auch außerhalb der jährlichen Gipfeltreffen tätig. Sie hat sich dabei schon seit langem mit Währungsfragen befaßt; zuletzt insbesondere auch mit einer verstärkten Koordinierung der Hilfe an die Nachfolgestaaten der bisherigen Sowjetunion.

Trotz dieser Ansätze zu operationeller Tätigkeit ist die G-7 keineswegs ein „Direktorium" der Weltwirtschaft. Die Teilnehmer des Weltwirtschaftsgipfels vertreten auseinanderstrebende und oft gegenläufige Interessen und unterschiedliche Perzeptionen der anstehenden Probleme. Die Erklärungen des Weltwirtschaftgipfel reflektieren manchmal bloß den „kleinsten gemeinsamen Nenner"; nicht immer gelingt es, die Erklärungen der Gipfeltreffen in die Tat umzusetzen. So hat sich zum Beispiel die G-7 auf ihrem Londoner Gipfel prinzipiell für niedrigere **Realzinsen** ausgesprochen. Es ist ihr aber nicht gelungen, das Niveau, welches heute im historischen Vergleich hoch ist, zu senken.

Dieses ergibt sich aus dem Wirken des Kapitalmarktes, auf dem es zu der – seit einiger Zeit vorhergesagten – Verknappung von Geldkapital gekommen ist. Ursache dafür sind unter anderem die fortdauernden Budget- und Leistungsbilanzdefizite der Vereinigten Staaten; die Tatsache, daß Deutschland im Zuge der „Vereinigung" von einem Kapitalexporteur zu einem Kapitalimporteur geworden ist; sowie eine gewisse Schwächung des japanischen Kapitalmarktes.

Langfristige reale Zinssätze der USA 1960 - 1991

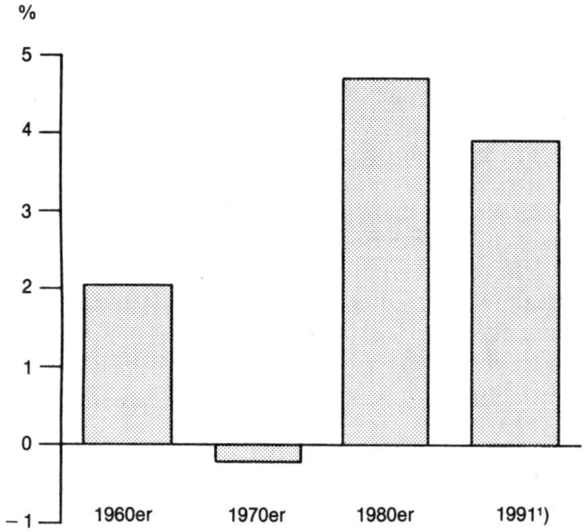

1) Letztverfügbarer Stand.

Quelle: The Economist.
Grafik: Adaptiert vom Österreichischen Statistischen Zentralamt.

Hinzu kommt der aus den wirtschaftlichen Umwälzungen in Mittel- und Osteuropa und der Golfkrise entstandene Nachfrageüberhang nach Finanzmitteln; auch sind die Forderungen der Entwicklungsländer in Rechnung zu stellen. Diese beachtliche Höhe der realen Zinsen wirkt sich negativ auf das Wirtschaftswachstum aus. Gerade in der jetzigen Rezessionsphase der Weltwirtschaft sollten aber – zur Belebung der Nachfrage und der Investitionen – die Zinsen niedrig sein.

Diese Frage der Zinsen steht seit einiger Zeit auf der Traktandenliste der G-7. Die sieben großen Industrienationen haben sich aber – wie erwähnt – bisher auf keine gemeinsame Strategie zur Zinsenreduktion einigen können; bzw. auf eine Strategie, mit der jene Ursachen beseitigt werden, die für die Kapitalverknappung maßgeblich sind.

Ein weiteres und besonders gravierendes Problem, das auf die G-7 zukommt, ist das der drohenden **Regionalisierung der Weltwirtschaft**. Es besteht die Gefahr, daß die Einheit der Weltwirtschaft durch das Entstehen von Wirtschafts- bzw. Handelsblöcken in Frage gestellt werden könnte (siehe auch Abschnitte „GATT" und „Weltwirtschaft"). So lassen sich z. B. in den US-japanischen Verhandlungen zur Beseitigung von „structural impediments" Tendenzen erkennen, bilaterale Elemente an Stelle der früher bestehenden multilateralen Strukturen zu setzen. Es ist dies eine Entwicklung, die in Europa berechtigterweise Sorge hervorruft.

Der diesjährige und **17. „Weltwirtschaftsgipfel"** behandelte Fragen der internationalen Konjunkturentwicklung, des Welthandels (Uruguay-Runde), der internationalen Energiewirtschaft- und Umweltpolitik, der Lage in Mittel- und Osteuropa und der (ehemaligen) Sowjetunion sowie die allgemeine weltpolitische Entwicklung. Im Anschluß an die Tagung fand erstmals eine Aussprache der Gipfelteilnehmer mit dem sowjetischen Präsidenten **Gorbatschow** statt, bei der dieser in eindringlicher Weise die vielfältigen Schwierigkeiten des Reformprozesses in der (damaligen) Sowjetunion darlegen konnte. Es wurden ihm allerdings nur wenig konkrete Hilfszusagen gemacht; insbesondere keine Zusage einer größeren Finanzhilfe.

In der **wirtschaftspolitischen Erklärung** wird der Wunsch nach einer auf gemeinsamen Werten gegründeten weltweiten Partnerschaft zur Stärkung der internationalen Ordnung geäußert. Die Einhaltung der Grundsätze der Demokratie, der Menschenrechte, der Rechtsstaatlichkeit und einer verantwortungsbewußten Wirtschaftsführung bilde den Schlüssel zu Wohlstand.

Mit Genugtuung wird vermerkt, daß trotz des Absackens des Wirtschaftswachstums in einigen Mitgliedstaaten eine allgemeine Rezession vermieden werden konnte und sich **die Zeichen einer Wiederbelebung des Wachstums mehren**. Der auf früheren Gipfeln beschlossene Stabiltätskurs müsse durch eine entsprechende Geld- und Fiskalpolitik, sowie durch das Streben nach niedrigeren Realzinsen weiterverfolgt werden.

Ein erfolgreicher Abschluß der **Uruguay-Runde des GATT** wird der Wirtschaft neue Impulse geben. Ohne ein solches Wirtschaftswachstum wäre es wesentlich schwieriger, die Entwicklungsländer und die osteuropäischen Länder in den Welthandel zu integrieren. In der Frage der Agrarsubventionen, des Marktzutritts, des Handels mit Dienstleistungen und des Schutzes von geistigem Eigentum müssen im GATT nach Auffassung der G-7 allerdings noch substantielle Verhandlungsfortschritte erzielt werden. Um das System des multilateralen und freien Welthandels zu stärken, solle das GATT in eine **Internationale Handelsorganisation (ITO)** umgewandelt werden.

Die Golfkrise habe erneut die **Verletzbarkeit des Energieversorgungssystems** aufgezeigt. Sie habe andererseits aber auch die Wirksamkeit des Marktes und die Politik der Internationalen Energieagentur bestätigt, für solche Krisen wirksam Vorsorge zu treffen. Augenmerk solle aber nicht nur der

Stabilisierung der Weltenergieversorgung gewidmet werden, sondern daneben auch dem Energiesparen. Durch die **Kernenergie** würde das Energieangebot verbreitert und diversifiziert. Sie leiste auch einen Beitrag zur Verringerung des Treibhauseffektes; Voraussetzung für die Nutzung dieses Energieträgers seien allerdings hohe Sicherheitsstandards.

Sehr positiv beurteilt wurde, daß sich nunmehr alle zentral- und osteuropäischen Länder zu einer Politik grundlegender Reformen bekennen. Die vom Internationalen Währungsfonds (IWF) geförderten Wirtschaftsprogramme und die Gründung der Europäischen Bank für Wiederaufbau und Entwicklung (EBRD) wurden begrüßt.

Nach dem offiziellen Abschluß des Gipfels wurde ein sechs-Punkte **Hilfsprogramm für die UdSSR** beschlossen, seine wichtigsten Elemente waren eine assoziierte Mitgliedschaft der UdSSR bei IWF und Weltbank; eine enge Zusammenarbeit mit der OECD; technische Hilfe beim Übergang von Rüstungs- zu Zivilproduktion und die Förderung des Zuganges sowjetischer Exporte zu den Weltmärkten.

Nicht nur in den Reformstaaten Zentral- und Osteuropas, sondern auch in den Entwicklungsländern sei die Schaffung eines **investitionsfreundlichen Klimas** von großer Bedeutung. Über die Lage der **Entwicklungsländer** und ihre **Schuldenprobleme** gab es keine wirklich neuen Aussagen. Wiederholt wurde die Forderung nach einem Schuldenerlaß vor allem für die ärmsten Länder. Der Pariser Klub wird eingeladen, diesbezügliche Details auszuarbeiten (siehe auch Abschnitt: Schuldenprobleme der Entwicklungsländer). Mit Befriedigung wurde zur Kenntnis genommen, daß wichtige Grundsätze wie Achtung der Menschenrechte, demokratischer Pluralismus und marktorientierte Wirtschaftspolitik in den Entwicklungsländern zunehmend akzeptiert werden.

Bei der Behandlung von **Umweltfragen** wurde die Bedeutung der **Konferenz der Vereinten Nationen für Umwelt und Entwicklung (UNCED) 1992** hervorgehoben. „Debt for nature exchanges“ wurden begrüßt; eine internationale Zusammenarbeit bei der Behebung der auf Grund der Golfkrise entstandenen Umweltschäden sei notwendig. Zum ersten Mal wurde auch Besorgnis über den weltweit wachsenden **Migrationsdruck** geäußert.

Besonderen Schwerpunkt der beiden **Politischen Erklärungen** bildeten vor dem Hintergrund des Golfkonfliktes die Aussagen betreffend die **Rüstungskontrolle**. Die Teilnehmer der Gipfelkonferenz setzten sich dabei im Sinne von Initiativen der USA, Frankreichs und Deutschlands für Maßnahmen ein, die das Entstehen von überproportional großen Waffenarsenalen, insbesonders in potentiellen Krisengebieten, verhindern sollen. Sie forderten erhöhte Transparenz im internationalen Waffenhandel und die Stärkung jener internationaler Instrumente, mit denen die Produktion, Verbreitung und Anwendung von Massenvernichtungswaffen unterbunden werden soll. Die Entwicklung in **Südafrika** wurde positiv bewertet und die Leistung von Wirtschaftshilfe für die schwarze Bevölkerung in Aussicht gestellt. In der **Jugoslawien**-Frage wurde im wesentlichen die EG-Linie übernommen.

Die Bemühungen, der Suche nach einer dauerhaften Friedenslösung für den **Nahen Osten** neuen Schwung zu geben, wurden gewürdigt. Die Staats- und Regierungschefs haben auch die Rolle anerkannt, die die **Vereinten Nationen** im Golfkonflikt spielen konnten. Sie sprachen sich dafür aus, die Krisenmanagementkapazität der Weltorganisation zu stärken.

Die Organisation für wirtschaftliche Zusammenarbeit und Entwicklung (OECD)

Die OECD, der derzeit 24 Mitgliedsländer angehören, erhält ihre politische Bedeutung als gemeinsame wirtschaftspolitische Gesprächsplattform der bedeutenden Industriestaaten Europas, Nordamerikas und des Pazifischen Raums. Das Sekretariat umfaßt 1.846 Mitarbeiter. Das Budget 1991 betrug 1,129 Milliarden Französische Francs, das sind rund 2,320 Milliarden Schilling. Der österreichische Anteil am Budget beläuft sich auf rund 23 Millionen Schilling (das sind 0,99 Prozent des Gesamtbudgets).

Die großen weltpolitischen und weltwirtschaftlichen Veränderungen der jüngsten Vergangenheit zwingen auch die OECD zu einer neuen Definition ihrer Aufgaben. Sie hat der Demokratisierung in Osteuropa Rechnung zu tragen, der zunehmenden wirtschaftlichen Interdependenz; der Globalisierung, auch wirtschaftlicher Probleme, den Vereinbarungen im Welthandel und beim GATT sowie schließlich auch stärker werdenden ökologischen Sachzwängen. Die bereits in den beiden Vorjahren geführte Diskussion über die künftige Rolle der OECD hat sich daher akzentuiert. Es wurde dabei klar, daß sich die Außenbeziehungen der OECD ausweiten werden. Bisher waren diese Außenbeziehungen hauptsächlich auf Entwicklungsländer gerichtet und Nord-Südfragen hatten in ihnen eine große Bedeutung. 1991 haben sich demgegenüber die Aktivitäten in Richtung Osteuropa, Pazifischen Raum (dynamische asiatische Volkswirtschaften) und Lateinamerika verstärkt.

Die stark zunehmende Bedeutung der **zentral- und osteuropäischen Staaten** für die OECD läßt sich am besten an einigen Zahlen darstellen:

Die Ausgaben der OECD für ihr Osteuropaprogramm werden sich in der Periode 1990–1992 fast vervierfachen bzw. mehr als verfünffachen, wenn das Programm für das Gebiet der ehemaligen Sowjetunion eingerechnet wird. Die Ausgaben betrugen 13 Millionen Französische Francs im Jahr 1990 und werden 1991 knapp 43 Millionen Französische Francs ausmachen. Für das Jahr 1992 sind rund 50 Millionen Französische Francs budgetiert. Darüber hinaus sind rund 20 Millionen Französische Francs für ein Programm für die Nachfolgestaaten der Sowjetunion vorgesehen.

Im abgelaufenen Jahr wurden beinahe 100 Konferenzen, Seminare und Workshops mit osteuropäischer Beteiligung abgehalten. Zunehmend geht die OECD dabei weg von allgemeinen Seminaren mit einem breiten Themenspektrum und hin zu Workshops und informellen Seminaren, die auf die Bedürfnisse des jeweiligen Empfängerlandes zugeschnitten sind: z. B. ein Workshop zur Privatisierung polnischer Banken oder ein informelles Seminar zum tschechoslowakischen Börsengesetz.

Im Zentrum der Osteuropaarbeit stehen die **Programme für die „Partners in Transition“** (PIT-Programme, derzeit für CSFR, Polen, Ungarn). Diese wurden anläßlich des OECD-Ministerrates 1991 in Anwesenheit der Wirtschafts- bzw. Außenminister Polens, Ungarns und der Tschechoslowakei durch Unterzeichnung entsprechender Memoranden offiziell vorgestellt. Die Programme sollen den PIT-Ländern wirksam beim Übergang von der Plan- zur Marktwirtschaft helfen und sie auf eine OECD-Mitgliedschaft vorbereiten. Als Maßnahmen sind vorgesehen: technische Hilfestellung bei spezifischen Sachfragen durch thematisch genau definierte „Workshops“; Teilnahme als Beobachter an den Sitzungen der OECD-Komitees; sowie „Länderprüfungen“ der jeweiligen Volkswirtschaften.

Nützlich und öffentlichkeitswirksam sind zweifellos die **Länderprüfungen**. Solche fanden im Juli 1991 für Ungarn und im November 1991 für die CSFR statt. Sie geben eine Gesamtübersicht über den Zustand dieser Volkswirtschaften.

Die Möglichkeit an den Sitzungen von Komitees und Arbeitsgruppen teilzunehmen, steht den PIT-Ländern auf praktisch allen Ebenen offen. Das bietet reichlich Möglichkeit zu Wissenstransfer und Informationsaustausch. Ausnahmen stellen nur jene Sitzungen dar, in denen von den OECD-Mitgliedern über die technische Hilfe für diese Länder entschieden wird.

Neben dem PIT-Programm existiert ein **allgemeines Osteuropaprogramm**, in welchem vor allem die technische Hilfe der OECD für Albanien, Bulgarien, Rumänien und für die baltischen Staaten abgewickelt wird, zu dem aber auch die PIT-Länder Zugang haben. Neben allgemeinen Seminaren für alle osteuropäischen Staaten werden auch hier zunehmend Workshops und informelle Seminare angeboten. Allerdings drängen die osteuropäischen Nicht-PIT-Staaten verstärkt darauf, in das PIT-Programm aufgenommen zu werden. Rumänien hat den Antrag um PIT-Teilnahme bereits gestellt, Bulgarien und die baltischen Staaten signalisieren Interesse an diesem Status. Seit Oktober 1991 ist eine in den OECD-Mitgliedsländern abrufbare Datenbank in Betrieb. Sie ist eine umfassende Informationsquelle über technische Hilfe an Osteuropa einschließlich der Nachfolgestaaten der Sowjetunion. Die Datenbank bietet Voraussetzung für die

Koordination der Hilfsmaßnahmen, da sie alle Bereiche der technischen Unterstützung erfassen soll, welche von öffentlichen Stellen der OECD-Mitgliedsländern und von internationalen Institutionen angeboten werden.

Aufgrund der starken wirtschaftlichen Expansion und zunehmenden Handelsverflechtungen mit den Industrieländern steigt das Interesse der OECD an den Beziehungen zu den **dynamischen asiatischen Volkswirtschaften** (Korea, Taiwan, Hongkong, Singapur, Malaysia, Thailand). Intensivierte Kontakte sollen dabei sowohl dem besseren Verstehen der jeweiligen Positionen dienen als auch zu einer Konvergenz der Standpunkte führen. Gleichzeitig sollen sie zu einer stärkeren Einbindung der DAEs in das internationale Handessystem beitragen. Mögliche Bereiche einer verstärkten Zusammenarbeit mit den DAEs sind daher Makroanalysen und -projektionen, Handelsfragen, Investitionsbeziehungen, Finanzmärkte sowie die Fragen der Besteuerung von Investitionsströmen.

Eine deutliche Vertiefung haben 1991 die Beziehungen zu Korea erfahren, welches seit 17. Oktober 1990 Vollmitglied im OECD-Schiffbaukomitee ist. 1991 hat Korea drei hochrangige Delegationen zur Erkundung weiterer Bereiche einer möglichen Zusammenarbeit entsandt. Dem Wunsch Koreas folgend sollte die Kooperation in ausgewählten Sachbereichen, durch Teilnahme als Beobachter an bestimmten Komiteesitzungen, sowie in einem Trainingsprogramm für koreanische Beamte erfolgen. Mittelfristig kann sich Korea auch eine OECD-Mitgliedschaft vorstellen.

Die politischen und wirtschaftlichen Veränderungen in **Lateinamerika** führen dazu, daß sich die OECD verstärkt mit dieser Weltregion beschäftigt. So wurde etwa im Rahmen einer Arbeitsgruppe eine Studie über ausgewählte südamerikanische Länder erstellt. Durch regelmäßige Überprüfung soll die Entwicklung in Südamerika weiter verfolgt werden.

Zu mittel- und südamerikanischen Ländern wurden direkte Kontakte aufgenommen: Die mexikanische Regierung hat bereits in der ersten Jahreshälfte 1991 ihr Interesse an einer verstärkten Zusammenarbeit mit der OECD bekundet. Im September 1991 fand daraufhin ein Seminar über Aspekte der mexikanischen Wirtschaft statt. In der Folge hat Mexiko dann konkrete Zusammenarbeitsbereiche angesprochen, wofür die PIT-Programme als Richtschnur dienen könnten. Mexiko hat bereits formal seinen Wunsch auf OECD-Mitgliedschaft deponiert. In ersten Kontaktnahmen hat auch Brasilien sein Interesse an Beziehungen zur OECD bekundet.

Parallel zur Debatte über die Außenbeziehungen der OECD, die dem Begriff der „Verbreiterung" der Organisation zugeordnet werden kann, wird auch über eine **„Vertiefung" der OECD** diskutiert. Damit wird eine stärkere Verrechtlichung angesprochen, wodurch vor allem die Durchsetzbarkeit von Regelungen gefördert und gleichzeitig größere Transparenz und bessere Überwachbarkeit erreicht werden sollten. Vor dem Hintergrund dieser generellen Diskussion wurde daher im Berichtsjahr die Arbeit in den einzelnen Komitees der OECD verstärkt auf Überwachung und Revision von in der Vergangenheit getroffenen Empfehlungen oder Entscheidungen ausgerichtet.

Auf **Ministerebene** tagte der **Rat der OECD** am 4. und 5. Juni 1991. Österreich war durch die Bundesminister Lacina und Schüssel sowie durch Staatssekretär Jankowitsch vertreten. Die Minister der OECD-Länder begrüßten dabei die historischen Veränderungen in Europa. Im Verein mit jüngsten Enwicklungen in einer Reihe von Entwicklungsländern zeugen sie für die Hinwendung zu den allen OECD-Ländern gemeinsamen Grundwerten. Die OECD-Länder wollen daher ihre Politik in der Form ausrichten und koordinieren, daß diese politischen und wirtschaftlichen Veränderungen unterstützt werden.

Nach einer sechsjährigen Pause sind am 29./30. Jänner 1991 die **OECD-Umweltminister** wieder in Paris zusammengetreten, um zu erörtern, wie die ökologischen Aspekte in die Entscheidungsprozesse der Verwaltung einbezogen werden können. Österreich war durch Bundesministerin Flemming vertreten. Auf Grund von Vorarbeiten wurden zu den fünf Themenschwerpunkten: Umweltindikatoren, Anwendung ökonomischer Instrumente in der Umweltpolitik, Risikominderung bei der Verwendung von Chemikalien, umfassende Umweltkontrolle sowie Verringerung der Abfallexporte einschlägige Empfehlungen verabschiedet.

Zur Vorbereitung der **Umwelt- und Entwicklungskonferenz der VN (UNCED)** in Brasilien im Juni 1992 wurde am 2./3. Dezember 1991 eine gemeinsame Tagung der Entwicklungs- und Umweltminister abgehalten. Österreich war durch Bundesministerin Feldgrill-Zankl und Staatssekretär Jankowitsch vertreten. Bei der Tagung wurde der politische Standort der OECD-Staaten zu wesentlichen Themen der UNCED abgeklärt. In der Frage der Reduktion der Treibhausgase konnte trotz intensiver Bemühungen der österreichischen Delegation keine Einigung innerhalb der OECD-Staaten erzielt werden. Zumindest für die nahe Zukunft wird es daher eine nationale Aufgabe sein, den Ausstoß der Treibhausgase zu reduzieren, um eine befürchtete Klimaverschlechterung zu vermeiden (siehe auch Abschnitt „Globale Umweltprobleme").

Jahresprüfung 1990/91 der wirtschaftlichen Entwicklung Österreichs

Die Jahresprüfung durch das Komitee für Volkswirtschaft und Entwicklung fand am 5. Februar 1991 statt. Als „Strukturthema" wurde das „Spar- und Investitionsverhalten und seine Förderung unter besonderer Berücksichtigung des Wohnungsmarktes" behandelt.

Bei der Prüfung der allgemeinen österreichischen Wirtschaftspolitik würdigt die OECD vor allem folgenden Maßnahmen:

- plangemäßer Abbau des Budgetdefizits bei gleichzeitiger Senkung der Steuerbelastung
- strukturpolitische Verbesserungen durch die Steuerreform per 1989
- erfolgreiche Fortsetzung der Hartwährungspolitik troz Wegfalls des Zinsdifferentials zur BRD und trotz fortschreitende Liberalisierung des Kaptialverkehrs. Die Liberalisierung des Kapitalverkehrs wird ausdrücklich als wettbewerbssteigernd bewertet.

In anderen Bereichen der Strukturpolitik wie Deregulierung, Wettbewerbspolitik und Subventionen stellt die OECD nur geringe Fortschritte fest.

Die Sparförderung wird von der OECD überwiegend negativ beurteilt. Sie würde die Strukturen auf dem Kapitalmarkt versteinern, die Bildung von Realkapital durch die Bevorzugung von Finanzanlagen verhindern, zu einer sozial unerwünschten negativen Umverteilung führen und die öffentlichen Haushalte stark belasten.

In der Wohnungspolitik indentifiziert die OECD einige Schwachstellen. Die Wohnbauförderung wäre im internationalen Vergleich sehr teuer und dennoch wenig wirksam. Die Überwälzung der Baukostensteigerungen auf die Mieter werde erleichtert und die Förderung sei im Hinblick auf die unterschiedliche wirtschaftliche Leistungsfähigkeit der Förderungswerber differenziert. Hinzu kommt, daß die Mietzinsregelung die Mobilität vermindert und den Wohnungbestand qualitativ verschlechtert. Die Förderungspolitik folge noch immer der Logik des Wiederaufbaus nach dem Krieg, aber nicht den heutigen Bedürfnissen und Einkommensverhältnissen.

Neben den intensivierten Beziehungen mit Nicht-Mitgliedstaaten haben die traditionellen Aufgaben der Organisation an Umfang und Intensität zugenommen. In bewährter Weise wird die Hauptlast der Arbeit in den zahlreichen Komitees und Arbeitsgruppen geleistet.

Für OECD-Angelegenheiten ist das Bundeskanzleramt zuständig, dem auch die österreichische Vertretung der OECD in Paris untersteht.

Das Allgemeine Zoll- und Handelsabkommen – GATT

In der unmittelbaren Nachkriegszeit bestand der Plan, eine „Welthandelsorganisation“ mit umfassenden Zuständigkeiten zu errichten. Dazu ist es – infolge des Widerstands einiger großer Handelsnationen – nicht gekommen. Anstelle dieser Welthandelsorganisation trat das GATT als eine in formaler Hinsicht relativ lose Vertragsgemeinschaft. Ihre faktische Bedeutung ist dennoch kaum zu überschätzen. In mehreren Zollverhandlungsrunden konnte im GATT schrittweise eine beachtliche Senkung der Zollsätze durchgesetzt werden. Die Zollsätze sind heute auf einem – auch in historischer Sicht – einmalig niedrigem Niveau.

Zollbelastung der Einfuhren in Industriestaaten 1820–1987
(Durchschnittlicher Prozentsatz – nicht gewogen)

	1820	1875	1913	1925	1930	1950	1987
Österreich	–	15–20	18	16	24	18	9
Belgien	7	9–10	9	15	14	11	7
Dänemark	30	15–20	14	10	–	3	–
Frankreich	–	12–15	20	21	30	18	7
Deutschland	10	4– 6	13	20	21	26	6
Italien	–	8–10	18	22	46	25	7
Niederlande	7	3– 5	4	6	–	11	7
Spanien	–	15–20	41	41	63	–	–
Schweden	–	3– 5	20	16	21	9	5
Schweiz	10	4– 6	9	14	19	–	3
Großbritannien	50	0	–	5	–	23	7
USA	40	40–50	25	37	48	14	7
Japan	–	4	20	13	19	4	8

Quelle: World Development Report 1991, Seite 97

Im Jahre 1986 wurde in Punta del Este, Uruguay, der Beschluß gefaßt, zur weiteren Senkung der Zölle und zur Beseitigung anderer Handelshemmnisse eine weitere Verhandlungsrunde zu beginnen. Diese Verhandlungsrunde – die sogenannte **„Uruguay-Runde“** – sollte Ende 1990 abgeschlossen sein. Dazu ist es aber nicht gekommen (siehe Außenpolitischer Bericht 1990).

1991 gab es nun mehrere Anläufe, diese Verhandlungen weiter und zu einem Erfolg zu führen. Es hat auch nicht an allgemeinen Bekenntnissen zum Prinzip des globalen Freihandels gefehlt. So haben etwa die sieben führenden Welthandelsnationen bei ihrem Londoner Gipfel (siehe Weltwirtschaftsgipfel London) ihre Absicht bekräftigt, die Uruguay-Runde erfolgreich zu beenden.

Das wäre in der Tat wichtig. Der Welthandel und die Weltwirtschaft haben sich ihrer Natur nach grundsätzlich geändert. Es ist daher notwendig, daß auch das GATT diese Änderungen berücksichtigt und damit die Zukunft des Freihandels vertraglich absichert. Ein notwendiger Schritt auf diesem Weg ist der Abschluß der Uruguay-Runde.

In diesem Sinne wäre ein Scheitern dieser Runde nicht nur ein bloßes Stillhalten in einem Prozeß der allmählichen Liberalisierung des internationalen Warenaustausches. Das endgültige Scheitern der Uruguay-Runde würde vielmehr eine allmähliche Abkehr von den Prinzipien des weltweiten, multilateralen, freien Warenaustausches signalisieren.

Was sind nun die wichtigsten Entwicklungen, durch die sich die bisherige Natur des internationalen Warenaustausches so grundsätzlich geändert hat?

1. An Stelle von Zöllen und Quoten treten andere, sogenannte „**nichttarifarische**" Handelshemmnisse. Solche Hemmnisse kann man im Wege über das GATT nur dann bekämpfen, wenn durch sie GATT-Bestimmungen verletzt werden. Das ist z. B. dann der Fall, wenn sich ein Exportland – zumeist nicht ganz freiwillig, sondern über massiven Druck – dazu versteht, seine Exporte in einen anderen Staat mengenmäßig zu begrenzen. Beunruhigend ist in diesem Zusammenhang, daß trotz wachsendem Welthandel und damit wachsender „Interdependenz" bei allen wohlhabenden Staaten der Anteil jener Importe zunimmt, der von solchen nicht-tarifarische Hemmnisse betroffen ist.

Anteil der von protektionistischen Maßnahmen betroffenen Importe 1966 und 1986

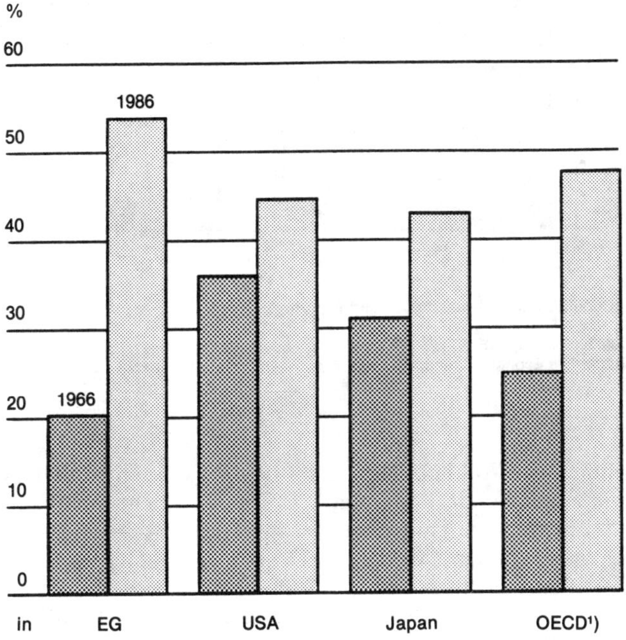

1) Ohne Australien, Island, Kanada, Neuseeland, Österreich und Schweden.

Quelle: Laird und Yeats 1990; Walter 1972.
Grafik: Adaptiert vom Österreichischen Statistischen Zentralamt.

Ausländische Direktinvestitionen und Außenhandel nach Regionen 1988

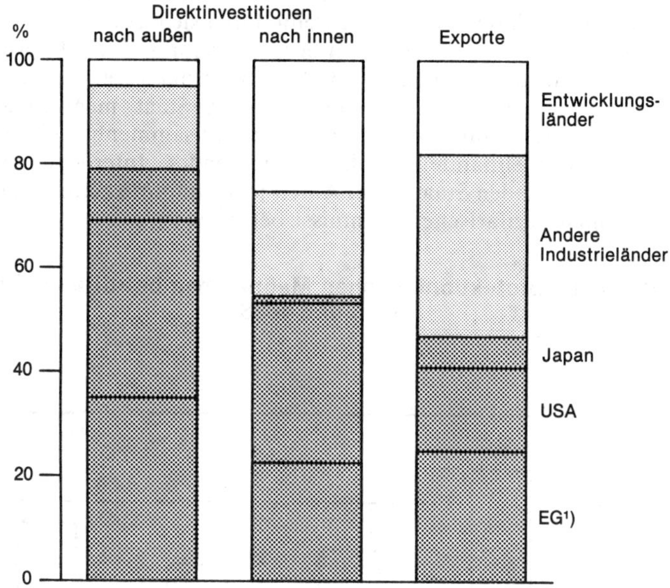

1) Ohne EG-interne Investitionen und Exporte.

Quelle: UNCTC; IMF.
Grafik: The Economist, adaptiert vom Österreichischen Statistischen Zentralamt.

2. Im Rahmen des Welthandels kommt dem Austausch von **Dienstleistungen** eine zunehmende Bedeutung zu. Das gilt nicht nur für klassische Dienstleistungen wie Transport oder Fremdenverkehr, sondern auch für neue Dienstleistungen (Marketing, Design, Finanzdienste, etc.).
3. Einige – allerdings noch wenige – **Entwicklungsländer** waren wirtschaftlich überaus erfolgreich. Sie konnten weit überdurchschnittliche Wachstumsraten erzielen. Der Schlüssel für diesen Erfolg lag zumeist in einem „export led growth", also in einer raschen Ausweitung ihrer **Exporte**; wobei von ihnen nicht die traditionellen Exportgüter der Entwicklungsstaaten (Rohstoffe und Halbfertigwaren) angeboten wurden, sondern zunehmend Industriewaren mit hohem Verarbeitungsgrad. Dadurch

treten einige Entwicklungsländer heute schon in eine sehr direkte und oft sehr scharfe Konkurrenz mit etablierten Industriestaaten.

4. Schneller noch als der Welthandel wachsen die weltweiten **Direktinvestitionen**. Das obenstehende Schaubild zeigt, daß solche Investitionen vornehmlich von entwickelten Industriestaaten in ebenfalls schon entwickelten, anderen Industriestaaten getätigt werden.

Das hat zur Folge, daß der grenzüberschreitende Warenaustausch heute schon zu einem Großteil aus Gütern besteht, die zwischen verschiedenen Niederlassungen **derselben transnationalen** Firmen ausgetauscht werden. Solche Warenströme zwischen verschiedenen Niederlassungen ein und derselben Firma folgen nun nicht notwendigerweise den für den Welthandel gültigen Kriterien. Nicht nur Überlegungen der komperativen Kostenvorteile, sondern auch andere Überlegungen (wie z. B. solche betreffend die Firmenstrategie) lenken die Investitionen und damit letztlich auch die Warenströme.

Das bisherige Welthandelsregime, so wie es im GATT kodifiziert ist, kann diesen gewaltigen Veränderungen, wie erwähnt, nur teilweise gerecht werden. Dementsprechend sollten im Zuge der Uruguay-Runde auch viele dieser neu entstandenen Fragen geregelt und das Regime so zumindest in einigen Bereichen an die neuen Gegebenheiten angepaßt werden.

Uruguay-Runde

Nach dem Fehlschlag bei der Ministertagung 1990 in Brüssel war man wiederholt darum bemüht, einen erfolgreichen Abschluß herbeizuführen. Zuletzt unterbreitete der Vorsitzende des Handelsverhandlungskomitees am 20. Dezember 1991 einen Entwurf der „Schlußakte mit den Ergebnissen der multilateralen Handelsverhandlungen der Uruguay-Runde". Diese Schlußakte beinhaltet das Ergebnis, das von den Verhandlern auf hoher Beamtenebene erzielt werden konnte. Allerdings konnte dort nicht auf allen Gebieten Einigung erzielt werden. Weitere Verhandlungen sind auf den Gebieten Marktzugang (weitere Handelsliberalisierung einschließlich allgemeiner Zollsenkungen und Sektorenübereineinkünfte wie z. B. für Stahl, Pharmazeutika, Chemie, medizinische und wissenschaftliche Apparate, Baumaschinen, elektronische Apparate), Landwirtschaft (interne Subventionen, Exportsubventionen) und Dienstleistungen notwendig. Am grundsätzlichsten und folgenschwersten sind zweifellos die Auffassungsunterschiede im Bereich des **Agrar-Handels**. Die wichtigsten Verhandlungsgruppen, d. h. die EG, die USA und die sogenannte **CAIRNS-Gruppe** der Agrarexportländer konnten sich auf dem Niveau der hohen Beamten auf keine Lösung einigen. Es werden daher Entscheidungen auf höchster politischer Ebene erforderlich sein.

Unter den übrigen Tätigkeiten des GATT im Jahre 1991 sind die folgenden hervorzuheben:

- Die handelspolitischen **Länderprüfungen** wurden mit Entscheidung der Vertragsparteien vom 12. April 1989 eingeführt. Sie dienen der periodischen Überwachung der Handelspolitiken der Vertragsparteien und werden auf Sondertagungen des GATT-Rates durchgeführt. Sie sollen hauptsächlich eine bessere Transparenz der Handelspolitiken herbeiführen und deren Verhältnis zu den Bestimmungen des GATT-Systems darstellen. Länderprüfungen sind keine Streitverfahren. Unmittelbare Verpflichtungen entstehen hiebei nicht. Im Jahre 1990 wurden die Handelpolitiken der EG, Ungarns, Indonesiens, Thailands, Chiles, Norwegens, der Schweiz und Nigerias geprüft. Die für 17. und 18. Dezember 1991 vorgesehene **Länderprüfung Österreichs** mußte wegen der Handelsverhandlungen der Uruguay-Runde auf März 1992 verschoben werden.
- Unter den zahlreichen **Streitfällen**, die im Jahre 1991 anhängig gemacht wurden, fanden die Importverbote der USA für Thunfisch und Thunfischprodukte aus Mexiko besonderes Interesse. Der US-Marine Mammal Protection Act aus 1972 untersagt zum Schutze von Meeressäugetieren gewisse Fangarten und den Import von durch verbotene Fangtechniken gefangenen Meerestieren und Erzeugnissen daraus. Das Panel befand, daß die US-Importverbote, die als Antwort auf unterschiedliche Umweltregeln bei den Erzeugern (z. B. Mexiko) auferlegt wurden, durch die Ausnahmen des Art XX (b) (Schutz des Lebens und der Gesundheit von Mensch, Tier und Pflanzen) oder Art XX (g) (Erhaltung von natürlichen Reserven) nicht gerechtfertigt werden können. Ferner fand das Panel die US-Maßnahmen als mit Art XI.1/GATT unvereinbar. Der Bericht des Streitschlichtungsorgans und dessen Empfehlungen an die USA, ihre gesetzlichen Regelungen GATT-konform zu gestalten, ist zwar von den GATT-Vertragsparteien noch nicht angenommen worden, hat jedoch große Aufmerksamkeit gefunden. Konkret bedeuten die Empfehlungen nämlich, daß ein Land seine strengeren Bestimmungen, z. B. zum Schutze der Umwelt nicht auf ein Land mit weniger strengen Bestimmungen ausdehnen kann, indem es den Import bestimmter Produkte aus einem solchen Land unter Berufung auf Art XX/GATT verbietet.

Multifaserabkommen/MFA

Seit Jahrzehnten unterliegt der Welthandel mit Textilien und Kleidung durch das immer wieder verlängerte MFA besonderen Regeln, die von den GATT-Bestimmungen abweichen. Durch die erleichterte Einführung von mengenmäßigen Beschränkungen soll die Anpassung der Textil- und Bekleidungsindustrie der Industrieländer an geänderte Wettbewerbsbedingungen erleichtert werden. Die Entwicklungsländer fordern seit langem die Beendigung dieses Sonderregimes und haben im Rahmen der Uruguay-Runde des GATT eine Zusage erreicht, daß nach einem etwa zehnjährigen Übergangszeitraum die allgemeinen GATT-Regeln auch auf Textilien und Kleidung anwendbar sein sollen. Am 31. Juli 1991 wurde daher das MFA für eine Dauer von bloß 17 Monaten, also bis Ende 1992, verlängert. Ab 1. 1. 1993 würde dann ein Abkommen in Kraft treten, das eine schrittweise Liberalisierung und schließliche Abschaffung bestehender Einfuhrkontingente vorsieht. Österreich hat im internationalen Vergleich nur bescheiden Gebrauch von solchen Einfuhrbeschränkungen gemacht und wird voraussichtlich keine unüberwindlichen Schwierigkeiten mit deren schrittweiser Lockerung und schließlich Beseitigung haben.

Multilaterales Stahlabkommen (MSA)

Der internationale Stahlhandel ist seit Jahren einerseits durch Exportsubventionierung und andererseits durch Einfuhrkontingente, „freiwillige Exportbeschränkungen" und teilweise mißbräuchliche Antidumping-Verfahren gekennzeichnet. Über Initiative der USA wurde am Rande des GATT über ein **Multilaterales Stahlabkommen (MSA)** verhandelt, in welchem ein weitgehendes Verbot von Subventionen und anderen handelsverzerrenden Maßnahmen vereinbart werden soll. Auch die Zölle auf Stahl sollen über etwa fünf Jahre schrittweise beseitigt werden. Für Österreich besonders wichtig wäre eine gewisse Garantie, daß seine Stahlexporte nicht durch Einleitung von sachlich kaum zu rechtfertigenden Antidumping-Maßnahmen auf den überseeischen Hauptabsatzmärkten behindert werden.

Öffentliches Beschaffungswesen

Die Verhandlungen über eine Vertiefung und Ausweitung des Geltungsbereiches des im GATT bestehenden **„Government Procurement Code" (GPC)** sind im Sog der Uruguay Runde ziemlich weit gediehen. EG und EFTA-Länder sind bereit, die im Rahmen des EWR vereinbarte Liberalisierung der „Staatseinkäufe" gegen entsprechende Gegenleistungen weitgehend auf die anderen Mitglieder des GPC (hauptsächlich USA, Kanada, Japan) auszudehnen.

Beitritte zum GATT

Das GATT hat in den letzten Jahren zunehmendes Interesse bei den Entwicklungsländern gefunden. Dies wird durch die 1991 erfolgten Beitritte von El Salvador, Guatemala und Macao bestätigt, wodurch sich die Zahl der GATT-Vertragsparteien auf 103 erhöht hat. Damit stellen die Entwicklungsländer heute mehr als zwei Drittel der Mitglieder. Das

Verhältnis der VR China als Vertragspartei ist nach wie vor ungeklärt. Die Einsetzung einer Arbeitsgruppe über den Beitritt Taiwans zum GATT wurde im GATT-Rat noch nicht behandelt.

Handel und Umwelt

Nach intensiven Bemühungen der EFTA-Staaten, insbesondere aber Österreichs, ist es gelungen, die im Jahre 1971 eingesetzte, aber nicht zusammengetretene **Arbeitsgruppe „Handel und Umwelt"** zu aktivieren. Ende November 1991 fand eine erste Tagung statt, die die Beratungsthemen für die nächste Tagung (21. Jänner 1992) festlegte.

Österreich und das GATT

In den GATT-Verhandlungen geht Österreich in den meisten Bereichen mit der EG konform. Für Österreich ist es insbesondere von großer Bedeutung, daß die EG in diesen Verhandlungen die Interessen der europäischen Landwirtschaft mit Nachdruck vertritt: Sollte es im Zuge der Verhandlungen zu einer Verringerung der Exportsstützungen kommen, dann müßte nach Ansicht der EG, aber auch nach jener Österreichs, die Möglichkeit bestehen, den landwirtschaftlichen Produzenten durch Direktzahlungen den entstehenden Einkommensverlust anzugleichen. Für Österreich ist die Weiterführung einer ökosozialen Agrarpolitik und die Beibehaltung einer flächendeckenden Landwirtschaft aus mehreren Gründen von zentraler Bedeutung. So hätte z. B. ein Zusammenbrechen der landwirtschaftlichen Produktion in den Berggebieten überaus negative regionalpolitische, soziale und umweltpolitische Folgen.

Andererseits hat Österreich natürlich ein eminentes Interesse am Erfolg der Uruquay-Runde. Als ein relativ kleiner Staat mit hoher Außenhandelsverflechtung ist es dem Grundsatz des internationalen Freihandels verpflichtet. Durch die allmähliche Erosion des Prinzip des Freihandels (die durch ein endgültiges Scheitern der Uruguay-Runde beschleunigt würde) könnte es zur Bildung von Handelsblöcken kommen, die zueinander in Konfrontation geraten. Dies könnte auch Auswirkungen auf das politische Verhältnis zwischen den USA und Europa, den USA und Japan sowie Japan und der EG haben. Auch aus diesem Grund wäre es aus österreichischer Sicht wünschenswert, ja notwendig, die Uruguay-Runde zu einem erfolgreichen Abschluß zu führen. Österreich bedauert insbesondere, daß diese Verhandlungen durch die bestehenden Probleme im Agrarbereich in Frage gestellt sind, und hofft, daß die internationale Staatengemeinschaft erkennt, daß der Verhandlungsspielraum Europas in dieser Frage begrenzt ist.

Weltwirtschaft und Nord-Süd-Problematik

Die Nord-Süd-Beziehungen – das Problem der materiellen Ungleichheit in einem neuen Bezugsrahmen

Der weltweite Zusammenbruch des Kommunismus und seiner zentralgeplanten Wirtschaftssysteme, der schließlich auch zum Ende der Sowjetunion nicht nur als Weltmacht, sondern auch als Staat führte, hat eine völlig neue Weltlage geschaffen und damit Form und Inhalt der sogenannten „Nord-Süd-Diskussion" verändert. Das Ideologische ist in dieser Diskussion in den Hintergrund getreten. Der ganze politische Bezugsrahmen hat sich verändert.

Das Nord-Süd-Verhältnis hat sich **entschematisiert**. Die starre Dreiteilung der Welt, welche über Jahrzehnte hinweg das Zusammenleben der Staaten geprägt hat, war nämlich aus dem Ost-West-Konflikt abgeleitet. Lange Zeit haben die Entwicklungsländer einen „dritten Weg" zwischen den Blöcken zu beschreiten versucht. In der Bewegung der Blockfreien haben sie dabei Freiraum und, bis zu einem gewissen Grad, Identität gewonnen.

Mit dem Entfall des Ost-West-Gegensatzes erscheint nun auch der Begriff einer „Dritten Welt" revisionswürdig. Seine Nützlichkeit und Funktionalität wurde fraglich. Statt mit dem Abstraktum einer „Dritten Welt" sollte man sich in Hinkunft noch besser mit den konkreten und oft divergierenden Wünschen und Problemen einzelner Staaten oder Regionen auseinandersetzen.

Eine logische Folge dieses neuen Pragmatismus und des damit verbundenen Pluralismus in den Nord-Süd-Beziehungen ist das Abgehen von **starren Gruppenverhandlungen**, die Bildung von ad hoc-Interessengemeinschaften bestimmter Länder und eine damit verbundene problembezogener Diskussion. So kam es etwa bei der letzten Generalversammlung der Vereinten Nationen zu sachlich geführter Auseinandersetzungen unter Entwicklungsländern selbst. Dies zeigte nicht nur, daß die Auffassungen auch innerhalb der Entwicklungsländer divergieren. Das ist im Grunde selbstverständlich und wäre nicht weiter erwähnenswert. Das Wichtige ist, daß die Auffassungsunterschiede in offener Sitzung ausgetragen wurden.

Der Pragmatismus und Pluralismus reflektiert auch das Streben im Bereich der Vereinten Nationen, von der bisherigen Praxis mühsamer Verhandlungen über meist wirkungslos bleibende wirtschafts- oder sozialpolitische Resolutionstexte ab, und zu einer realitätsbezogeneren Arbeit überzugehen.

Neben der Entideologisierung und der Entschematisierung ist für die Nord-Süd-Beziehungen ein drittes Phänomen charakteristisch, nämlich das der Verlagerung – oder vielleicht besser der **Ausweitung – auf neue Bereiche**. Es handelt sich hiebei um Fragen wie Migration, Umwelt, Rüstung, Demokratisierung und Schutz der Menschenrechte. Daß diese Fragen im Nord-Süd-Verhältnis heute zumindest gleichbedeutend neben die rein wirtschaftlichen getreten sind, beweist, daß man es sich nicht mehr leisten kann, die Dinge isoliert zu betrachten: Wirtschaftswachstum, Sicherheitspolitik, Bevölkerungspolitik, Regierungsform, Umweltproblematik etc. sind voneinander untrennbar. Ihre gesamthafte Behandlung ist erforderlich. Die Herauslösung der Wirtschaft aus dem Gesamtkomplex der Entwicklungsproblematik ist heute weniger möglich als je zuvor.

Wie stellt sich diese Nord-Süd-Beziehung heute nun dar? Was sind die Fakten, die der gestaltenden Politik in diesem Bereich vorgegeben sind?

Positiv ist, daß sich nunmehr Bereiche abzeichnen, in denen es auf globaler Ebene zu Fortschritten kommt. So zum Beispiel bei der **durchschnittlichen Lebenserwartung**. Sie ist auch in den armen Ländern – fast dramatisch – gestiegen. In dieser Hinsicht sind die Unterschiede – sowohl zwischen den Entwicklungsländern und den Industriestaaten, wie auch im allgemeinen die Unterschiede zwischen den Entwicklungsländern selbst – kleiner geworden.

Dasselbe gilt aber nicht für den materiellen Wohlstand – für das Bruttonationalprodukt pro Kopf. Die **Unterschiede**, die hier zwischen den Entwicklungsstaaten bestehen, sind **beachtlich**. Einigen Staaten ist es nämlich gelungen, ihren Wohlstand auf geradezu explosionsartige Weise zu steigern. Ins Auge springen hier vor allem die sogenannten „asiatischen Tiger“ (Korea, Taiwan, Singapur, Hongkong).

Zu diesen „Tigern“ gesellen sich heute Staaten wie Thailand, Malaysien und Indonesien. In Lateinamerika zeigen Chile, Mexiko – neuerlich – wirtschaftliche Dynamik und weisen so auch wirtschaftspolitisch den Weg zum Aufschießen mit den Industriestaaten.

Der Mehrzahl der Entwicklungsländer blieben solche Erfolge allerdings versagt. Für viele Staaten Lateinamerikas brachten die 80er Jahre empfindliche Rückschläge. Die Staaten Afrikas müssen sogar eine regelrechte Abkoppelung vom allgemeinen Entwicklungsprozeß befürchten.

Die stark divergierenden Erfahrungen der Entwicklungsländer werfen die Frage nach ihren Ursachen auf. Können wir aus den Entwicklungen der letzten Jahre allgemeingültige Rückschlüsse ziehen und damit jene Fehler vermeiden, die in der Vergangenheit unsere gemeinsamen Anstrengungen wiederholt zunichte machten?

Die Frage nach den wichtigsten Voraussetzungen für eine nachhaltige Entwicklung, die keineswegs mit einer bloßen wirtschaftlichen Entwick-

Anstieg der Lebenserwartung in ausgewählten Ländern und Perioden

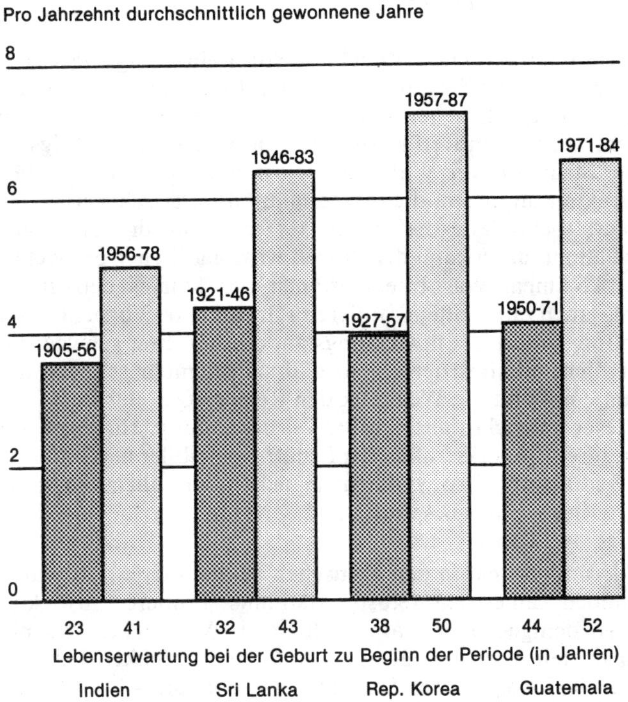

Quelle: Daten vor 1978 Gwatkin 1978, spätere Daten WHO 1989, ausgenommen Indien UN 1989.
Grafik: Adaptiert vom Österreichischen Statistischen Zentralamt.

lung gleichgesetzt werden kann, ist sicher nicht leicht zu beantworten. Man sollte sich hiebei jedenfalls vor übermäßigen Simplifizierungen hüten. Eine erfolgreiche Entwicklungspolitik muß trachten, die folgenden Ziele miteinander zu verbinden: Die Förderung eines nachhaltigen Wirtschaftswachstums, die Befähigung aller Menschen zu einer breiten Beteiligung an den Produktionsprozessen und die sozial gerechte Verteilung des hieraus erwachsenden Nutzens, die Sicherung einer auf Dauer umweltverträglichen Entwicklung und die Dämpfung des Bevölkerungswachstums in der Vielzahl der Entwicklungsländer, wo dieses Wachstum zu stark ist, um eine nachhaltige Entwicklung zu erlauben. Aus den bisherigen Erfahrungen lassen sich wichtige Schlußfolgerungen ziehen. Die Weltbank hat das in ihrem Weltentwicklungsbericht 1991 getan. Sie liefert anhand umfangreicher Daten wertvolle Aufschlüsse über die Voraussetzungen einer erfolgreichen Entwicklungspolitik.

Wesentlich in ihr ist sicher die richtige **Wechselwirkung zwischen Staat und Markt**. Wenn sich der Staat in seinen Eingriffen in das Marktgeschehen auf jene gesellschaftspolitischen Aspekte beschränkt, welche der Markt nicht oder nicht ausreichend erfassen kann, bestehen gute Erfolgsaussichten. Wenn der Staat aber die Wirtschaft selbst zu dirigieren versucht, wenn er durch direkte Eingriffe und ein Übermaß bürokratischer Regulierung den Wettbewerb behindert, die Preise verzerrt und die unternehmerische Initiative lähmt, dann kann der Prozeß wirtschaftlicher Entwicklung nicht in Gang kommen. Was Interventionen des Staates betrifft, warnt die Weltbank auch aus einem anderen Grund zur Vorsicht. Denn viele Interventionen sind in Entwicklungsländern mit ihrer schwachen Verwaltung gar nicht administrierbar, so daß sie oft mehr schaden als nützen. Insgesamt empfiehlt die Weltbank den Regierungen der Entwicklungsländer in dieser Hinsicht daher größte Zurückhaltung. Hingegen werden sie ermutigt, ihre Aufmerksamkeit der Schaffung stabiler makroökonomischer Rahmenbedingungen zu widmen; daneben vor allem aber der vollen Entfaltung ihres **Humankapitals**.

Die Forderung, primär in den Menschen zu investieren, ist zwar nicht neu aber dennoch keineswegs selbstverständlich. Frühere Entwicklungstheorien hatten demgegenüber ja vor allem die Wichtigkeit des physischen Kapitals in den Vordergrund gestellt. Zum Umdenken haben nun eindrücklich die Erfolge jener Staaten veranlaßt, die – wie die erwähnten ostasiatischen – ihr Wirtschaften rasch auf neue Fertigungen umstellen konnten. Sie haben demonstriert, daß eine erfolgreiche Entwicklung, unter anderem, aber jedenfalls sehr stark, von der Ausbildung und von der sonstigen Bildung von „Humankapital" abhängt. Daher appelliert die Weltbank an die Regierungen, ihre Ressourcen im Bereich von Erziehung, Gesundheit und Ernährung zu konzentrieren. Daß zahlreiche Entwicklungsländer mehr für ihre Verteidigung aufwenden als für Erziehung und Sozialleistungen zusammengenommen, ist nicht nur unter humanen, sondern auch unter entwicklungspolitischen Gesichtspunkten äußerst bedenklich.

Staaten wie Japan und die Republik Korea, welche sich auf die Ausbildung ihrer Bevölkerung konzentrierten, erzielten hingegen eindrucksvolle Fortschritte der menschlichen wie auch in der wirtschaftlichen Entwicklungsdimension.

Regionale menschliche Entwicklungsdaten, letzte Jahre

	Süd-asien	Ost- und Südost-asien	Latein-amerika und Karibik	Ara-bische Staaten	Schwarz-afrika	Entw.-Länder insg.	In-dustrie-staaten
BNP pro Kopf (US-Dollar)	390	530	1.830	1.820	470	710	12.510
Lebenserwartung (Jahre)	58,4	68,1	67,4	62,1	51,8	62,8	74,5
Sterblichkeitsrate unter 5 Jahren (pro 1000)	151	57	72	106	179	116	18
Sterblichkeitsrate von Gebärenden (pro 100.000)	410	120	110	290	540	290	24
Alphabetisierungsrate (in %)	42	72	82	53	45	60	–
Zahnärzte und Techniker pro 1000	3.0	–	39.5	–	–	9.5	139.3
jährlicher Bevölkerungszuwachs 1960-1990	2,3	2,0	2,4	2,7	2,8	2,3	0,8
jährlicher städtischer Bevölkerungszuwachs 1960-1990	3,9	3,9	3,7	4,6	5,2	4,0	1,4
Militärausgaben als Prozentsatz des Gesundheits- und Erziehungsbudgets	164	–	29	166	70	109	38
Bevölkerung unter der Armutsgrenze (Prozent)	42	11	–	15	72	32	2
unterschiedliche Alphabetisierungsrate von Frauen und Männern (M = 100)	49	73	95	58	56	66	–
unterschiedlicher Zugang der städtischen und ländlichen Bevölkerung zu Trinkwasser (Stadt = 100)	61	76	63	49	35	62	–

Quelle: Human Development Report des UNDP

Wie das UNDP in seinem **Entwicklungsbericht der Menschheit (HDR)** 1991 aufzeigt, ist es nicht so sehr der Mangel an Ressourcen, sondern der Mangel politischen Willens, der zur Vernachlässigung der menschlichen Dimension führt. Das UNDP hält es für durchaus möglich, bis zum Jahr 2000 Grundschulausbildung, Familienplanung, sauberes Trinkwasser, elementare Gesundheitsbetreuung und die Beseitigung ernsthafter Unterernährung für alle Menschen zu erreichen. Die hiefür notwendigen jährlichen Mehrkosten werden vom UNDP auf 20 Milliarden US-Dollar geschätzt, ein Betrag, der allein schon aus der sogenannten **„Friedensdividende"** bereitgestellt werden könnte. Wenn nämlich die Industrieländer ihre Militärausgaben um nur 3 Prozent jährlich senkten, ergäbe dies bereits Ersparnisse von 25 Milliarden US-Dollar.

Wirtschaftliche Entwicklung ist nur im Wege der Förderung des Humankapitals möglich. Auf diese Weise vermeidet man auch das Entstehen übergroßer Einkommensdisparitäten. Wie das untenstehende Schaubild zeigt, sind die Zusammenhänge ziemlich klar. Entwicklungsländer mit gleichmäßigerer Einkommensverteilung sind auch wirtschaftlich erfolgreicher.

Die diesbezüglichen Ausführungen der Weltbank verdienen ein wörtliches Zitat: "The notion of a trade-off between growth and equity, which helped to entrench antigrowth policies in socialist economies and antiquity policies in conservative ones, has been further discredited by the many economies that consistently outperform the rest on both counts: Costa Rica, Indonesia, Japan, Korea, Malaysia (Box 7,5) and the Scandinavien economies."

Freilich stellt die Weltbank dann auch fest, daß diese gleichmäßigere Einkommensverteilung nicht leicht herzustellen ist; und daß Versuche zum simplen Transfer etwa durch Steuern oft unwirksam oder schädlich sind. Wirksamer sind hingegen eine entsprechende Erziehungspolitik oder eine Landreform. Verteilungspolitisch – und damit wirtschaftspolitisch – positiv wirken auch demokratische Freiheiten; die Stärkung von Randgruppen durch eine Dezentralisierung der Entscheidungsprozesse; die Gewährung von Krediten an die Armen etc. Die Geberländer sollten auf solchen Reformen bestehen, statt sich mit den lokalen Machthabern zu arrangieren.

Die Geberländer selbst sind also aufgerufen, die **bisherige Form** ihrer **Entwicklungshilfe zu überdenken**. Eine über offizielle Kanäle laufende Entwicklungshilfe, die noch dazu seitens der Geberländer von Interessen der Exportwirtschaft mitbestimmt ist, tut sich naturgemäß oft schwer, an die Bevölkerung heranzukommen und partizipatorische Formen der Zusammenarbeit zu etablieren. Berechnungen des UNDP haben ergeben, daß derzeit nur 0,026 Prozent des Bruttonationalprodukts der DAC-Mitgliedstaaten menschlichen Prioritätsbereichen zugutekommt, das sind weniger

Wirtschaftswachstum und Einkommensungleichgewichte in ausgewählten Ländern 1965 - 1989

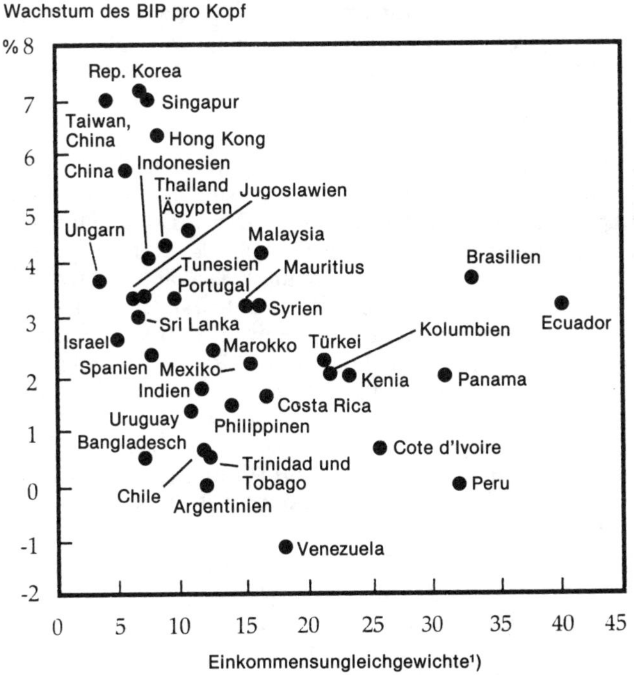

1) Das Verhältnis der Einkommensanteile der reichsten 20 Prozent zu jenen der ärmsten 20 Prozent der Bevölkerung. Daten über Einkommensverteilung stammen hauptsächlich aus Erhebungen der späten Sechziger- und frühen Siebzigerjahre.

Quelle: Weltbank; Berg und Sachs 1988.
Grafik: Adaptiert vom Österreichischen Statistischen Zentralamt.

als 10 Prozent der offiziellen Entwicklungshilfe. Viel zu viel wird laut UNDP für technische Hilfe in Form von Expertenentsendung, viel zu wenig für die Errichtung einheimischer Institutionen und für die Mobilisierung lokaler Expertise aufgewendet. Das UNDP kommt daher zu dem Schluß, daß die technische Hilfe überreif für eine Neubewertung ist.

Die Verantwortung der Industrieländer beschränkt sich aber nicht nur auf die Entwicklungshilfe. Zumindest ebensolche Bedeutung hat ihrer Handelspolitik. **Protektionistische Maßnahmen** der OECD-Länder kosten die

Entwicklungsländer gegenwärtig Exporterlöse in einer **Größenordnung, welcher den Entwicklungshilfeleistungen gleichkommt.**

Zwischen 1966 bis 1986 hat sich der Anteil der Importe der OECD-Länder, welcher von nichttarifarischen Handelshemmnissen betroffen ist, etwa verdoppelt. 1986 waren davon mehr als 20 Prozent der Importe aus Entwicklungsländern betroffen. Zwischen 1966 und 1986 stieg der Anteil nichttarifarischer Handelshemmnisse an den Importen der USA um 20 Prozent, Japans um fast 40 Prozent und der EG um 160 Prozent (siehe auch Abschnitt „GATT").

Diese Tendenz ist umso störender, als die Entwicklungsländer gleichzeitig ermutigt wurden, ihre Integration in die Weltwirtschaft durch weitgehende Handelsliberalisierungen voranzutreiben. Diese Ermutigung entspringt ebenfalls einer empirisch gesicherten Einsicht. Es gibt – oder gab – zwei Modelle der wirtschaftlichen Entwicklung: das binnenmarkt-orientierte und das außenwirtschafts-orientierte. Dem entsprachen zwei verschiedene Außenhandelsregime: das weltoffene und das protektionistische. Die Erfahrung zeigt die Überlegenheit der offenen Regime. Es geht um positive Korrelation zwischen „Offenheit" und dem Wachstum der Produktivität.

Handelsliberalisierungsgrad und Produktionswachstum der Entwicklungsländer 1960 - 1988

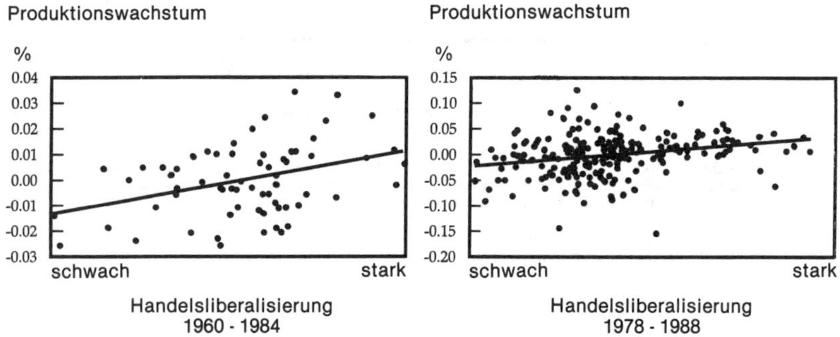

Quelle: Weltbank.
Grafik: Adaptiert vom Österreichischen Statistischen Zentralamt.

Exportorientierung ist am einfachsten dadurch zu erzielen, daß man das **Handelsregime liberalisiert**. Hier haben die Entwicklungsländer noch einiges nachzuholen. Verglichen mit den OECD-Ländern in der Frühphase ihrer Industrialisierung, haben sich die Entwicklungsländer hinter viel höheren Zollmauern verschanzt. Während die Industrieländer in dieser Phase kaum nichttarifarische Handelshemmnisse anwandten, unterlagen laut Berechnung der UNCTAD 1987 28 Prozent aller Importe der Entwicklungsländer solchen Beschränkungen. Freilich haben sich die meisten Versuche, durch Abschottung vom Weltmarkt zu reussieren, als kostspielige Fehlschläge erwiesen. Vor allem ist die mögliche Dynamik der Industrieexporte aus Entwicklungsländern unterschätzt worden. Wie bedeutsam diese ist, schlägt sich in den Zahlen nieder: Fertigwaren stellten 1963 15 Prozent der Nichtbrennstoffexporte der Entwicklungsländer dar, 1987 aber bereits 87 Prozent.

Bis zu welchem Grad hängen die Entwicklungschancen der Entwicklungsländer vom weltwirtschaftlichen Umfeld ab, welches doch in erster Linie von den großen Industriestaaten bestimmt wird? Diese Frage ist deshalb von großer Wichtigkeit, weil es auf Grund der bisherigen Erfahrungen keineswegs als gewiß gelten kann, daß die Industrieländer die für die Entwicklungsländer günstigsten **Rahmenbedingungen** – bestehend aus Wirtschaftswachstum, Handelsliberalisierung und vermehrtem Ressourcenfluß – schaffen werden.

Die Weltbank geht davon aus, daß die Weltwirtschaft auch im kommenden Jahrzehnt den Ländern des Südens nicht sehr entgegenkommen wird. Die **Zinssätze** könnten hoch bleiben, die Wachstumsraten bescheiden ausfallen. Weder eine baldige Lösung der Schuldenkrise noch eine wesentliche Zunahme des Kapitalflusses von Nord nach Süd zeichnen sich ab. Sollte die Uruguay-Runde scheitern, würden sich auch die Handelsbedingungen, insbesondere für die Entwicklungsländer, verschlechtern.

Einer Weltbank-Simulation zufolge würde sich ein **einprozentiges Wachstum** im OECD-Raum bei gleichbleibenden anderen Parametern bei den Entwicklungsländern **langfristig** mit einem 0,7prozentigen zusätzlichen Wachstum zu Buche schlagen. Hingegen würde eine **Zunahme der Zinssätze** um 1 Prozent Wachstumsrückgänge von 0,2 Prozent zur Folge haben. Die globalen Rahmenbedingungen sind also wichtig. Noch wichtiger ist aber eine konsequente und verantwortungsbewußte Wirtschaftspolitik auf nationaler Ebene. Erst sie garantiert, daß ausländisches Kapital sinnvoll eingesetzt werden kann und daß globale Maßnahmen im Bereich der Entwicklungshilfe, des Schuldennachlasses oder der Handelserleichterungen voll durchschlagen.

Heute ist die hohe Verschuldung ein gewaltiges Hindernis bei den Reformbemühungen vieler Entwicklungsländer, aber Schuldennachlässe oder Schuldenverzicht, wie sie besonders gegenüber den hochverschuldeten ärmsten Ländern seitens der Gläubigerstaaten gehandhabt werden, können sich nur dann nachhaltig auswirken, wenn sie im Rahmen umfangreicher Strukturanpassungsmaßnahmen erfolgen.

Trotz dieser Schwierigkeiten sieht die Weltbank keinerlei Grund an den Entwicklungschancen zu zweifeln. Während England 58 und die USA 47 Jahre benötigten, um ihre Produktion per capita zu verdoppeln, schaffte Japan dies in 34 Jahren. Nach dem zweiten Weltkrieg beschleunigte sich dieser Prozeß in bemerkenswertem Ausmaß: Brasilien brauchte 18, Indonesien 16, die Republik Korea 11 und die Volksrepublik China nur mehr 10 Jahre zur Verdopplung ihrer Produktion.

Perioden, in denen sich die Produktion pro Kopf verdoppelte nach ausgewählten Ländern

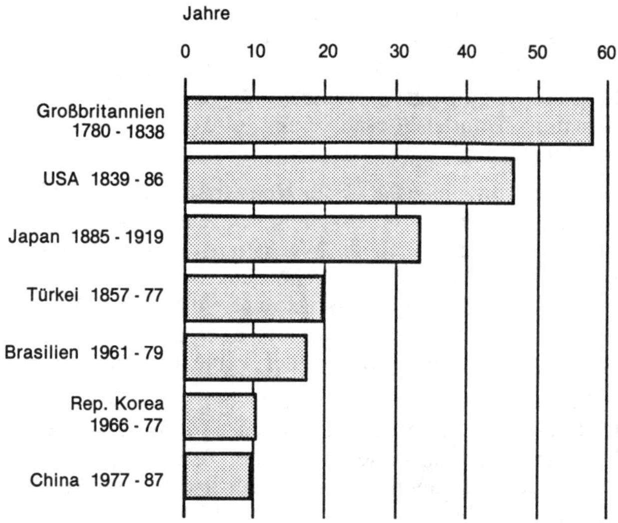

Quelle: Weltbank, ausgenommen Großbritannien: Crafts 1981, Japan: Maddison 1989.
Grafik: Adaptiert vom Österreichischen Statistischen Zentralamt.

Diese Zahlen beweisen, daß Entwicklung unter den gegebenen weltwirtschaftlichen Bedingungen nicht nur möglich ist, sondern sogar beschleunigt ablaufen kann, wenn die entsprechenden innerstaatlichen und weltwirtschaftlichen Voraussetzungen bestehen. Die Nord-Süd-Beziehungen sind, wie eingangs erwähnt, im Wandel. Die Zeiten konfrontativer Verhandlungen zur Erreichung globaler Lösungen sollten jetzt endlich vorbei sein. An ihre Stelle sollte ein gemeinsames Bemühen der internationalen Staatengemeinschaft treten, um die entwicklungspolitischen Zusammenhänge besser zu verstehen und die gewonnenen Einsichten zur Grundlage ihrer Entscheidungen zu machen.

Die UNCTAD

Die UNCTAD hatte früher eine eher interventionistische globale Wirtschaftspolitik propagiert. Von solchen Konzepten hat sie sich weitgehend abgewandt. Auch die UNCTAD orientiert sich in den letzten Jahren an Marktmechanismen. Sie anerkennt den Nutzen der Privatisierung und die Vorteile von exportorientierten Wirtschaftsstrukturen. Trotz dieser programmatischen Neuorientierung ist der politische Stellenwert der UNCTAD geringer geworden. Das ist zum Teil durch die Strukturen der Organisation bedingt: Die UNCTAD war darauf ausgerichtet, daß sich in ihr zwei festgefügte Gruppen – nämlich die der Industrie- und die der Entwicklungsländer – gegenüberstehen. Diese Struktur entspricht natürlich nicht länger der Realität in der es fließende Übergänge, überlappende Interessen und starke Differenzierungen gibt. Im Bestreben, die UNCTAD zu revitalisieren, hat man daher versucht, das **starre System der Gruppen** zu lockern. Im Sommer schlugen die lateinamerikanischen Staaten eine Ergänzung des Gruppensystems durch flexiblere Mechanismen vor. Dieser Vorschlag wurde von den westlichen Industriestaaten begrüßt. Sie beschlossen daher ihrerseits im Dezember, auf die Koordination substantieller Fragen innerhalb ihrer Gruppe weitgehend zu verzichten. Eine weitere Gruppe, nämlich der Oststaaten (Gruppe D) ist praktisch verschwunden. Bereits seit 1990 beschränkt sie sich auf die Koordination von Prozeduralfragen.

Das Jahr 1991 wurde in der UNCTAD hauptsächlich der Vorbereitung der Achten Welthandelskonferenz (Cartagena/Kolumbien, Februar 1992) gewidmet.

Präferenzen:

Bei der achtzehnten Tagung des Sonderkomitees für Zollpräferenzen wurde der Meinungsaustausch über die Verbesserung des Allgemeinen Präferenzsystems **(Generalized System of Preferences, GSP)** fortgeführt. Österreich unterstützte die Ausarbeitung eines EDV-gestützten Informationssystems über das GSP 1991 mit 70.000,– US-Dollar.

Technologietransfer:

Die achte Tagung des Technologietransferkomitees zeigte, daß die Diskussion im Rahmen der UNCTAD über Technologietransfer auch weiterhin festgefahren ist. Die Wichtigkeit nationaler Anstrengungen der Entwicklungsländer zur Förderung des Technologietransfers wurde in einer Konsensresolution betont. Informelle Konsultationen über die weitere Vorgangsweise in der Frage eines Verhaltenskodex über Technologietransfer blieben ergebnislos.

Restriktive Geschäftspraktiken:

Die Durchführung der Resolutionen der zweiten Überprüfungskonferenz (1990) wurde bei der zehnten Tagung der zwischenstaatlichen Expertengruppe für restriktive Geschäftspraktiken erörtert.

Schiffahrt:

Die zweite Überprüfungskonferenz für das „Übereinkommen über einen Verhaltenskodex für Linienschiffahrtskonferenzen" verabschiedete unter anderem Leitlinien über Platz-/Raumcharter, multimodale Transportleistungen und Umlandungsdienste. Die Entwicklungsländer waren bemüht, den Kodex auf Nicht-Konferenzlinien auszudehnen. Demgegenüber bestanden die Industriestaaten darauf, daß dieser ausschließlich auf Linienschiffahrtskonferenzen anwendbar sein sollte. Fragen des Schadenersatzrechtes standen bei der dreizehnten Tagung der Arbeitsgruppe für internationale Schiffahrtsgesetzgebung im Mittelpunkt.

Am wenigsten entwickelte Länder:

Die Durchführung des Aktionsprogrammes der zweiten VN-Konferenz über die am wenigsten entwickelten Länder (siehe Außenpolitischer Bericht 1990) wurde bei der Frühjahrstagung des UNCTAD-Rats auf Grundlage des „Least Developed Country Reports 1990" des UNCTAD-Sekretariates erörtert.

Internationale Rohstoffpolitik:

Für die Behandlung von Fragen der internationalen Rohstoffpolitik sind weltweit in erster Linie die UNCTAD, die FAO, das GATT und seit 1989 der **Gemeinsame Rohstoffonds** zuständig. Konkrete Vereinbarungen für die einzelnen Rohstoffe werden durch eigene internationale Rohstofforganisationen betreut, die auch wertvolle statistische Arbeit leisten.

Stabile und möglichst hohe Rohstoffpreise waren durch lange Zeit ein Ziel, für das die Entwicklungsländer, sei es in der UNCTAD, sei es in anderen internationalen Gremien gekämpft haben. Dem lag die Überzeugung zugrunde, daß Rohstoffpreise durch politische Intervention tatsächlich und langfristig hochgehalten werden können; sowie die Überzeugung, daß

Entwicklungsstaaten Exporterfolge und Exporterlöse hauptsächlich durch den Verkauf von Rohstoffen erzielen können bzw. erzielen müssen. Die wirtschaftliche Entwicklung hat beide dieser Annahmen fraglich werden lassen. Die Preise für Rohstoffe verändern sich nicht bloß durch konjunkturbedingte Nachfrageschwankungen. Sie sind vielmehr weltweit und in einem langfristigem Trend sinkend. Politische Interventionen können einen solchen langfristigen Trend nicht kompensieren.

Änderung der relativen Preise zwischen Primärprodukten (ohne Energie) und Industriewaren 1900 - 1990

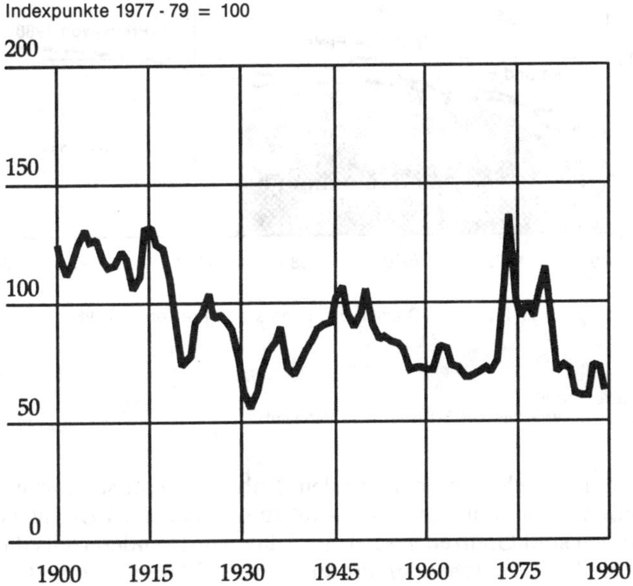

Als Preisindex der Industriewaren wurde der US-Großhandelspreisindex verwendet.

Quelle: Weltbank; Grilli und Yang 1988.
Grafik: Adaptiert vom Österreichischen Statistischen Zentralamt.

Dabei ist auch in Rechnung zu stellen, daß viele Rohstoffe ohnehin nicht aus den ärmeren Staaten, sondern aus den Industrieländern kommen. Anders als vermutet, ist es auch – zumindest einigen – ärmeren Ländern möglich, auf den Weltmärkten sehr rasch beim Export von Industriewaren erfolgreich zu sein. Die Entwicklungsländer haben einen wachsenden Anteil an der Weltindustrieproduktion und damit auch an den weltweiten Industrieexporten.

Anteil der Entwicklungsländer an der Sachgüterproduktion der Welt 1970 - 2000

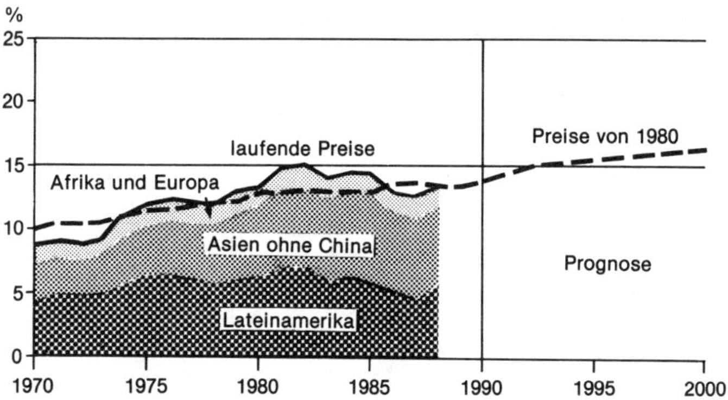

zu laufenden Preisen und konstanten Preisen von 1980

Quelle: UNIDO
Grafik: Österreichisches Statistisches Zentralamt.

Das heißt natürlich nicht, daß auf dem Rohstoffsektor sämtliche Interventionsmaßnahmen sinn- und zwecklos sind. Aber solchen Interventionsmaßnahmen sind Grenzen gesetzt; und das zwingt andererseits dazu, nicht in die Erhaltung bestehender Produktionsstrukturen zu investieren, sondern in deren Umformung. Ziel ist es also, die Produktion in den ärmeren Staaten selbst zu diversifizieren, um andere als die Exporte von unbearbeiteten Rohstoffen zu fördern.

Vordringlich sind solche Maßnahmen in jenen Ländern, die einseitig von der Ausfuhr eines oder einiger weniger Rohstoffe abhängig sind. Solche Strukturanpassungsmaßnahmen stehen heute im Zentrum der internationalen Rohstoffpolitik. Hiebei wird die Weiterverarbeitung der Rohstoffe im Land selbst, gleichzeitig aber auch eine noch weitergehende Diversifizierung der Wirtschaft angestrebt.

In der internationalen Rohstoffpolitik befürwortet die UNCTAD heute **marktkonforme Lösungen**, welche den längerfristigen Angebots- und Nachfrageveränderungen Rechnung tragen. Die künftige Tätigkeit des Rohstoffkomitees wird von Bemühungen zur Produktdiversifizierung, einschließlich Verarbeitung, Vermarktung und Verteilung, bestimmt. Bei den Treffen der zuständigen Arbeitsgruppe zeigte sich jedoch, daß die UNCTAD-Komiteearbeit dort auf Grenzen stößt, wo es weniger um solche konzeptionelle Dinge geht, sondern in erster Linie um einen praxisorientierten Meinungs- und Erfahrungsaustausch.

1991 waren in der UNCTAD hinsichtlich einzelner Rohstoffe folgende Entwicklungen zu verzeichnen:

Die Expertengruppe für **Eisenerz** konstatierte bei ihrer fünften Tagung einen 1990 eingetretenen leichten Rückgang der Nachfrage, der sich voraussichtlich fortsetzen wird.

Der **Wolfram**-Ausschuß wurde vom Exekutivrat des Gemeinsamen Rohstoffonds als „International Commodity Body“ (ICB) designiert. Der Ausschuß prüfte bei seiner 23. Tagung mehrere Projektvorschläge, die für eine Finanzierung durch den Gemeinsamen Rohstoffonds in Frage kommen. Eine Einigung auf bestimmte Projekte kam jedoch nicht zustande.

Die „Terms of Reference“ der internationalen **Kupfer** Studiengruppe traten nicht in Kraft, da die Handelsquote der Unterzeichnerstaaten die für die provisorische Inkraftsetzung erforderliche 60 Prozent-Marke nicht erreichte.

Das zweite internationale **Jute**-Abkommen wurde provisorisch in Kraft gesetzt.

Beim Überprüfungsexpertentreffen über **Bauxit** konnte über ein angemessenes Erzeuger-Verbraucher-Forum für Bauxit noch keine Einigung erzielt werden.

Derzeit bestehen Übereinkommen für folgende Rohstoffe: Kaffee, Kakao, Zucker, Olivenöl, Weizen, Kautschuk, Jute sowie tropische Hölzer. Preisstabilisierende Bestimmungen enthalten nur die zwei Übereinkommen betreffend Kakao und Kautschuk.

Österreich ist Mitglied des Internationalen **Weizen**-Abkommens 1986, des Übereinkommens über **tropische Hölzer** 1983, des **Kaffee**-Übereinkommens 1983, des Internationalen **Zucker**-Übereinkommens 1987, der Internationalen **Blei**- und **Zink**-Studiengruppe sowie des UNCTAD-**Wolfram**-Komitees. Mit der Internationalen Kakaoorganisation und dem Internationalen Olivenölrat besteht eine freiwillige Zusammenarbeit durch Übermittlung statistischer Unterlagen.

Für die innerstaatliche Durchführung internationaler Rohstoffübereinkommen ist in erster Linie das Bundesministerium für wirtschaftliche Angelegenheiten zuständig.

Das **Abkommen über die Errichtung eines Gemeinsamen Rohstoffonds (CF)** wurde Ende der 70er Jahre ausgehandelt, um den Entwicklungsländern über Ausgleichlager und andere Maßnahmen höhere Rohstoffpreise und damit ein höheres Exporteinkommen zu verschaffen. Das Abkommen trat aufgrund zögernder Ratifizierungen erst 1989 in Kraft. Durch die Entwicklungen der letzten zehn Jahre und die Schwerpunktverlagerung auf marktkonforme Lösungen und Strukturanpassungsmaßnahmen ist das Abkommen heute weitgehend überholt. Die ursprünglichen Ziele des Fonds scheinen jedenfalls unerreichbar. Das erste Fenster des Fonds (es sollte Ausgleichslager finanzieren) ist mangels entsprechender Ausgleichslagerabkommen mittlerweile obsolet geworden. Das zweite Fenster (es sollte Rohstoffentwicklungsmassnahmen finanzieren) stellt bestenfalls eine bescheidene Ergänzung der Aktivitäten zahlloser anderer Institutionen dar.

Österreich ist am Rohstoffonds mit 2.391.005 Rechnungseinheiten (somit mit einem Anteil von 0,998 Prozent) beteiligt. Davon waren 1.861.352 Rechnungseinheiten – im Zeitraum 1989 bis 1991 einzuzahlen – das entspricht einem Betrag von ca. 10 Millionen Französischen Francs.

Österreich befindet sich im Direktorium des Fonds in einer Stimmrechtsgruppe mit Portugal, der Schweiz und der Türkei.

Der Fonds fällt als Finanzinstitution in die Zuständigkeit des Bundesministeriums für Finanzen.

Internationales Handelszentrum:

Das der UNCTAD und dem GATT gemeinsame Internationale Handelszentrum (ITC) informiert interessierte Entwicklungsländer über potentielle Exportmärkte für ihre Produkte und schult sie in modernen Marketing-Techniken. Die Bundeswirtschaftskammer hat auch die aus freiwilligen Beiträgen finanzierte Tätigkeit des ITC durch die unentgeltliche Beistellung einer Beraterin für das Programm „Women in Trade Development" 1991 unterstützt. Darüber hinaus ist ein österreichischer Beitrag in Höhe von 100.000,– US-Dollar zur Weiterführung der bewährten Sektorstudien im Rahmen der PTA-Region (preferential trade area) in Afrika südlich der Sahara vorgesehen. Die Bundeswirtschaftskammer sagte die Bereitstellung von 54.000,– US-Dollar für die Ausbildung nationaler Handelskammerbeamter aus Entwicklungsländern zu.

Schuldenprobleme der Entwicklungsländer 1991

Die **Bruttoauslandsverschuldung** der Entwicklungsländer betrug nach Schätzungen des Internationalen Währungsfonds 1991 1.494 Milliarden US-Dollar. Sie ist somit nur um 1,9 Prozent höher als im vorangegangenen Jahr, in dem sie noch um 7,1 Prozent zunahm. Es wäre sogar zu einem geringfügigen Rückgang der Verschuldung gekommen, wenn im Nahen Osten infolge des Golfkonflikts nicht ein außergewöhnlicher Finanzierungsbedarf bestanden hätte.

Die **kurzfristige Verschuldung** nahm 1991, erstmals seit dem Beginn der Schuldenkrise, ab, und zwar um 6,6 Prozent auf 218 Milliarden US-Dollar; ihr Anteil an der Gesamtverschuldung erreichte damit einen historischen Tiefstand von 14,6 Prozent (1983: 20,2 Prozent). Diese durch Umschuldungsmaßnahmen und die Finanzierungen im Nahen Osten - die jedoch den Trend nicht umkehren, sondern nur abschwächen würden - bestimmte Entwicklung findet ihre Entsprechung bei der **langfristigen Verschuldung**, die 1991 um 3,5 Prozent auf 1.276 Milliarden US-Dollar expandierte.

Die **Kommerzbanken** spielten in diesem Zusammenhang eine wichtige Rolle, indem sie ihr Obligo gegenüber den Entwicklungsländern, nach einem Abschwung in den Jahren 1988 und 1989, im zweiten aufeinanderfolgenden Jahr ausweiteten, und zwar auf einen historischen Höchststand von 608 Milliarden US-Dollar.

Demgegenüber nahmen die Forderungen der **öffentlichen Kreditgeber** erstmals seit dem Ausbruch der Schuldenkrise sowohl absolut, und zwar um 4 Milliarden US-Dollar, als auch als Anteil an den Gesamtschulden der Entwicklungländer ab, nämlich auf 40,0 Prozent gegenüber einem Höchststand von 41,0 Prozent im Jahr davor. Der treibende Faktor dieser Entwicklung war natürlich die Finanzierungsaktivität im Nahen Osten. Gleichwohl zeichnete sich auch bei der Gesamtheit der anderen Entwicklungsländer, wenngleich in deutlich gemäßigteren Weise, eine ähnliche Tendenz ab. Eine **Ausnahme davon stellen jedoch die ärmsten Länder dar**, z.B. jene Schwarzafrikas, deren Auslandsschuld zwar auf Grund von Schuldenstreichungen sank, denen aber anstelle der Kommerzbanken weiterhin öffentliche Kreditgeber Frischgeld zur Verfügung stellen mußten. Die 15 höchstverschuldeten Länder, von denen sich die meisten in Südamerika befinden, lagen im allgemeinen Trend. Ihnen gelang es erstmals seit dem Ausbruch der Schuldenkrise, ihre Auslandsverbindlichkeiten zu senken und dies insbesondere gegenüber offiziellen Kreditoren.

Regional gesehen nahmen 1991 die Forderungen des Auslands gegenüber den Entwicklungsländern Europas und Afrikas um 1,8 bzw. 4,4 Prozent ab, wofür insbesondere die Kommerzbanken und erst in zweiter Linie die öffentlichen Kreditgeber verantwortlich waren. Bei den Entwicklungsländern Lateinamerikas, Asiens und des Nahen Ostens wuchs die Verschuldung um 0,7, 2,4 bzw. 14,9 Prozent, was vor allem auf die Finanzierungsaktivität der Kommerzbanken zurückzuführen ist.

Bei allen Entwicklungsländern zusammengenommen vergrößerte sich der **Anteil ihrer Auslandsschuld an ihrem Bruttosozialprodukt** (sogenannter **Schuldenquotient**) 1991 gegenüber dem Vorjahr um 0,2 Punkte auf 26,8 Prozent. In regionaler Sicht zeigt sich jedoch, daß diese geringfügige Verschlechterung auf die geschrumpfte Leistungserstellung in Osteuropa und im Nahen Osten zurückzuführen ist; die Werte dieser Regionen stiegen um 2,9 Punkte auf 14,0 Prozent bzw. um 1,9 Punkte auf 36,6 Prozent. Ansonsten zeigt sich in Asien und in Lateinamerika eine Fortsetzung der positiven Entwicklung und in Afrika deren Wiederaufleben; der BSP-Anteil der Auslandsschuld nahm dort jeweils um 1,8 Punkte auf 20,0, um 2,7 auf 34,4 und um 6,4 auf 50,4 Prozent ab.

Hinsichtlich der **Anzahl der Jahresexporte, die erforderlich sind, um die Auslandsverschuldung zu tilgen**, zeigt sich ein ähnliches Bild. Bei der Gesamtheit der Entwicklungsländer stieg ihre Anzahl gegenüber 1990 zwar von 1,21 auf 1,27. Im einzelnen setzte sich die langjährige Verbesserung in Afrika (1990: 2,40; 1991: 2,34) sowie in Asien (0,69; 0,66) fort und in Lateinamerika (2,57; 2,58) wurde sie leicht und im Nahen Osten (1,11; 1,32) deutlich unterbrochen; Osteuropas Wert (0,87; 1,24) ist das Ergebnis stark rückläufiger Exporte.

Der **Anteil des Schuldendienstes an den Gesamtexporten** (Schuldendienstquotient) aller Entwicklungsländer betrug 1991 16,1 Prozent gegenüber 14,1 Prozent im Jahr davor, wobei nur in Asien und im Nahen Osten Verbesserungen zu verzeichnen waren. Neben den rückläufigen Exporten hat vor allem die größere Bereitschaft und Fähigkeit von Entwicklungsländern, zumindest den Zinsendienst zu leisten, den relativen Schuldendienst ansteigen lassen.

Leistungsbilanzdefizit der Entwicklungsländer, abzüglich der öffentlichen Transferleistungen, ist der IWF-Prognose zufolge von 43 Milliarden US-Dollar 1990 auf 94 Milliarden US-Dollar 1991 gestiegen, wobei sich die Leistungsbilanz der Nahostländer kriegsbedingt um 23 Milliarden US-Dollar verschlechterte.

Hinsichtlich der **Finanzierung des Defizits** wird geschätzt, daß die Entwicklungsländer 1991 gegenüber dem vorangegangenen Jahr die Nettoauslandskreditaufnahme um 21 Milliarden US-Dollar auf 92 Milliarden US-Dollar steigerten und ohne die Länder des Nahen Ostens um 8 Milliarden US-Dollar auf 63 Milliarden US-Dollar verringerten. Ursachen der letztgenannten Entwicklung sind der Rückgang außergewöhnlicher Finanzierungen, wie Umschuldungen und Zahlungsverzug, und die Zahlung des ausstehenden Schuldendienstes durch die lateinamerikanischen Staaten bzw. die hochverschuldeten Länder. Der **Nettozufluß ausländischer Direktinvestitionen** hat Schätzungen des IWF zufolge 1991 um 6 Milliarden US-Dollar auf 25 Milliarden US-Dollar **zugenommen**. Schließlich dürfte der Mittelabfluß aus Veranlagungen in ausländischen Wertpapieren deutlich zurückgegangen sein. Insgesamt kann hinsichtlich der Finanzierungssituation der Entwicklungsländer festgestellt werden, daß sich der Abstand zwischen reformorientierten und den übrigen Ländern weiter vergrößert hat: Länder, die noch vor kurzem Probleme hatten, wie Chile, Mexiko und Venezuela, haben nun wieder den Zutritt zu spontaner Finanzierung bei sich verbessernden Konditionen erlangt. Andere führten Kapitalzuflüsse durch den Verkauf von Aktien oder Wandelanleihen herbei. Im Gegensatz zu diesen Ländern sind die am wenigsten entwickelten Länder und jene ohne erforderliche Reformkapazitäten in steigendem Maß auf öffentliche Kreditgeber angewiesen.

Die **Währungsreserven der Entwicklungsländer** dürften dem IWF zufolge 1991 um weitere 15 Milliarden US-Dollar nach 40 Milliarden US-Dollar im Jahr 1990 zugenommen haben. Bemerkenswert daran ist, daß sich diese Zuwächse nicht mehr nur bei den neuindustrialisierten Staaten Asiens einstellen, sondern seit 1989 auch bei lateinamerikanischen (Argentinien, Chile, Mexiko und Venezuela) und anderen asiatischen Ländern (China und Indonesien). Gleichzeitig haben einige Nahostländer sowie Korea ihre Währungsreserven abgebaut. In Hong Kong sowie Taiwan verlangsamte sich das Wachstum.

Auch 1991 wurde die durch den **„Brady-Plan"** Anfang 1989 erweiterte **internationale Schuldenstrategie** (siehe Außenpolitischer Bericht 1989) unter der Führung des IWF und unter Einbeziehung der Kommerzbanken fortgesetzt. Im ersten Halbjahr 1991 wurden einige wichtige **Umschuldungsabkommen** abgeschlossen. Im Vordergrund standen dabei die Vereinbarungen des Pariser Clubs mit Polen und Ägypten, zwei Ländern mit mittleren Einkommen, die umfassende Anpassungsprogramme durchführen und bei denen die bilaterale öffentliche Auslandsverschuldung 70 Prozent der gesamten ausmacht. Die Abkommen haben eine **Halbierung** der davon betroffenen **Verbindlichkeiten** in Höhe von 60 Milliarden US-Dollar zu Folge. Weitere Länder, mit denen der Pariser Club Umschuldungsabkommen schloß, waren Argentinien, Bulgarien, Burkina Faso, Costa Rica, Nigeria, die Philippinen, Peru und Senegal. Brasilien einigte sich mit den Kommerzbanken über die Behandlung seiner überfälligen Zinsenzahlungen und eröffnete damit die Möglichkeit für umfassende Umschuldungsverhandlungen. Beim Londoner Treffen der Staats- und Regierungschefs der sieben wichtigsten westlichen Industriestaaten im Juli 1991 vereinbarten die Teilnehmer, den **ärmsten und den höchstverschuldeten Ländern** über die bisher gültigen Regeln hinaus Schuldenerleichterungen zu gewähren und forderten den Pariser Club auf, rasch die entsprechenden Maßnahmen zu setzen.

Während der vergangenen drei Jahre haben die Kreditgeber die Schuldenstrategie verstärkt, indem sie die Palette finanzieller Unterstützungen für Länder mit Schuldendienstschwierigkeiten ausweiteten. Dazu gehören verschiedene Formen der Schuldenrestrukturierung einschließlich von Schulden- und Schuldendienstverringerungen, die Bereitstellung neuer

Finanzmittel und im Fall von Ländern mit niedrigem Einkommen Finanzhilfen mit großem Geschenkelement. Finanzielle Unterstützungen werden den Bedingungen des jeweiligen Landes angepaßt und berücksichtigen den Fluß ausländischer Mittel, den dringenden Liquiditätsbedarf und die Bereitschaft zu Wirtschaftsreformen mit dem Ziel, das Vertrauen des Auslandes wiederherzustellen. In den Jahren 1988 bis 1990 wurden Ländern mit Schuldendienstproblemen durch Umschuldungen und Zuführung neuer Mittel netto 82 Milliarden US-Dollar zur Verfügung gestellt, und zwar überwiegend von öffentlichen Kreditgebern. IWF und Weltbank gewährten in dieser Zeit Ländern mit niedrigen Einkommen Hilfe mit einem Geschenkelement in Höhe von 3,4 Milliarden US-Dollar. Seit 1988 strichen öffentliche Kreditgeber im Rahmen des Pariser Clubs Schulden in der Höhe von 20 Milliarden US-Dollar, wobei jedoch nur ein geringer Teil den Schuldenstock selbst betraf. Eine weitere Schuldenreduktion im Gegenwert von 23 Milliarden US-Dollar erfolgte seitens der Kommerzbanken in Form von Schuldenrückkäufen und Forderungstausch mit Abschlag oder Zinsenreduktion. Schließlich führten Schuldnerstaaten 1984 bis 1990 debt-equity swaps im Gegenwert von 34 Milliarden US-Dollar durch.

Österreich nimmt an den Umschuldungen im Rahmen des Pariser Clubs teil. Ziel der Umschuldungen ist es, Länder, die sich in akuten Zahlungsschwierigkeiten befinden, durch Zahlungserleichterungen (insbesondere Laufzeiterstreckungen) in die Lage zu versetzen, langfristig gesehen, ihren Zahlungsverpflichtungen wieder nachzukommen und damit ihre Kreditwürdigkeit wieder herzustellen. Bisher wurden mit 37 Ländern Umschuldungsvereinbarungen abgeschlossen, wobei im Falle von 11 Ländern die sogenannten **Toronto-Konditionen** für die am wenigsten entwickelten Länder zur Anwendung kamen.

Im Jahr 1991 wurden von der normalen Umschuldungsregelung abgehend in zwei außergewöhnlichen Fällen (Polen, Ägypten) eine fünfzigprozentige Schuldenerleichterung im Wege verschiedener Optionen gewährt. Österreichischerseits wird die Zinsendienstreduktionsoption zur Anwendung gebracht.

Zur Jahreswende 1991/1992 wurde für den Kreis der ärmsten und hochverschuldeten Länder in Fortentwicklung des Toronto-Schemas und unter Berücksichtigung der Empfehlungen des Londoner Gipfels sowie der von Premierminister Major in Trinidad gemachten Vorschläge („Trinidad Terms") mit österreichischer Mitwirkung unter den Gläubigerländern Einigung über eine fünfzigprozentige Schuldenerleichterung im Wege verschiedener Optionen erzielt. Auch in diesem Fall hat sich Österreich für die Zinsendienstoption entschieden.

Für die Behandlung dieser Fragen ist in Österreich das Bundesministerium für Finanzen zuständig.

Schuldenindikatoren der Entwicklungsländer[1])

	1983	1987	1988	1989	1990	1991
	in Mrd. US-$					
Leistungsbilanz						
EL	-42,7	13,4	-11,3	-19,0	-24,6	-103,8
HEL	-14,8	- 6,9	- 8,7	- 4,7	- 4,0	- 22,8
Osteuropa	11,5	12,0	6,0	- 6,9	-20,9	- 20,7
	in Mrd. US-$					
Auslandsverschuldung						
EL	925,5	1.310,5	1.331,7	1.368,7	1.466,4	1.493,7
HEL	394,7	490,5	479,6	480,0	508,2	502,0
Osteuropa	99,5	141,5	141,4	153,1	174,8	174,6
	in % des BIP					
EL	*25,2*	*28,5*	*26,5*	*25,4*	*26,6*	*26,8*
HEL	*46,0*	*44,5*	*40,4*	*39,4*	*38,8*	*35,3*
Osteuropa	*8,6*	*8,9*	*8,2*	*8,7*	*11,1*	*14,0*
	in Prozent der Waren- und Dienstleistungsexporte					
Schuldenquotient						
EL	*118,4*	*144,1*	*130,7*	*123,1*	*121,3*	*127,4*
HEL	*289,3*	*334,6*	*292,2*	*262,5*	*247,7*	*249,0*
Osteuropa	*58,2*	*69,6*	*67,5*	*74,2*	*87,4*	*124,3*
Schuldendienst						
EL	*17,0*	*18,3*	*17,4*	*15,4*	*14,1*	*16,1*
HEL	*41,6*	*37,8*	*41,9*	*31,0*	*27,9*	*37,1*
Osteuropa	*11,6*	*12,1*	*12,0*	*12,2*	*11,9*	*17,0*
Zinsendienst						
EL	*9,6*	*8,0*	*8,1*	*7,5*	*6,8*	*8,5*
HEL	*29,8*	*20,5*	*23,3*	*18,5*	*14,8*	*23,3*
Osteuropa	*4,1*	*4,1*	*4,0*	*4,6*	*5,2*	*7,1*
Tilgungsdienst						
EL	*7,4*	*10,3*	*9,3*	*7,9*	*7,3*	*7,6*
HEL	*11,8*	*17,3*	*18,6*	*12,5*	*13,1*	*13,8*
Osteuropa	*7,5*	*8,0*	*8,0*	*7,6*	*6,7*	*9,9*

Quelle: IWF, World Economic Outlook, Oct. 1991, Washington D.C.

[1]) 138 Entwicklungsländer (EL; inkl. verschiedene Territorien) und davon:
- 15 höchstverschuldete Entwicklungsländer (HEL; Argentinien, Bolivien, Brasilien, Chile, Côte d'Ivoire, Ekuador, Jugoslawien, Kolumbien, Marokko, Mexiko, Nigerien, Peru, die Philippinen, Uruguay und Venezuela) sowie
- Osteuropa (Bulgarien, CSFR, Jugoslawien, Polen, Rumänien, UdSSR, Ungarn)

Der Internationale Währungsfonds (IWF)

Der IWF hat sich im Geschäftsjahr 1990/91 rasch auf die Kuwait-Krise eingestellt. Er hat auch rasch auf die Herausforderung reagiert, den zentral- und osteuropäischen Ländern bei der Umgestaltung ihrer Volkswirtschaften beizustehen. Daneben unterstützte der Fonds auch weiterhin Entwicklungsländer anderer Regionen – einschließlilch Länder mit schwierigen Schuldendienstproblemen – bei ihren volkswirtschaflichen Reformen.

Ein Hauptaugenmerk des IWF galt also der Entwicklung in **Zentral- und Osteuropa**. Das hat sich auch in den hohen Zusagen ausgedrückt, die vom IMF diesen Ländern (Bulgarien, CSFR, Ungarn, Polen und Rumänien) gemacht wurden. Diese Zusagen betrugen insgesamt 3,6 Milliarden US-Dollar oder ⅔ der Neuzusagen im Finanzjahr 1990/91. Damit hat der IWF eine sehr bedeutsame Funktion im Prozeß des Übergangs von Plan- zur Marktwirtschaft. Diese Funktion hat er auch durch eine umfassende Beratungs- und Prüftätigkeit. Er spielt eine wesentliche Rolle bei der Formulierung der entsprechenden Pläne zur Wirtschaftsreform. Dabei verfolgt er folgende Ziele:

- Übergang von Plan- zur Marktwirtschaft
- Errichtung eines funktionstüchtigen Finanzsystems
- Liberalisierung der Tätigkeit von Unternehmen
- Schaffung eines tragfähigen Netzes sozialer Sicherheit

Der IWF ist heute davon überzeugt, daß in diesen Volkswirtschaften die **Übergangsphase schwieriger** sein und länger dauern wird, als früher vermutet wurde. Andere internationale Organisationen, darunter insbesondere die ECE, empfehlen angesichts der sich auftürmenden Schwierigkeiten ein graduelles Vorgehen bei der Einführung der Marktwirtschaft. Demgegenüber vertritt der IWF die Ansicht, daß angesichts der erforderlichen Gesamtumstellung der Volkswirtschaften Osteuropas nur eine **Schocktherapie** wirksam sein kann – eine Ansicht, die auch von den Regierungen einiger der betroffenen Staaten geteilt wird (siehe auch Abschnitt Zentral- und Osteuropa).

Im Jahr 1991 wurde **Albanien** in den IWF aufgenommen.

Im IWF gehört Österreich zusammen mit Belgien, Luxemburg, der Türkei, Ungarn und der Tschechischen und Slowakischen Föderativen Republik einer Stimmrechtsgruppe an.

Bei seiner Überprüfung der **Schuldenstrategie** im Geschäftsjahr 1990791 bekräftigte das Exekutivdirektorium erneut die Notwendigkeit, die wirtschaftlichen Schwierigkeiten der Entwicklungsländer individuell zu betrachten: Die bilateralen Gläubiger hätten die Aufgabe, den Schuldnerländern bei der Anpassung ihrer Wirtschaftspolitik durch die Bereitstellung neuer Finanzierungsmittel sowie durch Umschuldungen und Schuldenerlässe beizustehen.

Um seinen Mitgliedsländern bei der Bewältigung der Probleme, die ihnen durch die Nahostkrise erwachsen sind, zu helfen, wurden in drei Bereichen der IWF-Operationen folgende Neuerungen eingeführt:

- der Fonds erweiterte den Zugang zu Fondsmitteln im Rahmen von Bereitschafts- und erweiterten Kreditvereinbarungen.
- Die Mittel, die der Fonds seinen Mitgliedsländern unter der **Erweiterten Strukturanpassungsfazilität (ESAF)** bereitstellt, wurden aufgestockt und ein viertes ESAF-Jahr angefügt. Bei der Bereitstellung von Hilfe wird die Wirtschaftspolitik des Mitglieds in Erwägung gezogen, ebenso wie die Verfügbarkeit von Finanzierungsbeiträgen aus anderen Quellen und die Fähigkeit des Mitglieds, seine Schulden an den Fonds zurückzuzahlen.
- Eine zeitweilige **Öleinfuhrkomponente** wurde im Rahmen der Fazilität zur Kompensierung von Exporterlösausfällen und unerwarteten externen Störungen (CCFF) eingeführt. Voraussetzung zur Erlangung von Krediten unter dieser Komponente ist unter anderem, daß das Mitgliedsland energiesparende Maßnahmen durchführt.

Im Geschäftsjahr 1990/91 genehmigte der Fonds seinen Mitgliedsländern im Rahmen von 20 neuen Vereinbarungen (Bereitschafts- und Erweiterten Kreditvereinbarungen sowie Vereinbarungen im Rahmen der Strukturanpassungsfazilität (SAF) und der Erweiterten Strukturanpassungsfazilität (ESAF)) Mittel in Höhe von 5,6 Milliarden Sonderziehungsrechten (SZR). Zudem stellte er 11 Ländern insgesamt 2,1 Milliarden SZR für Finanzierungen im Rahmen der CCFF bereit. Gegen Ende des Jahres 1991 kam es zu einer drastischen Erhöhung der auf diese Weise vergebenen Mittel.

Die Finanzhilfe des Fonds ist nur ein Bestandteil einer breiten Politik von Hilfsmaßnahmen für Mitglieder. Der IWF bietet sowohl wirtschaftspolitische Beratung wie auch technische Hilfe. In all dem arbeitet der IWF eng mit der Weltbank zusammen. Diese Zusammenarbeit erstreckt sich vor allem auf die Beziehung zu den einzelnen Mitgliedsländern. Die beiden Institutionen koordinieren ihre Reaktionen auf die Schuldenprobleme der Entwicklungsländer und bei der Hilfestellung bei der Bewältigung überfälliger Zahlungsverpflichtungen. Der Fonds arbeitet mit der Weltbank auch zusammen, um besser einschätzen zu können, welche Auswirkungen wirtschaftliche Reformen auf die ärmeren Bevölkerungsschichten haben.

Geschäftstätigkeit und Geschäftsgrundsätze des Fonds

Im Geschäftsjahr 1990/91 sind die Währungskäufe (bzw. Ziehungen) kräftig auf 6,2 Milliarden SZR angestiegen (im Jahre 1989/90 waren es 4,4 Milliarden SZR). Währungsrückkäufe (bzw. Rückzahlungen) gingen jedoch um 0,6 Milliarden SZR auf 5,4 Milliarden zurück, wodurch es erstmals seit 1985 zu einer Erhöhung der ausstehenden Fondskredite – auf

22,9 Milliarden SZR – kam. Die Bestände der verwendbaren Eigenmittel verringerten sich auf 23,8 Milliarden SZR. Sie dürften im Zusammenhang mit wachsenden Finanzierungsforderungen – wie zum Beispiel für **Osteuropa** und wegen der Auswirkungen der Krise im Nahen Osten – rasch weiter abnehmen. Die Gesamtzuteilung von SZR belief sich weiterhin auf 21,4 Milliarden SZR.

Die überfälligen finanziellen Verpflichtungen (Zahlungsrückstände) gegenüber dem Fonds sind im Geschäftsjahr 1990/91 geringfügig auf 3,4 Milliarden SZR angestiegen. Dies war die niedrigste Zunahme seit 1984/85. Die Anzahl der Länder mit Zahlungsrückständen gegenüber dem Fonds von sechs Monaten oder länger ist von elf auf neun zurückgegangen. Zwei Länder haben ihre überfälligen Verpflichtungen im Juni 1990 bereinigt.

Weltbankgruppe

(Sie besteht aus: Internationale Bank für Wiederaufbau und Entwicklung, Internationale Entwicklungsorganisation, Internationale Finanzkorporation und Multilaterale Investitionsgarantie-Agentur.)

Diese Organisationen verfolgen das **gemeinsame Ziel**, bei der **Hebung des Lebensstandards** in den Entwicklungsländern mitzuhelfen, indem sie finanzielle Mittel aus entwickelten in weniger entwickelte Länder leiten.

Die **Internationale Bank für Wiederaufbau und Entwicklung (IBRD)** wurde 1945 gegründet. Ihr gehören gegenwärtig 156 Länder an. Ihr Kapital wird von ihren Mitgliedsländern gezeichnet, doch finanziert sie ihre Kreditvergabe in erster Linie aus der **Aufnahme von Mitteln auf den internationalen Kapitalmärkten**. Die IBRD-Darlehen werden für konkrete Projekte und für Strukturanpassungsmaßnahmen vergeben. Sie haben im allgemeinen einen tilgungsfreien Zeitraum von fünf Jahren und sind danach innerhalb eines Zeitraumes von 15 Jahren oder darunter zurückzuzahlen. Sie sind für die **wirtschaftliche leistungsstärkeren Entwicklungsländer** bestimmt. Der Zinssatz für die IBRD-Darlehen orientiert sich an den für die Beschaffung der Mittel entstehenden Kosten.

Die IBRD, die sich lange Zeit fast ausschließlich auf die Finanzierung von Projekten in Entwicklungsländern konzentriert hat, wurde durch die Entwicklung in **Zentral- und Osteuropa** vor eine weitere Herausforderung gestellt. Die Erstellung von Länderprogrammen und Projekten im europäischen Raum hat das Spektrum der IBRD-Aktivitäten beträchtlich erweitert und gleichzeitig die Notwendigkeit eines wesentlich erhöhten Mitteleinsatzes deutlich gemacht. Nach Ausbruch der **Golfkrise** wurde zusätzliche Hilfsmaßnahmen zugunsten der durch die Krise wirtschaftlich besonders stark betroffenen Länder der Region, insbesondere **Ägypten und Jordanien** bereitgestellt.

Die **Internationale Entwicklungsorganisation (IDA)** wurde 1960 mit dem Ziel gegründet, für dieselben Zwecke Hilfe zu gewähren wie die IBRD, jedoch vor allem an die ärmeren Entwicklungsländer und zu Bedingungen, die die Zahlungsbilanz dieser Länder weniger belasten als IBRD-Darlehen. Die Hilfe der IDA konzentriert sich deshalb auf die **ärmsten Länder**, das heißt auf solche, deren jährliches Bruttosozialprodukt pro Kopf der Bevölkerung höchstens 650 US-Dollar (in US-Dollar von 1988) beträgt. Unter diese Kategorie fallen gegenwärtig über 40 Länder.

Die Mitgliedschaft in der IDA steht allen Mitgliedern der IBRD offen, und bislang sind ihr 140 Länder beigetreten. Die von der IDA verwendeten Mittel (sie werden als „Kredite" bezeichnet, um sie von den IBRD-Darlehen zu unterscheiden) stammen zum größten Teil aus Kapitalzeichnungen, allgemeinen Wiederauffüllungen ihres Kapitals durch ihre stärker industrialisierten und entwickelten Mitgliedsländer und aus dem Transfer von Teilen des Reinertrags der IBRD. In den Geschäftjahren 1991 bis 1993 sollen folgende drei Programmbereiche besondere Priorität genießen: Die Linderung der Armut, die Förderung solider gesamtwirtschaftlicher und sektoraler Maßnahmen und die Umwelt. **IDA-Kredite** werden ausschließlich Regierungen gewährt, und zwar mit einem **tilgungsfreien** Zeitraum von **zehn Jahren**, mit einer **Laufzeit von 35 bis 40 Jahren** und **ohne Verzinsung**.

Die Weltbank hat in Reaktion auf die schlechteren Aussichten der Entwicklungsländer in den 80er Jahren ein **Programm für Strukturanpassungsdarlehen und grundlegende Reformen** eingeführt. Mit diesen Darlehen werden Programme für bestimmte wirtschaftspolitische Veränderungen und institutionelle und sektorale Reformen in den Entwicklungländern unterstützt. Auf diese Weise will man

a) dazu beitragen, daß trotz ernster Engpässe ein Wirtschaftswachstum aufrecht erhalten werden kann oder
b) die Grundlagen für die Wiederherstellung eines dynamischen Wirtschaftswachstums schaffen.

Im Geschäftsjahr 1991 beliefen sich die **Darlehenszusagen** der IBRD auf 16.392 Millionen US-Dollar und die Kreditzusagen der IDA auf 6.293 Millionen US-Dollar. Gegenüber dem Gesamtbetrag des Vorjahres nahmen die IBRD-Zusagen um 1.212 Millionen US-Dollar zu, während die Zusagen der IDA um 771 Millionen US-Dollar zunahmen und damit einen Rekordstand erreichten. Dieses Ausleihevolumen ermöglichte es der Bank und der IDA, in vielen Entwicklungsländern grundlegende Veränderungen zu unterstützen. Dagegen hielt die Bank die Darlehensgewährung dort zurück, wo nach ihrer Ansicht keine grundlegenden Veränderungen zu erwarten waren. Davon waren im Geschäftsjahr 1990 eine Anzahl großer Projekte betroffen. Aus diesem Grund war die gesamte Darlehensvergabe der IBRD nicht so hoch wie ursprünglich vorgesehen.

Die **Nettoauszahlungen** betrugen im Geschäftsjahr 1991 bei der IBRD 2,1 Milliarden US-Dollar und bei der IDA 4,3 Milliarden US-Dollar (Die jeweiligen Ziffern für das Geschäftsjahr 1990 lauteten 5,7 Milliarden US-Dollar und 3,6 Milliarden US-Dollar). Die Nettoeinnahmen des letzten Geschäftsjahres betrugen 1,2 Milliarden US-Dollar (verglichen mit 1,05 Milliarden US-Dollar im Jahr davor).

Im Februar 1991 wurde eine **Initiative für den Aufbau von Kapazitäten in Afrika (ACBI)** ins Leben gerufen. Die ACBI, die gemeinsam von der Weltbank, dem Entwicklungsprogramm der Vereinten Nationen (UNDP) und von der Afrikanischen Entwicklungsbank gefördert wird, hat das Ziel, vor Ort entsprechende Voraussetzungen zu schaffen, um Wirtschaftsanalysen zu erstellen und Vewaltungsaufgaben zu übernehmen. Österreich beteiligt sich an dieser Initiative mit 400.000,– US-Dollar.

Die **Internationale Finanzkorporation (IFC)** wurde 1956 gegründet. Zur Zeit hat die IFC 142 Mitglieder. Sie hat die Aufgabe, in Entwicklungsländern das wirtschaftliche Wachstum durch **Unterstützung des privaten Sektors** zu fördern. Diese Aufgabe erfüllt die IFC durch finanzielle **Hilfe an Unternehmen in der Form von Darlehen und Beteiligungen**. Die IFC finanziert nur gewinnversprechende Projekte, die für die Wirtschaft des jeweiligen Landes von Vorteil sind. Wie alle Organisationen der Weltbankgruppe versteht sich auch die IFC als Katalysator. Bei Beteiligungen an Unternehmen ist es das Ziel der IFC, ihre Anteile von maximal 25 Prozent früher oder später an lokale Investoren zu verkaufen. Managementverantwortung übernimmt die IFC in keinem Fall. Bei Darlehen der IFC werden kommerzielle Zinsen verlangt. IFC-Darlehen erfordern keine Regierungsgarantie.

In dem zum 30. Juni 1991 endenden Geschäftsjahr genehmigte das Direktorium 152 Projekte in Höhe von 2,8 Milliarden US-Dollar.

Gegenwärtig steht in der IFC eine Kapitalerhöhung von 1,3 Milliarden US-Dollar auf 2,3 Milliarden US-Dollar in Beschlußfassung. Der österreichische Anteil daran beträgt 8,583 Millionen US-Dollar.

Die 1988 gegründete **Multilaterale Investitionsgarantie-Agentur (MIGA)** hat die besondere Aufgabe, Kapitalbeteiligungen und andere Direktinvestitionen in Entwicklungsländern durch die Beseitigung nicht kommerzieller Anlagebeschränkungen zu fördern. Gemäß dieser Aufgabe übernimmt die MIGA Garantien für Kapitalanlagen gegen Verluste aus nicht-kommerziellen Risiken; sie berät Regierungen in Entwicklungsländern bei der Konzipierung und Durchführung von Richtlinien, Programmen und Verfahren im Zusammenhang mit ausländischen Kapitalanlagen und fördert den Dialog zwischen der internationalen Geschäftswelt und den Empfängerländern über Investitionsfragen.

Bis zum 30. Juni 1990 hatten 85 Länder die Konvention über die MIGA unterzeichnet; davon haben 58 Länder das Übereinkommen ratifiziert. Die MIGA übernahm im Verlauf des abgelaufenen Geschäftsjahres ihre ersten Bürgschaften mit einer Eventualverbindlichkeit in Maximalhöhe von insgesamt 132,3 Millionen US-Dollar. Österreich ist nicht Mitglied der MIGA, weil es auf diesem Gebiet über eigene Instrumente verfügt.

In der Weltbankgruppe bildet Österreich zusammen mit Belgien, Luxemburg, der Tschechoslowakei, der Türkei und Ungarn eine Stimmrechtsgruppe. Belgien stellt den dieser Gruppe zurechenbaren Exekutivdirektor. Österreich ist gegenwärtig durch einen „Alternate Executive Direktor" vertreten.

Regionale Entwicklungsbanken

Österreich wurde am 30. März 1983 Mitglied der **Afrikanischen Entwicklungsbank (AfEB)** und ist zum 31. Dezember 1989 am Kapital mit 58,460 Millionen SZR (Sonderziehungsrechten), d.s. 0,395 Prozent, beteiligt, nachdem es sich an der 1987 beschlossenen Verdreifachung des Kapitals mit der Zeichnung von 4.000 Anteilen im Wert von 40 Millionen SZR beteiligt hatte. Die Kreditzusagen der Bank betrugen 1990 1.516,9 Millionen SZR. Dies bedeutet gegenüber 1989 eine Steigerung von rund 6,9 Prozent.

Dem **Afrikanischen Entwicklungsfonds (AfDF)** war Österreich schon am 30. Dezember 1981 beigetreten. Der ursprüngliche Beitrag betrug 15 Millionen Fondsrechnungeinheiten im Gegenwert von 264,75 Millionen Schilling. Durch die Beiteiligung Österreichs an der dritten, vierten und fünften Wiederauffüllung der Mittel des AfDF 1983, 1985 und 1988 erhöhte sich der österreichische Beitrag zum 31. Dezember 1990 auf 74,425 Millionen. Fondsrechnungseinheiten (FRE) im Gegenwert von rund 1.247 Millionen Schilling. Der österreichische Anteil am Fondskapital betrug zu diesem Stichtag rund 1,25 Prozent. An der im Februar 1991 beschlossenen 6. Wiederauffüllung der Mittel des AfDF von 2.650 Millionen FRE wird sich Österreich mit 33,125 Millionen FRE im Gegenwert von 465.163.311,– Schilling beteiligen.

Der AfDF hat 1990 834,26 Millionen FRE an Krediten und 123,34 Millionen FRE an Zuwendungen für technische Hilfe zugesagt. Gegenüber 1989 ist dies eine Steigerung von 4,4 bzw. 64 Prozent.

In der AFDB und im AfDF hat sich Österreich mit Japan, Brasilien, Argentinien und Saudi-Arabien zu einer Stimmrechtsgruppe zusammengeschlossen.

Die **Asiatische Entwicklungsbank (ADB)** wurde im Jahre 1966 errichtet. Österreich ist Gründungsmitglied.

Mit 31. Dezember 1990 betrug der österreichische Anteil am Stammkapital 85,64 Millionen US-Dollar oder 0,37 Prozent. Das genehmigte Gesamtkapital der ADB betrug zu diesem Zeitpunkt 22,84 Milliarden US-Dollar.

Zur Förderung der Wirtschaft der in der Region befindlichen Entwicklungsländer vergab die Bank im Geschäftsjahr 1990 Darlehen in der Höhe von insgesamt 3,97 Milliarden US-Dollar (im Jahr 1989 betrug das Gesamtausleihevolumen der Bank 3,68 Milliarden US-Dollar). Diese Mittel flossen zu einem großen Teil in den landwirtschaftlichen (31 Prozent) und in den Energiesektor (26 Prozent).

Um regionalen Entwicklungsländern Zugang zu Finanzierungsmitteln zu besonders „weichen" Bedingungen zur Verfügung stellen zu können, wurde 1974 der **Asiatische Entwicklungsfonds (ADF)** errichtet. Aus der letzten Wiederauffüllung des Asiatischen Entwicklungsfonds (ADF V) standen hiefür 3,6 Milliarden US-Dollar zur Verfügung, 72 Millionen US-Dollar davon für den „Sonderfonds für Technische Hilfe" (TASF).

1990 betrug die Darlehensvergabe aus ADF-Mitteln rund 1,06 Milliarden US-Dollar (zum Unterschied von 1,36 Milliarden US-Dollar im Jahr zuvor). Österreich leistete zum ADF in den Jahren 1988 bis 1990 einen Beitrag von 517 Millionen Schilling (das sind 0,87 Prozent der fünften „Wiederauffüllung").

Österreichs bisherige Beitragsleistungen zum Asiatischen Entwicklungsfonds betrugen 113,9 Millionen Schilling (ADF II), 268,1 Millionen Schilling (ADF III) und 494,4 Millionen Schilling (ADF IV). An der ursprünglichen Dotierung des Asiatischen Entwicklungsfonds (ADF I) hatte sich Österreich nicht beteiligt. In der Asiatischen Entwicklungsbank bildet Österreich mit der Bundesrepublik Deutschland, dem Vereinigten Königreich und der Türkei eine Stimmrechtsgruppe.

Die **Inter-Amerikanische Entwicklungsbank (IDB)** wurde 1959 gegründet. Die Bank hat gegenwärtig 44 Mitglieder, 17 von Ihnen zählen nicht zu den amerikanischen bzw. lateinamerikanischen Staaten. Österreich ist seit 1977 Mitglied. Die Bank fördert besonders die Bereiche Landwirtschaft und Fischerei sowie Energie. 50 Prozent der von der Bank übernommenen Finanzierungen sollen Bevölkerungsgruppen mit niedrigem Einkommen zugute kommen. Die IDB hat 1990 Kredite im Ausmaß von 3,88 Milliarden US-Dollar (1989: 2,6 Milliarden US-Dollar) zugesagt. In der Wiederauffüllungsperiode 1990 bis 1993 erhöht Österreich seinen Kapitalanteil um 20,94 Millionen US-Dollar auf 48,24 Millionen US-Dollar. Österreich hält somit einen Kapitalanteil von 0,08 Prozent. Im selben Zeitabschnitt stockte Österreich außerdem seine Leistungen zum „Fonds für Sondergeschäfte" um 566.000 US-Dollar auf insgesamt 13,516 Millionen US-Dollar auf. Das gezeichnete Gesamtkapital der IDB belief sich zum Jahresende 1990 auf rund 41 Milliarden US-Dollar. Die Geamtbeiträge zum Fondes für Sondergeschäfte betrugen zum Jahresende 1990 8,7 Milliarden US-Dollar. Österreich bildet mit den nichtregionalen Mitgliedern Frankreich, Israel, Japan, Jugoslawien, Portugal, Spanien und der Schweiz eine Stimmrechtsgruppe.

Die **Inter-Amerikanische Investitionsgesellschaft (IIC)** wurde 1986 als Tochter der Inter-Amerikanischen Entwicklungsbank gegründet und hat mit ihrer Tätigkeit im September des gleichen Jahres begonnen. Sie soll vor allem kleine und mittlere Privatunternehmen in Lateinamerika, vor allem durch Darlehen und Beteiligungen, fördern. 1988 einigte man sich nach langen Bemühungen auf einen Geschäftsführer, sodaß 1989 die Genehmigung erster Projekte über insgesamt 15 Millionen US-Dollar erfolgen konnte. 1990 wurden 19 Projekte für insgesamt 66,6 Millionen US-Dollar genehmigt.

Das Anfangskapital der IIC beträgt 200 Millionen US-Dollar. Österreich ist am 5. September 1986 als Gründungsmitglied beigetreten und hat 0,5 Prozent des Kapitals (= 1 Million US-Dollar) übernommen. Österreich befindet sich mit Italien und den Niederlanden in einer Stimmrechtsgruppe.

Organisationen zur wirtschaftlichen Förderung der Entwicklungsländer

Bei der Übertragung der Kompetenz für bilaterale Entwicklungszusammenarbeit an das Bundeskanzleramt im Februar 1991 verblieb die Zuständigkeit für die multilaterale Entwicklungszusammenarbeit im Rahmen des VN-Systems im Bundesministerium für auswärtige Angelegenheiten. Damit wird – kompetenzmäßig – der Zustand wieder hergestellt, der vor 1985 bestanden hatte. Das Bundesministerium für auswärtige Angelegenheiten verwaltet die Mittel für die regulären Beiträge zu den betreffenden Organisationen sowie für die damit im Zusammenhang stehenden Hilfsexperten-, Junior Professional Officer (JPO-) und Freiwilligenprogramme, ferner Projektmittel für den industriellen Entwicklungsfonds der UNIDO. In Fragen betreffend die sogenannte „Multi-Bi-Kooperation", bei der Internationale Organisationen im Auftrag der österreichischen Stellen und mit österreichischen Mitteln Projekte durchführen, gibt es ein enges Zusammenwirken mit dem Bundeskanzleramt. Gerade in diesem Bereich konnten 1991 deutliche Zuwächse verzeichnet werden.

Innerhalb der Internationalen Organisationen ist Österreich bisher als ein – gemessen an seinen Möglichkeiten – eher **bescheidener Beitragszahler** bekannt. Die multilaterale Entwicklungshilfe Österreichs an Organisationen des VN-Systems machte 1990 lediglich 6,4 Prozent der österreichischen öffentlichen Entwicklungshilfe (ODA) aus, ein im internationalen Vergleich sehr niedriger Quotient. Es sind Anstrengungen nötig, diese Leistungen jenen anderer europäischer Staaten anzunähern.

Unter dem Titel „Operationelle Entwicklungsaktivitäten" behandeln sowohl die Generalversammlung der Vereinten Nationen, als auch der ECOSOC die Tätigkeiten der unten angeführten Organisationen. Daneben sind auch UNCTAD, ILO, UNEP und verschiedene andere Teile des Systems zunehmend in der Projektdurchführung engagiert.

Seit einiger Zeit wird sowohl innerhalb als auch außerhalb der Vereinten Nationen eine Diskussion um mögliche organisatorische Reformen des Kernbereiches der operationellen Aktivitäten (UNDP und die wichtigsten Sonderorganisationen) geführt. Einen wesentlichen Anstoß dazu gab das sogenannte **„Nordische Projekt"**. Es ist das eine Serie von Studien über die Effektivität der Entwicklungszusammenarbeit der Vereinten Nationen; sie enthalten Vorschläge zu Reformen. Allerdings herrschen – bedingt durch die verschiedenen Prioritäten und Perspektiven der Beteiligten – unterschiedliche Meinungen über die konkreten Schlußfolgerungen des „Nordischen Projekts".

Grundsätzlich ist festzustellen, daß die Einstellung der Staatengemeinschaft gegenüber den verschiedenen Organisationen eine **kritischere** geworden ist. Dies dürfte auch daraus zu erklären sein, daß kaum noch Möglichkeiten zur Steigerung der Hilfsleistungen bestehen; Die freigiebigsten Geberländer dürften die Grenzen ihrer Großzügigkeit erreicht haben. In vielen Bereichen besteht auch ein gewisser Widerspruch zwischen entwicklungspolitischem Anspruch und Realität.

Unter diesen Umständen ist die Konkurrenz unter den einzelnen Teilorganisationen des Systems härter geworden. Das Entwicklungsprogramm der Vereinten Nationen (UNDP) genießt dabei aufgrund seiner zentralen Stellung (Verwaltung der Finanzen) und seines weltweiten Netzes von Vertretungen einen natürlichen Vorteil.

UNDP (Entwicklungsprogramm der Vereinten Nationen)

Das als zentrale Koordinations- und Finanzierungsstelle des Systems konzipierte UNDP hat 1991 keine bedeutenden Änderungen erfahren. Die alle drei Jahre durchgeführte Überprüfung und Diskussion der operationellen Entwicklungsaktivitäten wird erst 1992 stattfinden und damit Anstoß für neue Reformansätze bieten. 1991 war in erster Linie von den Bemühungen geprägt, so weit wie möglich den in Res 44/211 der Generalversammlung der Vereinten Nationen enthaltenen Richtlinien, zu entsprechen. Diese Richtlinien fordern z.B. den Übergang zu größer angelegten Programmen statt punktueller Projekte und eine zunehmende Übertragung der Projektdurchführung an die Empfängerländer selbst. Eine wichtige Rolle spielten nach wie vor die Verhandlungen zwischen UNDP und den Sonderorganisationen über die finanzielle Abgeltung der von den Sonderorganisationen erbrachten Dienstleistungen. Dazu gibt es zwar verschiedene Texte des UNDP-Verwaltungsrates, sie haben aber Kompromisscharakter; und geben überdies zu unterschiedlichen Interpretationen des UNDP einerseits und der Sonderorganisationen andererseits Anlaß.

In organisatorischer Hinsicht ist insofern eine Neuerung eingetreten, als das bisherige **„Committee of the Whole"** des Verwaltungsrates abgeschafft und durch ein **„Standing Committee"** ersetzt wurde. Diese Neuerung geht auf einen schweizerischen Vorschlag zurück. Sie soll vor allem größere Flexibilität bringen, zumal das neue „Standing Committee" auch außerhalb der Tagungszeiten des Verwaltungsrates zusammentreten kann. Ferner wurde die alljährlich im Juni stattfindende reguläre Tagung des Verwaltungsrates von vier auf drei Wochen verkürzt.

Als langjähriges Mitglied des Verwaltungsrates nahm Österreich an allen Tagungen, sowohl des Rates selbst als auch des Standing Committee, teil.

Die optimistischen Erwartungen des UNDP betreffend das Beitragsaufkommen 1991 haben sich nicht voll erfüllt. Gesamtzahlen liegen allerdings noch nicht vor. **Österreich** steigerte seinen Beitrag, in Dollar gemessen, gegenüber 1990 um ca. 9 Prozent auf 11,3 Millionen US-Dollar. Für 1992 ist eine weitere Steigerung in Aussicht genommen.

Die Kooperation im Rahmen des **Junior Professional Officer (JPO)-Programms** wurde erfolgreich fortgesetzt. Es sind jeweils gleichzeitig etwa drei bis vier junge österreichische Akademiker in verschiedenen Länderbüros des UNDP, vorwiegend im Projektmanagement, eingesetzt. Die Einsatzdauer ist jeweils zwei Jahre.

UNFPA (VN-Bevölkerungsfonds)

Die Beiträge zum Weltbevölkerungsfonds steigen und zwar nicht nur in Folge seines Rufes als wirksam arbeitende und gut geführte Organisation; sondern vor allem wohl wegen seines Beitrages zur Lösung eines Problems dessen Brisanz zunehmend und auch weltweit anerkannt wird. Wie das untenstehende Schaubild zeigt, vermehrte sich die Weltbevölkerung innert einer Generation von 2,7 auf 5,3 Milliarden; und wird binnen einer weiteren Generation – um 2025 – auf 8,5 Milliarden angeschwollen sein.

Wenn auch die Zuwachsraten ab der Mitte der Sechzigerjahre zurückgehen, wird dieser gewaltige Anstieg die Welt gewiß vor große Probleme stellen, zumal der Zuwachs ja fast ausschließlich in den ärmeren Ländern der Erde erfolgt, in denen die Mittel beschränkt sind, um mit vielen der Folgen fertig zu werden. Es ist UNFPA gelungen, fast alle Regierungen der Entwicklungsländer von der Notwendigkeit einer Bevölkerungspolitik, basierend auf dem Respekt der freien Entscheidung und der lokalen Sitten, zu überzeugen. Die Wertschätzung der Entwicklungsländer für UNFPA

Weltbevölkerung

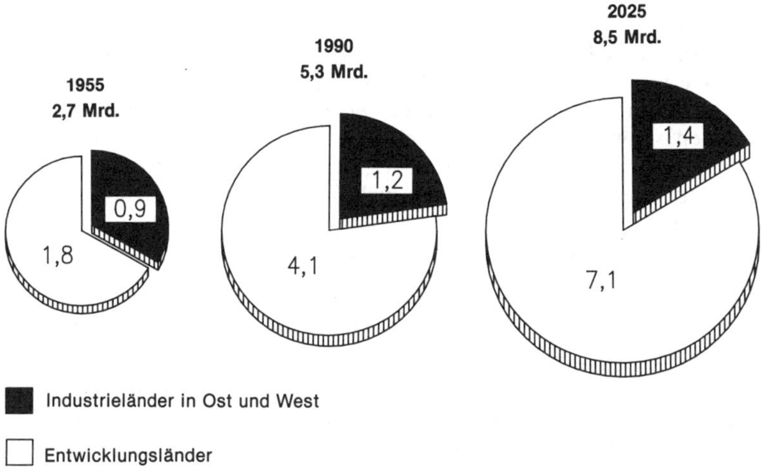

Quelle: Globus-Kartendienst.
Grafik: Österreichisches Statistisches Zentralamt.

drückt sich auch in ihren Beiträgen aus, wenn sie auch in vielen Fällen eher symbolischen Charakter haben.

Die österreichische Beitragsleistung, wiewohl nach wie vor deutlich niedriger als jene vergleichbarer Staaten, wurde kräftig angehoben. Mit 425.000,– US-Dollar (5,22 Millionen Schilling) liegt der Beitrag für 1991 um 88 Prozent über jenem des Vorjahres. Für 1992 ist eine weitere substantielle Steigerung vorgesehen.

Zusätzlich wurde mit dem UNFPA erstmals eine sogenannte „Multi-Bi-Finanzierung“ realisiert. Die Mittel dazu kommen aus dem Budgetansatz für bilaterale Entwicklungshilfe: das Bundeskanzleramt trug rund 4,8 Millionen Schilling zur Unterstüzung des Bevölkerungsprogrammes von Rwanda bei.

Der Besuch des stellvertretenden UNFPA-Exekutivdirektors, Katsuhide KITATANI, in Österreich führte zu einer Vertiefung der Kontakte zwischen österreichischen Stellen und UNFPA. Herr KITATANI wurde auch vom Herrn Bundespräsidenten und von Staatssekretär Jankowitsch empfangen.

Ab Juni 1992 wird erstmals ein österreichischer Jungakademiker einen zweijährigen Einsatz im Rahmen der UNFPA antreten, voraussichtlich in Tanzania.

UNICEF (Kinderhilfswerk der Vereinten Nationen)

Als Jahr nach dem Weltkindergipfel und der Annahme der **„Konvention über die Rechte des Kindes"** war 1991 wieder in erster Linie der eigentlichen Projektarbeit gewidmet. In seinem Bericht „Promises to Keep" betonte der Exekutivdirektor von UNICEF, daß die Aufgaben der Organisation in den letzten Jahren um ein vielfaches gewachsen sind. Besondere Bedeutung gewannen die Aktivitäten UNICEFs im Jahre 1991 durch die vielen tragischen Ereignisse, insbesondere durch die Golfkrise. Auch die österreichische Bundesregierung leistete mit 10 Millionen Schilling einen Beitrag zu einem UNICEF-Programm zugunsten der Kinder und Mütter im Irak.

Der **Exekutivrat** der Organisation hielt in der Zeit vom 22. April bis 3. Mai 1991 seine ordentliche Tagung ab. Österreich war als Beobachter vertreten. Die gesamten Einnahmen UNICEFs für 1990 (letzte vorliegende Zahlen) beliefen sich auf 821 Millionen US-Dollar, wovon 74 Prozent oder 608 Millionen US-Dollar durch Regierungsbeiträge aufgebracht wurden.

Der freiwillige Beitrag Österreichs für 1991 belief sich auf 19,5 Millionen Schilling (1990: 18,6 Millionen). Der Beitrag des österreichischen Nationalkomitees, der hauptsächlich aus Verkäufen von Grußkarten finanziert wird, lag mit über 23 Millionen Schilling deutlich darüber.

HABITAT (Zentrum für menschliches Siedlungswesen)

Seit 1991 ist Österreich Mitglied der Kommission für menschliches Siedlungswesen, deren Sekretariat in Nairobi auch Entwicklungsaktivitäten in diesem Bereich entfaltet. So führte HABITAT 1990 bei einem Gesamtbudget von 38 Millionen US-Dollar 270 Projekte in ca. 100 Ländern aus. Ziel dabei ist es, auch für die ärmsten Bevölkerungsschichten menschenwürdige Unterkünfte zu schaffen.

Ein österreichischer Delegierter nahm an der 13. Tagung der Kommission vom 29. 4. bis 8. 5. 1991 in Harare teil. Dabei wurde insbesonders die Notwendigkeit hervorgehoben, im Rahmen der UNCED 1992 Anliegen der HABITAT und insbesondere das „Urban Management Program" zu berücksichtigen, das weitergeführt werden soll. An den regelmäßigen Treffen des Komitees der Ständigen Vertreter am Sitz des Zentrums beteiligen sich die Mitarbeiter der österreichischen Botschaft Nairobi.

Österreich leistete 1991 mit 50.000,– US-Dollar erstmals einen Beitrag zu den Aktivitäten des Zentrums. Für 1992 wurde ein freiwilliger Beitrag von 80.000,– US-Dollar zugesagt. Darüberhinaus soll durch Österreich ein Einsatz von Hilfsexperten finanziert werden.

OPEC-Fonds für Internationale Entwicklung (OFID)

Der Fonds wurde 1976 von den 13 OPEC-Mitgliedstaaten gegründet. Sein Ziel ist die Finanzierung von Projekten und Programmen im Rahmen der Süd-Süd-Zusammenarbeit. Die ärmsten Entwicklungsländer genießen dabei Priorität. Der Fonds hat seinen Sitz in Wien. Seit seiner Gründung hat der Fonds bis Ende 1991 Hilfe in Form von Krediten und nicht rückzahlbaren Zuwendungen im Ausmaß von 3,9 Milliarden US-Dollar gewährt. Im Jahre 1991 wurden Kredite im Ausmaß von 178,9 Millionen US-Dollar und 25 Millionen US-Dollar an Zuschüssen vergeben.

Die Zusammenarbeit Österreichs mit dem Fonds wurde 1991 fortgesetzt. In Bhutan wird die Möglichkeit eines von Österreich kofinanzierten Wasserkraftwerkes geprüft. Die technische Beratung bei der Revitalisierung der Stadteisenbahn von Rangun und die Berufsausbildungskurse für Palästinenser wurden auch 1991 fortgesetzt.

IFAD (Internationaler Fonds für landwirtschaftliche Entwicklung)

IFAD ist eine Spezialorganisation der Vereinten Nationen mit dem Charakter einer internationalen Finanzinstitution zur Förderung der Landwirtschaft in den Entwicklungsländern. Sie erfüllt ihre Aufgabe durch die **Gewährung von Darlehen und technischer Hilfe**. Die Mitgliedsländer sind in drei Kategorien aufgeteilt.

Kategorie I: 20 OECD-Staaten (einschließlich Österreich)

Kategorie II: 12 OPEC-Länder

Kategorie III: 111 Entwicklungsländer

Die geschwächte Finanzkraft der OPEC-Länder machte bereits die Verhandlungen zur zweiten Wiederauffüllung besonders langwierig; auch zu der im Juni 1989 abgeschlossenen dritten Wiederauffüllung wurde die traditionelle Lastenverteilung bei der Beitragsaufbringung von 60 Prozent Industrieländer zu 40 Prozent OPEC-Länder erstmals durchbrochen. Um ein enttäuschend niedriges Wiederauffüllungsvolumen zu vermeiden, erklärten sich die Industrieländer bereit, freiwillige Beiträge in konvertibler Währung von Ländern der Kategorie III zu verdreifachen. Das dritte Wiederauffüllungsvolumen des IFAD beträgt 566,3 Millionen US-Dollar, wobei gemäß dem Aufteilungsschlüssel von 60:40 die Industrieländer 186,6 Millionen US-Dollar sowie die OPEC-Länder 124,4 Millionen US-Dollar zum „Kernstück“ beitragen. Die Entwicklungsländer übernahmen eine Beitragsverpflichtung von 63,8 Millionen US-Dollar. Dieser Betrag war dann von den Industriestaaten in einer von ihnen zusätzlich erbrachten Leistung erstmals zu verdreifachen.

Die Mittel der dritten Wiederauffüllung sollen in den Jahren 1990 bis 1992 vergeben werden. Österreich verpflichtet sich – vorbehaltlich der parlamentarischen Genehmigung – zu einer Beitragsleistung von 79,9 Millionen Schilling. Österreich nahm zwar von der Beteiligung am IFAD-Sonderprogramm für Afrika Abstand, erhöhte jedoch statt dessen neuerlich seinen Anteil, und zwar von 1,4 Prozent auf 1,6 Prozent des Anteils der Industrieländer.

Österreich bildet gemeinsam mit Frankreich, Italien und Spanien eine Stimmrechtsgruppe und war bis Ende 1989 zum zweiten Mal im Direktorium vertreten.

UNIDO (Organisation der Vereinten Nationen für industrielle Entwicklung)

Im sechsten Jahr der Existenz der UNIDO als eigenständige Sonderorganisation der Vereinten Nationen wurde im November 1991 die **vierte Generalkonferenz** abgehalten. Es handelt sich um das oberste Leitungsorgan der Organisation, dem alle Mitgliedsstaaten angehören und das auch die Wahl der Mitglieder für den Verwaltungsrat und das Programm- und Budgetkomitee durchführt.

Den Vorsitz übernahm aufgrund der informellen Rotation zwischen den Regionalgruppen der Industrieminister von Bolivien, Leopoldo LOPEZ. Der Leiter der österreichischen Delegation, Botschafter Richard WOTAVA, war einer der neun Vizepräsidenten.

Die Stimmung der 4. Generalkonferenz war von den Schwierigkeiten der letzten beiden Jahre geprägt. Das Bedenken einiger Mitgliedsstaaten gegenüber der Organisation führte zu einer Abstimmung über das Budget des Bienniums 1992/93, wobei allerdings nur Mexiko dagegen stimmte. Die nun schon jahrelang geführte Diskussion um eine Umstrukturierung an der Spitze der Organisation, insbesondere eine Verringerung der Zahl der fünf Stellvertreter des Exekutivdirektors, konnte trotz intensiver Verhandlungen nicht zu einem konkreten Abschluß gebracht werden. Besorgniserregend ist ferner die **finanzielle Situation** der UNIDO, sind doch sehr viele Mitgliedsstaaten mit ihren Beiträgen in Verzug bzw. aufgrund wirtschaftlicher Notsituationen nicht in der Lage, ihren Verpflichtungen zeitgerecht nachzukommen. Auch durch die neuen Regeln des UNDP zur finanziellen Abgeltung von Dienstleistungen der UNIDO sowie die Forcierung der „nationalen Projektdurchführung" durch das UNDP drohen für UNIDO bei dieser bisher wichtigsten Finanzquelle, zumindest was die Projektaktivitäten betrifft, wesentliche Einschränkungen. Eine positive Entwicklung hingegen stellt der Wiedereintritt Australiens dar.

Bei den Wahlen in die Leitungsorgane wurde Österreich zum Mitglied des Programm- und Budgetkomitees bestellt. Bis Ende 1993 ist Österreich sowohl in diesem Gremium als auch im Industriellen Entwicklungsrat vertreten.

Auf österreichische Initiative wurde während der Vorbereitungsphase der 4. Generalkonferenz in Baden ein Seminar der Missionschefs der Mitgliedsstaaten über Grundsatzfragen der UNIDO abgehalten. Der dabei entstandene Dialog wurde dann in Wien fortgesetzt und allgemein als wertvoller Beitrag für die Konferenz gewürdigt.

Der österreichische Beitrag zum ordentlichen Budget der Organisation (0,73 Prozent) wurde bereits zu Jahresbeginn überwiesen und betrug 7,5 Millionen Schilling. Der Beitrag zum **Industriellen Entwicklungsfonds (IDF)** setzt sich aus Leistungen des Bundesministeriums für auswärtige Angelegenheiten, des Bundeskanzleramtes und der Bundeskammer der gewerblichen Wirtschaft zusammen. 1991 wurden daraus u. a. ein Seminar über den Eisenbahnbau, ein Kurs über die Plastiktechnologie, die Weiterführung des Industrial Promotion Service (IPS) Wien und eine Feasibility-Studie über ein Stahlwerk in Indonesien finanziert. Ein Betrag von zwei Millionen Schilling wurde ferner als ungebundener Beitrag überwiesen.

Eine Gruppe von größeren Geberländern zum IDF tritt regelmäßig zu Konsultationen zusammen. Das wird von österreichischer Seite deshalb begrüßt, weil so eine jeweils aktuelle Information über die Tätigkeit der anderen Geber gewährleistet ist. Die UNIDO wiederum ist deutlich um Anpassung an die Prioritäten der Geberländer und Verbesserung der internen Projektvorbereitung bemüht.

Auch die UNIDO soll ab 1992 in das Junior Professional Officer (JPO)-Programm des Bundesministeriums für auswärtige Angelegenheiten einbezogen werden. Voraussichtlich werden noch im Frühjahr 1992 mindestens zwei Jungakademiker ihre Einsätze in Entwicklungsländern antreten, wo sie jeweils für die Koordination der UNIDO-Projekte verantwortlich sind. Ein Hilfsexperte wird seinen zweijährigen Einsatz 1992 beenden.

Außenpolitik und die österreichische Entwicklungshilfe

Für die Entwicklungszusammenarbeit ist die Regierungserklärung vom 18. 12. 1990 der maßgebliche Leitsatz:

„Die Bundesregierung wird weiters die Beziehungen zu den Staaten der Dritten Welt in allen Bereichen intensivieren und sich weiterhin aktiv am Nord-Süd-Dialog beteiligen. Qualität und Quantität der österreichischen Leistungen für Entwicklungszusammenarbeit müssen maßgeblich verbessert werden.“

Aufgrund der Novellierung des Bundesministeriengesetzes ist die Zuständigkeit für bilaterale Entwicklungshilfe mit Wirkung vom 1. 2. 1991 in den Bereich des Bundeskanzleramtes übergegangen. Damit ist de facto der Zustand vor 1985 wieder hergestellt. Die frühere Sektion VII des Bundesministeriums für Auswärtige Angelegenheiten ist nunmehr die Sektion VI des Bundeskanzleramtes. Da ein Teil der Bediensteten in dieser Sektion aus dem Personalstand des BMA kam, bedingte die Kompetenzänderung auch personelle Umschichtungen und Veränderungen.

Die Zuständigkeit für multilaterale Entwicklungszusammenarbeit im Bereich der Vereinten Nationen, die traditionell dem Bundesministerium für auswärtige Angelegenheiten zustand, ist weiterhin dort verblieben (nunmehrige Abteilung III.8).

Wenn auch die Kompetenz für bilaterale Entwicklungszusammenarbeit an das Bundeskanzleramt abgetreten wurde, so sind doch die Bereiche Außenpolitik und Entwicklungshilfe eng miteinander verbunden. Die wichtigsten entwicklungspolitischen Entscheidungen erfordern neben sachlichen und technischen Kriterien auch eine außenpolitische Abwägung. Dazu kommt, daß die Botschaften und Vertretungsbehörden des BMA nach wie vor vielfach für Fragen der Entwicklungszusammenarbeit herangezogen bzw. von den Empfangsstaaten als Anlaufstelle für Projektanträge, Stipendienansuchen usw. betrachtet werden und über die österreichischen Projekte in ihrem Amtsbereich zumindest gut informiert sein müssen. Ebenso können Sonderprogramme und -projekte bei multilateralen Organisationen, die über den ungebundenen Beitrag hinausgehen, aus Mitteln des Bundeskanzleramtes finanziert werden.

Dies bedeutet, daß weite Bereiche der Entwicklungszusammenarbeit eine enge Kooperation zwischen den beiden Ressorts erfordern. Diese Zusammenarbeit manifestiert sich auch in der Teilnahme des Bundesministeriums für auswärtige Angelegenheiten am entwicklungspolitischen Beirat und an den Arbeiten für ein neues Entwicklungshilfegesetz.

Das Dreijahresprogramm der österreichischen Entwicklungshilfe wird nunmehr vom Bundeskanzleramt koordiniert, doch wird im Hinblick auf das Entwicklungszusammenarbeitsgesetz das Bundesministerium für auswärtige Angelegenheiten wie auch das Bundesministerium für Finanzen in die Begutachtung einbezogen und steuert den Abschnitt über die VN-Organisationen bei.

Nach wie vor zählt auch die Nahrungsmittelhilfe im Rahmen des Internationalen Nahrungsmittelhilfeübereinkommens zum Kompetenzbereich des Bundesministeriums für auswärtige Angelegenheiten. Die Aufteilung der 25 000 t Weizen, die alljährlich an bedürftige Länder geliefert werden, erfolgt durch das Bundesministerium für auswärtige Angelegenheiten, während das Bundesministerium für Land- und Forstwirtschaft die administrative Durchführung übernimmt.

Was die Quantität der österreichischen öffentlichen Entwicklungshilfe (ODA)-Leistung angeht, so entsprach der Trend 1991 sowohl im Bereich der multilateralen Entwicklungshilfe des Bundesministeriums für auswärtige Angelegenheiten als auch für die gesamte Entwicklungshilfe den Absichten der Regierungserklärung. Im internationalen Vergleich wird die öffentliche Entwicklungshilfe (ODA) eines Staates als Prozentsatz des Bruttonationalprodukts ausgedrückt. Mit 0,25 Prozent lag Österreich 1990 zwar unter dem OECD-Durchschnitt von 0,35 Prozent, gegenüber den vorangegangenen Jahren konnte jedoch eine deutliche Steigerung verzeichnet werden. Die endgültigen Zahlen für 1991 liegen noch nicht vor, es ist jedoch zu erwarten, daß der ODA-Prozentsatz auf mindestens 0,29% steigen wird.

Österreichische öffentliche Entwicklungshilfe 1986 - 1990

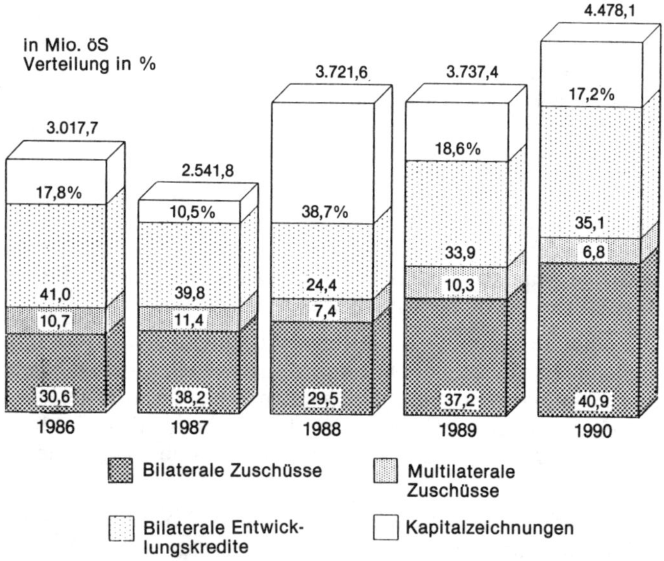

Quelle: Bundeskanzleramt.
Grafik: Adaptiert vom Österreichischen Statistischen Zentralamt.

Öffentliche Entwicklungshilfe 1989 und 1990 in Prozent des BNP

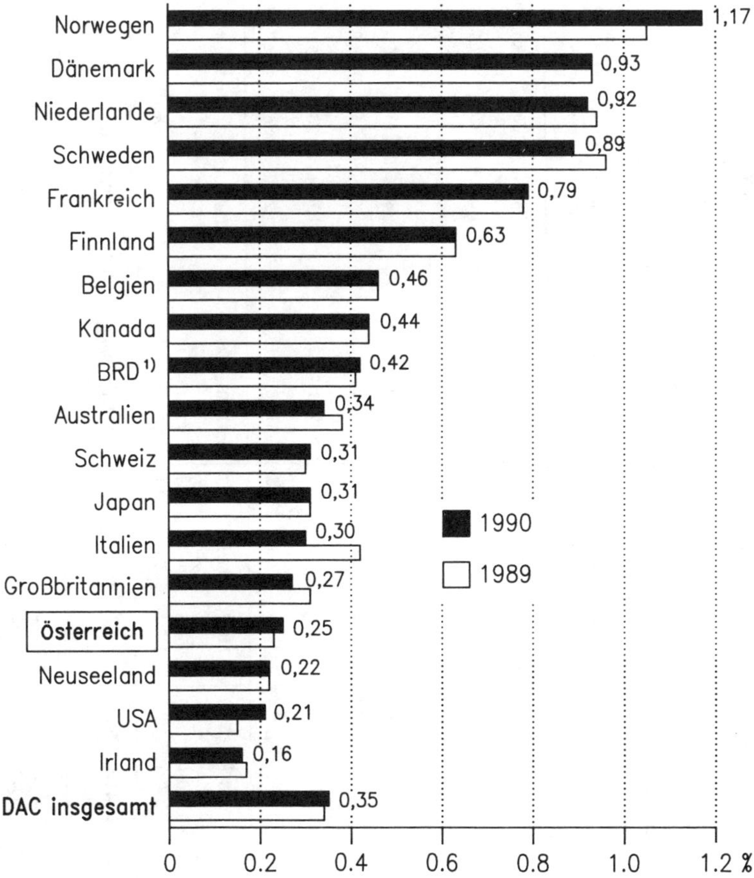

1) Gebietsstand vor dem 3.10.1990.

Quelle: OECD.
Grafik: Österreichisches Statistisches Zentralamt.

Gesamtübersicht über die bilaterale und multilaterale öffentliche Entwicklungshilfe 1987–1990

Teil A:

	1987		1988			1989			1990				
	Mio. öS	Anteil an EH-Gesamtleistungen in %	Mio. öS	Anteil an EH-Gesamtleistungen in %	Veränderung in % zum Vorjahr	Mio. öS	Anteil an EH-Gesamtleistungen in %	Veränderung in % zum Vorjahr	Mio. öS	Anteil an EH-Gesamtleistungen in %	Veränderung in % zu 1989	Veränderung in % zu 1988	Veränderung in % zu 1987
I. Bilateral:	**1.983,1**	***78,0***	**2.00 4,9**	***53,9***	***1,1***	**2.658,4**	***71,7***	***32,6***	**3.404,7**	***76,0***	***28,1***	***69,8***	***71,7***
davon:													
1. bilat. Zuschüsse	972,5	*38,3*	1.096,6	*29,5*	*12,8*	1.390,5	*37,2*	*26,8*	1.833,4	*40,9*	*31,9*	*67,2*	*88,5*
davon:													
Ind. Studienplatzkosten	383,4	*15,1*	396,2	*10,6*	*3,3*	451,4	*12,1*	*13,9*	483,0	*10,8*	*7,0*	*21,9*	*26,0*
Aufwend. anderer Ressorts, Länder, Gemeinden u. a.	282,0	*11,1*	406,0	*10,9*	*44,0*	563,0	*15,1*	*38,7*	824,2	*18,4*	*46,4*	*103,0*	*192,3*
2. bilat. Kredite	1.010,6	*39,8*	908,3	*24,4*	*–10,1*	1.267,9	*33,9*	*39,6*	1.571,3	*35,1*	*23,9*	*73,0*	*55,5*
davon:													
gebundene Kreditfin.	903,7	*35,6*	682,4	*18,3*	*–24,5*	893,1	*23,9*	*30,9*	1.206,0	*26,9*	*35,0*	*76,7*	*33,5*
Kofinanzierung									83,0	*1,9*			
EH-Kredite des BMaA	106,9	*4,2*	225,9	*6,1*	*111,3*	374,8	*10,0*	*65,9*	282,3	*6,3*	*–24,7*	*25,0*	*164,1*
II. Multilateral:	**558,7**	***22,0***	**1. 716,7**	***46,1***	***207,3***	**1.079,0**	***28,9***	***–37,1***	**1.073,4**	***24,0***	***– 0,5***	***–37,5***	***92,1***
davon:													
Int. Finanzinstitut	320,7	*12,6*	1.454,6	*39,1*	*353,6*	778,4	*20,8*	*–46,5*	786,0	*17,6*	*1,0*	*–46,0*	*145,1*
UN- u. sonst. Organisat.	238,0	*9,4*	262,1	*7,0*	*10,1*	300,6	*8,0*	*14,7*	287,3	*6,4*	*– 4,4*	*9,6*	*20,7*
Gesamte öff. EH (netto)	**2.541,8**	***100,0***	**3.721,6**	***100,0***	***46,4***	**3.737,4**	***100,0***	***0,4***	**4.478,1**	***100,0***	***19,8***	***20,3***	***76,2***
in % des BNP	*0,17*		*0,24*			*0,23*			*0,25*				
davon Bundesbudgetfin. EH	1.507,6	*59,3*	2.965,4	*79,7*	*96,7*	2.561,6	*68,5*	*–13,6*	3.092,9	*69,1*	*20,7*	*4,3*	*105,2*
Anteil am Gesamtbudget (%)	*0,28*		*0,52*			*0,43*			*0,49*				

Quelle: BMaA.

Teil B:

	1987		1988			1989			1990				
	Mio. öS	Anteil an EH-Gesamtleistungen in %	Mio. öS	Anteil an EH-Gesamtleistungen in %	Veränderung in % zum Vorjahr	Mio. öS	Anteil an EH-Gesamtleistungen in %	Veränderung in % zum Vorjahr	Mio. öS	Anteil an EH-Gesamtleistungen in %	Veränderung in % zu 1989	Veränderung in % zu 1988	Veränderung in % zu 1987
Bilaterale Zuschüsse	**972,5**	38,3	1.096,6	29,5	12,8	1.390,5	37,2	26,8	1.833,3	40,9	31,8	67,2	88,5
Technische Hilfe	307,2	12,1	316,4	8,5	3,0	376,6	10,1	19,0	488,3	10,9	29,7	54,3	59,0
Technische Hilfe BMaA	218,4	8,6	230,9	6,2	5,7	271,3	7,3	17,5	387,8	8,7	42,9	68,0	77,6
ERP-finanz. techn. Hilfe	88,8	3,5	85,5	2,3	-3,7	105,3	2,8	23,2	100,5	2,2	-4,5	17,6	13,2
Hum. Hilfe f. Asylwerber	65,8	2,6	157,0	4,2	138,6	291,5	7,8	85,7	475,0	10,6	62,9	202,5	621,9
Nahrungsmittelhilfe	21,4	0,8	22,5	0,6	5,1	48,9	1,3	117,3	68,1	1,5	39,2	202,6	218,1
Katastrophenhilfe	7,5	0,3	12,2	0,3	62,5	8,0	0,2	-34,4	24,3	0,5	203,3	98,9	223,1
Studierende aus EL	383,4	15,1	396,2	10,6	3,3	451,4	12,1	13,9	483,0	10,8	7,0	21,9	26,0
Sonstige Bundesmittel	92,3	3,6	99,3	2,7	7,6	107,2	2,9	8,0	156,7	3,5	46,2	57,8	69,8
Verwaltungsaufwand	64,3	2,5	65,5	1,8	1,9	74,9	2,0	14,4	102,2	2,3	36,4	56,0	58,9
Nicht bund. budgetf. Zuschn.	30,6	1,2	27,6	0,7	-10,0	32,0	0,9	16,1	35,8	0,8	11,9	29,9	16,9
Landesregierungen	10,3	0,4	9,9	0,3	-3,6	17,6	0,5	77,2	16,1	0,4	-8,5	62,1	56,4
Gemeinden	1,2	0,0	1,7	0,0	51,7	1,3	0,0	-23,8	3,6	0,1	173,6	108,6	216,5
Kammern	19,2	0,8	15,9	0,4	-17,2	13,1	0,4	-17,6	16,1	0,4	22,8	1,2	-16,2
Bilaterale Kredite	1.010,6	39,8	908,3	24,4	-10,1	1.267,9	33,9	39,6	1.571,3	35,1	23,9	73,0	55,5
Budgetfinanz. Kredite	135,5	5,3	252,0	6,8	86,0	226,1	6,0	-10,3	153,7	3,4	-32,0	-39,0	13,5
ERP-finanz. Kredite	-28,6	-1,1	-26,1	-0,7	-8,7	148,7	4,0	-669,7	128,6	2,9	-13,5	-592,7	-549,8
Gebundene Kredite	903,7	35,6	682,4	18,3	-24,5	893,1	23,9	30,9	1.206,0	26,9	35,0	76,7	33,5
Starthilfekredite	-11,6	-0,5	-12,5	-0,3	7,8	-8,1	-0,2	-35,2	-3,6	-0,1	-55,7	-71,3	-69,0
Rahmen II Kredite	915,3	36,0	694,9	18,7	-24,1	901,2	24,1	29,7	1.209,6	27,0	34,2	74,1	32,2
Kofinanzierungsgeschäfte		0,0		0,0			0,0		83,0	1,9			
Multilaterale Hilfe	558,8	22,0	1.716,7	46,1	207,2	1.079,0	28,9	-37,1	1.073,4	24,0	-0,5	-37,5	92,1
UN- u. sonst. Organisat.	238,0	9,4	262,1	7,0	10,1	300,6	8,0	14,7	287,3	6,4	-4,4	9,6	20,7
UN-Organisationen	234,3	9,2	255,8	6,9	9,2	296,0	7,9	15,7	281,5	6,3	-4,9	10,1	20,2
Sonstige Organisationen	3,7	0,1	6,3	0,2	70,3	4,5	0,1	-28,0	5,8	0,1	27,9	-7,9	56,9
Intern. Finanzinstitutionen	320,8	12,6	1.454,6	39,1	353,4	778,4	20,8	-46,5	786,0	17,6	1,0	-46,0	145,0
Entwicklungsbanken	217,4	8,6	1.441,1	38,7	562,9	696,2	18,6	-51,7	696,2	15,5	0,0	-51,7	220,2
Reg. Entw.-Banken	164,1	6,5	338,4	9,1	106,2	278,9	7,5	-17,6	159,0	3,6	-43,0	-53,0	-3,1
Sonstige Finanzorganis.	103,4	4,1	13,5	0,4	-86,9	82,2	2,2	508,9	89,9	2,0	9,3	565,6	-13,1
Gesamte ODA:	2.541,9	100,0	3.721,6	100,0	46,4	3.737,3	100,0	0,4	4.487,0	100,0	19,8	20,3	76,2

Quelle: BMaA

Internationale Abrüstung und Rüstungskontrolle

Die dramatische Veränderung der politischen Weltlage hatte weitreichende Auswirkungen auch auf die Bemühungen um weltweite Abrüstung und Rüstungskontrolle. Der Zerfall der Sowjetunion brachte das endgültige Ende des sowjetisch-amerikanischen Rüstungswettlaufs. Durch den Wegfall einer echten gegenseitigen Bedrohung entstand ein breiter Handlungsspielraum für konkrete Abrüstungsmaßnahmen. Der Zerfall der Sowjetunion brachte andererseits aber auch neue Unsicherheiten. Nicht völlig klar ist insbesondere, wer nun in Hinkunft tatsächlich die mehr als 25.000 bisher sowjetischen Kernwaffen kontrollieren wird. Befürchtungen gibt es auch wegen einer möglichen Proliferation von Kernwaffen, Trägersystemen und von Nukleartechnologie.

Hervorzuheben sind in einem Rückblick aber sicher zunächst die ermutigenden Abrüstungsschritte, die die Vereinigten Staaten und die Sowjetunion im Sommer und Herbst 1991 im Vertragsweg beschlossen oder einseitig ankündigten.

Am 31. Juli 1991, neun Jahre nach Beginn der Verhandlungen, unterzeichneten die Präsidenten Bush und Gorbatschow in Moskau den START-Vertrag, der eine erhebliche Verminderung in der Zahl der amerikanischen und sowjetischen strategischen Nuklearwaffen (Langstreckenwaffen) vorsieht. Bald danach verpflichteten sich der amerikanische und in der Folge auch der sowjetische Präsident einseitig zu weitgehenden, zusätzlichen Abrüstungsschritten, vor allem auf dem Gebiet der taktischen Nuklearwaffen (Kurzstreckenwaffen). Dazu kommt, daß im Jahr 1991 auch die im INF-Vertrag (Intermediate Nuclear Forces) vorgesehene Vernichtung der nuklearen Mittelstreckenwaffen endgültig vollzogen worden ist.

Auch hinsichtlich der anderen Massenvernichtungswaffen hat ein Umdenken begonnen, das nicht zuletzt in den tragischen Erfahrungen des Golfkonfliktes wurzelt. Es berechtigt zur Hoffnung, daß die Verhandlungen zum Abschluß einer Chemiewaffenkonvention, die seit vielen Jahren in Genf stattfinden, bis Ende 1992 erfolgreich beendet werden können.

In den Vordergrund der Rüstungskontroll-Bemühungen ist aber nunmehr das Problem der Verhinderung einer Proliferation von Massenvernichtungswaffen, ihrer Trägersysteme, ihrer Vormaterialien und ihrer Technologie getreten.

Die im Golfkrieg gewonnene Erkenntnis, daß trotz aller internationaler Verträge ein Land der Dritten Welt langjährig ehrgeizige Programme zur Entwicklung atomarer, chemischer und biologischer Waffen entwickeln konnte, hat den Sinn dafür geschärft, welche Bedrohungen hier neu entstehen können.

Die Bemühungen der nächsten Zeit werden sich daher verstärkt auf das Ziel konzentrieren, eine Proliferation nuklearer, chemischer und biologischer Waffen zu verhindern und die friedliche Nutzung der Technologie auf diesen Gebieten international zu kontrollieren.

1991 standen folgende Fragen der Abrüstung und Rüstungskontrolle im Mittelpunkt des Interesses:

Vertrag über die Nichtweiterverbreitung von Atomwaffen (NPT)

Der Golfkonflikt, die Situation im Nahen Osten und der fortschreitende Zerfall der UdSSR haben, wie erwähnt, die **Verhinderung der vertikalen und horizontalen Proliferation von Kernwaffen** zu einem vorrangigen Anliegen der Bemühungen um globale Sicherheit werden lassen.

Das wichtigste internationale Instrument hiezu ist der 1968 geschlossene **Vertrag über die Nichtweiterverbreitung von Atomwaffen (NPT)**, dem auch Österreich bereits 1969 beigetreten ist und dessen Ziele Österreich voll unterstützt.

Der NPT enthält einerseits die Verpflichtung der **Atomwaffenstaaten**, keine Atomwaffen oder andere nukleare Sprengvorrichtungen oder die Verfügung darüber direkt oder indirekt weiterzugeben sowie Abrüstungsschritte zur Beseitigung der nuklearen Waffenarsenale unter strenge und wirksame internationale Überwachung zu setzen. Er verpflichtet andererseits jene Staaten, die keine Atomwaffen besitzen und die den Vertrag unterzeichnet haben, Nuklearwaffen oder -sprengvorrichtungen nicht anzunehmen, herzustellen oder auf andere Weise zu erlangen; und auch keine Unterstützung bei deren Herstellung anzustreben. Diese Staaten sind darüber hinaus verpflichtet, ihre nuklearen Einrichtungen den **Sicherheitskontrollen** der Internationalen Atomenergie-Organisation (IAEO) zu unterstellen.

Die Effektivität des NPT hängt naturgemäß davon ab, daß möglichst viele Staaten dem Vertrag beitreten; und vor allem jene, die die Fähigkeit oder die Motive hätten, sich in den Besitz von Kernwaffen zu setzen. Ein wichtiger Schritt in Richtung Universalität des Vertrages wurde 1991 durch den NPT Beitritt fünf weiterer Staaten, darunter auch der **Republik Südafrika**, gesetzt. Diese hat sich damit als Land mit bedeutender nuklearer Kapazität dem Kreis der Nichtatomwaffenstaaten zugeordnet. Im Einklang mit den sich aus der NPT-Mitgliedschaft ergebenden Verpflichtungen hat Südafrika unmittelbar danach ein Sicherheitskontrollabkommen mit der IAEO abgeschlossen und in Kraft gesetzt, mit welchem es seine gesamten nuklearen Aktivitäten den internationalen Sicherheitskontrollen der IAEO unterstellt.

Hingegen ist eine größere Anzahl von Mitgliedstaaten des NPT nach wie vor mit dem Abschluß ihrer Sicherheitskontrollabkommen gemäß NPT in

Verzug, darunter auch **Nordkorea** mit seinem sehr umfangreichen Nuklearprogramm.

Überaus positiv wurde die im laufenden Jahr von **Frankreich** und der **Volksrepublik China** bekundete Absicht aufgenommen, gleich den anderen Atomwaffenstaaten (Großbritannien, Sowjetunion und USA) dem NPT beizutreten.

Auf die von der internationalen Staatengemeinschaft scharf verurteilten Verletzungen des NPT und des Sicherheitskontrollabkommens mit der IAEO durch den **Irak** wird im Abschnitt über die Internationale Atomenergie-Organisation näher eingegangen.

Strategische Kernwaffen: START-Abkommen

Nach den beiden SALT-Verträgen (Strategic Arms Limitation Talks) zur nuklearen Rüstungsbegrenzung hatten die Vereinigten Staaten und die Sowjetunion im Juni 1982 neue Verhandlungen über einen Vertrag zur Reduktion der bestehenden Kernwaffenarsenale der beide Staaten (START) aufgenommen.

Der Beginn der Verhandlungen fällt damit noch in die Regierungszeit der Präsidenten Breschnew und Reagan. Nach neunjährigen Arbeiten wurde der Vertrag – wie schon erwähnt – am 31. 7. 1991 von den Präsidenten Bush und Gorbatschow in Moskau unterzeichnet.

Im START-Vertrag verpflichten sich die USA, bis 1999 die Zahl ihrer strategischen Kernwaffen von etwa 12.000 auf etwa 10.000 zu verringern. Die Sowjetunion, die teilweise Gefechtsköpfe mit größerer Sprengkraft besitzt, muß diese von etwa 11.000 auf 8.000 verringern.

(Die Zahlen sind verwirrend, da der Vertrag die Gesamtzahl der Gefechtsköpfe mit jeweils 6.000 Stück begrenzt. Basierend auf komplizierten Zählregeln wird aber nicht jeder Gefechtskopf mit dem Faktor 1 gewertet, weshalb die Gesamtzahl in der Praxis über dem erlaubten Limit liegt).

Wichtiger als die Limitierung der Gefechtsköpfe ist allerdings die Limitierung der **Trägersysteme**. Als solche gelten landgestützte Interkontinentalraketen (ICBM), seegestützte Interkontinentalraketen (SLBM) und schwere (strategische) Bomber. Die Obergrenze für diese Trägersysteme beträgt nach dem Vertrag 1 600 Stück für jede Seite.

Nicht erfaßt vom Vertrag sind **seegestützte Marschflugkörper** (Sea-Launched Cruise Missiles, SLCM), die in der Praxis ebenfalls als strategische Nuklearwaffen angesehen werden müssen, auch wenn sie offiziell unter die seegestützten „taktischen“ Nuklearwaffen gereiht werden. Die Gesamtzahl bei dieser Waffenkategorie wurde jedoch in einem verbindlichen Zusatzpapier zum Vertrag auch, und zwar mit 880 Stück für jede Seite, limitiert.

Nicht ganz zu Unrecht wurde der Vertrag in vielen Kommentaren als Relikt des „Kalten Krieges“ bezeichnet, das nun von der Wirklichkeit überholt wurde. Dennoch ist mit START ein bedeutungsvoller politischer Schritt gesetzt, überdies auch ein Anstoß zu weiteren konkreten Abrüstungsbemühungen gegeben worden.

Nur wenige Wochen nach Unterzeichnung des START-Vertrages, am 27. 9. 1991, kündigte Präsident Bush in einer Fernsehrede spektakuläre und zum Großteil einseitige weitere Abrüstungsmaßnahmen im Nuklearbereich an. Die USA würden unverzüglich die Alambereitschaft für jene ICBM (Intercontinental Ballistic Missiles) aufheben, die im Rahmen des START-Vertrages eliminiert werden müssen. Die Eliminierung dieser Systeme solle dann sofort nach Ratifizierung des START-Vertrages beginnen und so beschleunigt werden, daß die im Vertrag vorgesehene Zeitspanne von bis zu sieben Jahren nicht ausgenützt werden muß. Präsident Bush schlug der Sowjetunion weiter vor, mit den USA in Verhandlungen einzutreten, welche die Eliminierung aller ICBM mit **Mehrfachsprengköpfen** zum Ziel haben sollten. Die USA würden überdies die Entwicklung der mobilen ICBM und des mobilen Teils neuer kleiner ICBM (mit nur einem Sprengkopf) beenden. Nur die Entwicklung dieser kleinen ICBM als nichtmobile Raketen werde fortgesetzt und die einzig verbleibende Komponente des amerikanischen Modernisierungsprogramms im ICBM-Bereich darstellen.

Im Gegenzug hielt Präsident Gorbatschow am 5. 10. 1991 eine Fernsehrede, in der er zum Teil noch weitergehendere Vorschläge und Ankündigungen im Abrüstungsbereich unterbreitete. Unter Bezugnahme auf die amerikanischen Maßnahmen hob er die Alarmbereitschaft von 503 ICBM (darunter 134 mit Mehrfachsprengköpfen) auf. Weiters erklärte er, daß die Zahl der Startanlagen für eisenbahngestützte ICBM nicht mehr erhöht und die vorhandenen Einheiten nicht modernisiert würden. Mobile ICBM mit Mehrfachsprengköpfen sollten in der Sowjetunion weder neu gebaut noch modernisiert werden. Präsident Gorbatschow erklärte, daß die Sowjetunion eine Reduzierung der strategischen Waffen über den START-Rahmen hinaus beschlossen hätte. Nach Ablauf der im START-Vertrag vorgesehenen Frist sollen nur mehr 5.000 nuklearstrategische Gefechtsköpfe vorhanden sein, über 1.000 weniger als erlaubt wäre. Unmittelbar nach der Ratifizierung des START-Vertrages sollten Verhandlungen zwischen der Sowjetunion und den USA mit dem Ziel einer Halbierung des Potentials an strategischen Offensivwaffen aufgenommen werden.

Bei den luftgestützten strategischen Nuklearwaffen haben beide Seiten die Einstellung der ständigen Alarmbereitschaft für ihre strategischen Bombenflugzeuge angekündigt, deren Kernwaffen in Depots gelagert werden sollen. Diese Flugzeuge waren einst ein Symbol des „Kalten Krieges“ zwischen den Supermächten.

Im Bereich der seegestützten strategischen Atomwaffen kamen dagegen von beiden Supermächten keine fundamentalen Reduzierungs- oder Abrüstungsvorschläge. Die Nuklearraketen auf den U-Booten gewinnen damit weiter an Bedeutung innerhalb der Strategischen Triade (die aus Interkontinentalraketen (ICBM), strategischen U-Booten (SLBM) und strategischen Bombern gebildet wird).

Die Rede von Präsident Bush enthielt auch einen Aufruf an die Sowjetunion, gemeinsam mit den USA ein nicht nukleares Verteidigungssystem zur Abwehr ballistischer Raketen zu schaffen. Dieser Vorschlag wurde mit dem Wunsch begründet, einen Schutzschild gegen jene immer zahlreicher werdenden Staaten zu schaffen, die Raketen herstellen oder benützen. In der Praxis würde eine Aufnahme dieses Vorschlages eine Revision des ABM-Vertrages von 1972 bedingen. Dieser Vertrag verbietet ja (mit geringfügigen Ausnahmen) Systeme zur Raketenabwehr. Präsident Gorbatschow erklärte sich bereit, auch diesen Vorschlag mit der amerikanischen Seite zu erörtern.

Beide Staaten bekräftigten weiters ihre Bereitschaft zu Verhandlungen über die Entwicklung von sicheren und ökologisch vertretbaren Technologien für die Lagerung, den Transport und die Verwertung nuklearer Gefechtsköpfe. Um sich besser gegen unbefugten oder unbeabsichtigten Einsatz von Kernwaffen zu schützen, sollten auch Gespräche über eine Verbesserung der für Kernwaffen bestehenden Kommando- und Kontrollstrukturen geführt werden. Nach der zwischenzeitlich eingetetenen Auflösung der Sowjetunion muß nunmehr naturgemäß abgewartet werden, wie und in welchem Ausmaß die Nachfolgestaaten – bzw. Rußland – diese Pläne auch in die Tat umsetzen werden. Rußland hat jedenfalls wiederholt erklärt, in alle diesbezüglichen Verpflichtungen der früheren UdSSR eingetreten zu sein und auch für eine zentrale Kontrolle der Kernwaffen sorgen zu wollen.

Mittelstrecken-Kernwaffen

Der **INF-Vertrag von 1987** sah die Abschaffung aller amerikanischen und sowjetischen landgestützten nuklearen Mittelstreckenwaffen vor. In der ersten Jahreshälfte 1991 wurden auch tatsächlich die letzten Raketen in Deutschland beseitigt. Das wurde durch die im INF-Vertrag vorgesehene Inspektion verifiziert. Diese vor allem für Zentraleuropa so gefährliche Waffenkategorie ist damit beseitigt worden.

Taktische Kernwaffen (Kurzstreckenwaffen)

Die oben erwähnten Fernsehreden der Präsidenten der USA und der Sowjetunion haben sehr konkrete und substantielle Inhalte auch für den Bereich der taktischen Nuklearwaffen. Der amerikanische Präsident kündigte die Beseitigung des gesamten, weltweiten US-Potentials an **landgestützten nuklearen Kurzstreckenwaffen** an. Die USA würden alle nuklearen Gefechtsköpfe ihrer Kurzstreckenraketen und alle nuklearen Artilleriegranaten in die Vereinigten Staaten zurückführen und zerstören. Präsident Gorbatschow kündigte ebenfalls die Eliminierung aller landgestützten nuklearen Artilleriegeschosse und aller Gefechtsköpfe für Kurzstreckenraketen an; weiters die Eliminierung aller nuklearen Landminen.

Auch im Bereich der **seegestützten taktischen Nuklearwaffen** gelang ein Durchbruch. Der amerikanische Präsident kündigte den Rückzug aller taktischen Nuklearwaffen von Überwasserkriegsschiffen, von U-Booten und auch von landgestützten Marineflugzeugen an. Die amerikanischen Kriegsschiffe würden unter normalen Umständen keine taktischen Nuklearwaffen mehr an Bord führen. Ein beträchtlicher Teil dieser Waffen soll sofort zerstört, der Rest an zentralen Plätzen gelagert und einsatzbereit gehalten werden.

Präsident Gorbatschow kündigte ebenfalls den Rückzug aller taktischen Nuklearwaffen von Überwasserschiffen, U-Booten und landgestützten Marineflugzeugen an. Darüberhinaus schlug er den USA Gespräche über eine vollständige Vernichtung der seegestützten taktischen Nuklearwaffen vor.

Weniger substantiell waren die beiderseitigen Vorschläge im Bereich der **luftgestützten taktischen Nuklearwaffen.** Präsident Bush stellte fest, daß die USA weiterhin eine wirksame luftgestützte Nuklearkapazität in Europa beibehalten würden. Diese sei für die Sicherheit der NATO wesentlich. Der sowjetische Präsident schlug vor, auf Basis der Gegenseitigkeit die nukleare Munition der taktischen Luftwaffeneinheiten von der Truppe zu entfernen und an zentralen Plätzen zu lagern. Beide Seiten erklärten sich aber nicht bereit, für die Zukunft auf luftgestützte taktische Nuklearwaffen Überhaupt zu verzichten.

Die Rede von Präsident Gorbatschow enthielt auch eine Aufforderung an die anderen Kernwaffenstaaten, sich den Schritten der Sowjetunion und der Vereinigten Staaten im Bereich taktischer Nuklearwaffen anzuschließen, um die Bemühungen der Sowjetunion und der USA auf dem Gebiet der nuklearen Abrüstung zu unterstützen und zu ergänzen.

Österreich hat schon immer bezweifelt, daß Kernwaffen der Welt langfristig ein Mehr an Sicherheit bringen. Die Entwicklungen im Jahre 1991 haben es in dieser seiner Meinung unterstützt: Langfristiges Ziel Österreichs ist also eine kernwaffenfreie Welt. Kurz und mittelfristig sind nach österreichischer Ansicht zwei Aufgaben vordringlich:

Es gilt erstens, alle jene Waffen, Einrichtungen und Doktrinen zu eliminieren, die einen ungeplanten Einsatz von Atomwaffen wahrscheinlicher machen. 1991 wurden – etwa durch die Ankündigung der Beseitigung von Kurzstreckenraketen oder durch die Ankündigung von Beschränkungen bei Raketen mit Mehrfachsprengköpfen – mehrere Schritte in diese Richtung gemacht. Sie werden von Österreich natürlich begrüßt. Zweitens müßte sowohl die „horizontale" wie auch die „vertikale Proliferation" von Kernwaffen unterbunden werden: Also die Schaffung von immer komplexeren Waffensystemen bei den schon bestehenden Atom-Staaten; und den Erwerb von Atomwaffen durch Länder, die sie bislang noch nicht besessen haben. In beiden Bereichen ist es 1991 zu Fortschritten gekommen.

Ein wertvoller Beitrag zur Verhinderung der vertikalen und horizontalen Proliferation von Kernwaffen wäre ein völliges Verbot von Atomwaffenversuchen.

Einstellung der Kernwaffenversuche

Die Bemühungen um eine vollständige Einstellung aller Kernwaffenversuche gingen auch 1991 weiter.

Eine (gegen den Willen maßgeblicher Staaten) in New York vom 7.–18. Jänner 1991 abgehaltene **„Revisionskonferenz des Vertrags über die teilweise Einstellung der Kernwaffenversuche"** konnte allerdings nur mit 74 gegen 2 Stimmen (USA, Großbritannien) bei 18 Enthaltungen (darunter Österreich), den Beschluß fassen, die Konsultationen in dieser Frage fortzuführen.

Das Zustandekommen der Abstimmung wurde allgemein bedauert, da eine Polarisierung der unterschiedlichen Standpunkte damit quasi festgeschrieben worden ist.

Österreich vertrat – wie andere vergleichbare Staaten – die Auffassung, daß ein umfassender Teststopvertrag (Comprehensive Test Ban Treaty) angestrebt werden muß, die PTBT-Revisionskonferenz jedoch nicht den geeigneten Rahmen hiefür bildet.

Die Verhandlungen über einen umfassenden Teststopvertrag werden nun in einer Arbeitsgruppe der Abrüstungskonferenz fortgeführt, ein konkretes Ergebnis ist in absehbarer Zeit allerdings kaum zu erwarten.

Der sowjetische Präsident Gorbatschow kündigte in seiner Fernsehrede vom 5. 10. 1991 ein einjähriges **Moratorium** für Nukleartests in der Sowjetunion an, das mit sofortiger Wirkung in Kraft treten würde. Er brachte seine Hoffnung zum Ausdruck, daß die anderen kernwaffenbesitzenden Mächte diesem Beispiel folgen werden. Die Kernwaffenstaaten, insbesondere die USA sind einem allgemeinen Teststop für Nuklearwaffen gegenüber sehr kritisch eingstellt. Begründet wird diese Haltung mit dem Erfordernis, die Einsatzbereitschaft der bestehenden Waffen zu erhalten.

Im Rahmen der **Verifikationsbemühungen zur Einhaltung des Teilteststopvertrages** ist die österreichische Mitarbeit in der **Ad-Hoc-Gruppe seismologischer Experten** im Rahmen der Genfer Abrüstungskonferenz besonders hervorzuheben.

Es handelt sich dabei um ein Programm zum internationalen Datenaustausch zwischen seismologischen Stationen, welches dazu dient, nukleare Explosionen festzustellen. Zur bestmöglichen Erfassung der Daten ist die Teilnahme möglichst vieler Meßstationen notwendig, die über den ganzen Erdball verstreut sein sollten. Ein dichtes Netz solcher Stationen muß also auch in den Entwicklungsländern entstehen. Dazu müssen die dortigen seismologischen Einrichtungen oft verbessert werden. In diesem Sinne arbeitet Österreich eng mit Peru zusammen. Aus Budgetmitteln des Bundesministeriums für auswärtige Angelegenheiten wurde einem peruanischen Wissenschaftler die Teilnahme an der seismologischen Expertentagung in Genf ermöglicht und Spezialgeräte zum seismischen Datenaustausch für das Instituto Geofisico del Peru angekauft.

Vom 22. 4. bis 3. 6. 1991 nahm Österreich erfolgreich an einer großen, weltumspannenden Testphase dieses Verifikationssystemes (GSETT II) teil, und entsandte Vertreter zu den Tagungen der Seismologieexperten bei der Genf Abrüstungskonferenz (GSE, Group of Scientific Experts) im Februar und Juli/August 1991.

Das Bundesministerium für auswärtige Angelegenheiten arbeitet auf diesem Gebiet eng mit der Zentralanstalt für Meterologie und Geodynamik zusammen.

Chemische und biologische Waffen

Die die seit elf Jahren bei der Abrüstungskonferenz in Genf laufenden Verhandlungen über eine Chemiewaffenkonvention erhielten 1991 zunächst zusätzliche Impulse durch den Golfkrieg und die Befürchtung, der Irak könnte in diesem Konflikt chemische Waffen zum Einsatz bringen. Anlaß zur Hoffnung auf einen baldigen Abschluß der Verhandlungen brachte auch eine Erklärung des amerikanischen Präsidenten vom 13. Mai 1991, derzufolge die Vereinigten Staaten auf ihre bisherige Forderung verzichten wollten, zwei Prozent ihrer chemischen Waffen solange zu behalten, bis alle chemiewaffenfähigen Staaten einem Abkommen beigetreten wären.

Die sachliche Schwierigkeit und eine zunehmende Polarisierung der Meinungen zwischen armen und reichen Staaten machten jedoch einen Abschluß der Arbeiten vor Ende 1991 unmöglich. Uneinig ist man sich weiterhin über wichtige Dinge wie Handelsrestriktionen gegenüber Nichtunterzeichnern; die Auswahlkriterien für die Inspektion von Industrien, den Schutz von vertraulicher Information, die bei Verdachtsinspektionen zugänglich wird; die Verhinderung des politischen Mißbrauchs von Verdachtsinspektionen; die Zusammensetzung und die Befugnisse des Exekutivrates; die Verteilungsschlüssel für die Finanzierung der zu schaffenden internationalen Kontrollbehörde; etc.

Tatsächlich ist die zu verhandelnde Materie sehr komplex. Es stellt sich zum Beispiel die Frage, welche Industrie („Capable Industry") der Inspektion unterworfen werden soll. Die Frage ist deshalb schwer zu lösen, weil einerseits weite Bereiche der Wirtschaft mit chemischen Substanzen arbeiten, die Vorprodukte **(„precursors")** für chemische Kampfstoffe sein können. Andererseits können solche chemische Kampfstoffe auch in technisch einfachen Industrieanlagen hergestellt werden. Die Verifikation im Rahmen der künftigen Chemiewaffenkonvention muß sich deshalb sowohl auf die Qualität als auch auf die Quantität der Substanzen konzentrieren, da es kaum möglich sein wird, die geheime Produktion von Kleinstmengen einfacherer Kampfstoffe zu verhindern. Militärisch bedeutsam ist der Einsatz von Chemiewaffen aber ohnehin nur bei deren massenhafter Verwendung.

In dieser Materie hat Österreich im Februar 1991 der Genfer Abrüstungskonferenz zwei Arbeitspapiere (über die Verifikation der Mengenflußkontrolle chemischer Substanzen im Bereich der Chemieindustrie) unterbreitet, die vom wissenschaftlichen Beirat des Außenministeriums (siehe weiter unten) erarbeitet wurden.

Die Verhandlungen zur Fertigstellung der Konvention über ein Verbot chemischer Waffen werden 1992 mit Nachdruck fortgesetzt werden. Die Hoffnung auf einen Abschluß des Vertrages vor Ende des Jahres erscheint nicht unberechtigt. Österreich, das an der Abrüstungskonferenz zwar formal nur als Beobachter teilnimmt, konnte an den entsprechenden Arbeiten dennoch voll mitwirken und hat wiederholt, insbesondere durch BM Mock vor der GV der VN am 27. 9. 1991, alle Fortschritte und Initiativen mit dem Ziel eines umfassenden und weltweiten Verbots chemischer Waffen nachdrücklich unterstützt. BM Mock hat vor der GV auch bekräftigt, daß Österreich sich verstärkt bemühen werde, zu einem Abschluß der Genfer Verhandlungen bis Mitte des kommenden Jahres beizutragen.

Das Fundament einer umfassenden Chemiewaffenkonvention wird eine Organisation sein, die die Einhaltung der Abkommen auch wirksam kontrolliert.

Bundesminister Alois Mock hat vor der Genfer Abrüstungskonferenz schon im April 1988 erklärt, daß Österreich bereit ist, eine **Chemiewaffen-Kontrollorganisation in Wien anzusiedeln**. Mit einer weiteren Erklärung wurde im Februar 1990 dieses Angebot erneut und offiziell unterbreitet. Es wurde allen Mitglied- und Beobachterstaaten der VN-Abrüstungskonferenz zur Kenntnis gebracht.

Österreich ist überzeugt, daß der neuzuschaffenden Organisation in Wien besonders günstige Arbeitsbedingungen geboten werden können. Wien ist seit Jahrzehnten als internationale Konferenzund Amtssitzstadt der VN mit allen diesbezüglichen Erfordernissen bestens vertraut. Die Tatsache, daß bereits mehrere Internationale Organisationen in Wien ihren Amtssitz haben, gewährleistet die Möglichkeit gegenseitiger Zusammenarbeit und und die kostensparende Ausnützung gemeinsamer Einrichtungen und Dienste. Die Erfahrungen der jüngsten Zeit im Zusammenhang mit der Internationalen Atomenergieorganisation haben die Vorteile einer Nutzung vorhandener multilateraler Infrastrukturen gerade auch im Verifikationsbereich besonders unterstrichen.

Österreich ist bereit, den Mitarbeitern einer künftigen Chemiewaffen-Kontrollorganisation die gleichen Immunitäten und Privilegien zu gewähren, wie sie die Angehörigen bestehender internationaler Organisationen und VN-Sekretariatseinheiten in Wien genießen.

Nach einer Phase der provisorischen Unterbringung (durch Anmietung geeigneten Büroraums) würde die endgültige Unterbringung in einem neuzuerrichtenden Gebäude des Vienna International Centers erfolgen.

Zur Unterstützung der Mitarbeit an der Chemiewaffenkonvention wurde Anfang 1990 im Bundesministerium für auswärtige Angelegenheiten ein **Wissenschaftlicher Beirat** eingerichtet.

Mitglieder sind Professoren der Universität Wien, der TU Wien und der TU Graz, sowie Experten des Bundesministeriums für auswärtige Angelegenheiten, des Bundesministeriums für Landesverteidigung (Amt für Wehrtechnik), des Bundesministeriums für Wissenschaft und Forschung und der Bundeswirtschaftskammer.

Die Mitglieder des Beirates sind jeweils ad personam berufen. Neben der beratenden Funktion bei Fachfragen im Rahmen der Genfer Abrüstungskonferenz wurden vom Beirat, in enger Zusammenarbeit mit den Universitäten, einschlägige Forschungsprojekte durchgeführt und als Arbeitspapiere der Abrüstungskonferenz unterbreitet.

Eines der im Rahmen der Chemiewaffenkonvention wichtigsten Probleme besteht, z.B. in der chemischen Identifizierung von Substanzen, die in extrem kleiner Menge in sehr komplexen Mischungen mit anderen Substanzen vorliegen können. Dazu müssen selektive Trennmethoden mit selektiven Meßmethoden kombiniert werden. Ein aus Mitteln des Beirates finanziertes österreichisches Projekt beschreibt hiefür geeignete Trennmethoden und Methoden der Anwendung statistischer und informationstechnischer Verfahren, mit deren Hilfe man aus verschiedenen möglichen

Kombinationen von Trenn- und Meßmethoden das zur Lösung eines bestimmten Problems optimale Verfahren auswählen kann.

Mehrere Mitglieder des Beirates wurden vom Bundesministerium für auswärtige Angelegenheiten zu Expertentagungen im Verifikations- und Abrüstungsbereich, vorwiegend im Rahmen der Abrüstungsverhandlungen in Genf, entsandt.

Ein Mitglied des Wissenschaftlichen Beirates – Prof. Helmut Hönig – wurde in die VN-Sonderkommission berufen, die gemäß SR-Res 687 die Zerstörung von irakischen Massenvernichtungswaffen zu überwachen hat. Das kann sicher als internationale Anerkennung der Leistungen Österreichs gelten, die hier auf dem Gebiet der Verifikation schon bisher erbracht wurden.

Verhinderung des Exports von Vormaterialien für chemische Kampfstoffe

Während auch im Zweiten Weltkrieg das Verbot des Einsatzes von Giftgas von allen Seiten beachtet wurde, hat der irakische Präsident Saddam Hussein 1984 dieses Tabu gebrochen.

Gegenwärtig besitzen schon ca 20 Staaten chemische Kampfstoffe. Im Anschluß an die Irak-Krise gab es daher intensive Bemühungen, die Proliferation auch von Ausgangsstoffen bzw. **Vormaterialien** für chemische Waffen zu unterbinden. Es kam zur Errichtung der sogenannten „Australischen Gruppe". Sie trat erstmals im Juni 1985 als informelles Kontakt-Forum zusammen, in deren Rahmen sich die Mitglieder über Transfer und Transferabsichten von Chemikalien an Hand einer Kontroll- und Warnliste von Vorlaufstoffen für chemische Waffen informieren. Mitglieder der Australischen Gruppe sind damit 22 westliche Industriestaaten, darunter seit 1989 auch Österreich.

Die Ausfuhr von 50 gegenwärtig kontollierten Vormaterialien („Precursors") soll auch in Österreich im Zuge der nun laufenden **Novellierung des Außenhandelsgesetzes** bewilligungspflichtig gemacht werden.

Dritte Biologiewaffen-Revisionskonferenz:

Die Biologiewaffen-Konvention 1972 wurde von Österreich 1975 ratifiziert. Sie verbietet die Entwicklung, Herstellung, Lagerung und Weitergabe biologischer und biotoxischer Waffen. Sie erlaubt hingegen die wissenschaftliche Forschung für friedliche Zwecke. Eine klare Abgrenzung zwischen diesen beiden Bereichen ist allerdings oft nicht möglich.

Die Dritte Revisionskonferenz zur Biologiewaffen-Konvention hat vom 9.–27. September 1991 in Genf stattgefunden. Sie beschäftigte sich vor allem mit der Verbesserung von Vertrauensbildenen Maßnahmen, mit der Überprüfung von biotoxischen Herstellungsverfahren und der Möglichkeit, zwischen den alle fünf Jahre stattfindenden Revisionskonferenzen internationale Beratungen abzuhalten.

Nur bei den Vertrauensbildenden Maßnahmen konnten greifbare, substantielle Ergebnisse erzielt werden: Schon 1986 war vereinbart worden, daß sogenannte Hochsicherheitslabors den Vereinten Nationen zu melden wären. Nun einigte man sich darauf, daß dies auch für militärische Forschungseinrichtungen und für Produktionsstätten von Impfstoffen zu gelten hätte. Zur Ausarbeitung eines komplexeren Überprüfungs-Regimes ist zwar eine Arbeitsgruppe eingesetzt worden, die im Frühjar 1992 tagen wird. Der Aufgabenbereich dieser Gruppe wurde jedoch sehr eng umschrieben.

Das Ergebnis der Dritten Revisionskonferenz spiegelt die Entwicklung im Bereich der Abrüstung. Die Staaten Zentral- und Osteuropas sind zunehmend bereit, an der weltweiten Abrüstung und Rüstungskontrolle mitzuwirken. Maßgebende Entwicklungsländer aber fürchten um ihre sicherheits- und industriepolitische Handlungsfreiheit. Viele Industriestaaten zögern, Einblick in den letzten Stand ihrer Forschung zu gewähren.

Verhinderung der Verbreitung der Raketentechnologie

Ähnlich der „Australischen Gruppe" im Chemiewaffenbereich wurde 1987 das Raketentechnologie-Kontrollregime (MTCR, Missile Technologie Control Regime) gegründet. Ziel dieses Regimes ist die Nichtweiterverbreitung von Raketen und Trägertechnologie. Österreich hat den dzt. 15 Mitgliedstaaten des MTCR im Februar 1991 seine Teilnahme am Regime bekanntgegeben.

Auch das MTCR hat keine permanenten Institutionen. Die Mitglieder treffen sich zweimal jährlich zu Konsultationen und verpflichten sich zur gegenseitigen Information über den Transfer von Raketentechnologie der Kategorie I (Raketensysteme und unbemannte Flugkörper mit einer Ladekapazität von mindestens 500 kg und einer Reichweite von 300 Kilometer). Der Informationsaustausch bezüglich Material der Kategorie II (Antriebselemente und Raketenausrüstung) ist fakultativ.

Österreich und die Internationale Atomenergie-Organisation (IAEO)

Die Internationale Atomenergie-Organisation wurde 1957 auf der Grundlage eines Beschlusses der Generalversammlung der Vereinten Nationen gegründet. Ihr Amtssitz ist Wien.

Nach dem Stand Ende 1991 gehören ihr 116 Staaten, darunter Österreich seit dem Gründungsjahr, als Mitglieder an.

Die IAEO ist ein zentrales zwischenstaatliches Forum weltumspannender Zusammenarbeit bei der friedlichen Nutzung der Atom-Technik. Ihre Tätigkeit gliedert sich im wesentlichen in drei Großbereiche: Kernenergie und **nukleare Sicherheit** (nuclear safety); Sicherheitskontrollen (**safeguards**) um zu verhindern, daß spaltbares Material für andere als friedliche Zwecke verwendet wird; und **technische Zusammenarbeit** mit Schwergewicht auf technischer Hilfe für Entwicklungsländer.

1978 hat Österreich für seinen Bereich die Kernspaltung als Quelle der Energieversorgung durch das **„Atomsperrgesetz“** ausgeschlossen. Es vertritt - auch international - die Überzeugung, daß die Nutzung der Kernspaltung zur Energiegewinnung zu hohe Risken für Mensch und Umwelt in sich birgt. Dieser Standpunkt wird zur Zeit allerdings nur von einer Minderheit von Staaten geteilt.

Es wäre daher nicht realistisch zu erwarten, daß alle jene Länder, deren Volkswirtschaften einen nennenswerten Anteil ihres Energiebedarfs aus Kernkraftwerken decken, innerhalb kurzer Frist aus der Kernenergie aussteigen werden. Angesichts dieser Gegebenheit ist es für Österreich das vorrangige Ziel bei seiner Mitarbeit in der IAEO, daß Maßnahmen zur Verbesserung der nuklearen Sicherheit und des Strahlenschutzes ergriffen und daß die völkerrechtlichen Grundlagen für die Haftbarkeit für die Folgen eines Atom-Unfalles verbessert werden.

Im Rahmen ihrer Sicherheitskontrolltätigkeit obliegt es der IAEO darüber zu wachen, daß Nichtatomwaffenstaaten, die, wie Österreich, durch ihre Teilnahme am Nichtweiterverbreitungsvertrag (NPT, siehe dort) ihre gesamten nuklearen Aktivitäten den Inspektionen der IAEO unterstellt haben, ihre nuklearen Anlagen, Ausrüstungen und Materialien ausschließlich für friedliche Zwecke nutzen.

Die IAEO führt Sicherheitskontrollen mit diesem Verifikationsziel aber auch in Atomwaffenstaaten und in Staaten durch, die dem NPT zwar nicht angehören, die aber dennoch Teile oder die Gesamtheit ihrer zivilen Nuklearprogramme solchen Inspektionen geöffnet haben.

So haben etwa die nicht dem NPT angehörenden Länder **Argentinien** und **Brasilien** und die IAEO im Dezember 1991 in Wien ein Sicherheitskontrollabkommen unterzeichnet, das die gesamten nuklearen Aktivitäten beider Staaten der einerseits wechselseitigen, andererseits aber auch der internationalen Kontrolle durch die IAEO unterstellt.

Für diese weltweite Kontrolltätigkeit verwendet die IAEO rund ein Drittel ihres Budgets. Sie nimmt damit zentrale und unverzichtbare Verifikationsaufgaben wahr. Ohne ihre Tätigkeit wäre ein wirksamer Kampf gegen die Weiterverbreitung von Kernwaffen unmöglich.

Mit ihrem Programm für **technische Hilfe und Zusammenarbeit** gewährt die IAEO den Entwicklungsländern hauptsächlich in der Form von Experten- und Sachleistungen Hilfestellung beim sicheren Gebrauch angewandter Nukleartechnologien in der Humanund Veterinärmedizin, Landwirtschaft und Lebensmittelproduktion, in Industrie und Bergbau, in der wissenschaftlichen Forschung u. a.m..

Einen bedeutenden Platz nehmen Aus- und Fortbildungsprogramme für die Heranbildung von Fachleuten aus Entwicklungsländern und die Veranstaltung von Lehrgängen und Symposien auf regionaler und interregionaler Ebene ein.

Den Forschungs- und Lehreinrichtungen der IAEO-Laboratorien in **Seibersdorf**, Niederösterreich, kommt dabei eine wichtige Rolle zu.

Zum Fonds für technische Hilfe und Zusammenarbeit leistet Österreich einen Betrag von rund 360.000,– US Dollar. Es gewährt Stipendien zur Fachausbildung und hat darüberhinaus 1991 eine namhafte Summe für ein von der FAO und IAEO gemeinsam getragenes, sehr erfolgreiches Projekt zur Eindämmung einer im nördlichen Afrika verbreiteten, besonders bedrohlichen Rinderseuche zur Verfügung gestellt.

Vom 16.–20. September fand die **35. Ordentliche Tagung der Generalkonferenz** der IAEO in Wien statt. Mit der Aufnahme der baltischen Republiken Estland, Lettland und Litauen sowie der Republik Jemen erhöhte sich die Zahl der Mitgliedstaaten auf 116.

Ungeachtet des technischen Charakters der IAEO drückten die weltpolitischen Entwicklungen auch der Generalkonferenz ihren Stempel auf. Sie war einerseits durch ein bisher nicht gekanntes Ausmaß von Zusammenarbeit zwischen den hochentwickelten westlichen Ländern und den Staaten des vormaligen Ostblocks gekennzeichnet. Andererseits waren Befürchtungen der in der Gruppe 77 zusammengefaßten Dritte-Welt-Staaten nicht zu übersehen, daß sich die Deckung des wirtschaftlichen Nachholbedarfs in Zentral- und Osteuropa und der Sowjetunion zulasten der Nord-Süd Entwicklungshilfe und – im Wirkungsbereich der IAEO – zu Lasten der technischen Hilfe vollziehen könnte.

Eingehend erörtert bei der diesjährigen Generalkonferenz wurde die Lage im Irak. Im Zuge der Irak-Krise war nämlich klar geworden, daß der Irak als Partei des Nichtweiterverbreitungsvertrags im Widerspruch zu seinen vertraglichen Verpflichtungen und in Verletzung seines mit der IAEO abgeschlossenen Sicherheitskontrollabkommens ein geheimes Anreicherungsprogramm zur Herstellung waffenfähigen Kernmaterials entwickeln konnte.

Mit den Inspektionen zur Auffindung und Unschädlichmachung von Materialien, Anlagen und Ausrüstungen zur Herstellung von nuklearen Massenvernichtungswaffen im Irak hatte der Sicherheitsrat der Vereinten Nationen die IAEO beauftragt. Diese hat sich aufgrund ihrer einschlägigen Erfahrungen auf dem Gebiet der Sicherheitskontrollen und ihres technischen und administrativen Apparats für diese Aufgabe als besonders qualifiziert erwiesen.

Die Ergebnisse der unter dem Mandat der Sicherheitsratresolution 687 (1991) im Irak durchgeführten Inspektionen führten zu einer diesen Mitgliedstaat scharf verurteilenden Resolution der Generalkonferenz. Darüberhinaus bewirkte dieser Anlaßfall, daß mit weitgehender Einmütigkeit Vorschläge angenommen wurden, die eine Stärkung der Effizienz des Sicherheitskontrollsystems insgesamt und eine Erweiterung der Befugnisse der IAEO in seiner Handhabung vorsehen.

Expertenkonferenz für nukleare Sicherheit

Im Bereich der **nuklearen Sicherheit** und des Strahlenschutzes konnte sich die Generalkonferenz auf die Ergebnisse und Empfehlungen einer internationalen Expertenkonferenz über nukleare Sicherheit stützen, die vom 2. bis 6. September 1991 in Wien abgehalten worden war. Die Experten regten u.a. die stufenweise Entwicklung einer Rahmenkonvention an, mit der international verbindlichere Prinzipien zur Sicherheit von Kernkraft festgelegt werden sollen. Die Generalkonferenz hat den Generaldirektor der IAEO beauftragt, Elemente für eine solche Konvention zu erarbeiten und auf den Empfehlungen der Expertenkonferenz aufbauende Vorschläge zu erstatten. Österreich konnte durch seine Teilnahme an der Expertenkonferenz dort nicht nur erneut seine grundsätzliche Haltung zur Kernkraft darlegen, sondern in Fachdiskussionen konkret zu deren Sicherheitsempfehlungen beitragen.

Das von der IAEO 1990 begonnene Programm zur **Bewertung und Verbesserung der Sicherheit technisch veralteter Kernkraftwerke** in der CSFR (Bohunice), Bulgarien (Kosloduj) und der Sowjetunion hat wichtige Erkenntnisse und Entscheidungshilfen sowohl für die Betreiberländer als auch für die Geberländer erbracht, die sich mit finanzieller und technischer Hilfe an dem Umbau der Kraftwerke beteiligen. Österreich unterstützt dieses Projekt angesichts seines großen Interesses an der Sicherheit grenznaher Kernkraftwerke. Es hat – außer durch einen finanziellen Beitrag zu dem dafür bestimmten Sonderbudget der IAEO – dieses Programm auch durch einen fachlichen Beitrag gefördert, womit die Untersuchungsergebnisse der österreichischen **Bohunice**-Kommission in die Arbeiten der IAEO einfließen konnten.

Nuklearhaftung

Die Bemühungen um eine Verbesserung der völkerrechtlichen Grundlagen für die Haftung von Nuklearschäden wurden in den hierfür im Rahmen der IAEO eingesetzten Arbeitsgruppen fortgesetzt. Derzeit steht eine Revision des Wiener Übereinkommens über Nuklearhaftung in Verhandlung, die zusammen mit einer parallelen Revision des für die meisten OECD-Staaten geltenden Pariser Übereinkommens die internationale Haftung für Nuklearschäden auf eine neue Grundlage stellen soll, wobei es darum geht, insbesondere auch Umweltschäden zu berücksichtigen, den Haftungsrahmen um ein Vielfaches zu erhöhen und den Staat, dessen Anlage den Schaden verursachte, stärker in die Haftung einzubinden.

In einigen wichtigen Fragen bestehen hier noch Auffassungsunterschiede zwischen Staaten mit einem großen nuklearen Energiesektor einerseits und anderen Staaten, darunter Österreich, die auf ein möglichst hohes Haftungsvolumen und eine starke Einbindung des Betreiberstaates in die Haftung drängen.

Die Generalkonferenz der IAEO beschloß für 1992 im ordentlichen **Budget** einen Ausgabenrahmen von 186 Millionen US Dollar und einen Richtbetrag für den IAEO-Fonds für technische Hilfe und Zusammenarbeit in der Höhe von 52,5 Millionen US Dollar.

Der österreichische Beitrag zum ordentlichen Budget beträgt für 1992 153.512,– US Dollar und 14.705.044,– Schilling (1991: 144.824,– US Dollar und 13.971.378,– Schilling), jener zum Fonds für technische Hilfe und Zusammenarbeit 383.250,– US Dollar (1991: 357.700,– US Dollar).

Ökologie und Energie

Globaler Umweltschutz

Die vorrangigen Aufgaben auf diesem Gebiet der internationalen Zusammenarbeit sind

- die **Erweiterung des Montrealer Protokolls** zwecks Intensivierung der internationalen Bemühungen zur Luftreinhaltung,
- die Ausarbeitung einer globalen **Klimakonvention**
- sowie einer Konvention über die **Artenvielfalt** und schließlich
- die Vorbereitung der **Konferenz der Vereinten Nationen für Umwelt und Entwicklung 1992 (UNCED).**

Klimaschutz

Seit etwa einem Jahrzehnt ist bekannt, daß das stratosphärische Ozon, das die ultravioletten Strahlen abschirmt, durch die Fluor-Chlor-Kohlenwasserstoffe (FCKWs) zerstört wird. Die Staatengemeinschaft hat sich daher bemüht, die Emission dieser Gase zu verringern. Diesem Ziel dienen auch das Wiener Übereinkommen zum Schutz der Ozonschicht (vom 22. 3. 1985) und das Montrealer Protokoll betreffend die Substanzen, die zum Abbau der Ozonschicht führen (vom 16. 9. 1987), dem Österreich als Vertragspartei angehört. Das Protokoll ergänzt das Übereinkommen durch mengenmäßige Beschränkungen. Diese haben sich allerdings als unzureichend erwiesen.

Die **zweite Konferenz der Vertragsstaaten des Montreal-Protokolls** im Juni 1990 in London brachte eine weitere Beschleunigung der Maßnahmen zur Verringerung der FCKW-Emissionen. Die entsprechenden **„Anpassungen“** zum Montreal-Protokoll sind nunmehr seit 8. März 1991 in Kraft. Damit wurden folgende Verschärfungen in Geltung gesetzt:

- vollhalogenisierte FCKWs:
  Reduktion um 50% bis 1995
  Reduktion um 85% bis 1997
  Ausstieg bis zum Jahr 2000;
- Halone:
  Einfrieren des Verbrauches (Stand 1986) 1992
  Reduktion um 50% bis 1995
  Ausstieg bis zum Jahr 2000.

Da in Österreich strengere FCKW-Verordnungen in Kraft sind, wird bereits 1995 auf eine Verwendung dieser Substanzen verzichtet werden können.

Vom 13. bis 15. März 1991 fand in Genf eine Arbeitsgruppentagung der „Ozone Research Managers“ statt. Sie diente hauptsächlich der Vorbereitung der nächsten Konferenz der Vertragsstaaten. Daneben stand auch der Durchführungsbericht des Sekretariats sowie nationale Berichte über die Aktivitäten der Vertragsstaaten im Bereich der Ozonmessung auf der Tagesordnung.

Vom 10.–21. Juni 1991 fanden dann in Nairobi zugleich die Zweite Vertragsstaatenkonferenz zur Wiener Konvention und die Dritte Vertragsstaatenkonferenz zum Montreal-Protokoll statt.

Die Tagung zur Wiener Konvention beschäftigte sich insbesondere mit Finanzierungsproblemen, mit der Verstärkung der meßtechnischen Aktivitäten und dem Informationsaustausch zwischen den Vertragsstaaten über die Vertragserfüllung.

Bei der Tagung zum Montreal-Protokoll gab es umfangreiche Diskussionen über den Beschluß zur Erweiterung des Mandates der „Assessment Panels“. Diese erarbeiten die Grundlagen für einen „Reviewprozeß“ des Montreal-Protokolls, bei dem die wissenschaftlich-technischen und wirtschaftlichen Grundlagen der Reduktionsbeschlüsse überprüft und eine Anpassung und weitere Beschleunigung des Reduktionsfahrplanes erreicht werden sollen. Schweden hatte in einer mit der Schweiz, Dänemark, Norwegen, Finnland und Österreich erarbeiteten Erklärung darauf hingewiesen, daß in diesen Vertragsstaaten raschere Reduktionspläne umgesetzt werden. Diese fünf Staaten riefen die anderen Länder auf, ebenso für einen früheren Verwendungsstop der schädlichen Substanzen zu sorgen. Staaten mit großen wirtschaftlichen Schwierigkeiten – insbesondere auf dem Territorium der ehemaligen UdSSR – haben allerdings Mühe mit der Umsetzung eines verschärften Reduktionsfahrplanes.

Zum ersten Mal sind auch Implementierungsprobleme erörtert worden. Die Mitgliederzahl des Implementierungskomitees wurde auf Druck der Entwicklungsländer verdoppelt. Durch den Beitritt Chinas Anfang Juni 1991 und der Türkei im September 1991 sind nunmehr fast alle Herstellerländer erfaßt. Dieser Beitritt hat aber auch direkte Folgen für die Höhe und den Aufteilungsschlüssel des multilateralen Förderungsfonds, der nun um 40 Millionen US-Dollar aufzustocken ist.

Bei der Tagung wurde überdies ein Anhang zum Protokoll genehmigt, der auch den Handel mit Produkten, die FCKW enthalten, regelt und den Import von geregelten Substanzen aus Nichtvertragsstaaten verbietet.

Die nächste Tagung der Vertragsstaaten wird wahrscheinlich im Herbst 1992 auf Einladung der dänischen Regierung in Kopenhagen stattfinden.

Durch die „Anpassungen“ des Montreal Protokolls wurde neben dem bestehenden Treuhandfonds auch ein neuer **multilateraler Ozonfonds** geschaffen, der jenen Staaten der Dritten Welt, die Vertragsparteien des Montreal-Protokolls sind, bei der Umsetzung helfen soll. Der Fonds wurde für die ersten drei Jahre mit 160 Millionen US-Dollar dotiert, wobei die Aufbringung durch die Vertragsstaaten des „Montreal-Protokolls" nach dem „normalen" UN-Beitragsschema erfolgt. Der österreichische Beitrag für 1991 beträgt 388.000,– US-Dollar.

Die **Verwaltung der Gelder** erfolgt gemeinsam durch die Weltbank, das Umweltprogramm der Vereinten Nationen (UNEP) sowie das Entwicklungsprogramm der Vereinten Nationen (UNDP).

Die Entscheidung über die Vergabe der Mittel liegt bei einem Exekutivkomitee der Vertragsparteien, das zusammen mit einem Sekretariat in Montreal eingerichtet ist. Vertreten sind je sieben Industriestaaten und sieben Entwicklungsländer, wobei die USA, die ehemalige UdSSR, Japan, 1 Vertreter der Gruppe Australien/Neuseeland/Kanada, 1 EFTA-Staat und 2 EG-Staaten die Industriestaaten repräsentieren.

Das multilaterale Fondskomitee wird wahrscheinlich in Kürze Projektanträge bewerten und Projekte fördern können. Bis zur Vertragsstaatentagung waren 12 Millionen US-Dollar an Fondsmitteln von den Mitgliedsländern eingelangt.

Ausarbeitung einer globalen Klimakonvention

Es ist inzwischen wissenschaftlich gesichert, daß die sogenannten „Treibhausgase", die sich in der oberen Atmosphäre ansammeln, verhindern, daß die Erdwärme in den Weltraum abstrahlt; und daß also die Anreicherung der Atmosphäre mit diesen Gasen zu einem weltweiten Temperaturanstieg führt. „Treibhausgase" sind, wie aus dem untenstehendem Schaubild ersichtlich, vor allem das Kohlendioxid; daneben die Fluor-Chlor-Kohlenwasserstoffe sowie Methan.

Die Emmission dieser Gase stand bisher in einem engem Zusammenhang mit der wirtschaftlichen Modernisierung und Industrialisierung. Die Weltdurchschnittstemperatur steigt in dem Maße, in dem die Emission der so erzeugten Gase zunimmt.

„Hauptverantwortliche" hiefür sind hauptsächlich die großen Industrienationen.

Um eine weltweite Klimaänderung mit schon zum Teil vorhersehbar katastrophalen Folgen abzuwenden, muß also die Emission von Treibhausgasen drastisch reduziert werden. In Bezug auf das Kohlendioxid kann und muß das in erster Linie durch Energiesparen bzw. durch die Umstellung auf alternative Energiequellen geschehen.

Weltweiter Beitrag der Treibhausgase, bezogen auf ihre Konzentration, zum zusätzlichen Treibhauseffekt*)

Anteile auf Basis der mittleren atmosphärischen Konzentrationen von 1980–1990

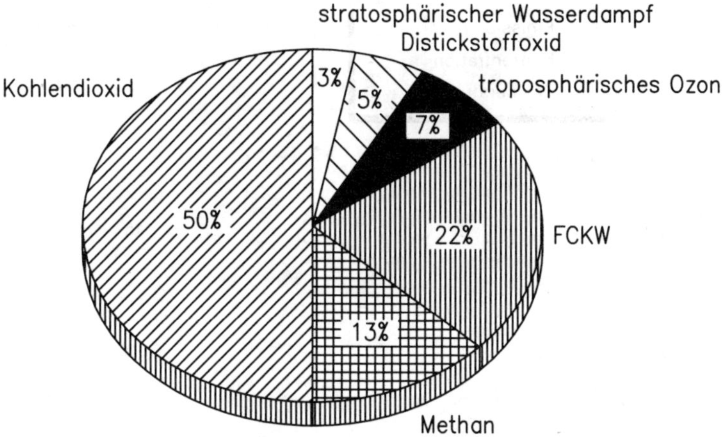

*) Über den natürlichen Treibhauseffekt hinaus anthropogen verursacht.

Quelle: Deutscher Bundestag (1990) 3. Bericht der Enquete-Kommission zum Schutz der Erdatmosphäre.
Grafik: Österreichisches Statistisches Zentralamt.

CO_2-Emission, CO_2-Konzentration und mittlere globale Lufttemperatur seit 1955

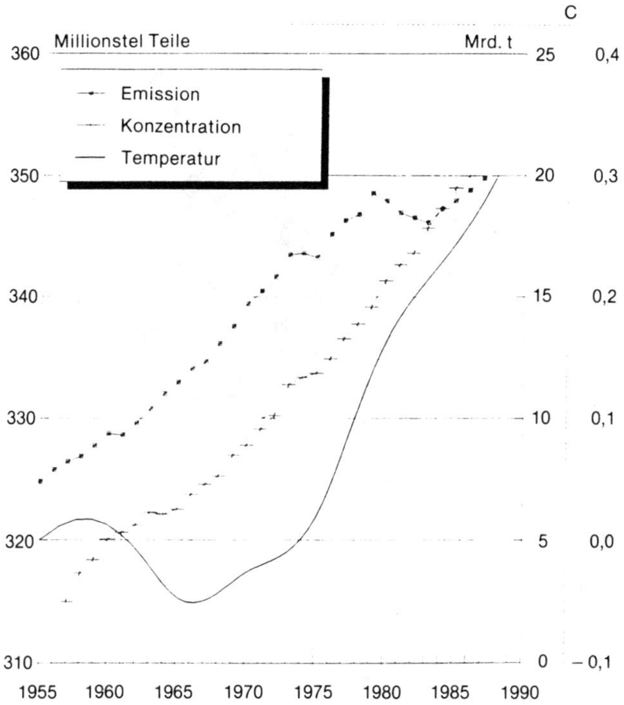

Quelle: Universität Münster (ace-Bericht Nr. 41/1989).
Grafik: Adaptiert vom Österreichischen Statistischen Zentralamt.

Durch Energieeinsatz verursachte CO_2-Emissionen 1971–1988

Land	1971	1975	1980	1985	1988
	Mio. Tonnen Kohlenstoff				
Belgien	36	36	37	30	32
Dänemark	17	16	18	18	18
Deutschland (West)	208	198	219	200	198
Finnland	15	16	19	17	18
Frankreich	126	126	139	109	103
Großbritannien	187	170	167	159	163
Irland	6	6	7	7	8
Italien	92	97	106	101	108
Niederlande	44	46	50	48	51
Norwegen	7	7	9	8	9
Österreich	**15**	**15**	**17**	**16**	**16**
Portugal	6	7	8	8	10
Schweden	27	26	24	22	21
Schweiz	12	11	12	12	13
Spanien	35	46	55	54	57
Australien	48	56	63	66	71
Japan	217	252	261	253	272
Kanada	94	109	124	115	124
Neuseeland	4	5	5	7	7
USA	1.209	1.240	1.369	1.339	1.433
OECD	**2.427**	**2.522**	**2.756**	**2.648**	**2.793**
Welt	**4.380**	**4.811**	**5.528**	**5.802**	**6.256**

Quelle: OECD.

Seit mehreren Jahren laufen auf zwischenstaatlicher Ebene Bemühungen zur weltweiten vertraglichen Regelung der zur Eindämmung des Treibhauseffektes erforderlichen Maßnahmen. Das formale Ziel dieser Bemühungen ist der Abschluß eines internationalen Übereinkommens, das entweder die erforderlichen Maßnahmen – bzw. die Verpflichtungen zur Vornahme oder Zulassung solcher Maßnahmen und die auf die Erfüllung solcher Verpflichtungen gerichteten Ansprüche – selbst regelt oder als Rahmenkonvention auf die in Zusatzprotokollen für die einzelnen Bereiche vorgenommenen konkreten Regelungen verweist.

Das gemeinsam von UNEP und WMO 1988 geschaffene **Intergovernmental Panel for Climate Change" (IPCC)** war beauftragt worden, die konzeptiven und wissenschaftlichen Grundlagen für die Verhandlungen über das neue

Weltweiter Kohlendioxidausstoß 1990 - 2020

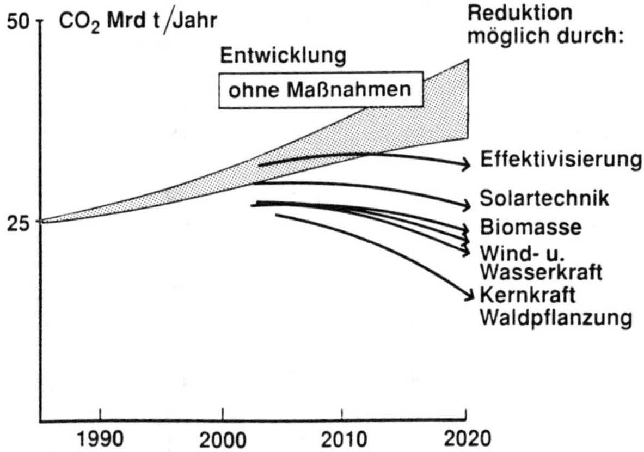

Quelle: Kraftordet 1990/4, Stockholm Environmental Institute.
Grafik: Österreichisches Gesellschafts- und Wirtschaftsmuseum, adaptiert vom Österreichischen Statistischen Zentralamt.

Übereinkommen vorzubereiten. Im März 1991 wurde anläßlich der Plenartagung des IPCC ein Arbeitsprogramm verabschiedet, das diesem Auftrag Rechnung trug. Die dafür eingesetzten drei Arbeitsgruppen hielten 1991 mehrere Tagungen ab: Arbeitsgruppe I befaßte sich mit der wissenschaftlichen Beurteilung der Klimaänderung; Arbeitsgruppe II mit der Beurteilung der Auswirkungen; Arbeitsgruppe III mit den notwendigen Strategien für Gegenmaßnahmen.

Der organisatorische Rahmen der Vertragsverhandlungen wurde 1990 so gestaltet, daß die Verhandlungen im Rahmen der Vereinten Nationen und zwar in einem zwischenstaatlichen Verhandlungskomitee („Intergovernmental Negotiating Committee; INC“) geführt werden. Dessen Aufgabe ist es, ein **Rahmenübereinkommen betreffend Klimaveränderung** sowie allenfalls weitere dazugehörige Vertragsinstrumente auszuarbeiten. Das Rahmenübereinkommen soll nach Möglichkeit in der ersten Jahreshälfte 1992 fertiggestellt sein, sodaß es während der UN-Konferenz für Umwelt und Entwicklung (UNCED 92) unterzeichnet werden kann. Bis dahin sind mehrere Verhandlungsrunden abzuhalten. Die erste fand im Februar 1991 in Washington statt, die bisher vierte vom 9.–20. Dezember 1991 in Genf. Kernthema war die Reduzierung jener CO2-Emissionen, die durch die

Verbrennung von Kohle und Erdöl entstehen. Hier bestehen noch beträchtliche Schwierigkeiten, einerseits durch die zögernde Haltung der USA, andererseits durch die Erwartungen vieler Entwicklungsländer, die glauben, durch eine Vermehrung des Verbrauches fossiler Brennstoffe ihre wirtschaftliche Entwicklung fördern zu können. Österreich hat seine Haltung zu den wichtigsten bisher behandelten Fragen in einem „Proposal for elements to be included in a Framework Convention on Climate Change" dargelegt.

Ausarbeitung einer Rahmenkonvention zur Erhaltung der Artenvielfalt

Im Rahmen des Umweltprogramms der Vereinten Nationen (UNEP) wurde im jahre 1988 zwecks Intensivierung der internationalen Zusammenarbeit zur **Erhaltung der Artenvielfalt** eine Expertengruppe eingesetzt, die sich u.a. mit der Ausarbeitung einer **globalen Rahmenkonvention** auf diesem Gebiet befaßt. Seither wurden weitere Sitzungen mit Schwerpunkt sozioökonomische Aspekte, Kostenprobleme, Finanzmechanismen und Technologietransfer abgehalten. Seit 1990 beschäftigt sich eine subsidiäre Arbeitsgruppe mit Fragen der Biotechnologie insbesondere mit der Relevanz dieser für die Erhaltung der biologischen Vielfalt.

1990 tagte auch zum ersten Mal die „Ad-Hoc Arbeitsgruppe juristischer und technischer Experten betreffend biologische Vielfalt", deren Arbeiten es UNEP-Exekutiv-Direktor Tolba ermöglichten, im Jänner 1991 einen Konventionsentwurf vorzulegen.

Die wichtigsten Punkte dieses Entwurfes sind die folgenden:

- Der Grundsatz, daß die Erhaltung der Artenvielfalt ein Anliegen der gesamten Menschheit ist, bedeutet eine gerechte Aufteilung der Bemühungen zwischen den Generationen sowie eine Teilnahme aller Länder und Völker im Rahmen einer Weltpartnerschaft. Ein Ausgleich zwischen den souveränen Rechten der Länder, ihre Naturschätze auszubeuten, und dem Interesse der Weltgemeinschaft am internationalen Umweltschutz muß gefunden werden.
- Angesichts der enormen Kosten muß ein verbindlicher Finanzierungsmechanismus geschaffen werden.
- Der Zugang zur Artenvielfalt und die Verfügbarkeit von Biotechnologie und anderer Technologien, die für eine vernünftige Verwendung der biologischen Schätze benötigt werden, sind komplementäre und voneinander nicht trennbare Anliegen. Staaten sollten für die Verwendung ihrer genetischen Rohstoffe entlohnt werden, wie auch die Privatunternehmen für ihre Teilnahme am Technologietransfer, an der Ausbildung und an der Entwicklung nationaler Technologien eine gerechte Bezahlung erhalten sollten.

- Die Teilnahme der Entwicklungsländer an den Verhandlungen muß im größtmöglichen Rahmen ermöglicht werden. Das bedeutet einen zusätzlichen Finanzaufwand (vier bis fünf Millionen US-Dollar über die nächsten zwei Jahre), der von den entwickelten Ländern getragen werden muß.

Verhandlungen über den Entwurf fanden vom 25. Februar bis zum 8. März 1991 in Nairobi, nach Umbenennung der Arbeitsgruppe in **„Internationales Verhandlungskomitee für eine Konvention über die Biologische Vielfalt“** vom 24. Juni bis zum 3. Juli 1991 in Madrid, vom 23. September bis zum 2. Oktober 1991 in Nairobi und vom 25. November bis zum 4. Dezember 1991 in Genf statt. Derzeit besteht zwar ein Grundkonsens darüber, daß auf dem Gebiet der Erhaltung der Artenvielfalt das Zusammenwirken der Weltgemeinschaft erforderlich ist, doch gibt es tiefgreifende Auffassungsunterschiede über die Rollen- und insbesondere die Lastenverteilung. Schwierigkeiten ergaben sich vor allem bei der Verhandlung der Themen Technologietransfer, Finanzierung und institutionelle Einrichtungen.

Die Fragen der Biotechnologie und Gentechnik sowie in diesem Zusammenhang der Schutz des geistigen Eigentums sind Schwerpunkte dieser Verhandlungen. Dadurch ergibt sich ein zusätzlicher Aspekt im Spannungsverhältnis zwischen Industrie- und Entwicklungsländern, da letztere nicht nur finanzielle Zuwendungen zur Bewältigung ihrer Probleme verlangen, sondern darüber hinaus einen gerechten Anteil an den wirtschaftlichen Erträgen der Verwertung ihrer Naturschätze durch die Industrieländer.

Anläßlich der UNCED 92 in Rio soll die Konvention unterzeichnet werden. Zur endgültigen Formulierung des Konventionstextes sind noch zwei Tagungen in Nairobi im Frühjahr 1992 vorgesehen.

OECD Umweltkomitee

Am 30. und 31. Jänner 1991 fand das Vierte OECD-Umweltministertreffen statt, bei dem Österreich durch Umweltministerin Flemming und Staatssekretär Jankowitsch vertreten war. Im Anschluß daran wurde auf der Ebene „Höherer Beamter“ zusammen mit dem DAC (Development Assistance Committee) die Problematik Entwicklung und Umwelt behandelt.

Darüber hinaus nimmt Österreich an Tagungen des Umweltkomitees sowie an Expertensitzungen der OECD teil. Unter anderem wurden 1991 hiebei folgende Themen behandelt:

Die Ausarbeitung von Ratsempfehlungen, -entscheidungen oder -beschlüssen über:

Umweltindikatoren und -information, gemeinschaftliche Erfassung von vorhandenen Chemikalien und Gefahrenverminderung, Verminderung des grenzüberschreitenden Abfalltransports, ökonomische Instrumente in der Umweltpolitik.

Am 2. und 3. Dezember d. J. fand auf Ministerebene in Paris eine Tagung über Umwelt und Entwicklung statt, die vor allem der Vorbereitung der UNCED 92 (Konferenz der Vereinten Nationen über Umwelt und Entwicklung) in Rio de Janeiro diente.

Konferenz der Vereinten Nationen für Umwelt und Entwicklung (UNCED) in Rio de Janeiro, 1.–12. Juni 1992

Die Vorbereitung dieser Konferenz, die 20 Jahre nach der Stockholmer Konferenz über menschliche Umwelt stattfinden wird, ist heute ein Schwerpunkt der globalen Umweltaktivitäten. Die Einsicht in den untrennbaren Zusammenhang der globalen Umweltprobleme mit Fragen der zukünftigen gesellschaftlichen und wirtschaftlichen Entwicklung sowohl der Entwicklungsländer als auch der Industriestaaten führte zu dem bisher einmaligen Versuch, aufbauend auf den Bericht der UN-Konferenz für Umwelt und Entwicklung aus dem Jahre 1987, das Thema „Umwelt und Entwicklung" in seiner gesamten Komplexität zu behandeln und konkrete Wege zu einer weltweit umweltgerechten Entwicklung (Sustainable Development) zu identifizieren.

Die Abhaltung der „United Nations Conference on Environment and Development" wurde von den Vereinten Nationen im Dezember 1989 bei ihrer 44. Vollversammlung durch Verabschiedung der Resolution Nr. 44/228 beschlossen. Das umfangreiche Mandat dieser Konferenz umfaßt u. a.:

- Schutz der Atmosphäre (Treibhauseffekt, Ozonproblematik, etc.)
- Schutz der Trinkwasserressourcen
- Schutz der Ozeane und Küstenregionen
- Schutz und Management der Landressourcen (Wüstenbildung, Abholzung, etc.)
- Bewahrung der biologischen Vielfalt
- Umweltgerechtes Management der Biotechnologie
- Umweltgerechtes Management von Abfällen und toxischen Chemikalien
- Bekämpfung der Armut
- Schutz der Gesundheit und Verbesserung der Lebensqualität

Der Zielkatalog umfaßt 23 Artikel, die den angeführten Themenkatalog zum Teil näher bestimmen und zum Teil erweitern, insbesondere um Fragen des Technologietransfers und der Zurverfügungstellung zusätzlicher finanzieller Ressourcen, v. a. für Entwicklungsländer.

Diesem Auftrag soll durch Verabschiedung einer Reihe von Konventionen und Deklarationen entsprochen werden:

- Earth-Charter
- Agenda 21
- Erklärung zur Forst- und Waldwirtschaft
- Klimakonvention
- Konvention über die Artenvielfalt

Die **„Earth-Charter“** – es wurde auch die Bezeichnung **Rio-Deklaration** vorgeschlagen – sollte ein der Deklaration der Menschenrechte vergleichbares Dokument zum Themenbereich Umwelt und Entwicklung darstellen. **Die Agenda 21** soll ein umfassendes und umfangreiches Aktionsprogramm hinsichtlich aller relevanten Themenbereiche für den Beginn des nächsten Jahrhunderts festlegen. Insbesondere von Entwicklungsländern wird auch die verbindliche Vereinbarung von Terminplänen, institutionellen und finanziellen Vorkehrungen gefordert.

Ursprünglich war beabsichtigt, auch die Verhandlungen über eine **Waldkonvention** bis zur Konferenz abzuschließen. Aufgrund der sehr unterschiedlichen Verhandlungspositionen einerseits und der Kürze der zur Verfügung stehenden Zeit andererseits hat man sich nun darauf verständigt, für Rio nur eine Erklärung zur Forst- und Waldwirtschaft zu erarbeiten, die dann als Grundlage für die Verhandlungen zu einer einschlägigen Konvention dienen soll.

Die Verhandlungen zur **Klimakonvention** und zur **Konvention über die Artenvielfalt** finden vom UNCED-Vorbereitungsprozeß formal getrennt in eigenen Verhandlungskomitees statt und sollen bis Juni 1992 unterschriftsreif sein.

Zur Vorbereitung der Konferenz wurde die Abhaltung von vier Sitzungen des Vorbereitungskomitees vereinbart;

- 1. Sitzung: 6. bis 31. August 1990, Nairobi
- 2. Sitzung: 18. März bis 5. April 1991, Genf
- 3. Sitzung: 12. August bis 4. September 1991, Genf
- 4. Sitzung: 2. März bis 3. April 1992, New York.

Ein vorbereitendes Treffen des Vorbereitungskomitees fand vom 15. bis 16. März 1990 in New York statt und widmete sich primär organisatorischen und prozeduralen Fragen.

Stand der internationalen Diskussion:

Bei der 3. Sitzung des Vorbereitungskomitees kam es erstmals zu eingehenden substantiellen Diskussionen. Dabei zeigten sich deutlich die derzeit unüberbrückbar erscheinenden gegensätzlichen Auffassungen von Industriestaaten und Entwicklungsländern zu den zentralen Themen dieser Konferenz.

Unter Verkürzung und Vereinfachung der vielschichtigen und komplexen Problematik des Konferenzthemas können die gegenwärtigen Positionen wie folgt dargestellt werden:

Unter Hinweis auf die globale Bedrohung des Öko-Systems Erde drängen die Industriestaaten nachdrücklich auf eine aktive und substantielle Mitwirkung der Entwicklungsländer bei der Lösung der globalen Umweltprobleme. Die Entwicklungsländer verweisen dagegen auf die Tatsache, daß gegenwärtig 20 Prozent der Weltbevölkerung ca. 80 Prozent aller Rohstoffe und Energieträger verbrauchen und für ca. 80 Prozent der „Umweltverschmutzung" verantwortlich sind, betonen ihr „Recht auf Entwicklung", bestehen auf nationaler Souveränität bezüglich ihrer Ressourcennutzung und sind nur unter der Voraussetzung der Zurverfügungstellung substantieller zusätzlicher finanzieller Mittel sowie moderner Technologien zu Verhandlungen bereit. Dem wiederum wird von den Industriestaaten mit dem Hinweis auf die Notwendigkeit der Einführung marktwirtschaftlicher Strukturen geantwortet. Auch bezüglich der Institutionenfrage bestehen beträchtliche Auffassungsunterschiede. Die Entwicklungsländer wünschen umfangreiche neue institutionelle Vorkehrungen zur Umsetzung der Ergebnisse von UNCED 92, die Industriestaaten stehen diesem Ansinnen skeptisch gegenüber.

Österreichische Vorbereitung

Die österreichischen Vorbereitungsarbeiten für UNCED 92 wurden mit der Einsetzung einer **nationalen UNCED-Kommission** Anfang 1991 aufgenommen. In dieser Kommission sind die Bundesministerien, die Verbindungsstelle der österreichischen Bundesländer, die Interessensvertretungen sowie eine Reihe von Nichtregierungsorganisationen aus dem Umwelt- und Entwicklungsbereich vertreten. Um eine effiziente Vorbereitungsarbeit auch zwischen den Sitzungen der nationalen UNCED-Kommission zu gewährleisten, wurde ein sogenanntes **Steering-Commitee** eingerichtet, in dem die wesentlich mit der Materie befaßten Ressorts (BM für auswärtige Angelegenheiten, BM für Umwelt, Jugend und Familie, Bundeskanzleramt, BM für wirtschaftliche Angelegenheiten, BM für Finanzen, BM für Wissenschaft und Forschung) mitarbeiten. Dazu kommen zahlreiche informelle Koordinations- und Arbeitssitzungen der drei hauptbefaßten Ressorts (BM für auswärtige Angelegenheiten, BM für Umwelt, Jugend und Familie und Bundeskanzleramt).

Ein Schwerpunkt der österreichischen Vorbereitungsarbeiten war die Erstellung des **österreichischen Nationalberichtes** für UNCED 92. Jeder Staat ist verpflichtet, einen derartigen Bericht zu erstellen und an das Konferenzsekretariat zu übermitteln.

Dieser Bericht beschreibt einleitend Österreichs Verständnis des Begriffes „Sustainable Development", in einem ersten Abschnitt Österreichs gegenwärtige ökologische Substanz sowie den Stand der wirtschaftlichen und gesellschaftlichen Entwicklung. Im zweiten Abschnitt werden Österreichs bisherige Politiken skizziert; in einem dritten Abschnitt Österreichs Positionen bezüglich der Themen von UNCED 92, zukünftige Vorhaben und Aktivitäten. Weiters enthält der Bericht den Originalwortlaut des österreichischen Beitrages zu einer internationalen Umweltcharta sowie einen Annex mit Positionen österreichischer NGOs zu UNCED 92 und zu Österreichs Umweltpolitik. Dieser Bericht wurde am 17. Dezember 1991 von der Bundesregierung verabschiedet.

Österreichs Initiativen

Zweiter Schwerpunkt der österreichischen Vorbereitungsarbeiten ist die Mitwirkung am internationalen Vorbereitungsprozeß.

So wurde mit Unterstützung der Mitglieder der **Hexagonale** ein Vorschlag zur Institutionalisierung von Mechanismen zur **Streitverhütung und Streitbeilegung** eingebracht. Bei der Dritten Sitzung des Vorbereitungskomitees wurde dieser österreichische Vorschlag von vielen Seiten – vor allem von der EG, der Schweiz und Kenia – unterstützt, während einige Staaten, insbesondere Brasilien und Indien, Einwände erhoben. Schließlich wurde vereinbart, daß sich während der 4. Tagung des Vorbereitungskomitees im März 1992 in New York ein bis zwei Sitzungen mit diesem Vorschlag befassen sollten. Die Vorschläge der Hexagonale zur Streitverhütung durch Beiziehung internationaler Umweltexperten gehen auf einen Vorschlag zurück, den AM Mock 1989 der GV der VN präsentiert hat („Grünhelme").

Weiters wurde der von einer Gruppe renommierter Wissenschafter erarbeitete **österreichische Beitrag zu einer internationalen Umweltcharta** von BK Vranitzky mit einem persönlichen Schreiben an den Generalsekretär von UNCED 92, Maurice Strong, übermittelt. In seiner Antwort teilte Maurice Strong mit, daß er diesen Beitrag an den Vorsitzenden der Arbeitsgruppe III, Bedrich Moldan, zur Berücksichtigung bei der Erstellung der **„Earth-Charter"** übergeben hat. Die im österreichischen Beitrag enthaltenen Prinzipien fanden in den Sekretariatsentwürfen zur „Earth-Charter" weitgehend Berücksichtigung.

In den Verhandlungen über die **Klimakonvention** und über die **Konvention zum Schutz der Artenvielfalt** versucht Österreich der von der Bundesregierung deklarierten Absicht, „auf internationaler Ebene eine treibende Kraft im Umweltbereich zu bleiben", gerecht zu werden. Aus ökologischen Gründen, aber auch um die Gefahr des „Öko-Dumping" zu minimieren, tritt Österreich für rechtlich-verbindliche Vereinbarungen mit entsprechenden Zeitplänen und Kontrollmechanismen ein.

Die Ende 1991 unterzeichnete **Alpenkonvention** wurde dem UNCED-Sekretariat von Österreich als Musterbeispiel für Regionalkonventionen zur Verfügung gestellt.

Österreich fungierte auch als Gastgeber für den vom International Council of Scientific Unions (ICSU) veranstalteten Vorbereitungskongreß der internationalen Wissenschaftsgemeinschaft, der unter dem Titel **„An Agenda of Science for Environment and Development into to the 21st Century" (ASCEND 21)** Ende November in Wien stattfand.

Der österreichische Beitrag zur **„Globalen Umweltfazilität" (GUF)** (siehe unten) erzielte, obwohl weit über dem auf Österreich entfallenden Anteil, vor allem deshalb nicht die erhoffte internationale Anerkennung, weil die Enwicklungsländer der GUF in der gegenwärtigen Form mit äußerster Skepsis gegenüberstehen.

Globale Umweltfazilität (Global Environment Facility – GEF)

1990 wurde die Globale Umweltfazilität (GUF) eingerichtet, die gemeinsam von der Weltbank und dem Entwicklungsprogramm der Vereinten Nationen (UNDP) verwaltet wird. Die GUF ist vorerst ein dreijähriges Pilotprogramm, durch das eine verbilligte Finanzierung für Projekte bereitgestellt werden soll, die Entwicklungsländern helfen, ihre Umweltprobleme zu lösen. GEF-Gelder könnten z. B. dazu verwendet werden, den Entwicklungsländern zu helfen, die im Montreal-Protokoll vereinbarten Ziele für die Verringerung von Fluor-Chlor-Kohlenwasserstoffen einzuhalten. GEF-Mittel sind also für Projekte in den Bereichen Treibhausgase, Schutz der Ozonschicht, internationale Gewässer und biologische Artenvielfalt bestimmt. Die insgesamt zur Verfügung stehenden Mittel in Höhe von 1,5 Milliarden US-Dollar werden also über einen Zeitraum von drei Jahren hinweg in Tranchen zur Verfügung gestellt. Österreich hat für die Globale Umweltfazilität für einen Zeitraum von drei Jahren einen Beitrag von 400 Millionen Schilling geleistet.

Umweltprogramm der Vereinten Nationen (UNEP)

Österreich gehört seit 1. Jänner 1990 wieder für eine Funktionsperiode (bis Ende 1993) dem Verwaltungsrat von UNEP an. UNEP als führendes Organ der Vereinten Nationen auf dem Gebiet der Umwelt soll gestärkt werden, u. a. auf dem Gebiet der Beilegung von Umweltkonflikten und bei der Überwachung von Umweltabkommen. Allerdings wird die Rolle des UNEP wohl auch im Lichte der Resultate der Konferenz über Umwelt und Entwicklung (UNCED) neu überdacht werden müssen.

Vom 20.–31. Mai 1991 fand in Nairobi die 16. Verwaltungsratstagung statt. Dabei wurden Budget-, Programm- und Resolutionsfragen behandelt. Das wichtigste Ergebnis der Verwaltungsratstagung war die Stärkung von UNEP.

Mit Zustimmung Östereichs wurde beschlossen:

- Zusammenarbeit mit UNDP bei Durchführung des Plan of Action to Combat Desertification,
- Vorantreibung der Vorarbeiten für eine Klimakonvention und eine Konvention über die biologische Artenvielfalt,
- Aufforderung an alle Staaten zur Ratifikation des Protokolls von Montreal über die Ozonschicht,
- Ausarbeitung eines „code of ethics" für den internationalen Handel mit Chemikalien,
- Gründung eines Zentrums für Technologietransfer im Umweltbereich,
- Stärkung von Nairobi als Sitz des UNEP, Ablehnung der Wiederbelebung des Environmental Co-ordination Board in New York,
- Gründung eines UN-Centre for Urgent Environmental Assistance (Standort noch unbestimmt),
- Fortsetzung der Einschaltung der Vereinten Nationen bei der Bewältigung der Umweltfolgen des Golfkrieges und
- Ausbau des Völkerrechts zur Verhinderung der Umweltzerstörung im Zuge bewaffneter Konflikte.

Österreich hat eine Erhöhung seines Mitgliedsbeitrages angekündigt.

Antarktisvertrag

Das Protokoll zum Antarktisvertrag betreffend Umweltschutz, das insbesondere ein rechtlich verbindliches Verbot des Abbaues von Bodenschätzen in der Antarktis für die kommenden fünfzig Jahre vorsieht, wurde am 4. Oktober 1991 in Madrid unterzeichnet. Österreich hat sich in den vergangenen Jahren massiv für das Zustandekommen eines solchen Verbots eingesetzt, das für die Erhaltung der Antarktis in ihrem Zustand weitgehender ökologischer Unversehrtheit eine wesentliche Voraussetzung darstellt (siehe dazu auch „Tätigkeitsbericht Vereinte Nationen").

ECE-Umweltschutz

Vom 25. Februar bis 1. März 1991 fand in Espoo die vierte Sitzung der Höheren ECE-Berater für Umwelt- und Wasserfragen statt. Dabei wurde das „Übereinkommen über die Umweltverträglichkeitsprüfung im grenzüberschreitenden Zusammenhang" angenommen und von 25 Staaten (inklusive Österreich) sowie den EG unterzeichnet. Gleichzeitig wurde eine Resolution angenommen, in der sich die ECE-Staaten bereit erklären, das Übereinkommen so weit wie möglich bereits vor seinem Inkrafttreten anzuwenden. In der unter österreichischer Beteiligung ausgearbeiteten

„Ministererklärung von Espoo" legten die ECE-Staaten die Hauptrichtungen der weiteren Tätigkeit der ECE fest.

Bei dieser Tagung wurde Österreich der Dank für die Leitung der **Task Force über „Verantwortlichkeit und Haftung bei grenzüberschreitender Gewässerverschmutzung"** ausgesprochen.

Die österreichische und die finnische Delegation schlugen gemeinsam vor, die Richtlinien für diesen Bereich weiter zu erörtern. Dieser Vorschlag wird bei der nächsten Tagung 1992 wieder auf der Tagesordnung stehen. Ein einheitlicheres Vorgehen auf diesem Gebiet scheint dringend geboten. Die Standards sind, wie das untenstehende Schaubild zeigt, noch sehr unterschiedlich.

Abwasserentsorgung durch Kläranlagen 1970 - 1980

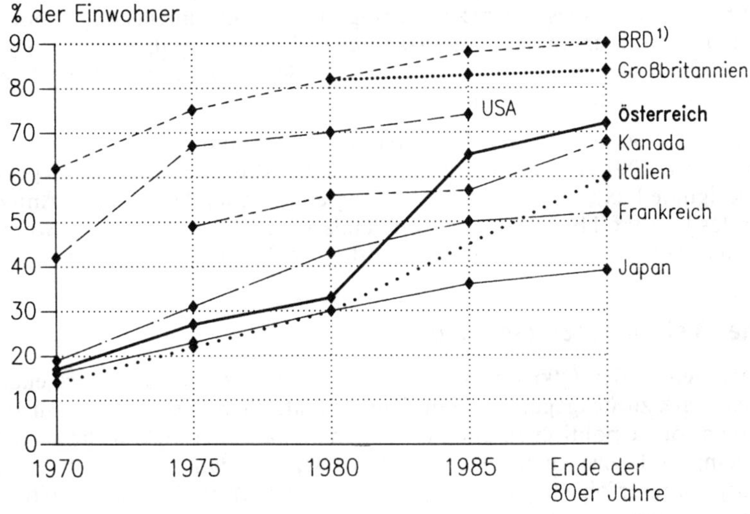

1) Gebietsstand vor dem 3.10.1990.

Quelle: OECD.
Grafik: Österreichisches Statistisches Zentralamt.

Die ECE hat eine Prioritätenliste für ihre weitere Tätigkeit im Umweltbereich erstellt. 1991 konnten jedenfalls die Arbeiten für das „Übereinkommen über den Schutz und die Nutzung grenzüberschreitender Wasserläufe und Seen" sowie für das „Übereinkommen über die grenzüberschreitenden Auswirkungen von Industrieunfällen" abgeschlossen werden.

Das „Übereinkommen betreffend den Schutz und die Nutzung grenzüberschreitender Wasserläufe und internationaler Seen" wird wahrscheinlich bei der nächsten Sitzung der Senior Advisers im Februar 1992 angenommen und ad hoc zur Unterzeichnung aufgelegt werden. Das Übereinkommen dient als Beitrag der ECE zum nächsten KSZE-Nachfolgetreffen in Helsinki. Das Übereinkommen soll als Rahmenübereinkommen den Abschluß besonderer oder gegebenenfalls die Verbesserung bestehender Übereinkommen für einzelne Grenzgewässer vorsehen und fördern.

Am 19. November 1991 wurde anläßlich der neunten Tagung des Leitungsgremiums der **„Konvention über weiträumige grenzüberschreitende Luftverschmutzung"**, die bereits von fast allen europäischen Staaten – zuletzt von Rumänien im Februar 1991 – ratifiziert wurde, in Genf von Bundesministerin Feldgrill-Zankel das „Protokoll betreffend die Bekämpfung von Emissionen von flüchtigen organischen Verbindungen (VOC-Protokoll)" unterzeichnet. Dieses Protokoll ist ein weiterer wichtiger Schritt zur Verbesserung, insbesondere zur Verringerung der Ozonbelastung in bodennahen Luftschichten. Zur innerstaatlichen Umsetzung in Österreich sind wegen der bereits bestehenden strengen Bestimmungen und Vorhaben keine zusätzlichen Maßnahmen notwendig.

Österreich nahm auch an zahlreichen Seminaren und Arbeitstagungen teil. Im April 1991 tagten überdies das erste Mal in Salzburg Experten („designated experts") zur Ausarbeitung eines neuen technischen Anhang für das Protokoll betreffend Schwefelemissionen. Diese Gespräche wurden in Regensburg weitergeführt und werden 1992 fortgesetzt werden.

Die Weltenergieversorgung

Nach den beiden Ölkrisen von 1973 und 1979 ist jeweils die Energienachfrage stark zurückgegangen. Seit dem dramatischen Ölpreissturz von 1986 wirken solche politischen und preislichen Signale aber nicht mehr nachfragedämpfend. Zwischen 1980 und 1984 wurden daher noch sehr starke Einsparungserfolge bei der Energieverwendung erzielt. In diesem Zeitraum konnte in den OECD Staaten die **Energieintensität** (Verhältnis Gesamtenergieverbrauch zum Bruttonationalprodukt) um durchschnittlich 2,6 Prozent jährlich gesenkt werden.

Durch das Wegfallen des Preisdruckes zwischen den Jahren 1984 bis 1988 hat sich diese Entwicklung verlangsamt. Es wurde lediglich eine jährliche Reduzierung von 1,4 Prozent erreicht.

Die Mitgliedstaaten der **Internationalen Energieagentur (IEA)** haben jedenfalls die „Energieintensität" ihrer Produktion seit Anfang der 80er Jahre

Entkoppelung Energieverbrauch und Wirtschaftswachstum 1970 - 1989

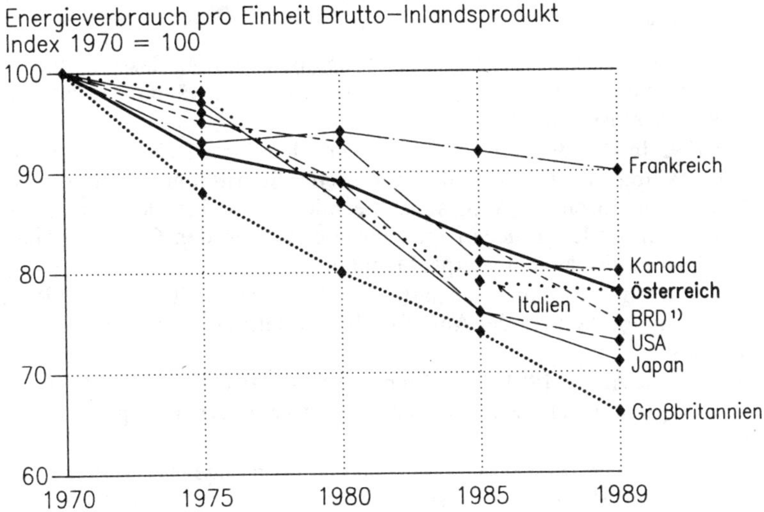

1) Gebietsstand vor dem 3.10.1990.

Quelle: OECD.
Grafik: Österreichisches Statistisches Zentralamt.

verringern könne. Das war die Folge von Änderungen in der Industriestruktur, die auch Folge von bewußtem Energiesparen war. Die wesentlichsten Änderungen haben sich hier im Straßenverkehr, in der Beleuchtung und Raumheizung und bei den energieintensiven Industrien (z. B. Eisen, Stahl und Aluminiumindustrien) vollzogen. Diese Bereiche verursachen 75 Prozent der Gesamt CO_2-Emissionen und sind darüberhinaus auch für andere Luftverunreinigungen (SO_2 und NO_X) verantwortlich.

Hoffnungsfelder für weitere Einsparungen sind vor allem der Energieendverbrauch im Wohn- und Bürobereich. 30 bis 50prozentige Reduzierungen des Energieeinsatzes beim Kühlen und Beleuchten werden von der IEA als durchaus realistisch angesehen. Für Raumheizungen und Warmwasser liegen die Werte etwas niedriger. Im Bereich Straßenverkehr nimmt man immerhin noch Verringerungen des Energieverbrauchs in der Höhe von ca. 15 Prozent als möglich an. Bei substantiellen Änderungen der Fahrzeugeigenschaften könnten aber sogar Einsparungen von 30 bis 50 Prozent erreicht werden.

Österreich und das internationale Energieversorgungssystem

Das österreichische Energieversorgungssystem war im Jahr 1991 mit internationalen Ereignissen konfrontiert, die die mit der Energieversorgung behafteten Probleme noch stärker in das Bewußtsein der Bevölkerung gerückt haben.

a) Die Golfkrise 1990/91 hat erneut deutlich werden lassen, daß die Sicherheit der Energieversorgung weiterhin von unwägbaren weltpolitischen Ereignissen abhängt.
b) Die 1992 in Rio de Janeiro stattfindende Konferenz über Umwelt und Entwicklung (UNCED) soll ein weiterer Schritt der internationalen Staatengemeinschaft dahin sein, die mit dem steigenden Energieverbrauch verbundenen negativen Umwelteffekte in den Griff zu bekommen (siehe „globale Umweltprobleme").
c) Die Staaten mit planwirtschaftlicher Vergangenheit („economies in transition") stehen vor der Aufgabe, ihren Energiesektor völlig umbauen zu müssen.
d) Die im Dezember 1991 unterzeichnete Europäische Energiecharta soll die energiepolitische Zusammenarbeit im gesamten Europa vorantreiben.
e) Die Meldungen über gravierende Sicherheitsmängel in Atomkraftwerken der ehemals kommunistischen Staaten haben dem Bedenken gegen die Nutzung der Kernenergie neuen Auftrieb gegeben.

Österreichs Versorgungssituation 1991

Für das Jahr 1991 konnte keine weitere Entkoppelung von Wirtschaftswachstum und Gesamtenergieverbrauch festgestellt werden. Während das Brutto-Inlandsprodukt 1991 real um ca. 3 Prozent wuchs, stieg der Energieverbrauch im ersten Halbjahr 1991 um 7,2 Prozent. Freilich ist dieser Anstieg nicht unwesentlich auf die höhere Anzahl von Heiztagen zurückzuführen. Das Frühjahr 1991 war exzeptionell kalt.

Was die Verbrauchsstruktur anbelangt, so hat der Verbrauch von Erdgas am stärksten zugenommen, Kohle hatte ebenfalls beträchtliche Verbrauchszuwächse aufzuweisen. Den stärksten Rückgang mußten die Heizöle hinnehmen.

Europäische Energiecharta

Auf Initiative des niederländischen Ministerpräsidenten hatte der Europäische Rat bei seiner Dezembertagung 1990 beschlossen, eine internationale Konferenz zur Ausarbeitung einer Europäischen Energiecharta einzuberufen.

Energieimporte 1970, 1980, 1985, 1989 bis 1991

Energieträger	1970		1980		1985		1989		1990		1991	
	Menge	in Mio.S	Menge	in Mio.S	Menge	in Mio.S	Menge	in Mio.S	Menge	in Mio.S	Menge	in Mio.S
Erdöl und Erdölerzeugnisse, in 1.000 t insgesamt	**6.834**	**3.999**	**11.316**	**37.463**	**9.215**	**41.565**	**9.548**	**18.886**	**10.010**	**22.347**	**10.337**	**21.920**
darunter aus: Algerien	–	–	470	1.783	678	3.309	1.632	3.411	1.509	3.748	1.975	4.303
Nigeria	–	–	470	1.659	1.048	4.522	395	750	1.052	2.497	1.712	3.443
BRD	1.481	1.014	1.010	3.913	944	4.522	920	2.229	1.004	2.645	1.183	3.037
Ungarn	593	277	403	995	550	2.980	823	1.794	581	1.443	832	2.129
Iran	–	–	–	–	268	1.114	816	1.369	598	814	794	1.360
Italien	974	643	601	2.634	358	1.959	308	884	326	1.025	374	1.143
Jemen	–	–	–	–	–	–	254	429	334	612	521	1.062
UdSSR	972	512	1.505	4.987	778	3.157	658	1.065	820	1.807	521	989
Libyen	416	214	1.078	4.012	1.029	4.500	1.065	2.004	1.368	2.973	495	951
Jugoslawien	210	57	68	284	266	1.146	543	974	481	994	302	688
zum Vergl.: Inländ. Förderung	2.798		1.499		1.147		1.158		1.149		1.280[1])	
Erdgas in Mio. m³, insgesamt	**918**	**358**	**3.029**	**5.704**	**4.200**	**12.227**	**4.013**	**3.939**	**5.220**	**5.728**	**5.129**	**6.194**
darunter aus: UdSSR	891	348	2.999	5.638	4.111	11.927	3.890	3.746	.	.	.	.
zum Vergl.: Inländ. Förderung	1.897		1.903		1.164		1.323		1.288		1.329[1])	
Kohle, Koks, Briketts, in 1.000 t insgesamt	**5.515**	**3.176**	**4.518**	**5.164**	**5.759**	**8.647**	**4.982**	**4.733**	**4.843**	**4.643**	**5.120**	**4.956**
darunter aus: Polen	1.500	678	1.256	1.341	1.802	2.525	1.827	1.536	1.896	1.621	2.376	2.145
BRD	1.308	1.077	452	823	1.039	2.271	410	680	406	669	622	919
CSFR	1.065	530	1.210	1.412	1.014	1.384	1.096	949	1.032	939	1.062	883
zum Vergl.: Inländ. Förderung	5.711		4.594		4.832		3.837		4.173		3.621[1])	

Quelle: Österreichisches Statistisches Zentralamt. – [1]) Vorläufige Daten (WIFO-Prognose).

Vom 15.–19. Juli fand dazu in Brüssel eine Vorbereitungskonferenz statt. Im September begannen die Verhandlungen, an denen sämtliche OECD-Staaten, die Staaten Osteuropas und die Sowjetunion teilnahmen. Sie wurden am 21. November 1991 mit der Verabschiedung der Europäischen Energiecharta abgeschlossen, die eine **politische Absichtserklärung** ist. Unterzeichnet wurde die Charta am 16./17. Dezember 1991 im Rahmen einer Ministerkonferenz in Den Haag. Signatare der Charta sind sämtliche europäischen und außereuropäischen OECD-Staaten (außer Neuseeland), alle ehemaligen Planwirtschaftsländer Europas sowie Malta und Zypern. Anstelle der Sowjetunion unterzeichneten Aserbeidschan, Georgien, Kasachstan, die Russische Föderation, Tadschikistan, Ukraine, Usbekistan, Weißrußland sowie – als „Dachorganisation" – das sogenannte Zwischenstaatliche Wirtschaftskomitee.

Ziel der Charta ist es, durch eine **intensivierte Zusammenarbeit der Partnerländer nach marktwirtschaftlichen Grundsätzen** die Sicherheit der Energieversorgung zu erhöhen, die Effizienz der Produktion, der Umwandlung, des Transports, der Verteilung und der Nutzung von Energie zu maximieren, die technische Sicherheit im Energiebereich zu verbessern und die energiebezogenen Umweltprobleme zu minimieren. Die Souveränitätsrechte der einzelnen Staaten über ihre Ressourcen sollen dabei gewahrt bleiben.

Die Charta soll durch ein **Grundsatzabkommen** ergänzt werden, welches horizontale und organisatorische Aspekte der Energiezusammenarbeit, insbesondere Investitionsschutz, Doppelbesteuerung, Streitbeilegung, handelsrechtliche Fragen sowie die Schaffung eines permanenten Sekretariats behandelt.

Im weiteren Verlauf sollen für wichtige Teilbereiche der Zusammenarbeit **spezifische Protokolle** erarbeitet werden. Dazu wurden in den als prioritär betrachteten Bereichen Energieeffizienz und Umwelt, Kohlenwasserstoffe und nukleare Sicherheit Arbeitsgruppen eingesetzt.

Die in der Europäischen Energiecharta niedergelegten Ziele und Maßnahmen entsprechen den **Grundsätzen der österreichischen Energiepolitik**. Sie berücksichtigen die Erfordernisse einer gesicherten Energieversorgung und des Umweltschutzes. Die Charta stellt ein multilaterales Instrument zu der auch für Österreich wichtigen Restrukturierung der östlichen Energiewirtschaften und zur Stärkung des internationalen Energiemarktes dar.

Auf die für Österreich besonders ins Gewicht fallende Transitproblematik beim Transport von Energieträgern hat Bundesminister Schüssel anläßlich der Unterzeichnung in einer Konferenzerklärung ausdrücklich hingewiesen und ausreichende Maßnahmen zum Schutz der Bevölkerung und der Umwelt vorbehalten sowie in Aussicht gestellt, daß auch bei sämtlichen nachfolgenden vertraglichen Vereinbarungen im Rahmen der Charta österreichischerseits darauf Wert gelegt werden wird, daß den Erfordernissen des Umweltschutzes und der Sicherheit entsprechend Rechnung getragen wird.

Internationale Energieagentur (IEA)

Während der Golfkrise und der durch sie verursachten Turbulenzen auf den internationalen Ölmärkten bewährte sich die Internationale Energieagentur als allgemein akzeptierte Autorität zur Stabilisierung der Erdölnachfrage. Zu Beginn der Kriegshandlungen erließ der IEA-Verwaltungsrat einen bereits zwischen den Mitgliedstaaten akkordierten Maßnahmenkatalog, der sich auf Lagerabbau, Nachfragereduktion, Umstieg auf andere Energieträger und Steigerung der Inlandsölförderung erstreckte. Durch die Entschlossenheit der IEA-Mitgliedsstaaten, die vorgeschlagenen Maßnahmen zu realisieren, wurde der Nachfragedruck in der Größenordnung vom 2,5 Millionen Faß pro Tag, das sind rund 7,5 Prozent des OECD-Rohölverbrauches, von den Ölmärkten genommen. Als Folge davon, sowie wegen der raschen Beendigung der Kriegshandlungen, aber auch in Folge der Steigerung der Erdölförderung vor allem in Saudi-Arabien, lagen die Rohölpreise gegen Jahresende bei weniger als 20,– US-Dollar pro Faß.

Bei der Tagung der Energieminister der IEA-Staaten am 3. Juni 1991 wurde die aktuelle Energiesituation vor dem Hintergrund der überwundenen Golfkrise analysiert. Es wurde festgestellt, daß angesichts der zunehmenden Abhängigkeit der OECD-Staaten von Erdölimporten und der in der Golfkrise erwiesenen Funktionsfähigkeit des IEA-Krisenmechanismus die Notstandsmaßnahmen zur Bewältigung von Erdölversorgungsengpässen gestärkt werden müssen. Erhöhung der Energieeffizienz durch sparsame Nutzung der Energie und verbesserte Technologie von der Energieproduktion bis zum Endverbrauch sind weitere Schwerpunkte des IEA-Aufgabenprogrammes. Besondere Aufmerksamkeit widmet man den **Auswirkungen des Energieeinsatzes auf die Umwelt**, und hier im besonderem Maße dem CO_2-Ausstoß (siehe Abschnitt „globale Umweltprobleme“). Die Befassung mit dem Komplex Energie-Umwelt geschieht in enger Zusammenarbeit mit der OECD.

Die politischen und wirtschaftlichen Entwicklungen in Zentral- und Osteuropa wie auch in anderen Weltregionen erbrachten eine intensivierte Befassung der IEA mit der **Energiesituation in Nicht-Mitgliedstaaten**. Von den „Partners in Transition“-Ländern (derzeit CSFR, Ungarn und Polen) wurde für Polen bereits eine umfassende Prüfung durchgeführt und sodann ein Paket von Maßnahmen empfohlen. Die Energiesituation in Ungarn und in der CSFR wird ebenfalls von IEA-Experten geprüft. Die Ergebnisse werden im Frühjahr 1992 erwartet.

Im Sinne der IEA-Zielsetzungen bemühten sich seit vielen Jahren einige IEA-Staaten, darunter Österreich, einen **Dialog** zwischen den erdölproduzierenden Staaten und den Konsumentenstaaten in Gang zu setzen. Einer bei der IEA-Ministertagung beschlossenen Empfehlung folgend wird im Februar 1992 von der IEA ein Seminar veranstalten, an dem Experten der Ölproduzenten- und Ölkonsumentenstaaten über die Entwicklung des Erdölbedarfes und die technischen Voraussetzungen zu dessen Deckung beraten werden.

Im Zuge der **Länderprüfungsrunde** 1990/91 wurde die österreichische Energiepolitik durch ein IEA-Exptertenteam umfassend geprüft. Im Prüfergebnis wurde Übereinstimmung mit den energiepolitischen Zielvorstellungen der IEA festgestellt.

Organisation Erdölexportierender Länder (OPEC)

Während des Golfkonfliktes lag der Ölpreis im Jänner 1991 noch bei mehr als 30 US-Dollar pro Faß. Er fiel dann aber rasch und schloß gegen Jahresende mit 16,65 US-Dollar pro Faß. Der Jahresdurchschnittspreis lag bei 18,65 US-Dollar pro Faß. Der Preisverfall ist auf eine Verringerung der Nachfrage und hohe Lagerbestände zurückzuführen.

Anläßlich der 89. Ministerkonferenz in Wien vom 4. Juni 1991 beschloß die OPEC zwecks Stabilisierung des Ölpreises das Förderlimit von 22,3 Millionen Faß beizubehalten. Auf dieses Förderlimit hatte man sich bei der 3. Tagung des „Ministerial Monitoring Committee“ im März in Genf geeinigt. Auch der minimale Referenzpreis von 21 US-Dollar pro Faß wurde beibehalten.

Die Ministerkonferenz beschäftigte sich hauptsächlich mit den Auswirkungen des Golfkonfliktes auf den Ölmarkt. Zur Sprache kamen auch Fragen der Anpassung der Erdölwirtschaft an neue Anforderungen, insbesondere hinsichtlich der Umweltverträglichkeit, und die Beziehungen zwischen Erdölproduzenten und Verbrauchern.

Bei der 4. Tagung des Ministerial Monitoring Committee vom 24.–25. September 1991 in Genf wurde das Förderlimit auf 23,65 Millionen Faß Rohöl pro Tag angehoben.

Die 90. Ministerkonferenz fand vom 26.–27. November 1991 in Wien statt und brachte keine Änderungen in den Förder- und Preislimits.

Rückblickend läßt sich also feststellen, daß die Kuwait-Krise die Erdölmärkte weit weniger nachhaltig beeinflußt hat als frühere Krisen im Mittleren Osten (der arabisch-israelische Krieg 1973 und der irakisch-iranische Krieg). Das ist Folge einer bewußten Politik der OPEC sowie zum Teil auch des inzwischen verfeinerten Krisenmanagements der Erdöl-Verbraucher; schließlich aber auch Folge einer längerfristigen Änderung der

Produktionsstrukturen, durch die der Anteil der OPEC-Staaten an der Welterdölförderung stark gesunken ist.

Weit stärker als der Anteil an der Produktion ist der Anteil der OPEC Staaten an den bekannten **Erdölreserven**. Es ist nun anzunehmen, daß der Weltenergieverbrauch weiter rasch zunehmen wird und daß Alternativen zum Erdöl – zumindest in der kurz- und mittelfristigen Zukunft – nicht in ausreichendem Ausmaß zur Verfügung stehen werden. Vielfach wird daher vermutet, daß es in einigen Jahren zu einem Ansteigen der realen Erdölpreise kommen wird, wodurch sich der Stellenwert der OPEC erhöhen könnte.

Auch als Sitzstaat der OPEC war Österreich immer bestrebt, darauf hinzuwirken, daß im Sinne einer realistischen Weltenergiepolitik nicht kurzfristige Schwankungen in Angebot und Nachfrage, sondern die längerfristige Verfügbarkeit gewisser Energieträger für die Preisgestaltung maßgeblich sein sollte.

Kultur und Wissenschaft

Das Bild Österreichs in der Welt ist stark kulturell geprägt. Siebzig Prozent der ausländischen Pressemeldungen über Österreich beziehen sich auf kulturelle Angelegenheiten. Es ist daher naheliegend, diese Gegebenheiten zu nutzen und unser Land unter dem Markenzeichen seiner Kultur zu präsentieren. Dies kann im Wege zeitgenössischer künstlerischer und wissenschaftlicher Leistungen geschehen, aber auch über die Darstellung dessen, was im Laufe der Geschichte zu unserer spezifischen, erkennbaren und fortwirkenden Tradition geworden ist.

Gerade in Zeiten des raschen Wandels, wie ihn Europa derzeit durchlebt, ist es mehr denn je erforderlich, Österreich unter dem Aspekt dieses eigenständigen kulturellen Selbstverständnisses und seines eigenständigen kulturellen Beitrages international präsent zu halten. Das gilt sowohl im Hinblick auf die lange Zeit von Informationen weitgehend abgeschnittenen Staaten des ehemaligen Ostblocks als auch im Hinblick auf unsere künftigen EG-Partnerländer. Eine solche positive Strategie trägt dazu bei, die eigenständige Identität der österreichischen Kultur immer deutlicher bewußt zu machen.

Die Kultur lebt aus und in dem Spannungsverhältnis zwischen dem universell Gültigen und dem spezifisch Identitätsstiftenden. Die Pole dieses Spannungsverhältnisses bestimmen auch die Diskussion um die Zukunft Europas.

Es lag nahe, diese Thematik zum Gegenstand der Auslandskulturtagung 1991 zu machen. Sie war der Frage „Regionalismus – Rückzug in die Provinz oder neuer Aufbruch?" gewidmet. Referenten aus sieben europäischen Staaten behandelten die Fragen nach der Identität in einem künftigen Europa. Das Thema ist natürlich von großer kultureller und damit politischer Bedeutung gerade für einen Staat in der spezifischen Situation Österreichs. Unser Ehrgeiz ist es jedenfalls, die unverwechselbare Identität Österreichs nicht trotz der fortschreitenden Interdependenz und Integration, sondern gerade durch und in fortschreitender Interdependenz und Integration beizubehalten und in das Mosaikbild eines „Europas der Vielfalt" einfügen zu können.

Vor dem Hintergrund der gewaltigen Veränderungen in Europa sind die Aufgaben der sogenannten „Auslandskulturpolitik" heute wahrscheinlich größer, als sie es je zuvor waren (wenn man die unmittelbare Nachkriegszeit ausnimmt, in der es galt, Österreich überhaupt wieder im Bewußtsein der Weltöffentlichkeit zu verankern). Aus der Natur der Aufgaben ergeben sich auch die geografischen Schwerpunkte der Tätigkeit, nämlich West-, Mittel- und Osteuropa sowie Nordamerika. Dementsprechend wurden an die Generalkonsulate in Berlin und Laibach Bedienstete entsandt, die dort ausschließlich für Auslandskulturarbeit zuständig sind. Die Kulturabteilung der Österreichischen Botschaft Prag arbeitet de facto bereits wie ein Kulturinstitut. Angesichts des großen Interesses, das im südpolnischen Raum für Kontakte mit Österreich besteht, wurde auch der Kulturabteilung des 1990 errichteten Generalkonsulates Krakau eine weitere Mitarbeiterin zugeteilt. Als zusätzliche Österreichzentren mit entsprechender Infrastruktur fungieren **Österreich-Bibliotheken** in Brünn, Krakau, Marburg, Posen, Pressburg, Szeged, Sofia und Udine, aber auch die vielen österreichischen Lektoren an den Universitäten unserer Nachbarländer, die laufend mit Zeitschriften, Büchern und sonstigen Arbeitsmaterialien versorgt werden.

Einen klarerweise sehr hohen Stellenwert für die kulturelle und wissenschaftliche Zusammenarbeit haben die Universitäten. Auch deshalb, weil an ihnen Lehrpersonal ausgebildet wird, garantieren sie einen beachtlichen „Multiplikator-Effekt" bei der Verbreitung von Informationen über Österreich (Literatur, Geschichte, Landeskunde etc.).

Die schwerpunktmäßige Konzentration auf die Staaten Mittel- und Osteuropas entspricht konkreten österreichischen Interessen, die ebenso historisch wie geographisch und politisch begründet sind. Auch wir selbst profitieren davon, daß Österreich durch die Umwälzungen der letzten Jahre in sein natürliches Umfeld reintegriert wurde, daß Verbindungen wieder aufleben, die fast zwei Generationen lang gewaltsam stillgelegt waren.

In Westeuropa wurde die Präsenz in Madrid verstärkt. In einem neu-adaptierten Österreich-Zentrum werden ein eigener, ausschließlich mit Kulturagenden beauftragter Botschaftsangehöriger und ein vom Bundesministerium für Wissenschaft und Forschung bestellter Historiker gemeinsam die Auslandskulturarbeit in diesem immer wichtiger werdenden EG-Land betreuen. Dringend notwendig ist auch die geplante Ausweitung der Auslandskulturtätigkeit in Brüssel. Sie wird im Zuge der Neubesetzung des Postens eines Kulturrates erfolgen, der 1991 durch Pensionierung vakant wurde. Eine der Aufgaben des künftigen Kulturrates an der Botschaft Brüssel wird es sein, die Maßnahmen der EG im Bereich der Kultur zu verfolgen.

Einen weiteren geografischen Schwerpunkt bildet wie erwähnt, Nordamerika (wo in New York ein Kulturinstitut besteht und Kulturbedienstete in Washington, Los Angeles, Ottawa und Mexico City tätig sind).

Eine solche geografische Schwerpunktbildung ist notwendig, sie darf aber nicht ausschließen, daß in anderen Weltregionen die Möglichkeiten zur kulturellen Zusammenarbeit ebenfalls genutzt werden.

Die Tätigkeit des Bundesministeriums für auswärtige Angelegenheiten im Bereich der Kulturinformation und des Kulturaustausches stützt sich vor allem auf die zehn Kulturinstitute sowie auf jene 18 Vertretungsbehörden, an denen Kulturräte und/oder -attachés tätig sind. Aber auch die übrigen Vertretungsbehörden widmen sich selbstverständlich dieser Aufgabe. Das gegenüber 1990 nicht unwesentlich erhöhte operative Budget und die weltweiten Aktionen im Mozartjahr haben diese Tätigkeit erleichtert und verbreitert.

Bis 1973 lag die Zuständigkeit für die Gestaltung und Verwaltung der Auslandskulturarbeit beim Bundeministerium für Unterricht und Kunst. Diese Kompetenz wurde 1973 dem Außenministerium übertragen. Das Bundesministerium für Unterricht und Kunst bleibt aber ebenso wie das Bundesministerium für Wissenschaft und Forschung auf das engste mit dieser Art von Tätigkeit verbunden. Diese Tatsache verdient dankbare Anerkennung auch deshalb, weil in vielen Fällen erst durch eine solche Zusammenarbeit der Ressorts Veranstaltungen und Aktionen erfolgreich abgewickelt werden können. Eng ist die Zusammenarbeit auch mit den Bundesländern; und schließlich kommt es – einem internationalen Trend entsprechend – auch immer häufiger zu Gemeinschaftsaktionen mit privaten Sponsoren.

Das Außenministerium ist bestrebt, von jenen Veranstaltungen wegzukommen, die ausschließlich von österreichischer Seite und ausschließlich mit österreichischen Mitteln organisiert werden. Veranstaltungen werden also zunehmend in Zusammenarbeit mit Partnern des Gastlandes abgewickelt, die nicht nur über die nötige Infrastruktur verfügen, sondern denen es meist auch besser als österreichischen Institutionen gelingt, ein ausgesuchtes Zielpublikum anzusprechen.

Aufgrund der hohen Kommunikationsdichte und der allgemeinen internationalen Vernetzung gerade im kulturellen Bereich sowie angesichts des Interesses, das im Ausland an künstlerischen und wissenschaftlichen Leistungen Österreichs vielfach besteht, ist es oft nur mehr notwendig, zusätzliche Information bereitzustellen oder erste Kontakte zu vermitteln, um eine direkte Zusammenarbeit zwischen ausländischen und österreichischen Kulturträgern herbeizuführen. Die Bereitstellung dieser zusätzlichen Information erfordert allerdings ein umfangreiches Wissen über kulturelle Trends und Institutionen, über potentielle Kooperationspartner und Sponsoren. Die Funktion der Vertretungsbehörden als Ansprechstellen für sowohl österreichische Anfragen als auch für Anfragen aus dem jeweiligen Gastland wird daher in Zukunft sicher noch weiter ausgebaut werden müssen, wobei man sich gewiß modernster Hilfsmittel und vor allem elektronischer Datenträger bedienen wird.

Ausgaben in den einzelnen Fachgebieten aus dem Budget des Bundesministeriums für auswärtige Angelegenheiten nach Prozenten

Wissenschaft	14%
Ausstellungen	12%
Musik	31%
Deutschkurse, Lehrmittel, Lektoren	9%
Buchspenden	19%
Filme	5%
Literatur	10%

Ausgaben in den einzelnen Ländern nach Prozenten

	1990	1991
Ägypten	1,27	1,66
Albanien	0,21	–
Algerien	0,18	0,08
Argentinien	0,84	0,79
Australien	0,81	0,42
Belgien	0,40	0,42
Brasilien	1,03	0,40
Bulgarien	2,21	0,77
Bundesrepublik Deutschland	0,94	3,54
Chile	0,72	0,09
China	0,12	0,30
Côte d'Ivoire	–	0,11
Dänemark	0,30	0,11
Finnland	0,31	0,31
Frankreich	9,55	13,33
Griechenland	0,13	0,06
Großbritannien + Irland	4,55	3,43
Hongkong	0,19	0,16
Indien	0,41	0,31
Indonesien	0,37	0,16
Iran	5,04	3,28
Irak	–	–
Israel	0,64	1,11
Italien	7,39	7,96
Japan	0,56	0,49
Jugoslawien	8,93	4,61
Kanada	0,61	0,63
Kenia	–	0,11

Kolumbien	0,02	0,06
Kuba	0,04	0,43
Kuwait	–	–
Korea	0,07	0,01
Luxemburg	–	0,18
Malaysia	0,04	0,41
Marokko	0,17	0,11
Mexiko	0,30	0,53
Niederlande	0,48	0,25
Nigeria	–	0,03
Norwegen	0,27	0,40
Peru	0,18	0,10
Philippinen	0,11	0,10
Polen	9,73	10,23
Portugal	0,46	0,26
Rumänien	0,41	1,52
Saudi-Arabien	0,03	–
Schweiz	0,34	0,55
Schweden	0,99	0,23
Senegal	0,26	0,20
Simbabwe	–	0,01
Spanien	1,67	1,67
Syrien	0,03	0,12
Thailand	0,09	0,05
Tschechoslowakei	8,22	11,53
Tunesien	0,25	0,16
Türkei	2,87	2,72
UdSSR	7,95	7,02
Ungarn	6,41	6,53
USA	10,79	9,89
Venezuela	0,07	0,06

Kultur

Vertragliche Vereinbarungen:

Verträge über wissenschaftliche und kulturelle Zusammenarbeit mußten vor allem mit jenen Ländern abgeschlossen werden, deren staatliche Verwaltung maßgeblichen Einfluß auf die Struktur des Kulturlebens und somit auch des kulturellen Austausches mit dem Ausland hatte, bzw. noch hat. Daher regeln solche Abkommen unter anderem auch den Austausch von Hochschullehrkräften, Stipendien, die Organisation von Ausstellungen etc;

Österreich hat mit den folgenden 21 Staaten bilaterale Abkommen auf den Gebieten Kultur, Wissenschaft und Bildungswesen abgeschlossen:

Ägypten, Belgien, Bulgarien, CSFR, Finnland, Frankreich, Großbritannien, Guatemala, Indonesien, Italien, Jugoslawien, Luxemburg, Mexiko, Norwegen, Polen, Portugal, Rumänien, Spanien, Tunesien, UdSSR, Ungarn.

Notenwechsel über kulturelle Zusammenarbeit bestehen mit Albanien, Argentinien und der Mongolei. Mit Dänemark und den Niederlanden werden periodisch Arbeitsprogramme über kulturelle und wissenschaftliche Zusammenarbeit vereinbart. Mit der Bundesrepublik Deutschland finden in regelmäßigen Abständen kulturpolitische Konsultationen statt.

Basierend auf Kulturabkommen wurden 1991 **Arbeitsprogramme** in Form von Kulturübereinkommen bzw. Protokollen mit Italien, Spanien, Ägypten und Luxemburg vereinbart. Mit den Niederlanden und der Bundesrepublik Deutschland fanden formlose Gespräche auf Beamtenebene statt. Der Bewertung der künftigen kulturellen Zusammenarbeit diente ein Arbeitsbesuch in Rumänien. Das zusätzlich zum Kulturabkommen mit Ungarn erstellte Arbeitsprogramm **„Aktion Österreich-Ungarn, Wissenschafts- und Erziehungskooperation“** für die Jahre 1990 – 1996 ist im zweiten Jahr seines Bestehens zu einem wesentlichen Bestandteil der Wissenschaftsbeziehungen zwischen Österreich und Ungarn geworden. Es hat u. a. die Anbahnung von Gemeinschaftsprojekten, gemeinsame Ausbildungsvorhaben und die Vergabe von zahlreichen Stipendien ermöglicht. Im Rahmen der Aktion haben zum Beispiel rund 300 Ungarn in Österreich studieren können.

Abkommen über die wissenschaftlich-technische Zusammenarbeit gibt es mit sieben Staaten, und zwar mit Bulgarien, der Volksrepublik China, Frankreich, Italien (Zusatzprotokoll zum Kulturabkommen), Rumänien, Spanien und Ungarn.

Im März 1991 wurde bei der Dritten Tagung der Gemischten österreichisch-spanischen Kommission für wissenschaftlich-technische Zusammenarbeit ein Arbeitsprogramm für die Jahre 1991 bis 1993 vereinbart. Auf Basis des Zusatzprotokolls zum Kulturabkommen mit Italien wurde eine österreichisch-italienische Unterkommission für wissenschaftlich-technische Zusammenarbeit mit Italien eingesetzt. In ihrer ersten Tagung im Oktober 1991 hat sie ein umfangreiches Arbeitsprogramm für die Jahre 1991 bis 1993 erstellt. Das große Interesse an einer Verstärkung der bilateralen Zusammenarbeit im Hinblick auf die multilaterale Zusammenarbeit in den Europäischen Gemeinschaften, in EUREKA, bei der ESA etc. kommt in diesen beiden Programmen besonders zum Ausdruck.

Mit folgenden elf Staaten hat Österreich **Gleichwertigkeitsabkommen für den universitären Bereich** abgeschlossen:

Bulgarien, Bundesrepublik Deutschland, Heiliger Stuhl (im Rahmen des Konkordates), Italien (Notenwechsel), Jugoslawien, Liechtenstein, Luxemburg (im Rahmen des Kulturabkommens mit Zusatzprotokoll), Niederlande, Portugal, Spanien und Ungarn. Mit solchen Abkommen wird die Gleichwertigkeit der an ausländischen Institutionen durchgeführten Studien mit jenen an österreichischen Universitäten festgestellt. Das ist für jene Österreicher von Interesse, die ihre Studien ganz oder zum Teil im Ausland absolvieren. Darüberhinaus sind durch Verordnung des Bundesministers für Wissenschaft und Forschung polnische und tschechoslowakische Reifezeugnisse für die Zulassung zum Studium österreichischen Reifezeugnissen gleichgestellt. Das Europäische Übereinkommen über die allgemeine Gleichwertigkeit der Studienzeiten an Universitäten wurde vom österreichischen Parlament im November 1991 genehmigt. Dieses Übereinkommen ist im Lichte der künftigen Teilnahme an EG-Austauschprogrammen von großer Bedeutung.

Bildende Kunst

Auf dem Gebiet der Ausstellungen war die Auslandskulturpolitik 1991 besonders erfolgreich. Ein Schwerpunkt war das Thema **W. A. Mozart**. Das Bundesministerium für auswärtige Angelegenheiten präsentierte eine umfangreiche Wanderausstellung über Leben und Werk Mozarts, die in 32 Staaten in aller Welt 116 mal gezeigt wurde, wobei insbesondere die vielen Präsentationen in Kanada, Frankreich, Polen, Portugal, Ungarn und in den USA zu erwähnen sind. Dennoch dominiert bei den Ausstellungen im Ausland nach wie vor die zeitgenössische Kunst. Das entspricht einem verstärkten Interesse an österreichischer Gegenwartskunst. Und das wird vom Bundesministerium für auswärtige Angelegenheiten deshalb begrüßt, weil dadurch im Ausland die oft zu ausschließlich auf das Museale verengte Perspektive der österreichischen Kultur erweitert wird. Bedeutende Ausstellungen zeitgenössischer Kunst wurden im Berichtsjahr im Ausland präsentiert, darunter die Ausstellung ‚Beyond Tradition, Austrian Architecture and Design in the 90s' im Chicago Art Institute und die Ausstellung ‚Junge Kunst aus Österreich' (ein Überblick über das künstlerische Schaffen der 80er Jahre mit österreichischen Künstlern) in Hamburg und Dresden.

Durch die Demokratisierungsprozesse in Zentral- und Osteuropa ergaben sich auch auf dem Gebiet der bildenden Kunst und des Ausstellungswesens zahlreiche neue Möglichkeiten für die Zusammenarbeit mit Museen, Galerien und Kunstvereinen in den osteuropäischen Staaten. Diese Zusammenarbeit wurde vom Bundesministerium für auswärtige Angelegenheiten organisatorisch und finanziell unterstützt. Unter einer Vielzahl von künstlerischen Veranstaltungen wären die Ausstellung Max Weilers in der Prager Nationalgalerie, die Teilnahme von neun jungen österreichischen Künstlern an der internationalen Ausstellung ‚Künstlerische Konfrontationen Torun 1991' und die Präsentation der Ausstellung ‚Wiener Gotik' des Historischen Museums der Stadt Wien in Prag zu erwähnen (siehe Anhang).

Österreich war das Hauptthema beim diesjährigen **Festival de Paris**. Im Rahmen einer umfangreichen Präsentation der österreichischen Kultur wurde eine Ausstellung zeitgenössischer Kunst und eine Ausstellung der Graphischen Sammlung Albertina gezeigt.

Als Wanderausstellungen wurden 1991 dokumentarische Ausstellungen zu Themen der österreichischen Geschichte, Kulturgeschichte und Literatur sowie Ausstellungen von Originalwerken präsentiert.

Eine Auflistung dieser Ausstellungen findet sich im Anhang.

Literarische Veranstaltungen

Literarische Veranstaltungen im Ausland setzen dort, wo sich Autoren selbst durch Lesungen präsentieren, ein Publikum voraus, das der deutschen Sprache wenigstens passiv mächtig ist. Lesungen österreichischer Autoren oder Rezitationen aus österreichischer Literatur in Originalsprache werden daher vorrangig in den Nachbarländern, oder in Zusammenarbeit mit Germanistikinstituten ausländischer Universitäten organisiert.

Bei der Vermittlung österreichischer Literatur leistet das Österreichische Kulturinstitut Paris in Zusammenarbeit mit dem **Österreich-Zentrum an der Universität Rouen** seit Jahren hervorragende Arbeit. Die Literaturgroßveranstaltung „Les belles étrangères" in Paris und einigen Provinzstädten mit Lesungen von zehn österreichischen Autoren war 1991 ein bemerkenswerter Höhepunkt dieser Arbeit. Zahlreiche Theateraufführungen und Übersetzungen zeigen, daß österreichische Autoren – insbesondere Peter Handke und Thomas Bernhard – einen festen Platz im französischen Kultur- und Geistesleben gefunden haben. Hierher gehören auch die „Ingeborg-Bachmann-Tage" im Juni 1991 in Paris.

In Ungarn ist die „Woche des zeitgenössischen österreichischen Theaters" in diesem Zusammenhang zu erwähnen: Sechs zeitgenössische österreichische Stücke wurden übersetzt und in szenischen Lesungen einem Fachpublikum vorgestellt. Zwei Gastspiele österreichischer Theater und Fernseh- und Hörfunkaufnahmen ergänzten das Programm.

Hervorzuheben für 1991 sind auch die vielen Veranstaltungen aus Anlaß des 200. Geburtstages von Franz Grillparzer (Lesungen, Rezitationen, Vorträge und Symposien). Von wesentlicher Bedeutung sind verständlicherweise die Übersetzungen österreichischer Autoren in fremde Sprachen. Sie werden von Österreich gefördert, ebenso Verlagspräsentationen, wie sie 1991 zum Beispiel in Budapest (Edition S), Laibach (Leykam) und Zagreb (Droschl, Wieser) organisiert wurden.

Eine Auswahl der literarischen Veranstaltungen ist der Tabelle (1) zu entnehmen, eine Auflistung der Übersetzungen 1991 der Übersetzungsübersicht (Tabelle 2).

Buchaktion

Die Buchspendeaktionen des Bundesministeriums für auswärtige Angelegenheiten kommen Universitäten, Wissenschafts- und Bildungsinstitutionen des Auslandes zugute. Der Gesamtaufwand für diese Aktion wurde gegenüber dem Vorjahr von öS 7 Millionen auf öS 8,5 Millionen erhöht, Der Großteil der Bücherlieferungen ging an die Österreich-Bibliotheken und andere Institutionen in den neuen Demokratien Zentral- und Osteuropas.

1991 wurden in größerem Umfang insbesondere und anläßlich seiner 25-Jahr-Feier das Mitteleuropa-Institut in Görz, die Österreich-Sektion der Sophia-Universität in Tokio und die Juridische Fakultät der Universität Laibach beteilt. Übersetzungen österreichischer Autoren sowie bedeutende Neuerscheinungen wurden durch größere Ankäufe gefördert. Im Rahmen der Buchaktion wurden den bedachten Institutionen auch kostenlose Abonnements österreichischer literarischer, historischer und politischer Zeitschriften zur Verfügung gestellt.

An den Buchspendeaktionen des Bundesministeriums für auswärtige Angelegenheiten beteiligen sich des öfteren auch die Kulturämter der Landesregierungen sowie andere offizielle und private Institutionen.

Österreich-Bibliotheken

Österreich-Bibliotheken gibt es vor allem an jenen Orten Zentral-, Ost- und Südosteuropas, an denen keine offiziellen österreichischen Vertretungen tätig sind. Die Bibliotheken sind je nach örtlichen Bedingungen und Möglichkeiten etwas unterschiedlich ausgestattet (zum Beispiel literarisch, wissenschaftlich, als Leihinstitution oder als Forschungsbibliothek). Sie werden im Rahmen bestehender öffentlicher Institutionen wie zum Beispiel in Universitäts- oder Stadtbibliotheken in eigenen Räumlichkeiten untergebracht und vom dortigen Personal betreut.

Zusätzlich werden Aus- beziehungsweise Weiterbildungsstipendien für die an diesen Bibliotheken tätigen Bibliothekare gewährt.

Bisher existieren solche Österreich-Bibliotheken, wie erwähnt in Marburg, Brünn, Preßburg, Krakau, Posen, Udine, Szeged und Sofia.

1991 liefen auch die umfangreichen Vorbereitungen zur Einrichtung zusätzlicher Österreich-Bibliotheken in Vilnius, Tallinn, Czernowitz, Kiew, Lemberg, Moskau, Debrecen, Szombathely, Breslau, Przemysl, Olmütz, Reichenberg, Znaim, Kosice, Bukarest und Temesvar. Sie sollen 1992 eröffnet werden.

Musikalische Veranstaltungen

Naturgemäß bildeten Veranstaltungen zum Gedenken des 200. Todestages von Wolfgang Amadeus Mozart den Schwerpunkt auch und vor allem im musikalischen Bereich. Auch ohne Zutun der Vertretungsbehörden fanden aus Anlaß des Mozartjahres weltweit unzählige Konzerte, Opernaufführungen, Vortragszyklen, Symposien und sonstige Feierlichkeiten (Einweihung von Büsten, Straßenbenennungen etc.) statt. Das Bundesministerium für auswärtige Angelegenheiten hat die zugänglichen Informationen über ausländische Veranstaltungen im Mozartjahr gesammelt und einer EDV-mäßigen Verarbeitung zugeführt.

Staatlicher Förderung bedarf demgegenüber die zeitgenössische österreichische Musik, deren internationale Präsenz ist daher besonders erfreulich. Erstmals nahm Österreich mit einem eigenen Informationsstand am „New Music Seminar“ in New York teil und präsentierte auch die Gruppen Novi Sad und Drahdiwaberl. Das „Ensemble for Viennese Music“ gab Konzerte mit Werken von Eisler, Schwertsik, Pircher, Duenser und Schreker.

Weiters sind mit Auslandsgastspielen anzuführen: Blue Chip Orchester, Rudi Berger Group (Spanien), Christian Muthspiel (USA, Schweiz), Nouvelle Cuisine Big Band, Wolfgang Puschnig (Frankreich, Belgien), Jazz-Trio Heimo Wiederhofer, Bluespumpn (CSFR), Vienna Art Orchester (Frankreich), Erich Kleinschuster Quartett (Indonesien), Karlheinz Miklin (USA, Großbritannien, Polen), Christine Jones (USA, Polen), Camorra, Mia Zabelka (Polen), Die Mollies (Japan), QuARTett (Jugoslawien).

Siehe Auflistung in Tabelle im Anhang.

Film und audiovisuelle Medien

Erneuerung der Filmbestände – Filmothek

Bei der Erweiterung der zentralen Leihfilmothek des Bundesministeriums für auswärtige Angelegenheiten sowie des Bestandes an Dauerleihgaben an österreichischen Vertretungsbehörden und Kulturinstituten im Ausland wurden im Jahr 1991 schwerpunktmäßig Filme angeschafft, die sich mit der Lebenssituation von Kindern und Jugendlichen in Österreich befassen; nicht weniger als 7 derartige Spielfilme aus der neuesten österreichischen Produktion wurden angekauft.

Darüber hinaus wurden vom ORF die restlichen drei Folgen der „Alpensaga" angekauft sowie die Trilogie Ruth Beckermanns, welche sich mit dem Schicksal der österreichischen Juden auseinandersetzt.

Auch Martin Arnolds weltweit preisgekrönter Experimentalfilm „Pièce Touchée" wurde in die Leihfilmothek aufgenommen.

Mit den 32 Kopien der 12 neuen Titel verfügt das Bundesministerium für auswärtige Angelegenheiten nunmehr über insgesamt etwa 2.000 Kopien beziehungsweise 371 Filmtitel im 16mm-Format. 1991 wurden 311 Filmkopien insgesamt 4.192 mal vor insgesamt 131.925 Zusehern vorgeführt.

Um diese Filme einem breiteren Publikum vorstellen zu können wurden etliche Kopien bereits mit fremdsprachiger Untertitelung angekauft. Auch wurden neun der schon im Jahr 1990 angekauften Burgtheaterverfilmungen mit spanischen Untertiteln versehen. Sie werden ab Frühjahr 1992 für den Einsatz zur Verfügung stehen.

Anfang 1991 wurde eine Ausstellung mit 40 Plakaten über die österreichischen Filme der letzten 10 Jahre zusammengestellt. Sie ist in verschiedenen Städten Brasiliens gezeigt worden. Zwei dieser Plakate kamen beim diesjährigen Filmplakate-Festival in Frankreich in die Endauswahl.

Filmfestivals

Durch die Vertretungen im Ausland sowie durch das Bundesministerium für auswärtige Angelegenheiten wurden im Jahr 1991 insgesamt 125 Einladungen aus 32 Staaten zur Beteiligung an Internationalen Filmfestivals registriert und an interessierte österreichische Stellen weitergeleitet. Durch die Unterstützung des Bundesministeriums für Unterricht und Kunst, der Austrian Film Commission, des ORF und der Filmwirtschaft ebenso wie die der Filmschaffenden konnte sich Österreich an nicht weniger als 68 Festivals in 26 Staaten der Welt beteiligen, welche mit insgesamt rund 180 Beiträgen beschickt wurden. Das ist eine gegenüber den Vorjahren recht beachtliche Steigerung. Sie mag möglicherweise auf ein erhöhtes internationales Interesse am neuen österreichischen Filmschaffen infolge der gestiegenen Qualität österreichischer Filme zurückzuführen sein. Dafür sprächen die etwa ein Dutzend Preise, welche – nach Kenntnis des Bundesministeriums für auswärtige Angelegenheiten – im Jahre 1991 an österreichische Festivalbeiträge verliehen wurden. So wie im Vorjahr ging auch 1991 der berühmte Max-Ophüls-Preis an einen österreichischen Film, und zwar an den Streifen „Nie im Leben" von Helmut Berger. Ebenfalls äußerst erfolgreich waren die Filme „Ferien mit Silvester" von Bernd Neuburger, „Himmel oder Hölle" von Wolfgang Murnberger sowie „Mirakel" von Leopold Huber.

Neben Spielfilmfestivals (unter welchen 1991 Kinderfilmfestivals einen besonderen Rang einnahmen) wurden auch Avantgarde-, Dokumentar-, Natur-, Touristik- und Wirtschaftsfilmfestivals beziehungsweise Festivals für den Wissenschaftlichen Film beschickt. Österreich stellte sich damit dem internationalen Wettbewerb praktisch auf der gesamten Bandbreite des filmischen Schaffens.

Filmwochen

Unter Mitwirkung des Bundesministeriums für Unterricht und Kunst sowie der Filmschaffenden, aber auch unter Verwendung der eigenen Bestände, konnten auf Initiative von österreichischen Vertretungsbehörden und Kulturinstituten im Ausland im Jahr 1991 insgesamt 12 Filmwochen organisiert werden, und zwar in Berlin und Potsdam, in Erfurt, Paris (im Rahmen des 3. Festival de Paris), Vilnius, Moskau, Bursa, Istanbul (Filmwoche des Wissenschaftlichen Films), Budapest und Szeged, Tokio und Kawasaki sowie in New York und an der amerikanischen Westküste.

Videobänder

Auf Grund des erhöhten Angebotes an Material konnte 1991 der zentrale Videoverleih weiter ausgebaut werden. Er umfaßt derzeit 124 Titel. 580 Videokassetten stehen für den Leihverkehr zur Verfügung. Einige von ihnen in mehreren Sprachversionen.

Ein neuer, erweiterter Katalog informiert die österreichischen Dienststellen im Ausland über die für den Verleih im Bundesministerium für auswärtige Angelegenheiten vorhandenen Bestände.

Gemeinsam mit dem ORF und dem Bundesministerium für Unterricht und Kunst hat das Bundesministerium für auswärtige Angelegenheiten 1991 mit dem Aufbau einer Mediathek für die neuen Demokratien Zentral- und Osteuropas begonnen. Die Videos sind für den Einsatz an Universitäten, Schulen und vergleichbaren Einrichtungen vorgesehen.

Wissenschaft

Wissenschaft und Forschung sind ihrer Natur nach grenzüberschreitend. Das ist besonders von kleineren Staaten wie Österreich zu beachten, deren wissenschaftliche Institutionen internationalen Standard nur durch Einbindung in regionale und weltweite Kooperationen erreichen und halten können. Die zunehmende Internationalisierung von Wissenschaft und Forschung hat in den letzten Jahren zum technischen Fortschritt, zu verstärktem Wettbewerb, zur wirtschaftlichen Entwicklung und damit zum allgemeinen Wohlstand beigetragen. Die österreichische Bundesregierung hat sich in ihrer Regierungserklärung daher das Ziel gesetzt, dem besonderen österreichischen Interesse Rechnung zu tragen und die Einbindung Österreichs in den Kreis der in Wissenschaft, Forschung und Technologie führenden Staaten Europas und der Welt weiter auszubauen und zu verstärken.

Zusätzliche Impulse erhielten Wissenschaft und Forschung durch die Beseitigung des Eisernen Vorhanges, die den Wissenschaftlern im Westen und Osten Europas die volle Freiheit zur Zusammenarbeit gebracht hat. Österreich kommt im Hinblick auf seine geographische Lage und seine traditionellen Verbindungen eine bedeutende Rolle bei der Erneuerung und dem Ausbau der Zusammenarbeit mit den zentral- und osteuropäischen Reformstaaten zu.

Zur Internationalisierung von Wissenschaft und Forschung leistet auch das Bundesministerium für auswärtige Angelegenheiten mit seinem weltweiten Netz österreichischer Vertretungen einen nicht unerheblichen Beitrag. Es unterstützt das Bundesministerium für Wissenschaft und Forschung und österreichische wissenschaftliche Institutionen bei der Herstellung und Pflege von Kontakten und beim Austausch von Informationen mit ausländischen Partnern. Die österreichischen Kulturinstitute, aber auch die österreichischen Botschaften betreuen im Rahmen ihrer Möglichkeiten die im Ausland tätigen österreichischen Wissenschaftler, Professoren, Lektoren und Studenten. In koordinierender Funktion ist das Bundesministerium für auswärtige Angelegenheiten unter anderem für den Abschluß von Kulturabkommen, von wissenschaftlich-technischen Abkommen sowie für die Vereinbarung laufender Durchführungsprotokolle verantwortlich. Im Rahmen des Kulturabkommens mit Ungarn wurde im Jahre 1990 als neues Instrument der wissenschaftlichen Zusammenarbeit die Aktion „Österreich-Ungarn-Wissenschafts- und Erziehungskooperation" ins Leben gerufen, über die zusätzliche finanzielle Mittel für bilateralen Professoren- und Studentenaustausch zur Verfügung gestellt werden. Die Vergabe erfolgt durch eine gemeinsam von Österreich und Ungarn bestellte Kommission.

Für die **„Hexagonale"** koordiniert das Bundesministerium für auswärtige Angelegenheiten die österreichische Mitarbeit in den Gruppen „Wissenschaft und Technologie" und „Kultur, Erziehung, Jugendaustausch".

Gemeinsam mit Italien, Jugoslawien, Ungarn, der CSFR und Polen konnten in diesen Arbeitsgruppen eine Reihe interessanter wissenschaftlich-technischer Projekte identifiziert und gemeinsam beschlossen werden.

Das Bundesministerium für auswärtige Angelegenheiten stellt seine Erfahrungen bei der Mitarbeit Österreichs in internationalen wissenschaftlichen Organisationen sowie bei den laufenden Bemühungen um eine umfassende Teilnahme Österreichs an der europäischen Forschungs- und Technologiegemeinschaft zur Verfügung. Näheres dazu wird im Kapitel „Forschungszusammenarbeit“ ausgeführt. Auf einige wesentliche Aktivitäten im bilateralen und multilateralen Bereich wird nachfolgend ausführlich eingegangen.

Universitätslehreraustausch

Bilaterale Kulturabkommen bestehen mit 21 Staaten: Ägypten, Belgien, Bulgarien, CSFR, Finnland, Frankreich, Guatemala, Großbritannien, Indonesien, Italien, Jugoslawien, Luxemburg, Mexiko, Norwegen, Polen, Portugal, Rumänien, Spanien, Tunesien, UdSSR und Ungarn. Absprachen und Arbeitsprogramme zur kulturellen Zusammenarbeit gibt es mit: Argentinien, Mongolei, Albanien, Dänemark und den Niederlanden. Mit den USA und der BRD ist der Austausch von Universitätsprofessoren vorgesehen. Zweck dieses Austausches ist die Abhaltung von Gastvorträgen an einer oder mehreren Universitäten des jeweiligen Gastlandes. Dafür steht pro Jahr eine bestimmte Anzahl von Tagen zur Verfügung, die unter beliebig vielen Professoren aufgeteilt werden kann, unter der Bedingung, daß kein Aufenthalt länger als 10 Tage dauert.

Insgesamt wurden im Jahr 1991 etwa jeweils 70 Einladungen an österreichische und ausländische Professoren ausgesprochen.

Gastbesuche ausländischer Wissenschafter

Anders als der Austausch von Universitätslehrern sind Gastbesuche ausländischer Wissenschafter nicht durch zwischenstaatliche Vereinbarungen geregelt und es muß hier auch nicht Gegenseitigkeit gegeben sein.

Einladungen zu solchen Besuchen werden von Österreich auf Anregung der zuständigen Vertretungsbehörden an Wissenschafter ausgesprochen, die sich durch ihre Tätigkeit besonders um Österreich verdient gemacht haben, sei es durch Unterstützung der österreichischen Auslandskulturpolitik, sei es durch Österreich-Schwerpunkte in ihrer wissenschaftlichen Arbeit. Zweck der Gastaufenthalte, die mindestens einen Monat und maximal sechs Wochen dauern, ist die Intensivierung der Kontakte mit österreichischen Wissenschaftern und Institutionen, eventuell auch die Abhaltung von Gastvorträgen. Die Aufwendungen dafür betrugen 1991 eine Million Schilling.

Forschungskooperation

Auf der Grundlage wissenschaftlich-technischer Vereinbarungen zur Durchführung von Forschungsprojekten findet ein Wissenschafter- bzw. Expertenaustausch mit Ägypten, Australien, Belgien, Bulgarien, Volksrepublik China, CSFR, BRD, Dänemark, Finnland, Frankreich, Irland, Italien, Japan, Jugoslawien, Kanada, Mexiko, Niederlande, Norwegen,

Polen, Portugal, Spanien, Thailand, Tunesien, Türkei, Ungarn und den USA statt. Für die Durchführung der wissenschaftlich-technischen Abkommen mit Frankreich, Italien, Spanien, Ungarn, Bulgarien und der Volksrepublik China standen im Jahr 1991 finanzielle Mittel für 128 Forschungsmonate und 680 Personentage zur Verfügung.

Universitätspartnerschaften

In 65 Partnerschaftsvereinbarungen haben sich österreichische und ausländische Universitäten zur gemeinsamen Forschung und Durchführung von Studenten- und Lehreraustausch zusammengeschlossen. Derartige Abkommen werden von den Rektoren abgeschlossen. Sie umfassen den gesamten Tätigkeitsbereich der Universitäten. Dazu kommt noch ein Mehrfaches an informellen Kooperationen. Zur Förderung dieser direkten universitären Zusammenarbeit wurden 1991 mit 4,8 Millionen Schilling fast doppelt soviele Mittel aufgewendet wie 1990 (2,8 Millionen).

Joint Study-Programme

Auf Fakultäts- bzw. Institutsebene werden Joint Study-Programme abgeschlossen: Die Unterzeichnung erfolgt durch den jeweiligen Dekan oder Institutsvorstand. Joint Study-Programme beinhalten den Austausch von Studenten (beispielsweise österreichische Anglisten nach England und englische Germanisten nach Österreich) und beziehen sich nur auf die Lehre, nicht auf die Forschung. Im Rahmen dieser Programme werden Auslandsstudien gegenseitig anerkannt. Für Joint Study-Programme wurden 1991 6,35 Millionen Schilling aufgewendet, das entspricht einer Verdoppelung gegenüber 1990.

Österreich-Lehrstühle im Ausland

Österreich-Lehrstühle, d.h. Lehrstühle der Rechts- oder Geisteswissenschaften, deren Schwerpunktgebiet Österreich ist, sind an folgenden Universitäten eingerichtet:

University of Minnesota/USA, Stanford University/USA, Leiden/Niederlande, Rennes/Frankreich. Zusätzlich gibt es an einer Reihe weiterer ausländischer Universitäten Lehrstühle für europäische Studien, an denen eine Spezialisierung auf Österreich möglich ist.

Österreichische Kommission für wissenschaftliche Zusammenarbeit 1992

Wie in anderen Ländern Europas und Lateinamerikas wurde auch in Österreich aus Anlaß der 500-Jahr-Feiern zur Entdeckung Amerikas eine Nationalkommission zur Intensivierung und Koordinierung der wissenschaftlichen Zusammenarbeit mit Spanien und Lateinamerika eingerichtet. Die Kommission steht unter dem Vorsitz von UProf. K. Komarek. Sie hat insgesamt 24 Projekte mit vorwiegend historischem Inhalt identifiziert. Diese werden Anfang 1992 der Öffentlichkeit präsentiert werden.

Projekt AUSTROMIR

Im Jahre 1988 haben Österreich und die UdSSR ein Abkommen über die Durchführung eines gemeinsamen österreichisch-sowjetischen Raumfluges unterzeichnet. Dieses Projekt, welches den Flug eines österreichischen Kosmonauten zur sowjetischen Raumstation MIR und die Durchführung gemeinsamer österreichisch-sowjetischer wissenschaftlicher Experimente vorsah, konnte nach dem Start der Rakete am 2. Oktober 1991 (in Baikonur/Kasachstan) planmäßig durchgeführt und am 10. Oktober 1991 erfolgreich abgeschlossen werden. Erster österreichischer Kosmonaut war Dipl.Ing. Franz Viehböck.

Wissenschaftliche Veranstaltungen

Wie bereits erwähnt, fanden aus Anlaß des 200. Todestages von Wolfgang Amadeus Mozart und des 200. Geburtstages von Franz Grillparzer zahlreiche wissenschaftliche Veranstaltungen statt, die großteils von lokalen Organisatoren wie Universitäten oder Kulturvereinigungen initiiert und von Vertretungsbehörden mitbetreut wurden (Vorschläge für Vortragende, Übernahme von Kosten, Begleitausstellungen). Von der Zentrale aus wurden Vortragsreisen von HProf. Manfred Wagner zu diversen Themen über Mozart angeboten und organisiert (Dänemark, Finnland, Kanada, Israel, Indonesien, Malaysia, Norwegen, Portugal, Türkei, Ungarn).

Hervorzuheben sind auch Vortragsreihen an argentinischen Universitäten, die sich auf österreichische Literatur und Architektur (zusätzlicher Schwerpunkt: Architektur und Kultur in Graz) konzentrierten. In den USA hingegen lag das Interesse der einladenden Universitäten großteils an Referaten über Geschichte und Politik, wobei der österreichische Standpunkt zu den aktuellen Ereignissen in Osteuropa besonders gefragt war.

An Universitäten von Schwellenländern oder Entwicklungsländern wird die Abhaltung von Seminaren zu ausgewählten Themen geschätzt und hat besonders in Ägypten und in der Türkei, aber auch in einigen lateinamerikanischen Ländern bereits Tradition. Häufig geht dabei die Initiative von ehemaligen Stipendiaten in Österreich aus, die inzwischen in ihrem Heimatland lehren und Vortragszyklen österreichischer Universitätslehrer vorschlagen.

Für eine ausgewählte Auflistung vgl. Tabelle im Anhang.

Bildung und Erziehung

Die von der österreichischen Bundesregierung geförderte Internationalisierung der österreichischen Wissenschaft und Forschung erfordert Begleitmaßnahmen auch im Bildungsbereich. Graduierten Akademikern, Studenten und Schülern muß die Möglichkeit zu Studienaufenthalten im Ausland geboten werden. Solche Auslandsaufenthalte dienen dem Erwerb von Erfahrungen und Kenntnissen, insbesondere der für die internationale Zusammenarbeit so wichtigen Sprachkenntnisse. Sie sind Teil des interkulturellen Lernens, das in hohem Ausmaß Voraussetzung für die Entwicklung eines europäischen und internationalen Bewußtseins und die Bereitschaft und Fähigkeit zur internationalen Kommunikation ist. Wie österreichische Wissenschaftler und Forscher sind auch graduierte Akademiker und Studenten für die Dauer ihrer Auslandsaufenthalte Repräsentanten Österreichs, die zum Bild Österreichs im Ausland, zur Darstellung seiner nationalen und kulturellen Identität beitragen.

Maßnahmen in diesem Bereich sind insbesondere die Entsendung österreichischer Lektoren und Sprachassistenten ins Ausland, die Abhaltung von Deutschkursen an österreichischen Kulturinstituten und die Einladung ausländischer Lektoren und Lehrer an österreichische Bildungseinrichtungen.

Auch in diesem Bereich lag der Schwerpunkt 1991 bei Maßnahmen zur Anbindung der zentral- und osteuropäischen Reformstaaten an das westliche Europa. Allein in Ungarn und der Tschechischen und Slowakischen Republik sind 85 österreichische Lektoren tätig. In Sonderstipendienprogrammen hat das Bundesministerium für Wissenschaft und Forschung für das Jahr 1991 für die Tschechische und Slowakische Republik, Ungarn, Polen, die Ukraine, Rumänien, Bulgarien und die Jugoslawischen Republiken Slowenien, Kroatien und Serbien 27,5 Millionen Schilling zur Verfügung gestellt.

Lektorenaustausch

Junge österreichische Akademiker, meist Germanisten, werden zum Unterricht der deutschen Sprache, österreichischen Literatur und Landeskunde an ausländische Universitäten und Hochschulen entsandt. Der Auslandsaufenthalt soll auch ihrer weiteren Fortbildung dienen. Zusätzlich zu dem Gehalt, das sie von der jeweiligen ausländischen Institution erhalten, gewährt ihnen das Bundesministerium für Wissenschaft und Forschung einen finanziellen Zuschuß, für den im Budget 1991 ein Gesamtaufwand von 34 Millionen Schilling vorgesehen war.

Im Jahr 1991 unterrichteten 170 österreichische Lektoren an Universitäten und Hochschulen in insgesamt 15 Ländern (Ungarn, CSFR, Polen, UdSSR, Jugoslawien, Großbritannien, Frankreich, Irland, Italien, Japan, Mexiko,

Portugal, Spanien, China und Bulgarien). Insgesamt 55 Lektoren aus Großbritannien, Italien, Frankreich, Spanien, Mexiko, Japan, UdSSR, Polen, CSFR, Jugoslawien, Ägypten und Rumänien sind zum Unterricht der Sprache und Kultur ihres Landes an österreichischen Hochschulen und Universitäten tätig.

Stipendienaustauschprogramme

Mit Albanien, Ägypten, Belgien, Bulgarien, BRD, CSFR, VR China, Dänemark, Finnland, Frankreich, Irland, Italien, Japan, Jugoslawien, Kanada, Kolumbien, Luxemburg, Mexiko, Niederlande, Norwegen, Polen, Portugal, Schweden, Spanien, Schweiz, Thailand, Tunesien, Türkei, Ungarn, UdSSR, USA bestehen auf der Basis von Kulturabkommen oder sonstigen zwischenstaatlichen Vereinbarungen Stipendienaustauschprogramme. 1990/91 standen im Rahmen solcher Programme für österreichische Stipendiaten ca. 1.700 Stipendienmonate bzw. Budgetmittel in der Höhe von 13,2 Millionen Schilling zur Verfügung.

Die österreichische Fulbright-Kommission vergab für das Studienjahr 1990/91 61 Stipendien für Forschungs- und Studienaufenthalte in den Vereinigten Staaten. 37 amerikanische Staatsangehörige weilten als Stipendiaten in Österreich, davon vier Wissenschaftler im Rahmen des „Intercountry Exchange Programme".

Einseitige österreichische Stipendienaktionen

Das Bundesministerium für Wissenschaft und Forschung finanziert u. a. die folgenden einseitigen Stipendienaktionen für ausländische Bewerber:

- Stipendienaktion „Bewerber aus aller Welt" (256 Stipendienmonate zuzüglich 81 Stipendienmonate in Form von Studienkostenzuschüssen)
- Stipendien für Auslandsösterreicher in Abschlußsemestern (9 Stipendienmonate)
- Stipendien für ausländische Studierende an österreichischen Hochschulen künstlerischer Richtung (780 Stipendienmonate)
- Einmonatige Sommerstipendien für Kandidaten der österreichischen Kulturinstitute und Vertretungsbehörden zum Besuch von Sommersprachkursen, Archiv- und Bibliotheksstudien (63 Stipendienmonate)
- Sonderstipendienprogramme für Osteuropa zur Förderung der wissenschaftlichen Zusammenarbeit mit den zentral- und osteuropäischen Reformstaaten. Im Jahre 1991 wurden 493 Personen Jahresstipendien zuerkannt. 490 einmonatige Sommerstipendien wurden in erster Linie zum Besuch von Deutschkursen in Österreich vergeben. Insgesamt wurden im Berichtsjahr für diese Programme vom Bundesministerium für Wissenschaft und Forschung 27,5 Millionen Schilling aufgewendet.

Sprachassistenten

Im Jahr 1991 wurden 195 junge Lehrer vom Bundesministerium für Unterricht und Kunst zur Förderung des Deutschunterrichtes in folgende Länder entsandt: Frankreich (70), Großbritannien (105), Irland (2), Italien (10), Spanien (3), Sowjetunion (5).

342 ausländische Sprachassistenten unterrichteten an österreichischen Schulen, davon 137 aus Großbritannien, 2 aus Irland, 78 aus den USA, 107 aus Frankreich, 11 aus Italien, 3 aus Spanien und 3 aus der Sowjetunion.

Österreichische Subventionslehrer

An den österreichischen Auslandsschulen (St. Georgs-Kolleg Istanbul, Österreichische Schule Guatemala, Österreichische Schule Budapest, Österreichische Schule Prag) sowie an einzelnen Deutschen und Internationalen Schulen im Ausland unterrichteten im Jahr 1991 insgesamt 106 österreichische Subventionslehrer. Sie sind im jeweiligen Empfangsstaat angestellt, die Differenz zwischen ihren tatsächlichen und ihren fiktiven österreichischen Gehältern wird durch Subventionen des Bundesministeriums für Unterricht und Kunst ausgeglichen.

Das im Jahr 1882 gegründete **St. Georgs-Kolleg** in Istanbul zählt zu den besten Höheren Schulen der Türkei. Die Schule wird von 1015 Schülern, und zwar fast ausschließlich von Türken, besucht. 47 österreichische Subventionslehrer unterrichten an dieser Schule, die von den Barmherzigen Schwestern des Hl. Vinzenz von Paul und den Lazaristen geführt wird. Einige Schüler aus sozial benachteiligten Schichten erhalten Freiplätze.

Die Österreichische Schule in **Guatemala** (Instituto Austriaco-Guatemalteco), die vor etwa 30 Jahren gegründet wurde, zählt ebenfalls zu den besten Schulen des Landes. 50 Lehrer, von denen 25 österreichische Subventionslehrer sind, unterrichten ca. 1300 Schüler. An Kinder aus finanziell schlechter gestellten Familien werden Stipendien vergeben. Zusätzlich zu ihren Unterrichtsverpflichtungen engagieren sich die Lehrer in Entwicklungshilfeprojekten.

Im Jahre 1990 wurde die Österreichische Schule **Budapest** gegründet. Dabei handelt es sich um ein Oberstufenrealgymnasium mit vier Klassen und einer Vorbereitungsklasse, die von Schülern besucht wird, deren Deutschkenntnisse noch keinen direkten Einstieg in die Oberstufe ermöglichen. Die ungarische Seite stellt die Räumlichkeiten zur Verfügung, die übrigen Kosten trägt das Bundesministerium für Unterricht und Kunst.

Die jüngste Schulgründung Österreichs im Ausland, die Österreichische **Schule Prag**, an der acht österreichische Lehrer unterrichten, hat zu Beginn des Schuljahres 1991 ihre Pforten geöffnet. Auch hier wurde das Konzept eines vierklassigen Oberstufenrealgymnasiums mit Vorbereitungsklasse verwirklicht. Die tschechische Seite stellt die Räumlichkeiten zur Verfügung, die übrigen Kosten trägt das Bundesministerium für Unterricht und Kunst.

Zusätzlich zu den Subventionslehrern unterrichten 21 weitere Lehrer (davon 13 beim Bundesministerium für Unterricht und Kunst und acht bei Landesschulbehörden angestellt) an zweisprachigen Gymnasien in Ungarn und der CSFR. Sie erhalten für die Dauer ihrer Auslandstätigkeit Sonderurlaub und werden von Österreich bezahlt.

26 Lehrer, die in österreichischen **Schulen in Grenznähe** unterrichten, sind unter Entfall einer halben Lehrverpflichtung in Österreich in grenznahen ungarischen und tschechoslowakischen Schulen tätig.

Deutschkurse an Österreichischen Kulturinstituten

Die Kulturinstitute in Paris, Rom und Teheran sowie das Generalkonsulat in Krakau konnten 1991 ihr Kursangebot erweitern und die Hörerzahlen steigern. Größtes Augenmerk wird bei allen Kursen der Kulturinstitute auf die Qualität des Angebotes und des Unterrichtes gelegt. Für das Jahr 1991 ergibt sich damit folgendes Bild:

KI Warschau	1350 Teilnehmer; 22 Lehrer (davon zwei Österreicher) vermitteln in 264 Wochenstunden ein umfangreiches Unterrichtsprogramm. Grund- und Intensivkurse für Anfänger, Konversations- und Spezialkurse mit landeskundlichen, kulturellen und aktuellen Themenkreisen sowie Spezialkurse für Wirtschaftsdeutsch und Deutsch für Hotel und Tourismus.
KI Teheran	568 Sprachstudenten im Sommersemester und 584 im Wintersemester werden von zwölf Lehrern (einer mit iranisch-österreichischer Staatsbürgerschaft) in insgesamt 65 Kursen auf internationale Standardtests vorbereitet.
KI Rom	236 Teilnehmer im Sommersemester bzw. 247 im Wintersemester werden von fünf Lehrern österreichischer Staatsbürgerschaft in 50 Wochenstunden unterrichtet. Es werden Kurse in vier Leistungsgruppen und eigene Kurse für Jugendliche angeboten.
KI Paris	444 Teilnehmer; acht Lehrkräfte unterrichten 70 Wochenstunden in 38 Kursen auf fünf Niveaus sowie Spezialkurse.
KI Budapest	443 Teilnehmer; 21 Lehrkräfte (davon zwölf Österreicher) unterrichten wöchentlich 66 Stunden und halten Kinder- und Erwachsenenkurse sowie Intensiv- und Spezialkurse (für Geschichtsstudenten).
GK Krakau	250 Teilnehmer; 14 Lektoren (davon ein Österreicher) bieten in 16 Kursen neben allgemeinen Sprachkursen für Anfänger und Fortgeschrittene auch Perfektionskurse sowie Fachkurse für Wirtschaftsdeutsch und Kinderkurse an.

ÖB Prag	36 Teilnehmer an einem dreiwöchigen Deutsch-Intensivkurs für Kulturschaffende im Juli 1991 mit drei Lektoren; 24 Teilnehmer an zwei Blockseminaren für die gleiche Zielgruppe mit zwei Lektoren im Dezember 1991.

Schulbuchvergleiche

Für die Neuherausgabe von Schulbüchern auf den Gebieten von Geschichte und Geographie sehen einige Kulturabkommen bilaterale Schulbuchvergleiche durch Expertengruppen vor. De facto finden diese Vergleiche aber vor allem mit den Reformstaaten Zentral- und Osteuropas statt und sind zum Großteil auch schon abgeschlossen. Zweck des Schulbuchvergleiches ist es, die Präsentation des eigenen Staates in den Schulbüchern des jeweils anderen zu überprüfen und, wenn nötig, zu korrigieren, um so zum Abbau von Vorurteilen und Feindbildern beizutragen.

Im Oktober 1991 wurde der Schulbuchvergleich mit Polen abgeschlossen.

Förderung des Deutschunterrichtes

Ein wichtiger Faktor bei der Förderung des Deutschunterrichtes im Ausland ist die Aus- und Weiterbildung von Deutschlehrern. Hiefür werden alljährlich vom Bundesministerium für Unterricht und Kunst Deutschlehrerseminare veranstaltet, die teilweise in Österreich, aber auch direkt in den einzelnen Ländern stattfinden. 1991 wurden 20 solche Seminare abgehalten, 10 davon mit Teilnehmern aus den Reformstaaten Mittel- und Osteuropas, insgesamt betrug die Teilnehmerzahl etwa 700.

Die Universität Klagenfurt (Institut für Germanistik) und die Universität in Eskesehir in der Türkei haben im Juni 1989 einen Kooperationsvertrag über **Fernsehunterricht** in Deutsch unterzeichnet. Die Fernsehserie „Zeit für Deutsch" wird seit Dezember 1989 ausgestrahlt. Finanziell unterstützt wurde der Deutschunterricht in Brasilien, in den altösterreichischen Siedlungen „Dorf Tirol", „Dreizehnlinden" und „Entre Rios" sowie in Peru in der alt-österreichischen Siedlung Pozuzo.

Als Pilotprojekt wurde 1991 ein Österreich-Institut an der Universität von Skövde/Schweden gegründet, an dem ein österreichischer Lektor beschäftigt ist und das eine intensive Lehrerfortbildung betreibt.

Jugend

Das Bundesministerium für auswärtige Angelegenheiten ist im Rahmen seiner Möglichkeiten und im Zusammenwirken mit den zuständigen österreichischen Stellen (Bundesministerium für Unterricht und Kunst, Bundesministerium für Umwelt, Jugend und Familie, Landesjugendreferate, Bundesjugendring) bemüht, die Teilnahme österreichischer Jugendlicher an internationalen Jugendprogrammen und Austauschaktivitäten zu unterstützen. Einen Schwerpunkt bildeten auch im Jahre 1991 Programme mit zentral- und osteuropäischen Reformstaaten.

Grundlage für die Jugendkontakte und den aus öffentlichen Mitteln geförderten Jugendaustausch sind vielfach bilaterale Vereinbarungen über Jugendaustausch, die entweder als eigene Programme oder im Rahmen von Kulturabkommen und -übereinkommen abgeschlossen wurden. Gesonderte Vereinbarungen über Jugendaustausch bestehen mit Ungarn, Italien, Frankreich, Ägypten, Israel, Jordanien, der CSFR und Portugal. Vom Bundesministerium für auswärtige Angelegenheiten wurden im Jahr 1991 312.000,– Schilling zur Förderung internationaler Jugendkontakte und für Jugendaustauschprojekte zur Verfügung gestellt. Multilaterale Maßnahmen zur Förderung der Jugendmobilität in Europa sind aus österreichischer Sicht besonders zukunftsrelevant. Die Mitgliedschaft des Österreichischen Bundesjugendringes im **europäischen Dachverband der nationalen Jugendkomitees (CENYC)** ermöglicht österreichischen Jugendlichen die Teilnahme an europäischen Jugendprogrammen. Österreichische Jugendliche sind dadurch auch an den Entscheidungen über die Jugend-Programme des Europarates (Europäisches Jugendzentrum, Europäisches Jugendwerk) beteiligt. Im Jänner 1991 fand in Wien eine Jugendkonferenz der Nationalen Jugendkomitees statt, welche sich mit der Zusammenarbeit der Jugend in West- und Osteuropa befaßte.

Der Österreichische **Bundesjugendring** pflegt regelmäßige Kontakte zu den Jugendkomitees der Nachbarländer Österreichs und arbeitet mit Beobachterstatus im Jugendforum der Europäischen Gemeinschaften mit. Bilaterale Projekte wurden vom Österreichischen Bundesjugendring im Jahr 1991 mit Bulgarien, der CSFR, Jugoslawien, Ungarn, Portugal, Sowjetunion durchgeführt. Der Österreichische Bundesjugendring veranstaltete im abgelaufenen Jahr Seminare zur Förderung der Entwicklung neuer Jugendstrukturen in den zentral- und osteuropäischen Reformstaaten. Im Rahmen der „Hexagonale“ fand vom 29. September bis 4. Oktober 1991 auf Burg Schlaining im Burgenland eine gemeinsame Jugendveranstaltung (Österreichs, Italiens, Ungarns, der CSFR, Polens und Jugoslawiens) zum Thema Jugendaustausch statt. Bei diesem Treffen wurde die Schaffung eines **Hexagonale-Jugendforums** vorgeschlagen.

Sport

Eine einheitliche Linie in den sportlichen Auslandsbeziehungen ist außenpolitisch sehr wünschenswert. Diese kann aber nicht über staatliche Vorgaben bzw. Reglements gefunden werden; Das wäre mit dem Prinzip der Unabhängigkeit des Sports unvereinbar. Daher hat das Bundesministerium für auswärtige Angelegenheiten gerade in dieser Hinsicht eine wichtige, aber bloß unterstützende und beratende Funktion. Das Ministerium ist in der **Paritätischen Kommission für sportliche Auslandsbeziehungen** vertreten und nimmt in diesem Gremium die vorhin angesprochene Funktion wahr. Dem selben Ziel dienen die Kontakte zur Bundessportorganisation, dem Dachverband der österreichischen Sportverbände, die Kontakte zu den einzelnen Sportverbänden und -organisationen sowie dem Österreichischen Olympischen Comité und dem österreichischen Behindertenverband.

Österreichische Teams und Sportler, die an Sportveranstaltungen im Ausland teilnehmen, aber auch ausländische Teams und Sportler, die zu Sportereignissen nach Österreich kommen, werden – soferne Hilfestellung erbeten – entweder durch das Bundesministerium für auswärtige Angelegenheiten direkt oder durch die österreichischen Vertretungsbehörden im Ausland beratend bzw. durch technische Hilfestellung unterstützt.

Das Bundesministerium für auswärtige Angelegenheiten und die zuständigen österr. Vertretungsbehörden im Ausland arbeiten auch weiterhin ideell und logistisch mit dem ÖOC bei dessen Vorbereitungen für die Olympischen Winterspiele 1992 in Albertville (Frankreich) und die Olympischen Sommerspiele 1992 in Barcelona (Spanien) zusammen.

Das Bundesministerium für auswärtige Angelegenheiten förderte auch 1991 wieder die Abhaltung internationaler Sportereignisse im Inland, indem insgesamt 88 Ehrenpreise gespendet wurden. Bundesminister Alois Mock hatte außerdem für eine Anzahl sportlicher Großveranstaltungen mit internationalem Charakter den Ehrenschutz übernommen.

Die im Mai 1990 von Außenminister Mock in Straßburg unterzeichnete **Europäische Konvention gegen Doping im Sport** wurde im Jahre 1991 durch das Parlament in Wien ratifiziert. Der Beschluß der Bundesregierung, mit dem die bis dahin bestehenden Sanktionen im sportlichem Bereich gegen Südafrika aufgehoben wurden, ist von der für Sportfragen zuständigen Abteilung des Bundesministeriums für auswärtige Angelegenheiten vorbereitet worden. Im November 1991 fand die erste Kontaktsitzung zur Erarbeitung der (inner)österreichsichen Position zur Frage **Sport und europäische Integration** statt.

Sowohl das Bundesministerium für auswärtige Angelegenheiten als auch die österreichischen diplomatischen Vertretungsbehörden im Ausland leisteten bei der Planung und Durchführung österreichischer **Expeditionen** im Ausland Hilfestellung.

Kulturelle Förderungen

Das in den Jahren bis 1990 nur in begrenztem Umfang bestehende kulturelle Subventionsbudget des Bundesministeriums für auswärtige

Angelegenheiten war vorwiegend auf Unterstützungsprojekte wie Jugendaustausch, Österreichaktivitäten ausländischer Freundschaftsgesellschaften, z. B. der Anglo-Austrian Society in London, Projekte kirchennaher Institutionen und politischer bzw. kulturpolitischer Diskussionsforen ausgerichtet. 1991 konnte dieses Budget beachtlich erweitert werden. (Vgl. im Anhang eine grafische Darstellung der Entwicklung des kulturellen Förderungsansatzes des Bundesministeriums für auswärtige Angelegenheiten in den letzten Jahren). Maßgeblich dafür war vor allem die Förderung von Austauschprogrammen für soziales und interkulturelles Lernen insbesondere mit Ungarn und der CSFR. So wurde z. B. ein Beitrag für „Workcamps" geleistet, deren Ziel es war, Vorurteile und Feindbilder abzubauen und eine interaktive Auseinandersetzung mit den sozialen und politischen Fragen in Zentraleuropa zu begründen.

Die Sonderförderungen ermöglichten es, die kulturellen Auslandsförderungen breiter zu streuen und hiebei auch innovativer aufzutreten. Das großangelegte Ausstellungsprojekt „Verteidigung des Reiches, Schätze aus dem Landesmuseum Joanneum Graz" steht in diesem Zusammenhang. Ziel der Ausstellung ist es, die Steiermark in ihrer kulturellen und sozialen Entwicklung, Kunst und Geschichte in einigen wichtigen Städten der USA vorzustellen.

Multilaterale Zusammenarbeit

UNESCO (Organisation der Vereinten Nationen für Erziehung, Wissenschaft und Kultur)

Das wichtigste Ereignis dieser Organisation war deren 26. Generalkonferenz in Paris vom 15. Oktober bis 7. November, die unter dem Einfluß der internationalen Entspannung konfliktfrei verlaufen ist. Ihre Beschlüsse zielen auf eine Straffung der Programme für 1992/93, auf ein realistisches Budget (Verringerung um 2,6 Prozent auf 444,7 Millionen US Dollar, insbesondere durch Posteneinsparungen in der Verwaltung) und auf Reformmaßnahmen, welche die Effizienz der UNESCO-Tätigkeit erhöhen sollen.

Durch eine Statutenänderung, die ab Ende 1993 wirksam werden soll, wird die Verantwortung aber auch der Einfluß der Mitgliedsstaaten auf den Exekutivrat gestärkt, da von da an Staatenvertreter und nicht mehr unabhängige Persönlichkeiten in den Rat entsandt werden sollen. Eine Finanz- und Administrativkommission sowie ein „Intellektuelles Forum", bestehend aus 18 weltweit anerkannten Persönlichkeiten soll Entscheidungshilfen für Verwaltungsmaßnahmen wie für Programminhalte bieten. Als prioritär wurden die Bereiche Frauenbildung, Kommunikation (nach dem Fall der umstrittenen „Weltkommunikationsordnung" bei der 25. Generalkonferenz, 1989) und der Denkmalschutz eingestuft.

Letzterer fand angesichts der Kriegsereignisse in Jugoslawien besondere Beachtung. Aufgrund österreichischer Initiativen bei der Generalkonferenz wie im Umfeld der vorhergehenden Sitzung des Exekutivrates wurde diese Thematik eingehend erörtert. Es kam zur Verabschiedung einer Resolution, die darauf abzielt, die Handlungsfähigkeit der UNESCO zum Schutz des Weltkultur- und Naturerbes zu verstärken.

Es gab wiederholt Appelle von Staatsmännern, die zur Generalkonferenz gekommen waren, an die ausgetretenen Staaten USA, Großbritannien und Singapur, angesichts der veränderten Weltlage und der durchgeführten Reformen innerhalb der UNESCO und aus Verantwortung für die gemeinsame Sache wiederum in die Organisation zurückzukehren.

Die österreichische Delegation bei der Generalkonferenz war aus Mitgliedern des Bundesministeriums für auswärtige Angelegenheiten, des Bundesministeriums für Unterricht und Kunst, des Bundesministeriums für Wissenschaft und Forschung und der Österreichischen UNESCO-Kommission zusammengesetzt, wobei Österreich auch den Vizepräsidenten der Programm-Kommission IV (Kultur und Kommunikation) gestellt hat.

Das österreichische Statement vor dem Plenum enthält die Aufforderung, aus der veränderten Weltlage den Schluß zu ziehen, daß die Bemühungen um eine friedliche Regelung von Konflikten verstärkt werden müssen. Dabei könnte den NGO's (den regierungsunabhängigen Organisationen) und den UNESCO-Nationalkommissionen eine größere Rolle zukommen. Weiters wurden die österreichischen Leistungen und Beiträge für die UNESCO dargestellt. Diese bestehen insbesonders im Rahmen des „Blue Danube-Programms", der Kooperation mit Entwicklungsländern und im Bereich der Informatik. (Namens Österreichs hat das INFOTERM-Wien bei der 26. Generalkonferenz ein von ihm ausgearbeitetes Software-Paket für Terminologie im Wert von 250.000,– US-Dollar übergeben.)

Österreich hat im Mai 1991 seine Vertretung bei der UNESCO durch Entsendung eines Konzeptsbeamten und die Aufnahme einer Sekretärin wieder aktiviert und verstärkt damit seine Zusammenarbeit mit der Organisation.

Österreichs Mitgliedsbeitrag betrug im abgelaufenen Jahr 691.748,– US-Dollar und 7.374.049,– Französische Francs.

Weiters hat Österreich einen freiwilligen Beitrag zur Förderung der Kenntnis der Menschenrechte in Höhe von 9.000,– US-Dollar geleistet. Für das ICOMOS (International Council of Monuments and Sites)-Dokumentationszentrum in Paris wurde seitens des Bundesministeriums für Wissenschaft und Forschung 1991 ein Beitrag von 37.904,– Französische Francs geleistet; und ein Beitrag von 3.555,– US-Dollar für die Konvention zum Schutz des Weltkultur- und Naturerbes, dem Österreich aus technischen Gründen noch nicht beigetreten ist.

Weiters wurden für drei Teilnehmer aus Entwicklungsländern an einem Ausbildungskurs des Internationalen Institutes für Bildungsplanung der UNESCO in Paris (IIEP) österreichischerseits 390.000,– Französische Francs als Stipendium bereitgestellt und die 54 Teilnehmer dieses Kurses bei einem einwöchigen Wien-Aufenthalt im April 1991 mit österreichischen Bildungseinrichtungen vertraut gemacht.

Außer an den Frühjahrs- und Herbsttagungen des Exekutivrates und an der 26. Generalkonferenz haben 1991 österreichische Experten an folgenden UNESCO-Tagungen in Paris teilgenommen:

- 18. Tagung des wissenschaftlichen Komitees für das Internationale geologische Korrelationsprogramm (IGCP), 28. Jänner bis 1. Februar 1991.
- 9. Tagung des zwischenstaatlichen Urheberrechtskomitees, 17. bis 21. Juni 1991

in Budapest:

- Internationales Expertentreffen über die Beziehungen zwischen Volksrechten, Selbstbestimmung und kultureller Identität, 25.–29. September 1991

Die Österreichische UNESCO-Kommission hielt am 8. November 1991 ihre alljährliche Vollversammlung ab.

Internationales Institut für Angewandte Systemanalyse (IIASA-International Institute for Applied Systems Analysis)

Die Aufgabe des im Oktober 1972 gegründeten und seit 1973 in Laxenburg bei Wien angesiedelten Instituts ist eine zweifache: Einerseits sollen Wissenschafter verschiedener Nationalitäten und verschiedener Disziplinen gemeinsame Forschungsprogramme durchführen und in einer breiten internationalen wissenschaftlichen Kooperation konkrete Lösungen zu Fragen internationaler Bedeutung erarbeiten; andererseits soll die Forschungstätigkeit des Instituts die Entwicklung der Systemanalyse, ihrer Methodik sowie ihres Einsatzes als Entscheidungshilfe bei der Bewältigung komplexer Probleme fördern. Die Forschungsthemen des IIASA konzentrieren sich auf Fragen wie Umweltschutz, Energieversorgung und Bevölkerungswachstum und ihre globalen Auswirkungen. Österreich ist an diesen Arbeiten aktiv beteiligt, Vorsitzender der österreichischen IIASA-Kommission ist o. Prof. Dr. Kurt L. Komarek.

Im IIASA sind Staaten nicht direkt, sondern durch wissenschaftliche Institute – wie z.B. die Österreichische Akademie der Wissenschaften – vertreten. Derzeit gehören dem IIASA nationale Mitgliedsorganisationen aus 15 Staaten (USA, UdSSR, Bundesrepublik Deutschland, Bulgarien, Frankreich, Italien, Japan, Kanada, Polen, CSFR, Ungarn, Finnland, Niederlande, Schweden und Österreich) an. Großbritannien konnte nach seinem 1983 erfolgten Austritt bisher nicht wieder zur Mitarbeit gewonnen werden. Von amerikanischer Seite werden erstmals seit 1988 wieder offizielle Mittel zur Verfügung gestellt.

Mit der Volksrepublik China besteht nach wie vor eine ad-hoc-Zusammenarbeit in gewissen Bereichen auf der Basis eines Memorandum of Understanding.

Der österreichische Beitrag zum IIASA beträgt 6,6 Millionen Schilling.

Europäische Forschungszusammenarbeit

COST

Die „Europäische Zusammenarbeit auf dem Gebiet der wissenschaftlichen und technischen Forschung" (Coopération européenne dans le domaine de la Recherche Scientifique et Technique-COST) wurde 1971 in Brüssel durch eine Konferenz der Forschungs- und Technologieminister ins Leben gerufen. Zu den 23 Mitgliedstaaten von COST gehören derzeit alle EG- und EFTA-Staaten sowie die CSFR, Ungarn, Polen, die Türkei und Jugoslawien. COST ist keine internationale Organisation im völkerrechtlichen Sinne, sondern eine Vereinigung mit definiertem Ziel, festgeschriebenen Rechten und Pflichten. Die Zusammenarbeit im COST-Rahmen vollzieht sich in gemeinsamen Aktionen nach dem Grundsatz der koordinierten Arbeitsteilung und des gegenseitigen Austausches der Ergebnisse. Die meisten COST-Aktionen dienen der Förderung der anwendungsnahen wissenschaftlichen und technischen Forschung und sind damit im Bereich zwischen der Grundlagenforschung und der technischen Entwicklung neuer Produkte angesiedelt.

Derzeit laufen 51 COST-Aktionen. An 16 ist Österreich beteiligt. Diese Teilnahme erstreckt sich auf die Mitarbeit im Bereich der Werkstoffkunde (fünf Aktionen), des Fernmeldewesens (vier Aktionen), der Meteorologie (zwei Aktionen), der Landwirtschaft (zwei Aktionen), des Verkehrs (eine Aktion), der Umwelt (eine Aktion) und der medizinischen Forschung (eine Aktion).

Am 21. November 1991 hat auf Einladung Österreichs eine COST-Ministerkonferenz in Wien stattgefunden. Bei dieser Konferenz wurde aus Anlaß des 20. Jahrestages der COST-Gründung die formelle Aufnahme von neuen Mitgliedstaaten (Ungarn, Polen, CSFR sowie Island) beschlossen.

Europäische Organisation für Kernforschung (Conseil Européen pour la Recherche Nucléaire – CERN)

Ziel des CERN ist die Zusammenarbeit europäischer Staaten auf dem Gebiet der wissenschaftlichen Kernforschung. Mitglieder sind 16 europäische Länder und zwar: Belgien, Bundesrepublik Deutschland, Dänemark,

Finnland, Frankreich, Griechenland, Großbritannien, Italien, Niederlande, Norwegen, Österreich, Polen, Portugal, Schweden, die Schweiz und Spanien. Österreich ist seit 1959 Mitglied.

Durch den Bau von Protonenbeschleunigern ist es CERN gelungen, sich zu einem Zentrum in der internationalen Zusammenarbeit auf dem Gebiet der Hochenergiephysik zu entwickeln. Die seit der erfolgreichen Fertigstellung des weltweit stärksten Teilchenbeschleunigers LEP (Large Electron Positron Collider) im Jahre 1989 durchgeführten Experimente haben wertvolle neue Einsichten geliefert. Von den rund 3.300 CERN-Mitarbeitern stammen etwa 50 aus Österreich. Dazu kommen mehrere „fellows“ (in der Regel jüngere Physiker, die vorübergehend als CERN-Stipendiaten tätig sind) und rund 40 regelmäßige wissenschaftliche „Benützer“, die von ihren österreichischen Heimatinstituten entsendet und bezahlt werden.

Zum CERN-Gesamtbudget von 890.922.800 Schweizer Franken hat Österreich in Jahr 1991 einen Beitrag von 19.728.400 Schweizer Franken (2,23 Prozent des Gesamtbeitrages) geleistet. Um die Förderung des Rückflusses nach Österreich sind die Österreichische Vertretung beim Büro der Vereinten Nationen in Genf sowie die Bundeskammer der gewerblichen Wirtschaft, die durch einen Berater in der österreichischen Delegation zum CERN-Finanzkomitee vertreten ist, bemüht.

Europäische Weltraumorganisation (European Space Agency – ESA)

Der ESA, deren Ziel die Förderung der Zusammenarbeit zwischen europäischen Staaten auf dem Gebiet der Weltraumforschung zu friedlichen Zwecken ist, gehören 13 Länder an: Belgien, Bundesrepublik Deutschland, Dänemark, Frankreich, Großbritannien, Irland, Italien, Niederlande, Norwegen, Österreich, Schweden, die Schweiz und Spanien. Österreich ist seit 1. Jänner 1987 Mitglied. Finnland ist assoziiertes Mitglied; mit Kanada besteht ein Kooperationsabkommen.

Der österreichische Pflichtbeitrag zum Allgemeinen Haushalt und zum Wissenschaftsprogramm der ESA betrug 1991 ca. 128.320.850,– Schilling; die Beitragsleistungen für Wahlprogramme auf der Basis gesonderter Abkommen erreichten im Berichtsjahr 1991 rund 162.382.753,– Schilling. Aufgrund des garantierten finanziellen Rückflusses erhält Österreich einen Großteil seiner Beitragsleistungen in Form von Aufträgen an die Industrie und Forschungsinstitute zurück.

Im Rahmen des langfristigen europäischen Weltraumplans bis zum Jahr 2000, der 1987 in Den Haag verabschiedet wurde, beteiligt sich Österreich an den großen Entwicklungsprogrammen ARIANE 5 und HERMES. Mit ARIANE 5 soll eine neue Generation europäischer Trägerraketen entwikkelt werden. Sie soll Europa sowohl eine unabhängige Kapazität für den Transport seiner eigenen Satelliten, wie auch einen bedeutenden Anteil am

Weltmarkt für Satellitenstarts sichern. Der Bau einer eigenen europäischen Weltraumfähre HERMES ist als Teil der Gesamtanstrengungen der ESA zur Erzielung einer europäischen Eigenständigkeit in allen Bereichen der Raumfahrt anzusehen.

Aufgrund eines Beschlusses der Bundesregierung vom 9. April 1991 beteiligt sich Österreich am POEM-1 Programm (Erdbeobachtungsmission unter Verwendung einer polaren Plattform), das die mit den Fernerkundungsatelliten ERS-1 und ERS-2 begonnenen Arbeiten auf dem Gebiet der Erdbeobachtung und Umweltüberwachung weiterführen soll. Dadurch soll dem Bedarf meteorologischer Dienste sowie der Wissenschaft und Industrie nach einer langfristigen Datenkontinuität Rechnung getragen werden.

Gleichfalls genehmigt wurde von der Bundesregierung am 9. April 1991 die Teilnahme Österreichs am EOPP-Programm (Erdbeobachtungsvorbereitungsprogramm). Im Rahmen dieses Programmes sollen zukünftige Erdbeobachtungsmissionen für die Landes-, Meeres- und Atmosphärenforschung untersucht, ein Wettersatellitenprogramm der 2. Generation vorbereitet und der Einsatz neuer fortschrittlicher Meßgeräte geprüft werden. Am 9. April 1991 wurde von der Bundesregierung auch die Teilnahme Österreichs am PRODEX-Programm (Programm zur Entwicklung wissenschaftlicher Experimente) beschlossen. Durch dieses Programm sollen wissenschaftliche Experimente finanziert werden, die von wissenschaftlichen Instituten bzw. Industriefirmen aus den ESA-Mitgliedstaaten vorgeschlagen wurden.

1991 wurde die Mitarbeit Österreichs in folgenden wichtigen ESA-Wahlprogrammen fortgesetzt: ASTP (fortschrittliche Systeme und Technologien), OLYMPUS (Nachrichtensatellitenentwicklung), DRTM (Datenrelaissystem und Technologiemission), PSDE (Entwicklung und Erprobung von Satellitennutzlasten und -plattformen), ERS-1 und ERS-2 (Fernerkundungssatelliten) und EARTHNET (Verteilung von Satelliten – Fernerkundungsdaten).

Vom 18. bis 20. November 1991 wurde in München die 4. Ratstagung der ESA auf Ministerebene abgehalten. Wesentlichstes Ergebnis ist die Annahme von zwei Entschließungen betreffend den ESA-Langfristplan und die Erdbeobachtung. Ferner wurde vereinbart, jedes Jahr Ministertagungen abzuhalten, um Programmfortschritte und die künftige Programmausrichtung zu überprüfen.

Europäische Konferenz für Molekularbiologie (European Molecular Biology Conference – EMBC) und Europäisches Laboratorium für Molekularbiologie (European Molecular Biologie Laboratory – EMBL)

EMBC und EMBL fördern die europäische Zusammenarbeit auf dem Gebiet der Grundlagenforschung, die Entwicklung neuzeitlicher Instrumente und die Lehre in der Molekularbiologie sowie die damit eng zusammenhängenden Forschungsbereiche.

Im Rahmen der EMBC werden kurz- und langfristige Forschungsstipendien gewährt, die es europäischen Wissenschaftern ermöglichen, in anderen europäischen Ländern gemeinsame Forschungsarbeiten durchzuführen und mit den Experten dieser Länder Erfahrungen auszutauschen. Ebenso wurde 1991 im Rahmen des EMBL die wissenschaftliche Kooperation im Zentrallabor in Heidelberg sowie auch in den beiden dem Zentrallabor angeschlossenen Forschungsstätten in Hamburg und Grenoble weitergeführt.

Österreich ist seit 1970 Mitglied der EMBC und seit 1975 Mitglied des EMBL. Österreichische Delegierte sowohl in der EMBC als auch im Rat des EMBL sind Helmut Schacher, Leiter der für EMBL-Angelegenheiten im Bundesministerium für Wissenschaft und Forschung zuständigen Abteilung II.7, und Erhard Wintersberger, Vorstand des Instituts für Molekularbiologie der Medizinischen Fakultät der Universität Wien.

Der österreichische Beitrag zum EMBC betrug 1991 1.870.527,94 Schilling (2,19 Prozent des Gesamtbeitrages von 86.219.700 Schilling).

Das EMBL-Gesamtbudget betrug 56.227.000 Deutsche Mark, wozu Österreich einen Beitrag von 1.293.221 Deutsche Mark (2,30 Prozent des Gesamtbeitrages) leistete.

Operatives Kulturbudget des Bundesministeriums für auswärtige Angelegenheiten 1989 - 1992 (ohne Förderungen)

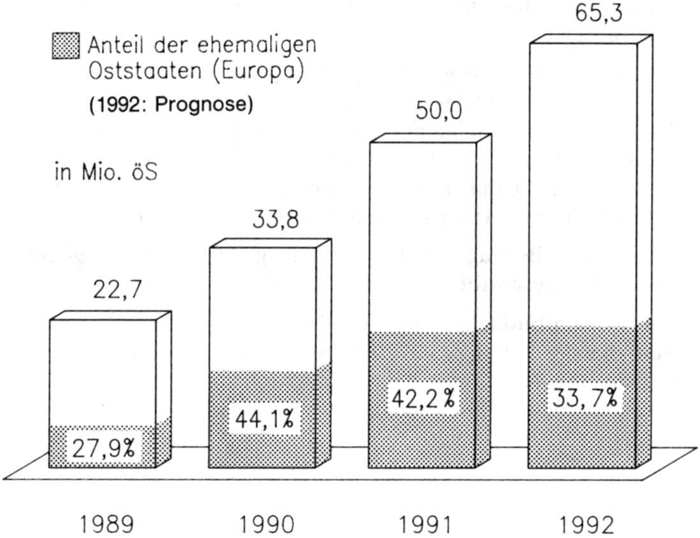

Quelle: Bundesministerium für auswärtige Angelegenheiten.
Grafik: Österreichisches Statistisches Zentralamt.

Anteil des Kulturbudgets am Gesamtbudget des BMA 1989 - 1992

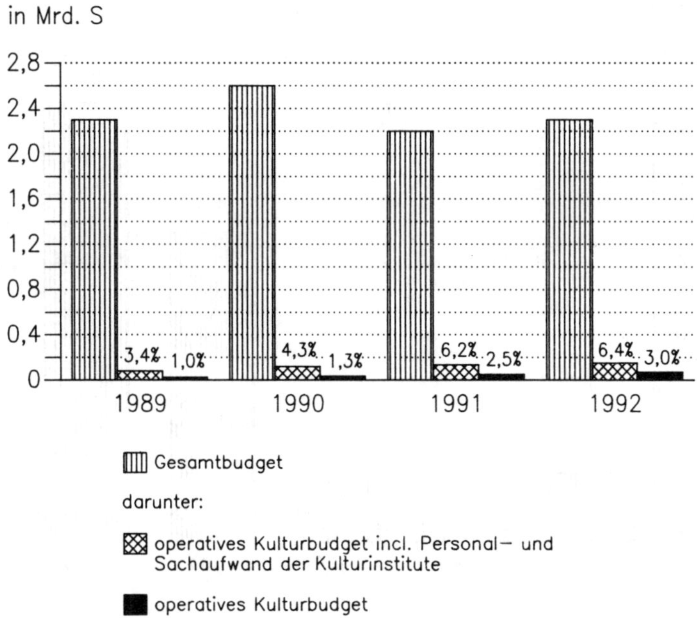

Quelle: Bundesministerium für auswärtige Angelegenheiten.
Grafik: Österreichisches Statistisches Zentralamt.

Kulturelles Förderungsbudget 1988 - 1992

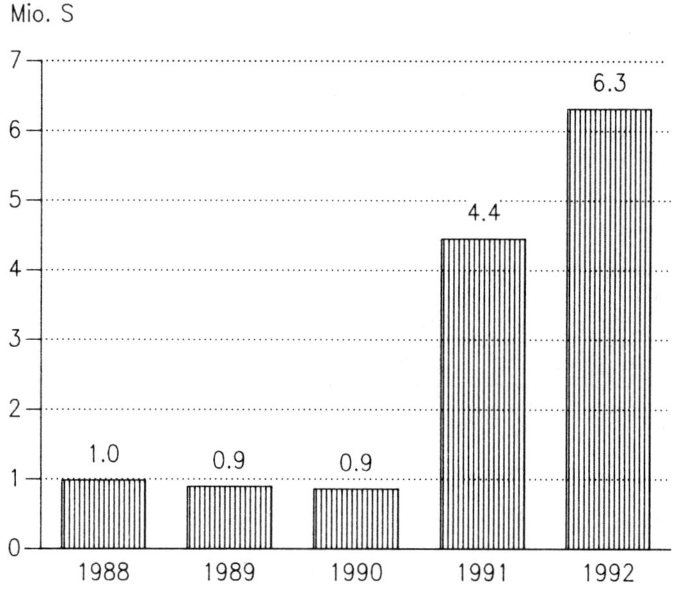

Quelle: Bundesministerium für auswärtige Angelegenheiten.
Grafik: Österreichisches Statistisches Zentralamt.

Aufteilung der kulturellen Förderungsmittel 1990

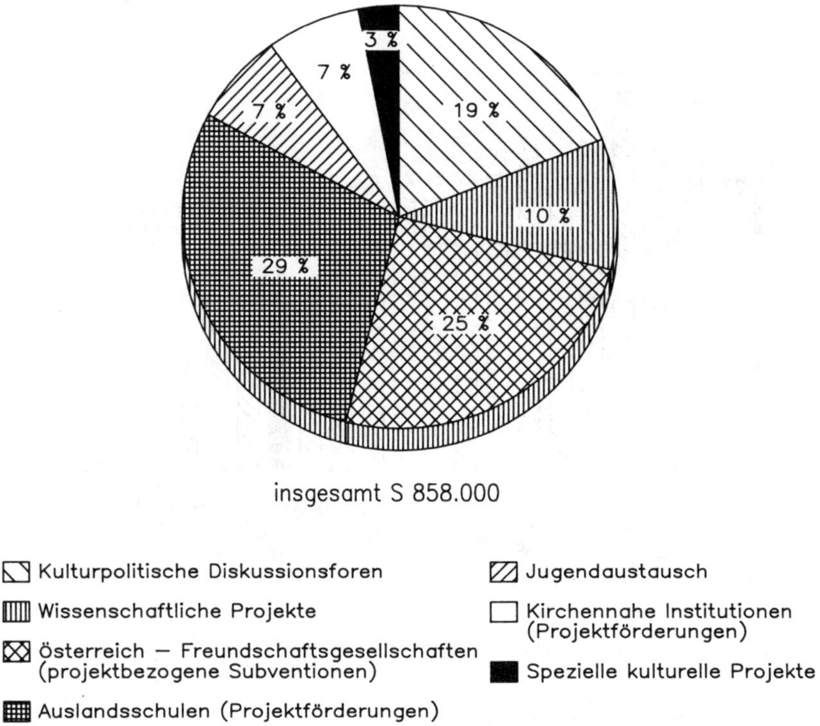

Quelle: Bundesministerium für auswärtige Angelegenheiten.
Grafik: Österreichisches Statistisches Zentralamt.

Beteiligung an laufenden COST-Projekten (Kategorie B) nach Ländern

Stand: September 1991

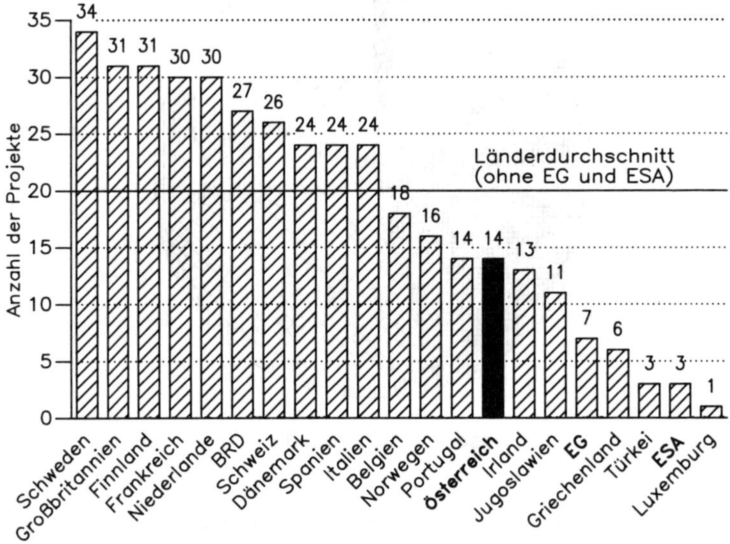

ESA = Europäische Weltraumorganisation.

Quelle: COST-Sekretariat.
Grafik: Österreichisches Statistisches Zentralamt.

Legende:

MA = Museumsausstellung	WA = Wanderausstellung
EA = Einzelausstellung	S = Symposien
GA = Gruppenausstellung	M = Musikalische Veranstaltungen
A = Sonderausstellung	L = Literarische Veranstaltungen
AB = Beteiligungen an internationalen Veranstaltungen	V = Vorträge

Veranstaltungstabelle

ÄGYPTEN

Alexandria — (M) Josef Sivo und Thomas Hlawatsch; Logos Quartett

Assiut — (M) Carinthia Saxophon Quartett

Kairo — (EA) Armin Guerino-Hoke; Robert Hammerstiel;

(M) Josef Sivo und Thomas Hlawatsch; Trio Lukas David; Logos Quartett; Carinthia Saxophon Quartett; Christian David

(S) Nahostsymposium (Pro Oriente; Kardinal Franz König, UProf. Philipp Harnoncourt, Alfred Stirnemann); Heterocyclic Chemistry (UProf. Fritz Sauter, UProf. Joachim Schantl, UProf. Thomas Kappe, H. Fröhlich)

(V) Gottfried Köhler über theoretische Chemie; Laila Tanasch über Weizenkultur; UProf. Harald Fritzer über theoretische Chemie; Elisabeth Pracher über Lebertumor bei Kindern

ALGERIEN

Algier — (M) Eduard Melkus und Hans Graf

(V) Ludwig K. Adamovich über österreichische Verfassungsgerichtsbarkeit

ARGENTINIEN

Buenos Aires — (EA) Siegfried Schwendtner; Gustav Jellin; Anton Schweighofer

(GA) Erika Guldner und Gerardo Urban

(L) Präsentation einer Sondernummer über L. Wittgenstein; Präsentation einer Jura Soyfer Übersetzung

(M) Leopold Hager, Grenzlandchor Arnoldstein, Ingrid Haebler, Camerata Academica

(V) UProf. Waldemar Hummer über EG-Lateinamerika; Kurt Neumann über österreichische Literatur; UProf. Anton Schweighofer, Michael Bier und Bernhard Haffner über österreichische Architektur; Gerfried Sperl, Dietmar Steiner, Volker Giencke, Florian Riegler, Roger Riewe über Architektur und Kultur in Graz

Cordoba — (S) Internationale politikwissenschaftliche Tagung (UProf. Anselm Skura, Professor Klaus Wessely, Andreas Schedler)

	(V) UProf. Gerhard Wielinger über Verfassungslehre Kelsens; UProf. Herbert Zeman und UProf. Michael Rössner über österreichische Literatur
Mendoza	(WA) „Josef Roth"
	(V) Erich Putz, Reinhard Leitinger, Walter Kosmus über Meteorologie/Geophysik; UProf. Alfred Ebenbauer, Ulrich Müller und Klaus Zelewitz über österreichische Literatur
Rosario Santa Fe	(AB) „VI. Internationale Kinderkunstausstellung"
	(V) UProf. Gerhard Wielinger über Verfassungslehre Kelsens
Tucuman	(V) UProf. Michael Rössner über österreichische Literatur
AUSTRALIEN	
Adelaide	(S) Internationale Mozartkonferenz (Annemarie Eder)
Canberra	(WA) „Neuer Wiener Wohnbau"
Sidney	(WA) „Neuer Wiener Wohnbau"
BELGIEN	
Antwerpen	(EA) Werner Klotz
Brüssel	(EA) Anneliese Oberlik-Wassmann, Wolfgang Inanger: „Kupferstiche und Aquarelle"
	(GA) „Österreichische Künstler" (in der Galerie „Mots et Tableaux")
	(L) Fred Wander; Präsentation Elfriede Nöstlinger; literarische Abende mit Brigitte Neumeister
	(M) Heinrich Schiff; Wiener Symphoniker mit Nikolaus Harnoncurt; Trio Amati; Salzburger Solisten; Jörg Demus
	(V) UProf. Uwe Baur bei Deutschlehrerseminar
Eupen	(EA) Prof. Wollenek „Moderne Ikonen"
	(WA) „Von Hochdruck zu Hochdruck"
Gent	(EA) Kurt Kocherscheidt, Herbert Brandl, Walter Wopava, Brigitte Kowanz
	(AB) Internationale Kunstmesse Lineart
	(M) Gruppe „Nouvelle Cuisine"; Concentus Musicus
Kortrijk	(WA) „Von Hochdruck zu Hochdruck"
Lüttich	(EA) Christian Ludwig Attersee
BRASILIEN	
Brasilia	(WA) „Meisterwerke der Albertina"
	(M) Salzburger Solisten; Mozarteum-Quartett; Leo Witoszynskyj
	(S) Verkehrssicherheit (Christine Michalek)

Florianopolis	(WA) „Wolfgang Amadeus Mozart", „Meisterwerke der Albertina"
Rio Claro	(GA) Thomas Ender und D. Leopoldina
Rio de Janeiro	(EA) Norbert Hinterberger
	(GA) „Thomas Ender und D. Leopoldina"
	(A) „Mozart"
	(AB) „Internationale Krippenausstellung"
	(M) Salzburger Solisten, Mozarteum-Quartett; Leo Witoszynskyj
	(V) UProf. Werner Biffl und UProf. Blum über landwirtschaftliche Themen; UProf. Friedrich Wallner über konstruktiven Realismus und Wittgenstein; Siegfried Hittmair über Österreich und die Oststaaten
Sao Paulo	(A) „Mozart-Ausstellung"
	(M) Mozarteum-Quartett
	(V) UProf. Friedrich Wallner über Wittgenstein

BUNDESREPUBLIK DEUTSCHLAND

Arensburg	(EA) Eva Bodnar
Berlin	(EA) Maurus Gmur; Peter Noever: „Die Grube – The Pit"; Alfons Egger, Rainer R. Viktorim, Berthold Bock, Evelin Kuvertz, Michael Schneider: Holzschnitte; Christian Danhäuser; Hundertwasser; Ludwig Redl
	(GA) „Werke von Wiener Bildhauern und Graphikern" (Alois Heidel, Eduard Robitschko, Franz Xaver Hauser, Herman Walenta, Karl Kreutzberger, Hans Knesel)
	(A) „Künstler aus Gugging", „Integrierte Fotographie"
	(AB) Planéte Couleur" (Wilhelm Zimmerhackl), „European Photography Award 1991"
	(WA) „Franz Grillparzer", „Nationalpark Hohe Tauern"
	(L) „Ivanov" (Wiener Burgtheater); Jura Soyfer-Theater mit „Astoria";Monika Helfer; Marianne Gruber; Paul Blaha; Lesung slowenischer Autoren; Gerhard Roth; Helmut Eisendle; Texte von Thomas Bernhard (Sabine Sinjen); Texte von Ödön von Horvath; Margaret Dütsch; Marion Jerschowa; Karin Ivancsics
	(M) Friedrich Gulda; Ensemble Wien-Berlin; Slowenischer Chor „Roz"; Tonkünstler Kammerorchester Wien; Artis-Quartett; Gustav-Mahler-Jugendorchester
	(V) HProf. Manfred Wagner und Georg Knepler über Mozart
Bonn	(EA) Hubert Aratym
	(L) „Tage der österreichischen Literatur" (Alexander Trojan und Brigitte Antonius lasen Ingeborg Bachmann, Thomas Bernhard, Christine Lavant, Christine Busta);
	(M) Matthias Fletzberger; Tobias Reisser-Ensemble

	(S) Marie von Ebner-Eschenbach (UProf. Eugen Thurnher, UProf. Werner M. Bauer, UProf. Erwin Streitfeld)
	(V) Wolfgang Kraus über die politische Kultur Österreichs
Bremen	(EA) Brigitte Kordina
Dresden	(GA) „Junge Kunst aus Österreich“
	(AB) „Renova“
Düsseldorf	(EA) Arnulf Rainer, Günter Brus, Christian Attersee, Johann Zechner, Gerhard Jaschke
	(A) „Adalbert Stifter“
	(WA) „Franz Grillparzer“
Erfurt	(EA) Arnulf Rainer
	(AB) „Configura“ – Ausstellung zeitgenössischer angewandter Kunst und Kunsthandwerk (17 österreichische Künstler)
Essen	(EA) Leo Zogmayer, Christian Stock
	(L) „Heldenplatz“; „Einfach kompliziert“ (Wiener Burgtheater); Thomas Bernhard Gedenkveranstaltung (Peter Fitz)
Flensburg	(EA) Tone Fink
Frankfurt/Oder	(M) Wiener Sängerknaben; Tonkünstler Kammerorchester Wien
Frankfurt/Main	(MA) „Ausstellung der Hofsilber und Tafelkammer Wien“
	(EA) Ferry Ahrée; Walter Schmögner
	(M) Wiener Symphoniker; Mozart-Solisten Salzburg
Freising	(EA) Ernst Fuchs; Rudolf Hausner; Alfred Hrdlicka; Lehmden
Mannheim	(EA) Beverly Piersol
Göppingen	(EA) Georg Königstein
Halle	(M) Tonkünstler Kammerorchester Wien
Hamburg	(EA) Angelina Sideris
	(AB) „Junge Kunst aus Österreich“
	(M) Orchester der TU Wien; Duo Madersbacher-Knoll
Hannover	(EA) Manfred Deiss
Heidelberg	(EA) Eleonore und Ernst Friedrich
Jena	(L) Pick-Up-Theater Graz
Kassel	(WA) „Wien um 1900“
Köln	(MA) „Arnold Schönberg und das bildnerische Werk“
	(EA) Barbara Szüts, Hermann Gletter, Bernd Fasching
	(M) Motus-Quartett
Landau/Isa	(MA) „Österreich und die Bayern, 500 bis 1991 – Brüder, Feinde, Nachbarn“

Leipzig	(MA) „Wiener Schule des Phantastischen Realismus“
	(A) György Ligeti
	(M) Bruno Oberhammer
	(S) Poetik österreichischer Schriftsteller im 20. Jahrhundert (Universität Leipzig und Universität Graz)
Lübeck	(EA) Hermann Nitsch; Franz West; Rainer Wölzl
München	(EA) Inge Dirk, Christian Sevy
	(M) Wiener Symphoniker; Motus-Quartett
	(V) Franz Schuh; Günther Nenning und Sigrid Löffler (Internationale Frühjahrsbuchwoche)
Magdeburg	(M) Tonkünstler Kammerorchester Wien
Passau	(EA) Fritz Wotruba; Maria Bilger
	(GA) „Junge Kunst aus Oberösterreich“
	(M) Concilium Musicum
Potsdam	(EA) Karl Kreutzberger, Gerald Matzner: Mensch und Gepäck, Skulpturen in Ton
	(L) Ingeborg Bachmann/Erich Fried – Collage
	(M) Robert Pobitschka
Saarbrücken	(A) „Marlen Haushofer“, „Alfred Adler“
	(WA) „Franz Werfel“
	(S) Jura-Soyfer
Stuttgart	(EA) Klaus Pinter, Barbara Reisinger
	(AB) „Das goldene Zeitalter“
	(M) Alfred Brendel; Erika Pluhar und Peter Marinoff
Villingen-Schweningen	(EA) Alois Riedl, Leo Zogmayer
Weimar	(L) „Kostbarkeiten und Köstlichkeiten der Wiener Kaffeehausliteratur“ (Otto Steffl)
Würzburg	(EA) Kurt Freundlinger
BULGARIEN	
Pleven	(M) Hanna Weinmeister
Sofia	(AB) „Interarch ‚91“ (Anton Schweighofer)
	(L) Präsentation der Übersetzung von Peter Paul Wiplingers „Lebenszeichen“
	(M) Dirigent Karl Österreicher und österreichische Solisten; Dirigent Erich Binder und österreichische Solisten
	(V) UProf. Joseph Strelka über österreichische Literatur; Wolfgang Kraus über österreichische Kultur; Peter Paul Wiplinger über Aufgabe und Verantwortung des Schriftstellers in Österreich
Varna	(V) Bernd Kortschak über Logistik in der Industrie

Veliko Tarnovo	(V) UProf. Josef Strelka über österreichische Literatur
CHILE	
Antofagasta	(V) UProf. Michael Narodoslawsky über Verfahrenstechnik
Arica	(V) UProf. Michael Narodoslawsky über Verfahrenstechnik
Concepcion	(V) UProf. Friedrich Wallner über Erkenntnistheorie und Psychologie; UProf. Michael Narodoslawsky über Verfahrenstechnik
Santiago	(M) Dirigent Dietfried Bernet, Bariton Christian Bösch; Mozartoper mit Marionetten von Helma Vogt
	(V) UProf. Friedrich Wallner über Erkenntnistheorie und Psychologie; UProf. Walter Weiss über Mozarts Zauberflöte, zeitgenössische österreichische Literatur und Franz Grillparzer; UProf. Michael Narodoslawsky über Verfahrenstechnik
Valparaiso	(V) UProf. Friedrich Wallner über Erkenntnistheorie und Psychologie, UProf. Michael Narodoslawsky über Verfahrenstechnik
CHINA	
Chengdu	(V) UProf. Brigitte Scheer und UProf. Alfred Engelbrecht über Österreich
Peking	(EA) Beatrix Hasenzagl
	(M) Joanna und Otto Niederdorfer; Hans Pizka; Malat-Schrammeln; Wiener Kammeroper, Wolfgang Harrer
	(S) Terminologie, Normung und Technologietransfer (Christian Galinski)
Shanghai	(M) Joanna und Otto Niederdorfer
Tianjin	(M) Joanna und Otto Niederdorfer
Xian	(M) Hans Pizka
CSFR	
Banska Bystrica	(MA) „Schmuck der Völker" (Museumsbus)
	(WA) „Klimt/Schiele Faksimilia"
	(L) Ingolf Berger, Günther Freitag, Walter Grond und Wolfgang Siegmund; Texte von Ingeborg Bachmann und Christine Lavant (H. Zeitlinger-Gärtner); Rezitation Otto Steffl zum Grillparzer-Jahr
Bechyne	(M) Bruckner Orchester Linz
	(S) Philosophiekongreß über Ethik (20 österreichische Teilnehmer)
Brünn	(MA) „Schmuck der Völker"
	(L) „Magic Afternoon" von Wolfgang Bauer; Michael Dornhauser; Ilse Tielsch
	(M) Wiener Instrumentalsolisten; Josef Sivo und Harald Ossberger; Ensemble Pro Musica

	(V) UProf. Joseph Strelka über Charles Sealsfield und Hermann Broch; UProf. Horst Haselsteiner über die Habsburger; Jolanda Zellner über Literatur
Budmerice	(V) Wolfgang Kraus über österreichische Literatur
Budweis	(L) Präsentation Brigitte Antonius
	(M) Salzburger Oktett
Galanta	(GA) Burgenländische Fotografie
Hradec Kralove	(MA) „350 Millionen Jahre Wald"
Iglau	(MA) „Schmuck der Völker"
	(A) „Im Bilde"
	(M) Salzburger Oktett
Königgrätz	(S) Schlacht bei Königgrätz (UProf. Rauchensteiner)
Kosice	(MA) „Schmuck der Völker"
	(GA) „Erster österreichisch-slowakischer Kulturherbst" (Arik Brauer, Friedensreich Hundertwasser, Leherb und andere)
	(L) Werner Herbst, Christine Huber, Ilse Kilic und Fritz Widhalm
	(M) Adam Hangorsky; Johannes Wildner; Jazz-Trio Heimo Wiederhofer; Pro Musica
Kutna Hora	(EA) Prof. Ernst Degasperi: „Die Spirale"
Liblice	(V) Herbert Steiner zu 1968/1969
Neratovice	(A) „Kinderwelt"
Nitra	(GA) „Katharina Prantl und Michael Blank: Bilder und Objekte 1990/1991"
	(WA) „Klimt/Schiele Faksimilia"
	(L) Jutta Treiber; Werner Herbst, Christine Huber, Ilse Kilic und Fritz Widhalm
	(M) Eichendorff-Quintett; Hyperion-Quintett; Alexander Svete; Blockflöten-Ensemble; Eva Mock/Rosemarie Radtke
Olmütz	(MA) „Schmuck der Völker"
	(L) Präsentation Brigitte Antonius; Gunda König/Experimentaltheater; Edith Kneifl und Barbara Neuwirth
	(M) Ensemble Pro Musica
	(V) UProf. Joseph Strelka über Charles Sealsfield und Hermann Broch
Ostrau	(EA) Rudolf Kedl: „Hymnus an die Natur"
Piestany	(EA) Josef Stastny: „Poesie und Wirklichkeit"
	(M) Peter Guth; Hyperion-Quintett; Eugen Jakab
	(V) Wolfgang Kraus über österreichische Literatur

Pilsen

(EA) Alois Lindenbauer: „Holz-Stein-Skulpturen"

(A) „Paula Deppe"

(M) Thomas Hlawatsch

Prag

(MA) „350 Millionen Jahre Wald", „Max Weiler", „Schmuck der Völker", „Wiener Gotik"

(EA) Günther Pedrotti; Leny Knilli; Susanne Wenger; Erich Reisner: „Dialog in der Kunst"

(GA) „K5" (Anatol Ak, Oliver Dorfer und andere), „Markus Brand und andere", „Mährisch-Trübau" (Akademie der bildenden Künste Wien)

(A) „Milena Jesenska", „Im Lichte des Monitors – Videokunst", „Im Bilde"

(WA) „Österreich, gestern und heute", „Aus Salzburg"

(L) „Libussa" (Wiener Volkstheater); „Sprechprobe" (Klagenfurter Ensemble); „Die Besuchszeit" von Felix Mitterer; „Weißmann und Rotgesicht" von George Tabori; „Österreich von A-Z" (Bruno Thost und Johanna Matz); „Was die Liebe einem zuträgt" (Ingrid Malinka und Fritz von Friedl); „Aus eigenen Werken" (Robert Schindel); Buchpräsentation „Tschechen im Habsburgerreich"

(M) Gustav Mahler Jugend-Orchester; Professor Meinhard Niedermayer; Peter Altrichter und M. M. Kofler; Wiener Instrumentalsolisten; Erwin Redl; Kammertrio Wien-Linz; Hans Haselböck; Wiener Philharmoniker; Ensemble Wiener Akademie; Peter Widensky; Concilium Musicum; Leo Witoszynskyj; Barbara Moser; Karin Christine Ruprecht und Michael Lakner; Wiener Mozarttrio; Ulrike Danhofer; Roswitha Müller

(S) „Aufführungspraxis in österreichischen Theatern" (George Tabori, Robert Stremitzer, Leslie Malton); „Grillparzers Rezeption in Böhmen" (Oliver vom Hove und K. J. Schildknecht); „Die Bedeutung der EG für die Neuordnung Mittel- und Osteuropas" (SChef Simon Hausberger); „Mitteleuropäischer Kulturraum" (Peter Bochskanl); „Rudolf Carnap und Prag" (UProf. Haller, Simons, UProf. Köhler, UProf. Götschel, Schurz); „T. G. Masaryk und die Brentano-Schule" (Forschungsstelle und Dokumentationszentrum für österreichische Philosophie Graz); „Österreichische zeitgenössische Komponisten" (Kurt Hueber, Gerhard Track und Ferdinand Weiss); „Kirche und öffentliches Leben" (Helmut Krätzl, Joseph Weissmayer, UProf. Richard Plaschka); „Nationale Vielfalt – kulturelle Übereinstimmung" (UProf. Moritz Csaky); „Kulturmanagement – Gegenstand und aktuelle Forderungen" (Herwig Pöschl und Eva Niedl);

(V) UProf. Wolfgang Greisenegger über Theaterwissenschaften; UProf. Joseph Strelka über Charles Sealsfield und Hermann Broch; UProf. Moritz Csaky über mitteleuropäische Identität; Harald Leupold-Löwenthal über Gesellschaft und Psychoanalyse; UProf. Günter Virt über Ethik; Lorenz Mikoletzky und Hilde Haider-Pregler über Grillparzer; Franz Hrubi über Poppers Erkenntnistheorie; Georg Heinrich über Politikwissenschaft; UProf. Peter Kampits über Wittgenstein

Presov

(L) Ingolf Berger; Texte von Ingeborg Bachmann und Christine Lavant (H. Zeitlinger-Gärtner); Rezitation Otto Steffl zum Grillparzer-Jahr

Preßburg

(MA)"Schmuck der Völker" (Museumsbus), Alfred Frohner: „Emanzipation des Fleisches"

(EA) Walter Begnini: Künstlerische Fotographie, Irena Racek, Josef Stastny: „Poesie und Wirklichkeit", Wilhelm Scherübl

(GA) „Landauf" (23 österreichische Künstler aus dem Weinviertel), Brigitte Kordina und Ladislav Carny; Horst Müller, Kurt Philipp und Manfred Staudinger: „Vincent zije"; „Die Technische Universität Wien als Partner der Wirtschaft", „Beiträge zur Architektur- und Raumplanung", „Erster österreichisch-slowakischer Kulturherbst" (mit Arik Brauer, Friedensreich Hundertwasser, Leherb und andere); Anatol Ak, Oliver Dorfer, Robert Mittringer, Reinhold Rebhandl

(A) „Bronzefunde aus adeligen Familiengruften", „Plan versus Plan" (Adolf Loos und Le Corbusier), „Ausstellung österreichischer Schulbücher", „Neue Natur", „Ausstellung Wien", „Ausstellung Portraits Kaiserin Maria Theresia und ihre Familie"

(L) Texte von Ingeborg Bachmann und Christine Lavant (H. Zeitlinger-Gärtner); Rezitation Otto Steffl zum Grillparzer-Jahr; Marianne Schönauer und Bruno Thost; Werner Herbst, Christine Huber, Ilse Kilic und Fritz Widhalm;

(M) Georg Mark und Julian Rachlin; Daniela Aschwander; Wiener Instrumentalsolisten; Bluespumpn; Eichendorff-Quintett; Harald Feebacher; Niederösterreichisches Tonkünstlerorchester; Klaus Ager; Maria Baydanova; „Burning Vision"; Barbara Moser; Blockflöten-Ensemble Wien; Wiener Philharmoniker; Jazztrio Heimo Wiederhofer; Wiener Klavier-Trio; Birgit Kolar und Meinhard Prinz; Szabo-Quartett; Gus Seeman und Fritz Rainer; Yggdrasil-Quartett; Erwin Kropfitsch; Alfred Melichar; Pro Musica; Joanna Madroszkiewicz und Manfred Wagner-Artzt;

(S) „Tschechoslowakischer Strukturalismus und Wiener Scientizismus" (Maria Fürst, Erwin Waldschütz und Elisabetz Nemeth); „Minderheiten in der Politik" (Arnold Suppan und Gerald Nagler)

(V) Wolfgang Kraus über österreichische Literatur; UProf. Joseph Strelka über Hermann Broch; Arno Dusini über Franz Grillparzer

Rockycany

(WA) „Aus Salzburg"

Smolenice

(V) Wolfgang Kraus über österreichische Literatur

Selc	(M) Josef Sivo und Harald Ossberger
Sumperk	(WA) „Faksimilia Klimt-Schiele“
Topolcany	(EA) Peter Fuchs: „Zeichnungen, Aquarelle, Bilder“
	(A) „Ausstellung österreichischer Schulbücher“
	(L) Rezitation Otto Steffl „Österreichische Kaffeehausliteratur“
	(M) Hyperion-Quintett;
Trencin	(EA) Josef Stastny: „Poesie und Wirklichkeit“
	(GA) Katharina Prantl und Michael Blank: „Bilder und Objekte 1990/1991“, „Erster österreichisch-slowakischer Kulturherbst“
	(A) „Ausstellung österreichischer Schulbücher“
	(M) Eva Mock/Rosemarie Radtke; Szabo-Quartett
Zilina	(AB) Ausstellung zeitgenössischer bildender Künstler „Genius-loci“
Znaim	(GA) „Landauf“ (Martin Dickinger, Richard Klammer, Heimo Wallner)
DÄNEMARK	
Arhus	(WA) „Franz Grillparzer“
Kopenhagen	(EA) Adi Holzer; Ludwig Walluscheck
	(WA) „Kunst in Wien um 1900“, „Franz Werfel“
Odense	(WA) „Franz Grillparzer“, „Franz Werfel“
ECUADOR	
Quito	(M) Mozarteum-Quartett
ELFENBEINKÜSTE	
Abidjan	(M) Grazer Streichtrio
ESTLAND	
Tallinn	(A) Buchausstellung
FINNLAND	
Espoo	(M) Wolfgang Capek
Helsinki	(MA) Rubens-Ausstellung (österreichische Leihgaben)
	(EA) Theo Blaickner, Henk Stolk
	(GA) „Österreichische Schmuckdesigner“ (Alois Bauer, Christine Bömig, Andreas Dunhauser, Margarete Haberl, Andrea Halmschlagel, Anna Heindl, Marion Kuzmany, Militta Moschig, Manfred Nisslmüller, Thomas Birka und Michael Ramharter)
	(L) H.C. Artmann
	(M) Küchl-Quartett; Thomas Christian; Wolfgang Panhofer; György Ligeti (Helsinki-Biennale); Thomas Zehetmeier und Heinrich Schiff
	(S) Friedrich Jodl und Wilhelm Andreas Bolin im Kampf um die Aufklärung (Eckart Früh, Reinhold Knoll)

	(V) UProf. Henn-Jüri Uibopuu über Estland; Paul Luif über europäische Kooperation und Neutralität; HProf. Manfred Wagner über Mozart
Lahti	(L) Christoph Ransmayer und Waltraud Anna Migutsch
Lapinlahti	(EA) Eleonor und Ernst Friedrich
Rovaniemi	(A) „Tiroler Künstler in der Polarkreisgalerie Rovaniemi"
Turku	(L) H.C. Artmann
	(M) Thomas Zehetmeier
FRANKREICH	
Aix-en-Provence	(EA) Anton Watzl
	(L) Lesungen aus Texten von Nestroy
Amiens	(WA) „Stefan Zweig"
	(M) Arcus-Ensemble; Ensemble CIS des Mozarteums Salzburg; Wiener Hornquartett; Wiener Mozart Trio
Angers	(L) Gerald Szyszkowitz
	(V) Karl Leyrer über Österreich/Deutschland
Arles	(A) „Vincent vit" (von Horst Müller, Kurt Philipp, Manfred Staudinger)
Asnières	(V) Fritz Krinzinger über Archäologie
Bordeaux	(A) Sepp Dreissinger (Hauptdarsteller-Selbstdarsteller)
	(WA) „Kafka", „Berggasse 38"
	(L) Erich Hackl; Gustav Janus; Peter Marginter; Waltraud Anna Mitgutsch; Peter Rosei
	(V) Sigrud Scheichl über Nestroy
Cagnes-sur-Mer	(AB) „Festival International de la Peinture" (Dietmar Brem, Ingrid Kowarik, Robert Schuster)
Cannes	(EA) Michael Spiegel
Chartres	(V) Felix Kreissler über Österreich und Europa; Gerald Stieg über Nestroy
Chaumont	(AB) „Festival d'affiches"
Crest	(M) AM4-Jazz Band (Wolfgang Puschnig)
Dijon	(WA) „Werfel"
	(L) Lesungen aus Texten von Nestroy
La Cavalerie	(AB) „Mitoyennettés" (Franziska Ablinger)
Le Mans	(M) Bruckner Quartett Linz
Le Perreux	(EA) Anton Watzl
	(M) Günter Federsel und Karl Barth

Lyon

(GA) „Un musée en voyage“ (50 Werke österreichischer Künstler)

(A) Sepp Dreissinger („Hauptdarsteller-Nebendarsteller“)

(L) Lesungen aus Texten von Nestroy und Thomas Bernhard

(M) La Follia Salzburg

Montmorency

(M) Ensemble CIS des Mozarteums Salzburg

Montpellier

(L) Lesungen aus Texten von Nestroy

Mouzon

(AB) „Ineinander“ (Elisabeth Weissensteiner und weitere österreichische Teilnehmer)

Nancy

(S) „Trois écritures dramatiques du théatre populaire viennois: Raimund, Nestroy und Kaiser“

Nizza

(EA) Heimo Zobernig, Tatjana Bercic-Ruelle

(AB) „Juste en dessous 6“ (Franz West)

(S) „Mozart et son temps“ (Centre d'Etudes et de Recherche Autrichiennes de l'université de Nice)

(V) Sigurd Scheichl über Nestroy

Paris

(EA) Franz Blaas, Walter Obholzer, Barbara Schmette, Gottfried Salzmann, Heimo Zobernig, Gunter Damisch, Anton Schweighofer, Hubert Scheibl, Michael Spiegel, Hubert Schmalix, Rudolf Leutner-Grünberg, Gerold Hirn, Arnulf Rainer

(GA) „Sensualité – Sensibilité – Purisme“ (Werke von 27 österreichischen Künstlern), „8 Oberösterreichische Künstler“ (Siegfried Anzinger, Franz Blaas, Gunter Damisch, Oliver Dorfer, Richard Jaszcza, Karlheinz Kropf, Hubert Scheibl, Hubert Schatz)

(A) „Mozart en present“, Sepp Dreissinger („Hauptdarsteller-Selbstdarsteller“), „Hommage à Georg Trakl“, „Deux architectes entre Vienne et Prague: AlfredLoos et Jan Kotera“, „Meisterwerke der Albertina Wien – von Dürer bis Kolbe“, „Mozart in Paris“, „Thomas Bernhard – Photoausstellung“, „Margerita Krischanitz: Architecture transmise en photographie“

(AB) „Saga“, „Une question d'Hygiene“ (Barbara Schmette), „Salon de Mai“ (Franziska Ablinger und Rudolf Haas), „Exposition collective“ (Barbara Schmette und Wolfgang Wolkensteiner), „Artistes du Monde“ (Barbara Schmette), „Olympiades des Arts 1912 – 1992“ (Johannes Posch und Michaela Spiegel) „Salon de la tapisserie contemporaine“ (Franka Lechner), „Fiac“

(L) Wolfgang Bauer; Peter Turrini; Gerald Szyszkowitz; Gert Jonke; Peter Stephan Jungk; Antonio Fian; Anselm Glück; Elfriede Czurda; Evelyn Schlag; H.C. Artmann; Klaus Hoffer; Josef Winkler; Elfriede Gerstl; Helmut Seethaler: Lesungen aus Texten von Nestroy, Schnitzler, Elias Canetti, Ödön von Horvath, Helmut Qualtinger, Jura Soyfer, Stefan Zweig, Hermann Ungar,

	Georg Trakl, Ingeborg Bachmann, Gerald Szyszkowitz, Gerhard Roth, Wolfgang Bauer, Peter Turrini, Hans Ungar
	(M) Liu Rennert; Wolfgang Holzmeier; Alban-Berg-Quartett; Christa und Kurt Schwertsik; Wiener Symphoniker; Arcus-Ensemble; Karin Christina Ruprecht; Fritz Brucker; Camerata Academica; Maria Bachmann; Bruckner Quartett Linz; Elfie Aichinger; Trio di Vienna; Ensemble Erwartung; Orchester des Mozarteums Salzburg; Ingrid Haebler; Ensemble CIS des Mozarteums; Wiener Akademie; Paul Badura-Skoda; Artis-Quartett; Ensemble des 20. Jahrhunderts; Wiener Kammerorchester; Ensemble Wien-Berlin; Wiener Streicher Solisten; Volksoper Symphonie Orchester; Wiener Symphoniker und Wiener Jeunesse Chor; Wiener Sängerknaben; Günter Federsel und Karl Barth; Brigitte Neumeister; Wiener Streichsextett; Barbara Moser; weitere 34 Ensembles und Solisten auf kommerzieller Basis
	(S) „Johann Nepomuk Nestroy"; „Les fous de Vienne" (Freud, Husserl, Musil, Weininger); „Rainer Maria Rilke und Frankreich"; „Thomas Bernhard und die Öffentlichkeit"; „Grillparzer Kolloquium"
	(V) UProf. Rudolf Haller über Wittgenstein und Musil; Roger Bauer über Nestroy; Jean Sevillia über Andreas Hofer; Hans Hollein über Museen; Gerhard Botz über Kunstsubvention; Georg Schollhammer über Adolf Loos; Dominique Jameux (Vortragsreihe über „Lulu");
Plaisir	(M) Arcus-Ensemble
Reims	(AB) „Mai de la photo" (Robert F. Hammerstiel)
	(M) Ensemble CIS des Mozarteums Salzburg
Rive-Gier	(M) Nouvelle Cuisine Big Band
	(M) Trio di Vienna; Ensemble CIS des Mozarteums Salzburg
	(S) Leo Perutz (Centre d'Etudes et de Recherches Autrichiennes)
Saint Priest	(EA) Gunter Damisch
Sceaux	(M) Salzburger Solisten
Schiltigheim	(L) Friederike Mayröcker;
	(M) Artis Quartett
Straßburg	(M) Mozarteum Orchester Salzburg
Toulouse	(EA) Gunter Damisch
	(V) Sigrud Scheichl über Nestroy
Vaulx-en-Velin	(EA) Anton Schweighofer
Versailles	(M) Wiener Hornquartett
Villers s/mer	(M) Trio di Vienna; Ute Gerzabek

GRIECHENLAND

Athen	(EA) Marianne Kolowratek
	(AB) „Buchausstellung der Direktoren europäischer Nationalbibliotheken“, „Ausstellung internationaler Kindermalerei“
	(WA) „Biedermeier in Österreich“
	(M) Mozarteumorchester Salzburg; Wiener Sängerknaben; Philharmonisches Kammerorchester
	(V) Florian Lorenz über „Österreichs internationale Stellung im Vormärz“
Korfu	(V) Peter Müller über das Schloß Achilleion

GROSSBRITANNIEN

Cambridge	(M) Mozarteum-Quartett Salzburg;
	(V) UProf. Fred Lembeck über Schmerzbekämpfung; UProf. Ewald Nowotny über ökonomische Entwicklung in Osteuropa
Exeter	(L) „Franz Grillparzer“ (Brigitte Antonius)
Guildford	(S) „Austria and Europe I“ (UProf. Norbert Leser, Angelika Schütz, Karl-Markus Gauss, Doris Kraus)
Liverpool	(S) „Gustav-Mahler“ (Peter Revers)
London	(EA) Sylvia Kernthaler, Erika Tiefenbrunner
	(A) „Gertraud Bodenwieser“, „Der blaue Kompressor“
	(WA) „Franz Grillparzer“
	(L) Lotte Ledl/Burgtheater „Der ewige Alltag“; Lesung aus Erichs Frieds Liebesgedichten; „Die letzten Tage der Menschheit“ (Martin Esslin, Milo Sperber); „Österreichische Frauenliteratur 1900 bis heute“ (Angelika Schütz)
	(M) Karin-Christina Ruprecht und Fritz Bruckner; Gedächtniskonzert für Hans Gal; Karlheinz Miklin Trio; Franz Schubert Quartett; Hagen Quartett; Ulrike Danhofer und Ivan Eröd; Gründungsfeier „Schubert Institute of Great Britain“; Mathias Fletzberger; Christa Ludwig; Barbara Moser; Mozarteumtrio Salzburg; Salzburger Domchor; Chorvereinigung Jung-Wien; Benno Schollum; Adalbert Skocic und Walter Delahunt; Meinhart Niedermayer; Mozarteumquartett
	(S) Mozart-Symposium; „Herman Broch“ (Sigurd Scheichl, UProf. Gerald Stieg); „Salomon Sulzer“ (Frederick-Fuchsgelb, Hans Silbermann-Sulzer, Thomas Dombrowski);
	(V) Ingrid Bennewitz über Literatur des Mittelalters; Ernst Hilmar über Franz Schubert; UProf. Fred Lembeck über Schmerzbekämpfung; UProf. Ewald Nowotny über ökonomische Entwicklung in Osteuropa
Manchester	(M) Franz Schubert-Quartett;
	(V) Ingrid Bennewitz über Literatur des Mittelalters

Nottingham	(S) „Die Stellung der Frau in den deutschsprachigen Staaten" (Renate Resch);
Oxford	(M) Adalbert Skocic und Walter Delahunt
	(V) Ingrid Bennewitz über Literatur des Mittelalters; Ernst Hilmar über Franz Schubert
Sheffield	(S) „Contemporary Austrian Literature" (Sigrid Schmid-Bortenschlager, Waltraud Mitgutsch, Andrea Reiter)
Southampton	(L) „Österreichische Frauenliteratur 1900 bis heute" (Angelika Schütz); „Franz Grillparzer" (Brigitte Antonius)
HONGKONG	(EA) Michael Egger, Maria Tupay-Duque, Walter Glaubacker, Peter Schmidt
	(A) „Mozart-Ausstellung"
	(AB) „Textilkunst aus Österreich"
	(M) Singkreis Seltenheim-Klagenfurt; Paul Badura-Skoda; Artis-Quartett; Salonquartett Salzburg; Wiener Männergesang-Verein; Jörg Demus; Wolfgang Capek;
	(V) Karin Binder über textiles Gestalten; UProf. Friedrich Wallner über gesellschaftlich-philosophische Probleme
INDIEN	
Bombay	(M) Wolfgang Panhofer und Maria-Lena Fernandes; Austrian Art Ensembles; Salzburger Mozart Solisten
	(V) UProf. Ulrich Müller über Mozart
Calcutta	(EA) Prof. Ernst Degaperi
Jaipur	(V) UProf. Ulrich Müller über Mozart
New Delhi	(AB) „VII. Triennale für Bildende Kunst" (Andreas Karner, Pepi Maier, Manfredu Schu)
	(M) Wolfgang Panhofer und Maria-Lena Fernandes; Artis Quartett; Barbara Müller-Haas und Anton Giesler; Austrian Art Ensemble; Salzburger Mozart Solisten
	(V) UProf. Ulrich Müller über Mozart
INDONESIEN	
Bali	(EA) Helmut Kand
Jakarta	(EA) Michael Tanzil
	(A) „Winter in Austria" (Marilies Förster und Kartika Affandi-Köberl), „Mozart-Ausstellung", „Roland Strasser"
	(AB) „Art Expo 91" (Karin Binder)
	(M) Leo Witoszynskyi; Robert Lehrbaumer; Orchester Pro Musica; Austrian Art Ensemble; Erich Kleinschuster Quartett
	(V) HProf. Manfred Wagner über Mozart

IRAN

Teheran | (WA) „Wolfgang Amadeus Mozart"
(M) Larix Trio

IRLAND

Dublin | (EA) Alfred Hrdlicka: „Der Anschluß"
(AB) „Dublin, Europäische Kulturhauptstadt 1991", (Nora Bachel, Teilnahme an „Women Artists and the Enviroment")
(WA) „Franz Werfel"
(L) „Österreichische Frauenliteratur 1900 bis heute" (Angelika Schütz)
(V) Paul Luif über europäische Kooperation und Neutralität

ISRAEL

Ganci Moriah | (GA) „Acht israelische und zwei österreichische Künstler"

Gezer-Kibbuz | (EA) Hilde Engelmann

Haifa | (WA) „Wien um 1900"
(V) Kurt Hengl über Östereich in einer sich wandelnden Welt; UProf. Sigurd Scheichl über „Canettis Blendung als jüdischer Roman"

Jaffa | (M) Wiener Instrumentalsolisten

Jerusalem | (A) „Franz Werfel"
(L) Österreich-Stand bei der Jerusalemer Buchmesse
(M) Cantores Brigantii; Alban Berg-Quartett; Gottfried Kitzmüller und Ganzberger
(V) UProf. Sigurd Scheichl über Integration moderner Literatur in Unterricht und Kunst

Kfar Ruppin | (GA) „Acht österreichische und drei israelische Maler"

Ramat Gan | (GA) „Acht österreichische und drei israelische Maler"

Tel Aviv | (EA) Willy Verkauf-Verlon
(GA) „Acht österreichische und drei israelische Maler", Josef Fink: „Buchstaben des Lebens" und Edith Temel: „Das Lied der Lieder"
(A) „Franz Werfel"
(M) Andreas Stöhr; Cantores Brigantii; Gottfried Kitzmüller und Ganzberger
(V) Prof. Jacob Allerhand über „Der jüdische Beitrag zur österreichischen Kultur und Gesellschaft"; Johann Reiss über das jüdische Museum Eisenstadt; UProf. Manfred Wagner über Mozart

ITALIEN

Bergamo | (L) Hans Raimund

Bologna | (A) „Max Fabiani"

	(M) Renate Patscheider, Rupert Bergmann und Heimo Puschnigg; Styria-Quartett; Barbara Moser
	(S) Podiumsgespräch über Thomas Bernhard;
	(V) Georg Jankovic über Kaiser Franz Joseph
Bozen	(WA) „Franz Grillparzer“
	(L) Hans Raimund
	(M) Gustav Mahler-Jugendorchester
Capua	(M) Karlheinz Franke; Concilium Musicum; Carla Paryla-Ludwig; Wolfgang Panhofer und Manon-Liu Rennert
Catania	(M) Karlheinz Franke;
Cattolica	(GA) Erwin Schwendtner (Keramik) und Hans Schuster (Malerei)
Cervia	(A) Ausstellung des Badener Kunstvereines
Cremona	(S) „Mozart-Forschung heute“ (Otto Kresten, Gerhard Croll, Theophil Antonicek, Dagmar Neumann, Irene Adrian, Johannes Hubek, Michael Weber)
Ferrara	(AB) Internationale Ausstellung moderner Kunst (Teilnahme Brigitte Kowanz)
	(M) Gustav Mahler-Jugendorchester
Genua	(A) „Il Palazzo Stoclet di Josef Hoffmann 1905 bis 1911“
	(WA) „Franz Kafka“,
	(M) Liederabendzyklus „Il Lied austriaco“
	(V) Augustinus Semelliker über Franz Grillparzer; Georg Jankovic über Kaiser Franz Joseph; Peter Ulram über österreichische politische Kultur
Görz	(M) Ensemble „Pro Musica“
	(V) Georg Jankovic über Kaiser Franz Joseph
Illasi	(Verona) (EA) Hermann Nitsch: „Übermalte Bild-Lithographien“
Mailand	(EA) Helmut Schober: „Energie-pur, lux“, Hubert Scheibl
	(A) „Rosalia Chladek“, „Il Palazzo Stoclet di Josef Hoffmann 1905 bis 1911“
	(AB) „Internationaler Architektursalon“
	(WA) „Franz Grillparzer“
	(L) Ingram Hartinger; Karl Lubomirski; Hans Raimund; Robert Schindel, Alf Schneditz;
	(M) Gustav Mahler-Jugendorchester; Bernhard Gfrerer; Kammerchor „Walther von der Vogelweide“; Barbara Moser; Peter Blaikner und Ernst Wolfsgruber

	(S) „Franz Grillparzer, erste Stimme der mitteleuropäischen Krise" (UProf. Hilde Haider, UProf. Johann Hütter, Robert Pichl, UProf. Alfred Doppler, Helga Illich); (V) Georg Jankovic über Kaiser Franz Joseph; Augustinus Semelliker über Franz Grillparzer; Herbert Schambeck zu Aspekten der Europapolitik; Harald Leupold-Löwenthal über Laienanalyse; Peter Ulram über österreichische politische Kultur
Mantua	(M) Gustav Mahler-Jugendorchester
Meran	(L) Rezitation Otto Steffl über „Franz Grillparzer und Wiener Kaffeehausliteratur"; (S) „Wolfgang Amadeus Mozart" (Ferdinand Holböck, Erika Kanduth, Gerhard Croll)
Padua	(M) Barbara Moser
Palestrina	(M) Salzburger Virgilschola
Parma	(A) „Il Palazzo Stoclet di Josef Hoffmann 1905 bis 1911" (L) Hans Raimund; Karl Lubomirski
Pavia	(L) Hans Raimund (M) Barbara Moser (S) „Franz Grillparzer, erste Stimme der mitteleuropäischen Krise" (UProf. Hilde Haider, UProf. Johann Hütter, Robert Pichl, UProf. Alfred Doppler, Helga Illich); „Schriftsteller und Propaganda im Konflikt Österreich-Italien 1915/18" (Walter Lukan, Heinz Lunzer, Liselotte Popelka); (V) Herbert Schambeck zu Aspekten der Europapolitik; Peter Ulram über österreichische politische Kultur
Pieve a Presciano	(EA) Nita Tandom: „Wellworks"
Rom	(EA) Johannes Deutsch, Edmund Kalb (A) „Empfindsame Reise – Entlang Otto Wagners Vorortelinie" (Sascha Manowicz), „Il Teatro di Mozart a Roma", „Überlagerungen und Zwischenräume", „Italiani a Vienna", „Frauen um Mozart", „Wolfgang Amadeus Mozart – Dokumentation Vico Equense" (WA) „Franz Grillparzer" (L) Werner Kofler; H.C. Artmann (M) Konzertzyklus „Hommage an Egon Wellesz"; Karlheinz Franke; Concilium Musicum; Carla Paryla-Ludwig; Wolfgang Panhofer und Manon-Liu Rennert; Concertino Salzburg; Dommusikverein St. Pölten; Barbara Moser; Salzburger Virgilschola; Ernst Kubitschek und Marianne Ronez; Eduard Melkus und Elisabeth Dobie; Klaus Leitgeb; Maroltinger Chorgemeinschaft; (S) „Musik und Wissenschaft" (Klaus Ager)

	(V) UProf. Herbert Zeman über Franz Grillparzer; Peter Demetz über Prager Volkslegenden; Diskussionsrunden über Robert Musil und Thomas Bernhard
Rovereto	(WA) „Nationalpark Hohe Tauern"
Toblach	(M) Arnold-Schönberg-Chor
Trient	(EA) Hermann Nitsch
	(GA) „Aus Salzburg"
	(A) Rudolf Jettmar
	(WA) „Franz Grillparzer", „Nationalpark Hohe Tauern", „Wolfgang Amadeus Mozart"
	(V) Georg Jankovic über Kaiser Franz Joseph; Walter Poduschka über Konrad Lorenz; Peter Ulram über österreichische politische Kultur
Triest	(L) Karl Lubomirski
	(M) Ensemble „Pro Musica"
	(V) Georg Jankovic über Kaiser Franz Joseph; UProf. Hanspeter Neuhold über österreichische Neutralität; Alois Woldan über Österreich in der gegenwärtigen polnischen Literatur; Peter Ulram über österreichische Politik und Kultur
	(S) Versicherungsindustrie in der österreichisch-ungarischen Monarchie (Wolfgang Rohrbach)
Turin	(M) Gustav Mahler-Jugendorchester
Venedig	(AB) Architekturbiennale (Prof. Hollein und zwölf andere)
JAPAN	
Hiroshima	(EA) Christian Doppler
Jiyugaoka	(EA) Erich Novosel
Kanazava	(GA) „Mirror in the Darkness" (Margret Wibmer)
Kawasaki	(V) Harald Lettner über Mozart und Salzburg
Kikuchi Kogen	(AB) Internationales Skulptursymposium (Caroline Ramerstorfer)
Nagoya	(AB) „Artec 91 – Biennale (Ruth Schnell)
Osaka	(EA) Anton Schweighofer
	(V) Hans Katschthaler über Salzburg
Sendai	(EA) Anton Schweighofer
Shodoshima	(AB) Internationale Bildhauerei (Karel Prantl und Utta Payrer)
Tokio	(MA) „Meisterwerke aus der Albertina in Wien"
	(EA) Hermann Seriet, Alois Lang, Alois Kronschlaeger, Emma Bormann, Anton Schweighofer
	(GA) „91, fünf Contemporarry Artists" (Alois Lang), „Ausstellung der Universität für Musik und Bildende Kunst in Tokio"

	„Erich Novozel), Helmut Kand, Werner Hundsdorfer, Margit Denz, Rosemarie Benedikt
	(A) „Egon Schiele“ (Sammlung Dr. R. Leopold), „Wolfgang Amadeus Mozart“, „Photos aus Wien“, „Wiener Sehenswürdigkeiten aus Zuckerguß“
	(AB) „6. Kanagawa Biennale“
	(WA) „Franz Grillparzer“
	(ÖW) Österreichwoche (30. Oktober bis 4. November 1991)
	(M) „Die Mollies“ und weitere 60 Konzerte von Ensembles und Solisten auf kommerzieller Basis
Ushimado	(AB) „International Art Festival“ (Gottfried Berchtold)
Yamagata	(V) Erich Maximilian Schmid zur österreichischen Literatur der Gegenwart
JORDANIEN	
Amman	(M) Erika Frieser
JUGOSLAWIEN	
Arandjelovac	(M) Christine Whittlesey und Rainer Keuschnigg
Belgrad	(L) Janko Ferk;
	(M) Elzbieta Mazur;
	(S) Theaterwissenschaft (Ulf Birbaumer); „Donau-Fluß der Zusammenarbeit“ (UProf Heinz Loeffler, Ursula Deutsch, Bernd Kortschak)
Celje	(M) Manfred Wagner-Artzt und Joanna Madroszkiewicz
Laibach	(EA) Tommy Schneider
	(GA) Herwig Kampinger Wien, und Michael Schuster, Graz
	(A) Adeva-Ausstellung: „Bücher von europäischer Bedeutung“ – Faksimile-Ausgaben
	(WA) „Manès Sperber“
	(L) Markus Jaroschka; Präsentation des Leykam-Verlages; „Aus dem Leben Hödlmosers“ von Reinhard P. Gruber
	(M) „QuARTett“; Ensemble der Wiener Akademie
	(V) Klaus Amann über österreichische Literatur; Annemarie Grünfelder über Manès Sperber
Marburg	(EA) Josef Tichy
	(A) „Kinder sehen Gewalt“
	(WA) „Manès Sperber“
	(L) Markus Jaroschka; Janko Ferk
	(S) Jugendliteraturtagung „Was uns freut“ (Ulrike Wilke, Klaus Zelewitz, Peter Malina und Dagmar Ransmayr)
	(V) Helmut Krainer über Manès Sperber; Arno Russegger über Robert Musil

Nis	(M) Elzbieta Mazur
Osijek	(L) „Am Magnetberg“ von Klaus Hoffer (Johannes Pump)
Pirot	(M) Elzbieta Mazur
Pula	(EA) Christian Graber
Rijeka/Fiume	(EA) Therese Raab
Sarajevo	(A) Adeva-Ausstellung „Bücher von europäischer Bedeutung“ – „Faksimile-Ausgaben“
Skopje	(M) Elzbieta Mazur
Split	(A) „Mozart in Split und Gmunden“
Varazdin	(EA) Christian Graber
	(M) Florien Kitt und Rita Medjimorec; Robert Lehrbaumer
Zagreb	(EA) Therese Raab
	(GA) „Zeichen im Fluß“
	(A) „Ein Schritt näher“ (Damir Hojka), „Mozart im Foyer“, „Wien in Agram“, Walter Zednicek: „Schüler Otto Wagners“
	(WA) „Haut und Hülle“, „Manès Sperber“
	(L) Günther Seidl; Präsentation der Verlage Droschl und Wieser; Gabriel Loitold; Aufführung R. P. Gruber „Der hinnige Sohn und das Publikum“
	(M) Florian Kitt und Rita Medjimorec; Wiener Akademie und Kammerchor der Musikhochschule Wien mit Martin Haselböck; Robert Lehrbaumer; Jazzensemble der Hochschule Graz
	(S) „Hegel und die posthegelianische Philosophie“ (UProf. Erich Heintel, UProf. Michael Benedikt)
	(V) Klaus Brunner und Stefan Karner über österreichisches Verlagswesen; Christian Simhandl über Anwendung von Cartamazepin in der Psychiatrie; UProf. Editha Hörander über Nahrungsmittelforschung in Mitteleuropa; Manfred Buchroithner über neue Methoden der Kartographie; Kurt Bretterbauer über Paleogeodäsie; Manfred Wolf-Plotteg über Strukturalisierung und Computeranwendung in der Architektur; UProf. Edgar Josef Korherr über Religionspädagogik; Darko Breitenfeld über Mozart
KANADA	
Calgary	(L) „Österreich von A bis Z (Johanna Matz und Bruno Thost)
	(M) Paul Badura-Skoda
	(S) Mozartsymposion (Paul und Eva Badura-Skoda)
Edmonton	(L) Graziella Hlawaty; „Österreich von A bis Z“ (Johanna Matz und Bruno Thost)
Grand Prairie	(EA) „Vero Mazar – Frauenportraits“
Halifax	(L) Josef Haslinger

Hamilton	(L) Josef Haslinger
Montréal	(EA) „Architektur von Anton Schweighofer“
	(WA) „Wolfgang Amadeus Mozart“
	(L) Wolfgang Skwara; „Österreich von A bis Z (Johanna Matz und Bruno Thost)
	(M) Alexander Sander
	(V) HProf. Manfred Wagner über Mozart
Ottawa	(EA) „Vero Mazar – Frauenportraits“
	(WA) „Wolfgang Amadeus Mozart“
Peterborough	(V) Robert Saxer bei Deutschlehrertagung
Toronto	(L) Christoph Ransmayr; „Österreich von A bis Z“ (Johanna Matz und Bruno Thost)
	(M) Wiener Philharmoniker; Wiener Sängerknaben; Salzburger Marionettentheater
	(V) Klaus Ager über Kompositionsmodelle; HProf. Manfred Wagner über Mozart; HProf. Konrad Oberhuber über die Graphische Sammlung Albertina
Winnipeg	(L) „Österreich von A bis Z“ (Johanna Matz und Bruno Thost)
	(V) Jürgen Koppensteiner bei Deutschlehrertagung
Wolfville	(L) Wolfgang Skwara; Josef Haslinger; „Österreich von A bis Z“ (Johanna Matz und Bruno Thost)
	(V) Roland Fischer bei Deutschlehrertagung
KENYA	
Nairobi	(M) Eva Barta-Bartfai, Ildiko Szönyi, Martin Klietmann, Gerd Kenda
KOLUMBIEN	
Santa Fe de Bogota	(MA) „Der schreckliche Engel“
	(M) Mozarteum Quartett; Peter Efler; Alexander Jener; Alexandra Stöckler
	(S) Pflanzenphisiologie (UProf. Roland Albert, UProf. Andreas Fischer, G. Bachmann)
Cali	(MA) „Der schreckliche Engel“ (Graphik des 20. Jahrhunderts)
	(V) UProf. Roland Albert über Pflanzen in Streßsituationen; UProf. Andreas Fischer über zentraleuropäische Vegetation
Medellin	(MA) „Der schreckliche Engel“
	(M) Mozarteum Quartett
KOREA	
Seoul	(AB) Internationale Photoausstellung
	(M) Gottfried Schneider und Siegfried Mauser; Ingrid Häbler; Salzburger Mozart Ensemble; Wiener Mozart-Orchester

	(V) Heinrich Neisser „Die neue politische Ordnung in Osteuropa"
KUBA	
Havanna	(GA) „Projekt der österreichischen Architekten Carl Pruscha und Peter Noever" – über die Restaurierung des Palais Calderon mit Neubau und Überblick über bisheriges Schaffen der Architekten
	(L) Marie-Therese Kerschbaumer; Erich Hackl
	(S) Österreichische Geschichte und Wirtschaft (UProf. Waldemar Hummer, UProf. Hoke, Paul Drekonja); Germanistik und Linguistik (UProf. Alfred Ebenbauer, Franz Eybl)
	(V) Helmut Gollner über Grillparzer
LITAUEN	
Vilnius	(WA) „Österreich – gestern und heute"
LUXEMBURG	
Luxemburg	(EA) Hermann Nitsch, Manfred Hebenstreit, Jürgen Messensee, Wulf Bugatti, Hubert Scheibl, Christian Ludwig Attersee, Hermann Härtl, Ursula Pichler
	(GA) „Ausstellung von fünf österreichischen Künstlern"
	(A) „Biedermeier-Ausstellung"
MALAYSIA	
Kuala Lumpur	(WA) „Vom Biedermeier zur Moderne"
	(M) Wolfgang Poduschka; Leo Witoszynskyj; Meinhard Prinz; Austrian Art Ensemble
	(V) UProf. Friedrich Wallner über Wissenschaftstheorie; HProf. Manfred Wagner über Mozart
Penang	(WA) „Vom Biedermeier zur Moderne"
Shah Alam	(WA) „Vom Biedermeier zur Moderne"
MAROKKO	
Casablanca	(EA) Gerda Hegedus
MEXIKO	
Guadalajara	(EA) „Der Maler Santoni"
	(GA) „Sieben österreichische Druckgraphiker"
Mexiko	(GA) „Sieben österreichische Druckgraphiker"
	(A) „Mozart-Ausstellung"
	(L) Christoph Ransmayr
	(M) Salzburger Mozartsolisten; Wiener Schubert Trio, Mozarteum Quartett; Robert Lehrbauer; Paul Badura-Skoda; Inge Balac; Jörg Demus; Wiener Sängerknaben
	(V) Kurt Pahlen über Mozart; Christian Kloyber über den Maler Wolfgang Pahlen; Christine Hüttinger „Wien um 1900"

Merida	(M) Mozarteum Quartett; Robert Lehrbauer
Monterrey	(A) „Mozart-Ausstellung"
	(M) Robert Lehrbauer; Inge Balac
Puebla	(M) Mozarteum Quartett; Robert Lehrbauer
	(V) Kurt Paalen und Robert Kolb über Mozart
Veracruz	(EA) „Der Maler Santoni"
NEUSEELAND	
Christchurch	(M) Ars Musica Althofen
	(S) Grillparzer (UProf. Walter Weiss, Siegurd Scheichl)
Wellington	(M) Ars Musica Althofen
NIEDERLANDE	
Amsterdam	(A) „Marlen Haushofer", Leihgaben der Graphischen Sammlung Albertina: „Drei Elefanten" (Rembrandt)
	(GA) Ausstellung junge österreichische Künstler
	(V) Christine Schmidjell über österreichische Schriftstellerinnen; UProf. Karl-Heinz Rossbacher über Josef Roth und Karl Lueger; UProf. Norbert Leser über Stefan Zweig; HProf. Gottfried Scholz über Rezeptionsgeschichte der Opern Mozarts
Den Haag	(GA) Ausstellung junge österreichische Künstler
	(A) „Marlen Haushofer"
	(L) Marlen Haushofer Lesung (Andrea Wolf)
	(S) „Mitteleuropa, gestern – heute – morgen" (Bundesminister Erhard Busek, UProf. Richard Plaschka und UProf. Norbert Leser)
Endhoven	(GA) Ausstellung junge österreichische Künstler
Maastricht	(GA) Ausstellung junge österreichische Künstler
Rotterdam	(MA) „Zeichnungen Fra Bartolommeo 1472 bis 1517" (Leihgaben der Albertina)
Tilburg	(A) „Berggasse 1938" (Sigmund Freud)
NIGERIA	
Lagos	(A) „Mozartphotoserie"
	(WA) „Wolfgang Amadeus Mozart"
NORWEGEN	
Bergen	(S) Ludwig Wittgenstein
	(V) UProf. Herbert Zeman und Alexander Trojan über Franz Grillparzer; Margarethe Schättle über österreichische Wirtschaft und Politik
Hamar	(A) „Mozartausstellung der Gemeinde Wien"
Oslo	(A) „Mozartausstellung der Gemeinde Wien"

	(AB) „Kinderkunstausstellung: Katastrophe“
	(WA) „Wolfgang Amadeus Mozart“, „Franz Grillparzer“
	(M) Stadtchor Ternitz; Wiener Opernballorchester; Champagner Quartett
	(S) Franz Grillparzer (UProf. Herbert Zeman, Franz Forster, D. Kriegleder und Alexander Trojan)
	(V) HProf. Manfred Wagner über Mozart; Margarethe Schättle über österreichische Wirtschaft und Politik
Sandefjord	(A) „Mozartausstellung der Gemeinde Wien“
	(M) Internationales Mozartfestival, Wiener Ball
OMAN	
Muscat	(GA) „Zehn österreichische Maler, Graphiker und Bildhauer“ (Roman Haller, Franz Part, Herbert Pasiecznyk, Josef Schagerl, Ona B., Tone Fink, Martha Jungwirth-Schmeller, Linde Waber, Karl Korab, Hildegard Joos)
	(V) Otto Staininger und Joseph Secky über Österreich als europäische Kulturnation
PANAMA	
Panama	(M) Mozarteum-Quartett; Wiener Sängerknaben
PARAGUAY	
Asuncion	(WA) „Wolfgang Amadeus Mozart“
PERU	
Lima	(A) „Homenaje Wolfgang Amadeus Mozart“
	(AB) „100 Jahre Oxapampa“
	(S) „La Casa de Austria y el Peru“
	(V) Franz Irbinger über Volksgruppen in Mitteleuropa, Franz Grillparzer
PHILIPPINEN	
Manila	(EA) Gottfried Salzmann
POLEN	
Danzig	(L) Julian Schutting; Walter Bartussek
	(M) Eva Mock/Rosemarie Radtke; Josef Sivo und Thomas Hlawatsch
Kalisz	(WA) „Haut und Hülle“
Krakau	(A) „Sigmund Freud-Ausstellung“
	(AB) Errichtung einer Georg Trakl-Gedenkstätte, Bilderausstellung „Galizien“
	(WA) „Franz Grillparzer“
	(L) Marianne Gruber; Karl Lubomirski; literarischer Abend Robert Stauffer, Georg Trakl

	(M) Wiener Akademie; Elzbieta Mazur; Mia Zabelka; Tiroler Ensemble für Neue Musik; Brigitte Neumeister; Wiener Kammerphilharmonie; (S) „Erziehung zur Demokratie", „Ludwig Wittgenstein", „Alternativen im Energiebereich"; Franz Grillparzer (V) UProf. Norbert Leser über Staat und Kirche in Mitteleuropa und über österreichische Literatur; UProf. Zoran Konstantinovic über Mitteleuropa als Forschungsobjekt der Literaturwissenschaft;
Lodz	(WA) „Franz Grillparzer", „Franz Werfel" (L) Lesereise PEN-Club OÖ; Marianne Gruber; Julian Schutting; Walter Bartussek; (M) Affetti Musicali; (V) Wolfgang Kraus über Wien als Literaturstadt
Lublin	(WA) „Josef Roth" (L) Lesereise PEN-Club OÖ; (V) UProf. Joseph Strelka über Jung-Wien, Musil
Opole	(L) Literarischer Abend Robert Stauffer; Walter Bartussek
Oronsk	(AB) Bildhauerzentrum (drei österreichische Künstler je ein Monat)
Plock	(M) Eva Mock/Rosemarie Radtke; Josef Sivo und Thomas Hlawatsch; Helmut Lenardt; Florian Kitt und Rita Medjimorec
Poznan	(WA) „Josef Roth", „Haut und Hülle", „Franz Werfel" (GA) „Entwerfen am Institut für Wohnbau in Wien" (L) Marianne Gruber; „O du mein Österreich" (Ingrid Malinka und Fritz von Friedl); Julian Schutting (V) UProf. Joseph Strelka über Joseph Roth; Renate Langer über österreichische Literatur
Torun	(AB) „Künstlerische Konfrontationen Torun 91" (Bohatsch, Brandl, Kienzer, Kopf, Scheibl, Schlegl, Schmalix, Wakobinger, Worm), VI. Internationaler Mal- und Zeichenwettbewerb für Kinder
Warschau	(GA) „Entwerfen am Institut für Wohnbau in Wien", „Reflek-sy" – junge österreichische Künstler in Warschau (A) „Bilder aus der Galerie Knoll Wien", „Malerei Südpolens aus der Zeit Kaiser Franz Josefs", „Reisenotizen", „Judaica-Faksimiles" (AB) „Expolingua" (Schulbuchausstellung), „Wealth of Nations" (WA) „Josef Roth", „Franz Grillparzer", „Haut und Hülle", „Franz Werfel"

	(L) Lesereise PEN-Club OÖ; „O du mein Österreich" (Ingrid Malinka, Fritz von Friedl); Julian Schutting; „Im kleinen Landhaus" (TheaterMerz Graz); „Pardon, wenn ich abweiche" (Freie Bühne Wieden); Walter Bartussek
	(M) Mia Zabelka; Gruppe „Camorra" mit „Stahl II"; Eva Mock/Rosemarie Radtke; Christine Jones und Trio; Josef Sivo und Thomas Hlawatsch; Franz Haselböck; Karlheinz Miklin; Concilium Musicum; Helmut Lenardt; Florian Kitt und Rita Medjimorec; Wiener Akademie mit Martin Haselböck
	(V) UProf. Georg König über Akupunktur; UProf. Joseph P. Strelka über Canetti; Werner Margreiter über Skipädagogik; Wolfgang Kraus über Wien als Literaturstadt
Wroclaw	(L) Marianne Gruber
	(M) Elzbieta Mazur; Christine Jones; Concilium Musicum
	(V) Kurt Klinger über Franz Grillparzer; UProf. Joseph Strelka über Literatur
PORTUGAL	
Aveiro	(WA) „Josef Roth"
Braga	(WA) „Wolfgang Amadeus Mozart"
Coimbra	(M) Salzburger Solisten
	(V) UProf. Manfred Wagner über Mozart
Figueira da Foz	(FF) XX. Internationales Filmfestival
Lissabon	(EA) Eva Kleisinger, Adi Holzer: „Homenagem a Mozart", Günther Nußbaumer (Mozart-Bilderzyklus)
	(M) Salzburger Solisten; Margarete Babinsky; Christoph Berner, Robert Pobitschka; Trio Jirkuff/Paster/Androsch; Camerata Academica Salzburg; Gustav Kuhn; Wiener Sängerknaben
	(V) HProf. Manfred Wagner über Mozart
Obidos	(AB) 3. Internationale Biennale für zeitgenössische Malerei (Ursula Hübner, Friedrich Eckhardt, Gudrun Kampl)
Porto	(WA) „Wolfgang Amadeus Mozart",
	(FF) II. Internationales Filmfestival
	(M) Salzburger Solisten; Margarete Babinsky
Santarem	(AB) 4. Bildhauerwoche
Troia	(FF) VII. Internationales Filmfestival
RUMÄNIEN	
Bukarest	(L) Theatergruppe „Tagträumer", „Pardon, wenn ich abweiche. . ." (Topsy Küppers)
	(M) Alexis Hauser; Sebastian Benda;
	(V) Wolfgang Kraus und UProf. Max Peyfuss über Literatur

Hermannstadt	(L)	Theatergruppe „Tagträumer“
	(M)	„Vienna Jazz Formation“
Klausenburg	(L)	Theatergruppe „Tagträumer“
	(M)	Alexis Hauser
SAUDI ARABIEN		
Dammam	(M)	Per Arte Duo
SCHWEDEN		
Lund	(EA)	Christl Bolterauer
Skövde	(L)	Friedrich Ch. und Roswitha Zauner
	(M)	Felicitas Keil;
	(V)	UProf. Karl Müller, Christian Schwaiger über österreichische Literatur
Stockholm	(MA)	„Wien 1900 bis Wien 1990“
	(L)	Gerhard Amanshauser
	(V)	Karl Müller und Johann Holzner über österreichische Literatur; Johann Hüttner über das österreichische Volkstheater
Vasteras	(EA)	Friedensreich Hundertwasser
SCHWEIZ		
Ballens	(EA)	Rudolf Haas
Basel	(EA)	Siegfried Anzinger
	(GA)	„Ort und Platz – stadträumliche Architekturanalysen“ (Meisterklasse Prof. Hans Hollein)
Bern	(EA)	Giselbert Hoke; Rudolf Haas; DeEs Schwertberger; Herbert Brandl
	(GA)	Hermann Kremsmayer und Herbert Breiter: „Gemälde, Aquarelle und Gouachen“
	(L)	„Übergewicht, Unwichtig, Unform“ (Schauspielhaus Wien); Ernst Jandl
	(M)	Wiener Symphoniker mit Nikolaus Harnoncourt
Chur	(EA)	Franz Felfer
	(GA)	„Mozart-Spiegelungen“ (82 Grazer Kunstschüler der Technischen Universität Klagenfurt – Prof. Franz Felfer)
Genf	(EA)	Kurt Panzenberger: „Aquarelle“
Lausanne	(WA)	„Franz Grillparzer“
Luzern	(EA)	Gerwald Rockenschaub
Oberdiessbach	(EA)	Iris Andreaschek-Holzer; Anton Christian
Rüschlikon bei Zürich	(GA)	„Figürlichkeit – sechs Künstler aus Vorarlberg“
Schaffhausen	(EA)	Christian Bartel
Solothurn	(L)	Friederike Mayröcker; Ilse Aichinger

St. Gallen	(EA) Jeannot Schwarz
Thun	(EA) Friedensreich Hundertwasser
	(GA) Gerhard Almbauer, Gustav Just, Helmut Kern, Kurt Panzenberger, Bernhard Vogel: „Aquarelle“
Zürich	(EA) Günther Selichar, Maria Lassnig, Arik Brauer, Caroline Rammerstorfer, M. J. M. Ringel
	(GA) Hugo Markl und Richard Fleisner
	(A) „Mozart lebt“, „Marlen Haushofer“
	(L) „Kaffeehausliteratur“ (Brigitte Neumeister); österreichische Literatur und Wiener Lieder (Michael Heltau; Marlen Haushofer); Lesung Konrad Bayer (Wolfgang Berger, Uli Scherer)
	(M) Wiener Symphoniker mit Nikolaus Harnoncourt; Rudolf Buchbinder, Friedrich Gulda
	(S) „Schweiz-Österreich, Nachbarn in Europa“
	(V) Bundesminister Erhard Busek über „Europas Zukunft von Wien aus gesehen“; Franz Parak über Neutralität in Europa; Martin Purtscher über „Österreich im neuen Europa“
SENEGAL	
Dakar	(L) Klaus Hoffer;
	(M) Flury/Wegmann; Margarethe Babinsky
SOWJETUNION	
Charkow	(M) Peter Lang; Manfred Mayerhofer;
Izewsk	(A) „Franz Probst“
Leningrad	(M) Peter Lang
Moskau	(MA) Max Peintner
	(EA) Robert Schaberl
	(A) Rodschenko-Stepanowa
	(M) Erwin Kropfitsch; Concilium Musicum; Ruth Baumgartner; Wiener Streichtrio; Peter Doss; Walter Berry und Ensemble; E. Holzschuh, A. Kirchschlager, P. Jelosits, Walter Berry, Konrad Leitner
St. Petersburg	(MA) „Josef Hoffmann“
SPANIEN	
Barcelona	(M) Jess-Trio Wien; Margarethe Babinsky
Jerez de Frontera	(EA) „Caroline“ – Wandteppiche
Madrid	(EA) Leo Zogmayer
	(GA) „Granada“
	(AB) „Internationaler Malwettbewerb für Kinder Amadé-Espana 1991“, Internationale Tourismusmesse „Fitur“, Internationale Messe über zeitgenössische Kunst, „Expolingua“

	(M) Wiener Sängerknaben; Klangforum Wien; Wiener Kammerorchester „Sinfonieta"; Concertino Wien
	(V) Karl Rudolf über Madrid und Wien; Richard Bösl über österreichische Barockkunst; Peter Weiser und Manfred Wagner über Mozart
Malaga	(EA) Dieter Huber
Mallorca	(A) „Dr. Bruno Kreisky"
Sevilla	(EA) Evelin Heregger
	(GA) „Granada"
	(WA) „Berggasse 1938"
	(L) Julian Schutting
	(M) Kammerorchester Salzburg; Arnold Schönberg Chor; Margarethe Babinsky; Wiener Madrigalchor; Blue Chip Orchester; Rudi Berger Group
Valencia	(EA) Arnulf Rainer
SÜDAFRIKA	
Johannesburg	(M) Haydn-Piano-Trio
Pretoria	(EA) Hans Bilgeri
	(M) Haydn-Piano-Trio; Kärntner Madrigalchor Klagenfurt;
SYRIEN	
Damaskus	(WA) „Wolfgang Amadeus Mozart"
	(M) Klaus Leutgeb; Phöbus-Trio
	(S) Österreich-Syrischer Kongreß für Allgemeinmedizin und Gynäkologie (20 österreichische Teilnehmer)
THAILAND	
Bangkok	(A) „Mozart-Ausstellung"
	(WA) „Wolfgang Amadeus Mozart"
TUNESIEN	
Carthage	(EA) Helga Pasch
La Soukra	(A) „Leopold Schuster"
Tunis	(M) Roswitha Randacher; Klaus Leutgeb
	(V) UProf. Hilde Haider über Thomas Bernhard
TÜRKEI	
Adana	(WA) „Josef Roth", „Haut und Hülle"
Ankara	(A) „Mozart 1991"
	(AB) „Internationale Kinderbuchausstellung"
	(WA) „Josef Roth"
	(L) Wolf Neuber
	(M) Concilium Musicum; Klaus Leutgeb; Trio Margiol; Duo Per Arte; Carinthia Saxophon-Quartett

Balikesir	(EA) Eva Klepp-Afritsch
Burza	(EA) Eva Klepp-Afritsch
Edirne	(EA) Eva Klepp-Afritsch
Eskisehir	(WA) „Josef Roth", „Franz Grillparzer" (M) Duo Per Arte; Tamburiza Oslip
Istanbul	(EA) Eva Klepp-Afritsch, Hilmar Gottesthal (GA) „Junge Kunst aus Österreich", „Von uns – von anderen" (Eduard Angeli), „Rabnitztaler Malerwochen" (WA) „Franz Grillparzer", „Haut und Hülle" (L) Wolf Neuber; Gerhard Balluch; „W.A.Superstar" (Theater Heuschreck) (M) Concilium Musicum; Thomas Hlawatsch; Klaus Leutgeb; Kammermusikensemble der TU Wien; Trio Margiol; Chor Mariatrost; Duo Per Arte; Alexander Jenner; Carinthia Saxophon-Quartett; Wiener Kammerorchester; (S) „Erkenntnistheorie und moderne Naturwissenschaften" (E. Oeser, D. Flamm, R. Ried, St. Haltmayer); Byzantinischer Kaiserpalast in Istanbul (J. Koder, W. Jobst, C. Podgorschek, P. Berzobohaty, P. Turnovsky); Restaurierungsprobleme der Hagia Sophia (W. Jobst, F. Gollmann, P. Berzobohaty) (V) Seminare mit österreichischen Referenten über Landinformationssysteme, Bergsport und Mensch, Akupunktur, Implantologie, Industriedesign, wissenschaftlichen Film, W. A. Mozart; HProf. Manfred Wagner über Mozart; Hanspeter Neuhold über europäische Politik; Carl Auböck über Architektur; Helmut Gachowetz über Psychologie und Organisationsstrukturen; Gabriele Schmidt über Euthanasie und Ethik
Izmir	(WA) „Josef Roth", „Franz Grillparzer"
Konya	(WA) „Josef Roth"
UNGARN	
Badacsonytornai	(EA) Ingrid Moschik
Budapest	(EA) Anga Sternberg, Ernst Degasperi, Gerda Christ, Brigitte Kordina: „Positionen VIII. Wien – Budapest, Maria Theresia Litschauer, Walter Zednicek, Wolfgang Seierl, Albert Trendl (GA) Hans Florey und Jorrit Tornquist: „Positionen", „Entwerfen am Institut für Wohnbau" (TU Wien), „Spielkarten in Ungarn" (Firma Piatnik), Dora Maurer – Erika Kiffe (A) „Juden in der k.u.k Armee", „Eduard Liszts blauer Salon", „Verlag Jugend und Volk: Verlagsprogramm", „Mozart", Lakol Wokiksuye, „Musikalische Reisebilder" (Wiener Stadtbibliothek) (AB) „Neue Natur" (Teilnahme Johannes Kandl), 3. Internationale Buch- und Video-Messe und Expo-Lingua (WA) „Franz Werfel", „Manès Sperber"

(L) Verlagspräsentation Edition S; Literatur aus Vorarlberg; Peter Waterhouse; Informationswoche über österreichische Dramatik; H.C. Artmann: Kein Pfeffer für Czermak (Jura Soyfer Theater); Klaus Hoffer: Am Magnetberg (Johannes Pump, Graz); Felix Mitterer; Lotte Ingrisch; Ferdinand Bruckner; Athur Schnitzler; Thomas Bernhard; Kabarett Manfred Baumann und Walter Höller

(M) Mozarteum Quartett Salzburg; Barbara Moser; Christina Ruprecht, Joseph-René Rumpold, Fritz Brucker; Wolfgang Panhofer, Manon Liu Rennert; Klaus Leutgeb; Jess-Duo; Joanna Madroszkievicz, Manfred Wagner-Artzt; Margarete Babinsky; Barbara Moser; Franz Haselböck; Ensemble Pro Brass; Kombinat M; Monoblue Quartett

(S)" Der K.K. Beamte in der Literatur der Monarchie und der Nachfolgestaaten" (Joseph P. Strelka, Johann Hüttner, Kerstin Schwob, Peter Zima, Zoran Konstantinovic, Alois Woldan); „Franz List" (Gottfried Scholz, Cornelia Szabo-Knotig, Gernot Winkler); W.A. Mozart und Ungarn; „Jüdische Soldaten in der Armee des Donaureiches" (Erwin A. Schmidl)

(V) Marc Adrian über den österreichischen Strukturfilm von 1955 bis heute; Joseph P. Strelka über Franz Werfel und Robert Musil; Gerold W. Gruber über Mozart; UProf. Manfred Wagner über Mozart; Ulrich Müller über Mozart; Konrad Oberhuber über Zeichnungen aus der Albertina; Kurt Bartsch und Gerhard Melzer über Germanistisches Institut der Universität Graz; Roland Innerhofer über Egon Friedell; Walter Zednicek über Otto Wagner und seine Schule; Fritz Muliar über Kabarett aus Österreich; Dieter Bogner über das Museumsquartier; Peter Ulram über die Entwicklung des Demokratiebewußtseins; Norbert Leser über europäischen Sozialismus; Christian Schantl über Jugend in Österreich; Peter Tyran über Volksgruppen in der Pentagonale; Waltraud Heindl und Marina Tichy über Frauen und Wissenschaften

Debrecen	(WA) „Franz Werfel"
	(L) Barbara Frischmuth; Theaterworkshop mit Stefan Bruckmeier
	(V) Joseph P. Strelka über Franz Werfel und Robert Musil; Ulrich Müller über Mozart
Eger	(L) Barbara Frischmuth
Györ	(EA) Brigitta Malche
	(GA) „Erste allgemeine Photoausstellung von photographischen Verbänden der Slowakei, Ungarns und Österreichs"
	(WA) „Franz Werfel"
Nyiregyháza	(L) Barbara Frischmuth; Johannes Pump
Kecskemet	(WA) „Franz Werfel"

Körmend	(MA) „Raumschiff Erde – Vom Urknall zum Überschall“ (Museumsbus)
Koszeg	(MA) „Raumschiff Erde – Vom Urknall zum Überschall“ (Museumsbus)
Pécs	(GA) „Gruppe 77“
	(L) Josef Winkler; Kindertheater KA-EM-2-Ein (Graz)
	(S) Deutschsprachige Gegenwartsliteratur (Christa Gürtler, Wolfgang Hackl, Gerhard Bertha, Michaela Dauerböck, Markus Huber)
	(V) Joseph P. Strelka über Franz Werfel und Robert Musil
Sopron	(MA) „Raumschiff Erde – Vom Urknall zum Überschall“ (Museumsbus)
	(M) Thomas Zehetmair
	(V) Renate Basch-Ritter über die österreichischen Kronländer
Szeged	(WA) „Franz Werfel“
	(L) Josef Winkler; Walter Grond; Johannes Pump
	(V) Robert Saxer über Germanistik/Didaktik; Joseph P. Strelka über Franz Werfel und Robert Musil; Herbert Klauser über Ferdinand von Saar; Nicki List zur Entstehung des Filmes „Malaria“; Herbert Klauser über Stefan Zweig
	(S) „Franz Werfel“ (Wolfgang Kraus, UProf. Herbert Zeman)
Szentendre	(EA) Julia Welther
Szombathely	(MA) „Raumschiff Erde – Vom Urknall zum Überschall (Museumsbus)
	(GA) „Fotoausstellung Ungarn – Polen – Österreich: Fotoarchiv II“ (Heinz Cibulka, Friedl Kubelka-Bondy, Michael Moscouw, Robert Walde), Gruppe 77 (Graz)
	(V) Renate Basch-Ritter über die österreichischen Kronländer
Veszprém	(S) Probleme des provinzialrömischen Kunstschaffens (18 österreichische Teilnehmer)
Zalaegerszeg	(MA) „Raumschiff Erde – Vom Urknall zum Überschall“ (Museumsbus)
URUGUAY	
Montevideo	(V) UProf. Waldemar Hummer über Integrationsfragen in Europa und Südamerika; UProf. Michael Rössner über Franz Kafka
USA	
Albuquerque	(WA) „Adolf Loos“
Ames/Iowa	(WA) „Karl Kraus“, „Adolf Loos“
Annapolis/Maryland	(A) „The Austrian Secessionists; Prints, Drawings and Watercolors“
Berkeley/Cal.	(EA) Ernst Caramelle

Boston (EA) Norbert Pümpel, Gerold Hirn
(GA) Sonja Lixel and Tone Fink
(M) Andreas Schiff, Wiener Philharmoniker; Karlheinz Miklin Trio;
(V) UProf. Fritz Wallner über Erkenntniswissenschaft

Boulder (WA) „Gustav Mahler"

Charlottesville (WA) „Neues Wohnen in Wien"

Cheyenne (EA) Gunter Temech: „The Homeless Project", „The Artist as Innovator"

Collegeville (A) „Hermann Heller – Artist, Anatomist, Mariner 1866 – 1949", „Oskar Kokoschka in Minnesota: 1949 – 1957"

Chicago (EA) Peter Weibl, Anton Schweighofer, Karl Heinz Stroehle
(GA) „Austrian Architecture and Design: Beyond Tradition in the 1990's", „A Grand Design" (Hans Hollein und Boesendorfer)
(A) „Josef Hoffmann: Drawings and Objetcs from Conception to Design"
(AB) „Chicago International Art Exhibition"
(WA) „Kunst in Wien um 1900", „Biedermeier in Österreich", „Klimt/Schiele", „Neuer Wiener Wohnbau"
(M) Mozarteum Orchester; Paul Badura-Skoda
(S) Josef Hoffmann (Otto Graf, Christian Witt-Doerring, Eduard Sekler)

Coral Gables/Fl. (WA) „Neuer Wiener Wohnbau"

Dallas (A) „Heritage and Mission: Jewish Vienna"

Elmsford/NY (EA) Renata Rainer: „The Feminine Focus"

Fayetteville (WA) „Entwerfen am Institut für Wohnbau in Wien"

Hammond/Indiana (WA) „Gustav Klimt/Egon Schiele"
(S) Wolfgang Amadeus Mozart (Eva und Paul Badura-Skoda)

Houston (EA) Peter Pabisch

Iowa (A) „Vienna in Concert"

Little Rock (WA) „Josef Haydn"

Los Angeles (A) „Secessionism and Austrian Graphic Arts 1900 bis 1920"
(L) Lesung österreichisch-jüdischer Autoren (Angelica Schuetz);
(M) Ensemble Wiener Collage;
(S) Jahreskonferenz der German Studies Association (13 österreichische Referenten)
(V) Lorenz Mikoletzky über österreichische Archive; Juliane Mikoletzky über Literatur; Elisabeth Klamper über die Verfolgung der Zigeuner; UProf. Rolf Steininger über Österreich 1950 bis 1955;

Memphis	(A) „The Austrian Secessionists: Prints, Drawings and Watercolors“
Moscow/Idaho	(WA) „Neuer Wiener Wohnbau“
Muskegon	(A) „The Austrian Secessionists: Prints, Drawings and Watercolors“
Nashville	(S) Rezeption österreichischer und deutscher Exilliteratur (Johannes Holzner, Helmut Pfanner)
New York	(EA) Michael Blank, Paul Rotterdam, Meina Schellander, Anton Schweighofer, Heimo Zobernig, Christian Pukal, Gabriele Hein, Hubert Scheibl, Chris Hinterobermeier, Sepp Dreissinger, Erwin Wurm, „Alfred Grünwald“, Rainer Ganahl, Hollein: „Piano“, Walter Sorell: „Inner landscapes“, Franz Schwarzinger, Johannes Girardoni, Franz West, Franco Kappl, Bruno Gironcoli, „Hermann Heller: Artist, Anatomist, Mariner“
	(GA) Gabriele Hain, Manfred Makra, Alois Reiter, Vera Paluch: „Related but different“, „Heiko und Uwe Bresnik: Colors and Networks“, „Artists of Gugging“, „Franz West, Marthis Esterhazy: „Pis Aller (Doubled)“
	(A) „Egon Schiele“, „Lois Welzenbacher 1889 bis 1955“, „Jewish Soldiers under the Double Eagle“, „Salomon Sulzer: Cantor – Composer – Innovator“, „The Expressionist Figure – Paintings by Oscar Kokoschka, Egon Schiele and others“, „Seven Years in Tibet“ (Photographien von Heinrich Harrer 1944 bis 1951), „Sigmund Freud Antiquities: Fragments From a Buried Past“
	(L) Fritz Muliar (österreichische Literatur); Ernst Schönwiese, Gabriel Barylli
	(M) Ensemble for Viennese Music; Mozarteum Orchester; Franz Welser-Moest; Wiener Philharmoniker; Wiener Kammerorchester; Christine Jones; Tibor Kovac, Chia-Hong Liao, Mario Gheorghiu, Meinhard Prinz; Christian Muthspiel; Drahdiwaberl; Joerg Demus; Albert Thimann und Ensemble; Marcel Prawy; Salzburger Marionetten Theater; Wiener Schubert Trio; Novi Sad
	(S) Salomon Sulzer (Eva Kitzler-Eder, UProf. Walter Salmen, Kunrich Kehrer)
	(V) UProf. Hans Hinterhaeuser über österreichische Romanistik; UProf. Dietmar Goltschnigg über Hofmannsthal und Musil
Ohio	(EA) Alexander Rutsch
Philadelphia	(A) „Drawings and Objects by Josef Hoffmann: His process from Conception to Design“, „The Artists of Gugging“
	(S) Josef Hoffmann (Otto Graf, Christian Witt-Doerring)
Pullman	(EA) Arnulf Rainer: „Drawing on Death“
Riverside	(L) Friedrich Zauner
	(S) Zeitgenössische österreichische Literatur und Film (13 österreichische Teilnehmer)

	(V) Klaus Zeyringer über österreichische zeitgenössische Literatur
Ruston	(WA) „Neuer Wiener Wohnbau“
San Diego	(EA) Anton Christian
San Franzisco	(EA) Erwin Wurm
Santa Fe	(A) „Heritage and Mission: Jewish Vienna“
Sweet Briar	(WA) „Kunst in Wien um 1900“
Syracuse/NY	(WA) „Neuer Wiener Wohnbau“
Tucson	(WA) „Neuer Wiener Wohnbau“
Waltham	(A) „Heritage and Mission: Jewish Vienna“
Washington	(EA) Maria Moser: „Paintings“, Alfred Grünwald
	(GA) „Entwerfen am Institut für Wohnbau in Wien“
	(A) „Herbert Boeckl
	(L) „Österreich von A bis Z“ (Johanna Matz, Bruno Thost); Peter Sichrovsky; Lesung mit Fritz Muliar
	(M) Mozarteum Orchester mit Hans Graf; Wiener Philharmoniker; Robert Lehrbaumer und Peter Doss; Wiener Schuberttrio; Karlheinz Miklin Trio; Wiener Sängerknaben; Robert Holzner, Michael Lakner; Wiener Kammerorchester; Alfred Brendel
Woodstock	(V) Elisabeth Klamper über die Verfolgung der Zigeuner; Peter Sichrovsky über „Born Guilty“; UProf. Hans Hinterhaeuser über österreichische Romanistik
Harvard Univ.	(S) Amerikanische Besatzung nach dem II. Weltkrieg (UProf. Anton Pelinka, Oliver Rathkolb, Rolf Steininger, Fritz Weber, Dieter Stiefel, Reinhold Wagnleitner, Guenter Bischof)
University of Illinois	(L) „Vinzenz und die Freundin bedeutender Männer“ von Robert Musil (Theatergruppe der Wirtschaftsuniversität Wien)
	(M) Liederzyklus von Franz Schubert
	(V) Peter Marboe über die Zukunft Europas aus österreichischer Perspektive
University of Minnesota	(S) „Women in Austria“ (20 österreichische Teilnehmer/innen); „The Rise of the Habsburg Monarchy“(Herbert Knittler, Grete Klingenstein, Helmut Lorenz, Karl Vocelka);
	(V) UProf. Anton Pelinka über österreichische Identität; Anselm Skuhra über europäische Sicherheitspolitik; UProf. Paul Weingartner über Karl Popper und österreichische Philosophie; Elfriede Schmidt über österreichische NS-Bewältigung; Waldemar Zacharasievicz über Wien; Karl Kaser über Familienstrukturen im Balkan; UProf. Ewald Nowotny über Österreich und die Entwicklung in der postkommunistischen Welt; Grete Klingenstein über die Habsburg-Kultur im 18. Jahrhundert

Stanford Univ.	(L) Österreichisch-jüdische Autoren (Angelica Schuetz)
	(S) Mozartinterpretation; Sigmund Freud und Kultur; österreichische Avantgarde (UProf. Wendelin Schmid-Dengler, Josef Haslinger)
	(V) UProf. Anton Pelinka über Deutschland und Österreich; Elisabeth Welzig über die Situation der Frau in Österreich
St. Lawrence University	(S) Ingeborg Bachmann (Josef Strutz, Werner Bauer, Peter Pabisch, Hans Hiebel)
VENEZUELA	
Caracas	(M) Florian Ebersberg; Wiener Sängerknaben; Camerata Academica
	(S) Physikausbildung (UProf. Christian Leubner, UProf. Alfred Pflug)
ZYPERN	
Nikosia	(EA) Helmut Kand

Auswahl von Übersetzungen und Veröffentlichungen in Fremdsprachen, soweit sie den Vertretungsbehörden zur Kenntnis gelangt sind.

Dänisch	Gottfried Fliedl „Gustav Klimt“.
Englisch	Zahlreiche wissenschaftliche Publikationen über österreichische Geschichte und Literatur (Exilliteratur, zeitgenössische Literatur, Robert Musil, Franz Kafka, Joseph Roth); E. Hackl „Abschied von Sidonie“; S. Wiesenthal „Krystyna“; I. Bachmann „Malina“; Peter Marginter „Der Baron und die Fische“. Dr. Sigmar Bortenschlager „Ecology and Biological Invasion in the Tropics“ (wissenschaftliche Publikation), Peter Rosei „Von hier nach dort“; Ch. Ransmayr „Die letzte Welt“; Franz Kafka „Die Strafkolonie“, „Das Problem unserer Gesetze“, „Der Geier“, „Prometheus“.
Finnisch	F. Kafka „Briefe an die Familie 1922–1924“; P. Handke „Die Abwesenheit“.
Französich	Th. Bernhard „Dramolette“, „Über die Höhen“; B. Bettelheim „Das Gewicht eines Lebens“; N. Gstrein „Einer“; E. Hackl „Abschied von Sidonie“; P. Handke „Die Abwesenheit“, „Versuch über die Müdigkeit“; E. Jelinek „Lust“; F. Lang „Tod einer Karrierefrau“; K. Popper „Die objektive Erkenntnis“; W. Reich „Die Leidenschaft der Jugend“; R. M. Rilke „Briefe an Cézanne“, „Die Aufzeichnungen des Malte Laurids Brigge“; J. Roth „Das Gewicht der Gnade“; L. v. Sacher-Masoch „Die Mutter Gottes“, „Die weiße Dame und andere Novellen“, „Die Liebe Platons“, „Die Fischerin der Seelen“; E. Weiss „Der Verführer“; F. Werfel „Eine blaßblaue Frauenschrift“; St. Zweig „Romane und Novellen“; zahlreiche wissenschaftliche Publikationen über Mozart, Brahms, Freud, Wittgenstein, Handke, Celan, Karl Popper, Bernhard, Hofmannsthal, Kokoschka, Klimt, Schiele, Josef Roth,

	Kafka; zahlreiche historische Bücher (u.a. über Zita von Habsburg, Marie Antoinette, Andreas Hofer); kulturhistorische Werke und diverse Sachbücher.
Italienisch	E. Hackl „Auroras Anlaß“; Th. Bernhard „Holzfällen“, „Beton“; P. Handke „Versuch über die Müdigkeit“, „Falsche Bewegung“; E. Schiele „Ich ewiges Kind“; H. v. Hofmannsthal 39 Texte aus „Gesammelte Werke: Reden und Aufsätze, erfundene Gespräche und Briefe. Reisen“; F. Werfel „Eine blaßblaue Frauenschrift“; A. Schnitzler „Der Weg ins Freie“; I. Bachmann „Der gute Gott von Manhattan“, „Ein Geschäft mit Träumen“, „Die Zikaden“; J. Roth „Rechts und links“.
Japanisch	Mehrere Publikationen über W.A. Mozart unter anderem auch vom Bundespressedienst.
Neu-Hebräisch	Prof. Dr. Allerhand „Das Judentum Bd. 3“; F. Mitterer „Besuchszeit“.
Niederländisch	P. Handke „Versuch über die Müdigkeit“, „Versuch über die Jukebox“; J. Roth „Aber das Leben marschiert weiter und nimmt uns mit“; E. Hackl „Abschied von Sidonie“; Leo Perutz „Der Marques de Bolibar“; A. Schnitzler Übersetzung von sechs Erzählungen; Th. Bernhard „Alte Meister“, „Über die Höhen“, „Erzählungen“; Marlen Haushofer „Begegnung mit Freunden“, „Schreckliche Treue“; I. Bachmann „Anrufung des großen Bären“, „Die gestundete Zeit“; H. v. Hofmannsthal „Eine Reitergeschichte und andere Erzählungen“; St. Zweig „Die Welt von gestern“; R. Musil „Der Mann ohne Eigenschaften“; E. Canetti „Die Gelbe Straße“; Übersetzung literarischer Werke von Franz Werfel ins Niederländische.
Norwegisch	R. Musil „Der Mann ohne Eigenschaften“.
Polnisch	E. Brix/Zbigniew Baran „Krakau – Dialog mit der Tradition“ (wissenschaftliche Publikation); E. Canetti – Übersetzung Bd. 3; R.M. Rilke Gedichtband.
Portugiesisch	H. v. Hofmannsthal „Der Brief des Lord Chandos“; S. Freud „Der Mann Moses und die monotheistische Religion“, „Eine Kindheitserinnerung des Leonardo da Vinci“, „Zur Psychopathologie des Alltagslebens“, „Drei Abhandlungen zur Sexualtheorie“, „Zum psychischen Mechanismus der Vergeßlichkeit“, „Ein Kind wird geschlagen“; Th. Bernhard „Die Macht der Gewohnheit“, „Einfach kompliziert“; L. Wittgenstein „Wittgenstein's Lectures and Conversations“, „On Certainty“; R.M. Rilke „Briefe an einen jungen Dichter“, „Die Weise von Liebe und Tod des Cornets Christoph Rilke“; E. Canetti „Die Stimmen von Marrakesch“; J. Roth „Hotel Savoy“; St. Zweig „Rausch der Verwandlung“; E. Fried „100 Gedichte ohne Vaterland“; G. Trakl „Gedichte“; Emerich Coreth „Was ist der Mensch?“; I. Eibl-Eibesfeldt „Liebe und Haß“.

Russisch	F. Kafka „Das Schloß", „Amerika", „Der Prozeß", „Novellen und Parabeln", „Brief an den Vater", „Briefe an Milena", „Aus den Tagebüchern"; S. Freud „Vorlesung zur Einführung in die Psychoanalyse".
Schwedisch	Peter Handke „Versuch über die Müdigkeit"; Christoph Ransmayr „Die Schrecken des Eises und der Finsternis".
Slowakisch	St. Eibel „Fenster Helmut"; Johannes Mario Simmel „Liebe ist nur ein Wort", „Die Antwort kennt nur der Wind", „Alle Menschen Brüder"; Thomas Bernhard „Holzfällen"; Heimito von Doderer „Die Strudlhofstiege".
Spanisch	Th. Bernhard „Alte Meister"; P. Handke „Versuch über die Müdigkeit", „Die Geschichte des Bleistifts" und Übersetzungen anderer Werke; F. Kafka „Der Prozeß"; J. Roth „Kapuzinergruft"; E. Husserl „Die Krise der europäischen Wissenschaften und die transzendentale Phänomenologie"; H. v. Hofmannsthal „Das Buch der Freunde", „Erzählungen"; Helga Schwendinger „Erzherzog Ludwig Salvator; Ein Wissenschaftler aus dem Kaiserhaus"; Dr. K. Rudolf/Dr. F. Oppl „Österreich – Spanien"; darüberhinaus Aufsätze und Analysen in Fachzeitschriften und auf Kulturseiten über Freud, Handke und Bernhard; Wittgenstein, Bauer, Valencak, Nöstlinger, Ransmayr, Schutting, Rilke und andere österreichische Schriftsteller; E. Hackl „Auroras Anlaß"; H. Groschup/R. Wurm „Fernando Birré – Kino der Befreiung".
Tschechisch	S. Freud „Totem und Tabu. Der Witz und seine Beziehung zum Unbewußten."; H. Harrer „Tibet, verlorene Heimat?"; F. A. Hayek „Road to Serfdom"; F. Kafka „Auswahl der Aphorismen", „Briefe an Felice", „Auswahl der Geschichten"; G. Meyrink „Das grüne Gesicht"; F. Mitterer „Sibirien"; R. Musil „Geschichten. Nachlaß zu Lebzeiten."; J. Roth „Hiob", „Zipper und sein Vater"; J. M. Simmel „Und Jimmy ging zum Regenbogen", „Liebe ist nur ein Wort", „Es muß nicht immer Kaviar sein".
Türkisch	Stefan Zweig „Schachnovelle", „Ausgewählte Werke"; „Sigmund Freud – Welt der Sexualität"; G. Trakl „Gedichtauswahl"; M. Publig „Mozart, ein unbeirrbares Leben"; M. Sperber „Die geteilte Wirklichkeit"; K. Kraus „Thesen und Antithesen"; E. Hauer „Sommer wie Porzellan".
Ungarisch	F. Bruckner „Krankheit der Jugend"; A. Schnitzler „Professor Bernhardi"; Th. Bernhard „Der Theatermacher", „Wittgensteins Neffe"; F. Mitterer „Sibirien"; P. Watzlawick „Anleitung zum Unglücklichsein"; S. Wiesenthal „Recht, nicht Rache", „Flucht vor dem Schicksal"; E. Canetti „Masse und Macht"; S. Freud „Totem und Tabu"; E. Niederhauser „Attentat auf Elisabeth, Königin von Ungarn"; R. Steiner „Die Offenbarungen des Karma".

Die menschliche Dimension in den internationalen Beziehungen

Ein- und Auswanderungsprobleme in Europa

Seit Mitte der 80er Jahre kommen immer mehr Flüchtlinge und Einwanderungswerber aus Osteuropa und der Dritten Welt nach Westeuropa. Allein in den Staaten der Europäischen Gemeinschaft suchten im Jahre 1988: 169.693, im Jahre 1989: 208.136 und im Jahre 1990 bereits 327.903 Personen um politisches Asyl an. Die Asylwerber verteilen sich sehr unterschiedlich auf die einzelnen EG-Staaten . Am meisten betroffen sind die Bundesrepublik Deutschland (60 Prozent) und Frankreich (20 Prozent). In Europa insgesamt suchten 1988: etwa 244.000, 1989: 321.000, 1990: 461.000 und 1991: 592.000 Personen um politisches Asyl an. Die Tendenz ist weiterhin steigend.

Diese Flüchtlings- und Wanderungsströme verursachen in Westeuropa ernste soziale, finanzielle und wirtschaftliche Probleme, da viele westeuropäische Staaten selbst mit großer Arbeitslosigkeit zu kämpfen haben. Dennoch darf nicht übersehen werden, daß weltweit gesehen nur etwa 5 Prozent aller Flüchtlinge nach Westeuropa kommen, während der Großteil der Flüchtlinge in den Entwicklungsländern verbleibt.

Es muß zwischen Einwanderungswerbern und Asylwerbern unterschieden werden. Während es den Staaten Westeuropas frei steht, Einwanderungswerber (Migranten) aufzunehmen oder ihnen den Zutritt zu verwehren, haben sie bei Asylwerbern die Verpflichtungen der **Genfer Konvention 1951** über die Rechtsstellung der Flüchtlinge zu beachten. Durch diese Konvention haben sich die Mitgliedstaaten verpflichtet, Personen zu schützen, die aus wohlbegründeter Furcht, in ihrem eigenen Land aus rassischen, religiösen, nationalen oder politischen Gründen verfolgt zu werden, ihre Heimat verlassen. Personen, die dies aus wirtschaftlichen Gründen tun, können hingegen nicht als Flüchtlinge anerkannt werden. Maßgebend dafür, ob eine Person „Flüchtling" ist, sind also die Bestimmungen der Genfer Konvention 1951. Über den Antrag eines Asylwerbers wird individuell entschieden. Wird dem Antrag eines Asylwerbers stattgegeben, ist dieser als Flüchtling anzusehen. Wird der Antrag abgelehnt, ist der Asylwerber als Fremder zu betrachten.

Neben den Migranten und Asylwerbern bzw. Flüchtlingen gibt es die sogenannten **de facto-Flüchtlinge**. De facto-Flüchtlinge sind Personen, die ihr Land verlassen haben, ohne verfolgt zu sein. Auf sie können die Bestimmungen der Genfer Konvention 1951 also nicht angewendet werden. Sie können aber auch nicht in ihr Land zurückgeschickt werden, weil dort ihr Leben – etwa durch einen Bürgerkrieg – in Gefahr wäre.

Die Staaten Westeuropas müssen feststellen, daß viele Menschen, die ihre Heimat aus wirtschaftlichen Gründen verlassen wollen, den zweifellos langwierigen und ungewissen Weg der legalen Auswanderung vermeiden wollen und statt dessen versuchen, durch Mißbrauch des Asylrechts rascher ihr Ziel zu erreichen, zumal sie wissen, daß die Erledigung der Asylanträge Zeit beansprucht. Ein hoher Anteil der Asylwerber kommt ohne oder mit gefälschten Papieren, in Europa in den letzten Jahren durchschnittlich zwischen 50 und 80 Prozent. Sie rechnen damit, daß sie während des Asylverfahrens im Aufnahmeland bleiben können. Durch die hohe Zahl der Asylwerber, deren Anträge unbegründet sind, werden jedoch die Menschen, die im Sinne der Genfer Konvention 1951 zu Recht als Flüchtlinge anzusehen sind, benachteiligt. Wenn sich Menschen, die eigentlich auswandern wollen, als Flüchtlinge ausgeben, gerät das bisher mit beachtlichem Erfolg praktizierte Schutz-System für echte Flüchtlinge in ernste Gefahr.

Die Institution des Asyls gerät in Europa und Nordamerika also zunehmend in eine schwere Krise. Immer mehr Asylanträge führen, trotz der Aufstockung des Personals in den Asylbehörden, zu immer höheren Rückständen bei der Behandlung der Asylanträge. Immer höhere Beträge müssen aufgewendet werden, um den aufgeblähten Apparat in Gang halten zu können. Gleichzeitig ist die Anerkennungsrate der Asylwerber fallend. Einer großen Zahl von abgewiesenen Asylwerbern wird jedoch aus humanitären Gründen der Aufenthalt gestattet, vielen anderen gelingt es oft illegal, in den Industrieländern zu bleiben.

Auf nationaler Ebene versuchen die Staaten Westeuropas, das Problem durch verschiedene Maßnahmen in den Griff zu bekommen: durch Beschleunigung der Asylverfahren, durch Vorprüfverfahren, durch Anwendung der EDV; durch bessere Information über die Herkunftsländer; durch mehr Personal, durch systematische Abschiebung nicht anerkannter Asylwerber, durch Kampf gegen das Schlepperunwesen, durch Verhinderung des illegalen Grenzübertrittes und durch Bestrafung von Flug- und Schiffslinien, die Passagiere ohne die erforderlichen Dokumente transportieren.

Immer mehr setzt sich aber in den Staaten Westeuropas zugleich die Erkenntnis durch, daß sie in dieser Frage gemeinsam handeln müssen, und daß sie dazu das Asylrecht sowohl in formaler als auch materieller Hinsicht zu harmonisieren haben.

Die Tatsache, daß mit 1. Jänner 1993 der EG-Binnenmarkt geschaffen sein wird und daß es ab dann möglich sein wird, frei von einem in den anderen EG-Staat zu reisen und in all diesen Staaten Asylanträge zu stellen, hat die Europäische Gemeinschaft zu raschem Handeln gezwungen. Am 15. Juni 1990 haben die EG-Staaten (mit Ausnahme Dänemarks) die **Dubliner**

Konvention über die Bestimmung des zuständigen Staates für die Prüfung eines in einem Mitgliedsstaat der Europäischen Gemeinschaften gestellten Asylantrages unterzeichnet. Dänemark unterzeichnete und ratifizierte die Dubliner Konvention im Juni 1991. Das am 19. Juni 1990 unterzeichnete Schengener Zusatzübereinkommen (siehe Abschnitt EG-Binnenmarkt) enthält gleichlautende Bestimmungen wie die Dubliner Konvention. Zusammen mit einem funktionierenden Datenaustausch sollte dies zu einer Unterbindung der Binnenwanderung von Asylwerbern in den EG-Staaten führen. Sowohl die Dubliner Konvention als auch das Schengener Übereinkommen könnten bereits im Jänner 1993 in Kraft treten.

Jene westeuropäischen Staaten, die wie Österreich nicht der Europäischen Gemeinschaft angehören, sind verständlicherweise besorgt, daß die verschärften Kontrollen an den Außengrenzen der Gemeinschaft bzw. der Schengener Staaten dazu führen, daß Asylwerber ihre Anträge in verstärktem Maße in diesen Nicht-EG-Staaten stellen.

Diese Sorge war eines der Motive der Initiative Außenminister Mocks für eine **Europarat-Ministerkonferenz über Ost-West-Wanderungsbewegungen**. Grundlage der Konferenz ist die Einsicht, daß das Problem der verstärkten und wahrscheinlich weiter zunehmenden Ost-West-Migration nur im Zusammenwirken mit jenen Staaten Zentral- und Osteuropas gelöst werden kann, aus denen Auswanderer nach Westen strömen. Die Konferenz hat im Jänner 1991 in Wien stattgefunden. An ihr haben alle Staaten Europas sowie die wichtigsten außereuropäischen Einwanderungsländer und internationalen humanitären Organisationen teilgenommen.

Die Konferenz nahm ein „Schlußkommuniqué" an, dessen operativer Teil insbesondere folgende Maßnahmen in Aussicht nimmt: die Harmonisierung der Asylpolitiken, der Informationsaustausch über rechtliche Rahmenbedingungen für Ausländer, die Information der Öffentlichkeit in den Auswandererländern, Maßnahmen gegen die Schwarzarbeit, Förderung des Jugendaustausches, Förderung der wirtschaftlichen Zusammenarbeit in den Grenzregionen, Aus- und Weiterbildungshilfen, Förderung des Mittelstandes, mögliche Angleichung der Visapolitiken, Förderung der wirtschaftlichen und sozialen Reintegration der freiwilligen Heimkehrer und allfällige Abkommen über die Rückübernahme illegaler Einwanderer, sowie die Sicherung des „follow-up" der Konferenz. Hiefür wurde die „Wiener Gruppe" hoher Beamter eingesetzt.

Seither und im Zuge des „follow-up" der Konferenz gibt es eine enge Zusammenarbeit von Herkunfts- und Aufnahmeländern.

Flüchtlings- und Migrationspolitik in Österreich

So wie die meisten Länder Westeuropas mußte auch Österreich in den letzten Jahren zur Kenntnis nehmen, daß es de facto zu einem Einwanderungsland geworden ist. Nach Jahrzehnten einer relativ ruhigen Wanderungsentwicklung, die jährlich Zuwächse von etwa 20.000 Personen brachte, kamen 1989 etwa 60.000 und 1990 etwa 120.000 Zuwanderer nach Österreich. Diese hohe Zahl von Zuwanderern konnten weder der österreichische Arbeits- noch der Wohnungsmarkt problemlos verkraften. Neue Zuwanderer drängten alteingesessene Gastarbeiter aus den niedrigsten Lohnkategorien in die Arbeitslosigkeit. Billige Wohnungen stehen diesen Zuwanderern kaum mehr zur Verfügung.

Der Einwanderungsdruck wird in den nächsten Jahren wahrscheinlich noch stärker. Es ist damit zu rechnen, daß in Osteuropa, insbesondere im Gebiet der ehemaligen Sowjetunion, viele ihre Heimat verlassen wollen. Österreich wird aber im zunehmenden Maße auch unter den Einwanderungsdruck aus noch ärmeren, außereuropäischen Staaten kommen.

Österreich versucht deshalb, durch ein Bündel von Maßnahmen einerseits die Einwanderung unter Kontrolle und in einem den wirtschaftlichen und sozialen Gegebenheiten entsprechenden Umfang zu halten; andererseits muß den bereits in Österreich befindlichen Einwanderern die wirtschaftliche und gesellschaftliche Integration erleichtert werden.

Dazu bedarf es einer umfassenden Reform des Flüchtlings-, Asyl- und Wanderungswesens. Den ersten Teil bildete das 1991 beschlossene **Bundesbetreuungsgesetz**. Ihm folgte das ebenfalls 1991 beschlossene **Asylgesetz**, das am 1. Juni 1992 in Kraft treten wird. Das Gesetz bringt als wichtigste Neuerung eine eigene Asylbehörde erster Instanz und sieht eine wesentliche Beschleunigung des Asylverfahrens vor. Als letzter Schritt ist für 1992 die umfassende Regelung des Niederlassungsrechts von Fremden vorgesehen. Dieses Gesetz soll alle jene Personen erfassen, die beabsichtigen, sich in Österreich – sei es auch nur kurzfristig – zur Ausübung eines Berufes oder zur Begründung eines Wohnsitzes niederzulassen.

In Österreich ist die Zahl der **Asylwerber** im Jahre 1991 mit 27.306 Anträgen gegenüber 22.789 im Jahre 1990 wieder deutlich angestiegen.

Der Anstieg ist vor allem auf Asylwerber aus Jugoslawien zurückzuführen. Ihre Zahl war mit 6.436 mehr als achtmal größer als 1990, als nur 768 Personen aus Jugoslawien um Asyl ansuchten. Die Asylwerber aus Rumänien waren mit 7.506 Antragsstellern zwar nach wie vor die stärkste Gruppe. In den letzten Monaten lag ihre Zahl allerdings bereits deutlich unter jener der jugoslawischen Asylwerber. Die drittgrößte Gruppe bildeten mit 2.252 die Asylwerber aus der Türkei. Danach folgen Staatsbürger aus dem Iran (1.587), Pakistan (1.392), Bulgarien (1.374), Albanien (1.032) und Nigerien (1.004).

Von den 27.306 Asylwerbern stammen 16.929, das sind 62 Prozent, aus osteuropäischen Staaten und 10.377, das sind 38 Prozent, aus den armen, außereuropäischen Staaten. Der bereits seit 1988 zu beobachtende Trend

Asylwerber in Österreich 1980 - 1991

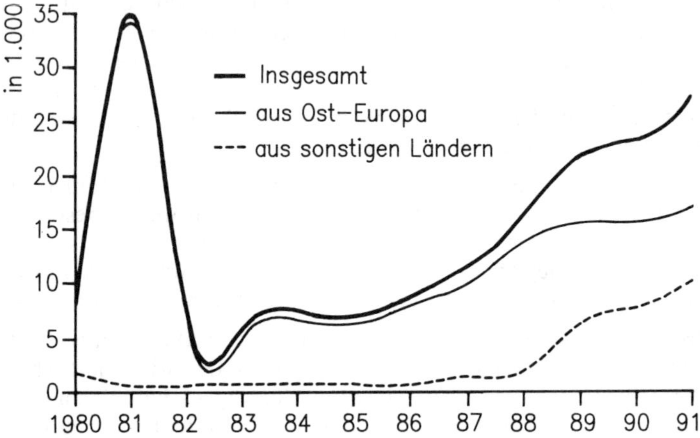

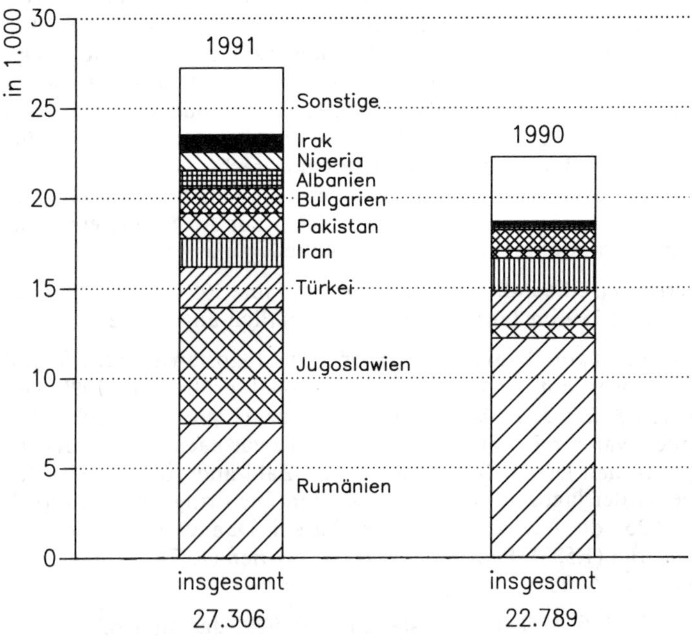

Quelle: Bundesministerium für Inneres.
Grafik: Österreichisches Statistisches Zentralamt.

eines prozentuellen Anstieges der Asylwerber aus Ländern der Dritten Welt gegenüber den osteuropäischen Staaten hat sich somit auch 1991 fortgesetzt (1988: 12 Prozent, 1989: 28 Prozent, 1990: 33 Prozent, 1991: 38 Prozent).

Im Jahre 1991 wurden 19.686 Asylverfahren abgeschlossen und 2.469 Personen, unter ihnen 1.237 Rumänen, 363 Iraner, 220 Iraker, 138 Kambodschaner und 104 Türken als politische Flüchtlinge anerkannt. Die Anerkennungsrate lag somit im Durchschnitt bei 12,6 Prozent und damit deutlich höher als 1990, wo sie 6,8 Prozent betrug. Von den 2.469 politischen Flüchtlingen kamen 1.359 aus osteuropäischen Staaten (Anerkennungsrate: 9,6 Prozent) und 1.100 aus der Dritten Welt (Anerkennungsrate 20,1 Prozent).

Insgesamt wurden 1991 mehr als 18.000 Personen in die Bundesbetreuung für Asylwerber aufgenommen. Die Zahl der in der Bundesbetreuung stehenden Personen betrug zu Jahresende 1991 12.079 Personen. Sie sind zu 90 Prozent in privaten Pensionen und Heimen untergebracht.

Daneben haben sich zu Jahresende 1991 fast 12.000 **de facto-Flüchtlinge** aus den Bürgerkriegsgebieten Jugoslawiens in Österreich aufgehalten, die keinen Asylantrag gestellt haben. Diese de facto-Flüchtlinge werden zum größten Teil vom Bundesministerium für Inneres und den Bundesländern untergebracht, verpflegt und medizinisch betreut.

Flüchtlinge und der arme „Süden“ der Welt

Derzeit dürfte es nach vorsichtigen Schätzungen des Flüchtlingshochkommissars der Vereinten Nationen weltweit rund 17 Millionen Flüchtlinge und zwischen 12 und 20 Milionen Vertriebene innerhalb des eigenen Landes („internally displaced persons“) geben.

Es lassen sich im wesentlichen Süd-Nord-, Süd-Süd- und Ost-West-Wanderungsbewegungen beobachten. Während die wichtigste Motivation für die Süd-Nord- und die Ost-West-Wanderungsbewegungen der hohe Einkommensunterschied ist, und daher die meisten Migranten aus wirtschaftlichen Gründen ihre Heimat in Richtung Norden oder Westen verlassen, sind die wichtigsten Gründe für die Süd-Süd-Wanderung Hunger oder Gewalt oder beides. Die größte Bürde tragen dabei die ärmsten Staaten der Welt.

Die Industriestaaten des Nordens sind sich darüber im klaren, daß die Ursachen der Wanderungsbewegungen mit langfristigen Strategien bekämpft werden müssen. Erforderlich ist ein multilaterales Vorgehen mit der Betonung auf Menschenrechten, Entwicklungshilfe, Verbesserung der Lebensbedingungen und Arbeitsmöglichkeiten in den Herkunftsländern des armen „Südens“ der Welt.

UNHCR (Flüchtlingshochkommissar der Vereinten Nationen)

Die wichtigsten Aufgaben des UNHCR sind der internationale Rechtsschutz und Hilfsmaßnahmen für Flüchtlinge. Zu diesen Aufgaben gehört auch die Suche nach langfristigen Lösungen, vor allem nach solchen, die den Betroffenen die freiwillige Rückkehr in die Herkunftsländer ermöglichen. Der Schwerpunkt der Operationen liegt in den Entwicklungsländern Afrikas, im Irak, Iran und in Pakistan; zunehmend aber auch - wieder - in Europa.

Bei der 42. Tagung des **Exekutivkomitees des UNHCR** im Oktober 1991 forderte der Flüchtlingshochkommisar der Vereinten Nationen, Frau Sadako Ogata aus Japan, die ihr Amt im Februar 1991 angetreten hat, eine **vorwärtsgerichtete Strategie** zur Lösung der Flüchtlingsprobleme.

Der Strategieplan Ogatas hat drei Ziele:

- Verbesserung der Einsatzbereitschaft und des Reaktionsmechanismus des UNHCR in Krisensituationen;
- Wahrnehmung aller Möglichkeiten der freiwilligen Repatriierung (Rückkehr in die Heimatländer);
- Propagierung von Lösungen durch Präventivmaßnahmen an der Wurzel des Problems.

Der UNHCR nimmt sich in zunehmendem Maße der in ihrem Heimatland von ihren Wohnorten Vertriebenen (**„displaced persons“**) an. Die Lösung dieses Problems übersteigt die Möglichkeiten des UNHCR und verlangt deshalb eine koordinierte und konzertierte Antwort des gesamten Systems der Vereinten Nationen, des IKRK und der nicht staatlichen Organisationen (NGOs).

Das Volumen der Operationen des UNHCR betrug 1991 rund 880 Millionen US-Dollar, die durch freiwillige Beitragsleistungen der Mitgliedsstaaten finanziert werden müssen.

Die österreichischen freiwilligen Leistungen an den UNHCR für 1991 betrugen rund 2,1 Millionen US-Dollar, das sind 0,23 Prozent des Gesamtvolumens.

IOM (Internationale Organisation für Wanderungen)

Dieser 1951 als zwischenstaatliches Komitee für europäische Wanderung (ICEM) gegründeten Organisation wurden durch eine Satzungsänderung im Jahre 1987 weltweite Aufgaben auf dem Gebiet der Wanderung von Personen übertragen. Lange Zeit waren die Mitgliedsstaaten von IOM auf Europa und Amerika beschränkt. Nunmehr treten aber immer mehr Staaten aus Afrika und Asien bei. Derzeit gehören IOM 43 Mitgliedsstaaten und 30 Staaten mit Beobachterstatus an.

Im Jahre 1991 wurden von IOM etwa 210.000 Personen, einschließlich Flüchtlinge, bei ihrer Wanderung betreut.

Besonders hervorzuheben ist die positive Rolle der IOM während der Golfkrise, wo sie sich große Verdienste um die Heimschaffung vor allem im Irak gestrandeter Personen aus Afrika und Asien erworben hat.

Zusätzlich zu seinem Pflichtbeitrag zum administrativen Budget von 278.000,– Schweizer Franken hat Österreich im Jahre 1991 noch einen freiwilligen Beitrag von 80.700,– US-Dollar auf Basis des Beitragsschlüssels der Pflichtbeiträge geleistet.

Darüber hinaus hat Österreich 310.000,– US-Dollar für die im Rahmen des Aktionsplanes der Vereinten Nationen erfolgte Rückführung kurdischer Flüchtlinge aus dem Iran und der Türkei in den Irak zur Verfügung gestellt.

Im Hinblick auf die zunehmende Bedeutung der globalen Wanderungsproblematik wird IOM in Zukunft ein erhöhter Stellenwert zuzumessen sein.

So könnte sich mit der Zeit auch die Frage einer stärkeren Annäherung von IOM an das System der Vereinten Nationen, sogar einer Einbindung in dieses System ergeben. Eine solche Entwicklung wird von Österreich begrüßt und unterstützt.

Internationale humanitäre Institutionen

IKRK (Internationales Komitee vom Roten Kreuz)

Die vorrangige Aufgabe des IKRK besteht im Schutz und in der Betreuung von Kriegsgefangenen, zivilen Opfern von zwischenstaatlichen bewaffneten Konflikten und Bürgerkriegen sowie der Betreuung von politischen Gefangenen. 1991 wurde das IKRK hauptsächlich in verschiedenen Konfliktzonen Afrikas, in den von Israel besetzten Gebieten, in den Krisenregionen Zentralamerikas, Süd- und Südostasiens und für die Opfer des Golf- und Afghanistankonflikts tätig. Zum ersten Mal seit langer Zeit kam das IKRK im Rahmen des Jugoslawienkonfliktes in größerem Umfang auch wieder in Europa zum Einsatz.

Die Abhaltung der **26. Rotkreuzkonferenz**, die zwischen 29. 11. 1991 und 6. 12. 1991 in Budapest stattfinden sollte, scheiterte an der Frage der Zuerkennung des Beobachterstatus an die PLO. Die Konferenz wurde auf unbestimmte Zeit verschoben.

Der Beitrag Österreichs zum ordentlichen Haushalt 1991 des IKRK wurde im Berichtjahr von 1,3 Millionen Schilling auf 3 Millionen Schilling erhöht. Außerdem stellte Österreich für die Aktivitäten des IKRK im Rahmen der Kurdenhilfe 11 Millionen Schilling, für die Jugoslawienhilfe 5 Millionen Schilling sowie für den Kriegsgefangenenaustausch Irak – Iran 1 Million Schilling zur Verfügung.

Humanitäre und Katastrophenhilfe

1991 reagierte Österreich wie in den vorangegangenen Jahren auf eine Reihe internationaler Hilfsappelle. Im einzelnen kamen die Gelder folgenden Hilfsaktionen zugute:

100 Millionen Schilling erhielten – wie bereits 1990 beschlossen – verschiedene karitative Organisationen zur Durchführung von Lebensmittel- und Medikamentenlieferungen in die ehemalige UdSSR. 30 Millionen Schilling wurden dem Leninakan-Krankenhaus in Armenien zur Verfügung gestellt. Weitere 50 Millionen flossen dem Projekt der Errichtung einer Klinik für krebskranke Kinder in Minsk, Weißrußland, zu. Im Rahmen dieser Hilfsaktion ließ auch die Burgenländische Landesregierung dem Projektträger 100.000,– Schilling zukommen.

Die durch die Golfkrise ausgelösten Flüchtlingsströme und humanitären Notsituationen haben zu einem starken Engagement Österreichs geführt, an dem sich nicht nur die Bundesregierung, sondern auch zahlreiche Gebietskörperschaften, Interessenvertetungen, Hilfsorganisationen und Private mit erheblichen finanziellen Mitteln und hohem persönlichen Einsatz engagiert haben. Nachdem die Bundesregierung bereits im Jahr 1990 12 Millionen Schilling zur Bewältigung des Flüchtlingsproblems in Ägypten und Jordanien beigetragen hatte, wurden 1991 folgende Beträge für humanitäre Hilfsaktionen bereitgestellt: 11 Millionen Schilling für den Aga-Khan-Flüchtlingsaktionsplan, 11 Millionen Schilling zur Unterstützung palästinensischer Studenten, 25 Millionen Schilling für Wiederaufbauprojekte in Israel, 25 Millionen Schilling zugunsten humanitärer Projekte in den besetzten Gebieten, 16 Millionen Schilling für die Programme des Flüchtlingshochkommissars der Vereinten Nationen, 20 Millionen Schilling für österreichische humanitäre Organisationen zur Förderung ihrer Hilfsaktionen für die Zivilbevölkerung, insbesondere Kinder, im Irak. Hiezu zählt auch die österreichische Kurdenhilfe (die im Abschnitt „Naher Osten" beschrieben ist). 1 Million Schilling wurde zur Abwicklung des Kriegsgefangenenaustausches Iran – Irak beigetragen.

In der zweiten Jahreshälfte konzentrierte sich der Schwerpunkt der humanitären Hilfe auf die Krisenregion **Jugoslawien**. Insgesamt flossen 25 Millionen Schilling in das Gebiet, wobei 5 Millionen Schilling dem IKRK und 1 Million Schilling dem UNHCR zur Betreuung der kroatischen Flüchtlinge in Ungarn zukamen. Zur Verbesserung der katastrophalen Versorgungslage wurde Albanien mit Lebensmittellieferungen im Wert von 15,1 Millionen Schilling (inklusive Exportstützung) unterstützt.

Bulgarien wurde mit Kindernahrungsmitteln und Medikamenten im Werte von 2 Millionen Schilling bedacht.

Aus der bereits 1990 beschlossenen Hilfe für **Rumänien** erhielt die Evangelische Pfarrgemeinde A. B. in Hallein 1,5 Millionen Schilling zum

Ankauf von Möbeln, Sanitärausstattung und Lehrbehelfen für das „Honterusgymnasium" in Brasov/Kronstadt. Für die Flüchtlingsrepatriierung in der West-Sahara erhielten der UNHCR 1 Million Schilling, die Republik Liberia im Wege von UNDRO 500.000,– Schilling.

Österreich, das sich traditionell in der **Kambodscha-Hilfe** engagiert, stellte auch 1991 einen Betrag von 500.000,– Schilling zur Verfügung.

Zur Linderung der infolge der Überflutungskatastrophe entstandenen Notlage in **Bangladesh** wurden 2 Millionen Schilling bereitgestellt. Der von einer Überschwemmungskatastrophe heimgesuchten Bevölkerung **Chinas** wurde 1 Million Schilling zugeleitet. Die ebenfalls von einem Unwetterunglück betroffene Republik Benin erhielt zur Bekämpfung der Folgeschäden 500.000,– Schilling.

Zur Gewährleistung der medizinischen Versorgung der **palästinensischen Bevölkerung** in Israel unterstützte die Bundesregierung das Makassed-Spital in Jerusalem mit 500.000,– Schilling.

Zur Bekämpfung der Hungersnot in **Somalia** und im **Sudan** wurden schließlich je 1 Million Schilling aus Bundesmitteln gewährt.

UNDRO (Koordinationsstelle der Vereinten Nationen für Katastrophenhilfe)

Als Dienststelle der Vereinten Nationen stimmt die UNDRO die Katastrophenhilfsmaßnahmen zwischen den Organen bzw. Sonderorganisationen der Vereinten Nationen sowie anderen staatlichen und nichtstaatlichen Hilfsorganisationen aufeinander ab.

Dem Erfahrungsaustausch und der besseren Vorbereitung auf künftige Krisenfälle diente die von UNDRO im Oktober 1991 veranstaltete Vierte Tagung der National Emergency Relief Services (NERS IV) in Genf. An ihr nahm auch Österreich teil.

Die im Zusammenhang mit dem Golfkonflikt zutage getretenen Unzulänglichkeiten des VN-Systems in seiner Reaktionsfähigkeit auf humanitäre Notsituationen größeren Ausmaßes haben dazu geführt, daß sich die Generalversammlung der Vereinten Nationen im Herbst 1991 eingehend mit Plänen für eine grundlegende **Reform** auseinandergesetzt hat. Vorgesehen sind die Schaffung einer zentralen Koordinationsstelle, von der aus alle Hilfsaktivitäten der diversen Organisationen gesteuert werden sollen, sowie die Errichtung eines mit 50 Millionen US-Dollar dotierten **Fonds**, um den Organisationen die Möglichkeit zu geben, unverzüglich und ohne zunächst auf Beiträge der Staaten warten zu müssen, die erforderlichen Sofortmaßnahmen einleiten zu können.

Aus dem österreichischen Beitrag zum Aga-Khan-Flüchtlingsaktionsplan im Golf erhielt UNDRO ca. 500.000,– Schilling. Zur Bewältigung der durch den liberianischen Bürgerkrieg ausgelösten Flüchtlingswelle wurden im Wege von UNDRO 500.000,– Schilling bereitgestellt.

Im April veranstaltete die österreichische Bundesregierung gemeinsam mit UNDRO einen „International Search and Rescue Workshop" (SAR) in der Wattener Lizum.

Der Schutz von Minderheiten und nationalen Gruppen

Die österreichische Republik ist aus einem Vielvölkerstaat hervorgegangen, der unter anderem und vor allem daran gescheitert war, daß er seinen vielen Völkern und Nationen keine akzeptable Lösung für ein gutes und friedliches Zusammenleben anbieten konnte. In der Folge hat man versucht, dieses Problem durch eine Neuziehung von Grenzen, aber auch dadurch zu lösen, daß man für innerhalb dieser neuen Grenzen lebende Minderheiten verschiedene Schutzmaßnahmen vorgesehen hatte. Viel, ja das meiste davon blieb auf dem Papier. Intoleranz eskalierte, Ausgrenzung wurde zur Norm. Minderheiten waren dann auch eines der Hauptopfer in der folgenden Katastrophe des Zweiten Weltkrieges.

Erneut steht Europa heute vor der Herausforderung, sich eine neue Ordnung zu schaffen und dabei jene Lügen zu strafen, die meinen, daß die einzige Lehre der Geschichte eben die sei, daß niemand aus der Geschichte lernt. Die Geschichte dieses Jahrhunderts sollte jedenfalls gelehrt haben, daß guter, ausreichender Schutz der Minderheiten nicht nur aus humanitären, demokratiepolitischen oder kulturellen Gründen wünschenswert scheint, sondern, und nicht zuletzt, auch aus sicherheitspolitischen. Es kann nämlich keine europäische Ordnung stabil sein, in der Minderheiten sich in ihrem Überleben bedroht fühlen müssen.

Das ist natürlich keine Absage an das Prinzip der Integration dort, wo die Minderheiten selbst sie wünschen. Aber das ist die klare Einsicht in die Tatsache, daß andererseits Multikulturalität dort geschützt werden muß, wo sie dem Willen der Betroffenen entspricht.

Sowohl aus humanitären wie auch aus diesen sicherheitspolitischen Gründen setzt sich Österreich schon seit vielen Jahren für eine verstärkte völkerrechtliche Verankerung des Minderheitenschutzes ein. Die gewaltigen Umschichtungen in Europa haben dieses Engagement verstärkt und ihm zusätzliche Aktualität gegeben.

Vom 1. bis 19. Juli 1991 fand in Genf ein **KSZE-Expertentreffen über nationale Minderheiten** statt. Der Abschlußbericht dieses Expertentreffens bringt für die Teilnehmerstaaten einige zusätzliche Verpflichtungen zur Verwirklichung der Rechte von Angehörigen nationaler Minderheiten, jedoch kaum neue Bestimmungen zu deren Schutz und zur Förderung als Kollektiv. (Näheres dazu siehe KSZE-Expertentreffen über nationale

Minderheiten). Mehrere Teilnehmerstaaten – darunter auch Österreich – haben bei dem Treffen Berichte über die Lage von Volksgruppen/nationalen Minderheiten auf ihrem Staatsgebiet vorgelegt.

Auch bei dem Moskauer Treffen der Konferenz über die Menschliche Dimension der KSZE war es nicht möglich, – so wie von Österreich angestrebt – die bestehenden KSZE-Standards für nationale Minderheiten zu verbessern.

Nach österreichischer Auffassung sind die in der KSZE getroffenen Regelungen zum Schutz von Minderheiten aber auch deshalb unzulänglich, weil sie lediglich den Charakter politischer Absichtserklärungen haben. Notwendig wäre hingegen eine Regelung mit völkerrechtlich verbindlichem Charakter. Österreich tritt daher dafür ein, zunächst in Europa solche Regeln zum Schutz von Volksgruppen und ihrer Angehörigen zu schaffen. Wichtige Vorarbeiten dazu wurden bereits im Rahmen der **Europäischen Kommission für Demokratie durch Recht** geleistet. Sie hat einen Entwurf für eine Europäische Konvention zum Schutz von Minderheiten erarbeitet, der inzwischen an das Leitungskomitee des Europarats für Menschenrechte weitergegeben wurde.

Um der Empfehlung 1134 der Parlamentarischen Versammlung des Europarats vom Oktober 1990 über die Rechte von Minderheiten zu entsprechen, stellte Österreich anläßlich der ER-Ministerkomiteetagung im November 1991 den Entwurf eines Zusatzprotokolls zur ERMK vor, durch das die Rechte von Minderheiten durch die in der ERMK geschaffenen Mechanismen geschützt werden. Dieser Entwurf soll ebenfalls vom Leitungskomitee für Menschenrechte behandelt werden.

Ein Expertenkomitee des Europarats stellte im Dezember den Text einer **Europäischen Charta für Regional- oder Minderheitensprachen** fertig. Österreich bemüht sich darum, daß dieses Vertragswerk bald verabschiedet und zur Unterzeichnung aufgelegt wird.

Bei den Vereinten Nationen hat im Dezember eine Arbeitsgruppe den Text einer **Deklaration über die Rechte von Personen, die nationalen, ethnischen, religiösen oder sprachlichen Minderheiten angehören**, fertiggestellt. Österreich wird sich dafür einsetzen, daß diese Erklärung nach ihrer Verabschiedung durch die Menschenrechtskommission in der kommenden Generalversammlung der Vereinten Nationen angenommen wird.

Der internationale Schutz der Menschenrechte

Der Schutz und die Förderung der Menschenrechte und Grundfreiheiten ist konstant eines der wichtigsten Anliegen österreichischer Außenpolitik. Umgesetzt wird er zu einem guten Teil durch eine sehr rege Mitarbeit in jenen internationalen Organisationen, die sich mit Fragen der Menschenrechte befassen. Das Eintreten für Opfer von Verfolgung, Willkür und Unterdrückung ist für Demokratien eine Selbstverständlichkeit. Es wird in ihnen aber nicht bloß durch die öffentliche Meinung erzwungen, sondern auch durch die Staatsraison. Die Geschichte hat – nicht zuletzt auch in jüngster Vergangenheit – beeindruckende Beweise dafür geliefert, daß es einem Zusammenhang zwischen der Haltung gibt, die ein Staat seinen eigenen Bürgern gegenüber einnimmt, und seinem Verhalten anderen Staaten gegenüber. In diesem Zusammenhang zeigt sich, daß die organisierte Gewaltanwendung durch formelle Kriege zwischen Staaten eher abnimmt, während es immer häufiger zu Gewaltanwendung innerhalb der Staaten kommt.

Todesfälle in Kriegen 1900 – 1989

Zeit	Zahl der Kriege: Bürgerkriege	Zahl der Kriege: Internationale Kriege	Kriegstote als Prozentsatz der Weltbevölkerung
1900–09	10	6	0,02
1910–19	15	9	1,13
1920–29	11	8	0,02
1930–39	11	8	0,17
1940–49	13	7	1,70
1950–59	20	5	0,17
1960–69	12	9	0,13
1970–79	18	7	0,16
1980–89	29	6	0,08
1900–89	141	63	

Quelle: Weltbank, World Development Report.

Massives Unrecht, das im eigenen Land beginnt, tendiert dazu, die Grenzen zu überschreiten und zu einem internationalen Problem zu werden. Es ist daher nur logisch, daß sich die Demokratien auf diesem Gebiet über den Einwand hinwegsetzen, daß die Beachtung der Menschenrechte eine rein innerstaatliche Angelegenheit ist. Allmählich hat sich diese Haltung der Demokratien auch international durchgesetzt. Nur mehr wenige Staaten versuchen, Fragen nach ihrer Menschenrechtspraxis mit dem Verweis darauf auszuweichen, daß es sich hier um Dinge handelt, die der Ingerenz anderer Staaten entzogen sei.

Im **Europarat** wurde 1991, mit österreichischer Unterstützung, eine **Anpassung der Europäischen Sozialcharta** in Angriff genommen. Ziel ist, das seit seiner Unterzeichnung im Jahre 1961 unververänderte Vertragswerk den heutigen Gegebenheiten anzupassen. In diesem Sinne wurde als erster Schritt in diese Richtung im Oktober ein Protokoll zur Änderung der

Sozialcharta zur Unterzeichnung aufgelegt, das eine Reform des Überprüfungsverfahrens zum Inhalt hat. Österreich hat an diesem Projekt initiativ mitgearbeitet.

Das Schutzsystem der Europäischen Menschenrechtskonvention (EMRK) wurde von Österreichern weiterhin relativ häufig in Anspruch genommen (in 135 Fällen). In 4 Fällen erkannte der Europäische Gerichtshof auf Verletzungen der EMRK durch Österreich, in zwei Fällen wegen gerichtlicher Verfahrensmängel, wodurch Anpassungen gewisser Details der österreichischen Rechtsordnung erforderlich wurden.

Das **Neunte Zusatzprotokoll zur EMRK** ermöglicht einem Beschwerdeführer den direkten Zugang zum Europäischen Gerichtshof für Menschenrechte (ohne Vermittlung der Kommission). Die österreichische Ratifizierung dieses Zusatzprotokolls wurde eingeleitet. Das zehnte Zusatzprotokoll zur EMRK sieht vor, daß man im Ministerkomitee des Europarates eine Verletzung von Menschenrechten statt wie bisher mit einer Zweidrittel-Mehrheit mit einer einfachen Mehrheit feststellen kann. Diese Neuerung wird von Österreich begrüßt.

Das **Europäische Komitee zur Verhütung von Folter** und unmenschlicher oder erniedrigender Behandlung oder Strafe hat Österreich besucht (siehe Außenpolitischer Bericht 1990). Die in diesem Bericht enthaltenen Empfehlungen und Kommmentare haben die zuständigen Bundesministerien für Inneres und für Justiz zu einer Reihe von Reformen veranlaßt; worüber dem Komitee in einem ihm am 15. Mai 1991 vorgelegten Dokument berichtet wurde. In der Folge stimmte Österreich der **Veröffentlichung** des Komiteeberichts zusammen mit dem erwähnten Durchführungsbericht zu. Es wurde damit ein Schritt zur Erhöhung der Transparenz in diesem sehr sensiblen Bereich gesetzt, von dem Österreich hofft, daß er auch für andere Staaten beispielhalft ist.

Die **Europäische Kommission für Demokratie durch Recht**, die im Rahmen des Europarates durch ein Teilabkommen gegründet worden ist, hat eine nach österreichischer Ansicht besonders bedeutungsvolle Aufgabe, insbesondere bei der Unterstützung der neuen Demokratien Osteuropas in deren Verfassungsreformen, wie z.B. in Albanien, Bulgarien, CSFR, Estland, Lettland, Polen und Rumänien. Im Februar legte die Kommission dem Ministerkomiteee des Europarats einen Entwurf für eine Europäische Konvention zum Schutz von Minderheiten vor (siehe Abschnitt Minderheitenschutz).

Merkbare Fortschritte im Bemühen um die Sicherung der Menschenrechte brachte auch das Moskauer Treffen über die Menschliche Dimension der **KSZE** im September 1991. Es enthält eine Reihe neuer normativer Bestimmungen im menschenrechtlichen Bereich. (siehe Abschnitt KSZE).

Nach mehrjähriger Mitarbeit bloß als Beobachter nahm Österreich an der 47. Tagung der **Menschenrechtskommission** der Vereinten Nationen (28. Jänner bis 8. März 1991) wieder als Mitglied teil. Die österreichische Delegation stand unter der Leitung von Prof. Felix Ermacora. Sie gab insgesamt 14 substantielle Erklärungen ab und erarbeitete die Texte von fünf Resolutionen, die alle mit Konsens angenommen wurden (Menschenrechte im Strafvollzug, Binnenflüchtige, Privilegien und Immunitäten der Sonderberichterstatter und Experten der Vereinten Nationen, Wehrdienstverweigerer und die Lage der Menschenrechte im Iran). Österreich übernahm in der VN Menschenrechtskommission auch die Koordinierung der Regionalgruppe der westlichen und anderen Staaten (WEOG).

Dem **Menschenrechtskomitee** der VN obliegt die Überwachung der Durchführung des „Internationalen Pakts über bürgerliche und politische Rechte". Es überprüfte im Oktober den zweiten periodischen Bericht Österreichs.

Auf der **46. Generalversammlung der Vereinten Nationen** regte Bundesminister Alois Mock die Schaffung eines **Dringlichkeitsmechanismus** an, der die Menschenrechtskommission in die Lage versetzen soll, rasch auf massive Menschenrechtsverletzungen zu reagieren. Viele Staaten nahmen diesen Vorschlag mit Interesse aufgenommen. Er wird im Rahmen der Menschenrechtskommission weiterverfolgt werden (siehe auch Tätigkeitsbericht Vereinte Nationen).

Österreich wirkte auch an den Arbeiten an einem Prinzipienkatalog betreffend den Schutz von Geisteskranken mit, den die Generalversammlung im Dezember annahm, und leistete maßgebliche Arbeit an einer Resolution über Menschenrechte im Strafvollzug. Ferner unterstützte Österreich die Verabschiedung von Resolutionen zur Lage der Menschenrechte in Myanmar, in El Salvador, im Irak, im besetzten Kuwait, in Haiti und in Afghanistan (Die Resolution zu Afghanistan basiert auf dem Bericht des Menschenrechts- Sonderberichterstatters Prof. Felix Ermacora).

Bei dreizehn Resolutionensentwürfen im Menschenrechtsbereich war Österreich Kosponsor. Österreich führte auch den Vorsitz in einer Arbeitsgruppe der Dritten Kommission der Generalversammlung, die beauftragt war, Vorschläge zur Rationalisierung der einschlägigen Tätigkeiten der VN auszuarbeiten. Die Arbeitsgruppe hat dann dazu u.a. ein zweijähriges Rationalisierungsprogramm erarbeitet. Durch diese Rationalisierungsmaßnahmen wurde schon 1991 die Zahl der Dokumente, die der dritten Kommission vorgelegt wurden, um ein Drittel gesenkt.

Österreich unterstützte weiterhin die Arbeit des Menschenrechtszentrums in Genf und leistete neuerlich Beiträge zu den **Freiwilligen Fonds der Vereinten Nationen für technische Zusammenarbeit auf dem Gebiet der Menschenrechte** und für **Folteropfer**.

Internationale Bemühungen um die Gleichstellung von Frauen und Männern in der Gesellschaft

Europaweit wurde 1991 den Frauenangelegenheiten und der Gleichstellung zwischen Frauen und Männern erhöhte Bedeutung zugeschrieben. Diese von Österreich begrüßte Entwicklung läßt sich sowohl bei Europarat und der Europäischen Gemeinschaft, wie auch bei europäischen Konferenzen zu Frauenangelegenheiten beobachten.

Österreich betrachtet es als großen Erfolg seiner jahrelangen Bemühungen, daß das **Gleichstellungskomitee des Europarates** (CEEG) Ende 1991 von einem Ad-Hoc-Komitee zu einem Leitungskomitee (CDEG) umgewandelt wurde. Die Aufwertung dieses für Frauenangelegenheiten zuständigen Komitees bedeutet neben der symbolischen Honorierung der Gleichstellungspolitik einen Kompetenzzuwachs, der sich in einem direkteren Zugang zum Ministerkomitee sowie in anderen Verbesserungen zeigt. Neben diesem Erfolg bleibt allerdings das Problem der personell und finanziell geringen Ressourcen des Komitee-Sekretariats weiterbestehen. Österreich wird sich daher in der ersten Sitzung des neuen Leitungskomitees im Frühjahr 1992 dafür einsetzen, daß parallel zur Aufwertung des Gleichstellungskomitees auch dessem Sekretariat, das nun einen vermehrten Arbeitsaufwand zu bewältigen hat, bessere Arbeitsbedingungen geboten werden.

Die Perspektive der künftigen **Mitgliedschaft Österreichs bei den Europäischen Gemeinschaften** führte im Bereich der Frauenpolitik zu einem verstärkten Informationsaustausch. Mit allen mit der Gleichstellungspolitik beschäftigten EG-Institutionen wurde im Jahre 1991 der Kontakt intensiviert, um für den Fall des Beitritts ausreichende Vorarbeit geleistet zu haben. So führte Österreichs Frauenministerin Dohnal 1991 mit der für Gleichstellungsfragen zuständigen EG-Kommissarin Papandreou Gespräche über die künftige Rolle Österreichs in den Gemeinschaften. Österreich nahm zudem als Beobachter bei dem EG-Seminar zu Thema **„Sexuelle Belästigung am Arbeitsplatz“** im September 1991 in Den Haag teil. So konnten die fundierten Arbeiten der EG in die Novelle des österreichischen Gleichbehandlungsgesetzes Eingang finden. Mit VertreterInnen des Frauenausschusses im EG-Parlament wurden deren Rolle im Entscheidungsfindungsprozeß bei frauenpolitischen Entwürfen besprochen. Dieser Ausschuß plant für das Jahr 1992 eine Studie über Frauen in Österreich, wobei ihm österreichischerseits volle Unterstützung zugesagt wurde.

Die Ergebnisse des **Maastrichter Gipfeltreffens** von Dezember 1991 wurden auch in ihren frauenpolitisch relevanten Bereichen von Österreich sehr begrüßt. Es wurde mit Befriedigung registriert, daß der Artikel 119 (Lohngleichheit von Frau und Mann) nun um einen Absatz 3 ergänzt wird.

Dieser ermöglicht nun vor allem eine Politik der differenzierenden Förderung und stützt sich damit gedanklich auf Artikel 4 der VN-Konvention gegen alle Formen der Diskriminierung von Frauen. Auch das Bekenntnis von elf Mitgliedsstaaten zur Erweiterung der Kompetenzen im Sozialbereich bietet Österreich eine gute Basis sich nach einem Beitritt in der EG frauenpolitisch zu engagieren.

Die Frage der Gleichbehandlung von Frauen und Männern wird schon bei einem EWR-Beitritt in Österreich eine strengere Handhabe erfahren, da in der EG die Stellung der Frau in bestimmten Bereichen rechtlich besser abgesichert ist als in Österreich. So sind zum Beispiel die Bestimmungen zur Verwirklichung des Grundsatzes „gleiches Entgelt für gleiche Arbeit" in der EG-Lohngleichheitsrichtlinie weitergehender als im österreichischen Gleichbehandlungsgesetz. Bestimmungen zur Förderung der beruflichen Gleichstellung der Frauen ohne verbindlichen Charakter, die aber zur Auslegung bereits bestehender Regelungen herangezogen werden, finden sich auch in verschiedenen Empfehlungen und Entschließungen des Rates der EG, vor allem zu den Fragen der Förderung der Chancengleichheit der Frauen sowie über den Schutz der Würde von Frauen und Männern am Arbeitsplatz.

In Vorbereitung dieser Mitgliedschaft hat Österreich 1991 auch bilaterale Treffen mit den FrauenpolitikerInnen bzw. mit der IntegrationspolitikerInnen von EG-Staaten organisiert. Der Erfahrungsaustausch in diesem Bereich erleichtert es Österreich, Auswirkungen des EG-Beitritts auf Frauen bereits im vorhinein zu analysieren.

Angesichts der Bedeutung der europäischen Integration müssen in den kommenden Jahren diese Vorarbeiten weiter intensiviert werden, um die im Falle des Beitritts bestehenden Mitsprachemöglichkeiten bestens nützen zu können.

Die wachsende Bedeutung internationaler Frauenangelegenheiten zeigte sich 1991 unter anderem in der Abhaltung der **Ersten Europäischen Ministerkonferenz zur Körperlichen und Sexuellen Gewalt gegen Frauen,** die im März 1991 in Brüssel stattfand. Österreich unterstützte die Vereinbarung, auf eine koordinierte europäische Politik gegen Gewalt gegen Frauen hinzuarbeiten und sprach sich für ein kontinuierliches follow-up dieser Konferenz aus. Das von Österreich mitgetragene Schlußdokument spricht sich für verbesserte Schutzmaßnahmen und psychologische Betreuung für Frauen sowie härtere Strafen gegen Gewalttäter aus.

Nicht nur in europäischen Institutionen steigt in den letzten Jahren die Bedeutung der Frauenangelegenheiten. Die **Vereinten Nationen** entschlossen sich nach einer Phase des verringerten Engagements für Weltkonferenzen für das Jahr 1995 eine weitere **Weltfrauenkonferenz** vorzusehen, deren Vorbereitungen 1991 begannen.

Um bei der Bewältigung der großen Aufgaben der Vereinten Nationen – Frieden, Entwicklung, Menschenrechte, Umweltschutz – den spezifischen Problemen von Frauen gerecht zu werden, wurde eine Reihe von Einheiten geschaffen, die Aktivitäten gegen die Benachteiligung von Frauen auf allen Ebenen setzen. Dazu gehören die aus Regierungsvertretern zusammengesetzte Kommission für den Status der Frau (**Commission on the Status of Women, CSW**) und das aus 23 Experten bestehende **Komitee für die Beseitigung der Diskriminierung der Frau (Comittee on the Elimination of Discrimination Against Women, CEDAW)**. Dieses Komitee behandelt insbesondere die Staatenberichte, die nach den Bestimmungen der 1981 in Kraft getretenen **Konvention zur Beseitigung jeder Form der Diskriminierung der Frau** vorgelegt werden müssen. Als Sekretariat dieser Einheiten dient die innerhalb des Büros der Vereinten Nationen in Wien eingerichteten Abteilung für die Förderung der Frau. Die genannten Einheiten haben 1991 folgende Aktivitäten gesetzt:

Die Kommission für den Status der Frau, der Österreich seit 1989 angehört, hielt vom 27. Februar bis 8. März 1991 in Wien ihre 35. Tagung ab. Diese war der Behandlung vordringlicher Themen gwidmet, wie etwa der Situation von Frauen in sozial besonders bedrängten Bereichen, dem Problem geflüchteter und vertriebener Frauen und Kinder und der Errichtung von innerstaatlichen und regionalen Einrichtungen für eine effektive Einbeziehung von Frauen in den Entwicklungsprozeß. Daneben wurden Überlegungen angestellt, welche Themen bei der für 1995 geplanten nächsten Weltfrauenkonferenz behandelt werden sollten. Die notwendigen Schwerpunkte ergeben sich dabei aus den von der Kommission vorgelegten Berichten, nach denen etwa nahezu 80 Prozent der mehr als 15 Millionen Flüchtlinge auf der Welt Frauen sind. Nach Schätzungen sind Frauen auch Alleinversorger für ein Viertel bis zu einem Drittel der Haushalte. Die Entscheidung über den Tagungsort der Weltfrauenkonferenz 1995 wurde auf die 36. Tagung der Kommission im März 1992 verschoben. Österreich hatte sich bereits Ende 1990 um die Abhaltung der Konferenz in Wien beworben. Anfang 1991 gab auch die Volksrepublik China ihre Kandidatur für die Abhaltung in Peking bekannt.

Das Komitee für die Beseitigung aller Formen der Diskriminierung der Frau tagte vom 21. Jänner bis 1. Februar in Wien. Anläßlich dieser Tagung legte Bundesministerin Johanna Dohnal den **zweiten periodischen Staatenbericht Österreichs** über die innerstaatliche Umsetzung der Konvention zur Beseitigung jeder Form von Diskriminierung der Frau vor. Eine Reihe von CEDAW-Mitgliedern äußerten sich anerkennend über die Fortschritte, die in Österreich seit der Vorlage seines ersten Berichts 1983 auf dem Gebiet der Gleichstellung zwischen Mann und Frau gemacht wurden.

Die **Dritte Kommission der Generalversammlung der Vereinten Nationen** widmete auch während der 46. Generalversammlung Fragen der Frauenförderung einen eigenen Tagesordnungspunkt. Bundesministerin Johanna Dohnal wies in ihrer Erklärung zu diesem Tagesordnungspunkt darauf hin, daß etwa ein Drittel der VN-Mitgliedstaaten noch nicht der Konvention zur Beseitigung jeder Form von Diskriminierung der Frau beigetreten sind. Diese Staaten sollen zu einem Beitritt ermutigt werden. Gleichzeitig wurden in der österreichischen Erklärung auch jene Mitgliedstaaten, die zahlreiche und oft sehr substantielle Vorbehalte zur Konvention gemacht haben, aufgerufen, diese zu überprüfen. Bundesministerin Dohnal beklagte die unzureichenden finanziellen und personellen Mittel, die der in Wien angesiedelten VN-Abteilung für die Förderung der Frau zur Verfügung stehen und trat dafür ein, daß diese Abteilung trotz dieser Schwierigkeiten an den Vorbereitungen und der Abhaltung der Weltkonferenz über Menschenrechte im Jahr 1993 teilnehmen sollte. Die Ministerin kündigte auch an, daß Österreich für Vertreter der am wenigsten entwickelten Länder Schulungskurse finanziell mittragen werde. Diese sollen sich insbesondere mit der Vermittlung des technischen Know-hows zum Verfassen von Länderberichten an CEDAW beschäftigen. Als Fernziel sollte dafür ein eigenes Schulungszentrum im Rahmen der VN-Abteilung für die Förderung der Frau eingerichtet werden. Die von der Generalversammlung der Vereinten Nationen geplante **„Interregional Consultation on Women in Public Life“**, die im September 1991 in der Wiener Hofburg stattfinden hätte sollen, mußte wegen mangelnder finanzieller Mittel verschoben werden. Zu dieser Veranstaltung sollen alle weiblichen Staats- und Regierungschefs eingeladen werden, um einen Aktionsplan für die verstärkte Beteiligung von Frauen an politischen Entscheidungsprozessen zu erarbeiten.

Weltweite Sozialpolitik

Vereinte Nationen

Das **Büro der Vereinten Nationen in Wien** (United Nations Office at Vienna, UNOV) soll den Kern und das Zentrum für alle Aktivitäten der Vereinten Nationen auf sozialem Gebiet bilden. Allerdings verblieben einige mit sozialen Fragen befaßte VN-Einheiten an ihren früheren Dienstorten: so etwa das VN-Forschungsinstitut für soziale Entwicklung (UN Research Institute for Social Development, UNRISD) in Genf oder die insbesondere für die Ausarbeitung des „Weltsozialberichtes“ zuständige Abteilung für Internationale Wirtschafts- und Sozialangelegenheiten (Department for International Economic and Social Affairs, DIESA, des VN-Sekretariates) in New York.

In Wien werden die Aufgaben im sozialen Bereich organisatorisch vom **Zentrum für Soziale Entwicklung und Humanitäre Angelegenheiten** (Centre for Social Development and Humanitarian Affairs, CSDHA) wahrgenommen.

Für soziale Fragen im engeren Sinn ist die **Abteilung für soziale Entwicklung** (Social Development Division) als Sekretariatseinheit zuständig. Für Fragen der **Frauenförderung** besteht eine eigene Abteilung, die Division for the Advancement of Women. Diese Abteilung nimmt auch die Aufgaben des **Komitees zur Beseitigung der Diskriminierung gegen Frauen** (Committee on the Elimination of Discrimination against Women, CEDAW) nach der VN-Konvention zur Beseitigung aller Formen der Diskriminierung gegen Frauen, wahr (siehe Abschnitt „Internationale Bemühungen um die Gleichstellung von Frauen und Männern in der Gesellschaft"). Die mit Fragen der Kontrolle des Mißbrauchs von Drogen und psychotropen Substanzen zuständigen VN-Einheiten wurden im März 1991 zu einem eigenen **VN-Drogenkontrollprogamm**, dem UNDCP, zusammengefaßt.

Die Abteilung für Soziale Entwicklung verfügt über Unterabteilungen für folgende Bereiche:

Verbrechensverhütung und Strafrechtswesen, Soziale Wohlfahrt und **Soziale Integration**, Fragen **älterer Menschen**, der **Jugend** sowie **Behinderter** und ein Sekretariat für das **Internationale Jahr der Familie** (1994).

Angesichts der steigenden Bedeutung, die Fragen der internationalen Verbrechensverhütung und des Strafrechtswesens zukommt, hat die Generalversammlung der Vereinten Nationen mit Resolution 46/152 vom 18. Dezember 1991 über Empfehlung einer vom 21.–23. November 1991 in Paris abgehaltenen Ministerkonferenz die Schaffung eines eigenen **Programms der Vereinten Nationen für Verbrechensverhütung und Strafrechtswesen** beschlossen.

Das politische Leitungsorgan in sozialen Fragen ist für die in Wien eingerichteten Sekretariatseinheiten die **Kommission für Soziale Entwicklung** (Commission for Social Development) als eine funktionelle Kommission des Wirtschafts- und Sozialrates der Vereinten Nationen. Sie wurde als Social Commission bereits im Jahr 1946 zur Beratung des Wirtschafts- und Sozialrates der Vereinten Nationen in Fragen der Sozialpolitik geschaffen. Ihr gehören derzeit 32 vom Wirtschafts- und Sozialrat jeweils für vier Jahre gewählte Mitglieder an. Österreich ist Mitglied dieser Kommission. Die Kommission hält alle zwei Jahre am Sitz der Social Development Division in Wien eine Tagung ab. Die 32. Tagung der Kommission für soziale Entwicklung fand vom 11.–20. Februar 1991 in Wien statt.

Da heute über eine Milliarde Menschen, und somit nicht weniger als ein Fünftel der Weltbevölkerung unter höchst bedauernswerten Bedingungen der Armut leben und da die dadurch ausgelösten sozialen Probleme ständig zunehmen, kommt dem Zentrum für Soziale Entwicklung und Humanitäre Angelegenheiten eine besondere Bedeutung zu.

Bedeutende internationale Instrumente wie die **VN -Konvention zur Beseitigung aller Formen der Diskriminierung gegen Frauen** aus 1979 (United Nations Convention on the Elimination of all Forms of Discrimination against Women), die von der Kommission für soziale Entwicklung im Februar 1991 verabschiedeten **United Nations Principles for Older Persons** oder die derzeit in Ausarbeitung stehenden **Standard Rules on the Equalization of the Opportunities for Disabled Persons**, lassen erkennen, daß ein Großteil der Menschheit von der Tätigkeit der Wiener VN-Einheiten auf sozialem Gebiet zumindest mittelbar berührt wird. Auch alle Massnahmen im Jahr der **VN-Behindertendekade** (1983–1992) oder im **VN-Familienjahr** (1994) wurden bzw. werden von diesen VN-Einheiten wahrgenommen.

Österreich verfolgt traditionell Fragen der sozialen Entwicklung mit großem Interesse und leistet neben den vorgeschriebenen regulären Beiträgen zu konkreten Vorhaben der Vereinten Nationen auf diesem Gebiet auch freiwillige finanzielle Beiträge – etwa für die Arbeitsgruppe zur Ausarbeitung von Normen zur Gleichstellung behinderter Personen; zum Fonds für die VN-Dekade für Behinderte; und zur Vorbereitung des Internationalen Jahres der Familie (1994).

Betreffend die Jugend hat Österreich auch im Jahr 1991 das **Jugendbeschäftigungsprogramm HOPE'87** (Hundreds of Original Projects for Employment) unterstützt und mit einem Betrag von 3,25 Millionen Schilling finanziert. 1991 wurden durch dieses Programm und durch zehn Projekte in sieben Staaten etwa 250 Arbeitsplätze für Jugendliche geschaffen. Im März 1991 wurde in Wien zwischen der österreichischen Bundesregierung und den Vereinten Nationen ein Memorandum of Understanding über die zukünftige Zusammenarbeit zwischen HOPE'87 und den Vereinten Nationen unterzeichnet.

Am 1. Oktober 1991 wurde entsprechend der Resolution 45/106 vom 14. September 1990 im Vienna International Center der erste **Internationale Tag der Alten** begangen. Die Generaldirektorin von UNOV, Margaret ANSTEE, verwies dabei auf die Tatsache eines weltweit steigenden Anteils der älteren Bevölkerung. Diese Einrichtung wird alle Institutionen berühren und wird letztlich ähnlich große Folgen haben wie sie andere große wirtschaftliche oder soziale Bewegungen in der Vergangenheit hatten. Dieser Einsicht entsprechend hat die Kommission für Soziale Entwicklung bei ihrer 32. Tagung in Wien die **VN-Prinzipien für ältere Menschen** (United Nations Principles for Older Persons) auf der Basis des internationalen Plans für Massnahmen gegenüber dem Altern (International Plan for Action on Aging) ausgearbeitet.

In vielen Teilen der Welt verschlechtert sich die soziale Lage. Diese Entwicklung steht in engem Zusammenhang mit Entwicklungen in anderen Bereichen, wie dem der Umwelt, des Wirtschaftswachstums, des Gesundheits- und Erziehungswesen oder dem Arbeitsmarkt. Es mehren sich daher auch innerhalb der Vereinten Nationen die Hinweise darauf, daß aus sozialen Problemen auch solche der Sicherheit nicht nur innerhalb von Staaten, sondern auch zwischen den Staaten werden können.

In diesem Sinne haben sich Vertreter von siebzig Staaten in der Debatte in der 3. Kommission der 46. Generalversammlung der Vereinten Nationen im Oktober 1991 für die Abhaltung eines **Weltgipfels für Soziale Entwicklung** (World Summit for Social Development) ausgesprochen. Die österreichische Delegation hat in ihrer Wortmeldung auf die Notwendigkeit von weltweiten Maßnahmen zur Verbesserung der sozialen Bedingungen hingewiesen. Österreich hat daher die Abhaltung eines Weltgipfels für soziale Entwicklung befürwortet.

ILO (Internationale Arbeitsorganisation)

Die großen Probleme, mit denen die Länder Zenral- und Osteuropas auf dem Arbeitsmarkt und auf dem Sozialsektor konfrontiert sind, stellen die ILO vor eine neue Herausforderung. Die ILO meint, in Anbetracht ihrer sozialpartnerschaftlichen Organisation und ihrer einschlägigen Expertise sehr gut dafür geeignet zu sein, den neuen Demokratien auf diesem Gebiet nützliche Hilfe zu leisten. Sie steht dabei allerdings in einem gewissen Konkurrenzverhältnis zu den sozialpolitischen Aktivitäten der G 24.

Ein österreichisches Regierungsmitglied gehört dem Verwaltungsrat, dem dreigliedrigen Exekutivorgan der ILO, seit 1987 nicht mehr an. In der Arbeitgebergruppe ist jedoch als Ersatzmitglied der Österreicher Maximilian Arbesser-Rastburg vertreten. Seit 1989 ist der Österreicher Heribert Maier Stellvertretender Generaldirektor der Organisation.

Die österreichische Delegation zur 78. Tagung der **Internationalen Arbeitskonferenz**, die vom 5. bis 25. Juni in Genf stattfand, stand unter der Leitung von Bundesminister Josef Hesoun. Die Konferenz nahm ein neues Übereinkommen sowie eine Empfehlung betreffend die Arbeitsbedingungen in Hotels, Gaststätten und ähnlichen Betrieben an. Auch in politischen Fragen überwog eine unkontroversielle, konstruktive Haltung aller Delegationen. Wie im vergangenen Jahr konnte die heikle Thematik der „Werktätigen in den besetzten Gebieten Palästinas" in einer Sondersitzung des Plenums behandelt werden. Durch die Verabschiedung einer Resolution betreffend die soziale Entwicklung in Zeiten struktureller Anpassung gelang eine für die Entwicklungsländer und die Staaten Zentral- und Osteuropas gleichermaßen akzeptable Kompromißformel, der zufolge das Mandat der ILO zur Unterstützung der Entwicklung sozialer Strukturen in

Ländern mit Übergang auf marktwirtschaftliche Systeme gefestigt werden soll.

Österreich finanzierte den Einsatz einer österreichischen Expertin, die als „Associate Professional Officer" (APO) im Rahmen der Arbeitsinspektionsabteilung der ILO mit der Ausarbeitung von Entwicklungshilfeprojekten zur Förderung des Arbeitsinspektionswesen in afrikanischen Ländern betraut war.

Im Rahmen eines Entwicklungshilfeprogramms der Organisation lieferte Österreich an ein handwerkliches Ausbildungszentrum in Burundi Ausrüstung im Wert von 393.046,– US-Dollar.

Der österreichische Beitrag zum ILO-Budget betrug 2.090.291,– Schweizer Franken.

WHO (Weltgesundheitsorganisation)

Ziel der 1946 gegründeten Welgesundheitsorganisation ist es, allen Völkern der Welt das höchstmögliche Niveau medizinischer Versorgung zugänglich zu machen. Die sich hieraus ergebenden Aufgaben umfaßten u.a. die Bekämpfung von Epedemien, die Schaffung globaler Richtlinien für die Gesundheitspolitik, die internationale Standardisierung von Diagnoseverfahren und pharmazeutischen Produkten, die Beratung und Unterstützung von Regierungen und anderen internationalen Organisationen (etwa in den Bereichen Ernährung, Unterbringung, Umwelt, etc.) sowie generelle Informationstätigkeit. Wie auch in anderen Organisationen spielt die Leistung technischer Hilfe, die meist in Zusammenarbeit mit anderen UN-Gremien (UNDP, Welbank etc.) erfolgt, eine zunehmende Rolle.

Im Rahmen der **44. Weltgesundheitsversammlung**, die vom 6. bis 16. Mai in Genf stattfand, zeichnete sich, deutlicher als in den vergangenen Jahren, ein in allen regionalen Gruppen spürbarer Trend zur Entpolitisierung, gleichzeitig aber eine Zuspitzung der Positionen bei der Erörterung finanzieller Fragen ab. Das drückt sich etwa bei der Behandlung des Haushaltsplanes für das Biennium 1992/93 aus, ebenso wie durch die zunehmenden Beitragsrückstände zahlreicher Mitglieder. Die österreichische Delegation hat sich an der Arbeit in den eigentlichen Fachbereichen beteiligt. Engagiert war Österreich darüberhinaus vor allem an der Erarbeitung von Konsensresolutionen politischen und humanitären Charakters, an den Debatten mit menschenrechtlichen Dimensionen (AIDS, Behandlung geistig Erkrankter) sowie an Debatten über Finanz- und Verwaltungsfragen.

Das allgemeine **AIDS-Programm der WHO** ist das umfangreichste außerbudgetäre Projekt der Organsiation. Es verfolgt eine globale Strategie zur Verhütung von HIV-Infektionen; zur Linderung negativer gesellschaftlicher Reaktionen auf HIV-Infizierte; zur Förderung der Forschung etc. und leistet somit einen bedeutenden Beitrag zur internationalen Bekämpfung des Immundefektsyndroms. Österreich unterstützt dieses Programm und ist Mitglied in seinem Leistungsgremium, dem Global Management Committee.

Da Österreich der **europäischen Regionalgruppe** angehört, konzentrierte sich seine Mitarbeit auch 1991 auf die Aktivitäten des WHO-Regionalbüros für Europa. Dessen 41. Tagung (Lissabon, 10. bis 14. September) stand wiederum im Zeichen der Veränderungen in Zentral- und Osteuropa und der daraus resultierenden Notwendigkeit, die Länder dieser Region bei der Restrukturierung ihrer Gesundheitsverwaltungen zu unterstützen. Österreich hat in diesem Zusammenhang die Ausweitung seiner Teilnahme am „Gesunde Städte-Projekt" in den Ländern Zentral- und Osteuropas bekanntgegeben.

Österreich finanzierte den einjährigen Einsatz einer österreichischen Ärztin, die seit Oktober als „Associate Professional Officer" (APO) im Rahmen des erweiterten Immunisierungsprogramms der WHO (EPI) zunächst am Sitz des afrikanischen Regionalbüros in Brazzaville und danach in Harare (Zimbabwe) tätig ist.

Weiters hat Österreich auch zu freiwilligen Programmen der europäischen Region durch finanzielle Leistungen in der Höhe von insgesamt 240.000,– US-Dollar (für „Gesunde Städte in den Ländern Mittel- und Osteuorpas" 150.000,– US-Dollar und für „Unterstützung der Gesundheitsreformen in Europa durch die WHO/Euro/Gruppe der Staaten mit pluralistischen Gesundheitssystemen" 90.000,– US-Dollar) beigetragen.

Der reguläre österreichische Beitrag zum Budget der WHO beträgt 2.267.100,– US-Dollar.

Internationale Bemühungen zur Kontrolle von Suchtgiften und psychotropen Substanzen

Vielleicht nicht ganz so schwer wie einige andere europäische Staaten, aber dennoch in beunruhigendem Ausmaß ist auch Österreich von der Suchgift- und Drogenseuche erfaßt. Untenstehende Tabelle zeigt die in Österreich registrierten Delikte. Sie verweist darauf, daß insbesondere der Gebrauch von Kokain zunimmt, während der Gebrauch von Heroin konstant bleibt. Die „Dunkelziffer" in diesem Bereich ist sicher hoch; die tatsächliche und weit dramatischere Entwicklung dürfte wohl besser durch die letzte Spalte in dieser Tabelle ausgedrückt werden, in welcher die Zahl der durch Drogenkonsum verursachten Todesfälle wiedergegeben wird. Sie hat sich von 57 im Jahre 1980 auf 114 im Jahre 1991 erhöht.

Delikte nach dem österreichischen Suchtgiftgesetz und drogenbezogene Todesfälle 1980–1991

Jahr	Registrierte Delikte							Drogenopfer
	Opium	Heroin	Kokain	LSD	Cannabis	andere	Total	(Todesfälle)
1980	71	1.838	77	350	2.351	213	4.900	57
1983	86	1.601	140	325	3.224	47	5.423	26
1986	45	1.029	243	220	3.167	35	4.739	46
1989	63	1.040	478	143	2.487	263	4.474	82
1990	62	1.105	673	186	2.593	210	4.829	83
1991	76	1.619	663	156	2.680	165	5.392	114[1])

Quelle: BMI.
[1]) Gemäß Erfassungsmethode des BMfGSK.

Diese Entwicklung in Österreich kann nur als Teil eines weltweiten Phänomens verstanden und zu einem guten Teil auch nur durch Maßnahmen bekämpft werden, die über Österreich hinausreichen, die also gemeinsam mit anderen Staaten verfügt werden. Denn der Konsum von Suchtgiften und der Mißbrauch von Drogen nimmt weltweit zu. Weltweit sind ebenfalls die Verteilernetze; weltweit die Finanzierung von Produktion und Vertrieb sowie die Reinvestition der erlösten Gewinne.

Im „Außenpolitischen Bericht 1989" wurde eine umfassende Darstellung der Probleme gegeben, die hier für die Staatengemeinschaft entstehen: Jedem einzelnen Staat erwachsen hohe gesellschaftliche, soziale und wirtschaftliche Kosten, wenn seine Bürger dem Suchtgift- und Drogenmißbrauch verfallen. Aber das Problem ist so umfassend geworden, daß es über diese Bereiche der Sozial-, Kriminal- und Gesellschaftspolitik hinausreicht. So ist zum Beispiel das Weltfinanzsystem heute vom illegalen Geld unterwandert, das aus der Drogenerzeugung und dem Drogenhandel entsteht und das über die Methode der **„Geldwäscherei"** in dieses Finanzsystem eingeführt wurde. Erzeugung und Handel müssen großflächig organisiert sein und dem entspricht eine weltweite Organisation dieser Tätigkeit. In einigen Staaten und Regionen ist sie straff genug, um neben den staatlichen Strukturen ihre eigenen aufzuziehen und damit nicht nur den betroffenen Staat, sondern auch dessen internationale Verpflichtungen in Frage zu stellen.

Der Kampf gegen dieses Phänomen ist also zurecht zu einem wichtigen und für einige Staaten sogar zentralen Anliegen in den internationalen Beziehungen geworden. Sichtbarer Ausdruck dieses Kampfes auf globaler Ebene war die vom 20.–23. Februar 1990 in New York abgehaltene (17.) **Sondertagung der Generalversammlung der Vereinten Nationen**. Die Periode von 1991–2000 wurde dabei zur **Dekade der Vereinten Nationen gegen den**

Drogenmißbrauch erklärt. Ein **globales Aktionsprogramm gegen den Drogenmißbrauch** wurde beschlossen. Mit Res 45/179 vom 21. Dezember 1990 hat die Generalversammlung eine Reorganisation und personelle Stärkung der mit Fragen der Drogenkontrolle befaßten VN-Einheiten und deren Zusammenschluß zu einem **Internationalen Drogenkontrollprogramm der Vereinten Nationen** (United Nations International Drug Control Programme, UNDCP) mit Sitz in Wien, eingeleitet.

Auch bei den Debatten über die Schaffung eines neuen **VN-Programms für Verbrechensverhütung und Strafrechtswesen** (insbesondere bei der Ministertagung in Paris vom 21.–23. November 1991) wurde deutlich, daß eine Mehrheit auch dieses Programm der Vereinten Nationen in Zukunft verstärkt gegen die Drogenkriminalität einsetzen will. Dies gilt insbesondere für grenzüberschreitende und neue, in Verbindung mit dem Mißbrauch von Drogen stehende Formen des Verbrechens, beispielsweise für die Geldwäscherei.

Die Erklärung der Periode 1991–2000 zur **VN-Dekade gegen den Drogenmißbrauch** erfolgte in der Absicht, das weltweite Bewußtsein um den Kampf gegen die neue Menschheitsgeißel Droge zu fördern. Man wollte sicherstellen, daß das von der 17. Sondergeneralversammlung der Vereinten Nationen ausgearbeitete globale Aktionsprogramm auch tatsächlich verwirklicht wird. Ziele dieses Programms sind die Verringerung der illegalen Nachfrage, die Behandlung, die Rehabilitation und soziale Reintegration von Abhängigen; die Kontrolle des Angebotes von Suchtgiften und psychotropen Substanzen; sowie der Kampf gegen den unerlaubten Handel.

An der Durchsetzung dieses Programms werden neben den mit Drogenkontrollaktivitäten direkt befassten VN-Einheiten auch andere VN-Institutionen wie etwa UNESCO, UNICEF, UNDP, WHO, ILO und die VN-Informationszentren mitzuwirken haben.

Wie schon im Außenpolitischen Bericht 1990 berichtet, ist die in Wien ausgearbeitete UN-Konvention gegen den illegalen Handel mit Suchtgiften und psychotropen Substanzen am 11. November 1990 in Kraft getreten. In Österreich, das diese Konvention 1989 unterzeichnet hatte, wurden im Berichtszeitraum die Vorbereitungen zu deren Ratifizierung fortgesetzt.

Im Sinne der oben erwähnten Resolution der Generalversammlung der Vereinten Nationen (45/179 vom 21. Dezember 1990) wurde im März 1991 ein Exekutivdirektor im Range eines VN-Untergeneralsekretärs zum Leiter des **Internationalen Drogenkontrollprogramms der Vereinten Nationen** (United Nations International Drug Control Programme, UNDCP) in Wien bestellt. Dieses Programm entstand aus der Zusammenlegung der bisher mit Drogenkontrollfragen befaßten VN-Einheiten, nämlich des **Internationalen Suchtgiftkontrollrates** (International Narcotics Control Board, INCB); der **Abteilung für Suchtgifte** (Division of Narcotic Drugs,

DND), die auch als Sekretariat für die **Suchtgiftkommission der Vereinten Nationen** tätig ist; und dem **Fonds der Vereinten Nationen zur Bekämpfung des Drogenmißbrauches** (United Nations Fund for Drug Abuse Control, UNFDAC). Diese Organe haben nun eine einheitliche Führung erhalten. Gleichzeitig wurde das neue Programm mit zwölf professional- und acht general service-Posten personell aufgestockt.

Der **Internationale Suchtgiftkontrollrat** wird im Sinne der „Einzigen Suchtgiftkonvention 1961" (Single Convention on Narcotic Drugs) weiterhin den Verkehr mit den im Anhang zu dieser Konvention genannten Substanzen kontrollieren. Österreich ist dieser Konvention (samt dem dazugehörigen Protokoll aus dem Jahre 1972) im März 1978 beigetreten. Der österreichische Suchtgiftexperte Univ.Prof. Dr. Gottfried Machata wurde am 30. Mai 1991 vom Wirtschafts- und Sozialrat der Vereinten Nationen für fünf Jahre zum Mitglied des Internationalen Suchtgiftkontrollrates gewählt. Er wird seine Funktion im März 1992 antreten. Damit ist Österreich erstmals in dem, aus nur 13 weltweit anerkannten Experten zusammengesetzten Gremium vertreten.

Der **Fonds zur Bekämpfung des Drogenmißbrauches** wurde in der Vergangenheit ausschließlich aus freiwilligen Beiträgen finanziert. Er unterstützt insbesonders Entwicklungsländer in allen Bereichen der Antidrogenkampagne und finanziert Maßnahmen zur Bekämpfung des illegalen Drogenhandels, und vor allem auch Programme, durch die die Anbauer von Mohn und von Coca- bzw. Haschischstauden – zumeist Bauern in ärmlichen Gebieten – dazu veranlaßt werden sollen, auf den Anbau anderer Pflanzen umzustellen.

Die Funktion der **Suchtgiftkomission der Vereinten Nationen** als richtliniengebendes Organ ist schon durch die Resolution 45/179 der Generalversammlung verstärkt worden. Sie hat sich dementsprechend bei ihrer 34. Tagung neu organisiert; und die Erfolge dieser Neu-Organisation werden bei ihrer 35. Tagung (Wien vom 16.–15. April 1992) überprüft werden. Eine Erweiterung der Mitgliedschaft in der Kommission von vierzig auf dreiundfünfzig Mitglieder wurde vom ECOSOC im Juni 1991 beschlossen.

Die Vereinten Nationen werden also in Zukunft über ein gestärktes und noch wirksameres Programm zur Bekämpfung des Mißbrauches von Drogen und der damit in Verbindung stehenden Kriminalität verfügen. In diesem Sinn hat auch der Generalsekretär der Vereinten Nationen Ende Oktober 1991 über die bisherige Tätigkeit des neuen Drogenkontrollprogramms an die 46. Generalversammlung der Vereinten Nationen berichtet.

Auf europäischer Ebene gewinnt die **Pompidou-Gruppe** in der Kooperation auf dem Gebiet der Drogenkontrolle immer größere Bedeutung – insbesonders durch die Mitarbeit einer Reihe von ost- und zentraleuropäischen

Staaten. Diese Gruppe wurde 1980 im Rahmen des Europarates zur engeren Zusammenarbeit der europäischen Staaten bei der Bekämpfung des Drogenproblems gegründet. Österreich gehört ihr seit 1988 als Mitglied an. Außer Ungarn und Jugoslawien (dessen Mitarbeit im Europarat mittlerweile suspendiert wurde) sind 1991 die CSFR und Polen als Mitglieder in die Pompidou-Gruppe aufgenommen worden. Bei der **28. Tagung der Pompidou-Gruppe** (6.–8. 11. 91) wurde überdies beschlossen, die baltischen Staaten, Bulgarien, Rumänien und Albanien bis zur allfälligen Aufnahme als Vollmitglieder der Pompidou-Gruppe zu den technischen Aktivitäten dieses Gremiums, insbesonders zu den diversen Expertentreffen, einzuladen (die Entscheidung über eine Aufnahme als Vollmitglied in der Pompidou-Gruppe kann nur bei dem alle 2 Jahre stattfindenden Treffen auf Ministerebene, also frühestens 1992, getroffen werden).

Die Pompidou-Gruppe hat in ihren Sitzungen und einer Reihe von ihr ausgegangenen Expertentagungen stets die Bedeutung der Einschränkung des illegalen Drogenkonsums bei der Lösung des Drogenproblems in den Vordergrund gerückt. Dieser auch bei der österr. Drogenpolitik verfolgte Grundsatz fand auch in den bedeutenden **Empfehlungen der Parlamentarischen Versammlung des Europarates Nr. 1141** vom 31. 1. 1991 bzw. **Nr. 1169** vom 25. 9. 1991 ihren Niederschlag, in denen die Priorität der Vorbeugung und die Notwendigkeit der Einschränkung des illegalen Drogenkonsums betont wurde. In der Empfehlung Nr. 1141 wird die Einschränkung des illegalen Drogenkonsums als „die einzige langfristige Lösung“ des Drogenproblems bezeichnet, eine Formulierung, die sich bisher in keinem UN-Dokument findet.

Schwerpunktmäßig wurden in der Pompidou-Gruppe bzw. in Expertentagungen folgende Gebiete bearbeitet:

Die Zusammenarbeit der Drogenkontrollstellen in europäischen Flug- und Seehäfen; Implementierung des Art. 12 des VN-Übereinkommens über den illegalen Handel mit Suchtgiften und psychotropen Substanzen 1988 (Art. 12 befaßt sich mit dem illegalen Handel von sogenannten Precursor-Substanzen, die für die Herstellung von schweren Suchtgiften notwendig sind); Erstellung einer Vergleichsstudie der Grundlagen der Strafgesetzgebung im Zusammenhang mit der Drogenbekämpfung.

Die Pompidou-Gruppe arbeitet mit der EG auf dem Gebiet der Epidemiologie, Einschränkung des illegalen Drogenkonsums, der Implementierung internationaler Konventionen und bei der Ost-West-Zusammenarbeit eng zusammen.

Im Zeichen einer verstärkten Kooperation aller europäischen Staaten stand die **1. Pan-Europäische Ministerkonferenz über die Zusammenarbeit bei den Problemen des illegalen Drogenmißbrauchs in Oslo** (9.–10. 5. 1991), an der

Österreich mit einer unter der Leitung des Bundesministers für Inneres, Dr. Franz Löschnak, stehenden Delegation teilgenommen hat. Die Bedeutung dieser Konferenz kam darin zum Ausdruck, daß zum ersten Mal alle west-, zentral- und osteuropäischen Staaten auf Ministerebene zusammentrafen, um Strategien über den zukünftigen gemeinsamen Kampf gegen den Drogenmißbrauch zu erarbeiten. Die Grundlagen dieser gemeinsamen Strategien aller europäischen Staaten sind in der **gemeinsamen Schlußerklärung** niedergelegt, in der insbesonders gefordert wird, die Aktivitäten der VN auf dem Gebiet der Drogenkontrolle wirksam zu unterstützen. Ein umfangreiches Kapitel der Schlußerklärung, an deren Formulierung Österreich maßgebend mitgewirkt hat, widmet sich der Prävention, der Behandlung, Rehabilitation, der sozialen Reintegrierung und enthält somit Feststellungen, die weitestgehend mit der österreichischen Drogenkontrollpolitik übereinstimmen.

Der engen Zusammenarbeit der Mitgliedstaaten des Europarates mit allen zentral- und osteuropäischen Staaten kommt im Hinblick auf das rasant um sich greifende Drogenproblem in allen Ländern dieser Region erhöhte Bedeutung zu. Die Pompidou-Gruppe hat sich als ein wirksames Gremium dieser gesamteuropäischen Zusammenarbeit erwiesen und die Verstärkung der Bemühungen bei der Bekämpfung des Drogenproblems aller zentral- und osteuropäischen Staaten bewirkt, wobei insbesonders das intensive Engagement mancher dieser Staaten im Rahmen der Pompidou-Gruppe positiv auffällt.

Der weltweite Kampf gegen den Terrorismus

Österreich beteiligt sich nachdrücklich an allen internationalen Bemühungen zur Bekämpfung des Terrorismus und ist Vertragspartei folgender multilateraler Abkommen, die zur Bekämpfung des internationalen Terrorismus abgeschlossen wurden:

- Abkommen über strafbare und bestimmte andere an Bord von Luftfahrzeugen begangene Handlungen (BGBl. Nr. 247/1974);
- Übereinkommen zur Bekämpfung widerrechtlicher Handlungen gegen die Sicherheit der Zivilluftfahrt (BGBl. Nr. 248/1974);
- Protokoll zur Bekämpfung widerrechtlicher gewalttätiger Handlungen auf Flughäfen, die der internationalen Zivilluftfahrt dienen (BGBl. Nr. 63/1990);
- Übereinkommen zur Bekämpfung der widerrechtlichen Inbesitznahme von Luftfahrzeugen (BGBl. Nr. 249/1974);
- Übereinkommen zur Bekämpfung widerrechtlicher Handlungen gegen die Sicherheit der Seeschiffahrt (ratifiziert am 28. 12. 1989, noch nicht in Kraft);

- Protokoll zur Bekämpfung widerrechtlicher Handlungen gegen die Sicherheit fester Plattformen, die sich auf dem Festlandsockel befinden (ratifiziert am 28. 12. 1989, noch nicht in Kraft);
- Europäisches Übereinkommen zur Bekämpfung des Terrorismus (BGBl. Nr. 446/1978);
- Internationales Übereinkommen gegen Geiselnahme (BGBl. Nr. 600/ 1986);
- Übereinkommen über die Verhütung, Verfolgung und Bestrafung von Straftaten gegen völkerrechtlich geschützte Personen einschließlich Diplomaten (BGBl. Nr. 488/1977).

Im Februar 1991 fand in Montreal im Rahmen der ICAO eine Staatenkonferenz unter österreichischem Vizevorsitz statt, die mit der Annahme eines Konventionstextes über die Kennzeichnung von Plastiksprengstoff zum Zweck seiner Auffindung erfolgreich abgeschlossen werden konnte. Gegenwärtig wird die Ratifikation dieses Vertragswerks durch Österreich vorbereitet.

Die **TREVI-Gruppe** (**T**errorisme, **R**adicalisme, **E**xtremisme, **V**iolence **I**nternationale) ist ein Forum innerhalb der EG. Die Einsetzung der Gruppe wurde auf britische Initiative vom Europäischen Rat in Rom im Jahre 1975 beschlossen. Seit 1976 trifft sie sich halbjährlich auf der Ebene der Innen-/Justizminister, hoher Beamten und Experten. (Versammlung der TREVI-Minister, Ausschuß der Hohen Beamten, Arbeitsgruppen der Experten; TREVI I, II, III, TREVI 1992, ad-hoc-Gruppe „Einwanderung".) Ihre Aufgabe war früher primär die Terrorbekämpfung. Sie wurde später auf die Bekämpfung des illegalen Drogen- und Waffenhandels sowie des organisierten Verbrechertums ausgedehnt, in der Folge auch auf Bemühungen um Harmonisierung der Grenzkontrollen, der Sichtvermerkspolitik und der Asylpraxis und auf Ausbildungs- und Ausrüstungsfragen.

1986 hatte Österreich enge Kontakte zur TREVI-Gruppe. Seit 1987 wird Österreich die gleiche Stellung eingeräumt, wie sie vorher schon den USA und Kanada zukam. Österreich hat so die Möglichkeit, vor den jeweiligen Treffen der Innen- bzw. Justizminister der Mitgliedstaaten der EG seine Ansichten zu den vorgesehenen Tagungsthemen einzubringen und seine speziellen Wünsche zu artikulieren, ohne formell Mitglied der Gruppe zu sein. An den Tagungen selbst haben der Bundesminister für Inneres und – in seiner Vertretung – der Bundesminister für Justiz regelmäßig als Beobachter teilgenommen. Österreich wird die Möglichkeit geboten, zu den von den TREVI-Staaten auf den verschiedensten Gebieten des Sicherheitswesens veranstalteten Seminaren Fachkräfte zu entsenden. 1991 haben Österreich und die Schweiz gemeinsam eine Initiative unternommen, um den Kontaktmodus mit TREVI zu modifizieren. Eine Zusammenkunft mit den EG-Vertretern soll auch jeweils nach den TREVI-Treffen stattfinden, um die Weitergabe der Beratungsergebnisse zu ermöglichen;

weiters wird eine vermehrte Inanspruchnahme des Aus- und Fortbildungsangebotes sowie eine verstärkte Zusammenarbeit auf operationeller Ebene – vor allem im Bereich der Bekämpfung des Terrorismus, der Suchtgiftkriminalität und des organisierten Verbrechens – angestrebt.

Seit 1978 trifft sich regelmäßig der **Wiener Club** auf Innenminister- und höchster Beamten-Ebene. In diesem Forum arbeiteten Österreich, die BRD, Frankreich, Italien und die Schweiz zunächst zur Bekämpfung von grenzüberschreitenden Verbrechen und Terror zusammen, später wurden die Beratungen auf andere Bereiche wie vor allem Grenzkontroll-, Wanderungs- und Asylfragen ausgedehnt. Die im Rahmen dieser Zusammenarbeit im Oktober 1991 in Berlin abgehaltene Konferenz unter Teilnahme aller Mitglieder des „Wiener Clubs", der EG sowie von weiteren 13 Staaten Mittel- und Osteuropas beriet über Maßnahmen zur Eindämmung illegaler Einreisen aus und über Zentral- und Osteuropa. Dabei wurden Maßnahmen zur Bekämpfung des Schlepperunwesens beschlossen. Die näheren Einzelheiten werden von einer dazu eingesetzten Arbeitsgruppe festgelegt, die unter dem Vorsitz Österreichs (mit Co-Vorsitz Ungarns und Italiens) steht.

Die rechtliche Dimension der österreichischen Außenpolitik

Konsularfragen

Österreichische Staatsbürger, die ständig im Ausland leben, sowie jene, die sich beruflich oder als Touristen nur vorübergehend im Ausland aufhalten, können mit der Unterstützung österreichischer Vertretungsbehörden rechnen, wenn sie sich in einer Notlage befinden. Die österreichischen Vertretungsbehörden sind bemüht, ihnen rasch und unbürokratisch zu helfen. Eine solche rasche Hilfe ist vor allem in Krisen und bei Katastrophen notwendig.

In einer Vielzahl von Zivil- und Strafrechtsangelegenheiten im Ausland oder mit Auslandsbezug sind das Bundesministerium für auswärtige Angelegenheiten und die Vertretungsbehörden um zweckdienliche Beratung und Unterstützung unserer Landsleute bemüht.

Bürgerservice

Das „Bürgerservice" des Bundesministeriums für auswärtige Angelegenheiten ist vor rund fünf Jahren eingerichtet worden. Es ist die zentrale Auskunfts- und Kontaktstelle für Konsularfragen und hat sich als Verbindungsstelle in Notfällen für Kontakte zwischen Österreichern im Ausland und ihren Angehörigen im Inland bewährt. Das Bürgerservice stützt sich dabei auch auf alle mit Auslandsreisen befaßten Einrichtungen wie Reisebüros, Geldinstitute, Rettungsdienste.

Um österreichische Auslandsreisende rechtzeitig vor diversen Gefahren zu warnen und zur Vorsorge anzuregen, wird vom Bundesministerium für auswärtige Angelegenheiten jährlich eine Informationsbroschüre **„Tips für Auslandsreisende"** herausgegeben. Dieser kleine Ratgeber ist bei allen Paß- und Zollämtern, bei den Autofahrerclubs ÖAMTC und ARBÖ, in Reisebüros sowie im Bundesministerium für auswärtige Angelegenheiten in der Abteilung für Presse und Information sowie im Bürgerservice kostenlos erhältlich (siehe auch Abschnitt „Medien und Information").

Die ebenfalls vom Bundesministerium für auswärtige Angelegenheiten herausgegebene Broschüre **„Bürgerservice"** enthält Informationen über Paß-, Visa-, Impf- und Einfuhrvorschriften sowie Sozialversicherungs-, Staatsbürgerschafts- und andere Rechtsvorschriften; ferner auch die Adressen der österreichischen Auslandsvertretungen. Die Broschüre ist ein nützlicher Behelf für verschiedenste Stellen und Institutionen, die mit Auslandsreisen und internationalen Kontakten befaßt sind. Eine erweiterte vierte Auflage wird derzeit vorbereitet.

Durch die Mithilfe des Bürgerservice konnte in zahlreichen Notfällen durch Vermittlung einer Gelddepoterrichtung beim Bundesministerium für auswärtige Angelegenheiten und Auszahlung bei der Vertretungsbehörde, aber auch durch Darlehensgewährung, rasch geholfen werden.

Am **Krisenmanagement** aus Anlaß der Golfkrise war das Bürgerservice beteiligt. Es wirkte auch an der Vorbereitung und Abwicklung der Evakuierung von österreichischen Staatsbürgern aus den Bürgerkriegsgebieten in Somalia, Rwanda, Togo, Haiti und Zaire mit. Es war bemüht, die durch die Kampfhandlungen in Slowenien und Kroatien sowie in anderen Teilrepubliken Jugoslawiens gefährdeten Österreicher zu betreuen und ihre Interessen wahrzunehmen. Eine ähnliche Funktion hatte es während des Putschversuches in der Sowjetunion.

Am 26. Mai stürzte ein Passagierflugzeug der **LAUDA AIR** über Thailand ab. 223 Personen, darunter 98 Österreicher, kamen dabei ums Leben. Das Bürgerservice fungierte als Verbindungsstelle zwischen den Angehörigen der Opfer, österreichischen Dienststellen, der Fluglinie und der Österreichischen Botschaft in Bangkok. Diese betreute ihrerseits die nach Bangkok gereisten Angehörigen sowie die aus Beamten des Bundesministeriums für Inneres sowie des deutschen Bundeskriminalamtes bestehende Identifizierungskommission und stand in ständigem Kontakt mit den thailändischen Behörden.

Hilfeleistung in Zivil- und Strafsachen

Die Geltendmachung oder Verteidigung von Rechten im Ausland ist auf Grund unterschiedlicher Rechtsordnungen und wegen Kommunikationsproblemen oft mit großen Schwierigkeiten verbunden. Hilfesuchende Staatsbürger werden durch informelle Beratung, Einschaltung der Vertretungsbehörden und gegebenenfalls Namhaftmachung von Vertrauensanwälten bei der Wahrnehmung ihrer Interessen in Zivil- und Strafsachen unterstützt. Zu den schwerwiegendsten zivilrechtlichen Fällen zählen jene, in denen Kinder vom ausländischen Ehepartner gegen den Willen des inländischen Elternteils in **ausländische Staaten verbracht werden**, aus denen eine Rückführung aufgrund andersgearteter Rechts- und Gesellschaftsordnung manchmal kaum mehr möglich ist.

Bei **Verhaftungen** österreichischer Staatsbürger im Ausland sind die Vertretungsbehörden um Klärung des Sachverhaltes, Sicherung einer effizienten Verteidigung, Kontaktherstellung mit Angehörigen im Inland und ausreichende Haftbetreuung bemüht. Sie versuchen gegebenenfalls auch zu erwirken, daß im Ausland angeklagte oder verurteilte Österreicher zur Strafverfolgung oder zum Strafvollzug nach Österreich überstellt werden. Auf Grund des besonders dichten Reiseverkehrs ereignen sich auch die meisten von Österreichern im Ausland begangenen Delikte in

Nachbarstaaten. In südeuropäischen, süd- und südostasiatischen sowie lateinamerikanischen Ländern stehen viele Delikte von Österreichern in Zusammenhang mit dem Erwerb, dem Verkauf oder dem Konsum von Drogen.

Konsularische Zusammenarbeit mit anderen Staaten

Seit 1979 besteht zwischen Österreich und der Schweiz ein Abkommen über konsularische Zusammenarbeit. Aufgrund dieses Abkommens leisten die österreichischen Vertretungsbehörden in den französischen Niederlassungen Ozeaniens, auf Kreta und in Afghanistan schweizerischen und liechtensteinischen Staatsbürgern sowie die schweizerischen Vertretungsbehörden in Guinea, Liberia und Angola österreichischen Staatsbürgern konsularischen Schutz und Beistand. Allerdings sind die österreichische Vertretungsbehörde in Afghanistan und die schweizerische Vertretungsbehörde in Liberia geschlossen, so daß diese Agenden dort derzeit nicht wahrgenommen werden können.

Es ist geplant, den Anwendungsbereich dieses Abkommens auf weitere Länder auszudehnen.

Schubabkommen

Die Bemühungen um eine vertragliche Regelung der Rückübernahme unerlaubt nach Österreich eingereister ausländischer Staatsangehöriger durch deren Heimatstaat oder durch den jeweiligen Nachbarstaat Österreichs wurden fortgesetzt. Im August 1991 konnten derartige Abkommen, wie sie mit einer Reihe westeuropäischer Staaten bereits seit langem bestehen, mit der CSFR und Polen unterzeichnet werden. In Verhandlungen mit Ungarn wurde noch keine Einigung erzielt.

Sichtvermerksangelegenheiten

Aufgrund bestehender Sichtvermerksabkommen können Bürger aller Staaten Westeuropas sowie einiger zentral- und osteuropäischer Staaten, z. B. Ungarns, der Tschechoslowakei und Jugoslawiens, sichtvermerksfrei nach Österreich einreisen. Im Verhältnis zu Polen wurde die Sichtvermerksfreiheit mit 1. September 1991 wieder eingeführt.

Für Bürger der meisten Staaten Nord- und Südamerikas und einiger weiterer Staaten (z. B. Japan, Neuseeland) besteht ebenfalls Sichtvermerksfreiheit.

Die österreichischen Vertretungsbehörden haben 1991 etwa 812.000 Sichtvermerksanträge von Angehörigen anderer Länder bearbeitet.

Derzeit (Stand 1. Jänner 1992) benötigen Inhaber gewöhnlicher österreichischer Reisepässe für folgende Staaten Sichtvermerke:

Afghanistan, Ägypten, Albanien, Algerien, Angola, Antigua und Barbuda, Äquatorial-Guinea, Äthiopien, Australien, Bahrein, Bangladesh, Belize, Benin, Bhutan, Botswana, Brunei, Burkina-Faso, Burundi, China, Côte d'Ivoire, Dominica, Dschibuti, Estland, Fidschi, Gabun, Gambia, Ghana, Grenada, Guinea, Guinea-Bissau, Guyana, Honduras, Indien, Irak, Iran, Republik Jemen, Jordanien, Kambodscha, Kamerun, Kap Verde, Katar, Kenia, Kiribati, Komoren, Volksrepublik Kongo, Demokratische Volksrepublik Korea, Kuba, Kuwait, Laos, Lesotho, Lettland, Libanon, Liberia, Libyen, Litauen, Madagaskar, Malawi, Malediven, Mali, Marshall-Inseln, Mauretanien, Mosambik, Mongolei, Myanmar (früher Birma), Nauru, Nepal, Niger, Nigeria, Nicaragua, Oman, Pakistan, Papua-Neuguinea, Philippinen (bei einem Aufenthalt bis 21 Tage sichtvermerksfrei), Rumänien, Rwanda, Salomon-Inseln, Sambia, Samoa, Sao Tome und Principe, Saudi-Arabien, Senegal, Sierra Leone, Somalia, Sowjetunion, Sri Lanka, Südafrika, Sudan, Suriname, Swasiland, Syrien, Taiwan, Tansania, Thailand (bei einem Aufenthalt bis 15 Tage sichtvermerksfrei), Togo, Tonga, Tschad, Türkei, Tuvalu, Uganda, Vanuatu, Venezuela, Vereinigte Arabische Emirate, Vietnam, Zaire, Zentralafrikanische Republik.

Grenzübergänge, Grenzerleichterungen

Mit den westlichen Nachbarstaaten Österreichs ist der Ausbau von Grenzübergängen weitgehend abgeschlossen, neue wurden 1991 nicht mehr eröffnet.

Gegenüber der CSFR wurden 1991 zwei, gegenüber Ungarn sechs Grenzübergänge neu eingerichtet, wobei zunehmend ökologischen Bedenken bzw. lokalen Widerständen gegen weiträumigen Transitverkehr Rechnung zu tragen war. Daher ist der Grenzübertritt an drei Übergängen nur für Fußgänger und Radfahrer gestattet. Im Verhältnis zu Jugoslawien stagnierte die Entwicklung, doch konnte die Schließung etlicher schwach frequentierter Übertrittsstellen im Kleinen Grenzverkehr verhindert werden.

Mit der CSFR und Ungarn wurde über Abkommen betreffend die Grenzabfertigung im Eisenbahn-, Straßen- und Schiffsverkehr verhandelt, welche die Verkürzung der Wartezeiten personenführender Züge in Grenzbahnhöfen und die Einrichtung gemeinsamer Grenzabfertigungsstellen bzw. Zollämter ermöglichen. Mit dem Inkrafttreten dieser zum Teil bereits unterzeichneten Abkommen ist wegen des Erfordernisses ihrer parlamentarischen Genehmigung erst 1992 zu rechnen. Konkrete Einzelregelungen betreffend vorgeschobener oder gemeinsamer Grenzabfertigungs-(Zoll)stellen bedurften jeweils einer gesonderten Vereinbarung.

Als Sonderfälle von Grenzerleichterungen für Ambulanzen, Rettungsmannschaften, Rettungsflüge u. dgl. sind Abkommen über wechselseitige Katastrophenhilfe sowie Ambulanz- und Rettungsflüge anzusehen, deren Abschluß mit den Nachbarstaaten systematisch weiter betrieben wurde.

Die Auslandsösterreicher – Das zehnte Bundesland

Gemäß den Unterlagen des BMaA leben derzeit rund 400.000 österreichische Staatsbürger im Ausland. Da (anders als für die im Ausland lebenden Angehörigen einiger anderer Staaten) keine Verpflichtung besteht, sich bei Botschaften und Konsulaten zu melden, basiert diese Zahl großteils auf Schätzungen. Es gehört zu den selbstverständlichen Pflichten des Staates, die Verbindung mit diesem Personenkreis aufrechtzuerhalten und zu pflegen. Diese Verpflichtung trifft natürlich in erster Linie den diplomatischen und konsularischen Dienst. Die daraus entstehenden Aufgaben sind vielfach. Um die Verbundenheit mit der Heimat lebendig zu erhalten und fruchtbar zu machen sind die Vertretungsbehörden zum Beispiel bemüht, den Auslandsösterreicher über die wichtigsten laufenden politischen, wirtschaftlichen und kulturellen Entwicklungen zu informieren. Gesellschaftliche und kulturelle Veranstaltungen der Auslandsösterreicher werden unterstützt und gefördert. Daneben besteht der Auftrag zu konkreter Hilfeleistung für im Ausland in Not geratene österreichische Staatsbürger.

Im weiteren Sinn zählen zu den Auslandsösterreichern auch Personen österreichischer Abstammung, die schon eine fremde Staatsbürgerschaft erworben haben, sich aber immer noch ihrer Heimat verbunden fühlen (sogenannte „Herzensösterreicher“). Aus diesem Personenkreis stammen oft besonders loyale und aktive Mitglieder von Auslandsösterreichervereinen.

Die nachstehende Tabelle gibt die Schätzwerte für die im Ausland lebenden „Paßösterreicher“. Sie umfaßt nur Länder, in denen mehr als 1000 Österreicher wohnhaft sind.

Paßösterreicher 1991 (in 1.000)

Deutschland	165
Schweiz	40
Australien	30
Brasilien	21
Südafrika	20
USA	19
Kanada	10
Argentinien	10
Italien	8

Großbritannien	7
Frankreich	4
Niederlande	3
Schweden	3
Liechtenstein	2
Israel	2
Belgien	2
Spanien	2
CSFR	1

Auslandsösterreicher-Vereine

Derzeit bestehen 120 Auslandsösterreicher-Vereine in 35 Ländern der Welt. Sie entfalten eine oft rege kulturelle und gesellschaftliche Tätigkeit und veranstalten – manchmal in Zusammenarbeit mit den jeweiligen österreichischen Vertretungsbehörden und lokalen Stellen – Konzerte, Vorträge, Filmabende, folkloristische Veranstaltungen etc. Als Dachorganisation aller Auslandsösterreichervereine fungiert der bereits 1952 gegründete „Weltbund der Österreicher im Ausland".

Austro-American Councils

Zur Erleichterung der Zusammenarbeit und Koordination der Aktivitäten unserer Auslandsösterreichervereine in den USA wurden vor einigen Jahren in Form der „Austro-American Councils" sechs regionale Dachverbände errichtet. Sie arbeiten eng mit den österreichischen Dienststellen in den USA zusammen.

Die Errichtung ähnlicher regionaler Dachverbände in Australien bzw. Asien ist geplant.

Burgenländische Gemeinschaft

Die Burgenländische Gemeinschaft ist der Dachverband aller Burgenländer im Ausland. Durch regelmäßige Besuche und andere Kontakte mit den burgenländischen Auslandsgemeinden, insbesondere in den USA und Kanada, und durch Publikation einer Zeitschrift „Die Burgenländische Gemeinschaft", die in Güssing herausgegeben wird, bemüht man sich um eine Festigung der Bande zwischen diesem Bundesland und den im Ausland lebenden Österreichern burgenländischer Abstammung.

Auslandsösterreicherwerk

Das Auslandsösterreicherwerk ist die zentrale Servicestelle aller Auslandsösterreicher und vertritt deren Anliegen im Inland, insbesondere gegenüber österreichischen Behörden. Das Auslandsösterreicherwerk wird vom Bundesministerium für auswärtige Angelegenheiten und der Bundeswirtschaftskammer subventioniert. Es publiziert sechs mal jährlich das Magazin für Auslandsösterreicher „Rot-Weiß-Rot".

Im Jahre 1991 war die alljährliche Aktion des Auslandsösterreicherwerkes „Wiedersehen mit Österreich" 25 Auslandsösterreichersenioren aus Frankreich und Spanien gewidmet, die sich im September eine Woche lang als Gäste der Bundesregierung in Wien aufhielten. Sie wurden unter anderem vom Bundespräsidenten, vom Bundesminister für auswärtige Angelegenheiten und vom Bürgermeister von Wien empfangen.

Auslandsösterreicher-Tagung

Das traditionelle jährliche Auslandsösterreichertreffen fand in der Zeit vom 5. bis 8. September 1991 in Krems/Donau statt. Wie jedes Jahr umfaßte das Programm der Tagung Vorstandssitzungen und Generalversammlung des Weltbundes der Österreicher im Ausland, Kontaktgespräche mit dem Außenministerium, dem Auslandsösterreicherwerk und der Burgenländischen Gemeinschaft, eine Pressekonferenz, ein Überseedelegiertengespräch und einen Festakt, bei dem unter anderem der Bundespräsident, der Bundesminister für auswärtige Angelegenheiten, der Präsident des Niederösterreichischen Landtages und der Bürgermeister von Krems Festansprachen hielten. Zentrales Thema der Auslandsösterreichertagung war auch 1991 das Auslandsösterreicherwahlrecht. Zahlreiche Delegierte forderten im Hinblick auf die bevorstehende Bundespräsidentenwahl 1992 eine Entbürokratisierung der derzeitigen Wahlprozedur.

Fonds zur Unterstützung österreichischer Staatsbürger im Ausland

Der 1967 gegründete Fonds zur Unterstützung österreichischer Staatsbürger im Ausland hat zum Ziel, in Not geratenen Landsleuten im Ausland – zumeist alte, arme und gebrechliche Personen – zu helfen. Der Fonds wurde 1991 in 1250 Unterstützungsfällen in 44 Ländern tätig und zahlte Zuwendungen von insgesamt rund 8 Millionen Schilling aus.

Aus Eigenmitteln spendete das Bundesministerium für auswärtige Angelegenheiten auch 1991 einen zusätzlichen Betrag für bedürftige Auslandsösterreicher. Im Zuge der alljährlichen Weihnachtsaktion wurden 1991 vom Bundesministerium für auswärtige Angelegenheiten Geld- und Sachspenden an arme Auslandsösterreicher in der Gesamthöhe von S 250.000,– verteilt.

Auslandsösterreicherwahlrecht

Im März 1990 wurde durch das Wahlrechtsänderungsgesetz auch jenen Österreichern, die über keinen ordentlichen Wohnsitz im Inland verfügen oder sich am Wahltag im Ausland aufhalten, die Möglichkeit eingeräumt, an Nationalrats- und Bundespräsidentenwahlen sowie Volksabstimmungen teilzunehmen.

Anläßlich der **Bundespräsidentenwahl im April 1992** stehen das Bundesministerium für auswärtige Angelegenheiten und die Vertretungsbehörden im Ausland nun zum zweiten Mal vor der Aufgabe, diese Regelung zu administrieren. In diesem Zusammenhang wurde im Herbst 1991 im BMaA ein eigenes Referat „Auslandsösterreicherwahlrecht" eingerichtet.

Bei der Durchführung dieser Aufgabe ist mit **einer Reihe praktischer Probleme** zu rechnen, die nicht zuletzt auf die knappen gesetzlichen Fristen für die Aussendung und Rücksendung der Wahlkarten zurückzuführen sind: Die Frist für Wahlvorschläge endet vierzehn Tage vor dem Wahlgang, der auf den 26. April 1992 festgesetzt wurde. Innerhalb dieser zwei Wochen sind die Wahlkarten zu drucken und an die Gemeinden auszuliefern. In der Wählerevidenz der Gemeinden ist ein Teil der Auslandsösterreicher registriert, nämlich die, welche ihre Eintragung in die Wählerevidenz beantragt haben. Auf weiteren Antrag werden den Eingetragenen Wahlkarten ausgestellt und zugesendet. Die wahlberechtigten Auslandsösterreicher haben sodann die Möglichkeit, durch Ausfüllen der Wahlkarte ihre Stimme entweder auf einer österreichischen Botschaft oder einem Konsulat abzugeben oder unter Beiziehung von zwei österreichischen Zeugen außerhalb einer Vertretungsbehörde. Sowohl der Antrag auf Eintragung in die Wählerevidenz für Auslandsösterreicher, als auch der auf Ausstellung einer Wahlkarte sowie die Weiterleitung der Wahlkarten selbst erfolgt im Wege der Vertretungsbehörden und des BMaA.

Medien und Information

Österreich im Spiegel der Auslandspresse

Österreichs Ansuchen um **Mitgliedschaft bei der EG**, seine Teilnahme an den Verhandlungen über den **Europäischen Wirtschaftsraum** und seine Bemühung um eine Lösung des Problems des alpenquerenden Güterverkehrs waren jene Themen, denen die Auslandspresse im vergangenen Jahr in ihrer Berichterstattung über Österreich besondere Aufmerksamkeit geschenkt hat. Naturgemäß wurde dabei dem EG-Beitrittswunsch Österreichs und den damit zusammenhängenden Fragen nach einer allgemeinen Erweiterung der Gemeinschaft und der Schaffung eines kollektiven europäischen Sicherheitssystems weit mehr Beachtung geschenkt als den EWR-Verhandlungen. Über diese wurde verstärkt nur in den mitbetroffenen EFTA-Staaten sowie in der BRD berichtet.

Die **Transitverhandlungen** wurden vor allem in den tangierten Nachbarstaaten (insbesondere in Italien, der Schweiz und BRD) und in den Niederlanden aufmerksam und vielfach auch kritisch beobachtet.

Österreichs **Neutralität**, ihr Stellenwert in der Gegenwart bzw. die Diskussion um die Neudefinierung ihrer Funktion standen regelmäßig im Blickpunkt der Auslandspresse. Anlaß dazu war Anfang 1991 das Ansuchen um Genehmigung zur Durchfuhr von Bergepanzern während des Golfkrieges. In Verbindung mit dem EG-Beitrittsansuchen wurde die Frage aufgeworfen, ob und wie der Neutralitätsstatus mit den sicherheitspolitischen Projekten der EG vereinbar gemacht werden kann. Einschlägiges darüber findet sich natürlich vorwiegend in den Medien der anderen neutralen Staaten Europas. Aber auch die ausländischen Medien tendieren dazu, im Neutralitätsstatus kein unlösbares Hindernis für Österreichs EG-Mitgliedschaft zu sehen.

Seine Rolle im Zusammenhang mit dem Bürgerkrieg in **Jugoslawien** verhalf Österreich zeitweise zu massiver Medienpräsenz. Allgemein lobende Worte und Anerkennung fanden die österreichische Initiative zur Ingangsetzung des KSZE-Prozesses, Krisen-Mechanismus sowie der Vorschlag Außenminister Mocks zur Einsetzung eines „Weisenrates". Zu Österreichs Forderung nach baldiger Anerkennung der nach Unabhängigkeit strebenden Republiken des früheren Jugoslawien wurden anfangs weltweit kritische Stimmen laut – vor allem aus Frankreich und Italien. Mit der Änderung der offiziellen Haltung dieser Staaten ist diese Kritik verebbt. Weit heftigere Beschuldigungen Österreichs kamen von jugoslawischen bzw. serbischen Medien. Österreich wurde der Einmischung beschuldigt und insgesamt einer politischen Verfolgung von Eigeninteressen.

Auffällig ist die Bedeutung, der in der Berichterstattung über die österreichische **Innenpolitik** einem angeblichen Rechtsruck beigemessen wurde. Schon nach den Äußerungen Jörg Haiders zur Beschäftigungspolitik im Dritten Reich sowie nach den Landtagswahlen in der Steiermark und in Oberösterreich gab es zahlreiche einschlägige Meldungen. Noch massiver waren Berichterstattung und Kommentare zum Ergebnis der Wiener Landtagswahlen. Fast durchwegs wurde der Vorwurf eines wachsenden Rechtsextremismus sowie von antisemitischen und fremdenfeindlichen Tendenzen erhoben.

Immer wieder wurde von an Österreichs Schulen kursierenden **Nazi-Videospielen** berichtet. Hochgespielt wurden diese vor allem in Frankreich, aber auch in den USA, Israel und Skandinavien.

Der Verzicht **Bundespräsident Waldheims**, erneut für das Amt zu kandidieren, fand prominente Beachtung in vielen internationalen Massenmedien. Allgemein wurde sein Entschluß begrüßt, vereinzelt die Diskussionen um seine Kriegsvergangenheit erwähnt.

Sowohl der Prozeß um die **„Lainzer Mordschwestern"** als auch der Absturz einer **Lauda-Air Maschine** in Thailand sorgten in den ausländischen Medien für Aufsehen. Dem **Mumienfund** vom Tiroler Similaun-Gletscher wurden nicht nur lange Berichte zuteil, sondern in Frankreich und in den USA sogar Titelseiten gewidmet.

Angesichts seines 200. Todestages ist es kaum verwunderlich, daß **Wolfgang Amadeus Mozart** bzw. die Aufführungen seiner Werke im Mittelpunkt der kulturellen Berichterstattung standen.

Informationen über Österreich im Ausland

Die zentralen Themen der Öffentlichkeitsarbeit des Bundesministeriums für auswärtige Angelegenheiten und der österreichischen Vertretungsbehörden im Ausland waren im Jahre 1991: die Bemühungen Österreichs um den Beitritt zur Europäischen Gemeinschaft sowie Zentral- und Osteuropa.

Um in Österreich selbst die Information über die EG zu vertiefen, wurden vom Bundesministerium für auswärtige Angelegenheiten **für österreichische Journalisten zwei Informationsreisen** veranstaltet. Die erste Informationsreise vom 17.–19. 4.1991 führte **nach Brüssel**. Die zweite Informationsreise (18.–21. November) zur **Plenartagung des Europäischen Parlamentes nach Straßburg**.

Die begleitende internationale PR-Kampagne des Bundesministeriums für öffentliche Wirtschaft und Verkehr zu den Verhandlungen Österreich-EG **über einen Transitvertrag** wurde vom Bundesministerium für auswärtige Angelegenheiten unter Heranziehung der österreichischen Botschaften im Ausland unterstützt.

Nach Vorliegen des „Avis" hat das Bundesministerium für auswärtige Angelegenheiten in Zusammenarbeit mit dem Bundespressedienst eine Aktion gestartet, **Journalisten aus den EG-Mitgliedstaaten** nach Österreich einzuladen. Bisher wurden seitens der österreichischen Vertretungsbehörden **36 Journalisten** für diese Aktion nominiert.

Durch die österreichische EG-Mission Brüssel wurde in Zusammenarbeit mit dem Bundesministerium für auswärtige Angelegenheiten und dem Bundespressedienst auch eine **Wien-Informationsreise von EG-Korrespondenten internationaler Nachrichtenagenturen in Brüssel** organisiert.

Recht umfangreich war die österreichische Hilfe für die Medien in Zentalund Osteuropa (siehe Abschnitt „Österreichische Hilfe für Zentral- und Osteuropa").

Insgesamt wurden 1991 vom Bundespressedienst 190 Journalisten als Vollgäste und 126 Journalisten als Teilgäste nach Österreich eingeladen. Durch den Bundespressedienst und auch durch das Bundesministerium für auswärtige Angelegenheiten wurden darüberhinaus noch 1907 ausländische Journalisten in Österreich betreut. Der direkten Information der Öffentlichkeit im Ausland dienen unter anderem seit einigen Jahren spezielle österreichspezifische Fernsehfilme. Die von der Austria-Wochenschau produzierten Filme der Serie „Austria – the festive Europe" wurden wie in den Vorjahren wieder von zahlreichen ausländischen Fernsehstationen gezeigt. Aufgrund der großen Nachfrage wurden 1991 weitere Bänder angeschafft, sodaß nunmehr alle Filmtitel in den wichtigsten technischen Systemen und Sprachversionen verfügbar sind. Auf ebenso großes Interesse stößt der von der EPO-FILM hergestellte Österreich-Imagefilm „Austria – a whole world". Das Außenministerium hat an der Verfassung des Drehbuches und bei der Gestaltung mitgewirkt. Der Streifen ist bereits mit vier internationalen ersten Preisen ausgezeichnet worden. Er wurde den österreichischen Vertretungsbehörden zur Unterstützung ihrer Medien- und Öffentlichkeitsarbeit zur Verfügung gestellt.

Wie in den vergangenen Jahren hat der Bundespressedienst in Zusammenarbeit mit dem Bundesministerium für auswärtige Angelegenheiten eine Reihe von Publikationen aufgelegt, die den österreichischen Vertretungsbehörden und den in Wien akkreditierten Missionen zur Verfügung gestellt werden.

Über einen eigenen APA-Dienst wurden die österreichischen Vertretungsbehörden weiterhin über insbesondere für die österreichische Außenpolitik relevante Ereignisse informiert. Dieser Dienst hat sich insbesondere in Krisensituationen bewährt.

„Der Außenpolitische Bericht", der dem Parlament als Rechenschaftsbericht jährlich vorgelegt wird, dient auch der Information der Öffentlichkeit. Er wurde 1991 in einer Auflage von 2300 Stück produziert und wird auch kommerziell über den Buchhandel vertrieben. Um seine wesentlichen Inhalte auch nicht-deutschsprachigen Ausländern bekannt zu machen, wurde auch 1991 eine englische Kurzversion des Berichtes hergestellt.

Die 1990 zum ersten Mal herausgegebene „Österreichische Außenpolitische Dokumentation“ wurde 1991 mit weiteren sechs Nummern fortgesetzt. Zweck der Serie ist es, der Öffentlichkeit wichtigste Dokumente und Texte zur österreichischen Außenpolitik in deren authentischer Form bekanntzumachen. Die Dokumentation ist zu einem Erfolg geworden. Die Auflage wurde von 500 Stück pro Nummer auf 700 Stück pro Nummer erhöht.

Die Informationsbroschüre „Tips für Auslandsreisende“ wurde auch im Jahr 1990 wieder in einer Auflagenhöhe von 300.000 Stück herausgegeben.

Internationale Medienpolitik

Wie für viele andere Bereiche der Politik, gilt auch für die Medienpolitik: sinnvollerweise läßt sie sich unter den heutigen Gegebenheiten nur mehr im europaweiten, manchmal auch nur noch in einem weltweiten Kontext verfolgen. Diese Feststellung ist gültig nicht obwohl, sondern gerade weil in der Medienpolitik natürlich auch andere als kommerzielle Ziele verfolgt werden und verfolgt werden müssen: die demokratischen Ziele von Freiheit und Fairness, das Ziel einer möglichst umfassenden Information, das Ziel von Pluralismus in Meinung und Darstellung, aber selbstverständlich auch das Ziel der Erhaltung einer eigenen kulturell- gesellschaftlichen Identität, die aufgegeben werden müßte, wenn einer Gesellschaft die Mittel abhanden kommen, sich darzustellen und zu artikulieren.

Die Schaffung einer Medienordnung, die diesen Zielen gerecht wird, ist eine der wichtigsten Aufgaben der europäischen Integration. Österreich ist darum bemüht, sich an den entsprechenden Arbeiten im breitest möglichen Umfang zu beteiligen.

Wichtigster Anlaß, diese Haltung zu dokumentieren, war 1991 die **„Dritte Europäische Ministerkonferenz über Massenmedienpolitik“ in Nikosia am 9. und 10. Oktober**. Sie stand unter dem Motto „Wie weiter mit Europas Medien in den 90er Jahren?“, wobei vor allem zwei Themen behandelt wurden:

„Ökonomie der Medien und politischer und kultureller Pluralismus“ und „Neue Wege und Formen der Massenkommunikation“

Zum ersten Thema wurde festgestellt, daß der Pluralismus und die Vielfalt durch die fortschreitende internationale Konzentration gefährdet sind. Andererseits müßte die Unabhängigkeit und Wettbewerbsfähigkeit europäischer Massenmedien durch synergetische Mechanismen gegenüber der Konkurrenz aus den Vereinigten Staaten und Japan geschützt werden.

Neue Formen der Werbung (Sponsorship, Bartering, etc.) könnten die Finanzierung von Rundfunkanstalten erleichtern und damit die Unabhängigkeit von Rundfunk- und Fernsehanstalten sichern.

Der effektiven Sicherung von kodierten Fernsehsendungen käme große medienpolitische Bedeutung zu. Durch die auf dem Markt erhältlichen, aber nicht zugelassenen Dekodierungsinstrumente können den Programmanbietern nämlich schwere finanzielle Einbußen entstehen. Dementsprechend wurde zugesagt, für die Kodierung die am weitesten fortgeschrittenen Technologien einzusetzen. Die sonstigen Arbeiten zum rechtlichen und technischen Schutz kodierter Sendungen sollen fortgesetzt werden.

Hinsichtlich der Urheberrechte und verwandelter Rechte wurde dem Ministerkomitee des Europarates empfohlen, die Arbeiten an der Europäischen Konvention betreffend Fragen des Urheberrechts und verwandter Rechte im Rahmen des grenzüberschreitenden Satellitenfernsehens rasch abzuschließen.

Besondere Berücksichtigung fanden jene spezifischen Bedingungen, unter denen audiovisuelle Werke in kleinen europäischen Staaten hergestellt bzw. vertrieben werden. Insbesondere die Möglichkeit von Koproduktionen zwischen zwei oder mehreren europäischen Partnern soll – unter Einbezug der zentral- und osteuropäischen Länder – gefördert werden.

Zum zweiten Thema **„Neue Wege und Formen der Massenkommunikation in Europa"** wurde der umfassende Einsatz und die Verbreitung von neuen Kommunikationstechnologien angeregt. Dabei sollen deren rechtliche, soziale, ökonomische, erzieherische und kulturelle Auswirkungen berücksichtigt werden. In der für die Ministerkonferenz vorbereiteten Resolution wurde eine koordinierte europäische Vorgangsweise bei der Vergabe von Frequenzen durch internationale Gremien empfohlen. Die Anstrengungen zur gesamteuropäischen Harmonisierung technischer Normen sollten verstärkt werden.

Die Ministerkonferenz hat eine gemeinsame europäische medienpolitische Deklaration verabschiedet. Sie entsprach im wesentlichen den beiden Hauptthemen der Konferenz. Eine weitere Resolution betrifft die „Vierte Europäische Ministerkonferenz über Massenmedienpolitik", die 1993 in Prag stattfinden soll.

Zur Vorbereitung der Dritten Europäischen Ministerkonferenz in Nikosia im Oktober d. J. dienten **bilaterale Mediengespräche mit der Bundesrepublik Deutschland** am 22. und 23. August 1991 und mit der **Schweiz** in Sion (Wallis) am 26. und 27. September 1991.

Eurimages

Österreich ist 1991 „EURIMAGES" beigetreten. Diesem Europäischen Filmfonds gehörten zum Zeitpunkt des österreichischen Beitritts die folgenden 18 anderen europäischen Staaten an: Belgien, Zypern, Dänemark, Frankreich, Bundesrepublik Deutschland, Griechenland, Italien, Luxemburg, Niederlande, Portugal, Spanien, Schweden, Schweiz, Norwegen, Island, Ungarn, Türkei, Finnland.

Die europäischen Staaten sehen sich im Bereiche von Produktion und Vertrieb audiovisueller Werke erheblichen Nachteilen ausgesetzt. Diese entstehen aus der Uneinheitlichkeit des Marktes (sprachliche und kulturelle Unterschiede) und aus der marktbeherrschenden Stellung amerikanischer Werke. Zur Lösung dieser Probleme wurde im Bereich der EG das Programm M.E.D.I.A. etabliert, an dem Österreich übrigens schon jetzt teilweise beteiligt ist (siehe Abschnitt EDVO im Außenpolitischer Bericht 1990). Im Bereich des Europarates entstand „EURIMAGES". Sein Zweck ist die Unterstützung des europäischen Filmschaffens durch die Förderung von Gemeinschaftsproduktionen, an denen sich mindestens drei Mitglieder beteiligen; die Förderung der Verbreitung von Kino- und TV-Filmen sowie die Förderung von Untertitelungen und Synchronisierungen.

Im Hinblick darauf, daß auch die Bundesrepublik Deutschland und die Schweiz, somit jene Staaten, mit denen Österreich am häufigsten Koproduktionen herstellt, „EURIMAGES" angehören, bringt der österreichische Beitritt den Vorteil, daß österreichische Hersteller, die Koproduktionen mit Herstellern aus diesen Staaten durchführen, in den Genuß von Förderungen durch „EUROIMAGES" kommen können. Diese Förderungen sind mit maximal 20 Prozent der Herstellungskosten, jedenfalls aber mit 5 Millionen Francs begrenzt. Auch die zunehmende internationale Vernetzung im europäischen Filmwesen machte einen österreichischen Beitritt notwendig.

Die Mittel des Fonds stammen aus den Jahresbeiträgen der Mitgliedstaaten, Beiträgen aus Darlehensrückzahlungen u. a. Der österreichische Mitgliedsbeitrag wurde im Beitrittsjahr mit 2 Millionen Schilling angesetzt, wovon im ersten Jahr ein Beitrag von 700.000,– Schilling von der Verwertungsgesellschaft audiovisueller Medien bereitgestellt wurde.

Audiovisuelles EUREKA

Das „Audiovisuelle EUREKA" ist so wie das ihm vergleichbare technologische „EUREKA" eine Gruppierung mit dem Charakter einer „Börse", über die im audiovisuellen Bereich die europaweite Zusammenarbeit erleichtert und gefördert werden soll. Mit der Verleihung des EUREKA-Audiovisuell-Prädikats werden spezifische Projekte für eine Zusammenarbeit empfohlen.

Das Audiovisuelle EUREKA wurde am 2. Oktober 1989 durch eine gemeinsame Erklärung ins Leben gerufen. Es umfaßt inzwischen 29 Mitgliedstaaten. In diesen Mitgliedstaaten werden die Agenden in eigens dazu bestellten „Koordinatoren" wahrgenommen. 1991 wurden fünf Treffen dieser Koordinatoren abgehalten (Brüssel 25. Jänner, Cannes 19. April, Rom 14. Juni, Helsinki 10. September 1991, Straßburg 12. November).

An rund 40 Projekte wurde bisher das Prädikat des Audiovisuellen EUREKA verliehen. Darunter befinden sich 2 österreichische Projekte („True tales of 13 European cities" und „Europa der Regionen").

Am 25. und 26. März 1991 veranstaltete die italienische Präsidentschaft des Audiovisuellen EUREKA in Triest ein Seminar über die Zusammenarbeit west- und osteuropäischer Länder. Österreich war durch Staatssekretär Dr. Peter Jankowitsch vertreten.

Eine „Europäische Beobachtungsstelle für audiovisuelle Medien" soll gemäß einem Beschluß der Koordinatoren in einer einjährigen Pilotphase erprobt werden. Unter Leitung von Dr. Michael Luyken wird gegenwärtig ein Konzept für diese Beobachtungsstelle erarbeitet.

Das Komitee der Koordinatoren setzte eine ad-hoc-Arbeitsgruppe zur Überarbeitung der Geschäftsordnung ein. Gegenstand der Überlegungen wird auch das Procedere bei der Verleihung des Prädikates des Audiovisuellen EUREKA sein. Österreich ist Mitglied dieser Arbeitsgruppe.

In Wien fanden am 6. und 7. Juni 1991 eine Pressekonferenz sowie eine Präsentation des Audiovisuellen EUREKA statt. Sie fand große Resonanz unter den Filmschaffenden, was die Bedeutung unterstreicht, die sie dem Projekt zumessen.

Für das Jahr 1991 wurden von Österreich 20.250 ECU an Mitgliedsbeitrag, sowie 6.450 ECU als Beitrag für die europäische Beobachtungsstelle bezahlt.

Eutelsat

Die **Europäische Fernmeldesatellitenorganisation** wurde durch das Inkrafttreten des diesbezüglichen Übereinkommens und der Betriebsvereinbarung 1985 gegründet. Die Tätigkeit der Organisation mit Sitz in Paris umfaßt Planung, Entwicklung, Bau und Betrieb von Fernmeldesatellitensystemen für nationale und internationale öffentliche Fernmeldedienste im europäischen Weltraumsegment. Ihre Organe sind die Versammlung der Vertragsparteien, der Unterzeichnerrat und der Generaldirektor.

Österreich nahm an den Tagungen des Unterzeichnerrates, des Planungskomitees, verschiedener ad-hoc Arbeitsgruppen (EUROPESAT, EUTELTRACS) und der Operations Representatives teil. Es wurden zwei weitere Satelliten der Generation EUTELSAT II in Betrieb genommen. Betriebskostenanteil Österreich 1991: 2.049.787,– Schilling.

Intelsat

Die **Internationale Fernmeldesatellitenorganisation** wurde 1973 durch das Inkrafttreten der diesbezüglichen Konvention sowie des Betriebsübereinkommens gegründet und zählt 119 Mitgliedstaaten. Aufgabe der Organisation mit Sitz in Washington ist die Errichtung von interkontinentalen Fernmeldebetriebssystemen. Ihre Organe sind die Versammlung der Vertragsparteien auf Basis der Konvention, die Versammlung der Unterzeichner auf Basis des Betriebsübereinkommens, der Gouverneursrat und der Generaldirektor. Nach dem Ableben von Herrn Dean Burch, dem bisherigen Generaldirektor von INTELSAT, wurde Herr Irving Goldstein (USA) vom Board of Governors zum neuen Generaldirektor gewählt. Seine definitive Bestellung bedarf noch der Zustimmung der „Assembly of Parties."

Österreichische Vertreter nahmen an den Tagungen der Operations Representatives für die Bereiche Atlantischer Ozean und Indischer Ozean teil. Drei weitere Satelliten der Generation INTELSAT VI. wurden 1991 in Betrieb genommen. Betriebskostenanteil Österreich 1991: 27.342.996,– Schilling.

Das Parlament

Außenpolitischer Ausschuß des Nationalrates

Am 19. Februar beschloß der Außenpolitische Ausschuß, dem Nationalrat die Annahme des selbständigen Entschließungsantrages betreffend Rolle und Aufgabe Österreichs im Sicherheitsrat der Vereinten Nationen zu empfehlen.

Dem am 22. März eingesetzten Unterausschuß zur Vorbehandlung des Berichtes der Bundesregierung über den „Stand der österreichischen Integrationspolitik" (3. Bericht) wurde in der Sitzung am 4. April der Antrag betreffend Information des österreichischen Parlaments über „Fortschritte der Integrationspolitik" zugewiesen. Als zweiter Tagesordnungspunkt wurde aufgrund der Entschließung des Nationalrates vom 16. Jänner 1991 der Bericht des Bundesministers für auswärtige Angelegenheiten zur Lage der Menschenrechte im Kosovo behandelt. Der Ausschuß beschloß, dem Nationalrat die Kenntnisnahme dieses Berichtes zu empfehlen. Des weiteren wurde ein Unterausschuß zur Vorbehandlung des selbständigen Entschließungsantrages „Anhebung der österreichischen Entwicklungshilfeleistungen" eingesetzt.

Am 24. Mai beschloß der Außenpolitische Ausschuß, dem Nationalrat die Genehmigung des Abschlusses des Abkommens zwischen der Republik Österreich und der Tschechischen und Slowakischen Föderativen Republik über die Förderung und den Schutz von Investitionen zu empfehlen. Weiters beschloß der Ausschuß einstimmig, dem Nationalratsplenum die Annahme der Regierungsvorlage Bundesgesetz über die Einräumung von Privilegien und Immunitäten an das KSZE-Konfliktverhütungszentrum, seine Bediensteten und die Bediensteten anderer ständiger Einrichtungen im Rahmen der KSZE zu empfehlen. Im Anschluß daran wurde der im genannten Unterausschuß vorbehandelte Bericht der Bundesregierung über den Stand der österreichischen Integrationspolitik (3. Bericht) mit Mehrheit angenommen.

Am 4. Juli empfahl der Außenpolitische Ausschuß dem Nationalrat, den Außenpolitischen Bericht der Bundesregierung über das Jahr 1990 zur Kenntnis zu nehmen. Im Zusammenhang mit diesem Bericht wurden dem Nationalrat drei Entschließungsanträge betreffend

- die Unterstützung eines freien und fairen Referendums in der Westsahara
- die politische Lage in Jugoslawien nach den Unabhängigkeitserklärungen Sloweniens und Kroatiens und
- die Förderung demokratischer Strukturen und der Menschenrechte in Albanien

vorgelegt.

Nationalratsplenum

Am 16. Jänner gaben Bundeskanzler Vranitzky und Bundesminister Mock Erklärungen betreffend die Lage in der Golfregion sowie im Baltikum ab. Den Erklärungen folgte eine Debatte, in deren Anschluß Entschließungen betreffend die Menschenrechte im Kosovo, die Situation am Golf und die Situation im Baltikum angenommen wurden.

Am 27. Februar verabschiedete der Nationalrat eine Entschließung betreffend die Rolle und Aufgabe Österreichs im Sicherheitsrat der Vereinten Nationen.

Am 15. März faßte der Nationalrat eine Entschließung betreffend die Berücksichtigung der legitimen Interessen des kurdischen Volkes bei der Schaffung einer gerechten Friedensordnung im Nahen und Mittleren Osten.

Am 17. April gab der Bundesminister für auswärtige Angelegenheiten eine Erklärung betreffend die Lage der Kurden im Irak ab. Im Anschluß daran wurde eine Entschließung betreffend Maßnahmen zum Schutze der kurdischen Bevölkerung im Irak angenommen. Weiters nahm an diesem Tag der Nationalrat den Bericht des Bundesministers für auswärtige Angelegenheiten zur Lage der Menschenrechte im Kosovo (gemäß der Entschließung des Nationalrates vom 16. Jänner 1991) zur Kenntnis.

Am 28. Mai gaben der Bundeskanzler, der Bundesminister für auswärtige Angelegenheiten und der Bundesminister für wirtschaftliche Angelegenheiten Erklärungen betreffend die Europäische Integration ab. Diese Erklärungen wurden gemeinsam mit dem Bericht der Bundesregierung über den „Stand der österreichischen Integrationspolitik“ (3. Bericht) diskutiert. Dieser Bericht wurde mit Mehrheit angenommen. Weiters wurde der Abschluß des Abkommens zwischen der Republik Österreich und der Tschechischen und Slowakischen Föderativen Republik über die Förderungen und den Schutz von Investitionen genehmigt, sowie ein Bundesgesetz über die Einräumung von Privilegien und Immunitäten an das KSZE-Konfliktverhütungszentrum, seine Bediensteten und an die Bediensteten anderer ständiger Einrichtungen im Rahmen der KSZE beschlossen.

Am 8. Juli gaben der Bundeskanzler, der Bundesminister für auswärtige Angelegenheiten, der Bundesminister für Inneres und der Bundesminister für Landesverteidigung Erklärungen zur Jugoslawienkrise ab. Im Anschluß daran wurde der Außenpolitische Bericht der Bundesregierung für das Jahr 1990 zur Kenntnis genommen und die im Zusammenhang mit diesem Bericht vom Außenpolitischen Ausschuß vorgeschlagenen Entschließungen gefaßt.

Am 17. September gaben der Bundeskanzler und der Bundesminister für auswärtige Angelegenheiten Erklärungen zur Situation in Jugoslawien ab.

Im Anschluß an die nachfolgende Debatte wurde eine Entschließung betreffend die völkerrechtliche Anerkennung Sloweniens und Kroatiens angenommen.

Am 5. Dezember faßte der Nationalrat im Rahmen der Beratungen über das Budgetkapitel 10 (Bundeskanzleramt mit Dienststellen) eine Entschließung betreffend die Anerkennung Kroatiens und Sloweniens.

Am 17. Dezember wurde das Budgetkapitel 30 (Äußeres) des Bundesvoranschlages behandelt und in 2. Lesung mit Mehrheit beschlossen (zu dieser Sitzung siehe auch das Kapitel „Jugoslawien").

Außenpolitischer Ausschuß des Bundesrates

Am 5. März beriet der Außenpolitische Ausschuß den Außenpolitischen Bericht der Bundesregierung über das Jahr 1990 und empfahl dem Bundesratsplenum, diesen Bericht zur Kenntnis zu nehmen.

Am 12. Juni beschloß der Außenpolitische Ausschuß, dem Bundesratsplenum zu empfehlen, gegen ein Bundesgesetz über die Einräumung von Privilegien und Immunitäten an das KSZE-Konfliktverhütungszentrum, seine Bediensteten und die Bediensteten anderer ständiger Einrichtungen im Rahmen der KSZE keinen Einspruch zu erheben. Weiters befaßte er sich mit dem Abkommen zwischen der Republik Österreich und der Tschechischen und Slowakischen Föderativen Republik über die Förderung und den Schutz von Investitionen.

Am 25. Juni beriet der Außenpolitische Ausschuß des Bundesrates die Berichte der Delegation zur Parlamentarischen Versammlung des Europarates, der zu Veranstaltungen der Interparlamentarischen Union entsandten Mitglieder des Nationalrates und des Bundesrates, der Delegation zum EFTA-Parlamentarierkomitee sowie der Kontaktgruppe für die Beziehungen zum Europäischen Parlament (Interparlamentarische Berichte 1987 bis 1989). Diese Berichte waren vom Nationalrat bereits im Jahre 1990 behandelt worden. Weiters beriet der Ausschuß über den 3. Bericht der Bundesregierung über den „Stand der österreichischen Integrationspolitik", über den Außenpolitischen Bericht der Bundesregierung über das Jahr 1990 sowie über ein Abkommen zwischen der Republik Österreich und der Republik Korea über die Förderung und den Schutz von Investitionen. In allen Fällen sprach sich der Ausschuß für die Kenntnisnahme bzw. gegen einen Einspruch aus.

Bundesratsplenum

Entsprechend den Empfehlungen des Außenpolitischen Ausschusses des Bundesrates faßte das Plenum am 7. März sowie am 13. und 26. Juni die Beschlüsse über die genannten Vorlagen.

Mitglieder außenpolitischer Gremien

Nationalrat **Stand: 20. Dezember 1991**

Außenpolitischer Ausschuß (27 Mitglieder)

Obmann:
Schieder Peter

Obmannstellvertreter:
Cap Josef, Dr.
Khol Andreas, Dr.
Gugerbauer Norbert, Dr.

Schriftführer:
Nedwed Ernst, Ing.

Mitglieder:	**Ersatzmitglieder:**
SPÖ:	
Cap Josef, Dr.	Ederer Brigitte, Mag.
Dietrich Günter	Gmoser Rupert, DDr.
Fuhrmann Willi, Dr.	Ilona Graenitz, Dkfm.
Grabner Arnold	Heindl Kurt, Dr.
Hawlicek Hilde, Dr.	Hlavac Elisabeth, Dr.
Konrad Helga, Dr.	Hostasch Eleonora
Mrkvicka Franz	Kiermaier Günter
Nedwed Ernst, Ing.	Müller Lothar, Dr.
Schieder Peter	Nowotny Ewald, Dr.
Schmidtmeier Herbert	Posch Walter, Mag.
Schütz Waltraud, Mag.	Preiß Kurt, Dr.
Traxler Gabrielle	Schranz Edgar, Dr.
ÖVP:	
Flicker Franz, Dipl.-Ing.	Bartenstein Martin, Dr.
Höchtl Josef, Mag. Dr.	Bruckmann Gerhart, Dr.
Khol Andreas, Dr.	Ettmayer Wendelin, Dr.
König Friedrich, Dkfm. DDr.	Gaigg Gerfrid, Dr.
Puntigam Alois, Dr.	Graff Michael, Dr.
Riegler Josef, Dipl.-Ing.	Hafner Hans, Dr.
Schwimmer Walter, Dr.	Kiss Paul
Steinbauer Heribert	Lanner Sixtus, Dr.
Tichy-Schreder Ingrid	Schwärzler Erich, Ing.
FPÖ:	
Bauer Holger, Dkfm.	Haigermoser Helmut
Frischenschlager Friedhelm, Dr.	Meischberger Walter J., Ing.
Gugerbauer Norbert, Dr.	Partik-Pablé Helene, Dr.
Moser Hans Helmut	Probst Friedrich
Schmidt Heide, Mag. Dr.	Schreiner Erich, Mag.

GRÜNE:

Grandits Marijana, Mag.	Voggenhuber Johannes

Bundesrat

Außenpolitischer Ausschuß (17 Mitglieder)

(Zuständig für Angelegenheiten, die im Nationalrat durch den Außenpolitischen Ausschuß vorberaten wurden.)

Vorsitzender:
Mautner Markhof Manfred, Dr. h. c.

1. Stv. Vorsitzender:
Konecny Albrecht

2. Stv. Vorsitzender:
Gerstl Alfred

1. Schriftführer:
Karlsson Irmtraud, Dr.

2. Schriftführer:
Liechtenstein Vincenz, Dr.

Mitglieder:	**Ersatzmitglieder:**
ÖVP:	
Frauscher Helmut, Dkm. Dr.	Guggi Hans
Gerstl Alfred	Holzinger Erich
Liechtenstein Vincenz, Dr.	Jaud Gottfried
Linzer Milan, Dr.	Ludescher Georg, Ing.
Mautner Markhof Manfred, Dr. h. c.	Putz Erich
Schambeck Herbert, Dr.	Tusek Gerhard, Mag.
Schierhuber Agnes	Weiss Jürgen
Strimitzer Martin, Dr.	Wöckinger Hans, Dr.
SPÖ:	
Bacher Ingeborg	Bösch Herbert, Mag.
Drochter Karl	Crepaz Irene
Gusenbauer Alfred, Dr.	Farthofer Erich
Haselbach Anna Elisabeth	Ogris Harald, Dipl.-Ing. Dr.
Karlsson Irmtraut, Dr.	Schlögl Karl
Konecny Albrecht	Strutzenberger Walter
Pomper Franz	Wedenig Dietmar
Simperl Leopold, Dr.	
FPÖ:	
Gudenus John, Mag.	Mölzer Andreas

Rat für auswärtige Angelegenheiten

Dieses Forum, das mit Bundesgesetz vom 23. Juni 1976 eingerichtet wurde, „. . . dient der **Beratung der Bundesregierung und der einzelnen Bundesminister** in Fragen der Außenpolitik“. Gemäß § 2 (2) ist „. . . der Rat für auswärtige Angelegenheiten in allen Angelegenheiten der Außenpolitik zu hören, die nach Ansicht des Bundeskanzlers, des Bundesministers für auswärtige Angelegenheiten oder eines der ihm angehörenden Vertreter der politischen Parteien von grundsätzlicher Bedeutung sind“.

Dem Rat gehören folgende **Mitglieder** an (Stand 31. 12. 1991):

Bundeskanzler Dr. Franz Vranitzky, Vorsitzender
Vizekanzler Dr. Erhard Busek, Bundesminister für Wissenschaft und Forschung
Dr. Alois Mock, Bundesminister für auswärtige Angelegenheiten
Dr. Thomas Klestil, Generalsekretär für auswärtige Angelegenheiten
Dr. Heinz Fischer, Präsident des Nationalrates (SPÖ)
Dr. Josef Cap, Abgeordneter zum Nationalrat (SPÖ)
Peter Schieder, Abgeordneter zum Nationalrat (SPÖ)
Dr. Willi Fuhrmann, Klubobmann der SPÖ, Abgeordneter zum Nationalrat
Dipl.-Vw. Dr. Ludwig Steiner, Abgeordneter zum
Nationalrat i.R. (ÖVP)
Ingrid Tichy-Schreder, Abgeordnete zum Nationalrat (ÖVP)
Dr. Andreas Khol, a.o. Univ.Prof., Abgeordneter zum Nationalrat (ÖVP)
Dr. Norbert Gugerbauer, Klubobmann der FPÖ, Abgeordneter zum Nationalrat (FPÖ)
Marijana Grandits, Abgeordnete zum Nationalrat (GRÜNE)
Ein Vertreter der Präsidentschaftskanzlei

Folgende Personen sind **Ersatzmitglieder:**
Friedrich Verzetnitsch, Abgeordneter zum Nationalrat (SPÖ)
Ing. Ernst Nedwed, Abgeordneter zum Nationalrat (SPÖ)
Albrecht K. Konecny, Mitglied des Bundesrates (SPÖ)
Mag. Brigitte Ederer, Abgeordnete zum Nationalrat (SPÖ)
Dr. Wendelin Ettmayer, Abgeordneter zum Nationalrat (ÖVP)
DDR. Friedrich König, Abgeordneter zum Nationalrat (ÖVP)
Dr. Josef Höchtl, Abgeordneter zum Nationalrat (ÖVP)
Dr. Friedhelm Frischenschlager, Abgeordneter zum Nationalrat (FPÖ)
Johannes Voggenhuber, Obmann des Klubs der Grün-Alternativen, Abgeordneter zum Nationalrat
Staatssekretär Dr. Peter Jankowitsch (SPÖ)

Bei den sieben Sitzungen des Rates im Jahre 1991 wurden folgende Fragen beraten:

Bei der **43. Sitzung am 9. Jänner:**

1. Die Lage am Golf
2. Jüngste Entwicklungen in Zentral- und Osteuropa
3. Österreich als Mitglied des Sicherheitsrates der Vereinten Nationen

Bei der **44. Sitzung am 20. März:**

Die politische Lage in Jugoslawien und Albanien

Bei der **45. Sitzung am 17. Juni:**

1. Die österreichische Haltung zur politischen Krise in Jugoslawien einschließlich der Wirtschaftshilfe für reformorientierte Republiken
2. Listen italienischer Sicherheitsbehörden über Südtirol-Aktivisten

In der **46. Sitzung am 6. Juli:**

Die Situation in Jugoslawien – aktueller Stand

In der **47. Sitzung am 26. August:**

Die Situation in der Sowjetunion – aktueller Stand

In der **48. Sitzung am 16. September:**

Der Krieg in Kroatien bzw. die Nichteinhaltung des Waffenstillstandsabkommens in Jugoslawien

In der **49. Sitzung am 12. Dezember:**

Die Frage der sofortigen rechtlichen Anerkennung der Republiken Slowenien und Kroatien

Der Österreichische Auswärtige Dienst

Das Anforderungsprofil des Österreichischen Auswärtigen Dienstes hat sich grundsätzlich geändert. Lange Zeit war es wichtigste Aufgabe des Diplomaten seinen Staat offiziell zu vertreten. Demgegenüber hat der Auswärtige Dienst nun auch als **Serviceorganisation** für Staatsbürger, für die Wirtschaft, für andere staatliche Stellen, für die verschiedenen öffentlichen Interessenvertretungen, für Kultur und Wissenschaft zur Verfügung zu stehen. Dieser Wandel im Anforderungsprofil, aber auch im Selbstverständnis, hat sich in den letzten Jahren beschleunigt.

Im abgelaufenen Jahr haben diese neuen Herausforderungen beträchtlich zugenommen. In der Österreichischen Vertretung in Brüssel etwa arbeiten neben den Bediensteten des BMAA eine steigende Zahl von Mitarbeitern anderer Ressorts (derzeit vier) und österreichischer Interessensvertretungen (derzeit sechs), für welche die Vertretung Brüssel die notwendige Infrastruktur zur Verfügung stellt. An der Botschaft Bukarest ist eine Bedienstete des BMI für Wanderungsfragen und an der Mission in Genf ein Offizier des BMLV für Abrüstungsfragen zugeteilt.

Die seit Jahren bestehende Zusammenarbeit zwischen dem Bundesministerium für auswärtige Angelegenheiten und den Österreichischen Vertretungsbehörden im Ausland einerseits, der Bundeskammer der Gewerblichen Wirtschaft und den Österreichischen Außenhandelsstellen andererseits, hat sich ebenfalls qualitativ und quantitativ verstärkt.

Die traditionellen Aufgaben des auswärtigen Dienstes haben 1991 erneut zugenommen. Im konsularischen Bereich mußte den verstärkten Wanderungsbewegungen Rechnung getragen werden, im diplomatischen Bereich den weitreichenden und oft krisenhaften Entwicklungen – wie der Auflösung der Sowjetunion, der Veränderung in den Staaten Zentral- und Osteuropas, dem Bürgerkrieg in Jugoslawien, der Kuwaitkrise etc. Weitere Herausforderungen und Arbeitslasten brachten auch die Vorbereitungen auf die EG-Mitgliedschaft und die Mitgliedschaft im Sicherheitsrat der Vereinten Nationen seit 1. Jänner 1991.

Der wachsende Umfang und die zunehmende Differenzierung der Aufgaben bedeuten für den Apparat des auswärtigen Dienstes einen beträchtlichen Anforderungsdruck, der angesichts des Defizits im Bundesbudget nur zu einem geringen Teil durch Aufstockung der personellen und finanziellen Mittel ausgeglichen werden kann. Deshalb muß versucht werden, die erhöhte Aufgabenstellung auch weiterhin – wie schon seit Jahren – hauptsächlich durch vermehrte Flexibilität und weitere Rationalisierung zu bewältigen. So wurden die Aus- und Fortbildung neu gestaltet, die Einführung der EDV forciert, das Berichtswesen reorganisiert, die interne begleitende Kontrolle ausgebaut.

Um den laufenden Reformen eine solide empirisch – wissenschaftliche Grundlage zu schaffen und um auch nach außen hin ein objektives Bild der jetzigen Gegebenheiten bieten zu können, wurde eine **Studie über die besonderen Arbeits- und Lebensbedingungen im Auswärtigen Dienst** initiiert. Deren Finanzierung haben dankenswerterweise die Österreichische Nationalbank und das Bundesministerium für Wissenschaft und Forschung übernommen. Diese Studie wird von Univ. Prof. Titscher – Wirtschaftsuniversität Wien – erarbeitet. Die entsprechenden Vorarbeiten wurden 1991 abgeschlossen, die Ergebnisse werden 1992 vorliegen.

Durch die zahlreichen und folgenschweren politischen Ereignisse im Ausland haben sich Aufgaben oft „über Nacht" geändert. Von der Verwaltung des BMaA mußten daher rasche und flexible Lösungen gefunden werden wie bei Evakuierungsmaßnahmen und bei vorübergehender Schließung von Vertretungsbehörden (Bagdad, Kuwait, Kinshasa). Rasche Entscheidungen waren auch auf technischem Gebiet erforderlich – wie bei der Ausstattung von Vertretungsbehörden in Krisengebieten mit Not-Kommunikationsmitteln. Je nach Art und Intensität der Krisen und Gefahren wurden Vorsorgemaßnahmen zum Schutz von Leben und Gesundheit der entsandten Bediensteten und Ihrer Angehörigen getroffen (bautechnische Schutzmaßnahmen, Bereitstellung von Medikamenten, medizinische Nottransporte). Die Personalverwaltung war insgesamt bemüht, dem allgemein gestiegenen Sicherheitsrisiko, der steigenden Gesundheitsgefährdung und Umweltbelastung und der allgemeinen Verschlechterung der Lebensbedingungen der Bediensteten und ihrer Familienangehörigen an vielen Dienstorten im Ausland so weit wie möglich Rechnung zu tragen.

Die Zentrale und die Vertretungsbehörden

Der Österreichische Auswärtige Dienst umfaßt die Zentrale und die Diplomatische Akademie in Wien sowie die österreichischen Berufsvertretungsbehörden, Kulturinstitute und Honorarkonsulate im Ausland. Der organisatorische Aufbau der Zentrale ist im nachstehenden Organisationsplan wiedergegeben.

Bundesminister Dr. Alois MOCK

Generalinspektorat
Dr. Reginald THOMAS

Generalsekretär Dr. Thomas KLESTIL
Stellvertreter Dr. Heinrich GLEISSNER
Stellvertreter Dr. Helmut TÜRK

I Zentrale Angelegenheiten
Dr. Thomas KLESTIL

I.1 Protokoll
Dr. Gustav ORTNER
I.1.a Orden und Ehrenzeichen
Mag. Artur SCHUSCHNIGG
I.1.b Privilegien, Immunitäten
DDr. Harald WIESNER
I.1.c Veranstaltungen
Erwin GRIESSLER

Gruppe I A
Völkerrechtsbüro – Abt. I.2, I.7, I.8
Dr. Helmut TÜRK

I.2 Allgemeines Völkerrecht
Dr. Hans WINKLER
I.2.a Staatsnotariat
Heinz BRAND

I.3 Presse und Information
Dr. Walter GREINERT

I.5 Internationale Konferenzen
Dr. Wolfgang KRIECHBAUM

I.6 Spezifische multilaterale und humanitäre Angelegenheiten
Dr. Richard WOTAVA

I.7 Menschenrechte
Dr. Nikolaus SCHERK
I.7.a Volksgruppenangelegenheiten

I.8 Internationales Wirtschafts- und Umweltrecht
Dr. Christian ZEILEISSEN
I.8.a Europarecht

I.9 Sicherheit, Verwaltungsreform
Dr. Georg WEISS

II Politische Sektion
Dr. Ernst SUCHARIPA

II.1 West- und Nordeuropa
Dr. Johann PLATTNER

II.2 Südtirol und Südeuropa
Dr. Michael BREISKY

II.3 Ost- und Südosteuropa
Dr. Albert ROHAN

II.4 Arabische Staaten, Israel, Iran, Afrika
Dr. Alexander CHRISTIANI

II.5 Internat. Organisationen
Dr. Walther LICHEM

II.6 Grundsatzfragen, Europarat
Dr. Thomas NOWOTNY

II.7 Europäische Sicherheit und Zusammenarbeit
Dr. Martin VUKOVICH

II.8 Rüstungskontrolle, Abrüstung und IAEO
Dr. Heinrich GLEISSNER
II.8.a Friedliche Nutzung der Atomenergie
Dr. James PREUSCHEN
II.8.b Rüstungskontrolle
Dr. Wernfried KÖFFLER

II.9 Amerika
Dr. Anton PROHASKA
II.9.a Mittel- und Südamerika, Karibik
Dr. Yuri STANDENAT

II.10 Asien, Australien, Ozeanien
Dr. Josef MAGERL
II.10.a Dr. Kurt SPALLINGER

II.11 Hexagonale
Dr. Paul ULLMANN

III Wirtschaftspolitische Sektion
Dr. Manfred SCHEICH

III.1 Bilaterale Wirtschafts- und Finanzpolitik
Dr. Harald VAVRIK
III.1.a Internationale Wirtschaftsorganisationen
Dr. Heimo KELLNER

III.2 EFTA und EFTA-Staaten
Dr. Gregor WOSCHNAGG
III.2.a EG-Programme und EUREKA

III.3 EG und EG-Staaten, Europäisches Parlament
Dr. Tassilo OGRINZ
III.3.a
III.3.b
III.3.c Verkehrsbeziehungen zur EG

III.4 Europäischer Binnenmarkt
Dr. Johann LEGTMANN

III.5 Multilaterale Wirtschaftsangelegenheiten
Dr. Harald KREID

III.6 Internat. Umweltschutz
Dr. Georg POTYKA
III.6.a Bilateraler Umweltschutz
III.6.b Multilateraler Umweltschutz
Dr. Gerhard VELCOVSKY

III.7 Verkehrsangelegenheiten
Dr. Udo EHRLICH-ADAM

III.8 Entwicklungshilfe
Dr. Herbert TRAXL

IV Rechts- und Konsularsektion
Dr. Erich KUSSBACH

IV.1 Rechts- und Amtshilfe
Dr. Maximilian PAMMER

IV.2 Reise- und Grenzverkehr
IV.2.a Paß- und Sichtvermerkswesen
Engelbert NAGLICH

IV.3 Sozialpolitische Angelegenheiten, Vermögensangelegenheiten
Dr. Erika LIEBENWEIN
IV.3.a Sozialpolitische Angelegenheiten

IV.4 Auslandsösterreicher, Schutzmachtangelegenheiten
Dr. Erich KRISTEN
IV.4.a Schutzmachtangelegenheiten
Dr. Wolfgang SEIFERT

IV.5 Bürgerservice
Dr. Ulrich HACK

IV.6 Humanitäre und Flüchtlingsangelegenheiten

Kabinett
Dr. Wolfgang LOIBL
Stellvertretender Leiter
Dr. Johannes Paul KYRLE
Stellvertretender Leiter
und Pressesprecher
Dr. Gerhard ZIEGLER

Generalsekretariat
Dkfm. Dr. Adolf KUEN

Koordinationsstelle
Dr. Margot LÖFFLER

V Kulturpolitische Sektion
Dr. Peter MARBOE

V.1 Bilaterale Auslandskultur-angelegenheiten
Dr. Hans SABADITSCH
V.1.a Regionale kulturelle Zusammenarbeit

V.2 Multilaterale Auslandskultur-angelegenheiten
Dr. Ingo MUSSI
V.2.a UNESCO

V.3 Administrative Angelegen-heiten
Dr. Ernst MENHOFER

V.4 Ausstellungswesen, Filmangelegenheiten
Dr. Georg JANKOVIC
V.4.a Ausstellungen
Dr. Maria Barbara LEE-STÖRCK

V.5 Wissenschaft, Forschung, Erziehung
Dr. Gerhard RAINER
V.5.a Multilaterale wissen-schaftliche Interessen
Dr. Frieda GOLLNER
V.5.b Lektorenaustausch, Stipendien
Dr. Elisabeth MACH

V.6 Allgemeine Programmplanung, Veranstaltungen auf den Gebieten Literatur, Theater, Musik und Wissenschaft
Dr. Bruno KUNZ
V.6.a Josef KELLNER
V.6.b
V.6.c Dr. Wera ZELENKA

VI Administrative Sektion
Dr. Peter NIESNER

VI.1 Personalangelegenheiten
Dr. Peter MOSER
VI.1.a Dienstrechts-angelegenheiten
Erika HANTSCHEL
VI.1.b Personalmaßnahmen
Karl MAYERHOFER
VI.1.c Honorarkonsulate
Dr. Hans Georg RUDOFSKY
VI.1.d Familien- und Frauenfragen, Legistik
...
VI.1.e Ausbildung
Dr. Erwin KUBESCH

VI.2 Besoldung und Sozial-versicherung
VI.2.a Nebengebühren und Sozialleistungen
Ilse MAYER
VI.2.b Ernst STAUDINGER

VI.3 Budgetangelegenheiten
Mag. Bruno WALDERT
VI.3.a Dienstreisen und Übersiedlungen
VI.3.b Kreditgebarung
Johann BAHRER

VI.4 Liegenschafts- und Inventarverwaltung, Unterbringung und Ausstattung
Alfred PREISSL
VI.4.a Beschaffungswesen
Emanuel HELIGE
VI.4.b Hausverwaltung (Zentrale)
VI.4.c Maria-Luise GROSS

VI.6 Telekommunikation
...
VI.6.a Schulungswesen
Alexander MEDL
VI.6.b Technischer Dienst
Ing. Reinhold PÖLSLER
VI.6.c Kurierdienst
Ludwig KOWARZIK
VI.6.d Depeschendienst
Franz PERNEGGER
VI.6.e Funktechnischer Dienst
Gerhard HERKO

VI.7 Informatik, ADV
Dr. Helmut SLABY
VI.7.a Außenpolitische Bibliothek
Dr. Gottfried LOIBL

DIPLOMATISCHE AKADEMIE
Dr. Alfred MISSONG

Stand Dezember 1991
Organisationsplan des Bundesministeriums für auswärtige Angelegenheiten

Österreichische Berufsvertretungen – Dienststellenleiter

AFGHANISTAN	ÖB Kabul	. . .
ÄGYPTEN	ÖB Kairo	Dr. Norbert Peter PRAMBERGER
Sudan	KI Kairo	Dr. Brigitte AGSTNER-GEHRING
ALBANIEN		Dr. Kurt SPALLINGER
ALGERIEN	ÖB Algier	Dr. Hans KNITEL
ARGENTINIEN Paraguay, Uruguay	ÖB Buenos Aires	Dr. Gerhard HEIBLE
ÄTHIOPIEN Madagaskar, Mauritius, Dschibuti	ÖB Addis Abeba	Dr. Horst-Dieter RENNAU
AUSTRALIEN Nauru, Neuseeland, Fidschi, Papua-Neuguinea, Samoa, Salomonen, Tuvalu, Tonga, Kiribati, Vanuatu, Marschallinseln, Mikronesien	ÖB Canberra	Dr. Walter HIETSCH
BELGIEN	ÖB Brüssel	Dr. Heinz WEINBERGER
BRASILIEN	ÖB Brasilia	Dr. Andreas SOMOGYI
	GK Rio de Janeiro	Heinz MAYER
BULGARIEN	ÖB Sofia	Dr. Manfred KIEPACH
CHILE	ÖB Santiago de Chile	Dr. Wolfgang JILLY
CHINA Kambodscha, DVR Korea	ÖB Peking	Dr. Dietrich BUKOWSKI
CÔTE d'IVOIRE Burkina-Faso, Niger, Togo, Benin	ÖB Abidjan	Dr. Georg ZNIDARIC
DÄNEMARK Island, Litauen	ÖB Kopenhagen	Dr. Franz WUNDERBALDINGER
DEUTSCHLAND, BUNDESREPUBLIK	ÖB Bonn	Dr. Herbert GRUBMAYR
	GK Berlin	Dr. Gabriele MATZNER-HOLZER
	GK Düsseldorf	Dr. Robert KARAS
	GK Frankfurt	Dr. Heinrich WINTER
	GK Hamburg	Dr. Jörg SCHUBERT
	GK München	Dr. Anton SEGUR-CABANAC
FINNLAND Estland	ÖB Helsinki	Dr. Manfred ORTNER
FRANKREICH	ÖB Paris	Dr. Wolfgang SCHALLENBERG
Andorra, Monaco	KI Paris	Dr. Rudolf ALTMÜLLER
	GK Straßburg	Dr. Alfred LÄNGLE
GRIECHENLAND Zypern	ÖB Athen	Dr. Georg CALICE
GROSSBRITANNIEN	ÖB London	Dr. Walter MAGRUTSCH
und NORDIRLAND	KI London	DDr. Peter MARGINTER
HEILIGER STUHL	ÖB Heiliger Stuhl	Dr. Georg HOHENBERG
HONGKONG	GK Hongkong	Dr. Heinrich QUERNER
INDIEN Sri Lanka, Nepal, Bangladesch, Bhutan, Malediven	ÖB New Delhi	Dr. Christoph CORNARO
INDONESIEN Vietnam	ÖB Jakarta	Dr. Herbert KRÖLL
IRAK	ÖB Bagdad	. . .
IRAN	ÖB Teheran	Dr. Erich BUTTENHAUSER
	KI Teheran	Dr. Michael ZIMMERMANN

IRLAND	ÖB Dublin	. . .
ISRAEL	ÖB Tel Aviv	. . .
ITALIEN	ÖB Rom	Dr. Emil STAFFELMAYR
Malta, San Marino	KI Rom	Dr. Franz BERNER
	GK Mailand	Dr. Harald MILTNER
	GK Triest	Dr. Günter BIRBAUM
JAPAN	ÖB Tokio	Dr. Erich Maximilian SCHMID
JORDANIEN	ÖB Amman	. . .
JUGOSLAWIEN	ÖB Belgrad	Dkfm. Dr. Walter SIEGL
	GK Agram	Andreas BERLAKOVICH
	KI Agram	Prof. Leopold MELICHAR
	GK Laibach	Dr. Jutta STEFAN-BASTL
KANADA	ÖB Ottawa	Dr. Kurt HERNDL
KENIA	ÖB Nairobi	Dr. Paul HARTIG
Tansania, Uganda, Seychellen, Komoren, Somalia, Burundi, Rwanda		
KOLUMBIEN	ÖB Santa Fe de Bogota	Dr. Otmar KOLER
Ecuador, Haiti, Panama		
KOREA	ÖB Seoul	Dr. Felix MIKL
KUBA	ÖB Havanna	Dr. Heide KELLER
KUWAIT	ÖB Kuwait	Dr. Johann DEMEL
Katar, Bahrein		
LIBANON	ÖB Beirut	. . .
LIBYEN	ÖB Tripolis	Dr. Wilfried ALMOSLECHNER
Malta		
LIECHTENSTEIN		Dr. Johannes Paul KYRLE
LUXEMBURG	ÖB Luxemburg	Dr. Klaus ZIEGLER
MALAYSIA	ÖB Kuala Lumpur	Dr. Friedrich POSCH
Brunei		
MAROKKO	ÖB Rabat	Dr. Paul LEIFER
MEXIKO	ÖB Mexiko	Dr. Klas DAUBLEBSKY
Costa Rica, Honduras, Guatemala, Nicaragua, El Salvador, Belize		
NIEDERLANDE	ÖB Den Haag	Dr. Heinrich PFUSTERSCHMID-HARDTENSTEIN
NIGERIA	ÖB Lagos	Dr. Johannes Werner DRUML
Liberia, Ghana, Sierra Leone, Äquatorialguinea		
NORWEGEN	ÖB Oslo	Dr. Franz PALLA
OMAN	ÖB Muscat	Dkfm. Dr. Rudolf BOGNER
PAKISTAN	ÖB Islamabad	Dr. Hans WALSER
PERU	ÖB Lima	Dr. Franz IRBINGER
Bolivien		
PHILIPPINEN	ÖB Manila	Dr. Günther GALLOWITSCH
POLEN	ÖB Warschau	Dr. Gerhard WAGNER
	KI Warschau	Dr. Helga SCHMID
	GK Krakau	Dr. Emil BRIX
PORTUGAL	ÖB Lissabon	Dr. Nikolaus HORN
Kap Verde		
RUMÄNIEN	ÖB Bukarest	Dr. Christoph PARISINI
SAUDI-ARABIEN	ÖB Riyadh	Dr. Marius CALLIGARIS
Republik Jemen, Vereinigte Arabische Emirate		

SCHWEDEN Lettland	ÖB Stockholm	DDr. Otto PLEINERT
SCHWEIZ	ÖB Bern GK Zürich	Dr. Franz PARAK Dr. Aurel SAUPE
SENEGAL Gambia, Guinea, Guinea-Bissau, Mali, Mauretanien	ÖB Dakar	Dr. Peter LEITENBAUER
SIMBABWE Lesotho, Mosambik, Swasiland, Angola, Malawi, Botswana, Sambia, Namibia	ÖB Harare	Dr. Helmut SCHURZ
SOWJETUNION Mongolei	ÖB Moskau GK Kiew	Dr. Friedrich BAUER Dr. Michael WENINGER
SPANIEN	ÖB Madrid	Dr. Michael FITZ
SÜDAFRIKA	ÖB Pretoria	Dr. Arnold MÖBIUS
SYRIEN	ÖB Damaskus	Dr. Gerhard PFANZELTER
THAILAND Myanmar, Laos, Singapur	ÖB Bangkok	Dr. Erich BINDER
TSCHECHOSLOWAKEI	ÖB Prag GK Preßburg	Dr. Karl PETERLIK Walter SWATOSCH
TUNESIEN	ÖB Tunis	Dr. Johann PASCH
TÜRKEI	ÖB Ankara GK Istanbul KI Istanbul	Dr. Friedrich ZANETTI Adolf KLEMENT Dr. Erwin LUCIUS
UNGARN	ÖB Budapest KI Budapest	Dr. Franz SCHMID Mag. Gertrude KOTHANEK
VENEZUELA Dominikanische Republik, Jamaika, Trinidad und Tobago, Barbados, Grenada, Suriname, Dominica, Sankt Lucia, Antigua und Barbuda, Sankt Vincent und die Grenadinen, Guyana, St. Kitts und Nevis	ÖB Caracas	Dr. Karl WEBER
VEREINIGTE STAATEN von AMERIKA	ÖB Washington GK Chicago GK Los Angeles GK New York KI New York ID New York	Dr. Friedrich HOESS Dkfm. Dr. Gerald KRIECHBAUM Dr. Christian PROSL Dr. Wolfgang STEININGER Dr. Wolfgang WALDNER Dr. Wolfgang PETRITSCH
ZAIRE Kongo, Kamerun, Gabun, Tschad, Zentralafrikanische Republik, Saõ Tomé und Principe	ÖB Kinshasa	Dr. Hans KOGLER

Ständige Vertretung bei den Vereinten Nationen in New York	Dr. Peter HOHENFELLNER
Ständige Vertretung beim Büro der Vereinten Nationen und den Spezialorganisationen in Genf	Univ.-Prof. Dr. Winfried LANG
Ständige Vertretung bei den Vereinten Nationen und UNIDO in Wien	Dr. Richard WOTAVA
Ständige Vertretung bei der IAEO in Wien	Dr. Heinrich GLEISSNER
Ständige Vertretung bei der UNESCO in Paris	Dr. Wolfgang SCHALLENBERG
Ständige Vertretung bei der FAO in Rom	Dipl.-Ing. Ernst ZIMMERL
Ständige Vertretung bei UNEP und HABITAT in Nairobi	Dr. Paul HARTIG

Ständige Vertretung bei der OECD in Paris	Dr. Georg LENNKH
Ständige Vertretung beim Europarat in Straßburg	Dr. Werner SAUTTER
Mission bei den Europäischen Gemeinschaften in Brüssel	Dr. Wolfgang WOLTE
Ständige Vertretung bei der EFTA in Genf	Univ.-Prof. Dr. Winfried LANG
Ständige Vertretung beim GATT in Genf	Univ.-Prof. Dr. Winfried LANG
Ständige Vertretung bei der WTO in Madrid	Dr. Michael FITZ
Ständige Vertretung bei der Donaukommission	Dr. Franz SCHMID

Stand Dezember 1991

Österreich unterhält im Ausland ein im internationalen Vergleich sehr **kleines Netz** von 104 Berufsvertretungsbehörden: 69 Botschaften, die in 150 Staaten akkreditiert sind, 4 Missionen bei Internationalen Organisationen, 20 Generalkonsulate, 10 Kulturinstitute, 1 Informationsdienst (New York).

Im Dezember 1991 wurde das **Generalkonsulat in Kiew** (Ukraine) offiziell eröffnet. Die Botschaften in Kabul (Afghanistan), Bagdad (Irak) und Beirut (Libanon) mußten bis auf weiteres geschlossen bleiben. Die Botschaft in Kinshasa (Zaire) mußte im Dezember 1991 ebenfalls vorübergehend geschlossen werden. Hingegen konnte die während des Kuwaitkonfliktes geschlossene Botschaft in Kuwait ihre Tätigkeit im Mai 1991 wieder aufnehmen.

Mit Anfang 1991 ist die Zuständigkeit für Angelegenheiten der Entwicklungshilfe dem Bundeskanzleramt rückübertragen worden; die anläßlich der seinerzeitigen Übertragung dieser Zuständigkeit an das Bundesministerium für auswärtige Angelegenheiten Anfang 1985 errichtete Sektion VII wurde aufgelöst. Zur Wahrnehmung jener entwicklungspolitischen Zuständigkeiten, die vom Bundesministerium für auswärtige Angelegenheiten wahrgenommen werden, wurde eine neue Abteilung (III.8) errichtet.

Honorarkonsulate

In seiner Arbeit kann sich das Bundesministerium für auswärtige Angelegenheiten auch auf mehr als 190 honorarkonsularische Vertretungen im Ausland stützen. Die Honorarkonsuln/innen sind Persönlichkeiten, die in der Regel in der Wirtschaft oder freiberuflich tätig sind. Ein guter Teil von ihnen sind Auslandsösterreicher. Sie stellen die Infrastruktur eines Konsulatsbetriebes (Räumlichkeiten und deren Ausstattung) zur Verfügung und verrichten ihre Arbeit für Österreich ehrenamtlich.

Die Honorarkonsulate sind ein unverzichtbarer Teil der österreichischen Auslandsrepräsentation. Eine ausgewählte Anzahl von ihnen besitzt auch die Befugnis, Pässe bzw. Sichtvermerke auszustellen. Es ist geplant, das Netz der österreichischen honorarkonsularischen Vertretungen zu erweitern. Solche Vertretungen sollen nun insbesondere auch dort eingerichtet werden, wo dies früher nicht möglich war – nämlich in den ehemals kommunistischen Staaten.

Vom 9. – 13. September 1991 tagte in Wien eine **Konferenz der österreichischen Honorarkonsuln** im Ausland, zu der ca. 100 honorarkonsularische Vertreter aus aller Welt gekommen waren. Die Veranstaltung diente dazu, die Kenntnisse der Honorarkonsuln auf den Gebieten der österreichischen Außen-, Wirtschafts-, Wissenschafts- und Kulturpolitik zu vertiefen und Probleme der konsularischen Arbeit zu diskutieren.

Auslandskulturtagung und Botschafterkonferenzen

Die alljährliche **Botschafterkonferenz** fand vom 4.–6. September 1991 in Wien statt. An ihr haben diesmal 56 Botschafter und Amtsleiter teilgenommen.

Wie schon in den vergangenen Jahren war auch heuer dieser Botschafterkonferenz die sogenannte **Auslandskulturtagung** vorgelagert (2.–4. September). An ihr beteiligten sich 47 Angehörige des Bundesministeriums für auswärtige Angelegenheiten, welche im Ausland im Kulturbereich tätig sind. Die Teilnahme an diesen jährlichen Konferenzen erfolgt auf freiwilliger Basis. Die Reise- und Aufenthaltskosten werden nicht vergütet.

Um die Tätigkeit der österreichischen Vertretungsbehörden in einzelnen Regionen zu koordinieren und den Einsatz der vorhandenen Ressourcen zu maximieren, fanden 1991 zwei **regionale Botschafterkonferenzen** statt, und zwar in Kairo für den Nahen Osten und in Brasilia für Lateinamerika. An beiden Veranstaltungen nahmen auch die Leiter der österreichischen Außenhandelsstellen in der Region teil.

Personal

Das Bundesministerium für auswärtige Angelegenheiten hatte im Dezember 1991 einen Personalstand von 1521 Mitarbeitern/innen, davon waren 570 im Inland und 823 im Ausland in Verwendung; 32 waren anderen Bundesdienststellen zugeteilt, 11 von anderen Bundesdienststellen dem Bundesministerium für auswärtige Angelegenheiten zugeteilt; 2 waren dienstfreigestellt (gem. § 25/4 PVG); 2 außer Dienst gestellt (gem. § 19 BDG 1979); 56 karenziert; 8 auf Mutterschutz; 15 durch Werk- und Sonderverträge angestellt. Die nachstehende Tabelle gibt einen Überblick über die Stellenpläne des Bundesministeriums für auswärtige Angelegenheiten seit 1980.

Stellenplan des BMaA 1980–1991

1980	1981	1982	1983	1984	1985	1986	1987	1988	1989	1990	1991
1.399	1.423	1.423	1.430	1.391	1.421	1.423	1.430	1.431	1.452	1.495	1.521

Der Anteil der Frauen im Personalstand des Bundesministeriums für auswärtige Angelegenheiten erreichte 1991 knapp 50 Prozent. Im Gehobenen Dienst stieg ihr Anteil auf rund 35 Prozent, und im Höheren Dienst auf 16 Prozent.

Personalstand des BMaA 1991 nach Verwendungsgruppen/Geschlechtern

Verwendungsgruppen		Männer	Frauen	insgesamt
A/a	Höherer Dienst	340	66	406
B/b	Gehobener Dienst	166	89	255
C/c	Fachdienst	72	123	195
D/d	Mittlerer Dienst	82	460	542
E/e	Hilfsdienst	76	4	80
P/p	Hilfsdienst	21	22	43
Insgesamt		**760**	**768**	**1.521**

Auf dem Personalsektor wird die Lage des auswärtigen Dienstes zunehmend schwieriger. Der Anreiz zum Auslandsdienst schwindet in dem Maße, in dem sich in den meisten ausländischen Städten, an denen österreichische Vertretungsbehörden errichtet sind, die Lebensbedingungen verschlechtern, während sie sich in Österreich im großen und ganzen verbessern. Eine weitere Entwicklung dämpft den Wunsch auf eine Tätigkeit im Ausland: anders als früher sind heute viele der Ehegatten von Bediensteten berufstätig. Bei einer Versetzung ins Ausland muß zumeist einer der Ehegatten auf seine Berufstätigkeit verzichten. Er erleidet dadurch nicht nur einkommensmäßige, sondern auch sozial- und pensionsversicherungsrechtliche Nachteile. Er wird auch aus seiner Berufslaufbahn gerissen, ohne die Sicherheit zu haben, bei einer Rückkehr nach Österreich wieder eine entsprechende Beschäftigung zu finden.

All das hat die Probleme im Personalbereich anwachsen lassen. Die Zahl der Bewerber um die Aufnahme in den höheren auswärtigen Dienst ist zurückgegangen. Beängstigende Proportionen hat das Problem aber im Bereich der sprachenkundigen Sekretariatskräfte angenommen: Die Abwanderung ist hier schon so hoch, daß sie die Funktionsfähigkeit des Dienstes insgesamt zu beeinträchtigen beginnt.

Budget

Im Bundesvoranschlag 1991 waren 2.176,476.000 öS, das sind 0,36% des Gesamtbudgets, für das Bundesministerium für auswärtige Angelegenheiten vorgesehen. Nach Abzug der Pflichtbeiträge Österreichs zu den Internationalen Organisationen (ÖS 417,671.000,–) und der Aufwendungen für Internationale Konferenzen in Österreich (ÖS 40,772.000,–) verbleibt dem BMaA ein operatives Budget von ÖS 1,718,033.000,– das sind 0,28% des Gesamtsbudgets.Nachstehende Tabelle gibt eine Übersicht über die Entwicklung des Budgets des BMaA samt Prozentanteile am Gesamtbudget seit 1980.

Jahr	Budget des BMaA in Mio. öS	Pflichtbeiträge zu Int. Organisationen und EZA (1985–1990) Int. Konferenzen	Operatives Budget des BMaA in Mio. öS	Anteil am Gesamtbudget in %
1980	1,221.291	201.857	1,019.434	0,34
1984	1,758.048	342.000	1,416.048	0,33
1985	2,228.959	777.217	1,451.742	0,32
1986	2,448.460	827.238	1,621.222	0,33
1987	2,340.236	447.866	1,592.370	0,32
1988	2,226.465	897.425	1,329.040	0,26
1989	2,355.010	896.489	1,458.521	0,28
1990	2,623.740	1,116.030	1,507.710	0,25
1991	2,176.476	458.443	1,718.033	0,28

Gesetz über den auswärtigen Dienst („Statut“)

Im Sinne des im Mai 1990 dem Außenpolitischen Ausschuß des Nationalrats erstatteten Berichtes des Herrn Bundesministers betreffend „Das Bundesministerium für auswärtige Angelegenheiten vor neuen Herausforderungen“ haben die beiden Regierungsparteien in ihrem Arbeitsübereinkommen vom 17. Dezember 1990 vereinbart, während der laufenden Gesetzgebungsperiode die Schaffung eines **Statuts**, also eines **Gesetzes über den Österreichischen Auswärtigen Dienst**, zu prüfen.

Im Jänner 1991 hat eine aus Angehörigen der Personalverwaltung und der Personalvertretung sowie aus Vertretern aller Sektionen des Bundesministeriums für auswärtige Angelegenheiten und der Gewerkschaft Öffentlicher Dienst gebildete Arbeitsgruppe nach intensiven Beratungen einen Vorentwurf erarbeitet, der in der Folge durch Erläuternde Bemerkungen ergänzt wurde.

Als im Frühjahr 1991 der „Außenpolitische Bericht 1990“ im Nationalrat diskutiert wurde, haben Abgeordnete aller im Parlament vertretenen Parteien die Schaffung eines Statuts für den Auswärtigen Dienst ausdrücklich begrüßt. Im Herbst 1991 kam es zu einer ersten öffentlichen Debatte über die Zweckmäßigkeit eines „Gesetzes über den Österreichischen Auswärtigen Dienst“. Bundeskanzler Vranitzky und Vizekanzler Busek haben dazu bei öffentlichen Vorträgen Stellung genommen. Auch sie haben das Projekt eines „Statuts“ gutgeheißen und klargestellt, daß dieses Projekt Teil des Arbeitsüberkommens der Regierungsparteien ist und vereinbarungsgemäß weiterverfolgt werden muß.

In Beantwortung der schriftlichen Anfrage Nr. 1873/J-NR/1991 vom 5. 11. 1991 wurde der Nationalrat über die Gründe informiert, die eine Schaffung des Statuts geboten erscheinen lassen; dabei wurden die Grundzüge der dienst- und besoldungsrechtlichen sowie organisatorischen Regelungen erläutert, die mit dem „Statut" getroffen werden sollen, um den besonderen Anforderungen des auswärtigen Dienstes gerecht zu werden. Es soll daher Regelungen über die spezifisch diesem Dienst entsprechenden Erfordernisse der **Mobilität, der Flexibilität und der Rotation der Bediensteten enthalten**; weiters u. a. Bestimmungen über deren besondere Dienstpflichten und über die von ihnen im Ausland wahrzunehmenden Aufgaben.

Modernisierung im Bereich der EDV und der Telekommunikation

Im Jahre 1991 wurde das BMaA an die **Datenbank der Austria Presse Agentur (APA)** angeschlossen. Damit ist es nun möglich, APA-Meldungen von ca. 130 Bildschirmen zu abzufragen und zu verwerten. Die Ausstattung der Vertretungsbehörden mit Personalcomputern wurde planmäßig fortgesetzt. Es sind nunmehr insgesamt 53 Vertretungsbehörden mit PC's oder Mehrplatzsystemen ausgerüstet.

Zur Erfassung der Auslandsösterreicher in Vorbereitung der Bundespräsidentenwahl im April 1992 wurde ein Wählerevidenzprogramm erstellt, das bei jenen Vertretungsbehörden zum Einsatz gelangt, die zahlreiche Auslandsösterreicher zu betreuen haben.

Das **Personaldateninformationssystem** des Bundesministeriums für auswärtige Angelegenheiten (PEDAS) hat sich im Probebetrieb bewährt und wird nun verwendet. Es bringt eine fühlbare Effizienzsteigerung bei der Personalverwaltung.

Um alle diese Aufgaben bewältigen zu können, wurde eine neue **Zentraleinheit WANG VS 8430** in Betrieb genommen, da bei der bisherigen Zentraleinheit die Kapazitätsgrenze erreicht war und keine weiteren Bildschirme mehr angeschlossen werden konnten.

Auf dem **Archivsektor** wurden 1991 zwei weitere Jahrgänge von Altakten gesichtet und freigegeben.

Weitere Vertretungsbehörden, speziell solche in Krisengebieten, wurden mit **Satellitenfunkanlagen** ausgerüstet. Somit ist es nunmehr möglich, mit ihnen auch unter erschwerten Bedingungen Kontakt zu halten. Eine weitere Botschaft wurde mit einem **Kurzwellensender** ausgestattet.

Für die **Fernkopierer** („FAX") wurde in der Zentrale des Bundesministeriums für auswärtige Angelegenheiten ein „FAX-Hausstern" geschaffen, der alle Abteilungen des Ministeriums durch Telekopierer miteinander verbindet. 1991 wurde auch die Ausstattung der Vertretungsbehörden mit Telekopiergeräten abgeschlossen.

Personalvertretung im Bundesministerium für auswärtige Angelegenheiten

Infolge der spezifischen Gegebenheiten des auswärtigen Dienstes sind die Aufgaben der Personalvertretung im Bundesministerium für auswärtige Angelegenheiten besonders vielfältig und umfangreich. Die Zuständigkeit des Zentralausschusses und des Dienststellenausschusses erstreckt sich nicht nur auf die Zentrale des Ressorts und die Diplomatische Akademie, sondern auch auf die über 100 österreichischen Vertretungsbehörden im Ausland, an denen die Mehrzahl der Bediensteten tätig ist.

Es ergibt sich aus der Natur des Auswärtigen Dienstes, durch die periodischen Versetzungen zwischen In- und Ausland, durch unterschiedliche und oft sehr schwierige Arbeitsbedingungen im Ausland, sowie durch tiefgreifende Auswirkungen auf den persönlichen Lebensbereich der Bediensteten und ihrer Familien, daß die **Personalvertretung** auch mit einer Fülle von Anliegen konfrontiert ist. Die Folge war auch im Jahre 1991 ein im Vergleich zu anderen Ressorts besonders hoher Arbeitsanfall für den Dienststellenausschuß. Er fand seinen Niederschlag in über 1500 Einlaufstücken, und machte neben vierzehntäglich stattfindenden, mehrstündigen Sitzungen auch laufend Verhandlungen mit dem Dienstgeber und periodische Vorsprachen beim Ressortschef erforderlich. Als besonders wertvoll für die Bewältigung dieser Arbeit erwies sich der Einsatz der für die Betreuung der Personalvertretung freigestellten Schriftführer des Dienststellenausschusses.

Die Vielfalt der im Auswärtigen Dienst auftretenden Schwierigkeiten läßt auch erkennen, daß für deren Bewältigung die primär auf den Inlandsdienst abgestellten dienstrechtlichen Vorschriften oft nicht ausreichen. Es war daher das besondere Bestreben der Personalvertretung im Jahre 1991, die Arbeiten an dem erwähnten „Statut für den auswärtigen Dienst", welches den besonderen Anforderungen des auswärtigen Dienstes entspricht, zügig zu betreiben.

Die am 26. und 27. November 1991 im Bereich des Bundesministeriums für auswärtige Angelegenheiten durchgeführten Personalvertretungswahlen erbrachten nachstehend angeführtes Ergebnis.

Personalvertretungswahl 1991

DIENSTSTELLENAUSSCHUSS		(Vergleichszahlen 1987)
Abgegebene Stimmen:	1230	(1258)
ungültige Stimmen:	49	(57)
gültige Stimmen:	1181	(1201)

Wählergruppe ÖVP-FCG:	420 Stimmen = 35,56%	(474 = 39,47%)
Wählergruppe Ballhausplatz:	307 Stimmen = 25,99%	(365 = 30,39%)
Wählergruppe FSG:	257 Stimmen = 21,76%	(362 = 30,14%)
Wählergruppe ÜAG:	197 Stimmen = 16,68%	(nicht kandidiert)

ZENTRALAUSSCHUSS

Abgegebene Stimmen:	1270	(1286)
ungültige Stimmen:	52	(57)
gültige Stimmen:	1218	(1229)

Wählergruppe ÖVP-FCG:	431 Stimmen = 35,38%	(486 = 39,54%)
Wählergruppe Ballhausplatz:	312 Stimmen = 25,61%	(375 = 30,51%)
Wählergruppe FSG:	277 Stimmen = 22,74%	(368 = 29,94%)
Wählergruppe ÜAG:	198 Stimmen = 16,25%	(nicht kandidiert)

Mandate:		(Vergleichszahlen 1987)
Wählergruppe ÖVP-FCG:	6 Mandate	(6 Mandate)
Wählergruppe Ballhausplatz:	4 Mandate	(4 Mandate)
Wählergruppe FSG:	3 Mandate	(4 Mandate)
Wählergruppe ÜAG:	2 Mandate	(nicht kandidiert)

ZENTRALAUSSCHUSS:

Wählergruppe ÖVP-FCG:	2 Mandate	(2 Mandate)
Wählergruppe Ballhausplatz:	1 Mandat	(1 Mandat)
Wählergruppe FSG:	1 Mandat	(1 Mandat)
Wählergruppe UAG:	kein Mandat	(nicht kandidiert)

Wahl der Behindertenvertrauensperson 1991:

Abgegebene Stimmen:	17 Stimmen	(19 Stimmen)
ungültige Stimmen:	7 Stimmen	(1 Stimme)
gültige Stimmen:	10 Stimmen	(18 Stimmen)
Wählergruppe ÖVP-FCG:	10 Stimmen	(10 Stimmen)

Club der Angehörigen der Bediensteten des BMaA (CDA)

Das Vereinsziel ist die Milderung der den Ehepartnern und Kindern aus dem Beruf des BMaA-Angehörigen erwachsenden Härten. Ein besonders wichtiges Anliegen ist dabei die **Soziale Absicherung** der Ehepartner für die im Dienste der Republik Österreich im Ausland verbrachten Jahre. Durch häufige Auslandsaufenthalte hat diese Personengruppe keine Möglichkeit, die für eine eigene Pension notwendigen Versicherungsbeitragsjahre zu erreichen. Der CDA hat daher an den Dienstgeber die dringende Bitte gerichtet, die Kosten der Prämien für die Pensionsversicherung für die Zeit, die der Ehepartner – im Öffentlichen Interesse – mit dem Bediensteten im

Ausland verbringt, zu übernehmen. Diese Forderung wurde dem Außenminister bei einer Vorsprache des CDA im Februar 1991 unterbreitet, der Verständnis dafür zeigte, daß ihr nicht nur materielle, sondern auch prinzipielle Bedeutung zukommt. Er hat zugesagt, sich um eine entsprechende Lösung zu bemühen. Unterstützungszusagen kamen auch von einer Reihe von Parlamentsabgeordneten.

Der CDA mußte sich in letzter Zeit vor allem mit dem Problem befassen, daß die **Schulwahl der Eltern** bei Posten im Ausland immer stärker eingeschränkt wird. Abgesehen von individuellen Ausnahmen werden die Schulkosten grundsätzlich nur dann übernommen, wenn eine deutsche Schule gewählt wird. Diese Praxis führt zu beträchtlichen Nachteilen für die Kinder und die Bediensteten (z. B. durch die Verlängerung der Schulpflicht).

Ehepartner, die im öffentlichen Dienst stehen und einem ins Ausland versetzten Bediensteten folgen, müssen um **Karenzierung** ansuchen. Diese wird in den meisten Fällen auch gewährt. Ein Problem ist freilich, daß eine solche Karenzierung als „nicht im Öffentlichen Interesse gelegen" bewertet wird, was dienstrechtliche Nachteile mit sich bringt. Auch hier bemüht sich der CDA um eine Änderung.

Aufnahme in den auswärtigen Dienst

Die Aufnahme in den Höheren, Gehobenen und Mittleren Dienst des Bundesministeriums für auswärtige Angelgenheiten erfolgt in einem Auswahlverfahren durch Ablegung einer entsprechenden Eignungsprüfung – dem sogenannten **Examen Préalable**. Die rechtliche Grundlage ist die Verordnung des Bundesministers für auswärtige Angelegenheiten in der letzten Fassung vom 16. Februar 1989, BGBl 120/1989.

Das Bundesministerium ist verständlicherweise daran interessiert, daß sich möglichst zahlreiche Interessenten um die Aufnahme bewerben und zu solchen Prüfungen antreten. Die Bemühungen, das Interesse für den auswärtigen Dienst zu wecken und zu verstärken, wurden daher gezielt fortgesetzt; insbesondere durch Informationsveranstaltungen an Universitäten und durch Teilnahme an Berufs- und Studieninformationsmessen. Im Jahr 1991 wurden mit etwa 150 Interessenten für den Höheren Dienst ausführliche Informationsgespräche über die Zulassungsbedingungen für das Examen Préalable sowie über das Anforderungsprofil und das Berufsbild des Diplomaten geführt.

Zu den 1991 abgehaltenen drei Auswahlverfahren für den Höheren Dienst sind insgesamt 34 Kandidaten angetreten, von denen sich 21 für eine Aufnahme qualifizieren konnten. Für den Gehobenen Dienst wurde ein Auswahlverfahren durchgeführt, wobei sich von den 95 Kandidaten insgesamt 10 für eine Aufnahme qualifizieren konnten.

Im Bereich des Mittleren Dienstes fanden monatliche Aufnahmeprüfungen statt, um die offenen Planstellen nachbesetzen zu können, die nach dem Ausscheiden einzelner Bediensteter, insbesondere Sekretärinnen, frei wurden. Insgesamt wurden 50 Bewerber/innen aufgenommen.

Aus- und Fortbildung

In der etwa zweijährigen Ausbildungszeit für den Höheren und Gehobenen Dienst kommt es auch zu einem mehrmonatigen Einsatz im Ausland. Das Ausbildungsprogrammm umfaßt neben zahlreichen Vorträgen, Exkursionen und Studienfahrten auch eine gezielte Förderung des Fremdsprachenstudiums. Im Jahr 1991 fanden erstmals eine simulierte multilaterale Konferenz in französischer Sprache, ein EG-Einführungsseminar und ein Seminar über multilaterale Verhandungstechnik statt. In der Verwaltungsakademie des Bundes wurde ein weiteres, auf die spezifischen Bedürfnisse des Auswärtigen Dienstes zugeschnittenes **Führungskräfte-Seminar** zum Thema „Der/die Vorgesetzte zwischen Chef und Mitarbeiter" abgehalten.

Ziel der Ausbildung ist u. a. die Vorbereitung auf jene Tätigkeit, die sich aus Österreichs Mitgliedschaft bei der Europäischen Gemeinschaft ergeben wird. Dazu wurden auch 1991 jüngere Angehörige des Höheren Dienstes zu Ausbildungszwecken als **„Stagiaires" zur EG-Kommission** und an die Vertretungen in Brüssel und Genf entsandt. Mehrere Bedienstete haben an einschlägigen Seminaren des „European Institute for Public Administration" in Maastricht sowie an fachspezifischen Wilton Park-Konferenzen teilgenommen.

Nach Bestehen in einem internationalen Auswahlverfahren nehmen ab Sommer 1991 drei junge Angehörige des Höheren Dienstes an einem 14 Monate dauernden Speziallehrgang für Ausländer teil, der von der renommierten Ecole Nationale d'Administration (ENA) in Paris organisiert wird.

Die **„Österreichische Botschaft Wien"** hat im Herbst 1991 ihre Tätigkeit aufgenommen. In dieser internen Schulungseinrichtung werden Bedienstete aller Verwendungsgruppen insbesondere vor der ersten Auslandsverwendung in die konsularischen und administrativen Aufgaben eingeführt.

Diplomatische Akademie

Auf die **politischen Änderungen in Zentral- und Osteuropa seit 1989** hat die Diplomatische Akademie sehr früh reagiert und bereits im Oktober 1990 für eine Gruppe junger Diplomaten (14 Personen) aus den ehemals kommunistischen Ländern einen neunmonatigen Lehrgang organisiert.

Seit Oktober 1991 findet der zweite, erweiterte Lehrgang (für 22 Personen) dieser Art statt. Erstmals nehmen auch Diplomaten aus Albanien und der Mongolei teil.

Ein Novum ist auch, daß die Diplomatische Akademie, zusammen mit der United States Information Agency, im Sommer 1991 zum ersten Mal einen „crash course" für Diplomaten aus der CSFR, Polen und Ungarn, zum Teil bereits in höheren Positionen, veranstaltet hat. Die Kursteilnehmer beschäftigten sich besonders mit der Rolle und Arbeitsweise von Presse, Radio und TV. Eine Ergänzung dazu boten Vorträge über die Praxis der österreichischen Diplomatie (Kultur, Konsularisches, aber auch europäische Integration).

Die **zweijährigen Lehrgänge**, die seit 1965 auf Laufbahnen in Diplomatie, internationalen Organisationen und Wirtschaft vorbereiten, werden fortgeführt. Im Jahr 1991 war man bemüht, im Lehrprogramm den beiden großen Entwicklungen in Europa (Reformprozeß in Mittel- und Osteuropa, westeuropäische Integration) gerecht zu werden. Dies geschieht durch Seminare, simulierte internationale Konferenzen (etwa im EG-Bereich) sowie durch Sonderveranstaltungen wie Vorträge prominenter ausländischer Politiker, Journalisten und Wissenschafter (1991 waren dies u.a. der ungarische Außenminister Gèza Jeszensky; die ehemaligen Berater Präsident Gorbatschows, die Professoren Schatalin und Daschitschew; und der führende französische Publizist Thierry de Montbrial).

Seit der Wiedereröffnung der Diplomatischen Akademie im Jahre 1964 haben insgesamt 582 Akademiker, davon 314 Österreicher, an dieser Institution studiert. Nicht eingeschlossen in dieser Zahl sind 69 Diplomaten aus Ost-und Mitteleuropa, die seit 1990 an der Diplomatischen Akademie Spezialkurse besucht haben. Neben letzteren haben insgesamt 268 Ausländer aus 71 Ländern an der Diplomatischen Akademie eine Ausbildung für internationale Berufe erhalten. Der Anteil der Akademikerinnen erreicht im Durchschnitt ca 20 Prozent der Lehrgänge.

Tätigkeitsberichte

Tätigkeitsbericht – Vereinte Nationen

1. Generalversammlung

1.1. Wiederaufgenommene 45. Generalversammlung (GV)

In ihrer wiederaufgenommenen 45. Tagung im Mai 1991 nahm die GV ohne Abstimmung eine Resolution zur Revitalisierung und Neuordnung der Vereinten Nationen im Wirtschafts- und Sozialbereich an. Dieser Resolution lag ursprünglich ein Papier der Entwicklungsländer (G-77) zu Grunde, das dann in langwierigen informellen Konsultationen verhandelt wurde. Die Annahme der Resolution bedeutet – nach jahrelang gescheiterten Versuchen – einen ersten Durchbruch zur Reform der Vereinten Nationen im Wirtschafts- und Sozialbereich.

Die Resolution enthält generelle Grundsätze und Richtlinien, um die Arbeit der Vereinten Nationen im Wirtschafts- und Sozialbereich zu beleben und neu zu ordnen; sie bringt geänderte Verfahren für den **Wirtschafts- und Sozialrat**, sowie einen Terminkalender für weitere **Reformschritte**. Die Neuordnung der Arbeitsweise des Wirtschafts- und Sozialrates tritt mit Februar 1992 in Kraft. Die folgenden Veränderungen sind vorgesehen: Statt der bisherigen zwei Tagungen (Frühjahrstagung in New York zur Behandlung der sozialen Angelegenheiten; Sommertagung in Genf zur Wahrnehmung der wirtschaftlichen Agenden) wird der ECOSOC in Zukunft neben der Organisationstagung lediglich e i n e Substanzfragen behandelnde Tagung abhalten. Sie wird vier bis fünf Wochen dauern und im Zeitraum Mai bis Juli abwechselnd in Genf und New York durchgeführt werden.

Diese Tagung soll sich in mehrere Abschnitte gliedern:

- Während des „hochrangigen Segments" sollen die Mitgliedstaaten ein oder mehrere politisch relevante Themen behandeln.
- Während eines „Koordinationssegments" sollen die Aktivitäten der diversen Einheiten des UN-Systems zur Erreichung der Ziele der Vereinten Nationen im Wirtschafts- und Sozialbereich koordiniert werden.
- Während eines „Operationellen Segments" soll sich der Wirtschafts- und Sozialrat besonders mit den operationellen Aktivitäten des Systems der Vereinten Nationen beschäftigen.
- Schließlich sollen die wirtschaftlichen und sozialen Fragen in zwei gleichzeitig tagenden Unterkommissionen behandelt werden.

Für weitere Reformschritte wurde der folgende Zeitplan festgelegt:

46. GV: Überprüfung der Subsidiärmaschinerie im Wirtschafts- und Sozialbereich (siehe unten);

47. GV: – Verbesserung der Komplementarität der Arbeit des Wirtschafts- und Sozialrates und der GV;
– Anpassung der Sekretariatsstrukturen an die Veränderungen der zwischenstaatlichen Organe;

wiederaufgenommene 47. GV: – Revision der Zusammensetzung des Wirtschafts- und Sozialrates;

48. GV: Revision der Reformen hinsichtlich der Arbeitsweise des Wirtschafts- und Sozialrates.

1.2. 46. Generalversammlung

1.2.1. Organisatorische Fragen

Die 46. Generalversammlung der Vereinten Nationen wurde am 17. September 1991 begonnen und am 20. Dezember 1991 vorläufig beendet. Nachdem sich die asiatische Regionalgruppe, der die Präsidentschaft turnusmäßig zukam, nicht auf einen Kandidaten einigen konnte, wurde mittels Abstimmung Botschafter Shihabi (Saudi Arabien) zum Präsidenten der 46. Generalversammlung gewählt.

An der Spitze der österreichischen Delegation stand Bundesminister Alois Mock, der sich vom 22. bis 27. September 1991 in New York aufhielt. Bundesminister Mock hielt nicht nur die österreichische Erklärung in der Generaldebatte, sondern sprach auch in der Sicherheitsratssitzung auf Ministerebene am 25. September 1991, in der der Sicherheitsrat seine erste Jugoslawien-Resolution beschloß. Der österreichische Außenminister traf in New York mit Prinz Sihanouk (Vorsitzender des SNC, des Obersten Nationalen Rates Kambodschas), den Außenministern Ägyptens, Albaniens, Frankreichs, Indiens, des Iran, Jordaniens, Jugoslawiens, Luxemburgs, Portugals, Simbabwes, Syriens, der Türkei, der Ukraine, Ungarns sowie Weißrußlands, dem UN-Generalsekretär und dem Generalsekretär der Arabischen Liga zusammen.

Weitere Mitglieder der Bundesregierung, die an der Arbeit der 46. Generalversammlung teilnahmen, waren Bundesministerin Johanna Dohnal, die eine österreichische Erklärung zu Frauenfragen abgab, und Staatssekretär Dr. Peter Jankowitsch, der zu Fragen der Entwicklungszusammenarbeit und zum Wiederaufbauprogramm der Vereinten Nationen für Afrika das Wort ergriff.

Folgende Mandatare gehörten der Delegation als parlamentarische Beobachter an: Dritte Nationalratspräsidentin Schmidt, Vizepräsident des Bundesrates Schambeck, die Abgeordneten zum Nationalrat Grandits, Hafner, Keimel, Piller, Schweitzer, Stocker und Wolf.

Neben Bundesminister Mock waren noch der Generalsekretär für auswärtige Angelegenheiten Botschafter Klestil, Botschafter Gleissner, der Ständige Vertreter Österreichs bei den Vereinten Nationen Botschafter Hohenfellner und Gesandter Lichem österreichische Delegierte. Als stellvertretende Delegierte fungierten die Botschafter Türk und Sucharipa sowie die Gesandten Winkler, Bogner und Kreid.

Berater der österreichischen Delegation waren die Gesandten Vetter von der Lilie, Scherk, Köffler, Jäger und Hoyos, Legationssekretärin Friessnigg, Dr. Brenner (Bundesministerium für Frauenangelegenheiten), Dr. Maier als Behindertenvertreter und von der Vertretung New York die Gesandten-Botschaftsräte Hajnoczi, Freudenschuß und Freudenschuß-Reichl, die Botschaftsräte Stelzer und Krenkel, die Botschaftssekretäre Kehrer, Rotheiser und Jandl und Attaché Kofler sowie der österreichische Generalkonsul in New York Steininger. Als Presseberater fungierten Presserat Petritsch und Presseattaché Schweitzer.

1.2.2. Politische Fagen

1.2.2.1 Naher Osten/Palästinafrage

Die Debatte zu diesen Tagesordnungspunkten stand unter dem Eindruck des mit der Madrider Konferenz eingeleiteten **Friedensprozesses**, der durchwegs begrüßt wurde.

Zahlreiche Redner warnten jedoch vor übertriebenen Hoffnungen und äußerten Kritik an der israelischen Haltung, insbesondere an den israelischen Praktiken in den besetzten Gebieten. Die israelische Siedlungspolitik wurde allgemein als das Haupthindernis für den Friedensprozeß bezeichnet.

In der Debatte zum **Golfkonflikt** forderten insbesondere westliche Staaten vom Irak die Befolgung aller Resolutionen des Sicherheitsrates und die vollständige Zerstörung aller irakischen Massenvernichtungswaffen. Einige Sprecher befürworteten die Schaffung einer von solchen Waffen freien Zone im Nahen Osten und würdigten die Vereinbarung der fünf ständigen Sicherheitsratsmitglieder, ihre Waffenexporte in die Region zu begrenzen.

Viele Debattenteilnehmer äußerten sich befriedigt über die positive Entwicklung im **Libanon** und die Fortschritte in der Geiselfrage.

Die Frage der israelischen Vollmachten wurde, wie bereits im Vorjahr, auch von der 46. Generalversammlung nicht behandelt.

Über Initiative der USA gelang es, die in der Resolution 3379 der 30. GV enthaltene Gleichsetzung von Zionismus mit Rassismus aufzuheben. Das war sicherlich eines der politisch wichtigsten Ergebnisse der 46. Generalversammlung, nicht zuletzt deshalb, weil es mit einer sehr deutlichen Mehrheit errungen wurde. Österreich war Miteinbringer der Resolution, mit der die **Aufhebung der Zionismusresolution** erwirkt worden ist.

Österreich hat auch bei der 46. GV wiederum diejenigen Nahost-Resolutionen unterstützt, die nicht durch einseitige Formulierungen den Friedensprozeß eher hemmen als fördern. Im Einklang mit allen europäischen Staaten stimmte Österreich daher auch nicht mehr für die Resolution betreffend die Abhaltung einer Internationalen Nahostkonferenz, da dieser Text nicht ausreichend die mit der Madrider Konferenz eingetretenen neuen Entwicklungen berücksichtigte. Zu dieser Resolution, die ein deutlich schlechteres Abstimmungsergebnis als in den vergangenen Jahren erzielte, enthielt sich Österreich der Stimme.

In der **österreichischen Erklärung** zur Lage im Nahen Osten wurde der Madrider Prozeß unterstützt und alle Parteien zu Kompromißbereitschaft aufgerufen. Das in den Sicherheitsratsresolutionen 242 und 338 enthaltene Prinzip „Land für Frieden" bilde die Basis für eine gerechte und dauerhafte Friedenslösung. Die israelische Siedlungspolitik in den besetzten Gebieten und Verstöße gegen die Vierte Genfer Konvention wurden in diesem Zusammenhang bedauert. Österreich forderte weiters den Irak zur vollständigen Durchführung aller Sicherheitsratsbeschlüsse auf. In Bezug auf den iranisch-irakischen Konflikt sprach sich Österreich für eine rasche Umsetzung von Sicherheitsratsresolution 598 (1987) aus. Es begrüßte auch die Verbesserung der Lage im Libanon und die Freilassung von Geiseln.

1.2.2.2 Afghanistan

Auch 1991 war den Bemühungen des UN-Generalsekretärs um eine politische Lösung des Afghanistan-Konflikts – trotz intensivierter Bemühungen auf der Basis eines im Mai 1991 aufgestellten **Fünf-Punkte-Planes** – kein Erfolg beschieden. Die Vereinbarung zwischen den USA und der UdSSR, keine Waffenlieferungen an die Konfliktparteien mehr vorzunehmen, sowie das „Dreistaaten-Treffen" von Iran,

Pakistan und Saudi-Arabien stellten zwar positive Entwicklungen dar, ein entscheidender Durchbruch konnte dennoch nicht erzielt werden.

Pakistan und die UdSSR einigten sich wie in den Vorjahren auf einen von der 46. GV ohne Debatte und ohne Abstimmung angenommenen Resolutionstext.

1.2.2.3 Apartheid

Im Prozeß zur Abschaffung der Apartheid wurden 1991 große Fortschritte, insbesondere durch die Beseitigung der wesentlichen gesetzlichen Grundlagen der Apartheid, erzielt. Allerdings hielten die Gewaltakte an, obwohl sich die wichtigsten politischen Kräfte darum bemühten, sie zu beenden.

In der Debatte haben alle Redner die **positive Entwicklung in Südafrika** gewürdigt und auch grundsätzlich befürwortet, daß die Sanktionen schrittweise und in Übereinstimmung mit den jeweiligen Errungenschaften bei der Herbeiführung eines vereinten, nicht-rassistischen und demokratischen Südafrikas aufgehoben werden. Freilich gingen die Meinungen auseinander, ob die bereits erfolgte Aufhebung aller Wirtschaftssanktionen durch die meisten europäischen Länder verfrüht sei oder diese Maßnahmen nicht vielmehr dem angestrebten sozioökonomischen Wandel voranhelfen könnten. Nelson Mandela stellte in seiner Rede die Position des Afrikanischen Nationalkongresses (ANC) für die im Dezember aufgenommenen Verhandlungen über die künftige Verfassung und Übergangslösungen bis zu deren Inkrafttreten dar.

Die **österreichische Erklärung** begrüßte die bedeutenden Fortschritte und den unmittelbar bevorstehenden Beginn der Konvention für ein demokratisches Südafrika (CODESA). Gleichzeitig wurden die anhaltenden Gewaltakte verurteilt und ein entschlossenes, unparteiisches Vorgehen zu ihrer Unterbindung verlangt. Einen Schwerpunkt bildete auch die Forderung nach Beseitigung der wirtschaftlichen und sozialen Ungerechtigkeit. Die Beiträge Österreichs zu den im UN-Rahmen laufenden Programmen zur Unterstützung der benachteiligten Bevölkerungsgruppen in Südafrika wurden merkbar erhöht.

Eine umfassende Resolution zur aktuellen Lage in Südafrika konnte erneut ohne Abstimmung verabschiedet werden. Ebenfalls ohne Abstimmung wurden die von Österreich miteingebrachten Resolutionen zum UN-Treuhandschaftsfonds für Südafrika und zum UN-Programm für Erziehung und Ausbildung für das südliche Afrika angenommen. Weiters stimmte Österreich für das Arbeitsprogramm des Antiapartheidausschusses. Es stimmte aber gegen die Resolution über die Beziehungen zwischen Israel und Südafrika.

1.2.2.4 Kambodscha

Das Jahr 1991 brachte den Abschluß der jahrelangen Bemühungen um eine politische Lösung des Kambodscha-Konflikts. Dieser Erfolg, der in der Wiedereinberufung der **Pariser Kambodscha-Konferenz** und der Unterzeichnung der Friedensabkommen am 23. Oktober 1991 gipfelte, ist ein wichtiges Ergebnis der intensivierten Zusammenarbeit der fünf ständigen Mitglieder des VN-Sicherheitsrates. Ein weiterer positiver Faktor war die aktive Mitwirkung am Friedensprozeß durch den – aus Vertretern aller kambodschanischen Konfliktparteien bestehenden – Obersten Nationalen Rat (SNC) unter der Leitung von Prinz Norodom Sihanouk.

Der Sicherheitsrat hat am 31. Oktober 1991 mit Resolution 718 (1991) die Pariser Abkommen unterstützt und den UN-Generalsekretär zur Vorbereitung der „United Nations Transitory Authority in Cambodia (UNTAC)“ aufgefordert. **UNTAC** wird eine der größten und komplexesten Operationen in der Geschichte der Vereinten Nationen werden. Ihr Mandat wird nicht nur den militärischen Bereich umfassen, sondern auch bedeutende zivile Komponenten (Flüchtlingsrepatriierung, Vorbereitung und Durchführung von Wahlen, Schutz der Menschenrechte, Überwachung der Verwaltung, Polizeiaufgaben).

In Vorbereitung zu UNTAC beschloß der Sicherheitsrat ferner mit Resolution 717 (1991) die Entsendung einer „United Nations Advance Mission in Cambodia (UNAMIC)“, die bei der Einhaltung des seit August von den Parteien gewahrten Waffenstillstandes unterstützend tätig sein soll. Österreich beteiligt sich an dieser Operation mit zwei militärischen Verbindungsoffizieren.

Bei der 46. GV konnte infolge der erzielten politischen Lösung des Kambodscha-Konfliktes wie im Vorjahr eine Konsensannahme der Resolution zur Lage in Kambodscha erfolgen. Mit ihr werden die Pariser Abkommen sowie die Bemühungen des UN-Generalsekretärs zur Errichtung von UNTAC voll unterstützt. Da sich die ASEAN-Staaten mit Vietnam darauf einigten, die Kambodschafrage hinfort nicht mehr durch die GV zu behandeln, wird dieses Thema nicht mehr auf der Tagesordnung der kommenden Generalversammlung stehen.

1.2.2.5 Zentralamerika

Das Jahr 1991 brachte weitere große Fortschritte im zentralamerikanischen Friedensprozeß. Das gilt insbesondere für den Konflikt in El Salvador und für die Verhandlungen zwischen der dortigen Regierung und der Frente Farabundi Martí para la Liberación Nacional (FMLN). Daher konnte der Sicherheitsrat im April des Jahres 1991 die Errichtung der ersten Teilkomponente der UN-Beobachtermission in El Salvador, **ONUSAL**, beschließen. Sie hat für die Einhaltung der Vereinbarungen von San José über den Schutz von humanitären und Menschenrechten zu sorgen. Am 31. 12. 1991 unterzeichneten die Parteien den „Pakt von New York“, der eine umfassende friedliche Lösung dieses langjährigen Konfliktes unter UN-Beteiligung sicherstellen soll.

Zur Beilegung des Konfliktes in Guatemala begannen Regierung und Insurgenten (UNRG) ebenfalls mit Friedensgesprächen, welche allerdings mittlerweile in der Frage des Menschenrechtsschutzes ins Stocken geraten sind.

Die 46. GV nahm wie in den Vorjahren ohne Abstimmung eine Resolution an, welche von den zentralamerikanischen Staaten ausgearbeitet und von einigen lateinamerikanischen Staaten, Spanien, den USA sowie zum ersten Mal auch von der UdSSR miteingebracht wurde. Die zweigeteilte Resolution enthält im ersten Teil die traditionelle Unterstützung für den Friedensprozeß in Zentralamerika. Der zweite, neue Resolutionsteil – der auf Betreiben Nikaraguas zurückgeht – behandelt die Schaffung einer „Region des Friedens, der Freiheit, der Demokratie und der Entwicklung“ in Zentralamerika.

1.2.2.6 Haiti

Ein Militärputsch in Haiti führte am 30. September 1991 zum Sturz von Jean-Bertrand Aristide, dem ersten Präsidenten des Landes, der in freien und demokratischen

Wahlen unter Mitwirkung von Wahlbeobachtern der OAS und der Vereinten Nationen gewählt worden war.

Der Vertreter Haitis verlangte zunächst eine dringliche Sitzung des Sicherheitsrates. Diese fand zwar am 3. Oktober 1991 unter Teilnahme von Präsident Aristide statt, beschränkte sich jedoch auf eine umfangreiche Debatte, ohne ein konkretes Ergebnis zu erbringen.

In der Folge befaßte sich auf Verlangen der lateinamerikanischen Regionalgruppe die GV mit der **„Lage der Demokratie und der Menschenrechte in Haiti“**. Bemerkenswert war, daß in der ausführlichen Debatte, an der sich Vertreter aller Regionalgruppen beteiligten, wiederholt auf die besondere Verantwortung der Vereinten Nationen für die Lage der Demokratie in Haiti hingewiesen wurde, welche aus der seinerzeitigen Wahlhilfe für dieses Land resultiere. In dieser Resolution, die mit Konsens angenommen wurde, werden insbesondere jede „entity“ (gemeint Regierung), die aus der illegalen Situation in Haiti hervorgeht, als unannehmbar erklärt und die Mitgliedstaaten aufgerufen, Maßnahmen mit dem Ziel der Wiedereinsetzung der legitimen Regierung analog zu den Embargo-Maßnahmen der OAS zu setzen.

1.2.2.7 Dekolonisierung

Die darunter fallenden Gebiete sind in erster Linie Inseln im karibischen und pazifischen Raum, weiters die Westsahara und Osttimor.

Nach der Verabschiedung der Sicherheitsratsresolution 690 (1991) zur **Westsaharafrage** und dem Inkrafttreten des Waffenstillstandes am 6. September 1991 (vergleiche Abschnitt „Sicherheitsrat“) konnte die Generalversammlung erst nach langwierigen Verhandlungen eine Konsensresolution verabschieden, wie es seit 1989 regelmäßig der Fall gewesen war. In der Resolution werden die Sicherheitsratsresolution 690 (1991) und der Beginn des Waffenstillstandes begrüßt sowie die Streitparteien aufgefordert, bei der Umsetzung des Friedensplanes weiterhin mit dem Generalsekretar der Vereinten Nationen zusammenzuarbeiten.

Die Generalversammlung nahm wiederum Resolutionen zu allgemeinen Fragen der Dekolonisierung an. Die mangelnde Anpassung der teilweise längst überholten Texte an die gegenwärtigen politischen Verhältnisse wurde von den westlichen Staaten, aber auch von Ländern der Regionen, in denen die verbliebenen Kolonialgebiete liegen, kritisiert und wirkte sich in deutlich schlechteren Abstimmungsergebnissen aus. Es zeichneten sich allerdings auch erste Reformschritte zur Überwindung der eingetretenen Verkrustung in diesem Bereich ab. Dies zeigte sich insbesondere in der erstmaligen Ausarbeitung eines fast alle Kolonialgebiete zusammenfassenden Resolutionstextes, der schließlich ohne Abstimmung angenommen werden konnte.

1.2.2.8 Andere Konflikte

Der Golfkonflikt, die Lage im Libanon, die Zypernfrage und die Falklandinseln (Malvinas) wurden auch von der 46. Generalversammlung nicht behandelt.

1.2.2.9 Antarktis

Zum Thema Antarktis wurden auch der 46. GV die beiden traditionellen Texte vorgelegt. Der eine (traditionell von Malaysia und anderen Entwicklungsländern eingebrachte) Resolutionsentwurf kritisierte den Antarktisvertrag allgemein, sowie das im Oktober in Madrid unterzeichnete Protokoll über Umweltschutz im besonderen. Der zweite forderte weiterhin den Ausschluß Südafrikas von den Konsultativtreffen der Vertragsstaaten. Österreich nahm, wie die übrigen Vertragsstaaten, an beiden Abstimmungen nicht teil.

1.2.2.10 Abrüstung

Schon die Abrüstungsdebatte der 45. GV war vom **Ende des Ost-West-Konfliktes** und der Desintegration des Warschauer Paktes bestimmt gewesen. Diese Entwicklung hat sich in der Abrüstungsdebatte der 46. GV fortgesetzt. Folgendes hat sich prägend auf deren Debatte ausgewirkt:

- das formelle Ende des Warschauer Paktes;
- der sich beschleunigende Zerfall der Sowjetunion;
- die Veränderungen des globalen Kräftegleichgewichtes in der Folge des Golfkonfliktes;
- die Frage der nuklearen Proliferation;
- die Fortschritte bei der Kontrolle und beim Abbau von Atomwaffen;
- die Kräfteverschiebungen innerhalb der Blockfreienbewegung.

Die Abrüstungsdebatte beschäftigte sich auch 1991 in hohem Maße mit den Atomwaffen. Während sich jedoch im Vorjahr noch 19 Resolutionen mit der Kontrolle bzw. Verminderung der Nuklearpotentiale befaßten, waren es auf der 46. GV nur noch 12 Resolutionen. Infolge der Unterzeichnung des START-Vertrages und der Ankündigungen der USA und der UdSSR, ihre taktischen Nuklearwaffen zu beseitigen, verlagerte sich, wohl auch infolge des Zerfalls der Sowjetunion und der Erfahrung mit dem Irak, der Schwerpunkt der Diskussion um Atomwaffen auf die Fragen nach der Beseitigung aller Kernwaffenversuche und Maßnahmen zur Überprüfung und zur Verhinderung der Verbreitung solcher Waffen.

Fortschritte bei den Verhandlungen über eine Chemiewaffenkonvention, die alle chemischen Waffen beseitigen soll, förderten die Debatte über diese Waffenkategorie. Die Biologiewaffendiskussion, an der sich Österreich, ebenso wie an der Debatte über Chemiewaffen, immer engagiert beteiligt, war dieses Jahr, kurz nach dem Ende der Dritten Biologiewaffenrevisionskonferenz, unkontroversiell. Die diesbezügliche Resolution wurde, so wie die beiden Chemiewaffenresolutionen, mit Konsens angenommen.

Der bereits im Vorjahr absehbare Trend einer stärkeren Einbeziehung der konventionellen Waffen in die Abrüstungsdebatte setzte sich auf der 46. GV fort. Nachdem vor allem europäische Staaten seit Jahren versuchen, der konventionellen Abrüstung mehr Bedeutung zu geben, rückten die Verhandlungen über den EG-Entwurf eines **Waffentransferregisters** diese Waffenkategorie erstmals in das Zentrum der Debatte. Die Konsultationen über den Resolutionsentwurf der EG, der nach Ansicht der Blockfreien wichtige Elemente, wie Produktion und Lagerhaltung, vernachlässigte, ließen die Gegensätze in der Abrüstungsdiskussion aufbrechen. Schließlich kam es zu einem Kompromißtext unter der Bezeichnung „Transparenz im Rüstungsbereich". Er wurde mit zwei Stimmenthaltungen und ohne Gegenstimme angenommen. Das Waffentransferregister wird bei den Vereinten Nationen aufgrund von Meldungen der Mitgliedstaaten über Lieferungen konventioneller Waffen errichtet werden.

Österreich war auf der 46. GV Miteinbringer von 12 Resolutionen im Bereich Abrüstung und internationale Sicherheit. Da Botschafter Hohenfellner im Jahre 1991 den Vorsitz in der UN-Abrüstungskommission führte, war Österreich Haupteinbringer einer Resolution zur Arbeitsweise dieses Gremiums, die mit Konsens angenommen wurde.

1.2.2.11 Internationale Sicherheit

Zum Thema internationale Sicherheit lagen zwei Resolutionsentwürfe vor. Die traditionelle Resolution über die Stärkung der Sicherheit und Zusammenarbeit in der Mittelmeerregion wurde ohne Abstimmung angenommen. Jugoslawien, das in der Blockfreien-Bewegung den Vorsitz führt, brachte eine zweite Resolution betreffend die Durchführung der Erklärung über die Stärkung der internationalen Sicherheit ein. Nachdem Versuche gescheitert waren, den Text dieser Resolution so auszugestalten, daß sie auch für westliche Staaten annehmbar gewesen wäre, wurde die Abstimmung über diese Resolution auf eine prozedurale Entscheidung reduziert.

1.2.2.12 Informationsfragen

Dem Informationsausschuß gelang es auch 1991 wiederum, Konsens über die der GV vorzulegenden Empfehlungen zu erzielen. Diese Empfehlungen, die dann auch von der GV angenommen wurden, betreffen vor allem die Tätigkeit der Informationsabteilung der Vereinten Nationen. Bemühungen des Sekretariats um die Zurverfügungstellung vermehrter finanzieller Mittel zur Eröffnung zusätzlicher Informationsbüros blieben allerdings erfolglos.

1.2.2.13 Friedliche Nutzung des Weltraums

Bei der 1991 in Graz abgehaltenen Tagung der Weltraumkommission der Vereinten Nationen konnten Fortschritte erzielt werden. Man einigte sich dabei insbesondere über zwei weitere Prinzipien betreffend die Verwendung nuklearer Antriebsquellen im Weltraum. Ferner beschloß man eine verstärkte Einbeziehung von Umweltfragen in die Arbeit der Kommission. Die von der GV ohne Abstimmung verabschiedete Resolution über das Mandat der Kommission wurde wiederum in der von Österreich geleiteten Arbeitsgruppe ausgearbeitet.

Der reibungslose Übergang des **Vorsitzes der Weltraumkommission** von Staatssekretär Jankowitsch auf Botschafter Hohenfellner ist wohl ein Zeichen der Anerkennung für die Rolle Österreichs in diesem Gremium und darüberhinaus auch generell in diesem Bereich der internationalen Zusammenarbeit. Die exemplarische Abwicklung der Tagung in Graz und die besondere Gastfreundschaft des Außenministers, des Landeshauptmannes der Steiermark und des Bürgermeisters von Graz wurden vielfach gewürdigt.

1.2.2.14 Friedenserhaltende Operationen (PKO)

Die diesjährige Tagung des **Sonderausschusses für friedenserhaltende Operationen** verlief in einer konstruktiveren Atmosphäre, obwohl die Nord-Süd-Gegensätze (insbesondere in den Fragen des präventiven Einsatzes von PKO und der Verwendung von PKO und ähnlicher Operationen in innerstaatlichen Konflikten, zur Gewährleistung freier Wahlen etc.) neuerlich zutage traten.

Die Frage der **Finanzierung** von PKO wird durch deren wachsende Zahl und Umfang eine immer brennendere; jedoch konnten hiebei auch 1991 keine Fortschritte erzielt werden. Im organisatorischen Bereich konnte man sich hingegen auf einige Empfehlungen einigen, die auf eine verstärkte Koordination innerhalb des Sekretariats und eine verbesserte Kommunikation des Sekretariats mit den Truppenstellern abzielen.

1.2.3. Wirtschafts-, Entwicklungs- und Umweltfragen

Die Verhandlungen im Wirtschafts-, Umwelt- und Entwicklungsbereich waren im wesentlichen vom **Streben nach Konsens** geprägt. In zentralen Fragen der internationalen Wirtschaftsbeziehungen setzt sich schrittweise ein neues gemeinsames Verständnis durch. Die Bedeutung von günstigen politischen Bedingungen (Stabilität, Demokratie, Menschenrechte, „good governance") und von marktwirtschaftlichen Grundsätzen (Akzent auf Unternehmertum, Beschränkung der Rolle des Staates auf die Schaffung von Rahmenbedingungen und Sozialleistungen) wird zunehmend allgemein anerkannt. Resolutionen über die Schuldenproblematik und über operationelle Aktivitäten wurden im Konsens angenommen; desgleichen eine Resolution über die Rolle des Unternehmertums.

In der insbesondere für Pazifikanrainerstaaten eminent bedeutsamen Frage der **Treibnetzfischerei** konnte eine Konsensresolution ausgearbeitet werden. Sie sieht vor, daß nach einer Übergangsphase die Treibnetzfischerei ab Ende 1992 weltweit verboten sein wird. Es ist dies der erste Fall in der Geschichte der Vereinten Nationen, wo durch Entschließung der Generalversammlung unmittelbar in die Nutzungsmodalitäten globaler Gemeingüter („Global Commons") eingegriffen wird.

Die GV verabschiedet seit mehreren Jahren auch eine Resolution zum Thema Vorbeugung und Kontrolle von **AIDS**. Österreich übernahm während dieser GV die Aufgabe, diese Resolution zu koordinieren. Laut WHO-Statistiken werden bis Ende des Jahrhunderts rund 30 bis 40 Millionen Menschen HIV-positiv sein, 90% davon in Entwicklungsländern. AIDS ist damit zu einem eminent akuten Problem geworden. Nach langen und teilweise schwierigen Verhandlungen konnte Konsens über einen aussagekräftigen Text erzielt werden, der insbesondere auch die Menschenrechtsdimension von Behandlungs- und Vorsorgemaßnahmen beleuchtet.

Eine lange Debatte gab es zu Umweltfragen und insbesondere zur bevorstehenden VN-Konferenz über Umwelt und Entwicklung (**UNCED**). Die Resolutionen blieben dennoch im wesentlichen auf prozedurale Fragen beschränkt. Die Beschäftigung mit substantiellen, offenen Fragen des UNCED-Prozesses erfolgte, angesichts der Einigung, keine „intersessional negotiations" abzuführen, im informellen Rahmen (zum UNCED-Vorbereitungsprozeß siehe eigenen Abschnitt).

In der Frage der Auswirkungen der Veränderungen in den Ost-West-Beziehungen auf die Entwicklungsländer kam es zu einem sehr kontroversiellen Resolutionsentwurf, der die akuten Interessensgegensätze deutlich machte, die zwischen den jungen Demokratien Zentral- und Osteuropas und der G-77 bestehen. Die Konsensannahme dieser Resolution war erst nach grundlegenden Textänderungen möglich. Die Resolution fordert die Mitgliedstaaten auf, weiterhin im Zusammenhang mit Hilfsleistungen an mittel- und osteuropäische Staaten – unter Berücksichtigung der strukturellen Bedürfnisse Mittel- und Osteuropas – Dreiecksarrangements in Betracht zu ziehen, die auch den Entwicklungsländern nützen würden.

Ein von Malaysien eingebrachter Resolutionsentwurf forderte die Eliminierung des neuen – allerdings umstrittenen – Index über den Grad der Freiheit in den einzelnen Ländern aus dem UNDP-Bericht über die menschliche Entwicklung. Nachdem der Administrator des UNDP die vorläufige Suspendierung dieses Index ankündigte, konnte ein prozeduraler Konsenstext angenommen werden.

Weiters wurde Einigung über einen Text erzielt, der einige Unter-Organe des ECOSOC reformiert, womit der (am Anfang dieses Berichtes beschriebene) Reformprozeß des ECOSOC einen Schritt weitergeführt wurde.

Zur Stärkung der **UN-Koordination der humanitären Nothilfe** wurde während dieser GV eine Resolution ausgearbeitet, die die Einsetzung eines hochrangigen Katastrophenhilfekoordinators, die Schaffung eines 50-Millionen Dollar-Cashflow-Mechanismus zur sofortigen Finanzierung von Hilfsleistungen im Katastrophenfall sowie die Einschaltung eines „Standing Interagency Committee" vorsieht, das in diesem Bereich die Tätigkeit der operationellen VN-Agenturen und der privaten Hilfsorganisationen (NGOs) koordinieren soll. Dem Konsens gingen langwierige Verhandlungen voraus. Es galt, ein Gleichgewicht zwischen den Anliegen der Geberländer und der Empfängerländer zu suchen. Die Geberländer wollten insbesondere einen verbesserten Zugang zu Menschen in Not. Die Entwicklungsländer befürchteten, daß humanitäre Aktionen der Staatengemeinschaft zu einer Aufweichung der nationalen Souveränität und territorialen Integrität führen könnten.

Dem „United Nations Programme of Action for African Economic Recovery and Development" (**UNPAAERD**) war es in den Jahren 1986 bis 1990 nicht gelungen, die gravierenden Entwicklungsprobleme des afrikanischen Kontinents auch nur annähernd zu bewältigen. Die Gründe dafür liegen sowohl bei den afrikanischen Staaten selbst als auch bei deren entwicklungspolitischen Partnern. Anläßlich der Sitzung des UNPAAERD-Ad-hoc-Komitees im September 1991 bestand Einhelligkeit darüber, daß eine Neuauflage von UNPAAERD nicht zielführend ist. Schließlich einigte man sich – trotz gravierender Auffassungsunterschiede zwischen der afrikanischen Gruppe einerseits und den USA und der EG andererseits, insbesondere hinsichtlich der Schuldenproblematik – auf einen Text betreffend die „United Nations New Agenda for the Development of Africa in the 1990s".

1.2.4. Globaler Umweltschutz

Konferenz der Vereinten Nationen über Umwelt und Entwicklung (UNCED 92) – Vorbereitungsprozeß

Im Berichtszeitraum fanden zwei weitere Tagungen des **UNCED-Vorbereitungskomitees** in Genf statt und zwar vom 18. 3. bis 5. 4. 1991 und vom 12. 8. bis 4. 9. 1991.

Während des zweiten Vorbereitungstreffens im März beschäftigten sich die Arbeitsgruppe I (zuständig für: Klimaänderung, Entwaldung, Biologische Vielfalt, Biotechnologie und Bodenverlust) und Arbeitsgruppe II (zuständig für Sonderabfälle, Verhinderung illegaler Transporte von Sonderabfällen, feste Abfälle, Abwässer, giftige Chemikalien, Ozeane, Fischwasser) mit substantiellen Fragen, während die im Rahmen des gegenständlichen Treffens erstmals eingesetzte Arbeitsgruppe III (für rechtliche und institutionelle Fragen) nicht über den Beginn eines generellen Gedankenaustausches hinauskam. Eine von Österreich gemeinsam mit den anderen Pentagonale-Staaten und Polen unterbreitete Initiative zur Streitverhütung und Streitschlichtung stieß auf das Interesse anderer Delegationen.

Im Plenum des Vorbereitungskomitees wurden eine Reihe organisatorischer Fragen u. a. betreffend die Zulassung von nichtstaatlichen Organisationen zu den Arbeiten des Vorbereitungskomitees sowie die Termine der weiteren Sitzungen des Vorbereitungskomitees beschlossen. Zu den sektorübergreifenden Themen (wie Umwelt und Entwicklung, Technologietransfer, Finanzierung und Erziehung kam es im Plenum zu einer ausführlichen Generaldebatte. Die Themen waren jedoch noch nicht entscheidungsreif. Bemerkenswert erschien die Bereitschaft der Industriestaaten, konkrete Vorstellungen in den Bereichen Finanzhilfe und Technologietransfer zu entwickeln, die von Überlegungen zum Schutz des geistigen Eigentums über integrierte Entwicklungsansätze bis zu Projektfinanzierungen reichen.

Während der dritten Tagung des Vorbereitungskomitees im August 1991 rückte der Entwicklungsaspekt weiter in den Vordergrund. Der Verlauf der Verhandlungen in den Arbeitsgruppen und im Plenum zeigte, daß Fortschritte im Verhandlungsprozeß nicht möglich sein werden, wenn die Industrieländer nicht bereit sind, auf die Anliegen der Entwicklungsländer in den sektorübergreifenden Fragen einzugehen, die insbesondere die Fragen nach Technologietransfer und nach zusätzlichen Finanzmitteln betreffen. Die Behandlung sektorieller Fragen im Rahmen von Arbeitsgruppe I und II machte weitere Fortschritte. Im Rahmen von Arbeitsgruppe III fand eine erste Diskussion rechtlicher Fragen statt; erste Verhandlungen im Hinblick auf einen Text für eine „Earth Charter/Rio Declaration on Environment and Development“ wurden aufgenommen. Der österreichischen Delegation gelang es, sicherzustellen, daß während der 4. Tagung des Vorbereitungskomitees im März 92 in New York ein bis zwei Sitzungen dem Thema „Streitverhütung und -schlichtung“ gewidmet sein werden. Institutionelle Fragen wurden nur vorsichtig angesprochen.

Der österreichischen Delegation im UNCED-Vorbereitungsprozeß gehörten auch Vertreter des BKA, BMUJF, BMF sowie der Universität Wien an.

1.2.5. Menschenrechtliche, soziale und humanitäre Fragen

Die Tätigkeit der Generalversammlung auf sozialem, menschenrechtlichem und humanitärem Gebiet war durch die jüngsten weltpolitischen Entwicklungen sowie von der Tatsache geprägt, daß im institutionellen Bereich wichtige Entscheidungen fällig sind.

Die Debatten und Beschlüsse der GV betreffend Südafrika und **Apartheid** reflektierten erstmals, wenn auch nach langwierigen Verhandlungen, eine gewisse Flexibilität der Frontlinien-Staaten in der Sanktionenfrage. Auch die Frontlinien-Staaten haben dabei den politischen Änderungen Südafrikas Anerkennung gezollt. Die Diskussion humanitärer Fragen betraf vor allem die Lage von Flüchtlingen und Heimatvertriebenen, v. a. am Horn von Afrika, sowie die Lage in anderen, von Naturkatastrophen oder politischen Auseinandersetzungen heimgesuchten Staaten. Unter österreichischer Leitung wurde ein Resolutionstext erarbeitet, der eine konsolidierte Analyse der Lage in Afrika und eine koordinierte Vorgangsweise der Geberländer und des

VN-Systems fordert. Über 60 Staaten haben diese österreichische Initiative miteingebracht, darunter erstmals sämtliche westliche Geberländer und Japan.

Die **zunehmende Bedeutung sozialer Fragen** im VN-Bereich manifestierte sich nicht nur in der Anzahl der einschlägigen Reden, sondern auch in deren Qualität. Der VN-Generalsekretär wird der nächsten ECOSOC-Tagung einen Bericht über seine Konsultationen bezüglich der Abhaltung eines Weltgipfels über soziale Entwicklung vorlegen. Eine Resolution betreffend die mögliche Abhaltung eines Weltgipfels wurde von 72 Staaten, darunter Österreich, miteingebracht.

Die Generalversammlung beschloß, die in Wien angesiedelte Verbrechensverhütungsabteilung aufzuwerten und das aus Experten zusammengesetzte Verbrechensverhütungskomitee in ein Unterorgan des ECOSOC umzuwandeln. Damit werden in der neuen Verbrechensverhütungskommission 40 Mitgliedstaaten vertreten sein. Nahezu abgeschlossen wurde auch die Restrukturierung der Wiener Drogeneinheiten in ein UN-Drogenkontrollprogramm.

Eine künftige entscheidende Aufgabe wird es sein, im Sozialbereich vermehrt operationelle Programme und Projekte zu erstellen bzw. durchzuführen. Die von Österreich angekündigte finanzielle Unterstützung der Errichtung eines Trainingszentrums im Rahmen der Frauendiskriminierungskonvention ist ein wichtiger erster Schritt in diese Richtung.

Der Trend zu konsensualen Lösungen in Menschenrechtsfragen hat sich auch dieses Jahr weiter verstärkt. Es kam nur bei den Themen freie Wahlen, Selbstbestimmungsrecht, Söldnerwesen, Apartheidkonvention und bei zwei Länderresolutionen (Kuwait, Irak) zu Abstimmungen. Dafür mußte bisweilen eine deutliche Verwässerung der Aussagen in Kauf genommen werden, wie z. B. bei den Länderresolutionen betreffend Myanmar und El Salvador.

Die von US-Präsident Bush gesetzte Initiative der Schaffung eines Mechanismus innerhalb der Vereinten Nationen zur Überwachung und **Hilfeleistung bei der Abhaltung von Wahlen** wurde in etwas abgeschwächter Form akzeptiert. Viele Staaten betonten in diesem Zusammenhang das Primat nationaler Souveränität und der Nichteinmischung in innere Angelegenheiten im Sinne des Artikels 2 Absatz 7 der UN-Charta. Dementsprechend wurde auch die von Kuba vorgelegte Resolution über den Respekt der Prinzipien nationaler Souveränität und der Nichteinmischung in die inneren Angelegenheiten von Staaten in ihre Wahlvorgänge mit deutlicher Mehrheit und gegen die Stimmen der westlichen Gruppe verabschiedet.

In der sachlichen Substanz gab es im Menschenrechtsbereich nur wenige Neuerungen: die Annahme eines Prinzipienkatalogs betreffend geistig behinderte Personen; die kanadisch-niederländisch-österreichische Initiative, sämtliche VN-Menschenrechtsinstrumente aus dem regulären VN-Budget zu finanzieren, sowie die schon erwähnte und in abgeschwächter Form angenommene amerikanische Initiative betreffend eine Wahlhilfe der Vereinten Nationen.

Die GV bestätigte die Abhaltung einer **Weltkonferenz über Menschenrechte** in Berlin im Juni 1993 und befaßte sich mit deren Vorbereitung.

Die Generalversammlung nahm eine vom Vorsitzenden eingebrachte Resolution betreffend die Lage der **Menschenrechte in Afghanistan** ohne Abstimmung an. Die Resolution basiert auf dem Zwischenbericht des Sonderberichterstatters der Menschenrechtskommission der Vereinten Nationen, Prof. Felix Ermacora. Sie verweist auf die Genfer Abkommen vom April 1988, den 5-Punkte Plan des Generalsekretärs der Vereinten Nationen vom Mai 1991 sowie die gemeinsame Erklärung der USA und UdSSR, ab 1. 1. 1992 keine Waffen mehr an die afghanischen Konfliktparteien zu liefern. Besondere Besorgnis wurde über die Lage der 5 Millionen Flüchtlinge und die hohe Zahl vertriebener Personen ausgedrückt. Alle Parteien wurden aufgefordert, vermehrt Anstrengungen zu einer Lösung des Konflikts zu unternehmen sowie die Genfer Konvention und internationalen Menschenrechtsstandards strikt einzuhalten.

Die von Kuwait eingebrachte Resolution über die Lage der **Menschenrechte im vom Irak besetzten Kuwait** wurde gegen die Stimme des Irak verabschiedet. Den Beratungen lag ein Zwischenbericht des Sonderberichterstatters der Menschenrechtskommission, Prof. Kälin, zugrunde, der im Juni und September 1991 Kuwait besucht hatte. Die Resolution drückt Besorgnis über schwere Menschenrechtsverletzungen anläßlich der Besetzung Kuwaits und über das Schicksal verschwundener und gefangengehaltener Kuwaitis und Angehöriger anderer Nationalitäten aus. Der Irak wird aufgefordert, im Sinne der Genfer Konvention alle Gefangenen freizulassen bzw. über ihr Schicksal Auskunft zu geben und mit den internationalen humanitären Organisationen diesbezüglich zusammenzuarbeiten. Die Generalversammlung nahm weiters gegen die Stimme des Irak und bei 17 Stimmenthaltungen eine Resolution über die Lage **der Menschenrechte im Irak** an. Der von Belgien eingebrachte und von Österreich und 30 weiteren Staaten miteingebrachte Text basiert auf dem Zwischenbericht des Sonderberichterstatters der Menschenrechtskommission, Max van der Stoel, an die Generalversammlung und drückt tiefe Besorgnis über die schweren Menschenrechtsverletzungen, die Lage der **Kurden** im nördlichen Irak sowie die repressiven Maßnahmen der Regierung gegen die Schiiten im Süden aus. Der Irak wird aufgefordert, als Vertragspartei internationaler Menschenrechtsinstrumente diese auch einzuhalten und die darin festgelegten Rechte allen Personen ungeachtet ihrer Herkunft zu gewähren.

Die Generalversammlung verabschiedete ferner im Konsens eine von zentralamerikanischen Staaten ausgearbeitete und von Costa Rica eingebrachte Resolution über die Lage der **Menschenrechte in El Salvador**. Der Sonderberichterstatter der Menschenrechtskommission, Prof. Pastor Ridruejo, hatte in seinem Zwischenbericht an die Generalversammlung detailliert die anhaltenden schweren Menschenrechtsverletzungen dargestellt. Die Resolution übernimmt die Vorschläge des Berichtes und verweist u.a. auf das Verfahren betreffend die Ermordung des Rektors und einiger Jesuitenpater der Zentralamerikanischen Universität. Dennoch ist sie vor allem ein politischer Text, der auf die verschiedenen zwischen der Regierung und der FMLN geschlossenen Abkommen, die Einsetzung einer friedenserhaltenden Operation und die Absichtserklärungen der involvierten Parteien eingeht.

Ebenfalls, wenngleich erst nach langen Verhandlungen im Konsens angenommen, wurde auch eine von Venezuela eingebrachte Resolution über die Lage der **Menschenrechte in Haiti**. Die Generalversammlung verurteilt darin den Putsch gegen Präsident Aristide. Besonders kritisiert werden die schweren Menschenrechtsverletzungen der neuen Regierung und die Unterdrückung von Demonstrationen, die die Rückkehr von Präsident Aristide fordern. Die internationale Staatengemeinschaft wird überdies aufgefordert, die Flüchtlinge aus Haiti zu unterstützen.

Ebenfalls langwieriger Verhandlungen bedurfte es zur Annahme ohne Abstimmung einer von Österreich miteingebrachten Resolution über die **Situation in Myanmar**. Die Resolution verweist auf die noch immer nicht erfolgte Errichtung eines demokratischen Systems im Sinne der Wahlergebnisse von 1990, fordert die Regierung zu einer raschen Durchführung der versprochenen Demokratisierung, insbesondere einer ungehinderten Teilnahme aller Staatsbürger am politischen Meinungsbildungsprozeß auf und drückt Besorgnis über die schlechte Menschenrechtslage aus. Ferner wurde auf den Appell des Generalsekretärs der Vereinten Nationen zur Freilassung der Friedensnobelpreisträgerin 1991 Aung Sang Suu Kyi hingewiesen.

Die unter österreichischem Vorsitz stehende Arbeitsgruppe über eine Rationalisierung der Arbeitsweise der Dritten Kommission erstellte erneut einen von der Generalversammlung angenommenen Bericht, der neben administrativ-organisatorischen Fragen auch das zweijährige Arbeitsprogramm 1992–1993 der Dritten Kommission enthält.

1.2.6. Budget- und Verwaltungsfragen

1.2.6.1 Programmbudget der Vereinten Nationen für das Biennium 1992 - 1993

Der Programmbudgetvorschlag des UN-Generalsekretärs für das Biennium 1992–1993 wurde wie schon vorher dessen Vorschlag für das Biennium 1990/91 von der GV ohne Abstimmung angenommen. Der Vorschlag war nach einem reformierten Budgetprozeß erstellt worden und ist somit ein Ergebnis der schon bei der 41. GV begonnenen Reformen im Finanzbereich der Vereinten Nationen.

Das Programmbudget der Vereinten Nationen für das Biennium 1992–1993 wird sich auf US-Dollar 2.389,234.900,– belaufen. Gegenüber 1990–1991 ist dies ein reales Nullwachstum, wie es von den großen Beitragszahlern angestrebt worden war. Der Reservefonds, der durch ergänzende Entscheidungen der GV entstehende Ausgaben abdeckt, wird mit US-Dollar 18 Mio. dotiert.

1.2.6.2 Finanzkrise der Vereinten Nationen

Trotz der allgemein anerkannten Fortschritte im Reformprozeß sowie des gestiegenen Ansehens und der vermehrten Aufgaben haben die Vereinten Nationen im September 1991 die schwerste Finanzkrise seit ihrem Bestehen durchgemacht. Diese ist auf die großen Beitragsrückstände zahlreicher UN-Mitgliedstaaten, sowohl zum regulären UN-Budget als auch zum Budget für die friedenserhaltenden Operationen zurückzuführen. Über das vom UN-Generalsekretär vorgeschlagene Maßnahmenpaket zur Behebung dieser schweren Krise konnte aufgrund des großen Zeitdruckes und der Arbeitsüberlastung des zuständigen Ausschusses keine Einigung erzielt werden. Im Frühjahr 1992 soll hiezu eine weitere Erörterung erfolgen.

1.2.6.3 Beitragsskala der Vereinten Nationen

Aufgrund der von der Generalversammlung auf Empfehlung des UN-Beitragsausschusses angenommenen neuen Beitragsskala für die Jahre 1992–1994 steigt der von Österreich zu leistende Anteil an den Ausgaben des UN-Budgets von bisher 0,74% auf 0,75%. Diese Erhöhung ergibt sich – trotz neu hinzugekommener UN-Mitgliedstaaten – aus den im Vergleich zu anderen Ländern besseren österreichischen Wirtschaftsdaten.

1.2.6.4 Sonstige Verwaltungsfragen

Die 46. GV genehmigte einige von der internationalen Beamtenkommission vorgeschlagene Verbesserungen der Gehaltsstruktur und Arbeitsbedingungen der internationalen Beamten, wie z. B. eine 6%ige Erhöhung der Grundgehälter und der damit zusammenhängenden Erschwerniszulage. Eine Beschlußfassung über Personalfragen allgemeiner Natur mußte auf das Frühjahr 1992 verschoben werden.

1.2.6.5 Stärkung der Rolle Wiens als UN-Amtssitz

Anläßlich der 46. GV konnte eine weitere **Stärkung der Wiener UN-Einheiten** sowohl in administrativer Hinsicht wie auch im Hinblick auf die von ihnen zu erledigenden Aufgaben erzielt werden.

Der UN-Generalsekretär wurde von der GV aufgefordert, ausreichende Mittel für die Vorbereitungsarbeiten der Weltfrauenkonferenz 1995 einzuplanen. Außerdem soll das Komitee zur Eliminierung jeder Form von Frauendiskriminierung entsprechende Unterstützung zur Durchführung seiner Tagungen erhalten.

Mit der Errichtung eines eigenen Fonds für die UN-Drogeneinheiten ab 1. 1. 1992 sowie entsprechenden administrativen Ermächtigungen wurden diese zu einem eigenen Programm, ähnlich wie UNEP, aufgewertet.

1.2.7. Völkerrechtliche Fragen

Vom „Spezialkomitee für die Satzung der Vereinten Nationen und die Stärkung der Rolle der Organisation“ konnten im Laufe des Jahres 1991 auf dem Gebiet der Präventivdiplomatie und friedlichen Streitbeilegung wesentliche Fortschritte erzielt werden. So konnte von der Sechsten Kommission die vom Komitee ausgearbeitete „Declaration on fact-finding“ angenommen werden. Diese legt die Modalitäten für die Entsendung von fact-finding Missionen durch die kompetenten Organe der Vereinten Nationen, insbesondere zum Zweck der Konfliktverhütung in einem frühen Stadium, fest.

Die Kooperationsbereitschaft, die das Klima der Verhandlungen während der 46. Generalversammlung prägte, hat auch die Behandlung anderer früher kontroversieller Themen erleichtert. So konnte über die Resolution zum Thema **„Terrorismus“** relativ rasch Einigung erzielt werden, was nicht nur auf die bekannte „Verwestlichung“ der Positionen der osteuropäischen Länder, sondern auch auf eine kompromißbereitere Haltung vieler arabischer Staaten in dieser Frage zurückzuführen ist. Früher war bei der Behandlung dieses Themas oft versucht worden, eine Abgrenzung zwischen „illegalem Terrorismus“ und „legitimem Befreiungskampf“ vorzunehmen. Nunmehr gelangt man zunehmend zur einmütigen Verurteilung aller terroristischen Aktivitäten.

Die Behandlung des Berichts der **Völkerrechtskommission** an die 46. Generalversammlung gab wiederum Anlaß zu Kritik an der Arbeitsweise der Kommission wegen zu geringer Fortschritte bei ihrer Arbeit. Unter den von der ILC behandelten Themen konnten im Jahr 1991 im Bereich der **Staatenimmunität** Fortschritte erzielt werden. Hiezu lagen der Generalversammlung fertiggestellte Artikelentwürfe vor, die in absehbarer Zeit auf der Basis der Debatte in der 6. Kommission der Generalversammlung und der noch abzugebenden schriftlichen Staatenstellungnahmen von einer Staatenkonferenz behandelt werden könnten. Österreich hat die grundsätzliche Bereitschaft signalisiert, auch in diesem Fall an die Tradition der Abhaltung von Kodifikationskonferenzen in Wien anzuknüpfen und zum gegebenen Zeitpunkt eine entsprechende Einladung nach Wien auszusprechen.

Bei der 46. Generalversammlung wurden auch die Mitglieder der Kommission für eine fünfjährige Funktionsperiode neu gewählt. Österreich ist in der ILC nicht vertreten.

Österreich und die ČSFR hatten die Initative zur Ausarbeitung eines **Zusatzprotokolls zum Wiener Übereinkommen über konsularische Beziehungen** ergriffen. Die österreichisch-tschecho-slowakische Initiative wurde während der 46. Generalversammlung kurz beraten. Es wurde Einvernehmen darüber erzielt, daß weitere Verhandlungen über einen konkreten Textvorschlag im Zuge von informellen Konsultationen während der 47. Generalversammlung geführt werden sollen.

Die Ereignisse im Golf, aber auch das insgesamt wachsende Bewußtsein in **Umweltfragen,** führten zur Behandlung dieses neuen Tagesordnungspunktes im Rahmen der Sechsten Komission. Österreich hat es begrüßt, daß dieser Fragenkomplex im völkerrechtlichen Kontext behandelt wird. Die Frage, ob der Schutz der Umwelt in bewaffneten Konflikten durch das bestehende Rechtsinstrumentarium ausreichend gewährleistet ist, wurde mit großem Interesse und Engagement diskutiert. Trotzdem konnte, insbesondere wegen der Zurückhaltung seitens der großen Atommächte, keine substantielle Resolution zu diesem Thema angenommen werden. Eine weitere Behandlung, unter Berücksichtigung der einschlägigen Arbeit in anderen Foren wie etwa dem IKRK, bleibt somit der nächsten Generalversammlung vorbehalten.

Das UN-**Seerechtsübereinkommen** von 1982 ist bisher von 51 Staaten ratifiziert worden. Zu seinem Inkrafttreten sind 60 Ratifikationen erforderlich. Im Rahmen der Vorbereitungskommission für die Internationale Meeresbodenbehörde und den Internationalen Seegerichtshof wurden bislang sechs Pionierinvestoren registriert und die Verpflichtungen der vier ersten Investoren wurden im Rahmen eines „Understanding" festgelegt.

Das Seerechtsübereinkommen wurde bislang beinahe ausschließlich von Entwicklungsländern ratifiziert, da eine Reihe von Industriestaaten, insbesondere die USA, seinen Teil XI (Tiefseebergbau) ablehnen. Die USA haben aus diesem Grund bisher auch nicht an den Verhandlungen der Vorbereitungskommission teilgenommen. Um die USA wieder in den Verhandlungsprozeß einzubeziehen und die Voraussetzungen für die universelle Akzeptanz des Seerechtsübereinkommens zu schaffen, hat sich auf Initiative des Generalsekretärs eine Dialogrunde bestehend aus 27 Staaten gebildet. Dieser Dialog soll ab 1992 allen interessierten Staaten offenstehen. Seit Herbst 1990 wurden bereits sechs Treffen abgehalten, bei denen offene Probleme in Zusammenhang mit Teil XI erörtert und mögliche Lösungen ventiliert wurden.

Die Entscheidung der USA, bei der Abstimmung über die traditionelle Seerechtsresolution in der Generalversammlung von einer Gegenstimme zu einer Stimmenthaltung überzugehen, aber auch die Bereitschaft seitens der Entwicklungsländer, den Resolutionstext zu diesem Zweck entsprechend zu modifizieren, dürfte das Gesprächsklima der nächsten Dialogrunde positiv beeinflussen.

Nachdem ein Mitglied des **Internationalen Gerichtshofs**, Richter Elias (Nigeria) verstorben war, war von der 46. Generalversammlung und vom Sicherheitsrat dessen Stelle bis zum Ablauf der Funktionsperiode neu zu besetzen. Bola Ajibola (Nigeria) erhielt in der Generalversammlung wie auch im Sicherheitsrat die erforderliche Stimmenmehrheit.

Zu den beim Gerichtshof anhängigen Fällen wäre zu bemerken:

Das am 27. Juni 1991 gefällte Urteil betreffend Nikaragua gegen USA (militärische und paramilitärische Aktivitäten in und gegen Nikaragua) sieht eine Verpflichtung der USA zur Kompensationsleistung vor.

In dem seit 1986 anhängigen Verfahren zwischen Nikaragua und Honduras (militärische Auseinandersetzungen an der gemeinsamen Grenze) hatten beide Parteien dem Gerichtshof ihre Absicht mitgeteilt, sich um eine außergerichtliche Beilegung des Streitfalls zu bemühen. Die Frist für die Vorlage des noch ausständigen Gegenmemorandums von Honduras wurde daher über den vorgesehenen Termin 11. Juni 1991 hinaus auf unbestimmte Zeit erstreckt.

Im Fall Dänemark gegen Norwegen (Grenzziehung zwischen Grönland und der Insel Jan Mayen) liegen dem Gerichtshof nunmehr eine Replik Dänemarks und eine Duplik Norwegens vor.

Zu der vom Iran eingebrachten Klage gegen die USA wegen des Luftzwischenfalls vom 3. Juli 1988 (Abschuß einer Maschine der Iran-Air) wurde nach Vorliegen des Memorandums des Iran die Vorlage des Gegenmemorandums der USA mit 4. März 1991 befristet. Innerhalb dieser Frist brachten die USA eine Einwendung gegen die Zuständigkeit des Gerichtshofs vor, woraufhin der Iran zur Stellungnahme dazu aufgefordert wurde.

Zu der von Nauru gegen Australien erhobenen Klage (Wiederherstellung gewisser Phosphatabbaugebiete) lag dem Gerichtshof das Memorandum Naurus vor. Innerhalb der für das Gegenmemorandum eingeräumten Frist wurde von Australien die Zulässigkeit der Klage bestritten, womit nunmehr Nauru zur Stellungnahme zu dieser Einwendung aufgefordert ist.

Im Fall Guinea-Bissau gegen Senegal (Gültigkeit des Schiedsspruchs vom 31. Juli 1989 betreffend Grenzstreitigkeiten) liegen dem Gerichtshof Memorandum und Gegenmemorandum vor. Nach einer mündlichen Verhandlung im April 1991 berät der Gerichtshof derzeit das Urteil.

Im Fall Libyen gegen den Tschad betreffend Territorialstreitigkeiten wurden beide Parteien zur Vorlage von Memorandum und Gegenmemorandum bis zum 26. August 1991 aufgefordert.

Portugal erhob im Februar 1991 Klage gegen Australien betreffend bestimmete Aktivitäten in Bezug auf Osttimor. Portugal wurde zur Vorlage des Memorandums bis 18. November 1991, Australien zur Vorlage des Gegenmemorandums bis 1. Juni 1992 aufgefordert.

Finnland erhob im Mai 1991 eine Klage gegen Dänemark betreffend Durchfahrtsrechte durch den Großen Belt. Ein von Finnland am 23. Mai 1991 eingebrachter Antrag auf vom IGH zu ergreifende provisorische Maßnahmen wurde von diesem abgewiesen. Die Fristen für die Vorlage des Memorandums und Gegenmemorandums wurden mit 30. Dezember 1991 und 1. Juni 1992 festgelegt.

Qatar erhob im Juli 1991 Klage gegen Bahrein betreffend die Souveränität über die Insel Hawar und über Dibal und Qit'at Jaradah sowie betreffend die Seegrenze.

1.2.8. Aufnahme neuer Mitglieder

Die 46. GV nahm die beiden Koreanischen Staaten, die baltischen Staaten sowie die Marschall-Inseln und die Föderierten Staaten von Mikronesien als neue UN-Mitglieder auf, sodaß die Vereinten Nationen nunmehr 166 Mitglieder haben.

2. Sicherheitsrat (SR)

2.1. Allgemeines

Der SR hielt 1991 insgesamt 53 (1990: 69) formelle Sitzungen und 115 (1990: 80) informelle Sitzungen (Konsultationen) ab, wobei die Golfkrise (13, unter Mitzählung unterbrochener Sitzungen 19 formelle Sitzungen) und friedenserhaltende Operationen (15 formelle Sitzungen) im Vordergrund standen. Die vom SR 1991 verabschiedeten 42 (1990: 37) Resolutionen betrafen:

- UNIFIL (Res. 684, 701)
- UNIIMOG (Res. 685)
- Golfkonflikt und dessen Folgewirkungen (Res. 686, 687, 688, 689, 692, 699, 700, 705, 706, 707, 712, 715)
- Westsahara bzw. MINURSO (Res. 690, 725)
- ONUCA (Res. 691, 719)
- El Salvador bzw. ONUSAL (Res. 693, 714)
- die von Israel besetzten Gebiete (Res. 694)
- UNDOF (Res. 695, 722)
- Angola bzw. UNAVEM II (Res. 696)
- Zypern bzw. UNFICYP (Res. 697, 698, 716, 723)
- Aufnahme neuer UN-Mitglieder (Res. 702, 703, 704, 709, 710, 711)
- Wahl eines IGH-Richters (Res. 708)
- Jugoslawien (Res. 713, 721, 724)
- Kambodscha bzw. UNAMIC und UNTAC (Res. 717, 718)
- Wahl des neuen UN-Generalsekretärs (Res. 720)

Der SR-Präsident gab 1991 18 (1990: 13) Erklärungen im Namen aller SR-Mitglieder ab. Je vier betrafen den Golfkonflikt und die Aufnahme neuer UN-Mitglieder, drei die Zypernfrage, je zwei die Lage im Nahen Osten, die von Israel besetzten Gebiete und den Libanon sowie eine Erklärung über die Lage in Liberien.

Hervorzuheben ist, daß 1991 **kein ständiges SR-Mitglied von seinem Vetorecht Gebrauch** gemacht hat. Weiters verdient Beachtung, daß 36 der 42 Resolutionen im Konsenswege verabschiedet wurden. Die sechs Resolutionen, über die abgestimmt werden mußte, betrafen alle den Golfkonflikt. Österreich stimmte für alle 42 Resolutionen.

2.2. Tätigkeit des Sicherheitsrates

Die obigen Zahlen machen die weiter angestiegene Arbeitslast und Bedeutung des SR deutlich. Die Zahl der mit Konsens angenommenen Resolutionen und der Erklärungen des SR-Präsidenten – für deren Zustandekommen ebenfalls Einstimmigkeit erforderlich ist – zeigt die **Funktionsfähigkeit des Rates** und die Bereitschaft seiner Mitglieder, in oft langwierigen und schwierigen Verhandlungen zu einer einvernehmlichen Lösung zu gelangen. Die Zusammenarbeit unter den fünf ständigen SR-Mitgliedern (P5) hat sich ebenfalls weiter intensiviert.

Am 24. 12. 1991 teilte der Präsident der Russischen Föderation Jelzin dem UN-Generalsekretär mit, daß diese ab sofort mit Einverständnis der GUS den ständigen SR-Sitz (und alle anderen UN-Mitgliedschaften) der früheren Sowjetunion übernehme.

Der im Zuge des Golfkonfliktes sichtbar gewordene Haltungspluralismus der Gruppe der **blockfreien SR-Mitglieder** hat in der zweiten Jahreshälfte 1991 wiederum einer steigenden Kohäsion Platz gemacht, was insbesondere im Verfahren bei der Wahl des UN-Generalsekretärs und bei der Behandlung des Jugoslawienproblems und der Lage in Haiti spürbar wurde. Die Blockfreien haben ihren Einfluß jedoch durchaus konstruktiv und in Wahrung ihrer Interessen – insbesondere hinsichtlich des von ihnen nach wie vor nachdrücklich verteidigten Prinzips der Nichteinmischung des SR in die inneren Angelegenheiten eines Staates – geltend gemacht und nützen können. So konnte man in zum Teil schwierigen Verhandlungen zu Beschlüssen in Fragenbereichen kommen, für die die Blockfreien noch bis vor kurzem dem Sicherheitsrat jede Zuständigkeit abgesprochen und die sie als Einmischung in innere Angelegenheiten zurückgewiesen hätten. Dies gilt insbesonders für die Sicherheitsratsbeschlüsse betreffend die Unterdrückung der Zivilbevölkerung (v. a. der Kurden) durch die irak. Regierung (Res. 688), die dem Irak mit einer Reihe von Beschlüssen auferlegten Verpflichtungen (Res. 686, 687, 699, 705, 706, 707, 712 und 716) sowie bzgl. Jugoslawien (Res. 713, 721 und 724).

Bis zum Sommer 1991 dominierten der **Golfkonflikt** und seine Auswirkungen die Arbeit des SR. Nachdem der SR mit den Res. 686 und vor allem 687 die Bedingungen für einen dauernden Waffenstillstand (insbes. Freilassung von Gefangenen, Rückgabe fremden Eigentums und die Zerstörung irakischer Massenvernichtungswaffen) festgelegt und eine Beobachtungsmission im Grenzgebiet mit Kuwait (UNIKOM; Res. 689) geschaffen hatte, beschäftigte er sich in der Folge mit dem Problem der Unterdrückung der Zivilbevölkerung, insbesondere der Kurden, im Irak (Res. 688, die von westlichen Staaten dann als Basis für die Ergreifung von Schutzmaßnahmen für die Kurden im Nordirak herangezogen wurde und die nach Abschluß eines Abkommens mit dem Irak zur Entsendung von „UN-Guards" führte). Der SR legte einen Plafond von 30% der Erdölausfuhrerlöse für irakische Entschädigungszahlungen fest (Res. 705), genehmigte beschränkte Erdölexporte zur Ermöglichung der Einfuhr von Gütern für den zivilen Bedarf (Res. 706 und 712) und beschloß – nachdem der Irak von UN- und IAEA-Inspektionsteams mehrfachen Verstößen gegen seine Verpflichtungen überführt worden war – ein strenges Kontrollregime zur Verhinderung der irakischen Wiederaufrüstung auf dem Gebiet atomarer, chemischer, biologischer und ballistischer Waffen (Res. 707 und 716).

Mit Resolution 687 (1991) hat der SR der Vereinten Nationen die völkerrechtliche Verantwortlichkeit des Irak für alle aus der Besetzung Kuwaits entstandenen

Schäden festgestellt. Der SR beschloß außerdem, zur Befriedigung der geltendgemachten Ansprüche einen Entschädigungsfonds zu errichten, der durch einen Teil der irakischen Erdöleinnahmen gespeist werden soll. Dieser Fonds wurde schließlich mit SR-Resolution 692 (1991) eingerichtet.

Neben dem Fonds wurde eine dem Sicherheitsrat unterstehende Entschädigungskommission, die **United Nations Compensation Commission (UNCC)**, eingesetzt. Ihr Hauptorgan, der Verwaltungsrat, setzt sich aus Vertretern der jeweiligen Mitglieder des Sicherheitsrats zusammen, Österreich wird diesem Organ somit noch bis Ende 1992 angehören. Dem Verwaltungsrat stehen eine Exekutivsekretariat unter der Leitung des Peruaners Carlos Alzamora sowie für die Abwicklung der Entschädigungszahlungen verantwortliche Kommissare zur Seite.

Die Entschädigungskommission ist 1991 zu vier Sitzungen zusammengetreten, im Zuge derer begonnen wurde, bis zum Einlangen erster Einkünfte die erforderliche rechtliche Basis für die spätere Verteilung der Entschädigungsgelder zu schaffen. Ein Instrumentarium für die beschleunigte Behandlung besonders dringlicher Individualforderungen bis zu 100.000,– US Dollar konnte abgeschlossen werden. Außerdem wurden Fortschritte bei der Ausarbeitung von Kriterien für die Behandlung höherer Individualforderungen sowie von Forderungen von Regierungen, Unternehmen und internationalen Organisationen erzielt.

Im Herbst 1991 stand im Sicherheitsrat dann zunächst die **Wahl des neuen UN-Generalsekretärs** im Vordergrund. Nach mehrfachen informellen Sondierungsabstimmungen („straw polls") wurde schließlich bereits im ersten formellen Wahlgang der – von Österreich von Anbeginn an unterstützte – stellvertretende ägyptische Ministerpräsident Boutros Boutros-Ghali vom SR der Generalversammlung zur Bestellung als neuer UN-Generalsekretär vorgeschlagen.

Nach Überwindung der Bedenken der Blockfreien gegen ein Tätigwerden des SR in der **Jugoslawienfrage** beschloß der SR zunächst im September auf Außenministerebene ein Waffenembargo und forderte alle Parteien zur Einhaltung des Waffenstillstandes und zur friedlichen Beilegung ihrer Streitigkeiten auf (SR-Resolution 713). Nach mehreren Besuchen des persönlichen Beauftragten des UN-Generalsekretärs, des früheren Außenministers der USA, Cyrus Vance, in Jugoslawien formulierte der SR Bedingungen für die Entsendung einer umfassenden friedenserhaltenden Operation. Das zugrundeliegende Konzept des UN-Generalsekretärs sieht insbesondere die Stationierung von Truppen an neuralgischen Punkten in Kroatien vor. Der SR bildete ferner ein Komitee zur Überwachung der Einhaltung des Waffenembargos (Res. 721 und 724). Zu Jahresbeginn 1992 nahm der SR die Entsendung der Einheiten in Aussicht, sobald die effektive Einhaltung des Waffenstillstandes feststellbar ist und die Zustimmung aller Beteiligten zum Konzept des UN-Generalsekretärs unzweifelhaft vorliegt. Der SR befürwortete die zwischenzeitige Entsendung von 50 Offizieren, die Hilfe bei der Aufrechterhaltung des Waffenstillstandes leisten sollen (Res. 727).

In der **Nahost- bzw. Palästinafrage** kam es auch 1991 zu keinem nennenswerten Tätigwerden des SR. Hervorzuheben sind nur Erklärungen des SR-Präsidenten zur Lage in den von Israel besetzten Gebieten. Angesichts des Beginns eines israelisch-arabisch-palästinensischen Friedensprozesses (Madrider Nahost-Konferenz) ist im SR die Forderung nach Abhaltung einer Internationalen Nahostkonferenz unter den Auspizien der VN und unter Beteiligung der P5 vorläufig in den Hintergrund getreten.

Der Generalsekretär der Vereinten Nationen hat im April 1991 dem Sicherheitsrat seinen Plan zur Durchführung der Volksabstimmung in der **Westsahara** vorgelegt. Dieser Plan wurde vom Sicherheitsrat in Resolution 690 (1991) indorsiert; gleichzeitig wurde die Operation MINURSO zur Durchführung des Referendums geschaffen. MINURSO besteht aus einer militärischen, einer Polizei- und einer zivilen Komponente. Österreich ist an allen drei Komponenten beteiligt. Im Sommer 1991 kam es jedoch in der Westsahara zu verschiedenen Militäraktionen und zum teilweisen Wiederaufflammen der Kampfhandlungen. Zwar begann der formelle Waffenstillstand, wie vorgesehen, am 6. September 1991, doch konnte MINURSO nur in sehr begrenztem Umfang beginnen. Bis Jahresende wurden lediglich 200 Militärbeobachter mit unterstützendem Personal in die Westsahara entsandt. Ende Dezember legte der Generalsekretär dem Sicherheitsrat einen Fortschrittsbericht vor, in dem auch die aufgetretenen Probleme aufgezeigt werden. Der Sicherheitsrat nahm diesen Bericht in Resolution 725 (1991) zur Kenntnis. Es blieb bis Jahresende unklar, wann MINURSO in vollem Umfang in die Westsahara entsandt werden kann und wann die – ursprünglich für Jänner 1992 vorgesehene Volksabstimmung nun tatsächlich stattfinden wird.

In der **Zypernfrage** kam es aufgrund intensivierter Bemühungen des UN-Generalsekretärs im Rahmen seiner guten Dienste zu Fortschritten betreffend die Ausarbeitung eines Rahmenabkommens für die Regelung des Konflikts zwischen der griechich-zypriotischen und türkisch-zypriotischen Volksgruppe. Der Vorschlag des UN-Generalsekretärs, höchstrangige Vertreter der vier Konfliktparteien im September 1991 zu einem internationalen Treffen zum Abschluß des Rahmenabkommens einzuladen, fand zwar die ungeteilte Unterstützung des SR, konnte aber – nicht zuletzt aufgrund des Widerstandes der türkisch-zypriotischen Seite – nicht verwirklicht werden. Dies führte zu einer deutlichen Kritik des SR an der türkisch-zypriotischen Haltung, die in der am 11. Oktober 1991 einstimmig verabschiedeten Res. 716 ihren Niederschlag fand. Der SR brachte ferner seinen Wunsch nach einer raschen Fortsetzung des Verhandlungsprozesses klar zum Ausdruck.

Der UN-Generalsekretär legte Anfang Dezember dem SR einen Bericht über den Stand der Durchführung von SR-Resolution 598 (1987) betreffend den Konflikt zwischen dem **Iran und dem Irak** vor. Der UN-Generalsekretär stellte darin u. a. die Verantwortung des Irak für den Beginn dieses Konflikts fest. Gleichzeitig verlieh er seiner Meinung Ausdruck, daß sich die künftigen Bemühungen auf eine Friedenslösung zwischen den beiden Seiten und die Herstellung von Frieden und Sicherheit in der Region konzentrieren sollten. Dieser Bericht wurde im SR bisher nicht behandelt.

2.3. Mitarbeit Österreichs im SR

Österreich hatte sich vorgenommen, als Mitglied des Sicherheitsrates diesen bei der Erhaltung des internationalen Friedens und der Sicherheit nachhaltig und insbesondere dadurch zu unterstützen, daß es sich um Dialogfähigkeit und Kompromisse bemüht. Dieser Zielsetzung konnte Österreich im ersten Jahr der seiner Mitgliedschaft gerecht werden.

Über österreichischen Vorschlag werden – was schon seit Jahren nicht mehr üblich war – nicht-öffentliche Sitzungen abgehalten. In ihnen konnte noch während der Kampfhandlungen im Golfkonflikt der Gegensatz zwischen den ständigen und den blockfreien SR-Mitgliedern überwunden und eine Debatte ermöglicht werden. Die österreichische SR-Präsidentschaft im März schloß unmittelbar an die Feuereinstellung im Golfkonflikt an, sodaß die Formulierung der Bedingungen für einen Waffenstillstand (Res. 686) und der Beginn ihrer Durchführung – darunter insbesondere die Ausarbeitung der Modalitäten für eine Rückgabe kuwaitischen Eigentums – vom österreichischen Vertreter Botschafter Peter Hohenfellner verhandelt wurde.

Nach der Schaffung von UNIKOM im April wurde die Leitung dieser wichtigen Operation dem österreichischem Generalmajor G. Greindl übertragen.

Eine gemeinsame österreichisch-britische Initiative wollte bewirken, daß die Finanzierung von UNFICYP hinfort nicht durch freiwillige, sondern durch Pflichtbeiträge erfolgt. Trotz monatelanger Arbeit und trotz Unterstützung dieser Initiative durch sämtliche nicht-ständige SR-Mitglieder blieb dieser Vorstoß auf Grund der (freilich unterschiedlich) negativen Haltung der übrigen ständigen SR-Mitglieder – zumindest einstweilen – erfolglos.

In der Jugoslawienfrage hat sich schließlich die von Österreich seit Monaten vertretene Auffassung durchgesetzt, daß eine Internationalisierung dieses Problems durch eine Befassung der Vereinten Nationen unumgänglich sei und daß in diesem Zusammenhang eine friedenserhaltende Operation von Nutzen wäre (Res. 713, 721 und 724).

2.4. Vorsitz im Irak-Sanktionenkomitee

Anfang Jänner 1991 wurde Botschafter Peter Hohenfellner zum Vorsitzenden des durch Sicherheitsratsresolution 661 (1990) geschaffenen Komitees zur Überwachung der Sanktionen gegen den Irak (sog. 661-Komitee oder Sanktionenkomitee) gewählt. Als Unterorgan des Sicherheitsrates besteht das Komitee aus allen 15 Sicherheitsratsmitgliedern.

Dem Komitee wurden durch die SR-Resolutionen 661, 665 und 666 die Aufgaben übertragen, die **Durchführung der Sanktionen** zu überprüfen und jene **Ausnahmen** zu gewähren, die **aus humanitären Gründen** gerechtfertigt sind. Resolution 670 erteilte dem Komitee das Mandat, Flüge in und aus dem Irak zu bewilligen; Resolution 687 wies dem Komitee die Rolle zu, Notifikationen über Nahrungsmittelsendungen entgegenzunehmen und die Sendung anderer Zivilgüter zu bewilligen. Resolution 700 beauftragte das Komitee mit der Überwachung des Waffenembargos gegen den Irak. Resolutionen 706 und 712 wiederum wiesen dem Komitee wichtige Aufgaben im Zusammenhang mit dem neuen Ölexportmechanismus (sog. „oil for food"-Prozedur) zu.

Das Sanktionenregime gegen den Irak stellt sich (Stand Ende 1991) folgendermaßen dar:

- Medizinische Sendungen sind nicht vom Embargo erfaßt.
- Nahrungsmittelsendungen müssen dem Komitee gemeldet werden.
- Der Export anderer ziviler Güter in den Irak muß vom Komitee genehmigt werden.

Durch den Komiteebeschluß vom 16. Mai 1991 wurde den Staaten die Freigabe eingefrorener irakischer Guthaben zur Finanzierung des Exports von Medizin, Nahrungsmitteln und genehmigten Zivilgütern in den Irak freigestellt.

Zu Beginn des Jahres 1991 war es die wichtigste Aufgabe des Komitees, Evakuierungsflüge aus dem Irak zu genehmigen und über die Hilfestellung an jene Staaten zu entscheiden, die durch die Sanktionen gegen den Irak selbst in wirtschaftliche Schwierigkeiten geraten waren. Seit der Komiteentscheidung vom 22. März 1991 liegt die Hauptaufgabe in der Bewilligung der Einfuhr humanitärer und ziviler Güter für die irakische Zivilbevölkerung und in der Bestätigung ordnungsgemäßer Notifikationen für die Sendung von Nahrungsmitteln.

Die Resolutionen 706 und 712 und der Komiteebeschluß vom 15 Oktober 1991 gestatten dem Irak darüberhinaus den Verkauf von Öl und Ölprodukten im Wert von 1,6 Mrd. US-Dollar, um aus den Erlösen Medizin, Nahrungsmittel und andere zivile Güter anschaffen zu können. Der Verkauf des Öls, die Verwaltung der Erlöse und der Einkauf der Bedarfsgüter wird unter strenger Kontrolle der Vereinten Nationen stehen. Obwohl der Mechanismus seit Oktober 1991 besteht, hat der Irak bis Ende der Berichtsperiode von der ihm offenstehenden Möglichkeit des Ölverkaufs unter dieser **„oil for food"-Prozedur** noch keinen Gebrauch gemacht.

Österreich sieht seine **Rolle als Vorsitzender** vor allem in der Gewährleistung einer effizienten, resultatorientierten, raschen, und unparteiischen Leitung des Komitees, die den beiden Ansprüchen des Komitees gerecht wird, nämlich: Überwachung der Sanktioneneinhaltung und Gewährung von Ausnahmen in humanitär gerechtfertigten Fällen.

3. Treuhandschaftsrat

Das letzte Treuhandschaftsgebiet ist Palau. Der Treuhandschaftsrat hat beschlossen, im Frühjahr 1992 eine Mission nach Palau zu entsenden.

4. Wirtschafts- und Sozialrat (ECOSOC)

Der ECOSOC ist das Bindeglied zwischen der Generalversammlung und den Spezialorganisationen der Vereinten Nationen. Er überwacht zahlreiche Unterorgane und dient als Forum des wirtschafts-, sozial- und entwicklungspolitischen Dialogs. Seit 1. 1. 1991 gehört Österreich wiederum dem ECOSOC für eine dreijährige Funktionsperiode an.

4.1. Frühjahrstagung

Die Frühjahrstagung des ECOSOC (New York, 13.–31. Mai und 17.–21. Juni 1991) beschäftigte sich traditionsgemäß mit sozialen, humanitären und menschenrechtlichen Fragen sowie mit Wahlen in die Unterorgane. Botschaftssekretär Florian Krenkel wurde zum Vizevorsitzenden des Sozial- und Menschenrechtsausschusses des ECOSOC gewählt.

Den Beratungen des ECOSOC zum Thema **Rassismus** lag der Bericht des Generalsekretärs betreffend die Durchführung der Zweiten Rassismusdekade zugrunde. Die traditionelle Resolution über die Durchführung des Aktionsprogrammes wurde, wie erstmals im Vorjahr, einer Abstimmung unterzogen. Von mehreren Delegationen wurde die Planung und Durchführung einer Dritten Rassismusdekade begrüßt. Von österreichischer Seite wurde darauf hingewiesen, daß sich diese Dekade vor allem auch mit den Problemen von Wanderarbeitern, eingeborenen Völkern sowie religiösen und ethnischen Minderheiten beschäftigen solle.

Den Beratungen des ECOSOC zum Thema **Menschenrechte** lagen der Bericht der 47. Tagung der Menschenrechtskommission (MRK) zugrunde sowie ein Addendum bezüglich der finanziellen Implikationen der Entscheidungen der Menschenrechtskommission. Ferner war über einen Bericht des Komitees über den Pakt über wirtschaftliche, soziale und kulturelle Rechte zu entscheiden; sowie über den Bericht des Generalsekretärs über die finanzielle und personelle Lage des Menschenrechtszentrums.

Die Entscheidungen der Menschenrechtskommission wurden indorsiert. Somit wurden sämtliche Mandate der Sonderberichterstatter und Arbeitsgruppen erneuert. Die Debatten zum Thema Meschenrechte waren überaus sachlich. Hauptthemen waren die Entscheidungen der Menschenrechtskommission, die Vorbereitung zur Weltkonferenz über Menschenrechte 1993, die Verbesserung der Arbeitsweise der Menschenrechtskommission sowie die Erweiterung deren Mitgliederzahl auf 53, die Rationalisierung der Unterkommission, das Funktionieren der Vertragsorgane sowie die menschenrechtliche Lage in einigen Ländern.

Die Arbeit der in Wien ansässigen Einheiten der Vereinten Nationen auf sozialem Gebiet bildete einen Schwerpunkt der Arbeiten des ECOSOC. Diskussiongrundlagen waren die Berichte über die 35. Tagung der Kommission für den Status der Frau, des Komitees zur Eliminierung jeder Form von **Frauendiskriminierung** sowie des Internationalen Instituts für Forschung und Ausbildung zur Förderung von Frauen (INSTRAW).

Die Beiträge der Delegationen bezogen sich hauptsächlich auf den Bericht der Frauenstatuskommission und die Durchführung der zukunftsweisenden Strategien zur Förderung der Frauen bis zum Jahr 2000 (FLS).

Als der Status der Frauen im UN-Sekretariat diskutiert wurde, verwiesen die Delegationen darauf, daß Frauen einen Anteil von nur 28,7 Prozent bei den Professional (Akademiker)-Posten haben; bzw. einen Anteil von nur 6,8 Prozent der D1-Posten (Direktorenebene). Die Verschiebung des Frauengipfels 1991 in Wien mit dem Titel „Frauen in politischen Entscheidungsprozessen und im öffentlichen Leben“ wurde von vielen Delegationen bedauert. Die Abhaltung der nächsten Weltfrauenkonferenz 1995 war ein Schwerpunktthema der Beratungen. Ein Großteil der Delegationen forderte eine Stärkung der Frauenstatuskommission und des dazugehörigen UN-Sekretariats, um die Vorbereitungsarbeiten für die Konferenz bewältigen zu können.

Die Bedeutung des Komitees zur Eliminierung jeder Form von Frauendiskriminierung (CEDAW) wurde erneut unterstrichen. Derzeit haben bereits 105 Staaten die entsprechende Konvention ratifiziert. Die von Finnland gemeinsam mit Österreich eingebrachte Resolution betreffend die Arbeit des Komitees wurde von der Generalversammlung unterstützt. Einige Delegationen beklagten die Tatsache, daß Frauenförderungsprogramme nicht die notwendige Priorität im zweijährigen Programmbudget 1992/93 erhielten. Es wurde auch gefordert, den unabhängigen Status des CEDAW-Komitees durch Entsendung von Vertretern aus dem regierungsunabhängigen Bereich zu gewährleisten.

Weiters beschäftigte sich der ECOSOC im **Sozialbereich** mit dem Zwischenbericht zum Weltsozialbericht, mit dem Bericht des Verbrechensverhütungskomitees und mit dem Bericht des Generalsekretärs betreffend qualitative und quantitative

Indikatoren über die soziale Lage und den Lebensstandard. In mehrfachen Interventionen der Entwicklungsländer wurde Kritik am Zwischenbericht des Generalsekretärs zum Weltsozialbericht der Vereinten Nationen geübt. Nach Ansicht der Entwicklungsländer setzt sich dieser Zwischenbericht nicht ausreichend mit der zunehmenden wirtschaftlichen und sozialen Verschlechterung der Lage der Entwicklungsländer auseinander. Der nächste Bericht über die Weltsoziallage soll sich besonders mit einer Analyse der wesentlichen Indikatoren für sozialen Fortschritt und Lebensstandard befassen. Die Abhaltung eines Weltgipfels über soziale Entwicklung wurde ausführlich erörtert. Der ECOSOC ersuchte den UN-Generalsekretär, Konsultationen mit allen Mitgliedstaaten über die Möglichkeit der Abhaltung eines derartigen Weltgipfels zu führen und dem ECOSOC anläßlich der regulären Tagung im nächsten Jahr darüber zu berichten. Die österreichische Delegation hat diese Initiative aktiv unterstützt.

Ein Großteil der Delegationen erwähnte in ihren Debattenbeiträgen den hohen Stellenwert, der ihrer Meinung nach der Arbeit der Vereinten Nationen auf dem Sozialgebiet zukommt, und sie verlangten, daß den in Wien ansässigen und für Sozialfragen zuständigen UN-Einheiten ausreichende finanzielle und personelle Ressourcen bereitgestellt werden.

Den Beratungen des ECOSOC zum Thema **Drogen** lagen der Bericht der 34. Tagung der Drogenkommission sowie eine Zusammenfassung des Berichtes des „International Narcotics Control Board (INCB)“ für 1990 zugrunde. Besonderes Interesse galt auch den Einführungsstatements des neuen Exekutivdirektors des Drogenprogrammes Giacomelli und des Vorsitzenden des INCB Schröder. Berichtet wurde über die Ergebnisse der 34. Sitzung der Drogenkommission, das zwischen dem UNDCP und dem INCB ausgearbeitete „arrangement“, die operationellen Aktivitäten des UNDCP sowie die Fortschritte bei der administrativen Neuordnung der Wiener Drogeneinheiten. 1990 gab es 118 länderspezifische Drogenprogramme, das sind 20 mehr als im Jahr 1989. Die Mehrzahl der neuen Länderprogramme wurde für die Region Afrika sowie die Karibik eingerichtet. Neben den länderspezifischen Programmen werden derzeit 40 regionale und globale Projekte unterstützt. 1990 standen für solche Programme 71 Millionen US-Dollar zur Verfügung. Die Drogenkommission wurde von 40 auf 53 Mitglieder erweitert.

4.2. Sommertagung

Die zweite reguläre Jahrestagung des ECOSOC fand vom 3. bis 26. Juli 1991 in Genf statt. Es war dies die letzte in dieser Form abgehaltene Sommertagung (siehe Abschnitt 1.1. „Wiederaufgenommene 45. GV“).

Österreich gab als ECOSOC-Mitglied insgesamt 16 Erklärungen ab. Wesentliche Anliegen der österreichische Delegation waren die Unterstützung des Beitritts Israels zur ECE, die Mitarbeit an einer Resolution betreffend die weltweite Ausdehnung des von der ECE entwickelten Handelserleichterungssystem EDIFACT und die Erarbeitung und Koordinierung des Resolutionsentwurfes betreffend AIDS. Die österreichischen Delegation nahm weiters regen Anteil an der Diskussion über die Reaktion des UN-Systems auf Katastrophen (siehe auch Behandlung des Themas unter 46. GV). Österreich schien als Miteinbringer von sieben Resolutionen auf (Aufnahme Israels in ECE, EDIFACT, Tschernobyl, Aufnahme Ungarns in das Exekutivkomitee des Hochkommissärs für Flüchtlinge, Hilfe für das Horn von

Afrika, AIDS und Gipfeltreffen über die wirtschaftliche Entwicklung der Frauen auf dem Land). Der regulären Tagung des ECOSOC ging ein hochrangiges Treffen voraus, bei dem die Auswirkungen der Veränderungen in den Ost-West-Beziehungen auf die Dritte Welt erörtert wurden.

Spezialorganisationen der Vereinten Nationen

(FAO) Ernährungs- und Landwirtschaftsorganisation der Vereinten Nationen

Nachdem sie vorher durch 3 Jahre gesunken war, stieg im Jahre 1990 die weltweite Erzeugung von Grundnahrungsmitteln wieder um 4 Prozent. Diese günstige Entwicklung war auf eine Rekordernte 1990 zurückzuführen. Die Welternährungslage hat sich demnach im Jahre 1990/91 verbessert. Für das Wirtschaftsjahr 1991/92 rechnet man allerdings wieder mit einer Verschlechterung der Versorgungslage bei Getreide. Nach Angaben der FAO dürfte die Weltgetreideerzeugung nicht zur Deckung des Verbrauchs ausreichen, sodaß die Lagerbestände in Anspruch genommen werden müssen. Die FAO schätzt die Versorgungssituation in zahlreichen Entwicklungsländern als äußerst labil ein. In 67 von 112 Entwicklungsländern, vor allem in Afrika südlich der Sahara, blieb die gesamte Pro-Kopf-Nahrungsmittelproduktion (nicht allein die von Grundnahrungsmitteln) hinter dem Bevölkerungswachstum zurück. Naturkatastrophen, Kriege und Flüchtlingsbewegungen haben bewirkt, daß sich in jüngster Zeit im Bereich der **Nahrungsmittelhilfe** die Nothilfe zulasten entwicklungshilfeorientierter Projekte stark in den Vordergrund geschoben hat. Ein kaum lösbares Problem ist dabei das des Zugangs zu den gefährdeten Bevölkerungsgruppen in Krisengebieten.

Die Weltbevölkerung wächst jeden Tag um rund 250.000, jährlich demnach um ca. 100 Millionen und in jedem Jahrzehnt um etwa 1 Milliarde Menschen. Wenn in den nächsten Jahren kein entscheidender Durchbruch bei der Steigerung der Nahrungsproduktion in den Defizitländern gelingt, das Bevölkerungswachstum in den am wenigsten entwickelten Ländern nicht gebremst wird, die Armut als entscheidende Ursache von Hunger, Unterernährung und Krankheit nicht zurückgedrängt wird und die am stärksten gefährdeten Gruppen auch weiterhin ihren existentiellen Mindestbedarf an Nahrungsmitteln nicht decken können, dann droht die Zahl der Hungernden bis zum Jahre 2000 auf 1 Milliarde, d.h. 1/6 der Menschheit anzusteigen.

Die FAO versucht, diese Probleme der Land- und Forstwirtschaft im globalen Zusammenhang zu analysieren, Maßnahmen zu deren Lösungen vorzuschlagen und konkret durch Projektförderungen aber auch durch Nahrungsmittellieferungen zu helfen. Die österreichischen Interessen in der FAO werden durch das **Bundesministerium für Land- und Forstwirtschaft** wahrgenommen, soweit nicht außenpolitische Gründe eine Vertretung Österreichs durch das Bundesministerium für auswärtige Angelegenheiten erforderlich machen.

1991 fand die alle zwei Jahre zusammentretende Konferenz der FAO statt, die für die Periode 1992 nachstehend genannte Prioritäten festlegte:

- Umwelt und nachhaltige Entwicklung
- Erhaltung und Nutzung der biologischen Vielfalt, vor allem der pflanzengenetischen Ressourcen

- Sammlung, Verarbeitung und Verbreitung von Agrardaten, insbesondere Errichtung des landwirtschaftlichen Weltinformationssystems
- Förderung der Frauen, insbesondere im Rahmen der ländlichen Entwicklung
- Weiterführung des Programms für technische Zusammenarbeit
- Internationale Ernährungskonferenz (gemeinsam mit der WHO für 1992 geplant)
- Forstwirtschaft, insbesondere Unterstützung für das Tropenwaldaktionsprogramm (TFAP)
- Verbesserung der Koordinierung und Zusammenarbeit mit anderen internationalen Organisationen.

Die Konferenz beschloß die **Aufnahme** Estlands, Lettlands und Litauens als Vollmitglieder und Puerto Ricos als assoziiertes Mitglied der Organisation. Besonders bedeutsam ist zweifellos der **Beitritt der Europäischen Gemeinschaft**

(Die Konferenz bestätigte den Beitritt in geheimer Abstimmung bei drei Stimmenthaltungen und sechs Gegenstimmen durch die Zustimmung von 98 Staaten).

Weiters beschloß die Konferenz das Arbeitsprogramm und Budget für die nächste Zweijahresperiode, wobei der Budgetrahmen ca. 4 Prozent unter dem des Haushalts 1990/91 liegt. Dieser von den Entwicklungsländern nur widerwillig akzeptierte Kompromiß kam durch die feste Zusage der USA als größter Beitragszahler zustande, die hohen Beitragsrückstände (151 Millionen US Dollar) durch Zahlungen im Jahre 1992 und in den Folgejahren schrittweise abzubauen. Damit bahnt sich auch die Überwindung der Finanzkrise der FAO an. Die Konferenz bestätigte die wichtige Rolle der FAO bei der Bewältigung der unverändert komplizierten Ernährungs-, Agrar-, Umwelt- und Bevölkerungsprobleme in zahlreichen Entwicklungsländern.

Österreich beteiligt sich wie in den Vorjahren an einer Reihe von **Fachausschüssen** wie der weltweiten Landwirtschaftskommission, der weltweiten Forstkommission, dem Komitee zur Sicherung der Welternährung und dem Komitee für Warenprobleme sowie der FAO-WHO-Codex-Alimentarius-Kommission. Innerhalb der Region Europa gilt das besondere österreichische Interesse der **Europäischen Landwirtschaftskommission** sowie deren Arbeitsgruppe „Die Frau und die bäuerliche Familie im Rahmen der ländlichen Entwicklung“: 1991 hatte Österreich den Vorsitz in dieser Arbeitsgruppe. Eine aktive Mitarbeit Österreichs ist weiters bei der Europäischen Forstkommission und deren Arbeitsgruppe für Wildbach- und Lawinenverbauung, der Europäischen Maul- und Klauenseuchenkommission sowie der beratenden Kommission für Binnenfischerei gegeben.

Österreich beteiligt sich auch an den Hilfsmaßnahmen der **Internationalen Nahrungsmittelnotstandsreserve** der FAO, wobei 1990/91 wie in den Vorjahren 5.000 Tonnen Getreide für die notleidende Bevölkerung des Libanon bereitgestellt wurden. 1991 wurde dem Welternährungsprogramm von Österreich ein Betrag von 3.750.000,– US-Dollar zur Verfügung gestellt, wobei eine 10 prozentige Bargeldleistung und 90 Prozent in Form von Warenlieferungen (Voll-, Magermilchpulver und Käse) geleistet wurden. Weiters wurde über das Welternährungsprogramm die österreichische Beitragsleistung zum Nahrungsmittelhilfeübereinkommen 1986, nämlich die Lieferung von 25.000t Getreide, abgewickelt.

In der Zeit vom 17. bis 26. September 1991 fand in Paris der **10. Weltforstkongreß** unter dem Generalthema „Die Wälder, ein Erbe für die Zukunft“ statt. In einem

104 Themen umfassenden Fachprogramm standen insbesondere der Schutz und die Erhaltung der Wälder sowie die überwirtschaftlichen Funktionen der Wälder im Vordergrund der Beratungen. Die österreichische Delegation stand unter der Leitung des Herrn Bundesministers für Land- und Forstwirtschaft.

Der Budgetbeitrag Österreichs zur FAO betrug 1991 25,6 Millionen Schilling.

ICAO (Internationale Zivilluftfahrtorganisation)

1991 nahm Österreich an zwei bedeutenden ICAO Konferenzen teil. Im September 1991 wurden bei der „Air Navigation Conference" in Montreal wichtige Entscheidungen über zukünftige technische Navigationshilfen wie z. B. Satellitenkommunikation getroffen. Bei der vom 29. Oktober bis 13. November 1991 in Montreal abgehaltenen CARFM („Conference on Airport and Route Facilities Management") wurden für das nächste Jahrzehnt Grundsätze betreffend Flughafentarife und Flugsicherungsgebühren festgelegt.

Der österreichische ICAO-Mitgliedsbeitrag für 1991 belief sich auf 219.188,– US-Dollar, d. s. 2,301.474 Schilling.

ILO (Internationale Arbeitsorganisation)

Die großen Probleme, mit denen die Länder Zenral- und Osteuropas auf dem Arbeitsmarkt und auf dem Sozialsektor konfrontiert sind, stellen die ILO vor eine neue Herausforderung. Die ILO meint, in Anbetracht ihrer sozialpartnerschaftlichen Organisation und ihrer einschlägigen Expertise sehr gut dafür geeignet zu sein, den neuen Demokratien auf diesem Gebiet nützliche Hilfe zu leisten. Sie steht dabei allerdings in einem gewissen Konkurrenzverhältnis zu den sozialpolitischen Aktivitäten der G 24.

Ein österreichisches Regierungsmitglied gehört dem Verwaltungsrat, dem dreigliedrigen Exekutivorgan der ILO, seit 1987 nicht mehr an. In der Arbeitgebergruppe ist jedoch als Ersatzmitglied der Österreicher Maximilian Arbesser-Rastburg vertreten. Seit 1989 ist der Österreicher Heribert Maier Stellvertretender Generaldirektor der Organisation.

Die österreichische Delegation zur 78. Tagung der **Internationalen Arbeitskonferenz**, die vom 5. bis 25. Juni in Genf stattfand, stand unter der Leitung von Bundesminister Josef Hesoun. Die Konferenz nahm ein neues Übereinkommen sowie eine Empfehlung betreffend die Arbeitsbedingungen in Hotels, Gaststätten und ähnlichen Betrieben an. Auch in politischen Fragen überwog eine unkontroversielle, konstruktive Haltung aller Delegationen. Wie im vergangenen Jahr konnte die heikle Thematik der „Werktätigen in den besetzten Gebieten Palästinas" in einer Sondersitzung des Plenums behandelt werden. Durch die Verabschiedung einer Resolution betreffend die soziale Entwicklung in Zeiten struktureller Anpassung gelang eine für die Entwicklungsländer und die Staaten Zentral- und Osteuropas gleichermaßen akzeptable Kompromißformel, der zufolge das Mandat der ILO zur Unterstützung der Entwicklung sozialer Strukturen in Ländern mit Übergang auf marktwirtschaftliche Systeme gefestigt werden soll.

Österreich finanzierte den Einsatz einer österreichischen Expertin, die als „Associate Professional Officer" (APO) im Rahmen der Arbeitsinspektionsabteilung der ILO

mit der Ausarbeitung von Entwicklungshilfeprojekten zur Förderung des Arbeitsinspektionswesens in afrikanischen Ländern betraut war.
Im Rahmen eines Entwicklungshilfeprogramms der Organisation lieferte Österreich an ein handwerkliches Ausbildungszentrum in Burundi Ausrüstung im Wert von 393.046,– US-Dollar.
Der österreichische Beitrag zum ILO-Budget betrug 2.090.291,– Schweizer Franken.

ITU – Internationale Fernmeldeunion

Österreich beteiligt sich an den Studienkommissionen
I (Fernmeldedienste)
II (Fernmeldenetzbetrieb),
IV (Instandhaltung),
VI (Außenanlagen),
VIII (Endgeräte für Telematik-Dienste),
XI (Vermittlung und Signalgebung),
XV (Übertragungssysteme und -einrichtungen) und
XVIII (ISDN = Integrated Services Digital Networks [Dienstintegrierte digitale Netze])

des Internationalen Beratenden Ausschusses für den Telegraphen- und Telefondienst (CCITT); sowie an einer zur Vorbereitung der nächsten Funkverwaltungskonferenz eingerichteten Gruppe des Internationalen Beratenden Ausschusses für den Funkdienst (CCIR).
Für Österreich war vor allem die Ausarbeitung von Empfehlungen für ein neues synchronisch-digitales Übertragungsverfahren von besonderer Bedeutung, da diese in Österreich bereits im Jahre 1992 zum Einsatz gelangen wird.
Der österreichische Beitrag zum Budget ist 2.509.200,– Schilling.

Weltpostverein

Das vom XX. Weltpostkongreß (Washington 1989) beschlossene Vertragswerk des Weltpostvereins wurde von Österreich im Jahre 1991 ratifiziert. Die Ratifikationsurkunde wurde am 20. November 1991 beim Internationalen Büro des Weltpostvereins (WPV) in Bern hinterlegt.
Österreich ist Mitglied des **Konsultativrates für Poststudien** (CCEP) und nimmt – durch die Post- und Telegraphenverwaltung – an den Arbeiten dieses Organes des WPV teil. Die österreichische Verwaltung fungiert als Berichterstatter der Studie „Ausweitung des Internationalen Schnellpostdienstes (EMS)“. Unser Land war bei der ao. Tagung des Vollzugsrates (Bern, 25. und 26. Oktober 1991) sowie bei der Jahrestagung des CCEP (Bern, 14. bis 24. Oktober 1991) vertreten. Österreich ist auch Mitglied des Kontaktkomitees „Weltpostverein – Herausgeber von Presseerzeugnissen und anderen Publikationen“.
Alle Organe des Weltpostvereins befassen sich intensiv mit der Durchführung des „Allgemeinen Aktionsprogrammes von Washington“, das auf eine weltweite Anhebung der Dienstqualität abzielt.

WHO (Weltgesundheitsorganisation)

Ziel der 1946 gegründeten Weltgesundheitsorganisation ist es, allen Völkern der Welt das höchstmögliche Niveau medizinischer Versorgung zugänglich zu machen.

Die sich hieraus ergebenden Aufgaben umfaßten u.a. die Bekämpfung von Epedemien, die Schaffung globaler Richtlinien für die Gesundheitspolitik, die internationale Standardisierung von Diagnoseverfahren und pharmazeutischen Produkten, die Beratung und Unterstützung von Regierungen und anderen internationalen Organisationen (etwa in den Bereichen Ernährung, Unterbringung, Umwelt, etc.) sowie generelle Informationstätigkeit. Wie auch in anderen Organisationen spielt die Leistung technischer Hilfe, die meist in Zusammenarbeit mit anderen UN-Gremien (UNDP, Weltbank etc.) erfolgt, eine zunehmende Rolle.

Im Rahmen der 44. Weltgesundheitsversammlung, die vom 6. bis 16. Mai in Genf stattfand, zeichnete sich, deutlicher als in den vergangenen Jahren, ein in allen regionalen Gruppen spürbarer Trend zur Entpolitisierung, gleichzeitig aber eine Zuspitzung der Positionen bei der Erörterung finanzieller Fragen ab. Das drückt sich etwa bei der Behandlung des Haushaltsplanes für das Biennium 1992/93 aus, ebenso wie durch die zunehmenden Beitragsrückstände zahlreicher Mitglieder. Die österreichische Delegation hat sich an der Arbeit in den eigentlichen Fachbereichen beteiligt. Engagiert war Österreich darüberhinaus vor allem an der Erarbeitung von Konsensresolutionen politischen und humanitären Charakters, an den Debatten mit menschenrechtlichen Dimensionen (AIDS, Behandlung geistig Erkrankter) sowie an Debatten über Finanz- und Verwaltungsfragen.

Das allgemeine AIDS-Programm der WHO ist das umfangreichste außerbudgetäre Projekt der Organsiation. Es verfolgt eine globale Strategie zur Verhütung von HIV-Infektionen, zur Linderung negativer gesellschaftlicher Reaktionen auf HIV-Infizierte, zur Förderung der Forschung etc. und leistet somit einen bedeutenden Beitrag zur internationalen Bekämpfung des Immundefektsyndroms. Österreich unterstützt dieses Programm und ist Mitglied in seinem Leistungsgremium, dem Global Management Committee.

Da Österreich der europäischen Regionalgruppe angehört, konzentrierte sich seine Mitarbeit auch 1991 auf die Aktivitäten des WHO-Regionalbüros für Europa. Dessen 41. Tagung (Lissabon, 10. bis 14. September) stand wiederum im Zeichen der Veränderungen in Zentral- und Osteuropa und der daraus resultierenden Notwendigkeit, die Länder dieser Region bei der Restrukturierung ihrer Gesundheitsverwaltungen zu unterstützen. Österreich hat in diesem Zusammenhang die Ausweitung seiner Teilnahme am „Gesunde Städte-Projekt" in den Ländern Zentral- und Osteuropas bekanntgegeben.

Österreich finanzierte den einjährigen Einsatz einer österreichischen Ärztin, die seit Oktober als „Associate Professional Officer" (APO) im Rahmen des erweiterten Immunisierungsprogramms der WHO (EPI) zunächst am Sitz des afrikanischen Regionalbüros in Brazzaville und danach in Harare (Zimbabwe) tätig ist.

Weiters hat Österreich auch zu freiwilligen Programmen der europäischen Region durch finanzielle Leistungen in der Höhe von insgesamt 240.000,– US-Dollar (für „Gesunde Städte in den Ländern Mittel- und Osteuorpas" 150.000,– US-Dollar und für „Unterstützung der Gesundheitsreformen in Europa durch die WHO/Euro/ Gruppe der Staaten mit pluralistischen Gesundheitssystemen" 90.000,– US-Dollar) beigetragen.

Der reguläre österreichische Beitrag zum Budget der WHO beträgt 2.267.100,– US-Dollar.

WIPO (World Intellectual Property Organisation)

Aufgabe der Weltorganisation für geistiges Eigentum ist es, den Schutz geistiger Eigentumsrechte durch internationale Zusammenarbeit weltweit zu fördern und die zahlreichen Verbände für geistiges Eigentum (z.B. Pariser u. Berner Unionen) zentral zu verwalten.

Österreich wird in den verschiedenen Organen der WIPO regelmäßig durch Experten aus dem Patentamt, dem Bundesministerium für Justiz, der Patentanwaltschaft und der österreichischen Vertretung Genf vertreten. 1990 bis 1991 gehörte Österreich dem Verwaltungsrat der Pariser Union an. Für das Biennium 1992/93 wurde Österreich in den Verwaltungsrat der Berner Union gewählt. Die Mitgliedschaft in jeweils einem dieser Gremien ist die Voraussetzung für einen Sitz im Koordinierungsausschuß, dem wichtigsten Exekutivorgan der WIPO. An der im September in Genf abgehaltenen gemeinsamen Tagung der Leitungsgremien der WIPO und der von ihr verwalteten Verbände stand die österreichische Delegation unter Leitung des Präsidenten des Patentamtes, Otmar Rafeiner.

Am 11. November 1990 unterzeichneten Bundesminister Alois Mock und Generaldirektor Arpad Bogsch ein Übereinkommen zur Ansiedlung des **Internationalen Registers Audivisueller Werke** in Österreich. Dieses sogenannte „Filmtitelregister" nahm im September 1991 in Klosterneuburg seine Tätigkeit auf. Es soll eine Verbesserung des Schutzes audiovisueller Werke bringen und vor allem der internationalen Piraterie Einhalt gebieten. Direktor des Registers ist der Österreicher Erik Nettel.

Die Arbeitsgruppe zur Anwendung des Madrider Protokolls 1989 betreffend die Registrierung internationaler Marken hielt, unter österreichischer Beteiligung, im Mai 1991 in Madrid ihre dritte und im November 1991 in Genf ihre vierte Tagung ab.

Am Patentrecherchenprogramm der WIPO zugunsten der Entwicklungsländer, das für den konkreten Technologietransfer von wesentlicher Bedeutung ist, nimmt Österreich weiterhin teil.

Im Zuge der im September in Genf stattgefundenen dritten Sitzung des Expertenkomitees über Streitschlichtung betreffend geistiges Eigentum, an der auch Österrreich teilnahm, konnte ein erster Textentwurf eines diesbezüglichen multilateralen Vertrages erarbeitet werden.

Auf dem Gebiet der elektronischen Datenverarbeitung wurde die bestehende Zusammenarbeit zwischen der WIPO und dem österreichischen Patentamt intensiviert.

An der Erarbeitung einer Modellgesetzgebung auf dem Gebiet des Urheberrechtes, die vor allem Entwicklungsländern zugute kommen soll, wirkte Österreich mit.

Die Beiträge, die Österreich an die von WIPO verwalteten Verbände zahlt (451.855.– Schweizer Franken), werden durch Einnahmen aus der internationalen Registrierung von Marken mehr als wettgemacht.

WTO (Weltorganisation für Tourismus)

Das Ziel der WTO ist die Förderung der internationalen Zusammenarbeit auf dem Gebiet des Tourismus. Per 31. Dezember 1991 gehörten ihr 125 Mitglieder an. Ihr

Sitz ist in Madrid, sodaß der österreichische Botschafter in Spanien zugleich ständiger Vertreter bei der WTO ist. Generalsekretär ist, bis Ende 1993, Antonio Enriquez Savignac (Mexiko). Der österreichische Beitrag zum Budget 1991 von rund 7 Millionen US-Dollar betrug 2,4 Millionen Schilling.

UN-Universität

Die 1972 als autonomes Organ der UN-Generalversammlung mit Sitz in Tokio gegründete UN-Universität (UNU) soll ein weltumspannendes Netz akademischer Institutionen zur Erforschung aktueller Probleme des Friedens, der sozialen Sicherheit und der Entwicklung schaffen. Insbesondere sollen dabei Studenten und Wissenschaftler aus Entwicklungsländern ausgebildet werden.

Der UNU angegliedert ist das 1985 in Helsinki gegründete Institut für Entwicklungshilfeforschung (WIDER) und das seit 1989 tätige Institut für Neue Technologien und Gesellschaft in Maastricht (Niederlande). Österreich beteiligt sich an der UNU mit einem freiwilligen Beitrag von 1,5 Millionen Schilling.

WMO (World Meteorological Organization)

Die Ziele der WMO sind die internationale Zusammenarbeit zur Errichtung meteorologischer Stationen, die Standardisierung meteorologischer Beobachtungen, der schnelle Austausch meteorologischer Informationen, die Anwendung der Meteorologie in Luftfahrt, Schiffahrt und Landwirtschaft sowie die Förderung weltweiter Kontakte auf diesem Gebiet. Das Interesse Österreichs an der Arbeit der WMO konzentriert sich auf die meteorologische Zusammenarbeit in Europa. Darüber hinaus wirkt Österreich insbesondere im Bereich der Forschungen über weltweite Klimaveränderungen mit.

Der österreichische Beitrag für 1991 belief sich auf 341.083,– Schweizer Franken. Österreichs Ständiger Vertreter bei der WMO ist Universitätsprofessor Peter Steinhauser von der Zentralanstalt für Meteorologie und Geodynamik in Wien.

Die österreichische Delegation zum 11. Meteorologischen Weltkongreß stand auch unter der Leitung von Prof. Peter Steinhauser.

Österreichische Delegationen nahmen ferner an der 10. Sitzung der Kommission für Agrarmeteorologie, Florenz, 2. – 13. Dezember, teil.

Im Exekutivkomittee, dem Vollzugsorgan der Organisation, ist Österreich derzeit nicht vertreten.

Die WMO setzte 1991 ihre technische und zunehmend politische Zusammenarbeit mit den Entwicklungs- und Umweltprogrammen der VN (UNDP und UNEP) fort. Dies schließt die entsprechende Teilnahme an Veranstaltungen, Informationsaustausch sowie, vor allem mit UNEP, intensive Konsultationen auf Sekretariatsebene ein. Im Mittelpunkt dieser Aktivität standen vor allem Bemühungen der internationalen Staatengemeinschaft, sich im Rahmen des „Intergovernmental Panel on Climate Change“ (IPCC) intensiv mit dem Problem menschlich verursachter Klimaveränderung auseinanderzusetzen.

Tätigkeitsbericht Europarat

1. Ministerkomitee

Am 20./21. Februar 1991 fand auf Einladung des spanischen Außenministers Fernandez Ordonez eine **Sondersitzung des Ministerkomitees** in Madrid statt, bei der die **CSFR** als 25. Europarats-Mitglied aufgenommen wurde. Außenminister Dienstbier hinterlegte die Beitrittsinstrumente und unterzeichnete gleichzeitig die Europäische Menschenrechtskonvention.

Polen nahm an dieser Sitzung in einem der Mitgliedschaft ähnlichen Status teil. Die Sowjetunion, Bulgarien, Jugoslawien und Rumänien waren ebenfalls zum informellen Teil der Sitzung eingeladen und dabei auf Außenminister-Niveau vertreten. Die österreichische Delegation war von Außenminister Mock geleitet.

Erörtert wurde vor allem die Lage in den zentral- und osteuropäischen Ländern; die Ausgestaltung der Beziehungen zwischen den zentral- und osteuropäischen Nicht-Mitgliedstaaten und dem Europarat bzw. das Verhältnis zwischen KSZE und Europarat. Die Minister begrüßten, daß in der anläßlich des KSZE-Gipfels in Paris am 21. November 1990 unterzeichneten „Charta von Paris für ein neues Europa" der Europarat Anerkennung fand.

Die Minister erteilten ihren Delegierten den Auftrag, die verschiedenen Hilfsprogramme für zentral- und osteuropäische Länder in Zusammenarbeit mit der Generalsekretärin mit dem Ziel zu koordinieren, sich besser an die Bedürfnisse der Empfängerstaaten anzupassen.

Der sowjetische Außenminister Bessmertnych hinterlegte die Beitrittsurkunde seines Landes zur Europäischen Kulturkonvention.

Am 25. April 1991 fand auf Einladung der italienischen Regierung und unter dem Vorsitz des spanischen Außenministers Fernandez Ordonez die **88. ordentliche Sitzung des Ministerkomitees** in Rom statt.

Die österreichische Delegation stand unter der Leitung von Außenminister Mock.

Dabei wurden aktuelle politische Fragen – wie beispielsweise die Lage im Irak oder die Sicherheit und Zusammenarbeit im Mittelmeerraum – behandelt; ebenso wie die Frage, welcher Platz dem Europarat in seiner zunehmend neuen paneuropäischen Dimension in der neuen europäischen Architektur zukommt. In diesem Zusammenhang war die Frage der Ausgestaltung der Beziehungen des Europarats zu den europäischen Nicht-Mitgliedstaaten zu prüfen und nach Möglichkeiten zu suchen, die Zusammenarbeit zwischen KSZE und Europarat auszubauen.

Ferner beschlossen die Minister, Bulgarien zum Beitritt zur Europäischen Kulturkonvention einzuladen.

Das erste der halbjährlich gehaltenen **„Quadripartite"-Treffen"** des Präsidenten des EG-Ministerrats und Außenminister Luxemburgs, Jacques Poos, des Generalsekretärs der EG-Kommission, David Williamson, des Vorsitzenden des Europarat-Ministerkomitees (des schwedischen Außenministers Sten Anderssen) und der Generalsekretärin Lalumière fand am 15. 5. 1991 in Straßburg statt. Die Teilnehmer stellten übereinstimmend fest, daß die sowohl politische wie auch wirtschaftliche Unterstützung der zentralund osteuropäischen Reformstaaten dringend geboten ist, um diese verstärkt in die europäische Zusammenarbeit einzubinden. Eine enge Zusammenarbeit zwischen den europäischen Institutionen könnte die optimale Komplementarität ihrer Aktivitäten sichern.

Das zweite **Quadripartite-Treffen** fand am 20. November 1991 unter Teilnahme von Hans van den Broek, des Vorsitzenden des EG-Ministerrates und Außenministers der Niederlande, David Williamson, der Generalsekretärin der EG-Kommission, Margaretha af Ugglas, der Vorsitzenden des Europarat-Ministerkomitees, René Felber, des Vizevorsitzenden des Europarat-Ministerkomitees sowie von Generalsekretärin Lalumière statt.

Die kriegerischen Vorgänge in Jugoslawien sowie die Entwicklungen der Sowjetunion waren Inhalt des Meinungsaustausches. Man war sich darüber im klaren, daß die Länder Zentral- und Osteuropas rascher als ursprünglich gedacht an die Strukturen der europäischen Zusammenarbeit herangeführt werden und an ihnen so umfassend wie nur möglich teilnehmen müssen. Hervorgehoben wurde insbesondere die Bedeutung des Erfolges wirtschaftlicher Reformen für die dauerhafte Einführung demokratischer Strukturen und die Hilfe, die Europarat und EG dabei leisten können. Man kam überein, der Koordination der Hilfsprogramme, die seitens des Europarats und der EG bzw. der Gruppe der 24 durchgeführt werden, besondere Aufmerksamkeit zukommen zu lassen.

Der **Ausbau der Zusammenarbeit zwischen KSZE und Europarat** wurde durch die Teilnahme des Europarats an dem KSZE-Symposium über kulturelles Erbe in Krakau im Mai 1991, an dem KSZE-Expertentreffen über nationale Minderheiten in Genf im Juli 1991, an der Moskauer Konferenz über die Menschliche Dimension im September 1991 sowie am Seminar über demokratische Institutionen im Oktober 1991 in Oslo fortgesetzt.

Am 26. November 1991 fand die **89. ordentliche Sitzung des Ministerkomitees** unter dem Vorsitz der schwedischen Außenministerin Margaretha af Ugglas statt. Polen, vertreten durch Außenminister Skubiszewski, wurde als 26. Mitglied in den Europarat aufgenommen. Außenminister Skubiszewski unterzeichnete gleichzeitig die Europäische Menschenrechtskonvention. Am informellen Teil der Sitzung nahmen die Außenminister der drei baltischen Länder teil.

Die Minister behandelten die Frage der Rolle des Europarats in der künftigen europäischen Architektur. Insbesondere von französischer Seite wurde betont, daß – im Sinne der von Präsident Mitterrand vorgeschlagenen „confédération" – der Europarat künftig eine wichtigere Rolle in Europa spielen sollte. Daraus leiten sich für den ER Verpflichtungen und Aufgaben ab. Man hätte ihn daher auch budgetär entsprechend zu dotieren.

Von Österreich wurde bei der 89. Ministerkomiteesitzung der Entwurf eines Zusatzprotokolls zur Europäischen Menschenrechtskonvention über den **Schutz von Volksgruppen** eingebracht. Dieser Entwurf sieht die Möglichkeit vor,Volksguppenrechte im Wege über die Mechanismen in der Europäischen Menschenrechtskonvention durchzusetzen

Rumänien wurde zum Beitritt zur Europäischen Kulturkonvention eingeladen. Außenminister Mock konnte aus zwingenden Gründen an dieser Ministerkomiteesitzung nicht teilnehmen. Die österreichische Delegation stand daher unter der Leitung des stellvertretenden Generalsekretärs im BMaA, Botschafter Türk.

Die Anerkennung der Rolle des Europarats, insbesondere seine Bedeutung als Rahmen der Zusammenarbeit mit den zentral- und osteuropäischen Ländern, führte zu einem beachtlichen Ergebnis der diesjährigen **Budgetverhandlungen:** Die Mittel für 1992 wurden im Vergleich zu 1991 um nominal 14,7 Prozent aufgestockt. Das ordentliche Budget für 1992 beträgt demnach 640 Millionen Französische Francs. Dabei wurden die Mittel für die Fortbildung von Juristen und Verwaltungsfachleuten in den osteuropäischen Reformländern (ER-Mitgliedsländer und Nichtmitgliedsländer) mit umgerechnet 70 Millionen Schilling gegenüber 1990 verdoppelt. Dieses Verhandlungsergebnis reflektiert die österreichische Vorstellung, den Europarat entsprechend seinen neu übernommenen Aufgaben finanziell großzügiger zu dotieren. Dem Europarat soll es dadurch möglich sein, seine Aufgabe beim Aufbau demokratischer und rechtsstaatlicher Strukturen in den Staaten Mittel- und Osteuropas wirksam wahrzunehmen.

Auf dem Weg der zentral- und osteuropäischen Staaten nach Europa und zum Europarat gab es – neben der Aufnahme von Polen und der CSFR – im Jahr 1991 folgende Marksteine:

- Teilnahme Polens an Sitzungen des Ministerdelegiertenkomitees mit einem speziellen Status;
- Übermittlung des Antrags Bulgariens (12. 2.) sowie der Baltischen Staaten (20. 9.) auf Mitgliedschaft im Europarat an die Parlamentarische Versammlung zur Prüfung und Stellungnahme;
- Beitritt Bulgariens zur Europäischen Kulturkonvention, Beitritt zu weiteren Europarats-Konventionen;
- Beitritt Rumäniens zu zwei Europarats-Konventionen;
- Beitritt Rumäniens als 31. Land Europas zur Europäischen Kulturkonvention (19. 12.)
- Beitritt der Sowjetunion zur Europäischen Kulturkonvention (21. 2.) sowie zu mehreren technischen Europarats-Konventionen. Die genannten Länder können ab dem Beitritt zur Europäischen Kulturkonvention an den Aktivitäten der 26 ER-Mitgliedsländer in Bereichen wie Erziehung, Sport, Jugendaustausch und Denkmalschutz teilnehmen.
- Beobachterstatus im Rahmen der Venediger Kommission für Demokratie durch Recht: Albanien, Bulgarien, Polen, Rumänien, Jugoslawien, Sowjetunion.
- Sondergaststatus für Estland, Lettland und Litauen in der Parlamentarischen Versammlung (18. 9.) und für Albanien (25. 11.)

Zum Stand der Durchführung der Hilfs- und Kooperationsprogramme mit mittel- und osteuropäischen Länder siehe Punkt 4.9.

Zu einem Meinungsaustausch im Ministerdelegiertenkomitee wurden folgende Vertreter von Nicht-Mitgliedstaaten eingeladen:

12. 2. Botschafter Deryabin, Leiter des Departements für Sicherheit und Zusammenarbeit in Europa des sowjetischen Außenministeriums

10. 9. Der Vize-Außenminister Bulgariens, Garvalov, sowie der Vize-Außenminister Albaniens, Marku

11. 9. Der Stellvertretende Außenminister Jugoslawiens, Pribicevic

Als Antwort auf die Kämpfe in Jugoslawien beschloß das Ministerdelegiertenkomitee am 8. Oktober, die Beziehungen des ER zu **Jugoslawien** zu suspendieren. Jugoslawien nahm daher an allen nachfolgenden Konferenzen des ER wie z. B. der Europäischen Erziehungsministerkonferenz in Wien im Oktober nicht teil.

2. Parlamentarische Versammlung

Auch die Tätigkeit der Parlamentarischen Versammlung wandte sich, wie schon in den Vorjahren, schwerpunktmäßig den zentral- und osteuropäischen Staaten zu. Sie hatte ja schon vorher in dieser Beziehung Pionierarbeit geleistet – etwa als im Jahre 1989 für diese Staaten der Status von „Sondergästen" geschaffen wurde.

Der **dritte Teil der 42. Sitzungsperiode** der Parlamentarischen Versammlung fand vom **28. Jänner – 1. Februar 1991** in Straßburg statt. Bei dieser Sitzung gab die Parlamentarische Versammlung einen positiven Avis betreffend den Beitritt der CSFR zum Europarat ab. **Rumänien** wurde der Sondergaststatus verliehen. Für Österreich war die Sitzung insofern ein besonderes Ereignis, als Bundeskanzler Franz **Vranitzky** vor der Parlamentarischen Versammlung sprach und Fragen beantwortete (am 30. Jänner). Sein Besuch in Straßburg bekräftigte die seit jeher bestehende aktive Teilnahme Österreichs an den Arbeiten des Europarats.

Ferner sprachen vor der Parlamentarischen Versammlung: der spanische Außenminister Francisco Fernandez Ordonez (am 29. Jänner); der Stellvertretende Premierminister und Finanzminister Polens, Leszek Balcerowicz (am 29. Jänner); der rumänische Premierminister Petre Roman (am 29. Jänner); der tschechoslowakische Außenminister Jiri Dienstbier (am 30. Jänner) und der bulgarische Präsident Jeliu Jelev (am 31. Jänner).

Abgeordneter Blenk erstattete einen Bericht über globale Umweltänderungen und die Rolle von Wissenchaft und Demokratie.

Die Parlamentarische Versammlung nahm bei dieser Sitzungsperiode die nachstehenden Dokumente an:

Meinung Nr. 155 (1991)	betreffend den Antrag der Tschechischen und Slowakischen Föderativen Republik auf Mitgliedschaft im Europarat
Empfehlung 1137 (1991)*)	betreffend eine vergleichende Bewertung des Unterrichtes
Empfehlung 1138 (1991)*)	betreffend den Europäischen Unterstützungsfonds für die Koproduktion und die Verteilung von filmischen und audiovisuellen Werken „EURIMAGES"
Empfehlung 1139 (1991)	betreffend die institutionelle Rolle des Europarats in einem Kontinent, der nach größerer Einheit strebt
Empfehlung 1140 (1991)	betreffend die globalen Umweltveränderungen und die Rolle von Wissenschaft und Demokratie
Empfehlung 1141 (1991)	betreffend Drogenmißbrauch und illegalen Vertrieb und die Frage der Legalisierung

---

*) wurden vom Ständigen Ausschuß im Namen der Parlamentarischen Versammlung am 22. November 1990 angenommen

Empfehlung 1142 (1991)	betreffend die Etikettierung von Qualitätslebensmittel
Empfehlung 1143 (1991)	betreffend die Beziehungen zwischen Tierzucht und der Umweltqualität
Empfehlung 1144 (1991)	betreffend die Situation der Grenzlandbevölkerung und der Grenzgänger
Empfehlung 1145 (1991)	betreffend den Schutz der Ost-West-Umwelt
Entschließung 954 (1991)	betreffend den Golfkonflikt
Entschließung 955 (1991)	betreffend die wirtschaftlichen Reformen in Zentral- und Osteuropa: Eine Herausforderung für Gesamteuropa
Entschließung 956 (1991)	betreffend den Technologietransfer in die zentral- und osteuropäischen Länder
Entschließung 957 (1991)	betreffend die Situation der lokalen Radiostationen in Europa
Anordnung Nr. 457 (1991)	betreffend den Technologietransfer in die zentral- und osteuropäischen Länder
Anordnung Nr. 458 (1991)	betreffend die globalen Umweltänderungen und die Rolle der Demokratie und der Wissenschaft
Anordnung Nr. 459 (1991)	betreffend das Follow-up zur gesamteuropäischen parlamentarischen Konferenz über den Schutz der Ost-West-Umwelt

Der **erste Teil der 43. Sitzungsperiode** der Parlamentarischen Versammlung fand vom **22.–28. April 1991** statt. Die österreichische Delegation wurde neu bestellt und stellt sich wie folgt zusammen:

Mitglieder
Fuhrmann Willi (SPÖ)
Hawlicek Hilde (SPÖ)
König Friedrich (ÖVP)
Pawkowicz Rainer (FPÖ)
Schieder Peter (SPÖ)
Schwimmer Walter ÖVP)

Ersatzmitglieder
Graenitz Ilona (SPÖ)
Gusenbauer Alfred (SPÖ)
Konecny Albrecht (SPÖ)
Lanner Sixtus (ÖVP)
Schmid Michael (FPÖ)
Strimitzer Martin (ÖVP)

Vorsitzender
Schieder Peter

Stv. Vorsitzender
König Friedrich

Der schwedische Konservative Anders Björck wurde zum dritten Mal für ein weiteres Jahr zum Präsidenten der Parlamentarischen Versammlung gewählt. Abgeordneter Fritz König wurde zu einem der 15 Vizepräsidenten der Parlamentarischen Versammlung gewählt. Abgeordenter Peter Schieder wurde im April zum Vorsitzenden der Sozialistischen Gruppe gewählt. Es ist dies die größte Fraktion der Parlamentarischen Versammlung.

Vor der Parlamentarischen Versammlung sprachen der griechische Premierminister Konstantin Mitsotakis (am 23. April), der italienische Präsident Francesco Cossiga (am 24. April), der Präsident des tschechoslowakischen Parlamentes Alexander Dubcek (am 22. April) und der spanische Außenminister Francisco Fernandez Ordonez (am 24. April – als Vorsitzender des Ministerkomitees).

Die Parlamentarische Versammlung verabschiedete im Rahmen dieser Tagung:

Anordnung Nr. 460 (1991) betreffend die kurdische Bevölkerung und andere verfolgte Minderheiten im Irak
Anordnung Nr. 461 (1991) betreffend die Situation der Spitäler in Albanien

Empfehlung 1147 (1991)	betreffend die parlamentarische Verantwortung für die demokratische Reform des Rundfunks
Empfehlung 1148 (1991)	betreffend das Europa von 1992 und die Wanderungspolitik
Empfehlung 1149 (1991)	betreffend das Europa von 1992 und die Flüchtlingspolitik
Empfehlung 1150 (1991)	betreffend die Kurden und andere verfolgte Minderheiten im Irak
Empfehlung 1151 (1991)	betreffend die Aufnahme und Ansiedlung von Flüchtlingen in der Türkei
Empfehlung 1152 (1991)	betreffend die Situation der palästinensischen Flüchtlinge und die Einwanderung von Juden aus der Sowjetunion in Israel
Empfehlung 1153 (1991)	betreffend eine konzertierte europäische Gesundheitspolitik
Empfehlung 1154 (1991)	betreffend die nordafrikanischen Einwanderer in Europa
Entschließung 961 (1991)	betreffend Nahrungsmittelhilfe und die Politik zur Sicherung der Lebensmittelversorgung
Entschließung 962 (1991)	betreffend das Europa von 1992 – die Konsequenzen der Fertigstellung des EG-Binnenmarktes
Entschließung 963 (1991)	betreffend die Rolle Europas in einer künftigen „Neuen Weltordnung“ nach dem Golfkrieg

Die **Sommersession der Parlamentarischen Versammlung** fand über finnische Einladung vom **25. bis 29. Juni 1991** in Helsinki statt. Diese Sitzung war in erster Linie einer Debatte von KSZE-Fragen gewidmet. Weiters wurde auch ein „Gemischter Ausschuß“ (Vertreter der Parlamentarischen Versammlung, Vorsitzender des Ministerkomitees, Ministerdelegierte, Generalsekretärin des Europarats) abgehalten. Weiters fand im Rahmen der Kommission für die Beziehungen mit Nicht-Mitgliedstaaten ein Hearing mit den Präsidenten Estlands, Lettlands und Litauens statt.

Vom 16. bis 18. September 1991 fand in Straßburg die **Dritte Konferenz über Parlamentarische Demokratie statt**, an der über 400 Parlamentarier aus über 70 Ländern teilnahmen. Die Eröffnungsansprache hielt der deutsche Bundespräsident Richard von Weizsäcker. Von der Konferenz wurde eine Schlußerklärung angenommen, in der die Konferenzteilnehmer u.a. ihre Überzeugung zum Ausdruck brachten, daß in der gegenwärtigen historischen Phase die Völker der Erde verlangen, daß das Konzept der formalen Legalität durch das tiefere Konzept der Legitimität ersetzt werde. Die Parlamentarier befaßten sich ferner mit der Schwierigkeit, auf die die Reformländer in Mittel- und Osteuropa beim Übergang vom Totalitarismus zur Demokratie stoßen und mit den Möglichkeiten zur Stärkung der demokratischen Institutionen, vor allem in der Dritten Welt.

Der **zweite Teil der 43. Sitzungsperiode** der Parlamentarischen Versammlung fand vom **18.–25. September 1991** in Straßburg statt. Noch vor Beginn dieser Sitzungsperiode hat das Büro der Parlamentarischen Versammlung am 18. September 1991 den Parlamenten Estlands, Lettlands und Litauens den Sondergaststatus verliehen. Vor der Parlamentarischen Versammlung sprachen die Generalsekretärin des Europarats, Catherine Lalumière (am 18. September), der schwedische Außenminister, Sten Andersson als Vorsitzender des Ministerkomitees (am 19. September), der Generalsekretär der OECD Jean-Claude Paye (am 20. September), der Schweizer Bundespräsident Flavio Cotti (am 20. September) und der dänische Premierminister Roul Schlüter (am 23. September).

In dieser Sitzungsperiode wurden durch die Parlamentarische Versammlung folgende Dokumente angenommen:

Meinung Nr. 160 (1991)	betreffend bestimmte Bestimmungen der Sozialcharta des Europarats, die nicht akzeptiert worden sind
Empfehlung 1161 (1991)	betreffend die Krise in der Sowjetunion
Empfehlung 1162 (1991)	betreffend den Beitrag der islamischen Zivilbevölkerung zur europäischen Kultur
Empfehlung 1163 (1991)	betreffend die Ankunft von Asylsuchenden auf europäischen Flughäfen
Empfehlung 1164 (1991)	betreffend demographische Ungleichgewichte zwischen den Ländern des mediterranen Beckens
Empfehlung 1165 (1991)	betreffend das follow-up zur europäischen Kampagne für den ländlichen Raum
Empfehlung 1166 (1991)	betreffend die Aussichten für die europäische Integration und die Entspannung im Mittelmeerraum
Empfehlung 1167 (1991)	betreffend die entscheidende Rolle der Nahrungsmittelversorgung für die Konsolidierung der Demokratie in Zentral- und Osteuropa
Empfehlung 1168 (1991)	betreffend die Zukunft der Sozialcharta des Europarats
Empfehlung 1169 (1991)	betreffend Erziehung für Gesundheit und gegen den Drogenmißbrauch in den Mitgliedstaaten des Europarats und der Europäischen Gemeinschaft
Entschließung 968 (1991)	betreffend die Aktivitäten der OECD im Jahr 1990
Entschließung 969 (1991)	betreffend die Krise in Jugoslawien
Entschließung 970 (1991)	betreffend die Situation in Albanien
Entschließung 971 (1991)	betreffend Europa und den Stand der Weltbevölkerung
Entschließung 972 (1991)	betreffend die Zukunft der Fischerei auf den Ozeanen
Richtlinie Nr. 464 (1991)	betreffend die neuen souveränen Republiken Osteuropas
Richtlinie Nr. 465 (1991)	betreffend den Beitrag der islamischen Zivilisation zur europäischen Kultur
Richtlinie Nr. 466 (1991)	betreffend die durch die Krise in Jugoslawien vertriebene Bevölkerung
Richtlinie Nr. 467 (1991)	betreffend die Ankunft von Asylsuchenden auf europäischen Flughäfen

Am 25. November 1991 hat das erweiterte Büro der Parlamentarischen Versammlung dem Parlament Albaniens den Sondergaststatus verliehen und den Sondergast-

status der jugoslawischen Bundesversammlung suspendiert. Bei der gleichen Bürositzung wurden der britische Konservative Sir Geoffrey Finsberg zum neuen Präsidenten der Parlamentarischen Versammlung bestellt, nachdem der bisherige Präsident, der schwedische Konservative Anders Björck Mitglied der neuen schwedischen Regierung geworden war.

3. Ständige Konferenz der Gemeinden und Regionen Europas

In der Zeit vom 19. bis 21. März 1991 hielten die 186 Delegierten zur Ständigen Konferenz der Gemeinden und Regionen Europas in Straßburg ihre 26. Plenartagung ab. Österreich war durch Delegierte der Bundesländer sowie des österreichischen Städte- und Gemeindebundes vertreten. Weiters waren eine Reihe osteuropäischer Bürgermeister bzw. Delegierte (Bulgarien, Polen, UdSSR, Estland) anwesend.

Es sprachen die nachstehenden Persönlichkeiten vor der Gemeindekonferenz:

N. Sergent, Präsident der Gemeindekonferenz

Catherine Lalumière, Generalsekretärin des Europarats

J. N. Eguiagaray, Minister für öffentliche Verwaltung Spaniens im Auftrage des Präsidenten des Ministerkomitees

Terlouw, Generalsekretär der Europäischen Transportministerkonferenz

K. Ahrens, in seiner Eigenschaft als Vizepräsident der Parlamentarischen Versammlung des Europarats

Die Konferenz nahm insgesamt zehn Resolutionen an:

- Res. 219 betreffend eine Konvention für Bodenschutz
- Res. 220 über regionalen Transport
- Res. 221 betreffend die Verbesserung des Verkehrs und der Lebensqualität in städtischen Gebieten
- Res. 222 betreffend die Informationspolitik der lokalen und regionalen Behörden in Europa
- Res. 223 betreffend die Rolle der lokalen und regionalen Behörden auf dem Gebiet der Integrationspolitik zwischen Ost- und Westeuropa
- Res. 224 betreffend Vorschläge für eine Änderung der Verfassung der Ständigen Konferenz
- Res. 225 betreffend den Beitrag der lokalen und regionalen Behörden zu einer europäischen Erziehungspolitik
- Res. 226 betreffend regionale Solidarität
- Res. 227 betreffend die Außenbeziehungen der lokalen und regionalen Behörden
- Res. 228 betreffend Städte in Europa

In der Diskussion nahm die Forderung nach einer Aufwertung der Konferenz durch eine **Änderung ihrer Statuten** breiten Raum ein. Die Ständige Konferenz soll neben der Parlamentarischen Versammlung, dem Ministerkomitee und dem Europäischen Gerichtshof für Menschenrechte der vierte Pfeiler des Europarats werden und als solcher die Demokratie auf lokaler Ebene repräsentieren. In der diesbezüglichen Resolution 224 wurde eine Neukonstitutierung der Ständigen Konferenz der Gemeinden und Regionen Europas gefordert. Hiebei soll für die Regionen mit legislativen Kompetenzen eine eigene Kammer geschaffen werden.

4. Zwischenstaatliche Zusammenarbeit

4.1. Menschenrechte

Der im Rahmen des **Leitungskomitees für Menschenrechte** eingesetzte Expertenausschuß untersuchte 1991 mehrere Alternativen zur **Verbesserung der Verfahren der Europäischen Menschenrechtskonvention**. Die Wirksamkeit des Kontrollmechanismus der Konvention müsse erhöht werden. Ferner begann dieser Ausschuß, an der Revision und Konsolidierung der Verfahrensregeln des Ministerkomitees in Menschenrechtsfragen (Art 32 und 54 der Konvention) zu arbeiten.

Weiters befaßte sich das Leitungskomitee für Menschenrechte mit der Vorbereitung eines Empfehlungsentwurfes über den wirksamen Zugang zu Recht und Gerechtigkeit für die Armen.

Der Zeitplan für die Umsetzung des Projektes „Menschenrechte und wahre Demokratie" wurde vom Leitungskomitee für Menschenrechte dem Ministerkomitee vorgelegt und von diesem approbiert.

Das Leitungskomitee für **Gleichstellung von Frau und Mann** befaßte sich schwerpunktmäßig mit folgenden Fragen:

- Einrichtung eines europäischen Büros für Gleichheit zwischen Frau und Mann
- Aufstellung eines Aktivitätenplanes zur europäischen Kampagne für Gleichheit zwischen Frau und Mann.

Am 26./27. Juni 1991 wurde ein Meinungsaustausch im Rahmen eines ad hoc-Expertenkomitees über die Menschenrechtsaktivitäten der KSZE abgehalten.

Das europäische Komitee, welches nach der Europäischen Konvention zur Vermeidung von Folter oder erniedrigender Behandlung oder Strafe eingesetzt wurde, stattete 1991 folgenden Ländern Kontrollbesuche ab:

Spanien, Frankreich, Schweden, Schweiz, Türkei, BRD.

Die Auswahl dieser Staaten erfolgt durch Los. Im Mai 1991, nach Abschluß des ersten Jahresberichtes, fand ein Meinungsaustausch zwischen den Ministerdelegierten und dem Präsidenten des Anti-Folterkomitees, Professor Cassese, statt.

Die CSFR und Polen haben gleichzeitig mit ihrem Beitritt zum Europarat die Menschenrechtskonvention unterzeichnet (die CSFR am 20. Februar 1991 und Polen am 26. November 1991). Beide Staaten haben aber die Menschenrechtskonvention noch nicht ratifiziert.

Der **Europäischen Menschenrechtskommission** gehört als österreichisches Mitglied bis 1996 Univ.Prof. Dr. Felix Ermacora an. Im Sekretariat der Kommission sind zwei Österreicher beschäftigt, ein dritter Posten für einen Österreicher wurde im Berichtsjahr geschaffen, aber noch nicht besetzt.

Bei der Kommission wurden 1991 insgesamt 5550 Anträge eingebracht (Steigerung gegenüber dem Vorjahr 12,3%), davon 195 gegen Österreich (Rückgang gegenüber dem Vorjahr um 23,2%). 1648 Beschwerden (29,7% der Anträge) wurden registriert (Rückgang um 0,55% gegenüber dem Vorjahr), davon 135 gegen Österreich (69,2% der gegen Österreich eingereichten Anträge, Rückgang um 15,1% in absoluten

Zahlen, aber Steigerung der Registrierungsquote um 6,6%; die Registrierungsquote in österreichischen Fällen lag somit mehr als doppelt so hoch als der Durchschnitt).

Die Kommission trat während acht Sitzungsperioden (16 Sitzungswochen) zusammen, wobei sie 40 mündliche Verhandlungen in 49 Individualbeschwerdesachen abhielt. Vier Verhandlungen betrafen österreichische Fälle:

- Nr. 12235/86 (Zumtobel) – Enteignungsverfahren, Anwendbarkeit von Art. 6 EMRK
- Nr. 13308/87 (Chorherr) – Meinungsäusserungsfreiheit bei einer Versammlung
- Nr. 13816/88 (M) – Verwaltungsstrafverfahren, Art. 6 und Vorbehalt zu Art. 5
- Nr. 13843/87 (Vitzthum) – Zwangsunterbringung wegen Geisteskrankheit

217 Beschwerden wurden für zulässig erklärt (Steigerung um 43,7% gegenüber dem Vorjahr, was hauptsächlich auf die grosse Zahl von Verfahrensdauerfällen zurückgeht), wobei 24 der zulässig erklärten Fälle Österreich betrafen (Steigerung um 177,8% !!, d. h. um mehr als das Doppelte). 1441 Beschwerden wurden für unzulässig erklärt oder aus der Liste gestrichen (Steigerung um 35,3%), davon 129 österreichische Fälle (Steigerung um 63,3%). Die wesentliche Steigerung in der Zahl der Erledigungen geht vorwiegend auf die neue Organisationsstruktur der Kommission gemäß dem 8. Zusatzprotokoll zurück, wonach Fälle, die keine grundsätzlich neuen Rechtsfragen aufwerfen, Kammern zugewiesen und Beschwerden, die keine besonderen Rechtsfragen aufwerfen, durch einstimmigen Beschluss eines Dreierausschusses für unzulässig erklärt werden können.

306 Beschwerden wurden den beteiligten Staaten zur Stellungnahme übermittelt, davon 45 an Österreich.

Die Kommission nahm 32 Berichte gemäß Artikel 28 (gütliche Regelung), zwei Berichte gemäß Artikel 30 (Einstellung des Verfahrens nach Zulässigkeit) und 144 Berichte gemäß Art. 31 der Konvention (Stellungnahme zur Frage der Konventionsverletzung) an. Hiervon betrafen österreichische Fälle:

1 Bericht gemäß Artikel 28

- Nr. 11334/85 (Gesellschaft S) – Bindung eines Gerichts an eine Verwaltungsentscheidung, Änderung der Rechtslage, Schadenersatz, Bericht v. 4. 7. 1991

1 Bericht gemäß Artikel 30

- Nr. 12445/86 (G) – Dauer eines Strafverfahrens, Rückziehung der Beschwerde nach Begnadigung, Bericht der 2. Kammer v. 15. 1. 1991

8 Berichte gemäß Artikel 31

- Nr. 10533/83 (Herczegfalvy) – Unterbringung in einer Anstalt für geisteskranke Rechtsbrecher, Verletzung der Art. 5, 3, 8, 10 u. 13 EMRK, Bericht v. 1. 3. 1991
- Nr. 12628/87 (F) – Dauer eines Scheidungsprozesses, Bericht der 1. Kammer v. 31. 5. 1991
- Nr. 13161/87 (Artner) – Verwendung von Zeugenaussagen vor der Polizei in einem Strafprozess, keine Verletzung von Artikel 6, Bericht v. 8. 1. 1991
- Nr. 13373/87 (H) – Dauer eines Strafverfahrens, Bericht der 1. Kammer v. 8. 7. 1991
- Nr. 13704/88 (Schwabe) – Meinungsäusserungsfreiheit, Erwähnung einer früheren Verurteilung eines Politikers, Verletzung v. Art. 10, Bericht v. 8. 1. 1991

- Nr. 14396/88 (Fey) – fehlende Trennung von U-Richter und erkennendem Richter im bezirksgerichtlichen Verfahren, Verletzung v. Art. 6 Abs. 1, Bericht v. 15. 10. 1991
- Nr. 15016/89 (M) – Dauer der Urteilsausfertigung im 2. Rechtszug eines Strafverfahrens, Bericht der 2. Kammer v. 9. 12. 1991
- Nr. 15615/89 (M-G) – Dauer der Urteilsausfertigung in einem Strafverfahren, Bericht der 2. Kammer v. 9. 12. 1991

Am 31. 12. 1991 waren insgesamt 218 gegen Österreich gerichtete Beschwerden vor der Kommission anhängig, davon

25 zulässige Beschwerden:

- die vier Beschwerden, in denen mündliche Verhandlungen stattfanden (siehe oben), sowie
- Nr. 12350/86 (Kremzow) – Strafverfahren, Fairness des Rechtsmittelverfahrens vor dem OGH
- Nr. 12593/86 (Raiffeisenkassen) – Dauer eines Verfahrens über Zivilrechte von Verfallsbeteiligten in einem Strafverfahren
- Nr. 12875/87 (Hofmann) – Entzug des Sorgerechts wegen Mitgliedschaft bei den Zeugen Jehovas
- Nr. 12650/87 (Wieninger) – Agrarverfahren, Entschädigung für unzureichende vorläufige Grundabfertigung
- Nr. 12883/87 (K) – Dauer eines Scheidungs- und Unterhaltsprozesses
- Nr. 12976/87 (G) – Briefverkehr eines Strafgefangenen
- Nr. 13126/87 (Sekanina) – Unschuldsvermutung nach Freispruch
- Nr. 13470/87 (O.P.I.) – Verbot einer Filmvorführung wegen Blasphemie
- Nr. 13715/88 (K) – Dauer eines Zivilprozesses
- Nr. 13811/88 (E u. a.) – Dauer eines Agrarverfahrens
- Nr. 14093/88 (Moosmann) – Meinungsäusserung durch Abstecken einer bekämpften Strassentrasse
- Nr. 14184/88 (Rezek) – Dauer eines Strafverfahrens
- Nr. 14503/89 (Margulies) – Dauer eines Strafverfahrens
- Nr. 14974/89 (H) – Dauer eines Finanzstrafverfahrens
- Nr. 15207/89 (S) – Dauer eines Arbeitsgerichtsverfahrens
- Nr. 15306/89 (Kiraly) – Dauer eines Strafverfahrens
- Nr. 15321/89 (Schiehser) – Dauer eines Strafverfahrens
- Nr. 15548/89 (Niesenbacher) – Dauer eines Strafverfahrens
- Nr. 15883/89 (Kremzow) – Dauer eines Finanzstrafverfahrens
- Nr. 16103/90 (H) – Dauer eines Scheidungsprozesses
- Nr. 16704/90 (T) – Dauer eines Strafverfahrens

55 zugestellte Beschwerden:

- Nr. 12884/87 – Baugenehmigung für Nachbargrundstücke, Art. 6
- Nr. 13713/88 – Anerbenverfahren, Verfahrensdauer
- Nr. 13826/88 – Aufenthaltsverbot und Schubhaft
- Nr. 13914/88, 15041/89, 15717/89, 15779/89, 17209/90 – Rundfunkmonopol
- Nr. 14249/88, 14696/89, 14697/89, 15506/89, 15508/89 – Agrarverfahren
- Nr. 14477/88, 15780/89 – Rechtsfolgen einer Entmündigung
- Nr. 14562/89 – Vorname eines Kindes
- Nr. 14620/89 – Aufenthaltsverbot und Familienleben

- Nr. 15062/89, 16038/90, 16131/90, 16941/90 – Dauer von Strafverfahren
- Nr. 15153/89 – Verbot der Verteilung einer Zeitschrift in Bundesheerkasernen
- Nr. 15154/89 – Ungleichbehandlung ehelicher und unehelicher Kinder im Erbrecht
- Nr. 15198/89, 15245/89, 15591/89 – Dauer und Fairness von Zivilprozessen
- Nr. 15220/89, 17755/91, 17756/91, 17757/91 – Überwachung durch Staatspolizei
- Nr. 15220/89, 15509/89 – Versammlungsfreiheit
- Nr. 15361/89 – Verkehrsrecht mit Kind, Verfahrensdauer
- Nr. 15523/89, 15527/89, 15961/90, 15963/90, 16713/90, 16718/90, 16841/90 – Verwaltungsstrafverfahren und österr. Vorbehalt
- Nr. 15701/89 – Rechtsmittelverzicht im Strafverfahren
- Nr. 15882/89 – Hausdurchsuchung in einer Notariatskanzlei
- Nr. 15886/89 – Dauer eines Finanzstrafverfahrens
- Nr. 16002/90 – Aussagepflicht eines Zeugen, Selbstbezichtigung
- Nr. 16060/90 – Mitteilung der Beschuldigung in einem Strafverfahren
- Nr. 16410/90 – Telefonüberwachung
- Nr. 16494/90 – Dauer eines Zivilprozesses
- Nr. 16514/90 – Misshandlung bei Polizeiverhör
- Nr. 16568/90 – Enteignungsverfahren
- Nr. 16922/90 – Entzug einer wasserrechtlichen Konzession
- Nr. 17380/90 – Strafverfahren wegen falscher Beweisaussage
- Nr. 18101/91 – Abschiebung nach Sri Lanka
- Nr. 18116/91 – Meinungsäusserungsfreiheit
- Nr. 18249/91 – strafrechtliche Voruntersuchung
- Nr. 18820/91 – Vaterschaftsprozess

4 Beschwerdefälle, die von der Kommission nach erstmaliger Prüfung vertagt wurden

134 Beschwerden, die von der Kommission noch nicht geprüft wurden (10 aus 1989, 46 aus 1990 und 78 aus 1991).

Dem **Europäischen Gerichtshof für Menschenrechte** gehört als österreichisches Mitglied Univ.Prof. DDr. Franz Matscher an.

Beim Gerichtshof wurden 1991 insgesamt 93 Fälle neu anhängig gemacht, darunter vier österreichische Fälle (in der Reihenfolge der Einbringung: Artner, Schwabe, Herczegfalvy und Fey; zum jeweiligen Gegenstand und zum Ergebnis des Kommissionsverfahrens siehe oben). Aus dem Vorjahr ist noch der Fall Pfeifer u. Plankl anhängig.

Der Gerichtshof fällte 72 Urteile, darunter die folgenden vier Urteile in österreichischen Fällen:

- Asch (Urteil v. 26. 4. 1991, Serie A Nr. 203) – Verurteilung aufgrund von Zeugenaussagen vor der Polizei, keine Verletzung v. Art. 6
- Oberschlick (Urteil v. 23. 5. 1991, Serie A Nr. 204) – Verurteilung wegen Ehrenbeleidigung eines Politikers, Verletzung v. Art. 10 und 6
- Brandstetter (Urteil v. 28. 8. 1991, Serie A Nr. 211) – Verurteilungen nach dem Weingesetz sowie wegen Verleumdung und Beweismittelfälschung, Verletzung v. Art. 6 durch Verletzung der Waffengleichheit im Rechtsmittelverfahren
- Wiesinger (Urteil v. 30. 10. 1991, Serie A Nr. 213) – Verletzung von Art. 6 wegen Verfahrensdauer, keine Verletzung v. Art. 1 ZP

4.2. Medienfragen

Am Europarats-Teilabkommen **Eurimages**, dem Europäischen Unterstützungsfonds für Produktion und Vertrieb audiovisueller und cinematographischer Werke, sind derzeit 20 Mitgliedstaaten des Europarats beteiligt, darunter auch Österreich, das im Jänner 1991 beigetreten ist. Der Empfehlung 1138 der Parlamentarischen Versammlung aus dem Jahr 1989 wurde durch den Beitritt Polens als Nicht-Mitgliedstaat des Europarats zu Eurimages am 19. September Rechnung getragen. Einige der von Eurimages subventionierten Koproduktionen konnten im Berichtsjahr Preise sowohl bei den Filmfestspielen in Cannes als auch beim Filmfestival Berlin erringen („Journey of Hope", „Toto le Heros").

Die **Europäische Konvention über grenzüberschreitendes Fernsehen** vom 5. 5. 1989 wurde bisher von 17 Staaten unterzeichnet, darunter auch Österreich. Für das Inkrafttreten der Konvention bedarf es sieben Ratifikationen. Derzeit hat nur ein Mitgliedstaat die Konvention ratifiziert.

1991 wurden im Rahmen des **Leitungskomitees für Massenmedien** die Arbeiten zur Analyse und Registrierung der nationalen Mediengesetzgebungen der Vertragsstaaten fortgesetzt. Weiters erarbeitete das Leitungskomitee für Massenmedien einen Mechanismus zur Förderung und zum Austausch im Bereich des audivisuellen Trainings.

Die legistische Tätigkeit zur Ausarbeitung eines **Konventionsentwurfes über den Erwerb von Urheber- und verwandten Rechten bei der Ausstrahlung von Fernsehsendungen über Satelliten** wurden fortgeführt. Zusätzlich wurde an einem Text für eine Empfehlung zum Schutz verschlüsselter Fernsehsendungen gearbeitet, wonach Herstellung, Vertrieb und Erwerb von Geräten zur unerlaubten Entschlüsselung solcher Programme verboten werden sollen. Die im Rahmen des Leitungskomitees für Massenmedien erstellte Empfehlung zum Recht auf Kurzberichterstattung über bedeutende Ereignisse, wenn Exklusivrechte für die Fernsehübertragung in einem grenzüberschreitenden Zusammenhang erworben worden sind, wurde im April 1991 vom Ministerdelegiertenkomitee angenommen. Damit sollen, in Ausführung von Art 5 des Abkommens über grenzüberschreitendes Fernsehen, die Informationsmöglichkeiten der Öffentlichkeit über bedeutende Veranstaltungen sichergestellt werden.

Am 9./10. Oktober 1991 fand die **3. Ministerkonferenz für Massenmedienpolitik** in Nikosia (Zypern) statt. Bulgarien, Rumänien und die Sowjetunion nahmen daran als Beobachter teil. Dabei wurde eine Erklärung über Massenmedienpolitik in einem sich veränderten Europa sowie eine Resolution über neue Kanäle und Mittel der Massenkommunikation in Europa angenommen. Als Folge der Konferenz wurde im Juni 1991 eine Sitzung zur Koordination der Kooperationsprogramme für mittel- und osteuropäische Länder im Bereich der Medien abgehalten, bei der auch die im Rahmen des Demosthenes-Programmes angesiedelten Aktivitäten des Europarats am Mediensektor präsentiert wurden.

Das Europäische Kino- und Fernseh-Liaison Bureau des Europarats (BECT) untersuchte anläßlich seiner Sitzung im Mai 1991 einen Konventionsentwurf über cinematographische Koproduktion und die Zukunftsperspektiven für Eurimages.

4.3. Soziale Fragen und öffentliches Gesundheitswesen

Das **Leitungskomitee für Sozialpolitik** beschäftigte sich 1991 mit folgenden Themen:

- Soziale Probleme, die mit den Veränderungen der Familienstrukturen in Zusammenhang stehen
- Sozialer Ausschluß und menschliche Würde
- Politik zum Schutz von Kindern

Im Dezember 1991 wurde das Kolloquium „Für größere soziale Gerechtigkeit in Europa – die Herausforderung der Marginalisierung und Armut“, an dem ca. 400 Personen teilnahmen, abgehalten.

Das **Leitungskomitee für Wanderungsfragen** befaßte sich mit folgenden Problemen:

- Aktuelle und künftige Bevölkerung in Europa
- Bevölkerungsbewegungen, demographische Veränderungen und Beschäftigung
- interkommunale Beziehungen

Das **Leitungskomitee für Soziale Sicherheit** behandelte folgende Bereiche:

- Sozialer Schutz im Alter
- Lage und Status von Jugendlichen zwischen Schulabschluß und Eintritt ins Erwerbsleben

Das Einzelstipendiatenprogramm für soziale Berufe, das ursprünglich 1991 auslaufen sollte, wird im Hinblick auf die neuen Europarats-Mitgliedstaaten fortgeführt.

Auf Initiative und Einladung von Außenminister Mock fand am 24./25. Jänner 1991 in Wien eine **ao. Ministerkonferenz über Wanderungsbewegungen von Personen aus mittel- und osteuropäischen Ländern** statt. Die Teilnehmerstaaten betonten in der Schlußerklärung die Notwendigkeit einer besseren Abstimmung der nationalen Migrationspolitiken, insbesondere im Bereich des Asylrechts, der Beschäftigungsmöglichkeiten, der sozialen Absicherung, der Rückkehrförderung bzw. der Wiederaufnahme illegaler Immigranten durch die Herkunftsländer. Die Durch- und Weiterführung der ins Auge gefaßten Maßnahmen obliegt einer Gruppe Hoher Beamten (Wiener Gruppe). Bundesminister Löschnak sprach sich für die Schaffung einer europäischen Wanderungskonvention aus, die Grundlinien, Koordinationsmaßnahmen und gegenseitige Abstimmung der Migrationspolitik gesamteuropäisch festlegt.

Am 17./18. September 1991 fand in Luxemburg die **Vierte Ministerkonferenz für Wanderungsfragen** statt.

Die Arbeiten im Rahmen des **Leitungskomitees für Beschäftigung und Arbeit** an der Endfassung eines Empfehlungsentwurfes betreffend die Zusammenarbeit von Diensten des Arbeitsmarktes, des Unterrichtswesens und von Sozialdiensten zum Schutz junger Menschen wurden fortgesetzt. Weiters wurde ein Empfehlungsentwurf betreffend Maßnahmen zur Erleichterung des Zutritts junger Menschen zur Beschäftigung erstellt.

Das **Leitungskomitee für Bevölkerungsentwicklung** erstellte die diesjährige Ausgabe seines Berichts über die aktuellen demographischen Entwicklungen in Europa. Weiters beendete es seine Studien zur Information und Erziehung über Demographie.

Vor ihrem 30-jährigen Bestandsjubiläum wurde die **Europäische Sozialcharta** von einem Expertenkomitee einer allgemeinen Prüfung, vor allem auch im Hinblick auf ihre Durchsetzbarkeit unterzogen. Das ausgearbeitete Änderungsprotokoll zur Sozialcharta, mit dem das Kontrollsystem reformiert wird, wurde von 11 Staaten anläßlich der **Ministerkonferenz des Europarats zum 30. Jahrestag der Sozialcharta**, am 21./22. Oktober in Turin unterzeichnet. Weiters verabschiedete die Konferenz eine Resolution, in dem das Ministerkomitee aufgerufen wird, das Zusatzprotokoll über ein Kollektivbeschwerdesystem ehestens fertigzustellen.

Von 15. bis 17. Oktober fand die **22. Ministerkonferenz für Familienangelegenheiten** in Luzern (Schweiz) statt. Thema der Konferenz war: „Familienpolitik und Dezentralisation".

Am 7./8. November wurde in Paris eine Ad hoc- Ministerkonferenz für die Rehabilitation von **Behinderten** abgehalten, deren Thema „Unabhängiges Leben der Behinderten" war.

4.4. Jugend

Auch im Jahre 1991 nahmen an den Aktivitäten des Europäischen **Jugendzentrums** (Seminare, Symposien, Sprachkurse) und des Europäischen Jugendwerkes (Förderung von Programmen internationaler Jugendorganisationen) zunehmend Jugendliche und Vertreter von Jugendorganisationen aus osteuropäischen Ländern teil.

Die Förderung der Mobilität Jugendlicher steht weiter im Mittelpunkt der Bemühungen. Das Ministerdelegiertenkomitee beschloß in diesem Zusammenhang den Abschluß eines Teilabkommens **„Jugendkarte"**. Österreich beabsichtigt, diesem Teilabkommen bald beizutreten. Weiters wurden die Arbeiten an der Studie zur Förderung eines Europäischen Volontariats fortgesetzt. Das Leitungskomitee für Jugendfragen unterstrich die Notwendigkeit einer besseren Koordination zwischen dem Europarats-Sekretariat und der EG-Kommission im Jugendbereich.

Das Ministerdelegiertenkomitee approbierte grundsätzlich die Restrukturierungspläne des Sekretariats im Jugendbereich und die Schaffung eines eigenen Jugenddirektorats. Die Umsetzung des Beschlusses wird 1992 erfolgen.

4.5. Kultur, Bildung und Sport

Die im Jahre 1990 beschlossene Strukturreform des **Rates für kulturelle Zusammenarbeit (CDCC)** wurde 1992 mit der Einsetzung der Fachkomitees für Kultur, Bildung, kulturelles Erbe und Hochschulfragen realisiert. Der Rat für kulturelle Zusammenarbeit konnte sein jährliches Arbeitsprogramm mit befristeten Schwerpunktprojekten weiter straffen. Es orientiert sich nunmehr stärker an politischen Prioritäten, insbesondere an der spezifischen Interessens- und Bedarfslage der neuen Vertragsparteien der Europäischen Kulturkonvention (1991: Sowjetunion, Bulgarien, Rumänien). Entsprechende Konsultationen mit Vertretern der zentral- und osteuropäischen Länder wurden auf der Ebene der Fachkomitees durchgeführt.

Das vom **Bildungskomitee** erstellte Schwerpunktprogramm umfaßt u.a. Aktivitäten, die die Reformentwicklungen im Schulbereich fördern sowie die Vermittlung spezieller „Europa-Fähigkeiten" in der Schule untersuchen sollen. Die Programme in den Bereichen Sprachentraining für eine Europa-Bürgerschaft, Mittelschulbildung, Erwachsenenbildung und Lehrerstipendien reflektieren die neue Schwerpunktbildung.

Das Projekt **„EUDISED" – das Europäische Dokumentations- und Informationssystem für Bildung** – wurde fortgeführt und gewann durch die Einbeziehung osteuropäischer Länder zusätzlich an Bedeutung.

Das **Gustav Mahler Jugendorchester** – eine Initiative des KSZE-Kulturforums Budapest 1985 – wurde der Schirmherrschaft des ER unterstellt, was die Erweiterung des Orchesters um Musiker aus ganz Europa ermöglichen soll. Derzeit setzt es sich aus 131 Musikern im Alter zwischen 17 und 26 Jahren zusammen, die aus 11 europäischen Ländern, darunter Österreich, kommen. Chefdirigent ist Claudio Abbado, Künstlerischer Direktor der Österreicher Hans Landesmann.

Auf Einladung des spanischen Vorsitzes im Ministerkomitee wurde am 21./22. März eine **informelle Ministerkonferenz für kulturelle Angelegenheiten** in Léon (Spanien) abgehalten, zu der auch sämtliche KSZE-Teilnehmer eingeladen waren. Mittelpunkt der Tagung bildete die Frage der Zusammenarbeit zwischen Europarat und KSZE im Kulturbereich, insbesondere weil der Europarat zu einer Beitragsleistung anläßlich des **KSZE-Kultursymposiums in Krakau** aufgefordert war. Übereinstimmend wurde die herausragende Funktion der Kultur bei der Heranführung der mittel- und osteuropäischen Staaten an das übrige Europa unterstrichen. Folgende Maßnahmen wären im Rahmen des Europarats weiter zu prüfen:

- Implementierung von Beschlüssen, die aus dem Bereich der KSZE stammen, durch den Europarat. Frankreich hat dazu die Einrichtung von sogenannten Erweiterten Abkommen nach dem Muster der Teilabkommen vorgeschlagen. Sie würden es Nicht-Mitgliedstaaten ermöglichen, an ausgewählten Projekten teilzunehmen.
  Europäische Einrichtung von Sonderfonds zum Schutz des kulturellen Erbes in Europa; sowie für literarische Übersetzungen.
- Erweiterung der Austauschmöglichkeiten von Kulturpersonal.

Weiters wurde in Léon die Frage einer allfälligen Revision der Europäischen Kulturkonvention gestellt. Sie wurde dann in der Folge in verschiedenen Gremien weiter diskutiert.

Die **17. Konferenz der Europäischen Erziehungsminister** fand am 16./17. Oktober 1991 unter Anwesenheit von Generalsekretärin Lalumière in **Wien** statt. Hauptthema der Tagung waren unter dem Titel „die Europäische Dimension der Bildung" Fragen eines europäischen Bildungsauftrages der Schule.

Das **Kulturkomitee** setzte folgende Programme fort:

- Im Rahmen des Projekts der **Überprüfung der nationalen Kulturpolitiken** wurden 1991 die **Kulturpolitik Österreichs**, der Niederlande und Spaniens bewertet. Österreich wurde nach Frankreich und Schweden als drittes Land und damit als erster Staat mit einer föderalistischen Kulturpolitik eine Woche lang von einer fünfköpfigen Expertengruppe geprüft. Der abschließende Bericht wird im Frühjahr 1992 beraten werden.
- Der Film und die kulturelle Dimension der Kommunikation.
- Die Veranstaltungsreihe „Kulturwege" wurde im Jahre 1991 mit den Routen „Spanische Seidenstraße", „Heinrich Schickhardt" und „Mozart" fortgesetzt.

- Die 21. Europarat-Kunstausstellung mit dem Titel „Embleme der Freiheit; das Bild der Republik in der Kunst des XVI. bis XX. Jahrhundert" wurde im Juni in Bern eröffnet.

Das **Komitee für kulturelles Erbe** erarbeitet u.a. einen revidierten Text der **Konvention zum Schutz des archäologischen Erbes**. Die revidierte Konvention wird anläßlich der Europäischen Ministerkonferenz über kulturelles Erbe in Malta im Jänner 1992 zur Unterzeichnung aufgelegt. Weiters untersuchte das Komitee die Möglichkeiten der Durchführung und des Follow-ups der Beschlüsse des KSZE-Symposiums über kulturelles Erbe in Krakau.

Schwerpunkt der Jahrestagung der **Ständigen Konferenz für Hochschulfragen** des Europarats vom 19.–21. März in Berlin war die Erstellung neuer Richtlinien für das postgraduale Ausbildungsprogramm. Ziel ist es, die Mobilität zwischen Hochschulen verschiedener Staaten zu fördern.

Auf Einladung der ungarischen Regierung fand von 16.–18. April 1991 in Budapest eine Ad hoc-Begegnung der **Sportminister** der Mitgliedstaaten über Aussichten und Notwendigkeit einer gesamteuropäischen Zusammenarbeit im Sport statt.

Das **Leitungskomitee zur Entwicklung des Sports** legte seine Arbeitsschwerpunkte in folgende Bereiche:

- Annahme einer Empfehlung des Ständigen Ausschusses des Europäischen Übereinkommens über **Gewalttätigkeit** und Fehlverhalten von Zuschauern bei **Sportveranstaltungen**, insbesondere für Richtlinien über die internationale Zusammenarbeit bei internationalen Fußballspielen und -meisterschaften.
- 2. Sitzung der „Beobachtenden Begleitgruppe" der Anti-Doping-Konvention.
- Seminar über Ethik im Sport, insbesondere die Haltung Jugendlicher zum Sport.

4.6. Umweltschutz

Im Rahmen des Leitungskomitees für Umwelt- und Naturschutz wurden die Richtlinien der Durchführung des für 1993 geplanten gesamteuropäischen Umweltforums ausgearbeitet und diskutiert.

Auf der diesjährigen 24. Jahresversammlung des NATUROPA-Zentrums in Izmir (Türkei) von 25.–26. April haben sich die Mitgliedstaaten mit der Zukunft der „Berner Konvention" befaßt. Die NATUROPA-Jahresversammlung befürwortete ein zweites Europäisches Naturschutzjahr für 1995.

Weitere Schwerpunkte bildeten folgende Themen:

- Bodenkonservierung und Landschaftsschutz
- Genetik und Ökosystem; Biologische Vielfalt und Art-Erhaltung

Vom Ministerkomitee wurde eine Empfehlung zum Thema „Entwicklung umweltbewußter Erziehung in den Schulsystemen" angenommen.

Der Ständige Ausschuß der Europäischen **Konvention zum Schutz von Tieren in landwirtschaftlicher Tierhaltung** setzte seine Arbeiten an einer Empfehlung für das Halten von Schafen und Ziegen sowie über das Halten von Mastgeflügel fest. Auf Basis der Europäischen Konvention zum Schutz von Schlachttieren wurde eine Empfehlung für das Schlachten von Tieren ausgearbeitet und vom Ministerdelegiertenkomitee angenommen.

4.7. Rechtsbereich

Das Ministerdelegiertenkomitee nahm im Bereich der rechtlichen Zusammenarbeit Empfehlungen zu folgenden Fragen an: betreffend Verwaltungsstrafen, zur Übermittlung von personenbezogenen Daten von Behörden an Dritte, über die sexuelle Ausbeutung Minderjähriger sowie zur Errichtung von Schiedsgerichten gemäß Artikel 42 der Konvention über das Waschen, das Aufspüren, die Beschlagnahme und die Einziehung von Erträgen aus Straftaten.

Das **Ad hoc-Expertenkomitee im Bereich Bioethik** (CAHBI) setzte seine Arbeiten an einer Rahmenkonvention zum Schutz der menschlichen Person im Bereich der biomedizinischen Wissenschaft fort. Weiters wurden vom CAHBI zwei Empfehlungsentwürfe zum Problem der genetischen Tests erstellt.

Im Rahmen eines vom **Leitungskomitee für Zusammenarbeit im Rechtsbereich (CDCJ)** eingerichteten Expertenausschusses wurde der Entwurf für ein zweites Änderungsprotokoll zum Übereinkommen über die Verringerung der Fälle mehrfacher Staatsangehörigkeit und über die Wehrpflicht in Fällen mehrfacher Staatsangehörigkeit verabschiedet. Ein weiterer Expertenausschuß des CDCJ erstellte den Text eines Konventionsentwurfes über den **Schadensersatz bei Umweltschäden**. Ein weiteres Projekt im Rechtsbereich befaßte sich mit Fragen der Effizienz und Fairness im der Strafjustiz. Ziele dieses Projekts sind:

- Neue Managementtechniken in der Strafjustizverwaltung
- Erstellung von Trainingsprogrammen auf nationaler und internationaler Ebene
- Untersuchung der Beziehungen zwischen Medien und Justizsystem im Hinblick auf professionelle Ethik.

Von 17. bis 19. Juni fand in Ottawa (Kanada) eine **informelle Konferenz der Europäischen Justizminister** statt. Themen der Konferenz wären „Der Bürger und der Rechtsstaat" sowie „Strafzumessung, bedingte Entlassung und Strafvollzugssysteme".

Die Arbeiten des Ad hoc-Komitees der **Rechtsberater im Bereich des Völkerrechts (CAHDI)** befaßten sich u. a. mit den Ergebnissen des KSZE-Treffens über Mechanismen der friedlichen Streitbeilegung in La Valetta (Malta), mit dem Rechtsstatus der Baltischen Staaten, mit der Immunität der Staatsoberhäupter und mit der UN-Dekade für Völkerrecht.

Die Ausarbeitung des Textes einer **Charta für Regional- und Minderheitensprachen** in Europa konnte im Berichtsjahr im Rahmen des dafür eingesetzten Ad hoc-Komitees abgeschlossen werden.

Das Expertenkomitee für Familienrecht setzte seine Debatten betreffend die Ausarbeitung eines Konventionsentwurfes über die Rechte von Kindern fort.

Das Komitee für Zusammenarbeit in Angelegenheiten der Strafvollzugsanstalten bereitete die Konferenz der Strafvollzugsanstaltsleiter vor und faßte Beschlüsse zur nächsten Ausgabe des Strafvollzug-Informationsbulletins.

Die **Europäische Kommission für Demokratie durch Recht** verabschiedete anläßlich ihrer 6. Sitzung im Februar 1991 den Text eines Vorschlages betreffend eine **Konvention zum Schutz von Minderheiten**. Der Entwurf wurde vom Ministerdelegiertenkomitee dem Leitungskomitee für Menschenrechte zur Begutachtung zugewiesen.

Die Kommission leistete im Berichtsjahr weiter Hilfestellung und Beratung bei der Ausarbeitung der neuen Verfassungen Bulgariens, Polens und Rumäniens. Weiters befaßte sich die Kommission mit Fragen der Verfassungsgerichtsbarkeit.

4.9. Zusammenarbeit mit den Ländern Zentral- und Osteuropas

Seit 1990 enthält das Budget des Europarats einen eigenen Ansatz für die Zusammenarbeit mit den Ländern Zentral- und Osteuropas. Die Ministerdelegierten beschlossen die Ausdehnung der Beistandsleistung auf gliedstaatliche Einheiten in denjenigen Bereichen, die in deren Zuständigkeit fallen.

Das **Demosthenes Programm** bot während des Berichtszeitraumes mit großem Erfolg Unterstützung auf den Gebieten der Verfassungsreform, der Reform der Gesetzgebung und Verwaltung, der Menschenrechte, der Medien, der Bildung, der Jugend, der Umwelt und der Gemeindeverwaltung. Österreich hat, wie schon erwähnt, zu diesem Programm einen freiwilligen Beitrag von 5 Millionen Schilling geleistet. Weitere freiwillige Beiträge kamen von der Schweiz, Schweden und Liechtenstein.

Die Richtlinien für das Programm **FOR EAST** wurden im ersten Trimester des Jahres revidiert und im April 1991 konnte diesem Ausbildungsprogramm für Wissenschaft und Technik in seiner neuen Form zugestimmt werden. Es umfaßte für 1991 folgende Gebiete: Schutz des architektonischen Erbes, rechtliche und technische Aspekte des Umweltschutzes sowie Expertenausbildung im Bereich der öffentlichen Gesundheitspflege.

Auf Anregung des 89. Ministerkomitees und im Hinblick auf den außerordentlichen Erfolg dieser Programme kam es in den Budgetverhandlungen zu einer sehr erheblichen **Aufstockung der Budgetmittel für 1992** in diesem Bereich.

Die Einbindung der zentral- und osteuropäischen Nichtmitgliedstaaten in die ordentlichen Programmaktivitäten erfolgt über ihre weitgehende Teilnahme als Beobachter an den Arbeiten der verschiedenen Leitungskomitees.

Anhang

Länderinformation: Afghanistan bis Zypern

AHSt. = Außenhandelsstelle, HGK = Honorargeneralkonsulat, HK = Honorarkonsulat, KI = Kulturinstitut, Kl = Konsul, ÖW = Österreich Werbung.

Afghanistan
(Republik Afghanistan), Kabul

Staatsoberhaupt	Regierungschef	Außenminister
Mohammad Najibullah	Fazl-ul-Haq Khaligyar	Abdul Wakil

ÖB Kabul: derzeit geschlossen, Zarghouna Wat, Tel.: 32 7 20, Telex: 218; AHSt: siehe Iran

Der beiderseitige Außenhandel ist geringfügig, die österreichischen Exporte betrugen 1,3 Millionen Schilling (+22,4 Prozent), die Importe 18 Millionen Schilling (-21 Prozent).

Die Amtstätigkeit der Botschaft Kabul wurde im Februar 1989 aus Sicherheitsgründen vorübergehend eingestellt und das entsandte Botschaftspersonal evakuiert. Im Hinblick auf die wiederholten Raketenangriffe auf Kabul wurde die Botschaft nicht wiedereröffnet.

Neben den Beiträgen zu den Friedensbemühungen der Vereinten Nationen und zur Flüchtlingshilfe (siehe oben „Asien und Pazifischer Raum) leistet Österreich humanitäre Hilfe für die Opfer des Bürgerkrieges in Afghanistan u. a. in der Form, daß regelmäßig eine Gruppe der von Minen verletzten Kinder in österreichischen Spitälern behandelt und rehabilitiert wird.

Ägypten
(Arabische Republik Ägypten), Kairo

Staatsoberhaupt	Regierungschef	Außenminister
Mohamed Hosni Mubarak	Atef Mohamed Naguib Sedky	Amr Moussa

ÖB Kairo: Dr. Norbert Peter Pramberger, Riyadh Tower 5, Wissa Wassef Street, corner El Nil Street, Giza, Tel.: 737 602, 737 640, 737 658, 724 231, Telex: 92258; FAX: 730 935; KI Kairo: Kulturrat Dr. Brigitte Agstner-Gehring, 1103 Corniche El Nil, Garden City, Kairo, Tel.: 354 7436, 354 4063, Telex: über ÖB Kairo, Telefax: 355 2470; HGK Alexandria: Vahan Dikran Alexanian, 8, rue eglise Debbane, Alexandria, Tel. (03) 808 888, Telex: 54588, Fax: (03) 491 4275; AHSt Kairo: Handelsrat Heinrich Kaufmann, 6a, Ismail Mohamed Street, Apt. 25, Zamalek, Kairo, Tel.: 340 7607, 341 9660, 341 5563, 341 1150, Telex: 92261, Fax: 341 2892; AUA-B und ÖFVW: Nile Hilton Hotel, Tahrir Square, Kairo, Tel.: 779 490, 740 228, 742 755, 752 699, Fax: 762 884.

Bundespräsident Kurt Waldheim hielt sich am 13. Januar 1991 zu einem Arbeitsbesuch in Kairo auf, und traf in Begleitung von Außenminister Alois Mock Präsident Mubarak und den damaligen ägyptischen Außenminister Ahmed Esmat Abdel Meguid zu Gesprächen über die Kuwaitkrise.

Staatspräsident Mohamed Hosni Mubarak stattete in Begleitung von Außenminister Amr Moussa Österreich vom 17.– 18. Oktober 1991 einen Staatsbesuch ab. Er führte Gespräche mit Bundespräsident Kurt Waldheim und Bundeskanzler Franz Vranitzky. Im Verlaufe des Staatsbesuches erfolgte auch ein Besuch im Parlament, bei dem die Schaffung einer österreichischen parlamentarischen Freundschaftsgruppe für Ägypten angekündigt wurde.

Der ägyptische Kulturminister Faouk Hosni hielt sich anläßlich der Eröffnung der Ende November 1991 abgehaltenen „ägyptischen Woche“ über Einladung von Unterrichtsminister Rudolf Scholten vom 27. bis 29. November 1991 zu einem offiziellen Besuch in Wien auf, wo er Gespräche mit verschiedenen Vertretern der österreichischen Kulturszene führte.

Der stellvertretende Innenminister Ägyptens, Generalmajor Mostafa Abdel Kader weilte über Einladung des Generaldirektors für die öffentliche Sicherheit im Bundesministerium für Inneres, Michael Sika, am 17. und 19. November 1991 zu einem Erfahrungsaustausch über Fragen der Sicherheit in Wien.

Staatssekretär Dr. Yussuf Mazbar vom ägyptischen Industrieministerium hielt sich Ende Juli in Wien auf und führte Gespräche mit Vertretern des Bundesministeriums für öffentliche Wirtschaft und Verkehr und der ÖIAG über die in Österreich gewonnenen Erfahrungen bei der Privatisierung von Staatsunternehmen.

Unter Vorsitz von Außenminister Alois Mock fand vom 10. bis 12. April 1991 in Kairo eine Regionalkonferenz der österreichischen Botschafter und der Handelsdelegierten im Nahen Osten, Nordafrika, Türkei, Israel und Iran sowie von leitenden Beamten des Außenministeriums und der Bundeswirtschaftskammer statt. Außenminister Alois Mock stellte die österreichischen Überlegungen für einen Frieden in der Region vor und traf mit Staatspräsident Mubarak, seinem ägyptischen Amtskollegen Meguid und US-Secretary of State James Baker zu einem Meinungsaustausch über die Lage in der Region nach dem Golfkrieg und über die Möglichkeiten einer Nahost-Friedenslösung zusammen.

Außenminister Mock traf den neuen ägyptischen Außenminister Amr Moussa am 26. September 1991 in New York zu einem Meinungsaustausch über den Friedensprozeß im Nahen Osten.

Am 6. Juni 1991 wurde in Wien bzw. am 13. Juni 1991 in Kairo das Protokoll über die Ausweitung der Phase I des Siemens-Telefonprojektes in Ägypten im Umfang von 300.000.000,– Schilling unterzeichnet. Dieses Protokoll sieht den Bau von Fernmeldeeinrichtungen durch Siemens Austria in der Suezkanal-Zone vor und wird mit einem zinsgestützten österreichischen Kredit vorfinanziert.

Das österreichisch-ägyptische Luftverkehrsabkommen vom 14. November 1989 trat am 1. April 1991 in Kraft (BGBl. 185/91).

Ägypten ist einer der wichtigsten Abnehmer österreichischer Produkte im arabischen und afrikanischen Raum. Ein Großteil der Exporte entfällt auf die Positionen

Maschinen und bearbeitete Waren (Papier und Pappe, Eisen und Stahl, chemische Erzeugnisse, Waren aus mineralischen Stoffen). 1991 stiegen die österreichischen Ausfuhren um 23 Prozent auf 1 Milliarde Schilling. Österreich importiert aus Ägypten vor allem Erdöl, Garne, Rohstoffe für Düngemittel, Gemüse und Früchte sowie Textilien. Mangels langfristiger Verträge schwanken die Erdöllieferungen beträchtlich. Insgesamt nahmen die österreichischen Einfuhren aus Ägypten um 65 Prozent ab und erreichten einen Wert von 408 Millionen öS.

19 österreichische Firmen haben im Februar in der österreichischen Gemeinschaftsausstellung an der jährlich stattfindenden Internationalen Messe Kairo teilgenommen, wovon 7 Firmen zum ersten Male bei dieser Messe ausstellten.

Österreich stellte dem am 14. März 1991 gegründeten ägyptischen „Social Fund for Development" Finanzmittel in Höhe von 5 Millionen US-Dollar zur Verfügung. Der SFD verfügt über Mittel von 640 Millionen US-Dollar, mit denen in den nächsten 4 Jahren 150.000 neue Arbeitsplätze geschaffen werden sollen.

Am 25. Mai 1991 vereinbarten die Mitglieder des Pariser Clubs Ägypten fünfzig Prozent seiner Schulden zu erlassen. Die Details werden in einem von Österreich mit Ägypten bis spätestens 31. März 1992 abzuschließenden Abkommen zu regeln sein. Von der Umschuldung sind Forderungen von 7 Milliarden Schilling plus Zinsen erfaßt.

Die Auslandskulturbeziehungen mit Ägypten gliedern sich in zwei Bereiche: der wissenschaftliche Austausch mit den Universitätsinstitutionen, der das ganze Land erfaßt und sich in Form von Vorträgen, Seminaren und Symposien niederschlägt. (Der Austausch von Stipendiaten in verschiedenen Fachgebieten wird intensiv gefördert.) Der zweite Bereich betrifft Kultur im engeren Sinne und befaßt sich mit der Organisation von Konzerten, Ausstellungen und der Teilnahme an Festivals. Diese finden größtenteils in Kairo und Alexandrien statt.

Am Rande des von „Pro Oriente" veranstalteten Dialoges mit den orientalischen Kirchen traf der Alterzbischof von Wien, Kardinal Franz König, mit dem Großmufti von Ägypten Dr. Muhammead Sayed Attiyah Tantawi und dem Großscheich der Kairoer Al-Azhar Universität, Gad Al-Haq Ali Gad Al-Haq, der höchsten religiösen Autorität des Islam, zu einem Gedankenaustausch über Fragen der interkonfessionellen Beziehungen zusammen.

Die Zweigstelle des österreichischen Archäologischen Instituts in Kairo setzte auch 1991 ihre Grabungen in Tell ed Dab'aa mit sensationellen Entdeckungen fort. Die Universität Wien setzte im Berichtsjahr die Ausgrabung eines aus dem 6. Jahrhundert stammenden koptischen Klosters in Abu Fano (Mittelägypten) fort, die in der Auffindung kunstgeschichtlich bedeutender Fresken gipfelten. Eine österreichische Lehrerin ist an der Deutschen Evangelischen Oberschule in Kairo tätig.

Albanien
(Republik Albanien), Tirana

Staatsoberhaupt	Regierungschef	Außenminister
Ramiz Alia	Vilson Ahmeti	Ilir Bocka

ÖB Tirana (mit Sitz in Wien): Dr. Kurt Spallinger, Bundesministerium für auswärtige Angelegenheiten, Ballhausplatz 2, 1014 Wien, Tel.: 53 1 15/3616, Telex: 1371-0, Telefax: 535 45 30; Handelsdelegierter: Dr. Horst Machu, gleichfalls mit Sitz in Wien

Nach der Aufnahme Albaniens in die KSZE im Juli 1991 wurden die bilateralen Beziehungen durch Beendigung der Mitakkreditierung des Missionschefs in Belgrad und Bestellung eines eigenen Botschafters (mit Sitz in Wien) auf eine neue Basis gestellt (Überreichung des Beglaubigungsschreibens am 2. Oktober).

Seither sind die bilateralen Beziehungen intensiviert worden, und der Besuchsaustausch hat stark zugenommen. Vizepremierminister Gramoz Pashko stattete gemeinsam mit Finanzminister Genc Ruli und Außenwirtschaftsminister Ylli Cabiri Österreich im November einen offiziellen Besuch ab, Außenminister Mohamet Kapllani im Dezember. Justizminister Muci und Unterrichtsminister Lakrori hielten sich zu internationalen Tagungen im August und Oktober in Wien auf und nützten diese Aufenthalte zu bilateralen Gesprächen mit ihren österreichischen Amtskollegen. Generalstabchef Karoli nahm im Oktober an einem KSZE-Seminar über Militärdoktrinen in Wien teil und nützte diese Gelegenheit zur Kontaktnahme mit dem österreichischen Bundesheer. Eine Parlamentarierdelegation besuchte anläßlich einer IPU-Tagung im September auch das österreichische Parlament und führte Gespräche mit Nationalratspräsident Fischer.

Der Handelsaustausch dagegen ging aufgrund der schlechten Wirtschaftslage des Landes und der drastischen Produktionsrückgänge stark zurück. Die österreichischen Exporte (Papier, Maschinen und Ausrüstungen, chemische Erzeugnisse) sanken um 27,6 Prozent auf 99,2 Millionen Schilling, die Importe aus Albanien (Gemüse, Erze, Düngemittel, Textilien) um 48,7 Prozent auf 76,1 Millionen Schilling.

Die ÖMV unterzeichnete im April einen Vertrag für off-shore Erdölexploration und -förderung (erstes joint venture), ein weiteres joint venture wurde auf dem Gebiet des Fremdenverkehrswesens, des Transports und der landwirtschaftlichen Produktion etabliert. Das Evidenzbüro für Außenhandelsgeschäfte begründete eine Niederlassung in Tirana. Österreichischerseits wurden Entwürfe für ein Investitionsschutzabkommen sowie ein Wirtschaftsabkommen überreicht und die Bereitschaft zum Abschluß eines Luftverkehrsabkommens erklärt; albanischerseits wurde der Entwurf für einen neuen Notenwechsel über kulturelle Zusammenarbeit, der jenen aus 1987 ablösen soll, übergeben. Ein Kooperationsabkommen zwischen der albanischen Handelskammer und der Bundeskammer der gewerblichen Wirtschaft wurde am 25. November 1991 unterzeichnet.

Zur Erleichterung seiner Ausfuhren nach Österreich wurde Albanien im November der begünstigte Status gemäß dem General System of Preferences des GATT mit Wirkung 1. Januar 1992 eingeräumt.

Im Hinblick auf die Devisenknappheit Albaniens hat sich Österreich bereit erklärt, die Stipendienkosten von sechs weiteren Bergbau- und Geologiestudenten, die bisher mit albanischen Stipendien in Österreich studiert haben, in der Höhe von ca. 1,3 Millionen Schilling zu übernehmen. Am einjährigen Schulungskurs der Diplomatischen Akademie für Diplomaten aus Zentral- und Osteuropa nimmt erstmals auch ein Angehöriger des albanischen Außenministeriums teil.

Algerien
(Demokratische Volksrepublik Algerien), Algier

Staatsoberhaupt	Regierungschef	Außenminister
Chadli Bendjedid	Sid Ahmed Ghozali	Lakhdar Brahimi

ÖB Algier: Dr. Hans G. Knitel, Les Vergers, Rue 2, Villa 9, DZ-16330 Birkhadem-Alger, Tel.: (2) 56 26 99, 56 29 09, Telex: 62302 oebal dz, Telefax: (2) 56 73 52; AHSt: Handelsrat Dr. Karl Tschabrun, 10, Chem.Hocine Slimane (ex Glycines), DZ-16000 Alger-Gare, B. P. 734, Tel.: (2) 59 34 60, 59 01 33, 59 31 47, Telex: 66100 atrad dz, Telefax: (2) 59 38 26.

Über Einladung des Präsidenten des algerischen Verfassungsrates, der durch die algerische Verfassung vom 23. Februar 1989 geschaffen worden war, stattete der Präsident des österreichischen Verfassungsgerichtshofes Ludwig Adamovich Ende April einen Arbeitsbesuch bei dieser neuen verfassungsgerichtshofähnlichen Einrichtung ab.

Die seit Jahren bestehende Zusammenarbeit zwischen den beiden Innenministerien wurde im Juni 1991 mit einem zweiwöchigen Polizeipraktikum (v. a. Kriminaltechnologie, Drogenbekämpfung) für eine algerische Delegation von 4 Spezialisten fortgeführt. Der für Herbst 1991 in Aussicht genommene Besuch des Generaldirektors für öffentliche Sicherheit Michael Sika in Algerien mußte demgegenüber wegen der innenpolitischen Lage in Algerien auf Anfang 1992 verschoben werden.

Das Abkommen betreffend die Finanzierung der österreichisch-algerischen Kooperation auf dem Gebiet des Eisenbahnwesens (3. Kredittranche über 1,8 Milliarden Schilling) ist nach Unterzeichnung auch durch den algerischen Wirtschaftsminister am 23. Jänner 1991 mit diesem Tage in Kraft getreten. Weiters ist nach der Ratifikation durch Algerien auch das österreichisch-algerische Luftverkehrsabkommen vom 27. November 1989 mit 1. Dezember 1991 in Kraft getreten.

Algerien ist dem gesamten Handelsvolumen nach auch 1991 wieder der größte Wirtschaftspartner Österreichs auf dem afrikanischen Kontinent. Insgesamt wurden österreichische Waren für 1,3 Milliarden Schilling, d. s. um 5 Prozent mehr als im Vorjahr, nach Algerien verkauft. Demgegenüber haben sich Österreichs Einkäufe in Algerien in der gleichen Zeitperiode sogar um 14 Prozent auf 4,3 Milliarden Schilling erhöht. Neuerlich ist der Anstieg der österreichischen Importe vor allem der Produktengruppe „Erdöl und Erzeugnisse daraus“ zuzuschreiben, wovon stets ein Großteil auf die von der petrochemischen Industrie benötigten Kondensate entfällt.

Im Oktober haben sich 9 österreichische Firmen – in Form einer Gemeinschaftsausstellung – an der jährlichen Internationalen Messe Algier beteiligt.

Auf kulturellem Gebiet konnte Österreich noch im Oktober aus Anlaß des Mozartjahres ein großes Publikumskonzert und einen Vortrag (mit Musikbeispielen) über „Mozart und die Türken“ im Palais de la Culture mit großem Erfolg präsentieren. Weiters wurde die Fotowanderausstellung „Biedermeier in Österreich“ an der Kunsthochschule in Algier und in ihren 4 Annexen in Mostaganem, Oran, Constantine und Batna gezeigt.

Angola
(Volksrepublik Angola), Luanda

Staatsoberhaupt	Regierungschef	Außenminister
J. E. Dos Santos	Dr. Fernando José de Franca Dias Van-Dunem	Pedro de Castro Van-Dunem „Loy“

ÖB und AHSt: Siehe Simbabwe

Die Ausbildung von Fachleuten für die Eisen- und Stahlerzeugung im Ausbildungszentrum des Stahlwerkes SINA, nahe der Hauptstadt Luanda, wird von VOEST-Alpine weitergeführt. Die Finanzierung für 1991 und 1992 ist aus österreichischen Entwicklungshilfemitteln gesichert.

Der seit 1975 andauernde Bürgerkrieg ist im Mai 1991 durch einen Waffenstillstand beendet worden. Bei Fortschritten im Prozeß der inneren Versöhnung sollten die Einnahmen aus den Erdölexporten (4 Milliarden Dollar) zunehmend für den Wiederaufbau des Landes frei werden, sodaß jährlich eine Ausweitung des Warenaustausches, auch mit Österreich, erwartet werden kann.

Österreich exportiert Maschinen, Papier und chemische Erzeugnisse (1991: 12,7 Millionen Schilling) und importierte Erdöl (1991: 66 Millionen Schilling).

Antigua und Barbuda
(Antigua und Barbuda), St. John's

Staatsoberhaupt	Regierungschef	Außenminister
Königin Elisabeth II. vertreten durch: Generalgouverneur Sir Wilfred Jacobs	Vere Cornwall Bird	Lester Bryant Bird

ÖB siehe Venezuela; AHSt. siehe Venezuela

Der Handelsaustausch ist minimal. Die österreichischen Importe (Bekleidungszubehör) beliefen sich auf 245.000 Schilling. Die österreichischen Ausfuhren (Spezialmaschinen) betrugen 4,8 Millionen Schilling.

Äquatorialguinea
(Republik Äquatorialguinea), Malabo

Staatsoberhaupt	Regierungschef	Außenminister
Theodoro Aboiang Nguema Mbasogo	Christino Seriche Bioco	Santiago Eneme Ovono

ÖB und AHSt: siehe Nigeria

Der österreichische bilaterale Handelsverkehr mit Äquatorialguinea ist unbedeutend.

Argentinien
(Argentinische Republik), Buenos Aires

Staatsoberhaupt	Regierungschef	Außenminister
Carlos Saúl Menem	Carlos Saúl Menem	Guido Di Tella

ÖB Buenos Aires: Dr. Gerhard Heible, Calle French 3671, 1425 Buenos Aires, Casilla C.C. 4889, 1000 Buenos Aires, Tel.: 802 14 00, 802 7096, 802 71 95, Telex: 18853, Telefax: 805 40 16; HK Córdoba: Federico Scherzer, Jeronimo Cortez 636, 5000 Córdoba, Tel.: 72 04 50, 72 04 55, Telefax: 24 36 26; HK Posadas: Lia Elena Dlugoszewski-Breitegger, San Luis 648, 3000 Posadas; Tel.: 27 5 88; HK San Carlos de Bariloche: Franz Pirker, 24 de Septiembre 230, 8400 San Carlos de Bariloche, Tel.: 24 8 73, Telex: 80702; ÖW und AHSt: Dr. Walter Höfle, Cerrito 1294, piso 15, 1010 Buenos Aires, Tel.: 349 31 85, 349 31 89, 814 36 69, Telex: 22859, Telefax: 814 36 70

Der anläßlich der Unterzeichnung eines Nuklearabkommens zwischen Argentinien, Brasilien und der IAEO in Wien weilende argentinische Staatspräsident Carlos Saúl Menem ist am 13. Dezember zu Unterredungen mit Bundespräsident Kurt Waldheim und Bundeskanzler Franz Vranitzky zusammengetroffen.

In der Zeit vom 18.– 22. August 1991 besuchte eine Delegation von ÖVP-Abgeordneten und Bundesräten Argentinien. Die Delegation, der auch der Zweite Präsident des Nationalrates, Robert Lichal, angehörte, wurde vom Vizepräsidenten des Bundesrates Herbert Schambeck geleitet.

In Buenos Aires wurde die Delegation vom provisorischen Senatspräsidenten Eduardo Menem sowie vom Präsidenten des Abgeordnetenhauses Alberto Pierri empfangen.

Der provisorische Präsident des argentinischen Senates, Eduardo Menem, besuchte im September 1991 in offizieller Eigenschaft Wien. Er wurde von Bundespräsident Kurt Waldheim, dem Präsidium des Bundesrates und Vertretern der parlamentarischen Klubs, dem Generalsekretär für auswärtige Angelegenheiten Thomas Klestil sowie vom Landeshauptmann von Niederösterreich Siegfried Ludwig zu Gesprächen empfangen.

Der Generaldirektor für die öffentliche Sicherheit Michael Sika und weitere leitende Beamte des Bundesministeriums für Inneres trafen Anfang November in Buenos Aires mit dem Leiter der argentinischen INTERPOL-Dienststelle zu einem Meinungsaustausch zusammen.

In Buenos Aires wurden Ende Oktober 1991 die neuen Räumlichkeiten der Außenhandelsstelle ihrer Bestimmung übergeben. Die Büroeröffnung nahm der Vizepräsident der Bundeskammer der gewerblichen Wirtschaft, Abgeordneter Herbert Schmidtmeier, vor, der während seines Aufenthaltes in Argentinien auch mit maßgeblichen Persönlichkeiten aus Politik und Wirtschaft Gespräche führte.

Im November 1991 besuchte eine österreichische Wirtschaftsdelegation, der Repräsentanten 32 österreichischer Unternehmen angehörten, Buenos Aires, wo zahlreiche Kontaktgespräche mit interessierten argentinischen Firmen geführt werden konnten.

Aufgrund der Importliberalisierung und der insgesamt günstigen Wirtschaftsentwicklung Argentiniens konnte Österreich seine Exporte um 40,7 Prozent auf 473,1 Millionen Schilling ausweiten. Diese positive Entwicklung umfaßte praktisch alle Warengruppen, wobei weiterhin chemische und pharmazeutische Produkte, gefolgt von Maschinen die wichtigsten österreichischen Exportgüter darstellten.

Auch Argentinien konnte eine wesentliche Zunahme seiner Exporte nach Österreich verzeichnen: 285,5 Millionen Schilling, 13,9 Prozent. Die stärksten Zuwächse erfolgten bei den Lieferungen von Honig, Tabak, pflanzlichen Fetten und Ölen sowie bei Hoch- und Tiefbaumaschinen.

Die 1990 zwischen Österreich und Argentinien aufgenommenen Verhandlungen über den Abschluß eines Investitionsschutzabkommens wurden im Mai 1991 mit der Paraphierung des Vertragstextes abgeschlossen. Es handelt sich um das erste Abkommen dieser Art zwischen Österreich und einem südamerikanischen Staat.

Das reichhaltige Musikleben Argentiniens war 1991 in hohem Ausmaß vom Gedenken an Wolfgang Amadeus Mozarts 200. Todestag geprägt. In allen Teilen des Landes wurden Konzerte mit seinen Werken aufgeführt und zahlreiche Gedenkveranstaltungen abgehalten. Folgende österreichische Künstler bzw. Ensembles traten in Argentinien auf: Die Camerata Academica des Mozarteum Salzburg, die Dirigenten Leopold Hager, Wolfgang Scheidt und Sandor Vegh und die Pianistin Ingrid Häbler. Professor Kurt Pahlen hielt im Teatro Colón einen Vortrag über Mozart. Die Wanderausstellung „Wolfgang Amadeus Mozart“ wurde in Córdoba und Buenos Aires (Teatro Colón) gezeigt. Die wichtigste Tageszeitung Argentiniens, „La Nacion“, führte in Zusammenarbeit mit der Botschaft einen Leserwettbewerb über Mozart durch, an dem ca. 45.000 Personen teilnahmen.

Die langjährige Zusammenarbeit im Bereich der Architektur wurde 1991 mit der Teilnahme mehrerer Österreicher an der IV. Architekturbiennale von Buenos Aires und einem Vortragszyklus von Mitarbeitern des Grazer „Hauses der Architektur“ fortgesetzt.

Im Bereich der Wissenschaften wurde 1991 in Córdoba ein besonderer Schwerpunkt gesetzt: Veranstaltung von Seminaren über die Demokratietheorie Hans Kelsens und über österreichische Literatur sowie Teilnahme von drei österreichischen Wissenschaftlern an den Internationalen Politikwissenschaftlichen Tagen in Córdoba.

An der Universität Buenos Aires wurde ein dreiwöchiges Seminar über Berührungspunkte der österreichischen und der lateinamerikanischen Literatur abgehalten. Am VII. Lateinamerikanischen Germanistenkongreß in Mendoza, in dessen Rahmen auch eine Ausstellung über Joseph Roth gezeigt wurde, nahmen drei österreichische Germanisten, darunter der Rektor der Universität Wien, Alfred Ebenbauer, teil. Weiters fanden Gastvorträge österreichischer Wissenschaftler über zahlreiche Fachgebiete (Naturwissenschaften, Literaturgeschichte, Rechtswissenschaft, Medizin und Architektur) statt.

Die von Österreich offerierten Stipendien- und Wissenschaftleraustauschprogramme wurden fortgeführt und ermöglichten es einigen argentinischen Studenten und Forschern, Gastaufenthalte an österreichischen Universitäten zu realisieren.

Mehrere argentinische Universitäten und Bibliotheken erhielten namhafte österreichische Bücherspenden aus den Gebieten der Architektur, Literatur, Medizin, Pharmazeutik und Musik.

1991 wurde in Buenos Aires eine „Konrad Lorenz-Schule“, bei der es sich um eine private Primärschule handelt, eröffnet.

Äthiopien
(Demokratische Volksrepublik Äthiopien), Addis Abeba

Staatsoberhaupt	Regierungschef	Außenminister
Meles Zenawi	Tamrat Layne	Seyoum Mesfin

ÖB Addis Abeba: Dr. Horst-Dieter Rennau, Old Airport, P.O.Box 1219, Addis Abeba, Tel.: 71 21 44, Telex: 21060, Telefax: 71 21 40; AHSt: siehe Kenia.

Dezember 1990 wurde das Steyr-LKW-Transportprojekt mit angeschlossener Werkstatt und Mechanikerausbildung an die staatliche äthiopische Entwicklungs- und Nothilfeorganisation RRC übergeben.

Im Rahmen des internationalen Nahrungsmittelhilfeübereinkommens wurden 1991 5000t Nahrungsmittelhilfe Weizenäquivalent für Äthiopien zur Verfügung gestellt. Für 1992 ist eine Steigerung dieses Beitrages in Aussicht genommen.

Die zwei Gesundheitszentren im Ogaden sind in Betrieb genommen worden, die provisorische Abnahme bzw. Übergabe erfolgte am 3. Juli 1991. Die offizielle Übergabe wird Mitte 1992 im Rahmen einer Feier an den zwei Projektorten vorgenommen werden. Mit dem Bau einer dritten, kleineren Gesundheitsstation in diesem Gebiet wird 1992 begonnen werden.

Um Ausbau der bereits bestehenden österreichischen Hilfe auf dem Energiesektor (Beratung durch österreichische Experten, Rehabilitierung bestehender Kraftwerke) für die kommenden zwei Jahre wurde ersucht.

Die österreichischen Exporte wiesen gegenüber dem Vorjahr –30 Prozent aus.

Die Importe aus Äthiopien gingen 5 Prozent zurück.

Australien
(Commonwealth Australien), Canberra

Staatsoberhaupt	Regierungschef	Außenminister und Handelsminister
Königin Elisabeth II. vertreten durch: Generalgouverneur Bill Hayden	Ministerpräsident Robert J.L. (Bob) Hawke	Gareth J. Evans

ÖB Canberra: Dr. Walter Hietsch, 12 Talbot Street, Forrest, A.C.T. 2603, Tel.: 295 13 76, 295 15 33, Telex: 62726, Telefax: 239 67 51; HGK Melbourne: Alexander Simon, 897 High Street, Armadale, VIC 3143, Tel.: 509 03 60; HGK Sydney: Luis Hupfau, 2 Kingsland Road, Bexley, NSW 2207, Tel.: 567 10 08, Telefax: 597 45 87; HK Adelaide: Dr. Peter Steidl, 95 Le Fevre Terrace, North Adelaide, S.A. 5006, Tel.: 267 57 45, Telefax: 239 07 14; HK Brisbane: David M. Henderson, 30 Argyle Street Breakfast Creek, Yld 4010, Tel.: 2628955, Telefax: 262 80 82; HK Perth: Timothy A. Holmes, 21 Howard Street, Cloister Square, W.A. 6000, Tel.: 481 36 22, Telefax: 233 68 06; AHSt Sydney: Heinz Seitinger, 19th floor, 1 York Street, NSW 2000, Tel.: 247 85 81, 251 13 28, Telex: 24641, Telefax: 251 10 38; ÖW Sydney: 1st floor, 36 Carrington Street, NSW 2000, Tel.: 299 36 21, Telefax: 299 38 08; Lauda Air Sydney: Lauda House, Level 1+2, 36 Carrington Street, NSW 2000, Tel.: 262 17 66, 262 61 00, Telex: 20032, Telefax: 290 33 01; Lauda Air Melbourne: Level 3, 441 St. Kilda Road, VIC 3004, Tel.: 688 55 26, Telefax: 866 53 65

Die bilateralen Gespräche zum Abschluß eines Sozialversicherungsabkommens wurden mit einer Verbindungsstellenbesprechung in Canberra und Hobart im November abgeschlossen. Mit einer Unterzeichnung des Abkommens in der ersten Jahreshälfte 1992 wird gerechnet.

Lauda Air fliegt aufgrund der bereits 1990 erteilten Genehmigung ab November neben Sydney auch Melbourne an.

Nach dem Rekordergebnis des Jahres 1990 für österreichische Lieferungen nach Australien wirkte sich die seit den 30er Jahren stärkste Rezession in Australien auch negativ auf die Handelsbeziehungen zu Österreich aus. Trotz relativ guter Ergebnisse, verglichen mit anderen Lieferländern, gingen die österreichischen Exporte um 21,2 Prozent auf ca. 1,6 Milliarden Schilling zurück. Die österreichischen Importe nahmen hingegen um 24,2 Prozent auf 334 Millionen Schilling zu. Das traditionelle österreichische Handelsbilanzaktivum verringerte sich dadurch auf allerdings immer noch beträchtliche 1,3 Milliarden Schilling.

Der Präsident der Bundeswirtschaftskammer, Leopold Maderthaner, stattete Australien im Oktober einen offiziellen Besuch ab. Die Bundeswirtschaftskammer organisierte zwei Wirtschaftsmissionen im Mai und November.

Österreich war mit einer Gruppenausstellung auf der AIEE'91 (Australian International Engineering Exhibition) in Melbourne vertreten. Außerdem nahm die Außenhandelsstelle Sydney mit Informationsständen an der AMTEX'91 (Australian Machine Tool Exhibition) in Melbourne sowie der AIMEX'91 (Australia's International Mining & Exploration Exhibition) in Sydney teil.

Die kulturelle Präsenz Österreichs in Australien stand im Zeichen Mozarts. Unter anderem wurde im Sydney Opera House eine Mozart-Ausstellung gezeigt. Der Austausch von Wissenschaftern, Lektoren und Studenten konnte erweitert werden.

Bahamas
(Commonwealth of The Bahamas), Nassau

Staatsoberhaupt	Regierungschef	Außenminister
Königin Elisabeth II. vertreten durch: Generalgouverneur Sir Henry Taylor	Premierminister Sir Lyndon Oscar Pindling	Clement T. Maynard

ÖB: siehe Vereinigte Staaten von Amerika; HK Nassau: Heinz R. Kloihofer, Sunrise Beach Club & Villas, P.O. Box 6519 S.S., Nassau, Bahamas, Tel.: 363 29 29, Telex: 20392, Telefax: 363 23 08

Österreichischen Exporten im Wert von 54,2 Millionen Schilling standen Importe im Wert von 30,9 Millionen Schilling gegenüber.

Bahrain
(Staat Bahrain), Manama

Staatsoberhaupt	Regierungschef	Außenminister
Emir Scheich Isa Bin-Sulman Al-Khalifa	Scheich Khalifa Bin-Sulman Al-Khalifa	Scheich Mohammad Bin Mubarak Al-Khalifa

ÖB: siehe Kuwait, AHSt Kuwait

Vom 7. bis 9. Mai hielt sich eine von der Bundeswirtschaftskammer veranstaltete Wirtschaftsmission im Lande auf, an der 18 österreichische Firmen teilnahmen. Anläßlich der vom 2. bis 9. November in Bahrain veranstalteten Messe „Rebuild Kuwait" war die Bundeswirtschaftskammer mit einer Gruppenausstellung (28 Firmen) vertreten. Vom 21. bis 24. November hielt sich über Einladung der Bundeswirtschaftskammer eine Journalistendelegation (7 Personen) in Manama auf.

Die österreichischen Exporte verzeichneten eine Steigerung auf 60 Millionen Schilling. Die Importe sind eher gering.

Bangladesch
(Volksrepublik Bangladesch), Dakka

Staatsoberhaupt	Regierungschef	Außenminister
Abdur Rahman Biswas	Begum Khaleda Zia	Mostafizur Rhaman

ÖB und AHSt: siehe Indien, HK Dakka: Abdul Islam, 107, Motijheel Commercial Aria, Tel.: 25 67 16, 25 48 40, Telex: 642425, Telefax: 83 33 60

Die wirtschaftliche Entwicklung Bangladeschs stand im Schatten einer der schwersten Taifun-Katastrophen seit Menschengedenken, die ca. 140.000 Menschen das Leben gekostet und Schäden in Höhe von drei Milliarden US-Dollar verursacht haben dürfte. Die österreichische Bundesregierung stellte einen Betrag von zwei Millionen Schilling aus der Katastrophenhilfe zur Verfügung.

Die neue Regierung verabschiedete Wirtschaftsreformen, die sowohl die Privatwirtschaft forcieren als auch ausländische Investoren anlocken soll.

Vom Pariser Club erhielt Bangladesch Kreditzusagen in der Höhe von 2,5 Milliarden US-Dollar, was als deutliches Vertrauensvotum für die Politik der neuen Regierung aufgefaßt werden kann.

Die österreichischen Ausfuhren, getragen von Pharmazeutika, Papier, Pappe und Maschinen, verliefen mit einem Minus von 52 Millionen Schilling (– 13 Prozent) relativ stabil.

Die Exporte nach Österreich konnten sich allerdings im gleichen Zeitraum auf 94 Millionen Schilling signifikant steigern (+ 88 Prozent). Die Ursache hierfür ist eine knappe Verdreifachung von Männerbekleidungslieferungen.

In den Bereichen Physik, Medizin, Bodenkunde und Geographie wurden 10 Stipendien (inkl. Verlängerungen) an Studenten und Akademiker vergeben.

Im Rahmen der Aktion HOPE 87 wurden finanzielle Mittel in Höhe von 6.300,– US-Dollar für Entwicklungsprojekte zur Verfügung gestellt.

Barbados
(Barbados), Bridgetown

Staatsoberhaupt	Regierungschef	Außenminister
Königin Elisabeth II. vertreten durch: Generalgouverneur Dame Nita Barrow	Erskine Sandiford	Maurice Athelstan King

ÖB siehe Venezuela; HK Bridgetown: Honorarkonsul Richard Cunningham, Eurobrokers International Inc., Life of Barbados Building, Wildey St. Michael; Tel. 43 66 960; Telex 2471; Telefax 43 66 967; AHSt. siehe Venezuela

Trotz wirtschaftlicher Schwierigkeiten ist Barbados weiterhin einer der relativ wohlhabendsten und höchstentwickelten Staaten der Karibik. Österreich exportiert vor allem Arbeitsmaschinen und bearbeitete Waren (Papier- und Metallwaren). Die österreichischen Ausfuhren beliefen sich auf 4 Millionen Schilling (– 23,4 Prozent). Die Einfuhren (insbesondere Zucker) verzeichneten ein Plus von 12,5 Prozent und betrugen 261.000,– Schilling.

Belgien
(Königreich Belgien), Brüssel

Staatsoberhaupt	Regierungschef	Außenminister
König Baudoin I.	Wilfried Martens	Mark Eyskens

ÖB Brüssel: Dr. Heinz Weinberger, rue de l'Abbaye 47, B-1050 Brüssel, Tel.: (02) 649 91 70, Telex: 22463, Telefax: 648 94 17; HK Antwerpen: Lucianus Boelens, Mechelsesteenweg 176-178, B-2000 Antwerpen, Tel.: (03) 23 73 948, Telex

72369, Telefax: (03) 247 17 35; HK Charleroi: Philippe Delaunois, c/o Cockerill Sambre S.A., rue de l'Usine 1, B-6090 Couillet, Tel.: (071) 44 43 03, Telex (51) 226, Telefax: (071) 43 94 50; HK Gent: Henri Persin, Floraliapaleis, 5. Stock, B-9000 Gent, Tel.: (091) 22 96 69, Telex 12666, Telefax: (091) 20 10 81; HK Lüttich: Chevalier de Schaetzen, c/o Banque O. de Schaetzen & Cie, Boulevard d'Avroy 4-6, B-4000 Lüttich, Tel.: (041) 23 79 60, Telex 41283, Telefax: (041) 23 38 14; HK Ostende: Fernand Ghesquière, Plantijnstraat 8, B-8400 Ostende, Tel.: (059) 80 70 60, Telefax: (059) 80 90 60, Telefax: (059) 80 90 60; AHSt: Dr. Harald Kasper, Avenue Louise 479, Bte 52, B-1050 Brüssel, Tel.: (02) 648 21 11, Telefax: (02) 640 12 69; ÖFVW: Avenue Louise 106, B-1050 Brüssel, Tel.: (02) 646 06 10, Telefax: (02) 640 46 93; AUA-B: Avenue Louise 66, Bte 4, B-1050 Brüssel, Tel.: (02) 513 75 00, Telefax: (02) 513 71 32.

Bei den Beziehungen zu Belgien stand auch 1991 die österreichische Europapolitik im Vordergrund.

Neben der Pflege der spezifischen bilateralen Beziehungen galt der weiter intensivierte Besuchsaustausch auf allen Ebenen daher stets auch der Förderung des österreichischen Beitritts zur Europäischen Gemeinschaft.

Bundeskanzler Franz Vranitzky traf im Februar mit Ministerpräsident Wilfried Martens zu einem Arbeitsgespräch zusammen. Bundesminister Alois Mock stattete Außenminister Mark Eyskens im April einen offiziellen Besuch ab, in dessen Verlauf er auch von Ministerpräsident Wilfried Martens empfangen wurde und mit belgischen Abgeordneten und Senatoren einen Meinungsaustausch pflegte.

Vizekanzler Erhard Busek führte im März Gespräche mit Vizeministerpräsident Hugo Schiltz. Bundesminister Rudolf Scholten traf im November zu einem Arbeitsgespräch mit dem für Kulturfragen zuständigen Minister der Zentralregierung, Louis Tobback, zusammen. Bundesminister Alois Mock wurde im November neuerlich von Ministerpräsident Wilfried Martens zu einem Gespräch empfangen. Im Dezember kam es anläßlich eines inoffiziellen Aufenthaltes von Bundeskanzler Franz Vranitzky zu einem Treffen mit Vizeministerpräsident Willy Claes. Staatssekretär Peter Jankowitsch traf im Februar und Mai die Staatssekretärin für Europäische Fragen, Anne-Marie Lizin.

Der Präsident des Rechnungshofes, Tassilo Broesigke, war im März Gast des belgischen Rechnungshofpräsidenten.

Auf parlamentarischer Ebene fanden insbesonders ein Besuch von ÖVP-Klubobmann Fritz König beim Präsidenten des Abgeordnetenhauses, Charles Ferdinand Nothomb, im März Arbeitsgespräche der ÖVP-Abgeordneten Tichy-Schreder anläßlich der Genter Messe im September und ein Zusammentreffen des Vizepräsidenten des Bundesrates, Herbert Schambeck, mit belgischen Senatoren im Oktober statt.

In Erwiderung eines kurz zuvor stattgefundenen Besuches einer von Prinz Albert geleiteten belgischen Wirtschaftsdelegation in Wien weilte der Präsident der Bundeswirtschaftskammer, Leopold Maderthaner, mit einer österreichischen Delegation im Juli in Brüssel, wo er von Prinz Albert empfangen wurde und mit Vizeministerpräsident Willy Claes und Spitzenrepräsentanten der belgischen Wirtschaft Gespräche führte.

Die traditionellen Treffen der Politischen Direktoren wurden im Oktober von Botschafter Ernst Sucharipa in Brüssel fortgesetzt.

In den Wirtschaftsbeziehungen konnte, trotz rückläufiger Konjunktur in Belgien, bei den österreichischen Exporten das Rekordniveau des Vorjahres gehalten werden. Der Rückgang bei Nahrungsmitteln, Rohstoffen, Maschinen und Unterhaltungselektronik wurde durch Zunahme bei chemischen Erzeugnissen, bearbeiteten Waren und Fertigwaren kompensiert. Insgesamt beliefen sich im Jahr 1990 die österreichischen Exporte nach Belgien auf 9,15 Milliarden Schilling, während die Einfuhren aus Belgien 16,69 Milliarden Schilling erreichten. Der Incoming-Tourismus aus Belgien, der in der österreichischen Fremdenverkehrsstatistik an 5. Stelle steht, hat das traditionelle Handelsbilanzdefizit kompensiert.

Im kulturellen Bereich konnte dem auf historischen Affinitäten basierenden und durch den überragenden Erfolg der Europalia Österreich 1987 nachhaltig angehobenen Erwartungshorizont durch eine dichte Abfolge österreichischer Darbietungen entsprochen werden. Das Schwergewicht lag wiederum auf musikalischem Gebiet, Höhepunkte waren die mit dem „Mozarteum Belgicum" veranstalteten, im Zeichen des Mozartjahres stehenden Konzerte in den Kathedralen von Brüssel und Antwerpen, im Brüsseler Palais des Herzogs von Lothringen und in der großen Hofkirche der belgischen Hauptstadt.

Eine Vielzahl von Ausstellungen, Lesungen österreichischer Autoren sowie wissenschaftlichen Veranstaltungen und Vorträge ergänzten die Präsentation österreichischer Kultur und Wissenschaft. Erwähnt sei der Vortrag von Bundesminister Alois Mock im Institut Royal des Relations Internationales, Brüssel, „L'Autriche face aux nouveaux défis."

Belize
(Belize), Belmopán

Staatsoberhaupt	Regierungschef	Außenminister
Königin Elisabeth II. von Großbritannien und Nordirland vertreten durch: Generalgouverneur Dame Minita Gordon	Rt. Hon. George Price	Hon. Said Musa

ÖB siehe Mexiko; AHSt. Mexiko

Am 21. September feierte Belize unter Teilnahme der Staatsoberhäupter von Mexiko und Honduras den 10. Jahrestag seiner Unabhängigkeit. Zuvor, am 27. August, war die Anerkennung der Souveränität von Belize durch Guatemala erfolgt. Der österreichische Botschafter in Mexiko nahm an den Feierlichkeiten als Sonderbotschafter teil.

Die Exporte Österreichs haben sich im Jahr 1991 um 14 Prozent auf 1,9 Millionen Schilling verringert, bei den Importen war lediglich ein Minimalbetrag von 5.000,– Schilling zu verzeichnen.

Benin
(Republik Benin), Porto Novo

Staatsoberhaupt	Regierungschef	Außenminister
Nicéphore Soglo	Nicéphore Soglo	Théodore Holo

ÖB und AHSt: siehe Cote d'Ivoire

Trotz des stetigen Rückganges österreichischer Exporte (2,86 Milliarden Schilling 1982 gegen 97 Millionen Schilling im Jahr 1991, österreichische Importe seit jeher minimal 5 Millionen Schilling) ist das österreichische Exportvolumen noch immer größer als das in den meisten anderen Ländern der Region.

Bhutan
(Königreich Bhutan), Thimphu

Staatsoberhaupt und Regierungschef	Außenminister
König Jigme Singye Wangchuk	Dawa Tsering

ÖB und AHSt: siehe Indien

Bhutan ist ein Schwerpunktland der österreichischen Entwicklungshilfe. Den Rahmen hiefür bildet das am 1. April in Kraft getretene Abkommen über Technische Zusammenarbeit zwischen der österreichischen Bundesregierung und der Regierung des Königreiches Bhutan. Es bestehen Projekte insbesondere im Bereich des Wasserkraftwesens und der Forstwirtschaft (integriertes Forstwirtschaftsprojekt Thrumsingla).

Österreichischerseits wurden 2 Stipendien an bhutanische Bewerber in den Bereichen Forstwirtschaft und Energietechnologie vergeben.

Der beiderseitige Handelsverkehr ist unbedeutend.

Bolivien
(Republik Bolivien), La Paz

Staatsoberhaupt	Regierungschef	Außenminister
Jaime Paz Zamora	Jaime Paz Zamora	Carlos Iturralde Ballivån

ÖB siehe Peru; HGK La Paz: Dr. Dietrich Hausherr, Av. 16 de Julio 1616, piso 7, ofic. 1, Edificio Petrolero, La Paz, Tel. 005912 32 66 01, 37 98 53, Fax 39 10 73, Telex 2433 austrok bv.

Der Erfolg der wirtschaftlichen Sanierungsmaßnahmen hat auch in den Außenhandelsbeziehungen Niederschlag gefunden, auch wenn der Handelsaustausch nach wie vor gering ist. Die österreichischen Ausfuhren betrugen 26,1 Millionen Schilling (+25 Prozent); die österreichischen Einfuhren aus Bolivien 51,5 Millionen Schilling (–36,9 Prozent).

Die Steigerung österreichischer Exporte betraf vor allem bearbeitete Waren, darunter Schamotte, Papier und Pappe sowie diverse chemische Erzeugnisse.

Im Osten Boliviens wurde ein landwirtschaftliches Entwicklungshilfeprojekt begonnen.

Für die Einfuhr handwerklich gefertigter Waren bolivianischen Ursprungs gewährt Österreich Zollpräferenzen.

Botswana
(Republik Botswana), Gaborone

Staatsoberhaupt	Regierungschef	Außenminister
Dr. Quett K. J. Masire	Dr. Quett K. J. Masire	Dr. G. K.T. Chiepe (Mrs.)

ÖB: siehe Simbabwe; AHSt: siehe Südafrika

Ein Bewerber aus Botswana nimmt am 1991-Ausbildungslehrgang für Hotel- und Tourismus-Management an der Fremdenverkehrsschule Kleßheim teil.

Ein Staatsbürger Botswanas nahm am Grundwassermarkierungskurs teil, der im August/September 1991 in Graz abgehalten wurde.

Ein Beamter der Zollverwaltung Botswana erhielt ein österreichisches Stipendium zur Teilnahme an einem von der PTA-SADCC veranstalteten Zollseminar.

Brasilien
(Föderative Republik Brasilien), Brasilia

Staatsoberhaupt	Regierungschef	Außenminister
Fernando Collor	Fernando Collor	Francisco Rezek

ÖB Brasilia: Andreas Somogyi, SES – Av. das Nações, lote 40, 70426 Brasilia, Tel. 61 243 3111, 61 243 3373; Telex 61 1202; Telefax 61 243 5233; GK Rio de Janeiro: Heinz Mayer, Av. Atlântica, 3804, 22070 Rio de Janeiro; Tel. 21 227 0040, 21 227 0046 bis 49; Telex 21 32576; Telefax 21 227 1734; HK São Paulo: Otto Heller, Rua Augusta, 2516, 10° andar, Edificio Pombo, 01412 São Paulo; Tel. 282 6223; Telex 22711; Telefax 64 2745; HK Belo Horizonte: Rüdiger-Maria Goblirsch-Urban, Rua José América Cançado Bahia, 199, 32000 Contagem; Tel. 331 1203, 333 3622; Telex 1969; Telefax 31 331 1203; HGK Curitiba: Walter Jiraschek, Rua Marechal Floriano Peixoto, 228, Edif. Banrisul, 17° andar, 80017 Curitiba; Tel. 224 9433, 224 6795; Telex 35004; Telefax 41 225 2032; HGK Florianõpolis: Ivo Frederico Schmithausen, Rua Luiz Delfino 66, apto. 501, 88010 Florianõpolis; Tel. 225 952; HGK Porto Alegre: Matias Kronfeld, Rua D. Pedro II, 1220, s/101, 90430 Porto Alegre; Tel. 451566; Telex 0525; Telefax 412240; HGK Salvador: Eva Adler, Av. Almirante Marques Lẽao, 46, aptos. 33/34, 40160 Salvador; Tel. 247 6013; AHSt Rio de Janeiro: Alf-Peter Lenz, Av. Rio Branco, 99, 10° andar, 20040 Rio de Janeiro; Tel. 21 253 5599; Telex 21 23207; Telefax 0055 21 263 9336; AUA-Büro Rio de Janeiro: Avenida Rio Branco 181, Sala 1508, 20040 Rio de Janeiro, Tel. 21 220 3157; AUA-Büro São Paulo, Avenida Ipiranga 318, Bloco A, 5. Stock, 01046 São Paulo, Tel. 011 257 3575.

Anläßlich der Konferenz der österreichischen Botschafter und Handelsdelegierten in Lateinamerika (Brasilia, 8. – 10. 12. 1991) ist der Generalsekretär für auswärtige

Angelegenheiten, Thomas Klestil, mit dem brasilianischen Außenminister Francisco Rezek sowie dem Generalsekretär für Außenpolitik im brasilianischen Außenministerium, Marcos Castrioto de Azambuja, zusammengetroffen. Bereits im August 1991 hatte sich eine ÖVP-Parlamentarierdelegation unter Leitung des stellvertretenden Vorsitzenden des Bundesrates Herbert Schambeck zu Gesprächen in Brasilien aufgehalten.

Die unter der Regierung Collor vorgenommene Öffnung des brasilianischen Wirtschaftssystems hat den Markt für neue Anbieter auch aus Österreich interessant gemacht. Die Exporte Österreichs betrugen im Jahr 1991 743,6 Millionen Schilling. Dies stellt eine Steigerungsrate von 30,2 Prozent dar. Die brasilianischen Exporte nach Österreich (vor allem Kaffee, Fruchtsäfte, Futtermittel, Eisenerz) betrugen 1,98 Milliarden Schilling (+6,2 Prozent). Das österreichische Investitionsvolumen in Brasilien belief sich mit März 1991 auf 43,5 Millionen US-Dollar (Auslandsinvestitionen in Brasilien insgesamt: 35,9 Milliarden US-Dollar).

Der Tourismus zwischen den beiden Staaten scheint ausbaufähig. Derzeit reisen nur ungefähr 10 Prozent der brasilianischen Europatouristen auch durch Österreich, ungefähr 10 000 Österreicher verbringen jährlich Urlaubsaufenthalte in Brasilien. Im Dezember 1991 wurde ein österreichisch-brasilianisches Luftverkehrsabkommen paraphiert. Die nunmehr vorgesehenen Direktflüge zwischen den beiden Staaten sollten auch zu einer Steigerung des Tourismus führen.

Im wissenschaftlich-kulturellen Bereich manifestierte sich weiterhin großes brasilianisches Interesse an Österreich, dem die Botschaft durch ein breitgefächertes Programm (Ausstellungen, Musikveranstaltungen, Vorträge, Seminare etc.) Rechnung zu tragen bemüht war.

Der Vorsitzende der Österreichischen Rektorenkonferenz, Prof. Werner Biffl, hielt sich aufgrund einer brasilianischen Einladung im Mai 1991 zu Gesprächen in Fortaleza, Salvador, Brasilia und Rio de Janeiro auf.

Anläßlich des Mozartjahres wurde der Komponist in zahlreichen Veranstaltungen, die zum Teil größte Breitenwirkung erzielten, gewürdigt. Die finanzielle Förderung des Deutschunterrichtes in den altösterreichischen Siedlungen Dorf Tirol, Entre Rios und Dreizehnlinden wurde im Jahr 1991 fortgesetzt.

Brunei
(Negara Brunei Darussalam), Bandar Seri Begawan

Staatsoberhaupt und Regierungschef	Außenminister
His Majesty Sultan Haji Hassanal Bolkiah Mu'izzaddin Waddaulah, Sultan and Yang di-Pertuan of Brunei Darussalam	His Royal Highness Prince Muda Haji Mohamed Bolkiah

ÖB und AHSt: siehe Malaysia; HGK Bandar Seri Begawan: Alfred Flaim, No. 5, Taman Jubli, Simpang 75, Jalan Subok, Bandar Seri Begawan 2180, Tel.: 22 30 83, Telex: 2447, Telefax: 22 30 83

Die Exporte Österreichs nach Brunei betrugen 15,4 Millionen Schilling. Bei den Exporten nach Brunei ist zu berücksichtigen, daß ein Großteil der laufenden Lieferungen mangels einer entsprechenden kommerziellen Infrastruktur über Singapur abgewickelt wird und daher in den österreichischen Statistiken nicht aufscheint. Bemühungen um Einschaltung österreichischer Firmen in bruneiische Entwicklungsprojekte, insbesondere auf dem Gesundheits- und Umweltsektor wurden fortgesetzt.

Bulgarien
(Republik Bulgarien), Sofia

Staatsoberhaupt	Regierungschef	Außenminister
Schelju Schelev	Filip Dimitrov	Stojan Ganev

ÖB Sofia: Dr. Manfred Kiepach; Boulevard Ruski 13, Sofia, Tel.: 80 35 72, Telex 22566, Telefax 87 22 60; AHSt Sofia: Mag. Hubert Astegher, Ul. Khan Kroum 3, Tel.: 81 35 56, Telex: 22450, Telefax: 80 22 44; AUA-B Sofia: Boulevard G. Dimitrov 68, Tel.: 32 70 57, Telex 22599, Telefax: 33 40 03

Im Jahr 1991 wurde die im Vorjahr angebahnte Tendenz zu vermehrtem Besuchsaustausch fortgesetzt. Der bulgarische Außenminister Viktor Valkov stattete vom 24. – 26. Januar einen offiziellen Besuch in Östereich ab. Der stellvertretende Ministerpräsident Alexander Tomov hielt sich vom 10. – 12. März in Österreich auf. An dem von der Politischen Akademie organisierten zweiten Runden Tisch über „Ethnische Minderheiten, Nationalitäten und Regionen in der neuen Architektur Europas" vom 24. – 26. März nahm der nunmehrige Außenminister Ganev teil. Nationalratspräsident Heinz Fischer führte anläßlich seiner Teilnahme am Kongreß der Sozialdemokratischen Partei Bulgariens Gespräche mit Staatspräsident Schelev und dem stellvertretenden Präsidenten der Volksversammlung, Ginio Ganev. Bundesminister Franz Löschnak stattete am 27. und 28. Juni einen offiziellen Besuch ab. In der Zeit vom 10. – 13. Juli hielten sich der stellvertretende Ministerpräsident Dimitar Ludschev und Industrieminister Ivan Puschkarov in Österreich auf. Im August und September führten Verkehrsminister Vesselion Pavlov und Außenhandelsminister Atanas Paparissov Gespräche in Österreich. Anläßlich eines offiziellen Besuches von Generaltruppeninspektor Karl Majcen in Sofia vom 30. 9. – 2. 10. 1991 wurden die Kontakte des Bundesheeres zur bulgarischen Armee erneuert. Außenminister Ganev stattete am 19. 12. 1991 Wien einen Besuch ab und führte ein Gespräch mit Bundesminister Mock.

Die österreichische Bundesregierung, die Stadt Wien und die Österreichische Nationalbank sowie zahlreiche österreichische karitative und andere Institutionen sowie Firmen leisteten angesichts der schwierigen bulgarischen Wirtschaftslage humanitäre Hilfe an Bulgarien im Ausmaß von mehreren Millionen Dollar.

Die österreichischen Ausfuhren erreichten 1991 1,39 Milliarden Schilling (+0,1 Prozent), während die österreichischen Einfuhren um 9,6 Prozent auf 606,7 Millionen Schilling anwuchsen. Österreich lieferte in der Hauptsache Metallverarbeitungs- und andere Maschinen, mineralische Baustoffe, Papier, Feinchemikalien sowie Genußmittel (Kaffee). Bei den bulgarischen Exportprodukten entfielen mehr als 40 Prozent auf Gemüse und Früchte, weiters wurden Rohstoffe, Chemikalien und Textilien nach Österreich geliefert.

Die Fa. VOEST-ALPINE Industrieanlagenbau GmbH wickelte einen bereits im Dezember 1988 auf Buy-back-Vereinbarung abgeschlossenen Großauftrag im Wert von ca. 1 Milliarde Schilling weiter ab.

Die Österreichische Mineralölverwaltung schloß als Partner eines amerikanisch-britischen Konsortiums einen Prospektierungsvertrag für Öl und Gas an der Schwarzmeerküste ab.

An der internationalen Finanzunterstützung, die Bulgarien bisher erhalten hat, beteiligte sich Österreich im Rahmen der OECD-Länder mit einem Kredit in der Höhe von 210 Millionen Schilling.

Mehr als 20 österreichisch-bulgarische Joint Ventures wurden bisher gegründet (insgesamt gibt es 80 bis 100 solcher Unternehmen in Bulgarien). Weiters verfügen ca. 40 österreichische Unternehmen über eigene Niederlassungen in Bulgarien.

An der 47. Internationalen Technischen Messe in Plovdiv (23. - 29. 9. 1991) beteiligten sich 73 Firmen aus Österreich; dieses war damit nach Deutschland mit dem zweitgrößten Firmenkontingent vertreten.

Die kulturellen Beziehungen erfuhren 1991 eine erhebliche Ausweitung: eine große Anzahl von Besuchen und Veranstaltungen wurden durchgeführt. Vom 18. - 24. Februar besuchte der bulgarische Kulturminister Dimo Dimov Österreich.

Im Rahmen der Feierlichkeiten anläßlich des Mozart-Jahres gab es eine Reihe von Veranstaltungen unter österreichischer Teilnahme. Am Sofioter Internationalen Frühlingsfestival vom 7. - 14. April 1991, das mit namhafter Unterstützung der österreichischen Bundesregierung zustande kam, wirkten vier Solisten und ein Dirigent aus Österreich mit. An der Sofioter Universität wurde am 31. Mai 1991 eine Österreich-Bibliothek eingerichtet. Die erforderlichen Verhandlungen mit den zuständigen bulgarischen Stellen zur geplanten Errichtung eines österreichischen Grabungs- und Museumshauses für die Grabungsarbeiten von Prof. Stefan Hiller (Universität Salzburg) am „Tell von Karanovo" wurden durchgeführt.

Burkina Faso
(Burkina Faso), Ouagadougou

Staatsoberhaupt	Regierungschef	Außenminister
Blaise Compaoré	Blaise Compaoré	Issa-Dominique Konaté

ÖB und AHSt: siehe Cote d'Ivoire

Die österreichisch-burkinabéische Berufsschule, ein Projekt der Österreichischen Jungarbeiterbewegung, ist seit mehr als 20 Jahren mit Erfolg tätig. Der sich ursprünglich aus dem Betrieb dieser Schule, später auch anderer Schulen ergebende Bedarf an einheimischem Lehrpersonal hat zu einem Programm geführt, nach welchem sich auch dieses Jahr 13 Lehrerkandidaten zur Ausbildung in Mödling befinden.

Sieben Studenten studieren an österreichischen Hochschulen, davon ein Germanistikstudent mit österreichischem Stipendium an der Universität Wien.

Ein Abkommen über technische und finanzielle Zusammenarbeit wurde unterzeichnet.

Der bilaterale Handelsverkehr ist weiterhin geringfügig: österreichische Exporte 7 Millionen Schilling, Einfuhren 8 Millionen Schilling.

Burundi
(Republik Burundi), Bujumbura

Staatsoberhaupt	Regierungschef	Außenminister
Major Piere Buyoya	Adrien Sibomana	Cyprien Mbonimpa

ÖB: siehe Kenia; AHSt: siehe Zaire

Für Österreich ist Burundi ein Schwerpunktland der Entwicklungszusammenarbeit. Die laufenden Projekte betreffen die Verbesserung der Bodennutzung im Süden des Landes und die Unterstützung einer handwerklichen Fachschule in der Hauptstadt. Ein Projekt der Elektrifizierung ländlicher Gebiete im Südosten wurde 1991 abgeschlossen. Für die Verwendung eines 1990 abgeschlossenen Warenimportkredits über 100 Millionen Schilling für die Wasser- und Elektrizitätsversorgung ländlicher Gebiete wurden 1991 Projektunterlagen fertiggestellt.

Chile
(Republik Chile), Santiago

Staatsoberhaupt	Regierungschef	Außenminister
Patricio Aylwin Azócar	Patricio Aylwin Azócar	Enrique Silva Cimma

ÖB Santiago: Dr. Wolfgang Jilly, Barros Errázuriz 1968, Casilla 16. 196, Santiago 9; Tel. 23 34 774, 22 34 281, 27 41 590, Telex 240528 oestg cl; Telefax 2049382; HK Valparaiso: Paul Kulka, 7 Norte 1107, Viña del Mar, Tel. 97 12 00, Valparaiso; AHSt. Santiago: Helmut Wagner, Ismael Valdés Vergara 368, Depto. 51, Tel. 39 11 51, 39 11 52, Telefax 396735, Telex 240866 austr cl

Österreich hat im Jahr 1991 den Demokratisierungsprozeß und insbesondere auch die Bestrebungen der chilenischen Regierung, die Probleme der während der Zeit der Militärregierung begangenen Menschenrechtsverletzungen sowie der politischen Häftlinge einer Lösung zuzuführen, weiterhin unterstützt.

Sämtliche politische Häftlinge, die nicht in Blutverbrechen verwickelt waren, wurden von Staatspräsident Patricio Aylwin begnadigt und aus der Haft entlassen. Für die noch verbliebenen politischen Häftlinge werden beschleunigte Gerichtsverfahren durchgeführt.

Jenen Chilenen, die in Österreich im Exil gelebt haben und in ihr Land zurückgekehrt sind, wurde seitens der Botschaft bei der Wiedereingliederung in den Arbeitsprozeß jede nur mögliche Unterstützung gewährt.

Unter Leitung des Vizepräsidenten des Bundesrates Herbert Schambeck hat eine ÖVP-Parlamentarierdelegation, welcher auch der 2. Präsident des Nationalrates, Robert Lichal, angehörte, Chile vom 14. bis 18. August 1991 einen Besuch abgestattet.

In der Zeit vom 12. bis 14. November 1991 hat der chilenische Außenminister, Enrique Silva Cimma, einen offiziellen Besuch in Österreich absolviert.

Unter Leitung von Klubobmann Willy Fuhrmann hat eine Parlamentarierdelegation, welcher die Abgeordneten Josef Höchtl, Alois Puntigam, Franz Mrkvicka und

Bernhard Gratzer angehörten, an der 86. Interparlamentarischen Konferenz, die vom 4. bis 12. Oktober 1991 in Santiago stattfand, teilgenommen.

Die österreichischen Importe wiesen einen Gesamtwert von 334,1 Millionen Schilling (+ 19,1 Prozent) auf, wobei der Hauptteil auf Früchte, Zellulose und Fischmehl entfiel. Die österreichischen Exporte erreichten 299 Millionen Schilling (+ 14,6 Prozent). Schwerpunkte waren Maschinen, Viskosefasern, Metallwaren, feuerfeste Produkte der Magnesitindustrie sowie medizinische und pharmazeutische Erzeugnisse.

Bei der Internationalen Messe von Santiago, an deren Eröffnung der Vizepräsident der Bundeskammer der gewerblichen Wirtschaft, Abgeordneter zum Nationalrat Herbert Schmidtmeier, teilnahm, war Österreich mit 27 Firmen vertreten.

An einer österreichischen Wirtschaftsmission im April 1991 nahmen Vertreter von 15 Firmen teil. Während einige Teilnehmer anläßlich der Reise bestehende Verbindungen vertieften, benutzten andere Firmen diese Mission zur Knüpfung von Erstkontakten.

Den Höhepunkt der kulturellen Präsenz Österreichs in Chile im Jahr 1991 bildeten die Veranstaltungen, die anläßlich des 200. Todestages Mozarts von der Botschaft mitorganisiert wurden.

Unter dem Ehrenschutz der Botschaft wurden die Mozart-Opern „Cosi fan tutte", „Die Zauberflöte" und „La Clemenza di Tito" aufgeführt. Die Wanderausstellung „Wolfgang Amadeus Mozart" wurde in der Nationalbibliothek Santiago und in den Universitäten von La Serena, Concepción und Valdivia gezeigt. Im Rahmen der Ausstellung fand ein Zyklus von Vorträgen und Konzerten statt. Die Marionettengruppe der Österreicherin Helma Vogt brachte die Mozart-Oper „Die Entführung aus dem Serail".

Die „Franz-Werfel-Ausstellung" wurde in Santiago (deutsch-jüdische Gemeinschaft) und in Viña del Mar gezeigt.

Mehrere österreichische Professoren für die Fachgebiete Literatur, Psychiatrie und Verfahrenstechnik haben Seminare in sechs chilenischen Städten abgehalten.

China
(Volksrepublik China), Peking

Staatspräsident	Ministerpräsident	Außenminister
Yang Shangkun	Li Peng	Qian Qichen

ÖB Peking: Dr. Dietrich Bukowski, Jian Guo Men Wai, Xiu Shui Nan Jie 5, 100600 Bejing, Tel.: 532 20 61, 532 20 63, Telex: 22258, Telefax: 532 15 05; AHSt Peking: Dr. Friedrich Langer, Ta Yuan Office Building 2-6-2, Chaowai, 100600 Beijing, Tel.: 532 16 77, Telex: 22270, Telefax: 532 11 49

Außenminister und Staatsrat Qian Qichen weilte vom 3. bis 6. Oktober auf offiziellem Besuch in Wien. Durch diesen Besuch (erstmals seit 1984) wurde der seit Mai 1989 unterbrochene bilaterale Besuchsaustausch auf Ministerebene wieder aufgenommen.

Der Präsident der chinesischen Gesellschaft für freundschaftliche Beziehungen mit dem Ausland, Han Xu, besuchte im Mai Österreich. Der chinesische Vizeaußenminister, Yang Fuchang, der Ende Mai an einem Nahost-Seminar von der International Peace Academy in Wien teilgenommen hatte, wurde auch von Außenminister Alois Mock und Generalsekretär Thomas Klestil zu Gesprächen empfangen. Eine fünfköpfige Delegation der Politischen Konsultativkonferenz (CPPCC) unter Leitung ihres Generalsekretärs Song Demin besuchte Österreich auf Einladung des Bundesrates in der Zeit vom 27. Oktober bis 2. November.

Von österreichischer Seite sind der Ende März/Anfang April erfolgte Chinabesuch einer von Bundesratspräsidentin Elisabeth Haselbach geleiteten Delegation und einer von der früheren zweiten Nationalratspräsidentin, Marga Hubinek, angeführten Politikerinnendelegation zu erwähnen. Weiters hervorzuheben sind die Arbeitsgespräche von Abgeordneten zum Nationalrat Johann Stippel mit Vertretern des Nationalen Volkskongresses (NPC) und der Politischen Konsultativkonferenz (CPPCC) im Mai; die Besuche einer Delegation unter Führung des Präsidenten des Wiener Landtages, Herbert Dinhof, der unter anderem auch Botschafter Franz Ceska als designierter Generalsekretär der Industriellenvereinigung angehörte, im August.

Bei allen höherrangigen Treffen wurden auch Fragen der Menschenrechte angeschnitten. Anläßlich seines Besuches lud der chinesische Außenminister eine österreichische Expertendelegation zum Studium der Menschenrechte in Tibet ein.

Die seit Anfang des Jahres zunehmende Anzahl von österreichischen Fachdelegationen in der VR China wird durch Delegationen des Rechnungshofes im Mai, des Bundesministeriums für Gesundheit, Konsumentenschutz und Sport im Juni, des Patentamtes unter Leitung von Präsident Otmar Rafeiner im Oktober, durch eine steirische Jungpolitikerdelegation Ende September/Anfang Oktober sowie insgesamt drei Journalistendelegationen im April, September und November dokumentiert.

Am 10. April wurde in Peking ein bilaterales Doppelbesteuerungsabkommen unterzeichnet. Die österreichische Bundesregierung hat Ende Juli eine Mio öS für die Opfer der verheerenden Flutkatastrophe in China im Wege des UNDP-Katastrophenhilfsprogrammes zur Verfügung gestellt.

Im Bereich der Kultur, der Wissenschaft und des Bildungswesens lag der Schwerpunkt bei den künstlerischen Veranstaltungen und hier wiederum auf dem Gebiet der Musik.

Das Neujahrskonzert der Wiener Philharmoniker wurde nach einer Unterbrechung im Vorjahr wieder direkt vom Chinesischen Fernsehen übertragen und von einigen hundert Millionen Chinesen gesehen.

Im Oktober hat in Wien im Rahmen der alljährlichen Viennale eine Retrospektive des chinesischen Films aus Anlaß des 20-Jahre-Jubiläums der Aufnahme diplomatischer Beziehungen mit der VR China stattgefunden.

Eine im Juli abgehaltene internationale Konferenz über „Terminologie, Normung und Technologietransfer" stand unter der Schirmherrschaft des in Wien ansässigen Internationalen Informationszentrums für Terminologie und ist ein wichtiger Meilenstein in der österreichisch-chinesischen Zusammenarbeit im Bereich der Terminologie.

Im Studienjahr 1991/92 sind zwei österreichische Lektoren in der VR China tätig, sieben österreichische Stipendiaten studieren an chinesischen Universitäten. Zusätzlich zum offiziellen Stipendienaustauschprogramm wurde zahlreichen chinesischen Studenten ein österreichisches Stipendium, in erster Linie aus Mitteln der Entwicklungshilfe, gewährt.

Im bilateralen Warenverkehr hat sich das Ungleichgewicht zugunsten der VR China weiter verstärkt. Während die österreichischen Exporte in die VR China eine Steigerung von 15,7 Prozent auf insgesamt 3,3 Milliarden Schilling verzeichneten, sind die Importe chinesischer Waren überdurchschnittlich stark gewachsen und betrugen 5,4 Milliarden Schilling. Das Handelsbilanzpassivum erreichte daher eine neue Rekordhöhe von 2,1 Milliarden Schilling.

Nach wie vor entfallen mehr als zwei Drittel der österreichischen Exporte auf die Warenobergruppe Maschinen/Fahrzeuge. Die Auswirkungen des österreichischen Regierungskredites in Gesamthöhe von öS 7,3 Mrd., mit dessen Hilfe hauptsächlich Lieferungen von kompletten Anlagen und Maschinen für Kraftwerke, Wasseraufbereitungs- und -versorgungsanlagen sowie für Industriebetriebe finanziert werden konnten, sind hier noch deutlich erkennbar. Die zweitwichtigste Warengruppe der österreichischen China-Exporte bilden bearbeitete Waren.

Besonders bemerkenswert in der Einfuhr ist die hohe Zuwachsrate bei Industrieprodukten mit hohem Technologieanteil wie Werkzeugmaschinen, Fernseh- und Rundfunkempfangsgeräte, Nachrichtengeräte, Büro- und EDV-Maschinen, während die früheren Hauptstützen der chinesischen Ausfuhren Rohstoffe, landwirtschaftliche und chemische Erzeugnisse stark an Bedeutung verlieren.

Bei den vom 2. bis 4. Dezember in Wien geführten Verhandlungen über ein neues Selbstbeschränkungsabkommen für Textilien im Rahmen des GATT Multifaserabkommens wurden neue Kontingentvereinbarungen sowie Einfuhr- bzw. Exportüberwachung für bestimmte Textilerzeugnisse für 1992 und 1993 getroffen.

Die Finanzgespräche zwischen Vertretern des Bundesministeriums für Finanzen und der österreichischen Kontrollbank mit dem chinesischen Ministerium für Wirtschaftsbeziehungen und Handel mit dem Ausland (MOFERT) über den Abschluß eines Ressortabkommens über einen österreichischen Regierungskredit in Shanghai und Peking vom 24. bis 28. Juni werden zu einem späteren Datum fortgesetzt.

Vom 9. bis 11. September wurde die 10. Tagung der österreichisch-chinesischen gemischten Wirtschaftskommission auf Beamtenebene turnusmäßig in Wien abgehalten.

Im Juni hat die Bundeswirtschaftskammer eine Wirtschaftsmission „Maschinen und Industriegüter", an der Vertreter von 20 österreichischen Industrieunternehmen teilnahmen, in Peking und Shanghai durchgeführt. Die in Peking, Xian, Fuzhou und Xiamen vom 15. Oktober bis 1. November von der Bundeswirtschaftskammer veranstalteten Katalogausstellungen und Symposien wurden von Vizepräsident Kommerzialrat Josef Fröhlich eröffnet. Bei der Internationalen Ausstellung China Paper/Forest'91 war Österreich in Form einer Gruppenausstellung mit 16 Firmen sowie durch das Forstinstitut der Universität für Bodenkultur Wien, die auch mehrere Symposien und Vorträge hielten, vertreten.

Über Einladung der Bundeswirtschaftskammer haben wieder mehrere Delegationen des Chinesischen Rates für die Förderung des Internationalen Handels (CCPIT) und ihrer regionalen Organisationen in Tianjin, Beijing, der Provinz Shaaxi sowie von der Stadtregierung Shanghai (SMERT) Österreich besucht.

Weiters haben Delegationen der Provinzregierungen Hebei und Fujian während ihrer offiziellen Besuche in Österreich vom 5. bis 12. März bzw. 20. bis 26. Oktober Betriebs- und Projektbesichtigungen vorgenommen und Wirtschaftsgespräche geführt.

Costa Rica
(Republik Costa Rica), San José

Staatsoberhaupt	Regierungschef	Außenminister
Rafael Angel Calderón Fournier	Rafael Angel Calderón Fournier	Bernd Niehaus Quesada

ÖB: siehe Mexiko; AHSt. siehe Guatemala; HGK San José: Ing. Tomas Nagel, De la Toyota en el Paseo Colón 200 mts. al sur y 50 al oeste, frente a Parque de Mata Redonda, casa No. 3650; Tel. 55 30 07; Telefax 55 07 67.

Im April nahm der österreichische Botschafter in Mexiko an der Konstituierenden Tagung des Programmes für Demokratie und Entwicklung in Zentralamerika teil. Das in Ausarbeitung stehende Programm geht auf eine Initiative der Vereinigten Staaten zurück und strebt die Zusammenarbeit der OECD-Länder und der Länder Zentralamerikas zwecks Stärkung der Demokratie und Entwicklung der Wirtschaft in diesem Raum an.

Staatssekretär Peter Jankowitsch stattete Costa Rica vom 24. bis 26. August einen offiziellen Besuch ab, in dessen Verlauf der Staatssekretär u. a. Gespräche mit Außenminister Bernd Niehaus, Rohstoff- und Energieminister Hernán Bravo und Tourismusminister Luis Manuel Chaćon Jimenez führte und an der Eröffnung der aus österreichischen Entwicklungshilfemitteln mitfinanzierten Kleinkraftwerke Belén und Electriona teilnahm. Bei den Gesprächen wurde u. a. die Frage einer österreichischen Unterstützung bei der Entwicklung der costaricanischen Fremdenverkehrswirtschaft und der Energiewirtschaft behandelt, im Gespräch mit Außenminister Niehaus wurden Probleme des zentralamerikanischen Raumes sowie der europäischen Integration berührt.

Die Exporte Österreichs haben sich im Jahr 1991 um 20 Prozent auf 57,2 Millionen Schilling, die Importe um 6,6 Prozent auf 434,5 Millionen Schilling verringert.

Côte d'Ivoire
(Republik Côte d'Ivoire) Abidjan

Staatsoberhaupt	Regierungschef	Außenminister
Felix Hauphouet-Boigny	Alassane Quattara	Essy Amara

ÖB Abidjan: Dr. Georg Znidaric, Immeuble N'Zarama, Stg. A, 6. Stock, Bvd. Lagunaire Charles de Gaulle, Abidjan-Plateau; P. Adr.: 01 Abidjan BP 1837,

Tel.: 21 25 00, 21 26 51, 21 22 95; Telex: 22664, Telefax 22 19 23; AHSt. Abidjan: Immeuble Aniaman, rue Alphonse Daudet, Plateau, Tel.: 32 34 98, 32 53 61, Telex: 22190; Telefax: 32 78 67

Die anhaltende Wirtschaftskrise zeigt sich auch in den bilateralen Handelsbeziehungen, wo sich die österreichischen Exporte nach wie vor auf einem Tiefpunkt befinden (50 Millionen Schilling, −27 Prozent). Die Importe beliefen sich auf 3,7 Millionen Schilling (+42 Prozent).

Neun ivorische Studenten, davon zwei mit österreichischen Stipendien, studierten an österreichischen Hochschulen.

Obwohl die Côte d'Ivoire dieses Jahr in die IDA-Liste aufgenommen wurde, waren auf dem Gebiet der österreichischen Entwicklungshilfe lediglich einige kleinere private Aktivitäten zu verzeichnen, da das Land bisher nicht unter die am wenigsten entwickelten Länder gereiht wurde, welchen sich die österreichische Entwicklungshilfe schwerpunktmäßig widmet.

Dänemark
(Königreich Dänemark); Kopenhagen

Staatsoberhaupt	Regierungschef	Außenminister
Königin Margarethe II.	Poul Schlüter	Uffe Ellemann-Jensen

ÖB Kopenhagen: Dr. Franz Wunderbaldinger, Grönningen 5/1, 1270 Kopenhagen K Tel.: 33 12 46 23, Telex: 27023, Fax: 33 12 15 43; HK Aarhus: Ejler Munch Andersen, Frue Kirkeplads 4, 8100 Aarhus C, Tel.: 86 12 55 11, Telex: 64793, Fax: 86 18 27 66; AHSt.: Dr. Hans Kourimsky, Grönningen 5/3, 1270 Kopenhagen K, Tel.: 33 11 14 12, Telex: 15164, Fax: 33 91 14 13; ÖFVW: Nyropsgade 37, 1602 Kopenhagen V, Tel.: 33 13 04 32, Telex: 19805, Fax: 33 14 04 32, AUA-B: Nyropsgade 51, 1602 Kopenhagen V, Tel.: 33 11 77 25, Telex: 19337, Fax: 33 14 66 70

Im Zusammenhang mit dem österreichischen EFTA-Vorsitz in der ersten Jahreshälfte und der Betreibung des österreichischen EG-Beitrittsantrages verdichteten sich 1991 auch die direkten Kontakte auf Expertenebene zu Dänemark.

Der Leiter der wirtschafts- und integrationspolitischen Sektion im Bundesministerium für auswärtige Angelegenheiten, Botschafter Manfred Scheich, traf am 29. April in Kopenhagen Staatssekretär Jörgen Örström-Möller zu einem europapolitischen Meinungsaustausch. Staatssekretär Örström-Möller nahm an den Europäischen Politischen Gesprächen im Rahmen des Forum Alpbach teil und hielt am 27. August einen Vortrag zur Reform der EG.

Die Österreichische Botschaft und die Dänische Europabewegung organisierten ein öffentliches Seminar „Österreich – künftiger Partner in der Europäischen Gemeinschaft" (Kopenhagen, 12. April). Vortragender war u. a. der Präsident der Österreichischen Industriellenvereinigung Dr. Heinz Kessler.

Am 10. und 11. Oktober fanden in Kopenhagen bilaterale Verkehrsverhandlungen statt, bei denen eine von Österreich aus umweltpolitischen Gründen gewünschte Einführung von Kontingenten für den Straßengüterverkehr vereinbart werden konnte.

Die dänische Seite hat die Zustimmung zur Errichtung eines Österreichischen Honorarkonsulats in Odensee erteilt, das 1992 seine Amtstätigkeit aufnehmen wird.

Die Wirtschaftsbeziehungen standen unter dem Zeichen deutlicher Zunahmen österreichischer Exporte (+3,9 Prozent auf 4,51 Milliarden Schilling), denen auch stärkere Importe aus Dänemark gegenüberstehen (+11,3 Prozent auf 4,45 Milliarden Schilling). Die Handelsbilanz ist damit für Dänemark weiterhin passiv, allerdings nahm das österreichische Aktivum auch im Berichtsjahr ab.

Besonders kräftige Zunahmen waren bei der Ausfuhr österreichischer Eisen- und Stahlerzeugnisse, von Bekleidung, Textilien, Papier, Schuhen sowie einigen weiteren Fertig- und Kunststoffwaren zu verzeichnen. Der Export von Maschinen entwickelte sich uneinheitlich. Rückgänge bei elektrischen Maschinen und Nachrichtengeräten wurden durch starke Steigerungen bei Spezialmaschinen, Arbeitsmaschinen und LKW-Spezialfahrzeugen kompensiert. Der Import aus Dänemark zeigt vor allem bei Fertigwaren (Möbeln, Spiel- und Freizeitgeräten), Nahrungsmitteln und einzelnen Maschinenpositionen bedeutende Zunahmen.

Die Bundeswirtschaftskammer hat im September bei der Industriemesse in Herning eine Gruppenausstellung durchgeführt.

Herausragender Höhepunkt der kulturellen Österreich-Präsenz in Dänemark war 1991 die Ausstellung „Wien 1900 – Kunst und Design“ im Museum für moderne Kunst „Lousiana“ nördlich von Kopenhagen, die auch zahlreiche Leihgaben österreichischer Bundesmuseen umfaßte. Die dänischen Medien berichteten ausführlich; der Publikumserfolg war außerordentlich groß.

Deutschland
(Bundesrepublik Deutschland); Berlin

Staatsoberhaupt	Regierungschef	Außenminister
Richard von Weizsäcker	Helmut Kohl	Hans-Dietrich Genscher

ÖB Bonn: Dr. Herbert Grubmayr, Johanniterstraße 2, 5300 Bonn 1, Tel. 530060, Telex: 886780, Telefax: 5300645; ÖGK Berlin: Dr. Gabriele Matzner, Otto-Grotewohl-Straße 5, 1080 Berlin, Tel. 391 54 18, 391 56 11, Telex: 114275; ÖGK Düsseldorf: Dr. Robert Karas, Cecilienallee 43a, 4000 Düsseldorf 30, Tel. 43 41 42, Telex: 8584672, Telefax: 45 36 51; ÖGK Frankfurt a.M.: Dr. Heinrich Winter, Am Weingarten 25, 6000 Frankfurt 90, Tel. 772066, Telex: 412859, Telefax: 77 70 13; ÖGK Hamburg: Dr. Jörg Schubert, Alsterufer 37, 2000 Hamburg 36, Tel. 44 60 04, Telex: 213221, Telefax: 45 29 07; ÖGK München: Dr. Anton Segur-Cabanac, Ismaninger Straße 136, 8000 München 80, Tel. 92 10 90/0, Telex: 529372, Telefax: 98 10 225; HK Bielefeld: Rudolf Miele, Striegauer Str. 1, 4800 Bielefeld 17, Tel. 20 72 72, Telex: 932476, Telefax: 20 99 209; HK Bremen: Robert O. Drewes, Friedrich-Ebert-Str. 26, 2800 Bremen 1, Tel. 55 80 96, Telex: 246055, Telefax: 55 80 97; HK Dortmund: Dipl.Ing. Rolf Hasenclever, Joseph-Scherer-Str. 3, 4600 Dortmund 1, Tel. 12 20 19, Telex: 82 68 42, Telefax: 13 54 638; HK Hannover: Hermann Bahlsen, Podbielskistr. 7, 3000 Hannover 1, Tel. 608 36 62, Telex: 922 252, Telefax: 6083670; HK Kiel: Dr. Fritz Süverkrüp, Lorentzendamm 22, 2300 Kiel 1, Tel. 55 25 05, Telex: 299864, Telefax: 5194234; HK Köln: Dr. John-Werner Madaus, Glockengasse 1, 5000 Köln 1, Tel. 24 74 75, Telex: 8873441, Telefax: 89 98 307; HK

Lübeck: Joachim Brüggen, Gertrudenstr. 15, 2400 Lübeck 1, Tel. 31 00 50, Telex: 26749, Telefax: 31 00 42; HK Mainz (schließt Ende 1991): Dr. Folkert Bellstedt, Lotharstr. 36, 6500 Mainz, Tel. 22 39 47, Telex 4187112; HK Saarbrücken: Alexander Ruge, Im Rotfeld, 6600 Saarbrücken 2, Tel. 47 701, Telefax: 49583; HK Stuttgart: Dr. Alexander Grupp, Augustenstr. 4, 7000 Stuttgart 1, Tel. 62 62 60; HK Nürnberg: Theo Schöller, Thoner Weg 7, 8500 Nürnberg 90, Tel. 34 19 67, Telefax 34 00 382; AHSt Frankfurt: Dr. Günther Graf, Bockenheimer Landstraße 2, 6000 Frankfurt/Main 1, Tel. 97 10 120, Telefax: 97 10 1229, Telex: 411595; AHSt München: Dkfm. Alfred Holoubek, Promenadenplatz 12/5, 8000 München 2, Tel. 22 52 88, Telefax: 22 58 87, Telex: 5213759; AHSt. Düsseldorf: Dr. Franz Batthyany, Bahnstraße 9, 4000 Düsseldorf 1, Tel. 32 40 35, Telefax: 32 64 01, Telex: 8582401; AHSt. Hamburg: Dipl.-Vw. Wilhelm Brauner, Poststraße 23, 2000 Hamburg 36, Tel. 34 06 39, Telefax: 35 44 28, Telex 2161883; AHSt. Berlin: Dr. Alfons Wagenhofer, Otto-Grotewohl-Straße 3, 1080 Berlin, Tel. 030/391 36 01, 00372/229 31 18, 00372/229 13 63, Telefax: 391 36 01, Telex: 114 069; Außenbüro Dresden: Ing. Werner Seidlein, Losch-Vize-Straße 50, 0-8053 Dresden, Tel. 003761/233 04 09; ÖFVW: Tauentzienstraße 16, 1000 Berlin 30, Tel. 24 80 35, Telefax: 213 66 73; Rossmarkt 12, 6000 Frankfurt/Main 1, Tel. 20 698, Telefax: 29 19 75, Telex: 6997660; Tesdorpfstraße 19, 2000 Hamburg 13, Tel. 41 02 013, Telefax: 44 35 12; Alter Markt 28 – 32, 5000 Köln 1, Tel.: 23 32 36, Telefax: 23 32 38; Neuhauserstraße 1/5, 8000 München 2, Tel. 26 070 35, Telefax: 26 38 25; Kapellenweg 6 (Service und Vertrieb), 8000 München 70, Tel. 77 30 22, Telefax: 725 98 92; ab 1. 2. 1991: Rotwandweg 4, 8028 Taufkirchen; Rotebühlplatz 20d, 7000 Stuttgart Tel. 22 60 82, Telefax: 29 32 52, Telex: (17) 7111481; AUA-Vertretungen: Tauentzienstraße 16, 1000 Berlin 30, Tel. 24 50 24, Telefax: 213 48 81; Königsallee 13, Düsseldorf 1, Tel. 84 42 1, Telefax: 13 47 11, Telex: 85 84 875; Gutleutstraße 32, 6000 Frankfurt/Main 1, Tel. 25 602 211, Telefax: 25 602 255; Alstertor 18, 2000 Hamburg 1, Tel. 32 75 78/79, Telefax: 33 65 36; Promenadeplatz 9, 8000 München 2, Tel. 22 66 66, Telefax: 22 40 02; Lautenschlagerstraße 20, 7000 Stuttgart 1, Tel. 22 11 11, Telefax: 22 68 393, Telex: 72 30 15.

Die politischen Kontakte mit dem vereinigten Deutschland haben sich sehr intensiv gestaltet: ein reger Besuchsaustausch diente der Pflege der vielfältigen bilateralen Beziehungen sowie v. a. auch dem österreichischen europapolitischen Engagement. Deutscherseits finden die österreichischen integrationspolitischen Anliegen großes Verständnis, ein baldiger österreichischer EG-Beitritt wird unterstützt.

Bundeskanzler Franz Vranitzky, Vizekanzler Erhard Busek und Bundesminister Alois Mock besuchten – jeweils mehrmals und aus verschiedenen Anlässen – die Bundesrepublik. Auch die Bundesminister Rudolf Streicher, Wolfgang Schüssel, Franz Fischler, Franz Löschnak, Rudolf Scholten sowie Staatssekretär Peter Jankowitsch besuchten Deutschland. Auf Einladung des Präsidiums des Deutschen Bundestags kamen der Zweite Präsident des Nationalrats, Robert Lichal, sowie die Dritte Präsidentin des Nationalrats, Heide Schmidt, in die Bundesrepublik. In umgekehrter Richtung fand ebenfalls ein intensiver deutscher Besuchsverkehr nach Österreich statt.

Den sich aus der Wiedervereinigung ergebenden Aufgaben und Chancen für Österreich in den neuen Bundesländern soll demnächst durch die Errichtung eines Generalkonsulates in Dresden Rechnung getragen werden.

Das Wachstum des österreichischen Außenhandels mit Deutschland hat sich 1991 gegenüber den beiden Vorjahren etwas verringert, die Zuwachsraten waren jedoch immer noch überdurchschnittlich hoch. Nach dem starken Wirtschaftswachstum bis Mitte 1991 kam es in Westdeutschland im zweiten Halbjahr zu einer Konjunkturberuhigung. Der Nachfrageimpuls aus der deutschen Wiedervereinigung verlor bis zum Jahresende allmählich an Dynamik, die schlechte Wirtschaftslage in wichtigen deutschen Märkten in Westeuropa und Nordamerika dämpften die Exportnachfrage.

Der Importmarktanteil Österreichs in Deutschland ging heuer gegenüber dem Vorjahr zurück, obwohl der Anteil des Deutschlandexports an den Gesamtexporten zunahm. Der Anteil Österreichs an den deutschen Gesamtausfuhren stieg, der deutsche Importmarktanteil in Österreich blieb praktisch unverändert. Das Defizit im Warenverkehr mit Deutschland ging auch heuer zurück. Ursache des leicht rückläufigen österreichischen Marktanteils war, daß im Unterschied zum Vorjahr 1991 der Exportzuwachs der EG-Länder erheblich stärker war als jener Österreichs. Insbesondere Spanien, Dänemark, Frankreich und Belgien steigerten ihre Lieferungen beträchtlich.

Die Ausfuhren Österreichs in die Bundesrepublik Deutschland lagen um 7,2 Prozent höher als im Vorjahr und beliefen sich auf 187 Millarden Schilling. An diesem Exportzuwachs waren maßgeblich die Warengruppen Fahrzeuge aller Art/Fahrzeugteile, Maschinen und Fördermittel, elektrotechnische Erzeugnisse beteiligt, die wieder gut 40 Prozent der Warenausfuhr nach Deutschland ausmachten. Äußerst günstig entwickelten sich auch die Exporte von chemischen Erzeugnissen, Nahrungsmitteln, Papier und Metallwaren. Die Einfuhren aus der Bundesrepublik Deutschland nahmen 1991 nur mehr um 4 Prozent zu und beliefen sich auf 254,6 Milliarden Schilling. Die wichtigsten Importwaren waren Fahrzeuge aller Art/Fahrzeugteile, Maschinen und Fördermittel sowie elektrotechnische Erzeugnisse. Das Handelsbilanzdefizit ging auf 67,6 Milliarden Schilling zurück. Nach 4,3 Prozent im Vorjahr betrug der österreichische Anteil an den Gesamtimporten Deutschlands heuer 4,1 Prozent. Der Anteil Österreichs an den deutschen Gesamtexporten erreichte knapp 6 Prozent (1990: 5,7 Prozent).

Österreichische Unternehmen zeigen zunehmendes Interesse an Investitionen in den neuen Bundesländern. Seit der Vereinigung haben rund 60 österreichische Firmen Niederlassungen auf dem Gebiet der ehemaligen DDR errichtet, davon 20 Produktionsbetriebe. Laut Information der Treuhandanstalt haben österreichische Unternehmen 20 ostdeutsche Betriebe übernommen. Österreich zählt damit zu den wichtigsten ausländischen Investoren.

Um eine intensive Betreuung der neuen Bundesländer zu gewährleisten, hat Bundeswirtschaftskammerpräsident Maderthaner in Dresden ein neues Büro der österreichischen Wirtschaft eröffnet. Dies ist der Außenhandelsstelle Berlin unterstellt und für Sachsen zuständig, wo sich bereits 26 österreichische Firmenniederlassungen etabliert haben. Im April stattete Präsident Maderthaner Bonn und Frankfurt einen offiziellen Besuch ab, um bei Spitzenpersönlichkeiten der deutschen Politik und Wirtschaft das Interesse der österreichischen Wirtschaft an einem EG-Beitritt zu unterstreichen und die guten bilateralen Wirtschaftsbeziehungen zu vertiefen.

Österreichs kulturelle und wissenschaftliche Beziehungen zur Bundesrepublik Deutschland waren – ebenso wie in den vergangenen Jahren – sowohl durch überaus große Intensität und Vielfalt als auch durch hohes qualitatives Niveau gekennzeichnet.

Neben den bisherigen zentralen Anliegen der kulturpolitischen Tätigkeit Österreichs in Deutschland, nämlich der Akzentuierung seiner kulturellen Eigenständigkeit und Identität sowie der Etikettierung und Zuordnung österreichischen Kulturschaffens war die Botschaft bemüht, bei der inhaltlichen Planung kultureller Veranstaltungen auch den neuen Erfordernissen – wenn auch vorerst nur in Ansätzen – Rechnung zu tragen. So wurde der Thematik der multikulturellen Gesellschaft sowohl beim „Jura Soyfer" – Symposium an der Universität Saarbrücken als auch im Rahmen der „österreichischen Kulturtage" in Erfurt entsprechender Raum gegeben; eine historisch-kritische Analyse vergleichbarer Phänomene in der österreichischen Geschichte erfolgte im Rahmen des Symposiums „Die Wiener Moderne – Wien um 1900" an der Universität Kassel.

Aus der Fülle der in allen Teilen der „alten" und bereits auch in einigen der „neuen" Bundesländer Deutschlands stattgefundenen kulturellen Veranstaltungen seien nachstehend einige kulturelle Großereignisse angeführt, die von besonderem Öffentlichkeitswert sind:

- Konzertreise der Wiener Philharmoniker
- Konzerttournee der Wiener Symphoniker
- Gustav-Mahler-Festspiele Kassel
- Gastspiele des Wiener Burgtheaters im Rahmen des Berliner Theatertreffens und in Essen
- Ausstellung „Junge Kunst aus Österreich" (im Rahmen der Ausstellungsreihe „Kunst/Europa") in Hamburg und Dresden
- Österreichische Kulturwoche in Erfurt
- Internationales Symposium: „Die Wiener Moderne" in Kassel

Dem überaus großen Nachholbedarf im kulturellen Bereich in den 5 neuen Bundesländern wurde auch in personeller Hinsicht Rechnung getragen: Zusätzlich zu der an der ÖB Bonn tätigen Kulturrätin wurde nunmehr auch dem ÖGK Berlin mit Wirkung von Oktober '91 eine hauptamtliche Mitarbeiterin für Kultur, Wissenschaft und Presse zugeteilt.

Dominikanische Republik
(Dominikanische Republik), Santo Domingo

Staatsoberhaupt	Regierungschef	Außenminister
Joaquín Balaguer	Joaquín Balaguer	Juan Aristides Taveras Guzman

ÖB siehe Venezuela; HGK Santo Domingo: HK Pedro James Ostreicher, Calle Primera N° 3, Ensanche Bella Vista, Santo Domingo; Tel. 532 45 65 bis 68, 532 25 91 bis 96; Telex 3460093, 3264132; Telefax 535 39 39, 535 39 53; AHSt. siehe Venezuela

Entsprechende Maßnahmen der Regierung haben zu einer Verbesserung der wirtschaftlichen Situation beigetragen. Die österreichischen Exporte (vor allem Papier, Pappe, medizinische, pharmazeutische sowie chemische Erzeugnisse) beliefen sich auf 28 Millionen Schilling (+35,2 Prozent), während die Importe Österreichs (insbesondere Tabak, Gemüse und Früchte) 5 Millionen Schilling (+70,8 Prozent) betrugen.

Dschibuti
(Republik Dschibuti), Dschibuti

Staatsoberhaupt	Regierungschef	Außenminister
Hassan Gouled Aptidon	Barkat Gourad Hamadon	Moumin Bahdon Farah

ÖB: siehe Äthiopien; HK Dschibuti: Jean-Phillipe Delarue, P.O.Box 2125, Tel: 35 23 50; Telex: 5823; Telefax: 35 11 03; AHSt: siehe Kenia

Dschibuti, am Golf von Aden gelegen, wurde durch den nahen Konflikt am Golf und durch die Ereignisse in den Nachbarländern (Äthiopien und Somalia), besonders auf wirtschaftlichem Gebiet, in Mitleidenschaft gezogen. Durch den Zustrom von Flüchtlingen aus den Nachbarländern hat sich die Lage im Land bedrohlich verschärft.

Der bilaterale Handelsverkehr mit Österreich ist minimal.

Ecuador
(Republik Ecuador), Quito

Staatsoberhaupt	Regierungschef	Außenminister
Rodrigo Borja Cevallos	Rodrigo Borja Cevallos	Diego Córdovez Zegers

ÖB: siehe Kolumbien; HGK Quito: Gerhard Rüss, Casilla 17-01-167 Quito, Av. La Coruna 1224 y San Ignacio, Edificio Austria, Piso 3, Tel. 23 96 60, 50 34 56, Telex 2585, Fax 56 33 44; HK Guayaquil: Orlando Molina Astudillo, P.O.B. 742, Guayaquil, Nueve de Octubre 1310 y Quito, Tel. 28 23 03; AHSt: siehe Kolumbien

Die spürbare Reaktivierung der ecuadorianischen Wirtschaft aufgrund gestiegener Erdölpreise im Zuge der Golfkrise erwies sich als nicht nachhaltig.

Die österreichischen Exporte gingen 1991 um 5,8 Prozent auf 61,8 Millionen Schilling zurück. Die Warenlieferungen Ecuadors nach Österreich stiegen hingegen sprunghaft um 124,8 Prozent auf 304 Millionen Schilling an, wobei dieser Anstieg überwiegend auf vermehrte Bananenimporte zurückzuführen ist.

Kulturell war Österreich mit einem Konzert des Mozarteum Quartetts Salzburg präsent, das als Beitrag zum Mozartjahr galt. Im Rahmen der Nord-Süd-Dialog-Stipendienaktion konnte den entwicklungspolitischen Zielsetzungen des Landes entgegengekommen werden.

Im Bereich der Entwicklungszusammenarbeit ist Ecuador ein Schwerpunktland des österreichischen Entwicklungsdienstes – ÖED.

El Salvador
(Republik El Salvador), San Salvador

Staatsoberhaupt	Regierungschef	Außenminister
Alfredo Christiani Burkhart	Alfredo Christiani Burkhart	José Manuel Pacas Castro

ÖB siehe Mexiko; AHSt. siehe Guatemala; HGK San Salvador: Dipl.-Ing. Arch. Ehrentraut Katstaller, Alameda Deininger, Antiguo Cuscatlan, San Salvador; Tel. 23 89 93; Telefax 71 55 43; Telex 20225 Proyecto

Die Exporte Österreichs haben sich im Jahr 1991 um 255,6 Prozent auf 75,1 Millionen Schilling, die Importe um 177,9 Prozent auf 123 Millionen Schilling erhöht.

Estland
(Republik Estland), Tallinn

Staatsoberhaupt	Regierungschef	Außenminister
Arnold Rüütel	Edgar Savisaar	Lennart Meri

ÖB: sh. Finnland; AHSt: sh. Finnland

Am 28. August 1991 hat Bundesminister Alois Mock in einem Schreiben an den estnischen Außenminister Lennart Meri namens der österreichischen Bundesregierung mitgeteilt, daß „die Republik Österreich die Republik Estland als unabhängiges und souveränes Mitglied der Staatengemeinschaft anerkennt, indem die Wiederaufnahme der diplomatischen Beziehungen zwischen unseren beiden Staaten vorgeschlagen wird." Estland gehört seither nicht mehr zum Amtsbereich der österreichischen Botschaft Moskau. Am 8. Jänner 1992 hat der österreichische Missionschef in Finnland sein Beglaubigungsschreiben, mit dem er in Estland mitakkreditiert wird, dem estnischen Staatsoberhaupt überreicht.

Die politischen Kontakte zwischen Österreich und Estland, welche estnischerseits bereits vor der internationalen Anerkennung seiner Unabhängigkeit angestrebt worden waren, wickelten sich im letzten Drittel des Jahres 1991 zunächst vornehmlich im Rahmen internationaler Gremien (UNO, Europarat, KSZE, uvm.) ab. Österreich begegnet den Bemühungen Estlands, seine formal vollzogene Unabhängigkeit und wiedererlangte Souveränität in eine in der Praxis tatsächlich funktionierende umzuwandeln, mit großer Sympathie und ist bestrebt, diesen schwierigen Prozeß nach Möglichkeit zu unterstützen. Besonderes Augenmerk wird österreichischerseits hiebei der Notwendigkeit geschenkt, während dieses Umwandlungsprozesses Menschenrechtsprobleme, und insbesondere die Rechte aller Volksgruppen, nach den Prinzipien der Demokratie und Rechtsstaatlichkeit zu lösen.

Nachdem Ende November eine EFTA-„fact finding mission" in den baltischen Staaten die Möglichkeit einer engeren Zusammenarbeit dieser Staaten mit den EFTA-Ländern sondiert hatte, wurde (österreichischerseits durch Bundesminister Wolfgang Schüssel) in Genf eine politische Absichtserklärung unterzeichnet, die baltischen Länder beim Aufbau einer marktwirtschaftlichen Ordnung zu unterstützen. Insbesondere wurde an eine Zusammenarbeit der Zollverwaltungen, an die Ausarbeitung statistischer Unterlagen und dgl. gedacht.

Drei Vertreter der Bundeswirtschaftskammer absolvierten gegen Jahresende eine Erkundungsmission in die baltischen Staaten, um Möglichkeiten zu sondieren, normale Handelsbeziehungen mit Österreich nach der schrittweise erfolgenden Herauslösung dieser Staaten aus dem ehemaligen sowjetischen Wirtschaftsblock in Gang zu setzen. Die Wirtschaftsmission glaubt, in Zukunft in Estland Chancen für österreichische Produkte auf dem Gebiet der Umweltsanierung, der maschinellen und elektronischen Ausrüstung sowie bei technischem Know how zu sehen. Die in den Handelsstatistiken für das Jahr 1990 ausgewiesenen österreichischen Exporte nach Estland in der Höhe von rund 15 Milionen Rubel vermögen kein klares Bild über Weiterführung oder Neuaufbau von Handelsbeziehungen zu vermitteln.

Der Abschluß eines Luftverkehrsabkommens und allenfalls eines Investitionsschutzabkommens mit Österreich wurde Estland vorgeschlagen. Eine Reaktion stand bei Redaktionsschluß noch aus.

Schon vor Erlangung der Unabhängigkeit wurden österreichisch-estnische Kontakte auf wissenschaftlichem Gebiet angeknüpft. So konnte Anfang 1991 der Nationalbibliothek von Tallinn eine bedeutende Spende von Rechtsliteratur übergeben werden. Ende des Jahres wurde eine österreichische Lektorin an das Institut für Germanistik der Universität Tallinn entsandt. Die Besetzung einer österreichischen Lektorenstelle an der Universität Tartu ist für 1992 vorgesehen.

Nach den Regeln des Völkerrechts tritt Estland nicht automatisch in das zwischen Österreich und der Sowjetunion bestehende Vertragsverhältnis ein, eine vorläufige pragmatische Weiteranwendung der bestehenden österreichisch-sowjetischen Verträge in Bezug auf Estland erscheint jedoch ebenso möglich wie eine teilweise neue Anwendbarkeit der mit Estland vor 1938 abgeschlossenen Abkommen. Der österreichisch-estnische Notenwechsel aus dem Jahr 1929 über die Aufhebung der Sichtvermerkspflicht konnte zunächst hingegen u.a. deshalb nicht angewendet werden, weil Estland noch über keine eigenen Pässe verfügte und Fragen der Staatsbürgerschaft und der Grenzüberwachung in Estland rechtlich noch nicht geregelt waren.

Finnland

(Republik Finnland), Helsinki

Staatsoberhaupt	Regierungschef	Außenminister
Mauno Henrik Koivisto	Esko Aho	Paavo Väyrynen

ÖB Helsinki: Dr. Manfred Ortner, E. Esplanadi 18, 00130 Helsinki, Tel.: 171 322, 634 141, Telex: 121340, Telefax: 66 50 84; HGK Helsinki: Klaus Cederberg, Anneli Cederberg, Erottajankatu 4 C, 00120 Helsinki, Telefon: 604 208, Telefax: 609 54 10; HK Turku: Heikki Sippolainen, Tunturipyörä Oy, Untamonkatu 2, 20520 Turk, Telefon: 921-603 111 Telefax: 921-603 103; HK Tampere: Sakari Haukka, Hämeenkatu 24, Postfach 176, 33101 Tampere, Telefon: 931-192111, Telefax: 931-124870; HK Oulu: Ilkka Lantto, Mallastie 7, 90520 Oulu, Telefon: 981-54-39 19, Telefax: 981-54 36 55; AHSt. (Helsinki): Dr. Franz Palla, Mannerheimintie 15 a, 00260 Helsinki, Telefon: 408 288, Telex: 122033, Telefax: 40 96 20; AUA-B. (Helsinki): Mikonkatu 7, 00100 Helsinki, Telefon: 171 311, Telex: 122792, Telefax: 65 00 71.

In politischer Hinsicht waren die österreichisch-finnischen Beziehungen auch 1991 weitgehend vom gemeinsamen Interesse beider Staaten an der Integrationspolitik geprägt, wobei die EWR-Verhandlungen im Vordergrund standen. Ein weiteres Zentralthema des politischen Gedankenaustausches war die neue europäische Architektur angesichts des Zerfalls der Sowjetunion und Jugoslawiens.

Der österreichische EFTA-Vorsitz im ersten und der finnische EFTA-Vorstiz im zweiten Halbjahr führten zu einer Intensivierung des Besuchsaustauschs. Die EWR-Verhandlungen standen im Mittelpunkt eines Arbeitsbesuches Bundeskanzlers Franz Vranitzky am 5. und 6. April 1991 in Helsinki sowie Bundesministers Wolfgang Schüssel am 14. und 15. März 1991. Ministerpräsident Esko Aho vertrat Finnland bei der EFTA-Konferenz auf Ebene der Regierungschefs am 24. Mai 1991 in Wien, Außenhandelsminister Pertti Salolainen vertrat Finnland beim EFTA-Ministerrat in Wien am 21. bis 24. Mai 1991.

Bundesminister Wolfgang Schüssel befand sich anläßlich einer inoffiziellen EFTA-Ministerkonferenz vom 8.–9. September 1991 ein weiteres Mal in Helsinki.

Eine Delegation österreichischer Parlamentarier besuchte unter Leitung von Nationalratspräsident Heinz Fischer vom 18.–21. September 1991 Helsinki. Sie traf außer mit ihrem Gastgeber, dem finnischen Reichstagspräsidenten Ilkka Suominen, auch mit Ministerpräsident Esko Aho zusammen.

Außenminister Paavo Väyrynen befand sich vom 20.–22. November 1991 aus Anlaß der COST-Ministerkonferenz in Wien. Unterrichtsministerin Riitta Uosukainen vertrat Finnland bei der 17. Tagung der Konferenz europäischer Unterrichtsminister in Wien vom 16.–17. Oktober 1991.

Eine Delegation des Österreichischen Gewerkschaftsbundes unter der Leitung von Präsident Verzetnitsch besuchte Finnland vom 27. November bis 1. Dezember 1991.

Im Rahmen der hochrangigen Beamtenkontakte zwischen den Außenministerien fanden 1991 Gespräche auf der Ebene der Generalsekretäre beim Neutralen-Treffen in der Schweiz und der Politischen Direktoren in Helsinki statt.

Die österreichischen Exporte nach Finnland verringerten sich um ca. 25 Prozent und erreichten den Wert von nur noch 2,9 Milliarden Schilling.

Finnische Exporte nach Österreich beliefen sich hingegen noch auf 4,02 Milliarden Schilling. Der gravierende Rückgang der österreichischen Exporte ist aus der wirtschaftlichen Rezession zu erklären, die Finnland seit Beginn des Jahres erfaßt und insbesondere zu massiven Rückgängen der Investitionstätigkeit finnischer Unternehmen geführt hat. Die Abnahme der Lieferung österreichischer Investitionsgüter nach Finnland schlug daher besonders stark zu Buche.

Die österreichisch-finnischen Kultur- und Wissenschaftsbeziehungen basieren auf dem bilateralen Kulturabkommen und dem Abkommen zwischen den beiden Akademien der Wissenschaften. Zahlreiche kulturelle Veranstaltungen, insbesondere musikalische, werden auf kommerzieller Basis durchgeführt. Österreichische Musiker sind traditionell bei vielen Sommerfestivals in Finnland vertreten.

Dem „Mozartjahr 1991" wurde in der Programmgestaltung der finnischen Oper, der Konzerthäuser und Musikfestivals, des staatlichen Rundfunks und in den Printmedien ausgiebig Rechnung getragen. Eine Wanderausstellung zum Thema „Mozart" wurde in Turku und Jyväskylä präsentiert; eine Vortragsreise von Universitätsprofessor Manfred Wagner rundete das Programm aus wissenschaftlicher Sicht ab.

Der österreichische Autor H. C. Artmann befand sich im April 1991 in Finnland, um an einem Seminar für Germanisten der Universität Vaasa teilzunehmen und Lesungen aus seinen Werken in Helsinki, Vaasa und Turku zu geben.

Etliche österreichische Wissenschaftler befanden sich als Vortragende in Finnland. An der Universität Helsinki ist ein österreichischer Lektor ständig tätig. Zusätzlich gibt es zwei österreichische Lektoren im Rahmen der Zusammenarbeit zwischen den Germanistischen Instituten der Universitäten Tampere und Klagenfurt vorübergehend an der Universität Tampere.

Die österreichische Kolonie umfaßt ca. 300 Personen.

Frankreich
(Französische Republik), Paris

Staatsoberhaupt	Regierungschef	Außenminister
François Mitterrand	Edith Cresson	Roland Dumas

ÖB Paris: Botschafter Dr. Wolfgang Schallenberg, 6, rue Fabert F-75007 Paris, Tel.: 45 55.95.66, Telex: 200708, Telefax: 45.55.63.65; Konsularabteilung der Botschaft: Generalkonsulin Gerda Meyer, 12, rue Edmond Valentin, F-750087 Paris, Tel.: 47.05.27.17, 47.05.93.40, Telefax: 45.55.91.50; ÖGK Straßburg: Generalkonsul Alfred Längle, 29, avenue de la Paix, F-67000 Strasbourg, Tel.: 88.36.64.04, 88.35.13.94, Telex: 870976, Telefax: 88. 25. 19.88; HK Bordeaux: Honorarkonsul Emile Casteja, 86, Cours Balguerie-Stuttenberg, F-33300 Bordeaux, Tel.: 56.00.00.70; HK Lyon: Honorargeneralkonsul Charles Merieux, 21, rue Bourgelat, F-69002 Lyon, Tel.: 72.40.97.89, Telefax: 72.73.79.93; HK Marseille: Honorarkonsul Jean Léopold Renard, 27, cours Pierre Puget, F-13006 Marseille, Tel.: 91.53.02.08, 91.37.74.30, Telex: 401457, Telefax: 91.53.71.51; HK Nizza: Honorarvizekonsul Patrick Rizzo, 6, avenue de Verdun, F-06000 Nice, Tel.: 93.87.01.31, Telex: 461624, Telefax: 93.87.59.92; HK Toulouse: Honorarkonsul Jacques Metzler, 22, boulebard de la Gare, F-31500 Toulouse, Tel.: 61.54.50.04, 61.34.84.25, Telefax: 61.54.13.09; HK Papeete (Tahiti): Honorarkonsul Paul Maetz, B.P. 4560 Boulevard Pomare, Papeete (Tahiti), Tel.: (689) 43.91.14, Telefax: (689) 43.21.22; HK Ajaccio (geöffnet vom 1.5. bis 15.10.): Honorakonsul Jean-Jules Giacomoni, Gare Maritime, Quai l'Herminer, F-20000 Ajaccio, Tel.: 95.21.34.65, Telex: 460084, Telefax: 95.21.23.89; KI Paris: Direktor Rudolf Altmüller, 30, boulevard des Invalides, F-75007 Paris, Tel.: 47.05.27.10, Telex: 202513, Telefax: 47.05.26.42; AHSt Paris: Handelsdelegierter Peter Schnitt, 22, rue de l'Arcade, F-75008 Paris, Tel.: 42.65.67.35, Telex: 290390, Telefax: 42.65.79.82; AHSt Straßburg: Handelsdelegierter Georg Schramel, 4, quai Kléber, F-67056 Strasbourg Cedex, Tel.: 88.22.67.15, Telex: 870700, Telefax: 88.32.42.50; ÖFVW Paris: 47, avenue de l'Opéra, F-75002 Paris, Tel.: 47.42.78.57, Telex: 680100, Telefax: 42.66.30.96; AUA-B Paris: 9, boulevard Malesherbes, F-75008 Paris, Tel.: 42.66.35.43, Telex: 283548, Telefax: 49.24.90.59 bzw. 47, avenue de l'Opéra, F-75002 Paris, Tel.: 47.42.55.05, Telefax: 42.66.30.96

Die Beziehungen zu Frankreich standen auch 1991 wie in den beiden Vorjahren im Zeichen der Europapolitik und der konsequenten Verfolgung von Österreichs Antrag auf Mitgliedschaft für die Europäischen Gemeinschaften. Die Bemühungen um eine weitere Intensivierung der bilateralen Beziehungen mit Frankreich, dem eine Schlüsselrolle innerhalb der EG zukommt, wurden – im Hinblick auf eine stärkere Verankerung Österreichs im EG-Raum – kontinuierlich fortgesetzt. Am 30. und 31. 1. besuchte Bundeskanzler Franz Vranitzky den Europarat in Straßburg und traf dort mit Regionalpolitikern des Elsaß zusammen. In Fortführung der laufenden bilateralen Kontakte fand am 3. 12. eine Begegnung Bundeskanzlers Franz Vranitzky mit dem französischen Staatspräsidenten François Mitterrand unter der französischen Premierministerin Edith Cresson statt.

Bundesminister Alois Mock weilte vom 2.–5. 1. zur Eröffnung des Mozartjahres in Paris und traf dabei mit seinem Amtskollegen Roland Dumas zusammen. Ein weiterer Besuch Bundesministers Alois Mock bei seinem französischen Amtskollegen fand am 24. 7. statt. Auf Einladung Bundesministers Alois Mock reiste der französische Außenminister Roland Dumas anläßlich der französischen Kulturtage am 15. und 16. 11. nach Wien.

Bundesminister Wolfgang Schüssel traf am 11. 4. in seiner Eigenschaft als Vorsitzender der EFTA-Staaten zu Gesprächen über die EWR-Verhandlungen mit der französischen Europaministerin, Elisabeth Guigou, und mit dem damaligen französischen Außenhandelsminister, Jean-Marie Rausch, zusammen. Am 3. 6. nahm er gemeinsam mit Bundesminister Ferdinand Lacina und Staatssekretär Peter Jankowitsch an der OECD-Ministerkonferenz in Paris teil. Staatssekretär Peter Jankowitsch traf darüber hinaus sowohl am 28. 3. und am 4. 12. – ebenfalls am Rande von OECD-Tagungen – mit der französischen Europaministerin Elisabeth Guigou zusammen. Die damalige Bundesministerin Marilies Flemming nahm am 30. 1. an einer OECD-Umweltministerkonferenz und die derzeitige Bundesministerin Ruth Feldgrill-Zankl an der OECD-Umweltministertagung vom 2.–4. 12. teil. Am 13. 9. traf Vizekanzler Bundesminister Erhard Busek mit dem französischen Wissenschaftsminister Hubert Curien in Paris zusammen. Bundesminister Rudolf Scholten weilte anläßlich des Österreich gewidmeten „Festival de Paris“ vom 31. 5.–4. 6. in Paris und nutzte diese Gelegenheit zu Treffen mit dem französischen Kulturminister Jack Lang sowie dem französischen Unterrichtsminister Lionel Jospin, ebenso wie mit dem Bürgermeister von Paris, Jacques Chirac.

Bundesminister Franz Fischler nahm am vom 16.–18. 9. stattgefundenen Forstkongreß in Paris teil. Der Präsident des Nationalrates, Heinz Fischer, führte am 12. 9. anläßlich der Eröffnung des „World Watch Institutes Europa“ ein Gespräch mit dem Präsidenten der französischen Nationalversammlung Laurent Fabius.

Der Landeshauptmann und Bürgermeister von Wien, Helmut Zilk, stattete auf Einladung des Pariser Bürgermeisters Jacques Chirac der Stadt Paris vom 20.–22. 5. einen offiziellen Besuch ab. Eine Delegation der Stadt Wien unter Leitung von Stadtrat Hannes Swoboda besuchte im Rahmen einer Studienreise über Stadtplanung vom 26. 5.–2. 6. Paris, Lyon und Marseille. Auf Einladung der österreichisch-französischen Freundschaftsgruppe im Parlament besuchte eine österreichische Parlamentarierdelegation unter Leitung des Abgeordneten Andreas Khol das französische Parlament und den Senat und führte Gespräche mit dem für parlamentarische Verbindungen zuständigen französischen Minister Jean Poperen, dem französischen delegierten Minister für Straßen- und Binnenschiffahrtstransporte Georges Sarre sowie mit den Vorsitzenden verschiedener im Parlament vertretener Gruppen. Vom 14.–16. 1. weilte der damalige österreichische Armeekommandant,

General Johann Philipp, und vom 16.–18. 12. der österreichische Generaltruppeninspektor, General Karl Majcen, auf Einladung des französischen Generalstabschefs, Admiral Jacques Lanxade, in Paris.

Der Generalsekretär für auswärtige Angelegenheiten, Thomas Klestil, weilte zu Konsultationen mit seinem französischen Amtskollegen, Generalsekretär François Scheer, am 22. 4. in Paris.

Auch im wirtschaftlichen Bereich kam es zu einer bedeutenden Intensivierung des Besuchsaustausches: Am 7. und 8.3. besuchte eine österreichische Wirtschaftsdelegation der Bundeswirtschaftskammer und der Industriellenvereinigung (ÖIV) unter der Leitung Guido Schmidt-Chiaris, als Vertreter der Bundeswirtschaftskammer, und F.J. Leibenfrosts, in seiner Eigenschaft als Vizepräsident der ÖIV, Paris und führte Gespräche mit dem damaligen französischen Außenhandelsminister Jean-Marie Rausch und der Europaministerin Elisabeth Guigou, dem Präsidenten des französischen Arbeitgeberverbandes, François Périgot, sowie den Präsidenten der französischen und der Pariser Handelskammer. Am 16. und 17. 9. kamen der Präsident der Bundeswirtschaftskammer, Leopold Maderthaner, begleitet von der Präsidentin der Salzburger Handelskammer, Helga Rabl-Stadler, zu Konsultationen mit dem französischen Industrie- und Außenhandelsminister Dominique Strauss-Kahn, dem Staatssekretär für Außenhandel und Industrie, Jean-Noel Jeanneney, ebenso wie mit dem Präsidenten des französischen Arbeitgeberverbandes, François Périgot, und den beiden Präsidenten der französischen und der Pariser Handelskammer, Philippe Clément und Vernard Cambournac, nach Paris.

Am 24. und 25. 1. nahmen auf Einladung Bundesministers Alois Mock der damalige französische Innenminister, Pierre Joxe, und die Europaministerin Elisabeth Guigou an der Europäischen Ministerkonferenz für Ost-West-Wanderungsfragen in Wien teil. Am 4. 3. traf der französische Wissenschaftsminister Hubert Curien in Wien Bundesminister Erhard Busek zusammen. In seiner Eigenschaft als französischer Verteidigungsminister weilte Pierre Joxe auf Einladung Bundesministers Werner Fasslabend zu Gesprächen am 22. 10. in Wien.

Vom 8.–11. 11. veranstaltete die französische, renommierte Wirtschaftszeitung „Expansion“ ein großes Kolloquium in Salzburg, an dem bedeutende französische Persönlichkeiten aus Politik und Wirtschaft, wie die beiden ehemaligen französischen Premierminister Michel Rocard und Raymond Barre sowie der Präsident der Bank für Wiederaufbau und Entwicklung für Osteuropa, Jacques Attali, teilnahmen.

Frankreich ist weiterhin viertwichtigster Außenhandelspartner Österreichs. Die Verlangsamung des französischen Wirtschaftswachstums und die damit verbundene stagnierende Investitionstätigkeit französischer Unternehmen hat allerdings seit vielen Jahren erstmalig zu einem Rückgang der österreichischen Exporte nach Frankreich geführt. Sie beliefen sich auf 20,8 Milliarden Schilling und waren damit um 6 Prozent geringer als 1990. Am stärksten vom Rückgang betroffen war der besonders konjunkturabhängige Export von österreichischen Maschinen und Fahrzeugen, von Eisen und Stahl, NE-Metallen und Metallwaren, und auch bearbeitete Textilien. Die Importe aus Frankreich von 25,8 Milliarden Schilling stiegen um 10,2 Prozent an. Darin ist die Lieferung von einem Airbus A-320 an die AUA enthalten, ohne die sich eine Steigerungsrate im Durchschnitt der letzten Jahre um 3 Prozent ergäbe.

Der Trend zu einer Belebung der österreichischen industriellen Investitionstätigkeit in Frankreich und der Schaffung eines eigenen Standbeins österreichischer Firmen in Frankreich hat sich fortgesetzt.

Als kulturell wichtigstes Ereignis ist das dank Mozart auf Österreich ausgerichtete „Festival de Paris 1991" zu vermerken, das den ganzen Monat Juni ein dichtes multidisziplinäres Programm geboten hat. Den Hauptteil bildeten zahlreiche Konzerte mit dem Wiener Kammerorchester, Chor und Orchester der Wiener Akademie, dem Mozarteum-Orchester Salzburg, dem Ensemble des XX. Jahrhunderts, den Wiener Streicher-Solisten, dem Symphonie-Orchester der Wiener Volksoper, dem Wiener Jeunesse-Chor und den Wiener Symphonikern, deren Konzert in der Kathedrale „Notre Dame" das Festival mit einem überwältigenden Publikumserfolg abschloß. Weitere Schwerpunkte waren zwei Ausstellungen aus Beständen der Albertina bzw. von Werken zeitgenössischer österreichischer Kunst, eine Filmwoche und Literaturveranstaltungen über Georg Trakl und Ingeborg Bachmann.

Am Internationalen Kunstfestival in Cagnes-sur-Mer waren zeitgenössische österreichische Künstler vertreten. Die Neue Galerie Graz konnte in Lyon 50 zeitgenössische Künstler vorstellen. Mehrere Galerien haben an den Pariser Kunstmessen SAGA und FIAC teilgenommen.

Im Rahmen der diesjährigen Österreich gewidmeten Literatur-Großveranstaltung „Les belles étrangères" in Paris und einigen Provinzstädten haben die Autoren H.C. Artmann, Elfriede Czurda, Albert Drach, Antonio Fian, Anseln Glück, Klaus Hoffer, Gert Jonke, Peter Stephan Jungk, Evelyn Schlag und Josef Winkler und beim Buchsalon in Bordeaux Erich Hackl, Gustav Janus, Peter Marginter, Waltraud Anna Mitgutsch und Peter Rosei teilgenommen. Weitere Literaturveranstaltungen wurden mit Elfriede Gerstl, Friederike Mayröcker, Gerhard Szyszkowitz und Helmut Seethaler durchgeführt. Es erschienen zahlreiche Übersetzungen, vor allem von Werken von Albert Ehrenstein, Sigmund Freud, Wilhelm Reich, Rainer M. Rilke, Josef Roth, Leopold v. Sacher-Masoch, Joseph Schumpeter, Franz Werfel, Ludwig Wittgenstein und Stefan Zweig. Unter den zeitgenössischen Autoren sind weiterhin Thomas Bernhard und Peter Handke aber auch Norbert Gstrein, Erich Hackl, Elfriede Jelinek, Gabriel Loidolt und Peter Rosei zu nennen.

Das österreichische Theater war auf zahlreichen französischen Bühnen vertreten. Thomas Bernhard nimmt hier mit Abstand den ersten Platz ein, gefolgt von Horvath, Schnitzler, Handke und Turrini. Im Rahmen zweier Theaterwochen wurden von französischen Schauspielern einem fachkundigen Publikum in szenischen Lesungen Stücke von Wolfgang Bauer, Elias Canetti, Ödon von Horvath, Johann Nestroy, Carl Merz, Helmut Qualtinger, Gerhard Roth, Arthur Schnitzler, Jura Soyfer, Gerald Szyszkowitz, Peter Turrini und Hans Ungar vorgeführt.

Die Universitäts- und Institutspartnerschaften nahmen zu. Die bilateral festgelegten wissenschaftlich-technischen Kooperationsprojekte betreffen die Bereiche Medizin, Physik, Chemie, Metallurgie, Elektrotechnik und Informatik.

Im Studienjahr 1991/92 waren in Frankreich 22 Lektoren an französischen Universitäten und Hochschulen und 71 Sprachassistenten an Mittelschulen tätig. Die Deutschkurse des Kulturinstitutes wurden von acht Lehrkräften auf fünf Niveaus abgehalten.

Gabun
(Gabunesische Republik), Libreville

Staatsoberhaupt	Regierungschef	Außenminister
El Hadj Omar Bongo	Casimir Oyé Mba	Pascaline Bongo

ÖB: siehe Zaire; AHSt Côte d'Ivoire

Die österreichischen Exporte sind von 12,8 Millionen Schilling auf 12,4 Millionen Schilling zurückgegangen, die Importe von 4 auf 6 Millionen Schilling gestiegen.

Gambia
(Republik Gambia), Banjul

Staatsoberhaupt	Regierungschef	Außenminister
Alhaji Dawda Kairaba Jawara	Alhaji Dawda Kairaba Jawara	Alhaji Omar B. Sey

ÖB: siehe Senegal; HK Banjul: George Madi, 3A, Russel Street, Banjul, P.O.Box 184, Banjul, Tel.: 28 3 03, 27 4 36, 26 6 66; Telex: 2237; Telefax: 27 0 99; AHSt: siehe Marokko

Österreich ist an der Finanzierung eines Wasserversorgungsprojektes der Weltbank beteiligt. Österreichische Firmen wirken an deren Realisierung mit.

Ein gambischer Stipendiat nahm an dem Lehrgang für Hotel- und Tourismus-Management der Fremdenverkehrsschule Kleßheim teil, ein gambischer Funktionär besuchte das vom Bundesministerium für Finanzen veranstaltete Spezialseminar für Zollbeamte aus Entwicklungsländern.

Die österreichischen Ausfuhren nach Gambia betrugen 25 Millionen Schilling.

Ghana
(Republik Ghana), Accra

Staatsoberhaupt	Regierungschef	Außenminister
Flt. Lt. Jerry Rawlings	Flt. Lt. Jerry Rawlings	Dr. Obed Asamoah

ÖB und AHSt: siehe Nigeria; HK Accra: Vizekonsul Ingeborg Nicol, 32. Independence Aveue, P.O. Box 564, Accra. Tel.: 22 57 16,

22 57 19, 22 66 81; Telex 2115 counsil gh

Die wirtschaftlichen Konsolidierungsbemühungen der Regierung wurden auf der Basis eines strukturellen Anpassungsprogramms und hoher ausländischer Entwicklungshilfetransfers fortgesetzt. Auch Österreich begann, ein 100 Millionen Schilling Importunterstützungs-Programm mit den ghanaeischen Partnern vorzubereiten.

Österreichs Exporte, v.a. Papier, Maschinen und Straßenfahrzeuge, gingen stark zurück und erreichten einen Wert von 39 Millionen Schilling. Aus Ghana importiert wurden Kakao, Holz und Erze im Wert von 81 Millionen Schilling.

Grenada
(Republik Grenada), Saint George's

Staatsoberhaupt	Regierungschef	Außenminister
Königin Elisabeth II. vertreten durch: Generalgouverneur Sir Paul Scoon	Nicholas Alexander Brathwaite	Nicholas Alexander Brathwaite

ÖB siehe Venezuela; AHSt. siehe Venezuela

Die Wirtschaftsbeziehungen zwischen Österreich und Grenada sind wenig intensiv; der Handelsaustausch war minimal. Die österreichischen Ausfuhren (Papier) betrugen nur 410.000,– Schilling, die Importe (Gewürze) 428.000,– Schilling.

Griechenland
(Hellenische Republik), Athen

Staatsoberhaupt	Regierungschef	Außenminister
Konstantin Karamanlis	Konstantin Mitsotakis	Antonis Samaras

ÖB Athen: Dr. Georg Calice, 26, Leoforos Alexandras, 106 83 Athen, Tel.: 82 11 036, Telex 215938, Telefax: 8219823; HK Athen: Ioannis Lainopoulos, Adresse siehe ÖB Athen; HK Heraklion: Roswitha Baduva-Walch, Platia Eleftherias & Daidalou 2/3, 712 01 Heraklion, Tel.: 0030/81/22 33 79, Telex: 26 23 85, Telefax: 24 46 78, 28 06 08 (privat); HGK Thessaloniki: Dr. Ioannis Koufas, Odos Egnatias 81/5, 546 35 Thessaloniki, Tel.: 0030/31/23 65 00; HK Rhodos: Stefanos Zanettos, 25. Martiou 27-33, P.O. Box 69, 851 00 Rhodos, Tel: 0030/241/20 833, 24 757, Telex: 292114, Fax: 20 831; AHSt. für Griechenland und Zypern: Dr. Rudolf Merten, Tritis Septemvriou 43 a, 104 33 Athen, Tel.: 88 43 711, Telex: 21 61 23, Telefax: 88 27 913; AUA-B: Othonos 8, 105 57 Athen, Tel.: 32 50 801, Telex: 21 55 34, Fax: 32 36 319

Griechenland hat einen Beitritt Österreichs zur EG von Anbeginn aktiv unterstützt und diese Haltung auch in direkten Gesprächen auf Ministerebene im Jahr 1991 erneut bekräftigt. Von Griechenland wird auch das traditionelle Engagement Österreichs in der Zypernfrage geschätzt.

Anläßlich eines kurzen Aufenthaltes von Bundesminister Alois Mock in Athen am 6. November 1991 kam es zu einem Meinungsaustausch über integrationspolitische Fragen mit dem griechischen Premierminister Konstantin Mitsotakis und Außenminister Antonis Samaras.

Auf Einladung des Präsidenten des griechischen Parlamentes Athanassios Tsaldaris hielten sich Nationalratspräsident Heinz Fischer und der Präsident des Bundesrates Franz Pomper vom 26. bis 28. September 1991 in Athen zur Teilnahme an der 2500-Jahr-Feier der Errichtung der Demokratie auf. Sie führten Gespräche mit Persönlichkeiten des griechischen politischen Lebens und insbesondere den Mitgliedern der neukonstituierten österreichischen Freundschaftsgruppe des griechischen Parlamentes.

Der positive Trend der Wirtschaftsbeziehungen war im 1. Halbjahr 1991 durch die Rezession der griechischen Wirtschaft in allen Bereichen, bedingt auch durch die Nachwirkungen der Golfkrise und die Situation am Balkan, beeinträchtigt. Dies führte zunächst zu einem Rückgang der Ein- und Ausfuhr um etwa 5 Prozent. Im zweiten Halbjahr konnte diese Tendenz wieder ausgeglichen werden, sodaß sich die österreichischen Ausfuhren für das Gesamtjahr 1991 auf 2,8 Milliarden Schilling und die Einfuhren auf 2,3 Milliarden Schilling belaufen.

Das von allen bedeutenden musikalischen Institutionen Griechenlands mit Großveranstaltungen begangene Mozart-Jahr 1991 hat sich sehr positiv für das Österreich-Bild ausgewirkt. Die Eröffnung eines modernen repräsentativen Konzertsaales in Athen stellt die bedeutendste Neuerung der letzten Jahre im griechischen Kulturleben dar. Zu der luxuriösen Ausstattung dieses „Palais der Musik“ wurden aus Österreich Luster und Beleuchtung geliefert. Die erste Saison, unter Verpflichtung hervorragender Künstler aus aller Welt, stand ganz im Zeichen Mozarts. Die Verbindung zu Österreich unterstrich auch die 100-Jahr-Feier des Schlosses Achilleon in Korfu.

Großbritannien
(Vereinigtes Königreich von Großbritannien und Nordirland), London

Staatsoberhaupt	Regierungschef	Außenminister
Königin Elisabeth II.	The Rt. Hon. John Major, MP	The Rt. Hon. Douglas Hurd, CBE, MP

ÖB London: Dr. Walter Magrutsch, 18 Belgrave Mews West, London SW1 X 8HU, Tel.: 071-2353731, Telex: 28327, Telefax: 071-2358025; KI: DDr. Peter Marginter, 28 Rutland Gate, London SW7 1PQ, Tel. 071-5848653-4; Telex: 913237; Telefax: 071-2250470; HK Edinburgh: William Drysedale, Saltire Court, 20 Castle Terrace, Edinburgh EH1 2EG,Tel.: 031-2222000, Telefax: 031-2222020; HK Birmingham: Alfred Neumeister, 5 Barlows Road, Edgbaston, Birmingham BH15 2PN, Tel.: 021-4541197, Telex: 337475, Telefax: 021-5447623; AHSt.: Dr. Gerhard Kernthaler, 1 Hyde Park Gate, London SW7 5ER, Tel. 071-5844411, Telex: 25668, Telefax: 071-5842565; ÖFVW: 30 St. George Street, London W1R OAL, Tel.: 071-6290461, Telex: 24709, Telefax: 071-4996038; AUA-B.: 50 Conduit Street, London W1R ONP, Tel.: 071-4390741, Telex: 21757, Telefax: 071-4370343

Am 2. Mai 1991 stattete Bundesminister Wolfgang Schüssel in seiner Funktion als Vorsitzender des EFTA-Ministerrates London einen Besuch ab, um die bei der Verwirklichung des Europäischen Wirtschaftsraums anstehenden Probleme zu erörtern. Vizekanzler Erhard Busek führte vom 31. Oktober – 1. November 1991 in London Gespräche mit dem britischen Außenminister Douglas Hurd, Europaminister Tristan Garel-Jones und führenden Persönlichkeiten aus Politik, Wissenschaft und Kultur. In seinem Vortrag „Österreich und die Zukunft Europas“ vor der European-Atlantic Group skizzierte er auch Gedanken einer zukünftigen „Europ.Verfassung“.

Der ÖVP-Abgeordnete Fritz König nahm vom 22.–24. März 1991 an einem Seminar in Windsor teil und führte in London Gespräche mit britischen Parlamentariern, hohen Funktionären der Konservativen Partei und leitenden Beamten des Britischen Außenministeriums.

Der britische Staatsminister für Europafragen Tristan Garel-Jones weilte im Juli 1991 zu einem Arbeitsbesuch in Wien. Im Mittelpunkt der Gespräche mit Bundesminister Alois Mock standen Fragen der Europäischen Integration.

Bei hochrangigen Beamtenkontakten zwischen den Außenministerien fanden 1991 Gespräche auf der Ebene der Generalsekretäre und der Politischen Direktoren statt.

Der langjährige Vorsitzende der für die Entwicklung der österreichisch-britischen Beziehungen sehr förderlichen „Anglo-Austrian Society", Sir William Clark, wurde im Rahmen eines Wien-Besuches (29. 9.–3. 10.) von Bundesminister Alois Mock und Nationalratspräsident Heinz Fischer empfangen und führte weiters Gespräche mit österreichischen Wirtschafts- und Bankkreisen.

Die „British Atlantic Group of Young Politicians" hielt im April 1991 eine Konferenz in London ab, an der auch 3 jüngere österreichische Parlamentarier teilnahmen.

Der bilaterale Handelsverkehr mit Großbritannien, das unter den österr. Exportmärkten den 5. Platz einnimmt, zeigte 1991 sinkende österr. Exporte –4,1 Prozent auf 17,33 Milliarden Schilling und steigende britische Exporte: um 11,9 Prozent auf 15,98 Milliarden Schilling. Der lange Jahre hindurch gegebene große österr. Handelsüberschuß hat sich inzwischen auf 1,35 Milliarden Schilling verringert. Diese Entwicklung beruht einerseits auf der seit 1990 in Großbritannien herrschenden Rezession und andererseits auf verstärkten britische Exportbemühungen, die durch die Erzeugung japan. Technologieprodukte in Großbritannien – insbes. PKW – begünstigt werden.

Die wichtigsten österreichischen Exportprodukte waren Maschinen und Fahrzeuge, bearbeitete Waren, sonstige Fertigwaren und chemische Erzeugnisse. Positive Entwicklungen konnten in den Bereichen der Arbeitsmaschinen, elektr. Maschinen und Geräte, sowie bei Spezial-KFZ erzielt werden. Durch Gründung von Vertriebsniederlassungen und auch von Produktionsstätten soll in Großbritannien die Marktposition österreichischer Firmen weiter verbessert werden. Festzuhalten wäre auch der Anstieg österreichischer Kapitalinvestitionen auf 1,8 Milliarden Schilling.

Für den österreichischen Fremdenverkehr ist Großbritannien weiterhin von großer Bedeutung. Großbritannien rangiert (nach Deutschland und den Niederlanden) an 3. Stelle, 1991 kamen rund 800.000 britische Gäste nach Österreich.

Das erste Jahresdrittel 1991 war auch im Tätigkeitsbereich des Kulturinstituts London vom Golfkrieg überschattet. Abgesagt wurde deshalb nicht nur ein Konzert der Wiener Philharmoniker, sondern zunächst auch ein vom KI initiierter und organisatorisch betreuter Mozart-Ball; andere Veranstaltungen konnten nur in improvisierter Form durchgeführt werden.

Der Mozart-Ball wurde sodann im Sommer mit der Unterstützung von Sponsoren – einschließlich der Stadt Wien – in glanzvollem Rahmen mit Erfolg durchgeführt und fügte sich in die Palette einer Reihe festlicher Konzerte und Veranstaltungen, mit denen das Mozart-Jahr in London und in anderen Städten Großbritanniens begangen wurde. Das Mozart-Konzert einschließlich Requiem am 5. 12. in der Westminster-Abbey wurde mit dem Arnold-Schönberg-Chor aufgeführt. In Cambridge gab es ein dreiwöchiges Mozart-Festival. Das KI veranstaltete ein Mozart-Symposium und ermöglichte das Londoner Debüt des Salzburger Domchors und der Mozart-Sängerknaben.

Besondere Bedeutung auf dem musikalischen Sektor hatte die englische Erstaufführung eines Liederzyklus von Gottfried v. Einem mit Christa Ludwig und ein großangelegtes Konzert „Sacred Song of Jewish Vienna" aus Anlaß einer Ausstellung und eines Symposiums über Salomon Sulzer, der durch seine Kompositionen die Entwicklung der jüdischen Liturgie im 19. Jahrhundert maßgeblich beeinflußt hat. Der zeitgenössischen österreichischen Musik gewidmet waren zwei Veranstaltungen zum Gedenken an den österreichischen Komponisten Hans Gal; das „Ensemble des 20. Jahrhunderts" wurde bei dem wichtigen Huddersfield Festival of Contemporary Music vorgestellt.

Das KI unterstützte Theateraufführungen von Werken Ödön von Horvaths, Johann Nestroys und George Taboris und ermöglichte in Zusammenarbeit mit dem BMUK der Kleintheaterproduktion „Paracelsus-Projekt" die Teilnahme am Edinburgh Fringe Festival. Lesungen wurden mit den Schauspielerinnen Lotte Ledl, Brigitte Antonius und Angelika Schütz veranstaltet.

Wanderausstellungen zu Mozart und Grillparzer kamen intensiv zum Einsatz, eine Dokumentationsausstellung über Gertraud Bodenwieser konnte im Sadler's Wells Theater London wiederholt werden.

Weitere Symposien fanden in Sheffield – zum Thema „Die Stellung der Frau in den deutschsprachigen Staaten" – und in London – über Leben und Werk von Hermann Broch – statt. Vortragsreisen wurden für den Pharmakologen Prof. Lembeck, den Nationalökonomen Prof. Nowotny, den Musikologen Dr. Hilmar und den Ethnologen Doz. Feest organisiert.

Im Studienjahr 1990/91 waren in Großbritannien 30 Lektoren an Universitäten und 116 Sprachassistenten an Mittelschulen tätig.

Hongkong

HGK: Dr. Heinrich Querner, 2201 Wang Kee Building, 34 – 37 Connaught Road, Central, Tel.: 522 80 86 – 89, Telex: 86006, Telefax: 521 87 73; AHSt Hongkong ist auch für die vier südchinesischen Provinzen Guangdong, Fujian, Guangxi und Hainan zuständig: Dkfm. Friedrich Kuen, 14/F, Diamond Exchange Building, 8-10 Duddell Street, Tel.: 522 23 88, 523 75 55, Telex: 74004, Telefax: 810 64 93; Lauda Air: M1, New Henry House, No. 10, Ice House Street, Central, Tel.: 525 52 21, Telefax: 868 54 88

Die internationale Funktion Hongkongs als Tor zu Süd-China und als Handels- und Finanzzentrum Südostasiens wird von österreichischen Persönlichkeiten aus Politik und Wirtschaft wahrgenommen. Die Präsidentin der Handelskammer Salzburg, Helga Rabl-Stadler, und der Vizepräsident der Bundeskammer der gewerblichen Wirtschaft, Josef Fröhlich, führten Wirtschaftsgespräche; der ÖVP-Abgeordnete Fritz König traf mit führenden Unternehmern zusammen. Eine Delegation der FPÖ unter Landeshauptmann Jörg Haider hielt sich einige Tage in Hongkong auf, eine Studentendelegation der Universität Innsbruck unter Leitung von Univ.-Prof. DDr. Andreae absolvierte, vor dem tragischen Ausgang ihrer Reise, ein umfangreiches Besuchs- und Vortragsprogramm. Sektionsleiter Günther Hanreich vom Bundesministerium für öffentliche Wirtschaft und Verkehr nahm an der International Shipper's Conference mit einem Referat teil, Delegationen des Bundesministeriums für Finanzen führten Gespräche über Zoll- und Präferenzzollangelegenheiten bzw. Exportfinanzierung.

Die Bundeskammer der gewerblichen Wirtschaft nahm mit Gruppenausstellungen 1991 an HOFEX (Hotel and Food Exhibition), Hongkong Fashion Week und Interstoff teil, eine Delegation der Handelskammer Oberösterreich absolvierte ein Besuchs- und Gesprächsprogramm.

Im Frühjahr 1991 trat die neu gegründete Hongkong Austrian Association erstmals mit Veranstaltungen an die Öffentlichkeit und fand breite Zustimmung.

Der Secretary of Finance, Hamish Macleod, hielt sich anläßlich der Europe-Asia Conference in Wien auf und führte Gespräche mit Bundeskanzler Franz Vranitzky und Bundesminister Ferdinand Lacina.

Der Warenverkehr zwischen Österreich und Hongkong, wo mittlerweile 38 österreichische Firmen durch Niederlassungen vertreten sind, hat weiter zugenommen. Die Ausfuhren betrugen 1,9 Milliarden Schilling (+4,2 Prozent), die Einfuhren 3,1 Milliarden Schilling (+10,8 Prozent).

Österreich war 1991 in Hongkong kulturell durch eine große Zahl von Veranstaltungen präsent. Besonders hervorzuheben sind eine Ausstellung von österreichischer Textilkunst, die im Rahmen des Hongkong Arts Festival stattfand, eine Mozart-Ausstellung sowie mehrere Präsentationen österreichischer Maler.

Die musikalischen Darbietungen standen zum Teil im Zeichen des Mozart-Jahres. Paul Badura-Skoda, Jörg Demus, das Artis Quartett, der Singkreis Seltenheim-Klagenfurt, der Wiener Männergesang Verein traten mit großem Erfolg auf. Im Rahmen einer Präsentation des Hollein-Bösendorferflügels konzertierte der Pianist Roland Batik. Beim Hongkong Film Festival wurde ein österreichischer Film gezeigt.

Guatemala
(Republik Guatemala), Guatemala-Stadt

Staatsoberhaupt	Regierungschef	Außenminister
Jorge Serrano Elias	Jorge Serrano Elias	Gonzales Menéndez Park

ÖB: siehe Mexiko; HGK Guatemala-Stadt: Ernst Glawischnig, 5 Ave. 10 – 52, Zona 9, Cd. de Guatemala; Tel. 32 30 16, 36 55 32, 31 24 80, 34 23 94; Telefax 34 84 81; AHSt. Guatemala: Bruno Freytag, 6a. Ave. 20 – 25, Zona 10, Edif. Plaza Maritima, Cd. de Guatemala; Tel. 68 23 24, 68 11 34, 37 02 04; Telex 5224 ACA; Telefax 33 61 80

Der österreichische Botschafter in Mexiko nahm im Jänner als Sonderbotschafter an den Feierlichkeiten zur Einsetzung des neuen Präsidenten teil.

Schwerpunkt der österreichischen Entwicklungszusammenarbeit in Guatemala ist die Förderung der ländlichen Entwicklung (Schulung und Beratung von Kleinbauern, Förderung von Kooperativen).

Die österreichischen Exporte haben sich im Jahr 1991 um 44,5 Prozent auf 48,4 Millionen Schilling erhöht, die Importe um 13,4 Prozent auf 112,5 Millionen Schilling verringert.

Das Instituto Austriaco Guatemalteco (Österreichische Schule in Guatemala), das seit 1955 besteht, gilt als eine der besten Schulen des Landes. Es wird von einem Österreicher geleitet und beschäftigt 25 österreichische Subventionslehrer, die zusammen mit 25 Kollegen aus Guatemala etwa 1300 Schüler unterrichten.

Guinea
(Republik Guinea), Conakry

Staatsoberhaupt	Regierungschef	Außenminister
Gen. Lansana Conté	General Lansana Conté	Commandant Jean Traore

ÖB: siehe Senegal; AHSt: siehe Marokko

Ein Stipendiat setzte sein Doktorratsstudium der Botanik an der Universität Wien fort.

Die österreichischen Ausfuhren nach Guinea betrugen 23 Millionen Schilling, die Einfuhren kamen auf 31 Millionen Schilling.

Guinea-Bissau
(Republik Guinea-Bissau), Bissau

Staatsoberhaupt	Regierungschef	Außenminister
Joâo Bernardo Vieira	Joâo Bernardo Vieira	Julio Semedo

ÖB: siehe Senegal; AHSt: siehe Marokko

Im Rahmen eines staatlichen Programmes zur Förderung privater und genossenschaftlicher Kleinbetriebe finanziert Österreich ein Pilotprojekt für den Aufbau einer ländlichen Kleinindustrie und dessen Ausweitung auf bestehende Handwerks- und Gewerbebetriebe (Volumen für 1991 6,31 Millionen Schilling). Im Rahmen des Fachausbildungs-Sonderprogramms für die am wenigsten entwickelten Länder studierten drei Stipendiaten aus Guinea-Bissau an österreichischen Universitäten. Zwei guinee-bissauischen Hotelfachschülern wurde ein Stipendium an der Fremdenverkehrsschule Kleßheim gewährt.

Die österreichischen Ausfuhren nach Guinea-Bissau betrugen 2 Millionen Schilling.

Guyana
(Kooperative Republik Guyana), Georgetown

Staatsoberhaupt	Regierungschef	Außenminister
Hugh Desmond Hoyte	Hamilton Green	Hugh Desmond Hoyte

ÖB siehe Venezuela; AHSt. siehe Venezuela

Die österreichischen Ausfuhren, in der Hauptsache Tabak und Molkereierzeugnisse, beliefen sich auf 17,5 Millionen Schilling, was eine Steigerung von 251 Prozent gegenüber dem Vorjahr bedeutet. Die Einfuhren erreichten einen Gesamtwert von 7,2 Millionen Schilling (+235 Prozent) und bestanden fast zur Gänze aus Aluminium.

Haiti
(Republik Haiti), Port-au-Prince

Staatsoberhaupt	Regierungschef	Außenminister
Jean-Bertrand Aristide	René Préval	Jean-Robert Sabalat

ÖB siehe Venezuela; HGK Port-au-Prince: Hans-Peter Hackenbruch, 12, Rue du Quai, Port-au-Prince; Tel. 22 20 42, 22 49 93; Telex 2030372; Telefax 22 49 16; AHSt. siehe Venezuela

Der österreichische Missionschef in Caracas war als Sonderbotschafter bei der Amtsübernahme durch Präsident Jean-Bertrand Aristide am 7. Februar 1991 in Haiti anwesend. Österreich hat den Militärputsch in Haiti vom 30. September 1991 schärfstens verurteilt und unterstützt die internationalen Bemühungen, die zu einer Wiederherstellung des demokratischen Regimes im Gange sind.

Die österreichischen Ausfuhren (Wälzlager, PKW, sonstige Fertigwaren) sanken um 50 Prozent auf 2,5 Millionen Schilling. Die Importe nach Österreich (in erster Linie hauswirtschaftliche Artikel und Kaffee) gingen um 28 Prozent auf 2 Millionen Schilling zurück.

Heiliger Stuhl
(Staat der Vatikanstadt), Vatikan

Staatsoberhaupt	Regierungschef	Außenminister
Papst Johannes Paul II.	Kardinal-Staatssekretär Angelo Sodano	Erzbischof Jean Louis Tauran Sekretär für die Beziehungen mit Staaten

ÖB beim Heiligen Stuhl: Dr. Georg Hohenberg, Via Reno 9, I-00198 Rom, Tel. 841 62 62, Telex: 620589, Telefax: 8543058

Im Zuge der Seligsprechung des „Gesellenvaters" A. Kolping am 27. Oktober 1991 in Rom war auch das österreichische Kolpingwerk stark vertreten und konnte wesentliche Akzente setzen. An der Spitze der österreichischen „Kolpingpilger" reiste Bundesminister Alois Mock nach Rom, der dabei auch von Papst Johannes Paul II. in Privataudienz empfangen wurde.

Am 21. November empfing der Heilige Vater Bundeskanzler Franz Vranitzky in Privataudienz. Dabei dankte der Papst u. a. Österreich für seine vielfältigen humanitären Hilfen gerade auch ich Zusammenhang mit den Konflikten im südosteuropäischen Raum.

In einem schon zur Tradition gewordenen 2-Jahres-Rhythmus werden von den österreichischen Bundesländern und Diözesen jeweils der Christbaum auf den Petersplatz dem Heiligen Vater geschenkt. Am 14. Dezember konnte Landeshauptmann Martin Purtscher gemeinsam mit Diözesanbischof Klaus Küng an der Spitze einer aus diesem Anlaß nach Rom gereisten Pilgergruppe namens des Landes Vorarlberg den Christbaum am Petersplatz Papst Johannes Paul II. übergeben.

Im März 1991 wurde in Wien dem Präfekten der Glaubenskongregation, Kardinal Joseph Ratzinger in Würdigung seiner Verdienste um die philosophisch-theologische Basis der katholischen Soziallehre der Leopold-Kunschak-Preis verliehen.

Der emeritierte Staatssekretär Kardinal Agostino Casaroli kam über Initiative des Vizepräsidenten des österreichischen Bundesrates, Herbert Schambeck, Anfang Dezember nach Österreich, wo er auch von Bundespräsident Kurt Waldheim empfangen wurde.

Anfangs Dezember 1991 fand in Rom mit der europäischen Bischofssynode eine für ganz Europa sehr bedeutende Veranstaltung statt. Aus Österreich nahmen daran Erzbischof Kardinal Groer und Bischof Kapellari teil.

Honduras
(Republik Honduras), Tegucigalpa

Staatsoberhaupt	Regierungschef	Außenminister
Rafael Leonardo Callejas Romero	Rafael Leonardo Callejas Romero	Mario Carias Zapata

ÖB siehe Mexiko; AHSt. siehe Guatemala; HGK Tegucigalpa: Dr. Ricardo Midence, Avenida La Paz No. 2160, Tegucigalpa, D. C.; Tel. 38 09 97

Die österreichischen Exporte haben sich im Jahr 1991 um 3,8 Prozent auf 8,2 Millionen Schilling, die Importe um 20,9 Prozent auf 144,5 Millionen Schilling verringert.

Indien
(Republik Indien), New Delhi

Staatsoberhaupt	Regierungschef	Außenminister
Ramaswami Venkataraman	Narasimha Rao	Madhavsinh Solanki

ÖB New Delhi: Dr. Christoph Cornaro, EP-13, Chandergupta Marg, Chanakyapuri, New Delhi 110021, Tel.: 60 11 12, 60 12 38, 60 15 55, 60 16 07, 67 38 34, 67 41 33, Telex: 3182014, Telefax: 67 39 29; HGK Bombay: Jasu Shah, 210 Taj Building, 3rd Floor, Dr. Dadabhai Naoroji Road, Bombay 400 001, Tel.: 204 20 44-7, Telex: 1182775, Telefax: 287 05 02; HK Kalkutta: Anna Mukherji, 96/1 Sarat Bose Road, Calcutta 700 026, Tel.: 75 27 95; HK Madras: H.C. Kothari, c/o Kothari Building, Nungambakkam High Road 20, Madras 600 034, Tel.: 47 21 31, 47 43 69, 47 43 76, 47 60 36, 47 43 85, Telex: 416674, Telefax: 47 22 63; AHSt New Delhi: Dkfm. Hans Kaufmann, 12, Amrita Shergill Marg, New Delhi 110 003, Tel.: 69 08 67, 61 83 95, 61 83 97, Telex: 3162259, Telefax: 61 87 42

Die Bedeutung, die Österreich den traditionell guten bilateralen Beziehungen zu Indien beimißt, fand Ausdruck in der Entsendung der Präsidentin des Bundesrates, Anna Elisabeth Haselbach, zu den Begräbnisfeierlichkeiten für den während des indischen Wahlkampfes ermordeten Führer der Kongreßpartei und früheren Premierminister, Rajiv Gandhi, im Mai. Am Rande der Feierlichkeiten führte sie u. a. Gespräche mit der Vizevorsitzenden des indischen Oberhauses, Najma Heptullah, sowie mit anderen indischen politischen Persönlichkeiten.

Die indische Wirtschaft befand sich vor allem in der ersten Jahreshälfte in einer schwierigen Phase. Insbesondere wegen der prekären Zahlungsbilanzsituation, die allerdings in den letzten Monaten wieder eine Normalisierungstendenz aufwies, mußte Österreich so wie die meisten Handelspartner Indiens starke Exporteinbußen hinnehmen. Die hauptsächlich von Maschinen, Eisen und Stahl, Papier, Chemikalien und Meß- und Prüfgeräten getragenen österreichischen Ausfuhren verzeichneten einen Rückgang um 27,7 Prozent auf 1 Milliarde Schilling. Obwohl auch die indischen Exporte, die von Bekleidung, Textilien, Leder, Lederwaren und Schuhen dominiert werden, um 1,2 Prozent auf 1,4 Millionen Schilling zurückgingen, stieg das österreichische Handelsbilanzpassivum auf 400 Millionen Schilling.

Ende Dezember wurde im Rahmen der bilateralen Entwicklungszusammenarbeit ein Abkommen für die Gewährung eines gebundenen Finanzkredits an die indische Regierung in Höhe von 120 Millionen Schilling unterzeichnet, woraus Importe aus Österreich zu günstigen Bedingungen finanziert werden können.

An der im Februar abgehaltenen 9. Indian Engineering Trade Fair (IETF), der bedeutendsten Technologiemesse des Landes, nahm die Bundeswirtschaftskammer mit einem Technologiestand teil, an dem 21 österreichische Firmen partizipierten.

Kulturell war Österreich durch Veranstaltungen (Konzerte, Ausstellungen, Vorträge) in New Delhi, Kalkutta und Bombay, die heuer zum größten Teil im Zeichen des Mozart-Jahres standen, vertreten. Wie auch im Vorjahr bestand großes Interesse am Film- und Videoverleih der Botschaft. Österreichische Wissenschafter nahmen an verschiedenen Fachsymposien teil.

19 Stipendien (darunter Verlängerungen) wurden an Studenten und Akademiker in den Bereichen Hotel-/Tourismus-Management, Chemie, Biologie und Medizin vergeben.

Indonesien
(Republik Indonesien), Jakarta

Staatsoberhaupt	Regierungschef	Außenminister
General Tni Soeharto	General Tni Soeharto	Ali Alatas

ÖB Jakarta: Dkfm. Dr. Herbert Kröll, 44, Jalan Diponegoro 44, P.O. Box 2746, Jakarta Pusat 10027, Tel.: 33 80 90, 33 81 01, Telex: 46387, Telefax: 390 49 27; AHST Jakarta: Dkfm. Wilfried Ferch, Jalan Jambu 17, P.O. Box 2247, Jakarta Pusat 10027, Tel.: 310 52 42, 310 08 93, 32 59 58, Telex: 61108, Telefax: 32 73 42

Am 23. und 24. April hat der indonesische Außenminister Ali Alatas Österreich einen offizeillen Besuch abgestattet. Die wirtschaftliche Zusammenarbeit mit Indonesien konnte weiter ausgebaut werden. Verstärkte Bemühungen österreichischer Unternehmen und die anhaltende Konjunktur in Indonesien haben die österreichische Präsenz in wichtigen Bereichen (Fabriksanlagen, Werkzeugmaschinen, Elektronik) verstärkt. Die Österreichische Nationalbank hat das Österreichische Institut für Wirtschaftsforschung (WIFO) beauftragt, eine aktionsorientierte Studie der österreichisch-indonesischen Wirtschaftsbeziehungen auszuarbeiten, die im Jänner 1992 in Wien und Jakarta präsentiert werden wird. Die österreichischen Exporte stiegen um 13,2 Prozent auf 1,2 Milliarden Schilling. Die indonesischen

Exporte, hauptsächlich Textilien, Kaffee, Tee, Sperrholz und Kautschuk stiegen auf 714 Millionen Schilling.

Im Februar hat die Bundeskammer der gewerblichen Wirtschaft in Jakarta eine Wirtschaftsmission unter Teilnahme von 27 österreichischen Firmen organisiert.

Als österreichischer Beitrag im Mozartjahr und gleichzeitig zum „Visit Indonesia Year 1991" gastierte das Salzburger Orchester Pro Musica unter der Leitung von Professor Wilfried Tachezi im Mai mit großem Erfolg in Jakarta. Auch andere Musiker kamen aus Anlaß des Mozartjahres zu Konzerten und Workshops nach Indonesien.

Im Dezember wurde eine kulturhistorisch bedeutende Retrospektive des österreichischen Malers Roland Strasser (1895–1974) in Jakarta eröffnet, der vor 70 Jahren in Indonesien gelebt hatte und als einer der ersten kulturellen Botschafter Balis angesehen wird.

Irak
(Republik Irak), Bagdad

Staatsoberhaupt	Regierungschef	Außenminister
Saddam Hussein	Mohammed Hamza Al-Zubaidi	Ahmed Hussein Khudhair

ÖB Bagdad: Aqaba bin Nafi Square 27/7/35, Masbah/Bagdad, Tel.: 7199033 und 7199034, Telex: 21283 (vorübergehend geschlossen), AHSt. Bagdad: Babil Area 923, House No. 23, Street No. 3, Jadriyah, Tel.: 776 1164, 776 1165, Telex: 212 279, Fax: 776 8840 (derzeit geschlossen); AUA-B (derzeit geschlossen).

Für die bilateralen Beziehungen Österreichs zum Irak sind die für alle VN-Mitgliedstaaten verbindlichen Sanktionen des Sicherheitsrates bestimmend. Die österreichische Botschaft in Bagdad wurde ebenso wie die anderen westlichen Vertretungsbehörden im Irak kurz vor Ausbruch der Kampfhandlungen geschlossen. Die diplomatischen Beziehungen mit dem Irak wurden hingegen nicht abgebrochen.

Am 16. Dezember 1991 fanden auf irakischen Wunsch im Außenministerium in Wien bilaterale Gespräche auf Beamtenebene statt. Dabei wurde von österreichischer Seite darauf hingewiesen, daß die Haltung des Irak von der Staatengemeinschaft am Ausmaß seiner Erfüllung der internationalen Verpflichtung gemessen werde, welche die Voraussetzung für eine Rückkehr des Landes auf die internationale und regionale Szene sind.

Iran
(Islamische Republik), Teheran

Religiöser Führer	Staatschef zugl. Regierungschef	Außenminister
Ayatollah Seyed Ali Khamenei	Hojjatoleslam Akbar Hashemi Rafsanjani	Dr. Ali Akbar Velayati

ÖB Teheran: Dr. Erich Buttenhauser, B.P. 15115-455, Argentine Square Nr. 78, Tel.: 62 01 80, 62 07 53, Telex: 212872, Telefax: 62 07 78; ÖKI Teheran: Dr. Michael

Zimmermann, B.P. 11365-1959, Apadana Ave., Nowbakht-Str., 6th Alley No. 23, Tel.: 86 55 25, 86 48 23, Telex: über ÖB Teheran; AHSt: Mag. Georg Krauchenberg, B.P. 11365-4648, Khaled-e Eslambuli Ave., 13th Street, No. 20, Telefon: 62 23 66, 62 77 93, Telex: 212175; AUA-B: Daryaye Noor, No. 32, Telefon: 62 49 67, 62 24 88

Außenminister Alois Mock stattete vom 23. bis 24. Februar der Islamischen Republik Iran einen offiziellen Besuch ab. Vom 9. bis 12. Juni fand ein Staatsbesuch von Bundespräsident Waldheim statt, in dessen Begleitung sich auch eine große Wirtschaftsdelegation befand. Vom 16. bis 17. Oktober besuchte Bundesminister Dr. Wolfgang Schüssel anläßlich der zweiten Tagung der Österreichisch-Iranischen Gemischten Wirtschaftskommission als Leiter einer großen österreichischen Delegation den Iran. Vom 21. bis 22. November fand ein offizieller Besuch des iranischen Außenministers Ali Akbar Velayati in Wien statt.

Bei dieser Gelegenheit wurde von österreichischer Seite unter anderem die nach wie vor ungeklärte Ermordung des kurdischen Politikers Ghassemlou in Wien im Jahr 1989 zur Sprache gebracht. Inzwischen wurde ein vom zuständigen österreichischen Gericht gestelltes Rechtshilfeersuchen zur Einvernahme von Tatverdächtigen an die iranischen Stellen übermittelt.

Am 11. und 12. Februar stattete eine iranische Parlamentarierdelegation im Rahmen eines Zwischenaufenthaltes unter Leitung des Zweiten Parlamentsvizepräsidenten Assadollah Bayat dem österreichischen Parlament einen Besuch ab. Im Mai wurde vom Iranischen Parlament eine iranisch-österreichische parlamentarische Freundschaftsgruppe gegründet.

Bei der erwähnten Zwischensession der Gemischten Wirtschaftskommission wurde durch Bundesminister Dr. Wolfgang Schüssel und den iranischen Industrieminister Mohammad Reza Nematzadeh ein Protokoll unterzeichnet, das den Rahmen für die weitere wirtschaftliche Zusammenarbeit schafft. Am 4. Dezember führte eine iranische Delegation von Finanzfachleuten unter der Leitung des Stellvertretenden Präsidenten der Zentralbank Gespräche über Finanzierungsfragen in Wien.

Auch 1991 blieb der Iran einer der wichtigsten außereuropäischeen Handelspartner Österreichs. Die Aufwärtstendenz des Handelsverkehrs während der letzten Jahre setzte sich fort. Im Berichtsjahr konnte Österreich Ausfuhren in der Höhe von 4,4 Milliarden Schilling (+15 Prozent) erzielen, denen Einfuhren aus dem Iran in der Höhe von 1,9 Milliarden Schilling (+/−53 Prozent) gegenüberstanden. Die wichtigsten Ausfuhrwaren sind Anlagen und Maschinen, Kunststoffe, Pharmazeutika, Eisen und Stahl, Papier und Holz. Die Einfuhren umfassen im wesentlichen Erdöl, Trockenfrüchte, Teppiche, Mineralien sowie Häute und Felle. Das Interesse der österreichischen Wirtschaft am Ausbau der Handelsbeziehungen hat sich auch heuer in einer hohen Beteiligung an der internationalen Teheraner Messe im Oktober 1991 (48 österreichische Firmen) niedergeschlagen.

Erstmals seit der Revolution 1979 traten wieder österreichische Musiker im Iran auf – im Österreichischen Kulturinstitut Teheran, der einzigen derartigen Institution im Iran. Der lange eingeschränkte Veranstaltungsbetrieb konnte ausgeweitet werden; das Kulturinstitut bietet neben seinen populären Sprachkursen zahlreiche Konzerte, Filme u.a. an und ist Kontaktstelle für den wissenschaftlichen und akademischen Austausch.

Irland
(Irische Republik), Dublin

Staatsoberhaupt	Regierungschef	Außenminister
Mary Robinson	Charles J. Haughey	Gerry Collins

ÖB Dublin: 15, Ailesbury Court, 93 Ailesbury Road, Dublin 4, Tel. 269 45 77, 269 14 51, Telex 30366, Telefax 283 08 06; AHSt Dublin, die auch die Agenden der ÖFVW wahrnimmt: Dr. Harald Klug, Merrion Hall, Strand Road, Sandymount P.O.B. 2506 Dublin 4; Tel.: 003531/283 04 88, Telefax: 003531/283 05 31

Markante Ereignisse in den politischen Beziehungen mit Irland waren im Berichtsjahr Besuche von Außenminister Gerry Collins bei Bundesminister Alois Mock (6.–9. Juni) und der Staatssekretärin im Amt des Premierministers Mare Geoghegan-Quinn bei Staatssekretär Peter Jankowitsch und Generalsekretär Thomas Klestil (26. September). Beide Besuche gaben Gelegenheit, die Fragen der Europäischen Integration und des österreichischen EG-Beitrittsantrages ausführlich zu erörtern. Irland nimmt zu den Bestrebungen Österreichs eine positive und verständnisvolle Haltung ein. Darüber hinaus besteht eine enge Zusammenarbeit in den Vereinten Nationen, im Rahmen der KSZE sowie im Europarat.

So wie in den vergangenen Jahren wuchs der österreichisch-irische Warenverkehr auch 1991. Die österreichischen Exporte stiegen gegenüber dem Vorjahr um 19,9 Prozent auf 921 Millionen Schilling, die österreichischen Importe aus Irland um 19,2 Prozent auf 2,42 Milliarden Schilling. Bei den österreichischen Exporten nach Irland dominierten 1991 bearbeitete Waren, Textilien, Metallwaren, Spezialreifen, Maschinen und chemische Erzeugnisse. Importiert wurden aus Irland vor allem PKW-Reifen der irischen Semperit-Produktionsniederlassung sowie Maschinen, insbesondere Büro- und EDV-Maschinen. Österreichische Wintersportorte, sowie in letzter Zeit verstärkt Wien und Salzburg, sind weiterhin bevorzugte Ziele einer zunehmenden Zahl irischer Touristen. Anläßlich des Außenministerbesuches wurde ein Luftverkehrsabkommen unterzeichnet.

Die kulturelle und wissenschaftliche Zusammenarbeit mit Österreich ist rege. Im universitären Bereich konzentriert sich das Interesse besonders auf die Germanistischen Institute der irischen Universitäten, die bestrebt sind, österreichische Literatur und Landeskunde in den Lehr- und Forschungsbetrieb einzubeziehen. 1991 waren vier österreichische Lektoren an irischen Universitäten sowie zwei Sprachassistenten an höheren Lehranstalten tätig. Im Rahmen des bilateralen Studentenaustausches sowie mit Unterstützung des Bundesministeriums für Wissenschaft und Forschung studierten insgesamt zwölf österreichische Studenten an irischen Universitäten. Neben diesen Wissenschaftsbeziehungen, Ausstellungen und musikalischen Veranstaltungen erscheint ein vielbeachteter Vortrag von Prof. Paul Luif zum Thema „European Political Cooperation and the Neutrals: An Austrian Perspective" erwähnenswert.

Die sehr aktive Irisch-Österreichische Gesellschaft ist ein wertvolles Bindeglied zwischen den beiden Staaten. Die Gesellschaft organisierte im Frühjahr 1991 wiederum eine Österreichreise.

Island
(Republik Island), Reykjavik

Staatsoberhaupt	Regierungschef	Außenminister
Vigdis Finnbogadottir	David Oddsson	Jon Baldvin Hannibalsson

ÖB: siehe Dänemark; HGK Reykjavik: Ludwig H. Siemsen, Austurstraeti 17, 101 Reykjavik, Tel. 1/24016, Fax: 1/625016; AHSt Oslo

Politische Kontakte gab es auch 1991 vor allem in multilateralen Foren (KSZE, Vereinte Nationen).

Eine Delegation österreichischer Abgeordneter hielt sich im Juni aus Anlaß eines EFTA-EG-Parlamentariertreffens in Island auf.

Die wirtschaftspolitischen Beziehungen mit dem EFTA-Partner Island gestalteten sich am intensivsten im Rahmen der Verhandlungen über einen Europäischen Wirtschaftsraum.

Der Warenverkehr zwischen Österreich und Island brachte 1991 einen bemerkenswerten Anstieg der österreichischen Exporte (+10,7 Prozent auf 145 Millionen Schilling) und einen drastischen Rückgang der Importe aus Island (-40,8 Prozent auf 46 Millionen Schilling). Der österreichische Exportzuwachs geht auf vermehrte Lieferungen von Maschinen und Fahrzeugen im Zusammenhang mit isländischen Kraftwerksprojekten zurück. Es handelt sich in erster Linie um Hoch- und Tiefbaumaschinen, Hebe- und Fördereinrichtungen, Armaturen sowie elektrische Maschinen und Teile. Bei den traditionellen Fertigwaren konnte bei der Position Bekleidung ein stärkerer Anstieg erreicht werden. Rückläufig entwickelte sich vor allem die Position Waren aus Kunststoffen (Rohre und Tafeln). Unter den isländischen Exporten sind lediglich die Lieferungen von Fischmehl stärker gestiegen. Bei Fisch und Fischereiprodukten, Ferrolegierungen und anderen Rohstoffen mußten Rückgänge hingenommen werden. Importe von Aluminiumlegierungen sind nahezu zum Erliegen gekommen.

Kulturell war Österreich in Island 1991 vor allem auf dem Sektor Musik präsent. Das traditionelle „Wiener Konzert" des Staatlichen Symphonierorchesters Reykjavik war samt Wiederholungskonzert erneut ausverkauft. Anläßlich des Mozart-Jahres fanden mehrere Konzerte mit österreichischen Mitwirkenden statt.

Nach einem Ansteigen der Zahl über die letzten Jahre befinden sich derzeit ca. vierzig Isländer zum Studium in Österreich, während ein Österreicher an der Universität Reykjavik Neu-Isländisch studiert.

Der Planungsausschuß der Stadt Reykjavik führte im September eine Informationsreise nach Wien durch, wo die Gruppe vom Büro des Stadtrats für Stadtentwicklung und Stadtplanung betreut wurde.

Die Gesellschaft „Austria" mit ihren etwa fünfzig Mitgliedern sorgt für den Zusammenhalt der österreichischen Kolonie in Island, während sich die Österreichisch-Isländische Gesellschaft in Wien der in Österreich weilenden Isländer annimmt.

Israel
(Staat Israel), Jerusalem

Staatsoberhaupt	Regierungschef	Außenminister
Chaim Herzog	Jitzhak Schamir	David Levy

ÖB Tel Aviv: Dr. Kurt Hengl, 11, Herman-Cohen-Str., P.O. Box 11095, 61110 Tel Aviv, Tel.: 3-524 61 86-88, Telex: 33435, Telefax: 3-524 40 39; HK Jerusalem: Konsul Itzchak Molho, 8, Hovevei Zion St., POB 1376, Jerusalem 91013, Telefon: 2-88 81 81, Telefax: 2-83 84 07; HK Haifa: Generalkonsul Zwi Heinrich Löwenthal, 12, Allenby St., POB 228, Haifa 31001, Telefon: 4-522 488; ; AHSt: Dr. Eva Maroscheck, 198, Hayarkon St., Tel Aviv, Tel: 3-22 66 41, Telefax: 3-22 40 71; AUA-B und Fremdenverkehrswerbung: 17, Ben Yehuda St.., Tel Aviv, Telefon: 3-66 35 36, Telefax: 3-510 38 92

Trotz der kontinuierlichen Belastung der österreichisch-israelischen Beziehungen aufgrund der israelischen Haltung zum österreichischen Staatsoberhaupt war eine merkliche Verbesserung spürbar. Insbesondere in den Bereichen Kultur, Wissenschaft und Forschung sowie Wirtschaft kam es zu einer Intensivierung der bilateralen Zusammenarbeit. Der Besuch des Generalsekretärs für auswärtige Angelegenheiten sowie des Politischen Direktors im Außenministerium in Israel unterstrich den österreichischen Wunsch nach besseren Beziehungen und erlaubte einen ausführlichen Gedankenaustausch über die diversen Aspekte des Nahostproblems und des Friedensprozesses.

Zum 80. Geburtstag des Bürgermeisters von Jerusalem, des aus Wien gebürtigen Teddy Kollek, fand ein offizieller Besuch des Wiener Bürgermeisters Zilk sowie ein vom Bundesministerium für auswärtige Angelegenheiten gestiftetes Festkonzert des Alban-Berg-Quartetts in Jerusalem statt. Durch seinen Gegenbesuch in Wien drückte Kollek seine Anerkennung für die österreichischen Bemühungen zur Aufarbeitung der NS-Periode aus – nicht zuletzt für die programmatische Rede von BK Vranitzky vor dem Nationalrat.

Österreich unterstützte in kontinuierlicher Fortführung seiner ablehnenden Haltung zur Zionismus-Rassismus-Resolution 1975 deren nunmehrigen Widerruf im Rahmen der diesjährigen UN-GV als Kosponsor (siehe Tätigkeitsbericht VN). Weiters stellte die österreichische Bundesregierung für die Opfer der irakischen Raketenangriffe auf israelische Städte 2,5 Millionen US-Dollar an Hilfszahlungen zur Verfügung, wovon 2 Millionen US-Dollar für einen allgemeinen Wohnungs-Wiederaufbau-Fonds und 500.000,– US-Dollar für die Errichtung eines österreichischen Kindergartens in der Stadt Ramat Gan verwendet werden.

Ein gleicher Betrag wurde der UNRWA für die in Mitleidenschaft gezogene palästinensische Bevölkerung bereitgestellt. Ihnen kommt auch die Errichtung einer Tagesklinik in der Altstadt Jerusalems, und die Subvention diverser medizinischer Einrichtungen in der Westbank und in Gaza zugute.

Im Prozeß der im Libanon gefangengehaltenen Geiseln hatte Österreich seine guten Dienste angeboten; der Austausch des Leichnams eines israelischen Soldaten gegen einen Palästinenser erfolgte via Österreich.

Die österreichischen Exporte nach Israel stiegen gegenüber dem Vorjahr um 5 Prozent auf 697 Millionen Schilling, die österreichischen Importe aus Israel fielen gegenüber 1990 um 1,9 Prozent auf 842 Millionen Schilling.

Im Lichte der zunehmenden Beeinträchtigung der österreichischen Exporte gegenüber den durch Freihandelsabkommen zollfreien Einfuhren aus dem EG-Bereich und den Vereinigten Staaten kam es nicht zuletzt auf österreichisches Betreiben zur Aufnahme von Verhandlungen über ein Freihandelsabkommen zwischen Israel und den EFTA-Staaten. Insbesondere gilt es weitere Einbrüche der österreichischen Exporte angesichts der Neueinführung eines israelischen Zollregimes mit 1. 9. 1991 zu verhindern. Die jüngste Verhandlungsrunde im Dezember 1991 führte zu einer weitgehenden Annäherung der Standpunkte, sodaß nunmehr der Abschluß des Freihandelsabkommens mit 1. Juli 1992 zu erwarten ist. Österreichische Exportlieferungen umfassen v.a. Kabel für die Elektrizitätswirtschaft, Chemikalien und Düngemittel, Papierprodukte und elektrische Motoren.

Österreich importiert aus Israel u. a. Obst und Gemüse, Truthahnfleisch, Mineralien, elektronische Geräte und in steigendem Ausmaß Hochtechnologie.

Die Präsentation österreichischer Kultur 1991 in Israel umfaßte im Bereich der bildenden Kunst Ausstellungen des österreichischen Malers Willy Verkauf-Verlonn, der Malerin Hilde Engelmann, einer Gruppenausstellung von 8 österreichischen und 3 israelischen Malern als Symposiumsteilnehmer der „Künstler am Toten Meer", sowie eine Gemeinschaftsausstellung der Maler Edith Temmel und Josef Fink.

Als Fotodokumentationsausstellungen wurden „Wien um 1900" sowie eine Lebensdokumentation über Franz Werfel an verschiedenen Universitäten Israels gezeigt.

Vielfältige musikalische Veranstaltungen umfaßten u.a. einen Schubert-Schumann-Abend von Baßbariton De Monti und ein Konzert mit Werken von Erich Zeisel mit dem Jerusalem Chamber Orchestra. Die wissenschaftliche Zusammenarbeit entwikkelte sich dank eines bilateralen Kooperationsmemorandums im direkten Weg zwischen den entsprechenden Universitäten und Forschungsstätten.

Im Bereich der Jugendaustauschprogramme sind die Besuche einer oberösterreichischen Delegation von 12 Jugendarbeitern, einer Tiroler Delegation von 24 Jugendarbeitern, einer Delegation von 4 Gewerkschaftsjugendlichen der Gewerkschaft der Privatangestellten sowie einer Salzburger Delegation von 4 Landesjugendreferenten zu nennen.

Italien
(Italienische Republik), Rom

Staatsoberhaupt	Regierungschef	Außenminister
Francesco Cossiga	Giulio Andreotti	Gianni De Michelis

ÖB Rom: Dr. Emil Staffelmayr; Via Pergolesi 3, 00198 Rom; Tel.: 0406/855.82.41-44; Telex: 610 139; Telefax: 854 32 86; KI: Dr. Franz Berner; Viale Bruno Buozzi 113, 00197 Rom, Tel.: 322 47 02/05/58, Telex: 624 090, Telefax: 321 67 87; ÖGK Mailand: GK Dr. Harald Miltner; Via Tranquillo Cremona 27, 1. Stock, 20145 Mailand, Tel.: 02/481 20 66, 481 29 37, Telex: 340 053, Telefax: 48 00 96 30; ÖGK Triest: GK Dr. Günter Birbaum; Fia Fabio Filzi 1, 34132 Triest; Tel.: 040/63 17 97,

63 16 88, Telex: 461 034, Telefax: 77 97 427; HK Bari: HGK Bonifacio Pansini, Via Dalmazia 179, 70121 Bari; Tel.: 080/33 19 95, Telex: 810188, Telefax: 080/331.995; HK Bologna: HK Dr. Maria Letizia Costantini in Coccheri; Via Ugo Bassi 13, 40124 Bologna, Tel.: 051/23 75 06, Telefax: 23 75 06; HK Florenz: HK Dr. Enrico Ciantelli; Via dei Servi 9, 50122 Florenz, Tel.: 055/21 53 52, Telex: 57 20 84, Telefax: 055/ 29 51 67; HK Genua: HGK Dr. Egon Ploederl; Piazza della Vittoria 10/int. 9, 16121 Genua, Tel.: 010/59 26 80; HK Neapel: HK Dr. Paolo Ruoppolo; Corso Umberto I Nr. 275, 80138 Neapel, Tel.: 081/28 77 24; HK Palermo: HK Dr. Irene Cillari-Salcher; Via Leonardo da Vinci 145, 90145 Palermo, Tel.: 091/68 24 417, Telefax: 091/ 68 23 956; HK Turin: HK Dr. Riccardo Totta; c/o Simu, Corso Giacomo Matteotti Nr. 28, 10121 Turin, Tel.: 011/53 22 22, 54 36 76, Telex: 212 097, Telefax: 011/ 53 22 26; HK Venedig: HGK Avv. Alfredo Bianchini; Piazzale Roma 461/A, 30125 Venedig, Tel.: 041/52 00 459, Telex: 42 00 04, Telefax: 041/52 00 160

AHSt Rom: HD Dkfm. Peter Weiss; Via Flaminia 158, 00196 Roma, Tel.: 06/ 320 16 59, 320 16 92, Telex: 623 058, Telefax: 361 35 79; AHSt Mailand: HD Dkfm. Karl Wallner, Piazza Duomo 20, 20122 Mailand, Tel.: 02/866 168, 866 123, Telex: 320 570, Telefax: 02/877 319; AHSt. Triest: HD Dkfm. Stefan WRATSCHKO, Via Dante Alighieri 5, 43122 Triest, Tel.: 040/364.226, Telex: 460.556, Telefax: 734 369; ÖFVW Rom: Dir. Radbot Habsburg-Lothringen, Via Barberini 29, 00187 Rom, Tel.: 06/481 46 58, 487 39 73, Telefax: 488 15 35, Telex: 625 653; ÖFVW Mailand: Dir. Michael Oberegger; Via Larga 23, 20122 Mailand, Tel.: 02/5830 3632, 5830 7220, Telefax: 5830 7378

Ebenso wie in den vergangenen Jahren waren die Besuchskontakte zwischen Österreich und Italien auch 1991 intensiv. Hauptthema dieser Gespräche bildeten Fragen der europäischen Integrationspolitik. Italien steht dem EG-Beitrittswunsch Österreichs bekanntlich sehr positiv gegenüber.

Weitere Themen in den politischen Begegnungen waren der Golfkonflikt; die Umwälzungen in Zentral- und Osteuropa, insbesondere die dramatischen Ereignisse in der UdSSR; das Kriegsgeschehen in Jugoslawien; die Regierungskonferenzen der EG zur Schaffung einer europäischen Union, die Hexagonale bzw. Mitteleuropäische Initiative sowie nicht zuletzt und insbesondere in der zweiten Jahreshälfte die Südtirolfrage.

Bundeskanzler Franz Vranitzky weilte vom 19.–21. November zu einem offiziellen Besuch in Rom und führte Gespräche mit Ministerpräsident Giulio Andreotti sowie mit Staatspräsident Francesco Cossiga, Außenminister Gianni De Michelis, Parlamentspräsidentin Nilde Iotti, Senatspräsident Giovanni Spadolini und PSI-Chef Bettino Craxi.

Außenminister Alois Mock traf mehrmals zu Arbeitsgesprächen mit Außenminister De Michelis zusammen, u.a. im Rahmen der Pentagonale: am 17./18. Mai in Bologna und beim informellen Außenminister-Treffen in Venedig am 30. November. Bundesminister Mock traf darüber hinaus auch mehrmals mit anderen namhaften italienischen Politikern zusammen, insbesondere am 13. Juli in Venedig mit Verkehrsminister Carlo Bernini und dem Staatssekretär im Außenministerium, Claudio Vitalone, sowie am 27. Oktober in Rom mit Ministerpräsident Giulio Andreotti.

Zum ersten Mal kam es heuer zu einem offiziellen Besuchsaustausch auf Ebene der Parlamentspräsidenten: Die Präsidentin der italienischen Abgeordnetenkammer Nilde Iotti absolvierte vom 10.–12. Juni einen offiziellen Besuch in Wien, der Erste Nationalratspräsident Heinz Fischer besuchte vom 29.–31. Oktober Rom und führte Gespräche mit Präsidentin Nilde Iotti, Ministerpräsident Giulio Andreotti und Außenminister De Michelis. Er wurde auch von Staatspräsident Francesco Cossiga empfangen.

Der Vizepräsident des Bundesrates, Herbert Schambeck, wurde am 31. Oktober in Rom von Staatspräsident Francesco Cossiga empfangen.

Am 10./11. September weilte Vizekanzler und Wissenschaftsminister Erhard Busek zu Gesprächen mit seinem italienischen Amtskollegen Antonio Ruberti in Rom. Er traf dabei auch mit Ministerpräsident Giulio Andreotti, Verkehrsminister Carlo Bernini sowie mit dem Vorsitzenden des außenpolitischen Ausschussses der Abgeordnetenkammer, Flaminio Piccoli, zusammen.

Bundesminister Schüssel führte in seiner Eigenschaft als turnusmäßiger Vorsitzender des EFTA-Rates am 14. März in Rom Konsultationen mit Außenhandelsminister Renato Ruggiero über die EWR-Verhandlungen und die GATT-Problematik. Schüssel traf auch mit Verkehrsminister Carlo Bernini und Staatssekretär Claudio Vitalone zusammen.

Am 15./16. März nahm Bundesminister Josef Hesoun in Rom über Einladung des stellvertretenden Ministerpräsidenten Claudio Martelli an einer internationalen Konferenz im Rahmen der OECD über Wanderungsfragen teil.

Bundesminister Rudolf Streicher traf mit seinem italienischen Amtskollegen Carlo Bernini mehrmals bei verschiedenen Anlässen zusammen: Am 3. Juni unterzeichneten die beiden Minister in Venedig das neue österreichisch-italienische Gütertransitverkehrsabkommen, durch welches eine bedeutende Beruhigung auf dem sensiblen Gebiet des Transitverkehrs herbeigeführt werden konnte. Weitere Kontakte zwischen den beiden Verkehrsministern ergaben sich im trilateralen Rahmen: Österreich, Italien, Deutschland (Schwerpunkt dieses Gremiums: Ausbau der Eisenbahnkapazitäten auf der Brennerstrecke), im quadrilateralen Rahmen (unter Einschluß der Schweiz), sowie im Zusammenhang mit Verkehrsministerratstagungen der EG.

Bundesminister Franz Fischler führte am Rande der Landwirtschaftsmesse in Verona am 10. März ein Gespräch mit seinem italienischen Amtskollegen Vito Saccomandi und traf dessen Amtsnachfolger Giovanni Goria am 17. September in Paris am Rande der Weltforstkonferenz.

Staatssekretär Peter Jankowitsch nahm über Einladung des italienischen Außenministers am 17. Oktober in Rom an einer Konferenz über Entwicklungshilfe teil und führte ein Arbeitsgespräch mit dem italienischen Minister für Gemeinschaftsangelegenheiten Pierluigi Romita.

Der Präsident der Landwirtschaftskammer Rudolf Schwarzböck führte am 24./25. Juni in Rom Gespräche mit dem Staatssekretär im Landwirtschaftsministerium, Romeo Ricciuti sowie mit den Präsidenten der drei italienischen Landwirtschaftskammern Arcangelo Lobianco, Giuseppe Gioia und Giuseppe Avolio.

Der Generalsekretär für auswärtige Angelegenheiten Thomas Klestil führte am 25. November im italienischen Außenministerium Arbeitsgespräche mit Staatssekretär Claudio Vitalone und Generalsekretär Bruno Bottai. Klestil wurde darüber hinaus auch von Staatspräsident Cossiga und Ministerpräsident Giulio Andreotti empfangen.

Generaltruppeninspektor Karl Majcen traf am 22. März in Innsbruck mit dem italienischen Generalstabschef für Gesamtverteidigung Domenico Corcione zusammen. Vom 11.– 19. Mai hielt sich Armeekommandant Johann Philipp über Einladung des italienischen Generalstabschefs des Heeres, Goffredo Canino, zu einem offiziellen Besuch in Italien auf.

Mit einem Anteil von rund 9,5% an den österreichischen Gesamtexporten und von etwa 9% an den österreichischen Gesamtimporten ist das Nachbarland Italien der zweitwichtigste Handelspartner Österreichs. Der Warenaustausch – der in den letzten Jahren eine überdurchschnittlich gute Entwicklung aufwies – ist im Jahr 1991 im Zusammenhang mit einem merklichen Konjunktureinbruch in Italien allerdings verflacht.

Während einfuhrseitig noch eine Steigerung um 4,0 Prozent auf 52,3 Milliarden Schilling festzustellen war, sind die österreichischen Exporte um 2,0 Prozent auf 44,8 Milliarden Schilling zurückgegangen. Die defizitäre Tendenz der Handelsbilanz hat sich dadurch noch weiter verstärkt.

Die Warenpalette der österreichischen Ausfuhren nach Italien ist mannigfaltig – gut ein Drittel der Gesamtexporte machen bearbeitete Waren aus, etwa ein Fünftel betragen die Lieferungen von technologisch hochwertigen Maschinen und Verkehrsmitteln, der Rest verteilt sich auf Rohstoffe, chemische Produkte, sonstige Fertigwaren und Ernährung.

Das Abkommen zwischen der Republik Österreich und der italienischen Republik über die Erleichterung von Ambulanzflügen in den Grenzregionen bei dringlichen Transporten von Verletzten oder Schwerkranken ist am 1. Juli 1991 in Kraft getreten.

Das seit einigen Jahren offene Problem der Pensions- bzw. Rentenrückzahlungen von in Österreich wohnhaften Pensionisten an den italienischen Sozialversicherungsträger konnte in bilateralen Expertengesprächen (7./8. November 1991 in Rom) gelöst werden.

Das Kulturinstitut Rom wurde nach Sanierungsarbeiten am 26. Oktober wiedereröffnet. Das Programm war von dem Gedanken an Mozart und Grillparzer bestimmt; wobei es darum ging, aus ausgefahrenen Wegen auszubrechen. Für Mozart etwa bedeutete dies, daß Vorträge, Ausstellungen und Konzerte mit neuen Themen (unbekannte Bildnisse Mozarts, neue Theorien zur Todesursache, Thematik „Frauen um Mozart“, Einsatz historischer Instrumente u. dgl.) veranstaltet wurden. Insgesamt wurden in diesem Jahr etwa 50 Veranstaltungen mit rund 10.000 Besuchern durchgeführt, die die Gebiete Wissenschaft, Literatur, Theater, Musik sowie die Präsentation zeitgenössischer Kunst aus Österreich umfaßten.

Zwecks Feststellung der Gleichwertigkeit weiterer akademischer Grade und Titel fanden zwei Sitzungen der Expertenkommission (9.–12. April 1991, Rom und 23 – 25. Oktober 1991, Rom) statt, bei denen der fachliche Inhalt eines neuen zusammenfassenden Notenwechsels festgelegt und somit die Vorbereitungen für ein Inkrafttreten dieses Notenwechsels im Jahr 1992 abgeschlossen wurden. Dieser Problematik kommt im Hinblick auf die in Österreich studierenden Südtiroler besondere Bedeutung zu.

Ein weiteres wesentliches Ereignis im Berichtsjahr war die erstmalige Anmietung eigener Räume für den Deutschunterricht. Es ist nun möglich, ganzjährig und ganztägig Unterricht der verschiedensten Art – vom Normalkurs bis zu Intensivkursen und zu Spezialkursen für Kinder – anzubieten.

Die österr.-italienische gemischte Kulturkommission trat in der Zeit vom 22.–24. April 1991 zu ihrer 12. Tagung in Rom zusammen, wobei das Arbeitsprogramm 1992–1994 festgelegt worden ist. Für die Kooperation im wissenschaftlich-technischen Bereich wurde eine Unterkommission geschaffen, die sich bereits zu ihrer ersten Sitzung (9./.10. Mai 1991, Wien) getroffen hat.

(Die Frage Südtirol wird in einem eigenen Kapitel im vorderen Teil des Berichtes dargestellt.)

Jamaika
(Jamaika), Kingston

Staatsoberhaupt	Regierungschef	Außenminister
Königin Elisabeth II. vertreten durch: Generalgouverneur Sir Howard Felix Hanlan Cooke	Michael Manley	David Coore

ÖB: siehe Venezuela; HGK Kingston: Honorargeneralkonsul Heinz E. W. Simonitsch, Halfmoon Hotel, Montego Bay; Tel. 95 32 490, 95 32 211; Telex 5326; Telefax 95 32 558; AHSt. siehe Venezuela

Die im Mai 1991 in Kingston begonnenen Luftverkehrsverhandlungen zwischen Österreich und Jamaika wurden im November in Wien fortgesetzt.

Die Regierung versucht, zu einer marktorientierten Wirtschaft zu gelangen. Die österreichischen Exporte (in der Hauptsache Textil- und Ledermaschinen, Papier, chemische Erzeugnisse, LKW) gingen auf 10 Millionen Schilling (–45 Prozent) zurück. Die Einfuhren Österreichs (Aluminium, Rum, Wälzlager) betrugen 61,1 Millionen Schilling (+2 Prozent).

Japan
(Kaiserreich Japan), Tokio

Staatsoberhaupt	Regierungschef	Außenminister
Kaiser Akihito	Kiichi Miyaszawa	Michio Watanabe

ÖB Tokio: Dr. Erich Maximilian Schmid, 1-1-20 Moto Azabu, Minato-Ku, Tokio 106, Tel.: 345 18 281, Telex: 26361, Telefax: 345 18 283; HGK Osaka: Teruo Hotta, c/o Itoh & Co. Ltd., 1-3, Kyutaro-machi, 4-chome, Chuo-ku, Osaka 541-77, Tel.: 241 30 11, Telex: 63260, Telefax: 241 32 53; HGK Sapporo: Takuji Okabe, Senshuan Seika Kabushiki Kaisha, 17-Banchi, Nishi 3-chome, Minami-jo, Chuo-ku, Sapporo City, Hokkaido 060, Tel.: 261 79 64, Telefax: 222 76 35, Telex: 934525; AHSt. Tokio: 3-13-3 Moto Azabu, Minato-ku, Tokyo 106, Tel.: 340 31 777,

340 31 778, 340 31 779, Telex: 28203, Telefax: 340 33 407; AHSt. Osaka: Nichijukin Honmachi Bdlg., 9 Fl., 3-2-6, Honmachi, Chuo-ku, Osaka 541, Tel.: 241 84 11, Telefax: 241 84 15; ÖW Tokio: Kokusai Shin-Akasaka Bldg., West Tower 2 F, 6-1-20 Akasaka, Minato-ku, Tokyo 107, Tel.: 358 22 233, 358 20 931, 346 84 964; Wien-Büro: Imperial Tower 6 F,1-1 Ichisaiwaicho 1-chome, Chiyoda-ku, Tokyo 100, Tel.: 350 15 552, Telefax: 350 18 016; AUA-Büro: Kokusai, Shin-Akasaka Bldg., West Tower 2 F, 6-1-20 Akasaka, Minato-ku, Tokyo 107, Tel.: 358 22 231, Telefax: 358 91 704

Landwirtschaftsminister Franz Fischler nützte das erstmalige Auftreten der Spanischen Reitschule in einem asiatischen Land im November zu einem Besuch Japans, bei dem er vor allem die Gelegenheit wahrnahm, mit dem japanischen Landwirtschaftsminister den Stand der Agrarverhandlungen in der GATT-Uruguay-Runde, den österreichischen Export agrarischer Produkte und die bilaterale Zusammenarbeit im forsttechnischen Sektor zu besprechen. Als weiteres Regierungsmitglied weilte Staatssekretärin Maria Theresia Fekter zur gleichen Zeit in Japan; der weitere Ausbau des Tourismus aus Japan stand im Mittelpunkt ihrer Kontakte.

In der „Mozartwoche" im März hielten sich der Salzburger Landeshauptmann Hans Katschthaler und der Bürgermeister der in Japan besonders beliebten Musikstadt Salzburg, Harald Lettner, in Tokio auf, um für Salzburg nicht nur als Tourismusziel, sondern auch als Region für japanische Investitionen zu werben.

Die Präsidentin der Oesterreichischen Nationalbank, Maria Schaumayer, konnte im Juni während ihres Aufenthaltes in Kyoto aus Anlaß der „International Monetary Conference" mit führenden Persönlichkeiten der japanischen Finanzwelt Gespräche führen.

Österreich konnte seine Exporte nach Japan wiederum steigern, und zwar in dem gegenüber den äußerst erfolgreichen drei Vorjahren etwas verminderten Ausmaß von 10,2 Prozent auf 8,2 Milliarden Schilling. Da auch die Importe aus Japan, entgegen ihrer Stagnation im Vorjahr, um 13,4 Prozent auf 28,6 Milliarden Schilling zunahmen, wurde die Tendenz zur Verbesserung des Deckungsverhältnisses in der bilateralen Handelsbilanz unterbrochen. Wegen des fast gänzlichen Ausbleibens von Flugpassagieren während des Golfkrieges zu Beginn des Jahres konnte die 1990 registrierte Zahl japanischer Touristen, die Österreich besuchten nicht ganz erreicht werden.

Die kulturelle Präsenz Österreichs in Japan stand ganz im Zeichen des „Mozartjahres". Kein namhaftes österreichisches Orchester oder Ensemble, darunter die Wiener Philharmoniker und die Wiener Symphoniker, verabsäumte es, in Japan zu konzertieren. Zwei führende japanische Kaufhäuser veranstalteten in den ihnen angeschlossenen Museen gleichzeitig mit österreichischen Warenwochen zu Beginn der vorweihnachtlichen Einkaufszeit gutbesuchte Ausstellungen mit Originalwerken von Egon Schiele und den zeitgenössischen österreichischen Künstlern Emma Bormann und Helmut Kand.

Österreichs Präsenz im Bereich der Kultur in Japan geht weit über die relative Größe unseres Landes hinaus. Im Mittelpunkt dieser österreichischen Kulturpräsenz im Jahr 1991, die mit 576 Veranstaltungen und über 2 Mio. Besuchern einen neuen Rekord erreichte, stand zweifellos das Mozartjahr. Die österreichische Musikpräsenz (61 Konzertourneen, 488 Konzerte, über 1,8 Mio. Besucher) war wie schon in den Vorjahren quantitativ von der klassischen Musik dominiert. Große Beachtung fand das erwähnte erste Gastspiel der Spanischen Reitschule.

Auf besonderes Publikumsinteresse im Bereich der bildenden Kunst stieß die Ausstellung der Albertina „Deutsche Zeichnungen" sowie eine Schiele-Ausstellung der Sammlung Dr. Rudolf Leopold. Insgesamt wurden 22 Ausstellungen gezeigt, davon neun Präsentationen junger österreichischer Künstler und drei Wanderausstellungen des Bundesministeriums für auswärtige Angelegenheiten.

Beim Tokyo International Film Festival wurde der Streifen „Himmel oder Hölle" von Wolfgang Murnberger mit der bronzenen Kirschblüte ausgezeichnet. Das dritte österreichische Filmfestival in Tokio brachte acht Filme österreichischer Regisseure.

Im Studienjahr 1991/92 studieren zwölf österreichische Studenten mit Stipendien der japanischen Regierung an japanischen Universitäten. Darüber hinaus stehen österreichischen Interessenten Stipendien privater Organisationen sowie ein vom Bundesministerium für Wissenschaft und Forschung und der Bundeswirtschaftskammer finanziertes Management-Ausbildungsprogramm (Young Executive Training Programme) zur Verfügung, in dessen Rahmen seit April 1991 zwei österreichische Absolventen wirtschaftlicher Studienzweige eine zwölfmonatige intensive Sprachausbildung mit anschließendem sechsmonatigem Firmenpraktikum absolvieren. Damit soll der österreichischen Wirtschaft langfristig japanischsprechendes und speziell für den japanischen Markt ausgebildetes Führungspersonal zur Verfügung gestellt werden. Im Rahmen des japanisch-österreichischen Stipendienaustauschprogramms erhielten fünf japanische Kandidaten Studien- und Forschungsstipendien für Österreich.

Der Jugendaustausch erhielt deutliche Impulse. Auf Einladung des Bundesministeriums für auswärtige Angelegenheiten absolvierten vier japanische Jugendliche eine zweiwöchige Österreichstudienreise. Darüber hinaus führten mehrere Schwesternstädte Jugendaustauschaktionen durch. Die Theresanische Akademie und Gakushuin schlossen eine Schulpartnerschaft ab, die ab 1992 einen Schüleraustausch vorsieht.

1991 waren 30 österreichische Lehrkräfte in Japan tätig, die meisten von ihnen als Deutschlektoren. 24 Wissenschafter hielten sich zu Forschungsaufenthalten und Vortragstätigkeit in Japan auf. Der staatliche Kultursender NHK brachte einen ganzjährigen Deutschkurs, der von einer Österreicherin mitmoderiert wurde.

Jemen
(Republik Jemen), Sana'a

Staatsoberhaupt	Regierungschef	Außenminister
General Ali Abdullah Saleh	Haidar Abu Bakr Al-Attas	Abdul Karim Ali Al-Iryani

ÖB: siehe Saudi-Arabien;

AHSt siehe Saudi-Arabien

Im November 1991 stattete der jemenitische Industrieminister Österreich einen Besuch ab. Der jemenitische Vize-Außenminister weilte im Mai 1991 in Österreich und traf mit dem Generalsekretär des Bundesministeriums für auswärtige Angelegenheiten zu einem Meinungsaustausch zusammen.

An den Feierlichkeiten anläßlich des 1. Jahrestages der Vereinigung der beiden Jemen im Mai in Sana'a nahm der österreichische Geschäftsträger teil.

Die prekäre Wirtschaftslage in der Republik Jemen fand auch bei den österreichischen Ausfuhren ihren Niederschlag. Die östereichischen Exporte erreichten 139 Millionen Schilling, was einen Rückgang von 9 Prozent gegenüber dem Vorjahr bedeutet. Die österreichischen Bezüge aus der Republik Jemen erhöhten sich hingegen auf 1 Milliarde Schilling, die sich ausschließlich aus Erdölbezügen zusammensetzen. Bei den österreichischen Ausfuhren dominiert auch in diesem Jahr, wie bereits in den vorangegangenen Jahren, Milchpulver.

Eine österreichische Wirtschaftsmission besuchte im Dezember erstmalig den Jemen zur Prüfung von Möglichkeiten einer Intensivierung der Geschäftsbeziehungen, insbesondere hinsichtlich Zulieferungen zu verarbeitenden Betrieben. Ein Landwirtschaftsexperte der Bundeskammer absolvierte im November eine Fact-Finding Mission in Jemen.

Im Oktober 1991 begann in Österreich ein Stipendiensonderprogramm für 10 jemenitische Medizinstudenten.

Das Verfahren zur Errichtung eines österreichischen Honorar-Konsulates in Sana'a steht vor dem Abschluß.

Jordanien
(Hashemitisches Königreich Jordanien), Amman

Staatsoberhaupt	Regierungschef	Außenminister
König Hussein Bin Talal	Mudar Badran	Marwan Al Qasem

ÖB Amman: Hotel Jordan Intercontinental, Tel.: 64 46 35, Telex: 22484, Telefax: 61 27 25; AHSt Amman: Dr. Michael Angerer, Burga Street 3, Jabal Amman, Tel: 67 47 50, 67 48 52, Telex: (493) 22409, Telefax 66 05 31

Am 11./.12. 9. 1991 hielt sich eine zehnköpfige jordanische Wirtschaftsdelegation in Wien auf, die Möglichkeiten zum Export jordanischer Produkte nach Österreich sowie nach Osteuropa sondierte. Vom 1. bis 4. 12. 1991 besuchte die bisher größte Wirtschaftsmission Österreichs Jordanien (19 österreichische Firmenrepräsentanten).

Jordaniens Wirtschaft befindet sich nach der golfkrisenbedingten Rezession wieder auf Wachstumskurs. Diese Entwicklung zeigt bereits Auswirkungen auf die bilateralen Wirtschaftsbeziehungen. Die österreichischen Ausfuhren nach Jordanien befinden sich im Anstieg und beliefen sich 1991 auf 439 Millionen Schilling (1990: 214,8 Millionen Schilling). Die Importe aus Jordanien während des genannten Zeitraumes fielen wegen des Ausfalls diverser Transitgeschäfte auf 7,8 Millionen Schilling (1990: 58,6 Millionen Schilling).

Der Exportaufschwung nach Jordanien wurde 1991 von der verstärkten Nachfrage der Lokalindustrie nach Rohmaterialien getragen (Halbfertigwaren und Chemikalien); mit zunehmender Investitionsbereitschaft ist nun auch verstärktes Interesse nach österreichischen Maschinen feststellbar.

Österreich hat im Rahmen seiner Finanzhilfe für die Frontlinienstaaten des Golfkonfliktes an Jordanien eine Million US-Dollar an humanitärer Soforthilfe und 100 Millionen Schilling an „commodity aid" zur Verfügung gestellt.

Jugoslawien
(Sozialistische Föderative Republik Jugoslawien), Belgrad

Staatsoberhaupt	Regierungschef	Außenminister
(vakant)	(vakant)	(vakant)

ÖB Belgrad: Dr. Walter Siegl, Kneza Sime Markovica 2, YU-11000 Belgrad, Tel.: (011) 635-955, Telex: 11456, Telefax: 638-215; ÖGK/seit 15. 1. 1992 ÖB Agram: Andreas Berlakovich, Jabukovac 39, YU-41000 Agram, Tel.: (041) 273-392, 275-485, Telex: 21144, Telefax: 424-065; KI Agram: Prof. Dipl.-Dolm. Leopold Melichar, Gunduliceva 3, Agram, Tel.: (041) 424-628, 414-034, Telefax: 426-195; ÖGK/seit 15. 1. 1992 ÖB Laibach: Dr. Jutta Stefan-Bastl, Strekljeva 5, YU-61000 Laibach, Tel.: 213-436, 213-412, Telex: 31346, Telefax: 221-717; AHSt Belgrad: Dkfm. Karl Syrovatka; Terazije 45/IV, YU-11000 Belgrad, Tel.: (011) 330-587, Telex: 11611, Telefax: 331-962; Agram: Dr. Gerhard Supancic, Tel.: (041) 275-044, Telex: 22323, Telefax: 278-199; Laibach: Mag. Rymond Gradt, Hotel Holiday Inn, Zimmer No. 508, Tel.: (061) 155-051, Telex: 31622, Telefax: 150-323; AUA-Belgrad: Terazije 3/III, YU-11000 Belgrad, Tel.: (011) 337-056, Telefax: 633-933; Agram: Hotel Esplanade, Mihanoviceva 1, Tel.: (041) 525-511, Fax: 420-665

Die Beziehungen zu Jugoslawien standen im Zeichen der inneren Entwicklung des Landes, d.h. des Zerfalls der Föderation, der Neuorientierung der bisherigen Teilrepubliken und des Bürgerkriegs. Es wird daher hinsichtlich der grundsätzlichen Fragen im bilateralen Verhältnis auf das Sonderkapitel über die Jugoslawien-Krise in diesem Außenpolitischen Bericht verwiesen. Dort ist auch die Anerkennung von Slowenien und Kroatien als unabhängige Staaten behandelt. Nach dem Gutachten der im Rahmen der EG-Friedenskonferenz errichteten Schiedskommission vom 7. 12. 1991 befindet sich die Sozialistische Föderative Republik Jugoslawien im Prozeß der Auflösung.

Das folgende ist ein Rückblick auf Einzelfragen, besonders im bilateralen Bereich.

Am 6. März 1991 traf Bundeskanzler Franz Vranitzky mit dem jugoslawischen Premierminister Ante Markovic zu informellen Gesprächen in Jennersdorf zusammen. Eine weitere Begegnung fand während des Hexagonale-Gipfeltreffens in Dubrovnik am 26. und 27. Juli statt.

Außenminister Alois Mock traf seinen jugoslawischen Amtskollegen Budimir Loncar u.a. am 18. Mai im Rahmen des Außenministertreffens der Pentagonale in Bologna, am Rande des KSZE-Außenministertreffens in Berlin am 19. Juni und anläßlich des Hexagonale-Gipfeltreffens in Dubrovnik am 26. und 27. Juli.

Vom 5.–9. August hielt sich eine Delegation österreichischer Parlamentarier (Abg. z. NR Peter Schieder, Andreas Khol, Ludwig Kowald, Helga Konrad, Michael

Schmid und Marijana Grandits) zu Gesprächen in Belgrad, Agram und Laibach auf. Die Abgeordneten führten Gespräche mit dem Vorsitzenden des Bundesparlaments, Slobodan Gligorijevic, der Vorsitzenden des jugoslawischen Bundesrates, Bogdana Glumac-Levakov, dem Vorsitzenden des außenpolitischen Ausschusses des Bundesparlaments, Aleksandar Simovic, dem stellvertretenden Parlamentspräsidenten Serbiens, Radoman Pankov, und dem Vorsitzenden des außenpolitischen Ausschusses, Aleksandar Prlja, und wurden auch vom Vorsitzenden des Staatspräsidiums, Stipe Mesic, Bundesaußenminister Budimir Loncar und dem serbischen Präsidenten Slobodan Milosevic empfangen. In Zagreb führten sie Gespräche mit dem Vorsitzenden des kroatischen Sabors, Zarko Domljan, dem kroatischen Präsidenten Franjo Tudjman und dem kroatischen Außenminister Zvonimir Separovic; in Laibach mit Parlamentspräsident France Bucar und slowenischen Abgeordneten, mit dem slowenischen Präsidiumsmitglied Dusan Plut, DEMOS-Chef Joze Pucnik und mit Regierungschef Lojze Peterle sowie Außenminister Dimitrij Rupel.

An der 2. Konferenz der Regierungschefs der ARGE-Donauländer (15.–17. Mai 1991 in Belgrad) nahmen von österreichischer Seite u.a. Landeshauptmann Josef Ratzenböck, Landeshauptmann Siegfried Ludwig und der 2. Präsident des Wiener Landtages, Gerhard Frasz, teil. Bei dieser Gelegenheit trafen die beiden Landeshauptleute zu einem Gespräch mit dem serbischen Ministerpräsidenten Dragutin Zelenovic zusammen. 2. Landtagspräsident Ernst Outolny stattete dem Belgrader Bürgermeister Milorad Unkovic einen Besuch ab.

Vom 22.–25. Jänner wurde die 31. Tagung der „Ständigen Gemischten Kommission zur Vermarkung der österreichisch-jugoslawischen Grenze“ abgehalten.

Am 8. März fand in Wien der Austausch der Ratifikationsurkunden des österreichisch-jugoslawischen Investitionsschutzabkommens statt, das somit am 1. Juni in Kraft trat.

Der Marinefriedhof Pula wurde am 4. Mai neu eingeweiht. Landeshauptmann Josef Krainer nahm neben Vertretern aus der BRD, Italien und Ungarn an dieser Zeremonie teil.

Am 1. Juni wurde der Karawankenstraßentunnel durch den Landeshauptmannstellvertreter Christof Zernatto und den slowenischen Ministerpräsidenten Lojze Peterle eröffnet.

Am 17. August wurde der Vertrag zwischen Österreich und der SFRJ über die Bauten und Anlagen für die Grenzabfertigung und über die Zonen im Bereich des Karawankenstraßentunnels in Laibach unterzeichnet.

Eine Reihe von wissenschaftlichen Veranstaltungen in Österreich beschäftigten sich mit der Krise in Jugoslawien:

Beim „Runden Tisch Europa über Minderheiten, Nationalitäten und Regionen in der neuen Architektur Europas“ (Politische Akademie, 24.–26. März) war eine Reihe von hochrangigen jugoslawischen Politikern anwesend (u.a. der slowenische Ministerpräsident Lojze Peterle, das Mitglied des slowenischen Republikspräsidiums Ivan Oman, der slowenische Außenminister Dimitrij Rupel, der kroatische Parlamentspräsident Zarko Domljan, der Präsident Bosnien/Herzegowinas, Alija

Izetbegovic, der Vorsitzende der Demokratischen Union Kosovo, Ibrahim Rugova). Bei dieser Gelegenheit kam es auch zu einem Meinungsaustausch zwischen Bundesminister Alois Mock und dem bosnischen Präsidenten Alija Izetbegovic.

An der Veranstaltungsreihe „Jugoslawien - ein historisches Mißverständnis" (Politische Akademie, 16. und 29. April, 14. Mai, 11. Juni) nahmen zahlreiche Persönlichkeiten aus allen Teilen Jugoslawiens teil.

Am 13. Mai wurde im Dr.-Karl-Renner-Institut die Diskussionsveranstaltung „Pulverfaß Kosovo" mit Dr. Skeljzen Malici, Prof. Zotan Djindzic, Prof. Dejan Janca und Dr. Skender Gashi abgehalten.

Vom 7.-9. Juni nahmen an der Konferenz „Die Zukunft Mittel- und Südosteuropas - Sozialdemokratische Perspektiven" in Graz Vertreter sozialdemokratischer Parteien aus allen Republiken Jugoslawiens teil.

Am 28. November fand der „serbisch-kroatische Friedensdialog" als Round Table serbischer und kroatischer Intellektueller im Dr.-Karl-Rennner-Institut statt (Abendveranstaltung und Diskussion mit Milo Dor).

Im Rahmen einer von „Pro Oriente" initiierten Veranstaltung trafen die serbisch-orthodoxen Bischöfe Irinej Bulovic und Lavrentije Trifunovic sowie die katholischen Bischöfe Franjo Komarica und Djuro Koksa am 11. Juni in Wien zu einer Diskussion der Situation der Kirche in Jugoslawien zusammen. Sie führten auch Gespräche mit Altbundespräsident Rudolf Kirchschläger, Kardinal Franz König und Kardinal Hans Hermann Groer.

Die politische Entwicklung und insbesondere der Bürgerkrieg hatten verheerende Auswirkungen auf die Wirtschaft des Landes. Die Zahlungssituation Jugoslawiens verschlechterte sich rapid. Die Kreditzusagen der Weltbank, des Internationalen Währungsfonds sowie der Europäischen Gemeinschaft wurden ausgesetzt. Der Pariser Club lehnt Umschuldungsverhandlungen weiterhin ab. Die gesamte Auslandsverschuldung Jugoslawiens beläuft sich derzeit auf 14,5 Milliarden US-Dollar; für 11,7 Milliarden US-Dollar waren von der Nationalbank Jugoslawiens Garantiezusagen gegeben worden.

Zwischen den einzelnen Republiken ist der Wirtschaftsverkehr teilweise unterbrochen. Slowenien hat eine eigene Währung Anfang Oktober, Kroatien Ende Dezember eingeführt. Der Ausfall von Zoll- und Steuereinnahmen führte dazu, daß die Primäremission die Hauptquelle der Finanzierung des Bundeshaushaltes wurde (Finanzierung der Armee).

Die österreichischen Exporte 1991 gingen um 23 Prozent auf 9,56 Milliarden Schilling zurück, die Importe aus Jugoslawien sanken um 9,2 Prozent auf 5,84 Milliarden Schilling.

Bosnien/Herzegowina

Am 23. August und am 20. November fand eine Aussprache des Mitglieds des Präsidiums von B/H Stjepan Kljuic mit Außenminister Alois Mock in Wien statt.

Der Außenminister der Republik B/H, Haris Silajdzic, stattete Außenminister Alois Mock am 9. September einen Besuch ab.

Am 23. November führten der Präsident von Bosnien/Herzegowina, Alija Izetbegovic, und Außenminister Haris Silajdzic Gespräche mit Außenminister Alois Mock in Wien.

Kroatien

Am 29. Jänner kam es in Agram zu einem Meinungsaustausch zwischen dem kroatischen Präsidenten Franjo Tudjman und Außenminister Alois Mock.

Am 25. und 26. Februar 1991 hielt sich Bundesminister Erhard Busek zu einem offiziellen Besuch in Agram auf, wo er u.a. mit Präsident Franjo Tudjman, Außenminister Zvonimir Separovic, Parlamentspräsident Zarko Domljan und dem Metropoliten und Agramer Erzbischof Franjo Kuharic zusammentraf. Bei dieser Gelegenheit wurde auch die Österreichisch-Kroatische Gesellschaft gegründet.

Landeshauptmann und Bürgermeister Helmut Zilk hielt sich am 3. und 4. März in Agram auf, wo er die Ausstellung „Wien in Agram" eröffnete. Bei dieser Gelegenheit traf er auch mit dem kroatischen Präsidenten Franjo Tudjman zusammen.

Landeshauptmann Jörg Haider kam am 5. März zu einem Meinungsaustausch mit dem kroatischen Präsidenten Franjo Tudjman und dem kroatischen Regierungschef Josip Manolic nach Agram.

Der kroatische Ministerpräsident Franjo Greguric und der kroatische Außenminister Zvonimir Separovic nahmen am Forum Alpbach (26. und 27. August) teil und trafen bei dieser Gelegenheit mit Bundeskanzler Franz Vranitzky, Vizekanzler Erhard Busek und Außenminister Alois Mock zusammen.

Außerdem kam es zu einer Reihe von Begegnungen zwischen Außenminister Alois Mock und dem kroatischen Außenminister Davorin Rudolf sowie seinem Nachfolger Zvonimir Separovic.

Der kroatische Ministerpräsident Franjo Greguric eröffnete am 1. Dezember die „Kroatische Woche" in Wien.

Eine österreichische Delegation, bestehend aus Vertretern des Bundeskanzleramtes, des Bundesministeriums für wirtschaftliche Angelegenheiten, des Bundesministeriums für Finanzen und der Bundeskammer der gewerblichen Wirtschaft, führte unter Leitung eines Vertreters des Bundesministeriums für auswärtige Angelegenheiten am 5. 12. 1991 in Agram Gespräche mit Regierungs- und Wirtschaftsvertretern Kroatiens betreffend die Intensivierung der Zusammenarbeit auf allen Gebieten. Im Zuge der Gespräche wurden auch die Möglichkeiten zusätzlicher österreichischer Unterstützungsleistungen erörtert.

Mazedonien

Am 18. November fand ein Meinungsaustausch zwischen dem mazedonischen Präsidenten Kiro Gligorov und Außenminister Alois Mock in Wien statt.

Montenegro

Der montenegrinische Ministerpräsident Milo Djukanovic, Außenminister Nikola Samardzic sowie Arbeitsminister Milivoje Jaukovic hielten sich auf Einladung von

Außenminister Alois Mock am 4. und 5. September in Wien auf und führten Gespräche mit Bundeskanzler Franz Vranitzky, Außenminister Alois Mock und Nationalratspräsident Heinz Fischer.

Serbien

Abg. z. NR Andreas Khol hielt sich in seiner Eigenschaft als Exekutiv-Sekretär der EDU in der Zeit vom 10.–12. Jänner zu einem Informationsbesuch in Belgrad, Skopje und Pristina auf. In Belgrad führte er u. a. Gespräche mit dem stellvertretenden serbischen Ministerpräsidenten Momcilo Trajkovic, dem serbischen Außenminister Aleksandar Prlja sowie Bundesaußenminister Budimir Loncar.

Nationalratspräsident Heinz Fischer traf am 25. Juli in Wien zu einem Gespräch mit dem serbischen Parlamentspräsidenten Aleksandar Bakocevic und dem Generalsekretär der Serbischen Sozialistischen Partei (SPS), Petar Skundric, zusammen.

Der serbische Außenminister Vladislav Jovanovic befand sich am 11. und 12. Oktober zu einem Arbeitsbesuch in Wien, in dessen Rahmen er Gespräche mit Außenminister Alois Mock, Staatssekretär Peter Jankowitsch sowie Abg. z. NR Peter Schieder führte.

Slowenien

Die regionale Zusammenarbeit zwischen Slowenien und den angrenzenden Bundesländern Kärnten und Steiermark, aber auch mit Wien, intensivierte sich.

Landeshauptmann und Bürgermeister Helmut Zilk hielt sich am 4. März in Laibach auf, wo er mit dem slowenischen Ministerpräsidenten Lojze Peterle, dem slowenischen Parlamentspräsidenten France Bucar und einer Reihe von slowenischen Regierungsmitgliedern zusammentraf.

Der Vorsitzende des Präsidiums der Republik Slowenien, Milan Kucan, besuchte am 13. März Österreich und führte Gespräche mit Bundeskanzler Franz Vranitzky, Außenminister Alois Mock und Nationalratspräsident Heinz Fischer. Zu weiteren Kontakten zwischen Milan Kucan und Heinz Fischer kam es am 5. August und am 25. September.

Der slowenische Außenminister Dimitrij Rupel reiste zu verschiedenen Anlässen inoffiziell nach Wien und konferierte dort auch mit Außenminister Alois Mock.

An den Feierlichkeiten zur Erklärung der Unabhängigkeit der Republik Slowenien am 26. Juni 1991 nahmen die Landeshauptleute von Wien, Oberösterreich, Steiermark und Kärnten teil. Den ersten Solidaritätsbesuch nach Eingreifen der JVA in Slowenien führte der Klagenfurter Bürgermeister Guggenberger bereits am 1. Juli durch.

Wirtschaftlich gesehen war Slowenien der stärkste wirtschaftliche Partner Österreichs unter den sechs Republiken Jugoslawiens. Dieser wichtigen Rolle Sloweniens im österreichisch-jugoslawischen Außenhandel trug die Bundeswirtschaftskammer mit der Eröffnung einer eigenen Außenhandelsstelle in Laibach per 1. November Rechnung. Im Jänner gründete die Österreichische Länderbank mit einer Reihe slowenischer Firmen eine eigene Bank, die Länderbank-Mesana-Banka, in Laibach.

Die unter „Kroatien“ (siehe oben, Schlußabsatz) angeführte österreichische Delegation hielt sich zu ähnlichen Gesprächen am 4. Dezember in Laibach auf.

Kambodscha
(Staat von Kambodscha), Phnom Penh

Staatsoberhaupt

Prinz Norodom Sihanouk (als Vorsitzender des Obersten Nationalen Rates – SNC)

a) Regierung des „Staates Kambodscha“ (Regime in Phnom Penh):

Regierungschef	Außenminister
Hun Sen	Hor Nam Hong

b) Daneben bestehen drei kambodschanische Widerstandsfraktionen und deren Verwaltungsstrukturen in den von ihnen kontrollierten Gebieten weiter.

ÖB: siehe VR China; AHSt: siehe Indonesien

Österreich unterhält bis zur Bildung einer gemeinsamen kambodschanischen Regierung, die erst nach den für Mai 1993 vorgesehenen Wahlen erwartet werden kann, nur zum SNC, nicht jedoch zu den weiterbestehenden kambodschanischen Fraktionen offizielle Beziehungen.

Der bilaterale Handelsverkehr ist unbedeutend.

Bundesminister Alois Mock ist am 25. 9. am Rande der UN-Generalversammlung mit Prinz Sihanouk zu einem Gedankenaustausch über die weitere Entwicklung in Kambodscha zusammengetroffen und hat ihm zu seiner Bestellung zum Vorsitzenden des Obersten Nationalen Rates und zu seiner Rückkehr nach Phnom Penh Glückwünsche übermittelt.

Kamerun
(Republik Kamerun), Yaoundé

Staatsoberhaupt	Regierungschef	Außenminister
Paul Biya	Sadou Hayatou	Jacques Booh-Booh

ÖB: siehe Zaire; HK Yaoundé: Hans-Rudolf Brönnimann, c/o Trapp Cameroun S.a.r.l.; p. Adr.: B. P.5803, Yaoundé; Tel.: 22 38 26,

22 14 86; Telex: 8642; Telefax: 22 00 94;

AHSt.: siehe Côte d'Ivoire

Der Rückgang der österreichischen Exporte in der Region macht auch vor dem dort bedeutendsten Handelspartner, Kamerun, nicht halt. Die Exporte gingen auf 40,7 Millionen Schilling zurück. Die Importe betrugen 74 Millionen Schilling.

Kanada
(Kanada), Ottawa

Staatsoberhaupt	Regierungschef	Außenminister
Königin Elisabeth II. vertreten durch: Generalgouverneur Ramon Hnatyshyn	Martin Brian Mulroney	Barbara McDougall

ÖB Ottawa: Dr. Kurt Herndl, 445 Wilbrod Street, Ottawa, Ontario, K1N 6M7, Tel.: (613) 563-1444, Telex: 533290, Telefax: (613) 563-0038; AHSt + FVW Toronto: Dr. Georg Canisius, 2 Bloor Street East, Suite 3330, Toronto, Ontario, M4W 1A8, Tel.: (416) 967-3348, Telex: 0623196, Telefax: (416) 967-4101; AHSt + FVW Montreal: Dkfm. Richard Voh, 1010 rue Sherbrooke ouest, Suite 1410, Montreal, Québec, H3A 2R7, Tel.: (514) 849-3708, Telex: 05267391, Telefax: (514) 849-9577; AHSt + FVW Vancouver: Dr. Wolfgang Harwalik, 200 Granville Street, Suite 1380, Vancouver, British Columbia, V6C 1S4, Tel.: (604) 683-5808, Telex: 0451255, Telefax: (604) 662-8528; HGK Montreal: Ulrike Billard, 1350 rue Sherbrooke ouest, Suite 1030, Montreal, Québec, H3G 1J1, Tel.: (514) 845-8661, Telefax: (514) 284-3503; HGK Toronto: Dr. Hans G. Abromeit, 390 Bay Street, Suite 2018, Toronto, Ontario, M5H 2Y2, Tel.: (416) 863-0649, Telefax: (416) 869-7851; HK Vancouver: Graham P. Clarke, 525 Seymour Street, Suite 716, Vancouver, British Columbia, V6B 3H9, Tel.: (604) 687-3338, Telefax: (604) 681-3578; HK Calgary: Hans Ockermüller, 1131 Kensington Road N.W., Calgary, Alberta, T2N 3P4, Tel.: (403) 283-6526, Telefax: (503) 283-4909; HK Halifax: Michael M. Novac, 1718 Argyle Street, Suite 710, Halifax, Nova Scotia, B3J 3N6, Tel.: (902) 429-8200, Telefax: (902) 425-0581; HK Regina: E.F. Anthony Merchant, 2401 Saskatchewan Drive Plaza, Suite 100, Regina, Saskatchewan, S4P 4H9, Tel.: (306) 359-7777, Telefax: (306) 569-1203; AUA: 2 Bloor Street East, Suite 2810, Toronto, Ontario, M4W 1A8, Tel.: (416) 964-3558, Telefax: (416) 964-1253.

Im März 1991 stattete der kanadische Parlamentsabgeordnete Terry Clifford in seiner Eigenschaft als Vorsitzender der Canadian Europe Parliamentary Group des kanadischen Unterhauses Österreich einen Besuch ab und führte Gespräche mit österreichischen Parlamentskollegen. Der österreichisch-kanadische Besuchsaustausch auf der Ebene hoher Beamter wurde 1991 durch Besuche des Assistant Deputy Minister für europäische Angelegenheiten im kanadischen Außenministerium im April in Wien und des politischen Direktors des Bundesministeriums für auswärtige Angelegenheiten Ende September in Ottawa fortgesetzt. An einer vom 16.–19. Juni in Ottawa abgehaltenen Tagung der europäischen Justizminister nahm Bundesminister Nikolaus Michalek teil. Im September besuchte der Vorsitzende der Kommission für kulturelle Angelegenheiten des Québecker Landtages, Réjean Doyon, Österreich. Im Rahmen einer Nordamerika-Reise hielt sich eine Delegation der Burgenländischen Landesregierung unter Führung von Landeshauptmannstellvertreter Franz Sauerzopf vom 17. – 19. Oktober in Toronto auf.

Die seit 1988 mit Kanada geführten Luftverkehrsverhandlungen konnten im Rahmen einer am 22./23. Oktober in Ottawa abgehaltenen 3. Verhandlungsrunde mit der Unterzeichnung eines Protokolls sowie der Paraphierung eines Vertragsentwurfes samt Anhang (Streckenrechte) vorerst abgeschlossen werden. Vom 9.–13. Dezember fanden in Wien Verhandlungen betreffend die Abänderung des österreichisch-kanadischen Auslieferungsabkommens und den Abschluß eines Rechtshilfeabkommens in Strafsachen statt.

Während sich die österreichischen Exporte 1991 um 25,5 Prozent auf 2,60 Milliarden Schilling verringerten, fielen die Importe aus Kanada um 4,6 Prozent auf 2,61 Milliarden Schilling. Damit kam es 1991 zu einer geringfügigen Absenkung des österreichischen Handelsbilanzaktivums.

Die kulturelle Präsenz Österreichs in Kanada fand in folgenden Aktivitäten ihren Niederschlag:

- 2 Photo-Dokumentationsausstellungen zu den Themen Musikgeschichte und Architektur (11 Einsätze in kanadischen Bildungszentren);
- 1 Gemäldeausstellung mit Werken des Malers Vero Mazar in Grand Prérie (Alberta) und in Ottawa (Ontario);
- 16 literarische Veranstaltungen mit 4 Schriftstellern (Haslinger, Skwara, Hlawaty, Ransmayr) und 2 Schauspielern (Johanna Matz und Bruno Thost) in den wichtigsten regionalen deutschsprachigen Kulturzentren Kanadas;
- 5 Konzerte bedeutender österreichischer Interpreten und Orchester (Wiener Philharmoniker unter Claudio Abbado, Paul Badura-Skoda, Wiener Sängerknaben); 8 Vorstellungen des Salzburger Marionettentheaters in Toronto;
- 7 österreichische Vortragende hielten zu den Themen Musik, Musikgeschichte und Pädagogik an 11 Institutionen wissenschaftliche Vorträge, teilweise im Rahmen von Symposien;
- 3 Wissenschaftler aus Österreich besuchten ihre wissenschaftlichen Kooperationspartner in Kanada;
- 220 Buchtitel wurden an kanadische Bildungsinstitutionen (Schulen, Universitäten) vergeben; (Bücheraktionen zum Thema Literatur, Landeskunde, Geschichte und Deutsch).

In Kanada leben rund 60.000 aus Österreich stammende Personen, wovon etwa 10.000 österreichische Staatsbürger sind. Die 20 Österreichvereine und österreichisch-kanadische Gesellschaften tragen durch ihre Veranstaltungen in allen Provinzen wesentlich zur Gestaltung des Österreichbildes in Kanada bei.

Kap Verde
(Republik Kap Verde), Praia

Staatsoberhaupt	Regierungschef	Außenminister
Dr. Antonio Mascarenhas Monteiro	Dr. Carlos Veiga	Dr. Jorge Carlos Fonseca

ÖB: siehe Portugal, AHSt: siehe Marokko

Repräsentant d. österr. E-Hilfe in Kap Verde: Dipl.-Ing. Hannes

Hauser, Representac-o da Cooperac-o Austriaca, C.P. 288, Kap Verde; Tel./ Fax: 2238/613118

Die bilateralen Beziehungen standen 1991 im Zeichen des Arbeitsbesuches des Außenministers von Kap Verde, Jorge Carlos Fonseca, im September in Wien. Dies war der erste Besuch eines Vertreters der zu Jahresbeginn erstmals demokratisch gewählten Regierung der Bewegung für Demokratie (MpD). Aus diesem Anlaß wurde ein Investitionsschutz-Abkommen unterzeichnet.

Kap Verde ist weiterhin ein Schwerpunktland der österreichischen Entwicklungszusammenarbeit. Zur Betreuung der verschiedenen österreichischen EH-Projekte ist ein Projekt-Koordinator ständig in Kap Verde tätig. Das österreichische Engagement bezieht sich vor allem auf die Region Santa Cruz, wo das integrierte Landwirtschaftsprojekt Justino Lopes (Schweineställe, Futtermischung, Schlachthof, Fleischverarbeitungsbetrieb, Biogasbetrieb, Düngeversorgung, Abwasserkläranlage, Wasserversorgung, Stromverbundnetz) durchgeführt wird sowie auf durchgeführte Projekte (Werkstätten für Tischler, Schneider, Mechaniker, Maurerkooperative sowie partizipatives Stadtentwicklungsprogramm) im Rahmen der Städtepartnerschaft Leibnitz – Pedra Badejo. Verschiedene Projekte in Santa Cruz wurden 1991 einer externen Evaluierung unterzogen. Österreich beteiligt sich auch an einem Volksgesundheitsprogramm sowie an der Förderung eines Berufsschulprogrammes durch Entsendung von Lehrkräften und Werkstätteneinrichtungen. Dem österreichischen Projekt-Koordinator wurde für die Erarbeitung eines mehrjährigen Entwicklungskonzeptes für Santa Cruz eine Regionalplanerin zugeteilt.

Im Rahmen der Städtepartnerschaft Deutsch Wagram – Calheta werden ein Projekt betreffend die Sanierung des Wasserversorgungssystems in Calheta sowie der Aufbau einer Betonsteinproduktion, einer Baugenossenschaft sowie einer Mechanikerwerkstatt durchgeführt. Für die Elektrifizierung Calhetas wurde eine erste Studie verfaßt und ein integriertes Projekt zur ländlichen Umweltverbesserung (Flußverbau, Erosionsschutz) wurde im Einzugsbereich der Ribeira Santa Cruz begonnen.

Im Rahmen eines bilateralen Abkommens über Nahrungsmittelhilfe hat Österreich 5.000t Weizen ausgeliefert, aus dessen Verkaufserlös Aufforstungs- und Wasserschutzprojekte finanziert werden. Weitere 5.000t wurden als außerordentliche Hilfe wegen der anhaltenden Trockenheit gewährt.

Acht kapverdische Studenten konnten ihr Hochschulstudium mit einem Stipendium im Rahmen des Fachausbildungs-Sonderprogramms für die „am wenigsten entwikkelten Länder" fortsetzen und vier weitere Studenten ihr Studium beginnen.

Die österreichischen Ausfuhren nach Kap Verde betrugen 2 Millionen Schilling.

Katar
(Staat Katar), Doha

Staatsoberhaupt	Regierungschef	Außenminister
Emir Scheich Khalifa Bin Hamad Al-Thani	Emir Scheich Khalifa Bin Hmad Al-Thani	Mubarak Ali Al-Khater

ÖB: siehe Kuwait, AHSt Kuwait

Die Bundeswirtschaftskammer führte im Oktober eine Wirtschaftsmission durch, an der 28 Firmen teilnahmen.

Die österreichischen Exporte gingen zurück und beliefen sich im Jahr 1991 auf 49 Millionen Schilling

Kenia
(Republik Kenia), Nairobi

Staatsoberhaupt	Regierungschef	Außenminister
Daniel T. Arap Moi	Daniel T. Arap Moi	Wilson Ndolo Ayah

ÖB Nairobi: Dr. Paul Hartig, City House, Corner Wabera Street/Standard Street, P.O. Box 30560, Nairobi, Tel.: 22 82 81, 22 82 82, 33 32 72, Telex: 22076, Telefax: 33 17 92

HGK Nairobi: F. Gross, Adresse wie Botschaft;

HK Mombasa: T. Gaal, Ralli House, Nyerere Ave.; Tel.: 313386, 312687.

AHSt. Nairobi: HD Dkfm.W.Freymüller, Anniversary Towers, University Way; Tel.: 220616, 220618, 224678; Telex: 22503, Telefax: 336665

AUA-Büro Nairobi: Grindlay's Bank Building, Kenyatta Ave., Tel.: 214465/6.

Kenia ist für Österreich ein Schwerpunktland der Entwicklungszusammenarbeit. Das langjährige Programm zur Ausbildung von Spitalstechnikern und zur Einrichtung von Werkstätten an Bezirksspitälern wurde auf der Basis einer Evaluierung in neuer Form fortgesetzt. Am 25. 10. 1991 wurde ein bilaterales Abkommen über die Gewährung eines zinsenfreien Kredites in Höhe von 130 Millionen Schilling zur Finanzierung des Masinga-Kitui Wasserversorgungsprojektes unterzeichnet. Unterstützt werden ferner das Kolpingwerk bei einem Projekt der Handwerkerausbildung und eine kenianische Nichtregierungsorganisation bei der Erstellung eines Projektes der Wasserversorgung in ländlichen Gebieten. Eine Reihe von Projekten auf dem Gebiet der Jugendbeschäftigung wurde im Rahmen der Programme von HOPE '87 gefördert. 6 Entwicklungshelfer des ÖED und Experten waren 1991 in Kenia im Einsatz.

Die österreichischen Exporte belaufen sich auf 116 Millionen Schilling, die Importe auf 53 Millionen Schilling.

Kolumbien
(Republik Kolumbien), Santa Fe de Bogotá

Staatsoberhaupt	Regierungschef	Außenminister
César Gaviria Trujillo	César Gaviria Trujillo	Noemi Sanin de Rubio

ÖB Santa Fe de Bogotá: Dr. Otmar Koler, Carrera 11 No. 75–29; Tel. 235 66 28, 249 43 99, Telex 41489, Fax 217 24 04; HGK Santa Fe de Bogotá: Koloman Brunner-Lehenstein, Calle 70 No. 5–60, Tel. 249 31 39, 210 24 49; HK Barranquilla: Oswald Loewy, Calle 65 B No. 41–68, Tel. 31 17 71, 32 09 53, Fax 41 20 14; HK Cali: Harold Zangen, Calle 12 No. 1–12, of. 408, Tel. 64 46 46, Fax 64 46 57; HK Cartagena: Hermann Schwyn, Apartado Aéreo 1626, Tel. 64 74 50, 64 74 80, Telex 37791, Fax 65 18 09; HK Medellín: Dr. Juan Fernando Rico Garcia, Cra. 43 A No. 14–109, Piso 6, Tel. 266 57 57, Fax 268 28 58; AHSt Santa Fe de Bogotá: Dr. Wolfgang Entmayr, Calle 100 No. 8A-55, Piso 7, Tel. 219 17 40, 219 15 12, Telex 41373, Fax 219 19 74

Im August traf eine ÖVP-Parlamentarier-Delegation unter Führung des Vizepräsidenten des Bundesrates, Herbert Schambeck, in Santa Fe de Bogotá zu einem Informations- und Meinungsaustausch mit kolumbianischen Parlamentariern zusammen.

Im April besuchte eine 11 Firmenvertreter umfassende Wirtschaftsmission der Bundeskammer Kolumbien, wobei zahlreiche Firmen kolumbianische Vertreter zur Intensivierung des Warenaustausches ernennen konnten.

1991 durchschritt Kolumbiens Wirtschaft eine schwierige Phase. Die Importe stagnieren. Davon waren auch Österreichs Exporte nach Kolumbien betroffen. Österreichs Ausfuhren schrumpften um 24 Prozent auf 163,1 Millionen Schilling, während die kolumbianischen Warenlieferungen nach Österreich sich um 4,6 Prozent auf 541,4 Millionen Schilling erhöhten.

Das Mozartjahr wurde auch in Kolumbien in umfassender Weise begangen, wobei die Botschaft wesentlich beteiligt war. Das staatliche Symphonieorchester stellte ein umfangreiches Jahresprogramm zusammen; das staatliche Kulturinstitut veröffentlichte eine Sonderbroschüre; sämtliche kulturell orientierten Medien brachten Mozartprogramme bzw. -serien; der seit mehreren Jahren still stehende Opernbetrieb lief mit „Don Giovanni" wieder an und auch das Konzertleben stand vorwiegend im Zeichen Mozarts.

Folgende österreichische Veranstaltungen sind besonders zu erwähnen: Das Mozarteum-Quartett Salzburg trat in Santa Fe de Bogotá und in Medellín auf. Der Pianist Alexander Jenner hielt in Zusammenarbeit mit den österreichischen Stellen neben seinem Konzert auch einen Meisterkurs über die Interpretation Mozarts auf dem Klavier ab. Der in Basel lebende österreichische Pianist Peter Efler gab einen Sonatenzyklus und zwei Konzerte, gemeinsam mit dem lokalen Symphonieorchester.

Die Ausstellungstätigkeit der Botschaft konzentrierte sich im Berichtsjahr auf die Graphik des 20. Jahrhunderts. Unter dem Titel „Der schreckliche Engel" wurde eine Auswahl phantastischer und grotesker Kunst in Santa Fe de Bogotá sowie in den Provinzstädten Cali und Medellín gezeigt.

Auf dem Gebiet der wissenschaftlichen Kooperation wurden auch 1991 die Stipendienaktionen im Rahmen des bilateralen Austausches und des Nord-Süd-Dialogs ausgenützt. Für den Lehrgang an der Fremdenverkehrsschule Kleßheim 1991/92 wurde ebenfalls eine Kandidatin berücksichtigt. Professor Roland Albert, Professor Andreas Fischer und G. Bachmann nahmen dabei als Vortragende an einem Seminar der kolumbianischen Nationaluniversität über Pflanzenbiologie teil.

Komoren
(Islamisch Föderative Republik Komoren), Moroni

Staatsoberhaupt und Regierungschef	Außenminister
Said Mohamed Djohar	M'tara Maecha

ÖB und AHSt: siehe Kenia

Der Handelsverkehr ist unbedeutend.

Kongo
(Volksrepublik Kongo), Brazzaville

Staatsoberhaupt	Regierungschef	Außenminister
Denis Sassou-Nguesso	André Milongo	Jean-Blaise Kolovo

ÖB: siehe Zaire, AHSt Côte d'Ivoire

Die Außenhandelsbeziehungen mit Österreich sind rückläufig und betrugen exportseitig 3,6 Millionen Schilling und importseitig 1,6 Millionen Schilling.

Korea
(Demokratische Volksrepublik Korea), Pjöngjang

Staatsoberhaupt	Regierungschef	Außenminister und Vizepremier
Kim Il Sung	Yon Hyon Muk	Kim Yong Nam

ÖB und AHSt: siehe VR China

Eine österreichische Parlamentarierdelegation unter der Leitung des Abgeordneten zum Nationalrat, Josef Höchtl, hat an der 85. Interparlamentarischen Konferenz vom 29. April bis 4. Mai in Pyöngyang teilgenommen.

Eine Delegation des Patentamtes unter Leitung seines Präsidenten Otmar Rafeiner hielt sich vom 15. bis 19. Oktober auf Einladung Nordkoreas in Pyöngyang auf.

Auf Regierungs- oder hoher Beamtenebene hat kein Besuchsaustausch zwischen Österreich und der Demokratischen Volksrepublik Korea stattgefunden.

Nachdem sich die österreichischen Exporte im Vorjahr mehr als verdoppelt hatten, verzeichneten sie in diesem Jahr einen Rückgang von 42,9 Prozent auf 139 Millionen Schilling. Gleichzeitig sind die Importe als Folge einer Trendumkehr um 102 Prozent auf 16,7 Millionen Schilling gestiegen.

Die Gründe für diese Entwicklung sind hauptsächlich in den rückläufigen österreichischen Lieferungen von bearbeiteten Waren, chemischen Erzeugnissen und Maschinen/Fahrzeugen gelegen. Bei den Importen wurden dagegen nur mineralische Rohstoffe, Maschinen und sonstige Fertigwaren in nennenswerter Höhe eingeführt.

Korea
(Republik Korea) Seoul

Staatsoberhaupt	Regierungschef	Außenminister
Roh Tae-woo	Kang Young-hoon	Lee Sang-Ock

ÖB Seoul: Dr. Felix Mikl, Kyobo Bldg., Rm. 1913, 1-1 Chong-ro, 1-ka, Chongro-ku, Seoul 110-714, Tel.: 732 90 71-72, Telex: 32447, Telefax: 732 94 86; HK Seoul: Shoul N. Eisenberg, Ssangyong Bldg., Rm.1710, 1-1 Chong-ro, 1-ka, Chongro-ku, Seoul 110-714, Tel.: 732 66 49, 732 73 30, 732 77 86, Telex: 28425, Telefax: 732 43 37; AHSt Seoul: Mag. Gerhard Meschke, Kyobo Bldg., Rm. 1710, 1-1 Chong-ro, 1-ka, Chongro-ku, Seoul 110-714, Tel.: 732 66 49, 732 73 30, 732 77 86, Telex: 28425, Telefax: 732 43 37

Im Bereich der politischen Beziehungen war im September der Besuch einer österreichischen Parlamentarierdelegation unter der Leitung von ÖVP-Klubobmann Heinrich Neisser zu verzeichnen, der Gelegenheit zu Kontakten mit koreanischen Spitzenpolitikern bot, darunter Außenminister Lee Sang-ock. Bei einem Besuch in Pohang konnten sich die Abgeordneten von der weiterhin ausgezeichneten Zusammenarbeit zwischen VOEST-ALPINE und dem inzwischen zum weltweit zweitgrößten Stahlproduzenten aufgestiegenen koreanischen POSCO-Konzern überzeugen. Die Besuche des Leiters der Sektion für bilaterale Angelegenheiten des Außenhandels im Bundesministerium für wirtschaftliche Angelegenheiten, Josef Tschach, und der Sektion für wirtschaftliche Angelegenheiten im Bundesministerium für Wirtschaft und Verkehr, Erich Wittmann, brachten Impulse für die Wirtschaftsbeziehungen zwischen Österreich und der Republik Korea.

Die österreichischen Exporte umfassen hochwertige Produkte und sind auf 1,7 Milliarden Schilling gestiegen; gleichzeitig haben die rascher wachsenden österreichischen Importe aus Korea in Höhe von 3,8 Milliarden Schilling zu einem Anstieg des koreanischen Überhanges geführt.

Von dem im März unterzeichneten Abkommen über die Förderung und den Schutz von Investitionen sind positive Auswirkungen auf die Investitionsbereitschaft in beiden Ländern zu erwarten.

Im März veranstaltete die Bundeswirtschaftskammer eine Wirtschaftsmission im Bereich Industrie- und Investitionsgüter nach Korea, die zu interessanten Kontakten führte. Die Fremdenverkehrswirtschaft dokumentiert erneut großes Interesse am koreanischen Markt durch die Beteiligung an einer internationalen Fremdenverkehrsmesse und durch die Abhaltung zweier Workshops in Seoul.

Die Aufnahme eines Direktfluges zwischen Wien und Seoul durch die Lauda-Air wird sich günstig auf Geschäftsbeziehungen, Tourismus und kulturelle Kontakte auswirken.

Die im Herbst erfolgte Aufnahme der Republik Korea als Vollmitglied in die Vereinten Nationen (gemeinsam mit der DVR Korea) eröffnet neue Möglichkeiten einer intensivierten Zusammenarbeit mit Österreich in den einzelnen VN-Organen und in den Spezialorganisationen.

Kulturell stand das Berichtsjahr stark im Zeichen des 200. Todestages von W. A. Mozart, der von den musikbegeisterten Koreanern mit zahlreichen musikalischen Veranstaltungen im ganzen Land geehrt wurde. Eine Wanderausstellung über Leben und Werke des Komponisten fand in den großen Städten des Landes (Seoul, Pusan, Kwangju) guten Anklang. Der österreichische Nationalfeiertag wurde mit einem Konzert vor ca. 1500 Besuchern im Seoul Art Centre festlich begangen.

Kuba
(Republik Kuba), Havanna

Staatsoberhaupt	Regierungschef	Außenminister
Fidel Castro Ruz	Fidel Castro Ruz	Isidoro Malmierca Peoli

ÖB Havanna: Dr. Heide Keller, Calle 4 N° 101, entre 1ra 3ra Avenida, Miramar, Havanna, Kuba; Tel. 33 23 94, 33 28-25; Telex 51 1618; AHSt. Havanna seit 1. 7. 1991 geschlossen.

Der Sektionschef Erich Wittmann vom Bundesministerium für öffentliche Wirtschaft und Verkehr besuchte Kuba mit einer Wirtschaftsdelegation und hielt vor hohen kubanischen Funktionären im Zentrum für Europäische Studien in Havanna einen Vortrag über die verstaatlichte Industrie in Österreich.

Ebenfalls mit dem Zentrum für Europäische Studien wurde im Mai ein Österreichseminar mit rechtsgeschichtlicher, politischer und kultureller Thematik veranstaltet.

Die Rektoren der Universität Wien, Prof. Karl Wernhart und Prof. Alfred Ebenbauer, haben während ihres Aufenthaltes in Kuba Kontakte zur Universität und der Akademie der Wissenschaften in Havanna aufgenommen und die Möglichkeiten einer Zusammenarbeit geprüft. Prof. Ebenbauer und andere Vortragende haben in Havanna zu österreichspezifischen Themen gesprochen.

Die kulturellen Aktivitäten standen auch in Kuba ganz im Zeichen des Mozartjahres. Österreich hat dies durch die Übergabe einer zwanzigbändigen Ausgabe sämtlicher Partituren Mozarts gewürdigt.

Während eines Zeitraumes von drei Monaten hat erstmals ein österreichischer Vortragender, Prof. Mag. Helmut Gollner, die deutschlehrenden Institutionen in Havanna und in der Provinz besucht.

Im Hinblick auf die Zahlungsschwierigkeiten Kubas hat sich der Handel mit Österreich wie folgt entwickelt: Die Exporte haben sich im Jahr 1991 um 45,8 Prozent auf 32,9 Millionen Schilling vermindert, bei den Importen war ein Rückgang von 56,3 Prozent auf 13,4 Millionen Schilling zu verzeichnen.

Hier ist allerdings zu berücksichtigen, daß in diesen Zahlen nicht die aus Barterverträgen ergangenen Lieferungen in Drittstaaten enthalten sind.

Der Handel mit Österreich ist seit 1986 sehr stark zurückgegangen. Die kubanische Seite strebt eine Umschuldung der gegenüber Österreich bestehenden Verbindlichkeiten an.

Der Zustrom der österreichischen Touristen nach Kuba hat im Jahr 1991 weiter zugenommen und hält derzeit bei ca. 15 000 Personen. Zur weiteren Förderung des Tourismus wurde über kubanische Initiative der Abschluß eines zwischenstaatlichen Luftverkehrsabkommens paraphiert.

Kuwait
(Staat Kuwait), Kuwait

Staatsoberhaupt	Regierungschef	Außenminister
Emir Scheich Jaber Al-Ahmad Al-Jaber Al-Sabah	Kronprinz Scheich Sa'ad Al-Abdullah Al-Salem Al-Sabah	Scheich Salem Sabah Al-Salem Al-Sabah

ÖB Kuwait: Dr. Hans Demel, Daiyah, Area No. 3, Shawki Street, House No. 10, P. O. Box 33259 Rawdah, 73453 Kuwait, Tel.: 255 25 32, 253 27 61 (Amt), 253 28 72 (Residenz), Fax: 2563 052, Telex: 23866; Satelliten-Fernschreiber: 800 581 49232 2017; HK Kuwait: Marzouk Khaled Al Ghunaim, Kuwait City, Al-Sour Street, Al-Meshaan Building, Appartment No. 7, Tel. 2433 666, 2433 667; AHSt Kuwait: Dr. Franz Otto Knappitsch, Rawdah, Area No. 4, Street No. 48, House No. 6, Tel.: 2563 065, 2503 067, 2563 068, 2563 069, 2563 004.

Schon bald nach der Befreiung Kuwaits durch die Alliierten (26. Februar 1991) wurden mit Rückkehr des Botschafters und des Handelsrates am 12. März die Botschaft und die Außenhandelsstelle reaktiviert. Die Außenhandelsstelle, das AUA-Büro, die Residenz sowie die Häuser bzw. Wohnungen vieler Österreicher waren während der irakischen Okkupation geplündert und teilweise verwüstet worden. Die ersten Wochen und Monate nach der Befreiung waren für die wenigen nach Kuwait zurückkehrenden Österreicher nicht einfach: Die Infrastruktur war zusammengebrochen – es gab keinen Strom, kein Wasser und kaum Lebensmittel. Ferner wurde durch die von den Irakis in Brand gesetzten bzw. beschädigten Erdölquellen (ca. 80 Prozent von insgesamt 935) die Umwelt weit über die Region hinaus verseucht. Das Land war großflächig vermint worden. Erst allmählich, vor allem nach Löschen der letzten brennenden Erdölquelle am 6. November, ist eine gewisse Besserung eingetreten. Der Wiederaufbau des Landes und die Beseitigung der Kriegsschäden wird noch Jahre in Anspruch nehmen.

Trotz Teilnahme österreichischer Unternehmen am kuwaitischen Notstandsprogramm – dieses diente vor allem der Wiederherstellung der Infrastruktur – sind die österreichischen Exporte im Vergleich zu 1989 um ca. 26 Prozent auf 244 Millionen Schilling gefallen.

1991 haben österreichische Journalisten wiederholt – die ersten bereits kurz nach der Befreiung – Kuwait besucht. Über Einladung der Bundeswirtschaftskammer hielt sich vom 23. bis 26. November eine 7 Personen umfassende Journalistendelegation im Lande auf. Vom 22. bis 24. Oktober wurde eine von der Bundeswirtschaftskammer veranstaltete Wirtschaftsmission durchgeführt, an der 28 Firmen teilnahmen.

Laos
(Demokratische Volksrepublik Laos), Vientiane

Staatsoberhaupt	Regierungschef	Außenminister
Kaysone Phomvihane	Khamtay Siphandone	Phoune Sipaseuth

ÖB und AHSt: siehe Thailand.

Obwohl der Warenaustausch zwischen Österreich und Laos relativ unbedeutend ist (ca. 8,7 Millionen Schilling) bietet Laos gute Chancen für die österreichische Exportwirtschaft. Die Mitwirkung an internationalen Projekten im Rahmen des Mekong Interim Committee (Wasser- und Elektrizitätswirtschaft) eröffnet gewisse Möglichkeiten, österreichische Technologien und Know-how in dieses Land zu exportieren.

Lesotho
(Königreich Lesotho), Maseru

Staatsoberhaupt	Regierungschef	Außenminister
König Letsie III	Col. Phisoama Elias Ramaema	Lt. Tanki Pius Molapo

ÖB: siehe Simbabwe; AHSt: siehe Südafrika

Ein Bewerber aus Lesotho erhielt ein Stipendium zur Teilnahme am 1991-Ausbildungslehrgang für Hotel- und Tourismus-Management an der Fremdenverkehrsschule Kleßheim.

Ein Beamter der Zollverwaltung Lesothos erhielt ein österreichisches Stipendium zur Teilnahme an dem von der SADCC-P.T.A. veranstalteten Zollseminar.

Die wirtschaftlichen Beziehungen halten sich in bescheidenem Rahmen; Österreich exportierte Maschinen (1991 1,8 Millionen Schilling) und importierte Textilien (1991 2,1 Millionen Schilling).

Lettland
(Republik Lettland), Riga

Staatsoberhaupt	Regierungschef	Außenminister
Anatolijs Gorbunovs	Ivars Godmanis	Janis Jurkans

ÖB: siehe Schweden; AHSt: siehe Schweden

Österreich hat Lettland am 28. August 1991 durch ein Schreiben von Außenminister Mock an den lettischen Außenminister, in welchem die Wiederaufnahme der diplomatischen Beziehungen zwischen den beiden Staaten vorgeschlagen wurde, als unabhängiges und souveränes Mitglied der Staatengemeinschaft anerkannt. In dem Schreiben wurde auch der Hoffnung Ausdruck verliehen, daß Lettland die Rechte aller Volksgruppen wahren und insbesondere deren gleichberechtigte Mitwirkung an der politischen Willensbildung sicherstellen werde.

Hinsichtlich der diplomatischen Vertretung Österreichs in Lettland wurde die Mitakkreditierung des österreichischen Missionschefs in Stockholm vorgesehen, wozu die lettische Regierung am 2. Dezember 1991 das Agrément erteilt hat.

Die bilateralen Beziehungen müssen völlig neu aufgebaut werden. Zur Erörterung gegenseitig interessierender Fragen weilte der lettische Außenminister zu Arbeitsgesprächen sowohl im Jänner als auch im September 1991 in Wien. Österreich hat Lettland die Meistbegünstigung gewährt; die Einräumung eines allgemeinen

Präferenzstatus wird geprüft. Auf dem Gebiet des Investitionsschutzes ist offen, ob das 1990 zwischen Österreich und der Sowjetunion geschlossene Abkommen für anwendbar erklärt werden soll. Österreich strebt auch ein Luftverkehrsabkommen mit Lettland an.

Konkrete Hilfsmaßnahmen für Lettland auf den Sektoren Nahrungsmittel- und Medikamentenversorgung, wissenschaftliche Kooperation, Ausbildungsprogramme (Bundeswirtschaftskammer, österreichischer Gewerkschaftsbund, Ostlehrgang der Diplomatischen Akademie, Ausbildung in der Presseabteilung des Bundesministeriums für auswärtige Angelegenheiten), im Rahmen des Ost-West-Fonds (Investitionskreditrahmen) und des Ökofonds sowie Erleichterungen beim Marktzutritt wurden bei Redaktionsschluß geprüft.

Vom 18. bis 21. November 1991 führte die EFTA in den drei baltischen Republiken eine Fact-finding-Mission durch, an der auch zwei österreichische Repräsentanten teilnahmen. Der Beitrag Österreichs im Rahmen des Follow-up zu dieser Mission soll in einem Beistand auf dem Zollsektor bestehen (zunächst Ausarbeitung konkreter Projekte durch eine unter österreichischem Vorsitz stehende Zollexpertengruppe in Genf).

Im Rahmen des EFTA-Rates am 10. und 11. Dezember 1991 unterzeichnete Bundesminister Wolfgang Schüssel drei Deklarationen betreffend die Absicht, die baltischen Länder beim Aufbau einer marktwirtschaftlichen Ordnung zu unterstützen (Zusammenarbeit der Zollverwaltungen, Hilfe bei der Ausarbeitung statistischer Unterlagen und bei der Normenpolitik usw.).

1991 exportierte Österreich – nach lettischen Angaben – Waren im Wert von 481.000 Rubel nach Lettland, die Importe aus Lettland beliefen sich auf 752.000 Rubel.

Auf kulturellem Gebiet besteht eine Regionalpartnerschaft Steiermark-Lettland, welche vor allem auf den Gebieten Volkskultur (Durchführung von Ausstellungen) und Jugendaustausch aktiv ist. Sie stand 1991 noch unter der Ägide der Österreichisch-Sowjetischen Gesellschaft bzw. der Sowjetisch-Österreichischen Freundschaftsgesellschaft.

Libanon
(Republik Libanon), Beirut

Staatsoberhaupt	Regierungschef	Außenminister
Elias Hraoui	Omar Karame	Fares Boueiz

ÖB Beirut: Rue Sadat, Ras Beirut, Sadat Tower, Block Nr. 2342, Beirut, Tel.: 801 574, 805 453, Telex: 20446; HK Saida: Khalil Fattal, Boulevard Riad El Solh, Imm. Wakf Grec-Catholique (1er étage), Saida, P.O. Box 114, Saida, Tel.: 720 411, 720 412, Telex: 20747; AHSt Beirut: Dr. Sepp Dabringer, Imm. Sammakieh, rue Mme. Curie, près Hotel Bristol, West Beyrouth, P.O. Box 11-240, Tel: 135 42 38, 135 42 14, Telex: autrad 23255 le; AUA-B in West-Beirut: Centre Sabbagh, Rue Hamra, 8th floor, Tel.: 34 92 71/2/3, 34 36 20, Reservation: 41 80 28 – in Ost-Beirut: Jal el Dib, Mazda Bldg. 3rd floor, Tel.: 40 52 20, 40 42 20, Flughafen-Büro: Tel: 28 84 98.

Die österreichische Botschaft in Beirut blieb weiterhin ohne entsandtes Personal, ein eingeschränkter Betrieb wurde durch lokale Kräfte aufrecht erhalten.

Seit Beendigung des Bürgerkrieges hat die libanesische Wirtschaft eine Wiederbelebung erfahren, die sich auch im Handelsverkehr mit Österreich niederschlug: Österreichs Ausfuhren erhöhten sich um 73 Prozent auf 250 Millionen Schilling, wobei Kunststoffe, Papier, Gewebe und Arzneiwaren dominierten. Die Importe aus Libanon betrugen 44,4 Millionen Schilling.

Aus Anlaß des Mozartgedenkjahres gastierte erstmals seit 1983 ein österreichisches Musikensemble, das Phoebus-Trio, am 7. 12. in Beirut.

Im Rahmen der österreichischen SOS-Gründung bestehen zwei Kinderdörfer (Sinn el Fil und Jeita) und zwei Jugendhäuser (Jezzine und Abersaf), die zahlreichen Kriegswaisen ein neues Zuhause gegeben haben.

Liberia
(Republik Liberia), Monrovia

Staatsoberhaupt	Regierungschef	Außenminister
Dr. Amos Sawyer	Dr. Amos Sawyer	Gabriel Baccus Matthews

ÖB und AHSt: siehe Nigeria

Der Außenhandel ist durch die anhaltenden Folgen des Bürgerkrieges – die Regierung des Landes kontrolliert nur die Hauptstadt Monrovia – praktisch zum Erliegen gekommen.

Libyen
(Sozialistische Libysch-Arabische Volks-Jamahiriya), Tripolis

Staatsoberhaupt	Regierungschef	Außenminister
Oberst Muammar Al Kadhafi	Abu Zid Omar Dourda	Ibrahim Mohammed Albashari

ÖB Tripolis: Dr. Wilfried Almoslechner; Shara Khalid Ben Walid/Shara Arismondi, Dahra Area, Garden City, P.O.Box 3207, Tel. 43 393 od. 43 379, Telex: 20245, Telefax: 408 38; AHST Tripolis: Dr. Josef Skorcic, 11/13 Shara El Amir Abdulkader El Jazairi, Garden City, P.O.Box 35177, Tel.: 35176 od. 35177, Telex: 20078, AUA-B: Islamic Call Council Towers, Tel. 38 048 od. 37 407, Telex: 20123

Die Stellung Libyens in der internationalen Staatengemeinschaft und insbesondere seine Beziehungen zu den USA, Großbritannien und Frankreich wurden ab Herbst 1991 von dem Umstand bestimmt, daß im Zusammenhang mit dem Absturz einer PanAm-Maschine im Jahr 1988 über der schottischen Ortschaft Lockerbie und eines UTA-Fluges im Jahr 1989 über Niger nach Abschluß der Untersuchungen der Verdacht aufkam, daß in diese Terrorakte libysche Staatsangehörige involviert sind. Die betroffenen Regierungen verlangten daher in der Folge von Libyen die Auslieferung der Schuldigen, um sie vor Gericht zu stellen, die Zurverfügungstellung aller einschlägigen Informationen im Zusammenhang mit den Vorbereitungen der Terroranschläge sowie Schadenersatzleistung. Außenminister Mock hat in diesem

Zusammenhang am 2. Dezember 1991 festgestellt, daß Österreich darauf dringe, daß die Schuldigen vor Gericht gestellt würden. Gleichzeitig sprach er sich dafür aus, daß alle Möglichkeiten ausgeschöpft würden, um die Angelegenheit mit friedlichen Mitteln beizulegen. Libyen müsse die restlose Aufklärung des Falles ermöglichen.

Im November besuchten Abg. z. NR Dr. Hilde Hawlicek und Bundesrat Albrecht K. Konecny auf Einladung des libyschen Volkskongresses Libyen. Die Einladung ging auf eine Initiative der österreichisch-arabischen Gesellschaft zurück, das Besuchsprogramm war auf die Erkundung neuer Kooperationsmöglichkeiten auf den Gebieten Erziehung und Tourismus ausgelegt.

Für den großteils unter Konsortialführung der VOEST-ALPINE Industrieanlagenbau entstandenen Stahlkomplex Misurata übernahm die libysche Seite 1991 verschiedene Anlagenbereiche bereits in ihre eigene Verantwortung. Gespräche über eine österreichische Beteiligung an einer möglichen Erweiterung des Komplexes wurden aufgenommen.

Die österreichische Mineralölverwaltungs-AG war in Libyen beim Aufspüren neuer Gebiete für Erdölgewinnung tätig. In einem der Explorationsabschnitte wurden die geologischen Studien abgeschlossen und die Orte bestimmt, an denen Versuchsbohrungen angestellt werden sollen. Mit den ersten Bohrungen wurde Ende 1991 begonnen.

Das Projekt der österreichischen VAMED Engineering zur Einrichtung des neuen Central Hospital in Tripolis nähert sich nunmehr nach der Planungs-Phase der eigentlichen Auftragsdurchführung.

Im Bereich des Tourismus, eine neue Priorität der libyschen Wirtschaftspolitik, hat die libysche Regierung Interesse an einer Zusammenarbeit mit Österreich bekundet.

Eine Zusammenarbeit beim libyschen Abschnitt des Projekts einer nordafrikanischen Küsteneisenbahn stößt auf Interesse der österreichischen Wirtschaft.

Das Exportvolumen nach Libyen lag – diesmal mit 807 Millionen Schilling bedeutend – unter dem Vorjahresniveau.

Liechtenstein
(Fürstentum Liechtenstein), Vaduz

Staatsoberhaupt	Regierungschef	Außenminister
Fürst Hans Adam II.	Hans Brunhart	Hans Brunhart

ÖB: Dr. Johannes Kyrle, mit Sitz in 1014 Wien, Ballhausplatz 2, Tel. 53115-0, Telex 1321; HK Vaduz: Honorarkonsul Dr. Werner Tabarelli, Landstraße 152, FL-9494 Schaan; Tel.: 05/075/27 4 77; Telefax: 05/075/82 3 57;

Am 16./17. Mai hielt sich Bundesminister Mock anläßlich eines Außenministertreffens der N + N-Staaten der KSZE in Vaduz auf, am 5./6. Juni stattete Bundeskanzler Vranitzky dem Fürstentum einen offiziellen Besuch ab und vom 8. bis 10. September hielt sich Fürst Hans Adam II zu einem offiziellen Staatsbesuch in Österreich auf.

Die wirtschaftliche Zusammenarbeit erfuhr mit der Aufnahme Liechtensteins als Vollmitglied in die EFTA durch den EFTA-Ministerrat in Wien am 22. Mai einen weiteren wichtigen Impuls. Das Fürstentum wurde damit 7. EFTA-Mitglied.

Am 1. 8. 1991 trat das in Wien am 17. 9. 1990 unterzeichnete Abkommen über die weitere Gleichwertigkeit von Studien, Prüfungen und akademischen Graden (kundgemacht im BGBl. 304/91) in Kraft. Ende Juli genehmigte der Ministerrat auch das Zweite Zusatzabkommen im Bereich der Sozialen Sicherheit zwischen Österreich, der BRD, der Schweiz und Liechtenstein.

Litauen
(Republik Litauen), Vilnius

Staatsoberhaupt	Regierungschef	Außenminister
Vytautas Landsbergis	Gediminas Vagnorius	Algirdas Saudargas

ÖB: siehe Dänemark; AHSt: siehe Stockholm

Die Anerkennung der Republik Litauen durch Österreich erfolgte am 28. August 1991 (Näheres siehe Estland und Lettland). Der österreichische Botschafter in Kopenhagen ist in Vilnius mitbeglaubigt.

Bereits vor der Wiedererlangung der Unabhängigkeit gab es rege Kontakte zwischen Österreich und Litauen, die seither noch intensiviert werden konnten. Die bestehende Regionalpartnerschaft Salzburg-Litauen fand bisher vor allem auf kulturellem und wissenschschaftlichem Gebiet Ausdruck (z. B. gemeinsame Forschungsprojekte der Universität Salzburg mit den Universitäten Kaunas und Vilnius im Fach Geisteswissenschaft). An der Universität Vilnius ist ein österreichischer Lektor tätig.

Der Präsident des Nationalrates, Heinz Fischer, hielt sich als Leiter einer Delegation der Sozialistischen Internationale vom 24. bis 26. Februar in Litauen auf. Die frühere Ministerpräsidentin Kazimiera Prunskiene nahm vom 23. bis 26. März am Symposium „Runder Tisch Europa" in Wien teil. Der litauische Gesundheitsminister Juozas Olekas besuchte vom 2. bis 8. Juni Salzburg. Republikspräsident Vytautas Landsbergis war anläßlich des Internationalen PEN-Kongresses am 7. November in Wien und stattete auch Bundespräsident Kurt Waldheim, Nationalratspräsident Heinz Fischer, Bundeskanzler Franz Vranitzky und Bundesminister Alois Mock Besuche ab.

Erste bilaterale Delegationsgespräche im Hinblick auf den Abschluß eines Luftverkehrsabkommens fanden am 18. und 19. November in Vilnius statt (seit 20. Jänner 1992 bedient Austrian Airlines die Strecke Wien-Vilnius und zurück). Es besteht litauisches Interesse auch am Abschluß eines Handels- und Wirtschaftsvertrages; ein österreichischer Entwurf wurde überreicht.

Hinsichtlich des begonnenen Engagements der EFTA und damit auch Österreichs in den baltischen Staaten wird auf die Länderkapitel „Estland" und „Lettland" verwiesen.

Luxemburg
(Großherzogtum Luxemburg), Luxemburg

Staatsoberhaupt	Regierungschef	Außenminister
Großherzog Jean von Luxemburg	Jacques Santer	Jacques F. Poos

ÖB Luxemburg: Dr. Klaus R. Ziegler, 3, rue des Bains, L-1212 Luxemburg, Tel.: 22 69 57 und 47 11 88, Telex: 2530, Telefax: 46 39 74; AHSt: Dr. Harald Kasper, 479, avenue Louise, B-1050 Brüssel, Tel.: (02) 648 20 74 und (02) 648 21 11; ÖFVW: 106, avenue Louise, B-1050 Brüssel, Tel.: (02) 646 06 10; AUA: 66, avenue Louise, B-1050 Brüssel, Tel.: (02) 513 75 00

Durch die EG-Präsidentschaft Luxemburgs und den österreichischen Vorsitz innerhalb der EFTA war der bilaterale Besuchsaustausch vor allem im ersten Halbjahr 1991 außerordentlich intensiv. Die Mehrzahl dieser Begegnungen stand im Zeichen der europapolitischen Anliegen.

Bundeskanzler Franz Vranitzky erörterte bei einem Arbeitsbesuch am 1. 3. 1991 Fragen der Europäischen Integration; am 15. Mai sprach er vor dem 7. Kongreß des Europäischen Gewerkschaftsbundes und führte ein ausführliches Gespräch mit den Mitgliedern des Europäischen Gerichtshofes.

Vizekanzler Josef Riegler legte bei einem Arbeitsbesuch am 18. 2. die österreichische Haltung in Fragen der Europäischen Integration dar.

Der luxemburgische Premierminister Jacques Santer stattete Österreich vom 22.–24. 5. einen offiziellen Besuch ab und konferierte am 24. 5. in seiner Eigenschaft als Präsident des Europäischen Rates in Wien mit den EFTA-Regierungschefs; in seiner letztgenannten Funktion nahm er auch am 2. 5. 1991 am 175. Jahr-Jubiläum der Österreichischen Nationalbank teil.

Bundesminister Alois Mock führte am 27. 3. 1991 Konsultationen im Rahmen der Europäischen Politischen Zusammenarbeit und nahm zusammen mit Bundesminister Wolfgang Schüssel und Staatssekretär Peter Jankowitsch am 17. und 18. 6. sowie am 22. 10. an den Verhandlungen über den Europäischen Wirtschaftsraum (EWR) teil; parallel zu den abschließenden EWR-Verhandlungen vereinbarte Bundesminister Rudolf Streicher am 22. 10. in Luxemburg eine Lösung der Transitfrage.

Fragen der Europäischen Integration war schließlich auch ein Arbeitsbesuch von Bundesminister Wolfgang Schüssel (14. 2.) in Luxemburg sowie das Treffen von Außenminister Jacques F. Poos und EG-Vizepräsident Frans Andriessen mit den EFTA-Ministern in Salzburg (24./25. 6.) gewidmet.

Die Bundesminister Nikolaus Michalek (14. 6., anläßlich der Tagung der TREVI-Gruppe), Franz Löschnak (17. 9., ER-Konferenz für Wanderungswesen) sowie die Staatssekretäre Peter Jankowitsch (12. 3. Sitzung der Golf-Kooperations-Gruppe) und Maria Fekter (28./29. 4., Ministertreffen zum Europäischen Jahr des Fremdenverkehrs) haben sich ebenfalls in Luxemburg aufgehalten.

Eine Delegation des ÖGB unter Leitung von Präsident Fritz Verzetnitsch nahm am 7. Kongreß des Europäischen Gewerkschaftsbundes (13.–17. 5.) teil, während der Präsident der Vereinigung österreichischer Industrieller, Heinz Kessler, die UNICE-

Tagung in Luxemburg besuchte (12.–14. 6.). Ferner kam eine Reihe von Mitgliedern des Nationalrates, eine Gruppe von Tiroler Bürgermeistern sowie eine Abordnung von Handelskammerfunktionären aus der Steiermark nach Luxemburg, um Fragen der Europäischen Integration zu studieren.

Der Politische Direktor des luxemburgischen Außenministeriums, Botschafter Jean-Jacques Kasel, hielt sich am 3. 4. 1991 zu politischen Konsultationen mit Botschafter Ernst Sucharipa in Wien auf.

Auch in Luxemburg hat sich der internationale Konjunkturabschwung, vor allem bei der Stahlindustrie, bemerkbar gemacht, sodaß trotz guter Auslastung des Bausektors und substantiellem Wachstum des Finanzplatzes die Wachstumsrate des BIP etwas geringer war als im Vorjahr.

Die österreichischen Exporte nach Luxemburg sind gegenüber dem Vorjahr um 8,1 Prozent auf 679 Millionen Schilling gestiegen. Dies war in erster Linie auf die erhöhten Lieferungen von Maschinen und Fahrzeugen zurückzuführen, während die Ausfuhr von chemischen Erzeugnissen, Textilien und Fertigwaren rückläufig war.

Die österreichischen Einfuhren aus Luxemburg gingen um 2,5 Prozent auf 828 Millionen Schilling zurück, wofür vor allem starke Rückgänge bei Eisen und Stahlerzeugnissen und bei Nichteisenmetallen verantwortlich waren.

Namhafte österreichische Künstler, insbesondere Maler und Musiker, haben in insgesamt 40 Veranstaltungen das österreichische kulturelle Potential dokumentiert und ein sehr positives Echo in den Medien gefunden. Sehr gut aufgenommen wurden auch die Ausstellungen „Kunst und Kultur des Biedermeier“ und „W. A. Mozart“.

Im November 1991 hat die Gemischte Kulturkommission ein neues Arbeitsprogramm (für 1992–1994) vereinbart, u.a. ist eine Erhöhung der Stipendienanzahl vorgesehen.

Auch in diesem Jahr beteiligte sich Österreich an der luxemburgischen Informationsmesse über Studium im Ausland. Zur Zeit sind etwa 270 luxemburgische Studenten an österreichischen Universitäten inskribiert und den österreichischen Studenten gleichgestellt.

Madagaskar
(Demokratische Republik Madagaskar), Antananarivo

Staatsoberhaupt	Regierungschef	Außenminister
Didier Ratsiraka	Guy Razanamasy	Césaire Rabenoro

ÖB: siehe Äthiopien; HK Antananarivo, John de Jager, P.O. Box 28, Tel.: 22 721, Telex: 22218, Telefax: 29123 und 28420; AHSt: siehe Kenia

Im März 1991 fand in Madagaskar ein eintägiges Gipfeltreffen der Staaten der IOC statt.

Das zwischenstaatliche Projekt (österreichische Hilfe für eine Treibstoffaufbereitungsanlage in Ambilobé) wurde 1990 fertiggestellt und übergeben.

In der Nähe der Hauptstadt befindet sich das erste SOS-Kinderdorf.

Die österreichischen Exporte nach Madagaskar beliefen sich auf 12 Millionen Schilling. Die Importe aus diesem Land betrugen 66 Millionen Schilling.

Malawi
(Republik Malawi), Lilongwe

Staatsoberhaupt	Regierungschef	Außenminister
Hamuzu H. Banda	Dr. Kamuzu H. Banda	DR. Kamuzu H. Banda

ÖB und AHSt: siehe Simbabwe;

HK Blantyre-Limbe: Honorarkonsul Mrs. S. Sacranie, Realty House, Churchill Road, Blantyre-Limbe, P.O. Box 5133; Tel: 640712, 640529, Telex: 44775

Ein Kandidat aus Malawi nimmt am 1991-Ausbildungslehrgang für Hotel- und Tourismus-Management an der Fremdenverkehrsschule Kleßheim teil.

Ein Ausbildungsprogramm für malawisches Betriebspersonal am (von Österreich mitfinanzierten) Kraftwerk Tedzani III wird aus Entwicklungshilfemitteln finanziert und von der österreichischen Donaukraftwerk AG durchgeführt.

Österreich stellte Malawi im Rahmen des internationalen Nahrungsmittelübereinkommens 3000 Tonnen Weizenäquivalent zur Verfügung.

Das österreichische Jugend-Rotkreuz stellte für Volksschulen in den ländlichen Gebieten Malawis Schulmaterial und Medikamente im Werte von 210.000 Schilling zur Verfügung.

Ein Zollbeamter aus Malawi nahm an dem vom Bundesministerium für Finanzen veranstalteten Zollseminar teil.

Österreich importierte aus Malawi Tabak und Kaffee (1991: 14 Millionen Schilling) und exportierte Papier und Maschinen (1991: 20 Millionen Scilling).

Malaysia,
(Malaysia), Kuala Lumpur

Staatsoberhaupt	Regierungschef	Außenminister
His Majesty Sultan Azlan Shah Yang di-Pertuan Agong	Datuk Seri Mahathir Mohamad	Datuk Abdullah Ahmad Badawi

ÖB Kuala Lumpur: Dr. Friedrich Posch, 7th floor, MUI-Plaza Bldg., Jalan P. Ramlee, P.O. Box 10154, 50250 Kuala Lumpur, Tel.: 248 42 77, Telex: 31263, Telefax: 248 98 13; AHSt Kuala Lumpur: Dr. Gustav Jamnig, Komplek Kewangan, 10th floor, Jalan Raja Chulan, 50200 Kuala Lumpur, Tel.: 261 47 24, 261 48 36, Telex: 31203, Telefax: 261 31 30

Der Generalsekretär des malaysischen Außenministeriums, Datuk Ahmad Kamil bin Jafaar, hat am Rande des Alpbacher Dialogkongresses Europa-ASEAN-Gespräche mit dem Generalsekretär für auswärtige Angelegenheiten, Thomas Klestil, geführt. Der Dialogkongreß bot ferner einer Reihe weiterer malaysischer Persönlichkeiten aus Politik und Wirtschaft Gelegenheit zu einem Gedankenaustausch. Der malaysische Verteidigungsminister, Datuk Seri Najib Tun Razak, hielt sich zu einem inoffiziellen Besuch in Österreich auf, in dessen Verlauf er vom Bundesminister für Landesverteidigung, Werner Fasslabend, empfangen wurde.

Im Rahmen internationaler Organisationen, insbesondere bei den Vereinten Nationen, gab es wiederholt Gelegenheit zur Zusammenarbeit mit Malaysisa, u.a. im Hinblick auf die jüngsten Entwicklungen in der Kambodscha-Frage und bei den Vorbereitungen für die Umweltkonferenz in Rio (1992).

Der bilaterale Handesaustausch mit Malaysia erbrachte einen Anstieg der Exporte nach Malaysia um 38,3 Prozent auf 931 Millionen Schilling. Die Importe sanken um 10,8 Prozent auf 1 Milliarde Schilling.

Eine Reihe von Gastspielen, Ausstellungen und Vorlesungen haben Österreich auch auf kulturellem Gebiet präsent gehalten.

Malediven
(Republik der Malediven), Male

Staatsoberhaupt und Regierungschef	Außenminister
Maumoon Abdul Gayoom	Fathulla Jameel

ÖB und AHSt: siehe Indien

Die bilateralen Beziehungen und der Handelsverkehr Österreichs zu den Malediven sind im Anfangsstadium. Reges Interesse zeigen hingegen österreichische Touristen an der über ca. 1000 Atolle umfassenden, dünn besiedelten Inselgruppe im Indischen Ozean.

Anfang April trat ein Abkommen zwischen Österreich und den Malediven über die Aufhebung der Sichtvermerkspflicht für Inhaber von Diplomaten- und Dienstpässen in Kraft.

Mali
(Republik Mali), Bamako

Staatsoberhaupt	Regierungschef	Außenminister
Lieutenant-Colonel Amadou-Toumani Touré	Soumana Sacko	Tiéblé Drame

ÖB: siehe Senegal; AHSt: siehe Marokko

Österreich finanziert die Pumpeninstallation zur Trink- und Nutzwasser-Versorgung von Teilen der malischen Sahelzone im Rahmen des Projektes „Aqua-Vita" (Volumen 5,5 Millionen Schilling).

Universitätsprofessor Rosenmayr führt mit Unterstützung der Kommission für Entwicklungsfragen bei der Akademie der Wissenschaften und der Ludwig Boltzmann-Gesellschaft ein multidisziplinäres Forschungsprojekt über Altenprobleme, insbesondere auf dem Gebiet der Gesundheit in ländlichen Gegenden Malis durch. Die dritte Phase dieses Projektes wurde im Jahr 1990 eingeleitet.

Im Rahmen des Fachausbildungs-Programmes für LLDC-Länder setzen drei malische Stipendiaten ihr Studium in Österreich fort, drei weiteren Maliern wurde ein Forschungsstipendium am Institut für Afrikanistik der Universität Wien zuerkannt.

Die österreichischen Ausfuhren nach Mali betrugen 12 Millionen Schilling, die Einfuhren 0,2 Millionen Schilling.

Malta
(Republik Malta), La Valetta

Staatsoberhaupt	Regierungschef	Außenminister
Vincent Tabone	Eddie Fenech Adami	Guido de Marco

ÖB: siehe Libyen; HGK Valetta; AUA-B

Der prononcierten Europaorientierung der neuen maltesischen Regierung Rechnung tragend, wurde die Zuständigkeit für Malta Ende März 1991 von der Botschaft Tripolis an die Botschaft Rom übertragen. Außenminister Guido de Marco traf am 28. August in Wien mit Außenminister Alois Mock zusammen. Daneben bestanden enge Kontakte in verschiedenen europäischen Gremien – insbesondere in der KSZE.

Im bilateralen Außenhandel haben sich die österreichischen Exporte nach der im Vorjahr erfolgten Auslieferung eines Großauftrages im Kraftwerkssektor 1991 mit einem Rückgang um 44 Prozent auf 88,5 Millionen Schilling wieder auf das Normalniveau eingependelt. Die maltesischen Exporte nach Österreich erreichten rund 74 Millionen Schilling und sind damit um 1 Prozent gegenüber der Vorjahrsperiode angestiegen.

Souveräner Malteser Ritter Orden

Staatsoberhaupt	Regierungschef	Außenminister
Seine Hoheit und Eminenz Fra' Andrew Bertie	Botschafter Baron Felice Catalano di Melilli	Botschafter Luciano Koch

ÖB: siehe Heiliger Stuhl

Der Großmeister des Souveränen Malteser Ritter Ordens, Fra' Andrew Bertie besuchte im April 1991 Österreich, wo er am 11. April gemeinsam mit dem Wiener Bürgermeister Zilk das „Malteser-Hospiz", ein Altenwohnheim des Ordens in Wien-Mariahilf, eröffnete. Im Zuge dieses Besuches traf er auch mit Bundespräsident Kurt Waldheim zusammen. Der Bundespräsident nahm das zum Anlaß, dem Orden für seine humanitäre Hilfe in Österreich und der ganzen Welt zu danken.

In Österreich konnte der Orden durch seinen Hospitaldienst neben seiner laufenden Tätigkeit seine Arbeit für die Behinderten und Kranken ausweiten und ein neues Behinderten-Kommunikationszenmtrum am Börseplatz in Wien einrichten. Darüber hinaus war der Hospitaldienst wesentlich an der Hilfe für die kurdischen Flüchtlinge im Norden des Irak beteiligt. Im Dezember war dann der MHD auch wesentlich an der Evakuierung von Kindern aus dem Kriegsgebiet in Kroatien beteiligt.

Der Großprior des Ordens für Österreich, Wilhelm Liechtenstein wurde im Dezember am Sitz der Ordensregierung in Rom in den Kreis der „Justizritter" aufgenommen, wodurch das Großpriorat Österreich nunmehr auch formell-rechtlich seine ordnungsgemäße Struktur erhielt.

Marokko
(Königreich Marokko), Rabat

Staatsoberhaupt	Regierungschef	Außenminister
König Hassan II	Azzedine Laraki	Abdellatif Filali

ÖB Rabat: Dr. Paul Leifer; 2, rue Tiddas, B.P. 135, Tel.: 76 40 03, 76 16 98, Telex 31623, Telefax: 76 54 25; HGK Casablanca; AHSt und Honorargeneralkonsulat: Dr. Jörg Schneider; 45, Av. Hassan II, Casablanca, B.P. 13822, Tel: 223282 oder 266904, Telex 22010, TeleFax 221083.

Am 29. August 1991 befand sich der marokkanische Planungsminister Rachidi Ghazouani als Sonderemissär des marokkanischen Königs zu Gesprächen über den Westsahara-Konflikt in Wien. Bundesminister Alois Mock wurde zu einem offiziellen Marokko-Besuch, der marokkanische Innenminister zu einem Gegenbesuch nach Österreich eingeladen.

Die Entwürfe für ein Investitionsschutzabkommen und ein neues Handelsabkommen wurden auf diplomatischem Wege im Lichte neuer Erfordernisse modifiziert. Im Rahmen eines über mehrere Jahre laufenden Projekts zur Infrastrukturentwicklung der Region Ounein im Hohen Atlas wurde aus österreichischen Entwicklungshilfemitteln die 1. Tranche in Höhe von 1,5 Millionen Schilling flüssig gemacht.

Die österreichischen Exporte nach Marokko haben sich im Jahr 1991 um 2 Prozent auf 254 Millionen Schilling gesteigert, die Importe aus Marokko erhöhten sich auf 297 Millionen Schilling.

Professor Peter Böck von der Veterinärmedizinischen Universität Wien hielt Gastvorträge am Institut Agronomique et Vétérinaire in Rabat, das einen Dozenten zu Forschungsarbeiten nach Wien entsandte. Ein Wiener Kammermusiktrio gab Konzerte in Rabat und Casablanca. In Casablanca fand eine Ausstellung der österreichischen Malerin Gerda Hegedus statt.

Trotz des zahlenmäßigen Rückgangs der österreichischen Touristen insbesondere in der 1. Jahreshälfte wurden wieder mehrere Österreicher wegen Suchtgiftvergehen zu Haftstrafen verurteilt.

Mauretanien
(Islamische Republik Mauretanien), Nouakchott

Staatsoberhaupt	Regierungschef	Außenminister
Colonel Maaouya Ould Sid'Ahmed Taya	Colonel Maaouya Ould Sid'Ahmed Taya	Hassni Ould Didi

ÖB: siehe Senegal; AHSt: siehe Marokko

Die österreichischen Ausfuhren nach Mauretanien betrugen 2 Millionen Schilling, die Einfuhren 0,6 Millionen Schilling.

Mauritius
(Mauritius), Port Louis

Staatsoberhaupt	Regierungschef	Außenminister
Königin Elisabeth II.	Sir Aneerood Jugnauth	Paul Raymond Berenger

ÖB: siehe Äthiopien;

HK Port Louis: Captain René Sanson, P.O. Box 60, Telefon: 086801

Telex: 4312, Telefax: 085045, 124210; AHSt: siehe Kenia

Die Fremdenverkehrswirtschaft bleibt eine der Haupteinnahmequellen.

Die österreichischen Exporte nach Mauritius betrugen 13 Millionen Schilling, die Einfuhren aus Mauritius 38 Millionen Schilling.

Mexiko
(Vereinigte Mexikanische Staaten), Mexiko-Stadt

Staatsoberhaupt	Regierungschef	Außenminister
Carlos Salinas de Gortari	Carlos Salinas de Gortari	Fernando Solana Morales

ÖB Mexiko: Dr. Klas Daublebsky, Campos Eliseos 305, Polanco, 11560 Mexiko, D. F., Tel. 5403415, 5403651; Telex 1774448; Fax 2029284; HK Acapulco: Lic. Luis Walton Aburto, J. R. Excudero 1, desp. 3 y 4, 39300 Acapulco, Guerrero; Tel. 22 166, 32 979; HK Guadalajara; GK a. p. Dipl.-Ing. Arch. Erich Coufal, Mar Negro 1221, Lomas del Country, 44610 Guadalajara, Jalisco; Tel. 23 05 11; Telefax 41 00 26; Vizekonsul Lic. Eric Coufal, Montevideo 2695, Col. Providencia, 44630 Guadalajara, Jalisco; Tel. 41 18 34; Telefax 41 00 26; HK Monterrey: Ing. Juan Celada Salmon, Rio Orinoco 105 Pte. Col. del Valle 66220, San Pedro Garza Garcia, Nuevo Leon; Tel. 31 15 25; HK Tijuana: Alberto Limon Padilla, Blvd. Agua Caliente 3401-803, Edificio Gallego 22420 Tijuana, Baja California; Tel. 86 36 25; AHSt. Mexiko: Dkfm. Hellfried Böhm, Av. Presidente Mazarik 101, 11. Stock, Col. Polanco, 11560 Mexiko D. F.; Tel. 254 44 18/28/38; Telex 1771148 AUCOME; Telefax 2551665

Die Exporte Österreichs haben sich im Jahr 1991 um 19,7 Prozent auf 774,8 Millionen Schilling erhöht. Die Importe erfuhren eine Zunahme um 44,7 Prozent auf 895,9 Millionen Schilling.

Österreich konnte das „Mozart-Jahr" zur Stärkung seiner bereits starken kulturellen Präsenz nutzen. Es gab Konzerttourneen des Wiener Schubert-Trios, des Salzburger Mozarteum-Quartetts sowie der Salzburger Mozart-Solisten, wobei letztere Österreich auch beim renommierten Festival Internacional Cervantino vertraten. Weitere musikalische Veranstaltungen waren Konzertzyklen von Prof. Paul Badura-Skoda, Orgel- und Klavierkonzerte von Robert Lehrbaumer sowie Liederabende der Sopranistin Inge Balac. Weiters waren ein Konzertzyklus von Jörg Demus, Konzerte der Wiener Sängerknaben sowie ein Gastspiel des Salzburger Marionettentheaters zu verzeichnen. Am 5. Dezember, dem Todestag Mozarts, wurde auf der österreichischen Botschaft eine mexikanische Gedenkmarke, die durch Geldspenden in Mexiko ansässiger Unternehmen ermöglicht wurde, vom Botschafter unter entsprechender Medienpräsenz vorgestellt und Postmuseumsexemplare mit dem Sonderstempel versehen.

Neben einer Ausstellung über Mozart wurden Werke des Malers Santoni und eine Gruppenausstellung „7 Druckgrafiker aus Österreich" präsentiert. Von den Vortragsreihen waren jene des Musikwissenschafters Prof. Kurt Pahlen über Mozart sowie von Dr. Christian Kloyber über die österreichische Emigration in Mexiko am bedeutendsten. Im Rahmen des Kulturabkommens wurden fünf wechselseitige Besuche von Wissenschaftern vereinbart.

Die Herausgabe der wichtigsten präkolumbianischen Kodizes in Zusammenarbeit zwischen dem Fondo de Cultura Economica und der Grazer Akademischen Druck- und Verlagsanstalt wurde unter wissenschaftlicher Leitung von Doz. F. Anders fortgesetzt.

Monaco
(Fürstentum Monaco), Monte Carlo

Staatsoberhaupt	Regierungschef	Außenminister
Fürst Rainier III. Grimaldi	(auch zuständig für auswärtige Beziehungen) Jean Ausseil	

HK Monte-Carlo: Honorargeneralkonsul J. de Beer de Laer, „Monte-Carlo Palace", 7 et 9, bd des Moulins, MC-98000 Monte-Carlo, Principauté de Monaco; Tel. 93 30 23 00, Telefax 92 16 04 65, Telex 460 788

Zwischen Österreich und dem Fürstentum Monaco bestehen konsularische Beziehungen.

Die österreichische Außenhandelsstatistik weist für Monaco keine separaten Zahlen aus.

Kulturell war Österreich auch 1991 in Monaco durch Konzerte und Ausstellungen präsent.

Mongolei
(Mongolische Volksrepublik), Ulan Bator

Staatsoberhaupt	Regierungschef	Außenminister
P. Otschirbat	D. Bjambassuren	S. Gombosuren

ÖB und AHSt: siehe Moskau

Über Einladung von Nationalratspräsident Heinz Fischer stattete der Vizepräsident und Parlamentsvorsitzende der Mongolischen Volksrepublik, R. Goncsigdorzs, vom 7. bis 9. Februar Österreich einen Arbeitsbesuch ab. Er führte Gespräche mit Nationalratspräsident Fischer, Bundesratspräsidentin Haselbach, dem Vizepräsidenten der Bundeswirtschaftskammer Fröhlich sowie mit Vertretern der Bundesministerien für auswärtige Angelegenheiten, wirtschaftliche Angelegenheiten und Finanzen. Schließlich wurde der mongolische Gast von Bundespräsident Waldheim zu einem Höflichkeitsbesuch empfangen. Im Zuge dieses Besuches bekundete der mongolische Vizepräsident wiederholt großes Interesse an einem Ausbau der bilateralen Beziehungen mit Österreich.

Den mongolischen Wünschen und Bedürfnissen Rechnung tragend, führte die Bundeswirtschaftskammer in der Mongolischen Volksrepublik Seminare für Führungskräfte durch.

Über Wunsch der mongolischen Seite werden junge mongolische Diplomaten an der Diplomatischen Akademie studieren.

Der insgesamt bescheidene bilaterale Handel ist durch einen starken österreichischen Exportüberschuß gekennzeichnet. Die österreichischen Exporte in die Mongolei betrugen 113 Millionen Schilling, die Importe aus diesem Land 2,4 Millionen Schilling.

Mosambik
(Volksrepublik Mosambik), Maputo

Staatsoberhaupt	Regierungschef	Außenminister
Joaquim Alberto Chissano	Mario F. de Graca Machungo	Dr. Pascoal M. Mocumbi

ÖB und AHSt: siehe Simbabwe;

HK Maputo: Honorarkonsul Klaus Gustav Dieckmann, Av. 24 de Julho-4°, Maputo, P.O. Box 487, Tel: 422344, 425387, Telex: 6319, Telefax: 429111.

Aus österreichischen Entwicklungshilfemitteln wurde die Bereitstellung von Bahnbau-Maschinen für den Neubau der Eisenbahnlinie von Simbabwe nach Maputo (dem „Limpopo-Korridor") und die Bereitstellung von Fachleuten für Instandhaltung und für technische Ausbildung bei der „Beira Corridor Authority" finanziert.

Die Planung der Rehabilitierung des Schlachthofes in Maputo wurde weitergeführt.

1991 wurden ferner 5000t Nahrungsmittelhilfe (Weizen bzw. Weizenäquivalent) finanziert. Auch für 1992 ist Nahrungsmittelhilfe im gleichen Ausmaß vorgesehen.

Österreichische Warenexporte (Papier, Straßenfahrzeuge, Maschinen) beliefen sich auf 9,7 Millionen Schilling. Aus Mosambik wurden Gemüse und Früchte sowie Textilien um 3 Millionen Schilling bezogen.

Myanmar
(Union of Myanmar), Yangon

Staatsoberhaupt	Regierungschef	Außenminister
Saw Maung	Saw Maung	Ohn Gyaw

ÖB und AHSt: siehe Thailand; HK Yangon: U Chit Khine, 16 (G) Yarde Road, Mayangon, Yangon, Tel.: 61 8 73

Den Behörden Myanmars wurde im August eine Erklärung von Bundesminister Alois Mock zur Kenntnis gebracht, in der dieser Besorgnis über anhaltende Menschenrechtsverletzungen in Myanmar äußerte und die Regierung aufforderte, dem Wunsch der burmesischen Bevölkerung nach Wiederherstellung der Demokratie Rechnung zu tragen, das Parlament einzuberufen und die Macht an eine demokratische Regierung abzugeben. In einer Reaktion der Botschaft Myanmars in Bangkok wurden daraufhin jegliche Menschenrechtsverletzungen in Abrede gestellt und behauptet, daß die Demokratisierung Myanmars unter der Leitung des „State Law and Order Restoration Council" (SLORC) – der Militärregierung – vorangetrieben werde.

Bundesminister Alois Mock richtete eine Glückwunschdepesche an die unter Hausarrest stehende Oppositionsführerin Aung San Suu Kyi anläßlich der Verleihung des Friedensnobelpreises; es muß angenommen werden, daß diese die Adressatin nie erreicht hat.

Die österreichischen Exporte sind im Hinblick auf die schlechte wirtschaftliche Lage Myanmars und dessen Devisenmangel stark gesunken (15 Millionen Schilling). Maschinen, Tabak und Baumaterialien waren die wichtigsten Ausfuhrgüter. Auch die Importe aus Myanmar nahmen um die Hälfte auf 7 Millionen Schilling ab (hauptsächlich Reis).

Namibia
(Republik Namibia), Windhoek

Staatsoberhaupt	Regierungschef	Außenminister
Sam Nujoma	Hage Geingob	Theo-Ben Gurirab

ÖB: siehe Simbabwe;

HK Windhoek: Honorarkonsul F. Pfaffenthaler, 60, Jan Jonker Road, P.O. Box 3163, Klein-Windhoek 9000, Tel.: (061) 37920, 37923, 37934, Telefax: (061) 38 795; AHSt: siehe Südafrika

Ein Bewerber aus Namibia nahm am Kurs für Grundwasser-Markierung, der im August/September 1991 an der Technischen Universität in Graz abgehalten wurde, teil.

Aus Entwicklungshilfemitteln wird ein vom österreichischen Verein „Hilfe für Namibia" organisiertes Schulausspeisungsprogramm für bedürftige Kinder finanziell unterstützt.

Österreich exportierte Waren aus mineralischen Stoffen, Papier, Jagdwaffen und Munition (1991: 29 Millionen Schilling) und importierte Kupfer und Blei (1991: 174 Millionen Schilling).

Nepal
(Königreich Nepal), Kathmandu

Staatsoberhaupt	Regierungschef und Außenminister
Birendra Bir Bikram Shah Dev	Girija Prasad Koirala

ÖB und AHSt: siehe Indien; HK Kathmandu: Chuda Thapa, P. O. Box 146, Hattisar, Naxal, Ward no. 1, GHA 2-200, Kathmandu, Tel.: 41 08 91, Telex: 2322

Nach dem turbulenten Jahr erholte sich die Wirtschaft langsam, und vor allem die Exporte Nepals nach Indien konnten Dank der Normalisierung der Handels- und Transitgeschäfte ein Wachstum von 257,8 Prozent verzeichnen. Trotzdem ist Nepals Wirtschaft weiterhin weitgehend von ausländischer Entwicklungshilfe abhängig.

Nepal ist eines der Schwerpunktländer österreichischer Entwicklungshilfe. Als Entwicklungshilfe errichtet Österreich ein Kleinkraftwerk und finanziert die Restaurierung eines historischen Palais, das als Museum dienen soll.

Im bilateralen Warenhandel konnte Österreich mit einer Exportsteigerung auf 30 Millionen Schilling einen durchschlagenden Erfolg erzielen, der allerdings hauptsächlich auf Lieferungen für das von Österreich finanzierte Wasserkraftwerk Namche Bazar zurückzuführen ist.

Auch Nepals Ausfuhren nach Österreich, die zu 93 Prozent aus Teppichen bestehen, wuchsen äußerst dynamisch auf 67 Millionen Schilling.

Ende 1990 wurde Nepal von Österreich eine Kreditlinie über 60 Millionen Schilling zur Verfügung gestellt, die in naher Zukunft weitere Exportimpulse mit sich bringen sollte.

13 Stipenien, darunter eine Verlängerung, wurden an Nepal vergeben.

Neuseeland
(Neuseeland), Wellington

Staatsoberhaupt	Regierungschef	Außenminister
Königin Elizabeth II. vertreten durch: Generalgouverneur Dame Catherine Tizard	Jim Bolger	Don C. McKinnon

ÖB: siehe Australien; HGK Wellington: Otto Tiefenbacher, Security Express House, 2nd Floor, 22-24 Garrat Strett, Te Aro, Wellington, Tel.: 801 97 09, Telefax: 385 46 42; HK Auckland: Stanley Ellis, 4 Ponui Place, Mt. Wellington, Auckland, Tel.: 73 40 78, 73 40 79, Telefax: 73 40 76; AHSt Auckland: Wilhelm Galathovics, 7th Floor, 67 Symonds Strett, Auckland, Tel.: 73 40 78, 73 40 79, Telefax: 73 40 76

Infolge großer wirtschaftlicher Schwierigkeiten – primär durch den Preisrückgang neuseeländischer Exportgüter auf dem Weltmarkt bedingt – sind die österreichischen Exporte stark zurückgegangen (17,6 Prozent) und betrugen wertmäßig 229 Millionen Schilling.

Die österreichischen Importe aus Neuseeland verzeichneten ebenfalls einen leichten Rückgang von 4 Prozent und betrugen 313 Millionen Schilling.

Der Präsident der Bundeswirtschaftskammer, Leopold Maderthaner, stattete Neuseeland in der Zeit vom 14. bis 17. Oktober einen offiziellen Besuch ab. Von der Bundeswirtschaftskammer wurden drei Wirtschaftskommissionen (März, Mai, November) organisiert, an denen insgesamt 23 Firmen teilnahmen.

Im Mai wurde an der Univerity of Otago in Dunedin ein internationales Grillparzer-Symposium abgehalten.

Nicaragua
(Republik Nicaragua), Managua

Staatsoberhaupt	Regierungschef	Außenminister
Violeta Barrios Vda. de Chamorro	Violeta Barrios Vda. de Chamorro	Enrique Dreyfus

ÖB: siehe Mexiko; Büro des Rates für Technische Zusammenarbeit der ÖB Mexiko: MR Dipl.-Ing. Josef Pernerstorfer, De la Plaza Espana 3 cuadras abajo, 1 cuadra al lago, 1 1/2 cuadras ariba, Managua; Tel. 66 33 16; Telex 1093 OERAT; Telefax 66 33 16; AHSt: siehe Guatemala

Staatssekretär Peter Jankowitsch stattete Nicaragua vom 26. bis 28. August einen offiziellen Besuch ab, in dessen Verlauf der Staatssekretär u. a. Gespräche mit Staatspräsidentin Violeta Barrios de Chamorro, Präsidentschaftsminister Antonio Lacayo, Kooperationsminister Erwin Krüger und Vizeaußenminister Ernesto Leal führte und verschiedene österreichische Entwicklungsprojekte besuchte.

Am 15. Februar wurde im Rahmen der beiderseitigen Entwicklungszusammenarbeit in Anwesenheit des österreichischen Botschafters und des Abgeordneten zum Nationalrat Günter Dietrich das Textilausbildungszentrum „Instituto Técnico Textil“ in Managua eröffnet.

Neben dem Ausbau der traditionellen Schwerpunktsektoren Berufsbildung, Gewerbeförderung, Gesundheit, Wasser- und Energieversorgung legt die österreichische Entwicklungszusammenarbeit besonderes Augenmerk auf die Bekämpfung der Arbeitslosigkeit (durch Stärkung des Privatsektors, Förderung des Kleingewerbes), den Schutz des Regenwaldes (Regenwald-Schutzprogramm Rio San Juan), die alternative Energiegewinnung (Weiterentwicklung der Energiepflanzenproduktion) und andere umweltschutzfördernde Maßnahmen.

Ein erster Schritt zur wirtschaftlichen Stabilisierung des Landes erfolgte durch die Aufstellung eines international koordinierten Notstandprogrammes, an dem sich Österreich mit einem zinsenlosen Kredit in der Höhe von 70 Millionen Schilling beteiligte.

Die Exporte Österreichs haben sich im Jahr 1991 um 30,6 Prozent auf 21,2 Millionen Schilling, die Importe um 2,5 Prozent auf 138,2 Millionen Schilling verringert.

Niederlande
(Königreich der Niederlande), Den Haag

Staatsoberhaupt	Regierungschef	Außenminister
Königin Beatrix Wilhelmine Armgard	R. F. M. Lubbers	Hans van den Broek

ÖB Den Haag: Dr. Heinrich Pfusterschmid-Hardtenstein, Van Alkemadelaan 342, 2597 AS Den Haag, Tel.: 0703 24 54 70, Telex: 32236 oedhg nl, Telefax: 070-3282066; HGK Amsterdam: Honorargeneralkonsul W. Schoemaker, Weteringsschans 106, 1017 XS Amsterdam, Tel.: 020626 80 33; AHSt Den Haag: Dipl.-Vw. C. Weigelsperg, Lange Voorhout 58A, 2514 EG Den Haag, Tel.: 070-365 49 16,

Telex: 32346 ahaag hl, Telefax: 070-3 65 73 21; ÖFVW: Stadhouderskade 2, 1054 ES Amsterdam, Tel.: 020-612 96 82, Telex: 15265 oeams nl, Telefax: 020-612 02 19; AUA-B: Kerkstraat 44/III, 1017 GM Amsterdam, Tel.: 020-624 23 90 od. 622 76 92, Telex: 11348 auair nl, Telefax: 020 - 244 781

Die Zusammenarbeit auf bilateraler Ebene sowie im Rahmen der Internationalen Organisationen war insbesondere aufgrund der niederländischen EG-Präsidentschaft im 2. Halbjahr 1991 sehr umfassend und rege.

Am 1. Februar stattete Bundesminister Wolfgang Schüssel im Rahmen des österreichischen EFTA-Vorsitzes in Den Haag einen Besuch ab. In der Zeit von 14.–16. März hielt sich Bürgermeister Helmut Zilk zu einer Visite bei seinem Amtskollegen in Amsterdam auf. Vizekanzler Josef Riegler absolvierte am 1. und 2. Mai einen Arbteitsbesuch in Den Haag. Bundesminister Erhard Busek nahm am 14. Juni an der Eröffnung des Lehrstuhles „Mitteleuropäische Studien mit besonderem Schwerpunkt Österreich" an der Universität Leiden teil und führte Gespräche mit seinem Amtskollegen. Der Leiter der wirtschafts- und integrationspolitischen Sektion des BMaA, Botschafter Manfred Scheich, hielt sich am 3. Juli in Den Haag auf. Staatssekretär Peter Jankowitsch stattete am 23. Juli 1991 einen Besuch bei Europa-Staatssekretär Piet Dankert ab. Bundesminister Alois Mock kam im Rahmen der EPZ-Konsultationen am 14. Oktober zu einem Arbeitsbesuch nach Den Haag. Bundesminister Franz Löschnak hielt sich 2. und 3. Dezember im Rahmen einer Tagung der TREVI-Gruppe in Den Haag auf. Generalsekretär Thomas Klestil stattete am 4. Dezember zur Überreichung des EG-Memorandums der österreichischen Bundesregierung der niederländischen EG-Präsidentschaft einen Besuch ab. Vizekanzler und Wissenschaftsminister Erhard Busek führte am 5. und 6. Dezember Gespräche mit der niederländischen Regierungsspitze. Bundesminister Wolfgang Schüssel kam am 16. und 17. Dezember zur Unterzeichnung der Europäischen Energie-Charta nach Den Haag. Im Rahmen der EPZ-Konsultationen fanden im Oktober und im Dezember Begegnungen der Politischen Direktoren statt.

Niederländischerseits stattete die Ministerin für Verkehr und öffentliche Arbeiten, Hanna Maij-Weggen im August in Wien betreffend die Transitverhandlungen einen Kurzbesuch ab, Landwirtschaftsminister Piet Bukman traf sich vom 29.–31. Oktober mit seinem Amtskollegen in Wien.

Die Exporte Österreichs in die Niederlande erreichten 1991 einen Anstieg von 6,5 Prozent mit einem Wert von 14,39 Milliarden Schilling. Die Importe Österreichs aus den Niederlanden entwickelten sich weniger dynamisch und betrugen 15,88 Milliarden Schilling (+0,9 Prozent). Die Niederlande liegen an sechster Stelle der wichtigsten Handelspartner Österreichs. Österreich exportierte insbesondere chemische Erzeugnisse, bearbeitete Waren, sonstige Fertigwaren sowie Maschinen und Fahrzeuge. Bei den Importen überwiegen Chemieerzeugnisse, pflanzliche Rohstoffe, Luftfahrzeuge, Tiere, Gemüse und Früchte.

Zwischen Österreich und den Niederlanden bestehen enge kulturelle Beziehungen. Die bilaterale kulturelle und wissenschaftliche Zusammenarbeit wird alle drei Jahre durch den Abschluß eines Protokolls dokumentiert. Das derzeit gültige Protokoll stammt vom 12. Dezember und gilt für die Jahre 1992–1994.

An Ausstellungen wurden die Fotodokumentationsausstellungen „W. A. Mozart" im Mai und Juni 1991 in Zeist und Middelburg und „Berggasse 1938 – Sigmund Freud" in Tilburg im Oktober 1991 präsentiert. Die Albertina stellte Leihgaben dem Boymans von Beunigen Museum in Rotterdam und dem Rijksmuseum Amsterdam für die Rembrandt-Ausstellung im Dezember 1991 zur Verfügung. Weiters gab es im März 1991 in Den Haag und in Amsterdam eine Ausstellung über Leben und Werk von Marlen Haushofer. Eine Reihe junger österreichischer Künstler stellte im Laufe des Jahres in Galerien in Amsterdam, Den Haag, Maastricht und Eindhoven aus.

In Zusammenarbeit mit den Germanistikinstituten niederländischer Universitäten hielten Prof. K. Amann, die Literaturwissenschaftlerin Christine Schmidjell und Prof. Norbert Leser Vorträge über österreichische Themen. Eine Reihe niederländischer Übersetzungen österreichischer Autoren wurde 1991 publiziert.

Weiters gastierten österreichische Musiker mit großem Erfolg in den Niederlanden. Hiezu zählen die Dirigenten Nikolaus Harnoncourt, Theodor Guschlbauer und Martin Sieghart, der Pianist Alfred Brendel, die Violonistin Roswitha Randacher, der Cellist Heinrich Schiff, das Alban-Berg-Quartett, das Wiener Streich-Sextett und die Wiener Sängerknaben.

Gastvortragende waren u. a. Prof. N. Leser, Prof. R. Plaschka, Prof. G. Roth, Prof. G. Scholz und Prof. K. Amann.

Wie in den Vorjahren wurden von Österreich auch 1991 Jahres- und Sommerstipendien an niederländische Studenten vergeben und einige Studienreisen nach Österreich subventioniert.

Niger
(Republik Niger), Niamey

Staatsoberhaupt	Regierungschef	Außenminister
Ali Saibou	Cheiffou Amadou	Hamidou Hassan Diallo

ÖB und AHSt: siehe Côte d'Ivoire

Sieben Studenten studieren an österreichischen Hochschulen.

Der bilaterale Warenaustausch ist minimal.

Nigeria
(Bundesrepublik Nigeria), Lagos

Staatsoberhaupt	Regierungschef	Außenminister
General Ibrahim Babangida	General Ibrahim Babangida	Generalmajor Ike Nwachukwu

ÖB Lagos: Dr. J. Werner Druml, Plot 1656, Olosa Street 7A, P. O. Box 1914, Victoria Island, Lagos. Telefon: 61 60 81, 61 62 86, Telex: 21463, Telefax: 62 76 39;

HK Accra: siehe Ghana

HK Freetown: siehe Sierra Leone

AHSt Lagos: Dr. Peter Schwarz, 8–10 Broad Street, Western House, 7th floor, P. O. Box 1217, Lagos, Tel: 63 68 27, 63 68 28; Telex: 21285 oelag ng; Telefax: 63 11 24

Österreichs Exporte stiegen in diesem traditionell wichtigen schwarz-afrikanischen Markt im Jahr 1991 wegen einiger Projektrealisierungen beachtlich: geliefert wurden Kraftwerksausrüstungen, Kommunikationseinrichtungen, Nachrichtengeräte, Straßenfahrzeuge, Maschinen und Textilien im Wert von 1491 Millionen Schilling. Österreichische Importe aus Nigeria erreichten 1991 einen Wert von 3467 Millionen Schilling. Neben geringen Bezügen von Kakao und Rohstoffen wurden wieder beachtlich gesteigerte Mengen von Erdöl aus Nigeria bezogen.

Gemeinsam mit anderen europäischen Vertretungsbehörden hat die Botschaft mehrere Veranstaltungen anläßlich des Mozart-Jahres durchgeführt.

Seit 12. Dezember ist die in der Landesmitte gelegene neue Hauptstadt Abuja auch offizieller Regierungssitz. Dies bedeutet, daß auch die diplomatischen Vertretungen in Lagos sich allmählich auf den Umzug in das 700 km nördlich liegende Abuja einstellen müssen.

Norwegen
(Königreich Norwegen), Oslo

Staatsoberhaupt	Regierungschef	Außenminister
König Harald V.	Gro Harlem Brundtland	Thorvald Stoltenberg

ÖB Oslo: Dr. Franz Palla, Sophus Liesgt. 2, 0244 Oslo; Tel.: 552-348/552-349, Fas: 554-361, Telex: 76850 oebos/n; HGK Oslo: Thorbjorn Conradi, Ullern allé 20, 0351 Oslo; Tel.: 523-301, Fax.: 523-796; HK Bergen, Gerhard Runshaug Jr., Kong Oscarsgt. 56, 5000 Bergen; Tel.: 05/312-160, Fax: 05/326-629, Telex: 40488; HK Stavanger, Olav G. Hestness; Stavanger Roerhandel A/S-Myglabergveien, 4033 Forus; Tel.: 04/571-720, Fax: 04/575-635; Telex: 33004; AHSt Oslo, Dr. Peter Festin: Oscarsgt. 81, 0256 Oslo, Tel.: 555-730, Fax: 556-622; Telex: 78-968 hdosl/n; AUA: Haakon VII'sgt. 5B, 0161 Oslo; Tel.: 836-050, Fax: 830-911, Telex: 77393

Teilweise bedingt durch den österreichischen EFTA-Vorsitz im 1. Halbjahr kam es 1991 zu einer Verdichtung der bilateralen Kontakte. Der Vizepräsident des Bundesrates Herbert Schambeck besuchte Oslo zwischen 29. und 31. Januar 1991 anläßlich des Begräbnisses von König Olav V. und traf dabei mit Parlamentspräsident Jo Benkow zusammen.

Bundeskanzler Franz Vranitzky kam am 3. und 4. April 1991 zu einem Arbeitsbesuch nach Oslo, traf Premierministerin Gro Harlem Brundtland und hatte eine Audienz bei König Harald V.

Bundesminister Wolfgang Schüssel besuchte, begleitet vom EFTA-Generalsekretär Georg Reisch, während des österreichischen EFTA-Vorsitzes Oslo am 4. März 1991 und traf Außenminister Thorvald Stoltenberg und die Ministerin für Handel und Schiffahrt Eldrid Nordbo.

Bundesminister Franz Löschnak kam zur Paneuropäischen Konferenz über Zusammenarbeit bei Fragen des illegalen Drogenmißbrauchs am 8. und 9. Mai 1991 nach Oslo und traf Justizministerin Kari Gjeteby, Kommunalminister Kjell Borgen und Gesundheits- und Sozialministerin Tove Veierod.

Die Politischen Direktoren der beiden Außenministerien trafen einander am 15. November 1991 in Oslo zu einem Meinungsaustausch.

Premierministerin Gro Harlem Brundtland war 1991 vom 24. bis 25. Mai anläßlich der EFTA-Tagung der Regierungschefs auf Besuch in Wien.

Helge Vindenes, Staatssekretär im norwegischen Außenministerium, besuchte Generalsekretär Thomas Klestil am 9. April 1991 in Wien und wurde von Bundesminister Alois Mock empfangen.

Der Ausschuß für Gesundheits- und Spitalswesen der Stadt Wien besuchte unter Leitung von Stadtrat Sepp Rieder vom 21. bis 26. Juni Bergen und Oslo.

Am 30. Weltkongreß der International Union of Local Authorities (IULA), der zwischen 23. und 27. Juni 1991 in Oslo stattfand, war Österreich mit über 50 Teilnehmern vertreten.

Die Abgeordneten zum Nationalrat Gerhart Bruckmann und Walter Resch nahmen an der Konferenz „Energie für Europa", 14. und 15. Oktober 1991, in Oslo teil.

Die österreichischen Exporte stiegen gegenüber dem Vorjahr um 9,7 Prozent auf 2,74 Milliarden Schilling. Auf der Importseite ist ein Anstieg von 2,1 Prozent auf 1,89 Milliarden Schilling zu verzeichnen.

Zum Mozart-Gedenkjahr wurde in Oslo die Mozart-Wanderausstellung und ein Mozart-Seminar, in der südnorwegischen Hafenstadt Sandefjord ein Internationales Mozart-Festival (u. a. Orchester „Wien 1900") veranstaltet.

Ein Symposium mit österreichischer Beteiligung und die Ausstellung „Franz Grillparzer" fanden zum 200. Geburtsjahr des Österreichischen Schriftstellers an der Universität Oslo, ein weiteres Symposium an der Universität Bergen statt.

Franz Kafkas Roman „Der Prozeß" wurde von einer norwegischen Fachjury zum Buch des Jahrhunderts gewählt und wird neu verlegt.

Der im österreichisch-norwegischen Kulturabkommen vorgesehene Austausch von Vortragenden, Künstlern, Wissenschaftlern und Stipendiaten wurde fortgesetzt.

Oman
(Sultanat Oman), Muscat

Staatsoberhaupt	Regierungschef	Außenminister
Sultan Qaboos Bin Said	Sultan Qaboos Bin Said	Yusuf Bin Alawi Bin Abdullah

ÖB Muscat: Dr. Rudolf Bogner, Moosa Abdul Rahman Building, 2. Stock, P.O.B. 5070 Ruwi; Tel. 79 31 35, 79 31 45, Fax: 793 669, Telex: 3042 oemusc on, AHSt. Abu Dhabi

In der Zeit vom 12. bis 14. 1. stattete Bundespräsident Kurt Waldheim, begleitet von Außenminister Alois Mock und einer 14-köpfigen Delegation hoher Beamter, aufgrund einer Einladung Sultan Qaboos' dem Oman einen Staatsbesuch ab, in dessen Verlauf nicht nur die österreichisch-omanischen Beziehungen und deren erfreuliche Intensivierung während der letzten Jahre, sondern auch weltpolitische Fragen, in erster Linie die Golfkrise besprochen wurden. Der Bundespräsident wurde von einer hochrangigen Wirtschaftsmission sowie von zahlreichen Zeitungs-, Rundfunk- und Fernsehjournalisten begleitet.

In der Zeit vom 21. bis 22. 4. veranstaltete die Sultan Qaboos Universität in Muscat ein zweitägiges Symposium über Erdöllagerstätten, das zur Gänze von zwei österreichischen Professoren der Montanuniversität Leoben, Dr. Michael Exomomides und Dr. Zoltan Heinemann, bestritten wurde. Diese unterbreiteten bei dieser Gelegenheit ein Konzept für die Zusammenarbeit zwischen der Sultan Quaboos Universität und der Montanuniversität Leoben auf wissenschaftlichem Gebiet das zur Zeit von den omanischen Regierungsstellen überprüft wird.

In der Zeit vom 7. bis 12. 11. 1991 fand in Muscat eine Ausstellung mit Werken 10 österreichischer Maler, Graphiker und Bildhauer statt, die von Bundesministerin a. D. Hilde Hawlicek gemeinsam mit dem omanischen Kulturminister eröffnet wurde, und an der die ausstellenden Künstler Roman Haller, Franz Part, Herbert Pasiecznyk, Josef Schagerl, Ona B., Tone Fink, Martha Jungwirth-Schmeller und Linde Waber persönlich, sowie Karl Korab und Hildegard Joos mit ihren Werken teilnahmen. Die in Muscat anwesenden Künstler veranstalteten zwei je 14tägige Workshops für junge omanische Maler und Graphiker.

Wie schon in den vergangenen Jahren beteiligte sich Österreich auch 1991 an den großangelegten kulturellen Veranstaltungen anläßlich des omanischen Nationalfeiertages, und zwar durch einen Liederabend der österreichischen Sängerin Jutta Seifert und durch zwei Veranstaltungen einer österreichischen Volkstanz- und Volksmusikgruppe.

Die österreichischen Exporte in den Oman (Straßenfahrzeuge, elektrische und sonstige Maschinen, Papier, Mode und Bekleidung) waren mit insgesamt 997 Millionen Schilling etwas höher als im Vorjahr, die österreichischen Importe aus dem Oman sind nach wie vor unbedeutend.

Pakistan
(Islamische Republik Pakistan), Islamabad

Staatsoberhaupt	Regierungschef	Außenminister
Ghulam Ishaq Khan	Mian Nawaz Sharif	Posten derzeit nicht besetzt

ÖB Islamabad: Dr. Hans Walser, 13, 1st Street Shalimar 6/3, Islamabad, Tel.: 21 02 37, 21 04 13, Telex: 5531, Telefax: 82 37 09; HK Lahore: Mohammed Amin, 4, Lawrence road, Tel.: 36 26 25, 30 50 61, 30 50 90, Telex: 44389, Telefax: 30 38 15; AHSt Karachi: Dr. Wolfgang Penzias, 43/1/n, block 6, Razi road, p.e.c.h.s., Karachi-2903, Tel.: 43 91 11, 43 91 12, Telex: 2795, Telefax: 43 73 82

Österreichische Firmen sind in Pakistan vornehmlich mit Großprojekten in den Bereichen Wasserbau, Stahl- und Erdölförderung vertreten. So standen im abgelaufenen Jahr österreichische Exporte in der Höhe von 452 Millionen Schilling (-6 Prozent) pakistanischen Importen von 522 Millionen Schilling (+14 Prozent) gegenüber.

Das „Österreichische Hilfskomitee für afghanische Flüchtlinge“ mit Sitz in Peschawar leistete auch 1991 einen wichtigen Beitrag zur Betreuung afghanischer Flüchtlinge in Pakistan.

In diesem Jahr hielten sich wiederum einige österreichische Bergsteigerexpeditionen in Pakistan auf. Die Anzahl österreichischer Touristen, die vor allem den Norden Pakistans bereisten, stieg weiter an.

Panama
(Republik Panama), Panama

Staatsoberhaupt	Regierungschef	Außenminister
Guillermo Endara	Guillermo Endara	Julio Linares

ÖB: siehe Kolumbien; HGK Panama: Ing. Robert Zauner, Avenida Simon Bolivar, Edificio Concreto S. A. Panama, Apartado Aéreo 177, Panama 9A; Tel. 29 27 00; Telex 2661; Fax 29 29 25

Nach einem vor allem von der Bautätigkeit und dem verstärkten Warenumschlag in der Zollfreizone Colón stimulierten Wirtschaftswachstum von 3 Prozent im Jahr 1990 wird für 1991 nur ein Anstieg des BIP um 2 Prozent erwartet. Die österreichischen Exporte erhöhten sich um 6,7 Prozent auf 28,9 Millionen Schilling, bei gleichzeitigem Rückgang der Warenlieferungen Panamas nach Österreich um 46,6 Prozent auf 177,9 Millionen Schilling.

Im musikalischen Bereich war Österreich durch ein Konzert des Mozarteum-Quartetts Salzburg und durch die Wiener Sängerknaben präsent.

Papua-Neuguinea
(Papua-Neuguinea), Port Moresby

Staatsoberhaupt	Regierungschef	Außenminister
Königin Elisabeth II. vertreten durch: Generalgouverneur Siri Wiwa Korowi	Rabbie Namaliu	Sir Michael Somare

ÖB und AHSt: siehe Australien; HK Port Moresby: Beresford Love, ANG-House, 10th floor, Hunter Street, Port Moresby, Tel.: 21 19 42, Telefax: 21 15 86

Seit vielen Jahren bildet Papua-Neuguinea den Schwerpunkt bilateraler österreichischer Entwicklungszusammenarbeit im südpazifischen Raum. Diese umfaßte vor allem die Bereiche Berufsausbildung und Sozialhilfe. Mit Jahreswende befanden sich 16 österreichische Entwicklungshelfer im Einsatz in Papua-Neuguinea.

Die österreichischen Exporte verzeichneten einen Rückgang von 41 Prozent auf 2,7 Millionen Schilling, ebenso österreichische Importe die um 78 Prozent auf 9 Millionen Schilling fielen.

Paraguay
(Republik Paraguay), Asunción

Staatsoberhaupt	Regierungschef	Außenminister
Generalmajor Andrés Rodriguez	Generalmajor Andrés Rodriguez	Alexis Frutos Vaesken

ÖB: siehe Argentinien; HGK Asunción: Jörg Brunotte, Edificio „Internacional Faro“, General Diaz 525, C.C.: 582, Asunción; Tel. 44 39 10, Telex: 5323 py austroko, Fax: 444 815

Paraguay hat 1991 eine eigene Botschaft in Wien eröffnet, von der aus auch einige Staaten Osteuropas, mit denen Paraguay 1991 diplomatische Beziehungen aufgenommen hat, mitbetreut werden. Der erste in Wien residierende Botschafter Paraguays überreichte im Dezember sein Beglaubigungsschreiben.

Im Juni besuchten der Präsident des Senates, Gustavo Diaz de Vivar, und der Präsident des Abgeordnetenhauses, Jose A. Moreno Rutinelli, in offiziöser Eigenschaft Wien, wo sie von Bundespräsident Kurt Waldheim, dem Ersten Präsidenten des Nationalrates Heinz Fischer und dem Präsidenten der Bundeskammer der gewerblichen Wirtschaft Leopold Maderthaner empfangen wurden.

Der bilaterale Handelsverkehr, der sich auf sehr niedrigem Niveau bewegt, erfuhr 1991 eine weitere Abschwächung in beiden Richtungen. Die österreichischen Exporte beliefen sich auf 23,5 Millionen Schilling (–7,7 Prozent), die österreichischen Importe auf 43 Millionen Schilling (–14,2 Prozent).

1991 wurde erstmals seit vielen Jahren in Asunción eine österreichische Austellung (Wolfgang Amadeus Mozart) präsentiert. Das Mozart-Gedenkjahr bot Anlaß zu einer Reihe musikalischer Veranstaltungen unter dem Ehrenschutz des österreichischen Honorargeneralkonsulates.

Peru
(Republik Peru), Lima

Staatsoberhaupt	Regierungschef	Außenminister
Alberto Fujimori Pérez Albela	Alfonso de los Heros Miller	M. Augusto Blacker

ÖB Lima: Dr. Franz Irbinger, Avenida Central 643, 5. Stock, San Isidro, Lima 27; Tel. 42 88 51, 42 05 03, Telex: 21128; HGK Lima: Elfriede Buchner, Emilio Cavenecia 175, Of. 4, Miraflores, Lima 18, Tel.: 40 30 73; HK Arequipa: Laub Thomas, Jerusalén 201-E, piso 2, Of. 6-A, Arequipa, Tel.: 21 53 84, 21 15 07, Telex: 51099, Telefax: 21 15 07; HK Cuzco: Raul German Delgado de La Flor Caparo, Hotel San Agustin, Maruri 390, Cuzco, Tel.: 23 30 23, 23 10 01, Telex: 52224, Telefax: 22 11 74; AHSt: Dkfm. Franz Schmirmaul, Avenida Central 643, Of. 301, Edificio de las Naciones, San Isidro, Lima 27, Tel.: 40 02 42, 40 03 87, 40 04 94; Telex: 25798, Telefax: 40 77 48

Die österreichischen Ausfuhren haben sich 1991 trotz der anhaltenden peruanischen Rezession um 24,1 Prozent auf 86,7 Millionen Schilling erhöht. Bei den Einfuhren Österreichs aus Peru war eine Verminderung um 2,3 Prozent auf 227 Millionen Schilling zu verzeichnen.

Für die Einfuhr handwerklich gefertigter Waren peruanischen Ursprungs gewährt Österreich Zollpräferenzen.

An der Universidad de Lima wurde ein zweitägiges Symposium „La casa de Austria y el Peru“ veranstaltet, in dessen Rahmen auch ein Konzert alter österreichischer und peruanischer Musik stattfand. Universitätslektor Helga Auer hielt Vorlesungen an der Universidad Femenina de Lima und in einigen wissenschaftlichen Gesellschaften über humanistische Psychologie und Pastoralpsychologie; aus ihrer Vorlesungstätigkeit entstand ein in Lima publiziertes Buch „Psycologia Humanistica". Eine wissenschaftliche geophysikalische Zusammenarbeit erfolgte im Rahmen von GSETT 3 (siehe Abschnitt „Abrüstung"); Vorträge über Volksgruppen in Mitteleuropa und über Grillparzer wurden an zwei Universitäten gehalten. Eine peruanische Historikerin erhielt im Rahmen der Aktion „500-Jahr-Feier – Begegnung zweier Welten" ein Stipendium, zwei Peruanerinnen wurden Entwicklungshilfestipendien für den 27. Fremdenverkehrslehrgang in Kleßheim gewährt. Der zweite Mozart-Klavierwettbewerb mit Abschlußkonzerten fand großes publizistisches Interesse; der Preisträger wird ein österreichisches Stipendium erhalten. Deutschkurse in der Altösterreichersiedlung Pozuzo und Santa Rosa wurden gefördert.

Senator Absalon Alarcon Bravo de Rueda führte in Wien Gespräche über Möglichkeiten wirtschaftlicher Zusammenarbeit.

Österreich gewährte zur Bekämpfung der in Peru anfangs 1991 ausgebrochenen Choleraepedemie öffentliche und private Hilfe.

Philippinen
(Republik der Philippinen), Manila

Staatsoberhaupt	Regierungschef	Außenminister
Corazon C. Aquino	Corazon C. Aquino	Raul S. Manglapus

ÖB Manila: Dr. Günther Gallowitsch, 4/F Prince Bldg., 117 Rada Street, Legazpi Village, Makati, Metro Manila, Tel.: 817 91 91, Telex: 23452, Telefax: 817 49 93; HGK Manila: Washington Sycip, SGV Bldg., 6760 Ayala Avenue, Makati, Metro Manila, Tel.: 89 30 11, Telex: 45096, 22160, Telefax: 819 08 72, 818 13 77; HK Cebu: Arcadio Alegrado, CRM Bldg., Escario corner Molave Street, Cebu City, Cebu, Tel.: 52 0 99, Telex 24881, 48040, Telefax: 46 06 31; AHSt Manila: Dr. Hans Brändle, 14/F Pacific Star Bldg., Sen Gil J. Puyat Ave. corner Makati Ave., Makati, Metro Manila, Tel.: 818 61 16, Telex: 14849, Telefax: 810 37 13; Lauda Air: G/F Fortune Bldg., 160 Legazpi Street, Legazpi Village, Makati, Metro Manila, Tel.: 810 39 20, Telex: 141443, Telefax: 810 21 64

Offizielle Besuche auf Regierungsebene wurden auch in diesem Jahr nicht verzeichnet.

Im Warenverkehr zwischen Österreich und den Philippinen konnte das Vorjahresergebnis nicht mehr erreicht werden. Die österreichischen Exporte betrugen 300 Millionen Schilling, ein Rückgang von ca. 40 Prozent, die Importe in Höhe von 414 Millionen Schilling blieben mit einem Rückgang von ca. 10 Prozent fast auf dem Vorjahresniveau.

Österreichs Exporte, vor allem Maschinen, Papier, Pappe und Chemikalien, reagieren sehr sensibel auf die philippinische Investitionstätigkeit. Aufgrund von Naturkatastrophen, der endgültigen Schließung der amerikanischen Basen auf den Philippinen sowie der kommenden Präsidentenwahlen im Mai 1992, wurden auch dringende Investitionen auf später verschoben. Die Anfang des Jahres eingeführte Importsonderabgabe in der Höhe von anfangs 9 Prozent – ab August 5 Prozent – verstärkte noch diesen Trend. Aus allen diesen Fakten erklärt sich der Rückgang der österreichischen Exporte.

Importseitig dominieren nach wie vor elektronische Halbleiter, Bekleidung und Kokosöl.

Infolge der schwierigen wirtschaftlichen Lage konnten 1991 keine Konzerte oder Ausstellungen auf kommerzieller Basis oder mit Unterstützung von philippinischen Sponsoren organisiert werden. Die Botschaft hat versucht, das durch den verstärkten Einsatz von audiovisuellen Mitteln im Fernsehen, den Verleih von Videokassetten und durch verstärkte Vortragstätigkeit zu kompensieren. Das Mozartjahr konnte so entsprechend gefeiert werden. Der dabei für Östereich entstehende Symphatiegewinn war beachtlich.

Polen
(Republik Polen), Warschau

Staatsoberhaupt	Regierungschef	Außenminister
Lech Walesa	Jan Olszewski	Krzysztof Skubiszewski

ÖB Warschau: Dr. Gerhard Wagner; ul. Gagarina 34, 00-748 Warschau; Tel.: 41 00 81-84, 41 40 47, Telex: 813629, Telefax: 41 00 85; KI: ul. Prozna 8, 00-107 Warschau; Tel.: 20 96 20/21, Telex: 817450, Telefax: 20 10 51; GK Krakau: ul. Sw. Jana 12, 31-018 Krakau; Tel.: 21 78 29, 21 67 37, Telex: 32 65 97; AHSt: Al. Ujazdowskie 22, 00-478 Warschau; Tel.: 29 59 13, 29 64 74; Telex: 813609; Telefax: 29 32 47; AUA: ul. Szpitalna 6, 00-031 Warschau; Tel.: 26 11 19, 27 67 23; Telex: 813484

Auch 1991 fand ein intensiver **Besuchsaustausch** statt. Bei seinem offiziellen Besuch am 19. und 20. September führte Außenminister Alois Mock Gespräche mit seinem polnischen Amtskollegen Krzysztof Skubiszewski und wurde auch von Staatspräsident Lech Walesa und Premierminister Krzysztof Bielecki empfangen. Überdies traf er Sejmmarschall Mikolaj Kozakiewicz, Senatsmarschall Andrzej Stelmachowski, Erzbischof Bronislaw Dabrowski sowie Vertreter politischer Parteien.

Als Leiter der österreichischen Delegation nahm Bundesminister Erhard Busek an der Eröffnung der KSZE-Konferenz „Kulturelles Erbe Europas" in Krakau am 28. Mai 1991 teil und traf mit Kulturminister Marek Rostworowski zusammen. Im Rahmen seines Krakau-Besuches eröffnete er auch einen Georg-Trakl-Gedenkraum im Sterbezimmer des österreichischen Dichters im Krakauer Militärspital.

Vom 29. September - 1. Oktober weilte Bundesminister Nikolaus Michalek zu einem offiziellen Besuch in Polen. Vom 6.- 11. Mai waren die österreichischen Volksanwälte Evelyn Messner und Herbert Kohlmaier und vom 12.–16. Juni der Generalprokurator Otto Müller in Polen. General Hannes Philipp besuchte vom 7.–10. Oktober Verteidigungsminister P. Kolodziejczk. Vom 14.–16. Dezember war der Vizepräsident des Obersten Gerichtshofes, Dr. Karl Piska, mit einer Delegation (Dr. Michael Graff, Dr. Gerhart Holzinger, Dr. Peter Jann und Dr. Rudolf Machacek) in Warschau.

Auf Einladung des polnischen Episkopats und anläßlich des Papst-Besuches in Polen vom 1. bis 3. Juni 1991 hielt sich Kardinal Hans Hermann Groer in Polen auf; anläßlich des feierlichen Abschlusses des Mozart-Gedenkjahres zelebrierte Weihbischof Christoph Schönborn am 14. und 15. Dezember in Krakau und Warschau Messen.

Im Laufe des Jahres 1991 hielten sich verschiedene hochrangige Delegationen von Vertretern der österreichischen Wirtschaft und Banken in Polen auf. So u.a. Generaldirektor Dr. Walter Fremuth (Verbundgesellschaft) im April, Generaldirektor Guido Schmidt-Chiari (Creditanstalt-Bankverein) im Mai sowie die Generaldirektoren Klaus Liebscher (Raiffeisenbank) und Gerhard Vogt (Centrobank) im September.

Polnischerseits fanden folgende Besuche in Österreich statt: Der Minister für Arbeit und Soziales, Michal Boni, war im Mai 1991 in Wien. Vom 2. bis 4. Juni traf der Minister für Volksbildung, Robert Glebocki, zu Gesprächen mit Bundesminister Erhard Busek zusammen. Anläßlich eines in Salzburg stattfindenden Treffens der Wirtschaftsminister Österreichs, der BRD, der Schweiz, Ungarns, der CSFR und Polens stattete der Minister für internationale wirtschaftliche Zusammenarbeit, Dariusz Ledworowski, vom 13.–14. September Österreich einen Besuch ab. Der Minister für Umwandlung der Eigentumsformen, Janusz Lewandowski, führte im Oktober 1991 in Wien Gespräche mit Vizekanzler Erhard Busek über Möglichkeiten zur Förderung der Privatisierung in Polen. Am 20. und 21. November weilte der Vorsitzende des Komitees für wissenschaftliche Forschung, Minister Witold Karczewski, anläßlich der COST-Ministerkonferenz und der Aufnahme Polens in COST in Wien; zugleich hielt sich auch der Minister für Volksbildung, Robert Glebocki, in Wien auf. Staatsminister Jaroslaw Kaczynski und Staatssekretär Slawomir Siwek waren vom 15. bis 17. Mai zu Gesprächen mit Vizekanzler Josef Riegler, Bundesminister Alois Mock sowie Bundesminister Erhard Busek in Wien.

Sejm-Abgeordneter Mieczyslaw Gil führte in der Zeit vom 4. bis 6. Mai Wirtschaftsgespräche in Wien und Linz, Vize-Außenminister Antoni Kuklinski war vom 17. bis 22. Jänner in Wien, der Vizeminister für Raumwirtschaft und Bauwesen, Jerzy Zdrzalka, im Juli 1991 sowie, ebenfalls im Juli 1991, der Vizeminister für wirtschaftliche Zusammenarbeit mit dem Ausland, Andrzej Budzinski. Der Vizeminister für Industrie und Handel, Andrzej Lipko, erörterte im Oktober 1991 in Wien Energiefragen mit Bundesminister Wolfgang Schüssel. Im Dezember 1991 hielt sich der Vizeminister für Industrie und Handel, Marek Kulczycki, in Österreich auf.

Österreich unterstützte die Reformprozesse in Polen auf verschiedenen Ebenen. Als Beispiele seien hervorgehoben:

- **Wissenschaft:** österreichische Lektoren und Deutschlehrer an den polnischen Deutschlehrerfortbildungskollegs; Stipendien für Studenten, Jungakademiker, Assistenten und junge Wissenschaftler zum Besuch österreichischer Universitäten und Hochschulen; Einrichtung des speziellen Fonds bei der Österreichischen Akademie der Wissenschaften für gemeinsame Forschungsprojekte. In der Sonderstipendienaktion „Schwerpunktzone“ wurden Stipendien im Wert von 6 Millionen Schilling vergeben.
- **Ausbildung:** Trainingsprogramme und Spezialkurse für polnische Tourismus-Manager, inklusive zweimonatiger Praktika in österreichischen Spitzenhotels, Spezialkurse zur Ausbildung von Wirtschafts-Managern und Managementberatern, Training designierter polnischer Handelsdelegierter durch die Bundeswirtschaftskammer, Ausbildungsprogramme für Landwirtschaftsexperten, eine einmonatige Ausbildung von zwei polnischen Jungdiplomaten im Bundesministerium für auswärtige Angelegenheiten, die Ausbildung von vier Jungdiplomaten im Rahmen des zehnmonatigen Speziallehrganges für Diplomaten aus Reformlän-

dern an der Diplomatischen Akademie, Abhaltung eines einmonatigen Sommerseminars für osteuropäische Diplomaten an der Diplomatischen Akademie.
- Eine Reihe der im Laufe des Jahres 1990 begonnenen Hilfsaktionen einzelner Bundesländer und Städte wurde fortgesetzt. Am 21. Juni wurde zwischen Österreich und Polen ein Memorandum of Understanding betreffend österreichische Nahrungsmittelhilfe unterzeichnet.

Im Wege eines Notenwechsels wurde die mit 7. September 1990 wiedereingeführte Sichtsvermerkspflicht für polnische Staatsbürger per 31. August 1991 aufgehoben.

Österreich konnte seine Position auf dem polnischen Markt festigen. Mit 6,2 Prozent der polnischen Gesamtimporte ist Österreich weiterhin drittgrößtes Lieferland Polens. Die österreichischen Exporte nach Polen erreichten 7,47 Milliarden Schilling, nahmen also um 70,9 Prozent zu. Die Importe erreichten mit 5,65 Milliarden Schilling einen Anstieg um 12,8 Prozent. Auch bei den polnischen Lieferungen ist ein überdurchschnittlicher Zuwachs bei höherwertigen Produkten (Fertigwaren: +90 Prozent) festzustellen, was u.a. auf die wachsende Zahl von Lohnaufträgen österreichischer Firmen in Polen zurückzuführen ist.

Zunehmende Bedeutung im Außenhandel mit Polen spielen die (dzt. ca. 330) Joint-venture-Betriebe sowie die etwa 80 Vertriebsniederlassungen österreichischer Firmen in Polen. Die Präsenz österreichischer Firmen an internationalen Messen wie auch als Einzelaussteller bei Fachausstellungen ist ebenfalls gestiegen.

Die Bundeswirtschaftskammer errichtete im Juli 1991 ein Informationsbüro in Krakau. Dadurch wurde für die österreichischen Firmen ein weiterer Stützpunkt zur Bearbeitung des südpolnischen Marktes geschaffen.

Das Angebot an Sprachkursen des Kulturinstitutes Warschau wurde erweitert und durch kombinierte Sprach- und Fachkurse ergänzt; das österreichische Generalkonsulat in Krakau bietet gleichfalls Sprachkurse an.

Die Veranstaltungsaktivitäten des Generalkonsulates Krakau wurden im Laufe des Jahres 1991 auch auf alle größeren Städte Südpolens ausgeweitet. 1991 wurden in Krakau und Przemysl neue österreichische Lesesäle eröffnet.

Portugal
(Portugiesische Republik), Lissabon

Staatsoberhaupt	Regierungschef	Außenminister
Mario Alberto Nobre Lopes Soares	Anibal Antonio Cavaco Silva	Joao de Deus Rogado Salvador Pinheiro

ÖB Lissabon: Dr. Nikolaus Horn, Embaixada da Austria, Rua das Amoreiras, 70-30°, P-1200 Lissabon, Tel. (1) 387 41 61/62/63, Telex 16768 oeboli p, Telefax: 65 67 63; HK Portimao: Konsul Hugo Stumpf, Consulado da Austria, Edificio Scorpios, Rua Bartolomeu Dias, Praia da Rocha, 8501 Portimao Codex, Tel. 082/416202 (Amt), /57442 (Residenz), Telex: 57371 HARTUR P, 57337 HARTUS P, 56162 MRTUR P, Fax: 082/416218; HK Funchal: Konsul Jorge Ferraz da Veiga Franca, Consulado da Austria, Conjunto Monumental do Infante, Av. Arriaga, 73, 9001 Funchal/Madeira, Tel.: 091/21057, 23673, 30047/8, Telex: 72145 VEIGA P, Fax: 091/25744; HK Porto: Konsul Eng. Fernandeo Pinto Oliveira, Consulado da

Austria, Praca General Humberto Delgada 267 (S/L-E), 4000 Porto, Tel.: 02/ 2084757, Telex: 22174 POR P, Fax: 02/2002899; HK Acores: Konsul Carlos Roberto Botelho, Consulado da Austria, Rua Carvalho Araujo, 12-2°, 9500 Ponta Delgada Acores, Tel.: 096/27687 (Amt), /31198 (Residenz), Telex: 82348 VIAZOR P, Fax: 096/23510; AHSt.: Dr. Gottlieb Diezinger, Rua Rodrigues Sampaio, 18-5, 1100 Lissabon, Tel.: 547609, 547014, 547053, Telex: 12459 AUTRAD, Fax: 352 24 89; AUA-B: Campo Grande 28-2° B, 1700 Lissabon, Tel.: 793 28 46, 793 22 07, 793 22 54, Telex: 66116 OSTO P, Fax: 795 11 88

Die außenpolitischen Beziehungen zum EG Mitglied Portugal waren 1991 natürlich stark von den Themen EG Beitritt, Europäischer Wirtschaftsraum bestimmt.

Über Einladung des Präsidenten des portugiesischen Industriellenverbandes (AIP), Rocha de Matos, fand am 9. Dezember in Lissabon ein Seminar zum Thema „Österreich und die EG" statt, an dem der Präsident der Vereinigung österreichischer Industrieller als Vortragender teilnahm. Der Unterstaatssekretär im portugiesischen Außenministerium, Duarte Ivo Cruz, hob bei dieser Gelegenheit hervor, daß die Frage der Erweiterung im ersten Halbjahr 1992 – während des portugiesischen EG-Vorsitzes – behandelt wird. Abg. z. NR. Friedrich König erörterte Integrationsfragen mit Vertretern von Regierung und Parlament.

Österreich exportierte 1991 Waren im Wert von 2,1 Milliarden Schilling, was einen Zuwachs von 12,2 Prozent bedeutet; der Import betrug 3,5 Milliarden Schilling, was einem Anstieg von 3,3 Prozent entspricht. Das Gros der österreichischen Exporte wird von Dutzenden Klein- und Mittelbetrieben bestritten, Großaufträge fehlen, mit Ausnahme einer größeren Lieferung eines Privatunternehmens an die portugiesische Eisenbahnverwaltung, die auch 1991 wieder ein wichtiger Kunde für österreichische Weichen war. Halbwaren und Rohstoffe nehmen auch im österreichischen Export nach Portugal einen immer unbedeutenderen Platz ein. Der Trend zu höherwertigen Produkten nimmt zu, vor allem wegen der starken wirtschaftlichen Entwicklung Portugals seit dessen EG-Beitritt im Jahr 1986.

Österreich beteiligte sich im Juni d. J. an der Kontaktbörse der EG für Klein- und Mittelbetriebe, Europartenariat, in Porto, mit einem eigenen Stand (es war dies das erste Mal, daß Teilnehmer aus Nicht-EG-Staaten zu dieser Veranstaltung zugelassen wurden). Bei der im November des Jahres stattgefundenen Internationalen Messe für Nahrungsmittel und Lebensmitteltechnologie Alimentaria 91, war Österreich mit einem Informationsstand mit dem Angebot von fast 50 österreichischen Firmen vertreten.

Die Camerata Academica Salzburg gastierte mit Werken von Mozart; Gundula Janowitz bei der Aufführung von Mozarts Requiem in Lissabon. Über Mozart wurden eine umfassendere und zwei kleine Wanderausstellungen gezeigt. Österreich gewann den ersten Preis bei einer Ausstellung für moderne Kunst in Obidos. Im Jänner 1991 gaben die Wiener Sängerknaben ein Konzert in der Stiftung Calouste Gulbenkian. Österreichische Vortragende referierten an den Universitäten Coimbra und Lissabon über österreichbezogene Themen. Drei österreichische Lektoren sind an portugiesischen Universitäten tätig. Gemäß einem bilateralen Abkommen vergibt Österreich Jahres- und Sommerstipendien.

Rumänien
(Rumänien), Bukarest

Staatsoberhaupt	Regierungschef	Außenminister
Ion Iliescu	Theodor Stolojan	Adrian Nastase

ÖB Bukarest: Dr. Christoph Parisini, Str. Dumbrava Rosie Nr. 7, Bukarest; Tel.: 11 43 54, 11 93 77, Telex: 11333, Telefax: 12 08 85; Konsularabteilung: Str. Salcimilor Nr. 12, Bukarest; Tel.: 19 16 01; AHSt: Dr. Dietmar Fellner, Str. Clopotarii Vechi Nr. 4, Bukarest; Tel.: 59 45 90, 59 45 60, 12 03 35, Telex: 11291, Telefax: 50 76 00; AUA: B-Dul Nicolae Balcescu Nr. 7, Bukarest, Tel.: 14 12 21, 14 18 31, Telex: 11315

Am 26. Februar 1991 war Außenminister Adrian Nastase in Wien und hatte ein Treffen mit Bundesminister Alois Mock. Bundesminister Werner Fasslabend traf den rumänischen Verteidigungsminister Niculae Spiroiu im Mai 1991 an Bord eines rumänischen Schiffes in Wien. Ein offizieller Besuch des damaligen Regierungschefs Petre Roman mußte wegen der Bergarbeiterunruhen abgesagt werden.

Anfang 1991 weilte der damalige rumänische Innenminister Doru Viorel Ursu im Rahmen der Europarats-Ministerkonferenz über Ost-West-Wanderungsbewegungen in Wien.

Vom 22.–24. Mai 1991 war Staatsminister für Wirtschaft und Finanzen Eugen Dijmarescu auf Einladung der Bundeswirtschaftskammer in Wien und führte Gespräche mit Nationalbankpräsidentin Maria Schaumayer, Bundesminister Ferdinand Lacina und Bundesminister Wolfgang Schüssel.

Vom 28. bis 30. Mai wurde die 12. Tagung des Kontaktkomitees der österreichen Bundeswirtschaftskammer und der rumänischen Handels- und Industriekammer in Bukarest abgehalten, wobei intensive Zusammenarbeit zwischen den beiden Kammern vereinbart wurde. Diese Kooperation soll sich auf die in allen Kreisen Rumäniens ebenfalls etablierten regionalen Handelskammern erstrecken. Die Reorganisation des rumänischen Kammerwesens und die Abstimmung von Gemeinsamkeiten wurde beschlossen.

In der Zeit vom 10. bis 17. Oktober 1991 fand die 17. Internationale Bukarester Messe Tib '91 statt, bei der Österreich mit 45 Firmen die zweitgrößte Beteiligung aufwies. Der Generalsekretär der Bundeswirtschaftskammer, Herbert Reiger, und der Sektionschef im Ministerium für wirtschaftliche Angelegenheiten Joseph Tschach führten bei dieser Gelegenheit offizielle Gespräche mit dem rumänischen Minister für Handel und Tourismus, Constantin Fota, Premierminister Petre Roman sowie Außenminister Adrian Nastase.

Im Oktober fand in Wien die 4. Tagung der Gemischten Kommission für Fremdenverkehr statt, welche rumänischerseits von Staatssekretär Ion Scaunas geleitet wurde.

Vom 11. bis 14. November organisierte die Bundeswirtschaftskammer ein technisch-wissenschaftliches Symposium (Austrotech '91) in Bukarest, an dem 1800 rumänische Firmen teilnahmen.

Vom 18. bis 21. November wurde in Bukarest ein neues Abkommen über außenwirtschaftliche Beziehungen (Wirtschaftsabkommen) verhandelt, welches am 11. 12. 1991 anläßlich seines Besuches in Wien von Staatssekretär Napoleon Pop unterzeichnet wurde.

Im Bereich der bilateralen Wirtschaftsbeziehungen brachte 1991 eine weitere Aufwärtsentwicklung der österreichischen Exporte auf 1,06 Milliarden Schilling (+4,4 Prozent) und nach dem starken Rückgang 1990 einen Anstieg der rumänischen Exporte nach Österreich auf 758,95 Millionen Schilling (+35,2 Prozent). Die stärksten Steigerungen bei österreichischen Lieferungen waren im Sektor Maschinen und Ausrüstungen sowie im Nahrungsmittelsektor, wo Getreidelieferungen hervorzuheben sind.

Im kulturellen Bereich standen bei Redaktionsschluß die Projekte von Österreich-Bibliotheken in Bukarest und Timisoara vor der Vollendung. Erstmals nach langem ist seit Beginn des Studienjahres 1991/1992 ein österreichischer Lektor an der Universität Bukarest tätig. Auch 1991 ergingen zahlreiche österreichische Sachspenden an Bibliotheken und Lehrinstitutionen, rumänische Studierende nahmen an österreichischen Stipendienaktionen teil.

Mitte des Jahres hielt sich eine aus Beamten der Bundesministerien für auswärtige Angelegenheiten, für Unterricht und Kunst sowie für Wissenschaft und Forschung zusammengesetzte Delegation zu einer einwöchigen Mission in Rumänien auf und traf mit namhaften Vertretern aus Wissenschaft und Kultur, darunter den Ministern für Unterricht und Wissenschaft und für Kultur, wie auch mit Vertretern der Kirchen und der politischen Parteien zusammen.

Rwanda
(Rwandische Republik), Kigali

Staatsoberhaupt	Regierungschef	Außenminister
Generalmajor Juvénal Habyarimana	Sylvestre Nsanzimana	Casimir Bizimungu

ÖB: siehe Kenia,

HK Kigali: M. Zeletzki, Centre Kigali, Boulevard de la Révolution 6, Maison „La Rwandaise S. A."; Tel.: 73 0 12, 73 0 13, Telex: 22526, Telefax: 73 0 18; AHSt: siehe Zaire

Der rwandische Außenminister Dr. C. Bizimungu stattete Wien im März 1991 einen Besuch ab.

Da Rwanda ein Schwerpunktland der österreichischen Entwicklungszusammenarbeit ist, fällt auch Rwanda in den Zuständigkeitsbereich des in Kampala (Uganda) eingerichteten Regionalbüros für Entwicklungszusammenarbeit.

In Unterstützung des rwandischen Strukturanpassungsprogrammes wurde ein Warenimportprogramm über 70 Millionen Schilling abgeschlossen, dessen Abwicklung ist im Gange. Im Bereich der technischen Hilfe unterstützt Österreich schwerpunktmäßig einerseits Projekte der Erosionsbekämpfung, Verbesserung der Bodenqualität und der Viehzucht in der Provinz Ruhengeri, andererseits Projekte zur Verbesserung der Trinkwasserversorgung (Kigali und Gisenyi) und Abwasserentsorgung (Ruhengeri). Weitere Projekte betreffend den Bau von Nebenstraßen und die Unterstützung des kleingewerblichen Bergbaues. Etwa 60 Rwander studieren derzeit in Österreich im Rahmen eines Sonderstipendienprogrammes.

Die Invasion von in Uganda lebenden Auslandsrwandern konnte zurückgedrängt, der dadurch ausgelöste Bürgerkrieg eingedämmt werden; der Konflikt schwelt jedoch insbesondere entlang der ugandisch-rwandischen Grenze fort und hat insgesamt die Entwicklung des Landes gestört. Die österreichischen Projekte sind davon nicht direkt betroffen.

Die Handelsbeziehungen mit Österreich sind unbedeutend.

Sambia
(Republik Sambia), Lusaka

Staatsoberhaupt	Regierungschef	Außenminister
Frederick J.T. Chiluba	Frederick J.T. Chiluba	Vernon Mwaanga

ÖB und AHSt: siehe Simbabwe

Das ländliche Entwicklungsprojekt des IIZ in Chipata, eines der erfolgreichsten Basis-Projekte in der Region, wird bis 1993 weitergeführt werden; 1991 waren 11 österreichische Fachkräfte bei diesem Projekt im Einsatz.

Für die TAZARA-Eisenbahnverbindung zwischen Sambia und Tansania ist eine österreichische Teilfinanzierung für die geplanten Schienenschweißungen vorgesehen.

An Bewerber aus Sambia wurden vier Stipendien im Rahmen des Nord-Süd-Dialog-Stipendienprogramms sowie ein Stipendium zur Teilnahme am 1991-Ausbildungslehrgang für Hotel- und Tourismus-Management an der Fremdenverkehrsschule Kleßheim vergeben.

Österreich lieferte an Sambia Waren im Wert von 26 Millionen Schilling (feuerfestes Material, pharmazeutische Produkte, Papier, Maschinen) und importierte NE-Metalle um 2,8 Millionen Schilling.

Republik von San Marino

Staatsoberhaupt	Regierungschef	Außenminister
Edda Ceccoli I. Marino Riccardi I. (Kapitänregenten)	Edda Ceccoli I. Marino Riccardi I. (Kapitänregenten)	Gabriele Gatti Staatssekretär für auswärtige Angelegenheiten

ÖB: siehe Heiliger Stuhl

Bundesminister Alois Mock stattete am 25. Oktober 1991 der Republik San Marino einen offiziellen Besuch ab. Es war dies der erste offizielle Besuch in der Geschichte der bilateralen Beziehungen überhaupt. In den Gesprächen mit dem Außenminister Gabriele Gatti und den Kapitänregenten wurde die intensive Zusammenarbeit im multilateralen Bereich insbesondere im Rahmen der KSZE und des Europarates hervorgehoben.

Im Juli 1991 hat San Marino mit den EG ein Abkommen zur Begründung einer Zollunion sowie einer Zusammenarbeit paraphiert.

Sao Tomé und Principe
(Demokratische Republik Sao Tomé und Principe), Sao Tomé

Staatsoberhaupt	Regierungschef	Außenminister
Miguel Trovoada	Daniel Lima dos Sanos Daio	Frau Alda Bandeira

ÖB: siehe Zaire; AHSt: Côte d'Ivoire

Die Handelsbeziehungen mit Österreich sind unbedeutend, obwohl importseitig durch größere Kakaobezüge erstmals die Marke von 1 Million Schilling überschritten wurde.

Saudi-Arabien
(Königreich Saudi-Arabien), Riyadh

Staatsoberhaupt	Regierungschef	Außenminister
König Fahd Bin Abdul Aziz Al-Saud	König Fahd Bin Abdul Aziz Al Saud	Prinz Saud Al Faisal

ÖB Riyadh: Dr. Marius Calligaris, Malaz-District, 2 blocks North and 2 blocks West from intersection Siteen Street/University Street; P.O.B. 94373, Riyadh 11693, Tel.: (1) 477 74 45, Telex: 406333, Telefax: (1) 476 6791; AHSt Riaydh: Dkfm. Oskar Smrzka, Dhabab Street, Chamber of Commerce Building, P.O. Box 94362, Riyadh 11693, Tel.: (1) 404-1010, Telex: 406555, Fax: 404-2975; Konsularabteilung (AHSt) Jeddah: Dr. Carl de Colle, P.O. Box 1706, Jeddah 21441, Tel.: (2) 651-1816, Telex: 601121, Fax: 653-3764;

Am 9. und 10. Oktober fand in Wien die erste Tagung der österreichisch-saudischen Gemischten Kommission statt. Neben diesen offiziellen Verhandlungen auf Beamtenebene kam es zu Kontakten österreichischer und saudischer Wirtschaftsleute. Es wurde eine verstärkte Zusammenarbeit auf dem Gebiet des Industrie-, Verkehrs- und Erdölsektors vereinbart. Geprüft wurden auch Kooperationsmöglichkeiten auf dem Gesundheits- und dem kulturellen Sektor.

Die früher als erwartet eingetretene starke Belebung der saudischen Wirtschaft nach dem Golfkrieg spiegelt sich auch im bilateralen Warenverkehr zwischen Österreich und dem Königreich. Die österreichischen Ausfuhren erreichten im Berichtszeitraum 3 Milliarden Schilling und erhöhten sich damit gegenüber dem Jahr 1990 um 55 Prozent. Schwerpunkt der österreichischen Lieferungen sind Fahrzeuge und Ersatzteile. So konnte insbesondere die Fa. Steyr einen Großauftrag von über 1,6 Milliarden Schilling betreffend die Lieferung von 800 Pinzgauern und 501 LKWs für die saudische Nationalgarde abschließen. Weitere wichtige Exportgüter sind Arzneimittel, Textilien, Papier, Beleuchtungskörper und Schnittholz. Die österreichischen Importe aus Saudi Arabien betrugen 510 Millionen Schilling und setzen sich fast ausschließlich aus chemischen Produkten und Erdöl zusammen. Die Veränderung gegenüber der Vergleichsperiode des Vorjahres beträgt +6,7 Prozent.

Die Bundeswirtschaftskammer entsandte im Mai 1991 eine über 30 Teilnehmer umfassende Wirtschaftsmission nach Saudi-Arabien und veranstaltete zwei Gruppenausstellungen bei den Messen „Saudi-Build“ und „Saudi-Food“. Ein Landwirtschaftsexperte der Bundeswirtschaftskammer absolvierte im November eine fact-finding mission.

Am 10. und 11. Dezember fand in Riyadh die 2. Runde der Verhandlungen über die gegenseitige Steuerbefreiung von Luftfahrtgesellschaften statt.

Das „Per Arte“-Duo gab im November zwei Konzerte in Dammam. In Zusammenarbeit mit der österreichischen Fremdenverkehrswerbung und der AUA fanden mehrere Österreich-Präsentationen für lokale Reisebüros statt.

1991 haben ca. 7000 saudische Staatsangehörige und eine darüber hinausgehende Zahl von im Lande ansässigen Angehörigen von Drittstaaten Österreich besucht.

Schweden
(Königreich Schweden), Stockholm

Staatsoberhaupt	Regierungschef	Außenminister
König Carl XVI. Gustaf	Ingvar Carlsson Carl Bildt	Sten Andersson Margaretha af Ugglas

ÖB Schweden: Dr. Otto Pleinert, Kommendörsgatan 35/V, 114 58 Stockholm, Tel.: 23 34 90, Telex: 10130, Telefax: 662 69 28; HGK Stockholm: Georg Akerberg, Birger Jarlsgatan 67, 113 56 Stockholm, Tel.: 673 25 83; HGK Göteborg: Martin Thomas, Södra Vägen 28, 412 53 Göteborg, Tel.: 16 10 78; HK Malmö: William Marschall, Grynbodgatan 7, Box 4084, 203 40 Malmö, Tel.: 79 945, Telefax: 23 65 72; AHSt.: Dr. Heinz Wimpissinger, Kommendörsgatan 35/IV, 114 58 Stockholm, Tel.: 667 01 30, Telex: 11 459, Telefax: 660 83 78; ÖFVW Stockholm: Grev Turegatan 29, Box 5217, 102 45 Stockholm, Tel.: 23 88 10, Telefax: 662 01 29; 3 AUA-Büros (Stockholm: Strandvägen 1, 104 41 Stockholm, Tel.: 14 28 50, Telex: 104 80, Telefax 663 87 81; Göteborg: Torggatan 10, 411 05, Göteborg, Tel.: 17 30 50, Telefax: 17 30 54; Malmö: Box 9, 261 08, Glumslöv, Tel.: 010 93 79 04, Telefax: 873 062;)

1991 haben zahlreiche österreichisch-schwedische Konsultationen stattgefunden. Die Hinwendung Schwedens zu Europa, die zur Überreichung eines EG-Beitrittsantrags am 1. Juli führte, und die gemeinsamen Bemühungen um das Zustandekommen des EWR gaben Anlaß zu Gesprächen über integrationspolitische Fragen. Aber auch über Probleme der KSZE und des Europarates, über die Vorgänge im Nahen Osten, im Baltikum und in Jugoslawien sowie über Flüchtlingspolitik wurde beraten.

Bundeskanzler Franz Vranitzky stattete Ministerpräsident Ingvar Carlsson am 4. und 5. April einen Arbeitsbesuch ab. Bundesminister Wolfgang Schüssel kam zu Konsultationen mit Außenhandelsministerin Anita Gradin am 15. Februar nach Stockholm. Bundesminister Franz Löschnak besprach vom 4. bis 8. Mai in Schweden Einwanderungs- und Sicherheitsfragen. Bundesminister Rudolf Streicher kam anläßlich der Fusion der Stahlproduzenten Böhler und Uddeholm am 31. Mai nach Hagfors und Stockholm.

Ministerpräsident Ingvar Carlsson und Außenministerin Anita Gradin weilten anläßlich des EFTA-Gipfeltreffens vom 23.– 25. Mai in Wien. Unterrichtsminister Göran Persson führte vom 24. bis 28. April in Wien Gespräche. Finanzminister Allan Larsson hielt sich am 31. Juli zu einem Arbeitsbesuch in Wien auf. Die General- bzw. Staatssekretäre für auswärtige Angelegenheiten kamen beim Neutralentreffen in der Schweiz zusammen.

Die österreichischen Ausfuhren nach Schweden sind um 10,5 Prozent auf 7,63 Milliarden Schilling zurückgegangen. Im gleichen Zeitraum sind die Einfuhren aus Schweden um 3,1 Prozent auf 10,01 Milliarden Schilling gestiegen.

Die Ausfuhren waren branchenmäßig stark gestreut und wiesen auf den Sektoren Ernährung, Brennstoffe und sonstige Fertigwaren erfreuliche Ausfuhrsteigerungen auf. Nennenswerte Zuwächse waren bei Obst und Gemüse, Druckerzeugnissen, sowie Schuhen und Möbeln festzustellen. Rückläufig entwickelten sich hingegen die wertmäßig wichtigen Bereiche Maschinen und Fahrzeuge, chemische Erzeugnisse sowie bearbeitete Waren, wobei der Rückgang bei Textilien, Eisen und Metall, sowie Nichteisenmetallen besonders ins Gewicht fiel.

Bei den Einfuhren aus Schweden halten sich Rückgänge in den Bereichen Maschinen und Fahrzeuge sowie Rohstoffe (Papierzeug, Erze) und Zuwächse auf den Sektoren Meß-, Prüf- und Kontrollgeräte, Holzwaren, Papier und Pappe, Metallwaren und sonstige Fertigwaren die Waage.

Bedauerlicherweise hat sich das Handelsbilanzdefizit wegen der Rezession in Schweden vergrößert.

Aus den Bemühungen um die Präsentation österreichischer Kultur ist vor allem die im Herbst in der Liljevalchs-Kunstgalerie in Stockholm gezeigte Ausstellung „Wien 1900 – Wien 1990" hervorzuheben, die bei den Medien und dem Publikum auf ein außergewöhnliches Interesse stieß. In Västeras fand eine Hundertwasser-Ausstellung statt, in Lund wurden Werke der Wiener Malerin Christl Bolterauer gezeigt.

Die Schriftsteller Gerhard Amanshauser und Friedrich und Roswitha Zauner lasen in Stockholm bzw. Skövde, Göteborg und Uppsala aus ihren Werken. Thomas Bernhards „Ritter Dene Voss" wurde in Stockholm aufgeführt.

Wolfgang Amadeus Mozart waren zahlreiche Konzerte gewidmet. Am Silvesterabend wurde in der Globen-Arena in Stockholm „Die Fledermaus" mit dem Wiener Ensemble „Johann-Strauß-Operette" gegeben. Österreich beteiligte sich an den Filmfestivals in Göteborg, Uppsala und Stockholm.

Die Universität Umea veranstaltete ein Symposium über österreichische Literatur und Philosophie im 20. Jahrhundert, die Universität Stockholm einen Österreich-Tag. Fortbildungsseminare für schwedische Deutschlehrer fanden wiederum in Raach am Semmering (in Zusammenarbeit mit der Hochschule in Skövde) und in Krems (in Zusammenarbeit mit der Universität Uppsala) statt.

Schweiz
(Schweizerische Eidgenossenschaft), Bern

Staatsoberhaupt	Regierungschef	Außenminister
Der Bundesrat (siebenköpfiges Kollegialorgan), vertreten nach außen durch seinen jährlich neu gewählten Vorsitzenden mit dem Titel „Bundespräsident“, 1991: Flavio Cotti		René Felber

ÖB Bern: Dr. Franz Parak, Kirchenfeldstraße 28, CH-3000 Bern 6, Tel.: 43 01 11, Telex: 911754, Telefax: 43 56 64; ÖGK Zürich: Dr. Aurel Saupe, Minervastraße 116, CH-8032 Zürich, Tel.: 383 72 00, Telex: 816380, Telefax: 382 04 22; HGK Basel: Dr. Bernhard M. Menzinger, Leimenstraße 1, 4002 Basel; Tel.: 261 77 33, Telex: 964 418, Telefax: 261 43 73; HGK Genf: Dr. Franz Zimmermann, 20, rue Sénebier, 1211 Genf 12; Tel.: 312 06 00, Telefax: 20 97 80; HK Chur: Mag. Wolfgang Wunderlich, Quaderstraße 8, 7002 Chur; Tel.: 22 94 56, Telefax: 22 66 12; HK Lausanne: Carlo de Mercurio, avenue d'Ouchy 66, 1000 Lausanne 6; Tel.: 617 28 94, Telefax: 617 35 85; HK Lugano: Niccolo Lucchini, Via Pretorio 7, 6900 Lugano; Tel.: 23 56 81, Telex: 844 068, Telefax: 22 71 77; HK Luzern: Margareth Turnauer, Hirschengraben 13, 6003 Luzern; Tel.: 23 41 82, Telefax: 23 62 26; HK St. Gallen: Dr. Fredmund Malik, St. Leonhard-Straße 20, 9000 St. Gallen; Tel.: 22 33 66, Telefax: 23 60 88; AHSt Zürich: Dr. Johann Spalek, Stockerstraße 38, 8002 Zürich; Tel. 201 75 75, Telex: 815 621, Telefax: 201 47 82; ÖFVW Zürich: Zweierstraße 146, 8036 Zürich; Tel.: 451 15 51, Telex: 823 005, Telefax: 451 11 80; AUA-B Zürich: Talstraße 66, 8001 Zürich; Tel.: 211 58 90, Telefax: 212 18 83; AUA-B Genf: 18-20, place Cornavin, 1201 Genf; Tel.: 731 57 30, Telefax: 738 18 90

Die 700-Jahr-Feiern der Eidgenossenschaft boten zusätzliche Anlässe zu hochrangigen Begegnungen, die den ständigen Dialog in den vielen Bereichen gemeinsamen Interesses ergänzten.

So war Österreich am 14. Juni beim „Tag der internationalen Beziehungen“ im Rahmen der Jubiläumsfeiern durch Bundesminister Alois Mock vertreten, an dem auch Generalsekretär Thomas Klestil teilnahm. Zu den zahlreichen Gesprächen der beiden Außenminister am Rande internationaler Konferenzen kam auch eine bilaterale Begegnung mit Bundesrat René Felber am 23. Juli in Bregenz. Die schon traditionellen Kontakte zwischen den Außenministerien beider Länder wurden fortgesetzt:

Generalsekretär Thomas Klestil nahm am Treffen der Staats- bzw. Generalsekretäre der vier neutralen Staaten am 3./4. Juni in Thun teil; die Politischen Direktoren führten am 6. Mai Arbeitsgespräche in Bern; Expertengespräche gab es unter anderem in den Bereichen Völkerrecht, internationale Organisationen und Europarat.

Die Entwicklung der europäischen Integration, insbesondere die Verhandlungen über den Europäischen Wirtschaftsraum, standen im Mittelpunkt der Kontakte im wirtschaftspolitischen Sektor. Bundesminister Wolfgang Schüssel kam am 28. Februar in seiner Funktion als Vorsitzender der EFTA zu Gesprächen mit Bundesrat Jean-Pascal Delamuraz nach Bern. Das Dreier-Treffen der Wirtschaftsminister Österreichs, der Schweiz und der Bundesrepublik Deutschland am 13./14. September in Salzburg bot eine weitere Gelegenheit zur Erörterung dieses und anderer Themen. Staatssekretär Peter Jankowitsch war am 15. Mai zu Arbeitsgesprächen mit Staatssekretär Franz Blankart in Bern.

Die gemeinsamen Herausforderungen auf dem Gebiet des Straßengütertransits erforderten ständige Kontakte der beiden Verkehrsminister, Bundesrat Adolf Ogi und Bundesminister Rudolf Streicher.

Die Auswirkungen der internationalen Flüchtlings- und Wanderungsbewegungen bildeten den Schwerpunkt der Gespräche, die Bundesminister Franz Löschnak im Rahmen seines offiziellen Besuches am 25. September mit Bundesrat Arnold Koller in Bern führte.

Die Zusammenarbeit im Bereich der Landesverteidigung setzte sich mit dem offiziellen Besuch von Bundesminister Werner Fasslabend (9./10. September) sowie mit zwei Besuchen von Generaltruppeninspektor Karl Majcen (9. Jänner und 23./24. September) fort.

Bundesminister Franz Fischler kam am 13. Dezember zu einem GATT-Fragen gewidmeten Gespräch mit Bundesrat Jean-Pascal Delamuraz nach Bern.

Bundesminister Ferdinand Lacina nahm Anfang März am World Economic Forum in Davos teil.

Die Verbindungen zwischen den Parlamenten Österreichs und der Schweiz wurden intensiviert. Nationalratspräsident Heinz Fischer stattete der Schweiz am 14. Jänner seinen ersten Besuch ab. Seiner Einladung folgend kam der schweizerische Nationalratspräsident Ulrich Bremi begleitet von einer Parlamentarier-Delegation nach Wien (19./20. Februar). Bundesratsvizepräsident Herbert Schambeck traf am 25. März in Bern mit Ständeratspräsident Arthur Hänsenberger zusammen.

Die bilateralen Handelsbeziehungen entwickelten sich unterschiedlich. Während die Importe aus der Schweiz 1991 um 4,3 Prozent auf 24,69 Milliarden Schilling stiegen, verzeichneten die österreichischen Exporte einen Rückgang von 5,5 Prozent auf 30,58 Milliarden Schilling. Diese Entwicklung spiegelt die Verlangsamung der Konjunktur in der Schweiz wider, die sich vor allem im Investitionsgüterbereich fühlbar ausgewirkt hat.

Im Zentrum der kulturellen Aktivitäten stand das am 29. und 30. April in Rüschlikon bei Zürich abgehaltene Symposion „Schweiz-Österreich, Nachbarn in Europa". Es war als österreichischer Beitrag zu den 700-Jahr-Feiern der Eidgenossenschaft konzipiert und konnte mit Unterstützung des Bundesministeriums für Wissenschaft und Forschung in Zusammenarbeit mit dem schweizerischen Bundesamt für Kultur und dem Gottlieb Duttweiler Institut verwirklicht werden. Vor 180 interssierten Teilnehmern referierten unter anderen Bundesrat Jean-Pascal Delamuraz, Bundesminister Alois Mock, Bundesminister Erhard Busek und der Präsident der Bundeswirtschaftskammer Leopold Maderthaner.

Bundesminister Erhard Busek kam zu zwei Veranstaltungen des Forums Engelberg in die Schweiz (4. Februar u. 13. bis 15. März). Bundesminister Scholten besuchte am 16. Juni die Basler ART 22.

Im übrigen orientieren sich die recht engen österreichisch-Schweizer Kulturbeziehungen weitgehend an den Regeln eines „freien Kunstmarktes“.

Im Rahmen der Luzerner Festwochen gaben die Wiener Philharmoniker ein vielbeachtetes Mozartkonzert. Bundespräsident Flavio Cotti wohnte der Aufführung bei.

Erwähnenswert ist die Erstaufführung des ersten im Rahmen des Film-Koproduktionsabkommens Österreich-Schweiz hergestellten Filmes „Mirabel“.

Senegal
(Republik Senegal), Dakar

Staatsoberhaupt	Regierungschef	Außenminister
Abdou Diouf	Habib Thiam	Djibo Leity Ka

ÖB Dakar: Dr. Peter Leitenbauer, 24 Boulevard Pinet Laprade, B. P. 3247, Dakar; Tel.: 22 38 86, Telex: 51611, Telefax: 21 03 09; AHSt: siehe Marokko

Die bilateralen Beziehungen zu Senegal wurden auch 1991 weitgehend von der Entwicklungszusammenarbeit mit den Schwerpunkten auf dem Gesundheitssektor, in der Landwirtschaft, der Wasserversorgung, der Ausbildung und der wissenschaftlich-kulturellen Kooperation geprägt.

Die wissenschaftliche Zusammenarbeit der Universitäten Wien, Graz und Dakar zur Erforschung der Wirkung traditioneller Heilpflanzen konnte mit finanzieller Hilfe des Bundesministeriums für auswärtige Angelegenheiten in dem 1990 eröffneten Forschungszentrum in Fatick fortgesetzt werden. Die Sahel-Werkstätte zur Entwicklung technischer Infrastrukturen für die Herstellung und Reparatur landwirtschaftlicher Geräte und Wasserpumpen in der Region Thies wurde ebenso wie ein ähnliches Projekt der österreichischen Caritas in Sandiara weitergeführt. Eine dritte, größere Werkstätte nach dem Vorbild von Thies steht in Louga vor der Eröffnung und eine weitere, in der Grenzregion zu Mauretanien, befindet sich in Planung. Das bestehende Projekt zur Entwicklung angepaßter Technologien in der Casamance mit dem Schwerpunkt auf den Gebieten der Entwicklungsarbeit mit Frauen, der Handwerksförderung und alternativen Energiegewinnung wurde um weitere drei Jahre verlängert.

Im Rahmen der wissenschaftlichen Zusammenarbeit entsandte die Universität Graz 1991 einen Gastdozenten zur Abhaltung eines Blockseminars über österreichische Literatur an der Universität Dakar. Die Steiermärkische Landesregierung vergab an zwei senegalesische Germanistikstudenten und zwei Deutschprofessoren Stipendien. Weitere 4 senegalesische Studenten erhielten Stipendien an österreichischen Hochschulen und Universitäten.

Die österreichischen Ausfuhren nach Senegal betrugen 103 Millionen Schilling, die Einfuhren 8 Millionen Schilling.

Seychellen
(Republik der Seychellen), Victoria

Staatsoberhaupt	Regierungschef	Außenminister
France Albert René	France Albert René	Danielle de St. Jorre

ÖB und AHSt: siehe Kenia

Die Wirtschaftsbeziehungen sind geringfügig.

Sierra Leone
(Republik Siera Leone), Freetown

Staatsoberhaupt	Regierungschef	Außenminister
Generalmajor Saidu Momoh	Generalmajor Saidu Momoh	Dr. A. R. Dumbuya

ÖB und AHSt: siehe Nigeria,

HK Freetown: Honorarkonsul Klaus Bieber, 16, Spur View Estate, P. O. Box 497, Freetown; Tel: 3 04 95, Telex: 3210 boot sl (for Bieber)

Infolge kriegerischer Auseinandersetzungen in weiten Teilen des Landes ist dessen Wirtschaft stark in Mitleidenschaft gezogen. Die Handelsbeziehungen mit Österreich blieben daher auch sehr gering.

Simbabwe
(Republik Simbabwe), Harare

Staatsoberhaupt	Regierungschef	Außenminister
Robert Gabriel Mugabe	Robert Gabriel Mugabe	Dr. Nathan Shamuyarira

ÖB Harare: Dr. Helmut Schurz, 30 Samora Machel Ave., New Shell House, Room 216, Harare, P. O. B. 4120, Tel.: 70 29 21/2, Telex: 22546, Telefax: 70 58 77;

AHSt: Dr. Nikolaus Seiwald, 6th Floor, Globe House, 51 Jason Moyo Avenue, Harare, P. O. Box 1850; Tel: 704600, 706156, Telex: 26480, Telefax: 703962.

Der Einsatz des Österreichischen Entwicklungsdienstes in Simbabwe wurde weitergeführt. 23 Entwicklungshelfer und Experten sind überwiegend im Schulwesen und bei der gesundheitlichen Versorgung der ländlichen Bevölkerung tätig.

An Bewerbern aus Simbabwe wurden zwei Stipendien im Rahmen des Nord-Süd-Dialog Stipendienprogrammes vergeben.

An dem vom Bundesministerium für Finanzen veranstalteten Zollseminar nahm ein Beamter der Zollverwaltung Simbabwes teil.

Das österreichische Jugend-Rotkreuz spendete der „Child Development Foundation“ Zimbabwes Schulmaterial und Medikamente im Werte von 260.000,– Schilling.

Durch den Abschluß eines aus Entwicklungshilfemitteln finanzierten Warenimport-Abkommens (100 Millionen Schilling) im Dezember 1990 sind die österreichischen

Exporte, überwiegend bearbeitete Waren, Maschinen und chemische Erzeugnisse, gestiegen (1990: 157,2 Millionen Schilling, 1991: 225 Millionen Schilling). Österreich importierte aus Simbabwe vor allem Tabak, Rohstoffe und Metalle (1990: 111,2 Millionen Schilling, 1991: 89 Millionen Schilling)

Singapur
(Republik Singapur), Singapur

Staatsoberhaupt	Regierungschef	Außenminister
Wee Kim Wee	Goh Chok Tong	Wong Kan Seng

ÖB Singapur (disloziertes Büro des Handelsrates; untersteht ÖB Bangkok, ist gleichzeitig AHSt.): Dipl.Ing. Fritz Helmreich, 1 Scotts Road 22-04, Shaw Centre, Singapore 0922, Tel.: 235 40 88/89, Telex: 21133, Telefax: 737 12 02

Im Handelsverkehr zwischen Österreich und Singapur konnte das Gesamtvolumen des Warenaustausches auf dem Niveau des Vorjahres gehalten werden. Dies, obwohl im ersten Quartal, in erster Linie als Folge der Ereignisse im Golf, sowohl ein- als auch ausfuhrseitig wesentliche Rückschläge zu verzeichnen waren. Diese konnten jedoch im weiteren Verlauf des Jahres wieder weitgehend wettgemacht werden. Die österreichischen Ausfuhren (insbesondere Maschinen, Papier und Glaswaren) erreichten einen Wert von 1,1 Milliarden Schilling. Die österreichischen Einfuhren (vor allem Bauteile für Nachrichten-, EDV- und elektronische Geräte sowie für Büromaschinen) erreichten einen Wert von 1,9 Millionen Schilling, das sind um 11 Prozent mehr als im Vorjahr. Das Wirtschaftsförderungsinstitut der Bundeswirtschaftskammer hielt die nunmehr bereits seit 12 Jahren in ununterbrochener Reihenfolge stattfindende Kollektionsvorlage „Austria Style '92" in Singapur ab. Zusätzlich nahm eine Anzahl österreichischer Firmen als Einzelaussteller an den zahlreichen in Singapur stattfindenden internationalen Ausstellungen teil.

Der Standort Singapur ist für Österreich vor allem auch als Stützpunkt für österreichische Firmen zur Bearbeitung der umliegenden Märkte im südasiatischen Raum von Bedeutung.

Somalia
(Demokratische Republik Somalia), Mogadischo

Staatsoberhaupt	Regierungschef	Außenminister
Ali Mahdi Mohamed	Omer Arteh Ghalib	Mohammed Ali Hamud

ÖB und AHSt: siehe Kenia;

HK Mogadischo: Honorarkonsul Jirdeh Hussein, J. Hussein Building, Mogadischo; P. Adr.: P.O. Box 557, Mogadischo; Tel: 20 8 79, 20 8 68, Tel.Adr.: Austroko, Telex: 3723

Der Bürgerkrieg in Somalia hat zwar die Tätigkeit von SOS-Kinderdorf International im Lande beeinträchtigt, doch konnte die Organisation im Rahmen eines Nothilfeprogramms wertvolle humanitäre Hilfe (Errichtung eines Lazaretts, sonstige medizinische Hilfe, Ausspeisungsprogramm) leisten.

Sowjetunion
(Union der Sozialistischen Sowjetrepubliken), Moskau

Anmerkung:

Die UdSSR hat als Völkerrechtssubjekt im Dezember 1991 zu existieren aufgehört.*)

Staatsoberhaupt	Regierungschef	Außenminister
M. S. Gorbatschow (bis 25. 12. 1991)	I. S. Silajew (bis 21. 12. 1991)	E. A. Schewardnadse (bis 19. 12. 1991)

ÖB Moskau: Dr. Friedrich Bauer, Starokonjuschennyj per. 1, SU-119 034 Moskau, Tel.: 201 73 07, Telefax: 230 23 65, Telex: 413398; AHSt: Starokonjuschennyj per. 1, SU-119 034 Moskau, Tel.: 201 73 08, Telefax: 230 26 87, Telex: 413014; ÖGK Kiew: Dr. Michael Weninger, Ul. Rosa Luxemburg 5/408, 252021 Kiew, Tel.: 291 60 68, Telefax: 044/291 54 68, Telex: 131479 UYUT SU; AUA-Moskau: Sowincentr 3/18/5, Krasnopresnenskaja Nabereschnaja 12, SU-123 610 Moskau, Tel.: 253 16 70, Telefax: 253 16 69, Telex: 41 31 27; AUA-Kiew: Kiew-Borispol, 256300 Borispol 7, Tel. und Telefax 044/212 26 92, Telex: 131211 KBPOS SU.

Trotz der sich überstürzenden innenpolitischen Entwicklungen im Lande sind die traditionellen Beziehungen zwischen Österreich und der Sowjetunion auch im Berichtsjahr nicht nur in keiner Weise abgerissen, sie konnten sogar noch intensiviert und – unter Berücksichtigung der sich anbahnenden Dominanz der einzelnen Republiken – diversifiziert werden. Verliefen die österreichischen Kontakte zu sowjetischen Stellen in der ersten Jahreshälfte noch vorwiegend über die traditionellen Kanäle der Union, so wurde besonders in der zweiten Jahreshälfte durch Aufnahme bzw. Pflege von direkten Verbindungen zu den Republiken und lokalen Gremien den veränderten Umständen Rechnung getragen. Dies kam insbesondere durch die Errichtung eines österreichischen Generalkonsulates in der Hauptstadt der Ukraine zum Ausdruck. Ein vorerst an der Botschaft in Moskau als Botschaftsrat akkreditierter österreichischer Diplomat wurde nach Kiew entsandt, wo er die zur formellen Errichtung eines Generalkonsulates notwendigen Maßnahmen durchführte (Aufnahme direkter konsularischer Beziehungen zwischen Österreich und der Ukraine am 26. 9.). Mit 1. 12. 1991 galt dieses Generalkonsulat – als erste österreichische Vertretungsbehörde in der Sowjetunion außerhalb Moskaus – als errichtet. Schließlich hat Österreich am 28. August die Unabhängigkeit der drei baltischen Staaten anerkannt. Die Zuständigkeit für diese Länder wurde von der österreichischen Botschaft in Moskau an die Botschaften in Kopenhagen (Litauen), Stockholm (Lettland) und Helsinki (Estland) übertragen.

Im Berichtsjahr wurde der Besuchsaustausch auf politischer und hoher Beamtenebene fortgesetzt. Vizekanzler Josef Riegler weilte am 26. April, dem 5. Jahrestag der

*) Die zwölf souveränen Staaten auf dem Territorium der früheren UdSSR sind – in alphabetischer Reihenfolge – folgende: Armenien, Aserbaidschan, Georgien, Kasachstan, Kyrgystan, Moldova, Russische Föderation (Rußland), Tadschikistan, Turkmenistan, Ukraine, Usbekistan, Weißrußland (Belarus). Mit Ausnahme von Georgien haben sich diese Republiken am 21. 12. 1991 zur „Gemeinschaft Unabhängiger Staaten“, der jedoch keine Völkerrechtssubjektivität zukommt, zusammengeschlossen (siehe Kapitel „Das Ende der Sowjetunion“, S 140ff.).

Katastrophe von Tschernobyl, zu einem Arbeitsbesuch in Minsk. Bei dieser Gelegenheit übergab er dem weißrussischen Gesundheitsminister Wasilij Kosakow eine Spende der Bundesregierung in der Höhe von 50 Millionen Schilling zur Errichtung einer Kinderklinik, die vor allem die Opfer der Katastrophe von Tschernobyl betreuen wird. Wie die weißrussische Seite hervorhob, war dies die erste derartige Hilfeleistung einer westlichen Regierung. Vizekanzler Riegler traf auch mit dem weißrussischen Premierminister Wjatscheslaw Kebitsch, dem stv. Vorsitzenden des Obersten Sowjet Weißrußlands, Stanislaw Schuschkjewitsch, sowie mit dem weißrussischen Außenminister Pjotr Krawtschenko zu einem Arbeitsgespräch zusammen.

Am 5. Juni sowie vom 25. bis 26. Juni stattete der Wiener Bürgermeister Helmut Zilk auf Einladung des Bürgermeisters von Moskau, Gawril Popow, der sowjetischen Hauptstadt Besuche ab. Anlaß für den ersten Besuch war die Grundsteinlegung für ein Wiener Handelszentrum, das von einem österreichisch-sowjetischen Konsortium errichtet wird. Es ist dies das größte derartige Joint-venture-Projekt in Moskau.

Vom 9. bis 14. Juni führte eine österreichische Parlamentarierdelegation unter Leitung der Dritten Präsidentin des Nationalrates Heide Schmidt eine Informationsreise durch die drei baltischen Republiken durch. Nach Besuchen in Riga, Tallinn und Vilnius traf die Delegation in Moskau mit dem stellvertretenden Vorsitzenden des Nationalitätensowjets, Boris Oljenik, zu einem Arbeitsgespräch zusammen.

Über Einladung des stellvertretenden Premierministers der UdSSR und Vorsitzenden des Staatlichen Komitees für Wissenschaft und Technik, Nikolaj Lawjorow, stattete Bundesminister Erhard Busek vom 9. bis 11. Juni der Sojwetunion einen offiziellen Besuch ab. Im Rahmen dieses Besuches führte er Besprechungen über die Fortführung und Ausweitung der Zusammenarbeit auf wissenschaftlich-technischem Gebiet.

Im Rahmen des periodischen Meinungsaustausches zwischen den Politischen Direktoren der Außenministerien war der Leiter der Politischen Sektion im Bundesministerium für auswärtige Angelegenheiten, Botschafter Ernst Sucharipa, vom 12. bis 14. Juni zu Arbeitsgesprächen mit verschiedenen hochrangigen Funktionären des sowjetischen Außenministeriums in Moskau und wurde unter anderem auch vom damaligen ersten Vizeaußenminister J. Kwitsinskij empfangen.

Vom 27. bis 29. Juni fand auf Einladung von Bundeskanzler Franz Vranitzky der Besuch des damaligen sowjetischen Premierministers Valentin Pawlow in Österreich statt. Die Arbeitsgespräche befaßten sich besonders mit bilateralen Wirtschaftsfragen. Außer Wien wurde auch Linz und Salzburg besucht.

Der Präsident der Bundeswirtschaftskammer, Leopold Maderthaner, absolvierte auf Einladung der sowjetischen Handels- und Industriekammer anläßlich der Bauwirtschaftsmesse „Strojindustria“ vom 8. bis 10. September einen offiziellen Besuch in Moskau. Er führte bei dieser Gelegenheit u. a. Gespräche mit dem amtsführenden Präsidenten der Handels- und Industriekammer der UdSSR, M. Kurjatschew, dem amtsführenden Minister für Außenwirtschaftsbeziehungen der UdSSR, Kalschanow, und mit dem Minister für Außenwirtschaftsbeziehungen der RSFSR, W. Jaroschenko.

Bundesminister Alois Mock nahm vom 10. bis 11. September an der Eröffnung der Moskauer Tagung der KSZE-Konferenz über die menschliche Dimension teil. Bei dieser Gelegenheit führte er am 10. September auch ein Arbeitsgespräch mit dem damaligen sowjetischen Außenminister Boris Pankin über internationale Fragen gemeinsamen Interesses. Außerdem fand ein Meinungsaustausch mit der kasachischen Außenministerin A. Arystanbekowa statt.

Im Rahmen der Kooperation zwischen dem österreichischen und dem sowjetischen Innenministerium auf dem Gebiet von Schulung und Weiterbildung besuchte vom 23. September bis 4. Oktober eine Delegation hochrangiger Beamter des österreichischen kriminalpolizeilichen Dienstes die Sowjetunion. Der Studienaufenthalt gab Gelegenheit zu Einblicken in Organisation und Methoden der Verbrechensbekämpfung in der UdSSR unter besonderer Berücksichtigung der Maßnahmen zur Bekämpfung der organisierten Kriminalität.

Als Höhepunkt der österreichisch-sowjetischen wissenschaftlich-technischen Zusammenarbeit ist zweifellos der Raumflug des österreichischen Kosmonauten Franz Viehböck vom 2. bis 10. Oktober 1991 zu werten, der nach zweijähriger Vorbereitung im Rahmen des österreichisch-sowjetischen Projektes **Austromir** durchgeführt wurde. Aus diesem Anlaß fand ein offizieller Besuch von Bundeskanzler Franz Vranitzky statt. Der Bundeskanzler wurde dabei von den Bundesministern Ferdinand Lacina und Wolfgang Schüssel begleitet. Als Einladender fungierte der Vorsitzende des Interrepublikanischen Wirtschaftskomitees (d.h. des geschäftsführenden sowjetischen Regierungschefs), Iwan Silajew. Bundeskanzler Vranitzky führte zuerst in Moskau und dann in Baikonur (im Anschluß an den Start des österreichischen Kosmonauten) Gespräche mit führenden politischen Persönlichkeiten aus Union und Republiken, insbesondere mit Präsident Gorbatschow, dem Vorsitzenden Silajew, dem russischen Vizepräsidenten Rutzkoj und mit dem kasachischen Präsidenten Nasarbajew. In Baikonur traf der Bundeskanzler auch mit den Präsidenten bzw. Regierungschefs fast aller Unionsrepubliken zusammen. Der österreichische Kosmonaut wurde auch von einer offiziellen österreichischen Delegation mit Persönlichkeiten aus Wissenschaft und Politik begleitet. Die Delegation stand unter Leitung von Vizekanzler Erhard Busek; es gehörten ihr auch Bundesminister Werner Fasslabend, der Grazer Bürgermeister Alfred Stingl, Abgeordnete zum Nationalrat, der Präsident der Österreichischen Akdademie der Wissenschaften und Rektoren österreichischer Universitäten an. Der Vizekanzler führte bei dieser Gelegenheit am 3. Oktober Gespräche mit dem Mitglied des Rates für politische Angelegenheiten des Präsidenten der UdSSR und Vizepräsidenten der Sowjetischen Akademie der Wissenschaften, Welichow. Gleichzeitig wurde Bundesminister Fasslabend vom sowjetischen Verteidigungsminister Jewgenij Schaposchnikow zu einem Gespräch empfangen. Vizekanzler Busek und Bundesminister Fasslabend führten auch ein Gespräch mit dem Mitglied des Rates für politische Angelegenheiten des Präsidenten der UdSSR und Präsidenten der Außenpolitischen Gesellschaft der UdSSR, dem ehemaligen Außenminister Eduard Schewardnadse.

Vizekanzler Busek unterzeichnete am 2. Oktober in Baikonur mit dem kasachischen Ministerpräsidenten Karamenow eine gemeinsame österreichisch- kasachische Erklärung, worin der Ausbau der Zusammenarbeit zwischen Österreich und Kasachstan auf wirtschaftlichem, wissenschaftlich-technischem und kulturellem Gebiet in Aussicht genommen wird.

Auf Einladung von Bundesminister Franz Löschnak hielt sich der sowjetische Innenminister Viktor Barannikow vom 24. bis 26. Oktober zu einem offiziellen

Besuch in Österreich auf. Bei den Arbeitsgesprächen wurden vor allem Fragen der Verbrechensbekämpfung, des Drogenschmuggels sowie des Informationsaustausches zwischen den beiden Innenministerien behandelt. Es wurde auch ein Ressortübereinkommen über die Zusammenarbeit des österreichischen und des sowjetischen Innenressorts auf dem Gebiet der Ausbildung und Weiterbildung unterzeichnet, das die bereits begonnene Kooperation fortsetzt und vertieft.

Vom 12. bis 17. November fand auf Einladung von Nationalratspräsident Heinz Fischer ein offizieller Besuch einer sowjetischen Parlamentarierdelegation unter Leitung des Vorsitzenden des Unionssowjet des Obersten Sowjet der UdSSR statt. Das Besuchsprogramm umfaßte neben Aussprachen im Parlament auch Gespräche in der Bundeswirtschaftskammer, beim ÖGB sowie im Bundesministerium für auswärtige Angelegenheiten. Schließlich besuchten die sowjetischen Parlamentarier auch die Steiermark.

Mehrere Mitglieder von Regierungen und von Parlamenten der einzelnen Unionsrepubliken haben 1991 ebenfalls Österreich besucht.

Der Außenhandel zwischen der ehemaligen Sowjetunion und Österreich, dessen Umfang seit 1985/86 (mit einem damaligen Volumen von insgesamt ca. 32 Milliarden Schilling) ständig gefallen ist, hat sich 1988 und 1989 wieder stabilisiert und erreichte 1990 20,3 Milliarden Schilling. Im Jahr 1991 verringerte sich der österreichische Warenexport jedoch gegenüber 1990 um 7,4 Prozent auf 9,33 Milliarden Schilling. Der Import sowjetischer Waren ging um 4,8 Prozent auf 9,75 Milliarden Schilling ebenfalls zurück.

Traditionell zählen zu den Hauptimportgütern aus der ehemaligen UdSSR Kohle, Erdöl und Erdgas, die zusammen ¾ der sowjetischen Exporte nach Österreich ausmachten.

Die bedeutendsten österreichischen Exporte wurden in den Bereichen Eisen-, Stahl- und NE-Metallerzeugung (wenn auch rückläufig), Papier- und Papiererzeugnisse, Maschinen für Papierindustrie, Metallbearbeitung, Nahrungsmittelverarbeitung, Nachrichtentechnik und Transportmittel getätigt.

Ein großes Problem für österreichische Firmen stellen überfällige Forderungen, die auch nicht durch Kreditversicherungen gedeckt sind, dar. Da sich die Sowjetunion in generellen Zahlungsschwierigkeiten befand, war besonders bei der Bezahlung von Konsumgüterlieferungen großer Zeitverzug zu bemerken.

Die österreichische Bauindustrie ist weiterhin im Bereich der ehemaligen Sowjetunion tätig. Einige Hotels und andere öffentliche Bauten wurden in Moskau, Tiflis, Nowgorod, Jakutsk und anderen Städten fertiggestellt. Noch sind viele große Bauprojekte im Bereich Hotel-, Wohnungs- und Büroeinrichtung im Ausführungsstadium. Der Wert der laufenden jährlichen Bauleistungen wird auf ca. 12 Milliarden Schilling geschätzt.

Trotz der Finanz- und Übergangsschwierigkeiten hat sich die Präsenz österreichischer Firmen erhöht. Zur Zeit bestehen ca. 250 österreichische Joint-Ventures in allen Branchen der Industrie sowie im Handels-, Dienstleistungs- und Baubereich. Seminare für Führungskräfte aus allen Sektoren werden weiter durchgeführt.

Auf dem Vertragssektor war im Zusammenhang mit der bilateralen wirtschaftlichen Kooperation das Inkrafttreten des 1990 unterzeichneten Investitionsschutzabkommens am 1. 9. 1991 von besonderer Wichtigkeit. Ein am 29. 4. 1991 in Wien unterzeichnetes Abkommen über die Zusammenarbeit auf dem Gebiet des Umweltschutzes war zum Zeitpunkt der Auflösung der Sowjetunion noch nicht in Kraft getreten.

Spanien
(Königreich Spanien), Madrid

Staatsoberhaupt	Regierungschef	Außenminister
König Juan Carlos I.	Felipe Gonzalez Marquez	Francisco Fernandez Ordonez

ÖB Madrid: Dr. Michael Fitz, Paseo de la Castellana 91/9, 28046 Madrid; Tel.: 5565315, 5565403; Telex: 22694; Telefax: 5973579; HGK Barcelona: Dr. Jacinto Soler Padro, C/Mallorca 286, 08037 Barcelona; Tel.: 2573614, Telex: 98322, Telefax: 2584107; HK Bilbao: Ing. Hermann Diez del Sel Korsatko, C/Club 8-bajo, 48930 Las Arenas; Tel.: 4640763, Telex: 33043, Telefax: 4637432; Malaga: Walter Esten, Casa Inti, C/Occidente 1, 29639 Benalmadena - Costa; Tel.: 443952, Telex: 79211, Telefax: 2341790; Las Palmas de Gran Canaria: Alfred Suchomel, Hotel Eugenia Victoria, Avda. de Gran Canaria 26, Playa del Inglés; Tel.: 261100, Telex: 96036, Telefax: 762260; Palma de Mallorca: Bernd-Jürgen Severing, C/Pedro Dezcallar y Net 11/2/3, 07003 Palma de Mallorca, Tel.: 721218, Telefax: 721219; Santa Cruz de Tenerife: Evaristo Cardell Cristellys, C/San Francisco 17, 38002 Santa Cruz de Tenerife; Tel.: 243799, Telex: 92027; Sevilla: José Rivas Mulero, C/Marqués Parada 26, 41001 Sevilla; Tel.: 4222162, Telex: 72322; Valencia: Günther Richetti; C/Francisco Cubells 43, 46011 Valencia; Tel.: 3671658, Telefax: 3670185; AHSt. Madrid (mit Zweigstelle Sevilla): Dr. Karl Schmiedbauer, C/Orense, 11-6°, 28020 Madrid; Tel.: 5564358, Telex: 27506, Telefax: 5569991; AHSt. Barcelona: Dr. Peter Rejtö, C/Balmes 200-2°. 08006 Barcelona, Tel.: 2187710, Telex: 51597, Telefax: 2382574; ÖW Madrid, Barcelona; AUA-B Madrid, Barcelona

Bundesminister Wolfgang Schüssel führte am 25. April 1991 in seiner Eigenschaft als EFTA-Vorsitzender mit dem Staatssekretär für die Europäischen Gemeinschaften im spanischen Außenministerium, C. Westendorp y Cabeza, einen Meinungsaustausch über die EWR-Verhandlungen sowie Unterredungen mit Wirtschafts- und Finanzminister Carlos Solchaga Catalan und dem Präsidenten der spanischen Handelskammer Adrian Piera Jimenez. Weiters führte Bundesminister Schüssel in Sevilla Vorbereitungsgespräche über die österreichische Wirtschaftspräsenz bei der EXPO '92. Im November führte Staastsekretär Peter Jankowitsch in Madrid Gespräche mit Vertretern aus Politik und Wirtschaft, wobei er auch mit dem spanischen Ministerpräsidenten Felipe Gonzalez Marquez zusammentraf.

Der Zweite Präsident des Nationalrats, Robert Lichal, benützte seinen Aufenthalt in Madrid anläßlich des KSZE-Parlamentarier-Treffens um dem stellvertretenden Ministerpräsidenten Narcis Serra i Serra am 3. April 1991 einen Besuch abzustatten. Der Vizepräsident des Bundesrates, Walter Strutzenberger, der ebenfalls an diesem Treffen teilnahm, traf den spanischen Senatspräsidenten, Juan José Laborda Martin. Abg. z. NR Friedrich König führte am 12. und 15. April 1991 anläßlich seines Aufenthaltes in Madrid einen Meinungsaustausch mit führenden Vertretern der wichtigsten im spanischen Parlament vertretenen Parteien sowie mit für EG-Fragen zuständigen leitenden Beamten über die österreichischen EG-Beitrittsbemühungen und die EWR-Verhandlungen. Am 26. und 27. September 1991 besuchte eine SPÖ-Parlamentarierdelegation unter Leitung von Klubobmann Willi Fuhrmann Spanien. Der Präsident der Bundeswirtschaftskammer, Leopold Maderthaner, hielt sich vom 6.–9. November 1991 zu Besuchen in Barcelona, Madrid und Sevilla auf, wo er vom spanischen König Juan Carlos I., Wirtschafts- und Finanzminister Carlos Solchaga Catalan, dem Staatssekretär für Industrie Alvaro Espina Montero sowie den Präsidenten der Autonomen Regionen Katalonien und Andalusien, Jordi Pujol i Soley, und Manuel Chaves Gonzalez zu Gesprächen empfangen wurde. Ferner traf er mit dem neuen Präsidenten der spanischen Handelskammern, Guillermo De La Dehesa Romero, sowie dem Vorsitzenden des spanischen Unternehmerverbandes , José Maria Cueva Salvador, zusammen.

Eine Delegation des spanischen Senats unter Führung von Präsident Juan José Laborda Martin besuchte Österreich in der Zeit vom 27. April bis 1. Mai 1991.

Der Außenhandel zwischen Österreich und Spanien hat sich 1991 parallel zum Verlauf der sich abkühlenden spanischen Inlandskonjunktur entwickelt. Der Zuwachs der österreichischen Lieferungen verflachte sich auf +6,2 Prozent, und diese erreichten einen Gesamtwert von 10,7 Milliarden Schilling. Spanien ist damit nach wie vor neuntwichtigster Abnehmer österreichischer Waren. Die Importe stiegen um 2,1 Prozent auf 6,4 Milliarden Schilling.

Die regelmäßigen Wirtschaftsgespräche, in deren Mittelpunkt Fragen der europäischen Integration standen, wurden am Rande des Besuches von Bundesminister Schüssel im April in Madrid fortgesetzt.

Die österreichische Wirtschaft war auch im Jahr 1991 bei zahlreichen Messen vertreten. Der österreichische Regierungskommissär für die Weltausstellung in Sevilla 1992, M. Mautner Markhof hielt sich zu Koordinationsgesprächen über die österreichische Präsenz in Sevilla zweimal in Spanien auf.

Die Darstellung des österreichischen Kulturschaffens in Spanien hat sich weiterentwickelt und vor allem auf die großen Städte Madrid, Barcelona, Sevilla, Valencia und Palma de Mallorca konzentriert. Das „Mozart-Jahr 1991“ wurde in ganz Spanien mit Festivals, Opernaufführungen und Konzerten, aber auch Symposien, Seminaren und Vorträgen intensiv begangen. Insgesamt erfreut sich österreichische Musik höchster Wertschätzung. Die Rezeption neuer österreichischer Literatur bleibt vor allem auf Peter Handke und Thomas Bernhard beschränkt. In Sevilla wurde zum ersten Mal in Spanien ein Theaterstück von Wolfgang Bauer in spanischer Sprache aufgeführt.

Der Austausch von Professoren und anderen Wissenschaftlern im Rahmen diverser Abkommen wurde deutlich intensiviert. Zwischen den Universitäten Complutense und Politécnica Madrid sowie der Akademie der Bildenden Künste Wien wurde ein Universitätspartnerschaftsabkommen abgeschlossen. Acht österreichische Lektoren vermitteln das Wissen um deutsche Sprache, österreichische Literatur und Philosophie sowie Landeskunde an spanischen Universitäten. Nach den angebotenen Stipendien besteht rege Nachfrage. Es fand ein intensiver Höreraustausch zwischen den Universitäten von Wien, Madrid und Barcelona statt.

Gemeinsam mit dem Austrian Art Service laufen intensive Vorbereitungen, um für das „Spanienjahr 1992“ eine besondere österreichische Kulturpräsenz zu gewährleisten.

Sri Lanka
(Demokratische Sozialistische Republik Sri Lanka), Colombo

Staatsoberhaupt	Regierungschef	Außenminister
Ranasinghe Premadasa	D.W. Wijetunge	Harold Herat

ÖB und AHSt: siehe Indien; HK Colombo: Senake Amerasinghe, 424, Union Place, Colombo 2 (POB 903); Tel.: 91 6 13, Telex: 21330, Telefax: 59 83 82

Die Wirtschaft Sri Lankas entwickelte sich durchaus positiv. Die Auswirkungen des Golfkrieges dürften sich in Grenzen gehalten haben und die Privatwirtschaft, der vermehrte Aufmerksamkeit zuteil wurde, erlebte einen Aufschwung.

Die politische Situation, vor allem der seit Jahren anhaltende Kampf der Tamil Tiger, bleibt allerdings ein großer Unsicherheitsfaktor, vor allem auch für den Fremdenverkehrssektor.

Die österreichischen Exporte mußten einen Rückgang um 32 Prozent auf 41 Millionen Schilling verzeichnen, wahrend Sri Lankas Ausfuhren, die von Bekleidung, Tabak, Kaffee und Tee dominiert werden, um 58 Prozent auf 177 Millionen Schilling zunahmen. Um die österreichischen Exporte, die derzeit hauptsächlich aus Maschinen, Pharmazeutika und Papier bestehen, zu beleben, organisierte die Außenhandelsstelle der Bundeswirtschaftskammer in New Delhi vom 7.–9. März in Colombo eine Katalogausstellung, an der 41 österreichische Firmen teilnahmen.

Im Bereich Botanik wurde ein Stipendium gewährt. Ein Kandidat aus Sri Lanka wurde für den Fortbildungslehrgang für Zollbeamte nominiert.

St. Vincent und die Grenadinen
(St. Vincent und die Grenadinen)

Staatsoberhaupt	Regierungschef	Außenminister
Königin Elisabeth II. vertreten durch: Generalgouverneur Sir David E. Jack	James Fitz-Allen Mitchell	James Fitz-Allen Mitchell

ÖB siehe Venezuela; AHSt. siehe Venezuela

Nach Vereinbarung der Aufnahme diplomatischer Beziehungen zwischen Österreich und St. Vincent und den Grenadinen im Oktober 1990 hat der in Caracas residierende österreichische Botschafter am 8. Juli 1991 das Beglaubigungsschreiben überreicht.

Der bilaterale Handelsverkehr ist minimal. Die österreichischen Ausfuhren (Papier) erreichten einen Wert von 118.000,– Schilling (–24,4 Prozent), die Importe (Sportgeräte) beliefen sich auf 72.000,– Schilling (–86 Prozent).

Südafrika
(Republik Südafrika), Pretoria

Staatsoberhaupt	Regierungschef	Außenminister
Frederik Willem De Klerk	Frederik Willem De Klerk	Roelof Frederik Botha

ÖB Pretoria: Dr. Arnold Möbius, 405 Church Street/Corner Du Toit Street, 10th Floor Apollo Centre, Pretoria 0002, P.O.B. 851; Tel.: 012/322 7790/1/2, 322 38 49, Telex: 320541, Telefax: 012/322 7793;

Standard Bank Centre, Main Tower 662, Herrengracht, Cape Town 8001, Tel.: 021/211 440, Telex: 526212, Telefax: 021/253 489

HGK Johannesburg: Ing. Herbert Krottenberger, 9th Floor Samro House, 73 Juta Street, Braamfontein, 2001; Tel.: 011/403 1850, Telefax: 011/339 7802

HK Durban: Egon Wegrostek, 33 Bellevue Road, Berea, Durban 4001, Tel: 031/215 408, Telefax: 031/309 1340

AHSt Johannesburg: Dr. Leopold Birstinger, Cradock Heights 2nd Floor, 21, Cradock Ave., Rosebank 2196, Tel.: 011/442 7100, Telefax: 011/442 8304

AUA-Büro: The Atrium 3rd Floor, 41 Stanley Ave., Auckland Park 2006, Tel: 011/482 3670, Telex: 43 1478 OSJNB, Telefax: 011/726 5871

Im Gleichklang mit den positiven politischen Entwicklungen in Südafrika und der entsprechenden Reaktion der internationalen Gemeinschaft wurden auch von Österreich Initiativen zu einer Verbesserung der bilateralen Beziehungen ergriffen:

- AUA-Flugverbindung seit 6. 7. 1991 (ab 29. 3. 1992 zwei Flüge pro Woche)
- Südafrika-Besuch von Nationalratspräsident Dr. Fischer von 11. bis 30. August 1991
- Einjährig befristete Aussetzung der österreichischen Sanktionen mit 24. 9. 1991 (aufrecht bleiben Sanktionen im Nuklearbereich, für Computerausrüstungen von Polizei und Armee sowie Waffenembargo)
- Südafrika-Reise einer Wirtschaftsdelegation von 35 österreichischen Firmen zwischen 11. und 19. 11. 1991
- Verstärkte Unterstützung der sozial benachteiligten Bevölkerungsgruppen im Rahmen der österreichischen Entwicklungshilfe (u. a. Rückführung der Exilanten, Stipendien für Universitäts- bzw. Lehrerausbildung, Aufbau von Kleingewerbe)

Österreich ist der achtwichtigste Handelspartner Südafrikas bei jedoch (wegen Verschlechterung der südafrikanischen Wirtschaftslage) ungleichem Handelsaufkommen (österreichische Importe 1,736 Milliarden Schilling, +4,8 Prozent; österreichische Exporte 1,231 Milliarden Schilling, +3,2 Prozent).

Sudan
(Republik Sudan), Khartoum

Staatsoberhaupt	Regierungschef	Außenminister
General Omer Hassan Ahmed El Bashir	General Omer Hassan Ahmed El Bashir	Ali Ahmed Sahloul

ÖB: siehe Ägypten

In Entsprechung eines Appells des UN-Generalsekretärs stellte Österreich für die Opfer der Hungerkatastrophe im Sudan 1 Million Schilling zur Verfügung.

Der Handelsaustausch schwächte sich wegen der politischen und finanziellen Lage des Sudan ab. Die österreichischen Exporte nahmen um 24 Prozent ab und erreichten einen Wert von 62,8 Millionen Schilling, wobei vor allem Maschinen, Kautschukwaren, elektrische Geräte und Holz abgesetzt wurden. Die österreichischen Einfuhren stiegen um 275 Prozent auf 19,6 Millionen Schilling, weil eine größere Baumwollieferung zu verzeichnen war.

Aufgrund der innenpolitischen Lage im Sudan beschränkten sich die kulturellen Beziehungen 1991 auf die Betreuung der zahlreichen sudanesischen Bewerber um österreichische Stipendien.

Suriname
(Republik Suriname), Paramaribo

Staatsoberhaupt	Regierungschef	Außenminister
Ronald R. Venetiaan	Rondld R. Venetiaan	Shubhas C. Mungra

ÖB und AHSt. siehe Venezuela

Die Parlamentswahlen am 25. Mai 1991 können laut internationalen Beobachtern als demokratisch angesehen werden. In der Folge wurde am 6. September von der Volksversammlung ein neuer Präsident gewählt, der sein Amt am 16. September angetreten hat.

Österreich importierte Waren (Kautschuk) im Gesamtwert von 519.000,– Schilling (–96,5 Prozent). Die Ausfuhren bestanden aus KFZ-Teilen und betrugen 1,8 Millionen Schilling (–53,9 Prozent).

Swasiland
(Königreich Swasiland), Mbabane

Staatsoberhaupt	Regierungschef	Außenminister
König Mswati III.	Obed Dlamini	Sir George M. Mamba

ÖB: siehe Simbabwe;

HK Matsapa: Honorarkonsul Ing. Guntram Albrecht, Matsapa Industrial Site, Malkerns, P.O. Box 282, Malkerns; Tel.: 84529, 84543, 54616, Telex: 2239; AHSt: siehe Südafrika

Aus Swaziland wurden Früchte und Gemüse sowie pflanzliche und tierische Rohstoffe um 7 Millionen Schilling bezogen.

Die österreichischen Exporte von Chemikalien und Büromaschinen betrugen 2 Millionen Schilling.

Syrien
(Syrisch Arabische Republik), Damaskus

Staatsoberhaupt	Regierungschef	Außenminister
Hafez Al Assad	Mahmoud Al Zoubi	Farouk Al Shara

ÖB Damaskus: Dr. Gerhard Pfanzelter, Rawda, Rue Chafik Mou'ayad, Immeuble Sabri Malki, P.O. Box 5634, Damaskus, Tel.: 33 75 28, 24 76 91, Telex: oebdam 411 389 sy, Telefax: 247 691; HGK Damaskus: Georges Abdini, Place de l'Etoile, Rue Chawkat Al-Aidi, Coin Rue Mayssaloun No. 7, P.O. Box 3189, Damaskus, Tel.: 24 76 80, 24 77 51, Telex 411 949 aie dam sy; HK Aleppo: Umberto Draghi, Rue Baron en face Banque Central, Imm. Pères Jesuites, P.O. Box 521, Aleppo, Tel.: 21 40 70, 21 91 20, 22 61 44, Telex: 331 005 righi sy; AHSt: Damaskus: Dr. Sepp Dabringer, Eastern Villat, Rue Farabi 116A, P.O. Box 7659, Damascus, Tel.: 24 46 16, Telex: 411 706 autrad sy, Telefax: 248 536; AUA-B: Al Moohandesseen Bldg. 8th Floor, Suite 801, Yousef Al Azmar Square, P. O. Box 3050. Damaskus, Tel.: 22 04 98, 210707, Flughafenbüro: 433996

Bundespräsident Kurt Waldheim führte in Begleitung von Außenminister Alois Mock, Staatssekretär Günter Stummvoll und einer hochrangigen Wirtschaftsdelegation vom 12. bis 13. 6. einen Arbeitsbesuch durch. Der Bundesminister für Landesverteidigung Werner Fasslabend besuchte vom 12. bis 14. 11. das österreichische UN-Kontingent am Golan und führte Gespräche mit Verteidigungsminister Mustafa Tlass und Vizepräsident Halim Khaddam. Der syrische Industrieminister Antoine Jubran traf am Rande der UNIDO-Generalversammlung am 19. 11. mit den Bundesministern Rudolf Streicher und Wolfgang Schüssel zusammen, um gemeinsame Wirtschaftsprojekte zu erörtern. Syrien eröffnete am 1. Oktober ein Honorargeneralkonsulat in Wien mit Kommerzialrat Nabil Kuzbari als Titulär.

Die Wirtschaft Syriens setzte auch 1991 ihren Aufwärtstrend (+8 Prozent Wachstum) fort, welcher auf große Erdgasfunde, höhere Preise für Erdölexporte und beträchtliche Kapitalzuflüsse nach dem Golfkrieg zurückzuführen ist. Die zunehmende Abkehr von einer staatlichen gelenkten Wirtschaft manifestierte sich in einer allmählichen Liberalisierung des Außenhandels und verstärkten Privatwirtschaft. Die österreichischen Exporte waren mit 421 Millionen Schilling um 9,6 Prozent rückläufig, was auf den fast völligen Ausfall der Position „Rohre", zurückzuführen ist. Wichtigste Ausfuhrgüter waren Kunststoffe, Holz und Papier, Baumaterialien; Armaturen und Arbeitsmaschinen. Die syrischen Exporte (hauptsächlich Rohöl) gingen um 44 Prozent auf 471 Millionen Schilling zurück.

Im Zusammenhang mit dem Mozart-Jahr gab es Konzerte des Phoebus-Trios und von Klaus Leutgeb sowie eine Ausstellung im Musikkonservatorium. Mittersiller und Moosbrunner Musiker traten im Rahmen der Österreich-Woche auf. Ein österreichisches Archäologenteam unter Leitung von Doz. Ruprechtsberger führte eine archäologische Bestandsaufnahme der antiken Denkmäler am Berg Hermon durch. Der Generaldirektor für Antikenverwaltung Ali Abu Assaf kam zu einer Vortragsreise nach Österreich und besprach mit dem Stadtmuseum Linz eine für 1993 projektierte Ausstellung „Frühes Christentum in Syrien". Auf Initiative von Primarius Abdulrahman Aburumieh wurden in Damaskus der 2. österreichisch-syrische Kongreß für Allgemeinmedizin und der 1. österreichisch-syrische Kongreß für Gynäkologie und Geburtshilfe abgehalten. Der ORF drehte in Syrien den Film „Als die Heiden Christen wurden".

Tansania
(Vereinigte Republik Tansania), Dar es Salaam

Staatsoberhaupt	Regierungschef	Außenminister
Als Hassan Mwinyi	John Samuel Malecela	Ahmed Hassan Diria

ÖB und AHSt: siehe Kenia;

HGK Dar es Salaam: HGK Dr. Irmgard Gebauer, Independence Ave. 20 J; Tel.: 20 4 17

Tansania ist ein Schwerpunktland der österreichischen Entwicklungszusammenarbeit.

Für die Modernisierung der TAZARA-Eisenbahn wurde die Hilfe fortgesetzt. In Nordtansania ist die Ausweitung des langjährigen österreichischen Engagements auf dem Gesundheitssektor, mit besonderer Berücksichtigung der Vorsorgemedizin, angelaufen. Die Unterstützung des Projektes Schlachthof Arusha und Rinderfarm Mabuko wurde fortgesetzt. Mehrere Entwicklungshelfer des „Österreichischen Entwicklungshelferdienstes" und Experten waren 1991 in Tansania im Einsatz.

Die österreichischen Exporte beliefen sich auf 41 Millionen Schilling, die Importe auf 27 Millionen Schilling.

Thailand
(Königreich Thailand), Bangkok

Staatsoberhaupt	Regierungschef	Außenminister
König Bhumipol Adulyadej	General Chatichai Choonhavan	Subin Pinkayan

ÖB Bangkok: Dr. Erich Binder, 14 Soi Nandha off Soi Attakarnprasit, Sathorn Tai Road, Bangkok 10121, Tel.: 287 39 70, 287 39 71, Telex: 82386, Telefax: 287 39 25; AHSt Bangkok: DDr. Hubert Schwetz, Kian Gwan House, 9th floor, 140 Wireless Road, Bangkok 10330, Tel.: 251 41 73, Telex: 82864, Telefax: 253 35 67

Die Zusammenarbeit im universitären und wissenschaftlichen Bereich wurde sowohl im Rahmen des Stipendienaustausches als auch in Form von Besuchen von Wissenschaftern fortgesetzt. Im September wurde am Asian Institute of Technology ein „Computer Integrated Manufacturing Laboratory" eröffnet, das u.a. mit österreichischen Entwicklungshilfegeldern finanziert worden war.

Trotz leicht abnehmenden Wirtschaftswachstums (8 Prozent gegenüber durchschnittlich 11 Prozent in den drei vergangenen Jahren) gab es für die österreichische Exportwirtschaft erfreuliche Erfolge. Seit vielen Jahren wies Österreich erstmals wieder eine aktive Handelsbilanz auf, die Exporte wuchsen um 50,1 Prozent auf 1,7 Milliarden Schilling. Damit ist Thailand Österreichs wichtigster ASEAN-Markt sowie viertwichtigster Markt in Asien. 75 Prozent der Exporte entfielen auf Maschinen und Fahrzeuge; daneben bilden Eisen- und Stahlprodukte, Papier und Pappe sowie medizinische und pharmazeutische Erzeugnisse wichtige Exportgruppen. Da weitere Großprojekte unterzeichnet wurden oder vor dem Abschluß stehen, dürfte auch in den nächsten Jahren mit ähnlichen Exportzahlen Österreichs nach Thailand zu rechnen sein.

Auch die Importe aus Thailand nahmen zu und betrugen 1,4 Milliarden Schilling (+ 17,3 Prozent). Wichtigste Importgüter waren Textilien, Meeresfrüchte, elektronische Maschinen und Geräte, Gemüse und Obst sowie Schmuck und Edelsteine.

Togo
(Togolesische Republik), Lomé

Staatsoberhaupt	Regierungschef	Außenminister
Gnassingbé Eyadéma	Joseph Kokou Koffigoh	Abdou Touré Cheaka

ÖB und AHSt: siehe Côte d'Ivoire

Sechs Studenten, davon einer mit österreichischem Studium, studieren an österreichischen Hochschulen.

An dem eher unbedeutenden bilateralen Warenaustausch hat sich nicht viel geändert (österreichische Exporte 28 Millionen Schilling, -22 Prozent, österreichische Importe 1,6 Millionen Schilling, -21 Prozent).

Trinidad und Tobago
(Republik Trinidad und Tobago), Port of Spain

Staatsoberhaupt	Regierungschef	Außenminister
Noor Mohammed Hassanali	Patrick Manning	Ralph Maraj

ÖB siehe Venezuela; HK Port of Spain: Hans Bernd Stecher, 27, Frederick Street, Port-of-Spain; Tel. (530) 62 35 912; Telex 3000 (= öffentliches Telex); Telefax (530) 62 70 856, 62 56 980; AHSt. siehe Venezuela

Trinidad und Tobago ist einer der traditionellen Wirtschaftspartner Österreichs in der Karibik. Die österreichischen Exporte (in erster Linie Papier sowie Waren aus mineralischen Rohstoffen) konnten um 46,6 Prozent auf insgesamt 16,2 Millionen Schilling erhöht werden. Die österreichischen Einfuhren bestanden fast ausschließlich aus mineralischen Rohstoffen und beliefen sich auf 9,1 Millionen Schilling (+ 27,1 Prozent).

Die bilateralen Kulturbemühungen wurden durch die österreichische Beteiligung an den 8. Filmfestspielen von Trinidad und Tobago bereichert.

Tschad
(Republik Tschad), N'djamena

Staatsoberhaupt	Regierungschef	Außenminister
Oberst Idriss Deby	Jean Bawoyeu Alingué	Ahmad Soungui

ÖB: siehe Zaire, AHSt: Côte d'Ivoire

Die Handelsbeziehungen zwischen Österreich und Tschad sind exportseitig von 1,6 Millionen Schilling auf 0,6 Millionen Schilling zurückgegangen, importseitig von 0,6 Millionen Schilling auf 11 Millonen Schilling gestiegen.

Tschechoslowakei
(Tschechische und Slowakische Föderative Republik), Prag

Staatsoberhaupt	Regierungschef	Außenminister
Vaclav Havel	Marian Calfa	Jiři Dienstbier

ÖB Prag: Dkfm. Dr. Karl Peterlik; Viktora Huga 10, Prag 5, Tel.: 54 65 57-59; Telex: 121849; Telefax: 54 96 26; ÖGK Preßburg: Walter Swatosch; Holubyho 11, 81103 Preßburg, Tel.: 31 11 03, 31 17 20, Telex: 93272; AHSt: Dkfm. Ing. Josef Altenburger, Vaclavske nam. 12/IV., Prag 1, Tel.: 26 18 31, 26 11 94, Telex: 121099, Telefax: 235 91 05, ÖFVW: Opletalova 39, Prag 1, Tel.: 22 17 48, Telefax: 22 24 01; AUA: Parizska 1, Prag 1, Tel.: 232 27 95, 232 64 69

Die Entwicklung der Beziehungen zur CSFR, die durch die friedliche Revolution des Novembers 1989 auf eine völlig neue Grundlage gestellt wurden, setzte sich auch im Jahr 1991 fort. Die Beziehungen umfassen alle wesentlichen Bereiche und werden nicht nur von den Bundesorganen, sondern auch von den Bundesländern bzw. den Republiken sowie den Bezirken und Gemeinden getragen. Im Rahmen der multilateralen und bilateralen Hilfe leistet Österreich zur dauerhaften Gesundung der Wirtschaft und der Umgestaltung in eine demokratische Gesellschaft einen Beitrag, der auch anerkennend gewürdigt wird.

So hat sich Österreich auch an der internationalen Finanzhilfe für die CSFR beteiligt. Die bilaterale Zusammenarbeit erstreckte sich im besonderen auf Projekte im Bereich des Verkehrs, der Energie und der Umwelt sowie der Ausbildung. Ein besonderes Anliegen Österreichs ist die Sicherheit der Kernkraftwerke, insbesondere von Bohunice (siehe Abschnitt „Umweltprobleme in den nachbarschaftlichen Beziehungen"). Österreich hilft darüber hinaus durch Stipendienaktionen und durch Ausbildung von Managern. Seit 1. Juli 1991 gewährt Österreich der CSFR Zollpräferenzen.

Der bereits im Jahr 1990 sehr rege Besuchsaustausch hat sich 1991 intensiviert. Bundeskanzler Franz Vranitzky besuchte die CSFR insgesamt fünfmal. Zu Jahresbeginn traf er mit MP Calfa zu einem Arbeitsgespräch in Preßburg zusammen. Im April hielt er über Einladung Außenminister Jiři Dienstbiers und NATO-Generalsekretär Wörners anläßlich eines Seminars über die Zukunft der Sicherheit in Europa in Prag ein Grundsatzreferat. Im Verlauf dieses Besuches traf der Bundeskanzler Außenminister Dienstbier und Präsident Vaclav Havel. Im Mai stattete der Bundeskanzler der CSFR einen offiziellen Besuch ab. Anläßlich inoffizieller Besuche hat er Vranitzky im August erneut Präsident Vaclav Havel und im Dezember Ministerpräsident Marian Calfa getroffen.

Im März 1991 stattete Bundesminister Nikolaus Michalek der CSFR einen offiziellen Besuch ab, im Juni 1991 Bundesminister Erhard Busek. Altbundespräsident Rudolf Kirchschläger nahm an der Konferenz über die Europäische Konföderation in Prag im Juni teil. Im selben Monat stattete Bundespräsident Kurt Waldheim auf Einladung des Präsidenten des Slowakischen Nationalrates, Miklosko, Preßburg einen inoffiziellen Besuch ab. Die Bundesminister Wolfgang Schüssel, Rudolf Scholten, Ruth Feldgrill-Zankel, Josef Hesoun, Franz Löschnak und Rudolf Streicher hielten sich ebenfalls zu bilateralen Besuchen bzw. aus multilateralen Anlässen in der CSFR auf. Der Präsident des Nationalrates, Heinz Fischer, hielt sich mehrmals in der CSFR auf, darunter zu einem offiziellen Besuch im Februar. ÖGB-Präsident Franz Verzetnitsch führte Gespräche mit der tschechoslowakischen Gewerkschaft und Parlamentspräsident Alexander Dubcek.

Von tschechoslowakischer Seite reisten ebenfalls zahlreiche Minister nach Österreich, darunter Finanzminister Vaclav Klaus und Wirtschaftsminister Vladimir Dlouhy. Im November stattete Außenminister Jiři Dienstbier Österreich einen offiziellen Besuch ab.

Intensiv gestalteten sich ebenfalls die Regionalbeziehungen und die Kontakte der tschechischen Republik und der slowakischen Republik mit den Nachbarländern Wien, Niederösterreich, Burgenland, Oberösterreich, aber auch darüber hinaus (Salzburg, Vorarlberg, Tirol, Steiermark). Die nachbarschaftlichen Kontakte zwischen Österreich und der CSFR wurden weiter erleichtert durch die Eröffnung neuer Grenzübergänge sowie durch den Abschluß einschlägiger Abkommen.

Zum Ausbau des ohnehin bereits dichten Verkehrsnetzes, das die beiden Länder verbindet, wurde im Jahr 1991 durch neue Verträge die Grundlage geschaffen.

Das Abkommen über die Übernahme von Personen an der gemeinsamen Grenze (Schubabkommen), das Abkommen über Erleichterungen der Grenzabfertigung im Eisenbahn-, Straßen- und Schiffsverkehr sowie der Vertrag über die wechselseitige Vollziehung gerichtlicher Entscheidungen in Strafsachen betreffen den Rechts- und Konsularbereich. Den Wirtschaftsbeziehungen dient das Abkommen über die Förderung und den Schutz von Investitionen. Eine Präzisierung der Informationspflicht über Vorfälle in Kernkraftwerken wurde durch einen Notenwechsel betreffend das Abkommen zur Regelung von Fragen der nuklearen Sicherheit und den Strahlenschutz aus dem Jahr 1989 erreicht. Technische Verbesserungen der Flugverbindungen sind von der Neufassung des Anhangs zum Abkommen über den Luftverkehr aus 1962 zu erwarten.

Entwürfe eines Abkommens über die gegenseitige Hilfeleistung bei Katastrophen oder schweren Unglücksfällen und eines Vertrages über Änderungen des Verlaufs der gemeinsamen Staatsgrenze sind von österreichisch-tschechoslowakischen Arbeitsgruppen erstellt worden. Das bei Redaktionsschluß vor seiner Unterzeichnung stehende neue Sichtvermerksabkommen wird die Verlängerung der visafreien Aufenthaltsdauer auf drei Monate und die Möglichkeit vorsehen, die Grenzen auch mit einem bloßen Personalausweis zu überschreiten.

Im Planungsstadium befinden sich einige weitere Abkommen zu Fragen der regionalen Zusammenarbeit und der Rechtshilfe.

Die bilateralen Handelsbeziehungen konnten auch im Jahr 1991 ausgebaut werden, nachdem es bereits im vorangegangenen Jahr durch die Auslieferungen größerer

Projekte zu einer starken Ausweitung gekommen war. Mit Exportzunahmen von 6 Prozent auf 9,17 Milliarden Schilling konnte Österreich seinen Marktanteil halten und nimmt weiterhin den dritten Rang unter den Lieferländern der CSFR ein.

Die österreichischen Importe haben sich um 16,1 Prozent auf 7,44 Milliarden Schilling erhöht, womit Österreich an 4. Stelle unter den Abnehmerländern liegt. Durch die erwähnte Einräumung der Präferenzzollsätze GSP ab 1. Juli 1991 konnten die Exportbedingungen für tschechoslowakische Firmen auf dem österreichischen Markt verbessert werden.

Auch die Struktur der österreichischen CSFR-Exporte hat sich durch verstärkte Lieferungen in den Bereichen „Bearbeitete Waren“ (insbesondere von Eisen- und Stahlprodukten, Papier und Textilien), „Maschinen und Fahrzeuge“ (wie Metallbearbeitungs- und Spezialmaschinen, Straßenfahrzeuge, Nachrichtengeräte) sowie „Sonstige Fertigwaren“ (wie Meß- und Prüfgeräte, Sportgeräte, Bekleidung) verbessert, bei gleichzeitiger Verminderung der Exporte von Energie und Brennstoffen sowie Agrarerzeugnissen und chemischen Produkten.

Die besonders intensive Bearbeitung des Marktes der CSFR durch österreichische Firmen kam auch in der starken Zunahme von Joint-Venture-Gründungen zum Ausdruck: Ende des Jahres entfielen fast 30 Prozent der insgesamt mehr als 3500 Unternehmen mit ausländischer Kapitalbeteiligung auf Österreich. Hiermit wurde Österreich neben der BRD zum wichtigsten Auslandsinvestor in der CSFR.

Im Jahr 1991 kam es nachgerade zu einer Ballung erstrangiger österreichischer Gastspiele und Ausstellungen in der CSFR: z. B. Wiener Philharmoniker, Volkstheater, Gustav-Mahler-Orchester, Max Weiler, Wiener Gotik, österreichische Kulturtage in der Slowakei, der erste österreichisch-slowakische Kultur-Herbst. Etwa 300 dieser Veranstaltungen sind von der Kulturabteilung der Österreichischen Botschaft in Prag und dem Generalkonsulat Preßburg organisiert, gefördert oder sonst unterstützt worden.

In Prag wurde ein österreichisches Oberstufen-Realgymnasium eröffnet.

Den Stellenwert der österreichischen Kultur in der Tschechoslowakei dokumentiert schließlich die Tatsache, daß Veranstaltungen mit Österreichbezug tschechoslowakischerseits von Präsident Havel, Kanzler Schwarzenberg sowie einer großen Anzahl von Ministern besucht wurden. Andererseits weilten bei Ausstellungseröffnungen bwz. Premieren Bundeskanzler Vranitzky, Vizekanzler Busek und Bundesminister Scholten wiederholt in der Tschechoslowakei. Die formelle Grundlage der österreichisch-tschechoslowakischen kulturellen Zusammenarbeit für die Jahre 1992 bis 1994 bildet das dreijährige Arbeitsprogramm, dessen Entwurf der tschechoslowakischen Seite Ende 1991 vorgelegt worden ist.

Tunesien
(Republik Tunesien), Tunis

Staatsoberhaupt	Regierungschef	Außenminister
Zine El Abidine Ben Ali	Hamed Karoui	Habib Ben Yahia

ÖB Tunis: Dr. Johann Pasch, 16 rue Ibn Hamdiss, El Menzah I, 1004 Tunis, Tel.: 23 86 96; Telex: 14586, Telefax: 76 78 24; AHSt Tunis: Dipl.-Ing. Manfred Banholzer, 21, Avenue Charles Nicolle, Belvédère,. 1002 Tunis, Tel.: 282.209, Telex: 15246, Telefax: 788 368

Über den Text eines österreichisch-tunesischen Investitionsschutzabkommens konnte Einigung erzielt werden. Seine Paraphierung wird derzeit vorbereitet.

Zwischen der Stadt Wien und Tunesien wurde ein Vertrag abgeschlossen, der die Übernahme tunesischer Krankenpfleger zur Ausbildung und zum Einsatz an Wiener Spitälern für eine Dauer von fünf Jahren gemäß einem festgesetzten Zeit- und Quotenplan vorsieht. Eine erste Tranche von 50 Pflegern und Pflegerinnen reiste im Herbst 1991 nach einem mehrmonatigen Einschulungsunterricht in Sprache und Landeskunde nach Wien.

Die tunesischen Exporte nach Österreich verblieben mit 286 Millionen Schilling etwa auf dem selben Niveau wie im Vorjahr. Rückläufige Erdölimporte konnten durch erheblich gestiegene Importe auf dem Sektor Bekleidung abgefangen werden.

Auch die österreichischen Exporte im Werte von 359 Millionen Schilling hielten sich nahezu auf dem Niveau des Vorjahres. Rückgänge bei Arbeitsmaschinen, Eisen und Stahl sowie Metallwaren konnte durch Anstiege bei Meß-, Prüf- und Kontrollgeräten, Papier und Pappe sowie Waren aus mineralischen Stoffen kompensiert werden.

Die Violinistin Roswitha Randacher bestritt im Juni als Solistin das Eröffnungskonzert des Musikfestivals im römischen Amphitheater von Al-Jem gemeinsam mit dem Tunesischen Symphonieorchester.

Im Zusammenhang mit dem Mozart-Jahr organisierte die Botschaft folgende Gastspiele österreichischer Künstler: Roswitha Randacher (Violine), Carlos Rivera (Klavier), 21. November 1991 Auftritt im Stadttheater Tunis; Klaus Leutgeb; 12. Dezember 1991 Klavierabend im Stadttheater Tunis.

Die tunesische Theatergruppe CITH-Art brachte das Stück „Der Schein trügt" von Thomas Bernhard in arabischer Sprache auf tunesische Bühnen; in Anknüpfung daran hielt Univ.-Prof. Dr. Hilde Haider, Vorstand des Instituts für Theaterwissenschaften der Universität Wien, im Dezember in Tunis Gastvorträge über den Autor und das zeitgenössische österreichische Theater.

Türkei
(Republik Türkei), Ankara

Staatsoberhaupt	Regierungschef	Außenminister
Turgut Özal	Süleyman Demirel	Hikmet Cetin

ÖB Ankara: Dr. Friedrich Zanetti, Atatürk Bulvari 189, P.K. 131, 06661 Kücükesat-Ankara, Tel.: (4) 434 21 72-73-74, Telex: 42429 oean tr, Fax: (4) 418 94 54; ÖGK Istanbul: Adolf Klement, Köybasi Cad. 46, 80870 Yeniköy-Istanbul, Tel. (1) 262 93 15, Telex: 28026 auko tr, Fax: (1) 262 26 22; KI Istanbul: Dr. Erwin Lucius, Tesvikiye Cad. 101/2 Belveder Apt., Tesvikiye-Istanbul 80212, Tel.: (1) 236 15 81-82/89, Telex: 28026 auko tr (via GKI), Fax (1) 258 02 22; HK Antalya: Ali Riza Balci, Namik Kemal Bulvari 64, PK 5, 07040 Antalya, Tel. (31) 15 18 00, 15 10 20-21, Telex 56104 meba tr, Fax: (31) 15 18 00; HK Izmir: Dipl.-Ing. Muammer Erboy, Izmir, Gazi Bulv., Sehit Fethi Bey Dac. 41, Etage 7, P.K. 160 35212 Izmir, Tel. (51) 13 61 23, 25 55 74, 25 45 64, Telex: 52257 tant tr, Fax: (51) 14 81 27; HK Adana: Ömer Sabanci, Tarsus Üzeri Yolu, PK 371, 01322 Adana, Tel. (71) 28 14 64, 28 09 14, Telex: 63880 adsa tr, 63881 adsb tr, Tax: (71) 28 10 76, 28 43 15; AHSt. Ankara: Dr. Peter Singer; Kircicegi Sokak 8/2, Gaziosmanpasa, P.K. 46, Kavaklidere-Ankara, Tel. (4) 436 12 72-73, Telex: 42312 oehr tr, Tax (4) 436 74 49; AHSt. Istanbul: Dr. Harald Fiegl, Halaskargazi Cad. 399-401/A-4, P.K. 219, 80223 Sisli-Istanbul, Tel. (1) 248 47 42-43, 241 79 89, Telex: 39624 oeha tr, Fax: (1) 248 16 07; Österreichische Kommission zur Anwerbung von Arbeitskräften in der Türkei: Dr. Siegfried Pflegerl, Vefa Bayiri Dok. As Sitesi C-D Blok No. 8, Gayrettepe-Istanbul, Tel. (1) 266 07 08, 266 53 10, Telex: 26234, Fax: (1) 266 54 46; AUA-B: Sheraton Hotel, Taksim-Istanbul, Tel. (1) 232 22 00-02, Fax: (1) 234 37 28

Bedingt durch den Golfkonflikt zu Beginn des Jahres und die türkischen Parlamentswahlen im Herbst war der Besuchsaustausch zwischen Österreich und der Türkei 1991 weniger intensiv als in den vergangenen Jahren.

Zweiter Nationalratspräsident Robert Lichal reiste vom 6. bis 8. Mai 1991 nach Ankara und Batman, wo er das Österreichische Rote-Kreuz-Feldlazarett, das zur Betreuung der nordirakischen Kurdenflüchtlinge errichtet wurde, besuchte. Präsident Lichal traf mit Staatsminister Dincerler zusammen, um die Flüchtlingsproblematik zu erörtern. Überdies wurde er auch vom stellvertretenden türkischen Parlamentspräsidenten Halim Arac empfangen.

Am 22. und 23. Mai 1991 weilte Bundesminister Rudolf Streicher in der Türkei und nahm an der Europäischen Verkehrsministerkonferenz in Antalya teil.

Außenminister Alois Mock traf am Rande internationaler Konferenzen und Foren mit türkischen Regierungsmitgliedern zusammen (etwa mit Außenminister Safa Giray am Rande der 46. UN-Generalversammlung in New York).

Am 10. Dezember 1991 wurde in Genf das Freihandelsabkommen zwischen den EFTA-Staaten und der Türkei unterzeichnet. Eine der Verhandlungsrunden zum Abschluß dieses Abkommens fand in Istanbul statt (28. und 29. Mai). Am 10. und 11. Oktober 1991 wurde ebenfalls in Istanbul über den Abschluß eines bilateralen Agrarabkommens zwischen Österreich und der Türkei verhandelt. Dieses Agrarabkommen, über dessen materiellen Inhalt bereits Einvernehmen besteht, soll gleichzeitig mit dem Freihandelsabkommen am 1. April 1992 in Kraft treten.

Im Frühjahr 1991 fand in Wien die für November 1990 vorgesehene Tagung der österreichisch-türkischen Straßenverkehrskommission statt. Die Anzahl der Transitgenehmigungen für LKW wurde nicht erhöht.

Zur Förderung der gegenseitigen Wirtschaftsbeziehungen befand sich in der Zeit vom 4. bis 8. November eine Wirtschaftsmission mit einer Beteiligung von 48 österreichischen Firmen in Ankara und Istanbul. Insgesamt fanden über 1500 Einzelgespräche statt.

Österreich konnte im Jahr 1991 seine Stellung auf dem türkischen Markt behaupten. Die Exporte betrugen im Jahr 1991 2,7 Milliarden Schilling (+9,1 Prozent). Die Importe stiegen ebenfalls von 2,3 Milliarden Schilling auf 2,5 Milliarden Schilling (+8,7 Prozent).

Die Schwerpunkte im kulturellen Bereich lagen 1991 naturgemäß bei Mozart-Veranstaltungen. Neben diesen Mozart-Veranstaltungen fand die Theateraufführung „VINETA" von J. Soyfer durch das Max-Reinhardt-Seminar große Beachtung. Die zweite Symphonie von G. Mahler wurde 1991 erstmals in der Türkei aufgeführt. Österreich hat sich auch heuer wieder an diversen internationalen Festivals beteiligt und eine Reihe wissenschaftlicher Symposien, Fachtagungen und Seminare veranstaltet. Im Kulturinstitut Istanbul wird jungen türkischen Künstlern unter dem Titel „Türkische Künstler stellen sich vor" die Gelegenheit geboten, vor internationalem Publikum zu spielen.

Das TV-Fernunterrichtsprojekt „Zeit für Deutsch", ein vierjähriger Sprachkurs, der von den Universitäten Klagenfurt und Eskisehir erarbeitet wurde, hatte in den ersten beiden Jahren 14.000 Inskribienten. Die Einschaltziffern werden auf mehrere Hunderttausend geschätzt. Von großer Bedeutung ist die auch international anerkannte Tätigkeit österreichischer Archäologen und Restauratoren, u.a. in Ephesus, Limyra und bei der Konservierung byzanthinischer Palastmosaiken in Istanbul. Das Kulturinstitut Istanbul gibt ein Österreich-Bulletin in türkischer Sprache heraus.

Zwischen Österreich und der Türkei besteht ein bilaterales Stipendienaustauschprogramm; weiters wurden einseitig durch Österreich über 60 Stipendien durch verschiedene öffentliche und private Institutionen an türkische Studenten vergeben. Das St.-Georgs-Kolleg in Istanbul, eines der besten Gymnasien der Türkei, leistet einen wertvollen Beitrag zur positiven Meinungsbildung über Österreich. 47 vom Bundesministerium für Unterricht, Kunst und Sport finanzierte österreichische Lehrer unterrichteten jährlich etwa 1000 türkische Schüler. Die Unterrichtssprache am St.-Georgs-Kolleg ist Deutsch.

Uganda
(Republik Uganda), Kampala

Staatsoberhaupt	Regierungschef	Außenminister
Gen. Ltdn. Yoweri Museveni	Cosmas Adyebo	P.K. Ssemogerere

ÖB und AHSt: siehe Kenia; Regionalbüro für Entwicklungszusammenarbeit:

Leiter Dr. Markus Cornaro, Blacklines House, 2 Colville Street, Tel.: 235103/235179, Telex: 62078, Telefax: 235160;

HK Kampala: K. Wipfler, Entebbe Road (Bank Lane), Plot 6; Tel.: 24 15 58, 23 45 97, 241548, Telex: 62163, Telefax: 23 30 02.

Im Mai 1991 besuchte der Erste Stellvertretende Ministerpräsident Erya Kategaya inoffiziell Wien.

Uganda ist ein Schwerpunktland der österreichischen Entwicklungszusammenarbeit, infolgedessen wurde in Kampala ein österreichisches Regionalbüro für Entwicklungszusammenarbeit eingerichtet. Ein Warenimportprogramm für den Einkauf landwirtschaftlicher Maschinen und von Bussen über 150 Millionen Schilling wurde abgewickelt. Ein weiteres über 65 Millionen Schilling ist in Durchführung. Die Abwicklung zweier Großprojekte, die Beteiligung am Gesundheitsprojekt der Weltbank mit 130 Millionen Schilling und an der Wasserversorgung von Kampala mit 100 Millionen Schilling wurde 1991 fortgesetzt. Weitere Projekte werden mit staatlicher Förderung vom Institut für Internationale Zusammenarbeit (ländliche Entwicklung), vom Österreichischen Kolpingwerk (Handwerksförderung), von der katholischen Männerbewegung Linz (Wiederinstandsetzung von Nebenstraßen) und vom Herrnstein-Institut (strategische Managementplanung) durchgeführt.

15 Entwicklungshelfer des ÖED und drei vom Wiener Institut für Entwicklungsfragen entsandte Turnusärzte waren 1991 in Uganda im Einsatz.

Die österreichischen Exporte betrugen 50 Millionen Schilling, die österreichischen Importe 9 Millionen Schilling.

Ungarn
(Republik Ungarn), Budapest

Staatsoberhaupt	Regierungschef	Außenminister
Árpád Göncz	József Antall	Géza Jeszenszky

ÖB Budapest: Dr. Franz Schmid, Benczúr utca 16, 1068 Budapest; Tel.: (1)121 32 13, Telex: 22 44 47, Telefax: (1)121 16 23; KI Budapest: Mag. Gertrude Kothanek, Benczúr utca 16, 1068 Budapest, Tel.: (1)142 41 04, Telex: über ÖB Budapest; AHSt Budapest: Dr. Josef Schwarz, Benczúr utca 16; Tel.: (1)122 98 84, 141 70 96, Telex: 225565; Telefax: (1)251 73 79; AUA-Büro: Regiposta utca 5, 1052 Budapest

Ungarn wurde in den letzten beiden Jahren zu einem der wichtigsten wirtschaftlichen und politischen Partner Österreichs. Im Umfeld der rapiden wirtschaftlichen Umgestaltung wuchs vor allem die wirtschaftliche Präsenz Österreichs in Ungarn. Etwa 2000 österreichische Firmen engagierten sich bis Ende 1991 in Ungarn in der Form von Gemeinschaftsunternehmen oder anderen Direktinvestitionen. Österreich ist nach der BRD dadurch bereits zum wichtigsten Wirtschaftspartner Ungarns geworden. Umgekehrt wurde Ungarn unter allen früheren COMECON-Staaten zum mit Abstand bedeutendsten Wirtschaftspartner Österreichs.

Auch die politischen Beziehungen haben eine neue Qualität und haben sich wesentlich verbreitert. Gerade die rapiden Veränderungen in der gemeinsamen Region haben auf beiden Seiten den Willen zu einer engen Zusammenarbeit im Sinne einer beispielhaften Nachbarschaft gestärkt. Der bereits früher äußerst rege Besucheraustausch auf politischer Ebene hat sich verstärkt, wobei viele Besuche spontan zustande gekommen sind.

Ungarn

Im September stattete Bundeskanzler Franz Vranitzky dem demokratischen Ungarn seinen ersten offiziellen Besuch ab. Im April besuchte Bundesminister Alois Mock Ungarn offiziell, im März die Bundesminister Franz Löschnak und Nikolaus Michalek, im Oktober Bundesminister Werner Fasslabend, wobei ein Rahmenabkommen unterzeichnet wurde. Außer diesen kam es zu einer Reihe weiterer Besuche auf Regierungsebene. Vizekanzler Erhard Busek sowie die Bundesminister Rudolf Scholten, Rudolf Streicher und Ferdinand Lacina besuchten das Nachbarland zum Teil mehrmals, ferner eine Spitzendelegation der Bundeskammer der gewerblichen Wirtschaft unter Präsident Leopold Maderthaner. Darüber hinaus kam es zu einer Reihe von Besuchen auf parlamentarischer Ebene sowie von Spitzenbeamten des Bundes und der Länder.

Dem Strom von hochrangigen österreichischen Besuchern nach Ungarn steht ein mindestens ebenso intensiver Besuchsverkehr in die andere Richtung gegenüber. Im besondern verstärkte sich auch die regionale Zusammenarbeit im Bereich der Hexagonale und der regionalen Arbeitsgemeinschaften, einschließlich des neu gegründeten bilateralen „Regionalen Forums“ (dieses umfaßt die westlichen ungarischen Komitate sowie Burgenland, Niederösterreich, Steiermark und Wien).

Auch der bilaterale Grenzübertrittsverkehr, der bereits im vorangegangenen Jahr in beiden Richtungen je über fünf Millionen Besuche zählte, wies eine weitere zehn- bis zwanzigprozentige Steigerung auf. Dies widerspiegelt einerseits die sprunghaft steigenden Fremdenverkehrsbeziehungen, andererseits den steigenden bilateralen Geschäftsverkehr.

Die österreichisch-ungarische Kooperation im Bereich des Bildungswesens wurde fortgesetzt. Der Besuch des 1990 eröffneten österreichischen Oberstufenrealgymnasiums ist äußerst gefragt. Die Anmeldungen überstiegen die jährliche Aufnahmekapazität um das Zehnfache! Die 1991 erfolgte Entscheidung über die Rückgabe des in Budapest befindlichen Schulgebäudes an die Christlichen Schulbrüder in Wien eröffnete die Möglichkeit eines weiteren Ausbaus österreichischer Schuleinrichtungen in Ungarn. Daran besteht auch aufgrund des rapid gestiegenen Firmenengagements in Ungarn wachsendes Interesse.

Der bilaterale Handel erfuhr eine weitere deutliche Expansion. Die österreichischen Ausfuhren betrugen 14,53 Milliarden Schilling (+38,7 Prozent). Die Einfuhren aus Ungarn erreichten 11,48 Milliarden Schilling (+31,4 Prozent). Die Zahl der von Österreichern mitgetragenen Gemeinschaftsunternehmen bzw. der österreichischen Direktinvestitionen hat sich 1991 von etwa 1000 auf etwa 2000 erhöht – also verdoppelt. Das österreichische Engagement verlagert sich parallel mit der ungarischen Wirtschaftsentwicklung zunehmend von Großprojekten auf Kleinund Mittelbetriebe. Großaufträge ergeben sich weiterhin primär in Verkehrs-, Telekommunikations- und sonstigen Infrastrukturbereichen.

Aufgrund eines am 1. Juli 1991 in Kraft getretenen Regierungsabkommens wurden zwischen Österreich und Ungarn sechs neue Grenzübergänge eröffnet. Der Erleichterung und Beschleunigung des Personen- und Güterverkehrs zwischen den beiden Ländern dient auch das im Juli unterzeichnete Abkommen über die Grenzabfertigung im Eisenbahnverkehr. Das bereits 1990 unterzeichnete Regierungsabkommen über den Zugang zur Kirche St. Emmerich bei Rönök ist am 1. Februar 1991 in Kraft getreten.

Die für die wirtschaftlich-kulturelle Präsenz Österreichs wichtige Einrichtung eines Österreich-Hauses ist mit dem Vorliegen eines konkreten Projektes und einer Finanzierungszusage von seiten des größten österreichischen Bankinstituts in eine entscheidende Phase getreten.

Durch Initiativen wie die „Aktion Österreich-Ungarn", die Außenstelle des Ost- und Südosteuropainstituts in Budapest und aktives Engagement der etwa 40 in Ungarn tätigen österreichischen Lektoren konnten im Bereich des „akademischen Networking" wichtige Fortschritte erzielt werden. Darüber hinaus wurden auch im Rahmen der regionalen Kooperationen Direktkontakte zwischen österreichischen und ungarischen Universitäten und wissenschaftlichen Institutionen gefördert:

- Im Mai wurde an der Universität von Szeged mit großem Publikums- und Medienecho die erste Österreich-Bibliothek in Ungarn eröffnet.
- Die „Aktion Österreich-Ungarn: Wissenschafts- und Erziehungskooperation" des Bundesministeriums für Wissenschaft und Forschung wurde weitergeführt und trifft auf wachsendes Interesse.
- Die Lektorenaktion des Bundesministeriums für Wissenschaft und Forschung wurde weitergeführt: Im Sommersemester 1991 waren 42, im Wintersemester 1991/92 43 österreichische Lektoren in Ungarn tätig.
- Das schon erwähnte Oberstufenrealgymnasium in Budapest hat nun drei Jahrgänge; acht aus Österreich entsandte AHS-Lehrer unterrichten dort.
- An folgenden zweisprachigen Gymnasien sind insgesamt 15 österreichische Lehrer tätig: Mósonmagyaróvár, Nagykalló, Gyönk, Mezöberény, Siofok, Györ.

Dank der Entsendung eines zugeteilten Beamten konnten Botschaft und Kulturinstitut auch außerhalb Budapests ihre Tätigkeiten intensivieren; dabei wurde auf die Zusammenarbeit mit den österreichischen Lektoren im Land größter Wert gelegt. Das herausragendste Ereignis der Arbeit des Kulturinstituts im Berichtsjahr war zweifellos die „Woche des zeitgenössischen österreichischen Theaters" vom 24. bis 30. November. Zeitgenössisches kam auch mit zwei Gastspielen aus Österreich (das Jura-Soyfer-Theater aus Wien mit H.C. Artmanns „Kein Pfeffer für Czermak" und Klaus Hoffers „Am Magnetberg" in einer Fassung für einen Schauspieler), Fernsehaufzeichnungen österreichischer Aufführungen sowie Hörspiele österreichischer Autoren in deutscher und ungarischer Fassung rundeten das Programm, das in den Medien und beim Publikum große Beachtung fand, ab.

Beachtung fand auch das musikalische und wissenschaftliche Programm des Kulturinstituts anläßlich des Mozart-Jahres; bei den Konzertveranstaltungen im Rahmen dieses Gedenkjahres konnten vielversprechende junge Künstler dem sachkundigen ungarischen Publikum vorgestellt werden und gleichzeitig Konzerterfahrung sammeln. Ein Symposium unter dem Titel „Mozart in Ungarn" schloß das Mozart-Jahr ab.

Auf dem wissenschaftlichen Sektor erfuhr das Symposium „Ein treuer Diener seines Herrn. Der k.k. Beamte in der Literatur der Monarchie und der Nachfolgestaaten" ein positives Echo. Die Sprachkurse des Kulturinstituts erfreuten sich weiterhin großen Zuspruchs.

Uruguay
(Republik Uruguay), Montevideo

Staatsoberhaupt	Regierungschef	Außenminister
Luis Alberto Lacalle Herrera	Luis Alberto Lacalle Herrera	Hector Gross Espiell

ÖB: siehe Argentinien; HGK Montevideo: Pedro C.C. Slowak, Calle Maldonado 1193, piso 2, C.C.: 1458, 11.000 Montevideo; Tel. 91 40 00, Telex: 23901, Fax: 25 43 57; AHSt: siehe Argentinien

Der Vizepräsident des Bundesrates Herbert Schambeck wurde am 21. August vom Staatspräsidenten Uruguays, Luis Alberto Lacalle, empfangen. In Montevideo führte Prof. Schambeck weiters Gespräche mit dem Vizepräsidenten Uruguays, Gonzalo Aguirre, der zugleich die Funktion des Präsidenten des Senats ausübt, sowie mit dem Präsidenten des uruguayischen Abgeordnetenhauses, Juan Adolfo Sinder.

Der Bürgermeister von Montevideo Tabaré Vazquez besuchte Anfang Juli Wien, wo er mit Vizebürgermeister Hans Mayr eine ausführliche Unterredung führte.

Die österreichischen Exporte nach Uruguay, bei denen synthetische Spinnstoffe sowie sieben Großtransformatoren besonders ins Gewicht fielen, erfuhren mit 89,4 Millionen Schilling eine Abschwächung gegenüber dem Vorjahr (–14,3 Prozent). Auch die uruguayischen Exporte nach Österreich gingen 1991 etwas zurück (153,7 Millionen Schilling, –9,5 Prozent).

1991 fand in Uruguay eine große Anzahl von Gedenkveranstaltungen und -konzerten aus Anlaß des Mozart-Jahres statt. In Montevideo wurde die Wanderausstellung „Wolfgang Amadeus Mozart“ gezeigt. Uruguayische Fernsehkanäle brachten mehrere ausführliche Sendungen über Österreich. Zwei österreichische Universitätsprofessoren hielten Gastvorträge über literarische Themen (Franz Kafka) sowie über Integrationsprobleme in Europa und in Lateinamerika. Mit 1. 1. 1991 nahm der österreichische Staatsbürger Pedro C. C. Slowak seine Tätigkeit als neuer Honorargeneralkonsul in Montevideo auf.

Vanuatu
(Republik Vanuatu), Port Vila

Staatsoberhaupt	Regierungschef	Außenminister und Handelsminister
Fred Karlomoana Timakata	Donald Kalpokas	Edward Nipake Nitapei

ÖB und AHSt: siehe Australien

Seit Ende 1986 bestehen diplomatische Beziehungen und Kontakte namentlich im Rahmen der Vereinten Nationen sowie im konsularischen Bereich. Wechselseitige diplomatische Akkreditierungen wurden noch nicht vorgenommen.

Der bilaterale Warenaustausch ist unbedeutend.

Venezuela
(Republik Venezuela), Caracas

Staatsoberhaupt	Regierungschef	Außenminister
Carlos Andrés Pérez	Carlos Andrés Pérez	Armando Duran

ÖB Caracas: Dr. Karl Weber, Avenida La Estancia, Edificio Torre Las Mercedes, Piso 4, Oficina 408, Urbanizacion Chuao, Caracas; Tel. (2) 91 38 63, 92 29 56, 91 39 79; Telex 23435; Telefax (2) 92 95 08; HK Maracaibo: Honorarkonsul Vlastimil Ivicic Morton, Calle 84 N° 3E-09, Edf. Comunica, Maracaibo; Tel. (61) 91 93 77, 91 70 77; Telex 23046; AHSt. Handelsdelegierter Dr. Peter Athanasiadis, Calle La Guairita con Avenida Principal de Chuao, Edif. Centro Profesional Eurobuilding, Piso 4, Oficina 4-A, Urbanizacion Chuao, Caracas; Tel. (2) 91 99 11; Telex 27564; Telefax (2) 91 54 30; AUA-Büro: Avenida Luis Roche, Torre Central, Piso 3, Altamira, Caracas; Tel. (2) 284 86 67, 284 97 90, 295 26 33; Telex 24677; Telefax (2) 284 35 50

Vom 8. bis 11. August hat sich eine Delegation von Angehörigen der ÖVP-Fraktionen des Bundesrates und des Nationalrates unter Leitung des Vizepräsidenten des Bundesrates Herbert Schambeck im Rahmen einer Studienreise nach Südamerika in Caracas aufgehalten.

Der wirtschaftliche Reformkurs der Regierung in Richtung Liberalisierung und Privatisierung wurde weitergeführt. Venezuela ist daher bestrebt, Auslandsinvestitionen zu erhalten. Österreichische Großfirmen haben Möglichkeiten untersucht, sich an der venezolanischen wirtschaftlichen Entwicklung zu beteiligen.

Die österreichischen Importe, in der Hauptsache Erze, Aluminium und Textilien, beliefen sich auf insgesamt 53,7 Millionen Schilling (–37,6 Prozent). Die Ausfuhren Österreichs (vor allem mineralische Rohstoffe, Stahlrohre, Maschinen und Pharmazeutika) erhöhten sich auf insgesamt 567 Millionen Schilling (+20,6 Prozent).

So wie auch in anderen Staaten hat auch in Venezuela das „Mozart-Jahr“ dazu beigetragen, in der öffentlichen Meinung das Image Österreichs durch die noch engere Verknüpfung mit dem Begriff Kultur zu festigen.

Die Präsentation österreichischer Kultur stand vornehmlich im Zeichen des 200. Todestages von W. A. Mozart. Diverse Ausstellungen (Wanderausstellung „Mozart“, „Die Frauen um Mozart“) und andere Veranstaltungen zum Thema boten auch in Venezuela Gelegenheit, das Bild Österreichs noch enger mit dem Begriff der Kultur zu verbinden.

Vereinigte Arabische Emirate
(Vereinigte Arabische Emirate), Abu Dhabi

Staatsoberhaupt	Regierungschef	Außenminister
Sheikh Zayed Bin Sultan Al Nahayyan	Sheikh Maktoum Bin Rashid Al Maktoum	Rashid Abdullah Al Noaimi

ÖB Abu Dhabi: Dr. Marius Calligaris (residiert in Riyadh) Sheikh Khalifa Street, ADNIC Building, 6th floor, Tel. 02-324103, Fax 02-343133, Telex 22675; AHSt: Dr. Wolfgang Lanz (Adresse wie oben) Abu Dhabi.

Das am 23. Mai 1990 unterzeichnete bilaterale Luftverkehrsabkommen ist nach dessen Ratifizierung durch die V. A. E. am 1. Juni 1991 in Kraft getreten.

Um die Exporte nach dem Rückgang aufgrund der kriegerischen Ereignisse um Kuwait wieder anzukurbeln, organisierte die Bundeswirtschaftskammer vom 11.–12. 5. 1991 und vom 26.–27. 10. 1991 Wirtschaftsmissionen in die V. A. E. Weiters wurden Gruppenausstellungen an den Messen „Arab Health & Dentistry“, „Arab Water & Technology“ und „Motexha/Childexpo“ organisiert. Darüber hinaus beteiligten sich österreichische Exporteure auch an anderen lokalen Messeveranstaltungen, z. B. an der EXPO ’91 in Sharjah, als Einzelaussteller.

Der Abfall der österreichischen Lieferungen – verursacht durch den Krieg am Golf – konnte durch den Anstieg in der zweiten Jahreshälfte nicht mehr wettgemacht werden. Daher ergab sich eine Abnahme der Exporte um 2 Prozent auf 552,7 Millionen Schilling. Nur bei den Positionen „bearbeitete Waren“ (insbes. Papier) und bei „sonstigen Fertigwaren“ konnte bereits jetzt ein besseres Ergebnis erzielt werden als im Vorjahr. Die Importe aus den V. A. E. stiegen vor allem aufgrund der Zunahme bei der Position „Bekleidung“ beträchtlich an, betrugen aber dennoch nur 38,7 Millionen Schilling. Der österreichische Außenhandelsüberschuß belief sich auf 514 Millionen Schilling.

Da 1991 ein größerer Auftrag für Zulieferungen für ein Kraftwerksprojekt hereingenommen werden konnte und auch ansonsten das Geschäftsleben den Schock aufgrund des Golfkrieges überwunden hat, ist im nächsten Jahr mit einem kräftigen Anstieg der österreichischen Exporte in die V. A. E. zu rechnen.

Ende November besuchte eine österreichische Journalistendelegation die V. A. E. Eine Mannschaft des österreichischen Bundesheeres nahm in der Zeit vom 21. 11. bis 13. 12. an einem Trainingskurs in Fallschirmspringen in Dubai teil. An der Dubai-Rallye nahm im Dezember ein österreichisches Team teil.

Auf Ersuchen der Cultural Foundation Abu Dhabi wurden dieser seitens des ORF mehrere Videokassetten von Mozart-Opern für die Abhaltung einer Mozart-Opernfilmwoche zur Verfügung gestellt.

1991 haben ca. 6000 Staatsangehörige der V. A. E. oder im Lande ansässige Angehörige von Drittstaaten Österreich besucht.

Vereinigte Staaten von Amerika
(Vereinigte Staaten von Amerika), Washington

Staatsoberhaupt	Regierungschef	Außenminister
George H.W. Bush	George H.W. Bush	James A. Baker, III

ÖB Washington: Dr. Friedrich Hoess, 3524 International Court, N. W., Washington, D.C. 20008-3035, Tel.: (202) 895-6700, Telex: 440010, Fax: (202) 895-6750; ÖGK Chicago: Dr. Gerald Kriechbaum, Suite 707, 400 North Michigan Avenue, Chicago, IL 60611, Tel.: (312) 222-1515, Telex: 254070, Fax: (312) 222-4113; ÖGK Los Angeles: Dr. Christian Prosl, 11859 Wilshire Boulevard, Suite 501, Los Angeles, CA 90025, Tel.: (310) 444-9310, (310) 473-4721, Telex: 215180, Fax: (213) 477-9897; ÖGK New York: Dr. Wolfgang Steininger, 31 East 69th Street, New York, N. Y. 10021, Tel.: (212) 737-6400, Telex: 147285, Fax: (212) 772-8926; Österreichischer

Informationsdienst New York: Dr. Wolfgang Petritsch, 31 East 69th Street, New York, N.Y. 10021, Tel.: (212) 288-1727, Telex: 147285, Fax: (212) 772-8926; ÖKI New York: Dr. Wolfgang Waldner, 11 East 52nd Street, New York, N.Y. 10022, Tel.: (212) 759-5165, Fax: (212) 3199-9636; HK Atlanta: Ferdinand Seefried, 10 N. Parkway Square, 4200 Northside Parkway, N.W., Atlanta, GA 30327, Tel.: (404) 264-9858, Fax: (404) 266-3864; HK Boston: Dr. Ira Korff, 211 Congress Street, Suite 400, Boston, MA 02110, Tel.: (617) 426-9300, Fax: (617) 542-3879; HK Buffalo: Thomas M. Dean, 107 Delaware Ave., Statler Bldg., Suite 500, Buffalo, N.Y. 14202, Tel.: (716) 852-7000; HGK Cleveland: Dr. Edward Werner, 1480 The Illuminating Bldg., 55 Public Square, Cleveland, OH 44113-1976, Tel.: (216) 621-5588; HGK Denver: Dr. Arnold Wegher, First Interstate Tower South, Suite 2300, 621 17th Street, Denver, CO 80293, Tel.: (303) 292-9000, Fax: (303) 292-5445; HK Detroit: Aloys Schwarz, 300 East Long Lake Road, Suite 375, Bloomfield Hills, MI 48304, Tel.: (313) 645-1444, Fax: (313) 645-2311; HGK Honolulu: Johann Strasser, 5388 Poola Street, Honolulu, Hawaii 96821, Tel.: (808) 923-8585, Fax: (808) 528-2800; HK Houston: Otmar Kolber, 1535 West Loop South, Suite 319 A, Houston, TX 77027-9509, Tel.: (713) 623-2233, Fax: (713) 960-8966; HK Kansas City: Dennis Owens, City Center Square, 19th Floor, 1100 Main Street, Kansas City, MO 64105, Tel.: (816) 472-0800, Fax: (816) 421-1183; HK Saint Louis: Dr. Alexander C. Niven, Barton Building, 200 South Bemiston, Suite 103, Clayton, MO 63105, Tel.: (314) 966-7687; HGK Miami: Dr. Arthur Karlick, Suite 200, Republic Building, 1454 17th Ave. N.W., Miami, FL 33125, Tel.: (305) 325-1561; HK New Orleans: Philip D. Lorio, III, 755 Magazine Street, New Orleans, LA 70130, Tel.: (504) 581-5141, Telex: 584358, Fax: (504) 566-1201; HGK Philadelphia: Harry Schaub, 3 Parkway, 20th Floor, Philadelphia, PA 19102, Tel.: (215) 665-7348, Fax: (215) 636-9373; HGK St. Paul: Ronald Bosrock, Bosrock & Company, Inc., 2490 MN World Trade Center, 30 East 7th Street, St. Paul, MN 55101, Tel.: (612) 227-1828, Telex: 413370, Fax: (612) 223-8383; HK San Francisco: Donald C. Burns, 41 Sutter Street, Suite 207, San Francisco, CA 94104, Tel.: (415) 951-8911, Fax: (415) 951-8809; HK San Juan: Marie Helene Morrow-Reinhold, c/o Hotel El San Juan and Casino, Isla Verde, P.R. 00913, Tel.: (809) 791-2521, Fax: (809) 757-9175; HGK Seattle: Walter Weber, 4131 11th Street, N.E., Penthouse 1, Seattle, WA 98105, Tel.: (206) 633-3606, Fax: (206) 632-7786; AHSt New York: Dr. Benno Koch, 150 East 52nd Street, 32nd Floor, New York, N.Y. 10022, Tel.: (212) 421-5250, Telex: (230) 422967, Fax: (212) 751-4675; AHSt Chicago: Dkfm. Klaus Janschek, 500 North Michigan Avenue, Suite 1950, Chicago, IL 60611, Tel.: (312) 644-5556, Telex: (230) 211-791, Fax: (312) 644-6526; AHSt Los Angeles: Dkfm. Herwig Renner, 11601 Wilshire Boulevard, Suite 2420, Los Angeles, CA 90025, Tel.: (310) 477-9988, Telex: (230) 472-0394, Fax: (310) 477-1643; AHSt Houston: Dr. Gustav Gressel, 1300 Post Oak Blvd., Suite 960, Houston, TX 77056, Tel.: (713) 850-8888, Telex: (230) 765-544, Fax: (713) 850-7857; AHSt Washington: Dkfm. Josef Schwald, 1350 Connecticut Avenue, N.W., Suite 501, Washington, D.C. 20036, Tel.: (202) 835-8962, Telex: (230) 440-261, Fax: (202) 835-8960; Austrian Airlines North American Head Office, 17-20 Whitestone Expressway, Whitestone, N.Y. 11357, Tel.: (718) 670-8600, Fax: (718) 670-8619; Austrian Airlines District Office Eastern USA, 608 Fifth Avenue, New York, N.Y. 10020, Tel.: (212) 265-6350, Fax: (212) 581-0695; Austrian Airlines Washington, 320 West Main Street, Berryville, VA 22611, Tel.: (703) 955-3395, Fax: (703) 955-3443; Austrian Airlines Ticket Office, 608 Fifth Avenue, New York, N.Y. 10020, Tel.: (212) 307-6226; Austrian

National Tourist Office, 500 Fifth Avenue, New York, N.Y. 10110, Tel.: (212) 944-6880, Fax: (212) 730-4568; International Cooperation and Development Organization (ICD), 747 Third Ave., 25th Floor, New York, N.Y. 10017, Tel.: (212) 980-7970, Fax: (212) 980-7975; ICD in California, 90 Middlefield Rd., Suite 205, Menlo Park, CA 94025, Tel.: (415) 321-7333, Fax: (415) 321-7388.

Die zum Teil krisenhaften Entwicklungen in Mittel-, Ost- und Südosteuropa haben das Interesse der US-Öffentlichkeit verstärkt auf Österreich gelenkt. Entscheidungsträger der USA messen Österreich heute eine mitbestimmende Rolle bei der Gestaltung in der neuen europäischen Architektur zu und würdigen in diesem Zusammenhang die Leistungen Österreichs gegenüber diesem Raum als Hort der Freiheit und Demokratie in einer Zeit als sich noch der Eiserne Vorhang durch Europa senkte. Das und die geographische Lage Österreichs als Zugang zum zentral- und osteuropäischen Raum bildeten eine gute Basis zum Ausbau der bilateralen Beziehungen.

Dem österreichischen EG-Beitrittsansuchen ist der US-Administration zunächst skeptisch bis ablehnend gegenübergestanden; sie begrüßt aber nunmehr diesen Schritt als wichtigen Beitrag zu einer größeren europäischen Einigung. Als künftiges EG-Mitglied und „Gateway to Central and Eastern Europe" konnte sich Österreich zunehmend als interessanter Standort für die amerikanische Wirtschaft präsentieren. Dieser Umstand wird durch das vom amerikanischen Botschafter in Wien gemeinsam mit der Bundeskammer der Gewerblichen Wirtschaft veranstaltete Seminar „American Business Opportunities in the Danube Basin" unterstrichen, an welchem über 200 amerikanische Firmen teilnahmen.

Die Entscheidung Österreichs, Überflüge in der Golfkrise zuzulassen und Solidarität in der Zurückweisung einer Agression zu üben, wurde ebenso anerkannt wie die Hilfe für die Frontlinienstaaten, die humanitäre Hilfe für Kurden und irakische Zivilbevölkerung, die Entsendung von Beobachtern und Experten.

Trotz dieses Aufschwungs in den bilateralen Beziehungen bleibt jedoch die „watch list"-Entscheidung weiter als Schatten bestehen, unbeschadet der Tatsache, daß von österreichischer Seite bei sich bietender Gelegenheit auf die unbefriedigende Situation wiederholt hingewiesen wurde.

Die rapiden Veränderungen in Osteuropa haben das Interesse am heutigen Österreich verstärkt. Gemäß dem mittelfristigen Arbeitsprogramm der Vertretungsbehörden in den USA (MAP) war die Botschaft bemüht, dieses große Potential für die Verstärkung des Österreich-Bewußtseins bei den Entscheidungsträgern in den USA auszuschöpfen und die vorhandene Interessensparallelität Österreichs mit den USA im Raume allen wichtigen Entscheidungsträgern in den USA darzulegen. Hiebei hat sich die Botschaft des Instruments der Public Diplomacy bedient und ein breites Netz an Kontakten zum Kongreß, zu den Think Tanks und zu den einzelnen Bundesstaaten aufgebaut.

Diese Ausweitung der bilateralen Beziehungen kommt symbolhaft auch im Neubau des Botschaftsgebäudes in Washington zum Ausdruck. Die Einweihung erfolgte am Nationalfeiertag im Beisein der Abgeordneten zum Nationalrat bzw. Bundesrat Fritz König und Manfred Mautner Markhof.

Bundeskanzler Franz Vranitzky besuchte die USA in der Zeit vom 5. bis 12. Oktober 1991 und machte in Los Angeles, Houston/Texas sowie Washington und New York

Station. Das Gespräch mit Präsident Bush war vornehmlich europäischen Fragen gewidmet. Im Mittelpunkt standen hiebei die Krise in Jugolawien, die jüngsten Entwicklungen in der Sowjetunion sowie die Rolle Österreichs in der Neuen Europäischen Architektur. Bundeskanzler Vranitzky sah in Washington zur Erörterung österreichischer Anliegen auch Außenminister Baker und Verteidigungsminister Cheney. Im Kongreß traf Bundeskanzler Vranitzky mit dem Sprecher des Repräsentantenhauses (Parlamentspräsident) Foley und im Außenpolitischen Ausschuß des Repräsentantenhauses mit dessem Vorsitzenden Fascell sowie einigen seiner Mitglieder zusammen.

Bundeskanzler Vranitzky war ferner Gast bei wichtigen Think Tanks und US-Medien. Der Meinungsaustausch des Bundeskanzlers umfaßte auch Kontakte zu Vertretern jüdischer Organisationen, der Universitäten und der Wirtschaft.

Bundesminister Alois Mock nahm vom 22. bis 27. September 1991 an der Generalversammlung der Vereinten Nationen und an einer auf Ebene der Außenminister abgehaltenen Sitzung des Sicherheitsrates teil (bei der die Jugoslawienfrage besprochen wurde). Der Bundesminister traf in New York auch mit Vertretern jüdischer Organisationen zusammen.

Zu Gesprächen in New York hielt sich am 18. und 19. Oktober 1991 Bundesministerin Johanna Dohnal auf.

Aus Anlaß der Tagung des Interims-Komitees des Währungsfonds waren Bundesminister Ferdinand Lacina und Präsidentin der Österreichischen Nationalbank Maria Schaumayer vom 28.–30. April 1991 in Washington und konnten ihren Aufenthalt für bilaterale Gespräche nutzen.

Bei Ausbruch der Jugoslawienkrise traf am 1. und 2. Juli 1991 der Generalsekretär für auswärtige Angelegenheiten, Thomas Klestil, mit seinem Amtskollegen Lawrence Eagleburger sowie mit Außenminister Baker zusammen. Generalsekretär Klestil, der auch Bundeskanzler Vranitzky auf seiner USA-Reise begleitete, konnte den politischen Meinungsaustausch mit Eagleburger am 11. Oktober 1991 fortsetzen.

Der Präsident der Bundeskammer der Gewerblichen Wirtschaft, Leopold Maderthaner, besuchte im Mai Washington, Chicago sowie New York und war im Oktober 1991 an der Westküste der USA (Raum Los Angeles). Im November 1991 war der Präsident der Industriellenvereinigung, Heinz Kessler, zu Wirtschaftsgesprächen in Washington.

Anläßlich einer Tagung des Dachverbandes der Rechnungshöfe weilte auch der Präsident des Rechnungshofes, Tassilo Broesigke, vom 7. bis 10. Oktober in der amerikanischen Hauptstadt.

Der Besuchsaustausch wird durch eine zunehmende Anzahl von Reisen österreichischer Abgeordneter ergänzt. Neben der Dritten Präsidentin zum Nationalrat Heide Schmidt und den beiden Ehrengästen bei der Botschaftseröffnung waren die Abgeordneten zum Nationalrat, Gertrude Brinek, Andreas Khol, Hans Hafner, Otto Keimel, Ernst Piller, Helmuth Stocker und Helmut Wolf, zu Besuch in den USA. Aus den Bundesländern konnten eine oberösterreichische und eine burgenländische Delegation unter Leitung von Landesparteisekretär Karl Wöllert bzw. von Landeshauptmannstellvertreter Franz Sauerzopf begrüßt werden.

US-Handelsminister Robert Mosbacher hielt sich vom 10. bis 12. Juni 1991 in Wien auf und nahm als Gastredner am Seminar „American Business Opportunities in the Danube Basin“ teil.

Die Gouverneure Zell Miller (Georgia), und James G. Martin (North Carolina) besuchten im Mai bzw. Juli Österreich.

Als offizielle Abordnung der National Governor's Association, dem Pendant zur Landeshauptleutekonferenz, waren die Gouverneure John Waihee (Hawaii), Joan Finney (Kansas), George A. Sinner (North Dakota) sowie Tommy G. Thompson (Wisconsin) neben Warschau und Budapest Anfang Oktober auch in Österreich zu Gast. Die mit einer größeren Delegation reisenden Gouverneure widmeten sich schwerpunktmäßig den Themen Handel und Erziehungswesen in Osteuropa.

Vom 6. bis 18. Juli hielt sich der Präsident des Obersten Gerichtshofes der USA, William H. Rehnquist, in Österreich auf.

Der Präsident von B'nai B'rith International, Kent E. Shiner, war Ende Jänner 1991 in Österreich.

Auf Einladung des Bundesministeriums für Wissenschaft und Forschung weilte der Librarian of Congress, James H. Billington, vom 16. bis 21. September in Österreich.

Der Warenaustausch zwischen Österreich und den USA ist im internationalen Vergleich weiter gering. Das Handelsbilanzdefizit Österreichs mit den USA stieg 1991 weiter stark an und erreichte 9,85 Milliarden Schilling. Die österreichischen Exporte gingen zurück auf 13,51 Milliarden Schilling, während die Importe um 15,7 Prozent auf 23,36 Milliarden Schilling zunahmen.

Die Zahl amerikanischer Touristen in Österreich war nach dem Rekordergebnis des Jahres 1990 leicht rückläufig.

Die Kompensationsverhandlungen im Zusammenhang mit der österreichischen Kündigung von GATT-Vertragszöllen bei bestimmten Ölsaaten konnten 1991 abgeschlossen werden. Die Vereinbarung sieht eine Erhöhung der amerikanischen Rindfleischquote vor.

Das Verfahren zur Genehmigung österreichischer Fleischexporte in die USA ist weiter im Gange.

Das Abkommen über eine Beihilfendisziplin auf dem Stahlsektor ist im November in Kraft getreten.

Im Mai erhielt Österreich zusammen mit der Schweiz, Finnland und Irland gleichen Zugang zur US-Hochtechnologie wie z.B. die EG-Länder und Japan.

Durch den Abschluß eines Memorandum of Understanding wurde die Benachteiligung österr. Firmen bei der öffentlichen Beschaffung im Rüstungsbereich beseitigt.

Eine Ausweitung der Landerechte österr. Fluglinien in den USA sowie amerikanischer Fluglinien in Österreich wurde im Okt. 1991 vereinbart.

Das Abkommen über soziale Sicherheit zwischen Österreich und den USA, welches am 13. Juni 1990 in Wien unterzeichnet wurde, ist mit Wirkung vom 1. November 1991 in Kraft getreten. Über den Anschluß eines bilateralen Vertrages über die Rechtshilfe in Strafsachen wurden vom 28. 10. bis 1. 11. 1991 in Washington Verhandlungen geführt. Die nächste Verhandlungsrunde wird in Wien stattfinden.

Mit Wirksamkeit 1. Oktober 1991 haben die USA die Visa-Pflicht für österreichische Staatsbürger zum Großteil aufgehoben. Seither können sich Touristen und Geschäftsreisende bis zu 90 Tage sichtvermerksfrei in den USA aufhalten, sofern ihre Einreise in die USA mit dem Flugzeug erfolgt.

Österreich sucht Verbindung zur, und Zusammenwirken mit der amerikanischen Technologie. Es fördert dabei die Kooperation und die Präsentation österreichischer Technologien in Nordamerika und vermittelt die Zusammenarbeit mit US-Einrichtungen. 1991 waren die Schwerpunkte: Weltraumtechnologie (SPACE, Washington), Medizintechnik (Medical Design, New York) und Software (PC-Expo, New York). In diesem Zusammenhang schlägt sich die Rolle des Wissenschaftsattachés an der Botschaft Washington zu Buche.

Österreich wird auch und gerade in den USA durch seine Kultur in der öffentlichen Meinung präsent gehalten. Dem entspricht einerseits ein breiter Kulturaustausch auf rein kommerzieller Basis wie andererseits auch breite Kontakte auf verschiedenen Ebenen, die sich spontan entwickeln. Vieles ist jedoch auch über die Veranlassung österreichischer Vertretungsbehörden – insbesondere des Kulturinstituts in New York – zustande gekommen. Ein hauptsächliches Bemühen ist es, die österreichische Präsenz in den USA auf dem Gebiet der bildenden und angewandten Kunst und der Literatur zu stärken.

Die Aktivität des Österreichischen Kulturinstituts in New York wurde im Vergleich zum Vorjahr organisatorisch und budgetär weiter verstärkt. Eine noch größere Zahl österreichischer Künstler und Wissenschaftler konnte 1991 einem amerikanischen Publikum vorgestellt werden. Besonderes Interesse fanden erwartungsgemäß die Veranstaltungen zum 200. Jahrestag des Todes von Wolfgang Amadeus Mozart. Da Leben und Werk Mozarts in der amerikanischen Öffentlichkeit erfreulicherweise durchaus mit dem heutigen Österreich in Verbindung gebracht werden, bot das Mozart-Jahr der offiziellen österreichischen Kulturpolitik ausgezeichnete Möglichkeiten, publikumswirksam und mit positiven Akzenten auf unser Land aufmerksam zu machen. Ebenso erfolgreich konnte moderne österreichische Kunst präsentiert werden. Die Großausstellung zur österreichischen Architektur und Formgebung des 20. Jahrhunderts im Art Institute of Chicago, einer in diesem Bereich weltweit führenden Institution, war die in diesem Zusammenhang wohl herausragendste Veranstaltung.

Im Bereich der Universitäten wurde besonderes Augenmerk auf die Förderung der Kontakte im Bereich der Humanwissenschaften, insbesondere der Austrian Studies gelegt.

Durchaus konstruktiv in diesem Zusammenhang ist auch das durch die Vergangenheitsdiskussion geweckte – kritische – Interesse jüdischer Organisationen an Österreich, das als Ansatz zu einer Verstärkung der Zusammenarbeit genutzt werden konnte.

Der österreichische Informationsdienst in New York hat 1991 in seiner Präsentation insbesondere die österreichische Wirtschafts-, Sozial- und Umweltpolitik, die Österreichs EG-Bemühungen und dessen Rolle gegenüber den neuen Demokratien in Osteuropa dargestellt. Das Engagement im Jugoslawienkonflikt wurde von Bundesminister Alois Mock im Wall Street Journal prominent erläutert. Die Berichterstattung über die europäische Migration und deren innenpolitische Folgen bildete – gemeinsam mit der Vergangenheitsdiskussion – die kritische Seite der Österreich-bezogenen Meldungen. Hingegen löste das mediale Großereignis des Jahres, das „Mozart-Bicentennial", äußerst positive Pressereaktionen aus. Der Informationsdienst veröffentlichte auch 1991 AUSTRIAN INFORMATION (monatlich) und ECONOMIC NEWS FROM AUSTRIA (vierteljährlich). Daneben wurden über Syndikate Meldungen in Zeitungen, Radio und TV plaziert.

Im Bereich des Fernsehens wurde die erfolgreiche Zusammenarbeit mit dem PBS-Network fortgesetzt. Insbesondere die Übertragung des Neujahrskonzerts, diverser Mozart-Opern sowie die Vermittlung von Koproduktionen sind mittlerweile Tradition.

Vietnam
(Sozialistische Republik Vietnam), Hanoi

Staatsoberhaupt	Regierungschef	Außenminister
Vo Chi Cong	Vo Van Kiet	Nguyen Manh Cam

ÖB und AHSt: siehe Indonesien

Vom 16.–23. November nahmen 30 Vertreter der österreichischen Wirtschaft an der von der Bundeswirtschaftskammer organisierten Wirtschaftsmission in Vietnam teil. Es konnten nicht nur Kontakte hergestellt, sondern auch Abschlüsse von Lieferverträgen realisiert werden. Gleichfalls im November fanden in Hanoi österreichisch-vietnamesische Luftverkehrsverhandlungen statt. Trotz der schlechten Wirtschaftslage Vietnams weist der österreichische Export beachtliche Zuwachsraten auf und profitiert von der Umstrukturierung des vietnamesischen Außenhandels nach der mit 1. Jänner erfolgten Umstellung des Handels mit den ehemaligen COMECON-Staaten auf Marktpreis- und US-Dollar-Basis. Die österreichischen Exporte betrugen 61 Millionen Schilling, die Importe Österreichs aus Vietnam 143 Millionen Schilling.

Zaire
(Republik Zaire), Kinshasa

Staatsoberhaupt	Regierungschef	Außenminister
Maréchal Mobutu Sese Seko Kuku Ngbendu Wa Za Banga	Jean-Baptiste Nguz-a-Karl-I-Bond	Bagbeni Adeito Nzengeya

ÖB Kinshasa: Dr. Hans Kogler, 39, Av. Lubefu, Kinshasa-Gombe; B. P. 16399, Kinshasa 1, Tel.: 21 6 27, 21 706, 22 150; Telex: 21310; AHSt: Côte d'Ivoire

Infolge der völligen Vernachlässigung der wirtschaftlichen Probleme und der laufenden Verwaltung kam es, nachdem Teile der schlecht bezahlten Armee damit begonnen hatten, zu ausgedehnten Plünderungen, die wiederum die wirtschaftliche Infrastruktur weitgehend zerstörten. Die österreichische Botschaft mußte vorübergehend geschlossen werden.

In Zaire, das nicht zu den Schwerpunktländern der österreichischen Entwicklungshilfe zählt, wird derzeit aus öffentlichen Mitteln ein ländliches Wasserversorgungsprojekt gefördert. Außerdem haben ein Kartograph und eine Fremdenverkehrsexpertin Stipendien für einjährige Studien in Österreich erhalten. Ein Fortbildungsstipendium für einen weiteren Kartographen ist vorgesehen.

Bedeutender sind die Geld- und Sachspenden, die den über 30 Missionaren und kirchlichen Entwicklungshelfern im Rahmen von Patenschaftsprojekten von privaten und auch öffentlichen Spendern zur Verfügung gestellt werden. Sie betreffen vor allem den Gesundheits- und Landwirtschafts- aber auch den Transportsektor. Nach den Unruhen im September und Oktober 1991 mußte eine Anzahl der Missionare abgezogen werden.

Die österreichischen Exporte waren neuerlich rückläufig und erreichten 16,8 Millionen Schilling, die Importe blieben mit 68 Millionen Schilling auf Vorjahresniveau.

Im Zuge des Mozart-Jahres wurden, zusammen mit lokalen Musikern und einer Ballettschule, mehrere Musikabende organisiert. Außerdem wurde im Fernsehen einmal monatlich eine Sendung mit Musikproben über Mozart gestaltet.

Zentralafrikanische Republik
(Zentralafrikanische Republik), Bangui

Staatsoberhaupt	Regierungschef	Außenminister
Général André Kolingba	Edouard Frank	Laurent Gomina-Pampali

ÖB: siehe Zaire

AHSt: siehe Côte d'Ivoire

Österreich hat stets mehrere Entwicklungshelfer im Einsatz und gewährt bescheidene Finanzhilfe. Die Handelsbeziehungen sind rückläufig. Die Exporte betrugen zuletzt 2,4 Millionen Schilling, die Importe 3,9 Millionen Schilling.

Zypern
(Republik Zypern), Nikosia

Staatsoberhaupt	Regierungschef	Außenminister
Georgios Vassiliou	Georgios Vassiliou	Georgios Iacovou

ÖB Athen und AHSt.: siehe Griechenland

HK Nikosia: Andreas Avraamides, Praxippou 3, Laiki Yitonia, P.O. Box 3961, Nikosia, Tel.: 45 19 94, Telefax: 46 45 28, Telex: 2844; AHSt. Nikosia: Serghis Havouzaris, Kermia Building Flat No. 302, Diagorastr. 4, P.O. Box 2065, Nikosia, Tel.: 00357/2/45 10 62, Telex: 33 11, Telefax: 45 13 20; AUA-B (ebenfalls Fremdenverkehrswerbung): 30 Chitron Str., Tofarco House, Nikosia, Tel.: 00357/2/45 55 41, 45 53 56, Telefax: 00357 2 47 75 67

Die bilateralen Beziehungen Österreichs und Zyperns sind im politischen Bereich weiterhin sehr stark durch das österreichische Engagement für eine friedliche Lösung des Zypernkonflikts gekennzeichnet. Seit Entsendung der Friedenstruppe der Vereinten Nationen nach Zypern (UNFICYP) im Jahr 1964 stellt Österreich ein Kontingent (AUSCON), das derzeit etwa 400 Offiziere und Soldaten umfaßt. Österreich unterstützt die Vermittlungsbemühungen des Generalsekretärs der Vereinten Nationen zur Lösung der Zypern-Frage auf Grundlage einschlägiger Resolutionen des Sicherheitsrates und hat sich auch stets für die Wiederaufnahme der Volksgruppengespräche eingesetzt. Bedauerlicherweise war es auch 1991 nicht möglich gewesen, den direkten Dialog der beiden Volksgruppen wieder ingangzusetzen, obwohl diesbezüglich der Generalsekretär der Vereinten Nationen und sein Bevollmächtigter sowie auch die Regierung der USA große Anstrengungen unternahmen.

Die Aussichten für eine Vierer-Konferenz (Griechenland – Türkei – zwei Volksgruppenvertreter) im Herbst schienen gut, letztlich waren diese Bemühungen aber zum Scheitern verurteilt, da die Voraussetzungen für eine solche Konferenz, nämlich das Vorliegen ausreichender Konzessionen von beiden Konfliktparteien in Sachfragen, nicht gegeben waren. Es mangelt insbesondere an Maßnahmen, die das Vertrauen der beiden Volksgruppen auf der Insel zueinander aufbauen und stärken.

Bundespräsident Kurt Waldheim stattete Zypern vom 5.–7. November 1991 einen offiziellen Besuch ab. Im Zentrum eines intensiven Meinungsaustausches zwischen dem Bundespräsidenten und Staatspräsident George Vassiliou sowie den beiden Außenministern und den politischen Direktoren standen die Zypern-Frage, die beiderseitige Europapolitik, die Situation in Osteuropa und daraus resultierende Auswirkungen für die Ost-West-Beziehungen sowie die bilateralen Beziehungen, insbesondere der Ausbau der Wirtschaftskontakte.

Die Wirtschaftsbeziehungen haben sich sehr befriedigend entwickelt. Dies ist umso beachtlicher, als Zypern bereits eine Zollunion mit der EG eingegangen ist und es daher für österreichische Exporteure zunehmend schwieriger wird, die eintretende Zolldiskriminierung auszugleichen. Eine den Herrn Bundespräsidenten begleitende Delegation österreichischer Wirtschaftstreibender führte einschlägige Gespräche.

Trotz Wachstumsverflachung der zypriotischen Wirtschaft (1991: +1 Prozent) sind die österreichischen Exporte im Vorjahr um 31 Prozent auf 349 Millionen Schilling gestiegen. Die Zunahme ist hauptsächlich auf Lieferungen für Kraftwerksprojekte zurückzuführen. Die österreichischen Einfuhren aus Zypern wuchsen um 15 Prozent auf 120 Millionen Schilling.

Vom 16. bis 20. November war Industrie- und Handelsminister Takis Nemitsas zu einem inoffiziellen Besuch in Österreich.

Österreich ist bemüht, dem zyprischen Interesse an Intensivierung der Kulturbeziehungen entgegenzukommen. Im November 1991 fand erstmals eine Ausstellung österreichischer zeitgenössischer Malerei, und zwar des surrealistischen Malers Helmut Kand, in Nikosia statt.

Diplomatisches und konsularisches Korps in Österreich

Mit Stand Ende 1991 hat das Protokoll des Bundesministeriums für auswärtige Angelegenheiten insgesamt 16.961 in Österreich wohnhafte Mitglieder der ausländischen Vertretungsbehörden, der internationalen Organisationen und der Delegationen zu VKSE und VVSBM mit österreichischer Staatsangehörigkeit erfaßt und administrativ betreut.

Dazu kommen die Mitglieder der aus dem Ausland in Österreich mitakkreditierten Vertretungsbehörden (Gesamtzahl: 215) sowie im weiteren Sinne die österreichischen Angestellten bei den internationalen Organisationen (Gesamtzahl: 1.446).

I. Ausländische Missionen in Österreich

Personalstand und Anzahl ausländischer Missionen

	Diplomatische Missionen	Konsularische Vertretungen	Ständige Vertretungen, Beobachter- und Verbindungsbüros bei intern. Organisationen	Delegationen zu den Verhandlungen über Konventionelle Streitkräfte in Europa	Delegationen zu den Verhandlungen über Vertrauens- und Sicherheitsbildende Maßnahmen
Anzahl in Österreich	78[2])	15[3])	84	22	36[1])
Anzahl im Ausland	59[4])	–	48[4])	–	–
Dipl. Personal	819	45	641	219	265
Familienmitglieder d. Dipl. Personals	1.523	69	1.157	221	269
Verw. techn. Pers. (ausl. Staatsangehörige)	895	59	389	68	84
Familienmitglieder d. Verw. u. techn. Personals	1.094	58	444	31	21
Sur-place Pers. (österr. Staatsangehörige)	585	19	187	21	25

[1]) ohne Österreich
[2]) inklusive EG-Delegation
[3]) Berufskonsulate, daneben gibt es noch 148 Honorarämter
[4]) die untenstehenden Zahlen beziehen sich nur auf die Missionen bzw. Vertretungen oder Büros in Österreich

1991 waren in Österreich 137 Staaten durch Botschaften vertreten. Davon haben 78 ihren Sitz in Wien, 34 in Bonn und Umgebung, 3 in Bern, 8 in Genf, 6 in Brüssel, 2 in Paris, 2 in Budapest, 2 in London, 1 in Kopenhagen, 1 in Liechtenstein (Vaduz).

In Wien gibt es derzeit 84 Ständige Vertretungen sowie Beobachter und Verbindungsbüros bei den Internationalen Organisationen und 48 Ständige Vertretungen mit Sitz im Ausland. Zum Großteil sind diese Vertretungen mit den Botschaften der jeweiligen Länder identisch. 17 Staaten haben jedoch einen eigenen Ständigen Vertreter im Botschafterrang.

Die Delegationen zu den VKSE in Wien werden aus 22 eigenen Delegationsleitern im Botschafterrang (Belgien, Bundesrepublik Deutschland, Griechenland, Italien, Niederlande, UdSSR, USA, Bulgarien, Dänemark, Frankreich, Großbrtitannien, Island, Kanada, Norwegen, Polen, Portugal, Spanien, CSFR, Rumänien und Ungarn), 1 in Österreich akkreditierten Botschafter (Luxemburg), 1 bei den Internationalen Organisationen (IAEA)akkreditierten Ständigen Vertreter (Türkei) gebildet.

Bei den Wiener VVSBM sind (ohne Österreich) 36 Länder durch Delegationen vertreten. Albanien hat Beobachterstatus.

Der Personalstand der diplomatischen Missionen mit Sitz im Ausland beläuft sich auf 215 Mitglieder.

Die 78 diplomatischen Vertretungsbehörden mit Sitz in Wien repräsentieren 28 europäische, 23 asiatische, 15 lateinamerikanische und 8 afrikanische Länder, sowie je eine die USA, Kanada, Australien und die EG.

1991 nahm der Herr Bundespräsident die Beglaubigungsschreiben von 32 neuernannten Botschaftern entgegen.

Die **konsularischen Aufgaben** werden in Österreich von den Konsularabteilungen der Botschaften und neben ihnen von 15 Berufskonsulaten wahrgenommen:

Konsularische Vertretungen in Österreich

	Berufskonsulate	Honorarämter (ehrenamtliche konsular. Vertretungen)
Burgenland	–	5
Kärnten	2	8
Niederösterreich	–	3
Oberösterreich	–	15
Salzburg	5	29
Steiermark	2	13
Tirol	3	17
Vorarlberg	2	11
Wien	1	47
Gesamt	15	148

II. Internationale Organisationen in Österreich

1. Vereinte Nationen und **2. Andere Internationale Organisationen**

siehe „Wien als Sitz Internationaler Organisationen".

3. Übersicht über die Ständigen Vertretungen bei IAEO, UNIDO und dem Büro der Vereinten Nationen in Wien:

Ständige Vertretungen bei	IAEO	UNIDO	UN-Büro
(ohne Österreich)	99	120	110
davon:			
Europa	30	31	31
Asien	26	30	18
Nord- und Südamerika	18	21	20
Afrika	23	37	31
Australien und Neuseeland	2	1	2
Von den Ständigen Vertretungen haben ihren Sitz in Wien:	77	75	77
Davon ident mit dipl. Missionen:	59	58	59
Durch einen eigenen Ständigen Vertreter geleitet:	16	15	16
Sitz im Ausland:	22	47	33

Venezuela hat einen Ständigen Vetreter bei der OPEC in Wien.

Österreich in Internationalen Organisationen

Diese Tabelle enthält Informationen über Österreichs Mitgliedschaft in wichtigen Internationalen Organisationen im UN- und europäischen Bereich nach dem Stand 1. 1. 1992.

Organisation, Sitz, Leiter[1])	Sitz im Rat	Beitrag 1991 in öS Anteil am Gesamtbudget der Organisation in %[2])	Ressort
UNO (Organisation der Vereinten Nationen), New York, Genf, Wien Bondros-Ghali (Ägypten) 1992–1996	1973/74[3]) 1991/92[3])	81,251.864,—* 0,74%	BMaA
UNHCR (Hochkommissar der Vereinten Nationen für Flüchtlinge), Genf Ogata (Japan) 1990–	[4])	3,431.934,75*	BMI
UNICEF (Kinderhilfswerk der Vereinten Nationen), New York Grant (USA) 1980–1994	1981–1984	19,500.000,—*	BMaA
UNCTAD (Handels- und Entwicklungskonferenz der Vereinten Nationen), Genf Dadzie (Ghana) 1986–	[5])	Teil des regulären UN-Budgets	BMaA
UNDP (Entwicklungsprogramm der Vereinten Nationen), New York Draper (USA) 1986–1993	1968–1970 1972–1993	133,154.498,—*	BMaA
UNEP (Umweltprogramm der Vereinten Nationen), Nairobi Tolba (Ägypten) 1977–1992	1973–1974 1978–1980 1984–1986 1990–1993	48.204,48[6]) 5,000.000,—[7]) 5,284.799,51[8])	BMUJF
UNDCP (Internationales Drogenkontrollprogramm der Vereinten Nationen) Giacomelli (Italien) 1991–		1,500.000,—*	BMGKS
IOM (Internationale Organisation für Wanderung), Genf Purcell (USA) 1988–1993		3,167.306,84* 1,3%	BMI
UNRWA (Hilfswerk der Vereinten Nationen für Palästinaflüchtlinge im Nahen Osten), Wien Türkmen (Türkei) 1991–		6,369.139,—*	BMaA
UNU (Universität der Vereinten Nationen), Tokio Gurgulino de Souza (Brasilien) 1987–1992		1,500.000,—*	BMWF

Organisation, Sitz, Leiter[1])	Sitz im Rat	Beitrag 1991 in öS Anteil am Gesamtbudget der Organisation in %[2])	Ressort
FAO (Ernährungs- und Landwirtschaftsorganisation der Vereinten Nationen), Rom Saouma (Libanon) 1976–1993	1983–1986	28,992.969,91* 0,88%	BMLF
GATT (Allgemeines Zoll- und Handelsabkommen), Genf Dunkel (Schweiz) 1980–		8,310.934,45* 1,14%	BMwA
IAEA (Internationale Atomenergie-Organisation), Wien Blix (Schweden) 1981–1993	1977–1979 1983–1985 1990–1992	18,388.579,—* 0,757%	BMaA
ICAO (Internationale Zivilluftfahrt-Organisation), Montreal Rochat (Schweiz) 1991–		2,357.477,71* 0,57%	BMöWV
ILO (Internationale Arbeitsorganisation), Genf Hansenne (Belgien) 1989–1994	1984–1987 (stellv. Mitglied)	17,348.961,55* 0,73%	BMAS
IMO (Internationale Seeschiffahrtsorganisation), London O'Neil (Kanada) 1990–1993		357.737,93* 0,14%	BMöWV
ITU (Internationale Fernmeldeunion), Genf Tarjanne (Finnland) 1989–1994		2,473.149,13*[9]) 0,25%	BMöWV/ GDPT
UNESCO (Organisation der Vereinten Nationen für Erziehung, Wissenschaft und Kultur), Paris Mayor Zaragoza (Spanien) 1987–1993	1972–1976	23,729.490,—* 0,73%	BMaA
UNIDO (Organisation der Vereinten Nationen für industrielle Entwicklung), Wien Siazon (Philippinen) 1985–1993	1976–1989	7,513.037,—* 0,74%	BMaA
UPU (Weltpostverein), Bern Boto de Barros (Brasilien) 1985–1994	1964–1974	1,282.554,—*[9]) 0,53%	BMöWV/ GDPT
WHO (Weltgesundheitsorganisation), Genf Nakajima (Japan) 1988–1993	1970–1973 1978–1981 1988–1991	27,907.356,84 0,73% 2,875.451,70[10])	BMGKS

Organisation, Sitz, Leiter[1])	Sitz im Rat	Beitrag 1991 in öS Anteil am Gesamtbudget der Organisation in %[2])	Ressort
WIPO (Weltorganisation für geistiges Eigentum), Genf Bogsch (USA) 1973–1991	1987	365.183,—*[11]) 3,159.740,49*[12]) 1,78% -6,415.643,19*[13])	BMaA BMwA BMwA
WMO (Weltorganisation für Meteorologie), Genf Obasi (Nigeria) 1984–		2,796.962,60* 0,68%	BMWF
WTO (Weltorganisation für Tourismus), Madrid Enriquez Savignac (Mexico) 1990–1993		2,373.539,67* 2,802%	BMwA
OECD (Organisation für wirtschaftliche Zusammenarbeit und Entwicklung), Paris Paye (Frankreich) 1984–1994		20,034.977,52* 1,02% 3,817.261,73*[14])	BKA
ECE (Wirtschaftskommission der Vereinten Nation für Europa), Genf Hinteregger (Österreich) 1987–		Teil des regulären UN-Budgets	BMaA
Europarat, Straßburg Lalumière (Frankreich) 1989–1994		27,077.124,—* 2,34%	BMaA
EFTA (Europäische Freihandelsassoziation), Genf[11]) Reisch (Österreich) 1988–		64,328.477,27* 17,03%	BMwA
CERN (Europäisches Zentrum für Kernforschung), Genf Rubbia (Italien) 1989–1993		161,772.880,—* 2,23%	BMWF
ESA (Europäische Weltraumorganisation), Paris Luton (Frankreich) 1990–1992	[5])	128,320.850,—* 2,31% 162,382.753,—*[15])	BMWF
ERO (Europäisches Büro für Funkangelegenheiten), Kopenhagen Kourt (Großbritannien)		467.458,86*[16])	BMöWV/ GDPT
Donau Kommission, Budapest Strasser (Österreich) 1990–1996		978.471,—* 14,28%	BMaA
IIASA (Internationales Institut für Angewandte Systemanalyse), Laxenburg de Jánosi, Direktor (USA) 1990–1993 Mikhalevich, Vorsitzender (UdSSR) 1990–1993		6,600.000,—*	BMWF

Österreichs Beteiligungen an friedenserhaltenden Operationen der Vereinten Nationen[17])

Operation; Leiter bzw. Kommandant	Beitrag 1991 in öS Anteil am Gesamtbudget der Organisation in %[2])	Ressort
Finanzielle Beitragsleistungen		
UNDOF (Beobachtertruppe der Vereinten Nationen für die Truppenentflechtung), Damaskus Misztal (Polen) 1991–	3,218.693,—* 0,74%	BMaA
UNIFIL (Interimstruppe der Vereinten Nationen im Libanon), Naqura Wahlgren (Schweden) 1988–	13,157.453,—* 0,74%	BMaA
UNIIMOG (Militärische Beobachtergruppe der Vereinten Nationen im Iran und Irak), Bagdad/Teheran Jovic (Jugoslawien) 1990–1991	— 0,74%	BMaA
UNAVEM (Verifikationsmission der Vereinten Nationen in Angola), Luanda Ushie Unimna (Nigerien) 1991–	4,529.751,—* 0,74%	BMaA
UNFICYP (Friedensicherungstruppe der Vereinten Nationen auf Zypern), Nicosia Milner (Kanada) 1989–	2,912.500,—* [18])	BMaA
ONUCA (Beobachtungsgruppe der Vereinten Nationen für Zentralamerika), Suanzes Pardo (Spanien) 1991–	2,075.589,—* 0,74%	BMaA
UNIKOM (Beobachtungsmission der Vereinten Nationen im Irak und Kuwait) Greindl (Österreich) 1991–	5,638.465,—* 0,74%	BMaA
ONUSAL (Beobachtungsmission der Vereinten Nationen in El Salvador) Meana (Spanien) 1991–	1,131.278,—* 0,74%	BMaA
MINURSO (Übergangsmission der Vereinten Nationen für die Westsahara) Roy (Kanada) 1991–	13,303.845,—* 0,74%	BMaA
UNAMIC (Vorausmission der Vereinten Nationen in Kambodscha) Loridon (Frankreich) 1991–	—*	BMaA

Aktive Beteiligung

Seit 1960 war Österreich an insgesamt 15 friedenserhaltenden Operationen der UNO mit über 31.000 Personen beteiligt. 1991 waren österreichische Kontingente bei insgesamt elf UN-Operationen vertreten, von denen mit Stand 1. Januar 1992 noch acht Operationen andauern.

UNFICYP – UN-Truppe auf Zypern:
seit 1964, Österreich stellt dzt. 1 Bataillon .... 407 Mann
(davon war 1991 eine Kompanie ztw. zu UNIKOM detachiert).

UNTSO – Waffenstilstandsüberwachung in Nahen Osten:
seit 1948, österr. Beteiligung seit 1967, dzt. .... 14 Mann
(davon ist ein Offizier zu OSGAP detachiert).

UNDOF – Truppentrennungsüberwachung auf den Golanhöhen:
seit 1974, Österreich stellt 1 Bataillon .... 535 Mann

UNIIMOG – Beobachtergruppe Iran–Irak:
1988 bis Februar 1991; Österreich entsandte bis zu 17 Offz.

OSGAP – Militärberater des Sonderbeauftragten für Afghanistan und Pakistan: seit 1989, dzt. .... 1 Offz.

UNIKOM – Beobachtungsmission Irak–Kuwait:
seit April 1991, österr. Beteiligung dzt. .... 8 Mann

UNSCOM – Sonderkommission des Sicherheitsrates im Irak:
seit April 1991. Univ.-Prof. Dr. Hönig (TU Graz) ist Mitglied der Kommission; außerdem entsandte Österreich drei Überprüfungs- bzw. Zerstörungsteams für chemische Waffen.

UNAFHIR – österr. Feldspital für kurdische Flüchtlinge im Iran:
Mai bis Juli 1991, Personalstand rund 280 Personen

UNGCI – Wachkontingent im Irak:
seit Mai 1991; Österreich ist seit Juli mit 1 Sanitätsteam (Bundesheer und Exekutive) beteiligt. Stand 1. 1. 1992 (in Rotation) ...... 9 Mann

MINURSO – Übergangsadministration für die Westsahara:
seit August 1991; österr. Beteiligung dzt. .... 1 Mann
(Vorkommando)

UNAMIC – Vorausmission in Kambodscha:
seit November 1991; österr. Beteiligung dzt. .... 2 Mann

Anm.:
Von diesen Operationen unterstehen OSGAP und UNGCI direkt dem Generalsekretär der Vereinten Nationen; UNAFHIR war ein österreichisches Feldspital, das über Ersuchen des Hochkommissars für Flüchtlinge zur Verfügung gestellt wurde. Die übrigen Einsätze sind „klassische" friedenserhaltende Operationen des UN-Sicherheitsdienstes.

Mit 1. Januar 1992 waren 969 Angehörige des Bundesheeres im Einsatz, dazu 8 Exekutivbeamte im Irak, daher Gesamtstand mit 1. Januar 1992; 977 Mann.

Von den 969 Angehörigen des Bundesheeres sind 158 Berufs- bzw. Zeitsoldaten und 811 Reservisten bzw. Milizsoldaten.

Beteiligung an internationalen Finanzinstitutionen[19])

Organisation, Sitz, Leiter	Sitz im Rat	Kapitalanteil[20])	Ressort[21])
IFAD (Internationaler Fonds für landwirtschaftliche Entwicklung), Rom Jazairy (Algerien) 1984–1992	1983–1985	202,595.358,– 0,581%	BMF
IMF (Internationaler Währungsfonds), Washington Camdessus (Frankreich) 1991–1995		11.781,131.320,– 0,86%	ÖNB[22])
IBRD (Internationale Bank für Wiederaufbau und Entwicklung – Weltbank), Washington Preston (USA) 1991–1996		17.023,966.260,—[23]) 0,96%	BMF
IDA (Internationale Entwicklungsgesellschaft), Washington Preston (USA) 1991–1996		7.072,781.052,—[23]) 0,805%	BMF
IFC (Internationale Finanz-Corporation), Washington Preston (USA) 1991–1996		126,832.908,—[24]) 0,87%	BMF
ADB (Asiatische Entwicklungsbank), Manila Tarumizu (Japan) 1991–1993		914,420.988,—[25]) 0,374%	BMF
IADB (Interamerikanische Entwicklungsbank), Washington Iglesias (Uruguay) 1988–1993		347,376.195,—[26]) 0,079%	BMF
IIC (Interamerikanische Investitionsges.), Washington Iglesias (Uruguay) 1988–1993		10,677.000,—[26]) 0,5%	BMF
AfDF (Afrikanischer Entwicklungsfonds), Abidjan N'Diaye (Senegal) 1990–1995		1.034,403.798,—[27]) 1,239%	BMF
AfDB (Afrikanische Entwicklungsbank), Abidjan N'Diaye (Senegal) 1990–		895,602.400,—[27]) 0,395%	BMF

[1]) Angegeben werden das Jahr der erstmaligen Übernahme dieser Funktion und das Ende der laufenden Amtsperiode.

[2]) Unter Beitrag sind in der Regel die endgültigen Beträge * (Erfolg 1991) angeführt; die anderen Daten sind Voranschlagsziffern – siehe Amtsbehelf zum Bundesfinanzgesetz 1991. II. Teil (Beilage P: Mitgliedschaft Österreichs bei Internationalen Organisationen).

[3]) Nichtständiges Mitglied im Sicherheitsrat.

[4]) Ständiges Mitglied des Exekutivkomitees.

[5]) Der UNCTAD-Rat bzw. ESA-Rat steht allen Mitgliedern offen.

[6]) Mitgliedsbeitrag 1991.
[7]) Freiwilliger Beitrag zum Umweltprogramm.
[8]) Beitrag Montreal-Protokoll.
[9]) Beitrag für 1992, 1991 geleistet.
[10]) Aufwendungen für Projekte der WHO.
[11]) Berner Übereinkunft.
[12]) Gesamtbetrag für Pariser Union, Nizza Union und Union für die internationale Patentklassifizierung einschließlich IPC-Arbeitskapitalfonds.
[13]) Einnahmen aus Markenregistrierung gemäß Madrider Abkommen 1891.
[14]) Beitrag zur OECD-Energieagentur.
[15]) Beteiligung an ESA-Wahlprogrammen.
[16]) Beiträge für 1990 und 1991.
[17]) Die österreichischen Beiträge zu den friedenserhaltenden Operationen der Vereinten Nationen werden mit den Kostenerstattungen der Vereinten Nationen gegenüber Österreich kompensiert, die sich aus der österreichischen Teilnahme an UNDOF ergeben.
[18]) Der freiwillige Beitrag wird regelmäßig mit den Kostenrefundierungen der Vereinten Nationen, die sich aus der österr. Teilnahme an UNFICYP ergeben, kompensiert; diese Refundierung erfolgt derzeit durch die Vereinten Nationen mit rund 10 Jahren Verzug.
[19]) Weitere Hinweise zu internationalen Finanzinstitutionen finden sich im Amtsbehelf zum Bundesfinanzgesetz 1991; Teil I, Kapitel 54, Voranschlagsansatz „Internationale Finanzinstitutionen".
[20]) Außer beim IFAD sind bei den internationalen Finanzinstitutionen alle Mitglieder im Gouverneursrat vertreten.
[21]) Siehe auch Amtsbehelf zum Bundesfinanzgesetz 1992; II. Teil (Beilage N: Kapitaleinzahlungen an internationale Finanzinstitutionen), Stand: 31. 12. 1990.
[22]) Wochenausweis der Österreichischen Nationalbank vom 31. 12. 1991.
[23]) Jahresbericht der IBRD, Stand: 30. 6. 1991.
[24]) Jahresbericht der IFC, Stand: 30. 6. 1991.
[25]) Jahresbericht der ADB, Stand: 31. 12. 1990.
[26]) Jahresbericht der IADB, Stand: 31. 12. 1990.
[27]) Jahresbericht AfDF und AfDB, Stand 31. 12. 1990.

Vertragsübersicht

Diese Übersicht wurde aufgrund der Vertragskartei des Bundesministeriums für auswärtige Angelegenheiten erstellt und soll einen Überblick über die Entwicklung der vertraglichen Beziehungen Österreichs im Jahre 1991 geben. Sie enthält Verträge, Übereinkommen, Notenwechsel, Abkommen und Vereinbarungen, die im Jahre 1991 in Kraft getreten sind bzw. gekündigt wurden.

Legende:

Wien, (Datum) = Tag der Unterzeichnung durch Österreich
Inkraft, (Datum) = Tag des Beginns der völkerrechtlichen Wirksamkeit
ADR = Europäisches Übereinkommen über die internationale Beförderung gefährlicher Güter auf der Straße

I. BILATERAL

Ägypten

Luftverkehrsabkommen zwischen der Österreichischen Bundesregierung und der Regierung der Arabischen Republik Ägypten
Kairo, 14. 11. 1989
Inkraft 1. 4. 1991, BGBl. Nr. 185/1991

Algerien

Luftverkehrsabkommen zwischen der Österreichischen Bundesregierung und der Regierung der Demokratischen Volksrepublik Algerien
Algerien, 27. 11. 1989
Inkraft 1. 12. 1991, BGBl. Nr. 637/1991

Belgien

Vereinbarung zwischen dem Verkehrsminister des Königreiches Belgien und dem Bundesminister für öffentliche Wirtschaft und Verkehr der Republik Österreich gemäß Rn. 2010 des ADR betreffend die Beförderung von Gasen der Klasse 2
Brüssel, 26. 3. 1991
Wien, 24. 4. 1991
Inkraft 24. 4. 1991, BGBl. Nr. 312/1991

Vereinbarung zwischen dem Bundesminister für öffentliche Wirtschaft und Verkehr der Republik Österreich und dem Verkehrsminister des Königreiches Belgien nach Rn. 2010 und 10 602 des ADR über die Freistellung von Aluminiumstaub und Aluminiumpulver von den Beförderungsvorschriften des ADR
Brüssel, 25. 4. 1991
Wien, 3. 5. 1991
Inkraft 3. 5. 1991, BGBl. Nr. 313/1991

Widerruf der Vereinbarung zwischen dem Verkehrsminister des Königreiches Belgien und dem Bundesminister für Verkehr der Republik Österreich gemäß Randnummer 10602 des ADR betreffend den Ersatz der inneren Absperrvorrichtung

bei Tanks mit einer Innenauskleidung aus Ebonit oder thermoplastischem Harz durch eine äußere Absperrvorrichtung
Wien, 1. 7. 1991
Inkraft 1. 7. 1991, BGBl. Nr. 489/1991

Bhutan

Abkommen zwischen der Österreichischen Bundesregierung und der Regierung des Königreiches Bhutan über technische Zusammenarbeit
New Delhi, 7. 12. 1990/8. 1. 1991
Inkraft 1. 4. 1991, BGBl. Nr. 121/1991

Deutschland

Vertrag zwischen der Republik Österreich einerseits und der Bundesrepublik Deutschland und der Europäischen Wirtschaftsgemeinschaft andererseits über die wasserwirtschaftliche Zusammenarbeit im Einzugsgebiet der Donau
Regensburg, 1. 12. 1987
Inkraft 1. 3. 1991, BGBl. Nr. 17/1991

Vereinbarung gemäß Art. 1 Abs. 3 des Abkommens zwischen der Republik Österreich und der Bundesrepublik Deutschland über Erleichterungen der Grenzabfertigung im Eisenbahn-, Straßen- und Schiffsverkehr i.d.F. der Änderungsabkommen vom 21. 1. 1975 und 16. 9. 1977 für die Errichtung vorgeschobener deutscher und österreichischer Grenzdienststellen am Grenzübergang Niederstaufen/Hohenweiler
Bonn, 23./25. 1. 1991
Inkraft 1. 4. 1991, BGBl. Nr. 101/1991

Vereinbarung zwischen dem Bundesminister für Verkehr der Bundesrepublik Deutschland und dem Bundesminister für öffentliche Wirtschaft und Verkehr der Republik Österreich nach Rn. 2010 des ADR über die Beförderung von Calciumphosphid und Schädlingsbekämpfungsmitteln mit Calciumphosphid
Bonn, 27. 12. 1990
Wien, 20. 2. 1991
Inkraft 20. 2. 1991, BGBl. Nr. 190/1991

Widerruf der Vereinbarung zwischen dem Bundesminister für Verkehr der Republik Österreich und dem Bundesminister für Verkehr der Bundesrepublik Deutschland nach Rn 10602 des ADR betreffend eine Abweichung von den Vorschriften der Rn 210313 f)1
Wien, 22. 2. 1991
Inkraft 22. 2. 1991, BGBl. Nr. 216/1991

Vereinbarung zwischen dem Bundesminister für Verkehr der Bundesrepublik Deutschland und dem Bundesminister für öffentliche Wirtschaft und Verkehr der Republik Österreich nach Rn. 2010 des ADR über die Beförderung von 3,3,3,-Trifluorpropen-1 (TFP) und Heptafluorpropan (R 227)
Bonn, 29. 1. 1991
Wien, 3. 5. 1991
Inkraft 3. 5. 1991, BGBl. Nr. 314/1991

Vereinbarung zwischen dem Bundesminister für Verkehr der Bundesrepublik Deutschland und dem Bundesminister für öffentliche Wirtschaft und Verkehr der

Republik Österreich gemäß Rn. 2010 und 10602 des ADR betreffend die Beförderung von 1,1,1,2-Tetrafluorethan
Bonn, 23. 1. 1991
Wien, 5. 6. 1991
Inkraft 5. 6. 1991, BGBl. Nr. 377/1991

Widerruf der Vereinbarung zwischen dem Bundesminister für Verkehr der Bundesrepublik Deutschland und dem Bundesminister für Verkehr der Republik Österreich nach Rn. 2010 des ADR über die Beförderung von Barium- und Bleiverbindungen der Klasse 6.1, Ziffern 71 und 72, in flexiblen Schüttgutbehältern
Wien, 11. 7. 1990
Bonn, 4. 4. 1991
Inkraft 4. 4. 1991, BGBl. Nr. 376/1991

Widerruf der Vereinbarung zwischen dem Bundesminister für Verkehr der Bundesrepublik Deutschland und dem Bundesminister für öffentliche Wirtschaft und Verkehr der Republik Österreich nach Rn. 2010 des ADR über die Beförderung von Peressigsäure mit höchstens 40% Peressigsäure in Kombinationsverpackungen (Kunststoff)
Wien, 1. 7. 1991
Inkraft 1. 7. 1991, BGBl. Nr. 437/1991

Vereinbarung zwischen dem Bundesminister für Verkehr der Bundesrepublik Deutschland und dem Bundesminister für öffentliche Wirtschaft und Verkehr der Republik Österreich gemäß Rn. 2010 und 10602 des ADR betreffend die Beförderung von 1,1,1,2-Tetrafluorethan
Bonn, 27. 6. 1991
Wien, 11. 7. 1991
Inkraft 11. 7. 1991, BGBl. Nr. 432/1991

Vereinbarung zwischen der Regierung der Republik Österreich und der Regierung der Bundesrepublik Deutschland über die Neufassung des im Abkommen zwischen der Republik Österreich und der Bundesrepublik Deutschland über den Luftverkehr vorgesehenen Fluglinienplanes
Bonn, 12.8./9. 9. 1991
Inkraft 1. 11. 1991, BGBl. Nr. 536/1991

Vereinbarung zwischen dem Bundesminister für öffentliche Wirtschaft und Verkehr der Republik Österreich und dem Verkehrsminister der BRD nach Rn. 2010 ADR über die Beförderung von magnesium-imprägniertem Koks mit einem durchschnittlichen Magnesiumgehalt von 42,5%, höchstens jedoch 48,0% als Stoff der Klasse 4.3, Ziff. 1 d)
Wien, 30. 11. 1990
Bonn, 20. 8. 1991
Inkraft 20. 8. 1991, BGBl. Nr. 562/1991

EUROPÄISCHE PATENTORGANISATION

Abkommen zwischen der Europäischen Patentorganisation und der Republik Österreich über die Übernahme des Internationalen Patentdokumentationszentrums (INPADOC) in das Europäische Patentamt
Wien, 2. 7. 1990
Inkraft 1. 1. 1991, BGBl. Nr. 671/1990

Abkommen zwischen der Republik Österreich und der Europäischen Patentorganisation über den Sitz der Dienststelle Wien des Europäischen Patentamts
Wien, 2. 7. 1990
Inkraft 1. 1. 1991, BGBl. Nr. 672/1990

EWG

Vertrag zwischen der Republik Österreich einerseits und der Bundesrepublik Deutschland und der Europäischen Wirtschaftsgemeinschaft andererseits über die wasserwirtschaftliche Zusammenarbeit im Einzugsgebiet der Donau
Regensburg, 1. 12. 1987
Inkraft 1. 3. 1991, BGBl. Nr. 17/1991

Kooperationsabkommen zwischen der Republik Österreich und der Europäischen Wirtschaftsgemeinschaft über einen europäischen Plan für die Stimulierung der Wirtschaftswissenschaften (SPES)
Brüssel, 11. 3. 1991
Inkraft 11. 3. 1991, BGBl. Nr. 290/1991

Kooperationsabkommen zwischen der Republik Österreich und der Europäischen Wirtschaftsgemeinschaft im Bereich der Forschung in Medizin und Gesundheitswesen
Brüssel, 11. 3. 1991
Inkraft 11. 3. 1991, BGBl. Nr. 289/1991

Ergebnis der Verhandlungen mit den Europäischen Gemeinschaften betreffend die Kündigung des GATT-Zolles für Bruchreis
Wien, 12. 12. 1990
Inkraft 30. 8. 1991, BGBl. Nr. 537/1991

Abkommen zwischen der Republik Österreich und der Europäischen Wirtschaftsgemeinschaft über die Zusammenarbeit im Bereich der allgemeinen und beruflichen Bildung im Rahmen des ERASMUS-Programms
Brüssel, 9. 10. 1991
Inkraft 1. 11. 1991, BGBl. Nr. 37/1992

Iran

Abkommen zwischen dem Bundesminister für wirtschaftliche Angelegenheiten und dem Bundesminister für Finanzen der Republik Österreich einerseits und dem Minister für Industrie der Islamischen Republik Iran andererseits über die Anerkennung von Zeugnissen über den Ursprung und die handwerkliche Herstellung von Waren zum Zwecke der zollfreien oder zollermäßigten Einfuhr nach Österreich
Teheran, 12. 3. 1991
Inkraft 8. 11. 1991, BGBl. Nr. 571/1991

Irland

Luftverkehrsabkommen zwischen der Österreichischen Bundesregierung und der Regierung von Irland
Wien, 7. 6. 1991
Inkraft 1. 8. 1991, BGBl. Nr. 378/1991

Italien

Abkommen zur Änderung des Abkommens zwischen der Republik Österreich und der Republik Italien vom 29. März 1974 über die Regelung des Grenzüberganges der Eisenbahnen und des Änderungsabkommens vom 27. August 1980
Rom, 12. 9. 1985
Inkraft 1. 3. 1991, BGBl. Nr. 83/1991

Vereinbarung zwischen dem Bundesminister für öffentliche Wirtschaft und Verkehr der Republik Österreich und dem Minister für Verkehr der Italienischen Republik
Bologna, 10. 1. 1991
Inkraft 1. 3. 1991, BGBl. Nr. 84/1991

Vereinbarung zwischen dem Minister für Verkehr der Republik Italien und dem Bundesminister für öffentliche Wirtschaft und Verkehr der Republik Österreich gemäß Rn. 2010 des ADR über die Beförderung von Peressigsäure in bestimmter Konzentration als Stoff der Kl. 5.2, Ziff. 35
Rom, 10. 12. 1990
Wien, 24. 4. 1991
Inkraft 24. 4. 1991, BGBl. Nr. 311/1991

Abkommen zwischen der Republik Österreich und der Italienischen Republik über die Erleichterung von Ambulanzflügen in den Grenzregionen bei dringlichen Transporten von Verletzten und Schwerkranken
Wien, 21. 2. 1989
Inkraft 1. 7. 1991, BGBl. Nr. 272/1991

Protokoll der XLII. Tagung der im Artikel 6 des Abkommens zwischen der Österreichischen Bundesregierung und der Italienischen Regierung über die Regelung des erleichterten Warenaustausches zwischen den österreichischen Bundesländern Tirol und Vorarlberg und der italienischen Region Trentino-Südtirol vom 12. Mai 1949 vorgesehenen Gemischten Kommission
Brixen/Südtirol, 12.–13. 6. 1991
Inkraft 1. 10. 1991, BGBl. Nr. 424/1991

Jugoslawien

Abkommen zwischen der Republik Österreich und der Sozialistischen Föderativen Republik Jugoslawien über die Förderung und den Schutz von Investitionen
Belgrad, 25. 10. 1989
Inkraft 1. 6. 1991, BGBl. Nr. 152/1991

Katar

Luftverkehrsabkommen zwischen der Österreichischen Bundesregierung und der Regierung des Staates Katar
Wien, 6. 3. 1991
Inkraft 13. 7. 1991, BGBl. Nr. 315/1991

Korea Rep.

Abkommen zwischen der Republik Österreich und der Republik Korea über die Förderung und den Schutz von Investitionen
Wien, 14. 3. 1991
Inkraft 1. 11. 1991, BGBl. Nr. 523/1991

Liechtenstein

Vertrag zur Änderung des Vertrages zwischen der Republik Österreich und dem Fürstentum Liechtenstein vom 17. März 1960 zur Feststellung der Staatsgrenze und Erhaltung der Grenzzeichen
Wien, 3. 5. 1990
Inkraft 1. 3. 1991, BGBl. Nr. 43/1991

Abkommen zwischen der Republik Österreich und dem Fürstentum Liechtenstein über weitere Gleichwertigkeiten von Studien, Prüfungen und akademischen Graden
Wien, 17. 9. 1990
Inkraft 1. 8. 1991, BGBl. Nr. 304/1991

Malediven

Abkommen zwischen der Regierung der Republik Österreich und der Regierung der Republik Malediven über die Aufhebung der Sichtvermerkspflicht für Inhaber von Diplomaten- und Dienstpässen
New Delhi, 20. 12. 1990
Male, 19. 1. 1991
Inkraft 1. 4. 1991, BGBl. Nr. 122/1991

Niederlande

Widerruf der Vereinbarung zwischen dem Bundesminister für Verkehr und Wasserwirtschaft des Königreiches der Niederlande und dem Bundesminister für öffentliche Wirtschaft und Verkehr der Republik Österreich nach Rn. 2010 des ADR betreffend die Beförderung von Druckgaspackungen aus Metall der Klasse 2, Rn. 2201 Ziffer 10 des ADR
's-Gravenhage, 7. 5. 1991
Wien, 22. 5. 1991
Inkraft 22. 5. 1991, BGBl. Nr. 399/1991

Vereinbarung zwischen dem Minister für Verkehr und Wasserwirtschaft des Königreiches der Niederlande und dem Bundesminister für öffentliche Wirtschaft und Verkehr der Republik Österreich gemäß Rn. 2010 und 10 602 des ADR betreffend die Beförderung von 1,1,1,2-Tetrafluorethan (R134a)
Den Haag, 27. 6. 1991
Wien, 8. 7. 1991
Inkraft 8. 7. 1991, BGBl. Nr. 431/1991

Norwegen

Vereinbarung zwischen dem Bundesminister für öffentliche Wirtschaft und Verkehr der Republik Österreich und der für das ADR zuständigen Behörde des Königreiches Norwegen gemäß Rn. 10 602 ADR betreffend Übergangsvorschriften hinsichtlich der ADR-Novelle vom 1. 1. 1990
Wien, 29. 11. 1989
Oslo, 12. 9. 1991
Inkraft 12. 9. 1991, BGBl. Nr. 563/1991

Vereinbarung zwischen dem Bundesminister für öffentliche Wirtschaft und Verkehr der Republik Österreich und der für das ADR zuständigen Behörde des Königreiches Norwegen gemäß Rn. 10 602 des ADR betreffend Abweichungen von den Vorschriften hinsichtlich der Abmessungen für orangefarbene Tafel und den Gefahrzettel 7D
Wien, 4. 10. 1991
Oslo, 7. 11. 1991
Inkraft 7. 11. 1991, BGBl. Nr. 664/1991

Vereinbarung zwischen der für das ADR zuständigen Behörde des Königreiches Norwegen und dem Bundesminister für öffentliche Wirtschaft und Verkehr der Republik Österreich gemäß Rn. 2010 des ADR über die Beförderung bestimmter Stoffe mit pyrotechnischen Eigenschaften als Stoffe der Klasse 1
Oslo, 14. 11. 1991
Wien, 3. 12. 1991
Inkraft 3. 12. 1991, BGBl. Nr. 33/1992

Polen

Vertrag zwischen der Republik Österreich und der Republik Polen über die wechselseitige Vollziehung gerichtlicher Entscheidungen in Strafsachen
Wien, 19. 4. 1990
Inkraft 1. 3. 1991, BGBl. Nr. 44/1991

Verlängerung der teilweisen Aussetzung der Anwendung des Abkommens zwischen der Österreichischen Bundesregierung und der Regierung der Volksrepublik Polen über die gegenseitige Aufhebung der Sichtvermerkspflicht
Wien, 27. 2. 1991
Inkraft 27. 2. 1991, BGBl. Nr. 164a/1991

Verlängerung der teilweisen Aussetzung der Anwendung des Abkommens zwischen der Österreichischen Bundesregierung und der Regierung der Volksrepublik Polen über die gegenseitige Aufhebung der Sichtvermerkspflicht durch Polen
Wien, 14. 3. 1991
Inkraft 14. 3. 1991, BGBl. Nr. 164b/1991

Verlängerung der teilweisen Aussetzung der Anwendung des Abkommens zwischen der Österreichischen Bundesregierung und der Regierung der Volksrepublik Polen über die gegenseitige Aufhebung der Sichtvermerkspflicht
Wien, 18. 7. 1991
Inkraft 18. 7. 1991, BGBl. Nr. 398/1991

Abkommen zwischen der Österreichischen Bundesregierung und der Regierung der Republik Polen über die Übernahme von Personen an der Grenze
Warschau, 2. 8. 1991
Inkraft 1. 9. 1991, BGBl. Nr. 462/1991

Widerruf der Vereinbarung zwischen dem Bundesminister für Verkehr der Republik Österreich und dem Verkehrsminister der Volksrepublik Polen nach Rn. 2010 des ADR über die Beförderung von Barium- und Bleiverbindungen der Klasse 6.1, Ziffern 71 und 72, in flexiblen Schüttgutbehältern
Wien, 16. 7. 1990
Warschau, 16. 7. 1991
Inkraft 16. 7. 1991, BGBl. Nr. 505/1991

Portugal

Selbstbeschränkungs- und Autorisationsabkommen betreffend den Export bestimmter Kleidung von Macao nach Österreich
Wien, 31. 10. 1990
Macao, 23. 11. 1990
Inkraft 1. 1. 1991, BGBl. Nr. 16/1991

Sowjetunion

Abkommen zwischen der Republik Österreich und der Union der Sozialistischen Sowjetrepubliken über die Förderung und den gegenseitigen Schutz von Investitionen
Moskau, 8. 2. 1990
Inkraft 1. 9. 1991, BGBl. Nr. 387/1991

Spanien

Abkommen zwischen der Republik Österreich und dem Königreich Spanien über die internationale Beförderung von Personen und Gütern auf der Straße
Madrid, 17. 7. 1987
Inkraft 1. 5. 1991, BGBl. Nr. 186/1991

Schweden

Widerruf der Vereinbarung zwischen den Industrieminister des Königreiches Schweden und dem Bundesminister für Verkehr der Republik Österreich gemäß Rn. 2010 des ADR betreffend die Beförderung von Zündern mit Sprengkapseln für Munition; Gegenstände der Klasse 1 B, Rn. 2131 5e)
Wien, 6. 2. 1991
Stockholm, 18. 2. 1991
Inkraft 18. 2. 1991, BGBl. Nr. 215/1991

Vereinbarung zwischen dem Bundesminister für öffentliche Wirtschaft und Verkehr der Republik Österreich und der für das ADR zuständigen Behörde für das Königreich Schweden nach Rn. 2010 und 10 602 des ADR über die Freistellung von Aluminiumstaub und Aluminiumpulver von den Beförderungsvorschriften des ADR
Wien, 12. 3. 1991
Karlstad, 8. 7. 1991
Inkraft 8. 7. 1991, BGBl. Nr. 490/1991

Schweiz

Widerruf der Vereinbarung zwischen dem Vorsteher des Justiz- und Polizeidepartments der Schweizerischen Eidgenossenschaft und dem Bundesminister für öffentliche Wirtschaft und Verkehr der Republik Österreich nach Rn. 2010 des ADR über die Beförderung von Tetrazol-1-Essigsäure
Wien, 6. 2. 1991
Bern, 14. 2. 1991
Inkraft 14. 2. 1991, BGBl. Nr. 217/1991

Widerruf der Vereinbarung zwischen dem Vorsteher des Justiz- und Polizeidepartements der Schweizerischen Eidgenossenschaft und dem Bundesminister für Verkehr der Republik Österreich nach Rn. 2010 des ADR über die Beförderung von magazinierten Treibkartuschen für Bolzensetzgeräte zur Direktbefestigung als Gegenstände der Klasse 1 b, Ziffer 2c ADR, Zünder mit kleiner Ladung
Wien, 23. 7. 1991
Bern, 19. 8. 1991
Inkraft 19. 8. 1991, BGBl. Nr. 522/1991

Thailand

Vereinbarung zwischen der Republik Österreich und dem Königreich Thailand über ein Quoten- und Exportautorisationssystem
Wien, 13. 11. 1991
Inkraft 13. 11. 1991, BGBl. Nr. 724/1991

Tschechoslowakei

Änderung des Abkommens zwischen der Republik Österreich und der Tschechoslowakischen Sozialistischen Republik über den Luftverkehr
Prag, 26. 4./24. 6. 1991
Inkraft 24. 6. 1991, BGBl. Nr. 450/1991

Abkommen zwischen der Republik Österreich und der Tschechischen und Slowakischen Föderativen Republik über die Förderung und den Schutz von Investitionen
Wien, 15. 10. 1990
Inkraft 1. 10. 1991, BGBl. Nr. 513/1991

Tunesien

Abkommen zwischen der Republik Österreich und der Tunesischen Republik über Soziale Sicherheit samt Schlußprotokoll
Tunis, 4. 12. 1989
Inkraft 1. 3. 1991, BGBl. Nr. 33/1991

Vereinbarung zur Durchführung des Abkommens zwischen der Republik Österreich und der Tunesischen Republik über Soziale Sicherheit
Wien, 10. 12. 1990
Inkraft 1. 3. 1991, BGBl. Nr. 34/1991

Ungarn

Abkommen zwischen der Österreichischen Bundesregierung und der Regierung der Republik Ungarn über den Zugang zur Kirche St. Emmerich bei Rönök
Szombathely (Steinamanger) 12. 3. 1990
Inkraft 1. 2. 1991, BGBl. Nr. 780/1990

Abkommen zwischen der Österreichischen Bundesregierung und der Regierung der Republik Ungarn über die Errichtung neuer Grenzübergänge an der gemeinsamen Staatsgrenze
Budapest, 5. 4. 1991
Inkraft 1. 7. 1991, BGBl. Nr. 282/1991

Vereinigte Arabische Emirate

Luftverkehrsabkommen zwischen der Österreichischen Bundesregierung und der Regierung der Vereinigten Arabischen Emirate
Abu Dhabi, 23. 5. 1990
Inkraft 1. 6. 1991, BGBl. Nr. 283/1991

Vereinigte Staaten

Abkommen zwischen der Republik Österreich und den Vereinigten Staaten von Amerika im Bereich der Sozialen Sicherheit
Wien, 13. 7. 1990
Inkraft 1. 11. 1991, BGBl. Nr. 511/1991

Verwaltungsvereinbarung zur Durchführung des Abkommens zwischen der Republik Österreich und den Vereinigten Staaten von Amerika im Bereich der Sozialen Sicherheit
Wien, 13. 7. 1990
Inkraft 1. 11. 1991, BGBl. Nr. 512/1991

Abkommen zwischen der Republik Österreich und den Vereinigten Staaten von Amerika betreffend die Amerikanische Internationale Schule in Wien
Wien, 13. 9. 1989
Inkraft 1. 11. 1991, BGBl. Nr. 665/1991

Übereinkommen über eine Beihilfendisziplin auf dem Stahlsektor
Washington, 22. 2. 1991
Wien, 6. 3. 1991
Inkraft 5. 11. 1991, BGBl. Nr. 36/1992

Vereinte Nationen

Seminar der Vereinten Nationen über vertrauens- und sicherheitsbildende Maßnahmen
New York, 19. 11. 1990/21. 2. 1991
Inkraft 21. 2. 1991, BGBl. Nr. 151/1991

Übereinkommen zwischen der Österreichischen Bundesregierung und den Vereinten Nationen anläßlich der 34. Tagung des Komitees der Vereinten Nationen für die friedliche Nutzung des Weltraums
New York, 3.4./23. 5. 1991
Inkraft 23. 5. 1991, BGBl. Nr. 354/1991

Weltorganisation für geistiges Eigentum

Briefwechsel zwischen dem Bundesminister für auswärtige Angelegenheiten der Republik Österreich und dem Generaldirektor der Weltorganisation für Geistiges Eigentum betreffend die Fortführung von Diensten des INPADOC durch das Österreichische Patentamt
Genf, 28. 5. 1991
Inkraft 1. 1. 1991, BGBl. Nr. 356/1991

Zypern

Abkommen zwischen der Republik Österreich und der Republik Zypern zur Vermeidung der Doppelbesteuerung auf dem Gebiete der Steuern vom Einkommen und vom Vermögen
Wien, 20. 3. 1990
Inkraft 1. 1. 1991, BGBl. Nr. 709/1990

II. MULTILATERAL

Teilrevisionen des Übereinkommens über den internationalen Eisenbahnverkehr (COTIF)
Bern, 14.–21. 12. 1989
Inkraft 1. 1. 1991
Bern, 28.–31. 5. 1990
Inkraft 1. 6. 1991, BGBl. Nr. 1/1991

Vertrag über die internationale Registrierung audiovisueller Werke
Genf, 20. 4. 1989
Inkraft 27. 2. 1991, BGBl. Nr. 48/1991

Beschluß Nr. 1/90 des Gemischten Ausschusses EWG/EFTA „gemeinsames Versandverfahren“
Brüssel, 13. 12. 1990
Inkraft 1. 3. 1991, BGBl. Nr. 100/1991

Übereinkommen zur Errichtung der Europäischen Bank für Wiederaufbau und Entwicklung
Paris, 29. 5. 1990
Inkraft 28. 3. 1991, BGBl. Nr. 222/1991

Resolution 687/1991 verabschiedet auf der 2981. Sitzung des Sicherheitsrats am 3. April 1991
BGBl. Nr. 211/1991

Übereinkommen über die Annahme einheitlicher Bedingungen für die Genehmigung der Ausrüstungsgegenstände und Teile von Kraftfahrzeugen und über die gegenseitige Anerkennung der Genehmigung; Regelung Nr. 84 (Kraftstoffverbrauch)
Inkraft 29. 12. 1990, BGBl. Nr. 267/1991

Protokoll zu dem Übereinkommen von 1979 über weiträumige grenzüberschreitende Luftverunreinigung betreffend die Bekämpfung von Emmissionen von Stickstoffoxiden oder ihres grenzüberschreitenden Flusses
Sofia, 31. 10. 1988
Inkraft 14. 2. 1991, BGBl. Nr. 273/1991

Annahme des Annex XV zum Übereinkommen über die Privilegien und Immunitäten der Spezialorganisationen der Vereinten Nationen
Wien, 21. 6. 1991
Inkraft 2. 7. 1991, BGBl. Nr. 438/1991

Anti-Doping-Konvention
Straßburg, 16. 11. 1989
Inkraft 1. 9. 1991, BGBl. Nr. 451/1991

Änderung des Anhanges III des Übereinkommens über den internationalen Handel mit gefährdeten Arten freilebender Tiere und Pflanzen
Lausanne, 20. 6. 1991
Inkraft 18. 9. 1991, BGBl. Nr. 449/1991

Zusatzprotokoll zu dem am 4. September 1958 in Istanbul unterzeichneten Übereinkommen über den internationalen Austausch von Auskünften in Personenstandsangelegenheiten
Patras, 6. 9. 1989
Inkraft 1. 10. 1991, BGBl. Nr. 491/1991

Übereinkommen über die Annahme einheitlicher Bedingungen für die Genehmigung der Ausrüstungsgegenstände und Teile von Kraftfahrzeugen und über die gegenseitige Anerkennung der Genehmigung; Regelung Nr. 23 (Rückfahrscheinwerfer)
Inkraft 23. 7. 1990, BGBl. 485/1991

Änderung der Anlage 6 zum Zollabkommen über den internationalen Warentransport mit Carnets TIR (TIR-ABKOMMEN)
Inkraft 1. 8. 1991, BGBl. Nr. 504/1991

Protokoll über den Beitritt Boliviens zum Allgemeinen Zoll- und Handelsabkommen
Genf, 3. 8. 1989
Inkraft 26. 9. 1991, BGBl. Nr. 564/1991

Änderungen der Verfahrensordnung des Europäischen Gerichtshofes für Menschenrechte
Inkraft 31. 5. 1991, BGBl. Nr. 578/1991

Resolution 713 (1991) verabschiedet auf der 3009. Sitzung des Sicherheitsrats am 25. September 1991
BGBl. Nr. 592/1991

Verlängerung der Wirksamkeit der Erklärungen der Österreichischen Bundesregierung gemäß Art. 25 und Art. 46 der Konvention zum Schutze der Menschenrechte und Grundfreiheiten
Inkraft 3. 9. 1991, BGBl. Nr. 608/1991

Verlängerung der Wirksamkeit der Erklärung der Österreichischen Bundesregierung gemäß Art. 6 Abs. 2 des Protokolls Nr. 4 zur Konvention zum Schutze der Menschenrechte und Grundfreiheiten, durch das gewisse Rechte und Freiheiten gewährleistet werden, die nicht bereits in der Konvention oder im ersten Zusatzprotokoll enthalten sind
Inkraft 3. 9. 1991, BGBl. Nr. 609/1991

Verlängerung der Wirksamkeit der Erklärung der Österreichischen Bundesregierung gemäß Art. 7 Abs. 2 des Protokolls Nr. 7 zur Konvention zum Schutze der Menschenrechte und Grundfreiheiten
Inkraft 3. 9. 1991, BGBl. Nr. 610/1991

Viertes Zusatzprotokoll zur Satzung, Allgemeine Verfahrensordnung, Vertrag und Abkommen des Weltpostvereins (Washington, 14. Dezember 1989)
Washington, 14. 12. 1989
Inkraft 1. 1. 1991, BGBl. Nr. 63/1992

Besuchsübersicht

Besuche im Ausland

Besuche des Herrn Bundespräsidenten im Jahre 1991

11. 1.
Ägypten
(Arbeitsbesuch)

12.–14. 1.
Oman
(Staatsbesuch)

14. 1.
Jordanien
(Arbeitsbesuch)

9.–12. 6.
Iran
(Staatsbesuch)

12.–13. 6.
Syrien
(Arbeitsbesuch)

5.–7. 11.
Zypern

Besuche des Herrn Bundeskanzlers im Jahre 1991

25. 1.
Frankfurt
(Vortrag vor dem „Hessischen Kreis"/Dresdner Bank)

29. 1.
Bratislava
(Grenztreffen mit Ministerpräsident Calfa)

30.–31. 1.
Straßburg
(Offizieller Besuch beim ER; Rede vor der Parlamentarischen Versammlung)

18. 2.
Brüssel
(Arbeitsbesuch bei der EG-Kommission)

1. 3.
Luxemburg
(Arbeitsbesuch)

1.–2. 3.
Hamburg
(Vortrag bei der „Matthias-Mahlzeit"/Industriellenvereinigung)

6. 3.
Jugoslawien/Jennersdorf
(Grenztreffen mit Ministerpräsident Markovic)

3.–4. 4.
Oslo
(Arbeitsbesuch)

4.–5. 4.
Stockholm
(Arbeitsbesuch)

5.–6. 4.
Helsinki
(Arbeitsbesuch)

15. 4.
London
(Eröffnungssitzung der EBRD)

25. 4.
Prag
(Vortrag bei der Konferenz über Sicherheit in Europa)

15. 5.
Luxemburg
(Eröffnungsansprache anläßlich der Tagung des Europäischen Gewerkschaftsbunds)

15. 5.
CSFR

4. 6.
München
(„Eurofinas"-Kongreß)

5. 6.
Frankfurt am Main
(Festrede anläßlich „100 Jahre IG Metall")

5.–6. 6.
Liechtenstein

26.–27. 7.
Dubrovnik
(Pentagonale-Gipfeltreffen)

19. 8.
Prag
(Arbeitsbesuch)

18.–19. 9.
Ungarn

27. 9.
Budapest
(Rede beim Europakongreß)

30. 9.–1. 10.
Sowjetunion

2. 10.
Kasachstan

5.–13. 10.
USA
(Arbeitsbesuch)

19.–21. 11.
Italien

2.–3. 12.
Paris
(Arbeitsbesuch)

3. 12.
Brüssel
(Arbeitsbesuch bei der EG-Kommission)

Besuche des Herrn Vizekanzlers bis Juli 1991 und Bundesministers für Föderalismus und Verwaltungsreform im Jahre 1991 (Bundesminister im Bundeskanzleramt)

18. 2.
Luxemburg
(Arbeitsgespräche; Ministerpräsident Santer, Parlamentspräsidentin Hennicot-Schoepges und Außenminister Poos)

26. 4.
Minsk
(Dekretüberreichung über 50 Mio. Schilling-Förderung durch die Republik Österreich für den Bau einer Kinderkrebsklinik in Minsk durch die Republik Österreich; Gespräche mit Premierminister Kebitsch, u. a.)

1.–3. 5.
Den Haag
(MP Lubbers, Außenminister Van den Broek, Verkehrsminister Maij-Weggen, Wirtschafts-Staatssekretärin Van Rooy, Landwirtschaftsminister Bukman und Parlamentspräsident Deetman)

21.–22. 6.
Luxemburg
(Arbeitsgespräche; Ministerpräsident Santer, Ministerpräsident Andreotti, Bundeskanzler Kohl u. MP Lubbers)

Besuche des Herrn Staatssekretärs für Föderalismus und Verwaltungsreform im Jahre 1991 (Staatssekretär im Bundeskanzleramt)

8.–10. 10.
Zypern
(3. Europäische Ministerkonferenz über Politik im Bereich der Massenmedien)

7. 11.
Stuttgart

Besuche des Herrn Vizekanzlers (ab Juli 1991) und Bundesministers für Wissenschaft und Forschung im Jahre 1991

25.–26. 2.
Zagreb
(Wissenschafts- und Forschungsminister Osman Muftic; Gründung der Kroatisch-Österreichischen Gesellschaft)

11. 3.
Brüssel/EG
(Vizepräsident Pandolfi; Unterzeichnung des Stimulierungsprogrammes für Wirtschaftswissenschaften, SPES)

25. 3.
Budapest
(Verleihung des ungarischen Bannerordens)

26. 3.
USA

15. 4.
Bratislava
(Eröffnung der „Woche der TU Wien“ an der STU Bratislava)

17. 4.
Bonn

5.–6. 6.
Prag
(Offizieller Besuch auf Einladung des Ministers für strategische Planung Pavel Hoffmann; Eröffnung der Max Weiler-Ausstellung)

9 -12. 6.
Sowjetunion
(Vizeministerpräsident Nikolaj Laworow und Vorsitzender des Staatskomitees für Volksbildung Gennadig Jagodin)

13.–14. 6.
Den Haag/Noordwijk
(Minister für Unterricht und Wissenschaften J. M. Ritzen)

18. 6.
Den Haag
(EUREKA-Ministerkonferenz)

7. 7.
Kassel
(Symposium „Wiener Moderne“)

12. 7.
Chur

10.–11. 9.
Rom
(Ministerpräsident Gulio Andreotti, Abgeordneter, Flaminio Piccoli, Verkehrsminister Carlo Bernini und Wissenschaftsminister A. Ruberti)

11.–12. 9.
Paris
(Wissenschaftsminister Prof. Robert Curien, Kulturminister Jack Lang)

29. 9.
Treviso
(Verkehrsminister Carlo Bernini, DC-Vorsitzender Arnaldo Forlani)

1.–2. 10.
Baikonur
(kasachischer Präsident Nazarbajew und Außenministerin Aristenbekowa; Fachgespräche Projekt „Austromir")

3. 10.
Moskau
(Vize-Präsident Ruzkoi, Wissenschaftsberater Welichov und stv. Vorsitzender des Staatskomitees für Wissenschaft und Technik, Michalov, Ex-Außenminister Eduard Schewardnadse)

8.–9. 10.
Brüssel/Straßburg
(Vizepräsident der EG-Kommission Pandolfi; Paraphierung des ERASMUS-Programmes durch EFTA-Staaten; Fachgespräche über EG-Bildungs- und Forschungsprogramme, Wissenschaftsausschuß des Europäischen Parlaments)

10.–11. 10
Dresden
(Kultusministerkonferenz)

13. 10.
Frankfurt
(anläßlich Verleihung Friedenspreis des deutschen Buchhandels)

31. 10.–2. 11.
London
(Außenminister Douglas Hurd, Abgeordneter David Howell, und Europaminister Tristan Garel-Jones

5.–6. 12.
Den Haag
(Premierminister Ruud Lubbers)

Besuche des Herrn Bundesministers für auswärtige Angelegenheiten im Jahre 1991

2.–5. 1.
Frankreich
(Eröffnungskonzert des Wiener Kammerorchesters zum Mozartjahr)

12.–14. 1
Oman
(Begleitung des Herrn Bundespräsidenten)
Kairo
(Informationsgespräch, Präsident Mubarak und König Hussein von Jordanien)

15. 2.
Bonn
(Arbeitsbesuch)

20.–21. 2.
Madrid
(außerordentliche Ministerkomitee-Tagung des Europarates)

22.–24. 2.
Iran

1.–2. 3.
Genf
(EFTA-Ministerrat)

27. 3.
Luxemburg
(EPZ-Konsultationen mit Außenminister Jacques Poos)

5.–6. 4.
Ungarn

10.–11. 4.
Kairo
(Botschafterkonferenz; Treffen mit US-Außenminister Baker und Staatspräsident Mubarak)

18.–19. 4.
Belgien

25. 4.
Straßburg
(88. Ministerkomitee-Tagung des Europarates)

26.–27. 4.
Meran
(Landesversammlung der SVP; Verabschiedung von Parteiobmann Silvius Magnago)

29. 4.
Zürich
(Eröffnung des Symposiums „Nachbarn in Europa“ in Rüschlikon bei Zürich)

3.–4. 5.
Ungarn
(Beisetzungsfeierlichkeiten von Kardinal Mindszenty in Esztergom)

12.–13. 5.
Brüssel
(EG-EFTA-Außenministertreffen)

16.–17. 5.
Vaduz
(N + N Außenminister)

17.–18. 5.
Bologna
(Pentagonale-Außenminister)

9.–13. 6.
Iran/Syrien
(Teilnahme am Staatsbesuch des Herrn Bundespräsidenten)

14. 6.
Bern
(700 Jahr-Feiern der Schweiz)

17.–18. 6.
Luxemburg
(EG-EFTA-Außenminister)

19.–20. 6.
Berlin
(KSZE-Außenminister)

6. 7.
Budapest
(Gespräch mit den Außenministern von Ungarn und Italien)

13.–14. 7.
Italien
(Kinderferienaktion in Cervia, 25 Jahr-Feier)

24. 7.
Paris
(Gespräch mit Außenminister Dumas)

26.–27. 7.
Dubrovnik
(Pentagonale-Außenminister und Regierungschefs)

9.–10. 9.
Moskau
(3. Konferenz über die menschliche Dimension der KSZE)

19.–20. 9.
Polen

22.–27. 9.
New York
(46. UN-Generalversammlung)

9. 10.
Halle
(Treffen mit Außenminister de Michelis und Außenminister Genscher)

14. 10.
Den Haag
(EPZ-Konsultation mit Außenminister van den Broek)

21. 10.
Luxemburg
(EG-EFTA-Ministertreffen)

25. 10.
San Marino

25.–26. 10.
Rom
(Gespräch mit Ministerpräsident Andreotti anläßlich der Eröffnung des Kulturinstitutes; Teilnahme an Seligsprechung Adolph Kolpings)

5. 11.
Brüssel
(„High-Level-Talks“, EG)

6.–7. 11.
Zypern
(Teilnahme am Staatsbesuch des Herrn Bundespräsidenten)

11. 11.
Brüssel
(G-24-Gipfel)

30. 11.
Venedig
(a. o. Treffen der Hexagonale-Außenminister)

2. 12.
Bonn
(Arbeitsbesuch)

10.–12. 12.
Genf
(EFTA-Ministerrat)

Besuche der Frau Bundesministerin für Frauenangelegenheiten im Jahre 1991

14.–15. 3.
Belgien
(Europäische Ministerkonferenz über körperliche und sexuelle Gewalt gegen Frauen)

21. 5.
CSFR

17.–19. 10.
USA
(46. Generalversammlung der VN)

Besuche des Herrn Bundesministers für Gesundheit, Sport und Konsumentenschutz im Jahre 1991 (Bundesminister im Bundeskanzleramt)

17.–18. 4.
Budapest
(„Ad hoc"-Treffen der europäischen Sportminister)

28.–30. 8.
Island
(EFTA-Ministertreffen über Konsumentenpolitik in Reykjavik)

Besuche des Herrn Staatssekretärs für Integration und Entwicklungszusammenarbeit im Jahre 1991 (Staatssekretär im Bundeskanzleramt)

29. 1.–2. 2.
Namibia
(SADCC Jahrestagung)

7. 2.–8. 2.
Brüssel
(Gespräche; EG-Kommission, belgische Regierungsmitglieder)

18. 2.
Brüssel
(Begleitung des Herrn Bundeskanzlers zu Gesprächen mit EG-Präsident Delors)

28. 2.–1. 3.
Genf
(EFTA-Ministertagung)

11. 3.
Luxemburg
(Tagung des Gulf Cooperation Council)

25. 3.
Triest
(Kongress „EUREKA")

27. 3.–28. 3.
Paris
(Ministerpräsident Rocard und Generalsekretär der OECD)

27. 4.
Meran
(Landesversammlung der SVP; Laudatio auf Parteiobmann Silvius Magnago)

13. 5.
Brüssel
(EG-EFTA Ministertagung)

15. 5.
Bern
(Gespräche; Mitglieder des Schweizer Bundesrates)

20.–21. 5.
Paris
(Eröffnung der ÖFZ-Tagung namens der Bundesregierung)

4.–5. 6.
Paris
(OECD-Ministerrat)

18. 6.
Luxemburg
(EG-EFTA Ministertagung)

22.–23. 6.
Crans-Montana
(Tagung 1991 „La Fondation du Forum")

23. 7.
Den Haag
(Gespräche mit Regierungsmitgliedern)

24.–29. 8.
Nikaragua, Costa Rica
(Gespräche mit Staatsoberhäuptern, Regierungsmitgliedern; Besuch österreichischer EH-Organisationen und Projekte)

27. 9.
Bonn
(Internationale Kurdenkonferenz)

17. 10.
Rom
(Entwicklungshilfe-Konferenz des italienischen Außenministers)

21. 10.
Luxemburg
(EG-EFTA Ministertagung)

30.–31. 10.
Bonn
(Gespräche mit Regierungsmitgliedern)

4.–5. 11.
Madrid
(Konferenz der Vereinigung Europäischer Journalisten)

6.–8. 11.
New York
(46. Generalversammlung der VN)

13. 11.
Brüssel
(Vertreter der EG-Kommission und des Europäischen Parlaments)

14.–15. 11.
Brüssel
(Gespräche mit EG-Kommissaren)

18. 11.
Stockholm
(Konferenz der International Herald Tribune)

2.–4. 12.
Paris
(Konferenz der Umwelt- bzw. Entwicklungshilfeminister der OECD)

11. 12.
Genf
(EFTA-Ministertagung)

Besuche des Herrn Bundesministers für Arbeit und Soziales im Jahre 1991

23.–25. 4.
Prag
(Treffen europäischer Arbeits- und Sozialminister)

14.–17. 5.
Rom
(Internationale Konferenz f. Migrationsfragen)

16.–22. 6.
Genf
(ILO)

28. 6.
Hessen
(Landrat Udo Schlitzberger)

16. 10.
Dresden

Besuche des Herrn Bundesministers für Finanzen im Jahre 1991

1.–3. 2.
Schweiz
(World Economic Forum)

14.–17. 4.
London
(Gründungsversammlung der Europäischen Bank für Wiederaufbau und Entwicklung)

19.–20. 4.
Berlin
(Energiekonferenz)

23.–25. 4.
Vancouver
(Jahrestagung der Asiatischen Entwicklungsbank)

25.–28. 4.
San Francisco
(Wirtschaftsgespräche)

28. 4.–1. 5.
Washington
(Tagung des Interims- und Entwicklungskomitees)

3.–5. 6.
Paris
(OECD-Tagung)

5.–7. 7.
Dresden
(Dreiertreffen der Finanzminister aus Deutschland, Schweiz, Österreich)

30. 9.–1. 10
Moskau
(Begleitung des Herrn Bundeskanzlers)

11. 11.
Budweis
(Gründungsversammlung von Socialni Pomoc)

18.–19. 11.
Budapest
(Tagung „The Economic Transition of Central Europe")

Besuche des Herrn Staatssekretärs für Finanzen im Jahre 1991

9.–13. 6.
Teheran
(Begleitung des Herrn Bundespräsidenten)

4. 10.
CSFR
(Wirtschaftsgespräche)

Besuche des Herrn Bundesministers für Inneres im Jahre 1991

29.–31. 1.
Madrid
(Innenminister Jose Luis Corcuerca-Cuesta)

12.–13. 3.
Budapest
(Innenminister Peter Boross)

4.–9. 5.
Stockholm, Oslo
(Ministerin für Einwanderungsangelegenheiten Maij-Lis Lööw,
1. Paneuropa-Ministerkonferenz)

27.–28. 6.
Sofia
(Innenminister Christo Danov)

17. 9.
Luxemburg
(Wanderungskonferenz des Europarates)

25. 9.
Zürich
(Bundesrat Arnold Koller)

30.–31. 10.
Berlin, Wiesbaden
(Tagung des Wiener Clubs, Besuch im Bundeskriminalamt)

3. 12.
Den Haag
(Konferenz der TREVI-Gruppe zu Fragen des Asylrechts)

Besuche des Herrn Bundesministers für Justiz im Jahre 1991

7.–8. 3.
Prag
(Offizielles Treffen mit den Justizministern der Tschechischen und der Slowakischen Republiken, Leon Richter und Marian Posluch)

17.–19. 3.
Budapest
(Treffen mit Justizminister Istvan Balsai)

12. 6.
Luxemburg
(TREVI-Halbjahrestagung in Vertretung des BM für Inneres; Verbrechensbekämpfung, Flüchtlingswesen)

17.–19. 6.
Ottawa, Quebec
(informelles Treffen der Europäischen Justizminister in Kanada)

29. 9.–1. 10.
Polen
(Treffen mit Justizminister Wieslaw Chrzanowski)

14.–16. 11.
Keszthely/Ungarn
(3. Notarenkolloquium Mitteleuropa; Treffen mit Justizministern Ungarns, der Tschechischen und der Slowakischen Republiken, Sloweniens und mit dem Rechtsdirektor des Europarates)

Besuche des Herrn Bundesministers für Landesverteidigung im Jahre 1991

8. 2.
Sopron
(Treffen mit ungarischem Verteidigungsminister)

8.–11. 9.
Schweiz

1.–3. 10.
UdSSR
(Start des österreichischen Raumfluges in Baikonur)

24.–25. 10.
Ungarn

11.–17. 11.
Nahost, Zypern
(Truppenbesuch bei österreichischen UN-Kontingenten)

Besuche des Herrn Bundesministers für Land- und Forstwirtschaft im Jahre 1991

23.–26. 1.
Berlin
(Internationale „Grüne Woche")

29. 6.
Ungarn
(Landwirtschaftsminister Elever Gergatz)

12. 9.
Brüssel
(EG-Gespräche)

16.–18. 9.
Paris
(10. Weltforstkongreß)

8.–16. 11.
Japan
(Österreichwerbung anläßlich der Tournee der Spanischen Reitschule in Japan)

13. 12.
Schweiz
(Jean Pascal Delamuraz)

Besuche des Herrn Bundesministers für öffentliche Wirtschaft und Verkehr im Jahre 1991

30. 1.
Brüssel
(EG-Verkehrskommissar Karel van Miert; Transitverkehr EG-Österreich)

8. 3.
Bratislava
(Minister für Wirtschaft J. Belcak, Minister-Stv. Jaroslav Kubecka)

27. 3.
Brüssel
(EG-Verkehrsministerrat; Verkehrsminister Robert Goebbels (Luxemburg) Bundesrat Adolf Ogi (CH))

15. 5.
Straßburg
(EG-Verkehrskommissar Karel van Miert)

17. 5.
Bonn
(Verkehrsminister Günther Krause)

22.–23. 5.
Antalya
(Europäische Verkehrsministerkonferenz; CEMT)

29. 5.
Stockholm
(Industrieminister Rune Molin)

3. 6.
Venedig
(Verkehrsminister Carlo Bernini; Unterzeichnung des Transitvertrages Österreich-Italien)

6.–7. 6.
Budapest
(Verkehrsminister Csaba Siklos; Industrieminister Peter Akos Bod)

30.–31. 8.
Bern
(Verkehrsminister Adolf Ogi; Vortrag über „Europäische Verkehrspolitik")

9. 9.
Bozen
(Verkehrsminister Carlo Bernini (I); Verkehrsminister Günther Krause (BRD); Internationales Brenner-Konsortium)

27. 9.
Straubing
(Vortrag beim Donauforum zu „Ein neues Europa – Herausforderung und Chance für die Donauschiffahrt")

5. 10.
Brüssel
(Arbeitsgespräch mit Verkehrsministerin Johanna Maij-Weggen (NL) Verkehrsminister Adolf Ogi (CH), EG-Verkehrskommissar Karel van Miert)

21. 10.
Luxemburg
(EG-Verkehrsministerrat)

30. 10.
Prag
(Pan-Europäische Verkehrskonferenz, Vertragsunterzeichnung internationaler kombinierter Transportstrecken)

7. 11.
Vaduz
(Gespräch mit Regierungschef Hans Brunhart, Vortrag zum EG-Transitverkehr beim Liechtensteiner Presseclub))

3. 12.
Brüssel
(Arbeitsgespräch mit Verkehrsminister Adolf Ogi (CH), Verkehrsministerin Johanna Maij-Weggen (NL), EG-Verkehrskommissar Karel van Miert betr. Vertragsunterzeichung EG-Transit)

Besuche der Frau Bundesministerin für Umwelt, Jugend und Familie im Jahre 1991

30. 5.
Bohunice, Bratislava
(Arbeitsgespräch mit slowakischem Umweltminister Ivan Tirpak)

19. 6.
Budapest
(Arbeitsgespräch mit ungarischem Umweltminister I. Kerestecz)

25. 8.–26. 8.
Dresden
(Vierer-Ministerkonferenz)

29. 9.–30. 9.
Frankfurt
(Welt-Kindergipfel, Generationenvertrag; Arbeitsgespräch mit Umweltminister Klaus Töpfer (BRD))

18.–19. 11.
Genf
(EG-EFTA Ministertreffen; Unterzeichnung VOC-Protokoll)

2.–3. 12.
Paris
(OECD-Ministertreffen; UNCED-Vorbereitung)

Besuche des Herrn Bundesministers für Unterricht und Kunst im Jahre 1991

8.–9. 2.
Prag
(Eröffnung der Milena Jesenska Ausstellung)

17. 2.
Osnabrück
(Eröffnung der Adolf Frohner-Ausstellung)

27. 2.–1. 3.
Prag

27.–28. 3.
Bratislava

18.–19. 4.
Frankfurt
(Österreichische Buchwoche)

31. 5.–4. 6.
Paris
(Eröffnung des Festival du Paris)

16. 6.
Basel
(Eröffnung der Kunstmesse)

30. 8.–1. 9.
(Matinee zum 200. Geburtstag von Giacomo Meyerbeer)

5.–6. 9.
Prag
(Österreichische Schule)

18.–20. 9.
Budapest
(in Begleitung des Herrn Bundeskanzlers)

20.–21. 9.
Bratislava
(4-er Ministertreffen: Tschechische und Slowakische Republiken, Ungarn, Österreich)

8.–10. 10.
Frankfurt
(Buchmesse)

14.–15. 11.
Brüssel
(Europäische Gemeinschaft)

Besuche des Herrn Bundesministers für wirtschaftliche Angelegenheiten im Jahre 1991

25. 1.
CSFR
(Stv. Ministerpräsident Vaclav Vales, Wirtschaftsminister Vladimir Dlouhy)

31. 1.–1. 2.
Brüssel
(Vizepräsident der EG-Kommission Andriessen, EG-Kommissare Leon Brittan (Wettbewerb), Cardoso e Cunha (Tourismus, Energie), Van Miert (Verkehr), Schmidhuber (Haushalt und Finanzkontrolle), belgischer Außenhandelsminister Urbain)

1. 2.
Den Haag
(Wirtschaftsminister Andriessen, Staatssekretär im Außenministerium für Integrationsfragen Dankert)

14. 2.
Luxemburg
(Außenminister Poos, Transportminister Goebbels, GD d. Luxemburgischen Währungsinstitutes, Jaans)

15. 2.
Oslo
(Außenminister Stoltenberg, Ministerin für Außenhandel und Schiffahrt Nordbö)

15. 2.
Stockholm
(Ministerin für Außenhandel Gradin, Finanzminister Larsson)

28. 2.
Bern
(Vorsteher des Eidgenössischen Volkswirtschaftsdepartments Delamuraz)

1.–2. 3.
Genf
(informelle EFTA-Ministertagung)

14. 3.
Rom
(Außenhandelsminister Ruggiero, Staatssekretär im Außenministerium Vitalone)

15. 3.
Helsinki
Minister für Handel und Industrie Suominen, Minister für Außenhandel Salolainen)

2. 5.
London
(Staatssekretär für Handel und Industrie P. Lilley, Europaminister Tristan Garel-Jones)

10.–12. 4.
Paris
(Außenhandelsminister Rausch, Minister für Wirtschaft und Finanzen Beregovoy, Europaministerin Guigou)

12. 4.
Bonn
(Bundeskanzler Helmut Kohl, Staatsminister für Europa im Auswärtigen Amt Sailer-Albrecht, Vertreter RWE)

24.–28. 4.
Madrid, Sevilla, Barcelona
(Präsident der spanischen Wirtschaftskammern Piera, Staatssekretär für span. EG-Fragen, Westendorp)

13.–14. 5.
Brüssel
(EFTA-EG-Ministertagung)

4.–5. 6.
Paris
(OECD-Ministerratstagung)

17.–18. 6.
Luxemburg
(EFTA-EG-Ministertagung)

8.–9. 9.
Helsinki
(informelle EFTA-Ministertagung)

1.–3. 10.
UdSSR
(Projekt AUSTROMIR; bilaterale Außenwirtschaftsgespräche mit UdSSR, RSFSR, Kasachstan: 1. Vizepremier Katschanow, stv. Vorsitzender des Ministerrates Gawrilow, Vizepräsident der Akademie der Wissenschaften, Welichow)

16.–18. 10.
Teheran
(2. Tagung der Gemischten Wirtschaftskommission; Industrieminister Nematzadeh, Außenminister Velayati, Schwerindustrieminister Nejadhosseinian)

21. 10.
Luxemburg
(EFTA-EG-Ministertreffen)

5.–6. 12.
BRD
(Gespräch über österreichische Zulieferungen)

10.–11. 12.
Genf
(EFTA-Ministertagung)

Besuche der Frau Staatssekretärin im Bundesministerium für wirtschaftliche Angelegenheiten im Jahre 1991

20. 2.
Mailand
(Pentagonale – Fremdenverkehrsminister; BIT ,91)

25. 2.
CSFR
(Finanzminister Karl Spacek; Wirtschaftsbeziehungen)

4. 3.
Berlin
(ITB)

28. 4.–29. 4.
Luxemburg
(EG-EFTA-Tourismuskonferenz)

2. 6.
Paris
(IEA)

14. 10.
Cesky Krumlov
(OECD/ILE ÖAR-Regionalberatung)

16. 10.–17. 10.
Noordwijk
(Konferenz „Improving seasonal spread of tourism")

8. 11.–16. 11.
Japan
(Österr. Tourismusdelegation)

Besuche aus dem Ausland

Besuche ausländischer Staatsoberhäupter im Jahre 1991

27.–28. 8.
Jordanien
König Hussein
(Arbeitsbesuch)

8.–10. 9.
Liechtenstein
Fürst Hans Adam von Liechtenstein
(Staatsbesuch)

17.–18. 10.
Ägypten
Präsident Hosni Mubarak
(Staatsbesuch)

Besuche ausländischer Regierungschefs im Jahre 1991 beim Herrn Bundeskanzler

22.–23. 5.
Luxemburg
(Offizieller Besuch von Ministerpräsident Santer)

23.–24. 5.
EFTA
(Gipfelkonferenz der Regierungschefs)

27.–29. 6.
UdSSR
(Ministerpräsident Pawlow)

26.–27. 8.
EG
Präsident Delors

Besuche ausländischer Fachminister und sonstiger leitender Persönlichkeiten im Jahre 1991 beim Herrn Vizekanzler und Bundesminister für Föderalismus und Verwaltungsreform (Bundesminister im Bundeskanzleramt)

25. 1.
Bulgarien
Außenminister Viktor Valkow

29. 1.
Italien
Landeshauptmann von Südtirol Luis Durnwalder

30. 1.
Jugoslawien
Präsident der Republik Kroatien Franjo Tudjman

20. 2.
Schweiz
Präsident des Schweizerischen Nationalrates Ulrich Bremi

13. 3.
Jugoslawien
Präsident der Republik Slowenien Milan Kucan

17. 3.
CSFR
Stv. Ministerpräsident Jan Carnogursky

8. 4.
CSFR
Ministerpräsident Petr Pithart

23. 4.
Indonesien
Außenminister Ali Alatas

23. 4.–2. 5.
Volksrepublik China
Studiendelegation leitender Verwaltungsbeamter

30. 4.
Spanien
Senatspräsident Juan José Laborda Martin

17. 5.
Polen
Staatsminister Jaroslav Kaczinski und Staatssekretär Slavomir Siwek

6. 6.
EG
EG-Kommissar für Regionalfragen Bruce Millan

6. 6.
Belgien
Belgische Wirtschaftsdelegation unter Leitung von Prinz Albert von Belgien

10. 6.
Italien
Regierungsdelegation der Region Veneto

Besuche ausländischer Fachminister und sonstiger leitender Persönlichkeiten im Jahre 1991 beim Herrn Staatssekretär für Föderalismus und Verwaltungsreform (Staatssekretär im Bundeskanzleramt)

3. 12.
Ungarn
Staatssekretär Geza Entz
(Arbeitsgespräch; Minderheitenfragen)

Besuche ausländischer Fachministern und sonstiger leitender Perönlichkeiten im Jahre 1991 beim Herrn Vizekanzler (ab Juli 1991) und Bundesminister für Wissenschaft und Forschung

4. 3.
Frankreich
Minister für Wissenschaft, Forschung und Technologie Hubert Curien
(OECD-Konferenz)

5. 4.
Polen
Delegation des Sejm, Abgeordneter Gil

10. 4.
CSFR
Ministerpräsident der Tschechischen Republik Petr Pithart

7. 5.
ESA
Generalsekretär Lüton

9.–11. 5.
Kroatien
Wissenschaftsminister Osman Muftic

2.–4. 6.
Polen
Erziehungsminister Robert Glebocki

2. 7.
EG
Vizepräsident der EG-Kommission Pandolfi

26. 7.
Slowenien
Ministerpräsident Lojze Peterle und Kulturminister Andrej Capuder

30. 7.
Schweden
Finanzminister Larson
Bulgarien
Finanzminister Kostov

16. 8.
Slowenien
Ministerpräsident Lojze Peterle
(Radkersburg)

2. 9.
Tibet
Dalai Lama

9. 9.
Kroatien
Minister Cesar
Bosnien-Herzegowina
Außenminister Haris Siladzic

10. 10.
Litauen
Vizekulturminister Aurimas Juozaitis

15. 10.
Polen
Privatisierungsminister Lewandowski

16. 10.
Ungarn
Minister für Bildung und Kultur, Bertalan Andrasvalvy

17. 10.
Tschechische Republik
Erziehungsminister Prof. Petr Vopenka

20.–21. 11.
EG
COST-Ministerkonferenz

25. 10.
Frankreich
Außenminister Roland Dumas

20.–21. 11.
COST-Ministerkonferenz
(Vorsitz)

22. 11.
CSFR
Außenminister Jiri Dienstbier

23. 11.
Kroatien
Außenminister Separovic

26. 11.
Albanien
Vizepremierminister Pashko

27. 11.
Slowakische Republik
1. stv. Ministerpräsident Porubjak, Privatisierungsminister Miklos

29. 11.
Thailand
Minister Sabhasi

30. 11.
Tschechische Republik
Minister Sabata

1. 12.
Jugoslawien, Kroatien
Jugoslawischer Staatspräsident Stipe Mesic, kroatischer Kulturminister Greguric
(Eröffnung kroatische Kulturwoche in Wien)

Besuche ausländischer Außenminister und sonstiger leitender Persönlichkeiten beim Herrn Bundesminister für auswärtige Angelegenheiten im Jahre 1991

22. 1
Slowenien
Ministerpräsident Lojze Peterle

25. 1.
Frankreich
Europaministerin Guigou
Bulgarien
Außenminister Viktor Walkov

29. 1.
Kroatien
Präsident Franjo Tudjman

30. 1.
Lettland
Außenminister Janis Jurkans

31. 1.
PLO
Außenminister Farouk Kaddoumi

26. 2.
Rumänien
Außenminister Nastase

27. 2.
Ungarn
Außenminister Jeszensky

4.–5. 3.
Rwanda
Außenminister Bizimungu

7. 3.
EG
Vizepräsident Bangemann

13. 3.
Slowenien
Präsident Kucan

19. 3.
Weißrußland
Außenminister P. Kravchanka

26. 3.
Bosnien-Herzegowina
Präsident A. Izetbegovic

8. 4.
CSFR
Ministerpräsident der Tschechischen Republik, Petr Pithart

12. 4.
Slowenien
Außenminister Dimitrij Rupel

23. 4.
Europäisches Parlament
Präsident Enrique Baron Crespo

23.–24. 4.
Indonesien
Außenminister Ali Alatas

22.–24. 4.
EFTA
Außenminister und Regierungschefs (Sonderministertreffen)

6.–7. 6.
Irland
Außenminister Gerard Collins

7. 6.
UdSSR
Ministerpräsident Pawlow

24.–25. 6.
EG-EFTA-Ministertreffen in Salzburg (EWR)

29. 6.
Kroatien
Außenminister Separovic

2. 7.
Slowenien
Parlamentspräsident Bucar

8.–9. 7.
Großbritannien
Europaminister Garel-Jones (Arbeitsbesuch)

9. 7.
Bulgarien
Vizepremierminister Tomov

19. 7.
Slowakische Republik
Ministerpräsident Jan Carnogursky

23. 7.
Schweiz
Außenminister R. Felber

29. 7.
St. Gilgen
Bundeskanzler Kohl

26. 8.
Slowenien
Außenminister Rupel

27. 8.
EG-Präsident Delors
Jordanien
König Hussein und Außenminister Nsour
(Forum Alpbach)

2. 9.
Nepal
Dalai Lama

3. 9.
Cap Verde
Außenminister J. C. Almeida

4. 9.
Montenegro
Ministerpräsident Milo Djukanovic und Außenminister Samardzic

9. 9.
Bosnien
Außenminister Haris Silajdzic

16. 9.
Australien
Außenminister G. Evans

2. 10.
Kroatien
Außenminister Separovic

3.–6. 10.
China
Außenminister Qian Qichen

11. 10.
Serbien
Außenminister Jovanovic

17. 10.
Ägypten
Präsident Mubarak

7. 11.
Litauen
Präsident Landsbergis

12.–14. 11.
Chile
Außenminister Silva Cimma

15. 11.
Frankreich
Außenminister Dumas

18. 11.
Mazedonien
Präsident Gligorov

21.–22. 11.
Iran
Außenminister Velayati

22. 11.
CSFR
Außenminister Dienstbier

23. 11.
Kroatien
Außenminister Separovic
Bosnien-Herzegowina
Präsident Izetbegovic und
Außenminister Silajdzic

12.–13. 12.
Albanien
Außenminister Kapllani

18.–19. 12.
Bulgarien
Außenminister St. Ganev

Besuche ausländischer Fachminister und sonstiger leitender Persönlichkeiten im Jahre 1991 bei der Frau Bundesministerin für Frauenangelegenheiten (Bundesministerin im Bundeskanzleramt)

25. 10.
Bundesrepublik Deutschland
Bundesministerin für Frauen und
Jugend Merkel

Besuche ausländischer Fachminister und sonstiger leitender Persönlichkeiten im Jahre 1991 beim Herrn Bundesminister für Gesundheit, Sport und Konsumentenschutz (Bundesminister im Bundeskanzleramt)

18. 9.
Ungarn
Minister Ernö Pungor (Präsident der ungarischen Atomenergiekommission und Präsident des Regierungsamtes für technische Entwicklung)

9.–11. 10.
Slowenien
Gesundheits- und Sozialministerin
Katja Boh, Arbeitsministerin Jozica Puhar

17. 10.
EG
EG-Kommissarin für soziale Angelegenheiten, Vasso Papandreou (Teilnahme Österreichs am Rahmenprogramm „Europa gegen Krebs")

29. 10.
Schweden
Delegation des National Board of Health and Welfare beim Bundeskanzleramt Abteilung I/A

18.–19. 11.
Bayern
Delegation des bayerischen
Landesgesundheitsrates

Besuche ausländischer Fachminister und sonstiger leitender Persönlichkeiten im Jahre 1991 beim Herrn Staatssekretär für Integration und Entwicklungszusammenarbeit (Staatssekretär im Bundeskanzleramt)

14. 1.
Albanien
Stv. Außenminister Sokrat Plaka

17. 1.
Australien
Senator Bronwyn Bishop

22. 1.
Slowenien
Ministerpräsident Lojze Peterle,
Außenminister Dimitrij Rupel

23. 1.
UNRWA
Commissioner-General Giacomelli

24. 1.
Frankreich
Europaministerin Elisabeth Guigou

26. 2.
Tansania
Stv. Außenminister A. O. Kinano

27. 2.
Nikaragua
Stv. Außenminister Ernesto Leal

6. 3.
Serbien
Stv. Ministerpräsident Slobodan
Prohaska

13. 3.
Rumänien
Stv. Ministerpräsident und Minister für
Industrie und Handel Vatasescu

15. 3.
Vereinte Nationen
Untergeneralsekretär Blanca

11. 4.
Slowenien
Außenminister Dimitrij Rupel

12. 4.
UNRWA
Commissioner-General Ilter Türkmen

23. 4.
Europäisches Parlament
Präsident Enrique Baron Crespo

22. 5.
EFTA-Ministertagung in Wien

31. 5.
Uganda
Stv. Ministerpräsident Eriya
T. Kategaya

10. 6.
Großbritannien
Generalsekretär im Außenministerium
Sir David Gillmore
Italien
Präsidentin der Abgeordnetenkammer
Iotti

12. 6.
Mazedonien
Parlamentspräsident Stojan Andov

17. 6.
Slowenien
Außenminister Dimitrij Rupel

19. 6.
Senegal
Kulturminister

28. 6.
Bulgarien
Finanzminister Ivan Kostov

1. 7.
Uganda
Transportminister Ruhakanka-Rugunda

2. 7.
Nikaragua
Minister für technische
Zusammenarbeit Erwin Krüger

9. 7.
Großbritannien
Europaminister Tristan Garel Jones

11. 7.
Australien
Parlamentarierdelegation

12. 7.
Bulgarien
Stv. Ministerpräsident, Wirtschafts- und
Industrieminister

3. 9.
Kap Verde
Außenminister Almeida Fonseca

16. 9.
Jemen
Minister für Elektrizität und
Wasserversorgung

23. 9.
UN-Bevölkerungsfonds
Generalsekretär Kitatani

26. 9.
Irland
Europaministerin Maire
Geoghegan-Quinn

16. 10.
EG
Kommissarin Vasso Papandreou

12. 11.
Chile
Außenminister Enrique Silva Cimma

19. 11.
Portugal
Staatssekretär für Angelegenheiten der
Entwicklungshilfe, Durao Barroso

21. 11.
Namibia
Stv. Industrieminister Wietersheim
Sudan
Minister für Industrie
Nepal
Minister für Industrie, Dhundi Raj
Shastri
Jemen
Minister für Industrie Al-Atari

22. 11.
CSFR
Außenminister Jiri Dienstbier

Besuche ausländischer Fachminister und sonstiger leitender Persönlichkeiten im Jahre 1991 beim Herrn Bundesminister für Arbeit und Soziales

15. 1.
UdSSR
Arbeitsminister Vladimir Tscherbakow

13. 3.
Slowakische Republik
Minister für Arbeit und Soziales
Stanislaus Nowak

19. 3.
Türkei
Ministerin für Arbeit und Soziales
Imren Eykut

12. 6.
Ungarn
Wirtschaftsminister Bela Kadar

23. 6.
Polen
Sozialminister Michal Boni

3. 7.
Schweiz
Sozial-Dir. Klaus Hug

3. 9.
UdSSR
Berater des russischen Präsidenten
Walerij Burkow

11. 10.
Slowenien
Arbeitsministerin Buhon, Gesundheits- und Sozialministerin Katja Boh

5. 11.
Zypern
Sozialminister Iacovos Aristidou
(Unterzeichnung eines Abkommens für soziale Sicherheit)

18. 11.
ILO
(Gen. Dir. Stv. Heribert Maier)

Besuche ausländischer Fachminister und sonstiger leitender Persönlichkeiten im Jahre 1991 beim Herrn Bundesminister für Finanzen

---

25. 2.
CSFR
Finanzminister Spacek, Vizeminister Gruber

4. 3.
UdSSR
Stv. Finanzminister Sitnin,
Finanzminister Lasajev

4. 3.
Rumänien
Finanz- und Wirtschaftsminister Dijmarescu

24. 5.
EG
Kommissar Christopherson

20. 6.
Slowenien
Finanzminister Sesok

28.–29. 7.
Schweden
Finanzminister Larsson

30. 7.–1. 8.
Bulgarien
Finanzminister Kostov

26.–27. 9.
Europäische Kommission
EG-Steuer-Kommissarin Scrivener

28. 10.
UdSSR
Finanzminister Raevskiy

27. 11.
Albanien
Außenhandelsminister Cabiri

Besuche ausländischer Fachminister und sonstiger leitender Persönlichkeiten im Jahre 1991 beim Herrn Bundesminister für Inneres

---

24.–25. 1.
Europarat
Ministerkonferenz über Ost-West-Wanderung

21. 3.
Republik Slowenien
Innenminister Igor Bavcar

3. 4.
CSFR
Innenminister Jan Langos

26. 9.
Belgien
Parlamentarierdelegation

16.–18. 10.
Slowenien
Innenminister Igor Bavcar
Ungarn
Minister Andras Galszecsy
Politischer Staatsekretär Istvan Morvay
UdSSR
1. Stv. Vorsitzender des Komitees für Staatssicherheit,
A. A. Oleinikow
CSFR
Vizeministerin Petruska Sustrova
Sozialminister der Tschechischen Republik Milan Horalek
Forum Sicheres Österreich

24.–26. 11.
UdSSR
Innenminister Viktor Barranikow

11. 12.
Ungarn
Innenminister Peter Boross, Minister Andras Galszecsy

Besuche ausländischer Fachminister und sonstiger leitender Persönlichkeiten im Jahre 1991 beim Herrn Bundesminister für Justiz

30. 1
Kroatien
Stv. Premierminister Milan Ramljak

12. 2.
Iran
Parlamentarierdelegation unter Leitung von 1. stv. Parlamentspräsident Hojatol Eslam Bayat Asadollah,
Vizejustizminister Mohammed Djafar Montazeri

11.–13. 3.
Ungarn
Delegation von Rechtsexperten

9.–10. 4.
Tschechische Republik
Delegation von Rechtsexperten unter Leitung von Vizejustizminister Milan Havlis

17.–20. 4.
3. Europatage des Notariats in Salzburg

5.–8. 5.
Ungarn
Delegation unter Leitung von Generalprokurator Kalman György

16.–17. 5.
Ungarn
Delegation der Generalstaatsanwaltschaft

6. 6.
EG
Präsident des EuGH, Ole Due

7. 6.
Neuseeland
Justizminister Douglas Arthur Montrose Graham und Vizejustizminister Mel P. Smith

13. 6.
Slowenien
Justizminister Rajko Pirnat

27. 6.
Mecklenburg-Vorpommern
Justizminister Ulrich Born

27. 6.
Australien
Justizminister Joe Berinson, Präsident des westaustralischen OGH, Justice Malcolm

2. 7.
Rußland
Justizminister Nikolaj Fjodorow

8. 7.
Slowakische Republik
Justizminister Marian Posluch

5. 8.
Albanien
Justizminister Shefget Muci

14.–25. 9.
Rußland
Stv. Justizminister Wieceslaw F. Prosarov

26. 9.
Frankreich
Präsident des Kassationshofes, Pierre Drai und Generalprokurator der französischen Republik, Pierre Bezio

24. 10.
Rußland
Stv. Justizministerin Svetlana Tetjuk

12.–14. 11
Fachkonferenz des Europarates (Gerichtsorganisation)

25. 11.
Argentinien
Justizminister Leon Carlos Arslanian

Besuche ausländischer Fachminister und sonstiger leitender Persönlichkeiten im Jahre 1991 beim Herrn Bundesminister für Landesverteidigung

17. 5.
Rumänien
Verteidigungsminister

21.–22. 10
Frankreich
Verteidigungsminister Pierre Joxe

27. 11.
CSFR
Verteidigungsminister S. E. Lubos Dobrovsky
(Arbeitstreffen in Allentsteig)

Besuche ausländischer Fachminister und sonstiger leitender Persönlichkeiten im Jahre 1991 beim Herrn Bundesminister für Land- und Forstwirtschaft

29. 5.
Ungarn
Landwirtschaftsminister Elemér Gergatz

11.–12. 9.
Slowakische Republik
Minister für Land- und Forstwirtschaft Viliam Oberhauser

29.–31. 10.
Niederlande
Landwirtschaftsminister Peter Bukman

20. 11.
Luxemburg
Landwirtschaftsminister René Steichen

Besuche ausländischer Fachminister und sonstiger leitender Persönlichkeiten im Jahre 1991 beim Herrn Bundesminister für öffentliche Wirtschaft und Verkehr

7. 3.
Niedersachsen
Umweltministerin Monika Griefahn

11.–12. 4.
Schweiz, BRD, Italien, Luxemburg
Verkehrsminister Adolf Ogi, Günther Krause, Carlo Bernini, Robert Goebbels, EG-Verkehrskommissar Karel van Miert

15. 4.
CSFR
Föderalismusminister für Verkehr Jiri Nesval

12. 6.
Ungarn
Wirtschaftsminister Bela Kadar

14. 6.
Luxemburg
Verkehrsminister Robert Goebbels
EG-Kommissar Karel van Miert

29. 6.
UdSSR
Ministerpräsident Valentin S. Pawlow

22. 7.
Niederlande
Verkehrsministerin und Vorsitzende des EG-Verkehrsministerrates Johanna Maij-Weggen

20. 9.
CSFR
Minister für Wirtschaftspolitik und Entwicklung Karel Dyba

13. 11.
BRD
Verkehrsminister für Verkehr Günther Krause

19. 11.
Iran
Industrieminister Reza Nematzadeh

19. 11.
Äthiopien
Industrieminister Bekele Tadesse

20. 11.
Syrien
Minister für Industrie Antoun Jebran

21. 11.
Iran
Außenminister Ali Akbar Velayati

27. 11.
Albanien
Minister für Außenwirtschaftsbeziehungen Yilli Cabiri,
Stv. Ministerpräsident und Wirtschaftsminister Gramoz Pashko,
Finanzminister Genz Ruli

16.–18. 12.
CSFR
Minister für Post- und Telekommunikation Emil Ehrenberger

Besuche ausländischer Fachminister und sonstiger leitender Persönlichkeiten im Jahre 1991 bei der Frau Bundesministerin für Umwelt, Jugend und Familie

10. 4.
BRD
Umweltstaatssekretär Bernd Schmidbauer

29. 4.
UdSSR
Delegation unter Leitung von Vizeminister Koslow; (Unterzeichnung des öst.-sowjetischen Arbeitsvertrages)

5. 6.
VN
Aga Khan
(Alpenschutz-Konvention in Ebensee/Feuerkogel)

11. 6.
Tschechische Republik
Umweltminister Ivan Dejmal

12. 6.
EG
Generaldirektor Laurenz Jan Brinhorst

13. 6.
World Environment Center
(Konferenz)

17. 6.
Slowenien
Umweltminister Miha Tomsic
(Arbeitsgespräch in Graz)

9. 7.
BRD
Umweltminister Prof. Klaus Töpfer

13. 9.
UdSSR
Delegation von Wissenschaftern und Betroffenen aus Tschernobyl

25. 10.
BRD
Jugendministerin Merkel

30.–31. 10.
EG
(Enquete in Salzburg)

6.–7. 11.
Internationale Alpenschutz-Konvention
(Salzburg)

18. 11.
Slowakische Republik
Slowakisches Umweltforum

25. 11.
BRD
Umweltstaatssekretär Bernd Schmidbauer
(Verpackungs-Enquete)

29. 11.
UNCED
Enquete mit Generalsekretär M. Strong, Direktor des UNCED-Sekretariates in Genf, Peter Sand

Besuch ausländischer Fachminister und sonstiger leitender Persönlichkeiten im Jahre 1991 beim Herrn Bundesminister für Unterricht und Kunst

18.–21. 2.
Bulgarien
Kulturminister Dimo Dimov

24.–28. 4.
Schweden
Unterrichtsminister Göran Persson

17.–19. 4.
Prag
Vizekulturminister Jindrich Kabat

17.–20. 6.
Senegal
Kulturminister Moustapha Ka

8. 7.
Slowakische Republik/CSFR
Vizekulturminister Kornel Földvary

25.–28. 7.
Tschechische Republik/CSFR
Kulturminister Milan Uhde
(Salzburger Festspiele)

23.–27. 9.
Albanien
Staatssekretär für Bildung Paskal Milo

30. 9.–7. 10.
Bulgarien
Vizeminister für Kultur, Ivaylo Znepolski, und Ivan Marasov

16.–17. 10.
Europarat
17. Erziehungsministerkonferenz

11. 11.
UNESCO
Generaldirektor Frederico Mayor

27.–29. 11.
Ägypten
Kulturminister Farouk Hosny
(ägyptische Kulturwoche in Wien)

4.–8. 12.
Ukraine
Kulturministerin Larissa Horolec

Besuche ausländischer Fachminister und sonstiger leitender Persönlichkeiten im Jahre 1991 beim Herrn Bundesminister für wirtschaftliche Angelegenheiten

18. 3.
CSFR
Minister für Wirtschaftspolitik und Entwicklung, Karel Dyba

25. 3.
Norwegen
Parlamentsabgeordnete Kaci Kullmann-Five
(Wirtschaftsfragen und Teilnahme am „Runden Tisch Europa")

26. 3.
Jugoslawien
Präsident der Rep. Bosnien-Herzegowina, Alija Izetbegovic

3. 5.
CSFR
Außenhandelsminister Jozef Baksay

7. 5.
UdSSR
Vizebürgermeister der Stadt Moskau Stankjewitsch

22.–24. 5.
EFTA
Tagung der Minister und Regierungschefs in Wien

24. 5.
Rumänien
Staatsminister für Wirtschaft und Finanzen und Vizepremier Eugen Dijmarescu

27. 5.
UdSSR
Vizeminister für Außenwirtschaftsbeziehungen Rachimbajew
(Zwischensessionstagung der Gemischten Kommission)

6. 6.
Belgien
Wirtschaftskommission unter Leitung von Prinz Albert von Sachsen-Coburg-Gotha und Außenhandelsminister Urbain

7. 6.
Ungarn
Minister für internationale Wirtschaftsbeziehungen Béla Kadar

10. 6.
USA
Handelsminister Mosbacher
(Konferenz „American Business Opportunities in the Danube Basin")

11. 6.
Rumänien
Minister für Handel und Tourismus Konstantin Fota

24.–25. 6. /
EG-EFTA
Ministerkonferenz in Salzburg

27. 6.
UdSSR
Ministerpräsident Pawlow

12. 7.
Bulgarien
Vizepremierminister Ludjev und Minister für Industrie, Handel und Dienstleistungen, Ivan Pouchkarov

29. 7.
Schweden
Finanzminister Johannson

29. 8.
Bulgarien
Verkehrs- und Transportminister Weselin Pawlov

13. 9.
BRD, Schweiz
Bundesminister für Wirtschaft Jürgen Möllemann, Vorsteher des Volkswirtschaftsdepartments, Bundesrat Jean-Pascal Delamuraz (15. Dreiertreffen der Wirtschaftsminister)

14.–15. 9.
BRD, Schweiz, CSFR, Polen, Ungarn
Bundesminister für Wirtschaft Jürgen Möllemann, Vorsteher des Volkswirtschaftsdepartments, Bundesrat Jean-Pascal Delamuraz, Minister für wirtschaftl. Angelegenheiten Vladimir Dloughy, Minister für wirtschaftliche Zusammenarbeit mit dem Ausland, Adriusz Ledworowski, Minister für internationale Wirtschaftsbeziehungen Béla Kadar (Sechsministertreffen, Möglichkeiten der wirtschaftlichen Zusammenarbeit mit den drei Reformstaaten CSFR, Polen, Ungarn im Hinblick auf ihre speziellen Bedürfnisse)

16. 9.
Slowenien
Minister für Energie Miha Tomsic und Minister für Wirtschaft, Vizepräsident Andrej Ocvirk

17. 9.
Frankreich
Ehem. Staatsminister für Wirtschaft, Finanzen und Privatisierung, Edouard Balladour

10. 10.
Saudi-Arabien
Stv. Außenminister mit Zuständigkeitsbereich Außenhandel und Kultur, Mamoun Kurdi

13.–14. 10.
BRD, Schweiz
Bundesminister für Wirtschaft Jürgen Möllemann, Vorsteher des Volkswirtschaftsdepartements, Bundesrat Jean-Pascal Delamuraz (Dreiertreffen der Wirtschaftsminister in Salzburg)

24. 10.
UdSSR
Minister für die Versorgung von Kasachstan, Amangeldy Bektemissow

6. 11.
BRD
Präsidentin der Treuhandanstalt Berlin, Birgit Breuel

18. 11.
UdSSR
Ukrainischer Energieminister Vitaly F. Sklarov

19. 11.
Syrien
Industrieminister Antoun Jebran

19. 11.
Jemen
Industrieminister Dr. Mohamed Saeed Al-Attar

19. 11.
Iran
Industrieminister Nematzadeh

19. 11.
Republik Zypern
Handels- und Industrieminister Takis Nemitsas

19. 11.
Nigeria
Industrieminister Yahaya

20. 11.
China
Vizeminister für Außenwirtschaft und Außenhandel, Tong Zhi Guang

22. 11.
Iran
Außenminister Velayati

25. 11.
Albanien
Vizepremier Pashko, Finanzminister Ruli, Minister für Außenwirtschaftsbeziehungen Cabiri

Besuche ausländischer Fachminister und sonstiger leitender Persönlichkeiten im Jahre 1991 bei der Frau Staatssekretärin im Bundesministerium für wirtschaftliche Angelegenheiten

12. 3.
Rumänien
Staatsminister für Handel und Industrie Vatasescu
(Ausbau der Handelsbeziehungen, selbstfinanzierende Projekte im Tourismusbereich)

7. 5.
CSFR
Finanzminister Karel Spacek, Ministerpräsident Peter Pithart, Vizeinnenminister Jaroslav Krollupo, Delegation des slowakischen Innenministeriums unter Leitung von Direktor Dusan Paulen

19. 6.
Dänemark
Parlamentarierdelegation

19. 9.
Bulgarien
Außenminister Atanas Paparisov

21. 11.
Sudan
Industrieminister Tag Elsir Moustafa
(Vertiefung der Wirtschaftsbeziehungen)

11. 12.
Rumänien
Staatssekretär für Außenwirtschaftsbeziehungen Napoleon Pop
(Unterzeichnung des neuen Abkommens über Außenwirtschaftsbeziehungen)

Österreich und die Staatenwelt

Stand: 31. 12. 1991

Österreich unterhält zu 153 Staaten diplomatische Beziehungen (D). Mit 1 Staat bestehen keine diplomatischen, aber konsularische Beziehungen (K), mit 13 Staaten auch keine konsularischen, aber sonstige zwischenstaatliche Beziehungen (S).

Staaten	UNO-Beitritt	Beziehungen zu Österreich	Österr. Botschaft	Botschaft in Wien	Außenhandelsstellen
Afghanistan	19. 11. 1946	D	●	■	
Ägypten	24. 10. 1945	D	●	■	○
Albanien	14. 12. 1955	D	●[1])	■	
Algerien	8. 10. 1962	D	●	■	○
Angola	1. 12. 1976	D			
Antigua u. Barbuda	11. 11. 1981	D			
Äquatorialguinea	12. 11. 1968	D			
Argentinien	24. 10. 1945	D	●	■	○
Äthiopien	13. 11. 1945	D	●		
Australien	1. 11. 1945	D	●	■	○
Bahamas	18. 9. 1973	D			
Bahrain	21. 9. 1971	D			
Bangladesch	17. 9. 1974	D			
Barbados	9. 12. 1966	D			
Belgien	27. 12. 1945	D	●	■	○
Belize	25. 9. 1981	D			
Benin	20. 9. 1960	D			
Bhutan	21. 9. 1971	D			
Bolivien	14. 11. 1945	D		■	
Botswana	17. 10. 1966	D			
Brasilien	24. 10. 1945	D	●	■	○
Brunei	21. 9. 1984	D			
Bulgarien	14. 12. 1955	D	●	■	○
Burkina Faso	20. 9. 1960	D			
Burundi	18. 9. 1962	D			
Chile	24. 10. 1945	D	●	■	○
China	24. 10. 1945	D	●	■	○
Costa Rica	2. 11. 1945	D		■	
Côte d'Ivoire	24. 9. 1960	D	●		○
Dänemark	24. 10. 1945	D	●	■	○
Deutschland, Bundesrep.	18. 9. 1973	D	●	■	○
Dominica	18. 12. 1978	S			

[1]) mit Sitz in Wien

Staaten	UNO-Beitritt	Beziehungen zu Österreich	Österr. Botschaft	Botschaft in Wien	Außenhandelsstellen
Dominikanische Rep.	24. 10. 1945	D			
Dschibuti	20. 9. 1977	D			
Ecuador	21. 12. 1945	D		■	
El Salvador	24. 10. 1945	D			
Estland	17. 9. 1991	D			
Fidschi	13. 10. 1970	S			
Finnland	14. 12. 1955	D	●	■	○
Frankreich	24. 10. 1945	D	●	■	○
Gabun	20. 9. 1960	D			
Gambia	21. 9. 1965	D			
Ghana	8. 3. 1957	D			
Grenada	17. 9. 1974	D			
Griechenland	25. 10. 1945	D	●	■	○
Großbritannien u. Nordirland, Vereinigtes Königreich v.	24. 10. 1945	D	●	■	○
Guatemala	21. 11. 1945	D			○
Guinea	12. 12. 1958	D			
Guinea-Bissau	17. 9. 1974	D			
Guyana	20. 9. 1966	D			
Haiti	24. 10. 1945	D			
Heiliger Stuhl	–	D	●	■	
Honduras	17. 12. 1945	D			
Indien	30. 10. 1945	D	●	■	○
Indonesien	28. 9. 1950	D	●	■	○
Irak	21. 12. 1945	D	●	■	○
Iran	24. 10. 1945	D	●	■	○
Irland	14. 12. 1955	D	●	■	○
Island	19. 11. 1946	D			
Israel	11. 5. 1949	D	●	■	○
Italien	14. 12. 1955	D	●	■	○
Jamaika	18. 9. 1966	D			
Japan	18. 12. 1956	D	●	■	○
Jemen	22. 5. 1990	D		■	
Jordanien	14. 12. 1955	D	●		○
Jugoslawien	24. 10. 1945	D	●	■	○

Staaten	UNO-Beitritt	Beziehungen zu Österreich	Österr. Botschaft	Botschaft in Wien	Außenhandelsstellen
Kambodscha[2])	14. 12. 1955	D			
Kamerun	20. 9. 1960	D			
Kanada	9. 11. 1945	D	●	■	○
Kap Verde	16. 9. 1975	D			
Katar	21. 9. 1971	D		■	
Kenia	16. 12. 1963	D	●		○
Kiribati	–	S			
Kolumbien	5. 11. 1945	D	●	■	○
Komoren	12. 11. 1975	S			
Kongo	20. 9. 1960	D			
Korea, Rep.	17. 9. 1991	D	●	■	○
Korean. Dem. Volksrep.	17. 9. 1991	D		■	
Kuba	24. 10. 1945	D	●	■	
Kuwait	14. 5. 1963	D	●	■	○
Laos	14. 12. 1955	D			
Lesotho	17. 10. 1966	D			
Lettland	17. 9. 1991	D			
Libanon	24. 10. 1945	D	●	■	○
Liberia	2. 11. 1945	D			
Libysch-Arabische Dschamahirija	14. 12. 1955	D	●	■	○
Liechtenstein	18. 9. 1990	D			
Litauen	17. 9. 1991	D			
Luxemburg	24. 10. 1945	D	●	■	
Madagaskar	20. 9. 1960	D			
Malawi	1. 12. 1964	D			
Malaysia	17. 9. 1957	D	●	■	○
Malediven	21. 9. 1965	D			
Mali	28. 9. 1960	D			
Malta	1. 12. 1964	D			
Malteser Ritterorden (Souveräner)		D	●	■	
Marokko	12. 11. 1956	D	●	■	○
Marschallinseln	17. 9. 1991				
Mauretanien	27. 10. 1961	D			
Mauritius	24. 4. 1968	D			
Mexiko	7. 11. 1945	D	●	■	○
Mikronesien	17. 9. 1991				
Monaco	–	K			
Mongolei	27. 10. 1961	D			

[2]) derzeit nicht aktiviert

Staaten	UNO-Beitritt	Beziehungen zu Österreich	Österr. Botschaft	Botschaft in Wien	Außenhandelsstellen
Mosambik	16. 9. 1975	D			
Myanmar	19. 4. 1948	D			
Namibia	24. 4. 1990	D			
Nauru	–	S			
Nepal	14. 12. 1955	D			
Neuseeland	24. 10. 1945	D		■	○
Nicaragua	24. 10. 1945	D		■	
Niederlande	10. 12. 1945	D	●	■	○
Niger	20. 9. 1960	D			
Nigeria	7. 10. 1960	D	●	■	○
Norwegen	27. 11. 1945	D	●	■	○
Oman	7. 10. 1971	D	●	■	
Pakistan	30. 9. 1947	D	●	■	○
Panama	13. 11. 1945	D		■	
Papua-Neuguinea	10. 10. 1975	D			
Paraguay	24. 10. 1945	D		■	
Peru	31. 10. 1945	D	●	■	○
Philippinen	24. 10. 1945	D	●	■	○
Polen	24. 10. 1945	D	●	■	○
Portugal	14. 12. 1955	D	●	■	○
Rumänien	14. 12. 1955	D	●	■	○
Rußland	–	D	●	■	○
Rwanda	18. 9. 1962	D			
Salomon-Inseln	19. 9. 1978	S			
Sambia	1. 12. 1964	D			
Samoa	15. 12. 1976	S			
San Marino	–	D		■	
Sankt Kitts und Nevis	23. 9. 1983	S			
Sankt Lucia	18. 9. 1979	S			
Sankt Vincent u. d. Grenadinen	16. 9. 1980	D			
São Tomé u. Principe	16. 9. 1975	S			
Saudi-Arabien	24. 10. 1945	D	●	■	○
Schweden	19. 11. 1946	D	●	■	○
Schweiz	–	D	●	■	○
Senegal	28. 9. 1960	D	●		
Seychellen	21. 9. 1976	D			
Sierra Leone	27. 9. 1961	D			
Simbabwe	25. 8. 1980	D	●		○
Singapur	21. 9. 1965	D	●[3]		○

[3]) untersteht der Botschaft Bangkok

Staaten	UNO-Beitritt	Beziehungen zu Österreich	Österr. Botschaft	Botschaft in Wien	Außenhandelsstellen
Slowenien	–				○
Somalia	20. 9. 1960	D			
Spanien	14. 12. 1955	D	●	■	○
Sri Lanka	14. 12. 1955	D			
Südafrika	7. 11. 1945	D	●	■	○
Sudan	12. 11. 1956	D		■	
Suriname	4. 12. 1975	D			
Swasiland	24. 9. 1968	D			
Syrien	24. 10. 1945	D	●		○
Tansania	14. 12. 1961	D			
Thailand	16. 12. 1946	D	●	■	○
Togo	20. 9. 1960	D			
Tonga	–	S			
Trinidad u. Tobago	18. 9. 1962	D			
Tschad	20. 9. 1960	S			
Tschechoslowakei	24. 10. 1945	D	●	■	○
Tunesien	12. 11. 1956	D	●	■	○
Türkei	24. 10. 1945	D	●	■	○
Tuvalu	–	S			
Uganda	25. 10. 1962	D			
Ukraine	–	K			
Ungarn	14. 12. 1955	D	●	■	○
Uruguay	18. 12. 1945	D		■	
Vanuatu	15. 9. 1981	D			
Venezuela	15. 11. 1945	D	●	■	○
Vereinigte Arabische Emirate	9. 12. 1971	D		■	○
Vereinigte Staaten von Amerika	24. 10. 1945	D	●	■	○
Vietnam	20. 9. 1977	D		■	
Weißrußland	–	S			
Zaire	20. 9. 1960	D	●	■	
Zentralafrikanische Rep.	20. 9. 1960	D			
Zypern	20. 9. 1960	D			

Chronik der in Wien akkreditierten ausländischen Botschafter

Stand 19. 12. 1991

Landeskurzform	Botschafter	Überreichungsdatum
Heiliger Stuhl	S. E. Msgr. DDr. Donato Squicciarini	18. 9. 1989
Panama	S. E. Herr Ernesto Koref	20. 5. 1980
Malteser Ritterorden	S. E. Baron Gioacchino Malfatti di Montetretto	16. 5. 1983
Lesotho	S. E. Herr Reginald Mokheseng Tekateka	9. 6. 1983
Kap Verde	S. E. Herr Antonio Rodrigues Pires	21. 12. 1983
Kuwait	S. E. Herr Abdul-Hamid Abdullah Al-Awadhi	21. 2. 1985
Kamerun	S. E. Herr Jean Melaga	18. 6. 1985
Ver. Arab. Emirate	S. E. Herr Abdul Aziz Al Owais	2. 9. 1985
Philippinen	S. E. Herr Nelson D. Lavina	5. 9. 1986
Portugal	S. E. Herr Dr. Carlos Macieira Ary-dos-Santos	25. 9. 1986
Liberia	S. E. Herr Nathaniel Eastman	26. 11. 1986
Saudi-Arabien	S. E. Herr Essa A. Al Nowaiser	3. 9. 1987
Italien	S. E. Dr. Alessandro Quaroni	14. 12. 1987
Australien	S. E. Herr Michael John Wilson	17. 5. 1988
Koreanische DVR	S. E. Herr Pak Si Ung	17. 6. 1988
Guyana	S. E. Herr James Henry Edward Matheson	17. 6. 1988
Sri Lanka	I. E. Frau Irangani Manel Abeysekera	21. 10. 1988
Katar	S. E. Herr Jasim Yousof Jamal	8. 11. 1988
Südafrika	I. E. Frau Cecilia Johanna Schmidt	5. 12. 1988
Costa Rica	S. E. Herr o. Univ.-Prof. Dr. Manuel A. Constenla	5. 12. 1988
Schweden	S. E. Herr Curt S. H. Lidgard	5. 12. 1988
Mauretanien	S. E. Herr Dr. Youssouf Diagana	11. 1. 1989
Ecuador	S. E. Herr Jorge E. Pareja Cucalón	15. 3. 1989
Korea, Republik	S. E. Herr Chang-Choon Lee	12. 5. 1989
Uruguay	S. E. Herr Dr. José D. Lissidini	12. 5. 1989
Großbritannien	S. E. Herr Brian Lee Crowe	2. 6. 1989
Luxemburg	S. E. Herr Jacques Reuter	20. 6. 1989
Tunesien	S. E. Herr Habib Ammar	20. 6. 1989
Ghana	S. E. Herr Kojo Amoo-Gottfried	11. 7. 1989
Uganda	I. E. Frau Freda Lule Blick	11. 7. 1989
Türkei	S. E. Herr Ayhan Kamel	25. 7. 1989
Japan	S. E. Herr Kazutoshi Hasegawa	8. 9. 1989
Irak	S. E. Herr Dr. Rahim Abid Alkital	8. 9. 1989
Belgien	S. E. le Vicomte Georges Vilain XIIII	18. 9. 1989
San Marino	S. E. Herr Giovanni Vito Marcucci	18. 9. 1989
Algerien	S. E. Herr Ahmed Amine Kherbi	12. 10. 1989
Island	S. E. Herr Hjalmar W. Hannesson	12. 10. 1989
China	S. E. Herr Hu Benyao	16. 11. 1989
Tansania	S. E. Herr James L. Kateka	16. 11. 1989
Sierra Leone	S. E. Herr Dauda Sulaiman Kamara	16. 11. 1989

Landeskurzform	Botschafter	Überreichungsdatum
Jamaika	S. E. Herr Lloyd Melville Harcourt Barnett	28.11.1989
Kenia	S. E. Herr Vincent John Ogutu-Obare	28.11.1989
Bulgarien	S. E. Herr Dr. Toschko Iliev Toschkov	9. 1.1990
Argentinien	S. E. Herr Dr. Jorge Alberto Taiana	9. 1.1990
Indonesien	S. E. Herr Johannes Petrus Louhanapessy	6. 2.1990
Zaire	S. E. Herr Bokonga Ekanga Botombele	6. 2.1990
Mosambik	I. E. Frau Frances Victoria Velho Rodrigues	27. 2.1990
Jugoslawien	S. E. Herr Dr. Ivan Brnelic	23. 3.1990
Rumänien	S. E. Herr Constantin Georgescu	10. 4.1990
Tschechoslowakei	I. E. Frau Magdaléna Vásáryová	10. 4.1990
Bolivien	S. E. Herr Dr. A. Gastón Ponce Caballero	26. 4.1990
Mexiko	S. E. Herr Eugenio Anguiano Roch	1. 6.1990
Chile	S. E. Herr Hernan Gutiérrez Leyton	1. 6.1990
Somalia	S. E. Herr Dr. Hassan Abshir Farah	20. 6.1990
Trinidad und Tobago	S. E. Herr Rabindranath J. Permanand	20. 6.1990
Myanmar	S. E. Herr Win Aung	18. 7.1990
Mali	S. E. Herr Modibo Keita	18. 7.1990
Oman	S. E. Herr Mohammed bin Yousuf bin Qassim Al-Zarafy	11. 9.1990
Kanada	S. E. Herr Edward Graham Lee	11. 9.1990
Vereinigte Staaten	S. E. Herr Roy Michael Huffington	11. 9.1990
Sowjetunion	S. E. Herr Valerij N. Popow	20. 9.1990
Polen	S. E. Herr Prof. Dr. h. c. Wladyslav Bartoszewski	20. 9.1990
Libanon	S. E. Herr Fawzi Salloukh	20. 9.1990
Norwegen	S. E. Herr Kaare Daehlen	27. 9.1990
Ungarn	S. E. Herr Prof. Dr. Dénes Hunkár	27. 9.1990
Nicaragua	S. E. Herr Dr. Humberto Carrión McDonough	23.10.1990
Zypern	S. E. Herr Andreas Jacovides	23.10.1990
Singapur	S. E. Herr Tony Kemal Siddique	23.10.1990
Niederlande	S. E. Herr Enrik C. H. A. Plug	21.11.1990
Äthiopien	I. E. Frau Kongit Sinegiorgis	21.11.1990
Jemen	S. E. Herr Dr. Said Sharaf Badr Muqbil	11.12.1990
Niger	S. E. Herr Adamou Zada	11.12.1990
Mongolei	S. E. Herr Delgerdalain Schambaschanzan	11.12.1990
Thailand	S. E. Herr Somboon Sangiambut	19.12.1990
Schweiz	S. E. Herr Francois Pictet	19.12.1990
Deutschland, BR	S. E. Herr Dr. Philipp Jenninger	24. 1.1991
Benin	S. E. Herr Saturnin K. Soglo	21. 2.1991
El Salvador	S. E. Herr José Saguer Saprissa	21. 2.1991
Kolumbien	S. E. Herr Dr. Alfonso Gómez Mendez	21. 3.1991
Malta	S. E. Herr Richard G. Lapira	21. 3.1991
Bangladesch	S. E. Herr Mohammad Anwar Hussain	21. 3.1991
Jordanien	S. E. Herr Dr. Akram Zaki Barakat	18. 4.1991
Barbados	S. E. Herr Rashid Orlando Marville	18. 4.1991
Nigeria	S. E. Herr Simeon Adewale Adekanye	20. 6.1991
Finnland	S. E. Herr Alec Aalto	20. 6.1991

Landeskurzform	Botschafter	Überreichungsdatum
Sambia	S. E. Herr Charles Chishimba Manyema	20. 6. 1991
Griechenland	S. E. Herr Panayotis Tsounis	11. 7. 1991
Malaysia	S. E. Dato' Tan Koon San	11. 7. 1991
Swasiland	S. E. Herr Mphumelelo Joseph Ndumiso Hlophe	11. 7. 1991
Indien	S. E. Herr Kamal Nain Bakshi	18. 7. 1991
Kuba	S. E. Herr Javier Rosales	18. 7. 1991
Bhutan	S. E. Dasho Paljor J. Dorji	18. 7. 1991
Brasilien	I. E. Frau Thereza Maria Machado Quintella	5. 9. 1991
Frankreich	S. E. Herr André Lewin	5. 9. 1991
Liechtenstein	S. E. Graf Mario von Ledebur-Wicheln	5. 9. 1991
Spanien	S. E. Herr Dr. Miguel Angel Ochoa Brun	25. 9. 1991
Irland	S. E. Herr William Declan Connolly	25. 9. 1991
Marokko	S. E. Herr Mohamed El Habib Fassi Fihri	25. 9. 1991
Vietnam	S. E. Herr Ta Nguyen	19. 11. 1991
Iran	S. E. Herr Dipl.-Ing. Mehdi Safari Kalle	19. 11. 1991
Venezuela	S. E. Herr Santiago Ochoa Antich	19. 11. 1991
Ägypten	S. E. Herr Abdel Hamid A. Onsy	25. 11. 1991
Neuseeland	S. E. Herr Dr. Richard S. Grant	25. 11. 1991
Burkina Faso	I. E. Frau Sophie Sow	25. 11. 1991
Paraguay	S. E. Herr Arch. Carlos Peyrat	18. 12. 1991
Pakistan	S. E. Herr Samuel Thomas Joshua	18. 12. 1991
Cote d'Ivoire	S. E. Herr Siméon Ake	18. 12. 1991

Europäische Gemeinschaften	S. E. Herr Dietrich Hammer	14. 9. 1988

Österreich in Zahlen 1950 bis 1991

Gegenstand, Einheit	1950	1970	1980	1990	1991[1])
Bevölkerungsstand, in 1.000	6.935	7.467	7.549	7.718	7.823[2])
darunter Ausländer, in 1.000	323[3])	183	283	413	510[2])
Lebenserwartung, in Jahren, männlich	*61,9*	*66,5*	*69,0*	*72,5*	*72,6*[4])
weiblich	*67,0*	*73,4*	*76,1*	*79,0*	*79,1*[4])
Unselbständig Beschäftigte, in 1.000	1.941	2.387	2.789	2.929	2.997
Wochenarbeitszeit, effektiv, Unselbständige	.	*40,8*	*37,2*	*36,7*	*36,9*
Arbeitslosenrate	*6,0*	*2,4*	*1,9*	*5,4*	*5,8*
Brutto-Inlandsprodukt, lfd. Preise, in Mrd. S	51,9	375,9	994,7	1.789,4	1.912,0[5])
Wirtschaftswachstum, in %	*12,4*	*7,1*	*3,0*	*4,6*	*3,0*
Offizielle Währungsreserven, in Mrd. S	.	47	111	138	148
Verbraucherpreisindex, Ø 1966 = 100	47,9	115,0	211,4	299	309
Tariflohnindex, Ø 1966 = 100	32,4	131,1	313,5	507,6	542,3
Durchschnittsverdienste Industrie Brutto-Monatsverdienst (mit Sonderzahlungen), in S	.	*5.356*	*14.628*	*25.151*	*26.736*[5])
Index der Industrieproduktion, Ø 1981 = 100	19,2	68,3	101,1	133,4	135,5
Produktion je Beschäftigten, Ø 1981 = 100	25,7	66,4	99,7	153,3	157,4
Energetischer Endverbrauch, in Petajoule	.	605,3	753,3	794,2	821,1
Brotgetreide, durchschnittlicher Ertrag pro ha, 100 kg	*16,5*	*28,5*	*41,9*	*48,4*	*48,3*
PKW- und Kombi-Bestand, in 1.000	48	1.197	2.247	2.991	3.093
Wohnfläche pro Einwohner, in m²	.	*21,4*[6])	*27,7*[6])	*32,1*	*32,3*
Leistungsbilanzsaldo, in Mrd. S	.[7])	–1,7	–21,4	13,2	–1,7

Quelle: Österreichisches Statistisches Zentralamt, Oesterreichische Nationalbank, Österreichisches Institut für Wirtschaftsforschung. – . = Keine Daten vorhanden. – [1]) Daten aus 1991 sind meist vorläufig, Änderungen sind noch zu erwarten. – [2]) Jahresmitte. – [3]) Volkszählung 1951. – [4]) Prognose ÖSTAT. – [5]) Prognose WIFO. – [6]) Häuser- und Wohnungszählung 1971 bzw. 1981. – [7]) Daten nicht vergleichbar.

Wirtschafts- und Sozialstatistik – internationaler Vergleich

Länder	Brutto-Inlandsprodukt (BIP) je Einwohner 1990 in US-$[1])	Wirtschafts-Wachstum[2])		Anteil des Leistungsbilanzsaldos am BIP[3])		Einfuhr		Ausfuhr	
		1989	1990	1989	1990	1989	1990	1989	1990
		in %				in Mio. US-$[1])			
Belgien	*19.303*	*3,6*	*3,8*	*2,3*	*1,8*	99.700	120.067	101.287	118.295
BRD	*23.536*	*3,8*	*4,5*	*4,8*[4])	*3,2*[4])	269.883	342.622	342.372	398.441
Dänemark	*25.478*	*1,2*	*2,1*	*−0,8*	*1,2*	26.722	31.766	28.139	35.113
Frankreich	*21.105*	*3,6*	*2,6*	*−0,6*	*−1,1*	190.898	233.234	173.014	210.168
GBR	*16.985*	*2,3*	*0,8*	*−3,9*	*−2,5*	197.728	224.938	152.447	185.976
Italien	*18.921*	*3,0*	*2,0*	*−1,2*	*−1,3*	152.913	185.505	138.503	169.265
Niederlande	*18.676*	*4,0*	*3,9*	*3,6*	*3,7*	104.266	126.195	107.877	131.839
Norwegen	*24.953*	*0,4*	*1,8*	*0,2*	*3,4*	23.677	27.228	27.108	34.043
Österreich	***20.424***	***3,7***	***4,6***	***0,1***	***0,5***	**38.873**	**49.543**	**32.429**	**41.512**
Schweden	*26.652*	*2,4*	*0,6*	*−2,7*	*−2,6*	48.890	54.579	51.542	57.423
Schweiz	*33.085*	*3,9*	*2,2*	*4,0*	*3,8*	58.222	69.869	51.549	63.884
Kanada	*21.418*	*2,4*	*0,4*	*−3,2*	*−3,3*	114.113	116.461	116.929	126.995
USA	*21.449*	*2,8*	*0,9*	*−2,0*[4])	*−1,7*[4])	493.195	516.987	363.812	393.592
Japan	*23.822*	*4,8*	*5,2*	*2,0*[4])	*1,2*[4])	210.840	234.800	275.173	286.949
OECD insgesamt	*19.334*	*3,3*	*2,6*	*−0,6*	*−0,6*	2,235.531	2,575.066	2,120.451	2,436.756

[1]) Laufende Preise und Wechselkurse. – [2]) Reale Veränderung des Brutto-Inlandsproduktes zum Vorjahr. – [3]) Negativer Wert = negativer Saldo. – [4]) BNP.

Länder	Exportanteile[5]) am BIP			Anteil des Schuldenstandes öffentlich-rechtlicher Körperschaften am BIP		Anteil des Schuldenstandes des Zentralstaates am BIP		Arbeitslosenrate[6])			Steigerung des Verbraucherpreises gegenüber Vorjahr		
	1980	1989	1990	1988	1989	1988	1989	1980	1990	1991	1980	1990	1991
	in %												
Belgien	62,9	77,2	74,3	.	.	.	.	7,7	7,3	7,7	6,7	3,4	3,2
BRD	26,5	31,6	32,0	43	41	23	22	3,3	5,1	5,4	5,5	2,7	3,5
Dänemark	32,7	34,3	34,9	56	58	.	.	6,5	9,6	10,5	12,3	2,6	4,3
Frankreich	21,5	23,0	22,6	27	28	26	27	6,3	8,9	9,4	13,6	3,4	3,1
GBR	27,4	24,2	24,6	42	37	41	36	6,3	5,8	8,1	18,0	9,5	5,9
Italien	21,9	20,4	21,0	95	99	.	.	7,4	11,2	10,9	21,2	6,5	6,4
Niederlande	52,5	58,1	56,6	77	79	61	62	6,0	7,5	6,2	6,5	2,5	3,9
Norwegen	47,3	42,0	44,0	41	43	.	.	1,7	5,2	5,5	10,9	4,1	3,4
Österreich	**36,8**	**39,9**	**41,1**	**58**	**57**	**48**	**48**	**1,9**	**5,4**	**5,8**	**6,4**	**3,3**	**3,3**
Schweden	29,6	32,2	30,3	60	54	55	49	2,0	1,5	2,7	13,7	10,5	9,7
Schweiz	36,7	38,1	36,9	31	29	10	9	0,2	0,6	1,3	4,0	5,4	5,8
Kanada	28,5	26,6	25,4	69	70	.	.	7,5	8,1	10,3	10,2	4,8	6,0
USA	10,1	9,4	9,8	68	70	55	57	7,0	5,5	6,4	13,5	5,4	4,3
Japan	13,7	10,7	11,1	60	58	54	53	2,0	2,1	2,1	8,0	3,1	2,7
OECD insgesamt	19,6	18,2	19,1	.	.	.	.	.	6,6	6,9	13,1	6,5	5,7

[5]) Waren und Dienstleistungen; laufende Preise und Wechselkurse. – [6]) Aufgrund verschiedener nationaler Ermittlungsverfahren nicht streng vergleichbar.

Länder	Effektive Arbeitszeit		Erwerbsquote[7]				Lebenserwartung (in Jahren)				Säuglingssterblichkeit[8]		Geburten		Sterbefälle	
													auf 1.000 Einwohner			
	1989	1990	1980		1989		zwischen 1980 und 1984		zwischen 1985 und 1989		1980	1990	1989	1990	1989	1990
	Std./Woche		m	w	m	w	männl.	weibl.	männl.	weibl.						
Belgien	33,4[9]	.	53	30	50	34	70,3	77,1	72,4	79,0	12,1	7,9	12,2	12,6	10,9	10,6
BRD	39,9	39,5	58	32	61[9]	37[9]	70,5	77,3	72,6	79,0	12,7	7,5[10]	11,0	11,5	11,2	11,2
Dänemark	32,0	.	58[11]	46[11]	62	51	71,5	77,7	72,0	77,7	8,4	7,5	12,0	12,4	11,6	11,9
Frankreich	38,8	38,8	53	34	51	36	71,2	79,4	72,5	80,7	10,0	7,2	13,6	13,5	9,4	9,4
GBR	42,2	.	60	36	58	42	71,3[12]	77,3[12]	72,2[12]	77,9[12]	12,1	7,9	13,6	14,0	11,5	11,2
Italien	.	.	56	26	56	30	71,4	78,0	72,6	79,1	14,6	8,5	9,7	9,8	9,1	9,3
Niederlande	39,8	.	54	23	56	34	72,8	79,7	73,7	79,9	8,6	7,1	12,7	13,2	8,7	8,6
Norwegen	37,9	.	57	39	57	45	72,7	79,6	73,3	79,9	8,1	7,8	14,0	14,4	10,7	10,8
Österreich	**37,0**	**36,7**	**54**	**30**	**56**	**35**	**69,5**	**76,6**	**72,1**	**78,8**	**14,3**	**7,8**	**11,6**	**11,7**	**10,9**	**10,7**
Schweden	38,5	.	58	47	56	51	73,4	79,6	74,2	80,1	6,9	6,0	13,7	14,5	10,8	11,1
Schweiz	41,7	.	65	35	67	39	72,8	79,6	74,0	80,9	9,1	7,1	12,2	12,5	9,2	9,5
Kanada	38,6	38,2	59	38	59	45	72,2	79,4	73,1	79,9	10,4	7,1[10]	15,0	15,1	7,3	.
USA	41,0	40,8	57	39	58	44	70,6	78,1	71,8	78,5	12,4	9,1	16,0	16,7	8,7	8,6
Japan	41,4	40,7	60	37	62	41	74,3	80,0	75,9	81,8	7,5	4,5	10,2	9,9	6,4	6,7
OECD insgesamt	.	.	.	.	.	.	.	.	.	.	.	.	.	.	.	.

[7]) Anteil der Berufstätigen an der gesamten Wohnbevölkerung. – [8]) Im 1. Lebensjahr Gestorbene/1.000 Lebendgeborene. – [9]) 1988. – [10]) 1989. – [11]) 1981. – [12]) Nur England und Wales.

Länder	Studenten[13]) auf 100.000 Einwohner		Anteil öffentlicher Ausgaben für Schulwesen am BIP in %		Anteil der Bruttoinlandsausgaben für F & E am BIP in %		Anteil der Finanzierung der Bruttoinlandsausgaben für F & E durch den Staat in %		Filmproduktionen[14])	Radiodichte[15])	TV-dichte[15])
	1988	1989	1988	1989	1989	1990	1989	1990	1989	1989	1989
Belgien	*2.604*	.	*4,9*	.	*1,6*[16])	.	*26,7*[16])	.	15	*470*	*333*
BRD	*2.760*	*2.843*	*4,2*	.	*2,9*	*2,8*	*32,8*	*32,5*	68	*457*	*395*
Dänemark	*2.466*	.	*7,8*	*7,6*	*1,5*	.	*45,5*	.	16	*429*	*382*
Frankreich	*2.656*	*2.842*	*5,3*	.	*2,3*	*2,4*	*48,1*	.	136	*338*	*333*
GBR	*1.954*	.	*4,7*	.	*2,3*	.	*36,5*	.	38	*347*[17])	*347*
Italien	*2.269*	*2.379*	*5,0*[18])	.	*1,3*	*1,4*	*49,5*	*51,3*	114	*266*[17])	*260*
Niederlande	*2.819*	.	*6,8*	.	*2,2*	.	*41,8*	.	13	*338*[18])	*323*
Norwegen	*2.743*	*2.858*	*7,4*	*7,5*	*1,9*	.	*50,8*	.	10	*362*[17])	*349*
Österreich	***2.546***	***2.638***	***5,7***	***5,5***	***1,4***	***1,4***	***44,9***	***44,2***	**14**	***378***	***328***
Schweden	.	*2.196*	*6,7*	*7,3*	*2,8*	.	*36,9*[17])[19])	.	26[17])	*399*[17])	*395*
Schweiz	*1.912*	*2.018*	*4,9*	.	*2,9*	.	*22,6*	.	31	*407*	*369*
Kanada	*5.024*	*5.034*	*7,2*	*7,0*	*1,4*	*1,4*	*44,9*	*44,8*	46	.	.
USA	*5.438*	*5.596*	*6,8*[17])	.	*2,8*	*2,8*	*48,3*	*48,2*	345	.	.
Japan	*2.117*	*2.184*	*4,8*	.	*3,0*	.	*18,6*	.	777	.	*265*
OECD insgesamt	.	.	.	.	.	.	.	.	.	.	.

Quelle: UN, UNESCO, OECD, Österreichisches Institut für Wirtschaftsforschung, Österreichisches Statistisches Zentralamt. – BRD: Gebietsstand vor dem 3. 10. 1990. – [13]) 3. Schulstufe. – [14]) Filme ab einer Mindestlänge von 1600 m; inklusive internationaler Coproduktionen (ohne Fernsehfilme). – [15]) Bewilligungen auf 1.000 Einwohner. – [16]) 1988. – [17]) 1987. – [18]) 1986. – [19]) Nur naturwissenschaftlich-technische Forschung.

Sachindex

ABM-Vertrag 332
Abrüstung 238, 262, 328 ff, 496, 520
ACBI 312
AfDF 313
AfEB 313
Afghanistan 229, 456, 475 f, 504, 516 f, 525, 565
African National Congress 223
Afrika 222
Afrika südlich der Sahara 216 ff
Afrikanische Entwicklungsbank 313
Afrikanischer Entwicklungsfonds 313
AFTA 235 f
Agenda 21, 354
Ägypten 310, 476, 565, 722
AIDS 522, 530, 543
AIDS-Programm 464
AIEE 574
AIMEX 574
Albanien 88, 308, 445, 469, 476, 513, 546 ff, 568
Algerien 208, 476, 569, 722
Allgemeines Präferenzsystem (s. auch Generalized System of Preferences) 297
Allgemeines Zoll- und Handelsabkommen (s. GATT) 279 ff, 284, 286, 294
Alpenkonvention 175, 205
AMTEX 574
ANC 223
Andenpakt 244
Angola 220, 475 f, 570
Antarktisvertrag 358, 519 f
Anti-Dopingkonvention 562
Anti-Folterkomitee (Europarat) 554
Antigua und Barbuda 476, 570
APA 483, 508
Apartheid 222 f, 517, 524
APEC 225
Äquatorialguinea 476, 571
Arabische Liga 207, 214 ff
Arbeitsgruppe
- für die Europäische Integration 45
- für Integrationsfragen 46
Arbeitskonferenz Internationale 463
Arbeitslosigkeit 442
Arbeitsmarkt 263, 445, 559
ARGE - Arbeitsgemeinschaft
- ALP 174
- Alpen-Adria 174 f
- Donauländer 176, 526
- Europäischer Grenzregionen 177
Argentinien 242, 313, 340, 571
ASEAN 224, 235 f
- Freihandelszone 235
Asia Pacific Economic Cooperation 236
Asiatisch Pazifischer Raum 224 ff
Asiatische Entwicklungsbank 313
Asiatischer Entwicklungsfonds 314
Asyl 442 ff, 445 f
- frage (Europarat) 552
- werber 442, 445
- Praxis 471
- Verfahren 445
Äthiopien 220, 476, 573
Atomsperrgesetz 340
Atomwaffen 329
AUA 639
Aufnahmeprüfung 511 f
Aus- und Fortbildung 512
AUSCON 711
Auslandskulturpolitik 368 ff, 390 f, 398 ff
Auslandskulturtagung 505
Auslandsösterreicher 477 ff
- tagung 479
- vereine 478
- wahlrecht 479 f
- werk 478
Auslandspresse 481 f
Auslandsschulden (s. Schulden) 22 ff, 88, 302 ff
Außenhandel, Österreichischer 265 ff, 278
Außenhandelsgesetz 338
Außenhandelsregime 294
Außenhandelsstellen 764 ff
Außenpolitischer Ausschuß
- des Bundesrates 491, 493
- des Nationalrates 489, 492

Außenpolitischer Rat 494 f
Ausstellungen, Biedermaier 368 ff, 570, 646
Australien 476, 530, 574
Austrian Relief Comittee for Afghan Refugees 230
Austro-American-Councils 478
AUSTROMIR 383, 682
Auswanderungsrate 442 ff
Auswärtiger Dienst 496 ff
Avis 22 ff, 483

Bahamas 575
Bahrain 476, 531, 575
Baltische Staaten (s. auch Sowjetunion, UdSSR, GUS) 91, 469, 490, 531, 547 f, 680 f
Bangladesh 230, 451, 476, 575
Barbados 576
Barbuda (s. Antigua) 476, 570
BECT 558
Behinderte 461 f, 560
Beitragsskala der VN 527 f
Beitrittsverhandlungen Österreichs (EG) 26 ff, 457, 540
Belgien 308, 313, 486, 576, 722 f
Belize 476, 578
Benin 217, 451, 476, 579
Bereitschaftsvereinbarung 309
Berg-Karabach 154
Berner Konvention 562
Berufsvertretungsbehörden 500 ff
Beschäftigung und Arbeit (Komitee) 559 f
Besuche
- ausländische in Österreich 747 ff
- österreichische im Ausland 734 ff
Besuchsübersicht 734 ff
Bevölkerungswachstum 289, 559
Bhutan 476, 579, 723
Bildung 384 ff
Binnenmarkt 9, 33 ff, 84, 443
Bioethik (s. a. CAHBI) 562
Biologische Waffen 335
Biologische Waffenrevisionskonferenz 338
Blockfreienbewegung 252 f
Bodenseekonferenz 177
Bohunice 342, 692
Bolivien 241, 579
Bosnien/Herzegowina 527
Botschafterchronik 768 ff
Botschafterkonferenz 505
- regionale 227, 245
Botswana 476, 580
Brady-Plan 305
Brasilien 242, 313, 340, 580
Brennerbasistunnel 194 ff
Brunei 476, 581
Buchaktion 388
Budget
- allgemein 263, 258
- BMaA 506 f
- ILO 464
- VN 527 f
- WHO 465
Bulgarien 92, 308, 445, 450, 469, 546 ff, 582
Bundesbetreuungsgesetz 445, 447
Bundesländer 29, 447
Bundespräsidentenwahl 480
Bundespressedienst 483
Bundesrat 490 f, 493
Bundesrepublik Deutschland 393, 481, 485 f, 590, 644, 723 f
Burgenland 178, 450
Burgenländische Gemeinschaft 478
Bürgerservice 473 f
Burkina Faso 219, 476, 583
Burundi 476, 584
Buy-Back-Vereinbarung 582

CAHBI (s. a. Bioethik) 563
CAHDI 563
CAIRNS-Gruppe 283
CDCC 560
CDCJ 563
CEDAW (s. Frauenrechtsfragen) 256, 459 ff
CENYC 589
CERN 394 f
Charta für Regional- und Minderheitensprachen 563
Charta von Paris 546
Chemiewaffen 328, 335 f
- Kontrollorganisation 336
Chile 241, 584
China 227, 330, 459, 476, 585

China, Politische Konsultativkonferenz (CPPCC) 586
Club der Angehörigen des Außenministeriums 510f
Club von Paris 274, 306
CODESA 223
COMECON (RGW, Rat für gegenseitige Wirtschafthilfe) 1, 83
COMETT 44
Contadora Initiative 240
Contras 246
COPAZ 246
COST 394, 402, 597, 666
Costa Rica 588
Côte d'Ivoire 476, 588
CPPCC 586
CSDHA 461
CSFR 101, 308, 313, 469, 476, 513, 546, 548, 550, 692ff, 730

„Damaskus-Deklaration" 208
Dänemark 383, 486, 530, 589
Debt-for-nature-swap 274
Dekade gegen den Drogenmißbrauch 466
Demokratie 549
Demokratie durch Recht (Venediger Kommission) 563, 548
Demokratische Volksrepublik Korea (s.a. Rep. Korea) 228f, 277, 531, 636
DEMOSTHENES 57, 558, 564
Denkmalschutz 548
Deutschkurse 387f
Deutschland 393, 481, 485f, 590, 644, 723f
DIESA 460
Diplomatische Akademie 512f, 569, 653
Diplomatischer Korps 500ff
Direktinvestitionen, ausländische 565, 283
Dominikanische Republik 476, 593
Donaukommission 193f
Doppelbesteuerungsabkommen 586
Dr. Karl Renner Institut 627
Dreiecksgeschäfte 114
Dreier Gipfeltreffen 101
Dritte Welt (s.a. Entwicklungshilfe, -länder, -zusammenarbeit) 287ff, 447
Drogen 243, 467ff, 538, 549, 552, 569
Drogenkontrolle 465ff
- Pompidougruppe 468
Drogenkontrollprogramm 257, 461, 525
Dschibuti 476, 594
Dubliner Konvention 443f

EAEC 236
Earth Charter 308, 354
EBRD 274
ECE 3, 60ff, 358f, 538
ECOMOG 219
ECOSOC 250, 316, 523, 525, 536ff
ECOWAS 219
Ecuador 594
EDIFACT 61
EFTA 8, 48, 55, 481, 589, 595, 597, 599, 604f, 615, 617, 619, 641, 643, 644, 645, 657, 659, 674
EG 8, 14f, 17, 19, 40ff, 46ff, 52, 84, 547, 589, 592, 598f, 603, 615, 618, 645, 657, 659, 725
EG-Beitritt 668, 685, 705
EG-Binnenmarkt 33, 443, 551
EG-Entwicklungsprogramm 41
EG-Forschungsprogramme 41
EG-Friedenskonferenz 625
EG-Kommission 560
EG-Ministerrat 547
EG-Mitgliedschaft 84, 396
EG-Öffentlichkeitsarbeit, österreichische 469
EG-Parlament 457
EG-Telefon 47
Einheitliche Europäische Akte 9
Einigung, deutsche 10
Einwanderungsrate 442ff
El Salvador 246, 526, 595
EMBC 396f
EMBL 396f
Energie 204, 360ff, 365
Entwicklungsdienst, österreichischer (ÖED) 594, 634, 678, 690
Entwicklungshilfe 322ff, 447, 580
Entwicklungsländer (s.a. Dritte Welt) 274, 282, 288
Entwicklungspolitik 289, 292, 504
- leistungen, österreichische 323ff
- management 522f

Entwicklungszusammenarbeit (EZA) 662, 670, 677, 698, 678, 690
Entwicklungszusammenarbeit, Regionalbüro 698
EPZ (s. Europäische Politische Zusammenarbeit) 16ff, 31ff, 135
ERASMUS 29, 44
Eritrea 220
Erklärung von Accra 252
Erweiterte Strukturanpassungsfazilität 309
Erziehung 384, 548, 552
ESA 395f
Estland 476, 595
EUREKA 43ff, 373, 486f
- audiovisuelles 486f
EURIMAGES 485f, 549, 558
Europ. Dachverband des Nationalen Jugendkomitees (CENYC) 389
Europa 1ff
Europa-Bürgerschaft 14
Europäische Architektur 546
Europäische Bank für Wiederaufbau und Entwicklung (EBRD) 274
Europäische Charta der Regional- und Minderheitensprachen 453
Europäische Erziehungsministerkonferenz 549
Europäische Forschungszusammenarbeit 394, 402
Europäische Freihandelsassoziation (s.a. EFTA) 8, 48, 55
Europäische Gemeinschaft 8, 14f, 17, 19, 40ff, 46ff, 52, 84, 457, 469, 481, 496, 577
Europäische Institutionen 547
Europäische Kulturkonvention 546f
Europäische Menschenrechtskommission 59, 456
Europäische Menschenrechtskonvention 453, 455, 546, 554ff
Europäische Patentorganisation 724f
Europäische Politische Zusammenarbeit (EPZ) 16ff, 31ff, 135, 614, 657
Europäische Sozialcharta 40, 454f
Europäische Umweltcharta 59
Europäische Zusammenarbeit 547
Europäischer Dachverband der Nationalen Jugendkomitees 389
Europäischer Gerichtshof 50
Europäischer Rat 457
Europäischer Wirtschaftsraum (s. EWR) 28, 44ff, 48ff, 52, 261, 458, 481
Europäisches Dokumentations- u. Informationssystem für Bildung (EUDISED) 561
Europäisches Kino- und Fernsehliasionsbüro des ER (BECT) 558
Europäisches Parlament 15, 30, 457, 482
Europarat 57ff, 454f, 457, 469, 546ff, 595, 614
- Tätigkeitsbericht 546
Europa-Verträge 19
EUTELSAT 487
EWR 28, 44ff, 48ff, 52, 261, 458, 481, 597, 599, 604, 645, 668, 676, 684, 685
EWR-Ausschüsse 52
EWR-Rat 52
Expertenkomitee im Bereich Bioethik (CAHBI) 563
EXPO 684

Falkland-Inseln 519
Familienangelegenheiten 560
FAO (s.a. Landwirtschaft, Welternährungsprogramm) 539f
FCKW 344
Festival de Paris 375
Fidschi 476
Film 379, 485f, 607, 613
Filmfestivals 378, 623
Filmwochen 379, 601
Finnland 383, 486, 531, 551, 596
Fischerfrage 49
Flüchtlinge 122, 132, 257, 442ff, 449f, 459, 524
- Aga Khan Flüchtlingsaktionsplan 451f
Flüchtlingshochkommissariat 447, 450, 538
Flüchtlingspolitik 444ff, 551
Flüchtlingswesen 442ff, 450
Flugzeugabsturz, Thailand 474, 482
Folter 455f
Fonds zur Unterstützung österreichischer Staatsbürger im Ausland 479
Fondskredit 309
FOR EAST 564

Forschungs- und Entwicklungsprogramme (EG) 41 ff
Forschungskooperation 381 f
FPÖ 606
Frankreich 330, 481, 486, 547, 598
Frauengipfel 537
Frauenrechtsfragen 457 ff, 525, 537
- CEDAW 61, 459
Freihandelsabkommen 696 19 f, 244, 248
- EFTA-Türkei 696
Friedensdividende 292
Friedenserhaltende Operationen 138, 249 f

G-24 547
Gabun 476, 602
Gambia 476, 602
GATT 568, 587, 622
GATT - General Agreement on Trade in Services 279 ff, 284, 286, 294
GEF/GUF - Globale Umweltfazilität 357
Geldwäscherei 466 f
Gemeinde u. Regionen (Europarat) 552
Generalized System of Preferences 297
Generalversammlung (46. UN-) 250, 466 f, 514 ff
Genfer Konvention 442 (s. Flüchtlinge)
Gesundheitspolitik (europäische) 551, 559
Ghana 476 602
Gleichstellung Frau-Mann 256, 457 ff, 554,
Global partnership 238
Golfkonflikt (s. a. Golfkrise) 625, 672, 686, 696, 703, 705
Golfkooperationsrat 208, 645
Golfkrise (s. a. Golfkonflikt, Kuwait, Irak) 11, 207 f, 228, 253, 273, 310, 449, 481, 490, 516, 532, 594
Grenada 476, 603
Grenzkontrolle 472
Grenzland 550
Grenzübergänge 476 f
Griechenland 486, 550, 603
Grillparzer-Symposium 655
Grönland 530
Grundverkehrsrecht 51
Gruppe der 15 254
Gruppe der 24 112 ff, 463
Gruppe der 3 244
Gruppe der 7 271
Gruppe von Rio 240
Guatemala 246, 386, 507
Guinea 475 f, 608
Guinea-Bissau 476, 530, 608
GUS - Geimeinschaft Unabhängiger Staaten 151 ff, 158, 202
Gustav Mahler Jugendorchester 561
Guyana 476, 608

HABITAT 319
Haiti 240, 247 f, 474, 518, 526, 532, 609
Handelshemmnisse, nichttarifische 281, 294
Heiliger Stuhl 609
HERMES 396
Hexagonale 98, 165 ff, 171, 184, 356, 380, 389, 618, 625
Hilfsprogramme, bilaterale 546 ff, 661
Hilfsprogramme, multilaterale (HOPE) 546 ff, 661
Honduras 476, 530, 610
Honorarkonsulate 504
Human Dvelopment Report 292
Humanitäre Fragen 524
Humanitäre Hilfe 625
Humankapital 290, 292

IAEO 329, 340 ff, 571, 714
IBRD (s. Weltbank) 310
ICAO 471, 541 f
ICEM 448
ICOMOS 392
IDA 311, 589
IDF - Industrieller Entwicklungsfonds 322
IEA 360 f, 365 f
IFAD 320
IFAD - Internationaler Fonds f. landwirtschaftliche Entwicklung 320
IFC 312
IGH 530
IIASA 393
IKRK 448, 449 ff
ILO 316, 463 ff, 467, 541 f
Indien 231, 476, 610

Industrial Development Board (IDB) 321 f
INF 328, 332
Inflation 266
Information, Österreich im Ausland 482 ff, 521
- EG-Telefon 47
Initiative, mitteleuropäische 98, 165 ff, 171, 184
Inkatha 223
Innere Sicherheit 17
Inspektionsflüge
Integration, europäische 45 ff, 458, 552, 676
Integration, Minderheiten 452
Integrationspolitk 4, 489
Intelsat 488
Inter-Amerikanische Entwicklungsbank 314
Inter-Amerikanische Investitionsgesellschaft 315
Internationale Atomenergie-Organisation (s. IAEO) 329, 340 ff, 714
Internationale Bank für Wiederaufbau und Entwicklung (IBRD) 310
Internationale Energieagentur (IEA) 360 f, 365 f
Internationale Entwicklungs-Organisation (IDA) 311
Internationale Finanzkorporation (IFC) 312
Internationale Friedenstruppen 220
Internationale Handelsorganisation (ITO) 273
Internationale Kambodschakonferenz 232
Internationale Organisation für Wanderung (IOM) 448
Internationale Organisationen in Österreich 255 ff, 714
Internationalen Organisationen, Österreich in 715 ff
Internationaler Gerichtshof (IGH) 530
Internationaler Währungsfonds (IWF) 308 ff
Internationales Komitee vom Roten Kreuz (IKRK) 448, 449 ff
Interpol 571
IOM 448
IPU 568
Irak 211, 330, 449, 450, 476, 490, 504, 526, 532, 534 f, 612
Iran 209, 445, 476, 530, 534, 612, 725
Irland 614, 725
Islamische Heilsfront (FIS) 208
Islamische Konferenz (OIC) 209
Islamische Kultur 552
Islamisierung 55
Island 486, 615
Israel 56, 209, 481, 551, 616
Italien 472, 481, 486, 546, 550, 617, 726
ITU 542
IULA 660

Jahresprüfung Österreichs (OECD) 278 f
Jamaika 621
Japan 313, 484, 621
Jemen 476, 623
Joint ventures 85, 583, 667, 694
Joint-Study-Programme 382
Jordanien 310, 476, 624
Juden 551
Jugend 389 f, 461 f, 548, 560
Jugoslawien 58, 116 ff, 447, 450, 469, 546 ff, 625 f, 726
Jugoslawienkrise 11, 116 ff, 122, 125, 496, 532
Junior Professional Officer Programme 252, 315, 317, 322

Kambodscha 226, 630
Kambodscha, Friedensabkommen 232
Kambodscha, Hilfe 451, 476, 517 f
Kambodscha, Konferenz 232
Kamerun 221, 476
Kanada 239, 631
Kap Verde 476, 632
Kapitalbeteiligung, ausländische 85
Karibik 239 ff
Kärnten 180
Kaschmir 231
Katar 476, 633, 726
Katastrophenhilfe 450 ff (s. UNDRO), 169
Kenia 476, 218, 634

Kernenergie 198
Kernforschungsprogramm (CERN) 394f
Kernkraftwerke 198
- Bohunice 342, 199
- Koslotus 342
- Krsko 200f
- Temelin 199
Kernwaffen 520
Kinder 559
Kiribati 476
Klimakonvention 344, 346, 354
Klimaveränderung 545
KMD 71f
Kohäsion, wirtschaftliche und soziale 18
Kohäsionsfonds 53
Kolumbien 241, 634
Komitee für Umwelt- und Naturschutz des ER (NATUROPA) 562
Konferenz für Sicherheit und Zusammenarbeit in Europa (KSZE) 1, 3, 7, 60, 62ff, 133f 140, 452, 455, 481, 489
Konferenz über Ost-West-Wanderungsbewegungen 59, 444
Konfliktverhütungszentrum (KSZE-) 65, 134
Kongo 476, 636
Konsularfragen 473ff
Konsularische Vertretungen (ausländische) 500ff, 713
Konsularische Zusammenarbeit 475
Konvention zum Schutz des archäologischen Erbes 562
Konvention zum Schutz von Tieren in landwirtschaftlicher Tierhaltung 562
Kooperationsabkommen, bilaterale 42ff
Korea, Republik (s.a. Demokratische Volksrepublik Korea) 228f, 277, 476, 531, 636, 726
Kosovo 127, 166
KPdSU 147
Krakau 547, 561
Kriminaltechnologie 569
Kroatien 120, 127, 186, 474, 490f
Kroatien 629
KSE-Vertrag 75f
KSZE 1, 3, 7, 60, 62ff, 133, 140, 452, 455, 481, 489 546ff, 554, 568, 595, 614, 625, 643, 649
KSZE-Europarat 546f, 561
KSZE-Expertenseminar 67, 69, 73
KSZE-Konferenz „menschliche Dimension" 681
KSZE-Sekretariat 65
KSZE-Verhandlungen über militärische Sicherheit 76
Kuba 240, 476, 638
Kultur 560
Kulturelles Erbe (Komitee) 562
Kulturkonvention des Europarates 58ff
Kulturübereinkommen 597
Kurdenfrage 213, 449, 526, 551
Kuwait 476, 532, 639
Kuwaitkrise 207, 211f, 237, 254, 496, 308

Landwirtschaft (s.a. FAO, GATT) 26, 39ff, 539f
Laos 476, 639
Lateinamerika 239ff, 277, 505
Leistungsbilanz 265
Lektorenaustausch 384f
Leopold-Kuntschak-Preis 610
Lesotho 476, 640
Lettland 476, 640f
Libanon 476, 504, 516, 641
Liberia 219, 451, 475f, 642
Libyen 215, 476, 530, 642
Liechtenstein, Fürstentum 56, 475, 643, 727
Litauen 476, 644
Literatur 375f
Lockerbie 215
Londoner Gipfel 271, 280, 306
Luftverkehrsabkommen 569, 631, 638, 641
Luxemburg 308, 313, 486, 645

Maastricht 457
Madagaskar 218, 476, 646
Malawi 476, 647
Malaysia 647
Malediven 476, 648, 727
Mali 476, 648
Malta 649
Malteser Ritterorden 649
Malwinas, Islas 519
Marokko 650

Marschall-Inseln 476, 531
Massenmedien 558
Mauretanien 476, 650
Mauritius 218
Medien 110, 481 ff
Medienfragen (Europarat) 558
Medienpolitik, internationale 484 f
Memorandum (österreichisches, EB)
Menschenrechte 243, 453 f, 524 f, 537, 554, 586
- Freiwilliger Fonds der VN für technische Zusammenarbeit 456
Menschenrechtskommission 453, 456
Menschenrechtsverletzungen 653
MERCUSUR 244
Mexiko 241, 277, 651
Migrationsfrage (s.a. Wanderungsfragen) 559
Militärdoktrinenseminar 66
Minderheiten 69 f, 112, 452 f, 563
- kurdische 551
MINURSO 215
Mission bei den EG (österreichische) 503
Mission in Österreich (ausländische) 712 f
Mitbestimmungsverfahren 15
Mittel- u. Osteuropa (s.a. Zentral- u. Osteuropa) 559
Mitteleuropäische Initiative 177
Monaco 652
Mongolei 476, 513, 652
Montreal-Protokoll 344
Moratorium 334
Mosambik 220, 476, 653
Mozart 374, 383
Mozartjahr 482, 570, 572, 575, 578, 581, 585, 594, 597, 599, 601 604, 605, 607, 611, 612, 620, 622, 635, 637, 642, 646, 651, 657, 659, 660, 663, 685, 689, 695, 697, 700, 701, 702, 708, 710
Multi-Bi-Kooperation 315
Multifaserabkommen 284
Multilaterale Investitionsgarantie-Agentur 312
Multilateraler Ozonfonds 345
Musikalische Veranstaltungen 377
Myanmar 234, 476, 527, 653

Naher Osten 207 ff, 209, 505, 515, 533
Nahost-Friedenskonferenz, Internationale 209, 238
Nahostkonferenz 209, 215
Nahrungsmittelhilfe (s.a. u.a. Osthilfe) 222, 539, 551, 633, 653
Namibia 654
Nationalitätenkonflikt 117, 154
Nationalkonferenzen 218 ff
Nationalrat 490
NATO 1, 238
NATUROPA 562
Nauru 476, 530
Nepal 230, 476, 654
Neue Weltordnung 237, 252
Neue Weltordnung 551
Neuseeland 655
Neutralität 25, 212, 481
Nicaragua 246, 476, 530, 656
Niederlande 486, 656, 727
Niederösterreich 182
Niger 218, 476, 658
Nigeria 221, 445, 476, 658
Nobelpreis 654
Nordafrika 551
Nordamerika 237 ff
Nordatlantischer Kooperationsrat 3, 6, 238
Nordisches Projekt 316
Nord-Süd-Beziehungen 254, 287 ff
Norwegen 486, 530, 727 ff
NPT - Nichtweiterverbreitung von Atomwaffen 329
Nuklearhaftung 343
Nuklearwaffen 154, 520

Oberösterreich 184
ODA, Österreich 324
OECD 3, 275 ff, 365, 583, 588, 599, 619
OECD-Osteuropaprogramm 275 f
OECD-Umweltkomitee 278, 352
ÖED 594, 634, 678, 690
Official Development Assistance (ODA), 324
ÖIV 600
Öleinfuhrkomponenten 309
Oman 476
ÖMV 568
ONUSAL 246

Open Skies 77
Operation Wüstensturm 212
Operationskalender (Südtirol) 163 ff
Organisation Afrikanischer Einheit (OAE) 220
Organisation Amerikanischer Staaten (OAS) 247 ff
Organisation der Islamischen Konferenz (s. Islamische Konferenz) (OIC) 209
Organisation erdölexportierender Länder (OPEC) 366
Organisation für Wirtschaftliche Zusammenarbeit und Entwicklung 3, 275 ff, 365
OSGAP 230
Österreich-Bibliotheken 369, 376
Österreichische Lehrstühle 382
Österreichische Öffentliche Entwicklungshilfe 324
Österreichische Schule Budapest 386
Österreichische Schule Prag 386
Österreichische Subventionslehrer 386
Osteuropa (s. Zentral- und -) 310, 445, 463, 469
Osthilfe 105 ff, 115
- internationale 115, 275
- österreichische 177
Ost-Timor 233 f
Ost-West-Entspannung 86, 262,
Ost-West-Gegensatz 86, 520,
Ost-West-Wanderungsbewegungen 59, 444
Ost-West-Zusammenarbeit (s. a. Osthilfe, KSZE, Abrüstung) 469
ÖVP 571, 577, 581, 584, 635, 637

Paketvereinbarung (Südtirol) 163 ff
Pakistan 231, 445, 476
Palästina 209, 463, 515, 533
Palästinenser 551
Panama 662
Paneuropa 546
Papua-Neuguinea 235, 476, 662
Paraguay 242, 662 f
Pariser Club (s. Club von Paris) 274, 306, 576
Pariser Internationale Kambodschakonferenz 232 f
Parlament 489 ff
Parlamentarische Delegatationen 584, 636
Parlamentarische Demokratie (Konferenz) 551
Parlamentarische Dimension 30
Parlamentarische Versammlung (Europarat) 57 f
Patentorganisation, europäische 72 f
Pazifischer Raum 224 ff
PEN-Kongreß 644
Pentagonale 524
Perestrojka 143
Personal 505 f
Personalprobleme 506
Personalvertretung 509
Peru 241, 663
Philippinen 476, 664 f
PIT-Programme 276
PKO 521
PLO 209, 449
Polen 95, 308, 469, 513, 524, 546, 665 ff, 728
Polen, Reformprozeß 666
Politikerinnendelegation 586
Politische Akademie 582, 626
Politische Union (s. Union, politische) 8 ff, 14 ff
Polizeiwesen 17 f
Pompidou Gruppe 468
Portugal 486, 530, 667 f, 729
Präferenzsystem, allgemeines 20
Prealable 511
Presse 481 ff
Protektionismus 293
PTBT-Vertrag 334
Punjab 231

Qatar 531, 633, 726
Quadripartite Treffen 546
Quebec 239

Rassismus 536
Rat für auswärtige Angelegenheiten 494 f
Rat für gegenseitige Wirtschaftshilfe (s. a. RGW, COMECON) 1, 83
Rat für kulturelle Zusammenarbeit (CDCC) 560

Rechtsberater im Bereich des Völkerrechts (ad-hoc-Komitee; CAHDI) 563
Rechtshilfeabkommen 632
Reformpolitik 81 f
Reiseverkehr RENAMO 221
Republik Korea 228 ff, 277
RGW (s. a. Rat f. gegenseitige Wirtschaftshilfe) 1, 83
Rio-Deklaration 354, 524
Rio-Gruppe (s. a. Gruppe von Rio) 241
Rohstofffonds 302
Rohstoffpolitik 298 ff
Rumänien 99, 445, 450, 469, 476, 546 ff, 669 f
„Runde Tische“ 582, 626
Rundfunk 551
Rüstungskontrolle 274, 328
Rwanda 474, 476

SADCC 580
Salomon-Inseln 476
Salzburg 186
Sambia 476, 671
San Marino, 671 f
Sanktionenkomitee 252
Sao Tome und Principe 476, 672
Satellitenfernsehen 485
Saudi-Arabien 313, 476, 672 f
SCCM-Seegestützte Marschflugkörper 330
Schengener Abkommen 38 ff, 444
Schocktherapie 82
Schubakommen 475
Schulbuchvergleiche 388
Schulden 302 ff
- dienst 86, 217, 304
- dienstquotient 86, 304
- indikatoren 307
- nachlaß 86, 274, 302 ff
- probleme 86, 274, 302 ff
- reduktion 305 f
- vergleiche 86
Schutzmachttätigkeit 164
Schwarzafrika 216 ff
Schweden 8, 546 f, 673 f, 729
Schweden, Beitrittsantrag 673
Schweiz 644, 675 ff, 729 f
Schwerpunktländer (EZA) 633, 634
Seerecht 529
Seibersdorf 341
Senegal 219, 476, 530, 677
Serbien 117 f, 629
Seychellen 678
Sicherheit 76 ff, 521
Sicherheitspolitik 471
Sicherheitsrat 251, 489, 496, 531 ff
Sicherheitsrats-Resolution 138
Sichtvermerk 596, 667
Sichtvermerksangelegenheiten 475 f
Sichtvermerkspolitik 471
Siedlungswesen 471 (s. HABITAT) 319
Sierra Leone 219, 476, 678
Simbabwe 678 f
Similaungletscher 482
Singapur 679
SLBM-Seegestützte Interkontinentalraketen 330
Slowenien 120 ff, 181, 186, 474, 490 f, 629
SNC 232
Somalia 221, 451, 474, 476, 679
Sonderziehungsrechte 309
SOS-Kinderdorf 646
Sowjetunion (s. a. UdSSR) 11, 140 f, 148, 202, 474, 476, 496, 546 ff, 680 ff, 692
Sozialcharta 552
Sozialistische Gruppe (Europarat) 550
Sozialpolitik (Europarat) 40 f, 457 ff, 559
Sozialpolitik, Vereinte Nationen 537
Sozialpolitik, weltweite 460 ff, 524
Spanien 486, 546 ff, 684 ff, 729
Spanien, EXPO 684
Spezialorganisationen (UN) 539 ff
Sport 389, 548, 560 ff
Sprachassistenten 386
Sri Lanka 476, 686
St. Georgs-Kolleg 386
St. Vincent u. Grenadinen 686
Städtebund, Österreichischer
Ständige Konferenz der Gemeinden und Regionen Europas 552
START 328, 330 f, 520
Statistik Österreich 1950-1991 771
Statistik Österreich, Internationaler Vergleich 772 ff
Statut (auswärtiger Dienst) 507 f
Steiermark 131, 186
Stipendienaktionen 110, 385, 569, 602, 608, 623, 624, 640, 649